Ullstein Sachbuch

Ullstein Sachbuch
Ullstein Buch Nr. 34311
im Verlag Ullstein GmbH,
Frankfurt/M – Berlin

Ungekürzte Ausgabe

Umschlagentwurf:
Hansbernd Lindemann

Mit freundlicher Genehmigung der
Südwest Verlag GmbH & Co. KG,
München

Printed in Germany 1985
Druck und Verarbeitung:
Clausen & Bosse, Leck
ISBN 3 548 34311 2

Januar 1986

CIP-Kurztitelaufnahme
der Deutschen Bibliothek

Mackensen, Lutz:
Das Fachwort im täglichen Gebrauch:
d. aktuelle Wörterbuch mit über
25 000 Begriffen / Lutz Mackensen.
Unter Mitarb. von B. Brassat ... –
Ungekürzte Ausg. – Frankfurt/M; Berlin:
Ullstein, 1986.
(Ullstein-Buch; Nr. 34311:
Ullstein Sachbuch)
ISBN 3-548-34311-2

NE: HST; GT

Lutz Mackensen

Das Fachwort im täglichen Gebrauch

Das aktuelle Wörterbuch mit über
25 000 Begriffen

Unter Mitarbeit von Dr. B. Brassat,
Dr. C. Frost, P. Krey und Dipl. oec. H. Tendahl

Ullstein Sachbuch

ZEICHENERKLÄRUNG

† = fachsprachliche Bedeutung

→ = siehe

unterstrichene(r) Vokal(e) (a, ei) = betont

: zwischen Buchstaben = getrennt auszusprechen (ab:eisen, Akti:e)

| in den folgenden Stichwörtern (innerhalb desselben Blocks) wird das so bezeichnete Wort nur mit dem Anfangsbuchstaben zitiert: (Abend| – A.dämmerung - A.röte)

Klammer (...) enthält Herkunftsangabe und gegebenenfalls Hinweise auf den Namengeber in gewöhnlicher Druckschrift: Argon (gr.) - Bunsenbrenner (d. Chemiker, 19. Jh.)

Klammer (...) enthält auch - wo nötig - Aussprachehilfen in *Kursivdruck* [Interview *(fr.: interwju)]*

ñ = ng wie in Boñboñ

x = mal(genommen)

REDAKTION: HELMUT GAJIĆ

VORWORT

Morgens, beim Zeitunglesen, fängt der Ärger schon an: Im politischen Teil stutzt man bei Wörtern, die man nicht kennt, nicht versteht; im Wirtschaftsteil wird's dann noch schlimmer, und erst beim Sport, von dem man ja, als Aktiver oder Fan, ein wenig weiß, wird's erträglicher. „Parteichinesisch", denkt man verärgert – und hat nun die Wahl, über die Unverständlichkeiten hinwegzulesen und es in Kauf zu nehmen, daß die Information unvollständig bleibt, gar mißverstanden wird oder in Nachschlagewerken (wenn man solche hat) zu blättern, ob die weiterhelfen können. Und wie begonnen, geht der Tag weiter: beim Arzt, auf der Bank, in der Apotheke, beim Bausparservice setzt sich der Kampf mit den Fachausdrücken fort, und sitzt man dann endlich vor der „Röhre" und will sich entspannen, fängt das Elend, etwa bei Podiumsgesprächen unter Wirtschaftlern oder Abgeordneten, erst recht an. Andrerseits fährt man einen Wagen und hat sich als Hobbymechaniker viele Ausdrücke angewöhnt, die kein Nichtfahrer begreift. Ähnlich steht's bei Heimwerkern – und wer nimmt nicht aus seinem Beruf (mit einigem Stolz?) dies oder jenes Fachwort in seinen Alltag mit? Der Sprachforscher nennt den Vorgang „Verwissenschaftlichung unserer Sprache" (wieder ein Fachwort!) und weiß zu berichten, daß dieser Vorgang dafür sorgt, daß sich unsere Sprache immer mehr aufbläht, der Wortschatz immer größer und die Verständigungsbarrieren immer höher werden. Wie soll man dem Übel abhelfen?

Dieses Buch ist das Ergebnis einer sorgfältigen Zusammenstellung von Fachbegriffen. Gerade aus diesem Grund war es notwendig, eine Auswahl zu treffen, und man mußte jede Möglichkeit wahrnehmen, Platz zu sparen – um so mehr, als manche Fachausdrücke einer eingehenden Erklärung bedurften und manchmal sogar weitere Hinweise und dergleichen nützlich erschienen. Dennoch wird so mancher Verschiedenes in diesem Werk für entbehrlich halten, was für andere wiederum einen hohen Grad an Aktualität besitzt. Verlag und Herausgeber versprechen, der Wirkung dieses Buches nachzutasten und weiter in unsere Alltagssprache hineinzuhorchen, wo und welche neuen Fachwörter sich einschleichen. Für Hinweise aus dem Benutzerkreis werden sie immer dankbar sein.

Verlag und Herausgeber

ABKÜRZUNGEN

afr.	= afrikanisch	m	= männlich (maskulin)
ags.	= angelsächsisch	M	= Mehrzahl (Plural)
am.	= amerikanisch	math.	= mathematisch
anal.	= analytisch	mex.	= mexikanisch
and.	= ander(e, -es)	nat.	= national
ar.	= arabisch	nl.	= niederländisch
...b.	= ...bar	norw.	= norwegisch
begr.	= begrenzt	o.	= oder
bes.	= besonder(s, -er)	o. ä.	= oder ähnlich(es)
best.	= bestimmt	öfftl.	= öffentlich
brit.	= britisch	opt.	= optisch
C	= Celsius	optim.	= optimal
chem.	= chemisch	öst.	= österreichisch
d.	= deutsch	phys.	= physisch
dän.	= dänisch	physik.	= physikalisch
e.	= englisch	pol.	= polizeilich
ehem.	= ehemalig	polit.	= politisch
eig.	= eigen	poln.	= polnisch
EW	= Eigenschaftswort	port.	= portugiesisch
fr.	= französisch	psych.	= psych(olog)isch
ggs.	= gegenseitig	r.	= russisch
Ggs.	= Gegensatz	s	= sächlich (Neutrum)
geom.	= geometrisch	S	= Substantiv
gr.	= griechisch	schott.	= schottisch
geschl.	= geschlechtlich	schw.	= schweizerisch
heb.	= hebräisch	schwed.	= schwedisch
i.	= indisch	skr.	= Sanskrit
i. a.	= im allgemeinen	s. o.!	= siehe oben!
ind.	= indianisch	soz.	= sozial
iran.	= iranisch	sp.	= spanisch
ird.	= irdisch	s. u.!	= siehe unten!
isl.	= isländisch	tsch.	= tschechisch
it.	= italienisch	u. a.	= und andere(s)
jap.	= japanisch	u. dgl.	= und dergleichen
Jh.	= Jahrhundert	versch.	= verschiedene(s)
jmd. (-m, -n)	= jemand(em, -en)	w	= weiblich (feminin)
Kfz	= Kraftfahrzeug	z. B.	= zum Beispiel
KW	= Kunstwort	Zshg.	= Zusammenhang
lat.	= lateinisch	Zstzg.	= Zusammensetzung
		zw.	= zwischen
		ZW	= Zeitwort (Verbum)

A

A ⟨ **A**nlaufwert; ⟨ **A**vance; ⟨ **A**mpere; ⟨ **A**rterie; ⟨ **A**node. – **a** ⟨ **Ar**. – **Å**⟨ **Å**ngström-Einheit (der Länge). – **Aa** ⟨ **A**rterien, Schlagadern. – **AA** ⟨ **A**uswärtiges **A**mt. – **AAM** ⟨ **a**ngeborene **A**uslösemechanismen. – **AAR** ⟨ **A**ntigen-Körper-Reaktion

Abänderung|sklage *w* Urteilsanfechtung bei maßgebl. Änderung der wirtsch. Lage; **A.skündigung** *w* bedingte Kündigung, falls Arbeitnehmer Vertragsänderung ablehnt

Abasie *w* (gr.) psych. bedingte Unfähigkeit zu gehen u. zu stehen (bei erhaltener Muskelkraft)

Abbau| *m* ↑ stufenweise Zerlegung größerer Moleküle in kleinere; Erz-, Mineralgewinnung aus dem Erdinnern (**einflügelig** nur in einer Richtung, **zweiflügelig** in 2 entgegengesetzten Richtungen), = **A.raum** *m*; **a.bar** zersetzbar durch Mikroorganismen, Sonnenlicht, Feuchtigkeit (Kunststoffe)

Abbiegespur *w* Fahrbahn zum Rechts-, Linksabbiegen

Abbildung| *w* ↑ eindeutige Zuordnung von Elementen einer zu Elementen einer zweiten Menge; → bijektiv; **A.sfehler** *m* unscharfe, ungenaue A. eines Objektes (z.B. Astigmatismus; chromat., sphär. Aberration); **A.sfreiheit** *w* Recht der Presse, Bilder von Personen des öfftl. Lebens zu veröffentlichen; **A.s:theorie** *w* Theorie der A.en

abbinden ↑ Blutgefäße zur Unterbrechung der Durchblutung einschnüren; durch Eingehen einer Verbindung hart werden (Beton, Duromeren u.a.)

abblasen ↑ Abgase in die Luft blasen; Ballon-, Luftschiffgaszelle entleeren; Feuerungsanlage außer Betrieb setzen

Abblend|e *w* allmähl. Verdunkelung einer Filmeinstellung; **A.licht** *s* Scheinwerfer, der Gegenverkehr nicht blendet; → asymmetrisch

Abbrand *m* Rückstand beim Rösten sulfid. Erze; Metallverlust durch Oxidation bei Warmverarbeitung; Stoffumwandlung im Kernreaktor

abbremsen ↑ Flugtriebwerk am Boden probeweise laufen lassen (auch bei Kraftwagen, Eisenbahnen)

Abbruch|firma *w* Betrieb, der Hausabreißen durchführt, = **A.unternehmen** *s*

abchecken (*-dsch-*) kontrollieren

ABC-Waffen *M* ⟨ **a**tomare, **b**iologische, **c**hem. **Waffen**; **ABC-Geräte** *M* Schnorchel, Tauchmaske, Flossen

Abdampf| *m* ungenutzt ins Freie strömender Dampf; **A.verwertung** *w* Nutzung der Verdampfungswärme (von A. zur Heizung)

Abdomen *s* (lat.) → akut

abdrängen ↑ durch Seitenwind von der Flugbahn verschoben werden; zum Rückflug über die Staatsgrenze nötigen

abdrehen ↑ Flugrichtung ändern; Film (Szene) fertig drehen; (Licht) ausschalten

Abdrift *w* Abweichung von der Flug-, Fahrtrichtung durch Strömung oder Wind

Abend:thermik *w* Wärmeaufwind über Wärmespeichern (durch Sonneneinstrahlung)

Abenteuerspielplatz *m* Kinderspielplatz mit Werkstücken und -zeugen zu gemeinsamer Arbeit

Ab:erration| *w* (lat.) Abweichung vom Normalzustand (Riesen-, Zwergwuchs); **psych. A.** geringe geist., seel. Störung; **A. in der Genetik** → Chromosomen; **A. in der Physik** → chromat. A., → sphär. A.; Abweichung der Lichtstrahlen von der berechneten Richtung (durch Erdbewegung, scheinbare Ortsveränderung eines Gestirns – durch Abbildungsfehler)

abfackeln brennbare flüss. o. gasförmige Abfallstoffe durch offene Flamme vernichten

abfahr|en ↑ (Reifen) durch Fahren abnutzen; Drogeneinwirkung spüren; Film laufen lassen; Aufnahme beginnen; Produktionsanlage außer Betrieb setzen; **A.grenze** *w* Grenze der Verkehrssicherheit von Autoreifen; **A.t** *w* ↑ Abbiegeanschluß von der Autobahn; Geschwindigkeitslauf im Schisport (= **A.tsrennen** *s*)

Abfall|beseitigung *w* Versuch, radioaktive Abfälle unschädlich zu machen; **A.energie** *w* ungenutzt. Anteil der erzeugt. Energie; **A.konzentration** *w* Volumenminderung des radioaktiven A.s; **A.verwertung** *w* Nutzbarmachung der verwertb. Bestandteile in den Abfällen (= **A.wirtschaft** *w*)

abfang|en wieder unter Kontrolle bekommen (Maschine); Flugzeug in normale Lage zurückbringen; Flugzeug dicht über dem Boden aufrichten; Fremdflugzeug → abdrängen; **A.lini:e** *w* Luftlinie, die der Gegner nicht einsehen (beeinflussen) kann

Abfertigung|s:insel *w* Personen-, Geräteraum auf dem Vorfeld größerer

Flughäfen; **A.szone** *w* Teil des Flughafenvorfeldes
abflammen mit Gasflamme oberflächl. behandeln (Kunststoffteile, Klebstoffe)
Abflug|masse *w* alle Einzelmassen des Flugzeugs beim Start, = **Startmasse, -gewicht, Fluggewicht, -masse, A.gewicht** *s*
Abfolge:erwartung *w* Vorstellung des Säuglings, daß best. Ereignisse seiner Umwelt einander sicher folgen
Abfüll|maschine *w* = Abziehmaschine, = Dosiermaschine; **A.waage** *w* selbsttätige Waage zum Abwägen
Abgas| *s* gasförm. Abfall bei techn. Prozessen; **A.anlage** *w* Gerätesystem zur Nutzung der **A.energie**; **A.fackel** *w* Flamme beim → Abfackeln von A.en; **A.leitung** *w* = → Auspuffleitung; **A.turbine** *w* Turbine zur Nutzung der A.e eines Verbrennungsmotors; **A.-turbolader** *m* Aufladegebläse, das von der A.strömung über die A.turbine angetrieben wird
abgelenkter Verkehr *m* vom früheren Fahrweg (nicht vom Fahrziel) fortgelenkter Verkehrsanteil
Abgleich *m* Einstellen elektron. Stufen auf die beste Funktion (beim Modellflug); Veränderung elektr. Eigenschaften (Größen) an elektr. Bauteilen
abgreifen ↑ entnehmen (Spannung a.)
Abgrenzung| *w* ↑ zeitl. Zuordnung von Aufwand u. Ertrag; Trennung der betriebsfremden Aufwendungen u. Erträge von den betriebsbedingten; **A.skonto** *s* Konto für betriebsfremde Aufwendungen (Erträge)
Abgriff *m* (Vorrichtung zum) → Abgreifen
Abhängigkeit| *w* ↑ Verwertung einer Erfindung (Schutzmarke) nur mit Benutzung eines älteren Schutzrechtes; **emotionale A.** Kontaktsuche mit dem Bemühen, anerkannt zu werden; **funktionelle A.** durch den Arbeitsprozeß bedingte Unselbständigkeit; **hierarchische A.** Unterwerfung unter Vorgesetztenentscheidungen; **A.sbedürfnis** *s* Wunsch des Kleinkindes nach Umhegung durch die Pflegeperson
Abhebe|festigkeit *w* Widerstand eines zusammengesetzten Werkstoffes gegen Zugbeanspruchung; **A.geschwindigkeit** *w* zum Abheben vom Boden nötige Fahrtgeschwindigkeit des Flugzeugs
Abhitzekessel *m* mit Abwärme betrieb. Dampfkessel
Abhör:aktion *w* system. Beobachtung von Gesprächen mit (versteckten) Kleinstmikrophonen
abiotisch (gr.) ohne Einwirkung lebender Zellen ablaufend
Abkant|maschine *w* Blechbiegemaschine; **A.presse** *w* Blechbiegemaschine; Maschine zum A.en großer Arbeitsbreiten
abkippen aus normaler Fluglage kopfüber seitwärts abrutschen
Abklärflasche *w* Laborgerät zum Absetzen getrübter Flüssigkeiten
Abklingbehälter *m* abgeschirmtes Gefäß zur Bewahrung und langsamen Minderung radioakt. Strahlung
abknickende Vorfahrt *w* Vorfahrt an abbiegender Straße
Abkü *s* ⟨ **Abkü**rzung(swort)
abkurbeln filmen
Abkürzungsversicherung *w* Rentenversicherung mit langer Laufzeit, deren Gewinnanteile zur Kürzung der Versicherungszeit genutzt werden
Ablation| *w* (lat.) chirurg. Entfernung eines Körperteils (Gewebes); Gletscherabschmelzung; Verwehung feiner Erdteile; **A.skühlung** *w* Kühlhalten durch verdampf. Abtragung der Außenbeschichtung (bes. beim Wiedereintritt von Raumfahrzeugen in die Atmosphäre)
Ablauf| *m* Start; **A.berg** *m* Gefällstrecke am Verschiebebahnhof zur Zusammenstellung von Güterzügen; **A.brett** *s* Klappbrücke zw. Aufzugsplattform u. Entladestelle; **A.diagramm** *s* → Flußdiagramm; **a.en** Ablaufberg hinabfahren; vom Stapel laufen; bis zum Ende abrollen (z. B. Kabel von der Trommel); **A.geräusch** *s* höherfrequente Schwingungen beim Straßenbefahren durch Kraftfahrzeuge ausgelöst
Ablauge *w* wäßrige Lösung anorg. Abfallstoffe
Ableitung an einer Funktion *w* gibt die Steigung der Funktion (des → Graphen) an
Ablösung| *w* ↑ allmähl. Lösung des Patienten von dem behand. Analytiker; Lockerung der Bindung an elterl. Autorität; Tilgung einer Schuld (= **Ablösesumme** *w*); **A.s:arbeit** *w* Energiebetrag, der ein Elektron aus dem atomaren Verband lösen kann
Abluft| *w* aus Lüftungsanlagen ins Freie geführte Luft; **A.haube** *w* Luftabsaugegerät (z. B. für die Küche); **A.trockner** *m* Wäschetrockner durch abgehenden Wasserdampf
ABM ⟨ **A**rbeits**b**eschaffungs**m**aßnahme
abmagern ↑ verdünnen; durch minderwert. Zusatz ähnl. Beschaffenheit ergiebiger machen

Abmessungsnorm *w* Festlegung einheitl. Produktionsabmessg. (z. B. nach DIN)

abmontieren ↑ in der Luft zerbrechen (Tragflügel verlieren)

abnehm|en ↑ nach Fertigstellung vor Übernahme prüfen; vom Original übertragen (Fingerabdrücke a.); **A.er** *m* Käufer (Kunde, Bezieher) der elektr. Arbeit eines Energieversorgungsunternehmens; Facharbeiter

A-Bombe *w* ⟨ Atom**bombe**

Abort|(us) *m* (lat.) Fehlgeburt (**künstl.** u. **absichtl.** durchführbar); **krimineller A.** Abtreibung; **A.iv:ei** *s* bei einer Fehlgeburt ausgestoß. befrucht. *w*. Ei

Abpack|maschine *w* autom. Produktenverpackung; **A.waage** *w* Waage, die automat. Abweichungen vom Sollgewicht angibt

Abrasion *w* (lat.) Abtragung, -nagung, -schälung der Küste durch Stürme, Strömung; Ab- o. Ausschabung (z. B. der Gebärmutterschleimhaut)

abrauch|en eine Probe durch Zusätze stark erhitzen (in chem. Analyse); **A.maschine** *w* Maschine zum Testrauchen von Zigaretten

Abraumbagger *m* Bagger zum Abtragen des Deckgebirges (= **abräumen**)

abrech|nen Geldforderungen gegeneinander aufrechnen; **A.nungsbescheid** *m* schriftl. Mitteilung des Finanzamts über Erlöschen einer Zahlungsverpflichtung; **A.nungsverkehr** *m* = → Clearing

Abreiß|bremse *w* automat. Bremse bei Kraftwagenanhängern (wenn sich dieser ungewollt vom Zugfahrzeug löst); **A.geschwindigkeit** *w* kleinste im Flug erreichbare Geschwindigkeit (= **Überzieh-, Minimalgeschwindigkeit**)

Abrieb| *m* Abnutzung der Oberfläche durch Abtrennung kleiner Teile durch Reibungen; die abgetr. Stoffmenge; beim Verladen abbröckelnde Stückchen; **A.festigkeit** *w* Widerstandsfähigkeit feuerfester Baustoffe gegen A.

Abroll:umfang *m* Weg, den ein Fahrzeugluftreifen bei 60 km/h Geschwindigkeit zurücklegt

abrösten durch Erhitzen im Luftstrom oxidieren

abruf|en zur Landung auffordern (Flugzeug a.); Geld vom Konto abheben; Ware anfordern; **A.raum** *m* Fluggastraum im Flughafen

abrutschen ↑ über das Leitwerk beim Steilflug zurückfallen; in falsch geflog. Kurve über das Tragwerk abfallen

ABS ⟨ Kunststoff aus **A**crylnitril, **B**utadien, **S**tyrol; ⟨ **A**nti-**B**lockier-**S**ystem (verhindert beim Kfz das Blockieren der Räder)

Absage *w* Schlußbemerkung des Ansagers nach der Sendung; Ggs.: Ansage

Absatz| *m* Preis aller verkauften Waren eines Unternehmens; **A.analyse** *w* genaue Untersuchung des **A.marktes**; **A.elastizität** *w* Abhängigkeit des verkauften (zu verkaufenden) Warenquantums vom Warenpreis; **A.erwartung** *w* vermutl. A.größe eines Unternehmens; **A.förderung** *w* alle Maßnahmen zur Belebung des A.es; **A.forschung** *w* Untersuchung der Marktlage, Verkaufsvoraussagen, Reklamewirkung, Marktbewegung, Konkurrenz (= → A.analyse); **A.plan** *m* Aufzeichnung der **A.möglichkeiten** u. des **A.solls** (ermittelt durch **A.planung** *w*); **A.politik** *w* Summe aller den A. betr. Maßnahmen des Unternehmens; **A.quote** *w* nach der Produktionsmöglichkeit verkaufb. Warenmenge (→ Auslastungsgrad); **A.risiko** *s* Kampf mit der Konkurrenz; Divergenz zw. der produzierten u. der absetzbaren Menge; **A.weg** *m* Weg der Ware vom Produzenten zum Verbraucher (**direkt** unmittelbare Beziehung zw. Lieferant u. Verbraucher; **indirekt** Weg über Groß- u. Einzelhandel)

absaufen bei zu viel Benzin im Vergaser stillstehen; mit dem Segelflugzeug ungewollt bei Höhenverlust niedergehen

abschatt|en abdunkeln (Raum a.); **A.ung** *w* Schwächerwerden des Bildes am Rand (bei opt. Geräten)

Abschätz|er *m* Wert-, Schadenfeststeller; **A.ung** *w* ↑ Eingrenzung einer Zahl (eines Terms) durch andere Zahlen (Termen) mit Hilfe von → Ungleichungen

Abscheid|er *m* Vorrichtung zur Abtrennung von Öl, Benzin u. a. aus Abwasser (von Schwebstoffen aus Gasen) durch Zentrifugal- o. Schwerkraft; **A.ung** *w* Bildung eines Niederschlags; **A.ungsspannung** *w* elektr. Spannung, die einen Stoff durch Elektrolyse aus seinen Verbindungen a.en kann

abscheren durch schlechte Landung Fahrgestell verlieren; geschlepptes Fahrzeug durch Ruderlegen seitl. ablenken; durch Überlastung in der Querrichtung brechen (Jacht)

abschichten Teil der (Staats-)Prüfung ablegen

Abschiebehaft *w* Einweisung in eine Strafanstalt zur Landesverweisung

Abschirm|beton *m* Beton zur →A.ung gegen Gamma- u. Neutronenstrahlen;

A.materiali:en *M* zur A.ung radioaktiver Strahlen geeignete Stoffe; **A.ung** *w* ↑ Schutz vor Wärmestrahlung (therm. A.); Einwirkung von elektr. o. magnetischen Feldern (elektr., magnet. A.) durch Wand, die Ausbreitung der Strahlung (des Feldes) unterbricht (= **A.wand** *w*)

Abschlag| *m* Preisrückgang; Wasserlaufableitung; durch Sprengen entstand. Freiraum; Sprengvorgang; **A.sdividende** *w* Vorauszahlung auf die Aktiendividende; → Ausschüttung; → Dividende; **A.sverteilung** *w* Verteilung von Vorauszahlungen an die Konkursgläubiger

Abschlepp|betrieb *m* Firma, die fahrunfäh. Kraftwagen abschleppt, = **A.firma** *w*, = **A.unternehmen** *s* (auch bei havarierten Schiffen); **A.stange** *w* Rohr, das den Abstand zw. A.er u. abzuschleppendem Wagen herstellt; **A.wagen** *m* Kraftwagen zum Abtransport beschädigter Kraftwagen

Abschluß| *m* Vertragsschließung bei Kaufverträgen; Jahresschlußbilanz; **A.leiste** *w* Tragflügelende; **A.vollmacht** *w* Vollmacht, für einen andern Verträge zu schließen; **A.zahlung** *w* Restbetrag der Steuerschuld

abschmieren ↑ = → abrutschen

Abschnitt| *m* ↑ Rundholz in Längen unter 4 m; **A.verkauf** *m* Sommer-, Winterschlußverkauf

Abschöpfung *w* ↑ Importabgabe zum Ausgleich eines ausl. Preisvorteils

abschrank|en durch Schranke sperren; *S:* **A.ung** *w*

Abschreckung| *w* ↑ Androhung eines unerträgl. Risikos (strateg. Konzept der 50er Jahre); **stufenweise (abgestufte) A.** (e.: graduated deterrence) Anwendung begr. Gegenmaßnahmen bei konvent. Angriff; **realist. A.** differenz. A.ungspotential jeder Waffe

Abschreib|ung *w* Wertminderung bei Abnutzung (schwerer Realisierbarkeit von Forderungen) bei kurzleb. Wirtschaftsgütern im Anschaffungsjahr (voll **a.bar**); **A.ungs:expansion** *w* period. Ausweitung der Unternehmenskapazität durch Re:investition der A.ungsbeiträge

Abschwächer *m* Chemikalie zum Ausbleichen von dunklen fotogr. Negativen

Abseh:unterricht *m* Unterrichtung Gehörloser (Schwerhöriger) im Absehen der Mundbewegungen des Partners

Absentismus *m* (KW, lat.) ↑ ungerechtfert. Wegbleiben vom Arbeitsplatz; ungereg. Arbeitsverhalten; Leitung von Produktionsmitteln, -stätten durch Beauftragte (e.: absenty ownership)

absetz|en durch Niedersinken vom umgebenden Medium trennen (in Flüssigkeiten: aufgeschwemmte Teilchen; in der Luft: schwebender Staub); in Mengen verkaufen; von der zu versteuernden Summe abziehen; Flugkurs bestimmen; Fallschirmabsprung anordnen; Kurs in Seekarte festlegen; Fahrzeug mit der Hand (dem Bootshaken) abschieben; **A.geschwindigkeit** *w* mittlere Geschwindigkeit, mit der sich Feststoffteilchen in Flüssigkeit a.en; **A.ung** *w* → AfA; = → Abschreibung

Absichts:anfechtung *w* Rechtsmaßnahme, wenn Schuldner Vermögenswerte übertragen hat, um Gläubiger zu schädigen

absolut| (lat.) rein (a.er Alkohol, Äther); nicht auf andere physik. Größen bezogen; → Dämpfung; **a.e Feuchtigkeit** Wassergehalt der Luft (gemessen in g pro m^3); → Häufigkeit; **a.e Höhe** senkr. Abstand eines Punktes vom → Normalnull; **a.e Musik** mit keinen andern Künsten verbund. Musik; **a.er Nullpunkt** tiefste vorstellb. Temperatur (prakt. unerreichbar); → Nullpunkt; **a.er Raum** Bezugssystem, in dem das Galileische Trägheitsgesetz u. die Maxwellschen elektrodyn. Gleichungen gleichzeitig erfüllt sind (= **Inertialsystem** im Weltäther); **a.e Temperatur** vom a.en Nullpunkt gemessene Temperatur; **A.betrag** *m* Zahlenwert ohne Berücksichtigung des Vorzeichens (meist = **Betrag der Zahl**); → Betrag

Absonderung| *w* ↑ vorgezog. Einzelversteigerung zugunsten von Gläubigern mit Pfandrecht (Sicherungsübereignung); = → Aussonderung; **A.srecht** *s* Recht, bevorrecht. Forderungen aus der Konkursmasse abzusondern u. vorweg zu befriedigen

absonnig beschattet

Absorberkühlschrank *m* Kühlschrank mit → Absorptionskältemaschine. – **Absorption|** *w* (lat.) Aufnahme eines Stoffes im Innern eines andern (z. B. Gas in Flüssigkeit); Dämpfung einer Strahlung beim Durchgang durch Materie; Aufnahme von Gasen (Flüssigkeiten) durch die Körperzellwände; **A.skältemaschine** *w* Kältemaschine, bei der der nöt. Unterdruck durch A. eines Gases erzeugt wird; **A.sko:effizi:ent** *m* Maßzahl zur Angabe des Bruchteils eines Stoffes, der unter best.

Bedingungen von einem andern absorbiert wird; Maßzahl für die Dämpfung einer Strahlung beim Durchgang durch Materie; **A.s:spektrum** *s* selektive A. des Lichts best. Farbbereiche beim Durchtritt durch best. Substanzen; Darstellung dieser Erscheinung im Diagramm o. durch fotograf. Abbildung des an best. Stellen (= **A.sbanden**) geschwächten Spektrums

Absperr:organ *s* ↑ Rohrleitungsschalter

abspringen ↑ aus der Fahrbahn rutschen (vom Rad). – **Absprung|station** *w* Flughafen für Weitstreckenstarts; **A.tisch** *m* Schanzentisch der Schispringer

Abstand|sfläche *w* vor Fenstern von Aufenthaltsräumen freizuhalt. Fläche; **A.s:summe** *w* Betrag für jmdn., der auf ein Recht verzichtet

abstech|en ↑ Abflußloch des Hochofens öffnen; Werkstück durch Drehen von der Stange (von längerem Rohrstück) trennen; **A.ung** *w* ↑ Übertragung der Planungspunkte, -linien nach Lage u. Höhe in das Gelände

Abstell|bahnhof *m* innerbetriebl. Betriebsbahnhof; **a.en** ↑ außer Betrieb setzen; zur Verfügung stellen; einstellen (z. B. Fabrikation auf Kundschaft)

Abstichgenerator *m* Apparatur zur Erzeugung von Generatorgas

Abstill|dyspepsie *w* Ernährungsstörung des Säuglings durch plötzl. **A.en** *s* Übergang von natürl. Säuglingsernährung mit Muttermilch zur künstl.

Abstimm|anzeiger *m* Kathodenstrahlröhre, die die A.ung eines Empfängers durch die Breite eines Lichtbandes o. -sektors anzeigt (**A.anzeige** *w*); **A.ung** *w* Einstellung des empfang. Frequenzbereichs im Empfangsgerät

Abstinenz|erscheinungen *M* = **Entziehungserscheinungen** *M* Syndrome nach plötzl. Entzug bisher gewohnter Substanzen (Alkohol, Morphium, Rauschgifte); **A.theorie** *w* Zins als Belohnung für sofort. Konsum aufgefaßt

Abstract *s* (e.: *äbsträckt*, aus lat.) konzentr. Zusammenfassung eines Text(ausschnitt)es.– **abstrahieren** (lat.) entziehen, abspalten (z. B. Elektronen aus einem Atom, Atome aus einem Molekül)

Abstrahlung *w* Umwandlung des vom Sender kommenden leitungsgebund. Signals in freie magnet. Welle

abstrakt|e Schadensberechnung *w* nur geschätzte Schäden (Ggs.: **konkrete Schadensberechnung** genaue Schadensberechnung); **a.es Schuldversprechen** *s* Bestätigung einer Schuld ohne Abgabe des Verpflichtungsgrundes

abstreben Flugzeugrumpf u. Tragflügel durch Streben verfestigen

Abstreicher *m* = **Abstreifblech** *s* Vorrichtung gegen das Aufwickeln eines im Laufbildwerfer geriss. Films, = **Filmabstreicher** *m*.– **Abstrich** *m* Entnahme von Organmaterial (z. B. Blut-, Speichel-, Körpergewebsproben) zur mikroskop. Untersuchung

Abstrom *m* ↑ Positionsveränderung von Individuen aus der väterl. in andere Berufsgruppen

Absturz *m* Anlage von Gefällstufen zur Ermäßigung des Gefälles von Wasserläufen

absurdes Theater *s* Vorführung widersinn. Vorgänge zur Verdeutlichung der Ausweglosigkeit des modernen Menschen

Abtastung *w* ↑ Umwandlung eines Bildes in ein elektr. Signal (u. umgekehrt) mit Hilfe eines Elektronenstrahls

Abtreibung *w* strafbarer → Abort

Abtretung *w* Vertrag, in dem der Altgläubiger (**Zedent** *m*) einem Neugläubiger (**Zessionar** *m*) seine Forderung überträgt (**Zession** *w*)

Abtrieb *m* Kraftabgabeseite des Motors

Abulie *w* = → Antriebsschwäche

Abwaage *w* Wiegen vor dem Wettkampf

Abwärme *w* Wärmeenergie, die bei techn. Prozessen ungenutzt in die Umgebung abgegeben wird

Abwasser| *s* durch Gebrauch verunrein. abfließ. Haushalts-, Industriewasser; **A.biologie** *w* Lehre von den biolog. Vorgängen usw. im A.; **A.last** *w* Menge an Schmutzstoffen, die durch A. täglich in ein Gewässer eingeführt wird; **a.n** starten (von Wasserflugzeugen). – **Abwässer:reinigung** *w* → biologisch. – **Abwasser|sammler** *m* offener Abfluß von A.; **A.technik** *w* alle Verfahren zum Abführen u. Aufbereiten des A.s; **A.teich** *m* Teichanlage zur biolog. Reinigung des vorgerein. A.s

Abwehr|mechanismen *M* Konfliktabschwächungen durch Entstellungen des als problemat. empfund. Sachverhalts; zusammenwirk. A.stoffe im Körper; **A.zeichen** *s* Warenzeichen zur A. ähnlicher Warenzeichen; **A.zoll** *m* Importzoll zum Schutz inländ. Produkte

Abweiserwand *w* (e.: blast fence) Schutzwand gegen Turbinenabgase von Strahlenflugzeugen

abwerfbares Fahrwerk *s* nach dem Start automat. ausklink. u. abwerfb. Fahrwerk

Abwertung *w* Veränderung des Wechselkurses durch Anstieg des Preises der ausländ. Währung in Einheiten der inländ. Währung (Ziel: Behebung des Zahlungsbilanzdefizits bei Verbilligung der Exporte u. gleichzeit. Preisanstieg der Importe)

Abwesenheit|s:pfleger *m* Vermögensverwalter für abwesend. Volljährigen; **A.s:protest** *m* Feststellung, daß der Bezogene beim Wechselprotest nicht angetroffen wurde

Abwiege|maschine *w* Spezialwaage; **A.r** *m* Aräometerjustierer

Abwind *m* von oben nach unten bewegte Luftmassen; nach unten vom Flugzeugtragwinkel abgelenkte Luftströmung

Abwurf|einrichtung *w* Anlage zum Lastenabwurf von Fahrzeugen; **A.stange** *w* Gleitstange zum Transport von Fördergut an Bügeln; **A.tank** *m* während des Fluges abwerfb. Kraftstofftank

abzähl|bar unendliche Menge = a.bare Menge *w* Menge, deren Elemente sich in eindeutiger Weise natürl. Zahlen zuordnen lassen; **A.maschine** *w* Füllmaschine für regelmäß. geformte Körper in gleichbleib. Anzahl, = **Zählmaschine** *w*

Abzahlung|sgeschäft *s* Vereinbarung von Ratenzahlung; **A.s:hypothek** *w* Hypothek mit gleichbl. Tilgungsraten

Abziehmaschine *w* → Abfüllmaschine

Abzinsung *w* Verfahren zur Errechnung des derz. Wertes eines Endkapitals (Ggs.: → Aufzinsung *w*)

Abzug| *m* Laborplatz mit Glasabdekkung u. Ventilation zum Absaugen von Gasen u. Dämpfen; **a.sfähig** von der Steuer absetzbar; **A.sfranchise** *w* = → Dekortfranchise

Abzweig| *m* abzweigende Straße; Teilstück zum A.en einer Rohrleitung; **A.dose** *w* Gehäuse aus isolier. Material, das die Verzweigung einer elektr. Leitung beherbergt; **A.stelle** *w* Blockstelle mit a.enden Gleisen

AC ⟨ (e.) **A**uthors **C**orrections (= Autorenkorrektur); (am.) **A**sphaltzement. – **Ac** ⟨ **A**ctinium. – **ACC** ⟨ **A**rea **C**ontrol **C**entre (e. = Flugsicherungszentrale)

Account| (e.: *ekaunt*) Rechnung; Werbeetat der Agentur; Auftraggeber einer Werbeagentur; **A. Executive** *w* (-*ixekjutiv*) = **Kontakter** *m* = **Kundenberater** *m* Mittler zw. Werbeagentur u. Auftraggeber; Sachbearbeiter eines Werbeetats

Accuracy *w* (e.: *äkjuresi*) statist. Genauigkeit des Umfrageergebnisses; Größe der statist. Fehlerspanne

Acetat| *s* (KW, lat.) Salz der Essigsäure; **A.faser** *w* Faserstoff aus A.cellulose; **A.film** *m* fotogr. Film, dessen Trägerschicht aus Acetylcellulose besteht; **A.seide** *w* Kunstseide aus Acetylcellulose. – **Aceton** *s* (KW, lat.) Produkt unvollst. Verbrennung von Fetten u. Aminosäuren (bei Zuckerkranken); Lösemittel (z. B. Nagellackentferner). – **Acetyl|** *s* Atomgruppierung in der Essigsäure; **A.cellulose** *w* Kunststoff, durch Veresterung von Cellulose mit Essigsäure hergestellt; **A.-Co:enzym** *s* biochem. wicht. Derivat der Essigsäure; **A.en** *s* = → Ethin; **A.salicylsäure** *w* Aspirin

Achilles:sehne *w* (gr. Sagenheld Achilles, nur an der Ferse verwundbar) Sehne zw. Wadenmuskel u. Fersenbein

Achrom|asie *w* (KW, gr.) Freiheit vom Abbildungsfehler der chromat. → Aberration bei opt. Geräten; **A.at** *m* opt. Linsensystem, bei dem durch chromat. Aberration bedingte Abbildungsfehler für 2 Lichtwellenlängen ganz, für die restl. im sichtb. Bereich weitgeh. korrigiert ist

Achs|antrieb *m* Drehmoment vom Getriebe als Antrieb der Treibachse; **A.druck** *m* falsch für → Achslast; **A.kilometer** *m* Maßzahl für die Betriebsleistung (der Eisenbahn); **A.last** *w* auf eine Achse entfallender Anteil des Fahrzeuggewichts; **a.loses Fahrzeug** *s* Fahrwerkräder ohne gemeinsame A.e (am Flugzeug); **A.schenkel** *m* bewegl. A.ende, das ein lenkb. Rad trägt; **A.steuerung** *w* Anlage zur Einsteuerung von Radsätzen in die Radialstellung im Gleisbogen; **A.sturz** *m* Neigung des Rades; **A.welle** *w* Antriebswelle eines Kraftwagens

Acid| *s* (e.: *äßid*) = → LSD; **A. Head** (-*häd*) erfahrener LSD-Verbraucher; **A.-Party** *w* gemeinsch. LSD-Genuß

Achterschale *w* mit 8 Elektronen besetzte → Valenzelektronenschale eines Atoms (energet. bes. günst. Elektronenanordnung)

Acht|polröhre *w* = → Oktode; **A.tageuhr** *w* Uhr mit einer Laufzeit von mindestens einer Woche

Achylie *w* (KW, gr.) Magensaftmangel

Acid|imetrie *w* (KW, gr.) maßanalyt. Verfahren zur Bestimmung des Säuregehalts; **A.ität** *w* Säuregehalt, -grad; **A.itätbestimmung** *w* Magensaftuntersuchung; → Azi-!

Acker|baumeister *m* geprüfter Landwirt; **A.schlepper** *m* Zugmaschine, die auch Geräte schieben, tragen, antrei-

ben kann (mit **A.wagen** als Anhänger)
Ackja *m* Rettungsschlitten der Bergwacht (urspr.: schwed. Rentierschlitten)
acre (e.: *eike*) e., am. Flächeneinheit (= 4047 m^2)
Acryl|at *s* (KW, lat.) Salz der A.säure; (unkorrekt =) Derivat der A.säure; **A.glass** *s* Plexiglas (Kunststoff); **A.harze** *M* Polymerisationsprodukte von Derivaten der A.säure (als Bindemittel, Kleb-, Anstrichstoffe); **A.kautschuk** *m* ein Kunstkautschuk; **A.nitril** *s* wicht. Kunststoffrohstoff; **A.säure** *w* organ.-chem. Verbindung (Grundsubstanz für Kunststoffe)
ACS ⟨ **A**ntireticular-**C**ytotoxisches **S**erum (= → Bogomoletz-Serum)
acte gratuit m (fr.: *akt gratüi*) moral. Spontanhandlung aus Umweltprotest ohne best. Zielsetzung
ACTH ⟨ **a**drenocorti**c**o**t**ropes **H**ormon (zur Absonderung von Cortison)
Actin|ide *M* (KW) Gruppe metall. radioaktiv. Elemente, beginnend mit dem **A.ium** *s* seltenes radioaktiv. Element (in der Pechblende; ⟨ *Ac*); **A.iumblei** *s* Bleiisotop (Endprodukt des radioakt. Zerfalls der A.iumatome); **A.ium:emanation** *w* radioakt. Isotop des Edelgases Radon (Zerfallsprodukt des A.iums); **A.iumreihe** *w* eine der 3 bekannten → Zerfallsreihen
Action| (e.: *äkschn*) *w* spannender Inhalt im Film, Buch; **A. directe** *w* (fr.: *ackßjoñ-*) Gewalthandlung; **A. painting** *s* (am.: *äckschn pentiñ*) moderne am. abstrakte Malerei; **A.film** *m* (e.: *äkschn-*) Spiel mit dichter Handlung u. wenig Dialogen
Activity Vektor Analysis (am.: *äktiwiti wekter änelisis*) Persönlichkeitstest, von Laien durchgeführt u. interpretiert
acyclisch (KW, gr.) keine ringförm. Moleküle bildend; → azyklisch!
Ad ⟨ e. = **ad**vertisement. – **ADAC** ⟨ **A**llgem. **D.** **A**utomobil**c**lub; **ADAC-Straßenwacht** *w* Verkehrshilfsunternehmen
Adapt|ation *w* (lat.) Anpassung von Lebewesen an ständig veränderte Umweltbedingungen (A. des Auges = Anpassung der Lichtempfindlichkeit des Auges an die herrschende Beleuchtung); Umarbeitung eines Werkes zur Anpassung an eine andere Gattung (ein anderes Kommunikationsmittel); **A.er** *m* (e.: *edäptr*) Verbindung von Haupt- u. Nebengerät; Hilfsgerät zur Prüfung v. Bauteilen, -gruppen, -steinen; **A.ometer** *s* Gerät zur Anpassung best. Funktionen des Gesichtssinnes an versch. Leuchtdichten des Gesichtsfeldes
ADC ⟨ e. **A**rt **D**irectors **C**lub (Vereinigung schöpfer. Tätiger aus Werbung u. Publizistik). – **ADCA** **A**llgem. **D.** **C**reditanstalt
Addier|er *m* Rechengerät, dessen Ergebnis die Summe der eingegeb. Größen ist, = **A.maschine** *w*
Addisonsche Krankheit *w* (e. Arzt, 19. Jh.) = Bronzekrankheit (zu geringe Bildung von Nebennierenhormonen)
Addit|ion *w* (lat.) ↑ Zusammentreten zweier Moleküle zu einem größeren ohne Freiwerden eines weiteren Produktes; **A.iv** *s* (e.: *äditif*) Zusatzstoff; **a.iv** ohne Zusammenhang aneinanderreihend
Aden|in *s* (KW, gr.) organ. Stickstoffverbindung (wicht. Nuclearbase); **A.om** *s* gutart. Geschwulst aus Drüsenzellen; **A.osin** *s* Glykosid aus A.in u. Ribose (wicht. Bestandteil des → ATP)
Adgo ⟨ *w* **A**llgem. **d.** **G**ebühren**o**rdnung für Ärzte (1928). – **ADH** ⟨ **A**llgem. **D.** **H**ochschulsportverband
Adhäsion| *w* (lat.) ↑ Aneinanderhaften der Grenzflächen versch. Stoffe (z. B. Verwachsung der mit Bauchfell bedeckten Eingeweide); **A.sbahn** *w* Schienenbahn, deren Bewegung durch Nutzung der Haftreibungskräfte der Antriebsräder erzielt wird, = **Reibungsbahn; A.sverfahren** *s* strafger. Klärung der Ansprüche des Verletzten gegen den Beschuldigten
Ad-hoc|-Gruppe *w* (lat.) zu einem best. Zweck gebildete Gruppe; **A.-h.-Hypothese** *w* Zusatzannahme zur Widerlegung krit. Angriffe auf eine Theorie
Adiabat|e *w* (KW, gr.) Zustandsänderung eines wärmedichten Systems; **a.isch** ohne Abgabe o. Aufnahme von Wärmeenergie ablaufend (= **wärmedicht**)
adiatherman (KW, gr.) für Ultrarotstrahlen undurchlässig
Adipinsäure *w* (KW) zweibas. organ. Säure (zur Kunststoffherstellung)
ADI-Wert *m* (e.: ⟨ **a**cceptable **d**aily **i**ntake) Höchstmenge eines Umweltgiftes, die ohne Schädigung am Tag aufgenommen werden kann
ADIZ ⟨ **A**ir **D**efense **I**dentification **Z**one (e., = Luftabwehrerkennungszone der NATO)
Adjunktion *w* (lat.) Verknüpfung zweier Aussagen durch einschließ. „oder" (Behauptung wenigstens *einer* der verknüpften Aussagen)

adjustieren (lat.) genau einstellen
AD-Merkblatt *s* Richtlinien der **A**rbeitsgemeinschaft für **D**ruckbehälter (für Werkstoffe von Druckbehältern)
administrativ|e Preise *M* staatl. (monopolist.), nicht durch Angebot/Nachfrage festgelegte Preise; → Preistaxen; **a.er Protektionismus** *m* Erschwerung der Einfuhren durch eine restriktiv handelnde Exekutive
ADM-Verfahren *s* ⟨ **A**dlersches **D**iachlor-**M**utonit-Verfahren (zur Abwässerreinigung)
Adrema *w* ⟨ **Adr**essier**ma**schine
Adrenal|in *s* (lat., KW) Nebennierenhormon (Kraftreserven mobilisierend); **a.erg** a.inartig wirkend
Adresse| *w* (fr.) ↑ laufende Nummer, unter der eine Zahl (ein Befehl) im Computerspeicher aufgenommen ist; **A.ndrucker** *m* Vervielfältiger von Anschriften; **A.nkatalog** *m* Angebotsliste eines A.nverlages; **A.nmittler** *m* Lieferant von Kundenkarteien; **A.nprägemaschine** *w* Gerät zur Anschriftenvervielfältigung, = **Adressiermaschine**. – **adressierbar** → Arbeitsspeicher. – **Adreßteil** *m* Drei-Adreß-System (Teil eines → Befehls in der ADV)
ADV ⟨ **A**rbeitsgemeinsch. **D. V**erkehrsflughäfen; ⟨ **A**dressenverleger- u. **D**irektwerbeunternehmer**v**erband; **Au**tomat. **D**aten**v**erarbeitung. – **ADVA** ⟨ **a**utomatische **D**aten**v**erarbeitungs**an**lage
Advantage *s* (e.: *edwantidsch*) Gewinnpunkt beim Tennis nach dem Einstand
Advertis|ement *s* (e.: *ädwertisment*) Inserat; **A.er** *m* (e.: *ädwertaiser*) Inserent; **A.ing** *s* (e.: *ädwertaissiñ*) Reklame
ADW ⟨ Verband **D. W**erbeagenturen u. -mittlungen. – **AE** ⟨ Kupfer (lat.: aes); ⟨ **A**nnoncen**e**xpedition. – **AEA** ⟨ **A**ir **e**ntraining **a**gends
A:er|ation *w* Lufteinbruch (Gefährdung des Auftriebs durch Unterdruck an der Oberseite von Unterwasserflügeln; **A.obiologie** *w* Erforschung der Verteilung von Mikroorganismen in der Atmosphäre; **A.obus** *m* Taxihubschrauber; Kabinenschwebebahn; **A.odynamik** *w* Lehre von den Kräften u. Bewegungen in strömenden Gasen (*EW:* **a.odynamisch: a.odynamische Bremse** *w* Vorrichtung zum Abbremsen von Flugzeugen unter Nutzung des Luftwiderstandes; **a.odynamische Dämpfung** *w* Schwingungsdämpfung unter Nutzung der Luftreibung; **a.odynamische Güte** *w* Verhältnis des Auftriebs zum Widerstand [Kehrwert der Gleitzahl]); **A.ofotograf** *m* Aufnahmegerät für Erdbilder (zur Vermessung); **A.okartograph** *m* Gerät zur Luftbildauswertung; **A.ologie** *w* Wissenschaft vom Zustand der Erdatmosphäre; **A.omechanik** *w* Untersuchung der gasförm. Körper; **A.omedizin** *w* Luftfahrtmedizin; **a.onautisch** zur Luftfahrt gehörend; **A.onavigation** *w* Flugnavigation; **A.onomie** *w* Erforschung der Atmosphäre über 30 km Höhe; **A.opause** *w* Bereich verschwind. gering. Luftdrucks (in großen Höhen); **A.osalon** *m* Luftfahrtausstellung; **A.osol** *s* Schwebestoff in der Luft (in einem Gas); **A.osoltherapie** *w* Behandlung mit künstl. verneb. Heilmitteln (z. B. in Atemwegen); **A.ospace-Industrie** *w* (e.: *äreßpeß-*) Luft-, Raumfahrtindustrie; **A.osphäre** *w* unterer Bereich der Atmosphäre; **A.ostastik** *w* Lehre vom Verhalten ruhender gasförm. Körper; **A.otachometer** *m* Flugzeuggeschwindigkeitsmesser; **A.otrain** *m* (fr.: *-trañ*) Luftkissenzug; **A.otriangulation** *w* Vermessungsverfahren
AF ⟨ **A**ir **F**rance (fr. Luftverkehrsgesellschaft). – **af** ⟨ aschefrei. – **AFA** ⟨ **A**bsetzung **f**ür **A**bschreibung, -nutzung; ⟨ **A**rbeitskreis **f**ür **A**rbeitsstudien. – **AFC** ⟨ **A**utomatic **F**requency **C**ontrol (e.: Vorrichtung zur autom. Abstimmung bei Empfangsgeräten)
Affektion| *w* ↑ Befall durch Krankheit; **A.s:interesse** *s* Liebhaberwert, = **A.swert** *m*. – **Affekt|verdrängung** *w* Absperrung des Bewußtseins gegen bedrückende Gefühle, = **Gefühlsverdrängung** *w*, = **Isolierung des A.s**, = **A.verlagerung** *w* (Freud)
Affiliati|on *w* (KW, lat.) Eingliederung (*ZW:* **a.ieren**); an der Muttergesellschaft beteil. Tochtergesellschaft; Sprachverwandtschaft durch Entwicklung aus gemeins. Grundsprache
affin|e Abbildung *w* (lat.) geom. Abbildung, die Größe u. Form einer Figur verändern kann; **A.ität** *w* Neigung von Atomgruppen, sich zu vereinigen; Aufnahmefähigkeit eines Faserstoffs für Farb-, Ausrüstungsmittel; Bestreben zweier Stoffe, miteinander chem. zu reagieren; Maßzahl hierfür
Afflux *m* (KW, lat.) Zustrom zu einer Gruppe (von dieser her gesehen)
AFG ⟨ **A**rbeiter**f**örderungs**g**esetz. – **AFL** ⟨ **A**ero**fl**ot (r. staatl. Luftverkehrsbetrieb)
Aflatoxin *s* (KW, lat.) Gemisch krebserzeugender Pilzgiftstoffe
afokal (KW, lat.) brennpunktlos

AFP ⟨ **A**rbeits**f**lug**p**latz. – **AFS** ⟨ **A**bsetzung bei **S**ubstanzbereicherung

After|image *s* (e.: *-imidsch*) hallizogene Sinnesempfindung; **A.pacht** *w* Weiterverpachtung eines Landwirtschaftsbetriebes durch den Pächter

AG ⟨ **A**bend**g**ymnasium; ⟨ **A**ktiengesellschaft; ⟨ Silber (lat.: **ar**gentum). – **AGARD** ⟨ **A**dvisory **G**roup for **A**eronautical **R**esearch and **D**evelopment (Luftfahrtforschungs- u. Koordinierungsabteilung im NATO-Rat). – **AGAV** ⟨ **A**rbeits**g**emeinschaft **a**lternativer **V**erlage u. Autoren. – **AGB** ⟨ **A**llgem. **G**eschäfts**b**edingungen. – **AGTT SINT 2000** → Sint 2000. – **AgV** ⟨ **A**rbeits**g**emeinschaft der **V**erbraucher

Agent| *m* (lat.) Angehöriger des AA ohne diplom. Charakter; selbständ. Vermittler von Verträgen (Geschäften); (e.: *eidschent*) Stellenvermittler; **A.entheorie** *w* Deutung gesellsch. Konflikte als Störmanöver einzelner

Agglomerat| *s* (lat.) aus mehreren kleinen Teilchen entstand. größeres; **A.ion** *w* Zusammenballen kleiner Teilchen; dadurch entstand. größeres Gebilde; Bevölkerungsballung; Anhäufung von Betrieben

Agglutination *w* (lat.) ↑ Verklumpung von Zellen (z.B. Blutplättchen; → Thrombozyten)

Aggregat| *s* (lat.) Mengen von Objekten (Untersuchungseinheiten); Maschinensystem; Kristallanhäufung; **A.ion** *w* Ermittlung volkswirtsch. Größen durch Addition einzelwirtsch. Daten; **A.zustände** *M* die 3 Erscheinungsformen ird. Materie (fest, flüssig, gasförmig); → Plasma

Aggression| *w* Angriffstrieb (zur Schädigung eines Individuums führend) = **negative Zuwendung; A.s:trieb** *m* → Destruktionstrieb; **A.s:objekt** *s* Person (Sache), gegen die sich die A. richtet. – **aggressiv|** durch andere Stoffe angegriffen (Substanzen); **a.e Wässer** *M* betonzerstörende Wässer; **A.ität** *w* ↑ Eigenschaft des Wassers (Bodens), Bau-, Werkstoffe anzugreifen. – **Aggressor** *m* angreif. Staat

Agio|konto *s* (it.: *adscho-*) Bankrechnung über Gewinn u. Verlust; **A.tage** *w* (fr.: *adschotâsche*) Nutzung von Kursschwankungen; **A.teur** *m* (fr.: *adschotör*) gewerbsmäß. Börsenspieler

Agon|ie *w* (gr.) Todeskampf; **A.izing reappraisal** *s* (am.: *ägoneisin ri:epreisel*) radik. Überprüfung der bisher. Politik, = → qualvolle Umstellung

Agraphie *w* (gr.) = → Schriftblindheit

Agrar|ingenieur *m* grad. Landwirt; **A.krise** *w* Folge der divergier. Entwicklung von Industrie- u. A.produktion; **A.laborant** *m* Angestellter in einem landwirtschaft. Labor, **A.länder** *M* Länder mit überwieg. Ausrichtung ihrer volkswirtsch. Produktion auf landwirtsch. Güter (Ggs.: **Industrieländer**); **A.luftfahrt** *w* Flugzeugeinsatz zum Schutz der Bodenbebauung (Pflanzen-, Frost-, Hagelschutz; Schädlingsbekämpfung; Säen, Düngen), = **Landwirtschaftsfliegerei** *w*; **A.markt** *m* Markt für landwirtsch. Erzeugnisse (Besonderheit: atyp. Angebotsverhalten der Produzenten); → Angebotskurve; **A.politologe** *m* (stud.) Landwirtschaftspolitiker; **A.soziologie** *w* beschreib. Analyse landwirtsch. tät. Gemeinden; **A.techniker** *m* Fachmann für Landwirtschaftstechnik

Agreement *s* (e.: *egrîment*) (polit.) Vereinbarung auf Treu u. Glauben; **Agrément** *s* (fr.: *agremañ*) Bestätigung eines ausländ. Vertreters durch die Regierung des Gaststaates

Agrikulturchemie *w* Chemie des Bodens, der Ernährung von Tieren u. Pflanzen. – **Agro|klima** *s* Witterungsverhältnisse in vorwieg. landwirtsch. genutzten Gegenden; **A.klimatologie** *w* ihre Erforschung; **A.typus** *m* Züchtungsergebnis einer Kulturpflanzensorte

AGV ⟨ **A**rbeits**g**emeinschaft der **V**erbraucherverbände

Aha-Erlebnis *s* plötzl. erfahrene Erkenntnis

Ahlener Programm *s* CDU-Programm von 1947 (für die damal. brit. Zone: Bedarfsdeckung des Volkes als oberstes Wirtschaftsziel; Überwindung des Kapitalismus ohne Staatskapitalismus; Möglichkeit einer Wirtschaftsplanung)

Ähnlichkeitswahl *w* Wahl eines charakterl. ähnl. Partners

AH-Salz *s* Salz aus **A**dipinsäure u. **H**examethylendiamin (Ausgangsstoff zur Nylonfabrikation)

ai ⟨ **a**mnesty **i**nternational. – **AIB** ⟨ **A**nleitung für die **A**bdichtung von **I**ngenieur**b**auwerken. – **AIEE** ⟨ **A**merican **I**nstitute of **E**lectrical **E**ngineers (New York). – **Aida** (am.) ⟨ **a**ttention-**i**nterest-**d**esire of possession **a**ction (Werbe-, Verkaufsgesprächsdisposition). – **A.I.N.P.** (fr.: **A**ssociation **I**nternationale des **N**umismates **P**rofessionels (Münzhändlerbund). – **AIP** ⟨ **A**eronautical **I**nformation **P**ublication (Luftfahrthandbuch der BRD)

Air|-bag *m* (am.: *ärbäck*) Luftkissen, -sack als Kraftfahrerschutz; **A.bus** *m* (*är-)* Großraumverkehrsflugzeug; d.-fr. Verkehrsflugprojekt; **A.cap** *m* (*ärkap*) Container für Flugzeuge; **A.conditioner** *m* (*ärkandischene*) Klimaanlage, = **A.conditioning** *s* (*-kandischnin*); **A.-Cycle-Kühlung** *w* (*-ßaikl-*) Kühlverfahren in Flugzeugklimaanlagen; **AIREP** 〈 **A.-Report** *m* (*-ripat*) Wettermeldung des Flugpiloten; **A.formverfahren** *s* Art der Herstellung gewölbter Betonkonstruktionen mit aufgeblas. Hohlkörpern aus Kunststoffolie als Schalung; **A. fresh** *s* (*-fresch*) Luftverbesserungsmittel; **A.line** *w* (*-lein*) Fluggesellschaft, -linie; **A.liner** *m* (*-leine)* Verkehrsflugzeug; **A. Mail** *s* Luftpostsendung; **A. pollution** *w* (*-polluschn*) Luftverschmutzung; **A.port** *m* (*-part*) Flughafen, = **A.terminal** *m*

AIS 〈 Aeronautical Information Service. – **AISI** 〈 American Iron and Steele Institute. – **AISM** 〈 Association Internationale de Signalisation Maritime. – **AKF** 〈 Arbeitskreis korrektes Fernlehrwesen. – **AKI** 〈 Arbeitsgemeinschaft d. Kunststoff-Industrie

Akkomod|ation *w* (lat.) ↑ erzwung. Einfügung in soz. Verhältnisse; Verfeinerung allgem. Deutungsmuster für neue Situationen; Anpassung einer Religion an die Riten einer anderen; Fähigkeit der Augen, die Sehschärfe versch. Entfernungen anzupassen; **A.ometer** *s* Gerät zur Sehschärfeprüfung

Akkord *m* → Stücklohn

Akkreditiv *s* (KW, lat.) Auftrag an eine Bank, einem Dritten gegen Vorlage best. Dokumente eine best. Summe auszuzahlen; Beglaubigungsschreiben

Akkulturation *w* (KW, lat.) Kulturwandel durch Aufnahme fremder Kulturelemente; Tradierung von Kulturelementen auf die nächste Generation

Akkumula|tion *w* (lat.) ↑ Anwendung eines Teils des gesellsch. Gesamtprodukts als Kapital, wodurch dieses wächst (Gesetzmäßigkeit der kapital. Produktionsweise, vermittelt über den → Konkurrenzmechanismus; Folge: Konzentration o. Zentralisation der Produktion u. des Kapitals); Anreicherung; **A.tor** *m* Stromsammler

Akne *w* (gr.) Finnenausschlag

A-Kohle *w* 〈 → **Aktivkohle**

AKP-Staaten *M* 〈 Verbund afrik., karib., pazif. Staaten

Akten|notiz *w* kurze Aufzeichnung eines Gesprächs, = **A.vermerk** *m*

AktG 〈 **Akt**iengesetz

Akti:en|index *m* Meßzahl für den vom Statist. Bundesamt errechn. Durchschnittskurswert für 430 A.; **A.paket** *s* mehrere A. einer Gesellschaft in einer Hand; → Paket

Aktino|graph *m* (KW, gr.) Registriergerät für Sonnenstrahlung; **A.meter** *s* Strahlenmeßgerät; **A.metrie** *w* Sonnenstrahlenmessung

Aktion|ismus *m* (KW, lat.) polit. Versuch, psych. Spannungen kollektiv zu lösen; **A.s:ausschuß** *m* gemeins. Unternehmung vorbereitender Gremien; **A.sforschung** *w* (am.: action research) Untersuchung abzuändernder soz. Verhältnisse, = **Handlungsforschung**; **A.sradius** *m* ↑ Hin- u. Rückflug ohne Nachtanken. – **aktiv**| chem. reaktionsfähig; **a.e Bekanntheit** → Bekanntheit; **a.e Bestechung** → Bestechung; **a.er Wortschatz** *m* Ggs.: → passiver Wortschatz; **A.ator** *m* ↑ Reaktionsbeschleuniger (Zusatzstoff zur Verbesserung der Wirksamkeit eines Katalysators; Badezusatz bei der Flotation); **A.geschäft** *s* Gewährung von Bankkredit; **A.handel** *m* Außenhandel der inländ. Kaufleute; internat. Handel eines Landes, dessen Aus- die Einfuhren übersteigen (→ Handelsbilanz); **A.ierung** *w* ↑ Erzeugung von Radioaktivität durch Bestrahlung; **A.ierungs:energie** *w* Energiebetrag, den man einem Stoffgemisch zuführen muß, damit es chem. reagiert; **A.ität der Sonne** *w* Aussendung von Teilchen u. Kurzwellenstrahlen, Sonnenfleckenbildung; **A.itäten** *M* Fehlübersetzung von e. activities = Aktionen; **A.kohle** *w* durch Zersetzung organ. Substanzen (z. B. Holz) gewonn. Kohlenstoff; **A.legitimation** *w* = → Sachlegitimation; **A.ruder** *s* Verbindung eines Schiffsruders mit Propelleraggregat. – **Aktualneurosen** *M* Neurasthenie, Angstneurose, Hypochondrie (Freud)

Aku|pressur *w* (KW) Heilmethode durch Finger- o. Handdruck; **A.punktur** *w* Punktion best. Hautstellen mit fein legierten Metallnadeln (Heilmethode)

Akustiker *m* Hersteller (Verkäufer) von Hörgeräten; Schallforscher

akut|e Erkrankung *w* plötzl. auftret. Krankheit; **a.es Abdomen** *s* (lat.) Bauchschmerz

Akzelerations:prinzip *s* (KW) zusätzl. Informationsbedarf der Zulieferbetriebe bei Erhöhung der Nachfrage nach einem Konsumgut

Akzeptor *m* (lat.) ↑ Atom (Molekül), das Elektronen o. Wasserstoffionen (Elektronen- o. Protonena.) aufnehmen kann; aus solchen Atomen bestehend. Stoff; Empfänger eines Wechsels

Akzession| *w* (lat.) Beitritt eines Staates zu einem zw. andern Staaten angeschloss. Vertrag (aufgrund einer **A.sklausel**). – **akzidentell** → Herzgeräusche

AL ⟨ **A**lternative **L**iste für Demokratie u. Umweltschutz. – **Al** ⟨ **Al**uminium

Alarm| *m* (fr.) ↑ Warnzeichen für im Kernreaktor Beschäftigte; Notsignal; **A.reaktion** *w* durch plötzl. Veränderung der Umwelt geweckte Aufmerksamkeit; **A.schalter** *m* automat. Notsignale gebender Schalter; **A.steuerung** *w* elektron. Anlage zur Abgabe von Notsignalen bei Erreichung best. Meßwerte, = **A.vorrichtung** *w*

ALB ⟨ **A**rbeitsgemeinschaft **l**andwirtsch. **B**auwesen

Albino *m* Mensch (Tier) mit fehl. Pigmentbildung

Albumin| *s* (lat.) Eiweißkörper in allen tier. u. menschl. Geweben; **A.urie** *w* Nachweis von A. im Urin

Aldehyd (KW ⟨ **al**cohol **dehyd**rogenatus) organ.-chem. Verbindung

Aldosteron *s* (KW) Hormon der Nebennierenrinde (regelt best. Vorgänge des Stoffwechsels)

Aldrin (d. Chemiker, 20. Jh.) Insektenvertilgungsmittel

Alexie *w* (KW, gr.) Leseunfähigkeit, Buchstaben-, Wortblindheit

Alfü *w* ⟨ **A**rbeits**l**osen**fü**rsorgeunterstützung

ALGOL (e.: ⟨ **alg**orithmic **o**riental **l**anguage) math. orient. Programmiersprache

Algolagnie *w* (KW, gr.) sex. Lustgefühl beim Erdulden (Ausüben) von Grausamkeiten

Algorith|mus *m* (KW) Rechenverfahren; Lernschrittfolge; *EW:* **a.misch**

Alibifunktion *w* (KW) Aufgabe einer Person o. Sache, einen Mißstand zu verschleiern

Alimentation|s:pflicht *w* (KW, lat.) Fürsorgepflicht des Dienstherrn gegenüber dem Beamten; **a.s:pflichtig** unterhaltspflichtig. – **alimentieren** Lebensunterhalt bezahlen

Alkali|chlorid:elektrolyse *w* techn. Gewinnung von Chlor u. Natronlauge; **A.en** *M* die im Wasser lösl. Hydroxide der → A.metalle Kalium, Natrium, Lithium (Ggs.: Säurebildner), = **Laugenbildner; A.metalle** *M* Lithium, Natrium, Kalium, Rubidium, Cäsium, Francium; **A.metrie** *w* maßanalyt. Verfahren zur Bestimmung des Gehaltes an Basen; **A.reserve** *w* Vorrat an säurebind. Stoffen im Blut; **a.sche Erden** *M* Oxide u. Hydroxide der Erda.metalle. – **Alkal|o:id** *s* natürl. organ. Stickstoffverbindung mit bas. Eigenschaften u. starker physiol. Wirkung, in Pflanzen (Heilmittel); **A.ose** *w* Überschuß an Alkalien in Gewebe u. Körperflüssigkeiten

Alkan| *s* (KW) gesätt. Kohlenwasserstoff, Paraffin; **A.ol** *s* gesättigt. Alkohol

alkohol|ische Gärung *w* biochem. Vorgang, bei dem sich aus Traubenzucker Ethylalkohol u. Kohlendioxid bilden; **a.isieren** ↑ Wein durch Weingeistzusatz auf höheren A.gehalt bringen; **A.ismus** *m* chron. A.mißbrauch (Folge: körperl. u. psych. Zerstörung; sozial. Abstieg; schrumpfende Widerstandsfähigkeit gegen Krankheiten; Schädigung des Nervensystems u. der Verdauungsorgane); **A.nachweis** *m* Feststellung von A. im Blut (des **A.spiegels**); **A.ometer** *s* Aräometer mit Eichung zum Ablesen des A.gehaltes einer wäßr. Lösung; **A.yse** *w* chem. Reaktion mit einem A.

Alkydharze *M* → Polyester

Alkylbenzol|sulfat *s* org.-chem. Schwefelverbindung (in vielen synthet. Waschmitteln)

All|aussage *w* math. Aussage, die sich auf alle Elemente einer best. Menge bezieht (= **A.quanter** *m*)

Allein|stellung *w* Schutz eines Warenzeichens wegen Einmaligkeit; **A.vertreter** *m* einz. Vertreter der Firma in einem Bezirk

Allerg|ie *w* (KW, gr.) überempfindl. Reaktion des Organismus auf best. Substanzen (**A.ene** *M*: Blütenstaub, best. Nahrungsstoffe, Bakterien, Heilmittel, Staub usw.; verursachen: Nesselfieber, Ekzeme, Heuschnupfen, Asthma)

Alles|sauger *m* Staubsauger für jeden Abfall; **A.schneider** *m* vielverwendb. Küchenmesser

allgemein|e Luftfahrt *w* Flugbetrieb außerhalb des Linienverkehrs (e.: general aviation); **A.es Zoll- u. Handelsabkommen** ⟨ → GATT; **A.beleuchtung** *w* Beleuchtung der Arbeitsplatzumgebung; **a.gültige Aussageform in einer Menge** *w* Teilmenge der → Erfüllungsmenge; **A.verbindlichkeitserklärung** *w* Verwaltungsverfügung, die den Tarifvertrag auch auf nicht tarifl. gebund. Arbeitnehmer u. -geber ausdehnt (z. B. Mindestlohn, -urlaub)

Allonge *w* (lat., fr.: *allõnsche*) Papierstreifen am Wechsel für weitere Indossamente; gußeis. Zylinder zur Zinkgewinnung (= Tute, = Düte)

Allo|pathie *w* (KW, gr.) Schulmedizin (Ggs.: Homöopathie); **A.plastik** *w* Ersatz körpereig. Gewebes durch Fremdstoffe (heute meist Kunststoffe: Plexiglas, Nylon, Perlon u. a.); **A.wance** (e.: *ällauans*) zugelass. Abweichung vom Normalgewicht, -legierung einer Münze (= **Toleranz**)

Allphasensteuer *w* Ggs.: → Phasenpauschalierung

All|quanter → Allaussage; **A.rad:antrieb** *m* Antrieb durch ein Verteilergetriebe zw. den Achsen, von dem er über 2 Gelenkwellen zu den Achsen weitergeleitet wird; **A.radlenkung** *w* Lenkung von Vielachsern, bei denen die Radstellung → kinemat. an den Lenkeinschlag gebunden ist; **A.radschlepper** *m* Zweiachsenschlepper mit A.radantrieb; **a.-round** (e.: *-raund*) ↑ vielseitig; überall einsetzbar; **A.strom:empfänger** *m* Empfangsgerät mit Gleich- u. Wechselstromröhren; **A.stromgerät** *s* elektr. Gerät für Gleich- wie Wechselstrom; ähnlich: **A.strommotor** *m*; **A.synchrongetriebe** *s* (*-krôn-*) Vorlegegetriebe mit Vollsynchronisierung aller (Vorwärts-)Gänge; **A.wetterlandung** *w* vollautom. Landung für jede Wetterlage, = → **Blindlandung**; **A.straße** *w* durch Witterung unbeeinflußbarer Straßenkörper; **A.verdeck** *s* Kraftwagenverdeck für jede Witterung. – **Allzweck|egge** *w* leichter Grubber; **A.wagen** *m* Fahrzeug für versch. landwirtsch. Verrichtungen

alodieren (KW) Aluminiumgegenstände durch Phosphat- o. Coronatbehandlung korrosionsfest machen

al pari = → pari

alpha|betische Daten → Daten; **A.-Cellulose** *w* hochreine Cellulose mit hohem Molekulargewicht (für Kunstfasern u. -stoff); **A.daten** *M* Daten in **a.numerierter Darstellung** Darstellung von → Daten mit Folgen aus Zahlen u. Buchstaben o. andern Zeichen (z. B. Kraftfahrzeugkennzeichen); **A.strahlung** *w* Korpuskularstrahlung aus doppelt pos. gelad. Heliumkernen (bes. bei natürl. Radioaktivität); **A.teilchen** *s* aus 2 Protonen u. 2 Neutronen besteh. Atomkern des Heliums (isoliert als → A.strahlung); **A.tier** *s* seine Gruppe führendes Tier; **A.zerfall** *m* radioakt. Kernzerfall unter Ausstrahlung von A.teilchen

Alten|betreuer *m* Spezialfürsorger, = **A.fürsorger** *m*, = **A.pfleger** *m*. – **altern** ↑ durch Materialabnutzung die Betriebsleistungen verringern

Altern at| *s* (lat.) festgelegte Reihenfolge bei Vertragsunterzeichnung; **A.iventwurf** *m* Gegenvorschlag der Opposition; **A.ivflugplatz** *m* = → Ausweichflugplatz; **A.ivgruppe** *w* Gegenbewegung gegen besteh. Parteien; **A.ivmodell** *s* and. Vorschlag zur Lösung eines Problems; **A.iv:ökonom** *m* Wirtschaftswissenschaftler, der – im Ggs. zur Regierung – die ökon. Krise durch Steigerung der Nachfrage beheben will; **A.ivprofessoren** *M* Arbeitskreis d. u. schw. Strafrechtslehrer; **a.ive Währungsklausel** *w* Bezahlung in belieb. Währung. – **alternierender Strom** *m* Wechselstrom

Alter|s:aufbau *m* Bevölkerungsgliederung nach Lebensaltern, = **A.sgliederung** *w*; **A.sdelinquenz** *w* Kriminalität Älterer (bes. nach Berufsaufgabe); **A.sfreibetrag** *m* Steuerfreibetrag für best. Personen über 60 Jahre; **A.sfreizeit** *w* erweit. Freizeit für ältere Arbeitnehmer; **A.s:panik** *w* Angst alter Leute, etw. versäumt (verfehlt) zu haben; **A.s:soziologie** *w* Erforschung der Lebensformen, -möglichkeiten alter Leute in der Industriegesellschaft; **A.s:struktur** *w* = → A.s:aufbau, = **A.s:schichtung; A.sversuch** *m* Blechprüfung auf Versprödungsanfälligkeit. – **Alterung|** *w* Veränderung der Eigenschaften beim Lagern (z. B. Käsereifung, Kunststoffbrüchigkeit); **a.sbeständig** nicht alternd (a.es Material); **A.s:schutzmittel** *s* Zusatzstoff gegen → A. – **Ältestenrat** *m* unterstützendes Gremium bei Geschäftsführung des Parlamentspräsidiums. – **Alt|grad** *m* Winkelmaß, auf der Teilung des Kreises in 360 gleiche Ausschnitte beruhend; **A.metall** *s* aus Schrott u. Abfällen zurückgewinnb. Metall; **A.minute** *w* Einheit für den ebenen Winkel (⟨ ′); **A.sekunde** *w* Einheit für den ebenen Winkel (⟨ ″); **A.stadtsanierung** *w* Anpassung alter Stadtteile an moderne Wohnverhältnisse

Alu *s* ⟨ **Alu**minium; **ALUCOBOND** ⟨ **Alu**minium-Polyäthylen-Aluminium (neuer Verbundwerkstoff der Architektur)

alum|etieren Stahl mit Aluminium beschichten; **a.inieren** mit Aluminium überziehen; **A.inium:acetat** *s* essigsaure Tonerde; **A.iniumbronze** *w* Legierung aus Kupfer, Zink u. A.inium; **A.iniumseife** *w* Verbindung von Fett-

u. Naphthensäuren mit A.inium (öllösl., wasserabweis.)
Alwegbahn *w* (〈 schwed. Erfinder Axel Lenhart Wenner-Gren) Einschienenhochbahn
AM 〈 Amplitudenmodulation. – **Am** 〈 Americium
Amalgam *s* (ar.) Quecksilberlegierung (z. B. für Zahnfüllungen)
ambig = → ambivalent; **ambi|lateral** mit freier Wahl beim Anschluß an die väterl. o. mütterl. Linie; **A.sexualität** *w* infantile Entwicklungsphase (erot. Wünsche, Vorstellungen beziehen sich auf Personen beiderlei Geschlechts); **a.valent** zweideutig; doppelwertig; zweispältig; **A.valenz** *w* Gleichzeitigkeit entgegenges. Gefühle (Tendenzen) bei einer Person
ambulan|t (lat.) nicht stationär; **A.z** *w* Klinikräume für nicht stationäre Patienten; Unfallwagen; **A.zpati:ent** *m* Patient, der im Krankenhaus behandelt wird, ohne ein Bett zu belegen
Ameisen|spiritus *m* Mischung von A.säure u. verdünntem Alkohol (Einreibemittel)
Amelioration *w* (KW, lat.) Verbesserung (der Traubenmoste, des Ackerbodens)
American way of live *m* (am.: *emeriken wei af laif*) Lebensstil, -haltung, -auffassung des US-Amerikaners
Ametageschäft *s* (KW) Geschäft mit gleichhohem Einsatz u. Gewinn
AMF 〈 Arbeitskreis Media-Informationen Fachzeitschriften
Amino|gruppe *w* Gruppe $-NH_2$ in org.-chem. Molekülen; **A.plast** *m* Kunststoff aus Formaldehyd u. einem Amin; **A.säure** *w* Carbonsäure mit einer A.gruppe im Molekül (alle Eiweißmoleküle aus aneinandergeknüpften A.molekülen aufgebaut!); **A.säuresequenz** *w* Reihenfolge der versch. im Eiweißmolekül aneinandergeknüpften A.säuremoleküle
Ammenkuh *w* künstl. besamte Kuh
Ammoniak|synthese *w* techn. Herstellung von A. aus Stickstoff u. Wasserstoff; **A.verbrennung** *w* techn. Herstellung von Salpetersäure aus A. (= Ostwald-Verfahren); **A.wasser** *s* Salmiakgeist (Lösung von A. in Wasser). – **Ammonium|** *s* Atomgruppe in den A.salzen; **A.chlorid** *s* Salmiak (A.salz der Salzsäure); **A.nitrat** *s* A.salz der Salpetersäure (Bestandteil von Sicherheitssprengstoffen); **A.sulfat** *s* Kunstdünger (A.salz der Schwefelsäure)
amnesty international *w* (e.: *ämnesti interneschenel*) überstaatl. Organisation zur Betreuung polit. Gefangener (〈 *a i*)
Amnioskopie *w* (KW, gr.) ambulant mögl. Überwachung gefährdeter Feten in der Spätschwangerschaft
amorph (gr.) formlos; nicht scharf begrenzt; nicht kristallin; nicht zur Kristallbildung führend
Amortis|ation (KW, lat.-fr.) Schuldentilgung; Aufruf bei Verlust des Sparbuchs, Wechsels usw.; Ungültigkeitserklärung von Dokumenten; Deckung der Anschaffungskosten aus dem Ertrag; (DDR:) Abschreibung des Produktionsverschleißes; *ZW:* **a.ieren**; **A.ationsfonds** *m* (*-foñ*) Tilgungsfonds; **A.ations:hypothek** *w* Tilgung einer Hypothek durch jährl. Zinszuschlag, = **Tilgungshypothek**; Ggs.: Kündigungs-, Frist-, Festhypothek
Ampel| *w* 〈 Verkehrsampel; **A.system** *s* Schaltsystem von aufeinander abgestimmt. A.n
Ampere| *s* (fr. Physiker, 18./19. Jh.) Maßeinheit der elektr. Stromstärke (〈 *A*); **A.meter** *s* Gerät zur Messung der elektr. Stromstärke; **A.sekunde** *w* Maßeinheit der elektr. Ladung
Amphibi:en|fahrzeug *s* Schwimmwagen (zu Wasser u. Land einsetzb.); **A.flugzeug** *s* Flugzeug, das landen u. wassern kann. – **amphibisch|er Behälter** *m* schwimmfähiger transportabl. Großbehälter (= **Lastrohr**); **a.e Kampfeinheit** *w* milit. Verband, der zu Wasser wie zu Land operieren kann (= **a.e Kriegführung**)
Amplitude| *w* (lat.) Schwingungsweite; **A.nmodulation** *w* funktechn. Verfahren, bei dem eine elektromagnet. Welle durch Beeinflussung ihrer A. zum Träger des zu übertragenden Signals wird
Ampullen:aufbewahrer *m* (KW) Anlage zur Aufbewahrung radioakt. Stoffe
AMT 〈 Arbeitsgemeinschaft mittlerer Tageszeitungen
Ämter|monopol *s* Besitznahme best. Ämter durch best. Interessengruppen; **Ä.patronage** *w* (*-nâsche*) bevorzugende Beeinflussung der Besetzung (Beförderungen) im Verwaltungsdienst. – **Amt|s:anmaßung** *w* unbefugte Ausübung eines öfftl. Amtes (einer Amtshandlung); **A.sdelikt** *s* strafbare Handlung eines Amtsträgers; **A.sgeheimnis** *s* dienstl. Schweigepflicht; **A.s:haftung** *w* vermögensrechtl. Verantwortung des Beamten für die Gesetzmäßigkeit seiner Handlungen; Haftung der öfftl. Hand bei schuldhaften Rechtswidrigkeiten der öfftl. Ge-

walt; **A.s:hierarchie** *w* Instanzenzug; **A.s:hilfe** *w* Verpflichtung der Behörden zum ggs. Beistand bei Erfüllung ihrer Aufgaben (→ Beistandspflicht); **A.s:unterschlagung** *w* Unterschlagung dienstl. verwalt. Sachen; **A.svergehen** *s* Delikt bei Ausführung eines öfftl. Amtes; **A.svormund** *m* Jugendamt für unehel. Kinder seines Bezirks, die keinen Vormund haben

AMVER ⟨ **A**tlantik **M**ershant **V**essel **R**eport. – **AN** ⟨ **A**daptions**n**iveau. – **ANA** ⟨ **A**merican **N**umismatic **A**ssociation (Münzensammlerbund)

Anabolismus *m* (KW) Stoffwechselvorgang, der zum Aufbau kompliz. Substanzen aus einfachen führt

ana:erob (KW, gr.) ohne Luftsauerstoff ablaufend

anale Phase *w* Abschnitt im 2./3. Lebensjahr (Reinlichkeitsdressur, Besitzfreude, Trotz, Stolz über Erfolge)

analeptisch (gr.) erfrischend

Anal|erotik *w* erot. Befriedigung durch Schließmuskelbetätigung o. Darmentleerung, = **A.ität** *w*

Analgetikum *s* (KW, gr.) schmerzstillendes Mittel

Analogie| *w* (gr.) ↑ Funktionsübereinstimmung entwicklungsgesch. verschied. Organe; Anwendung eines Gesetzes auf ähnl. Tatbestand; **A.rechner** *m* mit stetig veränderl. Größen arbeit. Rechner

Analys|and *m* (KW) wer psycholog. analysiert wird; **A.ator** *m* automat. Gerät zur Durchführung chem. A.en; opt. Vorrichtung zum Erkennen der Schwingungsebene des polaris. Lichts; Gerät zur Zerlegung von Schwingungen in Grund- u. Oberschwingungen; wer eine psycholog. Behandlung durchführt; **A.e** *w* Ermittlung der chem. Zusammensetzung eines Körpers (→ qualitat., quantitat. A.e); Ergründung des Aufbaus einer Komposition (formal-harmon.-techn.); gliedernde Untersuchung; **diachrone A.e** *w* Längsschnittuntersuchung; **dimensionale A.e** *w* Definition der Wirklichkeitsdimensionen; Methode zur Feststellung der zu einer Untersuchung nötigen Daten; **funktionale A.e** *w* Untersuchung sozial. (biolog.) Systeme; **synchrone A.e** *w* Querschnittuntersuchung; **strukturale A.e** Aussonderung der mehreren soz. Erscheinungen gemeins. systemkonstrukt. Elemente; **A.enwaage** *w* sehr genaue Waage für chem. A.en; **A.is** *w* mehrere math. Gebiete (Funktionenlehre, Differential-, Integralrechnung u. a.). – **Analyt|iker** *m* Fachmann für Arbeitsplatz-, Berufs-, Datenverarbeitungs-, Finanz-, Marktforschung, chem. Analysen; Psychoanalytiker; **a.ische Chemie** *w* Teil der Chemie, der sich mit Theorie u. Durchführung von Analysen beschäftigt; **a.ische Geometrie** *w* Behandlung der Geometrie mit den Methoden der Algebra u. Analysis (seit Descartes); **a.ische Statistik** *w* Auswertung statist. Angaben durch Wahrscheinlichkeitsrechnung

Anamnese *w* (gr.) Vorgeschichte des Kranken

Anästhes|ie *w* (gr.) zeitl. begrenzte Schmerzbetäubung (allgem.: Narkose; örtl.:Lokala.ie); **A.ieschwester** *w* für Betäubungen (bei Operationen usw.) ausgebild. Krankenschwester; ähnl.: **A.iepfleger** *m*; **A.ist** *m* Facharzt für Narkosen

Anastigmat *m* (gr.) opt. System, das frei von → Astigmatismus ist

Anbau|berater *m* Landwirtschaftsexperte; **A.er** *m* ↑ Landwirt für Arzneipflanzen; **A.freiheit** *w* Verbot von Anbau in einer Straße; **A.motor** *m* Hilfsmotor am Fahrrad; **A.wand** *w* Zimmerwand mit **A.möbeln** zusammensetzb. Möbelstücken desselb. Programms

anblas|en ↑ Hochofen in Betrieb nehmen; **A.öl** *s* Kernbildemittel, = Blasöl; **A.richtung** *w* Richtung, aus der die Luft das Flugzeug trifft

Anbrems:punkt *m* Fahrbahnstelle, an der man spätest. bremsen muß, um Gefahr auszuweichen

ANC ⟨ **A**frican **N**ational **C**ongress (Bewegung der Nichtweißen)

Anci:ennitäts:prinzip *s* (KW) (*anßi-*) Beförderung nach Dienstalter

Anderkonto *s* von Verwalter genutztes Konto, = **Treuhandkonto** *s*

Andienung| *w* Angebot; Erklärung des Versicherten, daß er entschädigungsberechtigt ist; **A.s:pflicht** *w* Frist, in der dieser Anspruch angemeldet werden muß; **A.s:straße** *w* Lieferstraße für Anlieger

andocken ↑ Raumschiffe aneinanderkoppeln

Andro|gen *s* (KW, gr.) Sexualhormon; m. Geschlechtsmerkmale fördernder Stoff; **a.id** (äußerlich) vermännlicht (**a.ider Typ** *m* männl. erscheinende Frau); **A.ide** *m* Computer auf Beinen; **A.logie** *w* Männerheilkunde (der Genitalorgane); **A.spermi:en** *M* das m. Geschlecht übertragende Spermien; **A.steron** *s* wichtiges A.gen

andrücken ↑ Steuerknüppel nach vorn drücken. – **Andruck|platte** *w* ebene Platte auf der Kamerarückseite zur Hilfe bei der Filmführung; **A.rolle** *w* Rolle an der Kamerarückwand, die den Film in der Transportwalze hält

Anemo|graph *m* (KW, gr.) selbstschreibender Windmesser; **A.meter** *s* Gerät zur Messung der Windgeschwindigkeit; **A.stat** *m* Luftverbesserer

Anero:idbarometer *s* (KW) Luftdruckmeßgerät

anfahr|en ↑ Anlage in Betrieb nehmen; Produktion beginnen; vor Ort fahren; Lagerstätte abbaubereit machen; **A.tszeit** *w* für Fahrt zur Arbeit benötigte Zeit

Anfang|skapital *s* zur Betriebsgründung verfügb. u. notwend. Kapital; **A.s:termin** *m* → Zeitbestimmung

Anfechtung *w* ↑ Einspruch

anfixen zum Drogengenuß anregen

Anflug|befeuerung *w* Beleuchtung der Landebahn von Flughäfen; **A.höhe** *w* Luftraumvertikale über Flughafen (Ggs.: **A.sektor** *m* Luftraumhorizontale über dem Flughafen)

Anforderungs:arten *M* Merkmale zur Unterscheidung versch. Arbeitschwierigkeiten

angeboren → Auslösemechanismen

Angebot|skurs *m* = → Briefkurs; **A.skurve** *w* Darstellung der verkäufl. Warenmengen (**normal** in Abhängigkeit vom Preis; **atypisch** wachs. A. bei sink. Preisen, z. B. Agrarmarkt); **A.smonopol** *s* Marktlage, in der das A. für eine Ware (Gruppe von Waren) in einer Hand konzentriert ist (Ggs.: Nachfragemonopol); **A.s:überschuß** *m* Gütermenge, um die das A. die Nachfrage übersteigt

Angestellten|büro *s* Stelle zur Bearbeitung aller Angestelltenbelange im Betrieb; **A.gewerkschaft** *w* Arbeitnehmerverband für Angestellte

Angina pectoris *w* (lat.) Schmerzanfälle in der Herzgegend (Angst, Engegefühl im Herzbereich; Ursachen: körperl. Überanstrengung, seel. Traumen; Nervosität, starkes Rauchen; meist bei Sauerstoffmangel des Herzmuskels, Verengung der Herzkranzgefäße) = → Stenokardie

Angiom(a) *s* (gr.) Blutschwamm (gutart. Geschwulst)

Angstklausel *w* Vermerk, die die Zahlungshaftung ausschließt („ohne Obligo", „ohne Gewähr")

sich angurten Schutzgurt im Kraftwagen anlegen

Anhalteweg *m* Reaktions- + Bremsweg

Anhebung *w* (geringe) Steigerung des Lohns (Gehalts, der Preise)

anheiz|en ↑ steigern, beleben; Heizung in Betrieb nehmen; **A.zeit** *w* zur Durchwärmung der Feuerungswände (-umkleidungen) nöt. Zeit

Anhör|termin *m* für → Hearing festges. Zeit; **A.verfahren** *s* Hearing

Anim|a *w* (lat.) Urbild der Frau im m. Seelenleben; unedler Kern einer mit Edelmetall bezogenen Münze; **A.ator** *m* ↑ Zeichner der Bewegungsabläufe von Trickfilmen; **a.ieren** Phasen von Bewegungsabläufen filmen

An:ion *s* (gr. KW) negativ geladenes → Ion

Ankunftszeit *w* Zeitpunkt, zu dem die Fluggäste Flugzeug verlassen können

Ankurbelungskredit *m* Darlehen zur Wirtschaftsbelebung (→ Fiskalpolitik)

Anlage|kapital *s* Geld für Unternehmensgründung; in Produktionsmitteln angelegt. Kapital (Ggs.: Betriebskapital); **A.konto** *s* Bilanzteil, in dem der Wert der Gebäude, Grundstücke, Maschinen, Werkzeuge, Ausstattungen zusammengefaßt wird, = **ruhendes Konto**; **A.kartei** *w* eingeh. Nachweis der einz. Maschinen, Grundstücke eines Betriebs; **A.papier** *s* zur Festlegung von Geld geeign. Wertpapier (Ggs.: Spekulationspapier); **A.rung** *w* Zusammentreten zweier Teilchen (Moleküle) unter Energieabgabe; **A.vermögen** *s* zum ständ. Geschäftsbetrieb (nicht zur Weiterveräußerung) best. Betriebsvermögensteil (Ggs.: Umlaufvermögen)

Anlaßdrehzahl *w* zur Zündung nöt. minütl. Drehzahl der Kurbelwelle nach der Drehung des Anlassers. – **anlass|en** Motor durch den A.er zum Laufen bringen; Werkstoffeigenschaften von Metallen durch vorsicht. Erwärmen verbessern; **A.er** *m* kleiner Hilfsmotor, der den Verbrennungsmotor zum Laufen bringt; Knopf (Hebel) zu seiner Betätigung. – **Anlaß|generator** *m* elektr. Anlasser; **A.vorrichtung** *w* Einrichtung zum Ingangsetzen einer Maschine, die aus eig. Kraft nicht anlaufen kann

Anlauf| *m* Fahrzeugstart; **A.adresse** *w* Anschrift der Jugendbetreuungsstelle; **A.moment** Drehmoment beim A. eines Motors; **A.turm** *m* Startstelle der Sprungschanze; **A.wert** *m* Zeit für die Änderung der Regelgröße um eine Einheit

Anleihe|kapital *s* geliehene Geldsumme; **A.zeichnung** *w* schriftl. Bereitschaftserklärung, zu neuer A. beizutragen

Anlern|beruf *m* Mittelstufe zw. Handwerker (Fach-) u. ungelerntem Arbeiter; **A.ling** *m* Auszubildender mit verkürzter Lehrzeit; **A.verfahren** *s* betriebl. Arbeitsunterweisung

Anlieger| *m* Eigentümer eines Grundstücks, das mit einer Grenze an der Straße liegt; **A.verkehr** *m* auf Bewohner einer Straße beschränkter Verkehr

anmiet|en sich durch Mietvertrag verfügbar machen; *S:* **A.ung** *w*

Annahmeverzug *m* Ablehnung einer ordnungsgem. gelief. Ware; → Verzug

Annihilation der Materi:e *w* (KW) vollständ. Umwandlung von Materie in Energie beim Zusammentreffen mit Antimaterie, = **Zerstrahlung** *w*

annu|itäre Hypotheken *M* Tilgungshypotheken mit gleichbleibenden Jahresraten; **A.ität** *w* jährl. Tilgung mit Zinsquoten; **feste A.itäten** *M* Zeitrenten

Anode| *w* (gr.) posit. gelad. Stromzuführung, Pluspol; **A.nschlamm** *m* bei der elektrolyt. Metallgewinnung die Stoffe, die sich im A.nraum absetzen (oft mit Edelmetallen); **A.nspannung** *w* bei Elektronenröhren elektr. Spannung zw. Anode u. Kathode; **A.nstrom** *m* bei Elektronenröhren der zw. Anode u. Kathode fließende elektr. Strom

Annullierung *w* (KW) Abbuchung (z. B. eines Fluges durch den Fluggast)

Anomal|oskop *s* (KW) Gerät zur Untersuchung des Farbsinns; **A.ie** *w* Regel-, Normlosigkeit als Folge der Arbeitsteilung o. unbegr. Bedürfnisausweitung; Zusammenbruch der kultur. Ordnung durch Spannung zw. Zielsetzungen u. ihrer Erreichung; Ohnmachtsgefühl; Störung des Sprachvermögens

Anonyme Alkoholiker *M* Gemeinschaft ehem. Alkoholiker

Anorchie, Anorchidie *w* (gr.) angebor. Fehlen der Hoden

Anorexie *w* (gr.) Appetitlosigkeit (bei Krankheiten, Schwangerschaft, Hirnschäden)

an:organische Chemie *w* beschäftigt sich mit Substanzen, die keinen Kohlenstoff enthalten o. von mineral. Herkunft sind

Anpassung| *w* Variierung der Produktionsverfahren zur Beeinflussung der Kostenstruktur (Arbeitszeit-, Maschinenzahlveränderung); **A.s:hilfe** *w* Geldbeitrag für die Zeit des Eingewöhnens

Anrampung *w* Anstieg (Abfall) des Fahrbahnrandes durch Änderung der Fahrbahnquerneigung

Anregung| *w* ↑ Energieaufnahme durch Atome o. Moleküle; **A.s:energie** *w* bei der A. aufgenommener Energiebetrag; **A.szustand** *m* energiereicher Zustand bei Atomen u. Molekülen

anreiß|en Motor anwerfen; auf Metall vorzeichnen; zu fällende Bäume markieren; **A.er** *m* Ware als Kundenfang

Anreizsystem *s* Methode, durch Belohnungen Aktivitäten auszulösen

Anruf|beantworter *m* Zusatzgerät zum Telefon, das einem A.er eine auf Band gesproch. Nachricht übermittelt u. eine Nachricht des Anrufers aufnehmen kann; **A.schranke** *w* nur auf Anruf eines Verkehrsteilnehmers zu öffnende Eisenbahnschranke; **A.wiederholer** *m* Zusatzgerät zum Telefon, das bei Besetztzeichen o. Nichtabheben des Hörers regelmäß. das Anwählen automat. wiederholt

ANS ⟨ **A**merican **N**umismatic **S**ociety (New York)

Ansage| *w* Programmankündigung im Rundfunk, Fernsehen; Bekanntgabe durch Lautsprecher; Anweisung an den Sportler während des Wettkampfs; **A.dienst** *m* ↑ ⟨ **Fernsprech:ansagedienst** *m* Telefonservice (Durchgabe versch. Ereignisse, Tatsachen, Prognosen); **A.r** *m* Conférencier; Rundfunk-, Fernsehmitarbeiter; Angestellter im Bahnhofs-, Flughafendienst; Bonansager in Gaststätten

Ansatz *m* angesetzte Schicht; Stelle, an der ein Glied (Körperteil) beginnt; Kalkulation (**in A. bringen** veranschlagen)

Anschaffungswert *m* Wert eines Gegenstandes beim Kauf (→ Wiederbeschaffungswert)

Anschlag *m* Bedienbarkeit einer Maschine; Kosteneinschätzung; Vorsprung (z. B. an Maschinen), der als Hindernis ihre Bewegung begrenzt; Signalstelle der Schachtförderung

Anschluß| *m* ↑ telef. Verbindung; Verbindung von Hölzern untereinander o. mit andern Tragteilen; **A.berufung** *w* Beteiligung an der Berufung des Gegners im Zivilprozeß; **A.frist** *w* Zeit bis zur Wirksamwerdung einer amtl. Zustellung; **A.konkurs** *m* Konkursverfahren nach Ablehnung des Vergleichsvorschlags; **A.stelle** *w* Straßenübergang zw. Autobahn u. Landstraße; **A.wert** *m* Nennstromstärke eines elektr. Hausanschlusses; **A.zwang** *m* Verpflichtung, sein Grundstück an alle Leitungs- u. Kanalisationsnetze anzuschließen

Anschnallpflicht *w* gesetzl. Vorschrift

für Fahrer u. Beifahrer, sich anzugurten

anschneiden ↑ nur einen Ausschnitt fotografieren; Richtung des Spielballes ändern; archäolog. fündig werden. – **Anschnitt** *m* ↑ Lage der Straße am Abhang (das Straßenprofil bergseitig ins Gelände eingeschnitten, talseitig über dem Gelände aufgeschüttet)

anschreiben ↑ beschriften; für spätere Bezahlung vormerken

Anschwemmfilter *m* Vorrichtung zur Wasseraufbereitung

ANSI ⟨ am. Normengesellschaft

Ansprech|grenze *w* Mindestwert der Regelgrößenänderung zur Stellgrößenänderung eines Regelkreises, = **A.empfindlichkeit**; **A.zeit** *w* Zeit zw. dem Berühren der Bremse u. der Bremswirkung; Zeit bis zur Auslösung des Regelvorgangs bei geringer Überschreitung der A.grenze

Anspruch| *m* ↑ Schlußangabe bei der Anmeldung eines Patents (Gebrauchsmusters); **A.s:prüfer** *m* Versicherungsangestellter

Anstaltsvormund *m* Verein als Vormund (Pfleger, Beistand), = **Vereinsvormundschaft** *w*

Ansteckung *w* ↑ spontane Übernahme (Nachahmung) von Verhaltensweisen (Meinungen, Gefühlslagen) durch Personen (Gruppen)

Anstellwinkel *m* Winkel zw. Strömungsrichtung u. angeströmter Fläche

Ansteuerung|sfeuer *s* Leuchtfeuer am Eingang eines Fahrwassers; **A.s:tonne** *w* Bezeichnung des Fahrwassereingangs

Anstrengung des Materials *w* Zugversuch zur Werkstoffprüfung

Antagonist *m* (KW, gr.) Gegenspieler; Wirkungsweise von Heilmitteln, Hormonen, Enzymen

an|tasten Maß am Prüfling abnehmen

antauen eingefror. Lebensmittel äußerl. auftauen

Anteil|papier *s* Urkunde über Beteiligung am Unternehmen, = **A.schein** *m*; **A.eigner** *m* Inhaber eines A.scheins

Anthropo|id *m* (KW, gr.) Menschenaffe; **A.logisierung** *w* Vermenschlichung relig. Fragen, Meinungen; **a.morph** sehr menschenähnlich; **A.morphisierung** *w* Übertragung menschl. Eigenschaften auf Nichtmenschen; **A.sophie** *w* Lehre, nach der der Mensch sich seel. steigern u. dadurch übersinnl. Erkenntnisse gewinnen kann, = **Eurhythmie**; **A.technik** *w* Versuch, Maschinen dem Menschen anzupassen

Anti|babypille *w* Hormonpräparat zur Empfängnisverhütung (langfristige Einnahme mit Risiko von Nebenwirkungen, bes. Neigung zur Thrombose!); **A.beschlagmittel** *s* Mittel gegen Beschlagen von Glasflächen mit Wassertröpfchen; **A.biotika** *M* Stoffwechselprodukte versch. Organismen mit gezielt. biot. Aktivität (gegen Bakterien, Viren, Pilze, Körperzellen usw.); **A.chrese** *w* (*-krê-*) Vereinbarung zw. Schuldner u. Gläubiger über das Nutzungsrecht am Pfand (*EW:* **a.chretisch**); **A.dot** *s* Gegenmittel; **A.dröhnmaßnahme** *w* Versteifung gegen das Schwingen der Konstruktionsteile; Bedeckung der Oberfläche(n) mit schalldämpfendem (plast.) Stoff; **A.dumpingzölle** *M* Zölle gegen Auslandswaren zu sachl. ungerechtfert. Unterbietungspreisen; **A.elektron** *s* A.teilchen des Elektrons (häufiger: **Positron**); **A.frustrationsmethode** *w* grundsätzl. nachsichtige Erziehung; **A.galaxie** *w* Spiralnebel aus A.materie; **A.-G-Anzug** *m* Druckanzug; **A.gen** *s* (⟨ **Anti**somato**gen**) Bildung von A.körpern anregender Stoff; **A.hautmittel** *s* Zusatzstoff für Anstrichstoffe (hindert Hautbildung beim Lagern); **A.klopfmittel** *s* Benzinzusatz (hindert Motorklopfen durch Erhöhung der Octanzahl); **A.kollisionssystem** *s* Verhinderung von Kollisionen des Flugzeugs mit dem Boden (mit andern Flugobjekten); **A.konzeption** *w* Schwangerschaftsverhütung; **A.körper** *m* (⟨ *Ak, AK*) Immunkörper (an Körperzellen gebundene Eiweißstoffe, auf den Reiz der A.gene gebildet u. gegen sie gerichtet); **a.magnetische Uhr** *w* Uhr mit geringer Gangbeeinflussung durch äuß. Magnetfelder; **A.materi:e** *w* auf der Erde nicht existenzfähige Form der Materie aus Atomen mit negat. gelad. Kern u. posit. gelad. Elektronenhülle

Antimon| *s* (ar.?) metall. Element (für Legierungen, Halbleiter, Heilmittel, Kautschuk-, Kunststoffzusätze; ⟨ *Sb*); **A.gelb** *s* Farbpigment

anti:monopolistisch → Demokratie

Antimon|zinnober *m* rotes A.sulfid

Anti|mycoticum *s* (KW) Mittel gegen Pilzbefall; **A.neutron** *s* A.teilchen des Neutrons; **A.oxidans** *s* Zusatzstoff gegen Schädigungen durch Luftsauerstoff (für Lebensmittel, Schmier-, Werkstoffe usw.); **a.parallel** parallel, aber entgegenges. verlaufend; **A.poden** *M* ↑ 2 Stoffe, deren Moleküle sich wie Bild u. Spiegelbild verhalten; **a.proportio-**

nal 2 Größen, deren Produkt für alle zusammengehör. Werte dasselbe ist (meist: **umgekehrt proportional**); **A.proton** *s* A.teilchen des Protons; **A.psychiatrie** *w* Deutung psych. Störungen als Reaktion auf Sozialbeziehungen des Kranken; **A.rakete(nrakete)** *w* Abwehrwaffe gegen Interkontinentalraketen; **A.reaktivität** *w* (mögl.) negat. Reaktivität von Abschaltorganen bei Betätigung (Kernreaktor); **A.reflexbelag** *m* Beschichtung von Glasflächen in opt. Geräten zur Minderung des Lichtverlustes durch Spiegelung; **A.reflexspray** *m* (*-sprä*) Sprühgerät gegen Bildschirmspiegelung; **A.septika** *M* äußerl. anwendbare Mittel zur Hemmung o. Vernichtung von Krankheitserregern; **A.skating** *s* (e.: *-skêtiñ*) Vorrichtung am Plattenspieler, die seitl. wirkende Reibungskräfte ausgleicht; **A.statikum** *s* Zusatzstoff für Kunststoffe (gegen Staubanziehung durch elektr. Aufladung der Oberfläche); **a.statisch** nicht zu elektr. Aufladung neigend; **A.teilchen** *s* Elementarteilchen, das unter ird. Bedingungen existenzfähigen Elementarteilchen in best. Grundeigenschaften (Masse u. a.) gleich, in andern (Ladung, Spin, magnet. Moment) entgegengesetzt gleich ist (beim Aufeinandertreffen von Teilchen u. A.teilchen beide in Energie verwandelt!), = **Zerstrahlung; A.theater** *s* modernes experiment. Theater; **a.toxisch** gegen Gifte wirksam; **A.trudelschirm** *m* auslösb. Fallschirm am Flugzeugheck; **A.trustbewegung** *w* Opposition gegen wirtsch. Machtstellung (→ Kartelle!); **A.vitamin** *s* Stoff zur Hemmung eines best. Vitamins; **A.zipando** *s* (it.) vorausbezahlte Zahlungen (Zinsen), = **A.zipandozahlungen** *M*; **A.zipation** *w* wissensch. Voraussage; Vorausleistung; **A.zipationsschein** *m* Anteilschein bei Ausgabe von Staatspapieren bei Bargeldmangel; **a.zipative passive Rechnungs:abgrenzung** *w* → passive Rechnungsabgrenzung; **a.zipierter Wechsel** *m* vorzeit. bezahlt. Wechsel; **a.zyklische Konjunkturpolitik** *w* wirkt der besteh. Konjunktur entgegen; **a.zyklisches Verhalten** *s* → Parallelpolitik; **a.zyklische Werbung** *w* Verstärkung der Werbung bei Rezession; **A.zyklone** *M* Hochdruckgebiet

Antragsdelikt *s* nur auf Wunsch des Geschädigten gerichtl. verfolgte Straftat

Antrieb|s:achse *w* Fahrzeugachse mit den **A.srädern** (= von einem Motor getrieb. Rädern); **A.sregelung** *w* Konstanthaltung der Drehzahl auf vorgegeb. Werte; **A.s:scheibe** *w* einen A. übertrag. Scheibe; **A.s:schwäche** *w* Schrumpfung der Aktivität (durch Hunger, Überforderung usw.), = **Abulie** *w* (gr.); *EW:* **a.s:schwach** (Ggs.: **a.s:stark** eher aktiv); **A.swelle** *w* einen A. übertragende Welle

antunen (am.: *-tjû-*) sich mit Drogen berauschen

anturnen (am.: *-törn-*) Drogen verfallen

An|urie *w* (gr.) Unfähigkeit zu harnen (Folge von Nierenkrankheiten o. bei Verschluß der Harnblase)

Anwachsung *w* ↑ Vergrößerung eines Anteils (Erbes) bei Ausscheiden eines Mitberechtigten

anwählen telef. Verbindung herstellen; durch Funk verbinden

Anwalt des Vertrauens *m* → Pflichtverteidiger

Anwendungs:technik *w* alle Verfahren zur Weiterverarbeitung u. Anwendung von chem. Produkten (Kunststoffen, Farben, Pflanzenschutzmitteln usw.)

anwerfen ↑ in Gang setzen. – **Anwurfmotor** *m* Motor zum A. von Maschinen

anzapfen Telefonverbindung heimlich abhören

Anzeige|geschwindigkeit *w* am Instrumentenbrett ablesb. Geschwindigkeit; **A.nring** *m* gemeins. Anzeigenwerbung u. -verwaltung kleinerer Verlage; **A.nsplitting** *s* (*-splittiñ*) Belegung der ganzen Zeitungsauflage mit versch. Anzeigenmotiven; **A.nvorspann** *m* geschloss. A.nteil am Zeitschriftenbeginn; **A.werk** *s* Teil der Registrierkasse, der die registr. Werte anzeigt

Anziehungskraft *w* Kraft, die sich 2 Körper aufeinander zu bewegen läßt. – **Anzug|** ↑ *m* Fähigkeit zu starker Beschleunigung (beim Kraftwagen), = **A.svermögen**; **A.smoment** *s* beim Einschalten des Motors entwickeltes Drehmoment

AOC ⟨ **A**ppellation d'**o**rigine **c**ontrollé (Gütezeichen fr. Weine)

Apartheid| *w* afr. Rassentrennung in S.-Afrika (seit 1948; **A.s:politik**). – **Apartmenthaus** *s* (e.: *epât-*) Haus mit Kleinwohnungen

Apathie *w* (gr.) krankh. herabges. Erregbarkeit

Apeiron *s* (gr.) hypothet. Elementarteilchen, aus dem alle andern Elementarteilchen durch Energie entstehen können

aperiodisch ohne Schwingungen verlaufend

Aperturblende *w* Öffnungsblende bei opt. Geräten

APEX ⟨ **A**dditive system of **P**hotographic **Ex**posur (System für fotograf. Belichtung logarithm. Werte)

Apfelsinenhaut *w* Merkmal w. Haut

Aphasie *w* (gr.) = **Aphemie** *w* (gr.) Sprachstörungen durch Erkrankung des zentr. Sprechbereichs (keine Fähigkeit, Begriffe in Wort o. Schrift umzusetzen o. Gesprochenes begriffl. aufzunehmen)

Aphrodis|iakum *s* (Aphrodite = gr. Liebesgöttin) den Geschlechtstrieb steigerndes Mittel; **A.ie** *w* erhöhte sex. Erregbarkeit

API ⟨ **A**merican **P**etroleum **I**nstitute (Dallas, Texas); **API-Standard** Werkzeuge nach den Normen des API

Aplanat *m* (KW, lat.) opt. Linsensystem (in bezug auf Bildfeldwölbung korrigiert)

APO *w* ⟨ **a**ußer**p**arlament. **O**pposition

Apo|chromat *m* (KW, gr.) den durch chromat. Aberration bedingte Abbildungsfehler für 3 Lichtwellenlängen ganz, für die restl. im sichtb. u. infraroten Bereich weitgeh. korrigierendes opt. Linsensystem; **A.enzym** *s* Eiweißanteil eines Enzyms; **A.ferment** *s* Eiweißanteil eines Ferments

Apogäum|satellit *m* aus dem erdfernsten Punkt einer Übergangsbahn in die Umlaufbahn geschoss. Weltraumrakete

Apo|morphin *s* (KW, gr.) Droge gegen Angstzustände; **A.neurose** *w* = → Faszie

Apostilb *s* (KW, gr.) Maßeinheit der Leuchtdichte (⟨ *asb*)

apoth| ⟨ e. apothecaries (*epeßikeri*) = Drogenmaß-, -gewichtseinheit; **A.eken-O** *s* in Apotheken erhältliches Opium; **A.ekenschwester** *w* Verwalterin der Krankenhausa.eke; **A.ekerkammer** *w* Standesvertretung der A.eker; **A.ekerwaage** *w* gleicharmige Präzisionswaage

APP **App**roach control (e.: *epreutsch-*) Annäherungskontrolle

Appeasement-Politik *w* (e.: *äppîsment-*) Entgegenkommen gegen kommun. Länder zur Vermeidung von Gewaltanwendung

Appetitzügler *m* Mittel mit appetitregelnder Wirkung

Apporto *M* (fr.) Sacheinlagen bei Firmengründung

Appraisor *m* (e.: *epreiser*) Taxator; den Wert (Gebrauchseigenschaften) eines Objekts bedeut. Zeichen; manipulier. Bezeichnung

Appretur *w* (fr.) nach dem Weben auf den Stoff aufgebrachtes Textilhilfsmittel zur Verbesserung von Glanz u. Griff

Approach *s* (e.: *epreutsch*) Forschungsansatz; Blickfang bei der Werbung; Landeanflug; Annäherungsschlag (Golf)

Appropriationsklausel *w* (KW, lat.) Bestimmung, daß die bewilligt. Haushaltsmittel zweckgebunden u. nicht überschreitbar sind

Approvisionierungsmarkt *m* Direktverkauf vom Erzeuger an den Verbraucher (bei leicht verderbl. Nahrungsmitteln)

Approximation *w* (KW, lat.) näherungsweise Berechnung math. Werte (in allen elektron. Rechnern)

Aqua| demineralisata *w* (lat.) durch Ionenaustauscher von salzart. Stoffen befreit. Wasser; **A. destillata** (⟨ *Aqua dest.*) destill. Wasser; **A.kultur** *w* Versuche, die Meere für menschl. Ernährung zu nutzen; planmäß. Gewässernutzung, -bewirtschaftung; Mastzucht von im Wasser leb. Nutztieren; **A.naut** *m* Erforscher großer Meerestiefen; **A.nautik** *w*; **A.planing** *s* Gleiten der Wagenreifen auf Wasserglätte; **A.tel** *s* Hausboothotel

äquivalent| (lat.) rückstandfrei miteinander reagierend (Stoffmengen); **Ä.** *s* Relation mit bes. einfachen Eigenschaften (z. B. Gleichheit); Gegenwert; Mittel mit (fast) gleicher Wirkung; **Ä.gewicht** *s* Gewicht eines Grammäquivalents. – **Äquivalenz|** *w* Gleichwertigkeit; **Ä.prinzip** *s* Gleichwertigkeit von Leistung u. Gegenleistung. – **Äquivokation** *w* bei der Übertragung verlorene Information

AR ⟨ **A**rbeits**r**echt. – **Ar** ⟨ **Ar**gon, ⟨ Silber (lat. **ar**gentum)

Aräometer *s* (KW, gr.) Senkwaage (zur Bestimmung des spez. Gewichts von Flüssigkeiten)

Arbeit| *w* ↑ Produkt Kraft mal Weg; → gefahrgeneigt; → gebunden; → Atomisierung; bezogene (abgegebene) Energie; Training; **A.er:akti:e** *w* = → Belegschaftsaktie; **A.erbüro** *s* Stelle zur Bereitstellung angeforderter A.skräfte u. Betreuung der Belegschaft; **A.erbürokratie** *w* A.erschicht in der A.erbewegung; **A.erkolonie** *w* Heimstätte für a.swillige A.slose; **A.er:rentenversicherung** *w* Pflichtversicherung aller A.er; **A.erstudi:e** *w* Untersuchung über die Tätigkeit des A.ers; **A.erstunde** *w* im Betrieb in best. Zeit angefall. Lohnstunde; **A.erzeit** *w* dem Betrieb verfügbare Zeit des A.ers für die vereinb. A.; **A.geberverband** *m* Zusammenschluß der die A.nehmer Beschäftigenden; **A.nehmerverband** *m* → Gewerkschaft; **A.s:akti:e** *w* Gewinnbeteiligungsaktie für eine AG-Belegschaft; **A.s:analyse** *w* Untersuchung einer A. (ihres Platzes); **A.s:auflage** *w* Ausführung best. Aufgaben als Jugendstrafe; **A.sbewertung** *w* Versuch, Anforderungen am u. Schwierigkeiten beim A.splatz zu erkunden u. bewerten (z. B. Grundlage für die Staffelung der Grundlöhne; → Refa); **A.sbühne** *w* Plattform mit Geländer für in erheblicher Höhe A.ende; **A.sdirektor** *m* gleichberecht. Mitglied im Vorstand von Montanbetrieben (durch Aufsichtsrat bestellt unter Zustimmung der Mehrheit der A.nehmervertreter); **A.s:einkommen** *s* Einkommen aus geist. o. körperl. unselbständ. A. (Ggs.: Unternehmereinkommen); **A.s:essen** *s* Mahlzeit bei fortgesetzt. Sitzung; **a.s:extensiv** wenig durch A. bestimmt (Ggs.: **a.s:intensiv**); **A.sfähigkeit** *w* → Energie; **A.sflugplatz** *m* Wirtschaftsflughafen; **A.sflugzeug** *s* Dienstleistungsflugzeug (für Forst-, Landwirtschaft, Sanitätswesen, Wetterflüge, Katastrophenhilfe, Luftbildaufnahmen usw.); **A.sförderungsgesetz** *s* Durchführung durch Bundesanstalt für A.sförderung der berufl. Bildung (bes.: Gewährung von Leistungen, A.slosen-, Konkursausfallgeld usw.); **A.sfriede** *m* konfliktfr. Zustand zw. A.geber u. -nehmer; **A.sführung** *w* = → A.s:steuerung; **A.sgericht** *s* Gericht für a.srechtl. Probleme; **A.sgerichtsgesetz** (1953); **A.sgerüst** *s* Gerüst für Bauarbeiten; **A.s:hygiene** *w* → A.smedizin; **A.s:hypothese** *w* Hilfsannahme; **a.s:intensiv** überdurchschnittl. hoch (von Lohnkosten in einem Produkt; Ggs.: kapital:intensiv, a.s:extensiv); **A.skampf** *m* Kampf der A.nehmer u. -geber um die Verteilung des Volkseinkommens (einschl. Löhne, A.sbedingungen; Mittel: bes. Streik, Aussperrung); **A.sklima** *s* Gleichgewicht zw. Wärmebildung u. -aufnahme u. Wärmeabgabe am A.splatz; **A.skraft** *w* Leistungsvermögen; a.ender Mensch; **A.slohn** *m* → Reproduktionskosten; **A.slosenversicherung** *w* Pflichtversicherung gegen Lohnausfall bei A.slosigkeit; hierfür zuständ. Organisation; **a.sloses Einkommen** *s* Besitzeinkommen; **A.sluftfahrt** Luftfahrt mit → A.sflugzeugen (e.: aerial work); **A.smarkt** *m* Ort des Zusammentreffens von Angebot u. Nachfrage nach A.skraft; **A.smedizin** *w* Erforschung der med. Bedingungen des a.enden Menschen, vorbeug. als **A.s:hygi:ene**; **A.smesser** *m* → Ergometer; **A.smittel** *M* einfache Momente u. Bedingungen des A.sprozesses; alle Einrichtungen zur Durchführung einer A. (= **Betriebsmittel**); **A.snachweis** *m* A.svermittlungsbehörde; **A.snorm** *w* Leistungseinheit für einen A.svorgang; **A.snormenvertrag** *m* Tarifvertragsteil mit der Reststellung der Rechtsnormen; **A.s:ökonomie** *w* Untersuchung der A.smarkt- u. Lohnpolitik (e.: labor economics); **A.s:papier** *s* Planungsentwurf für künftige A.; Verzeichnis der jetz. u. bisher. A.sverhältnisse (beim A.geber); **A.s:physiologie** *w* Untersuchung der Körperfunktionen bei der A.; **A.s:plan** *m* Festlegung der Reihenfolge der A.svorgänge, = **Fertigungs-, Montageplan** *m*; **A.s:platzbeschreibung** *w* (e.: job description) Festlegung des Aufgabengebietes eines A.splatzes, = **A.s:platz:analyse** *w*, = **A.s:platzstudi:e** *w*; **A.s:platzgestaltung** *w* alle Maßnahmen zur Gewährleistung eines ration. A.sablaufs (zum Zweck einer optim. Leistung auch unter Einbeziehung psychol. Gesichtspunkte); **A.s:platzkonzentration** *w* → MAK-Wert; **A.s:platzmobilität** *w* (Fähigkeit zum) Wechseln des A.splatzes; **A.s:platzschutzgesetz** *s* gesetzl. Sicherung des A.s:platzes eines Wehrdienstpflichtigen (1961); **A.s:preis** *m* Preis für die (Einheit der) A.skraft; **A.s:produktivität** *w* Nutzen der gesellsch. A. in der Produktion; Verhältnis der Produktionsmenge zum A.s:einsatz; **A.s:programm** *s* Programm im A.sspeicher einer ADVA; **A.s:prozeß** *m* bewußte Veränderung von Gegenständen mit A.smitteln zu Produkten; **A.s:psychologie** *w* Bemühungen um Gestaltung des A.s:platzes, -ablaufs, Einstellung zur A.; **A.sraum** *m* Raum zw. Kolbenboden u. Zylinderkopf im Zylinder einer Verbrennungsmaschine; **A.srecht** *s* Rechtszustand in vertragl. A.; **A.s:sache** *w* Rechtsstreit in der Zuständigkeit des A.sgerichts; **A.s:schutz** *m* alle Maßnahmen zum Schutz der A.nehmer (Unfall-, Kündigungs-, A.szeitschutz, Sozialversicherung usw.); **A.s:soziologie** *w* Erforschung der A. in der industriellen Produktion (e.: sociology of work); **A.s:speicher** *m* Teil der Zentraleinheit einer ADVA, = → **Zentral-,**

Hauptspeicher (bestehend aus adressierb. Teil u. nicht adressierb. unveränderl. Speicher; im adressierb. Teil vorübergeh. Aufnahme der Daten externer Speicher); **A.s:steuerung** *w* Durchsetzung des A.sablaufs nach A.s:planung, = **A.sführung** *w*, = **Fertigungssteuerung** *w*, = **Produktionslenkung** *w*; **A.s:strom** *m* Strom zum Maschinenantrieb; Strom, der erst bei Betätigung einer Anlage arbeitet (Ggs.: Ruhestrom); **A.s:studi:e** *w* Untersuchung einer A. in ihren Zusammenhängen u. auf ihre optim. Bewältigung hin; *M*: → Refa; **A.s:stufe** *w* Teil einer A.; **A.s:takt** *m* sich stetig wiederholende Phase der Maschinena. (Fließbanda.); leistungsgebundene Bewegung der Kolbenkraftmaschine; **A.s:technik** *w* techn. Verfahren bei der A.; Ermittlung der besten Bewältigung aller A.svorgänge; **A.s:teilung** *w* Tendenz zur Verselbständigung von Funktionen (Institutionen; e.: division of labor; fr.: division du travail); Aufgliederung einer Aufgabe auf die für sie geeigneten Mitarbeiter (**horizontale A.s:teilung** Spezialisierung nach Bereichen; **vertikale A.s:teilung** Spezialisierung der Entscheidungsbefugnisse; Ebenen: gesellsch. als Trennung in Wirtschaftszweige [Industrie, Handel]; innerhalb der Wirtschaftszweige; innerbetriebl. – Vorteil: Steigerung der Produktivität; Nachteile: Einseitigkeit, Krisenanfälligkeit); **A.s:temperatur** *w* Wärmegrad für die A. einer Maschine; **A.s:therapie** *w* Heilung durch Übernahme planvoller regelmäß. A.en (z. B. bei Lungen-Tb, Zuckerkrankheit, Psychopathie, Alkoholismus usw.); **A.s:umsatz** *m* Unterschied zw. dem Energieumsatz während der körperl. A. u. der Ruhelage des Körpers; **A.s:unfall** *m* körperl., zeitl. begrenzte Schädigung in direkt. Zusammenhang mit der versich. Tätigkeit; **A.sverhältnis** *s* Rechtslage zw. A.geber u. -nehmer, = **Beschäftigungsverhältnis** *s*; **A.svermögen** *s* = → A.skraft; Energiebetrag einer Werkzeugmaschine zum Umformen eines Werkstücks; **A.svertrag** *m* Übereinkunft über Zurverfügungstellung von A.skraft des A.nehmers u. Zahlung durch den A.geber, = **Dienstvertrag**; **A.swagen** *m* Bauwagen der Eisen-, Straßenbahn; **A.swert** *m* Schwierigkeit einer Aufgabe in Zahlen ausgedrückt; **A.swissenschaften** *M* alle Forschungen über A.s:probleme; **A.szeitverordnung** *w* gesetzl. Festlegung der wöchentl. A.szeit; **A.szerlegung** *w* Aufteilung des A.s:prozesses in Teila.en; **A.szyklus** *m* Zeit, die eine period. a.ende Maschine für einen vollen A.sgang benötigt

Arbitrage| *w* (fr.:-*âsche*) Börsengeschäft zur Nutzung örtl. Kursdifferenzen; kaufmännische Schiedsgerichtsbarkeit; **A.klausel** *w* Verpflichtung zur Anrufung privat. Schiedsgerichts bei Streit aus abzuschließendem Geschäft

ARD ⟨ **A**rbeitsgemeinschaft der öfftl.-rechtl. **R**undfunkanstalten **D**eutschlands

Ardometer *s* (KW, gr.) Wärmestrahlenmeßgerät

ARE ⟨ → grüne Parität

Arealprobe *w* Stichprobe bei Meinungsumfragen in repräsent. Gebiet

Arge| Alp *w* ⟨ **Ar**beits**ge**meinschaft der westl. **Alp**engebiete zur Beratung gemeins. wirtsch. u. kultur. Probleme; **A. Ost** *w* Entsprechung der östl. Alpengebiete

Arginin *s* (KW) Aminosäure (in fast allen Eiweißarten)

Argon *s* (gr.) chem. Element, Edelgas (⟨ *Ar*)

Armhaltevorrichtung *w* Armsicherung in Schleudersitzen

Armierung *w* (KW) ↑ Verstärkung durch Einlagen (bei Beton durch Stahlteile, bei Kunststoffen durch Glasfasern usw.), jetzt: = → **Bewehrung** *w*

Aromat|en *M* (KW) Benzol u. alle abgeleit. Verbindungen; **a.isch** ↑ chem. dem Benzol ähnlich

Arrang|ement *s* (fr.: *aransehmañ*) Abwicklung eines Börsengeschäfts; **A.eur** *m* (-*schör*) Auslagendekorateur; Ballettchoreograph; Bühnen-. Rundfunkregisseur; Umsetzer von Kompositionen für best. Instrumente

Arrestbruch *m* = → Verstrickungsbruch

Arretierung *w* Feststellvorrichtung bei erschütterungsempfindlichen Meßgeräten

arrossieren (fr.) Raten zahlen; gegen Zuzahlung verzinsl. in höher verzinsl. Anleihe umtauschen

Arsen|ik *s* (= **A.trioxid** *s*; gr.) Ausgangsstoff für Schädlingsbekämpfungsstoffe u. Heilmittel; **A.säure** *w* Oxidationsprodukt des A.s (zur Herstellung von Arznei- und Schädlingsbekämpfungsmitteln); **A.vergiftung** *w* meldepflicht. Berufskrankheit

Arteri|ole *w* (KW, gr.) kleinste A.e; **A.osklerose** *w* Blutgefäßerkrankung (Verdickung und Verhärtung der A.enwand durch Ablagerung von Cholesterin, Lipoiden, Kalksalzen)

Artikelgesetz *s* Gesetz zur Verbesserung der Haushaltstruktur; Zusammenfassung von Gesetzen mit gemeins. Ziel

Art|ist *m* Werbefotograf, -typograf; Gebrauchsgrafiker; **A. Posters** *M* (e.) Werbeplakate für kult. Veranstaltungen

Artvollmacht *w* Berechtigung des Sachbearbeiters, die Geschäfte seines Arbeitsbereichs dauernd auszuführen

Arzt|besucher *m* Vertreter pharmakol. Betriebe, = **Ärztebesucher**; **A.helferin** *w* Hilfskraft in der A.praxis, = **ärztl. Helferin**

As ⟨ **Ars**en. – **ASA** ⟨ **A**merican **S**tandards **A**ssociation (Normenausschuß der USA)

ASA-Grad *m* Maßzahl für die Lichtempfindlichkeit fotograf. Filme

ASB ⟨ **A**ussetz**s**chalt**b**etrieb. – **asb** ⟨ **A**po**s**til**b**

Asbest|ose *w* Krebserkrankung durch A.staub

Aschegehalt *m* Prozentsatz der bei vollständ. Verbrennung eines organ. Stoffes zurückbleib. unbrennb. Bestandteile

ASchO ⟨ **A**llgem. **Sch**ul**o**rdnung

Ascorbinsäure *w* Vitamin C

aseismisch erdbebenfrei

ASCII ⟨ **A**merican **s**tandard **c**ode of **i**nformation **i**nterchange (am. genormter Code der Datenverarbeitungsanlagen). – **ASEAN** ⟨ (e.) **A**ssociation of **S**outh-**E**ast **A**sian **N**ations (Verband südostas. Nationen). – **ASF** ⟨ **A**rbeitsgemeinschaft **s**ozialdemokrat. **F**rauen

Ash-in *s* (am.: *äsch-*) Bekämpfung von Umweltentstellungen durch Schockplakate

ASJ ⟨ **A**rbeitsgemeinschaft **s**ozialdemokrat. **J**uristen. – **ASME** ⟨ **A**merican **S**ociety for **M**echanical **E**ngeneers

Asparginsäure *w* wicht. eiweißbild. Aminosäure

Asphalt|beton *m* = → Sand:a.; **A.-makadam** *m* A.schotter als Fahrbahndecke

asphärisch flächig gebogen, aber nicht kugelflächenförmig

Aspiration|s:psychometer *s* (KW) Gerät zur Bestimmung der Luftfeuchtigkeit; **A.s:thermometer** *s* Gerät zur Bestimmung der wahren Lufttemperatur. – **Aspirator** *m* Vorrichtung zum Fördern von Gasen; Ventilator zum Absaugen kleiner Luftmengen

ASR-Radar:anlage *w* ⟨ **A**irport **S**urveillance **R**adar (Flughafenrundsicht-Radaranlage)

Assembl|er *s* (e.: *essembler*) maschinenorient. → Programmiersprache; Übersetzungsprogramm einer Programmiersprache in maschinenorientierte Programmiersprache; **A.ings** (e.: *-bliñ*) wirtsch. Firmenzusammenschluß

Asservat|s (lat.) in der **A.enkammer** gerichtl. verwahrtes Beweismittel; **A.enkonto** *s* Bankkonto für best. Zwecke

Assimil|ation *w* (lat.) ↑ Aufnahme artfremder Substanz u. ihre Umwandlung in arteigene durch Organismen (bes. Umwandlung von Kohlendioxid u. Wasser in organ. Substanz unter Sauerstoffbildung); Tendenz ähnl. Gegebenheiten, als gleichart. wahrgenommen zu werden; Verknüpfung versch. Erfahrungen zu einem Ganzen; Eingliederung von Umweltdaten in vorhand. Deutungsmuster; erbl. Fixierung erworbenen Merkmals; = **A.ierung** *w*

Assoziat|ion *w* (lat.) Verbindung einzelner zur gemeins. Erfüllung einer Funktion (zum Erreichen eines Ziels); Verknüpfung von Vorstellungen, deren eine die andern ins Gedächtnis ruft; Zusammentreten von 2 o. mehr Molekülen eines Stoffes infolge zwischenmolekularer Kräfte; **A.ivgesetz** *s* math. Gesetz, das sich auf eine einzige Verknüpfung bezieht. – **Assoz(i)ierung** *w* Form des losen Zusammenschlusses zw. einer Union u. einz. Ländern (z. B. Verträge der EG mit AKP-Staaten)

Astigmatismus *m* (KW) Sehfehler als Folge anomaler Krümmung der Augenhornhaut o. -linse; Abbildungsfehler opt. Systeme, der 2 in derselben Ebene liegende senkrecht aufeinanderstehende Gerade in versch. Bildebenen abbildet

ASTM ⟨ **A**merican **S**ociety for **T**esting and **M**aterials (am. Normenausschuß für Werkstoffe, Philadelphia)

Astro|fix *w* (KW) Flugzeugnavigation nach 3 Gestirnen; **A.fotometrie** *w* Messung der Sternhelligkeiten; **A.graph** *m* astron. Himmelskamera; **A.kompaß** *m* vom Magnetfeld der Erde unabhäng. Kompaß (zur polnahen Navigation); **A.kuppel** *w* durchsicht. Haube oben am Flugzeugrumpf für Beobachtungen mit Sextant u. A.kompaß; **A.metrie** *w* Vermessung der Sternörter; **A.naut** *m* Raumfahrer; **A.nautik** *w* Raumfahrt; **a.nomische Einheit** *w* Maßeinheit der Entfernung in der A.nomie (1 a.nom. Einheit = 149,5 Mill. km); **a.nomisches Fernrohr** *s* Himmelsfernrohr aus 2 sammelnden Linsensystemen; **a.nomischer Ort** *m* genaue Gestirnposition; **a.nomische Zeichen** *M* Symbole für

Sonne, Mond, Planeten; **a.nomische Zeitmessung** *w* Beziehung des Erdumlaufs relativ zu Fixsternen; **A.physik** *w* Untersuchung physik. Vorgänge im Weltall

ASU ⟨ Arbeitsgemeinschaft selbständ. Unternehmer. – **ASW** ⟨ außersinnl. Wahrnehmung

Asyl|recht *s* Schutz polit. Verfolgter in der Bundesrepublik; **A.(be)werber** *m* polit. Verfolgter, der in einem andern Land Schutz erbittet

asymmetrisch|es Abblendlicht *s* beleuchtet eine Seite der Fahrbahn stärker (**a.** aus Molekülen bestehend, die mit ihrem Spiegelbild nicht kongruent sind)

asynchron| (KW, *-krôn*) nicht gleichlaufend, -zeitig; **A.motor** *m* Elektromotor, dessen Anker von einem Drehfeld bewegt wird u. dessen Umdrehungszahl zur Frequenz des Drehfeldes in einem nicht ganzzahl. Verhältnis steht

Asymptot|e *w* (gr.) Gerade, die in best. Gebieten näherungsweise eine best. Kurve ersetzen kann (**a.ische Kurve** Annäherungskurve)

Aszites *w* gr.) Bauchwassersucht (schmerzlose Ansammlung von Flüssigkeit; Folge von Herzinsuffizienz, Leber-, Nierenerkrankung)

at ⟨ **At**mosphäre (Druckmaß). – **At** ⟨ **A**stat. – **ata** ⟨ techn. **At**mosphäre mit dem **a**bsoluten Druck *pa*

Atem|filter *s* Teil der Gas-, Staubmaske; **A.gerät** *s* Sauerstoffmaske für Fluggäste, Taucher, Arbeiter in gasgefüllten Räumen; **A.luftflasche** *w* Gerät zur **A.hilfe** (bei Bränden, Tauchen, Bergsteigen); **A.maske** *w* Mund, Nase u. Untergesicht bedeck. Gerät zur Sauerstoffzuführung, = **A.schutzgerät** *s;* **A.schutzhaube** *w* A.schutzgerät für den ganzen Kopf

Äthan| *s* → Ethan; **Ä.ograph** *m* → Ethanograph; **Ä.ol** *s* → Ethanol

Äthen *s* → Ethen

Äther| *m* → Ether; **ä.ische Öle** *M* → e.ische Öle

Äthin *s* → Ethin

Äthyl| *s* → Ethyl; **Ä.acetat** *s* → Ethylacetat; **Ä.alkohol** *m* → Äthanol; **Ä.en** *s* = → Äthen

Ätiologie *w* (gr.) ↑ Lehre von den Krankheitsursachen; Versuch, Kriminalität aus den Merkmalen der Täter zu erklären

atlant|ische Partnerschaft *w* enge Zusammenarbeit zw. USA, Kanada, Europa; **A.ismus** *m* enge außen- u. wirtschaftspolit. Anlehnung an die USA

atm ⟨ **At**mosphäre (Druckmaß)

atmende Verpackung *w* Packstoff, der Gasaustausch mit der Umgebung erlaubt

Atmo|meter *s* (KW) Verdunstungsmesser; **A.sphäre im Feuerraum** *w* physik. u. chem. Zustand der Gase im Feuerraum

Atmungs:orthopäde *m* Arzt, der Atmungsbeschwerden orthopäd. heilt

ATO-Anlage *w* (⟨ e.: **A**ssist **T**ake-**O**ff) alle Befestigungs-, Zündungs- u. Starthilfeabwurfanlagen im Flugzeug (= **Starthilfe:anlage**)

Atom| *s* (gr.) kleinstes Teilchen eines Elements, das man ohne Verlust seiner typ. Eigenschaften nicht weiter zerlegen kann (aufgebaut aus → A.hülle u. → A.kern, die aus Elementarteilchen bestehen); **a.are Diplomatie** *w* Politik, die mit Anwendung von A.waffen droht; **a.are Garantie** *w* Zusage einer A.macht an ein nicht nuklear bewaffnet. Land, es bei Angriff nuklear zu verteidigen; **a.are Mauer** *w* Schirm von Antiraketenstützpunkten rings um die USA; **a.are Parität** *w* vergleichb. Bestand nuklearer Waffensysteme der A.mächte, = **A.-Patt** *s*, = **a.ares Patt** *s* → Patt, = **nukleares Patt** *s*; **A.brenner** *m* Kernreaktor; **A.frachter** *m* mit Kernenergie betrieb. Frachtschiff; **A.-gewicht** *s* Masse eines A.s gemessen in A.gewichts:einheiten; mittl. Masse aller A.e eines Elements; **A.gitter** *s* Kristallgitter, bei dem die Gitterpunkte von ungeladenen A.en besetzt sind; **A.hülle** *w* alle um den A.kern gruppierten Elektronen eines A.s (Träger seiner chem. Eigenschaften); **A.isierung der Arbeit** *w* Auflösung der Arbeit in Elementarverrichtungen; **a.istische Familie** *w* individual. Familie mit schrumpfender Familienbindung; **a.istische Konkurrenz** → Wettbewerb; **A.kern** *m* im Zentrum des A.s befindl. Zusammenballung von Protonen u. Neutronen (Träger der posit. Ladung u. Masse eines A.s); **A.modell** *s* → Bohr; **A.müll** *m* radioakt. Abfall aus Kernreaktoren (lagert in **A.mülldeponi:en**); **A.nummer** *w* Kernladungszahl eines Elements; **A.pool** *m* (e.: *-pûl*) (Plan einer) Zusammenfassung der NATO-A.waffen; **A.rumpf** *m* das A. ohne seine Valenzelektronen; **A.schirm** *m* nuklearer Schutz der A.mächte für ihre nicht nuklear gerüsteten Verbündeten; **A.schwelle** *w* Übergang des konvent. in einen A.krieg, = **a.are Schwelle,** = **Nuklearschwelle** *w*; **A.spirale** *w* Eskalation des konvent. in einen A.krieg; **A.strom** *m* aus Kernspaltung gewonn. Strom; **A.uhr** *w* Zeitmeßgerät, das von den Eigenschwingungen best. Gasmoleküle gesteuert wird u. höchste Meßgenauigkeit verbürgt; **A.umwandlung** *w* Bildung einer A.art aus einer anderen; **A.wärme** *w* Wärmemenge, die nötig ist, um 1 Grammatom eines Stoffes um 1 °C zu erwärmen; **A.zerfall** *m* Kernzerfall

ATP ⟨ Adenosin-Ariphosphat

Atriumhaus *s* um einen geschloss. gartenartigen Hof gebautes Haus

Atropin *s* (gr.) Alkaloid der Tollkirsche u. des Stechapfels (bes. für Augenheilkunde)

Attentismus *m* (KW) abwartende Haltung im Börsengeschäft

Attrappenmuster *s* Puppe als Ersatzmutter des Tierkindes

atypisch → Angebotskurve

Ätz|alkali:en *M* Hydroxide der Alkalimetalle (stark basische anorg. Verbindungen); **Ä.kalk** *m* gebrannter Kalk (Calciumoxid); **Ä.probe** *w* analyt. Verfahren zum Nachweis von Flußsäure u. Silicaten

Au ⟨ Gold (lat. **au**rum)

Audi|logs *M* (KW) vorgedruckte Tagebücher für Testhörer; **A.meter** *s* elektrotechn. Gerät zur Registrierung der Einschaltquoten u. -dauer bei best. Sendungen (Sendereihen); **A.ogramm** *s* Darstellung des Hörvermögens in Abhängigkeit zur Schallfrequenz; **A.ometer** *s* Gerät zur Prüfung des Hörvermögens (*S:* **A.ometrie** *w*); **A.o-Video-Technik** *w* alle Möglichkeiten zur Aufnahme, Übertragung, Wiedergabe, Speicherung von Ton- u. Bildsignalen; **A.ovision** *w* Aufnahme, Speicherung, Wiedergabe von Ton u. Bild; Kassettenfernseher, = **Heim-, Filmseher**; **A.phon** *s* Hörgerät für Schwerhörige; **a.tiv** dem Hören dienend; **a.visu:ell** mit Ton- u. Bildträgern; **A.vision** *w* Fernsehen, -sehgerät; = Kassettenfernsehgerät

Auermetall *s* (d. Chemiker, 19./20. Jh.) aus Cer u. Eisen bestehende Legierung (Zündstein für Feuerzeuge)

Aufbau|lehrgang *m* Unterricht für Hauptschulentlassene während o. nach der Lehrzeit; **A.mast** *m* zum Errichten von Bohrgeräten

aufbäum|en ↑ Überschallflugzeugnase plötzl. steil nach oben richten; **A.regler** *m* Anlage zur Vermeidung von kritischen Bereichen

Aufbau|schule *w* nach der 6./7. Grundschulklasse zum Abitur führende Sekundarschule; **A.zug** *m* Sonderklasse für Realschüler zur Abiturvorbereitung

Aufblende| *w* allmähl. Erscheinen der Filmeinstellung; **a.n** ↑ Scheinwerfer voll einstellen; Lichteinfall in den Fotoapparat durch Vergrößern der Blende steigern; Filmaufnahme beginnen (ablaufen lassen)

aufbocken ↑ Fahrzeug auf Gestell heben

Aufbrauch *m* ↑ völl. Verbrauch der vorrät. Ware; Verkleinerung des ganzen Wasservorrats eines Gebiets für eine best. Zeit

aufbringen ↑ zum Auftakeln montieren; Schiff zum Hafeneinlauf nötigen

aufdampfen durch Niederschlagen von Metalldampf im Hochvakuum oberflächl. mit Metallschicht überziehen (Kunststoffteile u. a.)

auffahr|en ↑ fahrend aufprallen (führt zum **A.unfall** *m*, vermutl. mit **A.schaden** *m*); **A.t** *w* Zufahrt zur Autobahn; **A.t:rampe** *w* Anschluß einer Straße an eine höher liegende Brücke (der Autobahn)

Auffang|fläche *w* Teil der heliotechn. Anlage zur Aufnahme der Sonnenstrahlung; **A.gebiet** *s* Gebiet zur Aufnahme Evakuierter; **A.lager** *s* Sammellager für Flüchtlinge usw.

Aufgabe| *w* ↑ Gicht des Hochofens; **a.n(art)unabhängig** auf die Form ausgerichtet (a.er Aufsatz); **a.nspezifisch** auf den Inhalt ausgerichtet (a.er Aufsatz); **A.vorrichtung** *w* Anlage zur gleichmäß. Weiterleitung des Produktionsgutes im Produktionsgang, = **Aufgeber** *m*

Aufgeld *s* = Agio; Zuschlag(szahlung)

aufgleit|en sich übereinanderschieben (von Luftmassen); **A.fläche** *w* Trennschicht zw. a.enden Luftmassen; **A.zone** *w* Bereich des A.ens

aufgrünen mit Grünflächen versehen

aufhäng|en ↑ gerissene Muskelfasern mit Leukoplast sternförmig zusammenziehen; **A.er** *m* ↑ anreg. Schlagzeile; Ansatz zur Handlung (Gespräch, Aufsatz usw.)

Aufhebung|sklage *w* Klage auf Beseitigung eines Rechtsverhältnisses (führt zum **A.svertrag** *m*)

Aufheller *m* Fluoreszenzfarbstoff, der ultraviol. Licht absorbiert u. blaues abstrahlt (vergilbte Textilien erscheinen dann weiß); kleiner Scheinwerfer zum Filmen; = → Weißtöner

Aufklärungs:satellit *m* Satellit zur Überwachung fremden Gebietes; = **Beobachtungs:satellit** *m*

Aufkleber *m* aufklebbarer Propagandazettel; klebendes Kennzeichen (für Gepäck)
Aufkommen| *s* ↑ Einnahmen in einer best. Zeit; (DDR:) Pflichtablieferung landwirtsch. Produkte; **A.s:elastizität** *w* prozent. Steigerung des Steuerbetrages bei Ermessungsgrundlage der Steuer um 1 %
Auflade|gebläse *s* Luftverdichter zum Aufladen von Verbrennungsmotoren; **a.n** ↑ Leistung von Verbrennungsmotoren erhöhen (durch Verdichtung der zugeführten Luft o. des Brennstoff-Luftgemisches vor Eintritt in den Verbrennungsraum). – **Aufladung** *w* Zuführung vorverdichteter Arbeitsluft (= **Ladeluft**) im Kolbenmotor zur kurzen Leistungssteigerung
Auflassung *w* ↑ Einigung zw. Käufer u. Verkäufer eines Grundstücks vor dem Grundbuchamt (Notar); Stillegung eines Bergwerks
Auflaufbremse *w* automat. Anhängerbremse
aufleg|en ↑ Großproduktion eines Produkts beginnen; für best. Zeit stillegen (Schiff a.); **A.er** *m* Anhänger auf Zugmaschine
Auflicht| *s* auf zu fotograf. Gegenstand fallendes (künstl.) Licht; **A.mikroskop** *s* Mikroskop für undurchsicht. Objekte (mit schrägem Lichteinfall)
auflist|en ↑ elektron. zusammenstellen; *S:* **A.ung** *w*
Auf:lockerung *w* ↑ Anlegung dünnbesied. Stadtteile mit Grünanlagen
auflös|en ↑ zusammenstehende Einzelheiten eines Objekts genau unterscheidbar fotografieren; **A.ung** *w* ↑ = **A.ungsvermögen** *s* Fähigkeit opt. Geräte, 2 eng benachbarte Objektpunkte als getrennte Bildpunkte abzubilden; bei fotograf. Filmen die durch das Korn begrenzte Möglichkeit, feine Details abzubilden; Maßzahl für diese Fähigkeit
Aufmacher *m* Warendekorateur; wirkungsvolle Schlagzeile
Aufnahme|beleuchter *m* Mitarbeiter bei Film-, Fotoarbeiten; **A.leiter** *m* Leiter einer Film-, Foto-, Schallplattenaufnahme; **A.schwester** *w* Krankenhausangestellte zur Buchung u. Einweisung der Patienten; **A.wagen** *m* Rundfunk-, Fernsehwagen für A.n im Freien. – **Aufnehmer** *m* 1. Glied einer Meßkette (Fernsehübertragungsanlage)
Aufpreis *m* Erhöhung des üblichen Preises, = **Mehrpreis** *m*
Aufprojektion *w* Trickfilm mit Darstellern vor stark reflektierter Projektionsfläche, auf der schwach beleuchtetes Bild (Film) abläuft
Aufrechnung *w* ↑ Erstattung (Forderung) nur des überschieß. Betrages bei gleichart. Leistungen u. fäll. Verbindlichkeiten
Aufreißpackung *w* Packung mit bes. Vorrichtung zum Zertrennen der verschloss. Packungshülle
aufricht|en ↑ Flugzeug in Normallage zurückbringen; Kreiselgerätachse lotrecht einstellen; **A.er** *m* Gerüstebauer
aufschlämm|en feinteilige Feststoffgemische durch Aufwirbeln mit Wasser trennen (wobei sich die spezif. schwereren Anteile rascher absetzen); **A.ung** *w* gleichmäß. Mischung aus einer Flüssigkeit u. darin verteilten feinen Feststoffteilchen
Aufschleppe *w* Einrichtung zum Anlandziehen von Schiffen (zum Ausbessern)
aufschließ|en ↑ unlösl. Verbindungen durch chem. Reaktionen lösl. machen; abbaureif machen (Lagerstätte a.); durch Zerkleinern aufbereiten; an die Infrastruktur anschließen; **A.ung** *w* = **Aufschluß** *m* Erschließung einer Lagerstätte; Aufbereitung von Erzen; Platz, an dem man die Gesteinslagerung überblickt; Öffnen der Zellentür; chem. Löseverfahren für nicht ohne weiteres lösl. Proben
aufschwimmen beim Stapellauf zu schwimmen beginnen; auf Straßenglätte gleiten; sich vom Grund lösen (Schiff)
Aufsetz|kamera *w* mikrofotograf. Zusatzgerät; **A.lupe** *w* auf das Betrachtungsobjekt aufgesetzte Lupe; **A.punkt** *m* Landebahnstelle, an der das Fahrwerk des landenden Flugzeugs den Boden berührt
Aufsichtsrat *m* von der Hauptversammlung der AG auf längstens 4 Jahre gewähltes Gremium von 3 oder einer durch 3 teilbaren Zahl Mitglieder, das den Vorstand wählt u. seine Geschäftsführung kontrolliert
aufspritzen = ↑ → alkoholisieren
aufständer|n auf Pfählen überqueren (im Tiefbau); (*S*: **A.ung** *w*)
Aufstau| *m* Druck- u. Temperaturerhitzung bei Verzögerung der Verdichtereintrittsgeschwindigkeit im Triebwerk des flieg. Flugzeugs; künstl. Abbremsung; Dämmung zur Erhöhung des Wasserspiegels (*ZW*: **a.en**)
Aufsteller *m* aufstellbares Preisschild

auftanken Treibstoff ergänzen; Treibstoffkammer füllen

Auftausalz *s* Salz gegen Winterglätte auf Fahr-, Gehbahn

Auftrag|s:abrechnung *w* Nachkalkulation je Betriebs:a.; **A.sforschung** *w* wissensch. Untersuchung, deren Thema vom A.geber (Partei, Kirche, Staat, Verband, Wirtschaft usw.) bestimmt wird; **A.s:polster** *s* Vorrat an Vorausbestellungen; **A.szeit** *w* Frist für die Erledigung eines A.s

Auftrieb| *m* ↑ senkrecht nach oben wirkende Kraft, die ein Körper beim Eintauchen in ein ruhend. Gas o. eine ruhende Flüssigkeit erfährt (**statischer A.**); die nach oben wirkende Kraft, die als Folge der Bewegung durch ein Gas o. eine Flüssigkeit auftritt (**dynam. A.**); dem Körpergewicht entgegengesetzt wirkende Kraft; Menge der zum Verkauf angebotenen Schlachttiere

Aufwand| *m* ↑ Verbrauch von Gütern u. Inanspruchnahme von Diensten in einer Unternehmung (Wirtschaft), um Erfolg zu erzielen; **A.s:entschädigung** *w* Erstattung von Auslagen durch den Arbeitgeber an den Arbeitnehmer. – **Aufwendung** *w* = → Aufwand

aufwert|en den Wert erhöhen; **A.ung** *w* Veränderung des Wechselkurses; Verfall des Preises der ausl. in Einheiten der inländ. Währung (A. wirkt einem Zahlungsbilanzüberschuß entgegen: Export verteuert, Import verbilligt; Bedeutung bei der inländ. Inflation)

Aufwickelvorrichtung *w* Teil der Laufbildkamera o. Filmkopiermaschine, des Bandspielers o. Laufbildwerfers zur korrekten Filmaufwicklung

aufzahlen mehr als den Wert bezahlen

Aufzeichnung *w* Funk-, Filmkonserve (Ggs.: Direktsendung, -übertragung, Livesendung)

aufzieh|en Kleiderpuppen anziehen; **A.leine** *w* automat. Fallschirmteil (löst beim Absprung den Fallschirm vom Verpackungssack)

Aufzinsung *w* Verfahren zur Errechnung eines Endkapitals bei einem best. Anfangskapital (Ggs.: → Abzinsung)

Augen|abstand *m* Pupillendistanz (⟨ *PD*); **A.entfernung** *w* Abstand zw. Auge u. fixiert. Objekt; **A.muschel** *w* Schirm am Okular opt. Geräte zur Ausschaltung von störendem Seitenlicht; **A.praktiker** *m* Spezialist für Kunstaugenherstellung

Auktions:schaltung *w* elektron. Schaltung, die nur die höchste Anzeige mehrerer Meßkanäle weitergibt

AUMA ⟨ **Au**sstellungs- u. **M**esse**a**usschuß der d. Wirtschaft

Aureomycin *s* Antibiotikum

Auri|kulomedizin *w* Ohr:akupunktur; **A.pigment** *s* gelbes arsenhalt. Mineral (Malerfarbe)

Ausbaugeschwindigkeit *w* höchste zuläss. (gefahrl.) Geschwindigkeit bei Befahrung eines Straßenabschnitts

Ausbeute *w* ↑ Menge des Endprodukts bei einer chem. Reaktion (i. a. als Prozentzahl, bezogen auf die theor. höchst. erzielb. Menge)

ausbiet|en ↑ versteigern; **A.ung** *w* bei der Versteigerung zur Abgabe von Geboten auffordern; **A.ungsgarantie** *w* Verpflichtung, in der Zwangsversteigerung so hoch zu bieten, daß die Ansprüche des Gläubigers befriedigt werden

Ausbildung|sbeihilfe *w* staatl. Zuwendung für Jugendliche in der A., = **A.sförderung** *w* (geregelt durch das **A.sförderungsgesetz** *s*), = **Erziehungsbeihilfe** *w*; **A.sberater** *m* Angestellter der Kammern zur Überwachung der A.sbetriebe u. Beratung der Auszubildenden; **A.sberuf** *m* Lehr-, Anlernberuf mit A.sordnung; **A.s:platz:abgabe** *w* Besteuerung des A.srechts; **A.sversicherung** *w* Versicherung zur Finanzierung der (späteren) A. der Kinder

Ausblick *m* ↑ Teil des opt. Gerätes, aus dem man sieht (Ggs.: Einblick)

ausblüh|en sich unter Kristallbildung auf Oberfläche (Mauer, Lack o. ä.) abscheiden; **A.ung** *w* ausgeschied. Salze auf Dachziegeln, Mörtel, Beton, Mauerwerk

Ausbluten *s* ↑ Durchschlagen der Farbstoffe einer Anstrichschicht in Umgebung o. darüberlieg. Deckschichten

ausbremsen Konkurrenten durch verspätetes Bremsen in der Kurve überholen

ausbrenn|en Muster in Gewebe einätzen (Ergebnis: **A.er** *m*)

Ausbring|en *s* Verhältnis der Erzeugungs- zur Einsatzmenge (in Walzwerken, Gießereien, Schmieden); **A.ung** *w* Menge eines Produktes, das in einem Erzeugungsgang (einer best. Zeit) erzeugt wird (= → **Ausstoß** *m*)

Ausbruchsbeben *s* Erdbeben durch Vulkanausbruch

aus:checken (*-dscheck-*) alle Möglichkeiten durchproben

Ausdehnung|: thermische A. *w* Zunahme der Länge des Volumens von Körpern bei Erwärmung; **A.sgefäß** *s* Reservegefäß, in das das überschüss. Volumen der sich therm. ausdehnenden Flüssigkeit abfließen kann; **A.skoeffizi:ent** *m* Zahl, die angibt, um welchen Bruchteil (z. B. in %) sich ein Körper bei Erwärmung um 1° ausdehnt; **A.sregler** *m* elektr. Temperatursteuergerät (beruht auf der Wärme:a. zweier Werkstoffe); **A.s:thermometer** *s* Thermometer, das durch die Volumen- o. Längenänderung fester, flüss. o. gasförm. Stoffe die Temperatur anzeigt

Ausdruck| *m* ↑ Text vom Fernschreiber; Arbeitsergebnis des Computers, = → Output; **A.skunde** *w* Analyse einer Person durch Spannung zw. dem Eindruck, den sie zu machen wünscht und den sie macht, = **A.s:psychologie** *w*

sich auseinandersetzen ↑ gemeinsch. Besitz gerichtl. aufteilen

Ausfädel:spur *w* Fahrspur zum Ausscheren

ausfahr|en ↑ Kurve auf der äußeren Seite durchfahren; mit voller Motorkraft fahren; Rennen austragen; techn. Anlage ausnutzen, Pontonbrücke öffnen; **A.signal** *s* Zeichen zur Freigabe der A.t aus dem Bahnhof (Ggs.: Einfahrtsignal)

Ausfall| *m* ↑ nicht zustandegekommenes Interview; **A.bürgschaft** *w* Eintreten der öfftl. Hand für Forderungen aus bes. risikoreichen Geschäften

ausfällen ↑ gelöste Stoffe durch Zusätze zum Auskristallisieren o. Ausflocken bringen

Ausfall|muster *s* Warenprobe beim (Ver)Kauf, = **A.probe** *w*; **A.quote** *w* Personen (Elemente), die bei einer Stichprobe untersucht werden sollten, aber nicht konnten; **A.wahrscheinlichkeit** *w* Vermutbarkeit des Auftretens von Schäden bei best. Belastung nach best. Lebensdauer; **A.warnzeichen** *s* Warngerät an Instrumenten, Stromausfall signalisierend; **A.zeit** *w* Zeit, in denen keine Beiträge zu irgendwelch. Versicherungen gezahlt werden; Frist, innerhalb derer ein kaufm. Angestellter keine entspr. Arbeit nach Vertragsbeendigung übernehmen darf

ausflagg|en (Schiff) unter fremder Flagge fahren lassen; *S*: **A.ung** *w*

Ausflammverlust *m* durch den Austritt von Verbrennungsgasen (off. Türen, Schaulöcher) verlor. Wärmemenge

ausflippen (e.) aus einer sinnentleert schein. Lebensweise ausscheiden (u. Drogen nehmen); unter Drogen stehen; geist. gestört werden

ausflocken ↑ sich aus kolloidal. Lösung als Niederschlag abscheiden

Ausfuhr| *w* → unsichtbar; **A.bürgschaft** *w* → Hermesversicherung; **A.prämi:e** *w* Vergütung des Staates für die A. best. Produkte. – **Ausführung|sbestimmung** *w* Zusatz zu einer Rechtsnorm zur Regelung von Einzelheiten, = **A.sver:ordnung** *w*; **A.sgesetz** *s* gesetzl. Bestimmung zur Regelung von Einzelheiten eines andern Gesetzes, = **Durchführungsgesetz** *s*. – **Ausfuhrzoll** *m* vom Staat auf Exporte erhobene Abgabe (z. B. zum Schutz von Inlandprodukten)

Ausgabe|gerät *s* führt die A. der Daten eines Rechners durch (Drucker, Bildschirm); **A.kurs** *m* Preis, zu dem ein Wertpapier in den Handel gegeben wird (= **Emissionskurs** *m*), bestimmt den **A.wert** *m*

Ausgangswert *m* angenomm. Grundstückswert, der Grundlage des zu vereinbar. Wertes wird

Ausgleich|sfilter *m* Anlage gegen den Durchgang von alkal. Wasser aus einem vorgeschalt. Aniodenaustauscher, = **Pufferfilter** *m*; **A.sbeitrag** *m* Zahlung der zum Länderfinanz:ausgleich verpflichteten an die a.sberechtigten Länder; **A.sdevisen** *M* später fäll. Wechsel zum A. einer DM-Forderung in Auslandswährung gezogen; **A.sfonds** *m* (*-foñ*) Sondervermögen der Bundesrepublik; Gemeinschaftskasse mehrerer Unternehmen (zum Gewinn-, Leistungs-, Ausgaben-, Einnahmena.); **A.sgetriebe** *s* Zahnradgetriebe beim Kraftwagen, das für gleichmäßig. Antrieb der Räder auch bei versch. schneller Drehung (Kurvenfahrt) sorgt; = → Differential; **A.smandat** *s* Mandat für Parteien, die bei Verteilung der Überhangmandate zu kurz gekommen sind; **A.smaßzahl** *w* Finanzbedarf der a.sberechtigten Länder; **A.srente** *w* Teil der Kriegsopferrente, der vom Einkommen abhängt; **A.s:sport** *m* = → Ergänzungs:sport; **A.s:steuer** *w* Umsatzsteuer auf Importwaren; **A.swechsel** *m* Wechsel zur Tilgung einer Restschuld; **A.szuweisung** *w* Zahlung des a.s:pflichtigen an a.sberechtigte Länder

ausgründ|en Verselbständigung einer schon bestehenden Firma gründen; *S*: **A.ung** *w*

ausklammern ↑ Termenformung (einfachste Umwandlung einer Summe in ein Produkt; → faktorisieren)

auskleid|en ↑ durch Bedecken der Innenflächen mit Folien o. Blechen vor Korrosion schützen (bei Rohren, Kesseln usw.); *S*: **A.ung** *w*

ausklink|en ↑ Start-, Schleppseil vom Segelflugzeug lösen; Lasten von Transportflugzeugen über nicht landungsfähigen Gebieten abwerfen; **A.vorrichtung** *w* Auslösegerät für das Schleppseil am Pilotensitz von Segelflugzeugen; = **Auskupplungsvorrichtung** *w*

auskochen ↑ Sprengladung ohne Detonation abbrennen

auskoffern Vertiefung für Straßenunterbau herstellen

Auskreuzung *w* Tragflügel-, Rumpfverstärkung; Verspannung bei Doppeldeckertragflügeln

auskristallisieren aus dem Lösungszustand kristallinen Niederschlag bilden

auskühlen ↑ Nachwärme ausgebrannter Brennelemente eines Kernreaktors abklingen lassen (z. B. durch 100tägige Lagerung im Wasserbecken)

auskupp|eln ↑ durch Betätigung der Kupplung die Energieübertragung vom Motor zu den Rädern unterbrechen, = → ausklinken; **A.lungsvorrichtung** *w* = → Ausklinkvorrichtung

Ausländerkonvertibilität *w* Möglichkeit, über z. B. im Ausland erwirtschaft. Erlöse ohne behördl. Genehmigung zu verfügen. – **Ausland|s:anleihe** *w* im A. aufgelegte festverzinsl. Schuldscheine in fremder Währung; **A.s:investitionen** *M* im A. getätigte Anlagen; **A.skapital** *s* aus andern Volkswirtschaften in der Bundesrepublik invest. Kapital, dessen Erträge ins A. abfließen; **A.skredit** *m* im A. aufgenomm. Kredit; **A.smarkt** *m* Markt für Exporte

Auslastung| *w* Ist-Produktion, ausgedrückt als Prozentsatz der Kapazität; **A.sgrad** *m* Verhältnis der tatsächl. genutzten zur nutzbaren Kapazität in einer best. Zeit

Ausleg|er *m* ↑ Tragevorrichtung, die über den Unterstützungspunkt hinausragt (bei Kranen usw.); Schutzkufe an Schiffsseite; **A.eschrift** *w* Patentanmeldungsschrift vor Erteilung der Patentrechte; **A.ung** *w* Produktionskapazität, auf die Maschinenanlage (Fabrik) entworfen ist

Ausleuchtung *w* ↑ Erzielung der Licht- u. Schattenwirkung bei Fernsehen, Film, Fotografie

ausliefer|n ↑ zum Weiterverkauf an den Handel geben; Strafgefangenen an andern Staat überstellen; *S*: **A.ung** *w*; **A.ungslager** *s* Sammelstelle für auszulief. Waren; **A.ungsvertrag** *m* zwischenstaatl. Abkommen über die ggs. A.ung von Straftätern

auslös|en ↑ in Gang setzen; freikaufen; Schaltungsvorgang in Ruhezustand versetzen; **sich a.en** in Gang kommen; **A.er** *m* Knopf (Hebel) zum Betätigen des Verschlusses bei Fotokameras; Relais zur Freigabe gespeicherter Energie eines Schalterantriebes; Instinkthandlung, die beim Artgenossen best. Reaktion bewirkt, = → Schlüsselreiz, = **angeborene A.emechanismen** (⟨ *AAM*); → Signalreiz; **A.ezähler** *m* Zählrohr für Zahl der eingestrahlten Teilchen

Auslosung *w* Bestimmung der Teile einer Tilgungsanleihe, die zu best. Zeit zum Nennwert zurückzuzahlen sind

Ausnahme|tarif *m* Vorzugstarif für Zoll u. Transport best. Wirtschaftszweige; **A.zustand** *m* Außerkraftsetzung einiger Grundrechte in Krisenzeiten, = → Staatsnotstand

Ausnüchterungszelle *w* Haftzelle zum Ausschlafen für Betrunkene

Ausnützungsziffer *w* Verhältnis der Gesamtfläche aller Stockwerke eines Gebäudes zur Grundstückfläche

aus:parken aus der Parklücke herausfahren (Ggs.: einparken)

aus:preisen Ware mit Preisangabe versehen

Aus:puff|gas *s* Abgas des Kfz-Motors; **A.hub** *m* = **A.takt** *m* 4. Takt des Arbeitsspiels eines Viertaktkolbenmotors; **A.leitung** *w* Abgasabführung von den Zylindern der Verbrennungsmaschine über Schalldämpfer (Abgasturbine), = **Abgasleitung** *w*; **A.stutzen** *m* kurzes Rohr zur Abführung der A.gase; **A.topf** *m* schalldämpfendes Glied im A.

Ausreißer *m* ↑ Meßwert einer Meßreihe, der stark von den übrigen Werten abweicht

Ausrücker *m* Kupplungsgriff; Gabel zum Verschieben eines Treibriemens

ausrüst|en Gerüste nach Baubeendigung entfernen; **A.ung** *w* = → Appretur

Aussageform *w* → allgemeingültig

ausschalen Schalen der Baukonstruktion entfernen (Ggs.: einschalen); Baukonstruktion verschalen (einschalen)

ausscheren ↑ vom Kurs abweichen; rutschend aus der Spur geraten

Ausschlag| *m* ↑ Über-, Gutgewicht; Deichloch bei Sturmschäden; **A.verfahren** *s* Anzeigegerät an der zu messenden Größe

Ausschlußprinzip *s* Ausschluß von der Nutzung privat. Güter bei Nichtentrichtung des Marktpreises

Ausschüttung *w* Teil des Gewinns, der an die Eigner eines Unternehmens je nach Arbeitsanteil ausgezahlt wird (= → Dividende)

ausschweben ↑ Geschwindigkeit kurz vor dem Aufsetzen des Flugzeugs abbremsen

Außen|antenne *w* = → Freiantenne; Ggs.: Zimmer:antenne; **A.aufnahme** *w* im Freien gedrehter Film; **A.beitrag** *m* Teil der volkswirtsch. Gesamtrechnung, der sich aus dem Verkehr mit dem Ausland als Saldo ergibt

Außenbord|anschluß *m* Kupplung am Flugzeug (für Bodengeräte, Prüfungen, Unterdrucksetzungen, Energie- u. Betriebsmittelversorgung); **A.motor** *m* kompakter Bootsmotor, an der Bordwand befestigt

Außen|elektron *s* Elektron eines Atoms, das sich bes. leicht vom Atomrumpf trennen läßt, = **Valenz:elektron**; **A.flügel** *m* einer der 2 Flügelteile unten am Tragflügel des Flugzeugs; **A.ganghaus** *s* Geschoßgebäude mit offenen Gängen zu den Wohnungen; **A.handelsbilanz** *w* Gegenüberstellung der Im- u. Exportwerte; **A.handelsdiskriminierung** *w* Schlechterstellung einz. Länder im A.handel durch best. (restrikt.) Im- u. Exportpolitiken eines Staates (einer Ländergruppe); **A.handelsmonopol** *s* Vereinigung des ganzen A.handels in einer Hand (auch bezogen auf eine Branche, ein Produkt); **A.handelsquote** *w* wertmäß. Anteil des A.handels am Bruttosozialprodukt; **A.lastflug** *m* Lufttransport von Gegenständen, die am Flugzeug angehängt sind (mit **A.lastträgern** an Flügel, Rumpf o. ä.); **A.messung** *w* Verfahren zur Belichtungsmessung (mit einem in die Kamera eingebauten Belichtungsmesser, der nicht durch das Objektiv mißt); **A.taster** *m* Meßzeug zum Übertragen von Dicken- u. Abstandsmaßen, = **Greifzirkel** *m* = **Tasterzirkel** *m*

außer|gewöhnliche Abschreibungen *M* Ggs.: → ordentl. Abschreibungen; **a.gewöhnliche Belastung** *w* der einem Steuerpflichtigen zwangsläuf. entsteh. überdurchschnittl. Aufwand; **a.ordentliche Einnahmen** *M* = → öffentl. Schulden; **a.ordentlicher Strahl** *m* einer der 2 Strahlen bei der Doppelbrechung; **a.parlamentarische Opposition** *w* (⟨ *APO*) revolution. Gruppierungen, unorganisiert, aus verschied. Ideologien zur Gesellschaftsänderung

aussied|eln amtl. zum Verlassen des Wohngebietes nötigen; *S*: **A.lung** *w*, auch: Herausnahme bäuerl. Betriebe aus dem Ortskern in die Feldflur

Aussonderung *w* ↑ auswähl. Entfernung aus einer Menge

Aussperrung *w* ↑ Mittel des Arbeitgebers im Arbeitskampf (Kündigung der Arbeitnehmer unter gleichzeit. Angebot, die Wiedereinstellung zu seinen Bedingungen vorzunehmen)

Ausstattungs:schutz *m* Rechtsschutz für best. Art der Verpackung u. Werbung

aussteigen ↑ Luftfahrzeug im Flug verlassen (mit dem Fallschirm o. Schleudersitz)

Aussteuer|bereich *m* Stromspannungsbereich, in dem keine Verzerrungen auftreten; **a.n** ↑ unerwünschte elektron. Verzerrungen vermeiden; **A.ung** *w* ↑ Regelung der Intensität der aufgenommenen Signale bei Tonaufnahmen; **A.versicherung** *w* Lebensversicherung, die die Anschaffungskosten einer Familiengründung sichert

Ausstoß| *m* die je Zeiteinheit von einer Anlage hergest. Produktion, = **Ausbringung** *w;* **A.rate** *w* durchschnittl. A. in einer best. Zeit; **A.warngerät** *s* Warnzeichen, das Flugzeugbesatzung zum Verlassen des Flugzeugs auffordert o. unmittelb. bevorsteh. Katapultierung anzeigt

Ausstrahlung *w* Energie:abgabe durch elektromagnet. Strahlung

Aus:tastlücke *w* schwarzer Streifen bei sog. wandernden Bildern auf dem Fernsehschirm (stets bei laufendem Fernseher, aber ohne Signale vom Normalprogramm)

aus:tausch|arm mit nur geringem Luftwechsel; **A.bau** *m* Zusammensetzung der Erzeugnisse aus Einzelteilen bei Mengenfertigung; **A.chromatografie** *w* analyt.-chem. Verfahren zur Stofftrennung durch Ionenaustauscher; **a.en** ↑ im Kernreaktor verbrauchten durch frischen Brennstoff ersetzen; **A.kräfte** *M* zw. Atomen o. Elementarteilchen herrschende Kräfte, die durch A. von Energiequanten entstehen; **A.saldo** *m* Differenz zw. Bezug von u. Abgabe nach außerhalb (bei Verbundnetzen usw.); **A.verhältnis** *s* → Terms of Trade (⟨ *TOT*)

Austerity *w* (e.: *ôßteriti*) eingeschränkte Lebensweise, Sparpolitik

aus:trimmen (Flugzeug) in die richt. Lage zurückbringen

Aus:tritt|s:arbeit *w* = → Ablösungs:arbeit; **A.s:pupille** *w* auf der Bildreihe vom opt. System entworf. Bild der Aperturblende

Auswahl|fehler *m* Stichprobenfehler (Abweichen best. Stichprobenwerte von denen der Grundgesamtheit; e.: sampling error); **A.regeln** *M* gesetzmäß. Aussagen über die Wahrscheinlichkeit, mit der ein Atom o. Molekül von einem Anregungszustand in einen andern übergeht

Auswanderung *w* (⟨e.: drift) ↑ ungewollte Winkelabweichung der Drehimpulse eines Kreiselgerätes von der Referenzlage

Ausweich|e *w* Verbreiterung der Verkehrsstraße; **A.flugplatz** *m* Ersatzflughafen, wenn der Bestimmungsflugplatz nicht anfliegbar ist, = **Alternativflugplatz**, = **A.flughafen** *m*; **A.platz** *m* = A.e

Ausweisung *w* Verbot des Aufenthalts in dem Gebiet des ausweis. Staates

auswerf|en ↑ für einen best. Zweck bestimmen; in einer best. Zeit herstellen; gesondert aufführen (im Brief, in einer Aufstellung); **A.er** *m* Vorrichtung zum autom. Entfernen des fertigen Formkörpers aus dem Formhohlraum (der leeren Geschoßhülse)

Auswert|er *m* Interpret von Diagrammen, Flugmessungen, Lotto-, Totoergebnissen, Luftbildern, Medienverlautbarungen; **A.ung** *w* ↑ krit. Sichtung von Meßergebnissen, um Zusammenhänge zu erkennen

auswiegen ↑ dem Luftfahrzeug eine stabile Gleichgewichtslage geben

Auszahl|ung *w* ↑ Bewertung eines Handlungsergebnisses (einer Entscheidung; e.: payoff, outcome); *ZW*: **a.en**

Auszeichnung| *w* Maschine zur Kennzeichnung eines Packstoffs (einer Pakkung); **A.s:pflicht** *w* Bestimmung, ausgestellten Waren die Preisangabe beizufügen

Autarkie *w* (gr.) wirtschaftl. Unabhängigkeit vom Ausland durch Selbstversorgung

autigen (gr.) an Ort u. Stelle entstanden

Autismus *m* (KW) Hauptsymptom der Schizophrenie (Verlust des Bezugs zur Wirklichkeit, Spaltung u. gestörte Harmonie der Einheit von Stimmung u. Antrieb, Lust u. Unlust, Freude u. Trauer usw.)

Autobahn|drei:eck *s* kreuzungsfreies Zusammenlaufen zweier A.en; **A.knoten** *m* planfreie Verbindung von A.-strecken; **A.kreuz** *s* Kreuzung zweier A.en auf verschied. Ebenen mit Anschlußtrassen; **A.zubringer** *m* zur A. führende Straße

Auto|chromverfahren *s* (KW) fotogr. Verfahren zur Herstellung farb. Diapositive; **A. Cross** *s* Geländeprüfung für Kraftfahrer; **A.drom** *s* Kleinwagenfahrbahn auf Vergnügungsplätzen; **a.dynamisch** selbsttätig; **A.erotik** *w* = → Narzißmus; **A.falle** *w* unsichtb. Radarkontrolle; Straßenhindernis; **a.genes Schweißen** *s* Schweißverfahren, bei dem die nötige Wärme durch eine gasgetrieb. Stichflamme erzeugt wird; **a.genes Schneiden** *s* Zerlegen von Metallteilen durch lokal begrenzt. Anschmelzen mit gasgetrieb. Stichflamme; **a.genes Training** *s* (*-tränin*) Selbstentspannungsmethode; **A.genmühle** *w* Zerkleinerungsmaschine; **A.giro** *m* (*-schî-*) hubschrauberähnl. Flugapparat mit vom Flugwind angetriebenen Tragschrauben; **A.kinese** *w* Scheinbewegung (Sinnestäuschung); **A.kino** *s* = → Drive-in-Kino; **A.klav** *m* druckfestes Gefäß. – **Aut|ökologie** *w* Lehre von Wirkungen der Umweltfaktoren auf Individuen. – **Auto|kran** *m* Fahrzeugkran mit Eigenantrieb; **individu:elle A.kratie** *w* allein. Entscheidungsbefugnis des Betriebsleiters (Ggs.: industrielle A.kratie); **A.kühler** *m* → Wärme(aus)tauscher; **A.luftfähre** *w* Luftverkehrslinie für Kraftwagen

Automaten|aufsteller *m* Verleiher von A., = **A.bauer** *m*, = **A.macher** *m*; **A.-mißbrauch** *m* Benutzung ohne Entrichtung der Benutzungsgebühr (besser: **Leistungs:erschleichung** *w*); **A.stahl** *m* Stahl von bes. günstiger Zerspanbarkeit; **A.straße** *w* Zusammenstellung von Verkaufs:a.

Automat|ion *w* (KW) Fabrikationstechnik, in der (programm.) Maschinen die Arbeit selbständig ausführen (mit zunehmender A. entstehen soz. Probleme: Entlassung von Arbeitnehmern usw.), = **A.isierung** *w*; → Datenverarbeitung; **a.ische Kupplung** *w* kuppelt bei Betätigung der Bremse (des Schalthebels) aus; **a.ische Schrift** *w* (fr.: écriture automatique) vom Medium nach Diktat der „Geister" im Trance Geschriebenes

Autopilot *m* automat. Steuerungsanlage

Aut:opsie *w* (KW, gr.) Leichenöffnung

Auto|radiogramm *s* (KW) Selbstabbildung von radioakt. strahlenden Körpern auf eine Fotoplatte; **A.reisezug** *m* Schnellzug, der Reisende mit ihren Kraftwagen befördert

Autoritätskonflikt *m* Streit um die Berechtigung einer Gehorsamsverweigerung

Auto:rotation *w* (KW) Weiterrotation des Hubschraubers nach Abschaltung des Antriebs

Autor:referat *s* Bericht des Verfassers über sein Untersuchungsergebnis
Auto|salon *m* (*-loñ*) Kraftwagenausstellung; **A.schalter** *m* Bankschalter für Kraftfahrer (die den Wagen nicht zu verlassen brauchen); **A.schlepp** *m* Startart für Segelflugzeuge; **A.slalom** *m* Geschicklichkeitsprüfung für Kraftwagenfahrer
Autosomen *M* (KW) alle 22 Chromosomenpaare (bei beiden Geschlechtern gleich; nicht = Geschlechts:chromosomen!)
Auto|suggestion *w* Beeinflussung durch eigne (falsche) Vorstellungen; **A.-transplantat** *s* Transplantat, dessen Spender gleichzeitig Empfänger ist; **A.vakzine** *w* Eigenimpfstoff (aus im Eiter des Kranken gezüchteten Keimen)
Aut:oxidation *w* von selbst ablaufende Reaktion mit Luftsauerstoff bei normaler Temperatur
Autozoom *s* (e.: *-zûm*) Filmobjektiv, das automat. höchste Schärfeneinstellung gewährleistet, = **Servofokus** *m*
AV ⟨ **A**udio**v**ision. – **AVA** ⟨ **A**erodynam. **V**ersuchs**a**nstalt (Göttingen); ⟨ **A**ctivity **V**ector **A**nalysis
AVA-Analytiker *m* zum Tester ausgebildet. Personalchef
Availabilities *M* (e.: *eweilebilitis*) Werbezeiten im Rundfunk, Fernsehen
Aval| *m, s* (fr. -it.) Wertpapier-, Wechselbürgschaft; **a.ieren** bürgen; **A.konto** *s* Bürgschaftskonto; **A.akzept** *s* Bürgschaftsakzept; **A.kredit** *m* Bankkredit gegen Bürgschaft
A. v. D. ⟨ **A**utomobilclub **v. D**eutschland. – **avdp** ⟨ → **avoirdupois**
Avertin *s* (KW) Betäubungsmittel zur rektalen Anwendung
Avio|-Agronom *m* Fachmann für a.-chem. Flugdienst; **A.nik** *w* elektron. Ausrüstung der Luftfahrt
Avis| *m, s* (fr.: *awi*) Mitteilung des Wechselausstellers an Schuldner über Deckung der Schuldsumme; Ankündigung einer Sendung; **A.klausel** *w* Berichtsvermerk auf Wechseln
Avistawechsel *m* Sichtwechsel
Avitaminose *w* Krankheit durch Vitaminmangel
avoirdupois (fr.: *awoardüpoa*) e., am. System für Massen-, Gewichtseinheiten
AvS ⟨ **A**rbeitsgemeinschaft **v**erfolgter **S**ozialdemokraten

Avulsion *w* (lat.) Selbstverstümmelung
Avus *w* ⟨ **A**utomobil-**V**erkehrs- **u**. **Ü**bungsstraße (Berlin). – **Awacs** *s* ⟨ fliegendes US-Frühwarnsystem
Axial|pumpe *w* Kreiselpumpe, bei der das geförderte Medium sich parall. zur Kreiselachse bewegt; **A.turbine** *w* Turbine, in der die Strömung parall. zur Achse verläuft; **A.verdichter** *m* Turboverdichter, in dem das Gas parall. zur Turbinenachse strömt
Axiom| *s* (gr.) willkürl. gesetzte o. aus der Anschauung abstrahierte Aussage, die innerhalb eines **A.ensystems** Grundlage für math. Theorie bildet; gültige, nicht beweisbedürft. Wahrheit; nicht abgeleit. wissensch. Aussage, von der andere Aussagen abgeleitet werden können; *EW*: **a.atisch**
Ayatollah *m* (ar.) Schiitenführer
AZ ⟨ **A**rbeiter**z**eitung (Wien); ⟨ **A**litalia (it. Luftfahrtgesellschaft); ⟨ **A**llgemein**z**ustand
azeotrop (KW, gr.) nicht durch Destillation zerlegbar (Stoffgemische)
Azet- → Acet; **Azid-** → Acid-; **Azide** *M* (fr.) Salze der Stickstoffwasserstoffsäure
AZO ⟨ **A**llgemeine **Z**oll**o**rdnung
Azofarbstoffe *M* wichtige Gruppe organ. Farbstoffe aus der Reihe der Azoverbindungen (bes. für Textilfarbstoffe)
Azo:ospermie *w* (KW, gr.) Fehlen der Samenzellen in der Samenflüssigkeit
Azot|ämie *w* (KW) vermehrt. Reststickstoff im Blut, Serum; **A.orrhö** *w* erhöhte Ausscheidung stickstoffhalt. Verbindungen (Harnstoff im Stuhl usw.); **A.urie** *w* vermehrt. Stickstoff im Harn
Azoverbindung *w* organ. Stickstoffverbindung (enthält die farbgeb. Atomgruppierung -N = N-
Azubi *w, m* ⟨ **Auszubi**ldende(r)
Azulen *s* (sp. KW) tiefblau gefärbte Kohlenwasserstoffverbindung (in → ether. Ölen)
Azyanoblepsie *w* (KW, gr.) Blaublindheit (Verwechslungen: Rot mit Orange, Blau mit Grün, Grüngelb mit Grau u. Violett, Hellgelb mit Weiß), = → Titanopie
azygos (gr.) unpaarig
azyklische Blutungen *M* gynäkol. Blutungen ohne erkennb. Zusammenhang mit dem Menstruationszyklus

B ⟨ **B**or; ⟨ **B**lutgruppe **B;** ⟨ **B**elga (theor. belg. Währung); ⟨ **B**rief; ⟨ **B**el; ⟨ → Bes. – **b** ⟨ → **B**ar; ⟨ **B**el; ⟨ **B**es. – β- ⟨ Beta. – **Ba** ⟨ **Ba**rium. – **BAB** ⟨ **B**undes**a**uto**b**ahn; ⟨ **Babs-Verfahren** (e.: **B**eam **A**pproach **B**eacon **S**ystem = → Blindlandeverfahren

Babyspeck *m* reichl. Fettgewebe beim Kleinkind

Backbencher *m* (e.: *bäckbentscher*) Hinterbänkler im Parlament

Backen|brecher *m* Maschine zum Zerkleinern grobstück. Güter; **B.bremse** *w* mit B. an die Trommel gedrückte Bremse; **B.werkzeug** *s* Gerät zum Pressen

Background| *m* (am.: *bäckgraund*) hinter das Soloinstrument zurücktret. Begleitung; Berufserfahrung; Bild (Projektion) als Bildhintergrund; Schaufensterhintergrund; Geräusch-, Musikkulisse; Hintergrund von Grafiken; **B.story** *w* Stimmungsbericht

Backkohle *w* Steinkohlensorte

Backlash *w* (e.: *bäckläsch*) Rückschlag auf progress. Entwicklung; Protest

Back|vermögen *s* ↑ koksbildende Eigenschaft der Steinkohle; **B.zeit** *w* ↑ Zeit, die ein Lack beim Einbrennen zum Hartwerden braucht

Badge *s* (e.: *bedsch*) Namensschildchen (von Kongreßteilnehmern usw.)

Bad trip (am.: *bäd-*) unangenehmer Drogenrausch

BAFöG ⟨ **B**undes**a**usbildungs**förde**rungs**g**esetz

Bagatell|delikt *s* Ordnungsstrafe; **B.sache** *w* kleines Gerichtsverfahren

Baggage-tag *m* (e.: *beggidschtäck*) Gepäckanhänger mit Kontrollabschnitt für Fahrgast

Baggerboot *s* ein auf Wasser fahrbarer Bagger

Bahn|daten *M* Daten einer Umlaufbahn (Raumfahrt); **B.drehimpuls** *m* Drehimpuls, der entsteht, indem der Schwerpunkt eines bewegten Körpers eine um ein Zentrum gekrümmte B. beschreibt; **B.elemente** *M* Kenngrößen, aus denen man B. eines Objekts berechnet; **B.frevel** *m* bewußte Beschädigung der Eisenbahnanlage; **B.hofsgang** *m* → Nonstop-U-Bahn; **B.höhe** *w* Höhe der Umlaufbahn; **B.kraftwerk** *s* nur dem Fahrstrombedarf der Eisenbahn dienendes Kraftwerk; **B.neigung** *w* Winkel zw. Flugbahn u. der Horizontalen; **B.räumer** *m* Vorrichtung zum Entfernen von Schienenhindernissen

Bajonett|fassung *w* Glühbirnenfassung mit **B.verschluß** *m* durch kurze Umdrehung verriegelb. Steckverbindung

Bake *w* feststeh. Kennzeichnung (Abfahrt von Autobahnen – Eisenbahnübergänge – Bahnsignale; Flugzeugsignal; Absperrbrett bei Fahrbahnwechsel); Meßabsteckpfahl

bakteri|ell → Leaching; **B.en** *M* (gr.) einzell. Kleinlebewesen (stäbchen-, kugel-, schraubenförm.; nicht alle Krankheitserreger, z. B. im untern Teil des Verdauungstraktes; Ggs.: → Bazillen); **B.enfilter** *s* bes. feinpor. Filter, das B.en aus Flüssigkeiten o. Gasen zurückhält. – **bakteriostatisch** Wachstum von Bakterien hemmend. – **Bakterizide** *M* Stoffe, die Bakterien töten (Antiseptika, -biotika, Sulfonamide)

BAL *s* (⟨ **B**ritish **A**nti-**L**ewisite) Mittel gegen Vergiftung durch Schwermetalle u. arsenhalt. Kampfstoffe

Balance of power *w* (e.: *bällnß of paur*) Gleichgewicht der Kräfte

Balanitis *w* Entzündung der Eichel, des m. Gliedes, der Vorhaut

Balata *w* (sp.) kautschukähnl. Rohstoff. – **Balatum** *s* bedruckt. Fußbodenbelag aus imprägn. Filz

Baldachin:aufzug *m* hydraul. betrieb. Unterfluraufzug mit Haltestelle

Balgen| *m* ↑ ziehharmonikaähnl. lichtdichter Faltkasten, der zw. Objektiv u. Gehäuse des Fotoapparats eingesetzt wird u. eine Veränderung zw. Objektiv u. Filmebene in weiten Grenzen ermöglicht, = **B.gerät** *s*; **B.kamera** *w* Fotogerät mit B.

ballistisch|es Galvanometer *s* Instrument zur Messung eines Strom- o. Spannungsstoßes; **b.e Kurve** *w* Bahn eines geworf. o. geschoss. Körpers unter Einfluß von Schwerkraft u. Luftwiderstand; **b.er Pendel** *m* Gerät zur Messung der Geschwindigkeit von Geschossen

Balkanisierung *w* polit. Unsicherheit durch staatl. Aufsplitterung

Balken|diagramm *s* graf. Darstellung zur Verdeutlichung von Zahlen- u. Größenverhältnissen; **B.überschrift** *w* großgedruckt. Kurztext über dem Zeitungsartikel, = **Schlagzeile** *w* (e.: Banner Headline *w: bänr hedlein*); **B.waage** *w* gleicharmige Waage

Ballaststoff *m* ↑ nicht brennb. Brennstoffsubstanz

Ball|eisen *s* Stemmeisen mit schräger Schneide, = → B.en:eisen; **B.empfänger** *m* hochqualif. Fernsehgerät

Ballen|eisen *s* = → Balleisen; **B.mattierung** *w* Oberflächenbehandlung von Holz zur Erzielung matten Glanzes

Ballon|katheter *m* (*-loñ-*) Gummikatheter mit aufblasb. B. (für Harnblase usw.); **B.reifen** *m* Personenwagenreifen mit einem Höhen-Breitenverhältnis von 0,98; Glaskolben; **B.sonde** *w* unbemannter B. für meteor. Messungen

Ballung|sraum *m* dicht besied. Gegend, = **B.sgebiet** *s*, = **B.szentrum** *s*

BAM ⟨ **B**aikal-**A**mur-**M**agistrale (Transsibirien-Eisenbahn); ⟨ **B**undes**a**rbeits**m**inister(ium)

Bambi *m, s* (Kindererzählung von F. Salten, 1923; verbreitet durch Disney seit 1941) Filmpreis in Kleinrehgestalt

Bambus|stabwirbelsäule *w* = → Bechterewsche Krankheit; **B.vorhang** *m* Grenze zw. Nichtkommun. u. Kommunisten in SO-Asien

B. A. M.-Test *m* **B**ritish **A**ir **M**inistry-**Test** (Schmierölprüfung)

Bananen|republik *w* von am. Kapital abhäng. Land im trop. Amerika mit bes. Südfruchtexport; **B.röhre** *w* Farbfernsehbildröhre bes. Bauart

Band[1] *s* Meß-, Farb-, Ziel-, Ton-, Fließband; Verstrebung; Frequenzbereich; Metallscharnier an Fenstern, Türen; Klappverbindung aus Scharnier u. Befestigungsschenkeln

Band[2] *w (am.: bänd*) Jazzensemble

Band|aufnahme *w* Tonaufnahme auf B.; **B.breite** *w* ↑ Frequenzbereich, zur Übertragung einer Nachricht nötig o. verfügbar

Bändchenmikrophon *s* Bauart des dynam. Mikrophons

Bande *w* ↑ Reihe von aneinanderlieg. Spektrallinien im Molekülspektrum; Spielfeldbegrenzung

Banden|spektrum *s* aus B. besteh. Spektrum; **B.werbung** *w* Reklame auf Spielplatzeinfassung

Bändermodell *s* Theorie zur Beschreibung der elektr. Eigenschaften von Halbleitern

Banderoliermaschine *w* Art Etikettiermaschine

Band|filter *s* elektr. Stromkreis, nur für Wechselströme in best. Frequenzbereichen durchlässig; **B.förderer** *m* Förderband als Transportgerät für Stück-, Schüttgut; **B.generator** *m* Maschine zur Erzeugung hoher elektr. Spannungen, = → van de Graaf-Generator; **B.geschwindigkeit** *w* Laufgeschwindigkeit von Ton-, Videobändern beim Aufnehmen u. Abspielen; **B.kabel** *s* elektr. Übertragungskabel aus Polyäthylenb., in dessen Ränder 2 Kupferleitungen eingebettet sind

Bandleader *m* (am.: *bändlîder*) Jazzkapellenleiter; Führungsstimme beim Jazz

Band|paßfilter *s* B.filter, für Wechselströme im Bereich zwischen 2 vorgeschrieb. Grenzfrequenzen durchlässig; **B.scheibe** *w* knorpelige Verbildung zw. 2 Wirbelkörpern; **B.scheibenschaden** *m* Verschleißerscheinungen im Zusammenwirken zw. Wirbelkörpern u. Zwischenwirbelsäule (auch durch Gewalteinwirkung); **B.scheider** *m* Vorrichtung zur Trennung von magnet. u. unmagnet. Erzen; **B.schreiber** *m* Meßwertregistriergerät; **B.sperrfilter** *s* B.filter, das für Wechselströme aller Frequenzen mit Ausnahme des Bereichs zw. 2 vorgeschrieb. Grenzfrequenzen durchlässig ist; **B.spieler** *m* Wiedergabegerät für b.förmige Tonkonserven; **B.stadt** *w* Industrieanlagen, an einer Straße aufgereiht; **B.straße** *w* Folge von hintereinander angeordnet. Gurtbeförderern; **B.system** *s* Datenverarbeitungsanlage, die mit Magnetbändern arbeitet

Bandwagon-effect *m* (e.: *bändwägen ifekt*) Meinungsänderung unter Mehrheitseinfluß

bang (am.: *bäñ*) Drogen spritzen

Bangsche Krankheit *w* (dän. Arzt, 19./20. Jh.) durch Kühe übertragb. Infektionskrankheit

Banjo:achse *w* (sp.-d.) Starrachse für angetrieb. Hinterräder

Bankett *s* ↑ seitl. Abschlußstreifen der Straße

Banner Headline *w* → Balkenüberschrift

Banner:werbung *w* Luftwerbung (Werbetext von Flugzeug geschleppt)

Bannverbot *s* Bauverbot im Bereich von Denkmal-, Heimat- o. Naturschutz

Bantam† *s* (Hafen in Java) niedr. Gewichtsklasse für Sportler (53,52 kg), = **B.gewicht** *s*

Bar *s* Maßeinheit des Drucks (1 b = 10^5 N/m^2)

Barbershop harmony *w* (am.: *berberschopp hermeni*) parall. Stimmführung bei (improvis.) Jazz

Barbitur|ate *M* (verw.: Barbara) Reihe von Derivaten der **B.säure** *w* Schlaf-, Beruhigungs-, Krampflösemittel (Malonylharnstoff; schwer wasserlösl.)

Bargründung *w* Ggs.: → Sachgründung

Barilla *w* (sp.) Soda aus Pflanzenasche

barisch den Luftdruck betr.

Barium| *s* (gr.) chem. Element, Leichtmetall (⟨ *Ba*); **B.sulfat** *s* unlösl. B.salz der Schwefelsäure (Kontrastmittel für Röntgenaufnahmen des Magen-Darmkanals)

Barn, barn *s* Maßeinheit des Wirkungsquerschnitts

Baro|gramm *s* (KW) vom B.graphen aufgezeichnete Luftdruckkurve; **B.graph** *m* B.meter mit Registriereinrichtung; **B.meterprobe** *w* ⟨ **B.meter** *s* ↑ dient der Bestimmung kleiner Drücke; **B.metrie** *w* Luftdruckmessung; **b.metrische Höhenformel** *w* math. Zusammenh. zw. Höhe u. Luftdruck

Barrel *s* (e.: *bärrel*) e., am. Maß (= 158,8 l) für Erdöl, Bier: (am. ⟨ *bbl*)

Barri|ere *w* (fr.) ↑ hemmende psych. o. soz. Kraft; → Transplantation

Bart *m* ↑ Aufwind für Segelflugzeuge

Bary|sphäre *w* (KW, gr.) Erdkern; **B.onen** *M* Gruppe von schweren Elementarteilchen (u. a. Protone, Neutrone, Hyperone u. Antiteilchen); **B.t** *m* Schwerspat (mineral. Bariumsulfat); **B.twasser** *s* wäßr. Lösung von Bariumhydroxid (zum Nachweis von Kohlensäure); **B.tweiß** *s* Farbpigment (= gemahl. Bariumsulfat)

basal| an der Basis liegend; **B.temperatur** *w* Morgentemperatur der Frau zw. 2 Menstruationen (Anstieg nach dem Eisprung; Hilfe zur Diagnose u. Behandlung von Zyklusstörungen, Sterilitätsfeststellung u. -behandlung)

Base *w* (gr.) chem. Substanz, die in wäßr. Lösung Hydroxid-Ionen OH bildet o. mit Säuren unter Neutralisation u. Bildung von Salzen reagiert

Basedow(-Krankheit) *w* (d. Arzt v. B., 19. Jh.) Überfunktion der Schilddrüse

Basementsystem *s* (e.: *besment-*) Verkauf von Schleuderware im Warenhauskeller

BASF ⟨ **B**adische **A**nilin- u. **S**oda**f**abrik

BASIC *s* (e.: *baisig*) ⟨ e. **b**eginners **a**ll purpose **s**ymbolic **i**nformation **c**ode = problemorient. Programmiersprache in der DVA

Basis| *w* (gr.) ökon. Struktur der Gesellschaft (Ggs.: → Überbau); Unterbau, Grundfläche; Zahl der Erhebungseinheiten der Marktforschung; Teil des Transistors; Grundzahl bei Potenz, Zahl, die potenziert wird; **B. eines Vektorraumes** Menge von unabhäng. Vektoren, aus denen sich alle Vektoren desselb. Vektorraums durch ein best. Verfahren gewinnen lassen; **B.brücke** *w* auf der Schleimhaut des Kieferkammes lieg. Zahnprothese

basisch mit den Eigenschaften einer Base

Basis|einheit *w* = Grundeinheit (m, kg, sec, A, °K, cd; seit 1954); **B.erhebung** *w* Markt-, Meinungsforschungserhebung über allgem. Fragen; **B.erziehung** *w* Grunderziehung; **B.gruppe** *w* Kleingruppe zur grundlagenpolit. Betätigung; **B.lager** *s* Versorgungslager bei Hochgebirgsbesteigungen

Basizität *w* (KW) Basenstärke, bes. Eigenschaft, Basen zu bilden; Zahl der neutralis. Wasserstoffatome einer Säure

Baß:anhebung *w* Einstellung am Rundfunkempfänger, durch die tiefere Töne verstärkt werden

BAS-Signal *s* Bildsignalgemisch zur Feststellung der relat. Helligkeit eines Fernsehsenders (ähnl.: → **Videosignal** *s*)

Batchbetrieb *m* (e.: *bätsch-*) = → Stapelverarbeitung

Bathometer *s* (KW, gr.) Meerestiefenmesser. – **Bathy|graphie** *w* Tiefseeforschung; **B.graph** *m* Unterwasserforschungsfahrzeug; **B.skaph** *m, s* Tiefseetauchgerät

Batterie| *w* ↑ (fr.) Reihe gleichart. Geräte; Testbündel für den Probanden einer Prüfung; Schlagzeuggruppe; Reguliergerät für Warm- u. Kaltwasserlieferung; **B.gerät** *s* netzunabhäng. Empfangsgerät; **B.uhr** *w* elektr. gespeiste Uhr; **B.wecker** *m* von elektr. B. angetrieb. Weckuhr; **B.zähler** *m* Gerät zur Überwachung des Ladezustands einer Akkub.

Bau|abnahme *w* behördl. Prüfung eines Neub.s; **B.abstand** *m* vorgeschrieb. Abstand der B.werke voneinander u. den Grundstückgrenzen, = → B.wich; **B.absteckung** *w* Festlegung der Hauptlinien des zu erstell. B.werks im Gelände; **B.akustik** *w* alle Schwingungsvorgänge im B.wesen; **B.aufsicht** *w* baupoliz. Überwachung eines B.s (durch die **B.aufsichtsbehörde** *w*); **B.bestand** *m* Zahl u. Beschaffenheit der Gebäude auf best. Fläche; **B.betrieb** *m* alle für Neu- o. Umb. nötigen Handwerksbetriebe, = **B.hof** *m*, = **B.abteilung** *w*; **B.bewilligung** *w* b.poliz. Genehmigung zur Ausführung eines Gebäudes, = **B.erlaubnis**, = **B.genehmigung** *w*; **B.block** *m* für Beb.ung ausgewiesene Fläche

Bauch| *m* ↑ Stelle maxim. Schwingungsamplitude bei stehenden Wellen, = **Schwingungsb.** *m*; **B.behälter** *m* abnehm-, abwerfbarer Zusatzkraftstoffbehälter unter dem Flugzeugrumpf; **B.landung** *w* Flugzeuglandung auf Rumpfunterseite; **B.wassersucht** *w* = → Aszites

Baud *s* (fr. Erfinder, 19. Jh.) Einheit für die Geschwindigkeit der Nachrichtenübermittlung

Bau|dichte *w* zuläss. Grundrißfläche u. Geschoßzahl für ein Grundstück; **B.einheit** *w* Fertigstraßen-, Werkmaschinenteil; **B.element** *s* Gebäude-, Maschinenteil; **B.erwartungsland** *s* zur Beb.ung freigeg. Fläche; **B.fläche** *w* im Flächennutzungsplan für den B.bedarf der nächsten Jahre festgel. Fläche; **B.freiheit** *w* Recht des B.herrn, auf seinem Grundstück im gesetzl. Rahmen zu bauen; **B.führer** *m* Leiter u. Beaufsichtiger der Arbeiten im B.-, Fernmeldewesen, Maschinenb.; **B.gelände** *s* zur Beb.ung freigeg. Fläche hinter der B.linie; **B.genehmigung** *w* Zustimmung der B.aufsichtsbehörde zu B.vorhaben; **B.grenze** *w* Ende des zur Beb.ung freigeg. Geländes; **B.grunddynamik** *w* Erforschung der Bewegungen u. Kräfte im **B.grund** (= das B.werk tragenden Boden); **B.gruppe** *w* Zusammenfassung mehrerer Konstruktions-(Fertigungs-)teile eines Produktionsgegenstandes; Atomgruppe, die in regelm. Abständen Gitterplätze in Kristallen einnimmt; **B.hof** *m* = B.betrieb *m*; **B.ingenieur** *m* techn. B.fachmann (Hoch- o. Fachhochschulausbildung); **B.inhibition** *w* Gründe für ein B.verbot; **B.kastensystem** *s* Zusammensetzung aus (gleichart.) Einzelteilen, = **B.kastenprinzip** *s*; **B.kommission** *w* Kontrollinstanz für Neub.ten; **B.körper** *m* das ganze B.werk; **B.kraftwerk** *s* Wasserkraftwerk zur Energieversorgung einer B.stelle; **B.lastträger** *m* Verwaltung, die eine Straße unterhalten muß; **B.leitplanung** *w* kommunale Planung städtebaul. Entwicklung; **B.los** *s* Anteil an größeren B.ten, an ein Unternehmen vergeben; **B.markt** *m* Wirtschaftslage im B.gewerbe.

Baum|diagramm *s* → Diagramm bes. Form (z.B. Stammb.); **B.frevel** *m* absichtl. Beschädigung von Bäumen; **B.scheibe** *w* regelm. aufzulockernd. Erdreich um einen B. herum

Bau|naht *w* Punkt des Zusammentreffens mehrerer alter B.teile; **B.ordnung** *w* Richtlinien der B.polizei für Neubauten; **B.polizei** *w* = → B.aufsichtsbehörde; **B.recht** *s* alle Normen zur Ordnung des B.wesens; Recht des Grundbesitzers, baupoliz. genehm. Neubau auszuführen; **B.satz** *m* alle vorgefert. B.teile; **B.stahl** *m* Stahlteile als B.stoff; zu ihrer Herstellung benutzte Stahlsorte; **B.statik** *w* Berechnung u. Bemessung der Festigkeit u. Sicherheit von B.werken; **B.steinprinzip** *s* Zusammensetzbarkeit eines Geräts aus kombin. B.elementen; **B.stoff** *m* ↑ zum Aufbau, Erhalt der Zellen nötiger Stoff; **B.stoffkunde** *w* Erforschung der B.stoffe u. ihrer Einsatzmöglichkeiten; **B.stopp** *m* Verbot der Errichtung von Neubauten; **B.technik** *w* alle Maßnahmen zur Erstellung von B.werken u. ihre Vorbereitung; **B.ten** *M* → fliegend; **B.tenschutzmittel** *M* Chemikalien zum Imprägnieren von Mauerwerk (Verbesserung der Wetter-, Alterungsbeständigkeit); **B.ventilation** *w* künstl. Belüftung der B.werke; **B.vorschrift** *w* Auflage der B.ordnung; **B.wich** *m* = → B.abstand; **B.zug** *m* Schienenzug zur Beförderung von B.stoffen (Boden) bei Erdarbeiten

Bazillen *M* (lat.) stäbchenförm. Schizomyzeten (Ggs.: → Bakterien)

BB ⟨ **B**undes**b**ahn; ⟨ **B**ert **B**recht; ⟨ **B**rigitte **B**ardot. – **BBA** ⟨ **B**iolog. **B**undes**a**nstalt für Land- u. Forstwirtschaft. – **BBauG** ⟨ **B**undes**bau**gesetz (1960). – **BBC** ⟨ **B**ritish **B**roadcasting **C**orporation (e. Rundfunkgesellschaft). – **bbl** am. Hohlmaß (⟨ dry **b**arre**l**).– **BBU** ⟨ **B**undesverband **B**ürgerinitiativen **U**mweltschutz

BCD-Code *m* ⟨ e. **b**inary **c**oded **d**ecimals = Verschlüsselung von Dezimalstellen mit Binärzellen. – **BCG** ⟨ Bile (= in Galle gezüchtete Bakterien); ⟨ **B**acillus-**C**almette-**G**uérin (Impfstoff gegen TBC). – **BDA** ⟨ **B**und **D. A**rchitekten. – **BDI** ⟨ **B**undesverband der **d. I**ndustrie. – **BDG** ⟨ **B**und **d. G**rafikdesigner. – **BdK** ⟨ **B**und **d. K**riminalbeamten. – **BdL** ⟨ **B**ank **d. L**änder. – **BDS** ⟨ **B**und **d. S**chaugewerbegestalter. – **BDU** ⟨ **B**und **d. U**nternehmensberater. – **BDVT** ⟨ **B**und **d. V**erkaufsförderer/**t**rainer. – **BDW** ⟨ **B**und **d. W**erbeberater. – **Be** ⟨ **Be**ryllium

Bead Pat *s* (am.: *Bitpäd*) Drogenkaufgelegenheit

be:ampeln mit Verkehrsampeln versehen

Beamten|nötigung *w* Erzwingung einer Amtshandlung o. deren Unterlassung durch Gewalt o. Drohung bei Behörde, Beamten, Soldaten; **B.staat** *m* der von B. verwaltete Staat

Beanspruchung *w* höchstzul. Belastung eines Bauteils (Werkstoffs; auf cm^2 des Querschnitts)

beaufschlagen ↑ Luft- (Gas-)strom auf die Laufradschaufeln einer Turbine (eines Verdichters) einwirken lassen

Bebau:ung|sdichte *w* Verhältnis der bebauten Fläche zur Gesamtfläche der Gemeinde; **B.s:plan** *m* verbindl. Festlegung von Größe, Art, Stellung der Bauwerke, Straßen, Grünflächen, = **Ortsbauplan** *m*

Beccariverfahren *s* Umwandlung von Hausmüll durch Gärung in Düngemasse

Becher|elektroskop *s* physik. Gerät zum Nachweis elektr. Ladungen; **B.pakkung** *w* Hohlkörper zum einmal. Gebrauch; **B.werk** *s* Transportvorrichtung für Schüttgüter (B. am endlosen Band)

Bechterew| *m* = **B.sche Krankheit** *w* (d. Arzt, 19./20. Jh.) chron. entzündl. Wirbelsäulenerkrankung rheumat. Ursprungs (führt zur Versteifung der Wirbelsäule, = **Bambus:stabwirbelsäule** *w*)

Becken|endlage *w* B.ende des Kindes geht bei Geburt voran (3 % aller Geburten; Kunsthilfe nötig!)

Beckmann-Thermometer *s* genaues Thermometer zur Messung von Temperaturdifferrenzen

Bedarfsluftverkehr *m* Planflug bei vorliegenden Buchungen

Bedien|teil *m* mit der Hand betätigte Maschinenteile; **B.ungsfehler** *m* verkehrte Handhabung von Geräten (Maschinen); **B.ungs:stand** *m* Ort, an dem alle B.ungselemente u. Meßinstrumente für den Überwachenden zusammengefaßt sind, = **Fahr-, Manöverstand** *m*

bedingter| Reflex *m* individ. erworb., zeitl. begrenzte Nervenschaltung (trägt zur Anpassung des Organismus bei); **b. Sprung** *m* Überspringen best. Befehle durch einen programm. Rechner, wenn best., vorher angeg. Bedingungen erfüllt sind; **b. Vorsatz** *m* = → dolus

beeinflußbare Zeit *w* Zeitanteile, die durch den Leistungsgrad des Arbeitenden veränderbar sind

Befa ⟨ **be**obachtende **Fa**hndung Rauschgift (im BKA)

Befehl| *m* ↑ elementar. Bestandteil eines Programms in der autom. Datenverarbeitung (Teile: **Operations:teil**, der dem Rechner sagt, was er tun soll, u. **Adreßteil**, der sagt, worauf er seine Tätigkeit lenken soll); **B.snotstand** *m* Ausführung einer moral. nicht vertretb. Handlung auf Geheiß; **B.s:schalter** *m* Öffnungs-, Schließschalter von Stromkreisen; **B.sweg** *m* Instanzenweg einer Anordnung usw. von oben nach unten in einer Hierarchie

Befeuerung *w* Kennzeichnung der Start-, Anflug-, Rollbahnen, des Vorfeldes u. der Hindernisse im Flughafen durch Leuchtfeuer; Seezeichen

Beflocken *s* Verfahren zur Herstellung samtart. Oberflächen auf Kunststoff- o. Metallteilen durch Beschichten mit Klebstoff u. Aufbringen von Kunstfaserflocken, = → Velourisieren

Beförderung|s:pflicht *w* Verpflichtung öfftl. Verkehrsmittel zur Personen-, Güterbeförderung; **B.s:steuer** *w* Steuer für Personen-, Güterverkehr

beforsten forstlich pflegen, nutzen; **beförstern** als staatl. Forstbeamter privat. Wald bewirtschaften

Begabungs:auslese *w* Auswahl der besten Arbeitskräfte, = **Begabten|auslese** *w*; **B.reserve** *w* ungenutzter Nachwuchs an B., = **Bildungsreserve** *w*

begrenz|ter Krieg *m* räuml. u. zeitl. begrenzte krieger. Handlungen; **B.ungsleuchte** *w* Standlichter des Kfz.s; **B.ungsregler** *m* Einrichtung im Regelkreis zur Vermeidung der Überschreitung einstellb. Werte (beim Anfahren usw.)

Begünstigung *w* bewußte Beistandsleistung o. Teilnahme an Verbrechen (Vergehen), um jmdn. der Strafe zu entziehen (**persönl. B.**) o. ihm die Vorteile seiner Straftat zu sichern (**sachliche B.**)

Behälter| *m* → amphibisch; **B.gerät** *s* tragb. Atemschutzgerät (Leichttauchgerät); **B.wagen** *m* Kessel-, Topfwagen zum Transport gasförm. (flüss.) Güter

Beharrungs:tendenz *w* Wetterbeständigkeit

Behaviorismus *m* (e.: *bihewjer-*) = → Verhaltensforschung

Beherrschungsvertrag *m* Unterstellung einer AG unter Leitung eines andern Unternehmens

Behmlot *s* = → Echolot (nach dem Erfinder, 19./20. Jh.)

Beidhand:analyse *w* Untersuchung des zeitl. Zusammenwirkens beider Hände bei Arbeit

Beileitung *w* jede Wasserum- u. -überleitung im Stauraum einer Stauanlage zur Speicherung

Beilsteinprobe *w* (d. Chemiker) Nachweisreaktion für organ. Halogenverbindungen

Bein| *s* ↑ Bewegung vermittelnd. unterer Kfz-Teil; **B.schwarz** *s* Kohlenstoff aus verkohlten Tierknochen (Farbpigment)

Beinahegeld *s* = → Quasigeld
Beipack *m* Zusatzleitungen bei Breitbandkabeln; zusätzl. Frachtgut
Beiß|ordnung *w* = → Hackordnung; **B.phase** *w* 2. Abschnitt des → oral. Stadiums, = **Zahnperiode** *w*
Beistands:pflicht *w* Verpflichtung zur → Amtshilfe
beistell|en ↑ Eisenbahnwagen bereitstellen; **B.möbel** *M* zusammenrückb. Kleinmöbel verschied. Funktion
Beiwagenschiff *s* Karosserie des Beiwagens (= Motorradseitenwagens)
Beiz|brüchigkeit *w* Stahlversprödung durch Aufnahme atom. Wasserstoffs beim Beizen, = **B.sprödigkeit** *w*; **B.enfarbstoffe** *M* Gruppe von Woll-, Seidenfarbstoffen, vor deren Anwendung die zu färb. Textilien mit Metallsalzlösungen gebeizt werden müssen
Bekannt|heit *w* B.werden, -sein
bekohl|en mit Brennstoff versorgen (Schiff b.en); **B.ungs:anlage** *w* Anlage eines Großkraftwerks zur Brennstoffversorgung
Bel *s* arithmet. Maßzahl für die Intensitätsabnahme bei Dämpfungsvorgängen (⟨ Bell = am. Fernsprecherkonstrukteur)
Belade|maschine *w* Anlage zum Einsetzen frischer Brennelemente (zum Entfernen ausgebrannter Elemente) im Kernreaktor, = **B.system** *s*, = **Beschikkungsmaschine** *w*
Belagerungszustand *m* jetzt: = → Staatsnotstand
belast|bar gegen Materialbeanspruchung wenig anfällig; **B.ung** *w* Arbeitsschwierigkeit nach Art, Höhe, Intensität, Dauer der Arbeit; alle Kräfte, die von außen auf ein Tragwerk einwirken; Leistung einer Energieanlage in einem best. Augenblick (Zeitraum); → außergewöhnlich; **B.ungsfall** *m* durch best. Kombinationen des für die Beanspruchung maßgebender Bestimmungsgrößen bedingt. Zustands im Flugzeugbau, = **(Last-) Fall** *m*; **B.ungsgebirge** *s* dreidimens. Wiedergabe des Energieverbrauchs in best. Zeit; **B.ungsmaschine** *w* Nachprüfgerät der Kraftanzeige von Werkstoffprüfgeräten durch Aufbringung von Zug-, Druckkräften auf Kontrollstäbe u. Kraftmeßbügel; **B.ungs:probe** *w* Prüfung der Tragfähigkeit eines Bauwerks
Beleb|er *m* Badzusatz bei Flotation; **B.t:schlamm** *m* verschleimte Bakterienkolonie; **B.t:schlammverfahren** *s* Verfahren zur biol. Abwässerreinigung mit aeroben Mikroben; **B.ungsbecken** *s* Gefäß zur biolog. Abwässerreinigung
Beleg|arztsystem *s* von Fachärzten kolleg. belegt. u. geleit. Krankenhaus; **B.buchhaltung** *w* lückenlose Ablage der Originalbelege nach B.nummern; **B.schafts:akti:e** *w* zum Vorzugskurs an Arbeitnehmer ausgegeb. Aktie, = → **Arbeiter:akti:e** *w*; **B.ung** *w* ↑ auf der Oberfläche eines gelad. Stromleiters verteilte Ladungsmenge; Bereitstellung eines Inseratenraums, Krankenhauses usw.; **B.ungsdichte** *w* Wohnfläche, die je Bewohner entfällt; **B.ungs:planung** *w* Vorausübersicht über die Gliederung des Arbeitspensums
Beleucht|erbrücke *w* Laufsteg für Scheinwerfer über der Bühne; **B.ungs:apparat** *m* Mikroskopanteil zw. Lichtquelle u. Objekttisch; **B.ungskondensor** *m* Teil des Mikroskops; **B.ungsmesser** *m* Lichtstrommeßgerät; **B.ungs:optik** *w* alle opt. Bildwerferteile zw. Lichtquelle u. Bildfenster; **B.ungsstärke** *w* Größe des je cm^2 auf eine Fläche auftreff. Lichtstroms. – **belicht|en** direkt o. unter Zwischenschaltung opt. Geräte der Bestrahlung mit sichtbar. Licht aussetzen; **B.ungsmesser** *m* tragb. Gerät zur Messung der Beleuchtungsstärke; **B.ungs:tabelle** *w* Aufstellung der Abhängigkeiten von Blendenweite u. **B.ungswert** *m* Meßgröße für die B.ung; **B.ungszeit** *w* Länge der Zeit, während der ein lichtempfindl. Gegenstand (fotogr. Film o. ä.) belichtet wird
Bemessungsgröße *w* Rechnungsgröße als Grundlage für Festigkeitsberechnung eines Flugzeugs
Bemusterer *m* Abnehmer von Metallproben
Benetzung *w* ↑ Adhäsion von Flüssigkeiten an Festkörpern
benigne (lat.) gutartig (b. Geschwüre); Ggs.: maligne
Bensonkessel *m* Dampfkessel für hohe Drücke
Benthal *s* (gr.) Lebensraum des Meeresbodens
Benutzbarkeitsfaktor *m* Zeitdauer der Brauchbarkeit eines Start-, Landungssystems, = **Betriebswert** *m*
Benz|aldehyd *s* (KW) Bittermandelöl (organ. Verbindung); **B.edrin** *s* Anregungsmittel aus der Gruppe der Weckamine; **B.idin** *s* Vorprodukt für Farbstoffsynthesen (organ. Stickstoffverbindung)
Benzin| *s* (KW, ar.-lat.) Gemisch leicht verdampfbarer Kohlenwasserstoffe (Kraftstoff für Verbrennungsmotoren;

Lösemittel zum Reinigen von Textilien, Extrahieren von Fetten, Harzen, Ölen aus Nutzprodukten usw.); **B.abscheider** *m* Vorrichtung gegen Absikkerung von B. ins Abwasser; **B.einspritzung** *w* Zuführung des Kraftstoffs in Ottomotore durch Einspritzpumpen o.-düsen; **B.synthese** *w* künstl. Herstellung von B. aus Kohle u. Wasserstoff; **B.uhr** *w* Füllstandsanzeiger des B.tanks am Armaturenbrett des Kfz.s

Benzol| *s* (KW) einfachster Vertreter der Aromaten (Kohlenwasserstoff im Steinkohlenteer); **B.ring** *m* ringförm. Anordnung der Kohlenstoffatome im B. u. den Aromaten

Benzpyren *s* (KW) aromat. Kohlenwasserstoff (im Steinkohlenteer, Zigarettenrauch, Abgas von Verbrennungsmotoren; krebserregend)

Beobachtung|sbogen *m* Entwicklungsprotokoll des Sonderschülers; **B.s:satellit** *m* = → Aufklärungssatellit

Beplankung *w* Außenhaut (Holz, Metall, Plastik) von Flugzeugen. Booten

Berat|ervertrag *m* Zurverfügungstellung von Fachwissen gegen vereinb. Honorar, = **B.ungsvertrag** *m*; **B.ungs:test** *m* Persönlichkeitstest für Schüler

Berechtigung|sgutschein *m* schriftl. Zusage eines Anrechtes; **B.s:schein** *m* amtl. Bestätigung einer Befugnis; **B.swesen** *s* System, in dem nur durch Prüfungen berufl. Ansprüche erworben werden

bereg|nen Pflanzen künstl. von oben bewässern (mit **B.nungs:anlage** *w*); **B.nungsversuch** *m* Wasserdichtigkeitsprüfung von Textilien

Bereich| *m* Menge von Speicherplätzen auf Datenträger in der ADV (zugängl. über eine **B.svariable** *w*); **B.s:schalter** *m* Einstellungsvorrichtung am Empfangsgerät

Bereisungs:schiff *s* Schiff zur Überwachung von Wasserstraßen u. Küstengewässern

Bereitschaft|s:arzt *m* diensthab. Arzt; **B.sdienst** *m* Notdienst; **B.skosten** *M* Kosten für die Betriebsb. zur Produktion; **B.s:polizei** *w* kasernierte Polizei zur Ausbildung u. Einsatzunterstützung (seit 1950); **B.s:stunde** *w* Zeit der Einsatzmöglichkeit der energieerzeug., -transportier., -wandelnd., -verbrauch. Anlage(teile); **B.szeit** *w* Zeit, in der Arbeitnehmer für Arbeitsleistung verfügbar sein muß

Bergeron-Findeisen-Theorie *w* (*berscheron-*) → Einkristalltheorie

Berggrün *s* Farbpigment (durch Mahlen von Malachit gewonnen)

Bergius-Verfahren *s* (d. Chemiker, 19./20. Jh.) Verfahren zur Benzinsynthese

Berg|schaden *m* durch B.bau verurs. Grundstücks- u. Gebäudeschaden; **B.schrund** *m* Gletscherspalte am ob. Gletscherrand; **B.station** *w* oberer Endpunkt einer B.bahn (Ggs.: Talstation *w*); **B.sturz** *m* schwerer B.rutsch

Bergung|sdampfer *m* Schiff mit Einrichtungen zur B. von Wracks; **B.s:taucher** *m* Taucherspezialist für Unfälle; **B.swinde** *w* Seil an Rettungshubschraubern

Berg|waage *w* Gerät zur Messung der Bodenneigung; **B.wachs** *s* = → Erdwachs; **B.zinn** *s* im Fels eingesprengt. gedieg. Zinn

Beriberi *s* (sudanes.-hindust.) Vitamin-B_1-Mangelkrankheit

Berkefeldfilter *s* (d. Erfinder, 19 Jh.) keram. Bakterienfilter für Trinkwasser (meist in Kerzenform)

Berkelium *s* (Berkeley/Kalifornien) künstl. radioakt. Element (⟨ *Bk*)

Berliner| Format *s* Zeitungsformat (470 x 630 mm Doppelseite); **B. Blau** *s* = → Preußischblau; **B. Tinktur** *w* Opium-, Essigtinktur als Rauschmittel, = **B. Tinke** *w*. – **Berlin|hilfe** *w* Leistungen der Bundesrepublik zur Stützung der B.er Wirtschaft (seit 1948)

Berner Konvention (Übereinkunft) *w* Völkerrechtsvertrag zum Urheberschutz literar. u. künstler. Werke (1886; 1948 revidiert)

Bernoullische Ungleichung *w* Angabe der unteren Abschätzung eines Binoms

Berst|scheibe *w* Sollbruchstelle in Rohren u. Behältern, = **B.platte** *w*; **B.schutz** *m* Maßnahmen gegen Bruchschäden eines Reaktorbehälters

Beruf|s:analytiker *m* Ersteller von **B.s-analysen** Beschreibungen von B.sgegebenheiten; **B.s:aufbauschule** *w* 2. Bildungsweg zur Fachschulreife; **B.s:auslese** *w* mediz., psycholog., soz. Auswahlkriterien bei der B.s:ausbildung o. Besetzung einer B.s:position; **B.sberater** *m* Beamter des Arbeitsamtes, der in Fragen der B.swahl berät; **B.sberatung** *w* (Institution u. Gebäude); **B.sbild** *s* Darstellung der Gegebenheiten eines B.s (Vorbildung-Tätigkeit-Anforderungen); **B.sdifferenzierung** *w* berufl. Arbeitsteilung; **B.sfachschule** *w* Vollzeitschule zur Vorbereitung auf den Beruf (Gewerbe-, Haus-, Landwirtschafts-, Handelspflege); **B.sgeheimnis**

s Schweigepflicht von B.s wegen; **B.sgenossenschaft** *w* Träger der gesetzl. Unfallversicherung; **B.sgrundschuljahr** *s* einjähr. Beginn einer dann folg. zweijähr. Fachausbildung (angerechnet auf die Ausbildungszeit; Versuche seit 1973); **B.slenkung** *w* B.sberatung unter Berücksichtigung von Mangelberufen; **B.smobilität** *w* B.swechsel; **B.s:pädagogik** *w* B.s:ausbildung in Theorie u. Praxis; **B.s:psychologie** *w* Untersuchung der Eignung der B.s:anwärter; **B.srisiko** *s* durch den Beruf bedingte (wirtsch.) Unsicherheit; **B.s:schule** *w* Unterricht(sstätte) neben der B.s:ausbildung (**B.s:schulpflicht** *w*!); **B.s:soziologie** *w* Anwendung soziol. Theorien u. Begriffe auf B. u. Arbeit; **b.s:unfähig** in Erwerbstätigkeit gehemmt (Krankheit usw.); **B.sverband** *m* Interessenverband der B.s:angehörigen; **B.sverbot** *s* (angebl.) B.s:sperre durch die → Regelanfrage; **B.sverkehr** *m* Straßenverkehr kurz vor u. nach der Arbeitszeit

Berufung|sfrist *w* Zeitraum, in der gegen Gerichtsurteil Einspruch erhoben werden kann; **B.sliste** *w* Zusammenstellung der mögl. Anwärter auf eine off. Stelle

Berühmung *w* ↑ Hinweis, daß Gegenstände durch Patent(anmeldung) oder Gebrauchsmuster(anmeldung) geschützt sind

Berührung|sgift *s* → Hautgift; **b.s:sicher** bei B. nicht gestört; **B.s:spannung** *w* zw. 2 versch. Substanzen bei ggs. Berührung auftretende elektr. Spannung

Beryllium *s* (gr.) chem. Element, Leichtmetall (für harte u. korrosionsbeständ. Legierungen in der Röntgen- u. Nukleartechnik; ⟨ *Be*)

Bes *s* Einheit für die Masse (⟨ *b*; seit 1953)

Besamung|s:station *w* Sammelstelle von Rindersamen zur künstl. B.; **B.szentrale** *w* Institution für künstl. B.

Beschaffungskosten *M* Nebenkosten bei der Beschaffung (Fracht, Verpackung, Versicherung usw.)

Beschäftigung|sgrad *m* Verhältnis der tats. zur mögl. Auslastung einer Betriebskapazität, = **Erwerbsquote** *w*; **B.s:pflicht** *w* Verpflichtung des Arbeitgebers, den Arbeitnehmer zu beschäftigen, wenn dem nicht eigene schutzwürd. Interessen entgegenstehen; **B.s:therapie** *w* Maßnahme zur Rehabilitation (mit Heil-, Krankengymnastik); **B.sverhältnis** *s* = → Arbeitsverhältnis

beschallen ↑ ganzen Raum durch Lautsprecher bedienen

Beschau|zeichen *s* Prüfstempel (auf Edelmetallen); **B.er** *m* ↑ amtl. Prüfer von Glas, Gewebe, Fleisch; Leichenbeschauer

Beschichtung *w* ↑ Aufbringung einer Metall-, Kunststoff-, Lack- o. a. Schicht; so hergest. Schicht

Beschick|maschine *w* Maschine zum Auffüllen von Siemens-Martin-Öfen, = **Chargiermaschine** *w* (*scharschîr*-); **B.ung** *w* Einführung des Aufgabeguts in die Verarbeitungsmaschine; **B.ungsmaschine** *w* = → Belademaschine

Beschleunig|er *m* → Aktivator, → Katalysator, → Teilchenbeschleuniger; **B.ungsbarri:ere** *w* Grenzwert der B.ung; **B.ungsmesser** *m* Bremsprüfgerät für Landfahrzeuge; Flugmeßverfahren; **B.ungs:spur** *w* zusätzl. Fahrspur für sich einfädelnde Fahrzeuge

Beschlußverfahren *s* Austragung der betriebsverfassungsrechtl. Streitigkeiten beim Arbeitsgericht

Beschneidung *w* = → Zirkumzision

beschränkte Menge *w* enthält keine belieb. großen o. kleinen Elemente (nach oben – nach unten b. M.)

beschuhen ↑ Metallspitze aufsetzen; mit Eisen beschlagen

beschul|en in öfftl. Schule unterrichten; → Werkstatt; **B.ungsvertrag** *m* Abmachung zw. Staat u. Privatschulen, zw. Eltern u. Schule

beschweren ↑ Gewebe u. Garne mit mineral. Appreturen behandeln; dem Papierbrei bei Verarbeitung feingemahl. Mineralien zumischen

Beschwichtigungsverhalten *s* = → Demutsgebärde

Besemschon *s* (= besenrein) Teil einer am Kisten-, Faßholz hängenbleib. Ware; Abzug hierfür

Besitz:einkommen *s* arbeitsfreies Einkommen

Besohlung *w* ↑ Laufflächenerneuerung bei Kfz-Reifen

Besonnung *w* richt. Bemessung der Sonneneinstrahlung in Wohnräumen

bespielen mit Tonaufnahme versehen; mit Theateraufführungen versorgen

Bessemer|birne *w* Gefäß zur Aufnahme des geschmolz. Roheisens beim **B.prozeß** *m* = **B.verfahren** *s* Verfahren zur Herstellung von Stahl aus Roheisen (e. Ingenieur, 19. Jh.)

Besserung|smaßnahmen *M* Erziehungsversuche an Rechtsbrechern; **B.sverwahrung** *w* gerichtl. Einweisung in Anstalt zur Bekämpfung kriminell. Anlagen

BESSY ⟨ **B**erliner **E**lektronen**s**peicherung für **Sy**nchrotronschaltung (Superlichtquelle)

Beständigkeit *w* ↑ Widerstandsfähigkeit (Werkstoff) gegen äuß. Einwirkungen (Witterung, Feuchtigkeit, Abrieb, Röntgenstrahlung usw.)

Bestäubungsflugzeug *s* Flugzeug zur Ausbringung von Chemikalien auf Agrar-, Forstböden

Bestechung *w*: **aktive B.** Angebot von Vorteilen an Beamte o. Soldaten zur Erreichung einer Verletzung ihrer Amts-, Dienstpflicht; **passive B.** Annahme solcher Vorteile

Besteck| *s* Standortbestimmung (astron. Navigation) mit der **B.rechnung** *w*; alle Geräte für eine Injektion; Sollabmessung eines Hauptdeichs

Bestimmung|sgröße *w* Rechnungsgröße zur B. der Kräftezustände im Flugzeugbau (zur B. des Verbrauchs an Energieträgern)

Bestrahlung|sdosis *w* Gesamtbetrag der durch Strahlung einwirkenden Energie; **B.s:schaden** *m* mikrosk. Veränderung in radioaktiv. Strahlung ausgesetzt. Stoffen; **B.szeit** *w* Dauer, in der sich Gegenstand im Strahlenfeld befindet; vorgeschr. Zeit einer B.

Besucherring *m* Organisation zum regelm. (verbill.) Besuch von Aufführungen

Beta:in *s* (lat.) organ. Stickstoffverbindung in Rüben

Betank|er *m* Flugzeug (Schiff) zur Kraftstoffversorgung während der Fahrt (= **B.ung** *w*)

Beta|-Spektrometer *s* (KW, gr.) Gerät zur Messung der Energie von B.strahlen; **B.strahlung** *w* Teilchenstrahlung aus Elektronen (bei radioakt. Zerfall von Atomkernen); **B.teilchen** *s* schnell flieg. Elektron; **B.tron** *s* Teilchenbeschleuniger für schnelle Elektronen; **B.-Zerfall** *m* radioakt. Kernzerfall unter Entstehung von B.strahlen

Betätigungs:teil *m* Übertragung von Störimpulsen o. Körperkräften auf Maschinen o. Geräte

Beteiligung *w* ↑ kapitalmäß. Verbundenheit mit anderm Unternehmen

Bethe-Weizsäcker-Zyklus *m* (d. Physiker, 20. Jh.) astrophys. Prozeß der Energieentstehung

Beton|piste *w* (*-toñ-*) b.ierte Strecke für Motor-, Flugwettkämpfe; **B.stahl** *m* Stahl zur Bewehrung von B.; **B.stein** *m* Produkt aus Zement u. Zuschlagstoffen; **B.verflüssiger** *m* plastifiz. Zusatz zu Mörtel u. B. (setzt Wasseranspruch frischen B.s herab u. vergrößert Festigkeit erhärteten B.s); **B.ware** *w* Massenprodukte aus B. mit best. Abmessungen u. Formen

Betrag| eines Vektors *m* seine „Länge" ohne Berücksichtigung der Richtung; **B. der Zahl** → Absolutbetrag

Betreuungs:helferin *w* Sozialarbeiterin

Betrieb|s:ablauf *m* zeitl. Aufeinanderfolge der B.svorgänge; **B.s:abrechnung** *w* Gemeinkosten + Kostenkontrolle + Leistungsabrechnung; **B.s:analyse** *w* Überwachung chem. Produktionsanlagen durch lauf. Analyse der Produkte; **B.s:ausstattung** *w* zur Aufrechterhaltung des B.s außer maschin. Einrichtung (Werkzeugen) notwend. Gegenstände; **B.sdauer** *w* Laufzeit einer Maschine in einer best. Zeit; **B.s:ergebnis** *s* Resultat der kurzfrist. Erfolgsrechnung; **B.sfestigkeit** *w* Schwingfestigkeit eines schwing. Konstruktionsteils; **b.sfremd** nicht zum B. gehörend; **B.sfrequenz** *w* Strömungs-Spannungsfrequenz im station. B. einer Wechselspannungsanlage, = Netzfrequenz; **B.sgefährdung** *w* Verleumdung eines andern B.s; **B.sgewicht** *s* Gewicht des startbereit. Flugzeugs (ohne Nutzlast); **B.s:hof** *m* Zusammenfassung der Flughafengebäude mit Verkehrs- u. Abstellflächen; **B.s:höhe** *w* Höhe über Normalnull, in der Motor betrieben wird; **B.skapital** *s* Geldsumme für Umlaufvermögen eines B.s; Ggs.: → Anlagekapital; **B.sklima** *s* Einstellungen u. Verhaltensweisen der B.sangehörigen zum Unternehmen; **B.sleistung** *w* Leistung des Verbrennungsmotors bei best. Drehzahl; **B.smasse** *w* Brennstoffmenge in der Spaltzone des Reaktors bei normal. B.; **B.sminimum** *s* Mindestmaß der durchschn. variabl. Kosten; **B.smittel** *s* Arbeitsmittel; **B.s:optimum** *s* Beschäftigungsgrad, bei dem die Stückkosten Minimum erreichen; **B.s:punkt** *m* Wert der Regelgröße im normal. B.szustand; **B.srat** *m* gewählte Vertretung der B.s:angehörigen; **B.s:schreiber** *m* Gerät, das Zeit u. Dauer (nicht Inhalt!) von Telefongesprächen aufzeichnet; **B.s:schutz** *m* Unfallverhütung im B.; **b.s:sicher** störungsfrei arbeitend; **B.s:soziologie** *w* Erkennung u. Analyse von Konfliktsituationen im B.; **B.s:spannung** *w* für den B. nötige Stromspannung; **B.s-straße** *w* nicht öffentl. Straße im Flughafen für Bodenverkehr mit Kfz.en;

B.s:störung *w* Be-, Verhinderung der planmäß. Abwicklung des Zugb.s von außen; **B.s:system** *s* Programme in der ADVA, die Steuerung u. Organisation des Computers u. Benutzung einer best. Programmsprache ermöglichen (zur → **Software** der DVA; → Zentraleinheit); **B.s:treue** *w* lange Zugehörigkeit zum B.; **B.s:unfall** *m* ↑ Unfall bei Arbeit; **B.sverbrauch** *m* Verbrauch von Dampf, Schmieröl, Kühlwasser usw. bei normal. Gebrauch; **B.svereinbarung** zw. Arbeitgeber u. B.srat über Arbeitsordnung, -bedingungen, Löhne usw.; **B.sverfassungsgesetz** *s*: alle 3 Jahre Wahl des B.srates; **B.swasser** *s* Gebrauchswasser für Industrieanlagen; **B.swert** *m* = → Benutzbarkeitsfaktor; **B.swirtschaft** *w* Bearbeitung der Organisation, Revision, Statistik, Information, Planung; **B.swissenschaft** *w* Erforschung aller Aufgaben der industriellen B.sführung

BetrVG ⟨ **Betr**iebs**v**erfassungs**g**esetz

Be:uferung *w* Besetzung von Vorflutern mit niedr. Erddämmen

Beuge|haft *w* eine **B.strafe** zur Erzwingung einer gerichtl. Aussage o. ä., **b.n** ↑ Lichtstrahlen ablenken

Beugniotgestell *s* (*bönjô-*) Vorrichtung zur parall. Verschiebung benachb. Achsen an Schienenfahrzeugen

Beugung| *w* ↑ Beeinflussung der Ausbreitung von Wellenvorgängen durch Hindernisse, deren Größe mit der Wellenlänge vergleichbar ist; Gesetzesmißachtung bei Rechtsprechung; Ablenkung aus grader Richtung; **B.sgitter** *s* Vorrichtung zur Untersuchung von Wellenvorgängen aus nebeneinanderlieg. Hindernissen u. Öffnungen; **B.s:scheibchen** *s* bei Abbildung eines Lichtpunktes durch opt. Geräte entstehendes, durch B.s:erscheinungen unscharfes Bild

Bevatron *s* (KW) Teilchenbeschleuniger

Bevölkerung|sbewegung *w* statist. Veränderung der B.sgröße, -struktur, -zahl, -verteilung; **B.sdruck** *m* wirtsch. Folgen zu hoher (zu schnell wachsender) B.sdichte; **B.s:explosion** *w* lawinenart. Anwachsen der B.szahl; **B.s:politik** *w* staatl. Maßnahmen zum B.s:umfang, seiner Zusammensetzung u. räuml. Verteilung; **B.s:schere** *w* gegenläuf. Bewegung der Geburts- u. Sterbeziffern; **B.svaku:um** *s* Möglichkeit der B.svergrößerung ohne Verknappung der Lebensgüter; **B.sverschiebung** *w* Änderung der B.sbewegung (erforscht durch **B.swissenschaft** *w*); **B.swirtschaftslehre** *w* → Wirtschaftswissenschaften

Bewährung| *w* ↑ Zeit, in der sich der Strafentlassene straffrei halten muß; **B.s:auflage** *w* Verpflichtungen, die der Strafentlassene zu übernehmen hat; **B.sfrist** *w* Zeit der B.; **B.s:hilfe** *w* Ratgeber(in) in der B.szeit, = **B.s:helfer(in)**

Bewaldungsziffer *w* prozent. Anteil der Waldfläche am Gesamtboden

Bewegung|s:element *s* kleinster Bestandteil der Arbeitsbewegung; **B.senergie** *w* Energiebetrag, der nötig ist, um Körper in best. B.szustand zu versetzen; **B.sgleichungen** *M* math. Formulierung für Zusammenhänge zw. wirkenden Kräften u. resultier. B.en; **B.sgröße** *w* = Impuls (Masse x Geschwindigkeit eines Körpers); **B.sko:ordination** *w* Steuerung eines B.sablaufs; **B.s:probe** *w* Probeaufnahme bei Zeichentrickfilmen; → Zentralkraft; **B.szentrum** *s* → Zentralkraft

Bewehrung *w* (früher: **Armierung** *w*) Stahleinlagen in Stahlbetonteilen

Beweis|antrag *m* Antrag des Prozeßbeteiligten, Gegner möge seine Behauptung beweisen; **B.aufnahme** *w* Zusammenstellung der gerichtl. B.mittel, = **B.erhebung** *w*; **B.gegenstand** *m* was durch die B.mittel festgestellt werden soll; **B.last** *w* Verpflichtung, B.mittel für das Klagebegehren zu liefern, = **B.pflicht** *w*; **B.mittel** *s* Sache, die den B. stützt; **B.not** *w* erforderl., aber (noch) fehlendes B.mittel; **B.sicherung** *w* Sicherstellung von B.mitteln

Bewertungs:schlüssel *m* in jedem Testleitfaden enthaltene „richtige" Antwort auf Persönlichkeitstests

Bewitterungsversuch *m* Prüfung des Verhaltens von Werkstoffen gegen Verwitterung

Bewußtsein|s:industrie *w* alle manipulier. Kommunikationsmittel; **B.sschwelle** *w* Grenze, an der ein unbewußt. Inhalt klar u. bewußt wird; **B.s:stufe** *w* Grad, in dem Vorgänge dem Menschen bewußt werden, = **Klarheitsgrad** *m*

bez. ⟨ **bez**ahlt; **bez. B.** ⟨ **bez**ahlt **B**rief (bei größ. Angebot); **bez. G.** ⟨ **bez**ahlt **G**eld (bei größ. Nachfrage)

Bezüge *M* → sonstig. – **Bezug|sband** *s* Magnetband mit bekannten Eigenschaften (zum Vergleich o. zur Geräteinstellung); **B.sgruppe** *w* (e.: reference group) Gruppe, mit der man sich identifiziert, = **Identifikationsgruppe** *w* (einz. Person: **B.s:person** *w*); **B.s:punkt**

m Orientierungspunkt für die Handlungsweise; Raumpunkt zur Beschreibung physik. Vorgänge; **B.srahmen** *m* die das soz. Verhalten mitbestimm. Wahrnehmungen u. Erfahrungen; **B.s:system** *s* Koordinatensystem, das bei Messung u. Beschreibung einer Bewegung als ruhend betrachtet wird

BfG ⟨ **B**ank **f**ür **G**emeinwirtschaft. – **BFH** ⟨ **B**undes**f**inanz**h**of. – **BFK** ⟨ **B**omben**f**lieger**k**raft

B-Flattern *s* Flattern von Flugzeugflügeln, -leitwerken, -rudern durch anliegende Luftströmung, = **klassisches Flattern** *s*

BFW ⟨ **B**ayr. **F**lugzeug**w**erke. – **BGA** ⟨ **B**undes**g**esundheits**a**mt (Lebensmittelprüfung – Zulassung von Gebrauchsstoffen, -gegenständen). – **BGH** ⟨ **B**undes**g**erichts**h**of. – **BGL** ⟨ **B**etriebs-**G**ewerkschafts**l**eitung. – **BGS** ⟨ **B**undes**g**renz**s**chutz. – **BHF-Bank** *w* **B**erliner **H**andels- u. **F**rankfurter Bank. – **Bi** ⟨ Wismut

Bias *m* (e.: *baies*) system. Meßfehler (Einseitigkeit, Suggestionsfragen usw.); Verzerrung im Mehrheitswahlrecht durch ungleiche Wahlkreisgröße u./o. Konzentration von Stimmen einer Partei in best. Region

Bichord *s* (*-k-*) (KW) Gerät mit 2 Saiten zur Untersuchung von Schwingungserscheinungen

Bidonville *s* (fr.: *bidoñwil*) Elendsviertel am Rand von Großstädten in (afr.) Entwicklungsländern

Biege|elastizität *w* Fähigkeit fester Körper, bei Einwirkung verbieg. Kräfte nach Nachlassen wieder urspr. Gestalt anzunehmen; **B.festigkeit** *w* B.spannung, bei der Normprüfkörper aus einem best. Werkstoff bricht (genormte Kenngröße für Werkstoffe); **B.pfeil** *m* größte Durchbiegung; **B.spannung** *w* verbieg. Kraft geteilt durch den Teilquerschnitt; **B.versuch** *m* Prüfung von Werkstoffen auf B.festigkeit; **B.wechselfestigkeit** *w* Maßzahl für Ermüdung von Werkstoffen bei dauerndem Hin- u. Herbiegen

Bienenschutzverordnung *w* Bestimmung über Anwendung u. Lagerung gefährl. Pflanzenschutzmittel

Bierherz *s* durch übermäß. Flüssigkeitsgenuß hypertroph. u. dilatiert. Herz

bifilare Wicklung *w* Widerstandwicklung mit doppelt gelegtem Draht zur Verringerung der Selbstinduktion

Bifokalglas *s* (KW, lat.) Brillenglas mit Nah- u. Fernbereich

Bige-Abkommen *s* (*bîsche-*) europ. Eisenbahnvereinbarung zur Tarifverbilligung für Jugendliche

bijektiv| = eineindeutig = umgekehrt eindeutig; **b.e Abbildung (Funktion)** ist sowohl injektiv wie subjektiv (jedem Element der 1. Menge wird ein Element der 2. Menge zugeordnet, u. jedes Element der 2. Menge ist einmal Bild), = **Bijektion** *w*

bikonkave Linse *w* Zerstreuungslinse mit 2 konkaven Begrenzungsflächen

bikonvexe Linse *w* Sammellinse mit 2 konvexen Begrenzungsflächen

Bikulturalismus *m* (KW, lat.) Zugehörigkeit zu 2 Kulturen

Bilanzstichtag *m* = → Stichtags:inventur

bilateral| (lat.) zweiseitig; zu beiden (durch beide) Elternteile(n); von gleicher soz. Gültigkeit bei beiden Elternteilen; auf Kreuzbasen bezogen; **b.er Handelsvertrag** *m* System, das einen Staat bewußt schlechter stellt als and.

Bild|ablenkung *w* senkrechte Ablenkung des Elektronenstrahls in Fernsehbildröhre; **B.abtastung** *w* Umsetzung der lesbaren Schriftvorlage in elektr. Signale; **B.auflösung** *w* Verschwimmen des Fernsehbildes durch Übergang benachb. Linien in andere Grauzone; **B.aufnahmeröhre** *w* Teil der Fernsehkamera, in dem das B. in Serie elektr. (= durch Funk übertragb.) Impulse umgewandelt wird; **B.aufrichtung** *w* Geradstellung des Fernsehb.es mit Umkehrprismen o. Spiegeln; **B.autor** *m* Fotograf, der die B.er beisteuert; **B.band** *s* Filmstreifen, -rolle zum Vorführen im Stehb.werfer; **B.bühne** *w* Einrichtung zur Einordnung des Dias in Projektionsstellung; Filmauflagefläche zw. Auf- u. Abwickelspule; **B.feld** *s* Fläche der fotogr. Abbildung; **B.feldwölbung** *w* gewölbte Wiedergabe eines eben. Gegenstandes (Abbildungsfehler); **B.fenster** *s* Öffnung in B.bühne zur Begrenzung des B.feldes; Aussparung in der Filmführung zur Belichtung u. Projektion, = **Kamera-, Projektorfenster; B.flug** *m* Flug zur Aufnahme von Luftb.ern; **B.frequenz** *w* Anzahl der vom Fernsehen je Sekunde übertrag. Einzelb.er; **B.gerät** *s* Fotokamera; **B.hören** *s* Fähigkeit, Unterschallgeräusche zu hören u. identifizieren (z. B. bei Delphinen); **B.karte** *w* Ergebnis der graf. Auswertung von Luftb.ern, = **Luftbildkarte** *w*; **B.konserve** *w* gespeich. B.material; **B.kontroll:empfänger** *m* Gerät zur Beurteilung der B.qualität; **B.kontrollgerät** *s* Gerät zur Überwachung des BAS-Signals; **B.menge** *w* Zeichenvorrat der DVA; math.: Menge der B.er bei einer Abbildung; bei Funktionen: = Wertebereich; **B.mischer** *m* Fernsehmitarbeiter, der geeignetes B.material (zur Sendung) aus dem vorhand. Vorrat aussucht; **B.negativ** *s* Ausgangspunkt für Herstellung von Theaterkopien; **B.paar** *s* Abbildung desselben Geländeabschnitts in 2 verschied. Sichten auf der B.karte, = **Stereogramm** *s*; **B.platte** *w* Platte zur Übertragung von Tönen u. bewegten (farb.) B.ern über Spezialplattenspieler auf den Heimfernseher; **B.positiv** *s* aus B.negativ entwick. B. zum Vorführen; **B.punktfrequenz** *w* Zahl der B.punkte, die ein Fernsehsystem je Sekunde übertragen kann; **B.redakteur** *m* (*-tör*) leitet den B.teil einer Zeitung (-schrift); **B.reporter** *m* Aktualitätenfotograf für Zeitungen (-schriften); **B.röhre** *w* = **Braunsche Röhre** *w* macht Fernsehb. im Empfänger sichtbar; **B.ruhe** *w* = → B.stand; **B.samkeit** *w* Verformbarkeit von Werkstoffen, = **Plastizität** *w*; **B.schirm-Terminal** *s* Eingabegerät für eine DVA (zur Kontrolle der eingegebenen Daten über einen B.schirm, zugleich Ausgabegerät); **B.schirmtext** *m* Teletextsystem der Bundespost (Informationen über Fernsprechnetz übertragend; Telefonanschluß u. Decoderverbindung zum Fernsehgerät; Informationen aus zentr. Datenspeicher abrufbar); **B.schirmzeitung** *w* Anwendung von Teletext für Nachrichten u. Mitteilungen aus der Presse; **B.schreiber** *m* Telegrafengerät; **B.-stand** *m* deckungsgl. Projektion der unbewegt. Phasenb.er, = **B.ruhe** *w*; **B.sucher** *m* Gerät zur Überwachung des Ausschnittes im B.gerät; **b.synchron** gleichzeitig mit dem B. (ablaufend); **B.telegrafie** *w* elektr. Übertragung von B.ern

Bildung|sbarri:ere *w* (vermeintl.) Ausschluß Begabter von Aus-, Fort- u. B.s-möglichkeiten (der Kinder unt. Schichten von höh. Ausb.smöglichkeiten); **B.sberater** *m* amtl. Ratgeber in B.sfragen; **B.s:energie** *w* Energiebetrag, der bei B. einer Verbindung aus den Elementen verbraucht o. abgegeben wird; **B.s:enthalpie** *w* als Wärme freiwerd. Energiebetrag bei der isobaren B. einer Verbindung aus den Elementen; **B.sforschung** *w* Ermittlung von Qualifizierungen durch Zusammenarbeit von versch. Forschungsrichtungen; **B.sgerechtigkeit** *w* Ausschaltung von Privilegien beim Erwerb von B.; **B.sgesellschaft** *w* industr. entwick. Gesellschaft mit hohem B.sniveau; **B.smonopol** *s* allein. Vorrecht, B. zu erwerben; **B.s:planung** *w* Entwurf einer zukünft. **B.s:politik** aufgrund von Analysen u. Prognosen des Zusammenhangs zw. B.s- u. Beschäftigungssystemen; **B.s:privileg** *s* Vorrecht einer best. Gruppe, B. zu erwerben; **B.sreform** *w* Modernisierung des Schulwesens; **B.sreserve** *w* = → Begabtenreserve; **B.s:schranke** *w* verwehrt. Zugang zum B.serwerb für best. Volksklassen; **B.s:soziologie** *w* Erforschung der gesellschaftl. Qualifizierungsprozesse; **B.s:urlaub** *m* Freistellung von Arbeit zur Nutzung weit. Fortb.; **B.swärme** *w* Wärmemenge, die bei B. einer Verbindung aus den Elementen verbraucht o. abgegeben wird; **B.sweg** *m* → dritter

Bild|wandler *m* B.röhre u. -aufnahmeröhre; Elektronenröhre zur Umwandlung eines opt. B.es in ein B. aus elektr. Ladungen (auf Leuchtschirm sichtb.); **B.werfer** *m* Vorrichtung zur Wiedergabe von B.ern durch Projektion auf eine B.wand, = Projektion; **B.winkel** *m* Winkel, unter dem der Durchmesser des abgebild. (bei rechtwinkl. o. quadrat. B.format: die Diagonale des abgebild.) Bereichs vom Objektiv her gesehen wird; **B.zerleger** *m* Vorrichtung, die B.er zur Übertragung auf dem Funkweg in elektr. Impulse umwandelt

Bilharziose *w* (d. Arzt in Kairo, 19. Jh.) Tropenkrankheit, = **Schistosomiasis** *w*

Biluxlampe *w* Glühlampe für Fern- u. Abblendlicht im Scheinwerfer

Bimetallismus *m* (KW) = → Doppelwährung

binär| zweiwertig; → bit; **B.code** ⟨ *BCD*; **b.es Zahlensystem** *s* → Dualsystem

Binde|gewebemassage *w* Massagemethode (langs., ausgedehnt. Streichen lockert das B.gewebe u. beeinflußt die inneren Organe reflektorisch); **B.mittel** *s* Stoff von meist klebr.-zähflüss. Konsistenz, der abbinden kann u. feste Teilchen miteinander o. mit Unterlage verklebt; nicht verdampfb. Anteile eines Anstrichstoffs ohne Pigmente u. Füllstoffe; **b.ndes Mandat** *s* widerrufb. Umsetzung des Wählerwillens, = **imperatives Mandat**; **b.rn** mit Garben-, Buchbindemaschine zusammenfügen; **B.strich-Soziologie** *w* Erforschung gesellsch. Teilbereiche mit allgem. soziol. Theorien. – **Bindung** *w* → chemisch

Bingo-card *w* (e.) Antwortkarte zum Ankreuzen in Zahlenfeld

Binnen|block *m* Baublock von blockförm. Randbebauung umgeben (ohne Zufahrt zur Verkehrsstraße); **B.varianz** *w* Verschiedenheiten innerh. einer Versuchsklasse; **B.wanderung** *w* Bevölkerungsbewegung innerh. einer Region

bin|objektiv (KW, lat.) mit 2 gleichzeit. benutzt. Objektiven; **b.okular** für beide Augen vorgesehen (b.okulares Fernrohr, Mikroskop)

Binom| *s* (gr.) zweigliedr. Größe (math.); **B.ialko:effizi:ent** *m* Gliedzahl einer **B.ialreihe** *w* Darstellung der Potenz eines B.s durch eine Reihe

Bio|chemie *w* Lehre von stoffl. Veränderungen in leb. Organismen u. daran beteiligt. Substanzen; **b.chemischer Sauerstoffbedarf** *m* Kenngröße für die Sauerstoffzehrung durch im Wasser vorhandene, bakteriell abbaub. Fremdstoffe; **B.cide** *M* Chemikalien zur Bekämpfung schädl. Lebewesen; **b.degradabel** biolog. abbaubar; **b.dynamisch** nur mit organ. Düngemitteln behandelt; **B.elemente** *M* Elemente, aus denen die leb. Organismen aufgebaut sind; **B.energetik** *w* Lehre von Gesetzen der Lebensvorgänge; **B.gas** *s* brennb. Gemisch aus gasförm. Kohlenwasserstoffen, das bei anaerober Vergärung vieler Abfallstoffe entsteht; **b.gen** durch Lebensvorgänge entstanden; **B.genese** *w* Entwicklung(sgeschichte) der Lebewesen; **b.genetisches Grundgesetz** *s* in jedem Wesen spiegelt sich stammesgesch. Entwicklung wider (Haeckel, 19. Jh.); **B.geographie** *w* Erforschung der Verbreitung von Pflanzen u. Tieren; **B.gramm** *s* Aufzeichnung des Lebensablaufs von Individuen in ihrer Gruppe; **b.graphisches Inventar** *s* Auswertung des Lebenslaufes des Probanden im Bewertungsverfahren; **B.-Ingenieur** *m* (*-inschênjör*) Erforscher der biol. Gegebenheiten des gesunden Lebens; **B.katalysator** *m* Stoff, der die b.chem. Vorgänge in der leb. Zelle katalytisch steuert (Enzyme, Hormone usw.); **B.klimatologie** *w* Erforschung der Wirkungen des Klimas auf das Leben; **b.logische Abwässerreinigung** *w* Reinigung des Abwassers mit Kleinlebewesen; **b.logische Intelligenz** *w* physiol. Meßversuch der Intelligenz; **b.logische Schädlingsbekämpfung** *w* Pflanzenschutz ohne Benutzung synthet. Präparate; **b.logische Selbstreinigung** *w* auf natürl. Weg erfolgender Abbau der Schadstoffe in Gewässern durch Kleinlebewesen; **b.logische Waffen** *M* Kampfstoff wie Bakterien, Viren, Toxine usw.; **b.logischer Nullpunkt** *m* → Nullpunkt; **b.logisches Gleichgewicht** *s* Zustand, der entsteht, wenn die Organismen eines B.tops länger von außerhalb in Wechselwirkung stehen; **b.logisch-dynamische Wirtschaftsweise** *w* weltanschaul. System landwirtsch. Methoden, das die Verwendung künstl. Düngemittel u. Schädlingsbekämpfung ablehnt; **B.lumineszenz** *w* Lichterzeugung durch leb. Organismen (Glühwürmchen usw.); **B.masse** *w* Gesamtmenge an leb. organ. Substanz (in einem See o. ä.); **B.mechanik** *w* Erforschung der Struktur, Form, Bewegung in der leb. Natur; **B.meteorologie** *w* Erforschung der Wirkung des Wetters auf Lebewesen; **B.metrie** *w* Sterblichkeitsberechnung; **B.nik** *w* (⟨ **Bio**logie–Tech**nik**) Forschungsgebiet, das biolog. Erkenntnisse zur Lösung techn. Aufgaben heranzieht; **b.phil** lebensfreundlich; **B.physik** *w* Wissensgebiet von der Wirkung physik. Gesetze auf leb. Organismen

Bi:opsie *w* mikrosk. Untersuchung kleiner, dem leb. Körper entnomm. Gewebeproben (bei Verdacht auf Krebs, Blutkrankheiten, Leber-, Schilddrüsenerkrankungen)

Bio|rhythmik *w* Lebensablauf in **B.-rhythmen** *M* best. rhythm. Perioden; **B.satellit** *m* Satellit mit Lebewesen o. menschl. Zellkulturen zur Erforschung der Wirkung der Schwerelosigkeit auf sie; **B.soziologie** *w* Erforschung der Beziehung zw. biol. u. gesellsch. Gegebenheiten; allgem. soz. Lebenslehre; **B.sphäre** *w* Lebensbereich der Organismen auf der Erde; **B.technologie** *w* alle Verfahren zur Lösung chem.-techn. Aufgaben mit b.chem. Mitteln; **B.telemetrie** *w* Übertragung biol. Vorgänge auf entfernte Meßgeräte; **b.tisch** alle Vorgänge, die nur in Gegenwart leb. Organismen ablaufen; **B.top** *s* gewachs., lokal begrenzt. Lebensraum für Gruppe von Organismen; dort vorkomm. Lebewesen; **B.tin** *s* Vitamin H; **b.trope Faktoren** *M* auf die Lebewesen einwirk. Faktoren (Luftdruck, Sonneneinstrahlung usw.); **B.tropie** *w* Einfluß des Wetters auf Organismus; **B.typ** *m* Lebensform; **B.verfügbarkeit** *w* Ermittlung der Arzneimittelmenge, die Großen Kreislauf erreicht, u. Messung der Geschwindigkeit dieses Ablaufs;

b.zentrisch Leben in Mittelpunkt stellend; **B.zönologie** *w* Erforschung des Zusammenlebens versch. biolog. Arten (= **B.zönose** *w*); **B.zyklus** *m* Lebenskreislauf

bipolar (KW) zweipolig

Birnenblitz *m* → Blitzlichtlampe

biserial (KW, lat.) zweireihig

Bisex|ualität *w* (KW, lat.) auf beide Geschlechter gericht. geschl. Empfinden; **b.u:ell** zwitterhaft; zweigeschl. veranlagt

Bisphenol A *s* Kunststoffvorprodukt aus Phenol u. Aceton

bit *s* kleinste Informations- u. Speichereinheit in einer DVA (nimmt nur 2 Werte an: 0–1, ja–nein); → binär

Bitum|en *s* (lat.) zähflüss. bis hartes Gemisch von Kohlenwasserstoffen u. ihren Oxidations:prozessen; **b.inöses B.en** Teer o. Pech enthaltend

BIZ ⟨ **B**ank für **i**nternat. **Z**ahlungsausgleich. – **BJR** ⟨ **B**ayr. **J**ugend**r**ing. – **Bk** ⟨ → **Berk**elium. – **BKA** ⟨ **B**undes**kr**iminal**a**mt; ⟨ **B**undes**k**artell**a**mt. – **BKS** ⟨ **B**lut**k**örperchen**s**enkungsgeschwindigkeit

BK-Schwingung *w* hochfrequente Störschwingung bei Fernsehgeräten

BKU ⟨ **B**und **k**athol. **U**nternehmer

Black|-box *w* (e.: *bläck-*) System, bei dem nur → In- u. Output bekannt sind; **B.-mail** *s* (*-mêl*) Erpressung durch Bloßstellung; **B.-out** *s* (*-aut*) Anzeichen eines Funktionsausfalls des Gehirns; kleines unvermutet endendes Fernsehspiel; Kreislaufkollaps nach Drogengenuß; **B. Panthers** *M* (*-pänßes*) radik. Negerbewegung der USA; **B. Power** (*-paue*) radik. Negergleichberechtigungsbewegung der USA

Blangel *m* wasserzieh. Mittel zum Trokkenhalten der Luft

BLANK Sonderzeichen in der ADV, das den Computer beim Drucken eine Leerstelle lassen läßt

Blankophor *m* (KW) opt. Aufheller

Blase| *w* ↑ Destilliergefäß; **B.ndivertikel** *s* Ausstülpung der B.nwand; **B.ndruckmessung** *w* Messung des Innendrucks der Harnb. bei unterschiedl. Füllungsdruck; **B.ndruckmethode** *w* Verfahren zur Messung der Oberflächenspannung von Flüssigkeiten; **B.nkammer** *w* atomphysik. Gerät zum Sichtbarmachen der Bahn gelad. Elementarteilchen; **B.npapillom** *s* gutart. Geschwür der Harnb. (kann → maligne entarten); **B.npunktion** *w* mediz. Maßnahme bei völlig. Harnsperre u. undurchführb. Katheterung; **B.nsäule** *w* Apparatur zur Durchführung chem. Reaktionen zw. Gas u. Flüssigkeit; **B.nspiegel** *m* = → Zystoskop; **B.nsprengung** *w* vaginale Sprengung der Fruchtb. mit Kugelzange o. Klemme; **B.nsprung** *m* Zerreißen der Eihäute während der Geburt; **B.nstein** *m* Konkrement in der B. (Folge eines Nierensteinleidens o. von Harnsalzen inkrustiert. Fremdkörper)

Blas|folie *w* Kunststoffolie, durch Extrusion eines Schlauches u. dessen anschließ. Aufblasen vor dem Erstarren hergestellt; **B.formverfahren** *s* Verfahren zur Herstellung von Hohlkörpern aus thermoplast. Kunststoffen durch Aufblasen eines noch weichen Vorformlings mit Druckluft; **B.nadel** *w* hohle Injektionsnadel zum Einblasen von Druckluft in den Vorformling

Blastom| *s* (gr.) echte Geschwulst; **B.ykose** *w* durch Sproßpilze verursachte Erkrankung der Haut u. Schleimhaut

Blatt|federung *w* Ausnutzung der Biegeelastizität von Stahlblättern zur Abfederung von Stößen; Vorrichtung dazu; **B.grün** *s* = → Chlorophyll

Blaublindheit *w* = → Azyanoblepsie

blau|e Liste *w* Zusammenstellung der anerkannten Forschungsinstitute; **B.filter** *m* Filter zur Dämpfung roter Farben; **B.licht** *s* Signal absol. Vorfahrt; **B.öl** *s* Anilin; **B.säure** *w* → Cyanwasserstoffsäure (farblose gift. Flüssigkeit mit Bittermandelgeruch); **B.-sprödigkeit** *w* Versprödungsgrad bei der Alterung von Stahl

Blech|lehre *w* Vorrichtung zum Messen der Stärke von B.en u. Drähten; **B.schaden** *m* Karosseriebeschädigung bei Kfz-Unfall

Blei|akkumulator *m* Akkumulator, bei dem in gelad. Zustand die Kathode aus B.metall, die Anode aus B.oxid besteht

bleibende Härte *w* Anteil der Wasserhärte, der durch Kochen des Wassers nicht beseitigt wird

Blei|blockprobe *w* Verfahren zur Prüfung der Wirksamkeit von Sprengstoffen; **B.carbonat** *s* Hauptbestandteil des Pigments B.weiß (B.salz der Kohlensäure)

Bleich|erde *w* Mittel zum Entfärben (B.en) von Ölen u. Fetten (Mineral mit hohem Adsorptionsvermögen); **B.mittel** *s* Chemikalie zum Zerstören von Farbstoffen; **B.soda** *s* Soda-Wasserglas-Gemisch

Blei|erkrankung *w* = B.vergiftung; **B.farben** *M* als Farbpigmente gebräuchl. Oxide u. Salze des B.es (B.weiß u. ä.); **B.gehalt** *m* Gehalt der Vergaserkraftstoffe aus organ. B.verbindungen, als Antiklopfmittel zugesetzt (in Bundesrepublik als gesundheitsschädlich durch das **B.gesetz** *s* eingeschränkt); **B.gummi** *s* B. enthaltendes Material für Strahlenschutzanzüge; **B.kammerverfahren** *s* Methode zur techn. Herstellung von Schwefelsäure; → Turmverfahren; **B.kolik** *w* Leibschmerzen bei B.vergiftung; **B.krankheit** *w* = → B.vergiftung; **B.papier** *s* mit B.salzlösung getränkt. u. getrockn. Papier zum Nachweis von Schwefelwasserstoff; **B.presse** *w* Vorrichtung zum Ummanteln von Kabeln mit B.; **B.saum** *m* schiefergraue Verfärbung des Zahnfleischs (Symptom der B.vergiftung); **B.spat** *s* = → Weißb.erz; **B.tetra:ethyl** *s* Antiklopfmittel (organ. B.verbindung); **B.vergiftung** *w* entsteht durch langfristige Aufnahme von B. (Einatmen, Einreibungen, Aufnahme gift. Verbindungen wie B.zucker, B.weiß usw., Antiklopfmittel; best. Nahrungsmittel, Getränke, Leitungswasser; **chron. B.vergiftung**: Koliken, → B.saum, Verstopfung, Muskelschwäche, Lähmung, geist. Verwirrung; → Saturnismus), = B.krankheit; **B.weiß** *s* Bestandteil von Malfarben (b.haltiges weißes Pigment)

Blende| *w* ↑ Abdeckung für Bullaugen gegen Wassereinbrüche; ungesteuerte Gitter bei Quecksilberdampf-Stromrichtern (zu schneller Ent:ionisierung des Anodenraums); Begrenzung des Strahlenganges in opt. Geräten; Übergang bei Hör-, Film- u. Fernsehspielen von einer Aktionsphase zur andern; **B.n:automatik** *w* automat. Belichtungssteuerung durch Veränderung der B. bei vorgewählter Verschlußzeit; **B.nglas** *s* Sichtglas in Schutzmasken; **B.nschirm** *m* herabklappb. Sonnenschutz im Kfz (an der Kopfbedeckung); **B.nschutz** *m* Hecken (Büsche) auf Autobahnmittelstreifen gegen Blendung durch Scheinwerfer; **B.nskala** *w* Anordnung der B.nzahlen beim Fotogerät. – **Blendrahmen** *m* Rahmen für Fenster-, Türflügel (in der Mauer)

Blick|fang *m* (e.: eye appeal, -catcher, -stopper) die Leseraufmerksamkeit fesselndes Gestaltungselement; **B.lini:e** *w* grade Verbindung zw. Auge u. betracht. Punkt, = **B.punkt** *m*

Blind|boden *m* Bretterbelag unter dem Fußboden; **b.e Strecke** *w* bei hoher Fluggeschwindigkeit vom Piloten nicht mehr wahrnehmb. Raum vor dem Flugzeug; **b.er Test** *m* Persönlichkeitsbewertung, bei der Tester u. Proband nicht in Berührung kommen; **B.aufnahme** *w* Betrieb eines Fotogeräts ohne Film, = **Kameraleerlauf** *m*; **B.enhelfer** *m* Sozialhelfer für Sehbehinderte; **B.enlehrmeister** *m* Handwerksmeister mit der Befähigung zum Anlernen b.er Lehrlinge; **B.en:uhr** *w* Uhr mit abtastbaren Ziffern; **B.flansch** *m* Rohrverschluß; **B.flug** *m* Fliegen ohne Erdsicht; **B.holz** *s* Füllholz zw. Außenplatten aus Edelholz; **B.landung** *w* = → Allwetterlandung, = → Babs-Verfahren; **B.leistung** *w* elektr. Leistung eines Stromkreises, zum Aufbau elektr. u. magnet. Felder, aber nicht verbraucht, sondern zurückgewonnen; **B.niete** *w* Verbindungsweise nur von einer Seite zugängl. Platten u. Bleche am Flugzeug; **B.muschel** *w* 2. Augenmuschel ohne Okular bei monokularen Geräten, = **B.augenmuschel** *w*; **B.muster** *s* Werbezettel ohne Texte u. Bilder; Probeband ohne Text; **B.probe** *w* Reinhaltungsmethode für benutzte Reagenzien (anal.-chem. Reaktion durch Hinzugeben der zu untersuch. Substanzen), = B.versuch; **B.röhre** *w* Schaltkreiselement mit regul. B.widerstand; **b.-schreiben** mit allen Fingern Schreibmaschine schreiben, ohne die Tasten zu sehen; **B.strom** *m* die B.leistung hervorbring. Anteil des Wechselstroms; **B.versuch** *m* = B.probe; **B.widerstand** *m* Anteil des Wechselstromwiderstands von Stromkreisen, der durch Selbstinduktion u. Kondensatorwirkung entsteht

Blink| *m* Einheit für das abwechs. Aufleuchten der Positionslichter eines Flugzeugs; **B.er** *m* period. aufleucht. Lämpchen (als Richtungsanzeiger beim Kfz usw.); Metallköder beim Angeln; **B.geber** *m* period. arbeit. Schalter zur Steuerung des B.ers; **B.impuls** *m* einer der vom B.geber kommenden Stromstöße; **B.komparator** *m* Vorrichtung zum Vergleich von Sternfotografien; **B.leuchte** *w* Richtungsanzeiger am Kfz; **B.licht:anlage** *w* Bahnübergangssicherung

Blisterverpackung *w* (e.) Verpackung in blasenart. Hauben aus meist transparenter Kunststoffolie mit Kartonrükken

Blitz|er *m* = B.lampe, -licht; **B.feuer** *s* ↑ kurz aufleucht. Leuchtfeuer; **B.lampe** *w* Gerät zur kurzfrist. Lichtabgabe am Fotogerät, = **B.licht** *s*; **B.lichtlampe** *w*

Verbrennungslampe, bei der fester Brennstoff mit hohen Lichtströmen schnell verbrennt, = **Kolben-, Birnenblitz** *m*; **B.-Service** *m* (*-ßörwiß*) weltweite Beobachtung kurzer Naturereignisse zur ggs. Unterrichtung u. Warnung (Zentrum für kurzlebige Phänomene, Cambridge, USA)

Block *m* ↑ Zuordnung von Dampfkessel mit Dampfturbine; Wohnhausgruppe in der Stadt; Staatengruppe; Klischeefuß; Szenenaufbau in der Werbung; gegoss. Stahlblock; Rollengehäuse des Flaschenzugs; sicherheitstechn. zusammengefaßte Einheit von Signalen, Weichen, Gleisen mit zentr. Überwachung; Datenb.

Blockade *w* ↑ Maschinenstillstand durch Überlastung; Absperrung eines Landes (einer Stadt)

Block|bau *m* ↑ Bau mit Antrieben, die je eine geschloss. Einheit bilden; **B.diagramm** *s* dem Flußdiagramm vergleichb. graf. Darstellung; **b.en** aufeinander haften; Streckenabschnitt sperren; **B.freiheit** *w* polit., milit., ideol. Unabhängigkeit von andern Zusammenschlüssen, Bündnisfreiheit (e.: non-alignement [*-elainment*]); → Ungebundenheit; **B.grün** *s* Grünfläche im Baub.

Blockier|regler *m* Anlage zur Verhütung des Rädergleitens bei Überschreiten des Kraftanschlusses zw. Rad u. Fahrbahn, = **Gleitschutz:einrichtung** *w*; **b.en** ↑ Radsatz verschieben u. dadurch Drehbewegung verhindern; Strecke sperren; außer Funktion setzen; **B.ing** *s* unerwünschtes Haften der Oberflächen aufeinanderlieg. Schichten

Block|kraftwerk *s* gebräuchl. Form eines Dampfkraftwerks; **B.motor** *m* Verbrennungsmotor, bei dem sich alle Zylinderbohrungen im gleichen Metallgußstück befinden; **B.strecke** *w* = **B.system** *s* Einteilung des Schienenbahnverlaufs in Kurzabschnitte, in denen nur je ein Zug fahren darf; = **gesperrter Streckenabschnitt** *m* = **Streckenb.** *m*; **B.unterricht** *m* zeitweil. Unterrichtung in allen o. mehreren Schulfächern über das gleiche Thema; **B.zeit** *w* Zeit zw. Abrollen beim Start u. Stillstand im Vorfeld des Zielflughafens

Blow-up *s* (e.: *blou ap*) Vergrößerung, Großformat eines Bildes

Blue| box *w* (e.: *blû bax*) Projektionsgerät zur Schaffung künstl. Hintergründe im Aufnahmeatelier; **B. collar** *m* (e.: *blû kolle*) (am.) Arbeiter; Ggs.: → White collar

Blumenkohl:ohr *s* von Boxhieben o. Ringermatten deform. Ohr

Blut|alkohol *m* Alkoholgehalt im B.; **B.alkoholbestimmung** *w* = → **B.probe** *w*; **B.armut** *w* Anämie; **B.bank** *w* Sammelstelle für Spender, als B.konserve für B.übertragungen verfügbar; **B.banktechniker** *m* Fachkraft für B.konserven; **B.bild** *s* Nebeneinanderstellen der Hämoglobin(B.farbstoff-)-, Erythrozyten-, Leukozytenwerte; = → Hämogramm; **B.druck** *m* in den B.gefäßen vom Herzmuskel erzeugter Druck, der das B. durch die Adern treibt; → diastolisch; → systolisch; **B.druckmesser** *m* Vorrichtung zur Messung des B.drucks; **B.druckzügler** *m* B.drucksenkung durch Gefäßerweiterung (→ Depressor); **b.en** ↑ Wasser aus Wunden absondern (bei Reben usw.); Öl ausschwitzen (bei Schmierfett); **B.:erguß** *m* → Hämatom; **B.er:krankheit** *w* Erbkrankheit: B. nicht gerinnungsfähig (Vererbung durch Frauen, die selbst nicht B.er sind, = → Hämophilie *w*); **B.fluß** *m* heftige, plötzl. B.ung aus der Scheide (Arzt!!); **B.formel** *w* B.gruppe u. Rhesusfaktor einer Person; **B.glucose** *w* → B.zucker; **B.gruppe** *w* Zuordnung nach in einz. B.arten vorhand. Substanzen, die Verklumpung der B.körperchen anderer B.arten bewirken (o-A-B-AB), dazu Rhesusfaktor (Menschen mit B.gruppe o = **Universalspender**); **B.hochdruck** *m* → Hypertonie; **B.kohle** *w* Kohlenstoff durch Erhitzen von Tierb. gewonnen; **B.konserve** *w* für B.transfusion in Glasflaschen o. Plastikbeuteln bei Temperaturen von 2°–6° C in → B.banken aufbewahrt, Spenderblut; **B.körperchen** *s*: rote = Erythrozyten, weiße = Leukozyten, → B.plättchen = Thrombozyten; **B.krebs** *m* = → Leukämie; **B.kuchen** *m* B.gerinnsel ohne B.serum nach der Gerinnung; **B.laugensalz** *s* eisenhalt. Komplexsalz der Blausäure; **B.plättchen** *M* vom B. mitgeführte kleine plättchenart. Körperchen (für B.gerinnung wichtig), = Thrombozyten; **B.probe** *w* B.entnahme zur Untersuchung des → B.alkohols; **B.senkung** *w* = → Senkung; **B.serum** *s* flüss. Bestandteile des B.es (ohne Fibrinogen); **B.spiegel** *m* Konzentration von chem., physiol. u. pharmakol. Stoffen im B.serum; **B.sturz** *m* starke Blutung aus Mund, Nase, Darm o. Scheide, = **Hämatorrhö**; **B.vergiftung** *w* Allgemeininfektion mit Krankheitserregern, durch Lymphbahnen u.

-knoten in die B.bahn gelangt, = **Sepsis** *w*; **B.wäsche** *w* = → Dialyse; **B.zucker** *m* Gehalt des B.serums am Traubenzucker; **B.zuckerspiegel** *m* zeigt erhöhte B.zuckerkonzentration im Harn, = B.glucose

BMA-Verfahren *s* ⟨ **B**lausäure-**M**ethan-**A**mmoniak-**Verfahren** (großtechn. Methode zur Blausäureherstellung)

BNA ⟨ **B**ureau de **N**ormalisation l'**A**utomobile. – **BND** ⟨ **B**undes**n**achrichten**d**ienst. – **BO** ⟨ Eisenbahn-**B**au- u. **B**etriebs**o**rdnung

Board *s* (e.: *bât*) Anschlagtafel

Bobby *m* (e.) ↑ Filmkern

B-Objektiv *s* dreilins. Fernrohrobjektiv

bockig ↑ stark böig (bei Fliegern)

Boden|abwehr *w* Beschuß gegn. Flugzeuge vom B. aus; **B.analyse** *w* Untersuchung des B.s auf chem. u. phys. Beschaffenheit u. Gehalt an Kleinlebewesen, = **B.untersuchung** *w*; **B.atmung** *w* Aufnahme u. Abgabe von Luft durch den B.; **B.anzeiger** *M* Pflanzen, deren Vorkommen Rückschlüsse auf die chem. Zusammensetzung des B.s erlaubt; **B.aufstandsfläche** *w* Berührung zw. Rad u. Schiene, = **Latsch** *m*; **B.-B.-Rakete** *w* Rakete, von der Erdoberfläche (vom Überwasserfahrzeug) gegen Erd-, Überwasserziele eingesetzt; **B.biologie** *w* Erforschung der B.organismen; **B.dienst** *m* Personal u. Gerät für die Abfertigung von Flugzeugen; **B.druck** *m* von Flüssigkeit auf den Gefäßb. ausgeübter Druck; Radlast eines luftbereiften Fahrradreifens auf die Fahrbahn, = **spezif. B.druck** *m*, = **B.druckverteilung** *w*; **B.effekt** *m* Zunahme der Hubleistung eines Hubschraubers in B.nähe bei gleichbleib. Antriebleistung; **B.einrichtung** *w* alle stationär. Anlagen des Flughafens; **B.entseuchung** *w* Versuch, dem B. Gifte zu entziehen; **B.erosion** *w* Zerstörung der Erdoberfläche durch Ausbeutung o. Witterung; **B.freiheit** *w* Abstand der Luftschraubenblattspitze vom B. bei horizont. Flugzeuglage u. senkr. Luftschraube (eines Fahrzeugs vom B., auf dem es steht); **B.haftung** *w* Haftungsvermögen der Kraftwagenreifen auf der Fahrbahn in der Kurve bei starkem Bremsen; **B.körper** *m* ungelöst. Anteil in einer gesättigt. Lösung; **B.mechanik** *w* Anwendung der Gesetze der Mechanik auf die Erdkruste, bes. auf den Baugrund, = **Erdbau:mechanik** *w*; **B.melioration** *w* Ackerverbesserung durch Bewässerung, Düngung usw., = **B.verbesserung** *w*; **B.müdigkeit** *w* nachlass. Ergiebigkeit eines B.s, der mehrm. nacheinander mit der gleichen Feldfrucht bebaut ist; **B.ordnung** *w* Schaffung von bebaut. Grundstücken im Rahmen des Bebauungsplans; **B.organisation** *w* alle Einrichtungen, die außerhalb von Flugzeugen zum Luftverkehr (zur Flugsicherung) gehören (betreut vom **B.personal** *s*); **B.politik** *w* Maßnahmen zum Erwerb u. zur Bereitstellung u. Erschließung des B.s; **B.prüfer** *m* Sachverständiger für Erdb.analysen; **B.reaktion** *w* Einteilung der B.arten nach pH-Wert (saure-neutrale-alkal. Böden); **B.reform** *w* Änderung der B.besitzverhältnisse; **B.resonanz** *w* Schwingung von Drehflügelflugzeugen bei laufenden Rotoren am B. (kurz vor dem Abheben); **B.schätzung** *w* genaue Kennzeichnung der B.beschaffenheit u. seiner Ertragsfähigkeit; **B.schwelle** *w* in die Fahrbahn eingebaute Signalanlage; **B.sicht** *w* Sichtweite vom Flugzeug zum Erdb.; **B.speicher** *m* mehrstöck. Lagergebäude; **B.spekulation** *w* Ankauf von Grundstücken in der Erwartung ihrer Wertsteigerung; **B.stabilisierung** *w* Maßnahmen zur Erhöhung der Festigkeit des Baugrundes; **B.unruhe** *w* Bewegung des B.s durch kleine Erdbebenwellen; **B.untersuchung** *w* = → B.analyse; **B.ventil** *s* Auslauföffnung mit Verschluß u. Reguliervorrichtung; **B.verbesserung** *w* = → B.melioration; **B.welle** *w* ↑ elektromagn. Welle, die sich vom Spender am B. ausbreitet

Bogardus:skala *w* Skala zur Messung von Einstellungen zu soz., nat. Gruppen (e.: social-distance scala), = **Sozialdistanzskala** *w*

Bogen|entladung *w* Stromfluß durch erhitzte Luft unter Bildung eines Lichtb.s; **B.kreuzung** *w* höhengleiche Überschneidung gekrümmt. Gleise; **B.lampe** *w* elektr. Beleuchtungskörper mit Lichtb. als Lichtspender; **B.länge einer Kurve** *w* Länge einer Kurve zw. 2 festen Punkten; Abstand zw. den Elektronen bei B.lampen; **B.maß** *s* eines Winkels mit Hilfe eines Einheitskreises definiert; **B.mauer** *w* Talsperrenform; **B.spektrum** *s* Spektrum des Lichts eines elektr. Lichtb.s; **B.weiche** *w* Weiche in einer Gleiskrümmung

Bogomoletz-Serum *s* Verjüngungsserum (Serum aus Rückenmark zur Aktivierung des Bindegewebes)

Bohr|barke *w* Schiff zum Transport von Teilen einer B.anlage, = **B.leichter** *m*;

B.insel *w* Plattform zum Erbohren von Erdgas, Öl von der Wasseroberfläche aus; **B.öl** *s* Flüssigkeit zum Kühlen u. Schmieren des B.ers

Bohr|sches (Atom-)Modell *s* (dän. Physiker N. Bohr, 19./20. Jh.) detaill. räuml. Vorstellung eines Atoms, = **B.sche Theorie** *w*

Bohr|turbine *w* Wasserturbine für große Tiefen; **B.turm** *m* Gerüst zum Heraufholen des B.gestänges bei Tiefb.ungen; **B.winde** *w* Vorrichtung zum Drehen u. Nachdrücken des B.ers mit der Hand

BO-Kraft *w* Verordnung über den Betrieb von Kfz-Unternehmen für Fahrgäste

Bolometer *s* (gr., KW) Strahlungsmeßgerät

Boltzmann-Konstante *w* (d. Physiker, 19./20. Jh.) Naturkonstante aus Thermodynamik u. Atomphysik zur Berechnung der Energieinhalte von Atomen u. Molekülen

Bolus *m* (gr.) im Mund zum Verschlukken aufbereiteter Bissen; große weiche Pille für die Anwendung bei Tieren; Abart des natürl. Eisenoxids

Bombage *w* (*-bâsch*; fr.) Aufwölbung von Konservendosen mit verdorb. Inhalt

Bombe *w* ↑ → Atombombe; in der Luft erstarrte Lava; Stahlflasche zur Aufbewahrung von Gasen unter Druck

bombed (e.) durch Drogengenuß teilnahmslos

Bombenrohr *s* dickwand. Rohr aus Spezialglas zum Durchführen chem. Reaktionen unter Druck

Bonderverfahren *s* Korrosionsschutz von Eisenoberflächen durch Behandeln mit phosphorsäurehalt. Lösungen

Booking| *s* (e.: *bûkiñ*) Buchung für Platz, Gepäck, Fracht des Fluggasts; **B.let** *s* (e.: *bûk-*) (Werbe-)Broschüre

Boolsche Algebra *w* (e. Mathematiker, 19. Jh.; Begründer der math. Logik: *bûlsche-*) = → Schalt:algebra; → Und-Verknüpfung

Boom *m* (e.: *bûm*) Wirtschafts:aufschwung, Hochkonjunktur; bewegl. Aufhänger für Mikrophon o. Kamera, = **Galgen** *m*

Booster *m* (e.: *bûster*) Raketentriebwerk, auch für Startraketen; Hilfsdampfmaschine für Dampfloks; Teil einer Druckluftanlaßeinrichtung; Vakuumpumpe best. Bauart

Bootlegger *m* (am.: *bûtlegger*) Alkoholschmuggler

Boot|sgasse *w* kleine Fahrrinne neben Staustufen; **B.s:schleppe** *w* Anlegestollen an Staustufen mit **B.swagen** *M* Transportgeräte für kleine Schiffe

boot up (am.: *bût ap*) Drogen genießen

Bor| *s* (pers.) chem. Grundstoff, Nichtmetall (⟨ *B*); **B.ax** *s* b.haltiges Mineral; **B.carbid** *s* B.-Kohlenstoff-Verbindung (Schleifpulver)

Bord|buch *s* ↑ Kontrolltagebuch eines Flugzeugs; Kfz-Fahrtenbuch; **b.case** *s*, *m* (e.: *-keis*) Köfferchen, das man unter den Flugsitz schieben kann

Bordelaiser Brühe (fr.: *-läser-*) Kupfersalzlösung zur Bekämpfung von Pflanzenkrankheiten

Bord|elektrik *w* alle elektr. Anlagen im Flugzeug; **B.elektronik** *w* alle elektron. Geräte im Flugzeug; Erforschung elektron. Geräte für Flugzeuge; **B.energieanlage** *w* Anlage zur Umsetzung von Primärenergie (solar, chem., nuklear) mit Energiewandlern in elektr. Energie

Bordereau *m*, *s* (fr.: *bordero*) Verzeichnis, Sortenzettel

Bord|flugzeug *s* vom Schiff mitgeführt. katapultierb. Flugzeug; **B.funk** *m* Funkanlage eines Schiffes; **B.ingenieur** *m* (*-inschênjör*) ↑ Verantwortlicher für Bedienung u. Überwachung der Flugzeugtriebwerke u. -ausrüstung; **B.kamera** *w* Film-, Fernsehgerät in Flugzeugen; **B.karte** *w* Kontrollkarte des Fluggastes; **B.wart** *m* Triebwerküberwacher im Flugzeug; **B.zeit** *w* Tageszeit des gerade überflogenen Längengrades

borieren Stahlteile mit verschlußfester borhalt. Oberflächenschicht versehen

Borsäure *w* schwaches keimtöt. Mittel (3 %ig)

Börsen|agent *m* Makler für B.geschäfte

Bort *s* Diamantabfälle (Schleifmittel)

Böschung|sflügel *m* Mauergrenze einer an Bauwerke anschließ. B.; **B.slehre** *w* Lattenprofil zur Anlage der B.sneigung

Boson *s* Elementarteilchen mit ganzzahl. Spin, = **Bose-Teilchen** *s*

BoStra *w* ⟨ **B**au- u. Betriebsordnung für das **Stra**ßenwesen

Bottle|inspektor *m* (KW) Reinigungsprüfmaschine für Flaschen; **B.neck** *m* (e.: *bottlnäck*) Engpaß; **B.r** *m* (e.: *battle*) Schiffsvorratsraum

Botulismus *m* (KW, lat.) bakterielle Lebensmittelvergiftung

Bouchon *s* (fr.: *bûschoñ*) zur Reparatur ausgelauf. Lager o. zum Einsetzen des Zapfens in einer Platine, = **Lagerfutter**

Bougie (fr.: *buschî*) stabförm. Instrument versch. Dicke zur Dehnung von Verengungen (z. B. der Harnröhre)

Bourbaki *M* (*bur-*) Pseudonym für Gruppe von Mathematikern, die bes.

struktur. Gesichtspunkte in der Mathematik berücksichtigen
Bourbonmetall *s* (fr.: *burbon-*) Legierung aus Zinn, Aluminium, Eisen u. Kupfer
Bourdon-Rohr *s* (fr.: *bûrdon-*) Röhrenfedermanometer zur Gasdruckmessung
Bovarysmus *m* (KW, nach einer Figur aus einem Roman von Flaubert) Überdeckung der Realität durch w. Traumvorstellungen
Bowdenzug *m* (e.: *bau-*) Drahtzug, der Bewegungen u. Kräfte durch Verschiebung eines Drahtes innerhalb einer flexibl. Drahthülle überträgt
Box|ermotor *m* Fahrmotor mit gegenüberlieg. Zylindern; **B.palette** *w* Behälter zum Stapeln u. Lagern von Gütern; **B.sorting** *s* (*-sartin*) Stimmabgabe in Kästchen
Boy sales *w* (am.: *beußeils*) Verkauf durch fliegende Händler
BPA ⟨ **B**eginn der **P**araffin**a**usscheidung von Dieselkraftstoff. – **BR** ⟨ e. = **b**utadiene **r**ubber, = Kurzzeichen für Synthesekautschuk auf Butadinbasis; ⟨ **B**ayr. **R**undfunk. – **Br** ⟨ **Br**om
Brachzeit *w* ↑ Zeit, in der ein Arbeits- u. Betriebsmittel weder vorbereitet noch genutzt wird
Brady|kardie *w* (KW) zu langsame Herztätigkeit (Puls unter 55/min); **B.kinesie** *w* allgem. Verlangsamung der Bewegungen
Bragg-Methode *w* (e. Physiker: *bräg-*) Verfahren zur Untersuchung von Kristallstrukturen mit Röntgenstrahlen
Brailleschrift *w* (fr. Erfinder, 19. Jh.: *bräj-*) Blindenschrift
Brain| drain *m* (am.: *brändrän*) Abwanderung von Intelligenz ins Ausland; **B.storming** (e.: *-ßtomin*) ungezwung. Gedankenaustausch von Fachleuten über beste Lösung von Problemen; **B.-Trust** *m* (am.: *bräntrast*) Expertengruppe als Berater; d.: **Gehirntrust** *m* (seit 1961)
Bramahschloß *s* (e. Ingenieur, 19. Jh.) Sicherheitsschloß mit Steckschlüssel
Bramme *w* vorgewalzter Stahlblock, der durch Walzen weiterverarbeitet werden soll
Brand|damm *m* Abtrennung eines B.feldes gegen die übrige Grube; **B.gasse** *w* schmaler Gang zw. Häusern zur Eindämmung von Flächenbränden; **B.guß** *m* sehr oxidierter Gußbruch mit erhebl. Schwefelgehalt; **B.klasse** *w* Einordnungsgruppe der brennbaren Stoffe nach B.gefährlichkeit; **B.kultur** *w* Gewinnung von Nutzland durch Abbrennen des Bodens; **B.mauer** *w* abgrenz. Mauer zw. Häusern, = **B.wand** *w*; **B.rakete** *w* leicht entzündl. Geschoß zur Entfachung eines B.es; **B.wache** *w* (Posten bei der) Überwachung der B.stelle nach Beendigung des B.es; **B.riß** *m* netzförm. Riß durch die schnell abwechselnde Abkühlung u. Erwärmung bei Warmarbeitswerkzeugen, = **Warmriß** *m*; **B.schacht** *m* Vorrichtung zur Prüfung von Werkstoffen auf ihren Brennwert; **B.schau** *w* Feuersicherheitskontrolle; **B.schott** *s* → B.spant; **B.schürze** *w* feuerhemm. Hängewand im oberen Raumteil; **B.spant** *s* Spant zw. Kolbenmotor u. Zelle (Rumpf, Tragflügel) zur Verhinderung von Vergaserbränden (auf Schiffen gegen B.ausdehnung), = B.schott, = **Schottwand** *w*
Brandungs:schwimmen *s* → Surfing
Bratspill *s* Ankerwinde mit waagerecht lieg. Welle
Brauchwasser *s* nicht trinkbares Wasser für Industriezwecke
Braunsche Röhre *w* (d. Physiker, 19./20. Jh.) → Bildröhre
Breakdown *s* (e.: *bräckdaun*) Aufgliederung der Umfrageergebnisse
Brech|er *m* Zerkleinerungsmaschine; Sturzsee (e.: beaker); Walzwerkart für Kautschukverarbeitung; **B.belag** *m* hitze- u. abriebfeste Auflage auf den Reibflächen der B.backen; **B.kraft** *w* Kehrwert der Brennweite, Maßzahl des Lichtb.vermögens einer Linse; **B.-schnecke** *w* kontinuierl. arbeit. Zerkleinerungsmaschine für stückige Stoffe; **B.ungsgesetz** *s* Gesetzmäßigkeiten der Ablenkung von Lichtstrahlen bei Lichtb.ung; **B.ungs:index** *m* Verhältniszahl, mit der sich die Richtungsänderung eines Lichtstrahls beim Übergang von einem Medium in ein anderes berechnen läßt, = **B.ungszahl** *w*, = **B.zahl** *w*
Breitband|kommunikation *w* Endstufe des Kabelfernsehens, = **Zweiweg-Kabelkommunikation**; **B.verstärker** *m* Verstärker für einen großen Frequenzbereich; **B.verteilernetz** *s* → Kabelfernsehen
Breiten:einschränkung *w* Verringerung der Fahrzeugbreite; Querschnittverbreiterung in Kurven
Breit|felgenreifen *m* Fahrzeugluftreifen, bei gleicher Querschnitthöhe b.er als üblich; **B.schlitzdüse** *w* Werkzeug zur Herstellung von Folien aus thermoplast. Kunststoffen durch

Extrusion; **B.spur** *w* b.e Fahrspur; **B.strich** *m* Fahrbahnmarkierung; **B.wand** *w* große Kinobildwand (**B.wandfilm** *m*); **B.wandverfahren** *s* Filmvorführung mit übernormal großen Bildern

Brems|backen *M* Teile der B.e, die beim B.en gegen die B.scheibe o. -trommel gedrückt werden; **B.belag** *m* hitze- u. abriebfeste Auflage auf den Reibflächen der B.backen; **B.dynamometer** *s* Gerät zur Messung der Leistung rotier. Maschinen; **B.e** *w* → aerodynamisch; **B.er** *m* ↑ Vorrichtung zur Verbrennung von Gasen o. Flüssigkeiten zur Heizung o. Beleuchtung; Schlußmann im Bob; Beifahrer im Güterwagen; **B.feldröhre** *w* Elektronenröhre zur Erzeugung ultrakurzer Schwingungen; **B.flüssigkeit** *w* = → B.öl; **B.gefälle** *s* Straßen-, Bahnneigung, bei der Fahrzeug ohne Zug- o. B.kraft gleich abrollt; **B.gewicht** *s* B.eigenschaften der Eisenbahnfahrzeuge; **B.gitter** *s* vor der Anode befindl. Gitter in Elektronenröhren best. Bauart; **B.klappe** *w* kleine schmale ausfahrb. Fläche im hintern Tragflügeldrittel zur Verminderung der Geschwindigkeit o. Erhöhung des Gleitwinkels; **B.klappenhebel** *m* betätigt die Luftb. (B.klappen) des Flugzeugs; **B.kraftverteiler** *m* B.anlagezusatz zur Anpassung der B.kraft einer Achse an die Achslast; **B.leistung** *w* vom Kolbenmotor (PTL-Triebwerk) an die Luftschrauben-(Rotor-)welle abgegebene Leistung; **B.leuchte** *w* = **B.licht** *s* hinten am Wagen beim B.en aufleuchtend. Licht; **B.luftschraube** *w* (kleine) Luftschraube mit hoher Steigung der Luftschraubenblätter; **B.motor** *m* Baueinheit von Elektromotor u. B.e; **B.öl** *s* Füllflüssigkeit für hydraul. B.systeme; **B.probe** *w* Prüfung der B.möglichkeiten eines Fahrzeugs; **B.prüfgerät** *s* tragb. Gerät zur Feststellung der B.wirkung beim Kfz; **B.rakete** *w* die Bahngeschwindigkeit einer Rakete hemmende Antriebseinheit; **B.schacht** *m* Blindschacht mit B.fördereinrichtung; **B.scheibe** *w* Reibefläche für die B.backen, = **B.trommel; B.schirm** *m* Fallschirm zur Verkürzung der Landestrecke (Abbremsung der Fallgeschwindigkeit); Luftwiderstandsbremse von Straßenfahrzeugen; **B.schuh** *m* Keil auf der Schiene zum Abbremsen von Eisenbahnwagen; **B.spur** *w* Fahrzeugspur des abgebremsten Wagens; **B.stand** *m* Prüfstand zum Bestimmen der B.leistung (des Kraftstoffverbrauchs); **B.strahlung** *w* in einer Röntgenröhre erzeugte Röntgenstrahlung; **B.substanz** *w* Füllung von Kernreaktoren, durch die schnell fliegende Neutronen auf die für weitere Kernspaltungen optim. Geschwindigkeit abgebremst werden; **B.system** *s* B.öl u. alle mit ihm in Berührung stehenden Teile; **B.trommel** *w* = → B.scheibe; **B.verstärker** *m* hydraul. o. pneumat. arbeitender Servomotor (übernimmt die Hauptarbeit beim B.en); **B.wächter** *m* Gerät zur Betätigung motorabschalt. Steuerkontakte bei Gegenbremsung des Motors; **B.wagen** *m* Aggregat zur Verstärkung der B.kraft der Lokomotive; **B.weg** *m* Entfernung eines Fahrzeugs vom 1. Betätigen der B.e bis zum völl. Stillstand; **B.zylinder** *m* Umwandler pneumat. (hydraul.) Drucks in Betätigungs-(Spann-)kraft

Brenn|e *w* ↑ Säuregemisch zur Oberflächenbehandlung von Metallen; **B.ebene** *w* auf der opt. Achse senkr. stehende durch den B.punkt gehende Ebene; **B.element** *s* aus Kernbrennstoff u. Umhüllung besteh. Einheit, als Ganzes in den Reaktor eingebracht; → B.stoff:element; **B.fläche** *w* Oberfläche der Festtreibstoffe, an der die Verbrennung des Treibstoffs zu Arbeitsgasen vor sich geht; die Umhüllende aller am Hohlspiegel reflektierten Strahlen; **B.gesetz** *s* Dauer der durch die Verbrennung freiwerd. Wärmemenge eines Verbrennungsmotors; **B.härten** *s* Verfahren zur Härtung der Oberfläche von Werkstücken, = **Flammenhärten** *s*; **B.kammer** *w* Raum, in dem die energie- u. treibgaserzeug. chem. Reaktion stattfindet; Feuerraum einer Verbrennungsanlage; **B.kammermühle** *w* = → Einblasemühle *w*; **B.probe** *w* Methode zur Identifizierung von Kunststoffen; **B.punkt** *m* niedrigste Temperatur, bei der eine b.bare Flüssigkeit genormt nach einmalig. Entzünden ununterbrochen brennt; Punkt, in dem eine Linse (ein Linsensystem) eine auf der opt. Achse liegende, unendl. weit entfernte punktförm. Lichtquelle abbildet; → Zerstreu:ungslinse; → Zonenplatte; **B.raum** *m* Raum der Verbrennungs-Kolbenmotoren zw. Kolbenboden u. Zylinderkopfdeckel (in dem Zündung u. Verbrennung des Luft-Gas-Gemischs stattfinden); **B.schluß** *m* Beginn des antrieblosen Raketenflugs; Abschalten des Raketentriebwerks, = **B.schlußpunkt** *m*; **B.stelle** *w* Anschluß für Beleuchtungskörper; **B.stift** *m* = → Thermokauter; **B.stoff** *m* = → Kernbrennstoff; **B.stoff:element** *s* ↑ galvan. Element, in dem die elektr. Energie direkt durch die Oxidation eines B.stoffs gewonnen wird (falsch: B.element); **B.weite** *w* Abstand zw. B.punkt u. Hauptebene eines Linsensystems; **B.wert** *m* = Heizwert; **B.zone** *w* Gebiet der höchsten Strahlungsverdichtung (bei Strahlenbündeln); Gebiet für die höchsten Temperaturen

Brenzreaktion *w* Zersetzung durch trock. Erhitzen

Breschnew-Doktrin *w* (KW) begrenzte Souveränität der Ostblockstaaten außer der UdSSR (seit 1968)

Bridge *s* (e.: *bridsch*) ↑ zeichner. Einfall, der zum Lesen der nächsten Seite ermuntert

Brief| *m* ↑ → bezahlt; **B.ing** *s* (e.) kurze Lagebesprechung; Informationsaustausch zw. Auftraggeber u. Werbefirma; Kurzdarstellung einer neuen Werbe:idee (mit Unterlagen); **B.kurs** *m* Wertpapierkurs, zu dem eine Bank (auf der Börse) angeboten o. verkauft wird (Ggs.: Geldkurs; → Angebotskurs); **B.wahl** *w* schriftl. Stimmabgabe bei allgem. Wahlen

brikettieren pulverförm. o. krümelige Güter zu größeren Stücken zusammenpressen

Brillant|satz *m* (*briljant-*) Feuerwerkskörper mit hohem Sprüheffekt; **B.sucher** *m* Sucher an Fotogeräten, der ein seitenverkehrtes Bild zeigt

Brillenhämatom *s* (KW) ringförm. → Hämatom um ein o. beide Auge(n) (weist auf Schädelbasisbruch)

Brinellhärte *w* Maßzahl für die Härte von Werkstoffen

Bringschuld *w* Wohnsitz des Gläubigers als Erfüllungsort; = → Schickschulden

Brinkmanship *w* (am.: *-mänschipp*) ↑ polit., wirtsch. Pokern bis an die äußerste Grenze; Spiel mit der Krise

Brittleness-Temperatur *w* (e.) Versprödungstemperatur von Kunststoffen

Broadside-Technik *w* (am.: *brotßeit-*) Querlage in Kurven beim Automobilsport

Broca|-Aphasie *w* (fr. Anthropologe, 19./20. Jh.) Unvermögen, Begriffe in Worte umzusetzen; **B.-Zentrum** *s* Sprachzentrum

Brom|aceton *s* (KW) Tränengas

Brom|ide *M* Beruhigungsmittel (Salze der B.wasserstoffsäure, wirken auf das zentr. Nervensystem: in Schlafmitteln; bei Überdosen Gefahr einer **B.idvergiftung** *w*); **b.ieren** B.atome in die Moleküle einer organ. Substanz einführen; **B.öldruck** *m* Verfahren zur drucktechn. Vervielfältigung fotograf. Bilder; **B.silberdruck** *m* Verfahren zur maschin. Vervielfältigung fotogr. Aufnahmen; **B.silbergelatine** *w* in Gelatine eingebett. feinkörn. Silberb.id (für die lichtempfindl. Schicht auf fotogr. Filmen u. Papieren)

Bronch|ialkatarrh *m* (KW) Entzündung von Schleimhaut der Hauptäste der Luftröhre durch Erkältung o. Einatmen schleimhautreiz. Gase, Staub, Rauch, = **B.itis** *w*; **B.iopneumonie** *w* Lungenentzündung von den B.ien ausgehend; **B.oskopie** *w* Betrachtung der inneren Luftröhre u. der B.ien durch rohrart. Instrument mit Lichtquelle u. Optik (Frühdiagnose des B.ialkrebses)

Bronze|druck *m* Drucken mit Metallpulvern als Farbpigment; **B.farbe** *w* Malerfarbe aus Metallpulver u. Bindemittel; **B.krankheit** *w* = → Addisonsche Krankheit

Brown|sche Molekularbewegung *w* (e. Botaniker; 18./19. Jh.) unaufhörl. Wärmebewegung der Moleküle; **B.Stuff** *m* (am.: *braun staff*) Rohopium

Bruch| ↑ *m* → Hernie; **B.dehnung** *w* genormte Kenngröße für Werkstoffe (gibt die prozent. Dehnung eines Prüfstabes an, beim Zerreißen); **B.festigkeit** *w* Werkstoff-Kennzahl; **B.last** *w* eines Norm-Prüfkörpers geteilt durch seine Querschnittsfläche, = **B.grenze** *w*; **B.fläche** *w* Verwerfungsfläche zw. Gesteinsschichten; **B.kante** *w* Ende des planmäß. Dachschichteneinbruchs im verlassenen Altbau; **B.landung** *w* Landung eines Flugzeugs, bei dem dieses (un)gewollt beschädigt wird; **B.last** *w* Zugbelastung, unter der ein Konstruktionselement zerreißt; s. o.!; **B.lini:e** *w* ↑ Waagerechte zw. 2 Dächern; Schnitt zw. Verwerfungslinie u. Erdoberfläche; **B.mechanik** *w* Untersuchung der physik. Vorgänge beim Brechen u. Zerreißen von festen Körpern; **b.sicher** gegen B. abgesichert, = **b.fest**; **B.versuch** *m* Festigkeitstest für Flugzeuge; **B.zone** *w* Gebiet weiträum. Verwerfungen

Brücke| *w* ↑ radsatzloser Fahrzeugkörper auf Gestellen; Landebrücke; Zahnersatz an vorhandenen echten Zähnen; Gesteckteil bei Uhr- u. Laufwerken; **B.nbildung** *w* ↑ Ineinanderfilzen von Filterrückständen; **B.nfahrwerk** *s* alle Teile zum Verfahren einer

Kranb.; **B.nkran** *m* auf 2 hochgelegenen Kranbahnen fahrender Kran in B.nkonstruktion (früher: Laufkran *m*); **B.nschaltung** *w* elektr. Meßschaltung; **B.nsignal** *s* Schiffahrtszeichen an bewegl. B.n zur Anzeige der Durchfahrtsmöglichkeit; **B.nwaage** *w* Waage mit befahr- o. betretb. Plattform, auf der sich die zu wägende Last befindet

Bruitismus *m* (KW) Freude an lärmender Musik

Brumm| *s* Störton von der Frequenz der Netzstörung, = **B.störung** *w*

brünieren Stahloberfläche durch Behandeln mit Chemikalien o. Abbrennen mit Öl braun bis schwarz färben

Brunnen|kopf *m* ob. Abschluß eines Bohrb.s; **B.kranz** *m* unt. Abschluß des B.schachtes, auf dem die B.wandung ruht; **B.lot** *s* Gerät zur Feststellung des Grundwasserspiegels; **B.patrone** *w* Sprengstoff für Tiefbohrungen usw.

Brutalismus *m* (fr. KW) Gebäude aus Sichtbeton (seit 1950)

Brut:apparat *m* Apparat zur Reifung der befrucht. Eier. – **Brüter** *m* = → Reaktor (→ schneller B.). – **Brut|kasten** *m* Wärmegerät für Frühgeburten; **B.schrank** *m* Wärmeschrank mit Thermostat zur Züchtung von Mikroorganismen; = B.apparat; **B.stoff** *m* nicht spaltbare Isotope, die im B.reaktor in spaltbare umgewandelt werden

Brutto|ertrag *m* = → Roh:ertrag; **B.fallhöhe** *w* ganze Fallhöhe eines Wasserkraftwerks; **B.formel** *w* chem. Formel, die nur die Atomzahlen im Molekül wiedergibt

BS ⟨ **B**ritish **S**tandard (e. Normblätter). – **BSB** ⟨ **b**iochem. **S**auerstoff**b**edarf. – **BSB5** ⟨ **B**iolog. **S**auerstoff**b**edarf in **5** Tagen (Angabe des Verschmutzungsgrades von Abwässern). – **BSG** ⟨ **Bl**utsenkung. – **BSI** ⟨ **B**ritish **S**tandards **I**nstitution (= e. Normenausschuß). – **BTU** ⟨ **B**ritish **t**hermal **u**nit (e. Wärmemengenmaßeinheit). – **bu** ⟨ **bu**shel

Bubbles *M* (e.: *babbls*) Sprechblasen

Bubo *s* (gr.) entzündl. Schwellung der Lymphknoten in der Leistenbeuge

Buchholzschutz *m* Schutzrelais in Öltransformatoren, das beim Auftreten von Fehlern abschaltet

Büchi|-Aufladung *w* Motor mit Abgasturbolader (nach schw. Erfinder, 1925), = **B.-Verfahren** *s*

Buckel|piste *w* ausgefahr. uneb. Skipiste; **B.schweißverfahren** *s* Methode zur Verschweißung eb. Metallflächen in vielen Punkten

Budget *s* (fr.: *büdschê*) = → Haushalt

Buffeting (e.: *baffetiñ*) aerodynam. Schwingungen des Leitwerks

Bufotalin *s* (lat., KW) herzwirksames Krötengift

Bügel|echtheit *w* Widerstandsfähigkeit der Farbe von Textilien gegen B.n u. ä.; **B.maschine** *w* Gerät zum maschinell. B.n von Textilien; **B.nähmaschine** *w* Nähmaschine mit B.einrichtung; **B.pilz** *m* B.gerät für kleine Gegenstände (Nähte); **B.verschluß** *m* verschraubb. Befestigung für größere Gefäßdeckel

Buggy *m* (e.: *baggi*) off. geländegäng. (schwimmfäh.) Kleinkraftwagen

Bug:rad *s* Laufrad am vorderen Bein eines Dreiradfahrwerks

Bugsier|schlepper *m* Schiff zur Erleichterung der Ein-, Ausfahrt von Seeschiffen, = **B.dampfer** *m*, = **B.er** *m*

Bühnloch *s* Vertiefung in der Sohle (für den → Stempelfuß, das → Kappen- o. Trägerende)

Builder *m* (e.: *bilde*) waschaktiver Waschmittelzusatz

Bulk|carri:er *m* (e.: *balkkärri:e*) Frachtschiff für Massengüter; **B.ladung** *w* Ladung aus Schüttgut

Bull|dogg *m* (e.) ↑ Zugmaschine; **B.dozer** (*-dôse*) auf Raupen fahr. Räumbagger

Bullet *s* (am.: *bulit*) Blickfang

BuM ⟨ **B**eton- **u. M**onierbau

Bumerang-Effekt *m* Versuch einer Verhaltensbeeinflussung, die das Gegenteil des Gewünschten erzielt

Bumpgarn *s* geleimt. Baumwollabfallgarn

Bum trip *m* (am.) unangenehmer Drogenrausch

Bunddurchdruck *m* Anzeige über die ganze Doppelseite o. ihre Teile

Bündel|leiter Hochspannungsleitung aus mehreren nebeneinanderlieg. Einzelleitern; **B.prüfung** *w* Zugversuch an Faserbündeln

Bundes|anstalt *w* Verwaltungsanstalt der B.republik; **B.anwalt** *m* Anwalt am B.gerichtshof; Vertreter des Oberb.anwalts beim B.verwaltungsgericht; Staatsanwalt für schw. B.strafsachen; **B.aufsicht** *w* Pflicht der B.-regierung, auf die Durchführung der B.gesetze in den B.ländern zu achten; **B.fernstraße** *w* Autobahn o. B.straße; **B.finanzhof** *m* oberstes d. Finanzgericht (München, seit 1965); **B.gerichtshof** *m* oberstes Gericht der B.republik; **B.gesetzblatt** *s* Verkündungsblatt der d. Gesetze; **B.kriminal:amt** *s* für das B.gebiet zentrale Kriminalbehörde;

B.patentgericht *s* Verwaltungsbehörde für Beschwerden gegen Beschlüsse des d. Patentamts (München); **B.präsenz** *w* polit. Anwesenheit (Vertretung) der BRD in W-Berlin; **B.pressekonferenz** *w* Vereinigung der in Bonn tätigen d. Korrespondenten; **B.rat** *m* B.organ aus Mitgliedern der Länderregierungen zur Mitwirkung an der Gesetzgebung; **B.sicherheitsrat** *m* (früher: **B.verteidigungsrat**) Kabinettsausschuß zur geheim. Beratung von Sicherheitsfragen; **B.tag** *m* gesetzgeb. Organ der B.regierung (518 Abgeordnete, je zur Hälfte in Wahlkreisen u. nach Landeslisten gewählt; wahlberechtigt mit 18 Jahren, mindestens 3 Monate dauernder Wohnsitz in der BRD; 22 Berliner Abgeordnete, vom Berliner Abgeordnetenhaus gewählt: **B.wahlgesetz** 1956); **B.versammlung** *w* Gremium zur Wahl des B.präsidenten (je zur Hälfte aus B.tagsabgeordneten und von den Länderparlamenten gewählt); **B.verwaltungsgericht** *s* oberstes d. Gericht in Verfassungsstreiten (BRD); **B.zwang** *m* Maßnahmen der B.regierung, die die Durchführung der B.pflichten in einem B.land gewährleisten

Bündnisfreiheit → Blockfreiheit

Bunsen:trichter *m* (d. Chemiker; 19. Jh.) chem. Laborgerät

Buntmetalle *M* alle Schwermetalle außer Eisen u. Edelmetallen

BÜP ⟨ **Bü**rger**p**artei

Bürette *w* (fr.) Glasrohr mit Meßskala u. Auslaufhahn zum Abmessen von Flüssigkeiten (bes. zur Maßanalyse)

Bürger|begehren *s* an die Staatsregierung gericht. Anregung von Stadtbewohnern zur Verbesserung städt. Angelegenheiten; **B.beteiligung** *w* Teilnahme des einzelnen an den für sein Leben wicht. polit. u. administrat. Entscheidungen, = **Partizipation** *w*; **B.initiative** *w* Zusammenwirken von B.n zur Erreichung gemeins. Ziele; **B.meisterverfassung** *w* Regierung durch einen von der Gemeindeverwaltung gewählten, sie leitenden B.meister; **B.-rechtsbewegung** *w* Organisation zur Erreichung der Gleichberechtigung der Farbigen (USA); **B.schaft** *w* Parlament in Hamburg, Bremen; alle Mitglieder des Gemeinwesens

Büro|planung *w* Erarbeitung der bestmöglichen Arbeitsweise im B., = **B.organisation** *w*; **B.tel** *s* Hotel mit Vermietung von Arbeits- u. Wohnräumen

Bürste| *w* ↑ Schleifkontakt zur Stromübertragung zw. bewegten Teilen; **B.n:abfühlung** *w* Gerät zur Umsetzung der Informationslöcher in elektr. Signale auf Lochkarten; **B.n:entstauber** *m* Gasreinigungsvorrichtung

Büschel:entladung *w* leitungslos. Stromübergang unter Leucht:erscheinungen

Büschel:entladung *w* leitungslos. Stromübergang unter Leucht:erscheinungen

Busch|flugzeug *s* Flugzeug für Fluggäste u. Transporte in Gegenden ohne Bodenorganisation, = **B.transporter** *m*

Bushel *s* (e., am.: *buschl*) Hohlmaß, etwa 35 l (⟨ *bu*)

Buß|geld *s* Ordnungsstrafe; **B.geldbescheid** *m*

busten (e.: *ba-*) Polizei-, Zollschwierigkeiten wegen Drogenbesitz haben

Butadi:en| *s* (KW) zur Herstellung von Synthesekautschuk (**B.kautschuk** *m*) u. Kunststoffen benutzt. doppelt ungesättigt. Kohlenwasserstoff; **B.olide** *M* Gruppe herzwirksamer Gifte (in Krötensekreten und Pflanzen)

Butan *s* (lat., gr.) gasförm. Alkan als Brennstoff

Buttersäure *w* einf. Fettsäure in ranziger Butter

Button *m* (am.: *battn*) runde Anstecknadel als Andeutung der Meinung des Trägers

Buyer-market *m* (e.: *baiermakit*) günstigere Position der Käufer am Markt als der Verkäufer (bei hohem Warenangebot; Ggs.: **Seller-market**)

BVerfG ⟨ **B**undes**verf**assungs**g**ericht. – **BVG** ⟨ **B**undes**v**erfassungs**g**ericht; ⟨ **B**erliner **V**erkehrs**g**esellschaft (jetzt: Verkehrsbetriebe); ⟨ **B**etriebs**v**erfassungs**g**esetz. – **BVM** ⟨ **B**undes**v**erband der **M**arktforscher. – **BVS** ⟨ **B**undes**v**erband für den **S**elbstschutz. – **BVV** ⟨ **B**ezirks**v**erordneten**v**ersammlung. – **BWaffG** ⟨ **B**undes**waff**en**g**esetz. – **BWB** ⟨ **B**undesamt für **W**ehrtechnik u. -**b**eschaffung

Bypass:triebwerk *s* (e.: *baipaß-*) Düsentriebwerk, bei dem nur ein Teil der in den Verdichter gesaugten Luft in die Brennkammer gelangt (Rest direkt zur Schuberzeugung verwendet)

Byte| *s* (e.: *bait*) (KW) Speichereinheit in der ADV (= 8 → bits für Datenaufnahme u. bis zu 2 Prüfbits); **B.maschine** *w* Computer, dessen Arbeitsspeicher in B.s abgeteilt ist, die als kleinste adressierb. Einheiten dienen

C

C ⟨ Cedi; ⟨ Cheun; ⟨ Chon; ⟨ Kohlenstoff; ⟨ Coulomb. – **c** ⟨ Curie. – **c.** ⟨ cord. – **CA** ⟨ Cellulose-Acetat. – **Ca** ⟨ Calcium; ⟨ Carcinom (Krebs). – **CAA** ⟨ Computer **ad absurdum** (Vereinigung gegen Automatisierung). – **CAB** ⟨ Cellulose-Acetobutyrat

Cable transfer *s* (e.: *keibl tränsfer*) telegr. Auszahlung; Umrechnung für Auszahlungen auf Überseeplätzen

Cachetage *w* (fr.: *-tâsche*) Oberflächengestaltung der mod. Kunst, bei der Gegenstände in erhöhte Farbschichten eingedrückt werden

Caddie *m* (e.: *kä-*) Einkaufswagen im Supermarkt; Golfspielerwagen

cadm|ieren Metalloberflächen zum Schutz vor Korrosion mit einer Cadmiumschicht überziehen; **C.ium** *s* (lat.) zinkähnl. Metall (chem. Element; zur Herstellung von Legierungen, zum Korrosionsschutz, für Akkumulatoren, in der Nukleartechnik; ⟨ *Cd*)

Caesium *s* (lat.) selt. chem. Element, Alkalimetall (⟨ *Cs*)

CAI ⟨ Computer-**A**ident-**I**nstruction (Ausbildung mit Hilfe von Computern)

Caisson| *m* (fr.: *kässoñ*) Senkkasten für Unterwasserarbeiten; **C.krankheit** *w* Druckluftkrankheit (z. B. bei Tiefseetauchern)

CAJ ⟨ **C**hristl. **A**rbeiter-**J**ugend

cal ⟨ Kalorie

Calci|ferol *s* (KW, lat.) Vitamin D_2; **c.nieren** feste anorgan. Substanzen zur Zersetzung erhitzen; **C.um** *s* Erdalkalimetall (chem. Element; im Kalkstein u. and. häuf. Mineralien; ⟨ *Ca*); **C.umcarbid** *s* Ausgangsstoff bei der Herstellung von Acetylen, „Karbid"; **C.umfluorid** *s* Flußspat; **C.umhydroxid** *s* gelöschter Kalk; **C.um:oxid** *s* gebrannter Kalk

calieren (it.) nicht das erford. Gewicht haben

Californium *s* künstl. radioakt. Element (⟨ *Cf*)

Calmette-Serum *s* (fr. Bakteriologe, 19./20. Jh.) antitox. Serum, bes. gegen Schlangengift

Calo| *s* (it.) Abgang bei Roheisen; **C. di peso** Mangel an Gewicht; **C. di prezzo** Fallen von Preisen

Calorimeter *s* Gerät zur Messung von Wärmemengen

Calutron *s* (⟨ **Cal**ifornia **U**niversity) Apparatur zur massenspektrosk. Isotopentrennung

Cambio *m* (it.) Wechsel

Came *s* (am.: *kêm*) Rauschdrogen

Campaign *s* (am.: *kämpein*) Werbe:unternehmung

Campher *m* Aromastoff best. orient. Hölzer (zur Herstellung von Celluloid)

Can *w* (e.: *kän*) Hülse von Kern-Brennelementen

cancero|gen (KW, gr.) krebserzeugend; **c.statisch** das Wachstum der Krebsgeschwüre hemmend

Candela *w* (lat.) Maßeinheit der Lichtstärke (⟨ *cd*)

Canning *s* (e.: *känniñ*) Brennstoffhülle im Kernreaktor

Canthariden *M* = span. Fliegen (Heilmittel aus der span. Fliege, für Hautkrankheiten, als Aphrodisiakum; Gift)

Canvassing *s* (am.: *kännwässiñ*) Stimmenfang; Warenverkauf durch den Erzeuger von Haus zu Haus

Capus-Kessel *m* Großwasserraum-Schiffskessel

Caput| medusae *s* (lat.) Venenerweiterung in der Nabelgegend; **C. mortu:um** *s* künstl. Polierrot

Caravantest *m* Auswahl von Versuchspersonen

Carbid|sprit *m* künstl. Weingeist aus Calciumc.; **C.verfahren** *s* Art der Bestimmung des Feuchtigkeitsgehaltes

Carbolsäure *w* Desinfektionsmittel (verdünnte wäßr. Lösung von Phenol)

Carbon|faser *w* Verstärkungsfaser aus reinem Kohlenstoff; **c.isieren** mit Kohlendioxid zur Reaktion bringen; organ. Substanzen unter Kohlenstoffabscheidung durch Erhitzen zersetzen; **C.chlorid** *s* Giftgas (Phosgen)

Carborundum *s* (KW) Schleifpulver (Siliciumcarbid)

carburieren Verbrennungsgasen Öl zusetzen

carci|nogen (KW, lat.) krebserregend; **C.nom** *s* Krebsgeschwulst; **C.notron** *s* Elektronenröhre zur Erzeugung sehr kurzer Wellen

Cardanische Aufhängung *w* (it. Physiker, 16. Jh.) allseit. drehb. Aufhängevorrichtung, z. B. für Meßgeräte

Cardenolide *M* (KW) Gruppe herzwirksamer Pflanzengifte (z. B. roter Fingerhut)

Caro-Cair-Anlage *w* (*-kär-*) Luftentfeuchtung in Laderäumen gegen Schwitzwasserbildung

Carnet *s* (fr.: *karnê*) Kraftwagenzollpassierscheinheft

Carotin *s* (KW) roter Farbstoff der Mohrrübe

Carpenter-Effekt *m* unbewußte Nachahmung der Bewegung anderer

Carrageen *s* (e.: *-în*) aus getrockn. Meeresalgen hergest. Droge

Carry back *s* (e.: *kärribäck*) Verlustrücktrag bei kurzfrist. Konjunktureinbruch

Carte blanche *w* (fr.: *-blañsch*) unbeschr. Vollmacht

Cartes(ian)ischer Taucher *m* schwimm. Hohlkörper, durch Drücken auf eine Membran zum Sinken o. Steigen gebracht

Cartoon *m* (e.: *-tûn*) Karikatur

Case:in| *s* (lat.) Eiweißverbindung aus der Milch; **C.faser** *w* künstl. Eiweißfaserstoff, = **Milchwolle** *w*; **C.kunststoffe** *M* durch Härtung von C. mit Formaldehyd hergestellte Kunststoffe

Case| method *w* (am.: *kais meßed*) Verkäuferschulung mit -praxis; **C.-work** *s* Einzelfallhilfe, -betreuung

Cash| *s* (am.: *käsch*) Bargeld, -zahlung; **c. and carry** (*-änd kärri*) Kostensenkung durch vermind. Service; **C.-and-carry-Klausel** *w* Vereinbarung im Überseehandel, der Käufer müsse die Ware nach Barzahlung im Schiff abholen; **C.-flow** (*-flou*) alle Mittel zur Dividendenzahlung, Schuldentilgung u. Investition

Cassiopeium *s* = → Lutatium

Castner|-Verfahren *s* techn. Methode zur Herstellung von metall. Natrium, mit der **C.-Zelle** *w*

Castr(o)ismus *m* Regierungssystem von Fidel Castro (Kuba, seit 1959)

Catchline *w* (am.: *kätschlein*) auffäll. Überschrift

Catering *s* (e.: *keiterin̄*) Versorgung der Fluggäste mit Bordverpflegung im Hafen; Bewirtschaftungsservice größerer Versorgungseinheiten

Caterpillar *m* (e.: *kätepille*) Raupenschlepper

Cavage *w* (fr.: *kawasche*) ↑ Miete, Lohn für Einkellerung

Cavali:erisches Prinzip *s* Hilfsmittel zur Volumenberechnung

Cb ⟨ Coulomb. – **cb** ⟨ Kubik. – **CB-Funk** *m* = → Citizen Band. – **cbm** ⟨ Kubikmeter. – **CBR-Wert** *m* ⟨ **C**alifornia **b**earing **r**atio (empir. Produktenziffer). – **CBU** ⟨ **C**luster **B**omb **U**nit (als Behälterbombe einsetzb. Flächenwaffe). – **CC** ⟨ **C**ontrolled **C**irculation. – **cc** ⟨ Neusekunde. – **CCIR** ⟨ **C**omité **C**onsultatif des **R**adiocommunication. – **CCITT** ⟨ **C**omité **C**onsultatif **I**nternational **T**élégraphique et **T**éléphonique. – **Cd** ⟨ **Cd**mium. – **CDA** ⟨ **CD**U-Sozialausschuß. – **Ce** ⟨ **Ce**r. – **CEE** ⟨ **I**nternational **C**ommission on Rule for the Approval of **E**lectrical **E**quipment (Normenausschuß zur Prüfung elektrotechn. Geräte, Arzneien). – **CEI** ⟨ **C**ommission **E**lectrotechnique **I**nternational (Genf)

Ceilometer *s* (KW) Wolkenhöhenmesser

CEL ⟨ **C**entral **E**uropean **L**ine

Cellophan| *s* (KW) glasklare Kunststofffolie zur Verpackung, Zellglas; **c.ieren** in C. verpacken

Cellulo|id *s* Kunststoff aus Kollodiumwolle u. Campher; **C.se** *w* hochmolekularer Naturstoff, Kohlenhydrat (Baustoff der pflanzl. Fasern u. des trock. Holzes); **C.se:ester** *m* Gruppe von synthet. Kleb- u. Bindemitteln aus C.se; **C.sefasern** *M* Gruppe von natürl. u. künstl. Textilfasern aus C.se (Baumwolle, Flachs, Hanf, Viskose, Zellwolle, Reyon usw.)

cental *s* (e.: *ßentel*) Gewichts-, Masseneinheit (1 cental = 100 pounds = 345, 359 kg)

Center *m* (e.: *ß-*) Großeinkaufsstätte; Geschäftszentrum

Centipoise (fr.: *zentipoas*) Maßeinheit für die Viskosität von Flüssigkeiten

Centweight *s* ⟨ *CWT*; e., am. Handelsgewicht (= 50,8 kg)

Cer (⟨ röm. Ackerbaugöttin **Cer**es) chem. Element; Metall aus der Gruppe der Seltenen Erdmetalle (⟨ *Ce*)

Cerebrum *s* = **Enzephalon** *s* (Groß-) Hirn

Cerenkow-Strahlung *w* (r. Physiker) Lichtaussendung schnell bewegter Elementarteilchen beim Durchgang durch Flüssigkeiten

Cermet *s* (e. ⟨ **cer**ami**met**al) harter Werkstoff von hoher Hitzebeständigkeit

CERN, Cern europ. Organisation für Kernforschung (Genf: ⟨ **C**onseil **E**uropéen pour la **r**echerche **n**ucléaire)

Certification mark *w* (am.: *ßertifikäschn-*) Gütezeichen

Cetan| *s* (KW) als Dieselkraftstoff geeign. Hexadecan (zu den Alkanen gehör. Kohlenwasserstoff); **C.zahl** *w* Maßzahl für die Zündwilligkeit von Dieselkraftstoffen (1 C.zahl von 100 = Zündwilligkeit von 1 C)

Ceteris paribus-Klausel *w* (lat.) Beschränkung der Gesetzeswirkung auf den Fall, daß die im Gesetz genannt. Faktoren konstant bleiben

CETOP ⟨ **C**omité **E**uropéen des **t**ransmissions **o**léohydrauliques et **p**neumatiques (Europ. techn. Komitee für Ölhydraulik u. Pneumatik). – **CETS** ⟨ **C**onférence **E**uropéenne des **T**élécommunications par **S**atellites (Europ. Ausschuß der Postanstalten für Nachrichtensatelliten). – **cf** ⟨ e.: **c**osts, **f**reight (= Verkäufer trägt alle Frachtlasten). – **Cf** ⟨ **C**ali**f**ornium. – **cg** ⟨ Neuminute, Zentigon. – **CGB** ⟨ **C**hristl. **G**ewerkschafts**b**und. – **CGS-System** *s* physik. Maßeinheit mit Zentimeter, Gramm u. Sekunde als Grundeinheiten. – **ch** ⟨ (am.) **ch**ain; (fr.) **che**val vapeur

chain| e., (am.: *tschein*) Längeneinheit (1 ch = 22 yards = 20,1168 m); **C.break** *s* (am.: *-breik*) Werbeeinblendung zw. 2 Programmen; **C.stores** *M* (*-ßtôrs*) Kettenläden

chaland|ieren (fr.: *schâ-*) Kundschaft werben; **C.ise** *w* (*scha-*) Kundschaft

chaldron *s* (e.: *tschaldren*) Hohlmaß (1 ch. = 288 imp. gallons = 1,309 m³)

Chalkogene *M* (gr.) Elementfamilie aus den Nichtmetallen Sauerstoff, Schwefel, Selen, Tellur

Chancengleichheit *w* (*schañßen-*) Möglichkeit für alle, Aus-, Fort- u. Bildungsangebote zu nutzen

Chandoo *s* (e.: *tschendû*) rauchfertig. Opium

Chapin-Einheit *w* (am.: *tscheppn-*) Wohnzimmerzustand u. -ausstattung als Gradmesser für Familienstatus

Charakter|istik *w* ↑ Hilfszahl zur Kennzeichnung der Kommastellung beim Rechnen mit dem Gleitkomma; Kennlinie; graf. Darstellung der wichtigsten Eigenschaften eines physik. Systems; **c.ische Strahlung** *w* Röntgenstrahlung, aus deren Wellenlänge das Material der Antikathode ersichtlich ist; **C.maske** *w* der entfremdete Mensch in Klassengesellsch. (Marx); **C.on** *s* Höchstgeschwindigkeitsschreibgerät an Computern

Charge| *w* (fr.: *scharsche*) ↑ Beschickung eines Hoch-, Schmelzofens; best. Menge eines unter einheitl. Bedingungen entstand. Erzeugnisses; Produktionsabschnitt; **C.nbetrieb** *m* absatzweise Durchführung der Produktion; Betrieb des Reaktors mit nur einer Brennstoffüllung; **C.nregelung** *w* Regelung bei absatzw. (diskont.) Betrieb. – **Chargier|en** *s* Beschicken von Schmelz-, Glühöfen mit Einsatzmaterialien; **c.ter Brief** *m* Wert-, Geldbrief; **C.maschine** *w* = → Beschickmaschine

CHARM ⟨ Forschungsgruppe vom **C**ERN aus **H**amburg, **A**msterdam, **R**om, **M**oskau zur Erforschung der Neutronen (Elementarteilchen)

Chart *m* (e.: *tsch-*) Verzeichnis der (100, 10) Spitzenschlager; Diagramm, Tabelle, Schaubild

Chartepartie *w* (fr.: *sch-*) Frachtvertrag

Charter|maschine *w* (e.: *tsch-*) gemietetes Flugzeug; **C.vertrag** *m* Raumfrachtvertrag für Seefracht; Mietvertrag im Flugwesen

Chassis *s* (fr.: *schassi*) Fahrgestell; Montagerahmen elektron. Apparate

Check| *m* (e.: *tsch-*) Überprüfung u. Abfertigung vor dem Flugzeugstart; **c.en** vergleich. prüfen; beim Spiel behindern; **C.er** *m* Kontrolleur; **C.flug** *m* Überprüfungsflug; **C.ing** *s* (*tscheckiñ*) Streuprüfungen bei Inseraten; **C.ingtime** *s* (e.: *-taim*) spätestmögl. Abfertigungszeit vor dem Flugzeugstart, = **Einfindungszeit** *w*; **C.liste** *w* Verzeichnis aller geplanten Prüfvorgänge; Liste der Fluggäste; **C.out** *m* (*-aut*) Überprüfung nach Abschluß eines techn. Vorgangs; **C.point** *m* (*-peunt*) Kontrollpunkt; **C. up** *s* (*-ap*) Zustandsprüfung vor dem Start

Chemical mace *w* (e.: *kemikel meis*) = → chem. Keule. – **Chemie|** *w*: **analytische C.** → analytisch; **heiße C.** hochradioakt. Stoffe; **C.faser** *w* auf chem. Wege erzeugt. Faserstoff; **C.hahn** *m* Absperrelement für Rohrleitungen; **C.-Ingenieur** *m* (*-inschenjör*) Fachmann für chem. Technik; **C.speicher** *m* Verbund zw. EVU u. chem. Großbetrieb; **C.werkstoff** *m* Kunststoff. – **Chemi|graf** *m* Klischees herstell. Handwerker; **C.kali:e** chem. erzeugb. Stoff von weitgehend einheitl. Zusammensetzung; **C.lumineszenz** *w* Erzeugung von Lichterscheinungen bei niedr. Temperaturen durch chem. Vorgänge; **c.sche Bindung** *w* Kraft, die die Atome im Molekül zusammenhält; **c.sche Formel** *w* Symbol, das den molekularen Aufbau der Stoffe mit Buchstaben (Atome), Strichen (Bindungen) u. Zahlen (Anzahl der Atome) darstellt; **c.sche Gleichung** *w* = → Reaktionsgleichung; **c.sche Keule** *w* Kampfstoff (macht durch Reizung der Augen-, Nasen- u. Mundschleimhäute wehrlos); **c.sche Kinetik** *w* Lehre von den Reaktionsmechanismen u. der Geschwindigkeit c.scher Reaktionen; **c.sche Kriegsführung** *w* Krieg mit c.schen Kampfstoffen; **c.sche Physik** *w* physik. Chemie; **c.sche Reaktion** *w* Vorgang, bei dem sich Stoffe ineinander verwandeln; **c.sche Reinigung** *w* Reinigung von Textilien durch Herauslösen der Schmutzstoffe mit organ. Lösemitteln; **c.scher**

Sauerstoffbedarf *m* Kenngröße für die Sauerstoffzehrung durch in Wasser vorhandene, durch gelöst. Sauerstoff oxidierb. Fremdstoffe; **c.sches Element** *s* Stoff, der sich nicht durch Zersetzungsreaktionen in einfache Stoffe überführen läßt; **c.sches Gleichgewicht** *s* Zustand, wenn eine c.sche Reaktion zur Ruhe kommt; Zusammensetzung des reagier. Stoffgemischs nach Erreichen dieses Zustands; **c.sche Sinne** *M*: Geruch, Geschmack u. die freien Nervenendungen des → Trigeminus in Mund u. Nase; **c.sche Technik** *w* alle Maßnahmen u. Vorrichtungen, die zur Durchführung c.scher Reaktionen im Fabrikmaßstab dienen; **c.sche Verbindung** *w* Stoff, der sich unter Bildung der c.schen Elemente zersetzen läßt; **C.smus** *m* alle c.schen Vorgänge im Organismus; **C.sorption** *w* Sonderfall der Adsorption unter Bildung einer c.schen Verbindung in der Oberflächenschicht des Adsorbers. – **Chemo|taxis** *w* durch chem. Reize ausgelöste Orientierungsbewegungen von Tieren, Pflanzen; **C.techniker** *m* Techniker mit Fachausbildung in Chemie; **C.therapie** *w* Bekämpfung von Infektionskrankheiten mit Antibiotika o. Sulfonamiden; **C.therapeutikum** *s* mit chem. Mitteln hergest. Arzneimittel; **C.tropismus** *m* durch chem. Reize ausgelöste Bewegungen festsitzender Lebewesen

cheval| heure ⟨ *chh* (fr.), **c. vapeur** (*-wäpör*) fr. Leistungseinheit (⟨ *ch*; *cv*; 1 ch = 75 kp/s = 735,498 W)

chiffriert (fr.: *sch-*) verschlüsselt

Child guidance *w* (am.: *tschaild gaidenß*) Erziehungsberatung

Chiller *m* (e.: *tsch-*) Bühnenstück, Roman mit schauerl. Handlung

Chill-roll-Verfahren *s* (e.: *tschill-roul-*) Methode zur Herstellung transpar. Kunststoffrollen durch Extrudieren u. rasches Abkühlen mit gekühlt. Walze

China| cracker *m* (e.: *-kräcker*) Feuerwerkskörper; **C.tinktur** *w* Alkoholauszug aus gemahl. C.rinde; **C.wein** *m* chininhaltiger Wein (*nicht* aus China!)

Chinin *s* (it.) Fieber- u. Malariamittel (Alkaloid aus Chinabaumrinde)

Chip *m* (e.: *tsch-*) ↑ Programmplätzchen für den Mikroprozessor; Spielmarke

Chippi *m* (am.: *tsch-*) Anfänger im Drogenkonsum

Chiralität *w* (KW, gr.) Asymmetrie bei Molekülen

Chiro|graphar *m* (KW, gr.) Buchgläubiger, dessen Forderung ungedeckt ist; **C.praktik** *w* Methode, mit gezielt. Handgriffen, „Verschiebungen" an den Gelenken der Wirbelsäule zu berichtigen (bei Ischias, Migräne, Haltungsschäden; *nicht* bei abbauenden Wirbelsäulenprozessen; vorher röntgen!!). – **chirurgische Diathermie** → Diathermie!

Chloasma *s* (gr.) braune Hautflecken

Chlor| *s* (gr.) chem. Element (riecht stechend; gelbgrünes Gas; gelegentlich als Desinfektionsmittel; mit Natrium = Kochsalz [Natriumchlorid]); **C.acetophenon** *s* Tränengas (schleimhautreiz. organ. Verbindung); **C.aldehyd** *s* Schlaf- u. Beruhigungsmittel; **C.amphenicol** *s* Antibiotikum; **C.äthyl** *s* Narkosemittel (= Äthylchlorid; bei örtl. u. Rauschnarkosen); **C.dan** *s* c.ierter Kohlenwasserstoff (Insektizid); **C.kalk** *m* Desinfektionsmittel; **C.kautschuk** *m* Bestandteil von Klebstoffen u. Lacken; **C.knallgas** *s* explosiv. Gemisch aus C. u. Wasserstoff; **C.oform** *s* Betäubungsmittel (gefährlich!); = → Trichlormethan; **C.ophyll** *s* grüner Farbstoff der Pflanzen; **C.ose** *w* Bleichsucht; **C.wasserstoff** *m* Salzsäuregas

Choke *m* (am.: *tschôk*) Luftklappe am Vergaser des Kfz.s

Chole|ra *w* (gr.) schwere Infektionskrankheit; **C.lithiasis** *w* Gallensteinleiden; **C.sterin** *s* (KW) kompliz. konstruiert. Lipoid (gebildet in Nebenniere, Gehirn, Ovar; transportiert u. a. Fettsäuren); → Zo:osterine; **C.zyst:ektomie** *w* operat. Entfernung der Gallenblase; **C.zystitis** *w* Gallenblasenentzündung

Chomageversicherung *w* (fr.: *-mâsche-*) Versicherung gegen entgang. Gewinn (Mietverlust, Brachliegen, Stilliegen, Brandschäden)

Chopper *m* (e.: *tsch-*) Gerät zum Zerhakken einer Strahlung, = → Zerhacker

Chorea minor *w* (lat.) Veitstanz (zukkende Bewegungen, Unaufmerksamkeit, Verstimmung; meist ohne bleib. Schäden)

Chorologie *w* (KW) Erforschung der räuml. Verteilung von Flora u. Fauna

Christiani-Methode *w* (Leiter eines Konstanzer Instituts) Didaktik von Fernlehrgängen

Christlicher Gewerkschaftsbund *m* weltanschaul. geprägte, nicht nach dem Industrieverband organis. Richtungsgewerkschaft

Chrom| *s* (gr.) chem. Element, Schwermetall (für Legierungen u. korrosionsbeständ. Beschichtungen; ⟨ *Cr*); **C.at** *s* Salz der C.säure; nicht auf Achromasie korrig. Objektiv; **c.atische Ab:erration** *w* Abbildungsfehler, der durch verschied. starke Brechung vom Glas versch. Lichtfarben entsteht; **C.atographie** *w* analyt. Verfahren zur Trennung von Stoffen unter Nutzung von Adsorptionen u. Absorptionen; **C.atron** *s* Röhre für Farbfernsehempfänger; **c.ogene Moleküle** *M* tragen eine c.ophore Gruppe, = **C.ophor** *m* Atomgruppierung, die sichtb. Licht in best. Spektralbereichen absorbiert u. dadurch das sie trag. Molekül färbt; **C.osomen** *M* stark färbb. faden- o. schleifenförm. Bestandteile des Zellkerns; **C.osphäre** *w* Schicht in der Sonnenatmosphäre

chron|isch (gr.) langsam sich entwickelnd; → Bleivergiftung; **c.ische Krankheit** *w* langdauernde Erkrankung (Ggs.: akute Krankheit); **C.ograph** *m* Uhr mit Registriervorrichtung; **C.ometrie** *w* Zeitmessung; **C.oskop** *s* genau gehende Uhr mit Stoppuhrfunktionen (zur Messung von Zeitabschnitten)

Chrysotil *m* (gr.) Hornblende (faser. Mineral)

CHU ⟨ **C**entigrade **H**eat **U**nit

Chubbschloß *s* (e.: *tschab-*) Sicherheitsschloß

Ci ⟨ **C**ur**i**e. – **CIA** ⟨ am. Geheimdienst (**C**entral **I**ntelligence **A**gency). – **CID** ⟨ **C**omité d'**i**nformation et des **d**éfense (fr. radik. Bewegung gegen Preiskontrollen). – **CIE** ⟨ **C**ommission **I**nternationale de l'**E**clairage (= Internat. Beleuchtungskomm.); ⟨ **C**omité **I**nternational d'**E**lectricité. – **cif** ⟨ Verkäufer trägt Transport- u. Versicherungskosten (e.: **c**osts, **i**nsurence, **f**reight). – **cifi** ⟨ Verkäufer trägt Transport-, Versicherungs- u. Zinskosten für Frachtkredite (e.: **c**osts, **i**nsurance, **f**reight, **i**nterest); **c. landed** (e.: *-län-*) ⟨ Verkäufer trägt Transport-, Versicherungs- u. Entladekosten; **c. sound delivered** (*-saund diliwert*) ⟨ Verkäufer kommt für Qualitätsverschlechterung der Ware auf; **c. and e.** ⟨ Diskontrate im Preis enthalten

Cine|ast *m* (KW) Filmschaffender, -freund; **C.mascope** *s* Breitwand-Filmverfahren; **C.mathek** *w* Filmsammlung; **C.rama** *s* Filmverfahren mit Superbreitwand

Circarama *s* (KW) Filmwiedergabe als Rundbild

CISAC ⟨ **C**onfédération **I**nternationale des **S**ociété d'**A**uteurs et **C**ompositeurs (Urheberschutzverband)

Cisvestismus *m* (KW) Verkleidungsdrang

Citizen Band *s* (e.: *ßitisn bänd*) für Privatfunk jedermann zugängl. Wellenbereich (⟨ *CB*)

Citrat *s* (KW) Salz der **Citronensäure**| *w* Bestandteil vieler Fruchtsäfte (organ. Säure); **C.cyclus** *m* wicht. biochem. Prozeß in der Verwertung von Fetten, Eiweiß u. Kohlenhydraten (in allen leb. Organismen)

City|-Bike *s* (e.: *-baik*) Kleinmotorrad für den Stadtverkehr; **C.bildung** *w* Geschäftskonzentration in der Innenstadt mit Bevölkerungsabnahme

Cl ⟨ **C**h**l**or; ⟨ **Cl**ausius

Claim *s* (e.: *kläm*) Werbebehauptung; Produktvorteil

Claude-Verfahren *s* (fr.: *klôd-*) techn. Verfahren zur Ammoniaksynthese

Clausius (⟨ *Cl*) Einheit der Entropie im kalor. Vierersystem

clausula rebus sic stantibus (lat.) Vorbehalt des jetz. Bestands, = → Derzeitklausel

Clearing| *s* (e.: *klîriñ*) Abrechnungsverkehr; **C.abkommen** *s* zwischenstaatl. Verrechnungsvereinbarung

Clerk *m* (e.: *klark*) Handlungsgehilfe

Clipp|er *m* (e.) Flugzeug der Pan American; einfache Maschinenschere zum Kappen ablauf. Furnierbänder; **C.ing** *s* (*-iñ*) Zeitungsausschnitt

Clonus *m* (gr.) künstl. Mensch aus leb. Zellen

Closed| chop *m* (e.: *klôsdschopp*) geschloss. Arbeitsstelle; **C. class** *w* starr geschloss. Schicht ohne Zu- o. Abgang; **C. shop** (*-sch-*) Rechenanlage, zu der Daten angeliefert o. abgeholt werden; nur mit Gewerkschaftsmitgliedern arbeit. Unternehmen (am.). – **Close up** *s* (am.: *klous ap*) Großaufnahme

Club of Rome *m* Fachmännergremium aus 30 Ländern zur Erarbeitung von Gegenwartsanalysen u. Zukunftsprognosen (seit 1968)

Cluster *m* (e.: *kla-*) Zusammenklang vieler auf der Tonleiter nebeneinanderliegender Töne; Komplex aus posit. o. negat. Zentration u. daran angelag. Atomen o. Molekülen

Cm ⟨ **C**uriu**m**. – **cm** ⟨ **Z**enti**m**eter. – **CMC** ⟨ **C**arboxi**m**ethyl**c**ellulose. – **Co** ⟨ **Ko**balt. – **c/o** ⟨ e.: **c**are **o**f = wohnhaft bei

Coach| *m* (e.: *kôtsch*) Trainer, Mannschaftsleiter; **C.ing** *s* Mannschaftsbetreuung

Coca:in *s* gefährl. Rauschgift (Alkaloid der Cocapflanze; → Kokain)

Cochlea *w* (lat.) Innenohrspirale
Cockpit *s* (e.) Piloten-, Steuermanns-, Lastwagenführersitz
Code *m* (e.) ↑ Vorschrift zur Übertragung von Informationen aus einem Symbolsystem in ein anderes
Code:in *s* Betäubungsmittel aus Opium (macht nicht süchtig, dämpft Hustenreiz)
Code|plan *m* Schlüsselplan zur Verteilung der C.plätze auf der Lochkarte; **C.umsetzer** *m* Zeichenumsetzer der Eingangs- in die Ausgangszeichen; **C.wahl** *w* Verfahren, Wählziffern von einem Fernsprech-, Telegrafenamt zum anderen zu übertragen. – **codier|en** Informationen von Darstellungssystem in anderes übertragen; **C.ung** *w* Übertragung von Flußdiagrammen in eine Programmiersprache
Coelostat *m* (KW) Doppelspiegelkombination, die Sonnenstrahlen immer in dieselbe Richtung reflektiert
Co:enzym *s* (gr.) eiweißfreier, chem. wirks. Anteil eines Enzyms, = **Coferment** *s*
Coffe:in *s* Herzanregemittel (in Tee u. Kaffeebohne)
Col ⟨. **Co**mmon business **o**riented **l**anguage = problemorient. Programmiersprache für kaufmänn. Zwecke
Coleopter *m* (KW) Ringflügelflugzeug zum Senkrechtstarten u. -landen
Colifilter *m* (KW) kleinste Wassermenge zur Züchtung von Colibakterien (Dickdarmbakterien, wichtig für Darmtätigkeit); Maßstab für Gewässerverseuchung
Collage *w* (fr.: *-lâseh*) zusammenkleb. Bildtechnik; Komposition aus verschied. vorgegeb. musik. Materialien
Collico *m* (KW) zusammenlegb. metall. Transportkiste
Columbo Plan *m* Plan für gemeins. wirtsch. Entwicklung Südostasiens (seit 1950)
Colo(u)r Display *s* (am.: *kale displê*) Schaufensterauslage; farb. Dekoration; Schaustellung. – **Colorimetrie** *w* (KW) Farbmessung
Coltainer *m* (e.: *-tä-*) zusammenlegb. Container
Combi|hammer *m* Gerät für Schlaghärteprüfungen; **C.pack** *m* Verbundpack (mehrere Warenarten im Klarsichtbeutel)
COMECON, Comecon *m, s* = → Rat für gegenseitige Wirtschaftshilfe
come down (am.: *kamdaun*) sich beim Nachlassen der Drogenwirkung schlecht fühlen
Commercial| *s* (e.: *kammerßel*) zum Verdienst geschriebene Musik; Werbesendung im Rundfunk o. Fernsehen; **C. Spot** *m* Werbefilm, -durchsage
Commission *w* (e.: *kemischn*) Mittlerprovision
Commotio *w* (lat.) Gehirnerschütterung
Commuter *m* (e.: *komjuter*) ↑ Verbindungsflugzeug zw. kleineren Flughäfen
Compar *m, s* (KW) Feintaster zur Innen- u. Außenmessung
Compiler *m* (e.: *-pail-*) Übersetzungsprogramm, mit dem Programm der DAV von einer Programmiersprache in andere übertragen wird (zur → Software eines Computers)
Composer *m* (e.: *kampose*) elektr. Schreibmaschine mit Randausgleich u. auswechselb. Kugelkopf
Compound| *s* (e.: *-paund*) für Weiterverarbeitung ganz vorbereitete Kunststoffzubereitung; **C.generator** *m* Stromerzeuger, dessen Spannung nur schwach von der Belastung abhängt; **c.ieren** Kunststoffe mit Additiven vermischen; **C.öl** *s* Kühlschmiermittel
Comperadore *m* (it.) Agent im Überseehafen
Comprehensive school *w* (am.: *komprihänßiw ßkûl*) Gesamtschule
Compton-Effekt *m* (am. Physiker, 20. Jh.) Veränderung der Lichtwellenlänge bei Streuung von Elementarteilchen
Compur *m* (e.: *kampu*) Objektivverschluß
Computer| *m* (e.: *-pju-*) elektron. Rechner; DVA, programmierbar; **c.isieren** Informationen (Daten) für Rechenanlage lesbar machen; Informationen speichern; **C.sprache** *w* System der Umsetzung von Informationen in elektr. Impulse, die vom C. verarbeitet werden können
COMSAT ⟨ **Com**munications **Sat**ellite Corporation
Concept-art *w* (e.: *kanßept-*) Entwurf als Kunstwerk
Conjunctiva *w* (lat.) Augenbindehaut
Connaisseur *m* (fr.: *konnäßör*) Sachverständiger; Feinschmecker
Connection *w* (*konnäckschn*) Beziehung zu Drogenhändlern
Consol| *s* (KW) Drehfunkfeuer für Schiff- u. Luftfahrt; **C.verfahren** *s* Funknavigation im Langstreckenbereich
Consumer| *m* (am.: *kensju-*) Verbraucher; **C.goods** *M* (*-gûds*) Konsumgüter, = **C.products** *M*, **C. Protection** *w* (*-pretekschn*) Verbraucherschutz

Convini:ence goods *M* (am.: *kenwinn-jens gûds*) Güter des tägl. Bedarfs
Container| *m* (e.: *-tä-*) Transport-, Lagerungsbehälter; **C.hafen** *m* Hafen zur Verschiffung von Großbehältern; **C.kran** *m* Wippdrehkran mit auf C.maße abgestimmt. Tragfähigkeit; **C.schiff** *s* Transportschiff für Großraumbehälter
Containment *s* (am.: *kentänment*) am. Politik der Stärke gegenüber dem Kommunismus
Contergan| *s* (KW) → Mißbildungen; **C.kind** *s* durch C.genuß der Mutter mißgebildetes Kind
Contingency planning *m, s* (e.: *kantindschenßi plänniñ*) Krisenplanung der NATO (d.: **Notfall-, Eventualfall-, Krisenplanung** *w*)
Control|(l)er *m* (e.: *kentrole*) Rechnungsprüfer eines Betriebes; **C.Tower** *m* (*-tauer*) Kontrollturm im Flughafen
Con:urbation *w* (e.: *kenöbeschn*) Städteballung
Converter *m* (e.) (in der ADV) Umsetzprogramm, das Übertragung von Daten auf andern Datenträger vollzieht
Convert|ible-Bonds *M* (e.: *konwörtibl-*) = → Wandelanleihe; **C.iplan** *m* Flugzeug mit verstellb. Trag-, Triebwerk, = **C.aplan** *m*, = **Konvertiplan** *m* = **Wandelflugzeug** *s*
Conveyer, -or *m* (e.: *kenwei:e*) Aufzug, Becherwerk
cool (am.: *kûl*) durch Drogengenuß glücklich; gut, verläßlich
COPCON ⟨ **Co**mando **Op**eracional do **Con**tinente (port. Revolutionsbefehlszentrale; port. polit. Polizei)
Co-op-Werbung *w* Verbundwerbung (Benutzung von Markennamen in der eigenen Werbung)
Co:orapid *s* (KW) opt.-mechan. Rechengerät
Copolymerisation *w* (KW) Aufbau von Makromolekülen aus 2 o. mehr. verschied. Monomeren durch Polymerisation
Copy| Chief *m* (am.: *kepi tschîf*) Chef-texter; **C.-Platform** *w* (e.: *-plättfôm*) kurze Zusammenfassung aller Vorzüge eines Produktes als Grundlage für die Werbung; **C.right** *s* (e.: *kopireit*) am. Urheber- u. Verlagsrecht (Schutzfrist: 28 Jahre, um 28 Jahre verlängerbar); **C.writer** *m* (*-raiter*) Werbetexter
cord am. Raumeinheit (1 cord = 3,62458 m^3)
Cordon sanitaire *m* (fr.: *kordoñ sanitär*) Sperre gegen Vordringen von Seuchen; Grenzposten
Core *s* (am.: *kôr*) Brennstoffbehälter des Reaktors (Spaltzone)
Corioliskraft *w* (fr. Physiker, 19. Jh.) Trägheitskraft, die wirkt, wenn sich ein Körper relat. zu einem rotierend. System (zur Erde z. B.) gradlinig bewegt
Corner *s* (e.: *kône*) Aufkauf einer best. Ware zur Errichtung eines Marktmonopols; d.: **Schwänze** *M*
Corpus-lute:um(-Hormon) (lat.) Progesteron, Gelbkörper (wicht. natürl. Keimdrüsenhormon für Entstehung u. Erhaltung der Schwangerschaft)
Corti|costeron *s* (KW) Hormon der Nebennierenrinde (chem. zu Steroiden u. Ketonen geh.); **C.son** *s* aus der Nebennierenrinde isol. Hormon (bei Gelenkrheuma, Kollagen-, best. Augen- u. Hautkrankheiten; Vorsicht bei Dosierung!)
Cost|-Benefit-Analyse *w* (e.: *kôst-*) Vergleich der aufzuwend. Kosten mit dem erwart. Nutzen; **C. effectiveness** *w* (e.: *kôst iffektiwnis*) Wirtschaftlichkeit von Ausgaben, d.: **Kostennutzeffekt** *m*, **-wirksamkeit** *w*
Cottagesystem *s* (e.: *kotitsch-*) Wohnungserstellung für Betriebsangehörige (gegen anteil. Einbehaltung des Lohns Eigentum der Bewohner)
Cottrell|apparat *m* → Elektrofilter; **C.verfahren** *s* Gasreinigungsverfahren (elektrostat. Aufladung u. Abscheidung der Staubteilchen durch ein elektr. Feld)
Coulage *w* (fr.: *kulâsch*) Abgang von Flüssigkeiten durch Lecken, Austräufeln usw.
Coulomb| *s* (fr. Physiker, 18. Jh.: *kuloñ-*) Maßeinheit der elektr. Ladung; **C.sches Gesetz** *s* Zusammenhang zw. Ladungsgröße, Abstand u. wirk. Kraft bei der elektrostat. Anziehung o. Abstoßung zw. geladenen Körpern; **C.sche Kraft** *w* elektrostat. Anziehung o. Abstoßung
Coulo|metrie *w* (KW) elektrochem. Analysenverfahren; **C.meter** *s* physik. Meßgerät zur Bestimmung der elektr. Ladung; → Voltameter
Council *s* (e.: *kaunßil*) Beratung
Countdown *s, m* (e.: *kauntdaun*) Kontrollvorgänge vor Raketenabschuß o. ä. nach zurückgezählt. Zeiteinheiten (O-Start)
Counter| *m* (e.: *kaunte*) Flughafen-, Reisebüroschalter; **C. Card** *w* Schaufenster-, Thekenaufsteller mit Preisangabe; **C. Display** *s* (*-displê*) Warenabbild für den Ladentisch; Thekenaufsteller; **C. insurgency** *w* (*-insedschenßi*) Prä-

ventivmaßnahme eines herrsch. Systems gegen „Aufruhr" u. „Revolution"; **C.part** *m* Ausländer, der im Austausch gegen einen Entwicklungshelfer nach Deutschland kommt

Courtage *w* (fr.: *kurtasch*) Vermittlungsgebühr des Börsenmaklers

Couveuse *w* (fr.: *kuwös*) Wärmebett für Frühgeburten

covalente Bindung *w* (lat.) chem. Bindung, bei der 2 Atome durch ein gemeins. Elektronenpaar aneinandergekoppelt werden

Cover| *s* (e.: *kawe*) Illustriertentitelbild; Schallplattenhülle; Umschlagseite; **C.girl** *s* Mädchenbild auf der Umschlagseite von Illustrierten; Modell hierfür

Cp ⟨ **C**assio**p**eium. – **cP** ⟨ → **C**enti**p**oise. – **CPM** ⟨ **c**ritical **p**ath **m**ethod = Verfahren zur Ermittlung des kritisch. (längst.) Weges in einem Netzplan; **CPM-Methode** in der ADV angewendet. – **CPU** ⟨ **c**entral **p**rocessing **u**nit, → Zentraleinheit. – **CR** ⟨ **c**onditioned **r**esponse (bedingte Reaktion). – **Cr** ⟨ **C**h**r**om

Crackverfahren *s* (e.: *kräck-*) techn.-chem. Prozeß zur Benzingewinnung aus schwer flüchtig. Kohlenwasserstoffen durch Molekülspaltung

Cramersche Regel *w* Verfahren zur Lösung eines Gleichungssystems mit Determinanten

Crash *m* (e.: *kräsch*) Aufprall, Zusammenstoß (zu Testzwecken in der [Auto-]Industrie); **C.-Switch-Anlage** *w* (e.: *kräschßwitsch-*) elektr. Sicherheitsanlage in Verkehrsflugzeugen

Crazing *s* (e.: *kresiñ*) Bildung feinster Risse in Werkstoffen bei Belastung

creative| (e.: *kri:eitif*) gestaltend, schöpferisch; **C. work** (*-wörk*) Gestaltungsarbeit; **C. team** *s* Gruppe zur Erarbeitung neuer Methoden der Datenverarbeitung u. der Managementtechniken

Crew *w* (e.: *krû*) Besatzung; Gruppe mit gemeins. Aufgaben

Cromalin *s* (KW) drucktechn. Prüfverfahren für Farbabbildungen auf fotogr. Weg

Cromargan *s* (KW) Chrom-Nickel-Stahl (hochwertig!)

Crookesglas *s* (e.: *kruks-*) für infrarote u. ultraviolette Strahlen undurchlässig. Brillenglas

Crossing pressure *w* (e.: *-presche*) Beeinflussung durch mehrere Vor-, Einstellungen

Crowner *m* (am.: *krau-*) Aufstecker bei Ladenwerbemitteln

Crudum *s* (lat.) handelsübl. unreines Antimonsulfid

Cruise missile *s* (am.: *krus missail*) strateg. Lenkwaffe, = → Marschflugkörper

Cryo|pumping *s* (KW) Verfahren zur Herstellung von hohem Vakuum; **C.tron** *s* elektron. Übertragungselement aus Supraleitern

CS ⟨ **c**onditional **s**timulus (= bedingter Reiz). – **Cs** ⟨ **C**ae**s**ium. – **CSB** ⟨ **c**hem. **S**auerstoff**b**edarf. – **CSI** ⟨ **C**ommission **S**portive **I**nternational. – **cSt** ⟨ **C**enti**st**okes. – **CT** ⟨ e.: **C**able **t**ransfer (= telegr. Auszahlung). – **CTU** ⟨ **C**entigrad **T**hermal **U**nit. – **Cu** ⟨ Kupfer. – **cu** ⟨ e.: **cu**bic (= 3. Potenz des Einheitszeichens, vor dem es steht)

Cue| *s* (e.: *kjû*) Startzeichen des Sendeleiters; **C.ing** *s* (*kjûiñ*) Mithören des Tonbandes bei Schnellauf o. Bewegen der Spulen mit der Hand

Cultural lag *s* (e.: *kaltscherel läg*) kultur. Entwicklungsrückstand

Cumura:in *s* Aromastoff des Waldmeisters

Cunnilingus *m* (lat.) Lecken der w. Geschlechtsteile zur geschl. Erregung

Cupal *s* (KW) elektrotechn. Werkstoff

Cuprum *s* (lat.) Kupfer (⟨ *Cu*)

Curare *s* südam. Pfeilgift (Medikament zur Muskelentspannung; lähmt nervomotor. Endplatten der Muskulatur)

Curettage *w* (fr.: *kü--tâsche*) Auskratzung der Innenflächen von Körperhöhlen mit der **Kürette** *w*

Curie| *s* (fr.: *küri*; poln. Chemikerin) Maßeinheit für die Aktivität radioakt. Präparate; **C.-Temperatur** *w* Temperatur, oberhalb derer die thermomagnet. Erscheinungen verschwinden. – **Curium** *s* künstl. radioakt. Element (⟨ *Cm*)

Currency-Prinzip *s* → Banking-Prinzip

Curriculum| *s* System von Aussagen (Instrument der Lernsteuerung); Lernprozeß, auf den sich solche Aussagen beziehen; **C.forschung** *w* Untersuchung der Methoden u. sozialwiss. Begriffe für formalis. Ausbildungsgänge

Curtis-Turbine *w* (e.: *kör-*) schnellauf. Dampfturbine mit mehr. Laufrädern

Cut *m* (e.: *kat*) ↑ Film-, Tonschnitt; Klischee; Druckstock

cutan (lat.) sich auf die Haut beziehend (**subcutan injizieren** unter die Haut spritzen)

Cut-Rate-price *m* (am.: *kat reit prais*) Werbepreis

cutten (e.: *ka-*) die Endfassung einer Szenenfolge (eines Tonbands) fertigstellen (= **schneiden**)

CV ⟨ **c**heval **v**apeur. – **C-Wert** *m* (e.)

Einheitsdurchfluß durch ein Stellventil. – **Cwt, cwt** ⟨ → **C**ent**w**eigh**t** (e., am. Normalgewicht, etwa 1 Zentner zu 4 Quarters zu je 28 Pounds). – **cw-Wert** *m* (im Windkanal ermitt.) Luftwiderstandsbeiwert

Cyan|(gruppe) *s* (*w*) Atomgruppe in der Blausäure; **C.wasserstoff** *m* wiss. = Blausäure

cycl|isch aus ringförm. Molekülen aufgebaut; **c.ische Verbindungen** *M* = → Ringverbindungen; **c.isieren** Anfang u. Ende von langgestreckt. Molekülen so verknüpfen, daß ein Ringmolekül entsteht; **C.opropan** *s* Narkosegas; **C.otron** *s* Teilchenbeschleuniger

Cyto|chemie *w* Lehre von den chem. Verbindungen in leb. Zellen; **C.chrom** *s* die Atmungszelle steuerndes Enzym

Cz ⟨ → **C**etan**z**ahl

D

D ⟨ **D**euterium; ⟨ **D**iskus; ⟨ **D**iskant; ⟨ **D**ominante. – **d** ⟨ **d**eparture (e. = Abflugzeit); ⟨ **d**ep; ⟨ **D**ezi-; ⟨ **d**egré. – **°d** ⟨ d. Härtegrad. – **da** ⟨ **D**ek**a**. – **DAB** ⟨ **D**urchlaufbetrieb mit **A**ussetz**b**elastung

Dach|fonds *m* (*-foñ*) Investmentfonds mit Paketen anderer Investmentfonds; **D.gesellschaft** (am. = → Holdinggesellschaft) Führungs- o. Kontrollgesellschaft, meist AG o. GmbH, die Aktien o. Geschäftsanteile der Tochtergesellschaften erworben hat; **D.rutsche** *w* Verlängerung der Rollgänge für Walzgut, = **Hochlauf** *m*; **D.schild** *s* Werbeschild am Dach von Verkehrsmitteln

DAeC *m* ⟨ **D. Ae**ro-**C**lub

Daktylo|gramm *s* (KW, gr.) Fingerabdruck; **D.skopie** *w* Fingerabdruckverfahren

DAL ⟨ **D. A**ero-**L**loyd

Daltonismus *m* (e. Physiker, 18./19. Jh.) angebor. Farbenblindheit (meist: Rot-Grünfarbenblindheit)

Damenlandung *w* Flugzeuglandung mit Überschlag

Damm|riß *m* Einriß der D.muskulatur (= **D.haut** *w* [Weichteile zw. After u. Geschlechts:teil]) bei der Geburt; **D.schnitt** *m* Erweiterung der Scheidenöffnung

Dämmer|schlaf *m* ärztl. herbeigef. Halbschlaf zur Bewußtseinsminderung; **D.ungs:effekt** *m* durch abendl. (nächtl.) Veränderung der Polarisation elektromagn. Wellen verurs. Störungen der Funkpeilung, = **Nacht:effekt** *m*; **D.ungsleistung** *w* Fernrohrleistung bei geringer Umfeldbeleuchtung; **D.ungs:schalter** *m* elektr. Schaltgerät, das bei Beleuchtungsänderung in Funktion tritt; **d.ungswertfrei** nur Wellenlängen über 700 mm durchlassend

Dämmplatte *w* Weichfaserplatte zur Geräuschdämpfung

Damno *s* (it.) Vergütung für Darlehensgewährung, die bei Auszahlung des Darlehens sof. gekürzt wird

Dampf|dehnung *w* Volumenvergrößerung des D.s im Zylinder einer D.kolbenmaschine; **D.druck** *m* Druck stehenden D.s auf Wand eines geschloss. Gefäßes, = **D.spannung** *w*, = **Tension** *w*

Dämpfer *m* Schwingungsdämpfer am Kfz

Dampf|kanal *m* D.weg zw. Stauorgan u. Zylinderarbeitsraum einer D.kolbenmaschine; **D.kompressor** *m* von D.kolbenmaschine unmittelb. angetrieb. Luft-, Gaskompressor; **D.kraftwerk** *s* Stromerzeugungsanlage mit (wasser-) d.betrieb. Wärmekraftmaschine; **D.-kugelbügler** *m* mit Wasser gefüllter → Bügelpilz; **D.notbetrieb** *m* bei Ausfall des elektr. Netzes einges. Einradturbine; **D.phasenchromatographie** *w* (KW) Verfahren zur Trennung von Gemischen, = **Gas:chromatographie** *w*

Dämpf|puppe *w* aufblasb. Stoffpuppe zum Bügeln (D.en) von Kleidern; **D.punkt** *m* Fundamentalpunkt zur Festlegung der Temperaturskala

Dampf|resistenz *w* Widerstandsfähigkeit von Bakterien (Sporen) gegen auf 100° erhitzten D.; **D.spannung** *w* → D.druck; **D.sperre** *w* wasserd.dichte Schicht in Wänden, Decken usw.; **D.turbine** *w* Kraftmaschine, in der durch D.strömung Druck:energie in mechan. Arbeit umgewandelt wird; **D.umformer** *m* Vorrichtung, die Wasser über Wärmeaustauscher zur Verdampfung bringt

Dämpfung| *w* Klopfschall bei der Perkussion (**absol. D.** = dumpf; **relat.** D. =

gedämpft); Wirkung einer der Bewegung entgegengericht. Kraft; Energieverlust einer Schwingung; Verringerung der Amplitude; → a:erodynamisch; **D.sdekrement** *s* Verhältnis zweier aufeinander folg. gleichgericht. Amplituden; **D.sfaktor** *m* Verhältnis der Masse einer Schwingungsd. zur Kolbengeschwindigkeit; **D.sfläche** *w* feststehende Teile der Höhen- u. Seitenleitwerke des Flugzeugs; **D.sregler** *m* Flugregler, der die Schwingungsd. eines Flugkörpers vergrößert

Dampf|zylinder *m* Zylinderteil einer D.maschine

Dani:ell-Element *s* galvan. Element mit Kupfer- u. Zink:elektrode

DAP ⟨ **D**. **A**kademie für **P**sychoanalyse

Dargebot *s* verfügb. Menge (Größe) für Betriebsanlage für (zu) best. Zeit

Darlehen|skasse *w* Geldinstitut auf genossensch. Basis zur Gewährung von D. u. Erbringung der and. übl. Bankleistungen; **D.smakler** *m* berufl. Vermittler von D.; **D.szins** *m* Entgelt für eine **D.sgewährung**, gemessen in % (= Zinssatz) des D.s unter Berücksichtigung der **D.sdauer**

Darm|bad *s* Dickdarmspülung; **D.brand** *m* schwere Entzündung des Leerdarms; **D.bruch** *m* Riß (Loch) in der D.wand, durch den (das) D.inhalt in die Bauchhöhle tritt, = **D.durchbruch** *m*, = **D.perforation** *w*; **D.dialyse** *w* Blutentschlackung über den D. bei Nierenversagen; **D.fistel** *w* krankh. o. künstl. Verbindung des D.hohlraums mit einem Organ (der Körperoberfläche); **D.grippe** *w* Virusgrippe; **D.krebs** *m* Krebserkrankung, bes. im Mastd. u. bei Männern um 40 Jahre; **D.lähmung** *w* Ausfall der Muskeltätigkeit der D.schleimhaut; **D.resektion** *w* operat. Entfernung von D.teilen; **D.spiegel** *m* Flüssigkeitsspiegel im D. bei D.verschluß (im Röntgenbild sichtbar); **D.verschlingung** *w* Drehung der D.schlingen um eig. Achse o. Verwachsungsstrang; **D.verschluß** *m* Abschnürung eines D.abschnitts

Darstellung *w* → alphanumeriert

Dasymeter *s* (KW, gr.) Luftdruck-, Gasdichtemesser

data| flowchart → Datenflußplan; **d. language** ⟨ *DL*; **d. management** → Datenverwaltung

Datatel ⟨ → Datentelefon

Date *w* (am.: *dêt*) Verabredung

Datei| *w* = → Datenbank; = → file; **D.erklärung** *w* Beschreibung des D.aufbaus u. seiner Geräte; **D.katalog** *m* Auflistung aller D.en eines Systems

Datel ⟨ **da**ta **tel**ecommunication, **da**ta **tel**ephone, **da**ta **tel**egraphe; Datenfernübertragung

Daten| *M* (lat.) Informationen, Tagesangaben; Messungs-, Erhebungswerte; Zahlenwerte zur Durchrechnung einer Aufgabe; **alphabetische D.** D. in Buchstaben; **alphanumerische D.** D. in Buchstaben; **formatierte D.** D. durch Vorschrift form. festgel. D.; **numerische D.** D. in Ziffern; **D. beim Flugzeug** kennzeichn. Angaben über Einsatzmöglichkeiten; **D.analyse** *w* Auswertung der Informationen; **D.archiv** *s* Forschungseinrichtung zur Sammlung usw. von Untersuchungsergebnissen u. D.trägern, = **Umfrage:archiv** *s*, = **D.bank** *w*; → D.bus; **D.aufbereitung** *w* Vorbereitung der gesamm. Informationen zur Speicherung; **D.band** *s* Magnetband mit D.; **D.bank** *w* (System einer) Großanlage zur Speicherung abrufbereit. Informationen; = → D.archiv; **D.basis** *w* Ort für die Speicherung der Primärd. in der D.bank; **D.block** *m* Informationen als Einheit gespeichert; **D.bus** *m* Teil einer Rechenanlage, der D. weiterleitet, = → D.archiv; **D.feld** *s* Informations:einheit als Teil eines → D.satzes; **D.fern:übertragung** *w* → Datel; **D.flußplan** *m* Darstellung eines Informationsflusses im Betrieb (→ data flowchart), Flußdiagramm; **D.karte** *w* Lochkarte mit D.; **D.kasse** *w* elektron. Ladenkasse (stellt Artikelnummer u. -preis fest, erstellt Rechnung usw.); **D.keller** *m* Speicherbereich für gelegtl. D.eintragungen; **D.kranz** *m* als gegeben angenomm. Umweltverhältnisse; **D.lage** *w* Art (Umfang, Wert) aller für eine Forschung verfügb. D.; **D.logger** *m* Einrichtung zur genauen Erfassung der Vorgänge im Rechner; **D.reduktion** *w* = → D.verdichtung; **D.satz** *m* inhaltl. best. Informations:einheit; **D.schutz** *m* Schutz der Intimsphäre gegen unbef. Erhebung von D.; **D.-schutzbeauftragter** *m* von unabhäng. Prüfstelle beauftragt. Kontrolleur der Einhaltung aller **D.schutzbestimmungen** (im **D.schutzgesetz**); **D.sicherung** *w* alle Maßnahmen usw. zum Schutz von D.(trägern); **D.speicherung** *w* Aufnahme-, Aufbewahrungs- u. Abgabeverfahren für D.; **D.struktur** *w* Menge von D.elementen, in der Ordnung o. ä. festgelegt ist; **D.techniker** *m* Fachmann für elektron. Rechenanlagen; **D.telefon** *s* Fernsprecheinrichtung zur Übermittlung u. Abfragung von D.

(= → Datatel); **D.träger** *m* Mittel, auf denen D. gespeichert sind (Lochkarte, Magnetband); **D.typist(in)** *m* (*w*) wer berufl. D. in DV eingibt; **D.übertragung** *w* Übertragung von D. zw. 2 Stationen; **D.verarbeiter** *m* wer berufl. gespeicherte D. bearbeitet u. auswertet (betreibt **D.verarbeitung** an der **D.verarbeitungs:anlage; direkte D.verarbeitung** *w* unmittelb. → Dialog des Benutzers mit dem System; **integrierte D.verarbeitung** *w* Verwendung gespeicherter D. für versch. Aufgaben; **konventionelle D.verarbeitung** Verfahren mit Lochkarten [Ggs.: automat. Verfahren, weniger personalaufwendig]; **manuelle D.verarbeitung** nicht automat. Verfahren; **maschinelle D.verarbeitung** *w*); **D.verdichtung** *w* abkürz. (platzspar.) D.speicherung; Zusammenfassung vieler D. in wenige kennzeichn. Worte (= D.reduktion); **D.verwaltung** *w* (e.: *data management*) alle Vorgänge zur D.übertragung; **D.zeile** *w* Zusammenfassung aller D. eines Belegs in einer Zeile in der Ablochfolge

Datexnetz *s* Datennetz der BP

Dating *s* (am.: *dêtiñ*) auf sichtb. soz. Anerkennung gericht. Wettbewerb um die Gunst des Andersgeschlechtigen; Verabredung

Datowechsel *m* = → Tageswechsel

Datum|sgrenze *w* 180. Längengrad von Greenwich (bei O→W-Fahrt Überschlagung, bei W→O-Fahrt Doppelzählung eines Tages; dadurch Beseitigung der **D.sdifferenz** durch die Erd:achsendrehung)

Dauer|bremsventil *s* mit der Motorbremse gekopp. Bremsventil am Anhänger eines Straßenfahrzeugs; **D.-brenner** *m* ↑ Ofen mit langer Brenndauer ohne Erneuerung des Brennstoffs; **D.delikt** *s* = → D.verbrechen; **D.festigkeit** *w* belieb. lange ertragbare größte Spannung bei period. veränderl. Belastung; **D.fraktur** *w* durch D.belastung entstand. Ermüdungsbruch; **D.haltbarkeit** *w* Lebensdauer eines schwing. Konstruktionsteils; **D.katheter** *m* Verweilkatheter, der länger in der Blase bleibt; **D.leistung** *w* Leistung eines schnellauf. Motors ohne Zeiteinschränkung, = **Marschleistung** *w*; **D.leistungsgrenze** *w* äußerste körperl. Belastbarkeit, = **D.leistungsfähigkeit; D.magnet** *m* Metall, das seinen Magnetismus beibehält; **D.packung** *w* Ggs.: → Einwegpackung; **D.prüfung** *w* Langstreckenprüfung für Kfz-Fahrer; Werkstoffprüfung über läng. Zeitraum hin; **D.schulden** *M* über ein Jahr laufende Schulden zur Verstärkung des Betriebskapitals; **D.standfestigkeit** *w* Beanspruchung, die lange bruchlos ertragen werden kann; **D.strom** *m* Strom, den ein elektr. Betriebsmittel ohne Zwischenschaltung unbegr. führt, ohne die Grenztemperatur zu überschreiten; **D.tropf** *m* Gerät zur D.tropf:infusion (= lange intravenöse Infusion in Tropfen); **D.verbrechen** *s* Straftat, die weiterbestehenden Zustand schafft (Freiheitsberaubung u. ä.), = D.delikt *s*

DAV ⟨ **D. A**lpen**v**erein. – **Davupep** ⟨ **da**ten**v**erarbeitungs**u**nterstützte **Pe**rsonal**e**insatz**p**lanung. – **db** ⟨ **D**ezi**b**el. – **DB** ⟨ **D**aimler-**B**enz; ⟨ **D**auer**b**etrieb; ⟨ **D. B**undesbahn. – **DBGM** ⟨ **D. B**undes**g**ebrauchs**m**uster. – **DBP** ⟨ **D. B**undes**p**atent. – **DBV** ⟨ **D. B**auern**v**erband. – **DC** ⟨ **D**emocrazia **c**hristiana. – **DDC** ⟨ **D**eck-**D**ekompressions**k**ammer (an der Taucheranlage). – **D.c.** ⟨ **da c**apo. – **DDT** ⟨ **D**ichlor**d**iphenyl**t**richloräthan (Insektenkontaktgift)

De:akzentuierung *w* (KW) Entzerrung beim Rundfunk-, Fernsehempfang

deal|en (e.: *dîl-*) unerlaubt mit Drogen handeln; **D.er** *m* (*dî-*) Rauschgifthändler

Debilität (KW, lat.) leichter angebor. Schwachsinn

Debitor| *m* (lat.) Schuldner; Kunde, Abnehmer; **D.enkonto** *s* Forderungskonto aus Lieferungen u./o. sonst. Leistungen; Kundenkonto; **D.enprobe** *w* Kontrollabrechnung des Istumsatzes, ausgeh. von Ausgangsrechnungen u. Forderungen (meist finanzamtl.); **D.enziehung** *w* Wechsel der Bank auf Kreditnehmer

dechiffrieren entschlüsseln

Decision| Height *w* (e.: *dißisn hait*) = → Entscheidungshöhe; **D.-making** (*-mäkiñ*) außenpolit. Entscheidung

Deck| *s* ↑ (e.) Tonband- o. Kassettengerät ohne eig. Endverstärker; **D.biß** *m* Geburtenunregelmäßigkeit; **D.enstrahler** *m* Scheinwerferart an der Raumdecke; **D.glas** *s* Glasplättchen zum Abdecken mikrosk. Präparate; **D.landung** *w* Landung auf Flugzeugträger; **D.rahmen** *m* = → Blendrahmen; **D.schalter** *m* Gerät am Wasserfahrzeugsteuer; **D.scheibe** *w* Seitengrenze der Laufradschaufeln; = **D.swand** *w*, = **Laufradwand** *w*. – **Dekkung|sbeitrag** *m* Erlös des Produktes nach Abzug der dir. Kosten; **D.sbeitragsrechnung** *w* (e. = Direct costing) dem Produkt dir. zurechenb. Einzel- plus variable Gemeinkosten; Einzel- o. Grenzkostenrechnung (Ggs.: Vollkostenrechnung); **d.sfähig** ↑ zur D. des Banknotenumlaufs heranziehbar; **D.sgeschäft** *s* Erwerb von Wertpapieren zw. Abschluß u. Erfüllung des Kaufvertrages durch den Verkäufer; **D.skauf** *m* Ersatzkauf bei Nichtlieferung; **D.srücklage** *w* Zurücklegung eines Teils der Lebensversicherungsprämie, = **D.s:stock** *m* (zur Verminderung des Versicherungsrisikos bei steig. Alter des Versicherten); **D.swechsel** *m* Wechsel als Sicherung für Forderung; **D.szusage** *w* vorläufig mit der Privatsicherung vereinb. Versicherungsschutz, = **D.s:schutz** *m*

Deck|vermögen *s* ↑ Fähigkeit eines Anstrichs, Untergrund unsichtbar zu machen; **D.wand** *w* = → D.scheibe

Decoder *m* Zusatzgerät zum Fernsehgerät zur Ermöglichung der Übertragung von Teletextsystemen

Decollage *w* (fr.: *-lasch*) Bild, das durch Zerstörung der Vorlage entsteht

Découpage *w* (fr.: *-kupâsch*) Drehbuch

Découvert *s* → Dekuvert

DED ⟨ **D. E**ntwicklungs**d**ienst

Defäkation *w* (KW, lat.) Stuhlentleerung

d-Elektron *s* Elektron mit der Bahndrehimpulsquantenzahl 1 = z

Deep-freezer *m* (e.: *dîpfrîser*) Tiefkühltruhe

Defekt|enbeschluß *m* amtl. Feststellung einer Unterschlagung; **D.buch** *s* Bestellbuch; **D.elektronen** *M* durch elektr. Feld wandernde Elektronenlücken (= **positive Löcher**, durch Entstehung freier Leitungselektronen bei wachs. Temperatur); **D.enverfahren** *s* = → Erstattungsverfahren; **D.heilung** *w* Heilung ohne Beseitigung aller Folgen der Erkrankung; **D.leiter** *m* Halbleiter mit Akzeptoren (= **p-Leiter**); **D.mutation** *w* Erbänderung, die zum Versagen von Körperfunktionen führt; **D.psychose** *w* schizophr. Zustand; **D.verfahren** *s* = → Erstattungsverfahr.

defensiv|es Fahren *s* (lat.) verkehrsgerechtes Kfz-Fahren; **D.zeichen** *s* nur vorbeugend in die Warenzeichenrolle eingetrag. Warenzeichen. – **Défense sociale** *w* (fr.: *defañs soßjal*) Strafe als Erziehung

Defibrator *m* (lat.) holzzerfas. Maschine; ihr Wärter

Deficit spending *s* (e.: *defißit spendiñ*) konjunkturpolit. Maßnahmen, durch Verschuldung finanziert (zur Förderung öfftl. Investitionen, wenn priv. Nachfrage nachläßt), = Defizitfinanzierung

Definition| *w* (lat.) ↑ = → Sachdefinition; **D.s:ansatz** *m* Meinung, daß abweich. Verhalten in 1. Linie ein Prozeß auf mehreren Ebenen ist u. dabei als „kriminell" eingestuft wird (e.: labeling approach – social reaction approach); **D.sbereich** *m* Menge von Dingen (Zahlen z. B.), die in gegeb. Zusammenhang für eine Leerstelle (Variable) eingesetzt werden

defizit|är (lat.) mit einem Fehlbetrag; **D.finanzierung** *w* = → Deficit spending

Deflation *w* Geldwertsteigerung durch Verminderung des Geldumlaufs

Deflektor *m* (lat.) Rauchkappe; Ablenkvorrichtung

Defloration *w* (lat.) Entjungferung

Deflux *s* (KW) Abstrom aus einer Positionsgruppe

Deform|ation professionel *w* (fr.: *deformaßjon-*) Persönlichkeitsschrumpfung durch Berufseinflüsse; **d.ieren** ↑ zonale Flächenfehler beheben (Optik)

Defroster:anlage *w* (e.) Abtaumittel o. Heizanlage zur Beseitigung (Verhinderung) von Scheibenbeschlag, -vereisung im Kfz; Abtauvorrichtung für Kühlschränke

DEG ⟨ **D. G**esellschaft für **E**rnährung. – **deg** ⟨ **deg**ré, **deg**ree

Degeneration *w* (lat.) Entartung (durch Krankheit o. Alter); Gleichungssystem mit mehr Gleichungen als Variablen, wenn eine der Grundvariablen = 0 ist

degré (fr.) = e. **degree** Grad für Temperaturdifferenzen

Degress|ion *w* (lat.) relat. Kostenabnahme je Stück bei Produktionssteigerung; **d.ive Abschreibung** *w* → Restwertabschreibung; **d.ive AFA** *w* Abschreibung mit unveränd. Buchwert (dadurch jährl. niedrigerer AFA-DM-Betrag); **d.ive Kosten** *M* je Leistungs:einheit sink. Kosten

Degrouping *s* (e.: *degrûpiñ*) Vorbereitung der Eingliederung eines Individuums in eine neue soz. Gruppe

Dehnung| *w* → elastisch; **D.smesser** *m* Meßgerät für D.en an Werkstoffen

Dehydr|ationsfieber *s* = → Dürrefieber; **D.ose** *w* (KW, gr.) Enzym, das Dehydrierung organ. Substanzen in lebenden Zellen ermöglicht; **D.atisierung** *w* Abspaltung von Wasser; **D.ogenese** *w* Enzym, das Oxidation eines Stoffes durch Abtrennung von Wasserstoff katalysiert

Deichselkraftschreiber *m* Bremsprüfgerät für Straßenfahrzeuge

De:ion|at *s* entsalzt. (**d.isiertes**) Wasser
Déjà-vu-Erlebnis *s* (fr.: *deschawü-*) Erinnerungstäuschung
Deka (gr., ⟨ *da*) Vorsatz für Faktor 10^1
Dekalzifikation *w* (lat.) Entkalkung
dekantieren (KW) klare Flüssigkeit über einer abgesetzten Substanz abgießen
dekartell(is)ieren (fr.) Kartelle auflösen; Kartellbildung verbieten
Deklaration| *w* (lat.) öfftl., Steuer-, Zollerklärung; Inhalt-, Wertangabe bei Transportgut; **D.szwang** *m* Anzeigepflicht für Gifte (gifthalt. Stoffe)
dekod|ieren (KW) entschlüsseln; *S*: **D.ing** *w* Entschlüsselung
Dekolonis|ation *w* (KW) Entlassung einer Kolonie aus Abhängigkeit vom Erobererland; = **D.ierung** *w*
Dekompensation *w* (lat.) Wegfall einer Ausgleichsfunktion (dadurch Auftreten einer latenten Krankheit)
Dekomposition *w* (lat.) Ernährungsstörung des Säuglings
Dekompression| *w* (lat.) Entlüftung, -spannung zusammengepreßt. Gase im Hubraum von Explosionsmotoren; Entweichen von Gasen (Stickstoff) aus Blut bei Verminderung des Außendrucks, = **Druckluftkrankheit**; Druckabfall, -entlastung; **D.skammer** *w* ⟨ → *DDC*
Dekontamin|ation *w* (lat.) Entgiftung verseucht. Gebiete; **D.ierung** *w* Entfernen radioakt. Stoffe, = **Ent:aktivierung** *w*
Dekonzentration *w* (lat.) Übertragung von Verwaltungsaufgaben von höherer auf nachgeordnete Behörde
Dekor| *s* (*m*) (fr.) Verzierung; **D.ationsmaler** *m* Bühnen-, Filmausstatter; **D.ations:hilfe** *w* Werbemittel als Schaufensterschmuck; **D.ationsrabatt** *m* Rabatt des Herstellers an Händler bei bes. Berücksichtigung seiner Werbemittel
Dekort *m* (KW, it.) Abzug bei Zahlungen; **D. franchise** *w* (fr.: *-frañschîs*) Schadensersatzklausel für Transporte (volle Ersatzzahlung bei Beschädigungen über 3 %), = **Abzugs-, Exendenfranchise** *w*
Dekostoff *m* ⟨ **Deko**rations**stoff**
dekryptieren (KW) ohne Kenntnis von Schlüsseln dekodieren
Dekubitus *m* (lat.) Wundliegen
Dekuvert, Découvert *s* (fr.: *-kuwär*) Wertpapiermangel an der Börse
delaborieren (lat.) Waffen vernichten
DELAG ⟨ **D.** Luftsfahrts-**AG**
Delegation|s:elite *w* polit. Führungsgruppe in Demokratie; **D.s:theorie** *w* Auffassung des Angestellten als eines mit Teilen der Unternehmensfunktionen Betrauten
Deletion *w* (KW) Entfernung best. Chromosomenabschnitte
Delikt| *s* (lat.) → eigenmündig, -händig; **D.rate** *w* Maß für Vorkommen best. Straftaten, = **Delinquenzrate** *w*; **d.fähig** für unerlaubte Handlung haftend (ab 7. Jahr, bis 18. Jahr nur bei Erkenntnis der Verantwortlichkeit: **beschränkt d.fähig; bedingt d.fähig** Taubstumme, Bewußtlose; Ggs.: d.unfähig); **D.skonkurrenz** *w* Verletzung mehrerer Strafgesetze bei gleicher Tat
Delinquenz| *w* (lat.) Veranlagung zu kriminell. Verhalten; Straffälligkeit; **D.index** *m* Deliktbelastung best. Gruppen; **D.prophylaxe** *w* Maßnahmen zur Verhütung von Delikten; **D.rate** *w* = → Deliktrate
Delkredere|(haftung) *s* (*w*) (lat.) vereinb. Verpflichtung, für Leistung eines Dritten einzustehen; Wertberichtigungsposten für etw. Ausfälle von Außenständen; **D.provision** *w* Vergütung für Übernahme der Haftung
Delphimethode *w* (altgr. Orakelstätte) mehrf. Befragung führender Leute nach Zukunftserwartungen durch Fragebogen, Interviews u. Einholung ihrer Ansicht über die gewonnenen Informationen (= **Rückkopplung** *w*)
Delta| *s* (gr.) ↑ Flugzeug in Form eines gleichschenkl. Dreiecks; **D.flügel** *m* Tragflügel in Dreiecksform (doch → Dreiecksflügel!); **D.metall** *s* Kupferlegierung; **D.rhythmus** *m* niedrigste Frequenz im EKG (3 Schwingungen je Sekunde)
Delysid *s* (KW) Handelsname für → LSD
Demarche *w* (fr.: *dêmarsch*) diplom. Ersuchen an andere Regierung, etw. zur Wahrung der eig. Rechte (der Rechte der eig. Bürger) zu tun o. unterlassen
Demarkation| *w* (lat.) ↑ Abgrenzung entzündl. Prozesse; **D.slini:e** *w* vorläufige Grenze
Dematerialisation *w* (KW) Auflösung eines Körpers
Demenz *w* (lat.) erworb. Verblödung durch Hirnschädigung o. Geisteskrankheit
Demijohn *m* (KW) große Korbflasche für Wein (Ballon für Säuren)
Demineralisation *w* (KW) Reinigung von Wasser mit Ionenaustauschern
Demograph|ie *w* (KW, gr.) Erforschung bes. der Bevölkerungsstruktur u. -entwicklung; **d.ische Projektion** *w* Vorher-

sage über Wachstum der Bevölkerung; **d.ische Situation** *w* Lage der Bevölkerung; **d.ische Übergangs:phase** *w* Geburtenrückgang durch Industrialisierung

Demokrat|ie *w* (gr.): **direkte D.ie** *w* unmittelb. Mitwirkung des wahlfäh. Volkes bei polit. Entscheidungen durch Diskussion u. Abstimmung; **antimonopolistische D.ie** *w* Überwindung des staatsmonopol. Lenkungsapparates; **formale D.ie** *w* bürg. D.ie, die trotz Einhaltung der demokr. Spielregeln Mehrheit des Volkes sozialökonomisch benachteiligt; **parlamentar. D.ie** *w* = Parlamentarismus; **plebiszitäre D.ie** *w* Machtausübung direkt durch Volk (durch Volksabstimmungen); **repräsentative D.ie** *w* Delegierung der Staatsgewalt an das Parlament; **D.ischer Zentralismus** *m* unbedingte Durchführung aller Führungsentscheidungen durch alle Parteiinstanzen (in Ostblockdiktaturen); **D.isierung** *w* Durchsetzung der Volksherrschaft in Staat u. Politik; Aufhebung hierarch. Leitungsverhältnisse

Demologie *w* (KW, gr.) Erforschung der Bevölkerungsbewegung

Demonetisierung *w* (KW) Außerkurssetzung von Zahlungsmitteln

Demonstrations:effekt *m* steig. Nachfrage nach Gütern mit erhöhten Preisen, = **Duesenberry-Effekt** *m*

Demoskopie *w* (KW, gr.) Meinungsforschung, → Umfrageforschung

Demut|sgebärde *w* Unterwerfungsgeste gegenüber Artgenossen als Beendigung des Kampfes, = **D.s:haltung** *w*, = **D.s:stellung**, = **Befriedungs-, Beschwichtigungsverhalten** *s*

den 〈 → **Deni**:er

denaturalisieren aus Staatsbürgerschaft entlassen

denaturieren (KW) Charakter ändern; Lebensmittel durch Zusätze ungenießb. machen, vergällen; Eiweißstoffe gerinnen machen; Nahrungsmitteln best. Stoffe chem. entziehen; steuerpflicht. Waren für best. Zwecke unbrauchb. machen; spaltb. Materie durch Zusetzung nicht spaltb. Isotope für Kernwaffen unbrauchb. machen

Dendrochronologie *w* (KW, gr.) Auswertung von Wachstumsringen zur Datierung vorgesch. Ereignisse

Denervierung *w* Isolierung eines Organs (einer Muskelgruppe, Extremität) durch Entfernung seiner Nerven

Deni:er *s* (fr.: *denjê*) Maßeinheit für Stärke von Textilfäden (〈 *den*)

denitr|ieren (lat.) Nitrogruppen aus Verbindung lösen; **D.ifikation** *w* Umwandlung von Salpeterstickstoff in freien Stickstoff

Denk|fabrik *w* (am.: think tanks) unabhäng. Forschungsstelle für Fachmänner versch. Bereiche zur Erarbeitung von Prognosen u. Lösung wichtig. Probleme (1967); **D.pause** *w* Unterbrechung (Abbruch) (zwischenstaatl.) polit. Verhandlungen

Denomination *w* (KW) Religionsgemeinschaft mit kennzeichn. Gemeinsamkeiten; Gruppenorganisation u. best. Besonderheiten

Densitometer *s* (KW) Meßgerät (→ Photometer) zur Messung der Schwärzung fotogr. Filme (Papiere)

Dentalhandlung *w* Vertrieb zahnärztl. Bedarfsartikel

Denuklearisierung *w* (KW) Freihalten von Atomwaffen

de(s)odorierend geruchmindernd, -tilgend

Dependenzgrammatik *w* Beschreibung des Satzes nach seiner inneren Abhängigkeit (Satzmittelpunkt: Verb; alle anderen Wörter sind Ergänzungsbestimmungen, = **Mitspieler** *m*)

Depersonalisation *w* (KW, lat.) Ich-Entäußerung; psych. Erscheinung durch Unterfunktion der Nebennierenrinde (Dämmerzustand; Kontaktausfall)

Depolarisation *w* (KW) Vermeidung elektr. Polarisation in galvan. Elementen

Deponie *w* (lat.) (Atom-)Müllablage

Deport *m* (fr.: auch: *depôr*) Abschlag im Terminhandel mit Wertpapieren bei rückläuf. Kursen

Depositalzins *m* Vergütung des Schuldners an den Gläubiger bei verspäteter Abhebung freiwerd. Beträge einer Anleihe (ohne Rechtsanspruch!)

Depositen *M* (lat.) befrist. Bankeinlagen gegen Verzinsung (soweit nicht auf Spar- u. ä. Konten verbucht)

Depot| *s* (fr.: *-pô*) ↑ Aufbewahrungsort; Fahrzeugpark; Stoffspeicherung in Geweben; Wertgegenstände, -papiere bei Banken; Niederschlag bei Flaschenweinen; **D.auszug** *m* Liste der D.bestände; **D.buch** *s* Verzeichnis der Wertgegenstände bei Banken; **D.geschäfte** *M* Unternehmung für den Handel mit Wertpapieren; **D.gesetz** *s* gesetzl. Regelung der Verwahrung von Wertpapieren, = **Bankverwahrungsgesetz**; **D.präparat** *s* schwer lösl., im Körper nur langsam abgebaut., langwirk.

Heilmittel; **D.schein** *m* Verwahrbescheinigung der Bank; **D.stimmrecht** *s* Recht der Banken, für Wertpapiere ihrer Kunden abzustimmen; **D.suspension** *w* Impfung mit Langzeitwirkung; **D.wechsel** *m* zur Sicherung eines Bankkredits hinterlegt. Wechsel

Depress|ion *w* (lat.) ↑ Niedergeschlagenheit; Konjunkturrückschlag; Landsenke; Knocheneinsenkung, -stülpung; Herabsetzung des Thermometernulls durch Temperaturüberhöhung bei sofort. Abkühlung auf 0 Grad; **endogene D.ion** ist organ. bedingt; **reaktive D.ion** durch Zukunftsangst bedingte, durch Zuspruch beeinflußb. vorübergeh. Niedergeschlagenheit; **d.iv** skeptisch, mürrisch; durch Konjunkturrückgang bewirkt

Depressor(reflex) *m* Blutdruckzügler (bez. auf Muskeln u. Nerven nach ihrer Funktion)

Deprivation| *w* (lat.) Entbehrung durch Nichtbefriedigung von Bedürfnissen (**relative D.** nur subjektiv empfunden; **sprachliche D.** beschränkte Sprachnutzfähigkeit); **D.s:syndrom** *s* = → Hospitalismus

DER 〈 **De**utsches **R**eisebüro

Dereliktion *w* (lat.) Eigentumsaufgabe

Derivanzi:en *M* (lat.) Durchblutungs-, Hautreizmittel; **derivater Geschäftswert** *m* entgeltl. erworb. Geschäftswert. – **Derivat|** *s* aus einer andern entstand. chem. Verbindung; auf früh. Entwicklung zurückführb. Organ; **D.ion** *w* (scheinb.) rationale Begründung für Handeln u. Entscheidung

Dermato|loge *m* (KW, gr.) Hautarzt; **D.plastik** *w* Hautübertragung; **D.plastiker** *m* Facharzt für Hautübertragungen; **D.graph** *m* Fettstift für Hautmarkierungen; **D.mykose** *w* Hautpilzerkrankung; **D.phyten** *M* Haut-, Haarpilze

Derogation *w* (lat.) Außerkraftsetzung eines Gesetzes

Derrickkran *m* (e. Henker, 17. Jh.) Montagebaukran

Derzeitklausel *w* → clausula rebus sic stantibus

Desamidase, -nase *w* (KW) → Enzym (bewirkt Hydrolyse best. Kohlen-, Stickstoffverbindungen)

Des:engagement *s* (fr.: *dês:angaschemañ*) milit. (polit.) Lösung vom Gegner

desensibilisier|en (KW, lat.) unempfindl. machen; **D.ung** *w* Herabsetzung der Lichtempfindlichkeit fotogr. Schichten

Desertion *w* (lat.) ↑ Verlassen der Familie durch 1 Elternteil

Desensualisierung *w* (KW, lat.) Ablenkung (Verfeinerung) des Geschlechtstriebs

Design| *s* (e.: *disain*) Gestaltung, Entwurf, Modell; **D.er** *m* (*disainer*) Entwerfer von Kunstwerken, Werbedingen; **D.objekt** *s* (*disain-*) Zeichenträger (Wegweiser, Verkehrsschild, Plakat)

Des:integrat|ion *w* (fr.) Auflösung von Ganzheiten in ihre Elemente; Persönlichkeitszerfall; **D.or** *m* Entstauber, Naßabscheider mit großer Abscheideleistung; Apparatur zum Zerkleinern von Rohstoffen (zur naßmechan. Reinigung von Gasen, = **Gaswascher** *m*)

Desk research *s* (am.: *desk risötsch*) Schreibtischforschung

Des:oxidation *w* (KW) Entzug von Sauerstoff

De:sozialisation *w* (lat.) Ausgliederungsprozeß, Entsozialisierung

Dessin| *s* (fr.: *dessäñ*) ↑ Muster, Entwurf; Lauf des Billardballes; **D.ateur** *m* (*dessinatör*) Musterzeichner

Destillation| *w* (lat.) ↑ Verdampfen einer Flüssigkeit u. Kondensieren des Dampfes durch Abkühlen; aus der Harnröhre tropf. zähflüss. Flüssigkeit; **fraktionierte D.** stufenw. Trennung von Stoffen mit versch. Siedepunkten. – **Destill|at:öl** *s* noch nicht raffin. Schmieröl aus Vakuumdestillation; **d.ieren** ↑ Flüssigkeit verdampfen u. an and. Stelle durch Abkühlung wieder verflüssigen; **d.iertes Wasser** durch D.ation gereinigtes Wasser; **D.ierkolben** *m* Laborgerät

Destination *w* (lat.) Zielflughafen, Bestimmungsort

Destruktion| *w* (lat.) Abtragung der Erdkruste durch Verwitterung; **D.s:trieb** *m* Quelle menschl. Angriffsverhaltens (= **Aggressions:trieb** *m*). – **destruktiv|** zersetzend; gewebezerstörend; **d.es Wachstum** *s* Zerstörung von Zellen durch Krebs

Desy *m* 〈 **D. E**lektronen-**Sy**nchrotron

Deszendent *m* (lat.) Nachkomme; Geburtsgestirn; untergeh. Gestirn

Detailqualifikation *w* (fr.) Ergebnis einer Spezialausbildung

Detektivkamera *w* kleines Fotogerät zum unbemerkt. Fotografieren

Detektor *m* (lat.) Anzeigengerät, das Anwesenheit best. Substanzen o. Ablauf best. Vorgänge nachweist; Hochfrequenzgleichrichter

Détente *w* (fr.: *detañt*) polit. Entspannung

Detergenzi:en, -ti:en *M* (KW, lat.) die

Oberflächenspannung des Wassers herabsetz. Stoffe in Wasch-, Reinigungsmitteln; säubernde Zusätze zu Motorenölen
Determinante *w* (lat.) Schema von Zahlen o. Variablen, durch das kurze Darstellung umfangr. Terme möglich wird
Deterrent *m* (lat.) Abschreckungswaffe (auch e.: *ditärent*)
Detumeszenz *w* (KW) Abschwellung
Deuter|ium *s* (gr.) schweres Wasserstoffisotop (⟨ *D*); **D.on** *s* Atomkern des D.iums aus je 1 Proton u. Neutron
Deutsch|e Angestelltengewerkschaft *w* gewerkschaftl. organis. Verband der d. Angestellten; **D.er Beamtenbund** *m* gewerkschaftl. organis. Verband der d. Beamten; **D.er Gewerkschaftsbund** *m* Dachverband von 17 d. Einzelgewerkschaften (⟨ *DGB*)
Deutschlandvertrag *m* Vertrag zw. BRD u. westl. ehem. Besatzungsmächten (1952; Kern: **Generalvertrag**, erweit. 1954, in Kraft 1955: Souveränität der BRD)
Devalvation *w* (fr. aus lat.) Währungsabwertung
Developer *w* (e.: *diwelippe*) Mittel (Gerät) zur Formung der w. Brust
Devian|t *m* (KW, lat.) Abweichler von den gesellsch. Normen; **D.z** *w* abweich. Verhalten. – **Deviation** *w* durch nahe Eisenmassen des Flugzeugs Abweichung des Magnetkompasses
Devisen|arbitrage *w* (fr.: *-arbitrâsch*) Ausnutzung von Kursdifferenzen; **D.konto** *s* Konto bei einer Auslandsbank in Fremdwährung; **D.politik** *w* Regelung der D.kurse u. des D.verkehrs, notf. durch **D.bewirtschaftung**, wenn der Zahlungsbilanzausgleich nicht anders erreicht werden kann; **D.markt** *m* Handel mit ausl. Währungsbeträgen; **D.stelle** *w* Behörde zur Genehmigung zwischenstaatl. Zahlungsverkehrs; **D.wechsel** *m* Ggs.: → Diskonten
devital (KW, lat.) leblos (d.e Zähne)
Devolutiv:effekt *m* (KW, lat.) Übergang der Entscheidungsbefugnis auf die nächsthöhere Rechtsinstanz
Dewar-Gefäß *s* (e. Chemiker, 19./20. Jh.: *djûar-*) Doppelwandgefäß mit luftleer. Zwischenraum zur Wärme:isolierung (z. B. Thermosflasche)
Dextrose *w* (KW) = → Traubenzucker
Dezibel *s* (am. Techniker Bell, 19./20. Jh.) Logarithmus eines Verhältnisses von Schalleistungen (z. B. Meßeinheit für Schwerhörigkeit, Angabe der Schalldämpfung)
Dezimal|klassifikation *w* (KW) Ordnungssystem unter Verwendung von 10 Ziffern; **D.kode** *m* Verschlüsselung von Buchstaben durch die Ziffern 0–9; **D.potenz** *w* Verdünnung je im Verhältnis 1 : 10
DF ⟨ **D**oppel**f**ernrohr. – **DFB** ⟨ **D**ruck**f**euer**b**eständigkeit. – **DFG** ⟨ **D. F**orschungs**g**emeinschaft. – **DFU** ⟨ **D.** Friedens**u**nion. – **DFVLR** ⟨ **D. F**orschungs- u. **V**ersuchsanstalt für **L**uft- u. **R**aumfahrt. – **DFW** ⟨ **D. F**lugzeug**w**erke AG. – **DG** ⟨ **D**ifferential**g**leichung. – **DGB** ⟨ **D. G**ewerkschafts**b**und. – **DG-Bank** *w* ⟨ **D. G**emeinschaftsbank. – **DGebrZT** ⟨ **D. Ge**brauchs**z**oll**t**arif. – **DGFK** ⟨ **D. G**esellschaft für **F**riedens- u. **K**onfliktforschung. – **DGPS** ⟨ **D. G**esellschaft für **p**soziale **P**sychiatrie. – **DHB** ⟨ **D. H**okkey**b**und
d'Hondtsches Verfahren *s* Höchstzahlverfahren (bei der Realisierung der Wahlergebnisse: Teilung des Wahlergebnisses durch 1, 2, 3 usw.; Zuschlag je an die höchste noch nicht berücksichtigte Partei)
Dia ⟨ **Dia**positiv
Diabetes| *m* (KW, gr.) Zuckerkrankheit (**D. mellitus** im Ggs. zur **D. insipidus** Harnruhr)
diachron (*-kron*) (gr.) historisch; → Analyse
Diagnose| *w* (KW, gr.) Krankheitsbestimmung durch den Arzt; genaue Beschreibung einer Tier-, Pflanzenart; Grundlage einer Wettervorhersage; analyt. Urteil; **D.bogen** *m* Vordruck für eine Schülerbeurteilung; **D.programm** *s* Programm für die Rechenanlage zur Fehlervermeidung, -ermittlung; **D.systems** *s* computergesteuerte Gruppe von Meßinstrumenten zur Erkennung von Mängeln; **D.techniker** *m* Fachmann zur Bedienung von D.systemen; **D.zentrum** *s* Klinik zur Früherkennung von Krankheiten. – **Diagnostik** *w* Erkennen der Krankheit; Umwandlungsliste zur Erkennung formal. Programmfehler
Diagonalreifen *m* Kfz-Reifen mit best. Struktur des Unterbaus
Diagramm| *s* (gr.) graf. Darstellung; → Baumdiagramm; **D.prüfung** *w* Schreibtisch-, Trockentest des Programmablaufs der Rechenanlage
diakrin (KW) Röntgenstrahlen durchlassend
Dialampe *w* Lichtquelle für Stehbildwerfer
dialektisch|er Materialismus *m* reale Gegensätzlichkeit mater. u. gesellsch.

Faktoren (gesch. Dreischritt: Kapitalismus – Diktatur des Proletariats – klassenlose Gesellschaft); **d.er Sprung** *m* Umschlag eines Objekts in eine neue Qualität; **d.e Therapie** *w* psychotherap. Verfahren, bei dem der Patient im Dialog seine verdrängt. Wesensbereiche erkennen kann

Dialog| *m* (gr.) ↑ Wechsel zw. Eingabe des Benutzers u. Ausgabe des Systems in der DVA, = **Datenverarbeitung** *w*; **D.verfahren** *s* Ggs.: Stapelverarbeitung *w*

Dialyse| *w* (gr.) Trennung gelöst. Stoffe mit einer durchläss. Scheidewand, = **Blutwäsche** *w*; **D.apparat** *m* künstl. Niere; Trennvorrichtung

Diamanten|syndikat *s* (KW, lat.-gr.) Verkaufsorganisation zur Kontrolle der Weltproduktion u. des Handels mit D.; **D.gradierkurs** *m* Einstufung der D. nach Farbe, Reinheit, Schliff. – **Diamantplatte** *w* Verbindungsstück an Lukenenden von Frachtschiffen

DIAMAT ⟨ → **dia**lekt. **Mat**erialismus

Dianetic *w* (am.) Erforschung u. Behebung psychosomat. Vorgänge

Diapause *w* (gr.) Unterbrechung der Wachstumsvorgänge vieler Insekten

Diaphorese *w* (gr.) Schwitzen

Diaphragma *s* (gr.) mechan. Mittel zur Empfängnisverhütung (Pessar); poröse Scheidewand in Dialyse- u. Elektrolyse:apparaturen

Diastase *w* (gr.) Auseinanderweichen von Knochen, Muskeln; Enzym, das Stärke in Zucker verwandelt

Diastema *s* (gr.) Zwischenraum (zw. oberen Schneidezähnen)

Diastol|e *w* (gr.) Herzpause zw. 2 Schlägen; **d.ischer Blut-, Taldruck** *m* Blutdruck während Herzpause

Diät|karte *w* D.anweisung in Briefkartenform

Diäten *M* (gr.) Entschädigung für Abgeordnete u. ä.

Diätetik *w* (KW) Ernährungslehre

diatherm|an (KW, gr.) strahlen-, wärmedurchlässig; **D.ie** *w* durch Hochfrequenzströme Erwärmung tief. Körpergewebe; **chirurgische D.ie** Schneiden o. Verschorfen von Geweben mit kl. Elektrode, = **elektr. Messer**

Diathese *w* (gr., KW) anlagebed. Krankheitsbereitschaft; Handlungsrichtung des Verbs

Diatongerät *s* Verbindung von Projektor u. Tonbandgerät

Dichte| *w* ↑ Masse geteilt durch Volumen; Maß für die Farbd. einer fotogr. Schicht; Anzahl der Fäden in best. Maßeinheit (der Kontakte in Gruppe mit best. Mitgliedszahl); **D.probe** *w* Verfahren zur Bestimmung des Gasgehalts von Schmelzen; **D.toleranz** *w* Variationsbreite in der Bevölkerungsdichte für artspez. Verhalten; **D.ziffer** *w* Verhältniszahl, die Häufigkeit einer Erscheinung in Umgebung mißt (z. B. Wohnd.). – **Dichtung|s:teppich** *m* Betonfläche über Stauraumsohle einer Stauanlage; **D.s:schürze** *w* Untergrundabdichtung unter Stauanlagen in roll. Boden

Dick-Read-Methode *w* (am.: *-rîd-*) Methode einer mögl. schmerzfr. Geburt

Dickspülung *w* Tonaufschlämmung im Bohrloch; Ggs.: → Wasserspülung

Di:elektrikum *s* (KW) Materie im elektr. Feld

Dienst| *m* ↑: **öfftl. D.** *m* alle Tätigkeiten für Bund, Länder, Gemeinden; die hier Beschäftigten; **sozialer D.** *m* Sozialleistung in Naturalien o. immateriell; **D.aufsichtsbeschwerde** *w* Beschwerde über Behördenangehörige; **D.barkeit** *w* Recht zum Gebrauch (zur Benutzung) in best. Umfang; **D.gipfelhöhe** *w* Höhe eines Luftfahrzeugs, hinter der die Steigegeschwindigkeit unter 0,5 m/s sinkt; **D.herrenfähigkeit** *w* Recht der Gemeinden, sich durch selbst gewählte Organe, Beamte u. Angestellte zu verwalten; **D.leistung** *w* Wirtschaftstätigkeit, die nicht der Produktion von Gegenständen dient (im **D.leistungsbetrieb** *m*); **D.leistungsgesellschaft** *w* Gesellschaft, in der D.leistungsbetriebe vorherrschen; **D.programm** *s* Teil des Betriebssystems einer Rechenanlage; **D.unterworfenheit** *w* Pflicht des Beamten, gesetzm. private Interessen zu verletzen; **D.vergehen** *s* Pflichtverletzung im Amt; **D.vertrag** *m* = → Arbeitsvertrag; **D.wissen** *s* im D.verkehr erworb. Tatsachenkenntnisse

Diesel|kraftstoff *m* = **D.öl** *s* (d. Techniker, 19./20. Jh.) Treibstoff (Gemisch von Kohlenwasserstoffen)

DIFF ⟨ **D.** **I**nstitut **f**ür **F**ernstudien (Tübingen)

differente Mittel (lat.) stark wirk. Mittel

Differential| *s* (lat.) math. Zeichen, das bei Grenzwertbetrachtungen an die Stelle kleiner Differenzen tritt (**D.-Integralrechnung**); dx// = **totales D.**, dx' = **parti:elles D.**); = → **D.getriebe**; = → **Ausgleichsgetriebe** *s*; **D.blutbild** *s* mikrosk. Feststellung der Leukozyten; **D.diagnose** *w* Abgrenzung einer Krankheit gegen ähnliche; **D.flaschen-**

zug *m* Hebezeug; **D.getriebe** *s* ermöglicht Kraftübertragung auf 2 versch. schnell rotier. Wellen, = **Ausgleichsgetriebe**, = D.; **D.pumpe** *w* Kolbenpumpe mit gleich. Flüssigkeitslieferung (gl. Kraftbedarf) während des Kolbenhin- u. -rückganges; **D.quoti:ent** *m* (Ableitung einer Funktion) Funktion, die die Steigungen einer differenzierb. Funktion angibt; **D.rente** *w* → Windfall-Gewinne; **D.sperre** *w* Sperrvorrichtung am Achsausgleichsgetriebe von geländegäng. Fahrzeugen; **differenti:elle Gen:aktivität** *w* Ausbildung versch. Zelltypen. – **Differenz**| *w* Fehlbetrag; **D.geschäft** *s* Lieferungsvertrag, nach dem nur der Kursunterschied zw. dem vereinb. u. dem Börsen-, Marktpreis der Lieferungszeit an den Gewinner gezahlt wird (in BRD nicht ausführbar); **d.ierbar** abgrenzb.; Ableitungsfunktion der Funktion kann gebildet werden; **d.ieren** Funktion ableiten; trennen; zur bess. Strukturfeststellung überfärben (mikrosk. Präparate); **sich d.ieren** ↑ sich kompliziert entfalten; **D.ierung** *w* ↑ Gewebebildung aus urspr. gleichart. Zellen; Behandlung einer Funktion nach Differentialrechnung; Prozeß (Ergebnis) der Aufgliederung eines Ganzen; **D.ierungs:prozeß** *m* Entstehung der Strukturen des Organismus aus Keimanlagen

difform (lat.) mißgestaltet

diffus| (lat.) zerstreut, ohne best. Abgrenzung; **D.ion** *w* Annahme neuer Ideen durch die Gesellschaft; ggs. Durchdringung von Gasen (Flüssigkeiten); Wetteraustausch in Bergwerken; Lichtstreuung; Wandern einz. Atome in Mischphasen; **D.ionskanal** *m* Verbreitungsmedium von Informationen; **D.or** *m* Kanal, der sich in Strömungsrichtung erweitert (= **Einlaufkanal** *m*); Teil des Ventilators zur allmähl. Verzögerung der Luft; lichtstreuendes Medium aus Opalglas (weißem Kunststoff)

digerieren (lat.) ein z. T. lösl. Stoffgemisch mit einem Lösemittel behandeln

Digest *m*, *s* (e.: *daidschest*) Zeitschrift mit Buchauszügen; Buchauszug, -bericht

Digit *s* (e.: *didschit*) Ziffer (Stelle) des Rechengeräts; Code:einheit

digital| ↑ (lat.) (e.: *didschitl*) Informationen in Zahlen darstellend; **d.e Abschreibung** *w* vom Anschaffungs- (Herstell-, Buch-)-wert ausgeh. Abschreibung in fall. Quoten in Bruchteilen; **d.es Eingabegerät** *s* Gerät, das Information auf physik. Träger bringt u. in elektr. Impulse umsetzt; **d.e Zahlendarstellung** *w* ziffernmäß. Zahlendarstellung in der EDV; **D.computer** *m* (*-kompjûter*) Ziffernrechner; **D.elektroniker** *m* Facharbeiter an elektron. Rechenmaschine; **D.ismus** *m* Fingerhutvergiftung; **D.rechner** *m* (elektron.) Datenverarbeitungsgerät; **D.uhr** *w* Zeitanzeiger mit sich veränd. Ziffern

DIHT ⟨ **D. I**ndustrie- u. **H**andels**t**ag

Diktaphon *s* (KW) Diktiergerät

Diktatur| *w*: **totalitäre D.** *w* beseitigt demokr. Verfassung (Grundrechte, Gewaltenteilung, freie Wahlen; Staatsgewalt bei Machtgruppe); **D. des Proletariats** *w* Erhebung des Proletariats zur herrsch. Klasse

Dilatation *w* (lat.) zentr. Streckung bei geometr. Abb.

Dilatometer *s* (KW) Meßgerät der Wärmeausdehnung

Dilution *w* (KW, lat.) Verdünnung

Diluvium *s* (KW, lat.) veraltend für → Pleistozän

Dimension| *w* (lat.) Ausdehnung eines Körpers; Maßeinheit; Beziehung einer Größe zur Maßsystemgröße; von semant. Merkmalen geglied. Bereich; **d.al** → Analyse

Dimerisation *w* (KW) Zusammenlagerung zweier gleicher ungesättigt. Molekülen

Dimi (KW) Vorsatz für Einheiten mit dem Faktor 10^{-4}

Dimmer *m* (e.) stufenloser Lichtregler

Dimorphie *w* (gr.) Auftreten einer Substanz in 2 versch. Formen

DIN ⟨ **D. I**ndustrie**n**orm; **DIN-Farbenkarte** *w* vom → DNA herausgegebene system. Ordnung von 600 Farben auf 25 Karten

Dinky Dows *M* (am.: *-dôs*) Marihuanazigaretten

DIN-Normen *M* vom → DNA herausgegeb. Normen

Diode *w* (gr.) Elektronenröhre ohne Gitter

Diolen *s* (KW) Kunststoffaser

Dioptrie *w* (KW) Einheit der Brechkraft von Linsen (Meßwert bei Fehlsichtigkeit des Auges)

Dioxid *s* (KW) Oxid mit 2 Sauerstoffatomen

Diphenyl *s* (KW) Früchtekonservierungsmittel (organ. Substanz)

diplo:id (KW) mit doppeltem Chromosomensatz (Ggs.: → emploid)

Dipol| *m* (KW) einfachstes Radioteleskop (System aus 2 entgegenges. gleichen Punktladungen mit gering. Abstand); **D.antenne** *w* Zweipolantenne für Kurzwellensendung u. -empfang

Dipsomanie *w* (KW) Quartalssaufen (period. auftr. Trunksucht)

Direct| costing (e.) = → Deckungsbeitragsrechnung; **D.-cut** *m* = → Direktschnittplatte

direkt|e Kosten *M* können dem Kostenträger zugerechnet werden (Ggs.: Gemeinkosten); **d.e Steuern** *M* müssen vom Besteuerten getragen werden; **d.e Datenverarbeitung** *w* → Datenverarbeitung; **d.e Demokratie** *w* → Demokratie; **d.er Absatzweg** *m* → Absatzweg; **d.er Gang** *w* unmitt. Verbindung von An- u. Abtrieb bei Vorlege-, Planetengetrieben; **D.buchungs:system** *s* Bestandsdatenveränderung durch Datenverarbeitung; **D.investitionen** *M* Ggs.: → Portfolio:investition; **D.mandat** *s* pers. gewonn. (nicht über eine Liste erlangt.) Abgeordnetenmandat; **D.orialprinzip** *s* Entscheidung durch eine Person des Gremiums; **D.rix** *w* ↑ Leitlinie; **D.route** *w* (*-rû-*) kürzeste Entfernung zw. 2 Flughäfen; **D.ruf:anlage** *w* Anrufschaltung an den Teilnehmer; **D.schnittplatte** *w* Schallplatte, die ohne Umweg über Tonband auf Mutterfolie überspielt wurde (am.: direct-cut); **D.sendung** *w* Ggs.: → Aufzeichnung, = **D.übertragung** *w*; **D.verkauf** *m* Verkauf vom Hersteller unmittlb. an den Verwender o. Verbraucher durch eig. Einzelhandelsfiliale o. Haushaltsvertreter; **D.versicherung** *w* Lebensversicherung durch den Arbeitgeber (Erlebensalter: 90 Jahre)

Dirigismus *m* (lat.) staatl. Eingriff in volkswirtsch. Vorgänge

Dis:agio *s* (it.: *-adscho*) Abschlag, -geld, -zug; Ausgabekurs eines Wertpapiers unter dem Nennwert (bei Aktien verboten); Geld unter Pari (Nennwert) eingelöst; Darlehen unter dem Nennwert ausgezahlt (in der Bilanz Aktivierung u. Abschreibung auf Laufzeit möglich)

Dis:engagement *s* (e.: *dis:ingedschment*) Auseinanderrücken hochgerüsteter Streitkräfte (Machtblöcke; seit 1957)

Disjektion *w* (KW) Persönlichkeitsspaltung im Traum

disjunkt| (lat.) ohne gemeins. Elemente (Menge); = elementefremd; **D.ion** *w* Trennung eines Lebensraums in unzusammenhäng. Teilgebiete

Disk|jockey *m* (e.: *-dsch-*) Schallplattenvorführer; **D.ographie** *w* (KW, gr.) Schallplattenverzeichnis

Diskont| *m* (it.) Zinsabzug bei vorzeit. Schuldabzahlung, = → Eskompte; **D.en** *M* inländ. Wechsel (Ggs.: Devisenwechsel); **D.ant** *m* = **D.eur** *m* (*-ör*) Wechselkäufer; **d.able Wechsel** bankfähige Wechsel; **D.bank** *w* Wechselbank; **D.geschäft** *s* Ankauf noch nicht fäll. Wechsel

dis:kontinu:ierlich (KW, lat.) sich sprunghaft ändernd (nicht stetig ineinander übergehend)

Diskontpolitik *w* Festlegung der Bedingungen des Wechselankaufs durch Zentralnotenbank

Diskothek *w* (KW) ↑ planmäß. Schallplattensammlung

Diskount| *m* (am.: *-kaunt*) Billigverkauf im Einzelhandel durch kl. Aufwand (**D.geschäft, -haus, -laden**); **D.er** *m* Inhaber

Diskrimin|ante *w* (KW) Unterscheidungsmerkmal zur Deutung einer Gleichung; **D.ation** *w* Auseinanderhaltung von Signalen (Reizen) durch eine best. Reaktion

Dislokation| *w* (lat.) Lageverschiebung der Knochenbruchenden; Verlagerung von Chromosomensegmenten, von Gesteinslagerungen; Atomversetzung im Kristallgitter; **D.sbeben** *s* Erdbeben durch tekton. Bewegungen

Dispacheur *m* (fr.: *-schör*) Sachverständiger für Seeschädenberechnung

Dis:patcher *m* (am.: *-petscher*) Produktionsleiter im Industriebetrieb (Auslastung der Arbeitskräfte, reibungslos. Ablauf des Produktionsprozesses, Überwachung der Materialsbeschaffungs- u. Zeitpläne); Betriebsleiter im Flug-, Landedienst

Dispens|er *m* (am.) stummer Verkäufer (Leerpackungen – Verkaufsständer – Automaten); Betankgerät aus Unterflurtankanlagen (= **Servicer** *m*); **d.ieren** ↑ Arzneien bereiten u. ausgeben; **D.ierstube** *w* Heilmittelraum im Krankenhaus

dispers| (lat.) fein zerteilt; **D.ion** *w* Abhängigkeit der Lichtbrechung von Wellenlänge; Gemisch, bei dem Stoff (**D.ium** *s*) in andern (**Dispergiermittel**) fein verteilt ist; → Homogenität; **D.ionsfarbe** *w* wasserverdünnb. Anstrichfarbe aus Binder u. Körperfarben; **D.ionskleber** *m* Tapetenkleister

Dis:play *s* (e.: *-plê*) Warenschau im Schaufenster o. am Stand; Ausgabeformat von Datenzeichen; Datensichtgerät, das die Darstellung u. Eingabe von Informationen erlaubt, die aus Zeichen u. graf. Elementen bestehen können

Disponent *m* leit. Angestellter mit best. Vollmachten

Disponibilität *w* (lat.) Verfügbarkeit; vielseit. Verwendbarkeit durch breite Ausbildung; Gebrauchswert eines Wortes

Disposition| *w* (lat.) ↑ Anzeigenauftrag mit festgelegt. Einzelheiten; Veranlagung, Krankheitsbereitschaft; Kostenanschlag vor dem Orgelbau; Registeranordnung; alle organis. Reaktionstendenzen; **D.sfonds** *m* (*-foñ*) Verfügungsgelder; Haushaltsposten ohne festgelegt. Verwendungszweck; **D.skredit** *m* Kredit zur Überziehung des Kontos; **D.s:papier** *s* Urkunde über Übertragung eines Besitzes (Übergabe ersetzt Besitzübertragung der Ware)

versteckter Dissens *m* den Vertragsschließenden unbew. Meinungsverschiedenheit (macht das Geschäft automatisch hinfällig). – **dissenting opinion** *w* (am.: *dissentiñ opînjn*) von der Mehrheit abweich. Meinung (eines Bundesverfassungsrichters)

Dissimilation *w* (lat.) ↑ Abbau organ. Substanzen bei Lebewesen; Wiedergewinnung der eigenen Volks-, Gruppenart

Dissolv *s* (lat.) wasserlösl. Packpapier (ohne Abfallreste)

Dissozialisa|tion *w* (KW) Behinderung einer Person bei der Erlernung der gesellsch. Verhaltensweisen; **D.tionsenergie** *w* zur **Dissoziation** *w* (= Spaltung in Ionen o. Radikale; → elektrolytisch) eines Moleküls nöt. Energie; **D.tionsvertrag** *m* Vertrag der Gesellschafter über die Auflösung der Gesellschaft

Distanz|fracht *w* Zahlung für geleist. Beförderung bei Rücktritt vom Pachtvertrag; **D.verkauf** *m* Geschäft, bei dem Ware nach Muster (Katalog, Standardqualität) gekauft wird (= **Versendungskauf** *m*); **D.wechsel** *m* Wechsel, bei dem Ausstellungs- u. Zahlungsort verschieden sind; **D.relais** *s* (*-relä*) Schutzrelais zum Zeitstaffelschutz (= **D.schutz** *m*) vor Hochspannungsnetzen

Distorsion *w* (lat.) Bildverzerrung

Distraktion *w* (lat.) Auseinanderziehen der Knochenbruchenden beim Einrichten des Bruches

Distribut|ion *w* (lat.) ↑ Verteilung von Elementen der Zeichenmenge, des Zeichenvorrats (Repertoires); **D.ivgesetz** *s* Rechengesetz, das sich auf 2 Verknüpfungen ders. Menge bezieht

Disvau *s* (KW) unempfindl. zusammenklappb. Entfernungsmeßgerät

DIT ⟨ **D**. **I**nvestment-**T**rust

divergent| (lat.) keinem Grenzwert zustrebend (d.e Glieder einer Reihe; Ggs.: konvergent); entgegengesetzt, unterschiedlich; in der Umgebung der Stelle definiert, an der Stelle aber nicht konvergent (d.e Funktion); **d.es Licht** *s* mit auseinanderlaufenden Lichtstrahlen. – **Divergenz** *w* ↑ verschied. Entscheidung durch 2 Gerichte in einer Rechtsfrage; Entsprechung mehr. Wörter einer andern Sprache für ein d. Wort; Auseinanderstreben

Divers|ant *m* (lat.) Gegner der Wirtschaftsordnung; **D.ifikation** *w* gezielte Ausweitung des Leistungsprogramms auf neue, mit den bisher. verbundenen Leistungsbereichen; **D.ion** *w* Ablenkung; Sabotage

Divertikel *s* (lat.) Ausbuchtung eines Hohlraums

Dividende| *w* (lat.) jährl. Anteil der Aktie am Reingewinn, = → **Ausschüttung** *w*; **D.n:abschlag** *m* Kursherabsetzung bei Aktien nach der D.n:auszahlung; **D.n:ausschüttung** *w* Verteilung der D.n; **D.nberechtigung** *w* Anspruch auf Aktienbeteiligung; **D.ngarantie** *w* Zusicherung einer best. D.nhöhe durch Dritte (den Staat); **D.npapier** *s* Wertpapier mit D.n

division of labor (e.) = **division du travail** (fr.) Arbeits:teilung

Divulsion *w* (lat.) Zerreißung

DIW ⟨ **D**. **I**nstitut für **W**irtschaftsforschung. – **DJV** ⟨ **D**. **J**ournalisten-**V**erband. – **DK** ⟨ **D**ezimal**k**lassifikation. – **DKB** ⟨ **D**urchlaufbetrieb mit **K**urzzeit**b**elastung. – **DKG** ⟨ **D**. **k**inotechn. **G**esellschaft für Film u. Fernsehen. – **DKP** ⟨ **D**. **K**ommun. **P**artei. – **DKV** ⟨ **D**. **K**ranken**v**ersicherung. – **DL** ⟨ **d**ata **l**anguage. – **D-Lampe** *w* ⟨ **D**oppelwendel**lampe**. – **DLG** ⟨ **D**. **L**andwirtschafts**g**esellschaft. – **DLH** ⟨ **D**. **L**ufthansa. – **DLR** ⟨ **D**. **L**uftreederei GmbH. – **DLV** ⟨ **D**. **L**eichtathletik**v**erband. – **dm** ⟨ **D**ezi**m**eter; ⟨ **Dim**i. – **DME** ⟨ **D**istance **m**easuring **E**quipment (Entfernungmeßanlage an Flugzeugen). – **DMM** ⟨ **D**. **M**annschafts**m**eisterschaft (Leichtathletik). – **DNA** ⟨ **D**. **N**ormen**a**usschuß. – **Do** ⟨ **Do**rnier. – **DOB** ⟨ **D**amen**o**ber**b**ekleidungsindustrie. – **DOC** ⟨ **D**iesel**ö**l**z**ement

Dock *s* ortsfestes Gerät zur Schiffs-, Flugzeugwartung, -überholung

Docking *s* (e.: *dackiñ*) Ankopplung zweier Raumfahrzeuge

dodeka|isch (KW, gr.) → Zwölftonsystem; **D.phonie** *w* → Zwölftontechnik

Doggywiggy *s* (am.) Hundeperücke aus Menschenhaar

Do-it-jourself *s* (am.: *du it jûrßälf*) (handwerkl.) Selbsthilfe

Dokument|ation *w* (lat.) Sammlung u. Nutzung von Urkunden; beweisendes Zeugnis; Beschreibung u. Aufbewahrung aller Programmierunterlagen; Aufbereitung größ. Datenmengen; **D.en:akkreditiv** *s* Bankakkreditiv im Außenhandel (Geld nur gegen best. D.e)

Dolby-Verfahren *s* (nach dem Erfinder) Methode zur Rauschunterdrückung beim Abspielen von Tonbändern

Dollarklausel *w* Vereinbarung, daß Exportwaren in US-Dollar zu berechnen u. bezahlen sind

Dolly *m* (e.: *dalli*) roll. Kamerakran; fahrb. Kamerastativ

dolus eventualis *m* (lat., = etwaige Heimtücke) nur für den (nicht gewünschten) Notfall eingeplantes Delikt, = **bedingter Vorsatz** *m*

Domestikation *w* (lat.) Umwandlung von wilden in Haustiere, -pflanzen unter menschl. Einfluß

dominant (lat.) Ggs.: → rezessiv. – **Dominanz|** *w* (lat.) individ. Tendenz zur Beherrschung anderer; Durchsetzung stärker. gegen schwäch. Erbfaktoren; **D.rolle** *w* herrsch. Position

Domination *w* (lat.) Führerschaft in großen Gruppen (Ggs.: Leadership)

Dominotheorie *w* Theorie, nach der Eroberung eines neutr., von USA unterstützten Landes in SO-Asien durch Kommunisten zum Fall von Nachbarländern führen muß

Donjuan|ismus *m* (KW: *-chu-*) gewalts. Versuch des Mannes, sein Idealbild der Frau als Geschlechtswesen idealisiert zu finden, = **D.komplex** *m*

Donkey *m* (e.: *danki*) Hilfskessel für Lade- u. Transportgeräte auf Handelsschiffen

Donne:effekt *m* Erscheinung bei der Lichttonaufzeichnung

Dontgeschäft *s* (fr.: *doñ-*) Börsengeschäft zum Kurs des Abschlußtages bei spät. Vertragserfüllung

Dope| *w* (e.) geringe Menge von Zusätzen; **d.n** zu Höchstleistungen steigerndes Anregungsmittel benutzen; halbleit. chem. Elemente (Verbindungen) mit kleinsten Mengen anderer Elemente behandeln. – **Doping|kontrolle** *w* (*dôpiñ-*) Untersuchung, ob ein **D.** (unerlaubt. Nutzung verbot. Anregungsmittel) stattgefunden hat; **D.peddler** *m* (am.) Rauschgifthändler

Doppel|achse *w* 2 Achsen mit 2 oder mehr als 1 m Abstand; **D.agent** *m* Spion, der für gegner. Staaten arbeitet; **D.aus:tausch** *m* ↑ zweif. Bruch zw. 2 Genen; **D.belichtung** *w* Belichtung für D.gängeraufnahmen (verhindert durch in die Kamera eingebaute **D.belichtungssperre** *w*); **D.besteuerung** *w* Besteuerung in 2 Ländern; **D.bindung** *w* durch 2 Elektronenpaare vermitt. chem. Bindung; **D.blindversuch** *m* → Placebo; **D.brechung** *w* Zerlegung eines Lichtstrahls in 2 getrennte, senkr. zuein. polaris. Strahlen durch best. durchsicht. Stoffe; **D.helix** *w* (gr.) Doppelspirale; Bauprinzip der Moleküle der Desoxyribonukle:insäure (DNS); **D.interview** *s* Gesprächsführung mit 2 Exploratoren; **D.moral** *w* ↑ allgem. moral. Vorschriften, die nur im Interesse eines Beteiligten wirken; sex. Einschränkung der Frau bei gleichzeit. Freizügigkeit des Mannes; **d.n** ↑ Lochkarten mit Spezialgerät (**Kartendoppler** *m*) duplizieren; **D.okular** *s* → d.t; **D.qualifikation** *w* Erwerbung des Gesellenbuches u. der Hochschulreife; **D.rumpf** *m* Trennung der Funktion des Leitwerkträgers u. des Frachtwerks bei Frachtflugzeugen; **D.scheibe** *w* Teil der Hemmung auf der Unruhwelle von Kleinuhren, = **Plateau** *s* (fr.: *-tô*); **D.-Schrägverzahnung** bei Zahnrädern; **d.ter Einblick** *m* Einrichtung am Fernrohr (Mikroskop) für 2 Beobachter (**D.okular** *s*); **d.t wirkend** auf beiden Seiten vom Dampf beaufschlagt; **D.versicherung** *w* Versicherung desselb. Objekts bei 2 Versicherungen; **D.währung** *w* 2 Metalle (Gold u. Silber) als gesetzl. Zahlungsmittel (Austauschverhältnis gesetzl. festgelegt), = **Bimetallismus** *m;* **D.wendellampe** *w* Glühlampe mit zweifach gewendeltem Glühfaden (Steigerung der Lichtausbeute)

Doppler|effekt *m* (Erfinder, 19. Jh.) Frequenzänderung bei einer Bewegung des sendenden u. empfangenden Systems; **D.navigation** *w* Funknavigation unter Nutzung des D.effekts

Doré-Metall *s* → Güldisch

Dorfsanierung *w* Umstrukturierung eines Dorfes (Schaffung lebensfähiger Höfe; Ausbau des Wege- u. Wassernetzes)

Dorno-Strahlung *w* → Gletscherbrand

dorsale Wurzel *w* in die Rückenregion einmündende Nerven des Zentralnervensystems

Dosenlibelle *w* Gerät zur Horizontierung von Ebenen o. Senkrechtstellung von Achsen

Dosier|anlage *w* Maschine zum D.en der ungeformten Masse; **D.maschine** *w* = → Abfüllmaschine; **D.ungs:anlage** *w* Pumpe zur Zusetzung von festgel. Konzentrationen von Chemikalien zum Speisewasser, = **Zumeßanlage** *w*

Dosimeter *s* (KW) Strahlendosis-Meßgerät

Dosismeßgerät *s* Kontrollgerät zur Einhaltung der höchstzul. Menge

Dotierung *w* (lat.) Gehalt; für ein Unternehmen verfügb. Summe; kontrolliert. Einbau von Fremdatomen in Halbleiter

doubeln (fr.: *dû-*) als Ersatzspieler spielen

Doublé *s* = → Bimetall

Double *s* (fr.: *dûbl*) dem Hauptdarsteller ähnlicher Ersatzspieler; Doppelgänger

Down|grading *s* (e.: *daungreidiñ*) Hinabstufen auf anderen Arbeitsplatz; **D.swing** *s* (am.: *daun-*) Rückläufigkeit; wachsendes → Disengagement; **D.-Syndrom** *s* Mongolismus; **D.town** *w* = City

DP ⟨ **D**urchschnitts**p**olymerisationsgrad. – **D/P** ⟨ **d**ocuments against **p**ayment (e.: = Warenpapiere nur gegen Barzahlung auszuhändigen). – **DPG** ⟨ **D**. **P**ost**g**ewerkschaft

DPG-Schleuder *w* Verfahren zur Herstellung von Metallpulver

DPH ⟨ Vickershärte (am.). – **dpt** ⟨ **Diop**-**t**rie

DPT-Impfung ⟨ → Dreifachimpfung

DPZ ⟨ **D. P**rimaten**z**entrum. – **dr** ⟨ **dr**achm; ⟨ **dr**am

Drachenflugzeug *s* Luftfahrzeug mit dynam. Auftrieb

drachm (e.: *dräm*) e. Massen- u. Gewichtseinheit für Apotheken (1 dr = 3,888 g), = → dram

Dräger-Röhrchen *s* einf. Meßgerät für Luftverschmutzung am Arbeitsplatz (d. Ingenieur, 19./20. Jh.)

Draht|auslöser *m* Gerät zur Verhinderung stör. Erschütterungen bei Langzeitaufnahmen; **D.extension** *w* Knochenbruchbehandlung; **D.funk** *m* Sendeempfang über Telefonleitung; **D.glas** *s* Rohglas mit einseit. eingewalzter D.einlage; **D.lehre** *w* Meßhilfe für Dikkenmessungen

Drain| *m* (fr.: *drän*) Gummiröhrchen zur Ableitung; **D.age** *w* (*-âsche*) Entwässerung; Ableitung der Wundflüssigkeit

Dralldüse *w* Zerstäuberdüse zur Einspritzung flüss. Brennstoffs, = → Wirbelbrenner

dram e., am. Gewichts- u. Masseneinheit (1 dr = 1,7718 g); **dr ap** Apothekergewicht = 3,888 g; am. Hohlmaß (1 fl dr = 3,697 cm^3)

Drap-mouillé-Effekt *m* (fr.: *-muljê-*) die Körperform beton. Haltung

Draufgabe *w* Mengenrabatt durch vermehrte Lieferung, = **Gratisdraufgabe**

Drawback (e.: *drôbäck*) Rückzahlung

Dreh|feuer *s* Leuchtfeuer mit dreh. Scheinwerfersystem; **D.flügel** *m* Tragwerk u. Fortbewegungsmittel für Luftfahrzeuge (= **Rotor**); **D.gestell** *s* mehrachs. um einen D.punkt zw. den Radsätzen d.bares Gestell; **D.impuls** *m* Drall eines rotier. Objekts; vektorielles Produkt aus Rotationsgeschwindigkeit u. Trägheitsmoment; **D.kolben** *m* → Wankelmotor; **D.kolbenmotor** *m* Verbrennungsmotor mit stetig kreis. Kolben; **D.magnet** *m* Magnet für begr. D.ungen; **D.masse** *w* → Trägheitsmoment; **D.moment** *s* vektorielles Produkt aus angreif. Kraft u. Abstand ihres Angriffspunkts von der D.achse („Kraft mal Kraftarm"); **D.pendel** *s* am Torsionsdraht aufgehängt. Schwingungssystem mit D.masse (für die **D.pendel:uhr** *w*; = **Torsions:pendel** *m*); **D.rohr:ofen** *m* Vorrichtung zur Erwärmung o. Trocknung stückiger Körper; = **D.flamm-**, **D.schmelz-**, **Trommel:ofen**; **D.scheinwerfer** *m* sich unabläss. drehendes Luftfahrtbodenfeuer; **D.spul:instrument** *s* = **D.spulgalvanometer** *s* Gerät zur Messung der elektr. Stromstärke; **D.stahl** *m* Werkzeugstahl zu Zerspanungsarbeiten; **D.strom** *m* Verknüpfung dreier gegenein. phasenverschoben. Wechselströme, = → Dreiphasenstrom; **D.waage** *w* zur Bestimmung der Schwerkraft, = **Torsionswaage**; **D.wuchs** *m* windschief verzog. Holz; **D.zahl** *w* Zahl der Umdrehungen eines rotier. Systems; **D.zahlgeber** *m* elektr. Signal auf den D.zahlmesser eines Triebwerks; **D.zahlmesser** *m* Anzeiger der Umdrehungszahl der Kurbelwelle am Kfz

Drei|-D-Klang *m* **(3-D-Klang)** Steigerung der Klanggüte durch Einbau mehrerer Lautsprecher in das Empfangsgerät; **D.druckprinzip** *s* selbsttät. Luftbremse, die stufenw. Veränderung des Bremszylinderdrucks beim Bremsen u. Lösen ermöglicht; **D.ecksflügel** *m* d.-eckiger Tragflügel in Flugzeugen mit vollst. Leitwerk (doch → Deltaflügel!); **D.eck:sonde** *w* gleichseit. d.eck. Geber für den Erdinduktionskompaß; **D.elektrodenröhre** *w* d.pol. Elektronenröhre mit Gitter zw. Anode u. Kathode zur Steuerung des Anodenstroms, = **Triode** *w*; **D.fach:impfung** *w* Impfung gegen Diphtherie, Keuchhusten u. Wundstarrkrampf (⟨ → DPT-Impfung); **D.farbenfotometrie** *w* Lichtmessung in 3 versch. Farbbereichen; **D.farbenmesser** *m* Gerät zur Bestimmung des Farbanteils des die Aufnahmegegenstände beleucht. Lichts; **D.fuß** *m* ↑ Verbindung zw. Stativ u. geodät. Instrument; **D.gläserprobe** *w* Art der Harnuntersuchung bei Tripper; **D.gurtbrücke** *w* Stahlbrücke mit 2 nach innen geneigt. Hauptträgern, deren Obergurte sich zu 1 Gurt verbinden; **D.monatkolik** *w* Darmkolik des Säuglings; **D.monats:einrede** *w* Frist des Erben zur Information über die Nachlaßregelung

Dreingabe *w* Mengenrabatt durch Berechnung einer geringeren als der gelieferten Menge, = **Gratisbeigabe** *w*

Drei|phasenstrom *m* = → Drehstrom; **D.punktlandung** *w* Landung eines Flugzeugs, das gleichzeit. auf Hauptfahrwerk u. Heckrad aufsetzt; **D.spänner** *m* 3 Wohnungen auf jedem Stockwerk; **D.sternkühlschrank** *m* Kühlschrank mit bis auf -18 °C abkühl. Frostfach; **D.tafelprojektion** *w* wicht. Darstellungsmethode der darstell. Geometrie

Dresch|spitze *w* extreme Netzbelastung in der D.zeit

Dress|eur *m* (fr. *-ör*) ↑ Herrichter (Aufmacher) von Waren, = **D.ierer** *m*

Dressman *m* (e.: *-män*) m. Mannequin; m. Fotomodell; m. Prostituierter

Drift *w* (e.) ↑ = → Auswanderung

drill|bar verdrehb. in der Achse der Zugrichtung (d.bare Kette); **D.ingsdampfmaschine** *w* → Zwillingsdampfmaschine; **D.ung** *w* Quotient von Länge u. Torsionswinkel

D-Ring *m* Auslösehandgriff am Fallschirm, Schleudersitz

Dritt|e Kraft *w* bündnisfr. Staaten SO-Asiens; vereinigtes Europa; fr. Parteien der bürgerl. Mitte; **d.er Bildungsweg** *m* Erwachsenenbildung durch Fernkurse (zum Abitur führend); **D.e Welt** *w* (fr.: ti:èrs monde) Entwicklungsländer; alle Länder außer Europa u. Nordamerika; blockfr. Länder; **D.elparität** *w* zahlenmäß. Gleichgewicht der Stimmen (z. B. von Professoren, Dozenten u. Studenten); **D.länder** *M* nicht zur EG gehörend; **D.schaden** *m* Schaden eines D.en, in dessen Interesse Ersatzberechtigter gehandelt hat; **D.schuldner** *m* Schuldner des Schuldners (bei Zwangsvollstreckungen); **D.verwahrung** *w* Weitergabe von Depositen von einer an andere Bank (= **Wertpapiersammelbank** *w*); **D.wirkung der Grundrechte** *w* Geltung der Grundrechte auch im privat. u. arbeitsrechtl. Bereich

drive → Antrieb

Drive|-in *s* (am.: *draiw-*) mit dem Kfz befahrbarer Geschäftsraum; ähnl.: **D.-in-Lokal** *s*; **D.-in-Flughafen** *m*; **D.-in-Kino** *s* = → Autokino

DRK → **D. R**otes **K**reuz

Droge| *w* (fr.) ↑ Rauschgift; **d.n:abhängig** ohne Rauschgift nicht mehr lebensfähig; **D.nmißbrauch** *m* Rauschgiftsucht; **D.nrazzia** *w* Polizeifahndung auf Rauschgifthändler, -käufer; **D.nszene** *w* Personenkreis der Rauschgifthändler, -käufer; **D.ntote** *M* an Rauschgift Gestorbene

Drohne *w* ↑ Flugkörper als Flugziel mit eigenem Antrieb und Selbst(fern)steuerung

Drop-out *s* (e.: *-aut*) Abbruch einer Ausbildung; wer seine Gesellschaft (-sschicht) verlassen hat

Drosophor *s*, *m* (KW) Zerstäuber

Dross *s* (e.) Opiumkondensat

Drossel|gerät *s* Gerät zur D.ung eines Massenstroms; **D.klappe** *w* Absperrvorrichtung in Rohrleitungen

Druck| *m* ↑ auf eine Fläche gleichm. wirk. Kraft geteilt durch Größe dieser Fläche; → dynamisch; **D.abfall** *m* Verringerung des D.s in Leitungen (geschloss. Gefäßen); Ggs.: **D.anstieg** *m*; **D.anzug** *m* auf den Körper zur Ertragung stark vermind. atmosphär. D.s drückend. Anzug, = **Anti-G-Anzug** *m*; **D.barri:ere** *w* Hindernis bei Erzielen großer Flughöhen durch Blutveränderungen, die der D.abfall erzeugt; **D.betankung** *w* Betankung von Luftfahrzeugen unter D., = **Einpunktbetankung** *w*

drücken| ↑ Steuerknüppel(säule) nach vorn bewegen; **D.***s* Verfahren der Umformtechnik (bes. bei Herstellung von Blechhohlkörpern)

Druck|er *m* ↑ Gerät, das Klartext ausdruckt, -schreibt (in Rechenanlagen); zur Vollendung eines Bildes aufgesetzt. Schatten; **D.erzeuger** *m* Apparat zur Aufrechterhaltung eines konstant. D.s im Kühlkreislauf eines Kernkraftwerks; **D.festigkeit** *w* Widerstandsfähigkeit eines Werkstoffs gegen D.; **D.form** *w* Form, die durch Farbübertragung auf einen D.träger Bilder

(Schriften) vervielfältigt; **D.geber** *m* Meßgerät, das Drücke in proportion. hydraul. (elektr.) Signale umwandelt; **D.gießer** *m* Verfahren zur Formung u. Fertigung dünnwand. maßgenauer Gußstücke; **D.guß** *m* Guß von Nichteisenmetallegierungen unter D. in stähl. Dauerformen (früher = Spritz-Preßguß); **D.helm** *m* Helm zu D.anzug mit eig. D.erzeugung; **D.höhe** *w* = → Fallhöhe; **D.kabine** *w* luftdicht abgeschl. Raum, in dem sich belieb., von Außenatmosphäre unabh. Luftd. herstellen läßt; **D.leitung** *w* Rohrleitung für unter D. stehendes Wasser o. Gas; **D.luft** *w* verdichtete Luft; **D.luftbremse** *w* druckluftbetr. Servobremse; **D.luftkrankheit** *w* → Dekompression, → Caissonkrankheit; **D.mittelpunkt** *m* Angriffspunkt aller Luftkräfte (in der Symmetrieebene über dem Schwerpunkt des Flugzeugs); **D.puls** *m* voller verlangsamter Puls bei gesteig. Hirnd.; **D.punkt** *m* ↑ D.gefühl vermitt. Hautorgan; Schnittpunkt der luftkraftresult. mit der Flügelsehne des Flugzeugs; **D.regler** *m* Leistungs-Dreizahlregler an Dampfmaschinen; = **D.ventil** *s*; **D.schalter** *m* selbsttät. Schaltgerät; Gerät zur d.abhäng. Steuerung hydraul. Anlagen; **D.(umlauf)schmierung** *w* reichl. Zuführung von Schmieröl in den Verbrennungsmotor unter D.; **D.spülung** *w* mit D.kammer betr. Spülvorrichtung; **D.stoß** *m* D.änderung in einer Rohrströmung; **D.ventil** *s* = → D.regler; **D.wächter** *m* Sicherungsvorrichtung in Turbinen bei Schwankungen wicht. Drücke; **D.wasserreaktor** *m* Schiffsreaktor (seit 1966)

Drug| Dependence *w* (am.: *dragdipendens*) Drogensucht; **D.fever** *w* (e.) Fieber durch Medikamente; **D.gie-Center** *s* (am.: *draggi ßänter*) Rauschmittelzentrum

DRV 〈 **D. R**aiffeisen**v**erband

dry (am.: *drai*) ↑ Hohlmaß für Trockensubstanzen

DSB 〈 **D**urchlauf**s**chalt**b**etrieb; **D. S**port**b**und (West)

D-Schicht *w* unterste Schicht der Ionosphäre

DSG 〈 **D. S**chlafwagen**g**esellschaft. – **DSS** 〈 **D**aten**s**ammel**s**ystem. – **DST** 〈 **D. St**ädtetag. – **DStNr** 〈 **D**auer**st**art**n**ummer. – **DTA** 〈 **D**emokr. **T**urnhallen**a**llianz. – **DTC** 〈 **D. T**ouring-Automobil**c**lub. – **DTSB** 〈 **D. T**urn- u. **S**port**b**und (Ost). – **DTTB** 〈 **D. T**isch**t**ennis**b**und. – **DÜ** 〈 **D**aten**ü**bertragung

Dual|ismus *m* (lat.) ↑ Polarität; Deutung physik. Vorgänge durch gleichzeit. Anwendung zweier versch., anschaul. nicht miteinander vereinb. Modellvorstellungen in der Quantentheorie (= **Welle-Korpuskel-Dualismus** *m*); **D.system** *s* Zweiersystem; Stellwertsystem, nach dem alle Zahlen mit nur 2 Ziffern geschrieben werden, = binäres Zahlensystem; **D.zahl** *w* = → Binärzahl

Dub-in *s* (e.: *dab in*) nicht im Studio produz. Toneinblendung

Dubiosen *M* (lat.) unsichere Forderungen

Duesenberry-Effekt → Demonstrationseffekt

Duftmarke *w* Kennzeichnung tier. Reviere

Düker *m* unter einem Wasserlauf durchführ. Rohrleitung

duktil (lat.) streck-, dehn-, verformbar

Duldungs:titel *m* Urteil für den Gläubiger gegen den nicht zahlenden Grundstückseigentümer (zur Erreichung der Zwangsversteigerung, -verwaltung)

Dumb-Show *w* (am.: *damschô*) einleit. Pantomime

dummes Vierteljahr *s* die ersten 2, 3 Lebensmonate (Kind ist noch ganz nach innen gewandt)

Dummy| *m* (e.: *dammi*) Puppe für Unfalltests beim Kfz; Strohmann; Mannequin; Leer-, Schau-, Musterpackung; **D. Pack** *s* 〈 *(-päck)* Blindband; **D. Salesman** *m* (*-seilsmän*) stummer Verkäufer; **D.Variable** *w* Variable, die nur mit 0 (nicht vorhanden) u. 1 (vorhanden) arbeitet

Dumper *m* (e.: *dampr*) Kippwagen

Dumping| *s* (e.: *dampiñ*) Preisunterbietung im Ausland unter den „normalen" Wert; **D.syndrom** *s* Ermüdungserscheinungen bei Magenoperierten nach Mahlzeiten; → Spätsyndrom

Dunkel|feld *s* Differenz zw. den begang. u. den amtl. bekannt. Straftaten, = **D.ziffer** *w*; **D.feldbeleuchtung** *w* Mikroskopierbeleuchtung für bes. Objektteile; **D.feldverfahren** *s* nur seitl. Beleuchtung des Objektes durch bes. Kondensor im Mikroskop; **D.wolke** *w* lichtundurchläss. galakt. Nebel. – **dunkler Pakistani** *m* starker Haschisch

Dunlop:reifen *m* (schott. Erfinder, 19./20. Jh.) pneumat. Reifen für Fahrzeuge

Dünn|schichtchromatographie *w* (KW) Trennungs- u. Identifizierungsmethode von organ. u. anorgan. Stoffen auf dünnen Schichten aus org. o. anorg. Material; **D.schliff** *m* ↑ mikrosk. Präparat einer nicht schneidb. Stoffprobe;

D.schnitt *m* mikrosk. Präparat eines schneidb. Objekts
Dunst|glocke *w* steh. D.schicht über Großstädten u. Ballungszentren
Duplex|betrieb *m* Übertragung von Daten auf Leitungssysteme in beiden Richtungen; Telegrafierverfahren in 2 Richtungen (**D.-Telegrafie** *w*); **D.reifen** *m* überbreiter Kfz-Reifen
Duplikation *w* (KW, lat.) Verdopplung von Chromosomenteilen
Dup|-Negativ *s* ⟨ **D.likat-Negativfilm** *m* Schwarzweißnegativ von einem Positiv; Ggs.: **D.-Positiv** *s*
Dura (mater) *w* (lat.) äußere Gehirnhülle
Durchbiegungsmaß *s* Maßzahl für die Biegung der Deckenbalken
Durchblutungs:störung *w* periphere Gefäßverengung durch Sklerose (Verhärtung von Geweben)
Durchführungsgesetz *s* = → Ausführungsgesetz
Durchgang|s:schicht *w* soziale Schicht im Übergang in eine höhere; **D.s:station** *w* Zwischenlandungsflughafen
Durchlaß|fall *m* Verringerung des elektr. Widerstands eines Halbleiters bei best. Polung; **D.richtung** *w* Richtung des gering. Widerstands in einem elektr. Ventil
Durchlauf| *m* ↑ völl. Programmablauf eines Datumprogramms; **D.anzeiger** *m* Kontrollgerät an Leitungen zur Sicht-, Hörbarmachung der Strömung; **d.ende Kredite** *M* im eig. Namen gewährte Bankkredite im Auftrag eines Dritten; **d.ende Posten** *M* in fremdem Namen vereinnahmte u. verausg. Beträge; **D.erhitzer** *m* Gerät zum Wasserwärmen; **D.verfahren** *s* Zuleitung aller Gesetzesvorlagen an den Bundesrat; **D.zeit** *w* Zeitspanne der Bearbeitung eines Objekts durch alle Stationen der Rechenanlage
Durchlichtmikrokospie *w* Durchleuchtung der Präparate
durchpeitschen ↑ Tagesordnung summar. erledigen
Durchreise *w* halbjährl. Verkaufsveranstaltung der Berliner → DOB
Durchrutschweg *m* Schutzstrecke hinter Hauptsignal
durchsacken ↑ schnell sinken (Flugzeug)
Durchsage| *w* Mitteilung über Mikrophon o. Lautsprecher, Rundfunk o. Fernsehen; **D.kennung** *w* automat. Einschaltung von Verkehrsdurchsagen im Autorundfunk, = **D.decoder** *m*
Durchsatz *m* in einer best. Zeit verarbeit. Stoffmenge
durchscheinend lichtdurchlässig (unter starker Streuung), doch keine scharfen Bilder erzeugend
Durchschlag| *m* ↑ bei hohen Spannungen auftret. Stromfluß durch Isolator; verletzte Stelle des Kfz-Reifens; Ausgleich einer elektr. Ladung im Medium; **D.en** *s* ↑ Durchbrennen einer Sicherung; nicht genug geschwächte, hart auftreff. Schwingung; **D.sfestigkeit** *w* Höhe der elektr. Feldstärke, bei der ein D. erfolgt
Durchschnitt|s:einkommen *s* bis zur Höhe der Bemessungsgrenze anhand des Aufkommens an Sozialversicherungsbeiträgen errechn. Einkommen aus unselbst. Arbeit; **D.skosten** *M* Ergebnis der Teilung der Gesamtkosten durch die Produktionsmenge; Selbstkosten je Stück; **D.s:probe** *w* aus einer größ. Menge entnomm. Muster, dessen Eigenschaften dem D. der Gesamtmenge entsprechen
Durchstaatlichung der Gesellschaft *w* Anwendung der Staatsgewalt in Verfassung u. Verwaltung zur Erhaltung der gesellsch. Zustände, auf denen ihre Herrschaft beruht
Durchstreichtest *m* Konzentrationsprüfung
durchtesten best. Menge Stück für Stück testen
Durchwahltechnik *w* dir. Anwählen der Fernsprechteilnehmer
Durchzündung *w* Versagen der Sperrwirkung u. vorzeit. Freigabe eines elektr. Ventils in Durchlaßrichtung bei Gitterverspannung
Durethan *s* (KW) → Polycaprolactam
Duromer *s*, *m* (KW, lat.) härtb. Kunstharz (gehärt. Kunststoff, der beim Erwärmen nicht erweicht, sondern sich vor Erreichen des Schmelzpunktes zersetzt; früher: **Duroplast** *s*)
Dürrefieber *s* Neugeborenenerscheinung am 2., 3. Lebenstag (Unruhe, Gewichtsabnahme, Temperaturanstieg), = **Dehydrationsfieber** *s*
Düsen|antrieb *m* = → Strahlantrieb; **D.lehre** *w* zu einem Satz vereinigte kleine Lehrdorne, = **Lotlehre** *w*; **D.propeller** *m* einstuf. Gebläse im Mantelstrom bei Zweistrom-Turboluftstrahltriebwerken; **D.strom** *m* schneller Sturm in großer Höhe; **D.ventil** *s* Kolbenpumpenventil mit geringem Widerstand
Düte *w* → Allonge
Duty-free-shop *m* (e.: *djutifrischopp*) Verkaufsstände in Zollfreizonen von Flughäfen, = → Tax-Free-Shops *M*

DV ⟨ **D**aten**v**erarbeitung; ⟨ **D**arlehens**v**ersprechen. – **DVA** ⟨ **D**aten**v**erarbeitungs**a**nlage. – **DVM** ⟨ **D. V**erband für **M**aterialprüfung. – **DVO** ⟨ **D**urchführungs**v**er**o**rdnung. – **DVS** ⟨ **D. V**erband für **S**chweißtechnik; ⟨ **D**aten**v**erarbeitungs**s**ystem. – **DWK** ⟨ **D.** Gesellschaft für **W**iederaufbereitung von **K**ernbrennstoffen. – **DWP** ⟨ **D.**. **W**irtschafts**p**atent (DDR). – **dwt** ⟨ Penny**w**eight. – **dx** ⟨ **D**ifferential. – **Dy** ⟨ **Dy**sprosium (selt. Erdmetall). – **dyn, Dyn** *s* ⟨ frühere Maßeinheit der Kraft (jetzt: → Newton; 1 dyn = 10^{-5} N)

Dynam|ik *w* ↑ Unterschied zw. der leisesten u. der lautesten Stelle einer Tonband- o. Schallplattenaufnahme; **d.ische Beanspruchung** *w* wechs. stoßfreie Beanspruchung; **d.ische Zündung** *w* Sprengstoffzündung durch Schlag, Stoß, Initialzünder; **d.ischer Druck** *m* durch die Strömgeschwindigkeit veränderl. Druck; **d.ische Rente** *w* an das Lebensniveau angepaßte Rente; → Renten:anpassung; **d.ischer Auftrieb** *m* → Auftrieb; **d.isches Gehalt** *s* an das Preisniveau gekopp. Vergütung; **D.isierung** *w* → Renten:anpassung

Dyopol *s* Marktform auf Angebot-, Nachfrageseite o. auf beiden Seiten bei 2 Marktteilnehmern (bilateral; bei einem: **Monopol**; bei wenigen: **Oligopol**; bei vielen: **Polypol**)

Dys:enterie *w* (KW) → Ruhr

dyskinetische Obstipation *w* Darmträgheit durch versch. Beweglichkeit der Dickdarmteile

Dyskrasie *w* (KW) fehlerh. Blutzusammensetzung

Dysmelie-Syndrom *s* (KW) Fehlbildungen des Neugeborenen durch Keimschädigung, = **Thalidomid-Syndrom** *s*

Dysmenorrhö *w* (KW) schmerzh. Regelblutung

Dys:par:eunie *w* (KW) jedes körperl. o. seel. Nichtzusammenpassen in der Ehe

Dys:pepsie *w* (KW) Verdauungsstörung

Dys:phorie *w* (KW) Niedergeschlagenheit aus Angst

Dys:plasie *w* (KW) Mißgestalt

Dys:pno:e *w* (KW) Atemnot

Dys:prosium *s* (gr., lat.) chem. Element, Seltenerdmetall (⟨ *Dy*)

Dys:struktur *w* (KW) Spannungen (Instabilität) durch das Zusammenwirken von Systemelementen

Dys:tonie *w* (KW) anomal. Verhalten bes. der Muskeln u. Gefäße

Dys:trophie *w* (KW) Mangelerscheinung des ganzen Organismus o. einz. Organe durch mangelh. Zufuhr von Lebensmitteln

E

e ⟨ elektr. **E**lementarladung. – **e⁻** ⟨ **E**lektron. – **e⁺** ⟨ Positron. – **E 605** ⟨ Handelsname für ein gift. Schädlingsbekämpfungsmittel; → Parathion. – **EAG** ⟨ **E**urop. **A**tom**g**emeinschaft (1957). – **EAK** ⟨ **E**vang. **A**rbeits**k**reis der CDU/CSU. – **EASP** ⟨ **E**arly **A**pollo **S**cientific Experiments **P**ackage (Zusammenstellung wiss. Versuchsapparaturen). – **EAU** ⟨ **E**in**a**nkerumformer

Ebene *w* ↑ Funktionseinheit in der Fabrikplanung; unbegr. ungekrümmte Fläche; → Punktmenge

Ebonit *s* (KW) Hartgummi

Ebullioskopie *w* (KW) Verfahren zur Messung des Molekulargewichts

EC ⟨ **E**thyl**c**ellulose

Echinokkose *w* (KW, gr.) durch Hundebandwurmfinnen verursachte Erkrankung des Menschen

Echo|graf *m* (KW) mit Registriergerät ausgerüst. E.lot; **E.grafie** *w* Dichtemessung eines Gewebes durch Schallwellen; **E.lot** *s* Gerät zur Bestimmung der Wassertiefe durch Messung der Zeit bis zur Rückkehr eines ausgesandten u. am Boden des Gewässers reflektierten Schallimpulses (= → Behmlot); **E.praxie** *w* Nachahmen vorgezeigter Bewegungen bei Schizophrenie, Idiotie, progress. Paralyse

Echt|gelb *s* Lebensmittelfarbstoff; **E.zeitverfahren** *s* unmittelbare Bearbeitung der eingeg. Daten, = **Realzeitverfahren** (e.: Realtime; Ggs.: Stapelverarbeitung)

Eck|daten *M* Richtwerte einer Planung; **E.lohn** *m* Richtlohn der Tarifverträge; **E.stunde** *w* letzte Schulstunde am Tag; **E.zins** *m* Sparkontenzins mit Kündigung

ECM ⟨ **E**lectronic **C**ounter**m**easure (elektron. Gegenmaßnahmen zur Entdeckung, Irreführung u. Unterlaufung der gegn. Radarmaßnahmen)
Economy| Class *w* (e.: *ikonomi-*) bill. Beförderungstarif im Luftverkehr, = **E.klasse** *w*, = **Economiser** *m* (auch: Vorwärmer)
Écriture automatique *w* (*êkritür ôtômatik*) → autom. Schrift
ECU ⟨ **E**uropean **C**urrency **U**nit (europ. Währungs:einheit). – **ED** ⟨ **E**inschalt**d**auer. – **EDS** ⟨ **e**lektron. **D**atenvermittlungs**s**ystem
Edel|gase *M* Helium-Neon-Argon-Krypton-Xenon-Radon; **E.gasfiguration** *w* Aufbau der Elektronenhülle bei den E.gasen; **E.putz** *m* fabrikmäß. hergest. wetterbest. Außenputz; **E.stahl** *m* Stahlsorte, die durch Zulegieren anderer Metalle best. techn. Eigenschaften erhält
Edison|-Akkumulator *m* (am. Erfinder, 19./20. Jh.) elektr. Akkumulator mit Eisenkathode, Nickelanode u. Kalilauge als Elektrolytflüssigkeit; **E.fassung** *w* Glühlampenfassung
Editorial *s* (e.: *editerjel*) Leitartikel
Edukt *s* (lat.) Ausgangsstoff einer chem. Reaktion
EDV ⟨ **e**lektron. **D**aten**v**erarbeitung. – **EEG** ⟨ **E**lektro:**e**nzephalo**g**ramm, -**g**raphie = kurvenmäß. Darstellung der Aktionsströme des Gehirns durch Ableiten der elektr. Impulse von der Schädeldecke; graf. Wiedergabe dieser Impulse
EFA ⟨ **E**mnid **F**actorielle **A**nzeigenanalyse
Effekt| *m* (lat.) physik. Erscheinung; **E.en** *M* an den Börsen gehandelte Wertpapiere; **E.enbordereau** *m*, *s* (fr.: *-rô*) Schlußschein des Maklers; Ladeschein im Transportwesen; **E.enbörse** *w* regelmäß. Wertpapiermarkt; **E.endepot** *s* Wertpapieraufbewahrungsort; **E.endiskont** *m* Zinsen, die vor Ankauf festverzinsl. Wertpapiere abgezogen werden; **E.enplazierung** *w* Unterbringung von Wertpapieren bei Käufern; **E.enscheck** *m* Ausweis, der zur (Mit-) Verfügung über Wertpapiere berechtigt; **E.ivgeschäft** *s* Geschäftsabschluß, bei dem Verkäufer über Ware verfügt u. Parteien Abkommen erfüllen wollen; **E.ivlohn** *m* der Kaufkraft entsprech. Lohn; **E.ivwert** *m* zur Wirkung gelang. Wert; **E.kohle** *w* Dochtkohle von Bogenlampen; **E.lack** *m* Lack, der dekorative Figuren bildet; **E.or** *m* Stoff, der die Wirkung eines Ferments begünstigt; Ggs.: → Rezeptor; **e.u:ieren** Auftrag ausführen; Zahlung leisten; absenden
Effemination *w* (KW, lat.) Verweiblichung
Efficiency *w* (e.: *iffischenßi*) Wirtschaftlichkeit; Wirksamkeit; = **Effizi:enz** *w* (lat.) Leistung; Maßnahmen zur Herstellung der Effektivität
Effloresz|enz *w* (KW, lat.) krankh. Hautveränderung; **e.ieren** auf Gesteinen mineral. Überzüge bilden; krankh. Hautveränderungen erleiden
Effusi|ometer *s* (KW) Gerät zur Messung der Gasdichte; **E.on** *w* Hindurchgehen von Gasen durch feine Poren; Lavaausfluß
E-Filter *m* ⟨ **E**lektro**filter**
EFTA *w* ⟨ **E**uropean **F**ree **T**rade **A**ssociation (europ. Freihandelsgemeinschaft: dän., e., isl., norw., öst., port., schwed., schw.; assoz.: finnl.; seit 1972 e., dän., norw. in EG). – **EG** ⟨ **e**urop. **G**emeinschaft. – **EGA** ⟨ **e**idgen. **G**esundheits**a**mt. – **EGKS** ⟨ **e**urop. **G**emeinschaft für **K**ohle u. **S**tahl (1951, → Montanunion)
Egoutteur *m* (fr.: *êguttör*) Drahtnetzwalze zum Einpressen von Wasserzeichen
EGR ⟨ **e**lektr. **G**as**r**einigung
Ehe|aufhebung *w* Klage, daß E. wegen nicht ordnungsgem. Schließung aufgehoben wird; **E.beratung** *w* amtl. (kirchl.) Stelle zur Auskunft über E.-fragen; **E.betrug** *m* arglist. Verheimlichung eines E.hindernisses, = **E.erschleichung** *w*; **E.fähigkeit** *w* = E.mündigkeit ohne Einwilligung des gesetzl. Vertreters (**E.fähigkeitszeugnis** *s*); **E.güterrecht** *s* Güterstand, der für alle E.n gilt, wenn kein E.vertrag anderes vereinbart; **E.hindernis** *s* Umstand, der die E.schließung verbietet (**trennendes E.hindernis** macht E. ungültig; **aufschiebendes E.hindernis** läßt Gültigkeit der E. unberührt); **E.lich:erklärung** *w* Versetzung eines unehel. Kindes in die Rechtsstellung eines ehel.; **E.mündigkeit** *w* zum Eingehen einer E. vorgeschrieb. Alter; **E.nichtigkeit** *w* durch Urteil festgest. Auflösung der E. (zw. Verschwägerten, bei Doppel:e. u. ä.); **E.standsdarlehen** *s* zinsgünst. Darlehen für Jungverheiratete; **E.verbot** *s* Vorschrift, die eine E.schließung ausschließt (**zwingende Verbote** machen E. nichtig; **Sollvorschrift** verbietet E., ohne sie ungültig zu machen); **E.vertrag** *m* schriftl. Regelung der güterrechtl. Verhältnisse während der E.

Ehren|eintritt *m* Eintritt für Wechselschuldner; **E.erklärung** *w* Widerruf einer Beleidigung; **E.gericht** *s* Berufs-, Standesgericht zur Kontrolle der Berufs-, Standespflichten; **E.rechte** *M* staatsbürg. Recht (Wahl, Ämter, Titel); **E.schutz** *m* rechtl. Schutz der pers. Ehre

Eibizement *m* ⟨ **Ei**nheits**bi**mittel aus **Zement**

Eich|kurve *w* graf. Darstellung der Meß- u. Istwerte; **E.stempel** *m* Beglaubigungsstempel der E.ung; **E.substanz** *w* Vergleichssubstanz mit bek. physikal. Eigenschaften zum E.en von Meßgeräten; **E.ung** *w* ↑ Grundvoraussetzungen jeden Tests, = Standardisierung *w;* **E.wert** *m* geeichter Meßwert; **E.zähler** *m* Elektrizitätszähler im Netz

eidesfähig (mit 16 Jahren) berechtigt, Eide abzulegen (aberkennbar)

Eidophorverfahren *s* Methode zur Projektion von Fernsehbildern

Eier|lampe *w* Gerät zum Durchleuchten von E.n; **E.stock** *m* → Ovarium

Eigen|anlage *w* Erzeugungsanlage für Gas, Wärme, Strom (für den eigen. Gebrauch); **E.aufkommen** *s* selbst bezahlte Summe; **E.erwärmung** *w* Erwärmung durch elektr. Leistung im Bauteilinnern; **E.finanzierung** *w* Erstattung der Unkosten durch den Unkostenträger, = Selbstfinanzierung; **E.frequenz** *w* Frequenz, mit der ein schwingungsfäh. Gebilde unbehind. Schwingungen ausführt; **E.funktion** *w* math. Formel zur quantenmech. Beschreibung von Teilchen; **E.halbleiter** *m* Halbleiter, der zur Stromleitung keiner Fremdatome bedarf; **E.handel** *m* Kauf u. Verkauf auf e.e Rechnung; **e.händiges Delikt** *s* Straftat, die der Täter selbst vorgenommen hat, = **e.mündiges Delikt**; **E.heimer** *m* Besitzer eines **E.heims** (selbst bewohnte Wohnung); **E.image** *s* (e.: *-imidsch*) Vorstellung, die man von sich selbst hat; Beurteilung einer Veröffentlichung durch ihre Leser; **E.interesse** *s* (e.: self-interest) Streben nach größten Vor- u. kleinsten Nachteilen für sich selbst; **E.kapital** *s* Kapital des Inhabers (Unternehmens), = → E.finanzierung; **E.kredit** *m* Kredit der Firma ohne Bankeinschaltung; **E.schwingung** *w* Bewegung eines unbehind. schwing. Gegenstandes mit seiner E.frequenz; **E.spannung** *w* innere mech. Spannung eines Körpers; **e.stabil** ohne Ruderbetätigung in die normale Fluglage zurückkehrend; **E.strahlung** *w* charakterist. Strahlung

Eigentum|sdelikt *s* Diebstahl u. ä., = **E.svergehen** *s*; **E.sgarantie** *w* rechtl. Sicherung des E.s innerhalb gesetzl. Grenzen; **E.s:ideologie** *w* (falsche) Vorstellung über Erwerb, Vermehrung u. Zweck des Geldes; **E.s:streuung** *w* Verteilung von E.; **E.svorbehalt** *m* Nichtübergabe des E.s bei Kaufverträgen (bei aussteh. Bezahlg. der genauen Kaufsumme); → verlängert; **E.swohnung** *w* Eigenheim als Wohnung

Eigen|verbrauch *m* Teil der elektr. Bruttoleistung für Betrieb als Anlage; **E.wechsel** *m* Wechsel, für den der Aussteller in Höhe der vereinb. Summe haftet

Eignung|s:test *m* Verfahren zur Prüfung der Erfolgsmöglichkeiten für best. Berufe (Tätigkeiten); **E.s:untersuchung** *w* mediz. Tauglichkeitsprüfung

Eikometer *s* (KW) Gerät zur opt. Größenmessung an entfernten Gegenständen

Eileiter| *m* jederseits von der Gebärmutter in die Bauchhöhle führ. Rohr, = **Tube** *w*; **E.schwangerschaft** *w* = → Tubargravidität

Eimerwerk *s* Schöpfwerk mit endloser Eimerkette

EIN ⟨ **E**uropean **I**nformation **N**etwork, = → Euronet

Ein|achs:anhänger *m* e.achs. Kraftwagenanhänger; **E.anker:umformer** *m* elektr. Maschine zur Verwandlung von Wechsel- in Gleichstrom u. umgekehrt

Einbau|mikroskop *s* Mikroskop an (in) Werkzeugmaschinen; **E.möbel** *M* fest mit Gebäude verbund. Möbel

Einbeinfahrgestell *s* Aufhängung der Flugzeugräder an einer Strebe

Einbettung| *w* durch Gießen, Pressen, Spritzen, Schmelzen, Kitten entstand. nichtlösl. Verbindung; **E.smethode** *w* Verfahren zur Bestimmung des Brechungsindex

Einblasemühle *w* = **Brennkammermühle** *w* Mühle, aus der Kohlenstaub unmittelbar in Brennkammer geführt wird

Einblick| *m* → doppelt; Ggs.: → Ausblick; **E.stutzen** *m* Okularstutzen an Aufsetzkameras für Mikrofotografie zur Beobachtung des Objekts bis zur o. bei Aufnahme

Einbohrband *s* Befestigung für Möbeltüren

einbrenn|en Lack durch Erhitzen härten; **E.lack** *m* Lack, der nach Auftragen durch Erhitzen im **E.ofen** gehärtet wird

einchecken (*-tsch-*) abfertigen; abgefertigt werden

eindampfen Lösemittel durch Verdampfen aus Lösungen entfernen
Eindickung *w* Konzentration der gelöst. Kesselwassersalze durch Verdampfen des Speisewassers
eindosen in Dosen konservieren
Eindring|härte *w* → Eindruckhärte; **E.tiefe** *w* Tiefe, bis zu der Strahlen dringen können
Eindruck|härte *w* Widerstand, den der Werkstoff dem Eindringen eines Probekörpers entgegensetzt; **E.versuch** *m* Messung der E.härte
ein:eiig aus nur einer befrucht. Zelle entstanden
ein:eindeutig = → bijektiv
Ein:elternfamilie *w* Familie mit nur einem Elternteil
ein:engen ↑ Lösemittel durch Verdampfen teilw. aus Lösungen entfernen, die dadurch konzentrierter werden
Einfachbindung *w* Atombindung, durch einz. Elektronenpaar vermittelt
einfaches Mikroskop *s* Mikroskop ohne Okular; **einfache Waage** *w* Waage mit einem Hebel, wirkend mit einer arbeitenden Kolbenseite an jedem Zylinder
sich einfädeln allmähl. Einbiegen in Verkehr ohne Behinderung der folg. Fahrzeuge
Einfaden:elektrometer *s* Gerät zum Nachweis elektr. Ladungen
einfahr|en ↑ Wagen durch Fahren leistungsfähig machen; Apparatteil nach innen bringen; in Betrieb bringen; **E.t** *w* ↑ Abzweigung zur Autobahn; **E.-(ts)signal** *s* Ggs.: → Ausfahrsignal
Einfall| ↑ *m* Niedergehen auf die Erde; **E.s:ebene** *w* Ebene, die den e.enden Strahl u. das E.slot enthält; **E.slot** *s* Lot auf der lichtbrech. spiegelnd. Fläche im Strahleneinfallspunkt; **E.swinkel** *m* Winkel zw. E.slot u. einfall. Strahl
Einfang| *m* ↑ freier Einlauf des Triebwassers in die Leitung ohne Stauwerk; **E.-Gammastrahlung** *w* durch Neutronenstrahlen verurs. Erzeugung von Gammastrahlen; **E.s:prozeß** *m* Kernumwandlung, die in der Aufnahme eines Elementarteilchens u. Aussendung von Gammastrahlen durch den umgewand. Kern besteht; **E.reaktion** *w* Kernreaktion, die mit einem E.s:prozeß beginnt, an den sich Kernspaltung o. Abgabe eines Elementarteilchens o. eines Gammastrahls anschließt
Einfindungszeit *w* = → Checkingtime
Einflug|zeichen *s* nach oben strahl. Funkfeuer an der Anfluglinie der Flughäfen; **E.zone** *w* Grenzstelle, an der ausl. Flugzeuge einfliegen müssen
Einfluß| *m* → vertikal; **E.lini:e** *w* graf. Darstellung der Abhängigkeit stat. Schnittwerke von der Laststellung
Einfriertemperatur *w* Temperatur, bei der thermoplast. Kunststoffe vom gummielast. in spröden Zustand übergehen
Einfuhr| *w* → unsichtbar; **E.erklärung** *w* Bekundung vor der D. Bundesbank bei E.vertrag; **E.kontingentierung** *w* Festlegung der Importwarenmenge; **E.lizenz** *w* Genehmigung zum Import, = **E.bewilligung** *w*, = **E.genehmigung** *w*; **E.prämi:e** *w* Vergütung für Import best. Waren
Einführung|sgesetz *s* Regelung zur Neuregelung größ. Rechtsgebiete; **E.skurs** *m* Kurs bei der Wertpapierausgabe; **E.s:preis** *m* günst. Preis für marktneue Waren mit **E.srabattgewährung** *w*
einfüttern in Rechenanlage übertragen
Eingabe|daten *M* auf Band (Lochkarten) verzeichn. Angaben für eine DVA; **E.gerät** *s* Teil der Rechenanlage, der Information usw. überträgt; → digital
Eingang|sgröße *w* die vom Regelinstrument aufgenomm. Maßgröße; **E.s:stufe** die 2 ersten Schuljahre des bei Fünfjährigen beginnenden Schulsystems
eingeben → einfüttern
Eingebrauchs:packung *w* = → Einwegpackung
eingefrieren Lebensmittel bei Temperaturen von -32 °C bis -40 °C einschläfern
eingeprägter Strom *m* hat größeren Innen- als Belastungswiderstand
Eingeweidewürmer *M* = → Endoparasiten
eingrünen Rasen säen
Eingruppierungs:tarifvertrag *m* = → Strukturtarifvertrag
Einheit| *w* → astronomisch; **e.liche Feldtheorie** *w* Weiterentwicklung der allgem. Relativitätstheorie, die die elektron. Felder einschließt; **E.sgetriebe** *s* Versuch der Vereinheitlichung der mechan. Kennungswandler beim Kfz; **E.skreis** *m* Kreis, dessen Radius als Längeneinheit benutzt wird; **E.sleistung** *w* Kennzahl für E.sturbine mit Laufraddurchmesser D_1 = 1 m; **E.s:preisgeschäft** *s* Einzelhandelsladen, in dem alle Waren zum gleichen Preis verkauft werden; **E.s:schule** *w* einheitl. Aufbau aller Schulen eines Staates; **E.s:staat** *m* zentr. gelenkter Staat mit einheitl. Rechtsordnung; **E.s:tarif** *m* für alle Fahrtstrecken (Bahntypen) unterschiedsloser Fahrpreis; **E.s:turbine** *w* = → E.sleistung;

E.svektor *m* Vektor mit Betrag 1; **E.swert** *m* gleich. Steuerwert für Grund-, Vermögens-, Betriebsbesitz; Kennzahl im Wasserturbinenbau; Ggs.: → Schwankungswert

Einkammersystem *s* Verfassung, die nur eine Kammer als gesetzgeb. Körperschaft hat

Einkauf|sgenossenschaft *w* Genossenschaft für Einzelhandel, Handwerks- u. Landwirtschaftsbetriebe zum gemeins. E.; **E.swagen** *m* fahrb. Drahtgestell für SB-Läden; **E.szentrum** *s* (e.: shopping center) planmäß. angel. Ladenviertel

einklarieren beim Einlaufen in den Hafen Zoll- u. Hafenbehörde passieren

Einklassenschiff *s* Fahrgastschiff mit gleichwert. Einrichtung für alle Fahrgäste

Einknopfbedienung *w* Zusammenfassung mehr. Einstellfunktionen der Geräte in 1 Knopf

einkokonnieren (e.) mit einem Material luftdicht abschließen

Einkommen *s* → arbeitslos; **E.s:elastizität** *w* Meßziffer für Nachfrage nach einem Gut bei veränd. Einkommen; **E.s:steuer** *w* Steuerabgabe vom E. (**unbeschränkte E.** bei Aufenthalt im Inland; **beschränkte E.** bei Wohnsitz im Ausland u. inländ. Einkünften); → versteuern

einkreis|en ↑ kreisfr. Stadt in Landkreis eingliedern; **E.er** *m* einf. Rundfunkempfänger mit Schwingungskreis; **E.system** *s* Einbeziehung der Kontenführung (Betriebsabrechnung) in Buchhaltung

Einkristall *m* größ. Kristallkörper ohne Störstellen

Einkünfte *M* → sonstig

Einlagesicherungs:system *s* Selbstschutzmaßnahme der Banken

einlassen einwachsen; lackieren; einsetzen. – **Einlaßmittel** *s* Vorstreichfarbe für saugfäh. Untergrund. – **Einlass|ung** *w* Stellungnahme des Beklagten; **E.ungsfrist** *w* Zeit zw. Zustellung der Klageschrift u. 1. mündl. Verhandlung (Zivilproz.)

Einlauf| *m* ↑ 1. Teil eines Triebwerks, ≐ **Luft:e.** *m*; **e.en** ↑ 1. Laufzeit durchmachen (Maschinen); **E.kanal** *m* = → Diffusor; **E.zeit** *w* Schonzeit für Fahrzeuge mit Serienmotoren

einlegen in Rückwärtsgang einschalten; würz. Flüssigkeit einwirken lassen; in die Oberfläche Verzierungen einarbeiten; auf Konto einzahlen; durch Formermasse Haare formen; mit Nachdruck betonen (Einspruch e.)

einlesen Daten in Rechenanlage übertragen

Einliegerwohnung *w* Wohnung im Einfamilienhaus (kann man ohne Bauänderungen zur Hauptwohnung ziehen)

einlösen ↑ durch Schriftstücke Geldauszahlung erwirken (Scheck e.); Verpfändetes durch Zahlung zurückerwerben; altes Versprechen erfüllen

Einmal|handtuch *s* Papiertuch zum Händetrocknen; **E.packung** *w* = → Einwegpackung

Einmann|gesellschaft *w* ↑ Kapitalgesellschaft mit Gesellschafter; **E.wagen** *m* Straßenbahnwagen mit Fahrer als Bedienung; **E.wahlkreis** *m* → Wahlkreis

einmessen ↑ Anzeige zur Meßgröße nach Vorzeichen u. Betrag zuordnen (ergibt **Einmeß|tabelle** *w*, **E.kurve** *w*, **E.faktor** *m*)

Einnahme:erwartung *w* Summe der geschätzten E.

Einnistung *w* Einbettung des befrucht. Eies in Gebärmutterschleimhaut

einparken Ggs.: → ausparken

Einpendler *m* Pendler vom Wohn- zum Arbeitsort

Einphasen|motor *m* mit einf. Wechselstrom (statt Drehstrom) arbeit. Elektromotor; **E.(wechsel)strom** *m* durch eine einz. Leitung transportierb. Wechselstrom; **E.transformator** *m* elektr. Transformator für E.wechselstrom

Einpunkt|bewegung *w* (e.: single purpose movement) polit. Gruppierung mit nur einer Zielsetzung; **E.betankung** *w* = → Druckbetankung

Einrede *w* Anerkennung des Gläubigeranspruchs bei gleichzeit. Verweigerung von Leistungen

Einrichtung|sdarlehen *s* staatl. zurückzahlb. Zuschuß zur Anschaffung einer Wohnungseinrichtung; **E.sfahrzeug** *s* Triebwagen mit nur einem Führerstand

Einsatz| *m* ↑ Summe aller einem Verarbeitungsprozeß zugeführt. Stoffe; **E.härtung** *w* Methode zur Oberflächenhärtung von Metallgegenständen; **E.horn** *s* Hornsignal zur Vorfahrt berecht. Kraftwagen; **E.ofen** *m* für die E.härtung benutzter Glühofen; **E.wagen** *m* Spezialwagen der Polizei; Zusatzwagen der Straßenbahn-, Omnibuslinie

einschalen Ggs.: → ausschalen

Einschalt|quote *w* Zahl der Personen, die eine Sendung ansehen, -hören; **E.strom** *m* höchster Momentanwert des elektr. Stromes

einscheren Ggs.: → ausscheren; Tauwerk durch Halterungen u. ä. ziehen

Einschienen|bahn *w* auf nur einer Fahrschiene fahrende Bahn = **E.fahrzeug** *s*
einschießen ↑ Kapital beisteuern; einströmen (Milch in die Brust); Waffe erproben
einschlag|en ↑ durch Steuerraddrehung Fahrtrichtung ändern; Lederwarenkanten verschönern (= **umbuggen – umlegen – festkleben**); **E.emaschine** = → Einwickelmaschine; **E.lupe** *w* bei Nichtgebrauch in Gehäuse einschwenkb. Linse einer Lupe; **E.muffe** *w* Möbelbeschlag
Einschließung *w* Haftstrafe für Soldaten. – **Einschluß|thermometer** *s* Thermometer, bei dem Quecksilberröhrchen u. Skala sich gemeins. in verschloss. Umhüllungsrohr befinden; **E.verbindung** *w* chem. Additionsverbindung, die entsteht, wenn Moleküle einer Substanz in Hohlräumen des Kristallgitters einer zweiten eingeschlossen werden
Einschmelz|glas *s* → Ampulle; **E.rohr** *s* dickwand. druckfestes Glasrohr für chem. Reaktionen
einschneiden ↑ Aufnahmen in Filmstreifen einfügen
einschweißen ↑ in Klarsichtfolie Verpacktes zuschweißen
Einschwemmverfahren *s* Methode zum Bau von Unterwassertunneln aus vorgefert. Rohren
einschwimmen ↑ Brückenteile auf Wasserweg einmontieren
Einschwing|brecher *m* Zerkleinerungsgerät für stückige Güter; **E.vorgang** *m* Beginn der Schwingung
einsenken ↑ schwier. Innenformen von Werkzeugen durch Stempel einschlagen, -drücken
einsiegeln ↑ maschinell luftdicht verschließen
einsilieren im Silo einlagern
Einspänner *m* ↑ nur eine Wohnung auf jedem Stockwerk im Mehrfamilienhaus
einspeisen (gespeich.) Energie ihrer Bestimmung zuführen; in Rechenanlage eingeben
einspielen ↑ Klangfülle eines Musikinstruments durch Spielen entfalten; auf Schallplatten aufnehmen
Einspritz|düse *w* Zerstäuber u. Verteiler des Kraftstoffs bei Verbrennungsmotoren; **E.kühlung** *w* Kühlung des ström. Gases durch E.en einer Flüssigkeit; **E.pumpe** *w* Hilfsaggregat am Verbrennungsmotor
Einspruchsrecht *s* aufschieb. Vetorecht des Bundesrats
Einstein|-Funktion *w* (d. Physiker, 19./20. Jh.) math. Formel zur Bestimmung der spez. Wärme von festen Körpern; **E.-Gleichung** *w* die Formel E = m mal c^2, durch die die Gleichwertigkeit von Masse u. Energie beschrieben wird, = **E.sches Gesetz** *s*; **E.ium** *s* künstl. radioakt. Element aus Reihe der Transurane (⟨ *Es*)
einstell|en ↑ techn. Gerät regulieren u. arbeiten lassen; Rekordleistung wiederholen; best. Summe in Anschlag bringen; Lösung auf best. Gehalt bringen; **E.scheibe** *w* Kameraeinrichtung zum Scharfeinstellen; **E.skala** *w* Teil des Rundfunkempfängers, auf dem Frequenzbereich eingestellt wird; **E.ung** *w* nicht unterbroch. Filmaufnahme; **E.ungs:änderung** *w* Ggs.: → Persistenz; **E.ungsbescheid** *m* Benachrichtigung einer erfolgt. Bewerbung; **E.ungs:test** *m* Testmessung für Werbeerfolg; **E.ungs:untersuchung** *w* Arztbefund über Arbeitstauglichkeit; **E.werk** *s* Werk zur Aufnahme von Eingangswerten (Addier-, Frankier-, Buchungsmaschine, Registrierkasse)
Einstichpyrometer *s* (KW) Meßgerät zur Bestimmung der Temperatur im Innern einer Substanzprobe
Einstiegsdroge *w* 1. Gift, das Süchtiger zu sich nimmt
einstrahlender Verkehr *m* an einer Stelle (in ein Gebiet) einfließ. Verkehr
Einströmung *w* Eintritt von Arbeitsdampf in Dampfmaschinenzylinder
einstweilige Verfügung *w* vorläuf. gerichtl. Entscheidung (wenn durch Veränderung des besteh. Zustands die Rechtsverwirklichung einer Partei erschwert o. vereitelt wird)
Eintauch|kappe *w* Hülle für die Mikroskoplinse zur Untersuchung von Unterwasserobjekten; **E.pumpe** *w* chem. techn. Förderpumpe; **E.viskosimeter** *s* Gerät zur Messung der Zähigkeit von Flüssigkeiten
Eintritts:pupille *w* dingseit. Blendenbild der Öffnungsblende
eintüten in Tüten abpacken
Einwaage *w* Gewicht eines Konserveninhalts; Verlust am Gesamtgewicht beim Auswiegen klein. Mengen; Probemenge für textilchem. Prüfungen; abgewog. Substanzmenge zur quantit. Analyse
Einweg|hahn *m* ↑ Absperrvorrichtung, die Abstrom nur in einer Richtung zuläßt; **E.(ver)packung** *w* Verpackung für einmal. Gebrauch (nur für einen Zweck; = **Eingebrauchs:packung** *w*, = **Einmalpackung** *w*; Ggs.: Dauerpak-

kung); **E.scheibe** *w* nur von einer Seite durchsicht. Scheibe

einweisen ↑ amtl. unterbringen; mit neuer Arbeit vertraut machen; den Fahrer (Bergsteiger) durch Handbewegungen o. ä. an gewünschte Stelle leiten (= **einwinken**); Zwischenpunkte zw. 2 örtl. bezeichn., gekennzeichn. Punkten (im Bergbau) suchen

Einwendung *w* ↑ Anerkennung der vom Gläubiger vorgebr. Tatsachen bei Bestreitung ihrer Schlüssigkeit

einwertig ↑ Wasserstoffatom chem. bindend o. in seinen Verbindungen ersetzend

Einwickelmaschine *w* zum Verpacken von Waren (= Einschlagemaschine)

einwiegen ↑ durch Abwiegen klein. Mengen am Gesamtgewicht verlieren

Einzel|achs:antrieb *m* Antrieb jeder Achse durch eigen. Motor; **E.antrieb** *m* Antrieb jeder Maschine durch eigen. Motor; **E.flugversuch** *m* (e.: flight-by-flight-test) Betriebsfestigkeitsprobe für Flugzeugflügel; **E.gewerkschaft** *w* Gewerkschaft für die Arbeitnehmer nur eines Wirtschaftszweiges; **E.heizung** *w* Ein- o. Mehrraumheizung; **E.klassement** *s* (*-mañ*) Einstufung aufgrund der E.wertung (Ggs.: Gesamtklassement); **E.kultur** *w* aus nur einer Zelle gezog. Kleinlebewesenkultur; **E.lüftung** *w* Generatorlüftung in jedem Maschinensatz eines Wasserkraftwerks; **E.radaufhängung** *w* voneinander unabhängige Aufhängung der Räder eines Fahrzeugs; **E.unternehmung** *w* → Rechtsform

Einzieh|fahrwerk *s* einziehb. Flugzeugtriebwerk; **E.kran** *m* Kran mit verstellb. Auslegerachse. – **Einzug|sgebiet** *s* Umgebung eines Zentrums, = **E.sbereich** *m*; **E.sverfahren** *s* Form der bargeldlosen Zahlung

Einzweckflugzeug *s* Arbeitsflugzeug für nur eine Aufgabe

Eis|abwehr *w* alle Maßnahmen zum Schutz von Brücken vor Schäden durch E.schollen (z. B. durch **E.abweiser** *m*, **E.brecher** *m*)

Eisen|asbest *m* Fasernmaterie in Hochöfenfugen; **E.bahn-Kraftwagenverkehr** *m* Güterverkehr auf e.bahneigenen Lastwagen o. durch Vertragsspediteure; **E.beton** *m* e.teilverstärkter Beton; = → Stahlbeton; **E.brand** *m* Schaden im Blechpaket einer elektr. Maschine; **E.carbid** *s* sehr harte E.-Kohlenstoffverbindung; = → Zementit; **E.carbonyl** *s* flüss. E.verbindung (Ausgangssubstanz zur Herstellung von besonders reinem E.); **E.farben** *M* E.verbindungen als Farbpigment; **E.glimmer** *m* mineral. E.oxid; **E.gruppe** *w* E., Kobalt, Nickel; **E.kern** *m* Ausfüllung einer elektromagn. Spule mit E.stab o. Bündel von E.blechen; **E.kies** *m* schwefelhalt. E.erz, Pyrit; **E.klinker** *m* oxidhalt., bis zur Sinterung gebrannt. frost- u. säurebeständ. Ton; **E.koks** *m* Koks aus bitumenreicher Feinkohle u. gemahl. E.erz (als Schrott im Hoch-, Schachtofen); **E.krebs** *m* inn. Korrosion im Gußeisen (macht es schwammig); **E.oxid** *s* Verbindung von E. u. Sauerstoff; **E.pech:erz** *s* mineral. E.oxid; **E.portlandzement** *m* Nebenprodukt der E.herstellung zur Mörtelherstellung; → Schlackenzement; **E.schamm** *m* weit unter dem Schmelzpunkt reduz. E.; **e.schüssig** e.oxidhaltig; **E.staublunge** *w* Lungenkrankheit durch Einatmen von E.staub; **E.stich** *m* Öffnung am Fuß des Hochofens zum Ablassen des geschmolz. E.s; **E.sulfid** *s* Schwefeleisen (Verbindung von E. u. Schwefel); **E.vitriol** *s* = **E.sulfat** *s* E.salz der Kieselsäure; **E.-Wasserstoff-Widerstand** *m* selbsttät. Stromregler. – **eiserne Lunge** *w* Beatmungsgerät (Metallkammer mit wechselw. posit. u. negat. Druck)

Eis|essig *m* reine Essigsäure; **E.farben** *M* Textilfarbstoffe, bei 0° C durch chem. Reaktion auf der Faser erzeugt; **E.funk** *m* E.warndienst durch Funk für Schiffe; **E.haut** *w* Blechbelag des Schiffsbugs gegen Treibeis; **E.kalorimeter** *s* Gerät zur Messung der Wärmemenge; **E.keimmechanismus** *m* Bildung von E.keimen in unterkühlten Wolken zur Erzeugung von Niederschlägen; **E.linse** *w* gefror. Sickerwasser unterh. des Straßenbelags; **E.punkt** *m* Temperatur, bei der reines E. unter Normaldruck schmilzt; **E.stau** *m* Anhäufung von Treibeis mit Wasserstau; **E.stein** *m* wicht. Aluminiumerz, Kryolith; **E.trocknung** *w* Verdampfung des erstarrten Wassers im tiefkalten Produkt nach Tiefgefrierprozeß

Eiweiß|kunststoff *m* Kunststoff aus natürl. E.; **E.defizit** *s* gesundheitsschädl. Mangel an E.stoffen in der Ernährung; **E.minimum** *s* zur dauernd. Aufrechterhaltung der menschl. Lebensfunktionen notwend. tägl. E.menge in der Nahrung; **E.stoffe** *M* hochmolekul. organ. Verbindungen aus Kohlen-, Wasser-, Sauer-, Stickstoff u. Schwefel (biochem. wichtig. Bestandteile aller leb. Zellen)

Ekart *m* (fr.: *ekar*) Abstand zw. Tages- u. Prämienkurs an der Börse
EKD ⟨ **e**vang. **K**irche **D**eutschlands. – **EKG** ⟨ **E**lektro**k**ardio**g**ramm (Aufzeichnung der Herzaktionsströme u. -spannungen)
Eklampsie *w* (KW, gr.) Krämpfe vor o. nach Geburt
Eklogite *M* (gr.) Mineralien aus größ. Tiefe des Erdinnern
Ekonomiser *m* → Economy Class
Ekrasit *s* (KW) Sprengstoff aus Pikrinsäure u. Nitronnaphthalin
EKT ⟨ **E**lektro**k**rampf**t**herapie (→ Elektroschock)
Ektasie *w* (gr.) Hohlorganerweiterung
Ektotoxine *M* (KW, gr.) von Bakterien abgeschied. Giftstoffe
Ekzem *s* (gr.) Juckflechte; krankh. Veränderung der Oberhaut (meist allergisch; nicht ansteckend!)
Elast|e *M* (KW, lat.) e.ische Kunststoffe; **E.in** *s* Eiweißstoff in Sehnen u. Blutgefäßwänden; **e.isch** sich bei äuß. Einwirkung verformend, bei deren Wegfall alte Gestalt wieder annehmend; **e.ische Dehnung** *w* durch Zugkräfte an e.ischem Körper hervorgeruf. Verlängerung; **e.ische Energie** *w* Energie, die zur Formveränderung eines e.ischen Körpers aufgewandt werden muß; **e.ische Spannung** *w* die an e.ischem Körper wirkende Kraft geteilt durch dessen Querschnitt; **E.izitätsgrenze** *w* kleinste Belastung, von der ab e.ische Körper nach e.ischer Verformung ihre urspr. Form nicht mehr annehmen; **E.izitätsmodul** *m* die bei gering. Verformung in Körpern herrsch. e.ische Spannung geteilt durch ihre e.ische Dehnung; **E.izitätszahl** *w* Kehrwert des E.izitätsmoduls; **E.omer** *m* gummi:e.ischer Kunststoff
ELDO ⟨ **E**uropean **L**auncher **D**evelopment **O**rganization (europ. Organ. für Entwicklung u. Bau von Trägerraketen)
Elefantenrüssel *m* ↑ kurzes Rohr zur Überleitung des Betons auf dem letzten Stück zw. Transportmittel u. Schalung
Elektrakomplex *m* überstarke Bindung der Tochter an Vater
Elektr|et *m* (KW, gr.; ⟨ **elektr.** + Magnet) isolier. Körper, der Träger eines permanent elektr. Feldes ist; **e.ische Energie** *w* Energie aus dem fließ. elektr. Strom; **e.ischer Stuhl** *m* Gerät zum Vollzug der Todesstrafe mit Starkstrom; **e.ische Uhr** *w* Uhr mit elektr. Energiequelle; **e.ischer Widerstand** → Widerstand; **e.isches Messer** *s* → Diathermie; **e.isches Wärme:äquivalent** *s* Zahlenfaktor zur Berechnung der elektr. Energie, die zur Erzeugung best. Wärmemengen notwend. ist; **E.isierung** *w* physik. Meßgröße zur Beschreibung des elektr. Feldes in einem isolier. Stoff; **E.izitätsmenge** *w* elektr. Ladung; **E.izitätszähler** *m* → Coulometer; **e.o:akustisch** auf elektr. Wege Schall erzeugend; **E.o:analyse** *w* chem. Analyse unter Ausnutzung der E.olyse; **E.ochemie** *w* Erforschung des Zusammenhangs zw. chem. u. elektr. Vorgängen; **e.ochemisch** → Spannung; **e.ochem. Bearbeitung** *w* abtragend. Bearbeitungsverfahren; **e.ochem. Äquivalent** *s* Verhältnis zw. e.olyt. abgeschied. Stoffmenge u. dazugehör. Ladung; **E.ode** *w* Stromzuführung; **E.odynamik** *w* Erforschung der Wechselwirkung zw. veränderl. elektr. u. magnet. Feldern; **E.odendynamometer** *s* Strom- o. Spannungsmeßinstrument best. Bauart; **E.o:endoskopie** *w* (KW) = → Phototherapie; **E.o:enzephalogramm** *s* → EEG; **E.o:erosion** *w* = E.ofunken:erosion; **E.ofilter** *s* Vorrichtung zur Gasentstaubung durch elektr. Feld; **E.ofiltration** *w* Abscheidung von Ruß- u. Staubteilchen aus Gasen durch Aufladung u. e.ostat. Anziehung; **E.oftalm** *s* Sehprothese für Blinde; **E.ofunken:erosion** *w* Werkstoffbearbeitung durch Abtragen der Oberfläche mit elektr. Funken; **E.ogetriebe** *M* alle elektromech. Bewegungserzeuger; **E.okardiogramm** → EKG; **E.okaustik** *w* Gewebezerstörung mit elektr. Strom; **E.okessel** *m* Reaktionskessel mit elektr. Beheizung; **E.okinetik** *w* Stoffbewegung als Folge elektr. Kräfte; **E.olumineszenz** *w* Erzeugung von Leuchterscheinungen durch elektr. Entladungen; **E.olyse** *w* chem. Umsetzung durch elektr. Stromfluß; **E.olyt** *m* flüss. o. fester Stoff, der Ionen enthält; **E.olyt:eisen** *s* reines, durch E.olyse gewonn. Eisen; **e.olytische Metallgewinnung** *w* Herstellung von Metallen aus ihren Verbindungen durch E.olyse; **e.olytische Dissoziation** *w* Bildung frei bewegl. Ionen beim Auflösen o. Schmelzen eines Stoffes; **E.olytkondensator** *m* elektr. Kondensator mit elektrolyt. erzeugter Oxidschicht als Isolator; **E.omagnet** *m* Vorrichtung zur Erzeugung starker Magnetfelder durch elektr. Strom; **e.omagnet. Feld** *s* Raum, in dem e.ostat. (→ Coulombsche) o. magnet. Kräfte wirken; **E.omechanik** *w* Feinwerktechnik mit mechan. u. elektr.

Signalen; **E.ometallurgie** *w* Erforschung der Metallgewinnung u. -reinigung durch E.olyse; **E.ometer** *s* Spannungsmeßgerät ohne Stromverbrauch; **E.omotor** *m* Maschine zur Umwandlung von elektr. Energie in mechan. Arbeit; **e.omotorische Kraft** *w* Spannung zw. den Polen einer Stromquelle in unbelast. Zustand; **E.omyogramm** *s* Aufzeichnung der Muskelaktionsströme; **E.on** *s* Elementarteilchen mit negat. Elementarladung u. gering. Masse; **E.onegativität** *w* Tendenz eines Atoms, E.onen an sich zu ziehen; **E.onen:affinität** *w* Energiegewinn bei Bindung eines E.ons an ein Atom; **E.onen:akzeptor** *m* Molekül o. Ion, das unter Aufnahme von E.onen eine chem. Bindung ausbildet; → Akzeptor; **E.onenbahn** *w* Weg eines E.ons bei seiner Bewegung im Atom o. Molekül; **E.onenbeschleuniger** *m* physik. Apparatur zur Herstellung von E.onenstrahlen; **E.onenbeugung** *w* Ablenkung u. Zerlegung von E.onenstrahlen beim Durchgang durch Kristallgitter; **E.onenbild** *s* Abbildung eines Gegenstands durch ein E.onenmikroskop; **E.onen:emission** *w* Abgabe von E.onen durch erhitzte o. bestrahlte Metalle an die Umgebung; **E.onenfackel** *w* Gerät zur Erzeugung hoher Temperaturen durch elektr. Entladungen; **E.onenformel** *w* chem. Formel, in der Zuordnung aller Außene.onen zu den beteil. Atomen erkennb. ist; **E.onengas** *s* Gesamtheit der im Kristallgitter eines Metalls frei bewegl. Leitungse.onen; **E.onengehirn** *s* automat. Datenverarbeitungsanlage; **E.onenhülle** *w* → Atomhülle; **E.onenfiguration** *w* Anordnung der versch. E.onen in der Atomhülle; **E.onenladung** *w* Elementarladung; **E.onenleitung** *w* Leitung des elektr. Stroms durch E.onenfluß; **E.onenlinse** *w* Teil des **E.onenmikroskops** *s* Mikroskop, das statt mit Lichtstrahlen mit E.onen arbeitet; **E.onen:optik** *w* Erforschung der Bilderzeugung durch E.onenstrahlen; **E.onen:orgel** *w* = → Synthesizer; **E.onenpaar** *s* 2 E.onen im gleichen Molekül, die sich nur in der Spinquantenzahl unterscheiden; **E.onenröhre** *w* e.isches Schaltungselement, in dem E.onenstrahlen als Stromträger fungieren; **E.onenschale** *w* Gruppe von E.onen im Atom, die aufgrund ihres Energieinhalts zusammengehören; **E.onenschleuder** *w* → Betatron; **E.onenspin** *m* alle magnet. Erscheinungen, die sich durch Rotation der E.onen um ihre eigene Achse erklären; **E.onenstrahl** *m* Strahl von E.onen, die frei auf parallel verlauf. Bahnen fliegen; **E.onenstrahlschweißen** *s* Verfahren zum Verschweißen von Metallen, wobei die nöt. Schweißwärme von einem auftreff. E.onenstrahl erzeugt wird; **E.onenvervielfacher** *m* E.onenröhre zur Verstärkung schwacher Ströme; **E.onenvolt** *s* Energiemaß aus der Atom- u. Kernphysik; **E.onik** *w* Erforschung des Verhaltens u. der Beeinflussung der freien E.onen; ihre techn. Anwendung; **e.onischer Babysitter** *m* automat. Wiegenschaukler (bei Unmutsäußerungen des Babys); **e.onische Lauschstation** *w* Horchgerät zur Überwachung gegner. Truppenbewegungen; **e.onische Musik** *w* Tonerzeugung durch elektr. Generatoren u. Wiedergabe durch Geräte mit e.oakustischer Übertragung; **e.onischer Taschen-, Tischrechner** *m* Rechenmaschine mit e.onischem Baustein; **e.onisches Auge** *s* = → Scanner; **E.onmetall** *s* leichte Magnesiumlegierung; **E.o:ofen** *m* Nutzung der direkt. Umwandlung e.ischer in Wärmeenergie; **E.o:osmose** *w* Wanderung von Flüssigkeiten durch enge Röhren unter Einfluß e.ischen Stroms; **E.ophone** *M* Musikinstrumente mit e.ischer Tonerzeugung durch Lautsprecher; **E.ophor** *m* Vorrichtung zu Erzeugung u. Transport e.ischer Ladungen; **E.ophorese** *w* Wanderung gelad. kollo:idaler Teilchen im e.ischen Feld; **E.oreinigung** *w* Gasreinigung mit E.ofilter; **E.orüttler** *m* e.isches Werkzeug zum Verdichten von Gießmassen (z. B. Beton); **E.oschock** *m* E.okrampftherapie bei Depressionen u. best. Schizophrenien (⟨ *EKT*); **E.oschrauber** *m* motor. Steckschlüssel für Schraubverbindungen; **E.oschweißen** *s* Metallschweißen mit e.onischer Wärmeerzeugung (→ E.onenstrahlschweißen; → Lichtbogenschweißen; → Widerstandschweißen); **E.o(seil)zug** *m* e.isch angetrieb. Hebezeug mit Drahtseil als Huborgan; **E.oskop** *s* Gerät zum Nachweis e.ischer Ladungen; **E.ostrahl** *m* im e.ischen Ofen gewonn. hochwert. Stahl; **E.ostatik** *w* Erforschung der ruh. E.izität u. ihrer Wirkungen; **E.ostriktion** *w* Auftreten elast. Kräfte u. Formänderungen bei isolier. Körpern als Folge e.ischer Felder; **E.otechnik** *w* techn. Anwendung der E.izitätslehre; **E.otherapie** *w* Reizstrombehandlung bei periph. Nervenlähmungen u. Muskelschwäche; **E.o-**

thermie *w* Anwendung der e.ischen Energie zur Wärmeerzeugung; **e.ovalente Bindung** *w* Ionenbindung; **E.owärme** *w* durch e.ischen Strom erzeugte Wärme; **E.owerkzeug** *s* tragb. e.ische Werkzeugmaschine; **E.ozaun** *m* gelad. Draht als Weidezaun; **E.ozug** *m* → E.oseilzug; Hebezeug zur senkr. Förderung klein. Lasten

Element| *s* (lat.) ↑ im System nicht mehr zerlegb. Objekt; Grundgesetz; Stromquelle, in der chem. in elektr. Energie umgewandelt wird; Ding (Zahl) einer Menge; → chemisch; → erzeugend; **inverses E.** Verknüpfung eines E.s mit i. E. führt zum neutralen E.; **E.ar:analyse** *w* Ermittlung der Bruttoformel einer chem. Verbindung; **E.arbereich** *m* Umfang der vorschul. Erziehung; **E.arbewegung** *w* nicht unterteilb. Arbeitsbewegung; **E.arladung** *w* kleinste in der Natur auftret. elektr. Ladungsmenge; **E.arlänge** *w* kleinste physik. sinnvoll definierb. Länge; **E.armagnet** *m* kleinstmögl. Träger der ferromagnet. Eigenschaften; **E.arpsychologie** *w* Versuch, die Seele exakt zu erforschen; **elektr. E.arquantum** *s* → E.arladung; **E.arschraubung** *w* unendl. kleine Schraubenbewegung in einer best. Zeit; **E.arstufe** *w* Grundstufe des Unterrichts; **E.ar:teilchen** *M* Bausteine des Atoms; Teilchen, die durch Wechselwirkung dieser Bausteine entstehen können (Protonen, Neutronen, Elektronen, Neutrinos, Mesonen u. a.); **E.arzeichen** *s* nicht unterteilb., einfaches Zeichen; **E.arzelle** *w* kleinster sich nach 3 Richtungen wiederhol. Bereich eines Kristallgitters; **e.efremd** → disjunkt; **E.familie** *w* Gruppe einander ähnl. chem. E.e

Elephantiasis *w* (KW) unförm. Verdikkung einz. Körperteile (bes. Beine: **Elefantenbeine** u. a.)

Elevator *m* (lat.) Förder-, Hebewerk

Elfenbeinschwarz *s* durch Verkohlen von Elfenbeinabfällen hergest. schwarzes Farbpigment (Malerfarbe)

Eliminationsverfahren von Gauß *s* Reduzierung eines Gleichungssystems auf eine solche mit weniger Variablen

Elinvar *s* (KW) metall. Werkstoff, bei dem Elastizitätsmodul sich mit Temperatur nicht ändert

Elko *m* ⟨ **El**ektrolyt**ko**ndensator

Ellipse *w* ↑ Teil der Hemmung auf der Unruhe (= **Hebelstein** *m*)

Elongation *w* (KW, lat.) augenbl. Entfernung eines schwing. Teilchens von der Ruhelage

Eltern|initiative *w* Anregung der Schülere. zur Schulverbesserung; **E.seminar** *s* Kursus zur Information der E. in Erziehungsfragen; **E.vertreter** *m* Sprecher der Schülere. einer Schulklasse

elysieren (KW, gr.) Hartmetalle elektrolyt. schleifen

EM ⟨ Entfernungs**m**eßgerät. – **Em** ⟨ **Em**anation

Email|draht *m* durch Lackschicht isoliert. Draht; **E.tombak** *m* Messing aus 98 % Kupfer u. 2 % Zinn

Eman|ation *w* (KW, lat.) ↑ bei radioakt. Zerfall entsteh. radioakt. Edelgas; **E.ometer** *s* Luftmesser für Radongehalt

Emaskulation *w* (KW) (operat.) Entmannung

ematalieren (KW) Aluminium anodisch oxidieren

Emballage *w* (fr.: *añballâ~~sch~~*) Verpakkung (dem Käufer berechnet)

Embargo *s* (sp.) Ausschluß best. Staaten von der Belieferung mit best. Waren o. Gütern, Handelssperre, Ausfuhrverbot; Schiffsbeschlagnahme

Embolie *w* (KW, gr.) in Blutbahn gerat., mit Blutstrom verschleppte Substanzen, die Blutgefäß verstopfen

EMD ⟨ **E**inzel**m**aximal**d**osis

Embryotomie *w* (KW, gr.) operat. Zerstücklung des toten Kindes im Uterus

Emergenz *w* (lat.; e.: emergence) Auftreten neuer Eigenschaften beim Übergang in eine höhere Systemebene; Pflanzenauswuchs

EMG ⟨ **e**lectro**m**agnetic **g**un

Emission| *w* (lat.) durch techn. Vorgänge in die Atmosphäre u. andere Umweltbereiche gelang. Fremdstoffe; Verursachung von Geräuschen; Abgabe von Wärmung u. Strahlung; Ausgabe von Wertpapieren, Briefmarken; Strahlenaussendung; **E.sgeschäft** *s* Effektenhandel der Banken; **E.skataster** *m, s* amtl. Liste aller E.en in einem Gebiet u. ihrer Verursacher; **E.skurs** *m* → Ausgabekurs; **E.snebel** *m* ins Weltall Licht aussend. Gasmasse; **E.s:schutz** *m* alle Maßnahmen zur Verhütung ökolog. Schäden durch E.en; **E.s:spektrum** *s* Spektrum der ausgesandten Strahlen; **E.s:stopp** *m* staatl. befrist. Verbot der Ausgabe von Wertpapieren

Emitron *s* (⟨ lat. **emi**ttere + Elek**tron**) Teil des Fernsehaufnahmegeräts

Emitt|ent *m* (lat.) Unterbringer von Wertpapieren; Einrichtung zur Abgabe luftfremder Stoffe in Atmosphäre; Verursacher von Emissionen; **E.er** *m* Elektrode am Transistor; **e.ieren** in

Umlauf setzen; luftfremde Stoffe in Atmosphäre entlassen; Elektroden aussenden

EMK ⟨ **e**lektro**m**otor. **K**raft

emmetrop (KW) normalsichtig (e.es Auge)

EMNID-Institut *s* d. Marktforschungsinstitut (Bielefeld)

E-Modul *m* ⟨ **E**lastizitäts**modul**

Emotion *w* (lat.) ↑ Gemütsbewegung, Affekt

Empfänger| *m* ↑ Vorrichtung zum Empfang elektr. Wellen; **E.röhre** *w* Vakuumdiode o. gittergesteuerte Röhre kleiner Leistung

Empfängniszeit *w* gesetzl. festgel. Zeit vor der Geburt, in der eine Befruchtung stattgefunden haben kann (in der BRD 181.–302. Tag)

Empfang|s:ortung *w* Funkortung ohne Sender (Flugnavigation); **E.s:station** *w* Bestimmungsort; Stelle zum E. der Sendungen (= **E.s:stelle** *w*)

Empfindlichkeit *w* Maßzahl zur Kennzeichnung des Wirkungsgrades von Meßinstrumenten u. -schaltungen; Maßzahl zur Kennzeichnung des Lichtbedarfs einer fotograf. Schicht für die Entstehung eines Bildes

Emphysem *s* (gr.) Aufblähung in Geweben u. Organen durch Gase (Luft)

empirisch| (gr.) aus der Erfahrung abgeleitet, aber ohne theor. Begründung; **e.e Formel** *w* → Bruttoformel; **e.e Sozialforschung** *w* alle Methoden, die die Soziologie u. Sozialpsychologie sowie Teile der polit. Wissenschaft u. Pädagogik mit Datenbereichen verbinden; **e.es Testen** *s* Vergleich der Testergebnisse des Bewerbers mit denen erfolgreicher Angestellter

EM-Reifen ⟨ **E**rdbau**m**aschinen**reifen**

Emscherbrunnen *m* Einrichtung zur Abwasserreinigung

Emulg|ator *m* (lat.) Stoff, durch dessen Zusatz die Bildung einer Emulsion erleichtert u. ihre Beständigkeit verbessert wird; **E.ierung** *w* feine Zerteilung einer Flüssigkeit mit einer andern, mit ihr nicht mischbaren. – **Emulsion** *w* Mischung aus 2 nicht ineinander lösl. Flüssigkeiten, die eine in Form feinster Tröpfchen in der andern verteilt; → fotogr. E.

EMW ⟨ **E**vangel. **M**issions**w**erk

En:antio|mere *M* (KW) spiegelbildl. gleiche Moleküle; die Substanzen daraus; **E.morphie** *w* Vorkommen einer Substanz in 2 spiegelbildl. gleichen Kristallgestalten

Enchondrom *s* (gr.) Knorpelgeschwulst

Endbeseitigung *w* ↑ Schleifung eines Kernreaktors

Endekriterium *s* (KW) kennzeichnet Ende einer Programmschleife

Endemie *w* (gr.) Ausbreitung einer Krankheit auf best. Bereich

endergenisch (KW) freie Energie verbrauchend (bei physik. u. chem. Vorgängen)

End|gruppenbestimmung *w* Methode zur Bestimmung des Molekulargewichts polymerer Substanzen; **E.lagerung** *w* Verwahrung radioakt. Abfälle in mögl. unschädlicher Form (z. B. Eingießen in Beton o. Glasschmelze) an mögl. sicheren Orten (z. B. tekton. inaktiv. Gesteinsschichten) bis zum Abklingen der Radioaktivität; **E.leiste** *w* hint. Flugzeugtragflügelrand; **E.losbahn** *w* bedruckte Papierbahn für Tabelliermaschinen; **E.losbauweise** *w* Aneinanderreihung belieb. vieler Bauteile; **E.los-U-Bahn** *w* = → Nonstop-U-Bahn; **E.maß** *s* quader- o. zylinderförm. Meßkörper mit parall. geschliff. E.flächen, deren Abstand bekannt ist

endogen (gr.) im Körper selbst entstanden; was von innen kommt

Endokard *s* (gr.) innerste Herzwand

Endoparasiten *M* Schmarotzer im Organismusinnenraum („Eingeweidewürmer", → Helminthen)

Endoprothese *w* (KW, gr.) Ersatz eines erkrankten o. zerstörten Gewebe- o. Organteils durch nachgebild. Fremdmaterial

Endoskop *s* (KW, gr.) Gerät zur opt. Untersuchung von Hohlräumen

endotherm (gr.) unter Wärmeaufnahme ablaufend (Ggs.: → exotherm)

End|röhre *w* letzte Röhre einer Verstärkeranlage (eines Senders); **E.schalter** *m* öffnet u. schließt bei Überschreiten einer E.lage selbsttät. den Stromkreis; **E.stufe** *w* an Gitter einer E.röhre (Basis eines Transistors) gelegte Generatorspannung; **E.termin** *m* → Zeitbestimmung; **E.urteil** *s* Ggs.: → Zwischen:urteil; **E.vaku:um** *s* niedrigst. Druck, der mit einer best. Vakuumpumpe erreicht werden kann; **E.verbraucher** *m* Konsument

ENEA ⟨ **E**uropean **N**uclear **E**nergy **A**gency (Teil der → OECD)

Energ|etik *w* (KW, gr.) Lehre von Energieerzeugung, -verbrauch u. -umwandlung; **E.ie** *w* ↑ gespeich. Arbeit o. Arbeitsfähigkeit; → Energieträger, → psychisch; → elastisch; → elektrisch; **E.ie-Agentur** *w* Teil der → OECD (deren 17 Mitglieder Vorkehrungen gegen

Ölkrise getroffen haben); **E.ie:äquivalente** *M* Umrechnungszahlen, die angeben, wie viele Einheiten eines E.iemaßes einem andern entsprechen; **E.ie:aufwand** *m* für best. Zweck verwandte E.ie:anlage; **E.ie:ausnutzung** *w* Verhältnis der genutzten zur gesamterzeugten E.ie; **E.ieberaterin** *w* Verbraucherberaterin in E.ie-, Gaswerken; **E.iebilanz** *w* Auflistung aller Arten von Erzeugung u. Verbrauch von E.ie in einem techn. o. wirtschaftl. System (Maschinen – Fabrikanlagen – Volkswirtschaft); **E.iedichte** *w* je Kubikzentimeter in einem (Spannungs-, Magnet-) Feld gespeich. E.iebetrag; **E.iehaushalt** *m* Zusammenspiel von Erzeugung u. Verbrauch von E.ie; **e.ie:intensiv** bei der Arbeit viel E.ie verbrauchend; **E.iekonverter** *m* → E.iewandler; **E.ielücke** *w* für Zukunft befürchtete Unzulänglichkeit der E.ieversorgung; **E.ieniveaus** *M* mögl. E.ieinhalte von Molekülen, Atomen u. Elementarteilchen; **E.iepolitik** *w* die öfftl. Maßnahmen zur Sicherung der E.ieversorgung; **E.ieprinzip** *s* Naturgesetz von der Erhaltung der E.ie; **E.ieproblem** *s* Frage der Überwindung der E.ielücke; **E.ieprognose** *w* Voraussage über den künft. Bedarf an E.ieträgern; **E.iequant** *m* kleinste mögl. Strahlungse.iemenge; **e.iereiche Strahlung** *w* Röntgen-, Gamma-, Teilchenstrahlung; **E.iesatz** *m* → E.ieprinzip; **E.iespeicherung** *w* zeitl. Trennung von Erzeugung u. Verbrauch elektr. E.ie; **E.ieträger** *m* jede Form, in der zum Betreiben von Maschinen u. Apparaten nöt. E.ie von den Verbrauchern bezogen werden kann (Strom – Benzin – Heizöl usw.); **E.ieübertragung** *w* Transport der elektr. E.ie vom Erzeuger zum Verbraucher; **E.ie:umsatz** *m* Umsetzung chem. in mechan. E.ie bei körperl. Tätigkeit; **E.iewandler** *m* Gerät, das solare, chem. o. nukleare E.ie in elektr. umsetzt, = **E.iekonverter** *m*; **E.iewirtschaft** *w* alle Maßnahmen u. Einrichtungen zur E.ieversorgung; **E.iezustand** *m* Art u. Menge der von Elementarteilchen, Atomen u. Molekülen gespeicherten E.ie

Enervierung *w* (KW) ↑ oper. Entfernung der Nerven eines Organs (z. B. Niere)

Engagement *s* (fr.: *angaschemañ*) Verpflichtung zur fristger. Abnahme gekaufter Papiere

Engländer *m* ↑ Schraubenschlüssel mit verstellb. Maulweite

Englergrad *m* (d. Chemiker, 19./20. Jh.) Maßeinheit für Viskosität von Flüssigkeiten

Englischrot *s* Farbpigment aus Eisenoxid

Engpaßbildung *w* durch leistungsschwächsten Anlageteil begr. Höchstleistung von Kraftwerken

Engraving *s* (e.: *engreiwiñ*) Klischee (-herstellung)

ENI ⟨ **E**nte **N**azionale **I**drocarburi (it. Großunternehmen, seit 1953)

enkodieren (KW) vom Sender an den Empfänger mitteilen; mit Kode verschlüsseln

Enkulturation *w* allmähl. Annahme einer Gesellschaftskultur

Enquete| *w* (fr.: *añket*) indukt. Methode der Sozialwissenschaften u. -politik unter Benutzung persönl. Aussprachen u. Rundfragen; **E.recht** *s* = → Untersuchungsrecht

Ensemble *s* (fr.: *añßambl*) erhaltensw. Baugruppe

Ensilage *w* (fr.: *añßilâsch*) (Bereitung von) Gärfutter

ent:aktivier|en von radioakt. Stoffen befreien; **E.ung** *w* = → Dekontaminierung

Ent:artung *w* ↑ Auftreten mehr. versch. Bewegungszustände mit gleich. Energieinhalt bei Elementarteilchen

Entballung *w* Entflechtung von Ballungsgebieten

Entbindungs:helfer *m* m. Hebamme

Entdröhnung *w* (schwingungsdämpf. Belag zur) Minderung dröhn. Geräusche

ent:eisent vom Gehalt an Eisenverbindungen befreit (Trink-, Mineralwasser usw.)

Ent:eisung *w* Vorkehrungen zur Verhinderung von Eisansatz an Flugzeugteilen

Entenflugzeug *s* Flugzeug mit dem Leitwerk vor dem Flügel

enteral (gr.) die Därme betreffend. – **Enter|itis** *w* Entzündung des Dünndarms; **E.optose** *w* Darm-, Eingeweidesenkung durch nachlass. Gewebespannung; **E.ostomie** *w* operat. Anlegung einer äuß. Darmfistel (= **Kotfistel** *w*); **E.ozele** *w* Darmbruch; **E.ozo:en** *M* Darmschmarotzer im menschl. Darm

Entertainer *m* Unterhalter

Entfernungsmodul *m* Unterschied zw. absol. u. scheinb. Helligkeit eines Sterns

Entformung *w* Herausnehmen des Gußstückes aus der Form

entgasen durch Erhitzen von adsorb. Gas befreien

Entgiftung *w* Umwandlung gift. in unschädl. Stoffwechselprodukte im tier. Organismus

Entgegnung ↑ → flexibel

entglasen spontan aus dem amorphen in den kristall. Zustand übergehen

Enthalpie *w* (gr.) = → Wärme:inhalt

enthärt|en Wasser von gelöst. Magnesium- u. Calciumsalzen befreien; **E.er** *m* zur Wasserenthärtung best. Ionenaustauscher

Enthemmung *w* Löschung einer Verhaltensweise durch Darbietung eines Zusatzreizes; Auslösung einer Instinkthandlung durch Überwindung einer Hemmschwelle

Enthirnungs:starre *w* Tod durch endgült. Ausfall der Funktionen der Großhirnrinde

entkeim|en von Mikroorganismen befreien; **E.ungsfilter** *s* feinpor. Filter, das Bakterien nicht durchläßt

Entkernung *w* Verbesserung der Belichtung u. Besonnung der Vorderhäuser durch Beseitigung der Hinter- u. Seitengebäude

Entkohlung *w* Kohlenstoffentzug aus Metallteilen (teilw.: = **Abkohlung** *w*; vollst.: **Auskohlung** *w*)

Entkopplung *w* ↑ Trennung (z. B. von einander beeinfluss. techn., wirtsch., physik., biolog. Prozessen)

Entkriminalisierung *w* Befreiung vom Verdacht des Kriminellen (durch Streichung o. Änderung von Strafrechtsnormen)

entlad|en ↑ von elektr. Ladungen befreien; **E.ungslampe** *w* Glimmlampe

Entlastung *w* ↑ Versuch, die Entscheidung eines einzelnen in der Fülle seiner Eindrücke u. Reize zu erleichtern

Entlüft|er *m* ↑ Gerät zur Entfernung eingedrung. u. mitgeriss. Luft aus Flüssigkeitsleitungen, -behältern; **E.ungsventil** *s* Ventil zum Druckluftablassen

entmisch|en aus einem Gemisch durch Zerlegung in seine Bestandteile etwas aussondern; **E.ung** *w* unerwünschte Erscheinung beim Schütten keram. Massen

Entnahme|turm *m* Großrechenanlage für die E. von Triebwasser aus Stausee

Entnebelungs:anlage *w* zur Entfernung von Nebel o. Kondensat zw. den Doppelscheiben eines Kabinendaches (Fensters) im Luftfahrzeug

Entozo:on *s* (KW, gr.) Schmarotzertier im Körper

Entrefilet *s* (fr.: *añtrfilê*) eingeschob. (offiziöse) Zeitungsmeldung

Entropie| *w* (KW, gr.) thermodynam. Zustandsfunktion; Maß für Umkehrbarkeit physik. o. chem. Vorgänge; **E.satz** *m* Naturgesetz von der Unmöglichkeit, Wärmeenergie restlos in mechan. Arbeit zu verwandeln

entsalzen Mineralstoffe aus Meeres-, Brackwasser entfernen

Entsander *m* Vorrichtung zur Befreiung des Turbinenwassers von Sand, = **Sandfang** *m*

entsäuern auf Säuregehalt beruhende angreif. Eigenschaften des Wassers beseitigen

Entscheidung|sdiagramm *s* Darstellung der Zusammenhänge (Funktionen, Abhängigkeiten) einer industr. Planung als Hilfsmittel zur Erleichterung der E.; **E.s:höhe** *w* Mindesthöhe zum Einleiten des Durchstartens zur Landung (e.: decision height)

Entschichtung *w* Nivellierung von Schichtenunterschieden; Abbau der Bedeutung gesellsch. Schichten

Entschlüsselung *w* → Dekodung

entschluß|fähig (zahlenmäß.) in der Lage abzustimmen (Ggs.: **e.unfähig**)

entschulden von übermäß. Verschuldung befreien

entschulen die bisher. Schulen abschaffen (e.: deschool)

Entschwefelung *w* Befreiung von Brennstoffen (Abgasen) von schwefelhalt. Verbindungen

entseuchen von radioakt. Verunreinigungen befreien

Entsexualisierung *w* (KW) Verweiblichung des Mannes

Entsolidarisierung *w* Verweigerung der Solidarität

Entsorgung *w* Beseitigung von Abfällen, -gasen, -wässern

Entsozialisierung *w* (KW) Rückgängigmachung eines Sozialisierungsprozesses

entspann|en ↑ die Oberflächenspannung von Flüssigkeiten herabsetzen; **E.ung** *w* ↑ Ausgleich des Gasdrucks mit dem Druck der Umgebung; Erleichterung der Beziehungen zw. Ost u. West

Entspiegelung *w* Ausstattung der Glasoberflächen opt. Geräte mit reflexvermind. Schichten

entstaatlichen in priv. Besitz (zurück-) führen

Entstauber *m* Anlage zur Befreiung verschmutzter Abgase von mitgeführten Staubteilchen

entstör|en störfest(er) machen; **E.drossel** *w* Funkentstörer für Elektrogeräte; **E.ungs:stelle** *w* Abteilung für Fernsprechstörungen, = **Stör(ungs)stelle** *w*

Entsublimierung *w* Übergang zu kult. nicht als wertvoll anerkanntem (zu unverhüllt sex.) Verhalten
ent:tabu:isieren ohne Scheu aussprechen (behandeln)
entvölkern ↑ Bevölkerungszahl schrumpfen lassen
entwässer|n ↑ von anhaft. o. chem. gebund. Wasser befreien; **E.ungs:anlage** *w* Schacht für überschüss. Bodenwasser
Entweichgeschwindigkeit *w* Schnelligkeit, die ein Raumflugkörper haben muß, um auf eignen Antrieb zu verzichten
Entwerter *m* autom. Fahrscheinstempler
Entwickl|erdose *w* lichtdichtes Gefäß zum Filmentwickeln; **E.ungsdienst** *m* freiwill. Aufbauarbeit in E.ungsländern; **E.ungs:hilfe** *w* Versuch, unterentwick. Länder zu unterstützen (z. B. durch **E.ungs:helfer** *m*); **E.ungskosten** *M* Unkosten für Erstellung (Verbesserung) eines Projekts; **E.ungskriminalität** *w* pubertäre Straftaten; **E.uns:psychologie** *w* Erforschung der Veränderung von menschl. Fähigkeiten u. Verhaltensweisen; **E.ungs:soziologie** *w* Soziologie von E.ungsprozessen
entzerr|en zu dichte Abfolge verlangsamen; Übertragungsqualität eines Empfangsgeräts verbessern (Ggs.: verzerren); auf eine gewölbte geneigte Fläche projizieren; **E.er** *m* Vorführgerät für Breitwand mit entzerr. Linse
entzundern Metallober- von Oxidationsflächen vom Walzen o. Glühen befreien
Enukleation *w* (KW, lat.) operat. Ausschälung (E. des Augapfels); Tumorentfernung ohne Einschnitt
enumerat|iv (KW, lat.) (abschließ.) aufzählend; **E.ions:prinzip** *s* Zuständigkeitsbeschränkung der Verwaltungsgerichte
EnVU ⟨ **En**ergie**v**ersorgungs**u**nternehmen
Enzephal|itis *w* (KW, gr.) Gehirnentzündung, -erkrankung; **E.on** *s* = → Cerebrum
Enzym *s* (gr.) Ferment, in lebenden Zellen gebild. Eiweißkörper (wichtig für best. Reaktionsabläufe)
E-Objektiv *s* Fernrohrobjektiv aus 2 unverkitteten Linsen
Eonismus *m* (KW) Trieb, Frauenkleider zu tragen; → Transves(ti)tismus
Eosin *s* (KW, gr.) roter Textilfarbstoff
EP ⟨ **E**xtreme **P**ressure; ⟨ **E**urop. **P**arlament; ⟨ **Ep**oxidharz. – **EPA** ⟨ **E**nvironmental **P**rotection **A**gency (am. Umweltschutzbehörde)
Ephebiatrie *w* (KW, gr.) mediz. Erforschung der Pubertären
Epidemiologie *w* (KW, gr.) Erforschung der Seuchen
Epigenese *w* (KW, gr.) Organismusentwicklung durch Neubildung nacheinander
Epikard *s* (KW, gr.) inneres Herzbeutelblatt. – **Epikarp** *s* (KW, gr.) äußerste Fruchtschalenhülle
Epiphy|se *w* (KW, gr.) Wirbeltierzirbeldrüse; Röhrenknochengelenkstück; **E.t** *m* nicht schmarotz. Pflanze auf andern Pflanzen
Episiotomie *w* Scheidendammschnitt zur Erleichterung der Geburt
Episodenfilm *m* Film ohne durchgeh. Handlung
Epithel| *s* (gr.) oberste (Schleim-)Hautgewebezellschicht; **E.körperchen** *M* Nebenschilddrüsen
Epizentrum *s* (KW) Gebiet senkr. über dem Erdbebenherd
Epizo:on *s* (gr.) Hautschmarotzer
Epizykel *s* (gr.) Radlinie; Kurve, von sich gleichm. bewegtem Punkt eines Kreises, der auf einem andern Kreise rollt, beschrieben
Ep:oxidharze *M* (KW) duromere Kunststoffe
Epsilontik *w* (KW) Methode der math. Grenzwertbehandlung, bei der für eine gegen 0 streb. Variable der gr. Buchstabe Epsilon üblich ist
Epsomsalz *s* (e. Heilquellen) Magnesiumsulfat
EPZ ⟨ **E**urop. **P**roduktions**z**entrale. – **Er** ⟨ **Er**bium
Erb|anlage *w* = → Gen, = **E.faktor** *m*; **E.bauzins** *m* regelm. Zahlung zur Ausübung des **E.baurechts** (Recht, auf fremdem Boden zu bauen); **E.bild** *s* = → Genotypus; **E.biologie** → Genetik; **E.einheit** *w* = → Gen; **E.engemeinschaft** *w* alle, die eine E.schaft gemeins. verwalten; **E.enhaftung** *w* Haftung des E.en für Nachlaßverbindlichkeiten mit seinem ganzen Vermögen; **E.enmutter** *w* Anspruch der bedürft. Mutter auf standesgem. Unterhalt bis zur Geburt des rechtmäß. E.en; **E.gang** *m* Vererbungsweg eines Merkmals
Erbin:erden *M* selt. Minerale
Erb:information *w* genet. Kode in Chromosomen
Erbium *s* chem. Element aus den Lanthaniden (⟨ *Er*)
Erb|masse *w* alle E.anlagen; die ganze E.schaft (= **E.schaftsmasse** *w*); **E.pathologie** *w* Erforschung der E.krankheiten, -anlagen; **E.schaden** *m* durch

Mutation erz. Anomalie; **E.schaftskauf** *m* vertragl. verank. Verkauf der ganzen E.schaft durch den E.en; **E.schein** *m* Bescheinigung des Nachlaßgerichts über E.recht; **E.struktur** *w* Struktur der E.anlagen; **e.unfähig** ohne Voraussetzungen zum E.schaftsantritt; **e.unwürdig** wer den E.lasser ermordet hat (versucht hat, es zu tun), an der Abfassung seines Testaments gehindert o. sie beeinfl. hat

Erd|alkali:en *M* Oxide der **E.alkalimetalle** *M* zweiwert. Metalle (Beryllium, Magnesium, Calcium, Strontium, Barium); **E.anschluß** *m* Verbindung elektr. Betriebsmittel mit der E.oberfläche; **E.baumechanik** *w* → Bodenmechanik; **E.beschleunigung** *w* in der Nähe der E.atmosphäre von einem frei fall. Körper erfahr. Beschleunigung, = **Fallbeschleunigung**; **E.bildmessung** *w* Vermessung mit vom E.boden aus gemachten fotogr. Aufnahmen (Ggs.: Luftbildmessung); **E.druck** *m* Druck des E.bodens (auf Gebäudefundament o. ä.); **E.en** *M* Oxide der E.metalle; **E.farbe** *w* Pigment aus natürl. anorg. Stoffen; **E.gas** *s* brennb. Gasgemisch, haupts. aus Kohlenwasserstoffen; **E.induktor** *m* = → Rotations:induktor; Gerät zum Nachweis u. zur Messung des **E.magnetismus** *m* magnet. Wirkung der E.kugel; **E.metalle** *M* chem. Elemente (Aluminium, Scandium, Yttrium, Lanthan u. Lanthanide); **E.öl** *s* flüss. Kohlenwasserstoffgemisch im E.innern (e.: petroleum; fuel oil); **E.ölpech** *s* bitumenart. Destillationsrückstand bei E.ölraffinerie; **E.ölsonde** *w* Bohrung auf E.öl, -gas; **E.pech** *s* Asphalt; **E.rutsch** *m* ↑ drast. Verschiebung im polit. Parteienverhältnis (e.: landslide); **E.satellit** *m* um die E.e kreisender kl. Himmels-, Raumflugkörper; **E.schluß** *m* elektr. leitende Verbindung zw. spannungsführender Leitung u. E.e; **E.seil** *s* Schutz einer Freileitung gegen Blitze, = **Blitzschutz-, Schutzseil** *s*; **E.ungsbesen** *m* Drahtbesen am Fahrwerk eines Luftfahrzeugs zur Ausgleichung des elektrostat. Potentials zw. Fahrzeug u. Boden; **E.wachs** *s* mineral. Gemisch fest. Kohlenwasserstoffe; = → Bergwachs; = → Ozokerit; **E.wärme** *w* unabh. von der Sonnenstrahlung im E.körper entsteh. Wärme

ERE ⟨ **E**urop. → **R**echnungs**e**inheit

Ereignis| *s* ↑ Teilmenge der mögl. Ausfälle eines Experiments (Begriff der Wahrscheinlichkeitslehre); **E.algebra** *w* spez. Mengenalgebra

Erethismus *m* (KW) gesteig. Erregbarkeit

Erfahrung|swert *m* Durchschnittswert (durch E.en u. Messungen gewonnen), = **E.szahl** *w*

Erfassungsgrenze *w* kleinste Stoffmenge, die mit einer best. analyt. Methode nachweisbar ist

Erfind|erschutz *m* gesetzl. Schutz für vom D. Patentamt (München) geprüfte E.ungen (18 Jahre); **E.ungs:höhe** *w* Abstand einer E.ung von der allgem. techn. Weiterentwicklung

Erfolg|sbilanz *w* Nachweis der Verluste als Kapitalminderung, der Gewinne als -zuwachs; **E.s:honorar** *s* Vergütung nach dem E. des Produkts; **E.skontrolle** *w* Prüfung der Ergebnisse von Werbemaßnahmen; **E.szahl** *w* = **E.sziffer** *w* Zahl über den E. einer Produktion o. ä.

Erftal *s* durch Elektrolyse von Tonerde hergest. reines Hüttenaluminium

Erfüllung|sgehilfe *m* Helfer des Schuldners bei E. von dessen Verbindlichkeit; **E.smenge** *w* Menge aller Elemente, die bei Einsetzung in Aussageform zu wahrer Aussage führen; **E.s:politik** *w* Versuch, Erwartungen der Gegner zu entsprechen; **E.s:tag** *m* Termin für die Leistung

Erg *s* ⟨ **Energie**:einheit

Ergänzung|s:abgabe *w* Zusatzsteuer; **E.sfarbe** *w* Komplementärfarbe; **E.sfrage** *w* Zusatzfrage; Frage, die nicht mit „Ja" o. „Nein" beantwortet werden kann; **E.sluftverkehr** *m* Flugdienst für Personen u. Waren zur Verbindung von Hauptstadt u. Provinz (e.: third-level-airlines); **E.s:sport** *m* = → Ausgleichssport

Ergebnis|beteiligung *w* Beteiligung der Arbeitnehmer am Betriebsgewinn, = **E.lohn** *m*; **E.grad** *m* Beurteilung eines erzielten Arbeitse.ses

Ergo|basin *s* (KW, gr.) Alkaloid im Mutterkorn; **E.graph** *m* Gerät zur Aufzeichnung der Muskelleistung; **E.logie** *w* Arbeitswissenschaft; **E.meter** *s* = E.graph, = **Arbeitsmesser** *m*; **E.sterin** *s* Steroid (= Provitamin D); **E.tamin** *s* Getreide-, bes. Roggenpilz (altes Heilmittel der Frauenheilkunde); **E.therapie** *w* Beschäftigungstherapie mit Arbeitsvorgängen; **e.trop** leistungssteigernd

Ergußgestein *s* = → vulkan. Gestein

Erhaltungs:sätze *M* Grundgesetze der Physik (best. physik. Größen können weder verschwinden noch aus nichts entstehen)

Erhebung|s:einheit *w* definiert. Element der statist. Masse, über das Aussagen verlangt werden (= **E.s:objekt** *s*)
Erhitzungskurve *w* graf. Darstellung der Temperatur-Zeit-Abhängigkeit eines Körpers bei gleichmäß. Wärmezufuhr
Erholungsfläche *w* städt. Grünanlage
ERIAG ⟨ **Er**dölraffinerie **I**ngolstadt **AG**
Erinnerung| *w* ↑ Einspruch gegen einen Beschluß (E. einlegen); Mahnung an Rechtstermine; Rechtsbehelf gegen nichtrichterl. Entscheidungen (z. B. Zwangsvollstreckungen); **E.s:posten** *m* Bilanznotiz für schon abgeschrieb., aber noch im Unternehmen befindl. Vermögensteile
Eriometer *s* (KW, gr.) opt. Gerät zur Messung der Dicke der Textilfasern
Erkennung|smarke *w* Identifikationsplakette; **E.szeichen** *s* Flugzeugkennzeichen, -signal; Funksignal
Erkrankung *w* → akut
Erkundung *w* ↑ Feststellung an Ort u. Stelle, ob sich ein Vermessungsvorhaben durchführen läßt
Erlang Einheit in der Nachrichtentechnik (⟨ *Erl*)
Erlaß *m* ↑ Verzicht des Gläubigers auf seinen Anspruch
Erlenmeyerkolben *m* chem. Laborgerät
Erlkönig *m* ↑ Kraftfahrzeug in Werkerprobung mit getarnter Umkleidung
Ermächtigungsgesetz *s* Ausnahmegesetzgebung durch Regierung bei Ausschaltung des Parlaments
Ermessen|sfrage *w* Problem, das durch pers. Urteil entschied. werden kann (dem Entscheidenden **E.s:spielraum** gibt)
Ermittlung|sdienst *m* (Behörde für) pol. Nachforschungen; **E.srichter** *m* von der Staatsanwaltschaft einges. Richter für wicht. E.s:handlungen
Ermüdung| *w* ↑ Festigkeitsverlust von Werkstoffen bei langer (bes. periodisch-mechan.) Belastung; **E.sbruch** *m* Werkstoffbruch durch E.; **E.sfestigkeit** *w* bei wiederholter Beanspruchung nicht ermüdend (e.: fatigue strength); **E.s:schutzmittel** *s* Additiv für Kautschuk zur Verhinderung der Rißbildung; **E.szustand** *m* Vorgang der Werkstoffabnutzung
Ernährungsbeihilfe *w* staatl. Zuschuß zum tägl. Lebensaufwand
Eröffnung|sbeschluß *m* Zulassung der Anklage zur Hauptverhandlung; **E.sbilanz** *w* Gründungs-, Jahresbeginnbilanz; **E.s:periode** *w* Zeit vom Beginn der Wehen bis zur vollst. Erweiterung des Muttermundes
erogen (KW, gr.) Geschlechtslust erregend; **Eros**[1] *m* → die aufbauenden Lebenskräfte repräsent. Triebe (Ggs.: Todestrieb *m*)
Eros[2] ⟨ **E**liminate **R**ange Zer**o** **S**ystem (Flugzeugwarngerät)
Erosion *w* (lat.) Abtragung (der Erd- [durch Witterung] der Werkstoffoberfläche u. ä.); oberfl. Defekt an Schleimhaut o. Geweben
Erot|isierung *w* (KW, gr.) Anregung des sex. Bedürfnisses (= **Stimulierung**); **E.omanie** *w* krankh. gesteig. Liebeswahn (**aktiv**: auf unerreichb. Personen gerichtet; **passiv:** Wahn, von ihnen geliebt zu werden)
ERP ⟨ **E**uropean **R**ecovery **P**rogram (Mittel für kriegszerstörte Länder)
Erreger|strom *m* in der E.entwicklung fließender Strom; **E.wicklung** *w* Drahtspule zur Erzeugung eines elektromagn. Feldes. – **Erregung** *w* ↑ elektr. Durchflutung zur Erzeugung des magnet. Flusses einer elektr. Maschine; Gleichstromdurchflutung
Ersatz|befriedigung *w* Verschiebung der Objekte u. Ziele bei Aufgabe des primär. Motivs; **E.dienst** *m* nichtmilit. Dienst bei Kriegsdienstverweigerung; **E.erbe** *m* Erbe, der bei Wegfall des Haupterben eingesetzt wird; **E.leistung** *w* bei einem Schaden zu leistende Verpflichtung; **E.lieferung** *w* Warenaustausch bei unzureichender Lieferware; **E.rad** *s* bei Schaden verfügb. neuer Autoreifen; **E.reserve** *w* Zusammenfassung ungedienter Wehrpflichtiger; **E.teilchirurgie** *w* oper. E. erkrankter (ausgef.) Organe; **E.zeit** *w* beitragslose, als Versicherungszeit angerechnete Zeit
Erschließung *w* ↑ Maßnahmen außerh. des Baugrundstücks zu seiner Nutzung
Erschöpfung *w* ↑ völl. Abbau eines Bodenschatzvorkommens
Erschütter|ung *w* ↑ jede mechan. Schwingung fester Körper; **e.ungsfest** gegen rüttelnde Bewegungen abgesichert, = **e.ungs:sicher**
Erschwerniszulage *w* Lohnerhöhung bei Schwer-, Schichtarbeit
Ersitzung *w* Eigentumserwerb an bewegl. Sache, die 10 Jahre im Eigenbesitz ist
Ersparnis:prämi:e *w* Vergütung für Einsparungen beim Produktionsprozeß
Erstarrung|skontraktion *w* (KW) Volumenabnahme beim Erstarren; **E.s:öl** *s* selbsthärt. Sandbinder; **E.s:punkt** *m* Temperatur, bei der eine Flüssigkeit beim Abkühlen fest wird (meist = Schmelzpunkt), = **E.s:temperatur** *w*

Erstattungsverfahren *s* Verfahren gegen die verantw. Personen bei Fehlbeträgen, -beständen, = **Defektenverfahren** *s*

Erst|ausgabetag *m* genaues Datum der Wertpapierausgabe; **E.ausrüstung** *w* Kraftwagenausstattung ohne Extras

Erstellungskosten *M* Baukosten

Erst|versorgung *w* 1. Hilfe; **E.wagen** *m* tägl. Gebrauchswagen der Besitzer

ertesten durch Test feststellen

Ertrag|sbilanz *w* Aufzeigung der Betriebsentwicklung nach dem Umfang von Kosten u. Erlösen; **E.s:hoheit** *w* Recht der Bundesländer, am Steueraufkommen zu partizipieren; **E.sklasse** *w* Güteklasse des Nutzbodens; Baumwuchs-, Fischereiergiebigkeitsgrad

Eru ⟨ **e**arth **r**ate **u**nit (= Einheit der sider. Erddrehungsgeschwindigkeit; 1 E. = 15.041 c/h)

Eruptivgestein *s* durch Vulkan zur Oberfläche gebr. Gesteine

Erwartung|s:angst *w* Angst vor befürcht. Vorkommnissen; **E.s:horizont** *m* Zeitgrenze, jens. derer alle Möglichkeiten subjekt. gleich wahrscheinl. werden; alle E.en, mit denen wir an Situation herangehen; **E.swert** *m* mit Hilfe von Wahrscheinlichkeiten berechn. Mittelwert

Erweich|ung *w* ↑ Verformbarwerden amorpher Stoffe beim Erwärmen; **E.s:intervall** *s* Temperaturbereich, in dem dies stattfindet

erweiterte Famili:e *w* Familienverband

Erwerb|s:einnahmen *M* Einkünfte der öfftl. Hand aus dem Wirtschaftsprozeß, = **E.s:einkünfte** *M*; **E.sgesellschaft** *w* Vereinigung zum gemeinsam. Vermögenserwerb; **E.s:person** *w* wer eine E.s:arbeit leistet; **E.squote** *w* = → Beschäftigungsgrad

Erwiderung *w* ↑ → flexibel

Ery|sipel *s* (KW, gr.) Wundrose; **E.them** *s* Hautrötung durch Hyperämie; **E.throzyt** *s* rotes → Blutkörperchen

erzeug|endes Element *s* Element z. B. einer Gruppe, aus dem durch wiederholte Verknüpfung alle Elemente der Gruppe gewonnen werden können; **E.er:erlös** *m* Verdienst des Produzenten; **E.erpreis** *m* Preis, den der Produzent festlegt; **E.nisforschung** *w* Untersuchung der Grundlagen für Weiterentwicklung der Produktion u. Überwachung der Konkurrenz

Erziehung|sbeihilfe *w* = → Ausbildungsbeihilfe; **e.sberechtigt** die elterl. Gewalt ausübend; **E.s:hilfe** *w* amtl. Unterstützung bei der Aufzucht Schwererziehbarer; **E.s:industrie** *w* privatwirtsch. Betrieb zur Erzeugung mod. techn. Unterrichtsmedien; **E.s-verhalten** *s* Methode der E.

Erzmikroskop *s* Mikroskop mit bes. Beleuchtung zur Untersuchung undurchsicht. Präparate

Es ⟨ **E**in**s**teinium. – **ESA** ⟨ (e.: **E**uropean **S**pace **A**gency) Europ. Weltraumorganisation

E-Schicht *w* Atmosphärenschicht in etwa 100 km Höhe, die elektromagn. Wellen im Mittelwellenbereich reflektiert

E-Schieber *m* Steuerschieber für best. Dampfkolbenmaschine

ESDAC ⟨ (e.) Europ. Zentrum zur Auswertung von Raummeßdaten

Eskalation *w* ↑ beschleun. Steigerung der Konfrontation, des Einsatzes von Mitteln

Eskapismus *m* (KW) Realitätsflucht in Illusionen

Eskompte *m* (fr.: *eskoñt*) = Diskont

ESO ⟨ (e.) **E**urop. **S**outhern **O**bservatory (Abkommen über den Bau eines europ. Observatoriums, Brüssel). – **ESP** ⟨ **E**xtrasensory **P**erception, d.: → ASW. – **ESR** ⟨ **E**lektronen**s**pin**r**esonanzspektroskopie. – **ESRO** ⟨ **E**urop. **S**pace **R**esearch **O**rganization (für Weltraumforschung; bis 1975; jetzt: → ESA)

Essenti|als *M* (e.: *essentjels*) unerl. Bedingungen; **e.elle Fettsäuren** *M* für den normal. menschl. Funktionsablauf unentbehrlich; **e.elle Krankheit** *w* eignes Krankheitsbild

Essigsäure *w* einf. Carbonsäure (Bestandteil des Essigs)

Eßkohle *w* Steinkohlensorte

Establishment *s* (am.: *ißteblischment*) Führungsschicht

ESTEC ⟨ (e.) Europ. Zentrum für Raumtechnologie

Ester| *M* (KW) aus Alkoholen u. Carbonsäuren herstellb. Fette, Wachse, Aromastoffe usw.; **E.ase** *w* Enzym, das die Bildung u. Zersetzung von E.n beschleunigt

Estimate *s* (e.: *estimeit*) Kostenvoranschlag

Estrichgips *m* stark gebr. Gips für Bauten

ETA ⟨ **E**lektro**t**riebw**a**gen; ⟨ (sp.) baskische Untergrundorganisation. – **Eta|** ⟨ **E**stimated **T**ime of **A**rrival; **E.-Meldung** *w* Schiffsmeldedienst

Etagen|geschäft *s* (*-tâsehen-*) Laden in oberem Stockwerk; **E.guß** *m* Abguß chem. Hochtemperaturreaktionen an

Feststoffen; **E.steuerung** *w* Möglichkeit, ein Hebezeug von mehr. Stellen zu steuern, = **Mehrstellensteuerung** *w*

Etat| *m* (fr.: *etâ*) = → Haushalt; **e.isieren** im Haushalt mitveranschlagen

Etatismus *m* (KW) Stärkung der Staatsgewalt (Wirtschaftslenkung durch Besitz wicht. Industrien)

Eternit *m, s* (KW) Asbestzement; Bauplatten daraus

Ethan| *s* (KW) gasförm. Kohlenwasserstoff; **E.ograph** *m* Blutalkoholmesser; **E.ol** *s* Alkohol durch Zuckervergärung, „Weingeist"

Ethen *s* (KW) gasförm. Kohlenwasserstoff

Ether| *m* (KW) organ. Sauerstoffverbindung; **e.ische Öle** *M* verdampfbare Pflanzeninhaltsstoffe von angenehmem Geruch (zur Parfümherstellung)

Ethin *s* (KW) gasförm. Kohlenwasserstoff

Ethn|i:e *w* (KW) Gruppe mit eigenst. Kultur; **E.olinguistik** *w* Untersuchung der Beziehungen zw. Sprache u. Kultur; **E.ozentrismus** *m* Neigung, die eigenvölk. Eigenschaften höher als die anderer Völker zu bewerten

Ethologie *w* (KW, gr.) Tierverhaltensforschung

Ethyl| *s* Atomgruppe in org. Molekülen; **E.acetat** *s* Essigester; **E.alkohol** *m* → Ethanol; **E.en** *s* = → Ethen

Etikett| *s* (fr.) ↑ Warenaufkleber (**E.iermaschine** *w*)

Etiolement *s* (fr.: *êtjolmañ*) = → Vergeilung

Eu ⟨ **Eu**ropium

Eubiotik *w* Erforschung ges. Lebensweise

Eudiometerrohr *s* (KW) einseit. verschloss. Glasrohr zum Auffangen u. Abmessen von Gasmengen

Eugenik *w* Beeinflussung der Fortpflanzung in menschl. Gruppe durch Vorbeugung der Verschlechterung der Erbanlagen (**negative E.**) o. Förderung ihrer Verbesserung (**positive E.**)

Eugenol *s* org. Verbindung (Aromastoff des Nelkenöls)

EuGH ⟨ **Eu**rop. **G**erichts**h**of)

euklidische Geometrie (gr. Mathematiker, 300 v. Chr.) herkömml. Geometrie

Eukodal *s* (KW) Opiat

Eukrasie *w* (KW, gr.) normal. Körpersaftbefund

Eulersche Zahl *w* (schw. Mathematiker) irration. Zahl (e = 2,7)

euplo:id (KW) mit nur vollst. Chromosomensätzen (Ggs.: → diploid)

Eurailpaß *m* ⟨ **Eu**ropean **rail**road **pass** = westeur. Dauerfahrkarte für Nichteuropäer

Euratom *w* ⟨ **Eur**op. **Atom**gemeinschaft

Eurhythmie *w* (KW, gr.) Pulsregelmäßigkeit; Anthroposophie

Euro|bank *w* **Bank** unter r. Kontrolle im **euro**p. Westen; **E.chemic** ⟨ **Euro**p. Gesellschaft für **chem.** Aufbereitung bestrahlt. Kernbrennstoffe; **E.cheque** *m* = → E.scheck; **E.control** ⟨ Europ. Organisation zur Sicherung der Luftfahrt; **E.dollars** *M* Dollarguthaben von Nichtamerikanern bei europ. Banken, **E.group** informelle Gruppe europ. Verteidigungsminister (Nato); **E.net** *s* öfftl. Vermittlungsnetz für Datenanlagen; **e.pä:ischer Rat** *m* Gipfelkonferenz der EG-Regierungschefs, = **E.parat** *m*; **e.pä:ischer Wechselkursverbund** *m* = → Schlange im Tunnel; **E.pä:isches Komitee** zur Koordination der Normen, ⟨ → CEN, Paris; **E.pä:isierung** *w* europ. Lösung der d. Frage; **E.pa-Palette** *w* Transportpalette mit best. Abmessungen; **E.pa-Parlament** *s* Volksvertretung der EG; **E.parecht** *s* durch zwischenstaatl. Verträge in E.pa gelt. Recht; **E.parolle** *w* Tapetenrolle von best. Format; **E.pium** *s* chem. Element (Metall der Lanthanide; ⟨ *Eu*); **E.scheck** *m* in versch. europ. Ländern bis zu best. Höhe gült. Scheck, = E.cheque; **E.space** *s* (e.: *-speis*) Interessenverband europ. Firmen der Luft- u. Raumfahrtindustrie; **E.terrorismus** *m* über ganz (das westl.) E.pa verstreute Terroristengruppe; **E.train** *s* Zusammenschluß d. u. ausländ. Jugend- u. Studententouristik; **E.transplant** *s* europ. Klinikverbund zum Austausch von Transplantaten; **E.vision** *w* Zusammenschluß der westeurop. Fernsehgesellschaften zum Programmaustausch; **E.visionsnetz** *s*

Eutektikum *s* (KW) flüss. Mischung aus 2 o. mehr Bestandteilen mit von allen aus diesen Bestandteilen herstellb. Mischungen tiefstem Schmelzpunkt

Euthanasie *w* (KW, gr.) Sterbehilfe mit schmerzdämpf. Mitteln

Eutrofikation *w* (KW) verstärktes Wachstum der Planktonlebewesen in Seen u. Flüssen hochzivilis., dicht besied. Länder

eutroph| (gr.) nährstoffreich; **E.ie** *w* guter körperl. Ernährungszustand; **E.ierung** *w* übermäß. Pflanzenwachstum in Gewässern (durch Überdüngung mit Abwässern, überreiche Zufuhr pflanzennähr. Stoffe)

eV ⟨ **E**lektronen**v**olt. – **EVA** ⟨ **E**thylen-**V**inyl**a**cetat-Copolymere (Kunstharzgruppe); **E**urop. **V**erlags**a**nstalt

evakuieren ↑ Raum gasleer machen; → pumpen

Evalvation| *w* (fr.) Wertbestimmung, Beurteilung von Projekten; **E.sforschung** *w* wiss. Begleitung u. Bewertung von wiss.-prakt. Projekten

Evapor|ation *w* (KW, lat.) Wasserverdampfen, -verdunsten; **E.imeter** *s* Verdunstungsmesser; **E.ographie** *w* fotogr. Verfahren mit Nutzung der von dem abzubild. Gegenstand ausgeh. Wärmestrahlen (Nachweis von Wärmestrahlen durch Verdunstung von Flüssigkeiten)

Eventual|antrag *m* Zusatzantrag bei Ablehnung des Hauptantrags; **E.haushalt** *m* Zwischenbudget; **E.planung** *w* → Contingency planning; **E.verbindlichkeit** *w* noch nicht feststeh. Verpflichtung, = **E.verpflichtung** *w*

Ever float *w* (e.: *-flout*) Schwimmweste mit rostfreiem Reißverschluß aus unverwüstlichem Nylsuissegewebe mit Schaumeinlage

Eviktion *w* (lat.) gerichtl. Entziehung eines Besitzes zugunsten Berechtigterer; *ZW:* **evinzieren**

Evipan *s* (KW) Narkosemittel

Eviration *w* (KW, lat.) Verweiblichung

EVO ⟨ **E**isenbahn**v**erkehrs**o**rdnung

Evokation *w* (lat.) Vorladung des Beklagten vor höh. Instanz

Evolution| *w* (lat.) Entfaltung, -wicklung; **E.ismus** *m* Gleichsetzung von Entwicklung u. quantitat. Veränderung fert. Qualitäten (= E.); **E.slehre** *w* = → Abstammungslehre

evozieren (lat.) vor eine höh. Instanz laden

EVU ⟨ **E**lektrizitäts-**V**ersorgungs**u**nternehmen

EV-Wert *m* Maßzahl zur Angabe des Maßbereichs bei Kameras mit autom. Belichtung

EWS ⟨ Europ. **W**ährungs**s**ystem

Ex|aggeration *w* (lat.) Überbewertung von Krankheitserscheinungen

Ex|anthem *s* (gr.) entzündl. Hautveränderung

Ex|artikulation *w* (KW, lat.) oper. Entfernung eines Gliedes im Gelenk

exchange| (e.: *ixtschêndsch*) → Austausch; **E.** *w* Wechsel, Börse

Exciton *s* (KW) Energiequant der Anregungsenergie

Exekutiv|e *w* (KW, lat.) vollzieh. Staatsgewalt, = **E.gewalt** *w*

Exemtion *w* (lat.) rechtl. Freistellung von Lasten (Pflichten); Ausgliederung aus der Verwaltungsstruktur; *EW:* **exemt**

Exendentenfranchise *w* = → Dekortfranchise

Exequatur *s* (lat.) Bestätigung eines Konsuls

Exerg|ie *w* (KW) techn. Arbeitsfähigkeit eines Energieträgers; **e.onisch** freie Energie liefernd (bei physik. u. chem. Vorgängen)

Exerzierknochen *m* durch Mechanismen überbeanspr. verknöcherter Muskelteil

Ex-Ex-Club *m* ⟨ **Ex**perience **Ex**change **Club** (Schw. Vereinigung zur Förderung der Büro- u. Betriebsorganisation, Zürich)

Exhalation *w* (lat.) vom Boden abgegebenes Gas; Ausatmung, -dünstung

Exhaust|ionsmethode *w* (lat.-gr.) Verfahren zur Bestimmung von Flächeninhalten u. Volumina; **E.or** *m* Anlage zum Luftabsaugen (Fördern von Gasen)

Exhibitionismus *m* (KW, lat.) geschl. Befriedigung durch Zurschaustellung der Geschlechts:teile

Exhum|ation *w* (lat.) Ausgrabung eines Leichnams, = **E.ierung** *w*

Exilierung *w* (lat.) Ausstoßung aus der Gesellschaft durch Gewalt o. Rechtszwang

eximieren (lat.) von einer Verpflichtung (der Gerichtsbarkeit eines andern Staates) befreien

Existenzialismus *m* ↑ Überzeugung von der unabdingbaren Diesseitigkeit des Lebens (Sartre, 1953)

Existenz|analyse *w* psychoanal. Durchleuchtung des Lebensweges eines Individuums; **E.aussage** *w* Aussage, die sich auf die E. eines Elements bezieht; **E.minimum** *s* notwend. Mittel zur Erhaltung des Lebens; **E.philosophie** *w* Ungeborgenheit als zentr. Frage; **E.quote** *w* Kennzeichnen einer E.aussage

Exitus (letalis) *m* tödl. Ende (einer Krankheit)

Exkleid *s* ⟨ Exerzier-, milit. Arbeitsanzug

Exklusiv|bericht *m* nur für best. Zeitung, -schrift geschrieb. Bericht; entspr.: **E.foto** *s* – **E.interview** *s* – **E.reportage** (*-tâsche*) *w*; **E.leser** *m* Leser nur einer period. Veröffentlichung

Exkulpation *w* (lat.) Rechtfertigung

Exmission *w* (lat.) gerichtl. Ausweisung, = **Exmittierung** *w*

Exobiologie *w* (KW) Erforschung der Möglichkeiten außerird. Lebens

exo|gen (gr.) außen entstanden, von außen verursacht; **E.karp** *s* Ggs.: → Endokarp

Exo|phthalmus *m* Quell-, Glotzauge; **E.sphäre** *w* äußerste Schicht der Erdatmosphäre; **E.stose** *w* Knochengeschwulst, -auswuchs; **e.therm** unter Wärmeabgabe ablaufend

expandieren (lat.) sich ausdehnen (Gase–Dämpfe–Staaten–Firmen); *S:* **Expansion|** *w*; **E.sfaktor** *m* Tatsache, die Ausdehnung u. Erweiterung räuml., techn. Einrichtungen bestimmt; **E.smaschine** *w* durch Ausdehnung eines Gases angetriebene Maschine; **E.srate** *w* Steigerungsrate; **E.sventil** *s* Teil einer Kältemaschine

Expatri|ierung *w* (lat.) Ausbürgerung, = **E.ation** *w*

Expektoranti:en *M* auswurffördernde Mittel

Expedi|ent *m* ↑ Reisebürokaufmann; **E.tion** *w* ↑ Versand-, Anzeigenabteilung; Auslands:team

Expert|ise *w* (fr.) Sachverständigengutachten, = **E. opinion** *s* (e.: *expert epinjen*)

Exploitation *w* (fr.: *-ploa-*) ↑ Ausbeutung

Exploration *w* (lat.) gezieltes Informationsgespräch; Befragung eines Kranken; pers. Aussprache mit dem Probanden

Explosion|sgrenze *w* Konzentrationsgrenze, von der an Gasgemisch durch Fremdzündung zum Explodieren gebracht werden kann; Temperatur, oberhalb der entzündl. Gasgemisch von selbst explodiert; **E.smotor** *m* durch explodier. Gasgemisch angetrieb. Motor, = → Verbrennungsmotor; **E.swelle** *w* Druckwelle einer E.; **E.swert** *m* bei einer Kerne. ausgelöste Energie. – **Explosivstoff** *m* Substanz(gemisch), die (das) leicht zum Explodieren gebracht wird

Expon|at *s* (lat.) Ausstellungsstück; **E.ent** *m* Hochzahl einer Potenz; **E.entialgleichung** *w* Gleichung, in der Variable als E.ent erscheinen; **e.ieren** einem Einfluß (Strahlen, Chemikalien) aussetzen

export|intensiv mit umfangreicher Ausfuhr; **E.kontrolle** *w* staatl. Ausfuhrbeschränkung; **E.modell** *s* Entwurf eines zur Ausfuhr best. Handelsartikels; **E.prämi:e** *w* staatl. Vergütung für die Ausfuhr best. Produkte; **E.überschuß** *m* mehr Ein- als Ausfuhr; **E.ziffer** *w* Ziffer für Ausfuhreinnahmen in einer best. Zeit

Expos|é *s* (fr.) ↑ Drehbuchskizze; Entwurf; **E.ition** *w* ↑ Vorgang des Exponierens

expressiv| (lat.) Gefühle symbol. ausdrückend; **E.ität** *w* durch → Penetranz bedingte Merkmalsaus:prägung

Expropriation *w* (lat.) Enteignung

Ex-Schutz *m* ⟨ **Explosionsschutz**

Exsudat *s* (lat.) Austritt von Flüssigkeit u. Zellen aus Blutgefäßen u. Lymphbahnen

Exten|der *m* (KW) bill. Zusatzstoff, der teueren Rohstoffen beigemischt werden kann, ohne daß die Qualität merklich leidet; **e.sibel** (lat.) dehnbar; **e.siv** merkmallos; in die Breite gehend; mit kl. wirtsch. Einsatz

Extern|alisierung *w* (KW) Verlegung inn. Prozesse in die Außenwelt (krankh.: → **Halluzination** *w*); **e.er Speicher** → Speicher

Extinktion *w* (lat.) Schwächung des Lichts beim Durchgang durch Stoffe; Maßzahl hierfür

Extra| *s* (lat.) Zusatz zur Normalausstattung; **e.hieren** herauslösen, -ziehen (Zähne; etw. mit Lösemitteln aus Substanzgemischen). – **Extrakt|** *m* die beim Extrahieren anfall. Lösung; ihr Abdampfrückstand; **E.benzin** *s* bei 70–110 °C dieselndes Benzingemisch; **E.ivstoff** *m* tier., pflanzl. Stoff, aus dem sich Auszug gewinnen läßt; **E.or** *m* Vorrichtung zum Extrahieren. – **Extra|systole** *w* (KW) zusätzl. Herzschlag durch Störung im Reizleistungssystem des Herzens; **E.uteringravidität** *w* = → Tubargravidität; **E.uterinschwangerschaft** *w* Bauchhöhlenschwangerschaft; **e.vertiert** lebensnah

Extrem|e line casing *s* (e.: *ixtrim lein kêsiñ*) Futterrohre für hohe Beanspruchung; **E.ismus** *m* radik. Einstellung; **e.istisch** gegen die freiheitl.-demokrat. Grundordnung; **E.technik** *w* Technik, die außergew. Anforderungen erfüllen muß; **E.thermometer** *s* Thermometer für höchste u. niedrigste Temperaturen in best. Zeit; **E.wert** *m* (lat.) größt. (kleinst.) Wert innerh. einer Umgebung (**relativer E.**) o. in ganzem Bereich (**absoluter E.**)

Extruder *m* (e.) Strangpresse. – **Extrusion|** *w* Verfahren zur Herstellung endloser Kunststoffprofile; Vulkanauswurf; **E.sbeschichtung** *w* Verfahren zur Herstellung von Verbundfolien. – **extrusiv** an der Erdoberfläche erstarrt (e.e Lava)

Ex-Vorschrift *w* ⟨ **Explosionsschutzvorschrift**

Exzedent| *m* (lat.) die gewählte Versicherungssumme übersteig. Betrag; **E.envertrag** *m* Beteiligung des Rückversicherers durch Erstversicherer nur an ein vereinb. Maß überschreit. Objekten

Exzenter| *m* (lat.) um Punkt außerh. seines Mittelpunktes drehb. Körper (= **E.scheibe** *w* = **E.welle** *w*); **E.presse** *w* Werkzeugmaschine zum Blech-, Kunststoffpressen u. -stanzen (Auf- u. Abwärtsbewegung wird durch E. auf der Antriebswelle hervorger.)

Exzentri|tät *w* (lat.) Abstand zw. Bewegungs- u. geometr. Mittelpunkt; **E.zität** *w* Abweichung vom Mittelpunkt (**linear**: Abstand zw. Mittel- u. Brennpunkt; **numerisch**: lineare E.zität durch eine best. Länge dividiert; bestimmt die Form der Figur); Gleichzeitigkeit von Triebhaftigkeit u. Bewußtheit als menschl. Merkmal

exzidieren (lat.) (Geschwulst) ausschneiden

exzita|bel (lat.) erregbar; **E.tion** *w* Anregung des Kreislaufs durch Arzneien

Eye| appeal *m* (e.: *ai äppîl*) Blickfang, = **E.catcher** (*-kätscher*), = **E.stopper** *m*; **E.liner** *m* (e.: *aileiner*) Augenbrauenstift

F

F ⟨ **f**actor of subdivision; → Abteilungsfaktor; ⟨ **F**arad; ⟨ **F**luor. – **f** ⟨ **f**alsch. – **°F** ⟨ Grad → **F**ahrenheit

Fabianismus *m* (röm. Feldherr; nach ihm ben. e. Club 1883) e. Sozialismus (Ablehnung v. Marx)

Fabismus *m* (KW, lat.) Erkrankung durch Einatmen von Bohnenblütenstaub

Fabrik|fahrer *m* Rennfahrer für best. Industrieunternehmen; **F.garantie** *w* Garantie des Herstellerwerks; **F.preis** *m* Preis des Produkts am Herstellerwerk; **F.signet** *s* Erzeugerkennzeichen, = **F.marke** *w*; **F.system** *s* industr. Großproduktion in Großmaschinenanlagen; **F.zucker** *m* raffin. Zucker

Face| *s* (e.: *feis*) ↑ Schriftbild; **F.lifting** *s* Gesichtshautstraffung durch Operation

Fach| *s* ↑ Raum zw. Kettfäden zur Einlegung der Schußfäden, = **Webfach** *s*, = **Kehle** *w*, = **Fadenöffnung** *w*, = **Schützendurchgangsraum** *m*; Zwischenraum zw. F.werkbalken; = → Sprung; **F.arbeiter** *m* Arbeiter mit abgeschl. Lehre; **F.aufsicht** *w* staatl. Gewerbeaufsicht; ↑ Weisungsverhältnis zw. Behörden (Ggs.: → Rechts:aufsicht); **F.buch** *s* Nachschlage-, Lehrbuch; **F.hochschule** *w* staatl. Hochschule für Technik, Kunst (Abschluß: **F.hochschulreife** *w*); **F.norm** *w* DIN-, Werknorm für best. F.gebiet; **F.sprache** *w* Terminologie eines Gebietes; **F.werker** *m* Chemiefachwerker

Faci:es *w* → Gesicht

Fackel| *w* ↑ heller. Gebiet der Sonnenoberfläche; **F.zünder** *m* Kraftstoffentzündvorrichtung im Turboluftstrahltriebwerk

Factoring *s* (e.: *fäkteriñ*) Absatzfinanzierung durch Abtretung der Lieferungsforderungen an Kreditinstitut

FAD ⟨ → **F**lavin–**a**denin–**d**inucleotid

Fad *s* (e.: *fäd*) plötzl. auftret. kurzleb. Verhaltensweise von wenigen

Fade-in *s* (e.: *feid-*) Einblenden (Filmszene)

Faden|aufzieher *m* = F.geber; **F.auge** *s* Teil der Textilmaschine zur F.- usw. -führung, = **F.öse** *w*; **F.geber** *m* Nähmaschinenteil zur Lieferung der nöt. Oberf.menge, = **F.regler** *m*, = **F.hebel** *m*, = **F.leger** *m*; **F.kreuz** *s* 2 sich kreuzende grade Linien als Markierung in Bildebene opt. Geräte, = **Strichkreuz** *s* Gerät zur Ordnung der Kettfäden, = **Kreuz** *s*, = **Gelese** *s*, = **Rispe** *w*, = **Schrank** *m*, = **Lese** *w*; **F.molekül** *s* langgestr. Molekülgestalt polymer. Stoffe; **F.öffnung** *w* = → Fach; **F.reiter** *m* U-Nadel zur Überwachung der Webstuhlfäden; **F.wächter** *m* elektr. F.überwacher; **F.zähler** *m* kl. Lupe mit zus.klappb. Gestell

Fade-out *s* (e.: *feid aut*) langs. Ausblenden einer Filmszene

Fading *s* (e.: *feidiñ*) unerwünschtes Nachlassen der Bremswirkung; Schwanken des Empfangs in Tongeräten

FAG ⟨ **F**lughafen-**A**ktien**g**esellschaft. – **FAgSt** ⟨ **Fa**chausschuß „**gefährliche**

Stoffe“ (Verband der Chemischen Industrie e. V.)

Fähigkeits:test *m* Test zur Ermittlung der Fähigkeiten eines Bewerbers

Fahl:erze *M* kupfersulfidhalt. Mineralien

Fahndung *w* pol. Maßnahmen u. Einrichtungen zur Ermittlung (Ergreifung) von Straftätern

Fahr:auftrag *m* schriftl. Anweisung für Lastwagenfahrer. – **Fahrbahn|insel** *w* nicht befahrb. Straßenfläche zw. F.en; **F.markierung** *w* Leiteinrichtung auf F.; **F.teiler** *m* längl. F.insel mit Leuchtsäulen. – **Fahr|balken** *m* waager. Träger am Portalfuß für Laufräder usw.; **F.bereich** *m* Aktionsradius eines Schiffs; **F.bereitschaft** *w* Einsatzdienststelle für sofort verfügb. Wagenpark; **F.diagramm** *s* F.geschwindigkeitsgrafik (von Zeit abhäng.); **F.draht** *m* Stromführungsoberleitung elektr. Bahnen, = **Oberleitung** *w*, = **F.leitung** *w*; **f.en** ↑ aufnehmen (Kardiogramm f.); steuern (Kfz f.)

Fahrenheit(skala) (*w*; dän. Physiker, 18. Jh.) (Grad einer) ags. Temperaturskala

Fahrer|flucht *w* Fluchtversuch eines Verkehrsunfallbeteiligten; **F.haus** *s* Raum für F. u. Beif. im Lkw, = **F.kabine** *w*. – **Fahr|erlaubnis** *w* Führerschein für Kfz; **F.gastfluß** *m* Verkehrsstromregelung im F.zeuginnern; **F.karte** *w* ↑ mit LSD getränkt. Löschpapier (Zuckerstück); **F.korb** *m* Liftbeförderungsraum; **f.lässig** ↑ die im Verkehr nöt. Sorgfalt nicht beachtend; **F.lehrer** *m* berufl. Ausbilder von F.-erlaubnisanwärtern; **F.leitung** *w* = → F.draht, Stromschiene; **F.motor** *m* Antrieb elektr. Bahnen

Fahrnis:pfandrecht *s* Pfandrecht an bewegl. Sachen

Fahr|prüfung *w* Beurteilung der F.tüchtigkeit u. techn. Kenntnis eines F.schülers; **F.rinne** *w* Schiffahrtsweg; **F.schacht** *m* umschloss. Raum für Liftbahnen, = **F.trum** *m*; **F.schüler** *m* Schüler des F.lehrers; zur Schule fahr. Schüler; **F.spur** *w* F.streifen einer F.bahn (Ggs.: → Standspur), = **Verkehrsspur** *w*; **F.stand** *m* = → Bedienungsstand; **F.stativ** *s* roll- u. verstellb. Stativ einer Atelierkamera; **F.steig** *m* ↑ stet. umlauf. Band-, Kettenförderer mit Personengeländer, = **Rollsteig** *m*; **F.streifen** *m* markiert. F.weg auf Mehrspurstraße. – **Fahrt|** *w* ↑ Schiffsgeschwindigkeit in → Knoten; Filmkamerabewegung; Leiter zum Bergwerksbegehen; **F.bereich** *m* Gebiet eines Schiffsführerpatents; **F.ensegeln** *s* Wanderfahrt mit Segelboot; **F.enkreuzer** *m* Schiff für F.ensegeln; **F.meß:anlage** *w* Geschwindigkeits-, Wegmesser auf Schiffen; **F.messer** *m* = → Aerotachometer. – **Fahr|treppe** *w* umlauf. Treppenstufen mit Umlaufgeländer. – **Fahrt|richtungs:anzeiger** *m* Kfz-Signaleinrichtung zur F.änderungsangabe; **F.(en)-schreiber** *m* automatischer Aufzeichner des Fahrdiagramms. – **Fahr|-trum(m)** *m* = → F.schacht; **f.tüchtig** fähig, Kfz zu f.en; **F.werk** *s* bewegl. Teil der Baumaschine; jedes einziehb. Flugzeugteil; → abwerfbar; → achslos; **F.werksbühne** *w* Podium zum Begehen eines Kranf.werks; **F.zeug** *s* → achslos; **F.zeugkran** *m* Auslegerkran auf F.zeugen mit dreh-, schwenkbarem Ausleger

FAKI ⟨ **Fa**chnormenausschuß **Ki**notechnik für Film u. Fernsehen (seit 1920, Berlin)

FAKRA-Handbuch *s* Zusammenstellung der DIN-Normen für Kfz-Bau

Fakti|on *w* (lat.) von Parteilinie abweich. Mitgliedergruppe; **f.ös** radikal

Faktis *m* (KW) gummiähnl. Werkstoff aus pflanzl. Ölen (für Radiergummis)

Faktor| *m* (lat.) Glied in einem Produkt (bei Multiplikationen); Leiter einer Handelsniederlassung (Druckerei); **F.ei** *w* Handelsniederlassung im Ausland; **f.isieren** in F.en zerlegen, = ausklammern

Faktur| *w* (lat.) Rechnung; *ZW*: **f.ieren; F.iermaschine** *w* Büromaschine zur Rechnungserstellung; **F.ist(in)** *m* (*w*) Buchhalter(in)

Fakultät einer natürlichen Zahl *w* Produkt aller natürl. Zahlen, die kleiner o. = n sind (⟨ n!)

Falica:in *s* (KW) Mittel zur Lokalbetäubung

Fall| *m* = ↑ → Belastungsfall; **F.beschleunigung** *w* = → Erdbeschleunigung; **F.bremse** *w* durch Gewicht der heruntergez. Zuggabel angezog. Bremse, = **Gewichtsbremse** *w*; **F.bügelschreiber** *m* elektr. Gerät zur Meßwertregistrierung

fällen ↑ als festen Niederschlag abscheiden

Fall|gesetze *M* Naturgesetze, welche die Bewegung frei fall. Körper beschreiben; **F.hammer** *m* Maschine zur Nutzung der Wucht fall. Gewichts für Verformung von Werkstücken; **F.höhe** *w* Druckhöhen-, Wasserspiegelunterschied, unter dem Wasserkraftwerk Triebwassermenge verarbeitet

Fallibilismus *m* (KW, lat.) Leugnung einer unfehlb. Erkenntnis:instanz

Fälligkeit| *w* Termin, an dem Schuld bezahlt werden muß; **F.s:hypothek** *w* bis zu best. Termin unkündb. Hypothek

Falleitung *w* (Teil einer) Triebwasserdruckleitung mit groß. Gefälle

Fällmittel *s* Zusatzstoff, der aus Flüssigkeiten kolloidal gelöste Substanzen abscheidet

Fall-out *s*, *m* (e.: *fôl-aut*) radioakt. Niederschlag nach Kernexplosionen

Fall|rinne *w* Gerät zur Messung der Erdbeschleunigung; **F.rohr** *s* Rohr mit senkr. Strömung; Stetigrohr für Schüttgut ohne Antrieb, = **Rutsche** *w*; Regenwasserrinne abwärts; **F.schacht** *m* Wasserfassung für Druckleitungen; **F.studi:e** *w* wiss. Einzeluntersuchung; **F.sucht** *w* Epilepsie; **F.treppe** *w* Abfallröhre für taub. Gestein

Fällung| *w* ↑ Bildung eines fest. Stoffes aus einer Lösung; **F.s:analyse** *w* chem. Analysenmethode mit **F.sreaktionen** *M* Abscheidungen fester Stoffe aus Lösung; **F.smittel** *s* eine F.sreaktion hervorruf. chem. Reagens

Fallwind *m* im Gebirge nach unten weh. Wind

Falsch|aussage *w* bew. unricht. Darstellung; ähnl.: **F.be:urkundung** *w*; **F.drahtzwirnverfahren** *s* Methode zur Herstellung von Kräuselgarn; **f.e Anschuldigung** *w* Verdächtigung wid. bess. Wissen; **F.eid** *m* fahrl. Meineid; **f.es Bewußtsein** *s* propagand. Fehldeutung der Wirklichkeit; **F.farbenfotografie** *w* Nutzung infrarotempfindl. Filme zur Unterscheidung zw. natürl. Bewuchs u. grünen Tarnfarben (o. toten Pflanzen); **F. luft** *w* Luft im Feuerraum

Faltbox *w* zusammenlegb. Dauerkiste

Falten|band *s* kl. Schienenfahrgestelle, dicht hintereinander durch endlose Rundstahlkette verbunden. **F.rohr** *s* ziehharmonikaart. ausziehb., biegs. Rohrstück; **F.tür** *w* Harmonikatür

Falt|lichtschacht *m* zuklappb. → Lichtschachtsucher; **F.versuch** *m* Methode zur Zähigkeitsbestimmung von Blechen (Platten); **F.werk** *s* trag. Konstruktion aus ebenen Flächen

Falz|en *s* ↑ Fügeverfahren bei Blechumformung; Zusammenbrechen von Papierbögen in Buchbinderei; Ausgleichung der Lederdichte; **F.ziegel** *m* Dachziegelart

FAMAB ⟨ **Fa**chverband **M**esse- u. **A**usstellungs**b**au

Famili:e| *w* → matrifokal, → atomistisch, → erweitert; **F.n:anwartschaft** *w* → Fideikommiß; **F.nberatung** *w* (Stelle für) Raterteilung an F.n; **F.nbuch** *s* standesamtl. Personenstandsbuch; **F.ngericht** *s* Gericht für F.nfragen; **F.nhilfe** *w* Versicherungsleistung an die Angehörigen der Versicherten; **F.nlasten:ausgleich** *m* staatl. Beihilfe für Kinderreiche; **F.nneurose** *w* psychogene Störungen aus F.nzusammenhang; **F.nplanung** *w* Beeinflussung der Kinderzahl; **F.npaß** *m* Ausweis für verbill. Fahrkarten; Paß für mehr. F.nmitglieder (mind. 1 Elternteil); **F.nrat** *m* Versammlung von F.nmitgliedern anstelle u. auf Veranlassung des Vormundschaftsgerichts; **F.ntherapie** *w* berat., heil. Eingriffe in F.nzusammenhänge (unscharf!); **F.nwirtschaft** *w* Landwirtschaftsbetrieb aller F.nmitglieder

Fang|arbeiten *M* Entfernung abgefall. Strangteile aus Bohrloch, = **Fischen** *s*; **F.einrichtung** *w* Postwagen zur Ermittlung anonym. Anrufer; **f.en** ↑ Fernsprechverbindung zwangsw. halten; **F.gitter** *s* zusätzl. Elektrode in mehrpol. Elektronenröhren. **F.glocke** *w* Hohlzylinder für → F.arbeiten, = **Overshot** *s*, = **Schraubentüte** *w*, = **F.muffe** *w*; **F.grad** *m* Maß für die Güte der Spülung, = **Ladegrad** *m*

Fango| *m* Mineralschlamm; **F.packung** *w* Nutzung von eingebeut., warm. F. für Heilungen (bes. Rheuma)

Fang|speer *m* Gerät für → F.arbeiten, = **Löffelhaken** *m*; **F.vorrichtung** *w* Schutzanlage für angeseilte Fahrkorblifte

FAO ⟨ **F**ood and **A**griculture **O**rganization (Sonderorganisation der UN [131 Staaten] gegen Hunger u. Fehlernährung; zur Steigerung der Nahrungsmittelerzeugung)

Farad *s* (e. Physiker Faraday, 19. Jh.) Maßeinheit der elektr. Kapazität. – **Faraday**| *s* → F.-Ladung; **F.-Käfig** *m* geerdet. Metallbehälter zum Abschirmen elektr. Felder; **F.-Ladung** *w* elektr. Ladung von NL Elektronen (→ Loschmidtsche Zahl), = **F.sche Konstante** *w*; **F.sches Gesetz** *s* naturges. Zshg. zur elektr. Ladung, die durch Elektrolysezelle fließt, u. Stoffmenge, die dabei an Elektroden chem. verändert wird

Farb|atlas *m* F.mustersammlung zum Festlegen best. F.en durch Vergleich; **F.buch** *s* staatl. Dokumentensammlung in F.umschlag. – **Färbebecher** *m* chem. Laborgerät. – **Farb|echtheit** *w* Widerstandsfähigkeit einer Färbung gegen bleich. u. auslaug. Chemikalien; **F.en-Helligkeits-Diagramm** *s* graf. Darstellung des Zshg.es zw. F.en u. Helligkeit der Sterne; **F.enhören** *s* F.eindrücke beim Hören best. Töne; **F.en:index** *m* Kennzahl zur Charakterisierung der Lichtintensitätsverteilung im Spektrum eines Sterns; **F.enlehre** *w* Erforschung der F.empfindungen (Entstehung – Beschreibung – Messung); **F.enpaß** *m* Schwimmwasserlinienanstrich bei Schiffen; **F.entest** *m* Charakterprüfung aufgrund von F.beurteilungen; **F.(en)zerstreuung** *w* Zerlegung eines Lichtstrahls in farb. Komponenten bei Eintritt in durchsicht. Körper (= **Dispersion** *w*); **F.fehler** *m* = → chromat. Aberration; **F.filter** *s* gefärbte Glas-, Kunststoffplatte (durchsicht.!) für Fotografieren; F.fernseherteil für F.auszüge Rot, Grün, Blau; **F.fotografie** *w* Erzeugung von Bildern in natürlichen F.en auf fotogr. Weg; **F.geber** *m* Frankiermaschinenteil zum Stempeleinfärben; **F.indikatoren** *M* Stoffe, deren Lösungen farbl. anzeigen, ob Lösung sauer o. basisch ist; **F.körper** *m* räuml. Darstellung der mögl. Körperf.en; **F.lack** *m* F.pigment aus Fällungsreaktion; **F.lasur** *w* durchsicht. Holzfarbe, die Maserung durchscheinen läßt; **F.metrik** *w* Festlegung u. Messung von F.tönen durch Maßzahlen; **F.mittel** *M* alle f.geb. Stoffe (F.pigmente, F.stoffe); **F.pigment** *s* nicht lösl. Färbpulver; **F.pyrometer** *s* Gerät zur Temperaturmessung glüh. Körper auf opt. Wege; **F.roller** *m* Gerät zum Auftragen von Anstrichmitteln; **F.schlag** *m* sich farbl. von Artgenossen unterscheid. Züchtung; **F.stich** *m* F.verfälschung bei F.filmen; **F.stoff** *m* ↑ lösl. gefärbte Substanz zum Anfärben von Faserstoffen; **F.toleranz** *w* zuläss. F.abweichung; **F.untüchtigkeit** *w* Unfähigkeit, Komplementärfarben zu erkennen; **F.werk** *s* Druckmaschinenteil; **F.zahl** *w* Maßzahl für Verfärbung von Chemikalien u. Werkstoffen

Farin *m* (lat.) nicht raffin. o. Puderzukker

Farnesol *s* (KW) Aromastoff aus Lindenblüten

Fasche *w* (lat.) Binde; weiße Tür-, Fensterumrahmung; Eisenband

Faschine *w* (it.) Reisigbündel zur Uferbefestigung

faschisto:id mit faschist. Zügen

Faser|beton *m* gepreßt. Gemenge aus Zement u. Asbestfasern, = **F.zement** *m*; **F.kunstleder** *s* lederart. zubereit. F.vlies; **F.optik** *w* Weiterleitung von Licht durch Glasf.n; die darauf beruh. opt. Vorrichtung; **F.vlies** *s* papierähnl. Mattenstoff aus wirr liegend. F.n

FAS International ⟨ **Fa**mous **S**chool **I**nternational GmbH (Fernsehunterrichtsanstalt)

Fassaden|aufzug *m* Gondel an 2 Hubseilen zum Fensterputzen, für Reparaturen, zur Kontrolle von F., = **Schwebebühne** *w*, = **F.lift** *m*

Faßgerbung *w* mod. Gerbverfahren für Sohlleder

Fassion *w* (lat.) ↑ Steuererklärung

Fassonschnitt *m* (*fassoñ-*) m. Haarschnitt mit stufenlosen Übergängen im Nakken u. an Schläfen

Fassung *w* ↑ Lampenteil, der Glühbirne hält

Fastback *s* (e.: *-bäk*) Filmrücklauf

Fazialislähmung *w* (lat.) → Gesichtslähmung

Faszi:e *w* (lat.) Muskelbinde; Bindegewebshülle der Muskeln o. deren sehnenartige Fortsetzung (= **Aponeurose** *w*)

Fathorn *s* (e.: *fäßem*) e. Längenmaß (⟨ am. *fath*; 1 F. = 2 Yards = 1,829 m)

Faul|anlage *w* Teil der Abwässerreinigung zur Schlammzersetzung; **F.brand** *m* = → Gangrän; **F.bruch** *m* Eisenbruch durch Fremdstoffeinschlüsse; **F.brut** *w* bakter. Bienenseuche; **F.gas** *s* brennb. Gasgemisch aus Fäulnisvorgängen in organ. Substanzen. – **Fäulnis|** *w* → anaerobe biochem. Zersetzung organ. Substanzen, i. a. unter Bildung übelriech. Produkte; **F.dyspepsie** *w* = → Dyspepsie. – **Faulschlamm** *m* durch Fäulnis aus tier. u. pflanzl. Rückständen entst. Sinkstoffe in Gewässern

Faunistik *w* (KW, lat.) systemat. Zoologie

Faust|recht *s* Selbstverteidigung in Notwehr; **F.regel** *w* einf. formul. Richtlinie

Fautfracht *w* (fr.-nl.) nicht genutzter Schiffsfrachtraum; beim Vertragsrücktritt zurückzuzahl. Frachtsumme

Favus *m* (lat.) Hautpilzkrankheit; Wachsscheibe im Bienenstock

FAZ *w* ⟨ **F**rankfurter **A**llgemeine **Z**eitung. – **FBI** ⟨ **F**ederal **B**ureau of **I**nvestigation (USA-Bundeskriminalamt). – **FBP** ⟨ **F**lughafen**b**ezugs**p**unkt (Schwerpunkt des Startbahnsystems). – **FDA** ⟨ **f**ood and **d**rug **a**dministration (am.: *fud änd drag ädministrêschn*; am. Lebensmittelbehörde). – **Fe** ⟨ (lat. **fe**rrum) Eisen. – **FEACO** ⟨ **F**édération **E**uropéenne des **A**ssoziations de **C**onseils en **O**rganisation (Unternehmensberaterverband, Paris)

Feature *s* (e.: *fitscher*) akt. Medien-,

Hör-, Bildbericht; Hauptfilm; bes. gestalt. Text-, Bildbeitrag

febril (lat.) fieberhaft

Februarrevolution *w* Sturz des Zarismus (März 1917)

FECS ⟨ **F**ederation of **E**uropean **C**hemical **S**ocieties (Verband europ. chem. Gesellschaften)

Fedajin *m* (ar.) ar. Freischärler, Untergrundkämpfer

Feder| *w* ↑ → Nut; **F.bein** *s* Fahrwerkteil zur F.ung; **F.dynamometer** *s* Kraftmeßgerät; **f.führend** für einen Bereich verantwortlich; **F.gewicht** *s* (e.: feather-weights) (Angehöriger der) niedrige(n) Körpergewichtsklasse; **F.kraft** *w* Spannkraft einer F.; Elastizität; **F.stahl** *m* hochelast. harte Stahlsorte; **F.ung** *w* elast. Vorrichtung zur Abschwächung eines Drucks; **F.waage** *w* einf. Waage, die Last anhand der Verformung einer elast. F. mißt; **F.zug** *m* ↑ Hilfsmittel zum Anhängen schwerer Geräte bei ihrer Benutzung

Fee *s* (am.: *fi*) Agentenvergütung

Feedback *s* (e.: *fidbäck*) Rückkopplung in der Kybernetik

Feeder *m* (e.: *fi-*) elektr. Energieleitung vom Sender zur Sendeantenne

Feeling *s* (e.: *filiñ*) Gefühlssteigerung nach Drogengenuß; Einfühlungsvermögen

Feek *s* Flutmarke

feet (e.: *fit*) *M* zu → foot (⟨ *ft*)

Fehl|anpassung *w* (e.: maladjustment) Unfähigkeit (fehl. Bereitschaft), Anforderungen zu entsprechen; **f.belegen** Wohnung an nicht bedürft. Mieter vergeben; **F.betrag** *m* bei Abrechnung fehlende Summe; **F.charge** *w* (*-scharsche*) Ausschußmenge der Produktion. – **Fehler|grenze** *w* zuläss. Abweichung eines Meßinstruments; **F.rechnung** *w* Teilgebiet der Differentialrechnung für Genauigkeitsangaben in Naturwiss. u. Technik; **F.theorie** *w* Teilgebiet der Statistik. – **Fehl|geburt** *w* → Abort; **F.gut** *s* F.austrag bei Sortierung

Fehlingsche Lösung *w* (d. Chemiker H. Fehling, 19. Jh.) Nachweisreagens für Zucker u. a. Reduktionsmittel

Fehl|investition *w* unwirtsch. Geldanlegung; **F.karte** *w* = → Sperrkarte; **F.korn** *s* F.austrag bei Klassierung (Sieben); **F.ordnung** *w* Unregelmäßigkeit im Kristallgitter; **F.stelle** *w* Lücke im Kristallgitter; **F.zündung** *w* durch Zündfunkenausfall im Auspuff erfolg. Explosion des Kraftstoff-Luftgemischs

Feilkloben *m* Haltevorrichtung für mit der Feile zu bearbeit. Werkstücke

fein| ↑ rein (Edelmetalle); **F.bau** *m* genaue Anordnung der Atome im Kristallgitter; Verteilung der Lichtintensität über Breite der Spektrallinie; **F.bearbeitung** *w* Oberfläche eines Werkstücks verbess. Verfahren; **F.boden** *m* Erdbodenanteile mit weniger als 2 mm Korngröße; **f.en** Metall verfeinern; **F.fahrt** *w* verring. Fahrtgeschwindigkeit von Lifts vor Halt; **F.gehalt** *m* Maßzahl für Konzentration von Edelmetallen in Legierungen; **F.gewicht** *s* Edelmetallgewicht einer Münze; Ggs.: → Rauhgewicht; **F.goldgehalt** *m* Goldgehalt einer Legierung in Karat; **F.-korn** *s* Steinkohlenkornanteil unter 6–10 mm; Art des Zielens; **F.korn:entwickler** *m* fotogr. Entwickler für bes. f.körnige Negative; **F.mechanik** *w* Technik des Baus mechan. Präzisionsgeräte; **F.meßgerät** *s* Meßgerät mit höchstens 0,5 % Ungenauigkeit; **F.probe** *w* Edelmetallgehaltfeststellung, = **Münz-, Brandprobe** *w*, = **Kuppelieren** *s*; **F.putz** *m* oberste Putzschicht; **f.schleifen** schleifend Werkstückoberfläche verbessern; **F.schnitt** *m* ↑ Festlegung der endgült. Filmfassung; **F.silber** *s* chem. reines Silber; **F.sprit** *m* Rohbranntwein mit best. Alkoholgehalt. – **Feinstkorn** *s* Kornanteil einer Steinkohle unter 0,5 mm. – **Fein|struktur** *w* Verteilung der Strahlungsintensität in einer Spektrallinie o. Bande; **F.strukturkonstante** *w* Naturkonstante aus Atomphysik; **F.taster** *m* hochgenaues Dickenmeßgerät; **F.-vaku:um** *s* Vakuum mit Restgasdruck von 0,001–1 Torr; **F.zeiger** *m* stark vergröß. Längenmeßgerät (= → F.taster); **F.zink** *s* Reinzink mit höchst. 0,2 % Verunreinigung

Feld| *s* ↑ Zuordnung physik. Größen (Kraft, Geschwindigkeit, Potential usw.) zu jedem Punkt des Raums; Menge der Zahlen (Individuen), die als Werte von Variablen auftreten können; Wortfeld; → psychisch; → sozial; **F.arbeit** *w* ↑ Erhebung außerhalb des Instituts; **F.bahn** *w* leicht verlegb. Schmalspurbahn; **F.buch** *s* Liste der ermess. Maßzahlen; **F.effekt** *m* Wirkung des elektr. F.s; **F.effekt:transistor** *m* Halbleiterbauelement zur Verstärkung von Gleich- u. Wechselspannungen; **F.elektronenmikroskop** *s* Apparat zum Sichtbarmachen von Kristall-, Molekülstrukturen; **F.emission** *w* Abgabe von Elektronen durch Metall bei starken elektr. F.ern; **F.fieber** *s* Infektionskrankheit in bäuerl. o. überschwemmten Gebieten; **F.lini:en** *M* Kurven, die Kraftrichtung im Kraftfeld bildl. darstellen; **F.regelung** *w* Elektromotorenregelung durch Stromänderung in Erregerwicklung; **F.stärke** *w* ↑ Maßzahl zur F.ercharakterisierung; **F.station** *w* Geländemeßpunkt; **F.system** *s* Wahrscheinlichkeitsauslese der Befragungsaufträge (bei Meinungsforschungen) aus Einwohnerlisten u. a.; **F.theorie** *w* Beschreibung physik. Wechselwirkungen durch F.er; → einheitlich; **F.verweis** *m* Disqualifikation eines Spielers; **F.waage** *w* Meßgerät für Erdmagnetismus; **F.wicklung** *w* Drahtwicklung zur Erzeugung des Magnetfeldes in elektr. Maschinen

f-Elektron *s* → Elektron mit Bahndrehimpulsquantenzahl l = 3

Fellow-traveller *m* (e.: *fellouträwele*) polit. Mitläufer

F.E.M. ⟨ **F**édération **E**uropéenne de la **M**anutention (= Europ. Vereinigung der Fördertechnik)

Feminismus *m* (KW, lat.) radik. Frauenbewegung

Fenster| *s* ↑ Durchlässigkeit der Erdatmosphäre für Strahlen eines best. Spektralbereichs; seitl. Öffnung der Drainageröhre; **F.blei** *s* Blei-Zinn-Legierung für Bleiverglasungen; **F.brief** *m* Briefumschlag mit durchsicht. Anschriftsrechteck; **F.kleber** *m* (e.: window streamer) kurzfrist. an der Schauf.scheibe kleb. Plakat

Feri:en|dorf *s* größ. Komplex von F.-häusern für Kinderreiche; **F.kind** *s* Kind im F.heim o. bei Gastfamilie

Ferment| *s* (lat.) → Enzym; **F.ation** *w* beabsicht. biochem. Veränderung von geerntet. Naturprodukten (Tabak–Malz u. ä.); **f.ativ** durch F.e verursacht; **F.diät** *w* Nahrungsmittel aus natürl. pflanzl. F.en; **F.ograf** *m* Gerät zur autom. Überwachung (Registrierung) von Gärungen

Fermion *s* (KW) → Fermiteilchen

Fermi|-Statistik *w* (it. Physiker, 20. Jh.) = **F.Dirac-Statistik** *w* kernphysik. Theorie zur Beschreibung der Energiezustände von Fermionen; **F.teilchen** *s* Elementarteilchen mit halbzahl. Spin

Fermium *s* künstl. radioakt. metall. Element (⟨ *Fm*)

Fern|auslöser *m* Gerät zum Auslösen des Kameraverschlusses von entfernt. Ort; **f.bedienen** Steuerungsanlage eines Geräts bedienen; **F.bestrahlung** *w* Röntgenbestrahlung aus über 1 m Entfernung; **F.fahrer** *m* Fahrer eines F.lastkraftwagens; **F.geber** *m* Umformer einer Meß- in elektr. Signalgröße (Strom, Spannung, Widerstand o. ä.); **F.heizung** *w* Wärmeversorgung mehr. Gebäude von zentr. Stelle (= **F.heizwerk** *s*); **F.hörer** *m* Telefonhörkapsel; **F.kurs** *m* Unterricht durch Briefe, Rundfunk, Fernsehen; **F.laster** *m* Lastkraftwagen für Weitstreckentransporte; **F.leihe** *w* Bücherentleih aus auswärt. Bücherei; **F.leitung** *w* Telefonnetz zw. Ortschaften; weitstreck. Versorgungsleitung; **F.licht** *s* Kfz-Leuchte für größ. Straßenabschnitte; **F.lupe** *w* schwach vergröß. Innensehrohr; **F.meldegeheimnis** *s* Verpflichtung der F.meldebediensteten zur Geheimhaltung der sie erreich. Informationen; **F.meldenetz** *s* alle F.sprech-, -schreib- u. Funkeinrichtungen; **F.meldetechnik** *w* = → Nachrichtentechnik; **F.meldeturm** *m* Hochantenne von mind. 40 m Höhe; **F.messung** *w* elektr. (Draht-, Funk-) Übertragung von Meßwerten eines auswärt. Meßinstruments; **F.objektiv** *s* fotogr. Objektiv für entf.te Gegenstände; **F.ordnung** *w* regelmäß. Teilchenanordnung in Kristallen über größ. Bereiche; **F.pendler** *m* Arbeitnehmer, der weit vom Arbeitsplatz entfernt wohnt; **F.punkt** *m* Punkt, den Auge in ruh. Zustand scharf abbildet; **F.rohr** *s* → astronomisch; **F.schalter** *m* kraftangetr. Schalter; **F.schloß** *s* Tresorschloß mit seitl. verschob. Schließmechanismus; **F.schreiben** *s* vom **F.schreiber** *m* (Schreibmaschine mit elektr. Textübertragung nach auswärts) übertr. Telegramm; **F.schüler** *m* F.kursteilnehmer(in); **F.seh:aufzeichnung** *w* Film-, Magnetbandkonservierung einer F.sehsendung; **F.sehfrequenz** *w* Frequenz der Trägerwellen des F.sehens; **F.sehleuchte** *w* gedämpfte Lichtquelle; **F.sehmonopol** *s* F.sehausstrahlungsprivileg der öfftl.-rechtl. Rundfunkanstalten; **F.sehraster** *m* Aufbau des F.sehbilds aus einz. Bildpunkten; **F.sehseri:e** *w* F.sehsendung in mehr. Folgen; **F.sehspot** *m* Werbekurzfilm; **F.seh-Umsetzer** *m* kl. Sender, der Sendungen von Zentrale über Kabel u. Funk (bes. Frequenzband) empfängt u. über norm. F.sehfrequenzen sofort abstrahlt; **F.setzen** *s* Druck über Schreibmaschinentastatur (Einstanzen in Lochstreifen) in F.schreibkanal. – **Fernsprech|ansagedienst** *m* Ansagedienst; **F.auftragsdienst** *m* Postservice für telef. erfüllb. Wünsche der F.teilnehmer; **F.geheimnis** *s* Verbot der Telefonüberwachung; **F.säule** *w* Notruf. –

Fern|steuerung *w* Beeinflussung einer techn. (wiss.) Anlage (eines Fahrzeugs) über Draht (Funk); **F.studium** *s* ferngeleit. Selbststudium (⟨ *DIFF); **F.tastatur** *w* nicht fest mit der Büromaschine verb. Tastatur; **F.universität** *w* Vermittlung von Hochschulwissen durch F.sehen; **F.unterricht** *m* Briefwechsel zw. Lehrinstitut u. Schülern; **F.wirkung** *w* ↑ nicht am Ort ihrer Ursache auftretende Wirkung (**F.wirkungs:theorie** durch → Feldtheorie überholt)

Ferrate *M* (KW, lat.) Klasse von Eisenverbindungen

Ferrit| *s* (KW, lat.) sauerstoffhalt. Eisenverbindung mit techn. günst. magnet. Eigenschaften; Eisen in best. Kristallform; **F.kernspeicher** *m* Speicher auf magnet. Grundlage (DVA)

Ferro|chrom *s* (KW) chromreiche Eisen-Chrom-Legierung für metallurg. Zwecke; **F.legierungen** *M* Eisenlegierungen; **f.magnetisch** im magnet. Verhalten dem Eisen ähnlich; **F.magnetismus** *m* alle magnet. Erscheinungen f.-magnet. Stoffe; **F.mangan** *s* manganreiche Eisen-Mangan-Legierung für metallurg. Zwecke; **F.meter** *s* Gerät zur Bestimmung magnet. Eigenschaften von Werkstoffen; **F.molybdän** *s* molybdänreiche Eisen-Molybdän-Legierung für metallurg. Zwecke; ähnlich: **F.silicium** *s*; **F.titan** *s*

Fertig|bauweise *w* Bau aus vorgefert. Bauteilen; **F.keit** *w* ↑ → sozial; **F.produkt** *s* Fabrikerzeugnis nach Durchlauf durch alle F.ungsstufen, = **F.erzeugnis** *s*, = **F.fabrikat** *s* → Halbfabrikat. – **Fertigung|s:plan** *m* = → Arbeitsplan; **F.s:planung** *w* alle je einmal zur F. zu treff. Maßnahmen; **F.s:steuerung** *w* = → Arbeitssteuerung; **F.s:technik** *w* techn. Disziplin der Methoden zur Her- u. Fertigstellung von Erzeugnissen, = **Verfahrens:technik** *w*

Fertilität *w* (lat.) Fruchtbarkeit

Fest|angebot *s* Angebot, dessen Annahme den Kaufvertrag abschließt; **f.e Annuitäten** *M* → Annuität; **F.feuer** *s* in Stärke u. Farbe gleichbleib. Leuchtfeuer; **F.geld** *s* Bankeinlage für mind. 1 Monat; Ggs.: → tägliches Geld; **F.hypothek** *w* Ggs.: → Amortisationshypothek. – **Festigkeit**| *w* ↑ Bruchlast geteilt durch Querschnitt eines Probekörpers; **F.slehre** *w* Erforschung der Beanspruchung fest. Körper durch äuß. Kräfte u. der dadurch verurs. Formänderungen; **F.s:prüfung** *w* = → Biegeversuch

Festival *s* (e.: *-wel*) (Musik-)Festspiel

fest|kleben ↑ = → einschlagen; **F.-komma** *s* Komma zw. 2 Ziffern einer Dezimalzahl (Ggs.: Gleitkomma); feststeh. Komma auf dem Ergebnisanzeiger eines Rechners; **F.körper** *m* Stoff, der sich nur mit größ. Energieaufwand zerteilen (verformen) läßt; **F.körperschaltung** *w* elektron. Schaltungsteil, dessen Einzelelemente (Kondensatoren, Widerstände usw.) auf ein Halbleiterplättchen aufgedruckt (-gedämpft) wird; **F.lohn** *m* Mindestlohn; **F.meter** *m* Raummaß für Rundholz; **F.offerte** *w* festes Angebot; **F.punkt** *m* = → Fixpunkt; **f.schreiben** schriftl. f.legen; **F.speicher** *m* Speicher mit nicht veränderbarem Inhalt; **F.stellungsbescheid** *m* finanzamtl. Mitteilung der Besteuerungsgrundlagen; **F.stellungsklage** *w* Klage zur F.stellung des Rechtsverhältnisses, = **F.stellungsverfahren** *s*

Fetischismus *m* (KW) sex. Erregbarkeit durch Eigentum der geliebten Person

fett|e Öle *M* flüss. Ester aus F.säuren u. Glycerin (Ggs.: Mineralöle); **F.abscheider** *m* Vorrichtung in Abwasserreinigungsanlage; **F.alkohole** *M* Rohstoffe für Waschmittelherstellung (organ. Verbindungen); **F.alkoholsulfate** *M* synthet. Waschmittel; **F.depot** *s* (*-pô*) abgelag. F. im Körper; **F.embolie** *w* Blutgefäßverschluß durch kl. F.tröpfchen in Blutbahn; **F.fleckfotometer** *s* Gerät zur Messung der Beleuchtungsstärke; **F.geschwulst** *w* = → Lipom (gutartig!); **F.gewebe** *s* Gewebe aus F.zellen; **F.härtung** *w* Herstellung fester F.stoffe aus f.en Ölen; **F.herz** *s* Vermehrung der ‚Herzf.gewebe; **F.-kohle** *w* Steinkohlensorte; **F.leber** *w* F.ablagerung in Leberzellen durch gestört. F.stoffwechsel; **F.säurezyklus** *m* biochem. Abbau des mit Nahrung aufgenomm. F.s im tier. Organismus; **F.säuren** *M* aus natürl. F.en herstellb. Carbonsäuren; → essentiell; **F.spaltung** *w* Verseifung der F.e unter Bildung von Glycerin u. F.säuren

Fetus *m* (lat.) Frucht im Mutterleib nach abgeschloss. Organentwicklung (3. Schwangerschaftsmonat – Ende der Schwangerschaft); → Embryo

Feuchtigkeit| *w* ↑ → absolut, → relativ; **F.smesser** *m* Gerät zum Bestimmen des F.sgehaltes, = **Hygrometer** *s*. – **Feucht:raumleitung** *w* elektr. Leitung mit bes. Isolierung für feuchte Räume

Feudalismus *m* (KW, lat.) Gesellschaft, in der den Herrschenden der Boden (damals = Hauptproduktionsmittel) u. die Bauern (= Produzenten) weitgeh. gehören

Feuer|brücke *w* f.feste Trennwand zw. Ofenraum u. F.rost; **F.büchse** *w* von Wasser umgeb. Verbrennungsraum bei best. Dampfkesseln; **F.kugel** *w* sehr heller Stern; **F.mal** *s* gutart. Wucherung kleinster Blutgefäße, → Hämangiom; **F.politur** *w* durch oberflächl. Anschmelzen erzeugt. Glanz auf Werkstoffteilen; **F.polizei** *w* alle Brandschutzdienststellen; **F.schiff** *s* schwimmender Leuchtturm, = **F.turm** *m*; **F.schutzsteuer** *w* Versicherungssteuerergänzung; **F.sturm** *m* stark. Flächenbrand über 1 km² großen Flächen; **F.versicherung** *w* Zweig der Schadensversicherung; **F.verzinkung** *w* Verzinkung durch Aufbringen von geschmolz. Zink; **F.wand** *w* → Brandschott; **F.wehrkupplung** *w* Kupplungselement zum rasch. Verbinden von Wasserschläuchen

Feuilletonwerbung *w* (*föjetoñ-*) Werbung mit erzähl. Text

FFF-Werbung *w* ⟨ **F**ilm-, **F**unk-, **F**ernsehwerbung. – **FIA** ⟨ **F**édération **I**nternationale de l'**A**utomobile

fibrill|äres Zittern *s* (lat.) schnell einand. folg. Kontraktionen einz. Bündel eines Muskels (Symptom für degenerat. Nervenerkrankungen; sonst durch Erschöpfung o. Kälte); **F.e** *w* faser. Gewebebestandteil. – **Fibrin|** *s* Blutfaserstoff; **F.ogen** *s* Blutgerinnung auslös. Eiweißstoff im Blut. – **Fibro|m** *s* gutart. Bindegewebegeschwulst; **F.se** *w* Bindegewebevermehrung

Fiche[1] *w* (fr.: *fisch*) Spielmarke; Lagergrenzpflock; **Fiche**[2] *m* (e.: *fisch*) Filmkarte mit verklein. Speicherung von Text-, Bildinformationen

Fide:ikommiß *m* unveräuß., nur in best. Familie vererbl. Vermögensobjekt, = **Famili:en:anwartschaft** *w*

FIDEF *w* (türk.) ⟨ Förderation türk. Arbeitervereine in der BRD. – **FI-Dienst** *m* ⟨ **F**ührungs-**I**nformations**dienst** (vertraul. Informationen über Führungsprobleme; Baden-Zürich). – **FIDO** ⟨ **I**ntensive **D**ispersal **o**f **F**og (Flughafen-, Autobahnentnebelungsanlage)

Field| Force *m* (e.: *fildfors*) Mitarbeiter im Außendienst, = **F.-Staff** *m* (*-stäff*); **F.-research** *w* (*-rîsetsch*) Meinungsforschung durch Interviewer o. Fragebögen

Fi:erant *m* (it.) Markthändler

FIFA ⟨ **F**édération **I**nternationale de **F**ootball **A**ssociations (fr.: internat. Fußballverband)

Figuren:achse *w* Symmetrie:achse eines Umdrehkörpers

Filage *w* (fr.: *filâseh*) ↑ Unterschlagen gezinkter Karten; Gespinst

Fila|ment *s* (lat.) fadenförm. Gebilde; **F.ri:en** *M* Fadenwürmer; **F.riose** *w* Tropenkrankheit durch Fadenwürmer

file (e.: *fail*) = → Datei

Filiation *w* Abstammung, Haushaltsgliederung

Filibuster| *s* parlament. Verschleppungsmanöver (USA); **F.rede** *w* (e.) stundenlange Rede zur Hemmung der Parlamentsarbeit

Filler *m* (e.) Gesteinsmehl für Straßenbau

Film|abstreicher *m* = → Abstreifblech; **F.abtaster** *m* Kamera zur Übertragung von F.en im Fernsehen; **F.bildner** *m* Lackbestandteil; **F.ebene** *w* Position des fotogr. F.s in der Kamera; **F.führung** *w* Gestaltung eines F.s; **F.hobel** *m* Gerät zur Entfernung des Klebstoffs beim Zusammenkleben von F.stücken; **F.kern** *m* Aufwicklungskern der F.spule, = **Bobby** *m*; **F.let** *s* (e.) kurzer (Werbe-)F.; → Quicky; **F.ographie** *w* Verzeichnis der F.e eines Regisseurs (Schauspielers); **F.othek** *w* F.archiv, -sammlung; **F.schnitt** *m* Zusammensetzen einz. F.szenen in richt. Reihenfolge; **F.seher** *m* → Audiovision; **F.strip** *m* (e.) Tonbildschau; **F.tablette** *w* leicht schluckb. Heilmittel; **F.transport** *m* Weiterschalten des aufgenomm. F.s; Projektion eines Einzelbildes; **F.unmündigkeit** *w* Verbot der öfftl. F.vorführung vor Kindern unter 6 Jahren

Filter| *s, m* (lat.) → Farb-, → Strahlungsf.; feinpor. Platte (Membran), die nur Flüssigkeiten (keine Festkörperteilchen!) durchläßt; **F.anlage** *w* Anlage zur F.ung best. Stoffe; **F.bespannung** *w* durchläss. F.wand; **F.brand** *m* Brand von Entstaubern; **F.damm** *m* Absatzbeckendamm; **F.frage** *w* Frage an Interviewten, die zukünft. Kunden ermitteln soll; **F.kerze** *w* porös. F.gerät; **F. King** *m* Benzindruckregler mit vorgesch. Feinstf.; **F.kuchen** *m* zusammengepreßt. F.rückstand; **F.nutsche** *w* Laborgerät für Vakuumfiltration; **F.papier** *s* = Filtrierpapier; **F.presse** *w* techn. Filtriergerät; **F.rückstand** *m* beim Filtern von Flüssigkeit getr. Feststoffteile; **F.tiegel** *m* anal.-chem. Laborgerät; **F.tuch** *s* feinpor. Gewebe zum Filtrieren. – **Filtr|at** *s* durch F.ieren erhalt. klare Flüssigkeit; Rest eines Rohopiumauszugs; **F.ation** *w* Trennung von Flüssigkeit u. Festkörperchen mit Filter; **f.ieren** Trübe in klare Flüssigkeit u. Feststoffteilchen durch

F.ation trennen; **F.iergestell** *s* chem. Laborgerät; **F.ierpapier** *s* feinpor. Papier zum F.ieren; **F.ierstutzen** *m* Glasgefäß für F.at

Filz|okratie *w* (KW, gr.) (zu) enge Verflechtung (Verf.ung) einer reg. Partei mit der Staatsbürokratie; **F.schreiber** *m* Schreibgerät mit F.dochtspitze, = **F.stift** *m*

FIM ⟨ **F**requenz**i**nter**m**odulationsfaktor

Finalität *w* (lat.) Bestimmtheit durch einen Zweck (ein Ziel); = → Absichtlichkeit

Finanz|anzeige *w* Anzeige in → Börsenpflichtblättern; **F.ausgleich** *m* gesetzl. Steuerverteilung zw. Bund–Ländern–Gemeinden; **F.buchhaltung** *w* betriebl. Rechnungsabteilung für außerbetr. Werteverkehr; **F.gericht** *s* Verwaltungsgericht für finanz. Streite (Bundesfinanzhof München, seit 1965); **F.gewalt des Staates** *w* Recht des Staates, Abgaben zu erheben, = **F.hoheit** *w*; **F.kontrolle** *w* Tätigkeit des Bundesrechnungshofs; **F.krise des Staates** *w* (e.: fiscal crisis of the state) Dilemma des kapital. Staates, durch Maßnahmen zur Einnahmenssteigerung Mehrausgaben zu erzeugen; **F.monopol** *s* Recht des Staates, best. Güter unter Wettbewerbsausschluß herzustellen u. zu vertreiben; **F.planungsrat** *m* Gremium zur Koordinierung aller Gebietskörperschaften u. Vereinheitlichung von volks-, finanzwirtsch. Annahmen für Bund, Länder, Gemeinden; **F.vermögen** *s* öfftl. Vermögen in staatl. Verwaltung; **F.wechsel** *m* Ggs.: → Handelswechsel; → Warenwechsel

Finger|flugsteig *m* Verbindungsbau auf Flughäfen zw. Abfertigungsgebäude u. -position; **F.zapfen** *m* verleimte Verbindung zw. Holzteilen

Finimeter *s* Sauerstoffmanometer am Gasschutzgerät

Finish *s* (e.) letzte Oberflächenbehandlung von Werkstoffen; Endspurt

Finne *w* geschlechtslose Jugendform von Bandwürmern

Finnlandisierung *w* (1971) polit. (Pseudo-)Neutralisierung eines Staates, = **Finnisierung** *w*

Firmen|schutz *m* (Warenzeichengesetz zum) Schutz von Namen o. F.; **F.tester** *m* Angestellte u. Bewerber testender Betriebspsychologe

first in, first out (e.: *-först-aut*) gewünschter Lauf von verderbl. (alternder) Ware durch Lager; Grundsatz der Lagerumwälzung

Fisch|augen:objektiv *s* = → Fisheyeobjektiv; **F.en** *s* = → Fangarbeiten; **F.darre** *w* ↑ schwimmende F.mehlfabrik; **F.ereischutzzone** *w* Seehoheitsgebiet (Grenze: **F.ereigrenze** *w*)

Fischer-Gatsch *m* beim → Fischer-Tropsch-Verfahren entsteh. halbfestes Kohlenwasserstoffgemisch

Fischer-Tropsch-Synthese *w* (d. Chemikern F. Fischer, 19./20. Jh., u. H. Tropsch, ebso.) Verfahren zur Herstellung von Kohlenwasserstoffen – (z. B. Benzin – aus Kohle u. Wasser; „Kohleverflüssigung")

Fisch|fabrikschiff *s* Fangschiff, auf dem der Fang verarbeitet wird; **F.silber** *s* perlmutterart. glänz. Farbpigment für Lacke; **F.test:anlage** *w* vom Abwasser durchfloss. Aquarium, dessen F.e die Qualität des Abwassers erkennen lassen; **F.weg** *m* F.passage an Staustufen, = **F.paß** *m*, = **F.treppe** *w*

Fisheye:objektiv *s* (e.: *fisch-ai-*) fotogr. → Objektiv mit ungewöhnl. groß. → Bildwinkel u. → Verzeichnung

Fiskus *m* (lat.) Staat als Träger von Vermögen(srechten)

Fission *w* (e.) → Kernspaltung

Fistel *w* (lat.) angeb. o. erworb. röhrenförm. Gang zw. Körperhöhlen u. der Körperoberfläche

FISU ⟨ Internationaler Fachverband der Studentensportler

Fitting *s* (e.) Verbindungsstück an Rohrleitungen

Fix|e *w* (lat.) Drogeninjektionsspritze; **f.e Kosten** *M* alle Ausgaben, die unabh. vom Beschäftigungsgrad entstehen; **F.element** *s* Element o. geom. Gebilde, das bei best. Abbildung unveränd. bleibt; **f.en** nicht gekaufte Wertpapiere verkaufen; Rauschdrogen genießen (spritzen); **F.er** *m* Baissespekulant; Drogengenießer; **F.gerade** *w* Spiegelachse bei Spiegelung; **F.geschäft** *s* Kauf mit Terminverpflichtung

Fixier|bad *s* Chemikalienlösung zum F.en fotogr. Bilder; **f.en** fotogr. Bild durch Licht unempfindlich machen; Gewebe haltb. u. formbest. machen; Präparate durch chem., bakt., mechan. Einwirkungen schützen; Gewicht sekundenlang überm Kopf halten; **F.salz** *s* Chemikalie zum F.en der Bilder

Fix|ing *s* (*-iñ*) Feststellung der Devisenkurse an der Börse; **F.kosten** *M* → fix; **F.punkt** *m* Punkt, der auf sich selbst abgebildet wird; leicht einstellb. Temperatur-, Eichpunkt der Thermometer; sich bei geringer Wärmezufuhr o. -abgabe nicht ändernder Punkt (z. B.

Eis-Wasser-Gemisch); = → Festpunkt; **F.um** *s* festes Einkommen mit Erfolgsprämien; **F.zeit** *w* Zeitspanne, in der bei gleit. Arbeitszeit Arbeitnehmer im Betrieb sein muß

FIZ ⟨ **F**ach**i**nformations**z**entrum (Chemie, Frankfurt). – **FKK** ⟨ **F**rei**k**örper**k**ultur. – **FKM** ⟨ Gesellschaft zur **f**reiwilligen **K**ontrolle von **M**esse- u. Ausstellungszahlen. – **fl** ⟨ **fl**uid. – **Fla** *w* ⟨ **Flu**g**a**bwehr; **Flab** *w* ⟨ **Fl**ieger**ab**wehr

Flach|bagger *m* Maschine zur Abtragung der obersten Bodenschicht; **F.druck** *m* Druckverfahren mit Platten, deren Teile alle in 1 Ebene liegen (z. B. Offset-, Steindruck)

Flächen|brand *m* ausgedehnter Brand; **elektr. F.dichte** *w* Ladungsmenge auf Fläche geteilt durch F.inhalt; **F.ertrag** *m* Landwirtschaftsertrag auf 1 ha; **F.gewicht** *s* (bei Geweben, Folien, Beschichtungen) Gewicht je m²; **F.heizung** *w* Wärmeabgabe durch Decken, Wände, Fußböden; **F.nutzungs:plan** *m* von Kommune erstellte Zusammenfassung geplant. Bodennutzungen; **F.pressung** *w* Druck zw. Festkörperoberf.; **F.satz** *m* naturges. Beschreibung von unter Einfluß einer Zentralkraft erfolg. Bewegungen; **F.stichprobe** *w* (e.: area simple) Zufallsauswahl für Erhebungsgebiet; **f.treue Abbildung** *w* F. von Urbild u. Bild sind gleich groß (z. B. → Scherung)

Flachschieber *m* Absperrverschluß in Druckrohrleitungen

Flader *w* Jahresring (Maser) im Baumholz

Flame-out *m* (e.: *fleim:aut*) Triebwerkausfall wegen Treibstoffmangels (Flugzeug)

flämmen ↑ Buschwerk u. Stoppeln auf Feldern abbrennen; Fehlstellen in Oberfläche von Walzwerkprodukten durch Ausbrennen beseitigen. – **Flammen|färbung** *w* Verfärbung der Flamme des Bunsenbrenners durch Anwesenheit best. Elemente; ihre Ausnutzung zum analyt. Nachweis dieser Elemente; **F.härten** *s* = → Brennhärten; **F.rohr** *s* Gerät zum Nachweis steh. Schallwellen; **F.sonde** *w* Vorrichtung zur Messung elektr. Felder. – **Flamm(en)|spektroskopie** *w* analyt. Nachweisverfahren; **F.spektrum** *s* Lichtspektrum der durch best. Elemente verfärbt. Bunsenbrennerflamme. – **Flammenwächter** *m* Überwachungsgerät für Öl-, Gasbrenner. – **Flamm|färbung** *w* = → F.enfärbung; **F.hemmer** *m* schwer brennb. mach. Additiv für Kunst-, Imprägnierstoffe (für Holz, Textilien u. ä.); **F.kohle** *w* Steinkohlensorte; **F.ofenfrischverfahren** *s* Methode zur Veredlung des Roh- zum Schmiedeeisen; **F.punkt** *m* tiefste Temperatur, bei der brennb. Flüssigkeit Dämpfe so hoher Konzentration entwickelt, daß sie durch off. F.e entzündbar sind; **F.schutzmittel** *s* = → F.hemmer; **F.spritzen** *s* Verfahren zum Beschichten v. Metall- o. Kunststoffgegenständen

Flansch| *m* Rohrverbindung, = **F.e** *w*; **F.enverbindung** *w* Rohr-, Wellenverbindung mit F.en

Flap *s* (e.: *fläp*) Schutzblatt vor Reinzeichnungen u. ä.

Flare *s* (e.: *flär*) Gasausbruch auf Sonne

Flasche| *w* ↑ Fassung mit 1 o. mehr. Seilrollen, Teil des F.nzugs; **F.nzug** *m* Vorrichtung aus Seil u. Rollen zur Lastenbewegung

Flash| *m* (e.: *fläsch*) Einblendung; Gefühl nach Opiumeinspritzung (Wiederholung: **F.back** [*-bäck*]); Blitzlichtgerät

Flat| *s* (e.: *flät*) Grundplatte mit aufklappb. Stirnwänden (Container); Film für Offset; Kleinwohnung; **F. fee** *s* (*-fi*) Pauschalhonorar; **F. rate** *s* (*-rät*) Anzeigenfestpreis

Flatter|marke *w* Falzlinie am Druckbogen; **F.n** *s* Schwingung elast. Körper bei Wind (z. B. Flugzeugschwingungen); → B-F.n; → klassisch; **F.satz** *m* Schriftsatz mit ungleichen Zeilen

Flatulenz *w* (lat.) Blähungen

Flavanthren *s* (KW) gelber Textilfarbstoff (licht-, waschecht)

Flavin| *s* (KW) organ. Stickstoffverbindung (Bestandteil wicht. Enzyme); **F.adenindinucleotid** *s* Atmungsferment

Fleckenzyklus *m* regelm. Schwankung der Sonnenfleckenhäufigkeit. – **Fleckfieber** *s* durch → Rickettsien verurs. Erkrankungen

Fleet in be:ing *w* (e.: *flît in bi:iñ*) Präsenzwirkung der (am.)Flotte

Fleischmilchsäure *w* bei Anstrengung im Muskel entsteh. Abbauprodukt des → Glykogens

Flemmingsche Lösung *w* (d. Anatom, 19. Jh.) Chemikalie zum Fixieren mikrosk. Gewebspräparate

Flettner-Rotor *m* (d. Ingenieur A. Flettner, 20. Jh.) Schiffsantrieb durch im Wind rotier. Zylinder

Flexib|ilität *w* (KW, lat.) Biegsamkeit bei gleichz. Zähigkeit; **f.le Altersgrenze** *w* Termin der Rentengewährung (Erreichung des 65. (m.) o. 60. (w.) Lebensjahres nach 5–15 Jahren Wartezeit (bei 35 Versicherungsjahren ab 63. Lebensjahr, Schwerbeschädigte u. Berufsunfähige 62. Lebensjahr); → Rentenreform; **f.le response** *w* (e.: *-rispons*) angemess. strateg. Gegenmaßnahme (d.: **f.le Antwort, Erwiderung, Entgegnung – Abwehr[reaktion], Reaktionsfähigkeit, Verteidigung; bewegl. Erwiderung, Antwort, geschmeid. Reaktion**). – **Flexiole** *w* Tropfflasche; Kunststoffverpackung flüss. Arzneien. – **Flexostecker** *m* elektr. Anschlußstecker aus flexibl. Kunststoff, mit der Anschlußleitung untrennb. verschweißt. – **Flexur** *w* Gesteinsverschiebung ohne Bruch

fliegende| Ambulanz *w* Not-, Rettungswagen; **f. Bauten** *M* zerlegb. baul. Anlagen; **f.r Start** *m* Wettkampfbeginn aus Lauf (Fahrt); **f. Untertasse** *w* scheibenförm. Flugobjekt (außerird. Wesen ??). – **Fliegenstein** *m* mineral. Arsen. – **Flieger** *m* ↑ Rennpferd, -radfahrer für Kurzstrecken

Fliehkraft| *w* auf kreisf. bewegte Körper in Richtung vom Kreismittelpunkt weg wirk. Kraft; = → Zentrifugalkraft; **F.abscheider** *m* Apparatur zur Entstaubung von Gasen; = → Zyklon; **F.lüfter** *m* Maschine zum Fördern von Gasen bei Ausnutzung der F.; = → Schleudergebläse; = → Zentrifugalventilator; **F.regler** *m* mechan., die F. nutzender Drehzahlregler

Fließ|arbeit *w* örtl. forschreit., zeitl. best. lückenlose Folge von Arbeiten; **F.band** *s* → Reihenfertigung; **F.bandtester** *m* nur mit maschin. errechn. Punktwerten arbeit. Tester; **F.bett-Katalysator** *m* durch Gas aufgewirb. feinpulv. Katalysator; **F.bild** *s* schemat. Darstellung des Materialflusses in Produktionsanlage; **f.en** ↑ unter Belastung allmähl. nachgeben.; **F.erde** *w* rutschende Massen an steilen Hängen; **F.fertigung** *w* kontinuierl. Arbeitsweise der Produktion, = **f.ende Fertigung; F.grenze** *w* Belastung, bei der Werkstoff allmähl. nachgibt; **F.heck** *s* nach rückw. abfall. Fahrzeugheck; **F.komma** *s* bewegl. Komma auf Ergebnisanzeiger eines Rechners; **F.kunde** *w* = → Rheologie; **F.kurve** *w* graf. Darstellung des Zusammenhangs zw. Zähigkeit u. Verformungsgeschwindigkeit von Flüssigkeiten (Schmelzen); **F.lager** *s* Lager mit weiterbewegtem Lagergut; **F.pressen** *s* Verfahren zum Kaltumformen von (metall.) Werkstoffen; **F.punkt** *m* Temperatur, bei der ein normalerw. pastenförm. Stoff zu f.en beginnt; **F.rinne** *w* Rechteckkanal zur Auflokkerungsluftzufuhr; **F.satz:anzeige** *w* Anzeige im fortlauf. Satz; **F.widerstand** *m* Zähigkeit bei Flüssigkeiten

Flimmer|fotometer *s* Instrument zum Messen von Beleuchtungsstärken; **f.frei** nicht von Lichtzittern begleitet (f.e Bilder); **F.n** *s* Wechsel der Leuchtdichte (Farbe) auf Filmvorführungsfläche

Flimsy *s* (e.) durchsicht. Papier

Flintglas *s* bleihalt. Glassorte für opt. Geräte

Flip-Flop, Flipflop| *s* (e.) elektron. Schaltelement mit 2 stabilen Zuständen; Umlegemappe; **F.schaltung** *w* elektron. Kippschalter für raschen, belieb. wiederholb. Wechsel zwischen 2 Stromwegen

Flipper *m* (am.) Spielautomat

float|en (e.: *flô-*) im Kurs schwanken; **F.ing** *s* Marktlage bei schwank. Wechselkurs; Freigabe des Wechselkurses; → schmutzig; **f.ing vote** *m* = → Wechselwähler

Flockungsmittel *s* Zusatzstoff zum Klären einer → Trübe

Flop *m* (e.) wirtsch. Mißerfolg

Floppy Disk *w* (am.) flexible magnet. Wechselplatte als extern. Speicher einer DVA

Florentiner Flasche *w* Vorrichtung zum Trennen zweier nicht mitein. mischb. Flüssigkeiten (z.B. Wasser u. Öl)

Flor-Ring *m* innerster Teil des Saturnrings

Floßgasse *w* Anlage zur Umgehung eines Wehrs mit Flößen

Flotat|ion *w* (fr.-lat.) Verfahren zur Trennung von Erzen (Mineralien) bei Ausnutzung ihrer versch. Benetzbarkeit durch Wasser u. Chemikalienlösungen, = **Schaum(schwimm)verfahren** *s*; *EW*: **f.iv**

Flotte *w* (fr.) ↑ Farbstofflösung zum Textilienanfärben

fl. oz. ⟨ → fluid ounce

fluatieren Zement- o. Betonflächen zum Schutz vor Verwitterung mit Salzen der Fluorokieselsäure behandeln

Flucht| in die Krankheit *w* Konfliktvermeidung durch Rückzug in Krankenrolle; **f.en** Achsen der Radiallager einer Welle fallen zusammen; **F.geschwindigkeit** *w* ↑ Geschwindigkeit eines Körpers, der sich ohne weit. Antrieb aus Erdschwerefeld entfernen will; Geschwindigkeit weit entfernt. Spiralnebel vom Sonnensystem weg. – **flüchtig** ↑ leicht verdampfb. –

Flucht|lini:e *w* Abgrenzung des bebaub. Gebiets gegen Straße; **F.stab** *m* zweifarb. gestrich. Stab (als Vermessungsmarkierung); **F.weg** *m* ↑ befahrb. Notausgang aus Bergwerk

Fluff *m* (e.: *flaff*) Rundfunk-, Fernsehversprecher

Flug|asche *w* Staubasche in Rauchgasen; **F.boot** *s* Wasserflugzeug mit Schwimmkörperrumpf. – **Flügel|-blende** *w* Teil des Filmaufnahme-, -vorführungsapparats; **F.mutter** *w* Schraubenmutter mit 2 Ansätzen zur Handbedienung; **F.pumpe** *w* Pumpe durch schlagende F. im Gehäuse. – **Flug|gewicht** *s* = **F.masse** *w* = → Abf.masse; **F.ingenieur** (*-inschênjör*) Flugzeugbauer, -prüfer, -bediener; **F.meteorologie** *w* Erforschung der Wettervorhersage für F.wesen; **F.navigation** *w* = → Aeronavigation; **F.regler** *m* System zum Einhalten der F.bahnen, -lagen. **F.schanze** *w* Skisprungschanze für große Weiten; **F.schreiber** *m* automat. Aufzeichner der techn. F.daten; **F.sicherung** *w* → ACC, → AIS, → APP; **F.staub** *m* Staub im Wind (in Abgasen);**F.steig** *m* Teil des F.hafenabfertigungsgebäudes; **F.wetterdienst** *m* regelm. Information über Witterungsverhältnisse für F.zeuge; **F.werk** *s* Trag-, Rumpf-, Leit-, Steuer-, Fahrwerk des F.zeugs

Fluid| *s* (KW) flüss. Chemikalie; **f.** e., am. Hohlmaß (⟨ *fl*); **F.ifikation** *w* Umwandlung klump. Pulver in rieselfäh. durch Zusatz von Chemikalien. **F.ität** *w* Maßzahl für Beweglichkeit einer Flüssigkeit (Kehrwert der Viskosität); **f. ounce** (*-auns*) e., am. Hohlmaß für Flüssigkeiten

Fluor| *s* (lat.) Spurenelement (⟨ *F*), gasförm. gift. Halogenelement (in kl. Dosen gegen Karies); **F.carbonharze** *M* Kunststoffklasse; **F.eszenz** *w* Leuchten eines Stoffs durch Strahlungseinwirkung (z. B. Leuchtschirm durch Röntgenstrahlen); **F.eszenz:analyse** *w* Erkennen von Substanzen durch ihre F.eszenz; **F.eszenzfarbstoff** *m* Farbstoff, der infolge F.eszenz Licht einer kürz. Wellenlänge abgibt als absorbiert; **F.eszenzmikroskop** *s* Mikroskop mit ultraviol. Beleuchtung; **F.eszenzschirm** *m* mit F.eszenzstoffen beschicht. Leuchtschirm zum Sichtbarmachen von Teilchen-, Röntgen-, kurzwell. Lichtstrahlen; **F.eszenzstoffe** *M* wandeln Energie von Teilchen-, Röntgen-, kurzwell. Lichtstrahlen in sichtb. Licht um; **F.ide** *M* binäre F.verbindungen; **F.idglas** *s* f.halt., stark farbverstreu. Glassorte für opt. Geräte; **f.idieren** dem Trinkwasser F.spuren zusetzen; **f.ieren** F.atome in Moleküle organ. Substanzen einführen; **F.it** *m* Flußspat; **F.kohlenwasserstoffe** *M* aliphat. o. aromat. Kohlenwasserstoffe, in denen F. Wasserstoffatome ersetzt; **f.ogen** mit F.eszenzeigenschaft; **F.okieselsäure** *w* Komplexverbindung aus Flußsäure u. Siliciumf.id; **F.ometer** *s* Meßgerät für F.eszenz; **F.ose** *w* Erkrankung durch F.; **F.wasserstoff** *m* Giftgas aus F. u. Wasserstoff

Flurförderzeug *s* Vorrichtung zur Förderung von Gütern zu ebener Erde

Flush *m* (e.: *flasch*) Hitzewelle mit Hautrötung

Fluß|diagramm *s* graf. Ablaufplan für Vorgang (Berechnung einer Größe, Herstellung einer Ware usw.), bes. zur Programmaufstellung in der → ADV = → Datenflußplan; **F.eisen** *s* in flüss. Zustand hergest. Eisen. – **flüssiges Holz** *s* → Holzzement. – **Flüssig|gase** *M* techn. nutzb. Gase, die bei gewöhnl. Temperatur durch hohen Druck verflüssigt gehandelt werden; **F.keitsbremse** *w* hydraul. betätigte Bremse; **F.keitskupplung** *w* hydraul. Kraftübertragung; **F.keitsmanometer** *s* einf. Druckmeßgerät; **F.keits:thermometer** *s* Temperaturmeßgerät, das auf therm. Ausdehnung von Flüssigkeiten beruht; **F.kristalle** *M* Flüssigkeiten, die in polaris. Licht ähnl. Brechungserscheinungen zeigen wie Kristalle. – **Fluß|kilometer** *m* Entfernung eines Punktes der F.mitte von der Quelle (Mündung); **F.kraftwerk** *s* Wasserstaukraftwerk im Fluß, = **Strom-, Niederdruckstaukraftwerk** *s*; **F.mittel** *s* Zusatzstoff zur Erleichterung von Bildung u. Fließen einer Schmelze; **F.säure** *w* stark saure Lösung von Fluorwasserstoff in Wasser; **F.spat** *m* mineral. Calciumfluorid; **F.stahl** *m* in flüss. Zustand hergest. nicht legiert. Stahl

Flut|barkeit *w* Schiffsteil, der ohne Gefahr vollaufen kann; **f.en** unter Wasser setzen; **F.kraftwerk** *s* = → Gezeitenkraftwerk; **F.licht** *s* helle Beleuchtung größ. Flächen durch Spezialscheinwerfer; **F.lichtleuchte** *w* lichtstarke Leuchte in Reflektoren

Fluviograf *m* Wasserstandsmesser mit Registriereinrichtung

Fluxion *w* (lat.) Blutandrang

Flying Dutchman *m* (e.: *flai:iñ datschmän*) Zweimannrennsegeljolle

Fly|mobil *s* (*flai-*) auch als Auto benutzbares Kleinflugzeug; **F.over** *m* Stahlbrücke als Straßenüberführung

Fm ⟨ **Fermium.** – **FM** ⟨ **Frequenzmodulation.** – **FNI** ⟨ **Fachnormenausschuß Informationsverarbeitung.** – **Fob** ⟨ **free on bord** (spesenfreie) Lieferung zum Schiff unter Verkäuferrisiko. – **FOB** ⟨ **Fractional Orbit Bombardement** Weapens (Atombeschuß aus der Erdumlaufbahn)

föderalistische Kulturprovinz *w* Kulturhoheit der d. Länder

Foghorn *s* Nebelhorn

Fok|ometer *s* (KW) Vorrichtung zur Messung der Brennweite opt. Systeme; **F.us** *m* Krankheitsherd; Brennpunkt, -fleck; **f.ussieren** opt. Systeme auf scharfe Bildwiedergabe einstellen

Folder *m* (e.: *-ô-*) Faltprospekt

Folge|lasten *M* Verpflichtungen durch Investitionen, = **F.kosten** *M*

Foli:e *w* (lat.) zu dünnem eb. Blatt gewalzter, gezog. o. geschlag. Werkstoff

Follikel| *m* (lat.) kl. Schlauch, Bläschen, Lymphknötchen; **F.hormone** *M* Hormone im reifen Ei des Eierstocks u. der Plazenta (→ Östrogene); **F.sprung** *m* Eisprung (Ausstoßen reifen, befruchtungsfäh. Eies aus dem Ovar)

Folsäure *w* Blutbildungsvitamin

Fond| *m* (fr.: *foñ*) ↑ Bildhintergrund; **F.s** *m* (*foñs*) Vermögensrücklage für best. Zwecke; *M*: Schuldverschreibungen öfftl. Körperschaften; **F.sbörse** *w* Börse für festverzinsl. Wertpapiere; **F.sverwaltung** *w* staatl. Einfluß auf Gemeindeselbstverwaltung durch vergabebedingte Beihilfen; **F.tapete** *w* bedruckte Tapete aus weißem Papier

Fontanelle *w* Knochenlücke am kindlichen Schädel (**große F.** zwischen Stirn u. Scheitelbein [schließt sich im 2.–3. Lebensjahr], **kleine F.** zwischen Scheitel- u. Hinterhauptsbein [schließt sich im 1. Vierteljahr nach der Geburt]); → Wolkenschädel

FORATOM ⟨ Vereinigung der europ. Atomforen

foot| (*M*: → **feet**; ⟨ *ft*) e., am. Längenmaß (= 1/3 Yard = 12 Inches) = 0,305 m; **F.-candle** *w* (*-kändl*) Einheit der Beleuchtungsstärke (= 10,76 Lux)

Force de frappe *w* (fr.: *forßdefrapp*) Abschreckungsstreitmacht

Förder|anlage *w* F.mittel mit örtl. begrenztem Arbeitsbereich; **F.arbeit** *w* Produkt aus Nutzlast u. Hubhöhe, auf Antrieb bezogen; **F.brücke** *w* Abraumbeförderungsanlage im Tagebau; **F.druck** *m* zur F.ung von Gasen, Flüssigkeiten, Schüttgütern durch Rohr notw. Druck; **F.gebläse** *s* Maschine zur F.ung von Gasen, Schüttgütern mit Gasstrom; **F.kurs(us)** *m* Unterrichtung der in der **F.klasse** zusammengefaßt. schwachen Schüler; **F.leistung** *w* F.arbeit in Zeiteinheit; **F.maschine** *w* Maschine zum Bewegen der F.körbe; **F.menge** *w* alles bewegte (bewegl.) F.gut; **F.schnecke** *w* in Rohr (Rinne) rotier. Schraube zur F.ung von Schüttgütern (Flüssigkeiten); **F.stufe** *w* = → Orientierungsstufe; **F.technik** *w* Mittel, um Güter (Menschen) zu bewegen; **F.ung** *w* Bewegung von Gütern im Betrieb. – **Forderungen** *M* → sonstig. – **Förder|ungsrichtlini:e** *w* Verwaltungsverordnung zur Fondsverwaltung; **f.ungswürdig** gesetzlich berechtigt, Staatsbeihilfe zu beanspruchen; **F.weg** *m* vom beförd. Gut zurückgel. Weg; **F.zeit** *w* Zeit, die Transport zum Arbeitsplatz (Betriebsmittel) o. am Arbeitsplatz zur Lagerung in die richt. Lage (Arbeitsstellung) erfordert

Fordismus *m* (am. Großindustrieller, 19./20. Jh.) durchgreif. Rational- u. Standardisierung der Produktion

forensische Chemie *w* Anwendung chem. u. physik.-chem. Methoden auf die Beweis- u. Spurensicherung für gerichtl. Verfahren

forf|aitieren (fr.) überschlägig berechnet verkaufen; **F.eit** *s* (e.: *-fit*) Reuegeld; Abstandssumme bei Vertragsrücktritt

form|al → Test; **F.aldehyd** *s* (lat.) Oxidationsprodukt des Methanols (⟨ CH_2O; Desinfektionsmittel); **f.ale Demokratie** → Demokratie; **F.alin** *s* (40 %) Lösung von F.aldehyd in Wasser (Desinfektions-, Konservierungsmittel); **F.alisierung** *w* ↑ Aufbau einer Wissenschaftsterminologie; Verwendung f.aler Sprachen; **f.atierte Daten** *M* → Daten; **F.atierung** *w* Festlegen der Gestalt von Daten durch F.vorschriften; **F.beständigkeit** *w* Bestreben eines Werkstoffs, die angenomm. Gestalt beizubehalten; **F.eisen** *s* eisern. Werkstück mit vorgegeb. Querschnitt; **F.el** *w* ↑ in ihrem Gültigkeitsbereich allgemeingült. Aussageform; → chem. F.el, → Elektronenf.el; → Bruttof.el; → empirisch; **F.el-I-Klasse** *w* schnellst. Rennwagentyp; **F.elgewicht** *s* → Molekulargewicht; **F.elzeichen** *s* math., chem., physik. Symbol; **F.en:ebene** *w* Eintrittsstelle der Windform am Hochofen; **F.gebung** *w* ↑ Erzeugung von Gegenständen mit bestimmb. geom. Gestalt; **f.ieren** ↑ 2 gleichart. Elektroden durch

Anlegen einer Spannung polarisieren; **f.ierte Gesellschaft** *w* bewußt zeitgem. Gesellschaft; **F.ikarium** *s* künstl. Ameisennest zu Studien; **F.maschine** *w* Werkzeugmaschine zur Produktion von Sandformen für Metallguß; **F.masse** *w* in einem best. Temperaturbereich formb. Kunststoff; **F.nest** *s* F.höhlung eines Gießwerkzeugs; **F.ol** *s* = → F.alin; **F.pressen** *s* Verfahren zur Werkstoffbearbeitung; **F.sand** *m* Sand zum Sandguß; **F.schlitten** *m* verschiebb. Stahlgußplatte an Gießmaschinen; **F.schluß** *m* Kraftübertragung zw. Maschinenteilen mit ineinandergreif. Gestalt (z. B. Zahnrädern); **f.schlüssig** durch Klauen (Bolzen, Zähne) in der ggs. Lage gehalten; **F.stein** *m* bes. gestalt. Mauerstein; **F.teil** *s* durch spanlos. F.en aus F.masse hergest. Gegenstand; **F.ulierung** *w* ↑ Zubereitung biol. wirks. Substanzen (Heil-, Schädlingsvertilgungsmittel) mit zugesetzt. Hilfsstoffen; **F.variable** *w* als Konstante behandelt (im Unterschied zur Lösungs- u. Funktionsvariable), = **Parameter** *s*

Forschung|s:satellit *m* Raumflugkörper für wiss. Aufgaben; ähnl.: **F.srakete** *w*; **F.sreaktor** *m* Kernreaktor für Experimente

Forstnerbohrer *m* Werkzeug zum Bohren flacher kegelförm. Vertiefungen

fortgesetzte| Handlung *w* wiederholte Begehung gleichart. Strafhandlungen, = **f.s Delikt** *s*

Fortran *s* (⟨ **for**mula **tran**slatar) → Programmiersprache

Fort|luft *w* bei Klimaanlagen nach außen abgegebene Luft; **F.setzung einer Funktion** *w* Erweiterung ihres Definitionsbereichs

Forum| *s* (lat.) ↑ öfftl. Diskussion, = **F.sdiskussion** *w* = **F.sgespräch** *s*

Fosbury-Flop *m* (e.: *fasberi-*; am. Leichtathlet) Hochsprungtechnik

fossile| Energieträger *M* Kohle, Erdöl, -gas, = **f. Kraftstoffe**

Foto|anregung *w* Energieaufnahme eines Atoms (Moleküls) durch Lichtabsorption; **F.biologie** *w* Erforschung der Wechselwirkungen zw. Licht u. Organismus; **F.chemie** *w* Erforschung der Stoffumwandlungen, die der Einwirkung von Licht folgen; **F.diode** *w* F.widerstand zur Messung von Licht-, Beleuchtungsstärke; **F.dissoziation** *w* Molekülspaltung durch Licht; **F.effekt** *m* Abtrennung von Elektronen aus der Oberfläche eines Körpers durch auftreff. Licht; **F.elektrizität** *w* durch Licht erzeugte Elektrizität; **F.element** *s* physik. Gerät, das Licht- in ektr. Energie umwandelt; **F.finish** *s* (*-nisch*) durch Zielf. ermittelb. Wettkampfsieg; **f.gen** bildwirksam; **f.grafische Emulsion** *w* lichtempfindl. Schicht für F.grafie; **f.grafische Platte** *w*, **f.grafischer Film** *m* Träger der f.graf. Emulsion; **F.gramm** *s* Lichtbild für Meßzwecke; **F.gravüre** *w* Tiefdruck; **F.ionisation** *w* Erzeugung von Ionen aus ungelad. Atomen (Molekülen) durch Licht; **F.katalyse** *w* katalyt. Beschleunigung des Ablaufs chem. Reaktionen durch Licht; **F.kathode** *w* Elektronen abgeb. Elektrode eines F.elements; **F.kopie** *w* Ablichtung; **F.lyse** *w* Molekülzersetzung durch Licht; **F.meter** *s* Gerät, das die Lichtstärken zweier Lichtquellen vergleicht (= **F.metrie** *w*); **F.montage** *w* (*-tâsche*) Bild aus Bildausschnitten; **F.n** *s* → Photon; **F.periodismus** *m* Abhängigkeit des Blühtermins von der Tageslänge; **F.realismus** *m* mod. am. Malerei nach f.graf. Vorlagen; **F.reporter** *m* F.graf für Zeitungen; **F.satz** *m* f.graf. Übertragung der auf durchsicht. Material abgebild. Schriftzeichen auf lichtempfindl. Film; **F.setter** *m* Lichtsetzmaschine; **F.sphäre** *w* Leuchtschicht der Sonnenatmosphäre; **F.stat** *m* (e.: *foutostät*) Fotokopiergerät, **F.strom** *m* durch F.effekt erzeugt. elektr. Strom; **F.synthese** *w* unter Lichteinfluß in grünen Pflanzenteilen ablauf. Umwandlung von Kohlendioxid in Kohlenhydrate; → Chlorophyll; **f.taktisch** sich durch Lichtreiz bewegend. **F.thek** *w* Lichtbildersammlung; **F.therapie** *w* Lichtheilverfahren; **f.trop** sich bei Lichteinfall verfärbend (Brillengläser); **F.typie** *w* Flachdruckverfahren für Halbtonbilder; **F.widerstand** *m* Stoff, der elektr. Widerstand bei Belichtung ändert (zur Messung der Licht-, Beleuchtungsstärke); Meßapparatur hierfür, = **F.zelle** *w*

Foucault-Pendel *s* (fr. Physiker, 19. Jh.: *fukô-*) Versuchsanordnung zum Nachweis der Erddrehung

foudroyant (fr.: *fûdroajañ*) plötzl. entstanden u. heft. verlaufend (f.e Krankheit)

Foulard *m* (fr.: *fulâr*) Seidengewebe; Färbereimaschine

Fourier-Analyse *w* (fr. Physiker, 18./19. Jh.: *furjê-*) Zerlegung einer Schwingung in Grund- u. Oberschwingungen

Fowler-Flügel *m* (e. Ingenieur, 19. Jh.) Tragflügel mit nach hinten ausfahr-, nach unten schwenkb. Landeklappe

FP ⟨ → **F**lamm**p**unkt. – **Fr** ⟨ **Fr**ancium. – **FR** ⟨ **F**rankfurter **R**undschau

Fracht|führer *m* gewerbsm. Güterbeförderer; **F.halle** *w* Flughafenfrachtannahme, -ausgabe, -lagerung

Fraktion| *w* (lat.) ↑ beim Auftrennen eines Stoffgemischs erhalt. Anteil; Gruppe gleichges. Abgeordneter; **F.alismus** *m* Parteiaufsplitterung in Gruppen; **f.ell** von (kommun.) Parteilinie abweichend; **f.ieren** Stoffgemisch stufenweise in Bestandteile zerlegen; **f.iert** in Abständen benutzt (f.e Medizin); → Destillation; **F.s:sammler** *m* chem. Laborgerät; **F.szwang** *m* Verpflichtung der Parteigruppe zur einheitl. Abstimmung

Franchis|e *w* (fr.: *frañschîs*) Abgabenfreiheit; **F.ing** *s* (e.: *fräntschaisiñ*) Geschäftsverbindung mit der – versch. gestaltb. – Nutzung der Firmenrechte, -produkte, -erfahrungen

Francis-Turbine *w* (*fränzis-*) Wasserkraftmaschine

Francium *s* sehr selt. radioakt. Element aus den Alkalimetallen (⟨ *Fr*)

Franc:zone *w* → Währungszone

Frank-Caro-Prozeß *m* (d. Chemiker, 19./20. Jh.) Verfahren zur Herstellung von Kalkstickstoff aus Calciumcarbid u. Luftstickstoff

Frankiermaschine *w* Büromaschine zum Freimachen von Postsendungen

Frash-Verfahren *s* (am. Chemiker, 19./20. Jh.) Schwefelförderung durch Herausschmelzen mit überhitzt. Wasserdampf

Fraßgift *s* über Magen-Darmkanal aufzunehm. Giftstoff (Rattengifte u. ä.)

Frauenglas *s* glasklare Gipsart (Mineral)

Fraunhofersche Lini:en *M* (d. Physiker, 18./19. Jh.) dunkle Linien im Sonnenlichtspektrum

Free Jazz *m* (am.: *frî dschäs*) improvis. Jazz

frei| → Eigenschwingung; → Währung; **f.e Gespräche** *M* nicht vorformulierte Interviews; **f.e Marktwirtschaft** *w* staatl. unbeeinflußte Volkswirtschaft; **F.akti:e** *w* = → Gratisaktie; **F.antenne** *w* Außenantenne (Ggs.: Zimmerantenne); **F.betrag** *m* von Steuer absetzb. Summe; **F.bewitterung** *w* Prüfmethode für Witterungsbeständigkeit von Werkstoffen; **F.bord** *s* Schiffsteil über der Wasserlinie; **F.bordhöhe** *w* Abstand zw. höchstem Wasserstand u. Bauwerksoberkante; **f.es Radikal** → Radikal; **f.e Währung** *w* → Währung; **f.e Weglänge** *w* → Weglänge; **F.fläche** *w* verkehrs- u. bebauungsf.er Raum in Ortschaften; **F.formverfahren** *s* Schmieden ohne Gesenkform; **F.gänger** *m* unbeaufs. außerhalb der Vollzugsanstalt arbeit. Häftling; **F.grenze** *w* Steuerfreibetrag; Umgang mit radioakt. Stoffen ohne amtl. Genehmigung; **F.handel** *m* Ggs.: → Protektionismus; **F.handelszone** *w* zollfreier unbeschr. Markt; **F.heitsgrade** *M* ↑ zur vollst. Beschreibung eines Systems geeign., voneinander unabh. Bestimmungsgrößen; **F.kolbenkompressor** *m* Druckgaserzeuger ohne Triebwerk; **F.lauf** *m* Einrichtung an mech. Kraftübertragungen, die feste Verbindung zw. treib. u. angetrieb. Seite löst, wenn sich diese schneller dreht als jene; **F.leitung** *w* oberird. Draht zur Energieübertragung; **F.luftstation** *w* Umspannwerk ohne Gebäude; **F.markenstempler** *m* Rollstempel mit Gebühren- u. Stückzähler u. Wertzeichenrollen; **f.pressen** mit Gewalt(drohung) aus Haft befreien; **f.setzen** aus Bindung lösen (Strahlen-Arbeiter f.); **F.spiegelstollen** *m* nicht vollaufender unterird. Wasserleitungsstollen; **f.stellen** vom Dienst befreien; **F.strahlturbine** *w* Wasserturbine best. Bauart; **F.ton** *m* Telefonsignal zur Anzeige der Verbindung; **F.verband** *m* → Zweckverband, dessen Beteiligte über ihre Bildung einig sind; **F.verkehr** *m* Börsenhandel mit nicht off. zugel. Wertpapieren; **f.willige Selbstkontrolle** *w* unabh. Filmverband zur Verhütung (mor., polit., rel.) Fehlleistungen; **F.zeichen** *s* = allg. gebrauchtes, nicht (mehr) schutzfäh. Wort-, Bildzeichen; = → F.ton; **F.zeichnung** *w* vertragl. Einschränkung (Ausschluß) der Haftung; **F.zeitbeschäftigung** *w* Hobby; **f.zügig** berechtigt, im (ins) Bundesgebiet belieb. zu reisen (wohnen); nicht an Schienen gebunden (f.er Verkehr)

Fremd|arbeiter *m* = → Gastarbeiter; **F.bestimmung** *w* auch die Handlungsweise best. Abhängigkeitsverhältnis; **F.en:industrie** *w* Touristikgewerbe; **F.enpaß** *m* Paß für Staatenlose (begrenzt!); **F.finanzierung** *w* Kapitalbeschaffung durch Dritte; **F.gruppe** *w* (e.: out-groupe) Gruppe, von der man sich distanziert; **F.spannungs:abstand** *m* Maßzahl für Ausmaß, in dem das Nutzsignal (z. B. die empfang. Musik, Sprache) durch Störungen im Gerät (Brummen-Rauschen) verfälscht wird; **F.verschulden** *s* Tatschuld eines andern

Frenkel-Defekt *m* (r. Physiker, 20. Jh.) Herauswandern eines Ions vom Gitterplatz in Kristall auf Zwischengitterplatz

Freon *s* (KW) best. Chlor-Fluor-Kohlenwasserstoffe als Kältemittel u. Treibgase

Frequenz| *w* (lat.) ↑ Häufigkeit von Elementen (Zeichen); Zahl von Ereignissen in best. Zeit; Anzahl der Schwingungen je Sekunde, = → Schwingungszahl; Verkehrsdichte; **F.band** *s* F.bereich einer best. Breite; **F.gang** *m* Abhängigkeit der Größe des Signals eines Verstärkers (z. B. Lautstärke der Musik im Rundfunk) von seiner Tonhöhe (F.) bei gleichbleib. Eingangsspannung; **F.intermodulationsfaktor** *m* Maßzahl für ggs. Beeinflussung zweier Signale versch. F. in einem Verstärker (abh. von seiner Qualität); **F.modulation** *w* Aufprägung (= Modulation) der zu send. Information auf Trägerschwingung durch F.ändern; **F.spektrum** *s* Zerlegung einer zusammengesetzt. Schwingung in Teilschwingungen versch. F.en; **F.umformer** *m* Vorrichtung zur F.änderung bei Wechselströmen, = **F.wandler** *m*; **F.weiche** *w* elektr. Schaltung zur Trennung von Wechselströmen versch. F.bereiche

Fresnel-Linse *w* (fr. Physiker, 18./19. Jh.) aus ringförm. brech. Elementen gleich. Brennweite konzentr. zusammenges. Sammel-, Zerstreuungslinse, = → Ringlinse

Fressen *s* ↑ Zerstörung von Reibflächen durch Verschweißen der reib. Werkstoffe

Freßzellen *M* = → Phagozyten

Fret| *w* (fr.: *frä*) Schiffsfrachtmenge; **f.ieren** Schiff verfrachten

Frieden|s:anleihe *w* Anleihe der BRD für Ostblockstaaten; **F.sforschung** *w* Untersuchung der Grundlagen für gewaltlos. Nebeneinand. der Staaten; **F.s(nobel)preis** *m* Nobelpreis für Verdienste um Erhaltung des Weltf.s (Oslo); **F.s:offensive** *w* Propagierung des internat. F.s (1950); **F.s:pflicht** *w* Verzicht auf Arbeitskämpfe nach Tarifabschluß; → Schlichtungsverfahren; **F.s:strategie** *w* (am.: peace strategy, seit 1963) Politik der Erhaltung des F.s, = **F.skampagne** *w* (*-kampanje*; 1956). – **friedliche Ko:existenz** *w* Nebeneinander von Staaten mit ggsätzl. Sozialstrukturen u. Vorstellungen (seit 1925)

Frig|idität *w* (lat.) (w.) Gefühlskälte; **F.orimeter** *s* Meßgerät für abgegeb. Körperwärme

Frikti|ograph *m* (KW) Reibungsmeßgerät; **F.on** *w* (lat.) Reibung; **F.ons:antrieb** *m* Antrieb durch rotier. Scheiben; **F.onswärme** *w* Reibungswärme

Frisch|blut *s* vor kurzem dem Blutspender entnomm. Blut, = **F.blutkonserve** *w*; **F.dampf** *m* Kesseldampf beim Eintritt in Dampfmaschine; **F.eisen** zu Stahl (Schmiedeeisen) verarbeiten; **F.haltepackung** *w* luftdicht verpackte Lebensmittel; **F.luftdüse** *w* (meist) bewegl. Düse zur Einführung von F.luft ins Flugzeug; ähnl.: **F.luftklappe** *w*; **F.mittel** *M* Oxidationsmittel vom Walzen (Schmieden); **F.wasser** *s* ↑ Süßwasser für Schiffsdampfkessel

Frist:hypothek *w* Ggs.: → Amortisations:hypothek

Fritt|bohrer *m* kleiner Bohrer; **F.e** *w* poröse Platte (Glas-Keramik-Metall) zur Filtration; **F.en** *s* Durchschlagen von Fremdschichten durch Einwirken elektr. Felder; grobes Trennverfahren für Eisen, Kobalt, Nickel; **F.er** *m* Vorrichtung zum Nachweis schwacher elektr. Ströme

Front| *w* (lat.) ↑ Begrenzungsfläche zw. 2 Luftmasssen versch. Temperatur; **f.al** von vorn; **F.al:unterricht** *m* Lehrer unterrichtet vor der Klasse stehend; **F.al-zusammenstoß** *m* Aufeinanderprallen der Vorderseiten; **F.antrieb** *m* Antrieb über Vorderräder; **F.lenkkabine** *w* Lkw-Fahrerhaus mit inlieg. Motor; **F.motor** *m* Motor im Vorderteil des Kfz.s

Froschklemme *w* Drahtspannvorrichtung

Frost|er *m* Einfriergerät (für Lebensmittel); **F.fach** *s* Teil des Kühlschranks (bes. zur Bereitung von Eiswürfeln); **F.schutzmittel** *s* = → Gefrierschutzmittel; **F.wächter** *m* Vorrichtung gegen Einfrieren von Wasserleitungen

Frottage *w* (fr.: *-tâsch*) Durchreibebild (moderne Zeichnungstechnik); Reibung der Genitalien durch Partner

Frucht|äther *m* Aromastoff; **F.barkeitsrente** *w* = → Qualitätsrente

Fructose *w* (lat. KW) Fruchtzucker

Früh|behandlung *w* Krankheitsbehandlung vor der Entfaltung der Krankheit; **F.bezugsrabatt** *m* Preisnachlaß bei f.em Einkauf von Saisonartikeln; **F.-diagnose** *w* Feststellung der Krankheit vor voll. Ausbruch; **F.kapitalismus** *m* allmähl. Entwicklung des Bank-, Handelskapitals (Hochmittelalter – 1800); **F.geburt** *w* Geburt des nicht lebensfäh. Kindes (in 28.–39. Schwangerschaftswoche); **F.rentner** *m* vorzeit. zur Rentennutzung Genötigter; **F.syndrom** *s* = → Dumpingsyndrom; **F.warnsystem** *s* Zusammenarbeit weitreich. Radarstationen

Fruktifikation *w* ↑ Ausbildung von Fortpflanzungskörpern in bes. Behältern
fruste (fr.) unvollkommen ausgeprägt (f. Krankheit)
Frustifikation *w* (KW, lat.) künstl. Ausbildung von Fortpflanzungskörpern
Frustration| *w* (lat.) Enttäuschung über verhinderte Triebbefriedigung; Versagung; Vereitlung einer (Trieb-)Handlung; → Neurose; **F.s:toleranz** *w* Umleitung einer F. in Wunschvorstellung
F-Schicht *w* Schicht der Ionosphäre in 200–400 km Höhe
FSK ⟨ **F**ilm**s**elbst**k**ontrolle
F-Skala *w* ⟨ **F**aschismus**skala** (Messung autoritärer, antisemit., konservat. Einstellungen; 1950)
ft ⟨ → feet, → foot. – **FüAKBW** ⟨ **Fü**hrer**ak**ademie der **B**undes**w**ehr
Fuchs| *m* ↑ gemauerter Abgaskanal zw. Dampferzeuger u. Schornstein; **F.in** *s* synthet. roter Farbstoff
Fuel Oil *s* (e.: *fjuel eul*) Erdöl
Fügetechnik *w* alle Verfahren zum Zusammenfügen von Werkstücken
Fühl|erlehre *w* Meßzeug zur Bestimmung der Spaltenbreite, = **Dicktenschablone** *w*, = **Spion** *m*; **F.hebel** *m* Vorrichtung zur Dickenmessung
Führer|aufzug *m* Aufzug, der nur von einem anerk. F. betrieben werden darf; **F.haus** *s* Kabine für Kran-, Lkw-Fahrer, -Beisitzer. – **Führung|** *w* Lagerstelle für geradlin. Bewegung; **F.s:auslese** *w* Auswahl der Regierenden u. Abgeordneten in einer Demokratie; **F.sgröße** *w* am Regler eingest. Sollwert; **F.s:schiene** *w* die Maschinenbewegung best. Schiene
Füll|koks *m* Anheizkoks für Kupolöfen; **F.körper** *M* Körper aus festem Material, über die Flüssigkeiten bei chem. Reaktionen mit Gasen (Dämpfen) rieseln, um große Berührungsfläche zu erzeugen (Glasringe, Porzellankugeln u. ä.); **F.maschine** *w* autom. Abfüllgerät für Massengüter; **F.mauer** *w* Parallelmauer mit stein-, mörtelgef. Zwischenraum; **F.ort** *m* Stelle, an der die waager. Stollen den Schacht treffen; **F.schriftverfahren** *s* Schallplattenaufnahmeverfahren, das die Herstellung von Platten mit bes. langen Ablaufzeiten ermöglicht. – **Full| Service** *m* (e.: *-ßörwiß*) ganz genaue Informationen der Einkaufsgenossenschaft für Kunden; **F.speed** *w* (*-spîd*) Nutzung der Kfz-Höchstgeschwindigkeit. – **Füll|stand** *m* Höhe des Flüssigkeitsspiegels eines Behälters; **F.stoff** *m* Zusatzstoff für Antriebsmittel, Kunststoffe, Papier u. ä. zur Streckung (Verbilligung); **F.tasche** *w* Behälter zur Beladung der Fördergefäße, = **Meßtasche** *w*, **-bunker** *m*
Fulminate *M* (lat.) Salze der Knallsäure
Fumarole *w* (it.) Dampf-, Gasquelle vulkan. Ursprungs
Fumarsäure *w* organ. Substanz der Dicarbonsäuren (wicht. Ausgangsstoff der Lack- u. Kunststoffherstellung)
Fumiganti:en *M* Mittel zum Ausräuchern von Schädlingen
Fund|amentalpunkt *m* = → Fixpunkt; **f.iertes Einkommen** *s* Besitzeinkommen
Fünf|prozentklausel *w* nur Parteien, die mindestens 5 % der gült. Wählerstimmen erhalten, gewinnen Parlamentssitz(e); **F.tagewoche** *w* Verteilung der vereinb. Arbeitszeit auf 5 Wochentage
fungible Sachen *M* (lat.) = → vertretbare Sachen
Fung|icide, -zide *M* Pilzvernichtungsmittel; pilztöt. Heilmittel; **F.us** *m* Schwamm; flache Geschwulst; Pilzbelag auf opt. Geräten (*M*: Fungi)
Funk|astronomie *w* Erforschung des Weltalls mit der von dort komm. F.strahlung; **F.bake** *w* = → F.feuer; **F.brücke** *w* F.verbindung über größ. Entfernungen; **F.dienst** *m* Nachrichtensendung auf elektromagn. Wellen (= **F.spruch** *m*); **F.elfeuer** *s* Leuchtfeuer mit regelm. kurzen Lichterscheinungen; **F.en:entladung** *w* kurzer Stromüberschlag zw. 2 geladenen Körpern unter Licht- u. Schallentwicklung; **F.en:erosion** *w* = → Elektro:erosion; Bearbeitung von Hartmetallen (gehärt. Werkstoffen: Abtragung kleiner Werkstückteilchen bei örtl. sehr hohen Temperaturen); **F.enkammer** *w* Gerät zum Nachweis (zur Sichtbarmachung) der Spuren elektr. gelad. Energieteilchen; **F.enprobe** *w* Abschätzung des Kohlenstoffgehalts von Stahl je nach F.enbildung beim Schleifen; **F.enspektrum** *s* Spektrum des von ionis. Atomen ausgesandten Lichts; **F.enstrecke** *w* Teil eines elektr. Stromkreises aus 2 Elektroden, zw. denen bei genüg. hoher Spannung ein F.en überspringt; **F.feldlänge** *w* Senderreichweite; **F.feuer** *s* Teilsender zur Flug- u. Schiffsnavigation; **F.kolleg** *s* wiss. Unterweisung über Hörf.; **F.meßtechnik** *w* = → Radar; **F.notrufsäule** *w* Notruf an Autobahnen; **F.nutzung** *w* Suche nach Bodenschätzen mit künstl. elektromagn. Feldern; **F.ortung** *w* Standortbestimmung durch F., = **F.peilung** *w*;

F.streife *w* Polizeistreife mit Sprechf., = F.streifenwagen; **F.taxi** *s* Mietwagen mit Sprechf.verbindung

Funktion| *w* (lat.) ↑ Tätigkeit eines Organs (Apparats); durch diese Tätigkeit bed. Begleiterscheinung; Folgeerscheinung; Fähigkeit eines Systems, best. Verhaltensweisen zu erzeugen; Abbildung; spez. (eindeut.) Relation: den Elementen der Definitionsmenge werden die Elemente der Wertemenge zugeordnet; → bijektiv; **f.al** → Analyse; **f.ale Bedeutung** *w* Einfluß best. Bedingungen u. Elemente auf Erreichung von Systemzielen; **F.algleichung** *w* Gleichung mit F.en; **F.alismus** *m* ↑ Versuch, Bauwerke aus ihren F.en zu entwickeln; **f.ell** → Abhängigkeit; **f.elle Beschwerden** *M* Ggs.: → somatische Leiden; **f.elle Gruppen** *M* Atomgruppierungen, die in Molekülen versch. organ. Substanzen wiederkehren u. ihnen ähnl. Eigenschaften verleihen; **f.elle Krankheiten** *M* Ggs.: → somatische Leiden; **F.sdiagramm** *s* = → Blockschaltbild; **F.enprinzip** *s* → Budgetgliederung; **F.entheorie** *w* erfaßt auch komplexe F.en; **F.sgleichung** *w* erlaubt Berechnung der Elemente der Wertemenge (= **F.swerte** *M*); **F.sgraph** *m* → Graph; **F.srabatt** *m* Preisnachlaß mit best. Auflagen für Händler; **F.s:störung** *w* zeitweise nicht seine Aufgabe erfüll. Körperorgan; **F.s:tabelle** *w* → Tafel; **F.s:term** *m* Term in der F.sgleichung; **F.svariable** *w* in der F.sgleichung enthalten.

Funk|weitverkehr *m* elektr. Erscheinung in der Erdatmosphäre; **F.wesen** *s* alle Einrichtungen zur drahtlos. Nachrichtenübertragung

fur ⟨ **furlong** (e., am.: *fölon̄*) Längeneinheit (= 220 Yards = 201,168 m)

Fürsorge|pflicht *w* Hauptpflicht des Arbeitgebers (bes. Arbeitsplatzsicherung, Garderoben- u. Parkplatzeinrichtung; Rücksicht auf soziale Lage); **F.unterstützung** *w* Geldbeihilfe des Sozialamts

Fusel *m* (lat.) schlechter Branntwein; Bestandteil des Rohspiritus

Fusion| *w* (lat.) Verschmelzung mehr. selbst. Unternehmen zu Einheitsunternehmen bei Aufgabe der Selbständigkeit des einz. Unternehmers; → Kernfusion; **F.sreaktor** *m* Kernreaktor, in dem Energie durch Kernf. gewonnen wird

Fuß|bodenheizung *w* Raumheizung durch im F.boden verlegte Heizelemente; **F.gängerstraße** *w* ist für Fahrverkehr gesperrt, = **F.gängerzone** *w*

Futter| *s* ↑ Gefäßauskleidung; → Spannfutter; Teil der Lagerung; **F.kalk** *m* Calciumphosphat als Viehfutterzusatz; **F.sozialismus** *m* Gemeinsamkeit der verfügb. Lebensmittel bei Tiergruppen

Futurologie *w* (lat., KW) Versuch, zukünftige Entwicklungen (Zustände) zu erkunden, = **Zukunftswissenschaft** *w*

F. v. S.-Stiftung *w* (⟨ **F**riedrich **v. S**chiller u. Freiherr **v**om **S**tein) verteilt den Europapreis für Denkmalspflege (gestiftet 1930 vom Hamb. Großkaufmann A. C. Toepfer)

G

g ⟨ **G**ramm; ⟨ Erdbeschleunigung; ⟨ Fallbeschleunigung. – **G** ⟨ **G**iga; ⟨ **G**auß. – γ ⟨ Gamma. – **Ga** ⟨ **Ga**llium

Gabel|baum *m* Segelhalte am Windsurfbrett; **G.rohr** *s* Zusammenführung von 2 parall. geschalt. in 1 Einzelrohr; **G.stapler** *m* Förderfahrzeug für Stückgüter mit Hebevorrichtung; **G.wender** *m* Heuwendemaschine

Gadget *s* (e.: *gädsehet*) kl. Werbegeschenk

Gadolinium *s* selt. chem. Element (Metall aus → Lanthaniden; ⟨ *Gd*)

Gaede-Pumpen *M* (d. Ingenieur, 19./20. Jh.) moderne Vakuumpumpen

Gagman *m* (am.: *gägmän*) Filmmitarbeiter zur Einarbeitung der **Gags** (überraschenden Einfälle), = **Gagger** *m* (*gäge*)

gal ⟨ **Gal**lon. – **Gal** ⟨ **Gal**ilei (Maßeinheit der Beschleunigung)

galaktisch|er Nebel *m* Gas- o. Staubansammlung in der Milchstraße; **g.es Rauschen** *s* Kurzwellenstrahlung aus der Milchstraße; **g.e Rotation** *w* Drehung des Milchstraßensystems um eigene Achse. – **Galakto|meter** *s* Meßgerät für spezif. Gehalt der Milch; **G.rrhö** *w* Milchfluß bei Wöchnerinnen; **G.se** *w* Milchzucker(bestandteil)

Gala|lith *s* (gr., KW) aus Milchbestandteilen hergest. Kunsthorn; **G.xie**, **G.xis** *w* (gr.) Milchstraßensystem (*M*: G.i:en), = → Spiralnebel

Galen|ik *w* (KW) Lehre von den natürl. Heilmitteln; **g.isch** aus pflanzl. Stoffen (g.e Mittel)

Galette *w* Streckscheibe an Maschinen zur Verstreckung von Textilfäden

Galgen *m* ↑ Mikrofonhalter mit Ausleger; → Boom

Galile|i *s* (it. Physiker, 16./17. Jh.) Maßeinheit der Beschleunigung (⟨ *Gal*); **g.isches Fernrohr** *s* einf. Fernrohr aus Sammel- u. Zerstreuungslinse für Erd-, Sternbeobachtungen

Gallèglas *s* (fr. Handwerker, 19. Jh.) Kunstglas mit Farbeffekten

Gallen|blase *w* → Cholezystektomie, -zystitis; **G.farbstoffe** *M* farb. Hämoglobinabbauprodukte in Galle u. Leber; **G.säure** *w* Bestandteil des Verdauungssafts im Dünndarm; **G.steine** *M* → Cholelithiasis

gallieren Textilien durch Tanninmittel auf Farbstoffaufnahme vorbereiten

Gallium *s* aluminiumähnl. chem. Element (⟨ *Ga*)

Gallon *w* (e.: *gällen*) ags. Hohlmaß

Gallup-Institut *s* (am.: *gälep-*) am. Meinungsforschungsinstitut

Galois:theorie *w* (fr. Mathematiker, 19. Jh.: *galoa-*) behandelt Lösbarkeit von Gleichungen u. Gruppen

Galtonpfeife *w* (e. Naturforscher, 19./20. Jh.) Ultraschallpfeife

galvan|isches Element *s* (it. Physiker, 18. Jh.) Apparatur zur dir. Umwandlung von chem. in elektr. Energie; **g.isieren** auf elektrolyt. Wege mit Metallauflage versehen; **G.ismus** *m* Erscheinungen der Elektrochemie; **G.o** *s* Doppel eines Druckstocks; **G.ochromie** *w* Anfärben von Metallen durch elektrolyt. Oberflächenveränderung; **G.ometer** *s* Meßinstrument für elektr. Ströme; → ballistisch; **G.oskop** *s* Instrument zum Nachweis elektr. Ströme; **G.oplastik** *w* Herstellung plast. Abdrücke durch elektrolyt. Metallabscheidung; **G.ostegie** *w* Herstellung festhaft. Metallbeschichtungen durch elektrolyt. Abscheidung; **G.otechnik** *w* techn. Verfahren der G.oplastik u. G.ostegie

Gamete *M* (gr.) Fortpflanzungszellen

Gamma| *s* ↑ Maßeinheit der Masse ($1\ \gamma = {}^1/_{1000000}$ g); **G.-Aufheizung** *w* Erwärmung durch Absorption von γ-Strahlung im Material; **G.-Bestrahlungsgerät** *s* Gerät zur Anwendung radioakt. Strahlung für Heilungen, Werkstoffprüfung u. ä.; **G.-Encephalograph** *m* Gerät zur Findung u. Bestimmung von Hirnbeschädigungen mit γ-strahl. Isotopen; **G.funktion** *w* Verallgemeinerung des math. Fakultätbegriffs auf nichtnatürl. Zahlen; **G.-Globulin** *s* Träger der Antikörperfunktion (→ Elektrophorese; Anwendung bei Infektions-, bes. Viruserkrankungen); **G.grafie** *w* Durchleuchtung starkwand. Werkstücke mit γ-Strahlen zur Prüfung auf Fehlerfreiheit; **G.kamera** *w* Gerät zur Abbildung radioakt. Strahlen im Organismus; **G.mat** *s* Gerät zur Überprüfung von Schweißnähten; **G.quant** *m* kleinste Energiemenge einer Strahlungsquelle in γ-Strahlen; **G.-Ray Log** *s* Messung der natürl. Radioaktivität der Gesteine in Tiefbohrungen (⟨ *G.R.L.*); **G.strahlung** *w* energiereiche elektromagn. Strahlung von Atomkernen; **G.tron** *s* mit radioakt. Kobalt gef. Bestrahlungsgerät, = Kobaltbombe; **G.übergang** *m* Übergang eines anreg. Atomkerns in den Grundzustand

Gamone *M* (KW, gr.) chem. Stoffe aus Geschlechtszellen (für Befruchtungsvorgang wichtig)

Gang *m* ↑ Windung einer Förderschnekke; Getriebestufe; Gesteins:spalte voll fremd. Minerals; → direkt. – **gängig** ↑ = führig. – **Gang|lini:e** *w* graf. Darstellung der Abhängigkeit einer Größe von der Zeit; **G.ordner** *m* Schwingungssystem mit Selbststeuerung, = **G.regler** *m*; **G.schaltung** *w* Vorrichtung zum Wechsel der Übersetzungsstufe eines Zahnradwechselgetriebes, = **Schaltkuppelmittel** *s*; **G.schein** *m* amtl. Bescheinigung einer Uhrprüfung, = **Prüfschein** *m*, = **Zertifikat** *s*; **G.zahl** *w* je Sekunde aufgen. Filmbilder

Gangrän *s* (gr.) = → Faulbrand; Brand, Gewebetod

Ganosis *w* Überzug auf Bildwerken

Gantt|karte *w* (am. Erfinder) graf. Darstellung zur Leistungskontrolle; **G.plan** *m* Darstellung von Arbeitsabläufen (Fristenplänen)

ganz|e Zahlen *M* 0, 1, 2, 3 usw. u. -1, -2, -3 usw.; **G.feldmessung** *w* Verfahren zur Belichtungsmessung (Beleuchtungsstärke im g.en Bildfeld gemessen u. als Ergebnis ein Durchschnittswert angezeigt), = Integralmessung; **G.heitsmethode** *w* Lesenlernen an Wörtern u. Kurzsätzen, = **G.wortmethode** *w*; **G.heits:psychologie** *w* schließt von Erlebnissen auf · ihre g.heitl. Bedingungen; **G.körperzähler** *m* Detektoranordnung zur Messung kleinster radioakt. Mengen; **G.packung** *w* körperumschl. Heilpackung; **g.rationale Funktionen** *M* best. Klasse von Funktionen, = **Polynomfunktionen** *M*; **G.stelle** *w* Anschlagstelle für nur 1 Werber; **G.tags:schule** *w* betreut die Schüler bis in den Nachmittag; **G.teilfunktion** *w* Funktion, die jeder reellen Zahl x die größte ganze Zahl zuordnet, die nicht größer als x ist, = **Integer-, Gaußklammerfunktion** *w*; **G.wortmethode** → G.heitsmethode

Gap *m* (e.: *gäp*) Forschungs-, techn. Entwicklungslücke

garagieren (fr.: -*schi*-) Kfz in Garage stellen; **Garagist** *m* (-sch-) Besitzer einer Kfz-Werkstatt

Garantievertrag *m* Einstehen für den Erfolg (Leistung des Schuldners)

Gärbstahl *m* Schweißstahl, aus dünnen Platten o. Stäben zu kompakt. Stükken (**Garbe** *w*) zusammengeschweißt

Garfrischen *s* letzter Arbeitsgang bei der Herstellung von Schmiedeeisen

Garnwaage *w* kl. Waage zur Bestimmung durch Abwägen einer best. Länge

Gärröhre *w*, **Gärrohr** *s* wassergef. Rohr, das – auf Gefäße mit gär. Inhalt – dem entsteh. Kohlendioxid als Auslaß dient

Garrotte *w* (sp.) Würgeeisen zur Vollziehung der Todesstrafe

Garschlacke *w* beim Garfrischen entsteh. Eisenoxid

Gartenstadt *w* kl. selbst. Stadt mit vielen Grünanlagen

Gärung| *w* Kohlenhydratabbau durch Mikroorganismen; → alkoholisch; **G.s:alkohol** *m* durch alkohol. G. hergest. Ethylalkohol; **G.sdys:pepsie** *w* → Dyspepsie

Gas| *s* → ideal. G.; → real. G.; **G.anker** *m* Rohr in Erdölsonden zur Ableitung des Erdg.es; **G.ausbruch** *m* plötzl. Entspannung von G.en im Mineral o. Nebengestein; **G.ballastpumpe** *w* Laborgerät zur Vakuumerzeugung u. Absaugung von Dämpfen; **G.benzol** *s* Rohbenzol aus Steinkohleng.; **G.brenner** *m* Laborgerät zur Wärmeerzeugung durch G.verbrennung; **G.bürette** *w* chem. Laborgerät zur Messung des Volumens von G.en; **G.chromatografie** *w* = → Dampfphasenchromatographie *w*; **G.dichte** *w* G.masse geteilt durch ihr Volumen; **G.durchschlag** *m* Hochspannungsentladung durch g.erfüllten Raum hindurch; **G.dynamik** *w* Lehre von Strömungen in G.en unter Berücksichtigung ihrer Komprimierbarkeit; **G.element** *s* g.betriebenes Brennstoffelement; **G.embolie** *w* = → Caissonkrankheit; **G.entladung** *w* elektr. Stromdurchfluß durch G.; **G.entladungsröhre** *w* g.gef. Elektronenröhre; **G.entladungsventil** *s* Gleichrichter best. Bauart; **G.entstaubung** *w* Versuch, Staubmengen aus G.rohren zu entfernen; **G.entwickler** *m* Vorrichtung zur chem. Herstellung von G.en; **G.exhaustor** *m* G.absaugevorrichtung; **G.flammkohle** *w* Steinkohlensorte; **G.flasche** *w* stähl. zylindr. Behälter zum Aufbewahren u. Transportieren von unter Druck stehendem G.; **G.generator** *m* Anlage zur Vergasung fest. Brennstoffe; **G.gesetz** *s* naturges. Zshg. zw. Druck, Volumen u. Temperatur eines G.es (**ideales G.gesetz** *s* bes. übersichtl., leicht benutzb., aber nur näherungsw. gültige Fassung des G.gesetzes); **G.glühlicht** *s* als Lichtquelle dien. Glühstrumpf, den G.flamme zum Glühen bringt; **G.granate** *w* mit chem. Kampfstoffen gef. Geschoß; **G.kammer** *w* Vergasungsstätte; **G.koks** *m* bei der Leuchtg.gewinnung anf. Koks; **G.konstante** *w* Naturkonstante in G.gesetzen; **G.lagerung** *w* Lagerung sauerstoffempfindl. Güter (z. B. Lebensmittel) in Schutzg.atmosphäre; **G.liftförderung** *w* Verfahren zur kontin. Erdölgewinnung; **G.-Luft-Gemisch** *s* Gemisch aus Treibstoffg. u. Luft in Verbrennungskraftmaschinen; **G.motor** *m* mit brennb. G. betr. Ottomotor; **G.narkose** *w* Narkose durch Betäubungsg.e; **G.nebel** *m* Zusammenballung von G.en im Weltraum; **G.odorierung** *w* Zusatz stark riech. Stoffe zu Leucht-, Heizg.en, um Ausströmen erkennb. zu machen; **G.öl** *s* bei 250–350 °C sied. Erdölfraktion; **G.olin** *s* Rohbenzin → Petroläther; **G.ometer** *m*, *s* Speicherbehälter für G.e; **G.pipette** *w* chem. Laborgerät zur Handhabung kl. G.mengen; **G.prüfer** *m* autom. arb. Apparatur zur lauf. Untersuchung von (Ab-)G.en; **G.pyrometer** *s* Gerät zur Temperaturmessung an heißen G.en; **G.reinigungsmasse** *w* Mineral zum Entschwefeln u. Filtern des Leuchtg.es; **G.sauger** *m* = → Exhaustor; **G.schieber** *m* Absperrvorrichtung für G.leitungen; **G.schweif** *m* Ggs.: → Staubschweif; **G.schweißen** *s* Schweißverfahren mit G.flamme

Gast|arbeiter *m* ausländ. Arbeitnehmer; **G.dozent** *m* Hochschullehrer auf Zeit

Gas|thermometer *s* Temperaturmeßinstrument, das auf therm. Ausdehnung von G.en beruht

Gastr|ektomie *w* (gr., KW) operat. völl. Entfernung des Magens; **G.itis** *w* Magenkatarrh, -entzündung (bes. der Schleimhaut); **G.o:enteritis** *w* Lebensmittelvergiftung (Brechdurchfall); **g.o:intestinal** Magen u. Darm betr.; **G.okamera** *w* kl. Lichtbildgerät zur Aufnahme des Mageninnern; **G.oskopie** *w* Magenspiegelung mit dem **G.oskop** *s* 40–60 cm lang. flexibl. Metall-, Kunststoffrohr, durch Speiseröhre in Magen eingeführt; **G.ostomie** *w* operat. Mageneröffnung (Öffnung bleibt als Magenfistel, z. B. für künstl. Ernährung); **G.otomie** *w* operat. Mageneröffnung

Gas|turbine *w* Wärmekraftmaschine, in der Turbinenräder von Verbrennungsg.en angetrieben werden; **G.uhr** *w* Vorrichtung zum Messen des G.verbrauchs; **G.verflüssigung** *w* Überführung von G.en in flüss. Zustand durch Abkühlen u./o. Druck; **G.waage** *w* G.dichteermittler; **G.warner** *m* autom. Luftuntersuchungsgerät, das bei Anwesenheit gefährl. G.e Alarm gibt; **G.wascher** *m* → Integrator; = → Des:integrator; **G.werfer** *m* G.minengeschütz; **G.zentrifuge** *w* Apparat zur Isotopentrennung

Gate *s* (e.: *gêit*) Elektrode zur Steuerung eines Elektronenstroms

GATT ⟨ Allgemeines Zoll- u. Handelsabkommen (e.: **G**eneral **A**greement on **T**ariffs and **T**rade, seit 1947)

Gattenfamili:e *w* (fr.: famillie conjugale) moderne Kernfamilie, durch die die Kinder nur hindurchgehen

Gatter| *s* ↑ Schaltsymbol in der → Schaltalgebra (z. B. Und-G. u. Oder-G.)

gattieren Baumwollarten mischen; Eisenschmelze zusammenstellen

Gattung|sbezeichnung *w* nicht die Herkunft bezeichn. Warenbeschaffenheitsangabe (Ggs.: Herkunftsbezeichnung); **G.skauf** *m* Ggs.: → Spezi:eskauf, = → Genuskauf; **G.s:schuld** *w* allg. best. Verbindlichkeit

GAU *s* (*ge-a-u*) ⟨ **g**rößt. **a**nzunehm. **U**nfall bei Ausfall des Kernkraftwerkkühlwassers

Gauge *s* (e.: *gêdsch*) Maschenzahlmaß für Strümpfe

Gauß| *s* (d. Physiker, 18./19. Jh.) Maßeinheit der magnet. Kraftflußdichte (⟨ *G*); **G.klammerfunktion** *w* = → Ganzteilfunktion

Gay-Lussac|sches Gesetz *s* (fr. Physiker u. Chemiker, 18./19. Jh.: *gê lüssack-*) naturgesetzl. Zshg. zwischen Gasvolumen u. Temperatur bei konstant. Druck; **G.-Turm** *m* Teil einer Anlage zur Salpetersäureherstellung

GCA-Verfahren *s* (⟨ **G**round **c**ontrolled **a**pproach) vom Boden überwacht. Schlechtwetteranflug, = **PAR** ⟨ **P**räzisions-**A**nflug-**R**adar. – **GCDF** ⟨ **G**esellschaft für **d.**-**c**hin. **F**reundschaft. – **GCR** ⟨ **G**as **C**ooled **R**eactor. – **Gd** ⟨ **Gad**olinium. – **GDCh** ⟨ **G**esellschaft **d. Ch**emiker. – **GdED** ⟨ **G**ewerkschaft **d**er **E**isenbahner **D**eutschlands. – **GdP** ⟨ **G**ewerkschaft **d**er **P**olizei. – **Ge** ⟨ **Ge**rmanium

Gebarens:erwartung *w* Zuversicht auf ein best. Verhalten u. typ. Situation

Geberzähler *m* Elektrizitätszähler mit Impulsgebern

Gebildelehre *w* ↑ Untersuchung der soz. Prozesse in festen, unstraff organis. Gruppen

Gebinde *s* ↑ Packung o. Gefäß mit flüss. o. schüttfähigem Inhalt

Gebläse| *s* ↑ Maschine zur Förderung von Gasen; **G.brenner** *m* Gasbrenner, in dem Druckluft o. Sauerstoff zur Verbrennung verwandt wird

Gebrauch|sgrafik *w* zweckgeb., angew. Kunst; **G.sgüter** *M* zum einmal. Verbrauch best. Konsumwaren; Ggs.: → Verbrauchsgüter; **G.smuster** *s* vor Nachahmung gesch. Ausführung von nicht patentfäh. Gebrauchsgegenstand; vom Patentamt gesch. körp. Raumform; **G.smustergesetz** *s* schützt nicht patentamtl. Erfindungen (6 Jahre); **G.swerber** *m* Schaufenster-, Ausstellungsgestalter. – **Gebraucht|wagen** *m* nicht fabrikneues Kfz; ähnl.: **G.waren(geschäft)** *M* (*s*)

gebrochen|er Verkehr *m* Versuch einer Kombination der versch. Verkehrsarten zur optim. Beförderung; Transport, bei dem Unterwegsumschlag u. Auflösung einer Ladeeinheit stattfindet; **g.rationale Funktion** → ganzrationale Funktion

Gebühren|anzeiger *m* Gerät zur Ablesung der beanspruchten. Fernsprechg.; **G.klischee** *s* Teil der Frankiermaschine; **G.stempel** *m* Teil der Frankiermaschine; **G.zähler** *m* Registriermaschine für Telefonteilnehmer, = **Gesprächszähler** *m*; Teil der Frankiermaschine

gebunden|e Arbeit *w* von der Geschwindigkeit der Maschine (des Fließbandes, Fertigungsprozesses) abhäng. Arbeit; **g.er Preis** *m* vom Staat (Unternehmer) festgel. Preis (Ggs.: Marktpreis); **g.es Morphem** *s* kleinste Bedeutungseinheit

Geburten|kontrolle *w* alle Maßnahmen zur **G.regelung** *w* Verminderung der Empfängnismöglichkeit; **g.schwach** mit niedr. jährl. G.statistik; **g.stark** mit hoher jährl. G.statistik; **G.ziffer** *w* Zahl der auf je 1000 Einwohner jährl. entfall. G., = **G.zahl** *w*, = **G.rate** *w*. – **Geburt|s:elite** *w* sich aus sich selbst rekrutier. Elite; **G.s:trauma** *s* phys., psych. bei der G. erworb. Schaden bei Mutter o. Kind

gebustet werden wegen Rauschgiftbesitz verhaftet werden

gedämpfte Schwingung *w* Schwingung, deren → Amplitude mit der Zeit abnimmt

gediegen ↑ in reiner element. Form als Mineral auftretend

Gedinge| *s* Akkordlohn der Bergarbeiter, = **G.lohn** *m*; **G.splitting** *s* Aufteilung der bergm. Akkordarbeit in Leistungs- u. Sicherungsg.

Gefach:automat *m* Ausgeber versch. verpackt. o. abgemess. Waren bei Münz- o. Wertmarkeneinwurf

Gefahr|enzulage *w* Lohn-, Gehaltsaufschlag bei gefährl. Arbeit; **g.geneigt** Schadenfälle nicht ausschließend; **G.gutverordnung** *w* gesetzl. Bestimmung über Chemikalientransport auf Straßen

Gefälligkeit|sdemokratie *w* abwert. Bezeichnung der um soz. Maßnahmen bemühten Demokratie; **G.s:stempel** *m* Poststempel für Sammler

Gefäß|förderung *w* Arbeitsweise, bei der das Fördergut aus Förderwagen in Förderg.e umgeladen u. in diesen durch den Schacht zutage gefördert wird (= → Gestellförderung)

Gefrier|punkt:erniedrigung *w* G.punktunterschied zw. reiner Flüssigkeit u. einer solchen, die Fremdstoffe gelöst enthält; **G.schiff** *s* Schiff zum G.guttransport; **G.schnitt** *m* histologischer Schnitt durch gefror. Gewebematerial; **G.schutzmittel** *s* Zusatzstoff, der G.punkt einer Flüssigkeit (Wasser) erniedrigt; **G.trocknung** *w* Trocknung im Hochvakuum bei tiefer Temperatur; **G.verfahren** *s* Verfestigung wasserführ. Bodenschichten durch Tiefkühlen u. G.en vor Baubeginn (des Tunnels u. ä.)

Gefüge *s* ↑ im Mikroskop sichtb. Zusammensetzung eines Körpers aus → Kristalliten

Gefühl- → Affekt-

gegabelte Befragung *w* (e.: split ballot) Befragung mit 2 Fassungen eines Fragebogens, die vergleichb. Interviewkreisen vorgelegt werden

Gegen|darstellung *w* subj. Berichtigung einer Presse-, Medienveröffentlichung; **G.druckmaschine** *w* Dampfmaschine, deren Abdampf einen über dem Atmosphären- lieg. Restdruck hat (z. B. für Heizungen benutzt); ähnl.: **G.druckturbine** *w*; **G.farbe** *w* Kontrast-, Komplementärfarbe; **G.feuer** *s* Schneisenbrennung zur Waldbrandbegrenzung; **G.geschäft** *s* Aufrechnung zweier Leistungen gegeneinander; **G.klopfmittel** *s* = → Antiklopfmittel, Klopfbremse; **G.kolbenmotor** *m* Verbrennungsmotor, bei dem je 2 Kolben im gleich. Zylinder entgegenges. laufen; **G.kultur** *w* Gruppenverhalten gegen herrsch. Kultureinrichtung; **G.lichtblende** *w* = → Sonnenblende; **G.mutter** *w* → Kontermutter; **G.standsweite** *w* Entfernung des abzubild. Objekts vom opt. System; **G.strom:aus:tauscher** *m* → G.stromprinzip; **G.strömung** *w* → weiß; **G.strömer** *m* Wärmeaustauscher, bei dem wärmeabgeb. u. wärmeaufn. Medium in entgegenges. Richtung strömen; **G.stromprinzip** *s* chem. Verfahren, bei dem 2 Stoffe im **G.strom-aus:tauscher** in entgegenges. Richtung aneinander vorbeigeführt werden (zum mögl. vollst. Substanz- o. Wärmeaustausch), = **G.stromverfahren** *s*; **G.stromverteilung** *s* Verfahren zur Stofftrennung unter Ausnutzung von Löslichkeitsunterschieden; **G.taktschaltung** *w* elektr. Verstärkerschaltung

gegliederte Stadt *w* aufgelock. Bebauung

Gehalt *s* ↑ → dynamisch

Gehänge *s* ↑ Lastaufnahmemittel am Kranhaken

Geheim|haltungs:anlage *w* Verschlüsselungsgerät (Vorrichtung, die durch Fernmeldeanlagen zu übertrag. Information für Unbefugte unverständlich macht); **G.nisverrat** *m* Verbreitung von Geschäfts-, Betriebsgeheimnissen; **G.nummer** *w* nicht im Telefonbuch verz. Anschluß

Gehirn| *s* = → Cerebrum; **G.embolie** *w* Blutgefäßerkrankung; **G.sand** *m* Kalkablagerung in G. u. Zirbeldrüse; **G.trust** *m* = → Brain Trust; **G.wäsche** *w* (am.: brain washing, = **Mentizid** *m*) Seelenfolter zur Beeinflussung der Denkweise (z. B. mit bewußtseinsänd. Drogen)

Gehör| *s* → relativ; **g.richtig** mit Unterschieden in den Meßwerten, die etwa den subj. empfund. Lautstärkeunterschieden entsprechen (g.richtige ak. o.

elektroak. Messungen); **G.schutz** *m* Absicherung von Industrieanlagen gegen G.schädigungen durch Geräte; **G.sturz** *m* plötzl. zeitl. begr. Ertauben (Streßwirkung)
Gehwerk *s* zeitbestimm. Uhrenteil
Geiger-Müller-Zählrohr *s* (d. Physiker, 19./20. Jh.), = **Geigerzähler** *m* Gerät zum Nachweis u. zur Messung energiereicher Strahlen
Geissler-Röhre *w* (d. Physiker, 19. Jh.) Apparatur zur Lichterzeugung durch → Glimmentladung
Geister| *M* ↑ schattenart. Bildstörungen beim Fernsehen, = **G.bilder** *M*; **G.fahrer** *m* auf der falschen Fahrbahn (versehentl., absichtl., durch Verkehrsbehinderung) fahrender Kraftfahrer; **G.lichter** *M* Lichtersehen bei geschl. Augen (auf dem Mond); **G.schreiber** *m* → Ghostwriter; **G.stimme** *w* = → Off-Stimme. – **Geisteswissenschaften** *M* Erforschung der Bekundungsweisen des Menschen
Gekrätz *s* auf der Oberfläche des geschmolz. Metalls angesamm. Verunreinigungen
Gel *m, s* gallertart. erstarrte Kolloid-Stoffmischung
Gelände|fahrzeug *s* g.gäng. Fahrzeug; **g.gängig** auch auf sehr zerklüftetem G. fahrbar; **G.schraffen** *M* G.darstellung in Kartografie; **G.klima** *s* Landschaftsklima nach örtl. Gegebenheiten; **G.schummerung** *w* kartograf. G.darstellung durch hell., dunkl. Töne
Gelasma *s* (gr.) Lachkrampf
Gelatine|filter *s* Farbfilterart; **G.kapsel** *w* Heilmittelhülle aus G. (Glycerin)
Gelb|blei:erz *s* mineral. Bleimolybdat; **G.brennen** *s* Beizen kupferhalt. Metalllegierungen mit Salpetersäure-Schwefelsäure-Gemisch; **G.filter** *s* Kantenfilter zur Schwächung des blauen o. violetten Spektralbereichs; **G.guß** *m* → Messing; **G.körper** *m* endokrine Drüse im Eierstock nach Eiausstoßung (Hormon beeinfl. Menstruationszyklus u. Schwangerschaftserhaltung: **G.körperhormon** *s*); **G.kreuz** *s* Gruppe chem. Kampfstoffe; **G.nickelkies** *m* mineral. Nickelsulfid; **G.sucht der Neugeborenen** *w* abnorme Steigerung der rot. Blutkörperchen u. deren rasch. Zerfall (durch Rhesusfaktorenunverträglichkeit)
Gel|chromatografie *w* Trennung von Stoffen mit versch. Molekülgröße, = **G.permeations:chromatografie** *w*
Geld| *s* → bezahlt; **G.bombe** *w* Metallgehäuse zum Einwurf in den Nachttresor; **G.bordereau** *s* (*-borderô*) Abrechnung über Tageszahlungen; **G.kapital** *s* Ggs.: → Realkapital; → Sachkapital; **G.kurs** *m* Ggs.: → Briefkurs; **G.markt** *m* Ggs.: → Kapitalmarkt; **G.schöpfung** *w* Schaffung zusätzl. G.es; **G.wechsler** *m* ↑ Schachtautomat zum Münzenumtausch
Gelenk| *s* ↑ bewegl. Verbindung zw. Maschinenteilen; **G.empyem** *s* eitr. Gelenkentzündung; **G.wagen** *m* Großraumwagen der Straßenbahn, Omnibuslinie; mit Anhänger verb. Motorwagen, = **G.fahrzeug** *s*, **-omnibus** *m*, **-straßenbahn** *w*; **G.zug** *m* Zug aus G.wagen
Gelese *s* = → Fadenkreuz
gelieren (*schelîren*) gelartig erstarren (lassen)
gelt unfruchtbar
Geltungsnutzen *m* zusätzl. Nutzen für Prestige des Besitzers
GEMA ⟨ **Ge**sellschaft für **m**usikalische **A**ufführungs- u. mechan. Vervielfältigungsrechte
Gemeindestraße *w* Ggs.: → klassifizierte Straße
Gemein|kosten *M* unprodukt. (indiv.) Kosten; Ggs.: → direkt; **G.schafts:anschluß** *m* Beteiligung mehr. Teilnehmer an einem Fernsprechanschluß; **G.schafts:empfang** *m* Antennenanlage für viele Empfangsteilnehmer; **G.schaftskonto** *s* = → Oderkonto; **G.schaftskunde** *w* polit.-sozial. Unterrichtsfach; **G.schafts:schule** *w* konfessionslose Schule
Gemenge *s* ↑ aus mehreren → Phasen bestehendes Gemisch
Gemisch|schmierung *w* Schmierung von Zweitaktmotoren durch Ölzusatz zum Treibstoff; **g.ter Verkehr** *m* Benutzung der Verkehrsspuren durch versch.art. Verkehrsmittel
Gemmo|logie *w* Edelsteinkunde; **G.skop** *s* schwaches zweiäug. Mikroskop zur Edelsteinuntersuchung
Gen| *s* (gr.) Erbeinheiten, gebunden an → Chromosomen (G.e bilden biol. Grundlage der Vererbung; bestimmen Entwicklung, Körperfunktionen u. famil. Besonderheiten); = → Erb:anlage, -einheit; **G.chirurgie** *w* (KW, gr.) mediz. Einflußnahme auf die G.e
genehmigungsbedürftig sind alle techn. Anlagen, die ihre Umwelt belästigen, gefährden o. sonst benachteiligen können
General| Aviation *w* (e.) = → allgemeine Luftfahrt; **G.bebauungs:plan** *m* Ausbauplan für Werke (Unternehmen,

Industrieanlage, Siedlung, Landschaft), = **Leitplan** *m*; **G.fragen** *M* allgem. wicht. Probleme (vor Verhandlungsbeginn erörtert); **G.ist** *m* Organisator in Führungsstäben; **G.klausel** *w* Rechtsvorschrift für Vielzahl von Tatbeständen; **G.sekretär** *m* Geschäftsführer groß. Organisationen; **G.vertrag** *m* = → Deutschlandvertrag

Generation| gap (e.: *dschinerêschn gäp*) G.slücke (G. zw. 18/24 Jahren); **G.skonflikt** *m* Spannung zw. Angehörigen versch. G.en; **G.slücke** *w* = → G. gap; **G.s:prinzip** *s* Verfahren der Datensicherung bei Speicherung auf Magnetbändern. – **Generator|** *m* Anlage zur Gas- o. Stromerzeugung; **G.gas** *s* Gemisch aus Kohlenoxid u. Stickstoff (als Heiz- u. Synthesegas)

Gene|se *w* (gr.) Entstehung, Ursache; **G.tik** *w* Wissenschaft von der Vererbung (→ Erbbiologie), bes. der G.n; **g.tischer Code** *m* (*-kôd*) Beziehung zw. dem Bau der Nukleinsäuren in den G.n u. dem der Eiweißstoffe, die unter Einfluß dieser G. in Zellen synthetisiert werden; **g.tische Drift** *w* Begrenzung aller Populationen

Genfer| Schema *s* Gliederung der Arbeitsanforderungsarten (Genf 1950); **G. Schule** *w* struktural. Sprachbetrachtung

genitale Phase *w* Anfang der Pubertät (Geltungsdrang, Konkurrenzkämpfe, Liebesbeziehungen)

Gen|mutation *w* durch stoffl. Abwandlung eines → Gens hervorger. sprungh. Änderung eines Erbfaktors; **G.om** *s* einfachster Chromosomensatz einer Zelle mit deren Erbmasse; **G.otyp** *m* Summe aller Erbanlagen; = Erbbild; **G.ozid** *s* Völkermord

Gentexnetz *s* ⟨ **Ge**neral **T**elegraph **Ex**change (= Fernschreibnetz des öfftl. Telegrammverkehrs)

genuin (lat.) angeboren, eigenständig, eigentlich, ursprünglich

Genuskauf *m* nicht näher bestimmt. Kauf einer Warengattung, = **Gattungskauf** *m*

Geo|biologie *w* Lehre von der Verbreitung der Tiere (**G.zoologie**) u. Pflanzen (**G.botanik**); **G.chemie** *w* Wissenschaft von der chem. Zusammensetzung der Erde u. ihrer Einzelbestandteile; **G.chronologie** *w* Wissensgebiet von der zeitl. Reihenfolge der Ereignisse der Erdgeschichte; **G.däsie** *w* Wissenschaft von Ausmessung u. Abbildung der Erdoberfläche; **G.de** *w* Gesteinshohlraum mit Mineralien; **G.dimeter** *s* Gerät zur Entfernungsmessung in der G.däsie; **G.genie, G.gonie** *w* Lehre von der Entstehung der Erdkugel; **g.grafische Mobilität** *w* Ortswechsel; **G.id** *m* Körper, dessen Oberfläche überall rechte Winkel zur Erdschwerkraft bildet; **G.korona** *w* Gashülle der Erde, 1000–2000 km hoch; **g.logische Altersbestimmung** *w* Methoden zur Altersbestimmung von Mineralien, Gesteinen; **G.magnetismus** *m* alle Erscheinungen, die mit magnet. Eigenschaften der Erdkugel zusammenhängen; **G.metrie** *w* → analytisch; **g.metrisches Mittel zweier Zahlen** *s* Wurzel aus dem Produkt beider Zahlen; **g.metrische Optik** *w* Lehre von den sich gradlinig fortpflanzenden Lichtstrahlen, ihrer Brechung u. Reflexion; **G.morphologie** *w* Lehre von der Oberflächengestalt der Erde u. ihrer Entstehung; **G.phon** *s* kl. Seismometer; **G.physik** *w* Lehre von den natürl. physik. Erscheinungen auf der Erde; **G.psychologie** *w* Erforschung der g.graf. Einwirkungen auf das Wesen des Menschen

geordnete| Menge *w* Menge, in der eine Ordnungsrelation erklärt ist; **g.s Paar** *s* 2 Zahlen o. Begriffe in best. Reihenfolge

Geo|synklinale *w* trogart. abgesenkt. Teil der Erdkruste; **g.thermisch** mit der hohen Temperatur im Erdinnern zusammenhängend; **g.thermisches Kraftwerk** *s* Anlage zur Stromerzeugung aus Erdwärme; **g.thermische Tiefenstufe** *w* senkr. Entfernung zw. 2 unterird. Punkten, in der durchschn. Temperatur um 1 Kelvin unterschieden; **g.zentrisch** mit der Erde als Mittelpunkt; **g.zyklisch** den Erdumlauf betr.

Gerad|eaus:empfänger *m* Radioempfänger mit dir. Verstärkung ohne Schwingungsüberlagerung; **G.lauf:apparat** *m* autom. Steuergerät (z. B. für Torpedos); **G.sichtprisma** *s* opt. Gerät zur Farbenzerstreuung ohne nennensw. Ablenkung des unters. Lichtstrahls

Geragogik *w* (KW, gr.) Altenpädagogik

Geräteglas *s* gegen Temperaturunterschiede u. chem. Einflüsse wenig empfindl. Glassorte zur Herstellung chem. Apparaturen

Geräusch| *s* ↑ Störung der Signalübermittlung, = **Rauschen** *s*; **G.kulisse** *w* nachträgl. Einblendung von Archivgeräuschen in Film, Funk, Fernsehen; **G.spannungs:abstand** *m* gehörricht. gemess. Fremdspannungsbestand

Gerberträger *m* Gelenkträger aus gerad. Stäben mit parall. Stabachsen
Gerb|mittel *M* zum G.en benutzte Chemikalien; **G.stoffe** *M* organ. G.mittel pflanzl. Herkunft
Gerbulur *w* (it.) Abzug wegen verunr. Ware
Geri|atrie *w* (KW, gr.) Lehre von den Greisenkrankheiten (→ Gerontologie)
gerichteter Betrieb *m* nur in einer Aufbaurichtung belegbare Fernsprech-, Telegrammvermittlung (Ggs.: wechselseitiger Betrieb)
Gericht|s:stand *m* örtl. Zuständigkeit der G.e; **G.s:tafel** *w* Bekanntmachungstafel im G.sgebäude
Gerinne *s* ström. Gewässer mit freiem Wasserspiegel
German|in *s* (KW) chemotherap. Schlafkrankheitsheilmittel; **G.ium** *s* zinnähnl. selt. chem. Element (⟨ *Ge*); **G.iumdiode** *w* → Gleichrichter
germicid keimtötend
Gero|derma *s* (KW, gr.) Altershaut; **G.ntologie** *w* Lehre vom verschied. Krankheitsverlauf in einz. Lebensaltern; **G.ntophilie** *w* (KW, gr.) sex. Neigung junger zu alten Menschen
Geruch|smaskierung *w* Anwendung angenehmer Gerüche, um unangenehm. zu überdecken; **G.sverschluß** *m* Siphon, U-förm. mit Wasser gef. Rohrstück zur Verhinderung des Gasaustritts aus Abflußleitungen
gesamt|deutsch → Option; **G.härte** *w* Maßzahl für den ges. Gehalt des Wassers an Calcium- u. Magnesiumsalzen; **G.klassement** *s* Ggs.: → Einzelklassement; **G.kostenverfahren** *s* Gegenüberstellung aller Kosten eines Zeitraums in der ges. Betriebsleistung; **G.schuldner** *m* Schuldnergruppe (zu einer Leistung beim Gläubiger verpflichtet, = → Solidarschuldner); **G.schule** *w* Zusammenfassung aller Schultypen in einer Schulorganisation; **G.unterricht** *m* nicht in Fächer aufgeglied. Unterricht
gesättigt|er Dampf *m* Dampf beim Siedepunkt; **g.er Kohlenwasserstoff** *m* → Alkan; **g.e Lösung** *w* kann bei jeweil. Temperatur keine zusätzl. Menge der gelöst. Substanz mehr aufnehmen
Geschäft|s:anteil *m* finanz. Teilhaberschaft am G.; **g.sfähig** dispositionsfähig; **G.skarte** *w* Visitenkarte des Unternehmensangehörigen; **G.smüll** *m* im Betrieb entsteh., nicht mit seiner Produktion zusammenhäng. feste Abfallstoffe (z. B. Büroabfälle); **G.svorfälle** *M* G.(s:abschlüss)e; **G.swert** *m* → derivat
Geschiebe *s* von fließ. Wasser transport. grobe Feststoffanteile
Geschlechtsverhältnis *s* = → Sexualproportion
geschlossen| → Streckenzug; **g.er Markt** *m* für neue Wettbewerber nicht zugängl. Markt (Ggs.: → offener Markt)
Geschmack|sblindheit *w* Unempfindlichkeit gegen den bitteren G. von → PTC; **G.sknospe** *w* g.vermitt. Zungenorgan; **G.smuster** *s* ges. gesch., ästhet. wirk. gewerbl. neue Muster (Modelle); **G.s:test** *m* Nahrungsmittelprüfung auf den G.
geschmeidig → flexibel
Geschwindigkeitswarner *m* Alarmgerät bei Höchstgeschwindigkeitsüberschreitung im Kfz
Gesellschaft|er *m* Unternehmensteilhaber; **G.skritik** *w* krit. Prüfung der besteh. gesellsch. Ordnung; **G.s:prognose** *w* Vorausschau auf Entwicklungsprozesse; **G.svertrag** *m* Vorstellung, Staat u. G. seien durch Übereinkunft entstanden; **G.swissenschaften** *M* Soziologie
Gesenk| *s* ausgehöhlter Teil eines Preßformwerkzeugs; **G.schmieden** *s* Umformverfahren einer Vor- in eine andere Form
Gesetz| *s* ↑ Notwendigkeit, die dem Menschen (einem Seienden) nur best. Möglichkeiten des Seins (Verhaltens, Geschehens) zuläßt; → Naturgesetz; **G. der großen Zahl** *s*: je größer der Umfang einer Beobachtungsreihe, um so kleiner die Wahrscheinlichkeit der Abweichung vom wahren Wert; **G. des geringsten Kraftaufwands** *s* umgekehrtes Verhältnis zw. der Länge eines Worts u. seiner Häufigkeit; **G. vom abnehmenden Grenzertrag** *s*; **G.esnovelle** *w* Nachtrag, Ergänzung, Änderung zum G.; **g.liche Erbfolge** *w* Ehegatten u. Verwandte als Erben
Gesicht|sfeld *s* der vom ruhenden Auge wahrgen. Raum; **G.slähmung** *w* (meist halbseit.) G.smuskulaturlähmung (Fazialislähmung); **G.smaske** *w* Schutz-, Atemmaske; Mundschutz; kosmet. auftragb. Hautmittel; **G.swinkel** *m* = → Sehwinkel
Gesinnungs:täter *m* aus Überzeugung hand. Straffälliger
gesperrter Strecken:abschnitt *m* = → Blocksystem *s*, -strecke *w*
Gesprächszähler *m*, = → Gebührenzähler
Gestagen *s* = → Gelbkörperhormon
Gestalt| *w* ↑ geometr. (topolog.) Struktur in Komplexen unterschiedl. Ele-

mente; **G.psychologie** *w* psychol. Richtung, die annimmt, das Ganze sei mehr als die Summe seiner Teile (Plato)

Gestängetest *m* Erdölbohrung zur Bestimmung des Lagerstätteninhalts (e.: drill-stemtest)

Gestell| *s* ↑ Schneise; unt. Teil des Hochofens; **G.förderung** *w* = → Gefäßförderung

gestuft → Abschreckung

Gesundheit|sdienst *m* alle Aufgaben, die sich mit der G. der Belegschaft befassen; **G.swesen** *s* alle staatl. Einrichtungen (Maßnahmen) zur Förderung der G. der Bevölkerung. – **Gesundschrumpfung** *w* Schließung unwirtsch. arb. Betriebe zur Sicherung der Rentabilität des ganzen Wirtschaftszweiges

Getriebe| *s* Maschinenteil zur Umformung von Bewegungen; **G.automatik** *w* Vorrichtung am Kfz, die selbsttät. jew. die richt. Übersetzung einlegt, um die Motordrehzahl im günstigst. Bereich zu halten

Getter *m* (e.) gasbind. Stoff, der in Elektronenröhren zur Aufrechterhaltung des Vakuums dient

Gewalten|teilung *w* Trennung der verschiedenen Funktionen der Staatsgewalt (unabhäng. Gesetzgebung – Rechtsprechung – Regierung u. Verwaltung); = **G.trennung, G.gliederung** *w*

Gewässer|gütestandard *m* Einteilung der G. in Güteklassen nach ihrem Verschmutzungsgrad; **G.schutz** *m* alle Maßnahmen zur Reinhaltung der G.

Gewerkschaft *w* = → Arbeitnehmerverband

Gewerbe|amt *s* Behörde, welche die **G.aufsicht** (*w* Kontrolle der Arbeitssicherheit in den Betrieben) ausübt; **G.hygi:ene** *w* mit der Verhütung von Berufskrankheiten bef. Zweig der Medizin; **G.müll** *m* = → Industriemüll; **G.ordnung** *w* gesetzl. Vorschrift über Ausübung eines G.s

Gewicht| *s* → spezifisch; **G.s:analyse** *w* → Gravimetrie; **G.s:aräometer** *s* Vorrichtung zur Ermittlung des spezif. G.s fester Körper; **G.sbremse** *w* = → Fallbremse; **G.smauer** *w* Talsperre best. Bauart; **G.ung** *w* durch Wichte- o. Wertfaktoren ausgedr. Wertverhältnis von Merkmalen zueinander; zahlenm. Ausdruck für Bdtg. der einz. Anforderungsarten im Verhältnis zueinander

Gewinn:ausschüttung *w* → verdeckt

Gewitter|flug *m* Segelflug im aufsteig. Luftstrom vor G.wolke

Gewohnheitsverbrecher *m* drei- u. mehrmal. Täter

GEZ ⟨ **G**ebühren**e**inzugs**z**entrale (Rundfunk, Fernsehen)

Gezeiten|kräfte *M* auf der Erde wirk. Anziehungskräfte von Sonne u. Mond; **G.kraftwerk** *s* durch Ebbe u. Flut angetrieb. Elektrizitätswerk, = → Flutkraftwerk *s*

gezielte Auswahl *w* = bewußte A. = → Stichprobe

GFA ⟨ **G**esellschaft zur **F**örderung der **A**bwassertechnik. – **GFK** ⟨ **g**lasfaser-verstärkter **K**unststoff. – **GFM** ⟨ **G**esellschaft für **M**enschenrechte. – **GG** ⟨ **G**rund**g**esetz

Ghost|view *s* (e.: *gôstwjû*) Werbebild, das das Produktinnere zeigt; **G.writer** *m* (e.: *gôst:raiter*) Autor im Fremdauftrag (ungenannt)

GI ⟨ **G**overnment **I**ssue (am. Soldat [*dschî ai*])

Gicht| *w* Teil des Hochofens; **G.aufzug** *m* Transporteinrichtung für Koks u. Möller auf die **G.bühne** *w* Grundlage für die G.aufbauten; Arbeitsbühne; **G.gas** *s* aus dem Hochofen strömendes Gasgemisch

GID ⟨ **G**esellschaft für **I**nformation und **D**okumentation

Gieß|ereikoks *m* Energiespender im Kupolofen; **G.foli:e** *w* durch Ausgießen einer Kunststofflösung u. folg. Eindunsten hergest. Folie; **G.harz** *s* duromerer Kunststoff, der durch G.en u. anschließ. Härten in Formen verarbeitet wird u. keinen Füllstoff enthält; **G.kannenprinzip** *s* Vergabe öfftl. Mittel ohne Rücksicht auf bes. Verhältnisse; **G.kran** *m* Hüttenkran zum Transport von feuerflüss. Fördergut in G.pfannen; **G.wagen** *m* Selbstfahrer zum Transport der G.pfanne; **G.werk** *s* autom. arbeit. Maschine zur Herstellung von Druckplatten

Giften-Effekt (e. Entdecker) Ansteigen der Nachfrage bei steigendem Preis

Gift|gesetz *s* Vorschrift über Umgang mit G.en; **G.mehl** *s* ungerein. Arsenik; **G.-Schock-Syndrom** *s* (überwieg.) Frauenkrankheit (bakteri:ell; durch Tampons bewirkt? ⟨ *TSS* [e.: **T**oxic **S**hock **S**yndrome])

Giga- Vorsatzsilbe zur Kennzeichnung des Milliardenfachen einer Maßeinheit (z.B. 1 Gigawatt = 1 Milliarde Watt)

gill e., am. Hohlmaß (1 g = $^1/_{32}$ gallon = e. 142,063 cm³, am. = 110,295 cm³)

Gimmick *m, s* (e.) Werbemittel, -geschenk

Gingan *m* gemust. Baumwollgewebe

Gingiv|a *w* (lat.) Zahnfleisch; **G.itis** *w* Zahnfleischentzündung

Gipfel|höhe *w* ↑ höchste von einem Flugzeug erreichb. Höhe; **G.treffen** *s* Verhandlungen zw. Regierungs:chefs
Gips| *m* (gr.) Calciumsulfat; die daraus bereitete Mörtelmasse; **G.karton** *m* Verkleidungswerkstoff
Gipsy *m* ↑ Haschischsorte
Girant *m* Wechselüberträger
Giro| *s* (it.) bargeldl. Zahlungsverkehr; **G.zentrale** *w* → Spar- u. Girokassen
Gitter| *s* ↑ → Beugungsg.; → Kristallg.; Elektrode zw. Anode u. Kathode einer Elektronenröhre zur Beeinflussung des elektr. Feldes; **G.energie** *w* zur Entfernung der Moleküle aus dem Kristallg. nöt. Energie; **G.geister** *M* falsche Spaltbilder in G.spektographen, -monochromatoren; **G.konstante** *w* Abstand der einander entspr. beug. Elemente in Beugungs-, Kristallg.; **G.platz** *m* Position eines Teilchens (Atoms, Ions, Moleküls) im Kristallg.; **G.spektrograph** *m* Instrument zur Erzeugung u. Untersuchung von Spektren mit Beugungsg.; **G.struktur** *w* Aufbau des Kristallg.s.; **G.zelle** *w* Solarzelle best. Bauart
Give-away| *s* (am.: *giw ewai*) Verkäuferprämie; Hand-, Werbezettel; **G. Price** *m* (*-prais*) Schleuderpreis
GKKE ⟨ **G**emeinsame **K**onferenz **K**irche und **E**ntwicklung. – **GKSS** ⟨ **G**esellschaft für **K**ernenergie in **S**chiffbau u. **S**chiffahrt
Glandula *w* (lat.) Drüse
Glanz|auge *s* Beginn der → Basedow-Krankheit (große Lidöffnung, Tränenabsonderung); **G.blech** *s* oberfl. oxid. Feinblech aus Eisen; **G.e** *M* Gruppe schwefelhalt. Mineralien; **G.kobalt** *m* arsen- u. kobalthalt. Mineral
Glas| *s* ↑ jed. nicht kristalline feste Stoff; **G.batist** *m* durchsicht. feines Baumwollgewebe; **G.buch** *s* Halterung für kurze Dia-Filmstreifen; **G.elektrode** *w* Apparatur zur Untersuchung elektrochem. Vorgänge; **G.faser** *w* zu Fäden ausgezog. G., = **G.fiber** *w*; **G.-G.-Verbindungen** *M* Verschmelzungen von Gläsern; **G.wanne** *w* gemauerte Wanne zur Aufnahme der G.schmelze bei der G.herstellung; **G.keramik** *w* Werkstoff von hoher Festigkeit u. Wärmebeständigkeit; **brauner G.kopf** *m* Eisenerz; **schwarzer G.kopf** *m* Manganerz; **G.krankheit** *w* allmähl. ablauf. Zersetzungserscheinung best. G.sorten bei fehlerh. Herstellung; **G.lot** *s* leicht schmelzb. G.sorte zum Verschmelzen von G.teilen mitein. o. mit anderen (z. B. keram.) Materialien; **G.macherseife** *w* Zusatzstoff, mit dem durch Eisenverbindungen verfärbte G.schmelze entfärbt werden kann; **G.-Metall-Verbindungen** *M* schwer trennb. Verbindungen von Gläsern u. Metallen; **G.meteorit** *m* Meteorstein aus kieselsäurereich., g.art. Material; **G.papier** *s* Schleifpapier mit oberfl. aufgeleimtem scharfkant. G.pulver; **G.phase** *w* erstarrte Schmelze in feuerf. Steinen; **G.schneider** *m* G.erwerkzeug zum Anritzen des G.es vor dem Durchtrennen; **G.temperatur** *w* Versprödungstemperatur bei Kunststoffen; **G.ur** *w* dünner G.überzug auf Metall o. Keramik
Glätt|ungskondensator *m* Schaltelement zur Verwandlung pulsier. Gleichspannungen in konstante (z. B. bei Rundfunkempfängern zur Beseitigung des Netzbrummens); **G.werk** *s* Teil einer Anlage zur Herstellung von Folien o. Platten aus Kunststoff
Glauber|tit *m* mineral. Natrium-Calciumsulfat; **G.salz** *s* Natriumsulfat (Abführmittel)
Gläubiger|ausschuß *m* Beirat zur Unterstützung des Konkursverwalters; **G.-versammlung** *w* Generalversammlung der Konkursg.
Glaukom *s* (gr.) Grüner Star (jede krankh. Erhöhung des Innendruckes des Auges)
glazi|al *EW* (KW) eiszeitlich; **G.ologie** *w* Gletscherkunde
GLB ⟨ **G**esamtverband der **L**ehrer an **b**eruflichen Schulen (Hessen)
Gleich|altrigengruppe *w* → Spielgruppe älterer Kinder u. Jugendlicher (e.: Peer group); **G.druckmaschine** *w* Wärmekraftmaschine, bei der mech. Arbeit gewonnen wird, indem sich ein Gas bei Wärmeaufnahme ohne Druckänderung ausdehnt; **g.förmig** ↑ ohne Geschwindigkeitsänderung ablaufend; **G.gewicht** *s* Zustand, in dem sich ein von mehr. Kräften beeinfl. Körper in Ruhe befindet (→ biol., → chem., → radioakt. G.gewicht); **G.gewichtskonstante** *w* physik.-chem. Maßzahl zur Berechnung der Zusammensetzung von reaktionsfäh. Stoffmischungen im Zustand des chem. G.gewichts; **G.gewichts:theorie** *w* Annahme, Entwicklung werde durch den Ggs. äuß. Kräfte angetrieben; **G.laufschwankungen** *M* kurzzeit. Änderungen der Drehzahl bei Plattenspielern u. Tonbandgeräten; **g.mächtig** umkehrbar einand. zuzuordnend (Elemente zweier Mengen); **g.namige Brüche** *M* Brüche mit g.em Nenner; **g.phasig** → Wellenlänge; **g.richten**

Wechsel- in G.strom umwandeln; **G.richter** *m* elektr. Gerät zur Umwandlung von Wechsel- in G.strom; → Ventil; **G.richterröhre** *w* als G.richter dienende Elektronenröhre; **G.setzungsmethode** *w* Methode zur Lösung eines G.ungssystems; **G.ung** *w* Aussage(form), in der Zahlen (Variable-Terme) durch G.heitszeichen verbunden sind; → chemisch; **G.ungs:system** *s* System mehr. G.ungen mit mehr. Variablen; **G.spannung** *w* elektr. Spannung zw. 2 Punkten, die sich mit der Zeit nicht ändert; **G.strom** *m* unveränd. in einer Richtung fließ. elektr. Strom; **G.strom-Wärme:aus:tauscher** *m* Wärmeaustauscher, bei dem heiz. u. beheizt. Medium in g.er Richtung strömen; **g. viele Elemente** *M* haben endl. Mengen; **G.welle** *w* Wellenlänge, auf der mehr. Rundfunksender das g.e Programm ausstrahlen

Gleis|bettung *w* die G.e trag. Untergrund; **G.bildstellwerk** *s* Stellwerk für größ. G.anlage, deren Bedienungselemente in bildmäß. Lageplan der Anlage eingebaut sind; **G.bremse** *w* im G. fest eingebaute ferngesteuerte Vorrichtung zum Abbremsen der Wagen; **G.kettenfahrzeug** *s* Fahrzeug mit auf G.ketten lauf. Rädern; = → Raupenfahrzeug; **G.stopfmaschine** *w* Maschine zum Verdichten der Schotterpackung unter den G.en; **G.waage** *w* in ein G. eingebaute ungleicharm. Brückenwaage zum Wägen von G.fahrzeugen

gleit|ende Arbeitszeit *w* Bestimmung von Beginn u. Ende seiner Arbeitszeit durch den Arbeitnehmer in best. Rahmen (= **G.zeit** *w*); **G.entladung** *w* Gasentladung entlang der Oberfläche eines fest. o. flüss. Körpers; **G.komma** *s* Darstellung von Dezimalzahlen bei der DVA, bei der das Komma nicht mitgeschrieben, sondern seine Stellung innerh. der Ziffernreihe durch zusätzl. Zahl (= → **Charakteristik**) angedeutet wird (Ggs.: → Festkomma); **G.kommazahl** *w* Zahl in wiss. Darstellung mit Zehnerpotenzen; **G.lager** *s* Stelle, an der 2 gegenein. bewegl. Maschinenteile unmittelb. aufein. reiben; **G.mittel** *s* Schmiermittel zur Reibungsverminderung; **G.modul** *m* → Schubmodul; **G.reibung** *w* Widerstand, den 2 aufein. gleit. Körper im Zustand der G.bewegung ihr entgegensetzen; **G.schuh** *m* gleit. Führungselement für Förderketten; **G.schutz:einrichtung** *w* → Blokkierregler; **G.tisch** *m* Objekttisch eines Mikroskops; **G.zahl** *w* Maßzahl zur Charakterisierung des G.verhaltens von Segelflugzeugen; → aerodynamisch; **G.zeit** *w* → g.ende Arbeitszeit

Gletscher|brand *m* Entzündung der Haut (bes. der Bindehaut der Augen) durch ultraviolette Strahlen (**Dorno-Strahlung**) im Hochgebirge o. durch Höhensonne); **G.milch** *w* G.bachwasser; **G.zunge** *w* Ende des G.s

Glibber *m* dünne Schmutzschicht auf Fahrbahn

Glider *m* (e.: *glaide*) (motorloses) Gleitflugzeug

Glimm|entladung *w* ohne wesentl. Erwärmung ablauf. elektr. Stromfluß durch Gas unter Lichtaussendung; **G.lampe** *w* techn. Anwendung der G.entladung zur Lichterzeugung; **G.licht** *s* hellst. Teil des Leuchtens bei der G.entladung

Glissonschlinge *w* Streckzugvorrichtung für Wirbelsäulenerkrankungen

Globuline *M* Klasse von Eiweißstoffen

Glockenverfahren *s* Methode zur → Alkalichlorid:elektrolyse

Glossitis *w* (KW, gr.) Entzündung der Zunge

Glottis:ödem *s* (gr.) Kehlkopfödem (sich rasch entwickelnde ödemat. Anschwellung der Schleimhaut des Kehlkopfes mit akuter Erstickungsgefahr)

Glotz:auge *s* = → Exophthalmus

Gloverturm *m* (e. Erfinder) Teil einer Anlage zur Schwefelsäuregewinnung

Glucos|e *w* → Traubenzucker; **G.it** *s* Verbindung des Traubenzuckers mit and. organ. Substanzen

Glüh|dornprobe *w* Verfahren zur Prüfung des Verhaltens von Isolier- u. Kunststoffen bei Berührung mit heißen Metallteilen; **G.elektrode** *w* → G.kathode; **G.emission** *w* Abgabe von Elektronen durch g.ende Metallteile an die Umgebung; **G.frischen** *s* Wärmebehandlung von Gußeisenteilen zur Verbesserung der Zähigkeit; **G.kathode** *w* durch elektr. Heizung zum G.en gebr., als Kathode dien. Metalldraht in Elektronenröhren; **G.kerze** *w* Zündhilfe beim Dieselmotor; **G.kopfmotor** *m* Art Zweitaktmotor. **G.rohr** *s* kl. schwer schmelzb. Reagenzglas; **G.rückstand** *m* beim G.en eines Stoffes zurückbleib. Bestandteile; **G.schiffchen** *s* Porzellangerät zur Aufnahme von Stoffen, die zum G.en gebracht werden sollen; **G.verlust** *m* Gewichtsverlust eines Stoffes o. Stoffgemischs beim G.en

Glukosurie *w* = Glykosurie (Ausscheidung von Zucker im Harn; → Diabetes)

Glutam|at *s* (Mononatriumglutaminat) Natriumsalz der G.insäure (Speisezusatz zur Geschmacksverbesserung); **G.insäure** *w* Aminosäure als Eiweißbestandteil. – **Glut|arsäure** *w* organ. Verbindung aus der Reihe der Dicarbonsäuren; **G.en** *s* Kleber:eiweiß der Getreidekörner; **G.enin** *s* Bestandteil des G.ens; **G.in** *s* Eiweißstoff (Hauptbestandteil der Gelatine u. des Knochenleims)

Glycer|id *s* → Ester aus G.in u. einer Säure, Fettstoff; **G.in** *s* aus natürl. Fetten beim Verseifen entsteh. Alkohol; **G.in:trinitrat** *s* Explosivstoff (= Nitroglycerin). – **Glycin** *s* eiweißbildende Aminosäure

Glyko|cholsäure *w* organ. Substanz aus Klasse der → Gallensäuren; **G.gen** *s* stärkehalt. Kohlenhydrat (in der Leber u. in andern Teilen tier. Organismen), = **Leberstärke** *w*; **G.koll** *s* → Glycin; **G.l** *s* organ. Verbindung aus der Klasse der Alkohole (gebräuchl. Gefrierschutzmittel); **G.lyse** *w* biochem. Spaltung des Traubenzuckers unter Milchsäurebildung; **G.prote:ide** *M* Verbindungen aus Eiweißstoffen u. Kohlenhydraten (Bestandteil der Knorpel, Sehnen u. a.); **G.sid** *s* Zuckerverbindung; **G.surie** *w* = → Glukosurie

Glyptal *s* (KW) Polyesterharz

Glysantin *s* (KW) haupts. aus → Glykol besteh. Gefrierschutzmittel

G-man *m* (e.: *dschimän*) Sonderbeauftragter der Regierung

gn ⟨ **grain**

Gnaden:erlaß *m* Amnestie

Gnotobiologie *w* (gr., KW) Erforschung u. Aufzucht steriler (mikrobenfreier) Tiere

Go ⟨ Tripper (**Go**norrhö)

Godesberger Programm *s* Grundsatzprogramm der SPD (1959)

go down (am.: *gô daun*) Phase des Drogenrauschs

Goeth|e-Institut *s* Institut mit Zweigstellen im In- u. Ausland zur Pflege der d. Sprache u. Kultur; **G.it** *m* Eisenerzart

Go-Go-Fonds *m* (*-foñ*) hochspekulat. Fonds

Go-in *s* (am.) Protestmarsch

Go-Kart *m* (am.) unverkleid. Kleinstrennwagen; Vierradtretomobil mit Rücktritt, Freilauf u. Handbremse (für Jugendverkehrsschulen)

Gold|automatismus *m* selbst. Ausgleich der G.vorräte zw. den Ländern mit G.umlaufwährung; **G.barren** *m* massiver G.block; **G.barrenwährung** *w* G.barren als Währungsdecke; **G.devisenwährung** *w* Devisen neben G. als Währungsdecke; **g.ene Regel der Mechanik** *w* = → Energieprinzip; **G.glas** *s* Glas mit aufgel. G.(figuren); **G.kernwährung** *w* Banknoten als gesetzl. Zahlungsmittel mit begrenzt. Pflicht zur Einlösung in G.; **G.kurs** *m* Börsenpreis des G.es; **G.pool** *m* internat. Behörden-, Bankverbund zur Regulierung des G.kurses; **G.probe** *w* analyt. Verfahren zur Ermittlung des G.gehaltes von Münzen, Schmuckstücken; **G.salz** *s* = **G.chlorid** *s* Verbindung von G. u. Chlor (verw. in Fotografie); **G.standard** *m* Währung auf G. basierend

Golokette *w* (KW) Kugelkette für gymnast. Übungen

GOMS ⟨ **g**enerational **o**ccupational **m**obility **s**core (Maß für Berufsmobilität). – **gon, Gon** = → Neugrad

Gonad|en *M* (gr.) Geschlechts-, Keimdrüsen (Hoden u. Eierstöcke); **g.otrop** auf Kleindrüsen wirkend

gone (am.: *gôn*) Abwesenheitsgefühl im Drogenrausch

Goniomet|er *s* (gr., KW) Gerät zum Messen von Winkeln zw. 2 Flächen, = → Winkelmesser; **G.rie** *w* Lehre von den Winkelfunktionen

Gono|kokken *M* (gr.) Erreger der **G.rrhö** *w* (⟨ *Go*) Tripper

Goodwillreise *w* polit. Freundschaftsbesuch

Go|-show *m* Versuch, ohne vorher. Buchung Flugplatz zu bekommen; **G.-slow** *m, s* Dienst des Flugpersonals nach Vorschrift

GOLEM *m* ↑ Informationssystem für fremdsprachl. Begriffe

GOST ⟨ UdSSR-Normenzeichen

Gouache *w* (fr.: *gûasch*) Wasserfarbendeckmalerei

Goudron *m* (*-droñ*) wasserdichte Anstrichfarbe

Graaf-Follikel *s* (nl. Anatom, 17. Jh.) Eibläschen im Eierstock; → auch: van de Graaf-

Grad| *m* (lat.) ↑ Maßeinheit der Temperatur, des Winkels; **G.abteilung** *w* von 2 aufein. folg. Längen-, Breiteng.en umgr. Teil der Erdoberfläche; **G.ation** *w* Kontrastumfang eines fotogr. Papiers o. Films; **G.ationskurve** *w* graf. Darstellung zur Verdeutlichung der G.ation; **g.e** (e.) → Neugrad, → Gon; **G.feld** *s* = → G.abteilung; **G.i:ent** *m* Änderung einer physik. Meßgröße entlang einer Geraden; **g.ieren** Salzlösung eindunsten lassen; **G.ierwaage** *w* Aräometer zur Bestimmung der Konzentration von Salzlösungen; **G.ier-**

werk *s* Anlage zum Eindunsten von Salzlösungen; **G.netz** *s* Liniennetz auf Erdkugel (Längen- u. Breiteng.e); **g.uated deterrence** → Abschreckung; **G.ualismus** *m* ↑ Versuch, die Inflation stufenweise zu verringern

Graetzschaltung *w* (d. Physiker, 19./20. Jh.) Gleichrichterschaltung

grain|, Grain *s* (e.: *grein*; d.: **Gran** *s*) (e., am.) Gewichts-, Masseneinheit (1 gr = $^1/_{7000}$ pound = 64,798 mg, ⟨ *gr*); **g.-force** (⟨ *Gr*) e. Krafteinheit (1 Gr = 63,546 dyn), = am. **gr.-weight** *s*

grainieren (fr.: *grê-*) Papier narben

Gramm| *s* (gr., KW) Maßeinheit der Masse (⟨ *g*); **G.äquivalent** *s* die Menge eines Stoffes, die sich mit 1 Mol Wasserstoff verbindet o. 1 Mol Wasserstoff in seinen Verbindungen ersetzen kann, = → Val; **G.atom** *s* die Menge eines Elements, die soviel g wiegt, wie das Atomgewicht angibt; **G.molekül** *s* → Mol

Grammy Award *m* (am.: *grämi ewod*) Schallplattenpreis (seit 1958)

Granalium *s* (lat.) Einzelkorn eines → Granulats

Granierstahl *m* bogenförm. Stahlgerät mit Zahnschneide zum Aufrauhen der Kupferstichplatte (= **Wiege** *w*)

Granulat| *s* (KW, lat.) körn. Schüttgut; **G.ionsgewebe** *s* bei Wundenheilung entsteh. Narbengewebe; **G.or** *m* Zerkleinerungsmaschine. – **granul|ieren** zu G.at verarbeiten; **G.ozyten** *M* g.ierte Leukozyten (ihre Verminderung: **G.ozytopenie** *w*); **G.ozytensystem** *s* gekörnte Knochenmark- u. Blutzellen

Graph| *m* (KW) Schaubild (gibt Zusammenhang der → Variablen bei → Funktionen u. → Relationen zeichn. im Korrdinatensystem wieder); **g.ische Lösung einer Gleichung** *w* Auffinden der Lösungen mit einem Funktionsgraphen

Graphit *m* (KW) Modifikation des Kohlenstoffs

Grapho|loge *m* (KW, gr.) wiss. Handschriftendeuter; **G.therapie** *w* Niederschrift von Träumen (Erlebnissen) zu ihrer Bewältigung

Graslandebahn *w* Landefläche für leichte Luftfahrzeuge

GRAS-Liste ⟨ **g**enerally **r**ecognized **a**s **s**afe (e.: *dschenreli rekogneisd äs sehf*) von der → FDA herausgeg. Liste von Chemikalien, die allg. als unschädlich anerkannt werden

Grass *s* (am.: *grâß*) Marihuana

Gras|tapete *w* Tapete mit eingewebten o. aufgenad. dekor. G.halmen

Grat *m* ↑ scharfer langer Vorsprung an Werkstücken, der bei der Formgebung entsteht

Gratifikation *w* (lat.) besond. Vergütung für den Arbeitnehmer aus bes. Anlaß

Gratis|draufgabe *w* = → Draufgabe; **G.dreingabe** *w* = → Dreingabe

grau|er Markt *m* Verkauf preisgebund. Waren unter Preis; **G.er Star** *m* = → Katarakt (Augenkrankheit); **G.e Wölfe** rechtsextr. türk. Gastarbeiter, = **Idealistenföderation** *w*; **G.filter** *m* lichtdurchläss. Glas-, Kunststoffplatte, die alle Farben des sichtb. Lichts gleich schwächt u. daher nur seine Intensität verändert; **G.guß** *m* siliciumreich. Gußeisen; **G.kalk** *m* Calciumacetat; **G.keil** *m* Neutralfilter mit örtl. veränderl. Durchlässigkeit für Photometrie, = **Neutralkeil**; **G.mangan** *s* Braunstein; **G.spießglanz** *m* antimonhalt. Mineral; **G.zone** *w* ↑ nukl. Waffensysteme mit mittl. Reichweite; Problematik der „eurostrateg." Atomwaffen; zwielicht. Bereich zw. Lega- u. Illegalität

gravid| *EW* (lat.) schwanger; **G.ität** Schwangerschaft. – **grav|ieren** Oberfläche mit Stichelwerkzeug beschriften, verzieren; **G.imeter** *s* geophysik. Meßinstrument zur Messung der Schwerebeschleunigung, = **Schweremesser** *m*; **G.imetrie** *w* Messung der Erdbeschleunigung; Analysenverfahren, bei dem Stoffmengen durch Wägen ermittelt werden, = **Gewichts:analyse** *w*; **G.isphäre** *w* Schwerefeld eines Himmelskörpers; **G.itation** *w* Massenanziehung; **G.itationsgesetz** *s* Zshg. zw. Masse, Abstand u. ggs. Anziehung der Körper; **G.itationskonstante** *w* darin vorkomm. Naturkonstante; **G.itationsverschiebung** *w* Farbverschiebung des Lichts extrem massereicher Sterne durch Energieverlust beim Verlassen ihres G.itationsfeldes

grd ⟨ **Grad** Temperaturdifferenz. – **GRER** ⟨ Huckepacksatelliten zur Erforschung der Solarstrahlung

Green|back *m* (am.: *grînbeck*) am. Schatzanweisung; **G. Stuff** (*-ßtaff*) Haschisch

Greif|er *m* selbstaufnehmendes Gerät zum Fördern von Massengütern; **G.lager** *s* Lagerteil, dem man Einzelmengen entnehmen kann; **G.zeug** *s* Lastaufnahmemittel mit G.armen zum Unterfahren von Stückgütern; **G.zirkel** *m* handwerkl. Meßgerät; → Außentaster

Grenz|biegespannung *w* Werkstoffkennzahl zur Charakterisierung der

Biegesteifigkeit; **g.flächen:aktiv** die Oberflächenspannung herabsetzend; **G.flächen:energie** *w* infolge der Oberflächenspannung in G.flächen gespeich. potent. Energie; **G.flächenspannung** *w* = → Oberflächenspannung; **G.kohlenwasserstoffe** *M* → Alkane; **G.konzentration** *w* geringste Konzentration, in der sich ein Stoff ohne vorher. Anreicherung nachweisen läßt; **G.kosten** *M* Kosten der zusätzl. Leistungseinheit; **G.lehrdorn** *m* Bohrungsprüfgerät; **G.lehre** *w* Prüfgerät für die Einhaltung der Fertigungstoleranz von Werkstücken; **G.nutzen** *m* Zuwachs des Nutzens durch Verbrauch einer zusätzl. Einheit des Gutes; **g.überschreitend** über G.en hinaus wirkend; **G.waage** *w* Waage zur Prüfung des zuläss. Lastgewichts; **G.wert** *m* Grundbegriff der Differential-, Integralrechnung; → subjektiver Wert (**G.wert einer Folge**; vielschichtiger: **G.wert einer Funktion**)

Greyhound *m* (am.: *grêhaund*) Überlandbus (USA)

Grieß *m* ↑ feinkörn. Metall

Griffigkeit *w* Maß für höchst erreichb. Kraftschluß zw. Rad u. Straße

Grimmdarm *m* = → Dickdarm

G.R.L. ⟨ → **G**amma-**R**ay **L**og

grob| → Stimme; **G.filter** *s* Schmierstoffsieb; **G.vaku:um** *s* Vakuum mit Restgasdruck von über 1 Torr

Groß(aufnahme) *s* (*w*) Filmeinstellung, bei der ein Objekt das ganze Bild füllt. – **Größenklasse** *w* ↑ Einteilung der Sterne nach ihrer Helligkeit. – **Groß|gut** *s* Landwirtschaftsgut mit Aufsichtspersonal; **G.handel** *m* Ggs.: → Einzelhandel; **G.hirn** *s* = → Cerebrum; **G.kapital** *s* alle kapitalist. G.unternehmen, -r; **G.raum(büro)** *m* (*s*) mehrere Büros im gleichen Raum; **G.raumwagen** *m* Eisenbahnwagen, der 1 (nicht unterteiltes) Abteil bildet; Straßenbahngelenkwagen; **G.signalverhalten** *s* Empfindlichkeit eines Rundfunkempfängers gegen Störeinfluß starker o. naher Sender; **G.technik** *w* mit G.geräten arbeit. Technik

Groundhostess *w* (e.: *graund hostiß*) Bodenstewardeß in Flughäfen

Grubber *m* (e.) Landwirtschaftsgerät zur Lockerung des Bodens, = **Kultivator** *m*

Gruben|gas *s* in Kohlebergwerken auftret. → Methan (Ursache der → schlag. Wetter); **G.gerbung** *w* Lederherstellungsverfahren, bei dem die Häute lange in einer Grube mit Gerbstoffen behandelt werden

Grudekoks *m* durch Schwelen von Braunkohle hergest. krüm. Kokssorte

Grummet *s* ↑ endlos gelegtes Anschlagseil

Grund|anstrich *m* zuerst aufgebr. Schicht eines Anstrichs; **G.baustein** *m* ↑ immer wiederkehr. Atomgruppierung in Makromolekülen; **G.bildungsjahr** *s* = → Berufsgrundschuljahr; **G.chemikali:en** *M* Massenprodukte, alle and. Erzeugnisse der chem. Industrie; **G.deutsch** *s* geringster Vorrat an d. Ausdrucksmitteln; **G.einheit** *w* = → Basiseinheit; **G.gebühr** *w* = → G.tarif; **G.gehalt** *s* feste Monatseinnahme ohne Zuschläge (Prämien); **G.gesamtheit** *w* alle Einheiten, die einer statist. Betrachtung zugrunde liegen; **G.gesetz** *s* Verfassung der BRD (8. 5. 1948 [Zusatz i. Wehrverfassung, Wirtschaftslenkungsordnung, Notstandsverfassung] Verbürgung bürgerl. → G.rechte [Kontrolle: Bundesverfassungsgericht], Stärkung der Regierungsgewalt bei Minderung der Rechte des Bundespräsidenten; Bundeskanzler mit → Richtlinienkompetenz; Minister nur dem Bundeskanzler verantwortlich [**Kanzlerdemokratie**]; bundesstaatl. Aufbau mit zentral. Ausnahmen [Kultus-, Innenminister; → Bundeskriminalamt]; Staatsbürokratie); **G.größen** *M* die physik. Größen, von denen sich alle andern ableiten lassen; **g.ieren** einen 1. Anstrich (als G.lage für weitere) auftragen; **G.konstante** *w* → Plancks Wirkungsquantum; **G.kurs** *m* Lehrgang in den G.kenntnissen; **G.lagenforschung** *w* zweckfreie Erforschung der wiss. Fundamente; **G.last** *w* Ggs.: → Spitzenlast; **G.lastwerk** *s* Kraftwerk mit einer langen unveränd. bleib. Leistung; **G.lohn** *m* für die Lohngruppe tarifl. vereinb. Entgelt für die Arbeitsstunde der übl. Arbeitsleistung; **G.menge** *w* Menge, die einer best. Betrachtung zugrunde liegt; **G.menge eines Terms (einer Aussageform)** Menge der Elemente, die für die Variablen eingesetzt werden dürfen; **G.modul** *s* kleinstes Planungsmaß; **G.norm** *w* DIN-Norm, die für viele Gebiete des öfftl. Lebens wichtig ist; **G.rechte** *M* verbindl. Verfassungsrechte, die wesentl. Entwicklungsbedingungen anerkennen (seit 1789; heute bes.: Brief-, Wahlgeheimnis, Unverletzlichkeit der Wohnung, Handels-, Gewerbefreiheit u. ä.); → Drittwirkung; **G.rente** *w* Einkommen aus Landeigentum, Boden-, Mindestrente; **G.riß** *m* ↑ Darstellung eines Gegenstands als Projektion auf waagerechte Ebene; **G.satz der Unmittelbarkeit** *m* Beweismittel müssen vom Gericht selbst ausgenützt werden (kein Ersatz durch Berichte anderer, Protokolle, Aufzeichnungen der Ermittlung); **G.satzreferat** *s* Bericht über die Theorie des betr. Stoffes; **G.schuld** *w* G.stückbelastung als rechtl. unabhäng. Forderungssicherheit; → Sicherungsg.schuld; **G.schule** *w* die 4 ersten obligat. Schuljahre; **G.schuljahr** *s* = → Berufsg.schuljahr; **G.schwelle** *w* Vorrichtung zur Festlegung der Flußsohle gegen Strömung o. Schwemmgut; **G.schwingung** *w* bei zusammenges. Schwingungen die Teilschwingung mit der kleinsten Frequenz; **g.ständige Schule** *w* auf der G.schule unmittelbar aufbauende höhere Schule; **G.stoff** *m* = → chem. Element; **G.stoff:industrie** *w* Industrie zur Gewinnung u. Umwandlung der G.stoffe; **G.studium** *s* 1. Studienteil zur Erwerbung des G.wissens; **G.stufe** *w* 3. u. 4. G.schuljahr (nach der → **Eingangsstufe**); **G.tarif** *m* Mindestgebühren für Beanspruchung öfftl. Einrichtungen, = **G.gebühr** *w*; **G.ton** *m* Teilschwingung eines Klangs mit der kleinsten Frequenz; **G.umsatz** *m* (⟨ *GU*) Energieverbrauch (in Kalorien) des ruhenden nücht. Menschen (zur Erhaltung der norm. Körperfunktionen erford. Energie). – **Gründung** *w* ↑ Baufundament; **Grund|urteil** *s* → Zwischenurteil über den G. des Klage:anspruchs; **G.vermögen** *s* unbewegl. Eigentum; **G.wasser** *s* im Erdboden enthalt. Wasser; **G.wasserbeobachter** *m* = Beobachtungsbrunnen; **G.wasser:absenkung** *w* künstl. Senkung des G.wasserspiegels; **G.wasserkunde** *w* = → Hydrogeologie (erforscht geolog. Bedingtheiten von G.wasser u. Quellen); **G.wasserspiegel** *m* Tiefe, bei der das G.wasser beginnt; **G.zeit** *w* zur Ausführung einer Arbeit regelm. anfallender, ermittelb. Zeitraum; **G.zustand** *m* energieärmster Zustand eines Atoms (Moleküls)

grüner| Bericht *m* jährl. Landwirtschaftsbericht der Regierung vor den Parlamenten; **g. Plan** *m* Maßnahmen für die Lageverbesserung der d. Landwirtschaft; **G. Star** *m* → Glaukom. – **grün|e Revolution** *w* seit etwa 1950 erf. Steigerung der landwirtsch. Erträge durch Verbesserung der landwirtsch. Technik, des Pflanzenschutzes u. der Düngung sowie durch Anbau ertragr. u. widerstandsf. neugezücht. Pflanzen; **g.es Licht** *s* opt. Zeichen der Verkehrsampel für Freigabe des Verkehrs; **g.e Welle** *w* Regelung der Phasenverschiebung an Verkehrsampeln; **g.e Witwe** *w* nicht berufstätige, am Stadtrand wohnende Ehefrau; **G.festigkeit** *w* Festigkeit von feuchtem Formsand; **G.kreuz** *s* langwirkende Kampfstoffe; **G.malz** *s* bei der Keimung von Gerstenkörnern entsteh. Produkt

Gruppe| *w* ↑ Atomgruppe in einem Molekül; Reihe von einander ähnl. Stoffen; math. Struktur; **G. 47** *w* Vereinigung krit. d. Schriftsteller (seit 1947); **G.n:akkord** *m* Akkordarbeit eines Teams; **G.n:arbeit** *w* Unterrichtung klein. den Unterricht mitgestalt. G.n; **G.n(arbeits)leistung** *w* Arbeitsergebnis aller G.nmitglieder; **G.n:axiome** *M* charakterist. Eigenschaften einer G.; **G.npluralismus** *m* Modell der Demokratie; **G.nreagens** *s* Nachweisreagens, mit dem sich An- o. Abwesenheit einer Stoffg. nachweisen lassen; **G.ntafel** *w* Verknüpfungstafel einer G.; **G.ntherapie** *w* gleichzeit. therapeut. Behandlung mehr. Patienten; **G.n:unterricht** *m* Aufteilung der Schulklassen in Arbeitsteams

GS ⟨ **g**eprüfte **S**icherheit

G-Schicht *w* Schicht der äuß. Erdatmosphäre

GSF ⟨ **G**esellschaft für **S**trahlen- u. Umwelt**f**orschung. – **GSSG** ⟨ **G**renz**s**chutz**s**onder**g**ruppe. – **GTE** ⟨ **G**eneral **T**elephone and **E**lectronics (Stanford, USA). – **GTZ** ⟨ **G**esellschaft für **t**echn. **Z**usammenarbeit. – **GU** ⟨ **G**rund**u**msatz

Guan|idin *s* organ. Stickstoffverbindung; **G.in** *s* Bestandteil der Nucleinsäuren; **G.o** *m* Substanzgemisch aus Vogelkot u. and. tier. Abfällen (Dünger)

Guasch → Gouache

Guide *m* (e.: *gaid*) Reiseführer

Guilloche *w* (fr.: *gijosch*) verschlung. Linienmuster (z. B. auf Geldscheinen als Fälschungsschutz)

Güldisch(-Silber) *s* Legierung von Gold u. Silber (mit geringen Beimengungen), = **Doré-Metall** *s*

Gülle *w* zum Düngen verwend. Gemisch aus Haustierkot, Jauche u. Wasser

Gully *m* (e.) Verbindungsschacht zwischen Erdoberfläche und Kanalisation

Gummi| *s* Kleb- und Bindemittel aus Pflanzensäften; *m* Vulkanisationsprodukt des → Kautschuks; **g.eren** mit trocken. Klebstoffschicht versehen, die durch Anfeuchten wirks. wird; **G.linse** *w* → Varioobjektiv; → pankratisch

Gun| *w* (am.: *gan*) ↑ Drogenspritze; **G.man** *m* (*-män*) bewaffn. Verbrecher

GUP ⟨ **g**lasfaserverstärktes **u**ngesättigtes → **P**olyesterharz

Gurdynamit *s* Mischung aus → Kieselgur u. → Nitroglycerin (wicht. Sprengstoff)

Gurt| *m* ↑ Vorrichtung zum Anschnallen; **G.(band)förderer** *m* Verbindung zw. Lagerplatz u. Fahrzeug. – **Gürtel|reifen** *m* Kfz-Reifen mit am Reifenumfang in die Gummimasse eingel. Verstärkungsg. aus Gewebe; **G.rose** *w* Virusinfektion. – **gurten** ↑ sich anschnallen

Guru *m* relig. Lehrer im Hinduismus

Guß|asphalt *m* Straßenbaumaterial; **G.eisen** *s* kohlenstoffr. Eisen, das beim Schmelzen ohne vorher. Erweichen dünnflüssig wird; **G.legierungen** *M* durch Gießen formb. Metallegierungen

Güte| *w* → aerodynamisch; **G.grad** *m* erstrebtes o. erreichtes Maß von Qualität; **G.leistung** *w* Erreichung einer vorgeschr. Qualität; **G.norm** *w* DIN- o. Werknorm, die die Qualität von Produkten (Naturerzeugnissen) festlegt; **G.r** *M* → inkommensurabel; **G.r:abwägungs:prinzip** *s* = → übergesetzl. Notstand; **G.rgemeinschaft** *w*: die Vermögen der Ehepartner werden gemeins. Vermögen; **G.rtrennung** *w*: Trennung der Vermögenswerte der Ehepartner; – **Gutschrift** *w* eingetr. Guthaben

GuV ⟨ **G**ewinn- **u**. **V**erlustkonto; **GÜV** ⟨ **G**esetz zur **Ü**berwachung strafrechtlicher u. anderer **V**erbringungsverbote. – **GV** ⟨ **G**roß**v**ieheinheit. – **GVC** ⟨ **G**esellschaft **V**erfahrenstechnik u. **C**hemieingenieurwesen. – **GWA** ⟨ **G**esellschaft **W**erbe**a**genturen

Gyro|bus *m* (KW) von rotierendem Schwungrad angetrieb. Omnibusfahrzeug; **G.meter** *s* Drehgeschwindigkeitsmesser; **G.skop** *s* Kreisel zur Untersuchung der Drehbewegungsgesetze

G 10-Gesetz *s* gesetzliche Bestimmung, die den Geheimdiensten in best. Fällen Telefon- o. Postkontrollen erlaubt

H

h ⟨ **H**ekto; ⟨ Stunde (lat. **h**ora); ⟨ Plancksches Wirkungsquantum. – **H** ⟨ **H**enry; ⟨ Wasserstoff. – **ha** ⟨ **H**ekt**a**r. – **Ha** ⟨ **Ha**hnium (Transuran)

Haager| Abkommen *s* regionaler Frequenzverteilungsvertrag (1957); **H. Konventionen** *M* Privatrechts-, Wechselabkommen; Hinterlegung gewerbl. Muster u. Modelle; Internat. Patentbüro; **H. Landkriegs:ordnung** *w* Abkommen über Durchführung von Landkriegen (1907); **H. Schiedshof** *m* Liste der verfügb. Schiedsrichter

Haar|hygrometer *s* Gerät zur Bestimmung der relat. Luftfeuchtigkeit; **H.lineal** *s* Lineal aus gehärt. Stahl mit messerart. Kante

Habeas:corpus:akte *w* e. Bürgerschutzgesetz von 1679

Haben| *s* rechte Kontoseite für Verbuchung der Gutschriften; **H.zinsen** *M* Bankvergütung für Geldeinlagen; → Passivzinsen; Ggs.: → Sollzinsen

Haber-Bosch-Verfahren *s* (d. Chemiker, 19./20. Jh.) großtechn. Verfahren zur Herstellung von Ammoniak aus Stickstoff u. Wasserstoff

Habit|at *s* (KW) Lebensraum von Tieren; Umwelt menschl. Gemeinschaften; **h.u:ell** ↑ öfter auftretend, gewohnheitsmäßig (h.u:eller Abort)

Hack:ordnung *w* Platzrangordnung bei Tieren; = → Beißordnung

Hadronen *M* Gruppe von Elementarteilchen

Hafengeld *s* Abgabe eines Schiffs im Hafen

Hafnium *s* (Hafnia = Kopenhagen = Wohnsitz von N. Bohr, 19./20. Jh.) seltenes metall. Element (⟨ *Hf*)

Haft|fähigkeit *w* ↑ H.en bitumin. Bindemittel (Teer-Bitumen) an Lockergesteinen, = **H.festigkeit** *w*; **H.kleber** *m* nicht härtendes Klebemittel; **H.ling** *m* (Kunststoff-)Zeichen o. ä., das selbst haftet; **H.pflicht** *w* Ersatzpflicht für verursachten Schaden; **H.pflichtversicherung** *w* Versicherung gegen Ersatzansprüche Dritter; **H.prüfung** *w* Überprüfung der Berechtigung eines H.befehls; **H.psychose** *w* Erregungszustände des Häftlings; **H.reibung** (besser: **Ruhereibung** *w*) *w* Kraft, die aufgewendet werden muß, um 2 aneinander ruhende Körper gleitend zu machen; **H.schalen** *M* dünne auf die Hornhaut zur Korrektur von Fehlsichtigkeit aufgesetzte Schalen; **H.ung** *w* Einstehen für eine begründ. Verpflichtung (**persönl. H.ung**: mit dem ges. Vermögen); Klebekraft der Betonstäbe am Beton; **H.vermittler** *m* Klebstoff

Hagelkorn *s* Chalazion (Liddrüsenentzündung)

Hahnium *s* (d. Chemiker, 19./20. Jh.) chem. Element (Transuran; ⟨ *Ha*)

Hakenwurmkrankheit *w* durch Darmparasit ausgel. Krankheit

Halb|acetate *M* organ. Additionsverbindungen aus einem Alkohol u. einem Aldehyd; **H.achse der Ellipse** *w* Hälfte des Durchmessers; **H.addierer** *m* Teil einer elektron. Rechenanlage; **H.antigen** *s* → Antigen; **H.automat** *m* nur mit einz. Handgriffen arbeit. Automat; **H.bild** *s* → Zeilensprungverfahren; **H.drehung** *w* Drehung um 180° (= **Punktspiegelung** *w*); **H.duplexkanal** *m* Übersetzungskanal, über den Informationen abwechs. in beiden Richtungen übertragen werden; **h.durchlässig** nur für best. Stoffe durchlässig; = → semipermeabel; **H.ebene** *w* Menge aller Punkte einer Ebene, die auf einer Seite einer Geraden der Ebene liegen; **H.erzeugnis** *s* = **H.fabrikat** *s* schon industr. bearb. Stoff, der seinen Endzustand (= Fertigfabrikat *s*) noch nicht erreicht hat; **H.finale** *s* Vorentscheidungsspiel; **H.format** *s* Bildform 18 x 24 mm; **H.gerade** *w* Menge aller Punkte einer Geraden, die auf ders. Seite eines Punktes der Geraden liegen; **H.kompaß** *m* Kursüberwachungsgerät für Luftfahrzeuge; **H.leiter** *M* Stoffe, die bei tiefen Temperaturen elektr. isolieren, bei höheren den elektr. Strom durch die Elektronenleitung fortleiten; **H.leiterventil** *s* Gleichrichter bes. Bauart; **H.metalle** *M* Gruppe von metallähnl., den elektr. Strom verhältnismäß. schlecht leitenden Elementen (Antimon–Gallium–Wismut u. a.); **h.offen** ↑ mit bedingt freiem Ausgang (h.offene Anstalt); **H.schranke** *w* nur eine Straßenseite sperrende Schranke; **H.seitenlähmung** *w* = → Hemiplegie; **H.taucher** *m* Bohrinsel auf Tanks (für 200–400 m Tiefe); **h.total** ↑ so aufgenommen, daß Personen in der Szene nur z. T. erfaßt werden; **H.wertbreite** *w* Maßzahl für die Größe des Frequenzbereichs einer Spektrallinie; **H.wertsdicke** *w* Schichtbreite eines Stoffs, die eine durchgeh. Strahlung in ihrer Intensität um die Hälfte schwächt; **H.wertszeit** *w* Zeit, in der ein Organismus von einer aufgenomm. Substanz die Hälfte abbaut (ausscheidet); Zeit, die vergeht, bis von einer best. Menge einer radioakt. Substanz die Hälfte zerfallen ist; **H.zeug** *s* = → Halbfabrikat

Halde *w* ↑ Anschüttung von Bergbauprodukten (auf H.)

Hall|-Effekt *m* (am. Physiker, 19./20. Jh.) Entstehung einer elektr. Spannung in stromführ. Leitern senkr. zur Stromrichtung bei Einwirkung eines magnet. Feldes; **H.-Spannung** *w* dabei entsteh. Spannung

Hallsteindoktrin *w* (d. Politiker, 1955) Prinzip, keine diplom. Beziehungen zu Staaten zu unterhalten, die mit der DDR diplom. Beziehungen haben

Halluzin|ation *w* (lat.) Sinnestäuschung bei bestimmten Geisteskrankheiten (Delirium tremens) nach Genuß best. Rauschgifte; → Externalisierung; **H.ogene** *M* (KW) Stoffe, die im Körper Sinnestäuschungen hervorrufen

Halo| *m* (lat.) Lichthof auf Filmen (Platten); Lichterscheinung; Kreise um Sonne o. Mond (durch Eiskristalle in der Atmosphäre); Ring um die Augen; Warzenhof; **H.-Effekt** *m* übermäß. Vereinfachung des wahrgen. Bildes; Beeinflussung aller Antworten bei Befragung durch domin. Einstellung; **H.forme** *M* Gruppe von H.genkohlenwasserstoffen; **H.gene** *M* Elemente Fluor, Chlor, Brom, Jod, Astat; **H.genide** *M* binäre Verbindungen der H.gene; **H.genierung** *w* chem. Reaktion unter Bildung eines H.genids; Einführung von H.gen:atomen in Moleküle einer organ. Verbindung; **H.genkohlenwasserstoffe** *M* organ.-chem. Verbindungen aus Kohlen-, Wasserstoff u. H.gen; **H.genlampe** *w* Glühlampe, deren Glaskolben ger. Menge eines H.gens enthält (verhindert vorzeit. Durchbrennen des Glühfadens, daher bei höh. Spannung benutzbar; daher höhere Lichtausbeute); **H.genwasserstoffe** *M* Verbindungen Fluor-, Chlor-, Brom- u. Jodwasserstoff (bilden beim Auflösen **H.genwasserstoffsäuren** *M*)

Halsey-System *s* Prämienlohnsystem (bei Unterschreitung der Vorgabezeit Prämie bis zu 50 % des ersparten Zeitlohns)

Halte|bucht *w* Ausweitung der rechten Fahrbahn zum Anh.n; **H.fahrbahn** *w* Fläche zum H.n öfftl. Verkehrsmittel außerhalb der Fahrbahn; **H.lini:e** *w*

Strich quer zur Fahrbahn, an dem bei Ampelrot gehalten werden muß; **H.stellen:insel** *w* Fahrgastfläche an einer H.stelle; **H.verbot** *s* Stelle, an der ein Kfz nicht h.n darf

Häm|angiom *s* (KW, gr.) gutartige Blutgefäßgeschwulst (z. B. → Feuermal); **H.atemesis** *w* Bluterbrechen (gefährlich!); **H.atit** *m* Roteisenstein (Eisenerz); **h.atogen** aus Blut stammend; **H.atom** *s* = → Bluterguß; **H.atorrhö** *w* = → Blutsturz; **H.aturie** *w* Blut im Urin

Hammelsprung *m* parlam. Abstimmungsart (Eintritt der Abgeordneten durch Ja-, Nein- o. Enthaltungstür)

Hammer|bohrer *m* Schlagbohrmaschine best. Bauart; **H.brecher** *m* Zerkleinerungsmaschine für grobstück. Material; **H.schlag** *m* beim Eisenglühen an der Luft entsteh. Oxidschicht

Hammond:orgel *w* (e.: *hemend-*) elektroakust. Orgel

Hämo|dialyse *w* (KW, gr.) → Blutwäsche; **extrakorporale H.dialyse** *w* künstl. Niere; **H.globin** *s* Farbstoff der roten Blutkörperchen (Sauerstoff transportierend!); **H.gramm** *s* → Blutbild; **h.lytischer Ikterus** *m* Gelbsucht (durch Zerfall der roten Blutkörperchen); **H.philie** *w* → Bluterkrankheit; **H.ptyse** *w* Bluthusten, -spucken; **H.rrhagie** *w* Blutung; **H.rrho:iden** *M* erweiterte Venengeflechte der unteren Mastdarmgegend (innere, äußere H.rrho:iden); **H.stase** *w* Blutstockung, -stillung

Hand| *w* ↑ (am.: *händ*) Längeneinheit (= 101,6 mm); **H.akte** *w* Aktenzusammenstellung für eine Sitzung; **H.bill** *s* (e.: *händ-*) H.zettel, Flugblatt

Handel| *m* zwischen Produktion u. Konsumtion vermittelnde Tätigkeit (steigende Bedeutung bei person. u. räuml. Auseinanderfallen von Produktion u. Konsumtion); **H.s:abkommen** *s* → H.svertrag; **H.sbank** *w* bes. zur H.sfinanzierung beanspr. Bank; **H.sbank für Nordeuropa** *w* = → Eurobank; **H.sbetrieb** *m* Dienstleistung zur Sicherung der Vermittlung von Produzenten u. Konsumenten; **H.sbilanz** *w* Gegenüberstellung der Warenexporte u. -importe in der Zahlungsbilanz (**aktive H.sbilanz** Exportüberschuß; **passive H.sbilanz** Importüberschuß [BRD 1971–1978: Exportüberschuß von insges. 330 Mrd.DM]); **H.sbrauch** *m* jurist. wichtige Gepflogenheiten im Geschäftsverkehr; **H.sbräuche u. Usancen** *M* (fr.: *usañßen*) im Wirtschaftsleben übliches Verhalten; **H.sfakturen** *M* H.srechnungen; **H.sflotte** *w* alle Seeschiffe einer Nation; **H.sgeschäft** *s* zum Betrieb seines H.sgewerbes gehörendes Geschäft eines Kaufmanns; **H.sgesellschaft** *w* Personenvereinigung zum Abschluß von H.sgeschäften (z. B. ⟨ OHG – KG – KGaA – GmbH – AG); **H.sgesetzbuch** *s* (⟨ *HGB;* 1897) Regelung der Rechte des Kaufmanns, seines Unternehmens, seiner Hilfspersonen usw.; **H.sgewerbe** *s* dauernd auf Erwerb ausgericht. Grundh.sgeschäft (im H.sregister eingetrag. gewerbl. Unternehmen); **H.sgewicht** *s* der Eichordnung entspr. mittelgenaues Gewicht; **H.s:hemmnis** *s* staatl. Maßnahmen zur Regelung der Außenh.sbeziehungen (Importbeschränkungen zum Schutz der Binnenwirtschaft; Regelung des Devisenabflusses; Exportrestriktionen zur Sicherung der binnenwirtsch. Versorgung); **H.skammer** *w* → Industrie- u. H.skammer; **H.skauf** *m* Kauf von Waren o. Wertpapieren im Rahmen eines H.sgeschäfts; **H.skette** *w* Weg der Ware vom Erzeuger zum Konsumenten; freiwill. Zusammenschluß selbst. Einzelhändler; **H.sklassen** *M* Klassifizierung von Gütern nach Eigenschaften; **H.sklauseln** *M* Regeln zur Festlegung der Warenqualität; **H.smakler** *m* gewerbsm. Vermittler von Waren o. Wertpapieren; **H.smarke** *w* Kennzeichnung einer Ware durch das vertreib. H.s:unternehmen; **H.s:politik** *w* alle staatl. Maßnahmen zum Binnen-, Außenhandel; **H.srecht** *s* → H.sgesetzbuch; **H.sregister** *s* öfftl. Verzeichnis aller Vollkaufleute u. H.sgesellschaften u. ihrer rechtl. Verhältnisse beim Amtsgericht; **H.srichter** *m* auf Vorschlag der IHK ernannter Laienrichter; **H.s:schule** *w* Ausbildungsstätte für Kaufleute; **H.s:spanne** *w* Differenz zw. Erzeuger- u. Verbraucherpreis (Einkaufs- u. Verkaufspreis); **H.s:statistik** *w* statist. Erfassung des ganzen (Außen-)H.s in best. Währungs-, Verrechnungseinheiten; **H.s- u. Entwicklungskonferenz der Vereinten Nationen** → UNITAT; **H.svertrag** *m* die Warenbeziehungen betr. zwischenstaatl. Vertrag; → bilateral; **H.svertreter** *m* von andern Unternehmern mit der Vermittlung u. dem Abschluß von Geschäften betrauter selbst. Kaufmann, = → Handlungs:agent; **H.swaage** *w* der Eichordnung genüg. Waage mittl. Genauigkeit; **H.swechsel** *m* Wechsel, dem ein Warengeschäft zugrunde liegt

(Ggs.: Finanzwechsel); **H.sweg** *m* Absatz einer Ware vom Erzeuger zum Verbraucher

Hand|geld *s* Anzahlung auf vereinb. Preis (Zeichen des Vertragsabschlusses); **H.kauf** *m* Zusammenfallen von Kaufvertrag u. Lieferung (z. B. bei Automaten)

Händler|analyse *w* Untersuchung des Verteilungsapparates seiner Produkte durch Produzenten; **H.befragung** *w* Ermittlung der Nachfragefaktoren u. der Konkurrenzlage; **H.geschäft** *s* Handel mit Wertpapieren unter Börsenh.n; **H.rabatt** *m* Preisnachlaß an Wiederverkäufer; **H.werbung** *w* Werbung der Produzenten beim Handel

Handlung|s:agent *m* = → Handelsvertreter; **H.sbevollmächtigter** *m* Person mit **H.svollmacht** *w* von Kaufmann erteilte Vollmacht zur Vornahme best. Geschäfte; **H.sfähigkeit** *w* Fähigkeit einer Person, Rechte (Verpflichtungen) zu begründen, verändern o. aufzuheben; **H.sforschung** *w* = → Aktionsforschung; **H.sgehilfe** *m* Angestellter zur Leistung kaufm. Dienste gegen Entgelt; **H.slehrling** *m* kaufm. Auszubildender; **H.sreisender** *m* auswärt. o. fernreisender H.sbevollmächtigter

Hand|out *s* (e.: *händ:aut*) inform. Tagungsunterlage; **H.stück** *s* Probestück aus Gesteinsschicht (Lagerstätte)

Handwerk|s:innung *w* Zusammenschluß gleicher (ähnlich.) H.szweige; **H.skammer** *w* öfftl.-rechtl. Interessenvertretung des h.l. Gewerbes (auch Regelung usw. des Ausbildungs-, Prüfungswesens); **H.skarte** *w* Bestätigung der Eintragung in die H.srolle; **H.s:ordnung** *w* gesetzl. Regelung der Organisation (Ausbildung, Prüfungen) im H.; **H.srolle** *w* Verzeichnis aller selbst. H.er bei der H.skammer

Handzeichen *s* Erheben der Hand bei Abstimmungen

Hangar *m* (pers.) Flugzeughalle

Hängebrücke *w* nachgieb. Trägersystem für gr. Spannweiten

Hangendes *s* ↑ Gebirgsschicht über einer Lagerstätte

haplo:id (gr.) mit nur einem einf. Chromosomensatz

Happening *s* (e.: *heppeniñ*) Kunstveranstaltung unter Einbeziehung des Publikums

Ha Pro *w* ⟨ **Ha**ndels- u. **Pro**duktions AG (Hamburg)

haptisch (gr.) (h.e Werbemittel) → taktil

Hard|cover *s* (e.: *-kawer*) fest eingebund. Druckerzeugnis; **h.copy** *s* (e.: *hât-*) gedruckt. Abbild dessen, was auf dem Bildschirm einer ADVA erscheint; **H. Selling** (*-iñ*) Verkaufen notfalls auch unter den Gestehungskosten; **H. stuff** (am.: *-staff*) harte Droge; **H.top** *s* abnehmbar. Kfz-Verdeck; **H.ware** *w* (e.: *-wer*) alle Geräte u. ihre Bestandteile, die zu einer ADVA gehören

Harmon|iegehör *s* Fähigkeit, h.ische Beziehungen zu erfassen; **H.isierung** *w* (KW, lat.) ↑ Abstimmung zusammenwirkender Faktoren (Maßnahmen) auf betriebl. (volkswirtsch.) Ebene zur Sicherstellung eines reibungslosen Ablaufs

Harn|ruhr *w* → Diabetes; **H.säure** *w* organ. Stickstoffverbindung (oft in Nieren-, Blasensteinen; mit dem Urin ausgeschieden); **H.stoff** *m* organ. Stickstoffverbindung (Bestandteil des H.s; ⟨ *U*; in der Leber gebildet, im H. ausgeschieden); **H.stoffharze** *M* Klasse duromerer Kunststoffe, = **H.stoff-Form:aldehyd-Harze** *M*; **H.zwang** *m* schmerzh. H.drang, = → Strangurie

härtbare Kunststoffe *M* → Duromere. – **Hart|blei** *s* antimonhalt. Bleilegierung, = **Antimonialblei** *s*; **h.e Währung** *w* frei konvertierbare, bes. stabile Währung (nicht vom Kursverfall bedroht; z. Z.: DM-Yen-Schw. Frk.). – **Härte|** *w* Widerstand, den ein fester Körper dem Eindringen eines andern entgegensetzt; Durchdringungsfähigkeit der Strahlung; → H.grad; → bleibend; **H.ausgleich** *m* finanz. Milderung soz. H.n; **H.bildner** *M* Kesselstein bild. Verbindungen der Erdalkalimetalle; **H.fonds** *m* (*-foñ*) Geldmittel für Menschen in Not; **H.grad** *m* Maßzahl für den Gehalt des Wassers an Salzen des Calciums u. Magnesiums, = → Wasserhärte; **H.paragraph** *m* Gesetz zur Vermeidung (Minderung) soz. Belastungen (Ungerechtigkeiten); **H.test** *m* Prüfung auf Haltbarkeit, Qualität, Stabilität von Handelswaren. – **Hart(faser)platte** *w* Platte aus imprägn. Holzfasern. – **Härtling** *m* Zinn-Eisenlegierung; Geländeerhebung mit widerstandsfäh. Gestein; nicht mehr reifende Traube. – **Hart|salz** *s* Gemisch aus Kochsalz, Kieserit u. Sylvin; **H.währungsland** *s* Land mit → h.er Währung

Harzburger Modell *s* Instrumentarium zur Mitarbeiterführung (bes.: Delegation von Verantwortung)

Hasch| *m* ⟨ **Hasch**isch (e.: *häsch*) Hanfdroge; **H. joint** *m* (e.: *-dscheunt*) selbstgedr. Zigarette mit H.

Häufelkunst *w* Kunstwerke aus Gegenständen des tägl. Gebrauchs. – **absolute Häufigkeit**| *w* Anzahl der Experimente mit best. Ausfall; **relative H.** *w* Quotient aus absolut. H. u. Anzahl der durchgef. Experimente; **H.sfunktion** *w* gibt zu jed. Ausfall die absol. H. an, = **H.sverteilung** *w*. – **Häufungs:punkt** *m* Punkt, in dessen belieb. kleiner Umgebung unendl. viele Punkte der Menge liegen. – **Haufwerk** *s* ungeordn. Anhäufung

Haupt|abschluß:übersicht *w* tabellar. Übersicht über die Entwicklung der Konten; **H.betrieb** *m* Betriebsteil, der unmittelbar für den Warenverkauf produziert (Ggs.: → Hilfsbetrieb); **H.buch** *s* Buch, in dem die Bewegungen der Kapital- u. Vermögenswerte erfaßt werden; **H.ebene** *w* gedachte Ebene in opt. Spiegel-, Linsensystem, deren Lage für das Abbildungsverhalten dieses Systems kennzeichn. ist; **H.gruppen** *M* ↑ Gruppen best. chem. Elemente, die im → Periodensystem untereinander stehen u. aufgrund ihrer Ähnlichkeit in chem. Verhalten u. in Zahl u. Anordnung ihrer → Außenelektronen zusammengehören; **H.niederlassung** *w* Mittelpunkt eines verzweigt. Unternehmens; **H.punkt** *m* ↑ Schnittpunkt der opt. Achse eines Systems mit der → H.ebene; **H.quantenzahl** *w* Zahl zur Kennzeichnung des Energiezustands eines Teilchens; **H.reihe** *w* Klasse von Sternen, die aufgrund best. Eigenschaften zusammengehören; **H.satz** *m* ↑ grundlegendes Naturgesetz; **1. H.satz der Wärmelehre** *m* → Energieprinzip; **2. H.satz der Wärmelehre** *m* → Entropiesatz; **H.scheitel** *m* Punkt der Ellipse mit größt. Abstand vom Mittelpunkt; Schnittpunkt der Hyperbel mit der Symmetrie:achse; **H.(scheitel)kreis** *m* Kreis um den Mittelpunkt durch die H.scheitel; **H.schluß** *m* = → Hintereinanderschaltung; **H.schlußmotor** *m* Elektromotor, bei dem Feld- u. Ankerwicklung in Reihe geschaltet sind, = → Reihenschlußmotor; **H.schnitt** *m* gedachte Ebene, in der die opt. Achse eines Abbildungssystems liegt; **H.seri:e** *w* für jedes Element charakter. Reihe von Spektrallinien; **H.speicher** *m* → Arbeitsspeicher; **H.stelle** *w* Fernsprechstelle mit Rufnummer; **H.straße** *w* Stadtstraße mit Vorfahrtsrecht; **H.verfahren** *s* eigtl. gerichtl. Urteilsverfahren; **H.versammlung** *w* ↑ höchst. Organ der AG (teilnahmeberechtigt: die Aktionäre; Aufgaben: Entlastung von Aufsichtsrat u. Vorstand, Entscheidung über Gewinnverteilung)

Haus|bank *w* ↑ Bank, mit dem ein Unternehmen bes. zusammenarbeitet; **H.besetzung** *w* widerrechtl. Inbesitznahme von über längeren Zeitraum leerstehendem Wohnraum; **H.detektiv** *m* Privatdetektiv, der Warendiebstähle verhindern (aufklären) soll; **h.eigen** dem Betrieb gehörend; **H.friedensbruch** *m* widerrechtl. Eindringen in fremde Räume u. Besitztum; **H.halt** *m* ↑ Ort des Verbrauchs; gemeins. Wirtschaftsführung (Koordinierung von Einnahmen u. Ausgaben zur Erzielung größtmögl. Wirtschaftlichkeit); Einnahmen u. Ausgaben einer öfftl. Körperschaft, = **Staatsh., Etat, Budget**; **H.halts:ausschuß** *m* parlam. Gremium zur finanzpolit. Kontrolle der Regierung; **H.haltsdefizit** *s* Fehlbetrag, wenn Ausgaben die Einnahmen übersteigen; = **Deficit Spending; H.haltsjahr** *s* Rechnungszeitraum bei öfftl. H.halten; **H.halts:plan** *m* Voranschlag von Einnahmen u. Ausgaben; **H.-H.-Verkehr** *m* Gütertransport vom – bis zum H. des Auftraggebers; **H.korrektur** *w* Ggs.: Autorenkorrektur; **H.marke** *w* Markenfabrikat einer Einzelhandelsfirma; **H.mitteilung** *w* regelm. Kundeninformation; Mitteilung von einer Betriebsabteilung an eine andere

Hauss|e *w* (fr.: *ôß*) Aufschwung (der Wirtschaft – der Börsenkurse; Ggs.: → Baisse); **H.i:er** *m* (*ôßjê*) Spekulant, der mit Kurssteigen rechnet; **h.ieren** im Kurswert steigen

Haus|verbot *s* Verweigerung des Rechts, ein Gebäude (Räume) zu betreten; **H.wirtschaft** *w* ökon. Seite des famil. H.halts; Wirtschaftsstufe, in der Güterproduktion u. Konsumtion in der häusl. Wirtschaft zusammenfallen; **H.-zu-H.-Verkehr** *m* → H.-H.-Verkehr

Haut|flecken *M* → Chloasma; **H.gift** *s* Giftstoff, der durch Berühren mit der H. wirkt, = **Berührungs-, Kontaktgift**; **H.krebs** *m* = **H.karzinom** *s* atyp. Wucherung der H. u. ihrer Anhangsgebilde; **H.pilz** *m* → Fungus; **H.plastik** *w* = **H.transplantation** *w* Deckung eines H.defekts (z. B. Verbrennung) durch (an and. Körperstelle entnomm.) H.läppchen, = **H.verpflanzung** *w*

HAV ⟨ **H**inweise für die **A**nbringung von **V**erkehrszeichen

Havanna|-Charta *w* auf der Weltwirtschaftskonferenz 1947/48 in H. geplante Organisation des Welthandels; → GATT

Hawthorne|-Effekt *m* (Chicagoer Industriewerk: *haußorn-*) Einfluß, den die Teilnahme am Experiment auf das Versuchsergebnis ausübt; **H.-Untersuchung** *w*: die soz. Beziehungen sind im Betrieb wichtiger als Lohnhöhe u. Arbeitszeit (USA, 1927/39)

H-Bombe *w* ⟨ → Wasserstoffbombe

HBV ⟨ (Gewerkschaft) **H**andel, **Ban**ken, **V**ersicherungen. – **HCH** ⟨ **He**xachlor**cy**clo**he**xon

HDO-Gerät *s* Kopfhörgerät

HD-Öl *s* ⟨ **H**eavy **d**uty (e.: *häwi djuti*) Schmieröl für hochbeanspr. Maschinenteile

HDPE ⟨ **H**igh **d**ensity **p**ohlyethylene (e, = Polyäthylen hoher Dichte). – **HDW** ⟨ **H**owal**d**s**w**erke (Hamburg, Großwerft). – **He** ⟨ **He**lium

Head|ing *s* (e.: *hädiñ*) Überschrift; **H.line** *w* (*-lain*) Schlagzeile; **H.sche Zone** *w* (e. Neurologe, 19./20. Jh.) bei best. Erkrankungen inn. Organe schmerzempfindl. Hautbezirk

Hearing *s* (e.: *hiriñ*) Anhörung von Experten u./o. Betroffenen zur Entscheidungsfindung; → Anhör-

Heavyside-Funktion *w* (e. Mathematiker: *hewißeid*) Funktion, deren Werte für pos. Zahlen 1, sonst 0 sind

Hebe|bock *m* hydr. H.vorrichtung; **H.bühne** *w* hydr. hebbare Arbeitsplattform. – **Hebelstein** *m* = → Ellipse. – **Hebe|satz** *m* von den Gemeinden jährl. festzuleg. Prozentsatz, mit dem der Steuermeßbetrag zu multiplizieren ist (zur Errechnung der Grund-, Gewerbesteuer); **H.schiff** *s* Spezialschiff zum H.n gesunk. Schiffe; **H.zeug** *s* absatzw. arb. Fördermittel für Einzellasten mit meist vertik. Förderrichtung; **H.zeugbremse** *w* Einbau in Hub-, Fahrwerken u. Dreh- u. Einziehwerken, = **Kranbremse**

Heckmotor *m* in das Fahrzeugende eingebaut. Motor

Hedgegeschäft *s* (e.: *hedsch-*) Sicherung gegen Rohstoffpreisschwankungen durch Verbindung von Kauf- u. Warentermingeschäft (z. B. im Baumwollhandel)

Hefner|kerze *w* (d. Ingenieur, 19. Jh.) alte Maßeinheit der Lichtstärke (⟨ *HK*); **H.lampe** *w* Einheits-Lichtquelle für meßtechn. Zwecke

Hefo *w* ⟨ **He**roin-**F**ern**o**st (Datei des → BKA)

Heil|anzeige *w* H.mittel, -methode für best. Krankheit; **H.blut:egel** *m* = Blutegel; **H.fasten** *s* Fastenkur; **H.fieber** *s* zum H.en fieberfreier (Nerven-)Erkrankungen erzeugt. Fieber; **H.gymnastin** *w* = → Krankengymnastin; **H.praktiker** *m* übt H.kunde an Menschen ohne ärztl. Approbation berufsm. aus; **H.schlaf** *m* Schlafkur, -therapie

Heim|arbeit *w* Produktion in der Wohnung des Arbeiters (Ggs.: Fabrikarbeit); **H.fall** *m* Rückübertragung von Gegenständen (Eigentum) an den urspr. Berechtigten; **H.orgel** *w* elektron. Hausorgel; **H.seher** *m* = → Audiovision; **H.stätte** *w* Grundstück mit Einfamilienhaus, dessen Boden Eigentum des Arbeitgebers der H.stätte bleibt

Heisenberg|(sch) → Weltformel; **H.sche Unschärferelation** *w* (d. Physiker, 20. Jh.) Naturgesetz der Atomphysik, nach dem die Sicherheit bei der Messung best. Eigenschaften eines Teilchens um so geringer ist, je genauer best. andere Eigenschaften bekannt sind

heiß| ↑ radioaktiv strahlend; **h.e Chemie** *w* → Chemie; **h.er Draht** *m* dir. Fernverbindung zw. Staatsoberhäuptern (e.: hot line, seit 1963); **h.es Geld** *s* → Hot money; **H.gas:schweißen** *s* Verfahren zum Verbinden von Kunststoffteilen; **h.laufen** bei mangelnd. Schmierung (Kühlung) durch Reibung h. werden; **H.leiter** *M* Halbleiterstoffe, deren elektr. Widerstand bei hohen Temperaturen stark absinkt; = → Thermistoren; **H.luftmotor** *m* Wärmekraftmaschine, deren Wärmeerzeugung außerhalb der Arbeitszylinder stattfindet, = **H.gasmotor** *m*; **H.wassertrichter** *m* chem. Laborgerät

Heiz|element *s* Teil der elektr. H.ung, in der Energie in Wärme umgewandelt wird; **H.kreis** *m* Hintereinanderschaltung der H.fäden aller Röhren eines Fernsehgeräts; **H.tisch** *m* h.barer Objekttisch für Mikroskope; **H.wert** *m* je kg eines Brennstoffs bei vollst. Verbrennung entsteh. Wärmemenge; = → Brennwert

Hektar:ertrag *m* durchschn. Jahresertrag eines ha in Größen des angebaut. Produkts

Hekto- (gr.) Vorsatzsilbe für das Hundertfache einer Einheit

Helaba *w* ⟨ **He**ssische **La**ndes**ba**nk

Helio|graf *m* opt. Gerät zur Sonnenbeobachtung; **H.trop** *m* mineral. Kieselsäure (Schmuckstein); **h.zentrisch** auf die Sonne als Mittelpunkt bezogen

Heliport *m* (⟨ **heli**copter + air**port**) Hubschrauberlandeplatz

Helium *s* (lat.) chem. Element aus der Gruppe der Edelgase (⟨ *He*)
Helix-Struktur *w* schraubenförm. Aufbau der Moleküle best. hochmolekul. Substanzen (Eiweißstoffe-Nucleinsäuren u. a.)
hell|er Türke *m* leichte Haschischsorte; **H.igkeitsregler** *m* Steuervorrichtung für den mittl. Strahlstrom der Bildröhre im Fernsehgerät
Helminth|en *M* → Endoparasiten; **H.iasis** *w* (KW, gr.) Wurmkrankheit
Hemeralopie *w* (gr.) Nachtblindheit
Hemi|cellulose *w* (KW, gr.) pflanzl. Kohlenhydratgemisch; **H.plegie** *w* Halbseitenlähmung; **H.sphäre** *w* ↑ → Cerebrum; Großhirnhälfte
Hemm|stoffe *M* Wachstum verlangsamende Substanzen; **H.werk** *s* Fotoverschlußvorrichtung zur Regelung der Belichtungszeiten; Sperrgetriebe
Henry| *s* (am. Physiker, 19. Jh.) Maßeinheit der Induktivität (⟨ *H*); **H.sches Gesetz** *s* (e. Physiker, 18./19. Jh.) naturgesetzl. Zshg. zw. dem Druck eines Gases u. seiner Löslichkeit in Flüssigkeiten
Heparin *s* (KW, gr.) Kohlenhydrat aus der Leber (Blutgerinnungsstoff)
Heparprobe *w* analyt. Reaktion zum Nachweis des Schwefels u. seiner Verbindungen
hepat|isch (gr.) auf die Leber bezogen, sie betreffend; **H.itis** *w* Leberentzündung
Heptan| *s* (KW, gr.) Kohlenwasserstoff aus der Reihe der Alkane mit 7 Kohlenstoffatomen im Molekül; **H.ol** *s* vom H. abgeleit. Alkohol. – **Hept|ode** *w* Elektronenröhre mit 7 Elektroden; **H.yl** *s* Atomgruppierung aus 7 Kohlen- u. 15 Wasserstoffatomen; **H.yl:alkohol** *m* = → Heptanol
Heranwachsende *M* Jugendliche zw. 18 u. 21 Jahren (jugendgerichtl. strafmündig)
Herbicide *M* chem. Unkrautbekämpfungsmittel
Herd| *m* ↑ Gerät zur Sortierung feinkörn. Mineralien; Hochofenteil für das einzuschmelz. Gut; → Fokus; Fokalinfektion; **H.frischverfahren** *s* Methode zur Stahlgewinnung aus Roheisen
hereditär (KW, lat.) erblich, vererbt
Herkunftsbezeichnung *w* Ggs.: → Gattungsbezeichnung
Hermaphrodit *m* (gr.) Zwitterbildung (Mißbildung, bei der in einem Menschen mehr o. weniger ausgeb. Merkmale beider Geschlechter vereint sind)
Hermes|-Garantie *w* von der H.-Kreditversicherungs-AG im Auftrag der Bundesregierung übernomm. Bürgschaft für Exportgeschäfte; **H.versicherung** *w* = → Ausfuhrbürgschaft
hermetisch *EW* absolut dicht
Herni:e *w* (gr.) = → Bruch (Vordringen eines Eingeweides durch schwache Stelle in der Bauchwand nach außen)
Hero|in *s* (KW, gr.) Rauschgift; **H.ismus** *m* Drogensucht
Herstell|ermarke *w* Kennzeichnung eines Produkts durch den H.er; **H.ungskosten** *M* Summe der in ein Produkt eingeh. Material- u. Fertigungskosten; **H.ungsland** *s* → Nationalisierung
Hertz| *s* (d. Physiker, 19. Jh.) Maßeinheit der Frequenz (1 Hz = 1 Schwingung je Sekunde); **H.sche Wellen** *M* künstl. elektromagn. Wellen
Herz|beutel *m* = → Perikard; **H.flimmern** *s* → Kammer-, Vorhofflimmern; **H.geräusche** *M* Schallerscheinungen neben o. an der Stelle normal. H.töne (durch H.klappenfehler, -insuffizienz); **akzidentelle H.geräusche** *M* funktionell bedingte; **H.hypertrophie** *w* Zunahme der H.muskulatur; **H.infarkt** *m* Zerstörung von H.muskelgewebe durch Verstopfung der H.kranzgefäße (= Unterbrechung der Blutversorgung), = → Myokard:infarkt; vgl. → Embolie; **H.insuffizi:enz** *w* H.(muskel)schwäche; **H.katheter** *m* Sonde für H.innenuntersuchungen; **H.-Lungenmaschine** *w* Gerät zur Ausschaltung von H. u. Lungen bei Operationen; **H.schrittmacher** *m* künstl. Anreger der H.tätigkeit, = → Schrittmacher, = **Pacemaker** *m*; **H.tod** *m* plötzl. Tod durch H.ausfall, = → Sekundenh.tod
Hessesche Normalform *w* benutzt eine Normale (= Senkrechte) zur math. Beschreibung einer Geraden
Heßsches Gesetz *s* (r. Physiker, 19. Jh.) naturges. Aussage über die bei chem. Reaktionen entsteh. Wärmemengen
Hetero|atom *s* (KW, gr.) als Ringglied in die Moleküle einer cyclisch. organ. Verbindung eingebaut. Nicht-Kohlenstoff-Atom; **h.cyclisch** aus cyclisch. Molekülen mit H.atomen bestehend; **H.cyclus** *m* h.cyclisch. Molekül; die Verbindung daraus; **h.gen** ↑ ungleichartig (Ggs.: homogen; → Reaktor; = **inhomogen**); aus mehr. versch. Phasen bestehend; **h.gene Güter** *M* ungleichart., gegeneinander konkurrier. (da in gew. Grade substituierb.) Güter; **H.kephalie** *w* Bestimmung des Verbandsleiters nach verbandsfremden Regeln; **h.loge Insemination** *w* künstl.

Befruchtung beim Menschen; **H.lyse** *w* Molekülspaltung unter Bildung entgegenges. gelad. Ionen; **h.nome Ethik** *w* autorit. Gesetzgebung; **h.polare Bindung** *w* die durch ggs. Anziehung zw. 2 elektr. entgegengesetzt gelad. Teilchenarten zustandekomm. Art der chem. Bindung; **H.sexualität** *w* auf das andere Geschlecht zielendes Geschlechtsempfinden; sex. Praxis zw. Mann u. Frau; **h.troph** auf organ. Stoffe als Nahrungsmittel angewiesen

Heu|fieber *s*, **-schnupfen** *m* durch Pollen verurs. allerg. Erkrankung bes. der Nase u. Augen, Steigerung bis zum **H.asthma** *s*

Heuslersche Legierungen *M* (d. Physiker, 19./20. Jh.) kupfer- u. manganhalt. Legierungen ohne Eisen, aber mit starkem Ferromagnetismus

Hex| *s* ⟨ Uran**hex**afluorid (Brennstoff für Kernkraftwerke; Urankonzentrat); **H.achlorcyclohexan** *s* (KW, gr.) organ. Verbindung aus Gruppe der Halogenkohlenwasserstoffe (Schädlingsvertilgungsmittel!); **H.adecan** *s* Kohlenwasserstoff aus Reihe der Alkane mit 16 Kohlenstoffatomen im Molekül; **H.adecyl** *s* davon abgeleit. Atomgruppierung; **h.a:edrisch** würfelförmig; **h.agonal** sechseckig; in sechseckigen Prismen kristallisierend; **H.amethylendiamin** *s* organ. Stickstoffverbindung (Ausgangssubstanz der Nylonfabrikation); **H.amethylen:tetramin** *s* organ. Stickstoffverbindung (Desinfektions-, Konservierungsmittel); **H.amittel** *s* Mischung von Chlorwasserstoffen (Insektenvertilgungsmittel); **H.an** *s* Kohlenwasserstoff aus der Reihe der Alkane mit 6 Kohlenstoffatomen im Molekül; **H.anol** *s* vom H.an abgeleit. Alkohol; **H.en** *s* Kohlenwasserstoff aus der Reihe der Alkene

Hexenschuß *m* → Lumbago

Hexo|de *w* (KW, gr.) 5polige Elektronenröhre; **H.gen** *s* Sprengstoff; **H.sen** *M* Gruppe von Zuckern mit 6 Sauerstoffatomen im Molekül. – **Hexyl|** *s* Atomgruppierung aus 6 Kohlen- u. 13 Wasserstoffatomen; **H.alkohol** *m* = → Hexanol

Hf ⟨ → **H**a**f**nium. – **Hf** ⟨ **H**och**f**requenz. – **HFB** ⟨ **H**amburger **F**lugzeug**b**au. – **hfl** nl. Gulden. – **Hg.** ⟨ **H**erausgeber. – **Hg** ⟨ Quecksilber (gr.: **H**ydrar**g**yrum). – **HGB** ⟨ **H**andels**g**esetz**b**uch

Hiag *w* ⟨ **Hi**lfsgemeinschaft **a**uf **G**egenseitigkeit (der Soldaten der ehemaligen Waffen-SS)

Hiatushernie *w* (KW) Zwerchfellbruch

Hibernation *w* (KW, lat.) (künstl.) Winterschlaf

hi:erarchisch → Abhängigkeit

Hi-Fi (e.: *haifai*) ⟨ **High Fi**delity

high| (e.: *hai*) durch Drogen vom normal. Bewußtsein losgelöst; **H. Fidelity** (*-fideliti*) weitgeh. naturgetr. Klangwiedergabe; die dazu verwend. elektron. Verfahren; **H.jacker** *m* (e.: *haidschecker*) Flugzeugentführer; **H.way** *m (-wä)* Autobahn, Landstraße

Hilf|sbetrieb *m* ermöglicht die Herstellung verkaufb. Produkte (z. B. durch betriebseigene Energielieferung), ohne direkt für Verkauf zu produzieren; **H.sflügel** *m* Vorrichtung zur Lenkung des Luftstroms am Flugzeugflügel; **H.skostenstelle** *w* Kostenstelle für Betriebsbereiche, die an der Fertigung nicht direkt beteiligt sind; **H.slohn** *m* Lohn, der nicht direkt für die Fertigung des Produkts verausgabt wurde; **H.smaterial** *s* = **H.s:stoffe** *M* Materialien, die in das Produkt eingehen, ohne Hauptbestandteil zu bilden (z. B. Leim)

Himbeerspat *m* rosafarb. Manganerz

Himmel|s:äquator *m* gedachte Linie, die den H.sglobus in 2 Hälften teilt, deren Mittelpunkte die H.s:pole sind; **H.sglobus** *m* kartenmäß. Darstellung der Sternorte am ganzen H. auf einer Kugeloberfläche; **H.skarte** *w* kartenmäß. Darstellung der Sternorte am H.; **H.smechanik** *w* Erforschung der Bahnen der H.skörper unter Gravitation; **H.s:pole** *M* gedachte Punkte des H.s, die genau senkrecht über dem ird. Nord- u. Südpol stehen; **H.s:schrift** *w* durch chem. Mittel erzeugt. Rauch als Schrift gegen den H. geschrieben

Hinkverhältnis *s* Verhältnis von Hell- u. Dunkelphase bei Laufbildprojektionen

hinreichender Verdacht *m* Voraussetzung zur Zulassung der Anklage u. Eröffnung des Hauptverfahrens

Hintereinanderschaltung *w* = → Reihen-, Serienschaltung; Hauptschluß; Schaltung mehr. Elemente im Stromkreis, die der Reihe nach vom Strom durchflossen werden

hinterfragen befragen, in Frage stellen

Hinter|legung *w* Übergabe einer geschuld. Sache (eines Äquivalents, an ein Amtsgericht o. ä., um sich von einer Verbindlichkeit zu befreien); **H.schneidung** *w* zur Öffnung sich verengend. Teil einer Gießform

Hinweis:ton *m* Signal einer autom. Telefonansage

hippokratischer Eid *m* (gr. Arzt) ärztl. Berufstreugelöbnis

Hirn| *s* = → Cerebrum; **H.metastase** *w* über das Blut ins Gehirn gelangte Krebstochtergeschwulst; **H.tumor** *m* Krebsgeschwulst im Schädel

Hirudin *s* Blutegel

Hist|amin *s* (KW, gr.) blutdrucksenkende organ. Verbindung; **H.idin** *s* Aminosäure im Eiweiß; **H.ochemie** *w* befaßt sich mit den Substanzen in biolog. Geweben u. Zellen; **H.ogramm** *s* bes. Form eines Diagramms; **H.ologe** *m* Gewebeforscher

historischer Materialismus *m* Auffassung, nach der sich die Menschheitsentwicklung aufgrund der Entwicklung der Produktionskräfte u. -verhältnisse u. ihrer Widersprüchlichkeit vollzieht (Marx, Engels; → dialektischer Materialismus)

Hitchhike| *s* (am.: *hitschhaik*) an die Sendung angehängte Werbung; **h.n** als Anhalter reisen

Hitz|draht:instrument *s* Strommeßgerät für Gleich- u. Wechselstrom; **H.emauer** *w* starke Aufheizung der Flugzeugaußenhaut durch Reibungswärme bei sehr hohen Fluggeschwindigkeiten; → Wärmemauer; **H.eschild** *m* Vorrichtung zur Ableitung der Reibungsdichte beim Eintauchen von Raumflugkörpern in die Atmosphäre durch → Ablationskühlung (e.: heat shield)

H. K. ⟨ → **H**efner**k**erze. – **HMB** 1954 ⟨ **H**inweise für Anordnung u. Ausführung von Fahrbahn**m**arkierungen auf **B**undesfernstraßen

H-Milch *w* ⟨ durch Ultrahocherhitzen haltbare **Milch**

Ho ⟨ → **Ho**lmium; ⟨ **H**andels**o**rganisation (DDR)

Hobbock *s* (e. Firma) Gefäß aus Eisenblech als Verpackung

Hoch|antenne *w* Antenne über dem Hausdach; **h.beansprucht** dem Verschleiß bes. ausgesetzt; **H.flußreaktor** *m* Kernreaktor für Forschungen mit hoher Neutronenflußdichte; **H.frequenztitration** *w* elektrochem. Analysenverfahren; **H.frequenzwechselstrom** *m* Wechselstrom, der seine Richtung sehr rasch (mit mind. 10000 Hz) ändert; **H.frequenzspektroskopie** *w* Verfahren zur Erforschung des Aufbaus von Atomen u. Molekülen mit der von ihnen ausgesandten langwell. elektromagn. Strahlung (Wellenlänge mind. 0,4 mm); **H.haus** *s* Gebäude, bei dem der Fußboden wenigstens eines Aufenthaltsraums mehr als 22 m über dem Gelände liegt; **H.konjunktur** *w* → Konjunktur; **H.lauf** *m* = → Dachrutsche; **H.löffelbagger** *m* Maschine für Erdarbeiten; **h.molekular** mit hohem Molekulargewicht; **H.paß** *m* elektron. Schaltungselement, das Wechselströme oberh. einer best. Grenzfrequenz durchläßt (die mit gering. Frequenz nicht); **H.polymere** *M* Stoffe, die durch Polymerisation herstellb. sind u. aus Makromolekülen bestehen; **H.-rechnung** *w* Vorhersage der Häufigkeitsverteilung aus Stichproben mit Mitteln der Wahrscheinlichkeitslehre; **h.rein** mit sehr geringfüg. Verschmutzungen (h.e Metalle). – **Höchstmengenverordnung** *w* behördl. Vorschrift über die zugelass. Höchstmengen best. Fremdstoffe in Lebensmitteln. – **Hochstraße** *w* Straße auf Brückentragwerk. – **Höchstzahlverfahren** *s* → d'Hondt. – **Hoch|temperaturreaktor** *m* Kernreaktor mit so hoher Betriebstemperatur, daß zum Aufbau der Spaltzone bes. hitzebeständ. Werkstoffe benutzt werden müssen (*HTR*); **H.vakuum** *s* Vakuum mit einem Restgasdruck von weniger als 10^{-8} bar; **H.zins:politik** *w* Kreditverteuerung (zur Bremsung der Nachfrage). – **Höchstpreis** *m* staatl. festgesetzte obere Preisgrenze eines Gutes

Hodgkinsche Krankheit *w* (e. Arzt, 19. Jh.) bösartige Schwellung der Lymphknoten, meist zum Tode führend

Hodometer *s* (KW, gr.) = → Schrittmesser

Höhe *w* → absolut. – **Hohe Behörde** *w* Exekutivorgan der Montanunion, EG u. Euratom. – **Hoheitsbetrieb** *m* öfftl.-rechtl. Betrieb zur Ausübung der öfftl. Gewalt u. Erstellung von Leistungen. – **Höhen|atemmaske** *w* Schutz gegen Sauerstoffmangel in Höhen über 5000 m; **H.atmer** *m* = → Atemgerät; **H.flosse** *w* feststeh. Teil des H.leitwerks; **barometrische H.formel** *w* naturges. Zshg. zw. Höhe u. dem dort herrsch. Luftdruck; **H.koten** *M* Angaben über die Höhe von Geländeerhebungen im Sandkasten; **H.lini:e** *w* = → Isohyse; **H.strahlung** *w* energiereiche Strahlung aus dem Weltall, die von der ob. Atmosphäre absorbiert wird, = → Ultrastrahlung. – **höhere| Gewalt** *w* nicht beeinflußb., nicht vorhersehb., nicht abwendb. Ereignis (Aussicht auf Schadensersatzleistungen!); **h. Programmiersprache** *w* problemorientierte → Programmiersprache

Hohl|ladung *w* punktförm. wirk. Sprengladung; **H.maße** *M* Maßeinheiten für

Volumen von Flüssigkeiten u. Schüttgütern; die zum Messen dieses Volumens best. Geräte; **H.raumstrahlung** *w* die aus erhitztem H.raum durch kleines Loch entweich. elektromagn. Strahlung; **H.sog** *m* = → Kavitation; **H.stahl** *m* → Drechslerröhre; **H.vene** *w* große herznahe Vene

Holding| Company e. = **H.-Gesellschaft** *w* = → Dachgesellschaft (besitzt Kapitalanteile anderer Unternehmen u. übt damit auf sie Einfluß aus)

Höllenstein *m* = → Silbernitrat

Hollerith|maschine *w* (d. Erfinder, 19./20. Jh.) Lochkartenmaschine; **H.verfahren** *s* maschin. Auszähl-, Sortierverfahren aufgrund von Lochkarten

Holmium *s* chem. Element aus der Gruppe der Seltenerdmetalle (⟨ *Ho*)

Holo|grafie *w* (KW, gr.) Verfahren zur Herstellung räuml. Abbildungen mit Laserstrahlen; **H.gramm** *s* Abbildung durch H.grafie; **h.kristallin** ganz aus Kristallen bestehend; **H.zän** *s* geolog. Gegenwart

Hol|schuld *w* Erfüllungsort ist Wohn-, Geschäftsort des Schuldners

Holz|essig *m* unreine Essigsäure für industr. Zwecke (aus therm. Zersetzung von H.); **H.gummi** *m* = → Xylan; **H.verzuckerung** *w* Verfahren zur Zukkerherstellung aus H.zellulose; **H.zement** *m* Steinkohlenteer mit Schwefel u. Kolophonium, = **flüssiges H.** *s*

Homo|erotik *w* (KW) Homosexualität; **H.gamie** *w* = → Ähnlichkeitswahl; **h.gen** in allen Teilen gleichartig; aus nur einer Phase bestehend (Ggs.: → heterogen); → Reaktor; **h.genes lineares Gleichungssystem** *s* enthält als → Konstanten nur Nullen; **h.genisieren** innig vermengen; h.gen machen; **H.genität** *w* = → Dispersion; **H.genreaktor** *m* Kernreaktor, dessen Spaltzone aus h.genem Material besteht; **h.graph** buchstaben-, aber nicht bedeutungsgleich; **h.log** chem. nahe verwandt; **h.loge Insemination** *w* Befruchtung mit dem Samen des Gatten; **h.logierte Wagen** *M* Fahrzeuge, die 1 Jahr hindurch in Serie hergestellt werden; **H.lyse** *w* Molekülspaltung in 2 gleichart. o. chem. ähnliche ungelad. Bruchstücke; **H.morphismus** *m* Abbildung von einer math. Struktur auf eine andere

Homöo|morphismus *m* (KW) Übereinstimmung im Kristallbau; **H.pathie** *w* Heilverfahren mit niedrigen Dosen von Heilmitteln, die in höherer Dosierung bei Gesunden ähnl. Krankheitserscheinungen hervorrufen; Ggs.: → Allopathie; **h.polar** gleichpolig; **h.polare Bindung** *w* → Atombindung

homo|phil (KW) h.sexuell; **H.polymere** *M* Stoffe, die durch Polymerisation aus nur einer Grundmolekülsorte entstehen, = **H.polymerisate** *M*; **H.seiste** *w* Linie gleichzeit. Erdbeben; **H.sphäre** *w* untere Erdatmosphäre; **H.transplantation** *w* Übertragung eigenen Gewebes

honen (e.) feinschleifen, = → ziehschleifen

Hongkong Rocks *M* Heroinsorte

Honigstein *m* = → Mellith

honorieren (lat.) ↑ Wechsel einlösen

Hookesches Gesetz *s* (e. Physiker, 17. Jh.) naturges. Zshg. zw. elast. Verformung u. Belastung eines Körpers

Hopperbagger *m* (e.) seegeh. Saugbagger mit eig. Fahrantrieb

Hörbereich *m* Frequenzbereich der hörb. Töne

Hordenin *s* blutdrucksteig. → Alkaloid aus Kakteen

Hör|brille *w* H.gerät im Brillenbügel; **H.er:forschung** *w* Untersuchung der Zusammensetzung der Rundfunkhörer; **H.gerät** *s* akust. elektron. Übertragungssystems zur Umwandlung eines vorgegeb. Eingangs- in höh. Ausgangsschalldruckpegel, = **H.hilfe** *w*

horizont|al ↑ → Arbeitsteilung; **h.ale Mobilität** *w* Berufswechsel auf gleicher Statusebene; **h.aler Einfluß** *m* Einfluß auf Meinungsbildung anderer der gleichen Gesellschaftsschicht; **h.aler Unternehmenszusammenschluß** *m* Zusammenschluß von Unternehmen auf gleicher Produktionsstufe (Ggs.: → vertikal), = **H.alkonzern** *m*; **H.kamera** *w* Fotogerät für Rundsichtaufnahmen

Hörkapsel *w* = → Fernhörer

Hormone *M* (gr.) körpereigene Wirkstoffe (beeinflussen fast alle Körperfunktionen)

Horn|antenne *w* Richtantenne für kurze Radiowellen; **H.back** *s*, *m* (e.: *-bäk*) verhornter Krokodilhautrücken; **H.-blenden** *M* Gruppe kieselsäurehalt. Mineralien

Horner-Schema *s* Verfahren zur Berechnung von Funktionsweiten, → ganzrationalen Funktionen

Horn|silber *s* mineral. → Silberchlorid; **H.stoff** *m* = → Keratin

Hör|samkeit *w* = Akustik; **H.schall** *m* alle Luftschwingungen im H.bereich (Ggs.: Ultra-, Infraschall); **H.schwelle** *w* Schalldruck, bei dem noch Höremp-findung hervorgerufen wird

Horse *s* (e.: *höß*) Heroin

Horsepower| *s* (e.: *horß pauer*) ags. Maßeinheit der Leistung; **H.hour** *s* e. Einheit für mechan. Arbeit (1 h. p. hr. = 1,0139 PS/h); jetzt: → kW

Hörsturz *m* plötzl. ganze o. teilw. Hörunfähigkeit

Hospit|alismus *m* (KW) durch Krankenhausaufenthalt (bes. bei Kleinstkindern) bewirkte körperl. o. seel. Veränderungen; Krankheitsübertragung im Krankenhaus; → Deprivationssyndrom; **H.alschiff** *s* leicht in ein schwimm. Krankenhaus umzubauendes Fahrgast-, Frachtschiff; **H.esse** *w* als Krankenschwester u. Sozialarbeiterin ausgeb. Krankenbetreuerin

Hosteß *w* (e.) Gäste-, Fluggastbetreuerin

Hot| money *s* (e.: *hat manî*) zirkulier., auf Veränderungen der Währungsparitäten spekul. Kapital; **H.spot** *s* Lichtverteilung auf Bildwand mit sehr heller Bildmitte

House-to-House-Selling *s* (*haustuhaus sellin̄*) Direktverkauf durch Vertreter an Verbraucher

Hovercraft *s* (e.: *hower:krâft*) Luftkissen-, Schwebefahrzeug

h.p ⟨ **H**orse **p**ower; **h.p.hr.** ⟨ **H**orse-**p**ower-**h**ou**r**. – **HR** ⟨ **H**ess. **R**undfunk; ⟨ **H**andels**r**egister. – **HRG** ⟨ **H**ochschul**r**ahmen**g**esetz. – **HTR** ⟨ = → **H**och**t**emperatur**r**eaktor

Hub| *m* Entfernung zw. den beiden Endpunkten der Bahn eines hin- u. hergeh. Maschinenteils; **H.kolbenmaschine** *w* Motor o. Pumpe mit hin- u. herübergeh. Kolben; **H.magnet** *m* Elektromagnet zum Fördern von Eisenteilen; **H.raumsteuer** *w* nach der Motorleistung berechn. Kfz-Steuer; **H.stapler** *m* Karren mit mechan. heb- u. senkbarer Ladefläche, = **Absetzwagen; H.verhältnis** *s* H. geteilt durch Zylinderdurchmesser (bei H.kolbenmaschinen); **H.volumen** *s* H. mal Zylinderquerschnitt (bei H.kolbenmaschinen)

Huckepack|fahrzeug *s* Flach-, Tiefladewagen zur Beförderung von Straßenfahrzeugen über weite Strecken; **H.satellit** *m* Forschungssatellit, von größ. Satelliten in Erdumlaufbahn gebracht

Hülle *w* ↑ = → Atomhülle

Human| capital *s* (e.: *hjûmen käpitl*) Teil der Ausgaben für Erziehung u. Ausbildung (beeinfluss. Faktor für Wirtschaftswachstum!); **H. engineering** (e.: *-endsehinîrin̄*) Anpassung der techn. Arbeitsbedingungen an den Arbeitenden; Manipulation am Menschen u. seinem Erbgut; **H.genetik** *w* (KW) Erforschung der Vererbbarkeit menschl. Eigenschaften (Merkmale); **H. inventory** *w* (am.: *-inwentri*) Persönlichkeitsbewertung aller Firmenmanager; **H.isierung der Arbeitswelt** *w* humanere Gestaltung des Arbeitsplatzes (Produktionsprozesses); **H.ökologie** *w* (KW) Lehre von den Wechselwirkungen zw. Mensch u. Umwelt; **H. relations** *M* (e.: *jumen rileischen*) soz., zwischenmenschl. Beziehungen u. ihr Einfluß auf die Betriebsleistung

humid (lat.) ↑ klimat. feucht

Huminsäuren *M* Gruppe organ. Substanzen, die im Humus durch Abbau pflanzl. Stoffe entstehen

Hundebandwurm *m* = → Echinokokkose

Hundredweight *s* (e.: *handredweit*) ags. Gewichts-, Masseneinheit (⟨ *cwt*; 1 cwt = 50,802 kg)

Hunger|ödem *s* durch unzureich. Kost verurs. Gewebewassersucht; **H.streik** *m* Nahrungsverweigerung von Häftlingen zur Erzwingung best. Ziele

Hütten|koks *m* Koks für Hochöfen; **H.kunde** *w* Lehre von den Erzen u. ihrer Verarbeitung zu Metallen; **H.rauch** *m* Abgas aus metallurg. Öfen

Huygenssches Prinzip *s* (nl. Physiker, 17. Jh.: *heu-*) auf der Wellenlänge des Lichts aufbau. Theorie von seiner Ausbreitung

HV ⟨ **H**aupt**v**ersammlung. – **HV-Verbindung** ⟨ **h**ochfeste **v**orgespannte Schrauben**verbindung**. – **HWF** ⟨ **H**öh. **W**irtschafts**f**achschule. – **HWWA** ⟨ **H**amburg. **W**elt**w**irtschafts**a**rchiv

Hybrid|isation *w* (KW, gr.) Angleichung des Energie:inhalts mehr. Elektronen im Atom (Molekül), = **H.isierung** *w*; **H.rechner** *m* DVA, die als Analog- u. Digitalrechner arbeiten kann

Hydrat|ation *w* (KW, gr.) chem. Reaktion unter Bildung von H.en; **H.ationswärme** *w* die dabei entsteh. → Reaktionswärme; **H.e** *M* → Additionsverbindungen des Wassers; **H.isierung** *w* = H.ation. – **Hydraul|ik** *w* Lehre von den eindimens. Flüssigkeitsströmungen (in engen Rohren o. ä.); durch Flüssigkeitsdruck betrieb. Teil einer Maschineneinrichtung; **h.isch** durch Flüssigkeitsdruck betätigt; **h.ischer Modul** *m* Kennzahl zur Charakterisierung der Zusammensetzung von Zement. – **Hydraz|in** *s* flüss. bas. Verbindung aus Stick- u. Wasserstoff; **H.iniumsalze** *M* Neutralisationsprodukte aus H.in u. Säuren; **H.overbindungen** *M* Gruppe organ. Stickstoffverbindungen (herstellb. durch Hydrieren von → Azoverbindungen); **H.one** *M* Gruppe organ. Stickstoffverbindungen (herstellb. durch Reaktion von Ketonen mit H.in). – **Hydr|ide** *M* binäre Verbindungen des Wasserstoffs; **h.ieren** Kohle verflüssigen; **H.ierung** *w* chem. Reaktion unter Einführung von Wasserstoffatomen in die Moleküle einer chem. Verbindung. – **Hydro|-** Vorsilbe zur Kennzeichnung von Verbindungen mit erhöhtem Wasser(stoff)gehalt; **h.aromatisch** zu den Cycloparaffinen gehörend; **H.biologie** *w* Lehre vom Leben im Wasser; **H.chinon** *s* organ. Sauerstoffverbindung aus der Gruppe der → Phenole (fotograf. Entwickler); **H.dynamik** *w* Lehre von den Bewegungen u. Kräften in bewegten Flüssigkeiten; **H. forming** *s* (e.) Verfahren zur Gewinnung von Aromaten aus Erdöl; **H.gen:per:oxid** *s* = Wasserstoffsuperoxid; **H.gensalze** *M* durch unvollst. Neutralisation von Säuren erhältl. („saure") Salze; **H.geologie** *w* Grundwasserkunde; **H.grafie** *w* Lehre vom Verhalten der Gewässer auf der Erde; **H.lasen** *M* die H.lyse im Organismus steuernde Enzyme; **H.logie** *w* Lehre von den Wasservorräten der Erde; **H.lyse** *w* chem. Reaktion mit Wasser unter Molekülspaltung; **H.meteore** *M* alle Witterungserscheinungen unter Entstehung von flüss. o. gefror. Wasser (Regen–Schnee–Reif–Nebel–Hagel usw.); **H.metrie** *w* Durchflußmessung in Strömungen; **H.nalium** *s* seewasserfeste Aluminium-Magnesium-Legierung; **H.nephrose** *w* Wassersackniere (chron. Nierenkrankheit); **H.path** *m* Wasserheilkundiger; **H.peroxide** *M* vom Wasserstoffperoxid abgeleitete organ. Verbindungsklasse; **h.phil** mit Wasser verträglich; **h.phob** mit Wasser unverträglich; **H.phobie** *w* Wasserscheu (Tollwutsymptom!); **H.ponik** *w* Wasserkultur von Pflanzen; **H.sol** *s* kolloid. Lösung im Wasser; **H.sphäre** *w* alles Wasser in allen Aggregatzuständen auf u. über der Erdoberfläche; **H.statik** *w* Lehre vom Gleichgewicht ruhender Flüssigkeiten; **h.thermal** bei hoher Temperatur unter Druck in wäßr. Lösung ablaufend; **H.xide** *M* Substanzen, deren Moleküle die Atomgruppe – OH enthalten; Substanzen, deren Moleküle aus Metallatom o. metallanaloger Gruppe u. daran gebund. –OH bestehen; **H.xid-Ion** *s* die einf. negat. gelad. Gruppe OH^-; **H.xyl** *s* aus 1 Sauer- u. 1 Wasserstoffatom bestehende ungelad. Atomgruppe; **H.xyl:amin** *s* Stickstoffverbindung; **H.xyl:apatit** *m* phosphorhalt. Mineral; **H.xysalze** *M* durch unvollst. Neutralisation von Basen erhältl. („basische") Salze

Hyetometer *s* (KW, gr.) Regenmesser

Hygro|meter *s* (KW, gr.) Gerät zur Bestimmung des Feuchtigkeitsgehalts von Luft u. Gasen; **H.metrie** *w* Feuchtigkeitsmessung; → Feuchtigkeitsmesser; **h.skopisch** wasseranziehend; **H.stat** *m* Gerät zum Konstanthalten der Luftfeuchtigkeit

Hyoscyamin *s* → Alkaloid aus Bilsenkraut

Hyper|ämie *w* (KW, gr.) starke Blutansammlung in einem Körperteil; **H.ästhesie** *w* Überempfindlichkeit (der Haut bei Berührungen); **H.azidität** *w* → Superazidität; **H.ebene** *w* Punktmenge („Ebene") in einem Raum mit mehr als 3 Dimensionen; **H.emesis** *w* starkes Erbrechen; **H.feinstruktur** *w* geringfüg. Aufspaltung der Spektrallinien in Spektren der Atome (durch Einfluß der Atomkerne auf Elektronenhülle); **H.filtration** *w* Verfahren zur Reinigung von Flüssigkeiten durch Hindurchpressen durch feinstpor. Membranen; **H.glykämie** *w* übernormale Zuckerkonzentration im Blutserum (→ Diabetes); **H.gole** *M* Substanzpaare, die sich entzünden, wenn ihre Komponenten mitein. vermischt werden (Raketentreibstoffe!); **H.inflation** *w* sehr schnelle Geldentwertung; **H.(metr)opie** *w* Weitsichtigkeit; **H.mnesie** *w* (KW, gr.) gesteig. Erinnerungsvermögen für weit zurücklieg. Ereignisse; **H.onen** *M* Elementarteilchen, deren Masse größer als die des Protons ist; **H.schall** *m* Ultraschall im Frequenzbereich oberhalb einer Milliarde Hz; **H.schallgeschwindigkeit** *w* Geschwindigkeit über 5 → Mach; **H.sensibilisierung** *w* starke Empfindlichkeitssteigerung fotograf. Schichten durch Einwirkung best. Chemikalien o. durch Vorbelichtung; **H.tension** *w* erhöhter Blutdruck; **H.thyreose** *w* Überfunktion der vergröß. Schilddrüse; **H.tonie** *w* Bluthochdruck (erhöht. Strömungswiderstand durch verengte Gefäße o. zähflüssig. Blut); **h.troph** überernährt.; **H.trophie** *w* Vergrößerung eines Körperorgans durch Vergrößerung seiner einz. Zellen

Hypno|manie *w* (KW, gr.) Schlafsucht aus Fluchtpanik; **H.pädie** *w* (KW, gr.) = → Schlaflernmethode

Hypo|bromite *M* (KW, gr.) Salze der → unterbrom. Säure; **H.chlorite** *M* Salze der → unterchlor. Säure; **H.glykämie** *w* zu niedr. Blutzuckerspiegel; **H.manie** *w* leichte, mit best. Persönlichkeitstests meßb. Psychose; **H.phosphite** *M* Salze der → unterphosphor. Säure; **H.physe** *w* Hirnanhangdrüse (wichtig für Hormonhaushalt des Körpers!); **H.plasie** *w* Unterentwicklung; **H.somie** *w* Kleinwuchs; **H.taxie** *w* (KW, gr.) mittlerer Schlaf als Hypnoseperiode; **H.thek** *w* Pfandrecht an Grundstück als Sicherung der Gläubigerforderung; → annuitär; **H.thekenbrief** *m* Urkunde über die H.thek; **H.thermie** *w* = → Unterkühlung; **H.thyreose** *w* Unterfunktion der Schilddrüse; **H.xanthin** *s* Nucleinbase; **H.xie** *w* Sauerstoffmangel in Körpergeweben

Hypsometer *s* (gr.) Höhenthermometer zur Ermittlung der Siedetemp. von Wasser (dadurch Luftdruck- und Ortshöhenbestimmung)

Hyster|ektomie *w* (KW, gr.) operat. Entfernung der Gebärmutter ohne Eierstöcke; **H.ese** *w* Verzögerung des Eintritts einer Wirkung gegenüber der Ursache (z. B. Verformung ⟷ Belastung; Magnetisierung ⟷ Feldstärke); **H.ie** *w* psych. bed. abnorme Verhaltensweise (unscharfes Krankheitsbild!)

Hz ⟨ → **Hertz**

I

IA ⟨ **I**ntelligenz**a**lter; **i. A.** ⟨ **i**m **A**uftrag. – **IAEA** ⟨ **I**nternat. **A**tomic **E**nergy **A**gency (Internat. Atomenergiebehörde) = **IAEO** ⟨ **I**nternat. **A**tomenergie**o**rganisation. – **IAF** ⟨ **I**nteressengemeinsch. d. mit **A**usländern verheirat. **F**rauen. – **IATA** ⟨ **I**nternational **A**ir **T**ransport **A**ssociation (e.) = Internationale Vereinigung für Lufttransporte. – **IAU** ⟨ **I**nstitut für **a**tmospärische **U**mweltforschung. – **I-Ausweis** *m* ⟨ **I**dentitäts**ausweis**. – **IBM** (e. ⟨ **I**nternational **B**usiness **M**achines Corporation = Firmenname des ältesten Computerherstellers). – **IBN** ⟨ **I**nstitut **B**elge de **N**ormalisation. – **IBRD** ⟨ **I**ntern. **B**ank für Wiederaufbau u. Entwicklung (e.: **R**econstruction and **D**evelopment); = → Weltbank. – **IC** ⟨ **i**ntegrated **c**ircuit (e.) = integrierter Schaltkreis; ⟨ **I**nter**c**ity (DB). – **ICA** ⟨ **I**nternat. **C**ooperation **A**dministration. – **ICAO** ⟨ **I**nternational **C**ivil **A**viation **O**rganisation (Montreal). – **ICC** ⟨ **I**nternational **C**hamber of **C**ommerce (Internationale Handelskammer); ⟨ (Berliner) **I**nternat. **C**ongreß**c**entrum

Ich|beteiligung *w* Teilnahme am Umweltgeschehen; **i.gerecht** mit der Integrität des I.s vereinbar, = **i.synton**

Ichthyol *s* (gr., KW) Ölschieferöl (antisept. Wirkung)

I.C.R. ⟨ **I**nterk(**c**)ostal**r**aum, Zwischenrippenraum. – **ICRP** e.: ⟨ **I**ntern. **C**ommission on **R**adiological **P**rotection, = Intern. Kommission für Strahlenschutz. – **IDA** ⟨ **I**ntern. **D**evelopment **A**ssociation (Intern. Entwicklungsgesellschaft)

ideal|es Gas *s* Gas, bei dem sich die Zusammenhänge zw. Druck, Temperatur u. Volumen exakt durch das i.e → Gasgesetz beschreiben lassen; **I.gitter** *s* Kristallgitter ohne Fehlstellen; **I.istenföderation** *w* = → Graue Wölfe; **I.konkurrenz** *w* gegen mehrere Gesetze verstoßende Straftat (Ggs.: → Tatmehrheit, Realkonkurrenz); **I.lini:e** *w* Spur, auf der mit größter Geschwindigkeit gefahren werden kann; **I.zyklone** *w* Modellvorstellung vom Aufbau eines Tiefdruckgebiets kurz nach Entstehung

Identi|fikation *w* (lat.) ↑ Finden eines Begriffs im Computerspeicher; **I.fikationsgruppe** *w* = → Bezugsgruppe; **I.fizierer** *m* Gerät zur Feststellung eines sprech. Fernsprechteilnehmers; **i.sche Abbildung = i.sche Funktion** *w* = **I.tät** *w* ↑ Abbildung, die jedes Element auf sich abbildet; **I.tätsdiffusion** *w* = **I.tätskrise** *w* Unsicherheit in der Beurteilung der eig. Existenz; **I.täts:papiere** *M* Personalausweise; **I.tätsverlust** *m* Verlust des Selbstbildes (Wissen um sich selbst)

Ideo|gramm *s* (KW) Begriffszeichen; **I.logie** *w* polit. best. Weltanschauung mit polit. Leitfunktion; **I.logiekongreß** *m* kommunist. Weltversammlung

IDI = → IMI (⟨ **i**mmunologically **d**etectable **i**nsulin)

Idio|grammm *s* (gr., KW) graf. Darstellung eines Chromosomensatzes; **I.lekt** *m* Sprache einer Person; **i.pathisch** unabhängig entstanden; **I.synkrasie** *w* ↑ Überempfindlichkeit gegenüber best. Stoffen (durch Enzymmangel); **I.typus** *m* das ganze Erbgut (in der Eizelle)

Ido *s* (⟨ **id**iomo **d**i **o**mmi) Welthilfssprache

Idose *w* zu den → Hexosen zählender Zucker

IE ⟨ **I**nternationale (Maß-)**E**inheit. – **IEC** ⟨ **I**nternat. **E**lectrotechnical **C**ommission. – **i. Fa.** ⟨ **i**n **F**irm**a**. – **IFAK** ⟨ Institut für Absatzforschung (Wiesbaden)

If-Anweisung *w* (e.: if = falls) → Befehl, der → Schleife einleitet (→ BASIC)

IFC ⟨ **I**ntern. **F**inance **C**orporation. – **IFO** ⟨ **I**nstitut für Wirtschafts**fo**rschung (München), = **Ifo**. – **IFS** ⟨ **I**nstitut zur **F**örderung und Ausbildung des **S**chriftstellernachwuchses. – **IG** ⟨ **I**ndustrie**g**ewerkschaft; ⟨ **I**nteressen**g**emeinschaft

Igelit *m* Kunststoff (für Rohre, Bodenbeläge, Elektroinstallation usw.)

Ignitron *s* durch eine Hilfselektrode gesteuerte Gesamtladungsröhre

IHB ⟨ **I**nvestitions- u. **H**andels**b**ank (Frankfurt). – **IHK** ⟨ **I**ndustrie- und **H**andels**k**ammer. – **IK** ⟨ **I**nternationale **K**erze (Maßeinheit der Lichtstärke)

Ikaroskop *s* (KW) opt. Instrument zur Kontrastminderung

Ikebana *s* (jap.) Kunst des Blumensteckens

Iko|nometer *s* (KW) = → Eikometer; **I.noskop** *s* Bildaufnahmeröhre für Fernsehübertragungen; **I.sa:eder** *m* regelm. begr. Körper mit 20 Flächen

IKRK ⟨ **I**nternat. **K**omitee vom **R**oten **K**reuz

Ikterus *m* (gr.) → Gelbsucht; → hämolytisch

i. L. ⟨ **i**n → **L**iquidation

Ile|itis *w* (KW, lat.) Entzündung des unt. Dünndarms; **I.um** *s* Krummdarm (unt. Dünndarm); **I.us** *m* Darmverschluß

illimitiert (lat.) unbegrenzt

Illiquidität *w* (lat.) Zahlungsunfähigkeit, Mangel an flüssigen Mitteln (Ggs.: Liquidität)

ILO ⟨ **I**nternational **L**abour **O**rganization. – **ILS** ⟨ **I**nstrumenten-**L**ande-**S**ystem

Image| *s* (e.: *imitsch*) Vorstellung, die man von einer Person (Gruppe, Sache) hat (haben soll; sich ein I. geben); Ansehen, das eine Firma (Person, ein Produkt) hat (I. haben); **I.orthikon** *s* speichernde Fernsehaufnahmeröhre

Imam *m* (ar.) Vorbeter beim moslem. Gebet

Imbezillität *w* (lat.) mittl. Grad des Schwachsinns

Imbibition *w* (KW, lat.) Aufnahme von Flüssigkeit in Hohlraum

IMF ⟨ **I**ntern. **M**onetary **F**und (= IWF). – **IMI** ⟨ **i**mmunologically **m**easurable **i**nsulin

Imidazol *s* (KW) org. Stickstoffverbindung

immateri:ell|es Vermögen *s* Ggs.: → Sachanlagevermögen; **i.e Werte** *M* (lat. - fr.) körperl. nicht faßb. Vermögenswerte

Immersion *w* (lat.) Einbettung

Immission| *w* (lat.) Einwirkung auf ein Grundstück vom Nachbargrundstück aus; Abgabe luftverunrein. Stoffe; **I.sbelastung** *w* Beeinträchtigung der Umwelt durch I.en; **I.sgrenzwert** *m* höchstzuläss. I.sbelastung; **I.s:schutz** *m* Schutz gegen gefährl. (lästige) I.en (BRD: Bundesi.sgesetz *s* = **I.sgesetz** *s* Grundlage zur einheitl. Bekämpfung der Umweltverschmutzung, 1974); → Umweltschutz

Immobil|iarkredit *m* Kredit, durch I.ien abgesichert; **I.i:en** *M* nicht bewegl. Sachen (Grundstück); **I.i:enfonds** *m* (*-foñ*) I.ien als Grundlage des Fondsvermögens (Anlegerrechte durch Anteilscheine); **I.i:enmakler** *m* wer Grundstücke (Gebäude, Hypotheken) makelt (Zivilmakler); **I.i:enversicherung** *w* Gebäudeversicherung; **i.isieren** ruhigstellen (z. B. mit Schiene bei Knochenbruch)

Immun|ität *w* (lat.) erworb. Unempfindlichkeit gegen Infektionen (Gifte); verfassungsrechtl. Schutz vor Strafverfolgung; **I.körper** *m* = → Antikörper; **i.ologische Barri:ere** *w* → Transplantation; **I.reaktion** *w* Abwehr körperfremder Stoffe durch den Körper

Im Off (e.: *-a-*) Text ohne sichtbaren Darsteller (Film); **Im On** Text mit sichtbarem Darsteller

imp. ⟨ **imp**erial (= gesetzl. festgelegte Einheit; e.)

Impact *m* (e.: *impekt*) ↑ Wirkung einer Werbung

Impeachment *s* (e.: *impitschment*) Anklage gegen hohen Beamten wegen Amtsmißbrauchs

Impedanz *w* (KW) Wechselstromwiderstand, = → Scheinwiderstand

imper|atives Mandat *s* = → bindendes Mandat; **i.ial** ⟨ → imp.

Impetigo *s* (lat.) Eiter-, Grindflechte
impfen ↑ Kristallisation durch Einbringen eines → Kristallkeims in Gang bringen; Wolken zum Regnen bringen
Implantation *w* (lat.) Einpflanzung von Fremdteilen in den Körper (→ Transplantation)
Implementation *w* (KW) Anwendung von Gesetzen (Programmen)
Implikation *w* (lat.) logische Folgerung
Implosion *w* schlagartige Zerstörung durch Überdruck von außen; → Sternkollaps
Imponierpose *w* Einschüchterungsgebärde bei Tieren
Import| *m* (lat.) Einfuhr von Waren, Kapital u. Leistungen aus dem Ausland; **i.ierte Inflation** *w* Ansatz zur Erhöhung der Inflation durch internat. Preiszshg.; **I.eur** *m* (*-ör*) wer Waren (Kapital–Leistungen) im Ausland erwirbt u. einführt; **I.quote** *w* Wert aller Einfuhren im Verhältnis zum Nettosozialprodukt zu Marktpreisen; **I.restriktionen** *M* wert- o. mengenmäß. Einfuhrbeschränkungen (meist angeordnet von stark. Autorität)
IMPP ⟨ **I**nstitut für **m**edizinische u. **p**harmazeut. **P**rüfungsfragen
Imprägn|ation *w* (lat.) ↑ Eindringen der Samenfäden in die Eizelle; **i.ieren** porös. Stoff durch Flüssigkeiten best. Eigenschaften (unbrennbar–wasserdicht u. ä.) vermitteln
Imprinting *s* (e.) Herstellervermerk auf Drucksachen
Impuls| *m* (lat.) = → Bewegungsgröße; Stromstoß; Wellenstoß; **I.kauf** *m* spontaner Einkauf; **I.satz** *m* Naturgesetz von der Erhaltung der → Bewegungsgröße bei Abwesenheit äußerer Kräfte; **I.wahl** *w* Verfahren, Fernsprechnummern von einem zum andern Amt zu übertragen
in. ⟨ → Inch. – **In** ⟨ **In**dium
In:aktivierungsdosis *w* Maßzahl für die biolog. Wirkung einer Strahlung
in bond (e.) unter Zollverschluß lagernd (befindlich)
Inc. ⟨ (e.) **inc**orporated (Rechtsform einer Firma in den USA, vergleichb. mit der AG). – **INC** ⟨ **I**nternat. **N**umismatic **C**ommission
in calculo (lat.) in der Berechnung
Inch *m* (e.: *intsch*) ags. Längeneinheit (⟨ *in.*, 1 in. = 25,4 mm; Zeichen: ")
Income-consumption function *w* (e.: *inkam konsampschen fankschen*) Funktion, die die Abhängigkeit des Konsums vom Einkommen beschreibt
Incoterms *M* (e. :*inkotöms*) ⟨ **In**ternat. **Co**mmercial **Terms**, = internat. gült. Handelsregeln
Indamine *M* Gruppe blauer o. grüner org. Farbstoffe
Indanthrenfarbstoffe *M* (KW) Klasse bes. licht- u. waschechter Textilfarbstoffe
Indemnität| *w* (lat.) Unverantwortlichkeit des Abgeordneten; **I.sbrief** *m* Urkunde, die der Absicherung im Außenhandelsgeschäft dient
Index| *m* (lat.) Liste kirchl. verbotener Bücher; Kennzeichen von Zeichen u. Daten; zeitl. aufeinanderfolgende Wirtschaftszahlen, auf Basis der in 1 Jahr gült. Zahlen berechnet (Basisjahr meist = 100); **I. der Arbeits:produktivität** *w* bezieht das Produktionsergebnis je Beschäftigter (verausgabt. Arbeitszeit) auf die dem I. zugrunde lieg. Basis; **I.befehl** *m* bes. Befehlsart der DVA; **I.klausel** *w* Klausel in Verträgen, die zukünft. Zahlungen mit der Entwicklung des Preisniveaus verbindet; **I.lohn** *m* an einem I. (dem Geldwert) orient. Lohn; **I.währung** *w*: ihr Volumen ist an der Bewegung gew. repräsent. Warenpreise orientiert (Ziel: immer gleichbleib. Kaufkraft); **I.ziffer** *w* drückt die Veränderung best. Zahlenwerte aus
indifferen|t (lat.) unwirksam, unbeteiligt; **I.z:zone** *w* Stelle zw. den Polen eines Magneten, von der keine Anziehungskraft ausgeht
Indigo *s* aus Pflanzenextrakten herstellb. blauer → Küpenfarbstoff
Indikat|ion *w* (lat.) ↑ Heilanzeige; **I.or** *m* Vorrichtung zur selbsttät. Aufzeichnung des Zylinderdrucks in Abhängigkeit vom Kolbenhub; Stoff, der Anwesenheit best. anderer Substanzen durch Farbveränderung anzeigt; radioakt. Isotop, das einer Stoffmenge beigemischt ihre Wiederauffindung ermöglicht (z. B. mit Zählrohr); Organismus, dessen (Nicht-)Vorkommen Hinweise auf Umweltbeschaffenheit gibt
indirekt| → Absatzweg; **i.e Abschreibung** *w* über Konto „Wertberichtigung" vorgenommene Abschreibung; **i.e Lenkung** *w* Lenkungsprinzip, bei dem ein gew. Entscheidungsspielraum für nachgeordn. Instanzen bleibt; **i.e Steuern** *M* überwälzte, vom Endverbraucher entrichtete Abgabe (Tabak-, Alkoholsteuer u. ä.); **i.er Absatzweg** *m* → Absatzweg; **i.er Beweis** *m* durch Nachweis der Abwegigkeit des Gegenteils erbracht; **i.er Vertrieb** *m* Absatz über eine Handelskette

Indium *s* chem. Element aus der Gruppe der Schwermetalle (⟨ *In*)

Individu|al:einkommen *s* (lat.) das einem Wirtschaftssubjekt zur Verfügung stehende Einkommen; **i.elle Konsumtion** *w* → Verbrauch; **i.eller Verkehr** *m* Verkehrsmittel für beschränkt. Personenkreis

indizierte Rohstoffpreise *M* Anbindung der Rohstoffpreise an den Industriepreisanstieg im W; → Index

indoktrinieren Meinung (massiv) beeinflussen

indoss|abel → Orderpapier; **i.ables Wertpapier** *s* durch I.ament übertragb. Wertpapier; **I.ament** *s* (lat.-it.) Übertragungserklärung (auf Rückseite) eines Wertpapiers; **I.atar** *m* der, auf den Wertpapier übertragen wird, = **I.at** *m*; **I.ent** *m* übertragender Wertpapiereigner; **i.ieren** Recht an Wertpapier übertragen; **I.o** *s* Übertragungsvermerk

in dubio pro reo (lat., = bei Zweifeln für den Angeklagten [entscheiden]) Freispruch, wenn das Gericht nicht von der Schuld des Angeklagten überzeugt ist

Indukt|anz *w* (KW, lat.) durch Selbsti.ion verurs. Anteil der → Impedanz; **I.ion** *w* Erzeugung einer elektr. Spannung durch Änderung des magn. Kraftflusses; vollständ. I.ion = **I.ionsbeweis** *m*; **I.ionsgesetz** *s* naturges. Zshg. zw. Kraftflußänderung u. induzierter Spannung; **I.ionsmotor** *m* mit Drehstrom betrieb. Elektromotor; **I.ions:ofen** *m* elektr. Ofen zur Metallerwärmung; **i.iver Beweis** *m* Bestätigung einer Behauptung durch abgeleit., als Tatsachen erwiesene Folgesätze; **i.ive Zugsicherung** *w* Geschwindigkeitsüberwachungssystem bei der DB; **I.ivität** *w* (Selbsti.ion eines) elektr. Schaltungsteil(s); **I.orium** *s* = Funkeninduktor

Indult *m* (KW) Fristgewährung für den Schuldner

Indusi ⟨ → **indu**ktive Zug**si**cherung

Industri|alisierung *w* Periode, in der sich die i.elle Produktion durchsetzt (seit e. 18. Jh.). – **Industrie|** *w* (lat.-fr.) bes. auf Einsatz maschin. Mittel abgestellte Fertigungsform (hoher Kapitaleinsatz; sowohl Konsum- wie Investitionsgüterbereich); **I.akti:e** *w* Aktie von I.unternehmen; **I.bahnhof** *m* Privatbahnhof f. best. Benutzergruppe; **I.betrieb** *m* Unternehmen, das Produkte mit hohem maschin. Einsatz herstellt; **I.betriebslehre** *w* Teil der Arbeitswirtschaftslehre, die I.betrieb erforscht; **I.börse** *w* Börse, an der i.ll gefertigte Produkte gehandelt werden; **I.block** *m* im Bebauungsplan für I. vorgeseh. Fläche, = **I.fläche** *w*; **I.gebiet** *s* Konzentration von I.betrieben; **I.gewerkschaft** *w* nicht berufsspezif. erfolgter, sondern auf Tätigkeit in I.betrieb abgest. Arbeitnehmerzusammenschluß; **I.hof** *m* Werkstattblock mit versch. I.n (Gewerben); **I.kaufmann** *m* auf kaufmänn. Tätigkeit im I.betrieb ausgericht. Lehrberuf (Gehilfenprüfung vor → IHK; selbst. o. abhäng. Berufsausübung); **I.land** *s* vorwieg. auf i.lle Produktion abgest. Wirtschaft (Ggs.: Agrarland). – **industri|ell** die I.e betreffend; **i.elle Autokratie** *w* → Autokratie; Ggs.: **i.elle Demokratie** *w*; **i.elle Reserve:armee** *w* durch die kapit. Produktionsweise entstehende Arbeitslosigkeit (= Konkurrenzkampf; niedrige Löhne; Marx); **i.elle Revolution** *w* Umwälzung der Produktionsbedingungen durch techn. Fortschritt (1. Periode: Erfindung der Dampfmaschine; 2. Periode: Automation); **i.elles Rechnungswesen** *s* Rechnungswesen im I.ebetrieb. – **Industrie|gesellschaft** *w* Gesellschaft mit hohem Anteil an Fabrikproduktion; **I.müll** *m* Abfall bei Produktion von I.gütern; **I.norm** *w* → DIN; **I.obligation** *w* Schuldverschreibung priv. I.unternehmen; **I.roboter** *m* Maschine mit programmierb. elektron. Steuerung für kompliz. mechan. Arbeitsabläufe; **I.- u. Handelskammer** *w* öfftl.-rechtl. Körperschaft, region. geglied. Interessenvertretung der gewerbl. Wirtschaft; **D. I.- u. Handels:tag** *m* Bundesorganisation der I.- u. Handelskammern (⟨ *DIHT*)

in:ert| (lat.) chem. inaktiv, nicht reagierend; **I.ialbewegung** *w* gleichförm. unbeschleun. Bewegung; **I.ialsystem** *s* nicht durch äuß. Kräfte beeinfl. System; → absoluter Raum

Infarkt *m* (lat.) = → Herzinfarkt

Infas ⟨ **In**stitut für **a**ngew. **S**ozialwissenschaft (Bonn)

inferiore Güter *M* Waren minderer Qualität; Ggs.: → superiore Güter

Infertilität *w* (lat.) Unfähigkeit, Schwangerschaft auszutragen (→ Sterilität)

Infinitesimalrechnung *w* (lat.) math. Behandlung von → Grenzwerten; → Differential- u. → Integralrechnung

Infimum *s* ↑ (lat.) untere Grenze

Inflation| *w* (lat.) Kaufkraftschwund (Ursachen in nation. Wirtschaft begründet und/oder über den internation. Preismechanismus importiert); → schleichend; **I.ismus** *m* Wirtschaftspolitik, die auf Vermehrung des umlaufenden Geldes abstellt, ohne daß größeres Güterangebot gegenübersteht; **i.istische Tendenz** *w* einsetzende I. – **inflatorische Lücke** *w* Lücke zw. steig. Nachfrage u. begrenzt. Produktionskapazitäten (Nachfrageüberhang, = Preissteigerung)

Influ:enz *w* ↑ Ladungsverschiebung durch Einwirkung elektrostat. Kräfte

Infomobil *s* (KW) Omnibus als Informationsstand

Informat|ik *w* (lat.) Theorie der Datenverarbeitung mit math. u. elektronentechn. Grundlage; **I.ion** *w* ↑ = → Adresse; **I.ions:einheit** *w* in best. Weise zusammengef. Zeichenmenge; **I.ionsquelle** *w* ↑ → Adressant; **I.ions:system** *s* Regelung des I.ionsflusses u. -inhalts; **I.ionsverarbeitung** *w* Auswertung von I.ionen durch den Menschen; **I.ionstheorie** *w* Nachrichtentheorie

infra|rot aus elektromagn. Wellen bestehend, deren Wellenlänge größer ist als die des roten Lichts; **I.rot** *s* Wärmestrahlung; **I.rot:ortung** *w* Lokalisierung durch Wärmestrahlung; **I.rotfotografie** *w* Lichtbildnerei mit i.rotem Licht; **I.rotheizung** *w* Strahlungsheizung; **I.rotstrahler** *m* Vorrichtung zur Wärmestrahlenerzeugung; **I.rotspektroskopie** *w* Verfahren zur Analyse von Stoffen durch Untersuchung der von ihnen ausgesandten o. absorbierten I.rotstrahlung; **I.schall** *m* Luftschwingung mit unter dem Hörbereich lieg. Frequenz (Ggs.: → Hörschall); **I.struktur** *w* Unterbau einer entwick. Wirtschaft (Verkehr – Kanalisation – Schulen – Arbeitskräfte); **I.test** *s* Institut zur Messung des Beliebtheitgrades von Fernsehsendungen; **I.test-Industrie** *w* Institut für Unternehmensberatung und Produktionsgüter-Marktforschung (München)

Infuchs ⟨ Informationszentrale über umweltschäd. Chemikalien

Infus|ion *w* (lat.) tropfenw. Einfließenlassen größ. Flüssigkeitsmengen (Blut, Blutersatz) in Vene, unter Haut, in Darm o. Knochen; **I.um** *s* Aufguß

Ingenieur|biologie *w* Erforschung der Wechselwirkung zw. Tätigkeit von Lebewesen u. I.bauten; **I.seismik** *w* seism. Methoden zur Erforschung der obersten Bodenschichten

Ingrediens, -enz *s* (lat.) Bestandteil

INH ⟨ **I**so**ni**kotinsäure**h**ydrazid (Tuberkulosemittel)

Inhaber|akti:e *w* Aktie, deren I. auch Eigentümer ist (Übertragungsrecht! Ggs.: → Namensaktie); **I.papier** *s* auf den I. lautend. Wertpapier (Ggs.: → Namensaktie); **I.scheck** *m* auf den I. („Überbringer") lautend. Scheck; **I.schuldverschreibung** *w* Verpflichtung des Ausstellers, eine Schuld an den I. der I.schuldverschreibung zu begleich.

Inhalation| *w* (lat.) Einatmung von Heil- o. Narkosemitteln; **I.sgerät** *s* Atemgerät zur Verabreichung mediz. Gase u. → Aerosolen

Inhalts:stoff *m* Substanz in einem Organismus (Nahrungsmittel)

Inhibitor *m* (lat.) Stoff, der Reaktion verhindert o. hemmt

inhomogen = → heterogen

Initial|isierung *w* ↑ Kennzeichnung von → Datenträgern; **I.zündung** *w* Zündung stoßunempf. Sprengstoffe durch kleine hochbrisante Sprengladung. – **Initiator** *m* Stoff, der chem. Kettenreaktion in Gang bringt u. dabei verbraucht wird (Ggs.: Katalysator); Vorrichtung mit durch Glühdraht entzündl. Explosivstoff; → Adressant

Injekt|ion *w* (lat.) ↑ → Abbildung, bei der jed. Bild höchst. einmal auftritt, = **i.ive Abbildung** *w* = **i.ive Funktion** *w*

Injun *M* (KW) Huckepacksatelliten für Strahlungsmessungen

Inkasso| *s* (lat.-it.) Einziehung fäll. Forderungen (für fremde Rechnung); **I.büro** *s* Büro, dem I. übertragen wird; **I.geschäft** *s* Einziehung fäll. Forderungen durch Scheck o. ä. (z. B. durch Kreditinstitut); **I.provision** *w* Vergütung für I.; **I.vollmacht** *w* Berechtigungsausweis für I.; **I.zession** *w* Forderungsabtretung

Inklinat|ion *w* (lat.) Neigung der Bahn eines Himmelskörpers gegen Ekliptik; Neigung der erdmagn. Feldlinien gegen Erdoberfläche; **I.orium** *s* Vorrichtung zur Messung der magn. → I.ion

Inklusivtour *w* Einzelreise zu einem alle Einzelkosten enthaltenden Preis

Inkohärenz *w* (lat.) fehl. → Kohärenz

Inkohlung| *w* geolog. Vorgang, bei dem organ. Substanzen (u. a. Pflanzenreste) allmähl. nacheinander in Torf, Braun-, Steinkohle u. Graphit übergehen; **I.sgrad** *m* Maßzahl für sein Ausmaß

inkommensur|abel (lat.) nicht miteinander vergleichbar (**i.able Güter** *M* konkurrieren nicht miteinander)

inkompatibel (KW) unverträglich

inkompressibel (KW) nicht zusammendrückbar

inkonvertible Währung *w* (lat.) nicht eintauschbare Währung (→ Konvertibilität)

Inkorporation *w* (lat.) Aufnahme radioakt. Stoffe in menschl. o. tier. Körper
Inkreis *m*: I. eines → Vielecks hat die Seiten des Vielecks als Tangenten
Inkrement *s* (lat.) Zunahme einer veränderl. Größe
Inkret *s* (KW, lat.) unmittelbar ins Blut abgesondertes Hormon
inkrustiert (lat.) mit Einlagen aus Metall (Holz, Stein)
Inkubat|ionszeit *w* (lat.-d.) Zeit zw. Ansteckung u. Krankheitsausbruch; **I.or** *m* Brutkasten für Frühgeburten
inkulant (KW) nicht entgegenkommend, kleinlich, ungefällig
Inländerkonvertibilität *w* Recht eines Inländers, belieb. Währungen in belieb. Menge zu (ver)kaufen. – **Inlands:produkt** *s* Ergebnis aller zur Produkt. im Inland eingesetzten Faktoren
Innen|antenne *w* Antenne im Gebäude; **I.auftrag** *m* in einem Betrieb erteilt. u. ausgeführt. Auftrag (Ggs.: Kundenauftrag); **I.finanzierung** *w* Finanzierung durch innerbetriebl. aufgebr. Mittel (Gewinnanhäufung, Rückstellungen u. ä.); **I.messung** *w* Belichtungsmessung durch Objektiv. **I.umsatz** *m* in einem Betrieb (zw. Mutter- u. Tochtergesellschaften) getät. Umsatz (keine Umsatzsteuer!). – **inner|betriebl. Leistungs:erstelllung** *w* in einem Betrieb angeford. u. ausgeführte Erstellung von Leistungen; **i.deutscher Handel** *m* Waren-, Dienstleistungs-, Zahlungsverkehr zw. BRD u. DDR; **i.e Verknüpfung** *w* → Verknüpfung; **i.er Wert** *m* tatsächl. Wert einer Aktie (nach Aktienzahl u. Reinvermögen der Gesellsch. berechnet); **i.sekretorisch** → endokrin; **i.e Spannung** *w* → Spannung; **i.e Sprachform** *w* Weltansicht einer Sprache
Innervation *w* (lat.) Nervenversorgung, -wirkung
Innovation *w* (lat.) neuart. Problemlösung; Entwicklung u. Anwendung neuer Verfahren (Produkte)
Input| *s* → Befehlswort bei → BASIC; Kennzeichnung der einges. Mengen; **I.-Output-Analyse** *w* Methode zur vgl. Untersuchung von Wirtschaftsbereichen; **I.-Phase** *w* Anlernzeit
Insektizide *M* Insektenvertilgungsmittel
Inselkraftwerk *s* Flußkraftwerk mitten im Wehr
Insemination *w* (lat., KW) künstl. Befruchtung; → homolog
Insert| *s* (e.) ↑ Informationseinblendung zw. 2 Fernsehprogrammteilen; **I.ion** *w* Einschaltung von Anzeigen; **I.ion Order** *w* (e.) vertragl. Anzeigenauftrag
Insid|e Story *w* (e.: *insaid-*) Bericht, der Hintergründe des Geschehens berücksichtigt; **I.er** *m* Person, die über sichere interne Informationen verfügt
Insolation *w* (KW) Sonnenein-, -bestrahlung
Insolvenz *w* (lat.) Unfähigkeit, fäll. Forderungen zu begleichen; Ggs.: → Solvenz
Inspiration *w* (lat.) ↑ Einatmung; Ggs.: → Exspiration
Instand|besetzung *w* widerrechtliche Inbesitznahme u. Wiederbewohnbarmachung von über längere Zeit leersteh. Wohnraum; → Hausbesetzung; **I.haltung** *w* Behebung von Schäden zur Erhaltung (Wiederherstellung) der Funktionstüchtigkeit des Anlagevermögens; **I.haltungskosten** *M* Aufwendungen dafür
instant| (e.) sofort genußbereit; **I.-Copulation** *w* Häufung von Genußerlebnissen bei Jugendlichen
Institut für Weltwirtschaft (Kiel) *s* der Universität angeglied. Forschungsanstalt, bes. zur wiss. Erforschung internat. Wirtschaftsfragen
Instrumentenflug *m* Flug ohne (mit geringer) Bodensicht (oder mit Hilfe der **Instrumentierung** *w*)
Insuffizi:enz *w* (lat.) Schwäche, ungenügende Leistung (eines Organs)
Insult *m* (lat.) Anfall (apoplektischer I. = → Schlaganfall)
intangible Werte *M* phys. nicht greifbare, ideelle, immaterielle Werte
Integ|erfunktion *w* (lat.) → Ganzteilfunktion; **I.raldosis** *w* insges. aufgenomm. Strahlungsmenge; **I.ralmessung** *w* → Ganzfeldmessung; **I.ralrechnung** *w* Umkehrung der → Differentialrechnung; **I.ralschaum** *m* innen poriges Kunststoffmaterial mit glatter Oberfläche; **I.ration** *w* ↑ Abbau von Hemmnissen; Unterbringung mehrerer Transistoren auf 1 Mikroprozessor in 1 Herstellungsgang; **i.rieren** einbeziehen, -gliedern; ↑ Verfahren in der I.ralrechnung; **i.rierte Datenverarbeitung** *w* → Datenverarbeitung; **i.rierte Schaltung** *w* → IC
intellig|entes Terminal *s* → Peripheriegerät mit eigenem Arbeitsspeicher; → Terminal; **I.enz** *w* ↑ → biologisch; **I.enz:alter** *s* durchschnittl. I.enz in einem best. Alter; **I.enzquoti:ent** *m* Höhe der I.enz nach Maßgabe des I.enz:alters
Intensi|meter *s* (KW) Röntgenstrahlenmeßgerät; **I.tätsgrößen** *M* von der

Größe der betracht. Stoffmenge unabhäng. physik. Meßgrößen; **I.vgespräch** *s* Interview mit fest. Ermittlungsspiel; **I.vkultur** *w* auf hohe Erträge optimierter Pflanzenanbau; **I.vstation** *w* Krankenhausabteilung für lebensgefährl. Erkrankte

Inter:aktion *w* (KW) Wechselwirkung

Inter:atom:instrument *s* Organisation des COMECON für nukleare Einrichtungen (1972; Warschau)

Interdependenz *w* (lat.) Abhängigkeit zw. betriebs- u. volkswirtschaftl., zw. nat. u. internat. Größen

Interessen|gemeinschaft *w* wirtsch. Zusammenschluß von Unternehmen unter gemeins. Zielsetzung (bei meist rechtl. Selbständigkeit); **I.test** *m* Quiz zur Feststellung, wieweit die I. des Probanden seine Berufstauglichkeit bedingen; **I.sphäre** *w* beanspr. Einflußgebiet

Interface *s* (e.: *interfêß*) Schnittstelle (ermöglicht Anschluß eines → Peripheriegerätes an eine → ADVA)

Interfer|enz *w* (KW) ggs. Überlagerung von Wellen; **I.ometer** *s* Gerät zur spektralen Lichtzerlegung; **I.on** *s* (KW) nicht vermehrungsfäh. Stoffwechselprodukt von Eiweißcharakter (kann Virenwachs:tum hemmen); Krebsmittel (in der Erprobung)

Interferrikum *s* (KW) Luftspalt zw. den Polen eines Magneten

intergalaktisch (KW) im Weltraum zw. den Galaxien (befindlich)

Interimsbilanz *w* (lat.) zw. den Abschlußbilanzen erstellte Bilanz

Interkontinentalrakete *w* Langstreckenrakete, die andere Erdteile erreicht

interkostal (KW) zwischen den Rippen (Blattnerven)

Interlingua *w* (KW) Welthilfssprache

Interlogic ⟨ **Interlogic**-Gesellschaft für Computer- u. Programm-Service (Gütersloh)

Intermediaforschung *w* Vergleich verschied. Werbeträger u. ihrer Erfolge

intermetallische Verbindungen *M* chem. Verbindungen von Metallen untereinander

intermolekular (KW) zw. den Molekülen

Internalisierung *w* (KW) = → Verinnerlichung

International| Air Transport Association *w* (e.) Zusammenschluß im Luftfrachtgeschäft (Spediteure u. Luftfrachtgesellschaften; ⟨ *IATA*); **I. Civil Association Organization** *w* UN-Zivilluftfahrtorganisation (Förderung der Zivilluftfahrt); **I. Co:operation Administration** *w* Verwaltung für i.e Zusammenarbeit; **I. Development Association** *w* Tochterorganisation der Weltbank (ihre Aufgabe: Finanzierung von Entwicklungshilfeprojekten; 1959); **i.e Arbeits:teilung** *w* Spezialisierung einz. Nation auf einer Nation entsprech. Produktionsmittel u. -faktoren (Handelsvorteil; Ergebnis der Außenhandelsverflechtung; Wahrung des eig. Vorteils); **I.e Atom:energiebehörde** *w* UN-Behörde zur Erforschung u. Anwendung der Atomenergie zu friedl. Zwecken (Wien; 1956; → IAEA); **I.e Bank für Wiederaufbau u. Entwicklung** *w* (Washington; 1945) für Wiederaufbau der kriegszerst. Wirtschaften Europas u. Entwicklungshilfekredite; → IBRD; **I.e Handelskammer** *w* priv. Zusammenschluß von Unternehmerverbänden (Paris; 1919; → ICC); **i.e Kartelle** *M* Kartelle von Großunternehmen o. multinat. Konzernen (zwischenstaatl. am Weltmarkt agierend); **i.e Liquidität** *w* i. zur Verfügung steh., flüss. Mittel (Währungsreserven der Nationen; Sonderziehungsrechte, Gold, Devisen); **i.e Rechen:einheit** *w* Wertstandard, -maß (z. B. Sonderziehungsrechte); **i.er Preiszusammenhang** *m* Abhängigkeit der nat. Preisentwicklung von der des Weltmarkts (abhäng. von Importen im inländ. Verbrauch bei gebund. Währungsparitäten); **i.er Stil** *m* funktionsger. Architektur des 20. Jh.s; **I.er Währungsfonds** *m* Institution zur Regelung der i.en Währungsbeziehungen (1945; Ziel: Realisierung des Freihandelspostulats, ⟨ *IWF*; Kredite aus gemeins. Vermögen, daher Einfluß auf Kreditnehmerländer), = → Weltwährungsfonds; **i.e Zahlungs:abkommen** *M* Vereinbarung zw. Nationen u./o. Währungsbehörden zur Regelung des zwischenstaatl. Zahlungsverkehrs u. -ausgleichs; **I. Finance Corporation** *w* (e.) (1956) Institution zur Finanzierung industr. Unternehmungen bes. in Entwicklungsländern; **I. Labour Organization** *w* i.e Arbeitsorganisation zur Erarbeitung i.er arbeits- u. sozialpol. Abkommen u. Empfehlungen (1919; ⟨ → ILO); **I. Monetary Fonds** = → I.er Währungsfonds; **I. Trade Organization** *w* i.e Handelsorganisation der UN (Aufgaben vom GATT übernommen)

intern|er Speicher *m* → Arbeitsspeicher; **i.e Revision** *w* Prüfung durch innerbetriebl. Instanzen

interparlamentarisch (KW) zw. mehreren Parlamenten
interplanetar im Weltraum zw. den Planeten (befindlich)
Interpolation| *w* (lat.) Zwischenschaltung von Werten zw. 2 gegebenen; **lineare I.** nimmt ein gleichmäß. Ansteigen o. Fallen zw. den gegeb. Werten an
Interpreter *m* ↑ Übersetzungsprogramm in der → ADVA
Inter:railkarte *w* (*-reil-*) ermäßigter Fahrpreis für Jugendliche in Europa
Interrupt| ↑ (e.: *-rapt*) Unterbrechung, → Befehl in der DVA; **I.ion** *w* (lat.) künstl. Unterbrechung
Intersex| *m* (KW) Zwitter; **I.ualität** *w* Widerspruch zw. Erscheinung, sex. Entwicklung u. Geschlecht
Intershop *m* (KW; *-sch-*) Geschäft in der DDR mit ausl. u. eigenen Spitzenprodukten gegen D-Mark o. Gutschein
interstellar (KW, lat.) zw. den Fixsternen (befindlich)
Intervall| *s* (lat.) ↑ Menge aller Zahlen zw. 2 festen Zahlen (**I.grenzen**); **I.schachtelung** *w* Menge von unendl. vielen I.en mit best. Eigenschaften; **I.training** *s* Trainingsrhythmus mit Pausen
intervalutarisch im Währungsaustausch
Intervention| *w* (lat.-fr.) Eingreifen von Interessenten zur Stützung best. Kurse/Preise; **I.ismus** *m* Versuche des Staates, durch Eingriffe das Marktgeschehen zu regeln; **I.sklage** *w* = → Widerspruchsklage; **I.s:preise** *M* von staatl. Aufkaufstellen nach Reglung des gemeins. Agrarmarkts an die Produzenten gezahlt; **I.s:punkte** *M* Punkte, an denen Kursstützungen im System fester Wechselkurse vorgenommen werden müssen, = **I.s:schwelle** *w*
Interview| *s* (e.: *interwju*) Informationsgewinn durch mündl. Fragen; Gespräch zw. Befrager (**I.er** *m*) u. Testperson; **I.er:anweisung** *w* Arbeitsanweisung an I.er; **I.er Bias** (e.: *-baies*) durch den I.er (bewußt o. unbew.) hervorger. Verzerrung der Umfrageergebnisse
interzedieren (lat.) zwischen Gläubiger und Schuldner treten (in der Regel als Bürge)
Interzonenhandel *m* Handel zw. den 2 d. Staaten
intestinal (KW) zum Darmtrakt gehörend
Intimagruppe *w* eng verbundene Kleingruppe
Intoxikation *w* (lat.) Vergiftung
intra|kutan (KW) in die Haut; **i. molekular** im Molekül; **i.muskulär** in den Muskel; **i.uterin** in der Gebärmutter; **i.venös** in die Vene
introvertiert *EW* (lat.) nach innen gewendet, sich Umweltereignissen verschließend
Intruder *m* (e.) Schnellwarnflugzeug
Invar *s* ⟨ → **Invar**stahl
Invarianz *w* (lat.) Unveränderlichkeit
Invarstahl *m* (KW) nickelhalt. Stahl mit bes. geringem therm. Ausdehnungsko:effizienten
Invent|ar *s* (lat.) mengen- u. wertmäß. Darstellung aller Schuld- u. Vermögensgegenstände durch die **I.ur** *w*; → biographisch; **I.urverkauf** *m* Saisonschluß-, Räumungsverkauf
inver|s (lat.) → Element; **I.sion** *w* (lat.) Luftschicht, in der die Temperatur nach oben zunimmt; ↑ Umkehrung; → Umkehrwetterlage; **I.ter** *m* (e.) telef. Sprachumwandlungsgerät; **i.tiert** ↑ geschlechtl. verkehrt veranlagt; **I.t:seifen** *M* oberflächenakt. org. Verbindungen mit → hydrophil. → Kat:ion
invest|ieren (lat.) Kapital anlegen; **I.ition** *w* Verwandlung von Geld in Kapital (= Produktionsmittel); **I.itionsgüter** *M* Güter, die der Produktion von Waren dienen (Maschinen, Anlagen; Ggs.: → Verbrauchsgüter); **I.itionslenkung** *w* Einflußnahme des Staates auf die I.itions:tätigkeit priv. o./u. öfftl.-rechtl. Unternehmen (zur Sicherung u. Schaffung von Arbeitsplätzen); **I.itionslücke** *w* Situation, in der nicht alle gesparten Mittel i.iert werden; **I.itionsneigung** *w* Bereitschaft zu i.ieren (abhängig von Gewinnerwartung); **I.itions:politik** *w* alle Maßnahmen des Staates zur Beeinflussung der I.itions:tätigkeit; **I.itionsrechnung** *w* Instrumentarium zur Vorbereitung der I.ionsentscheidung; **I.itionszulage** *w* staatl. Zuschuß zu förderungswürd. I.itionen (auch durch Steuererleichterungen); **i.iv** → Staatsausgaben; **I.ivlohn** *m* Zurückbehaltung eines Lohnteils für Zwangsi.itionen; **I.mentfonds** *m* = **I.mentgesellschaft** *w* Gesellschaft, die Wertpapiere and. Gesellschaften erwirbt u. eigene Wertpapiere zur Kapitalanlage anbietet (Verteilung des Anlagerisikos!); **I.mentsparen** *s* Sparen durch Erwerb von I.mentfondsanteilscheinen (= **I.mentzertifikat** *s*); **I.or** *m* natürl. o. jur. Person, die I.itionen tätigt
in vitro (lat.) in künstl. Umgebung (d. h. außerhalb des leb. Organismus)
in vivo (lat.) im lebenden Organismus
in Vollmacht Zusatz zur Unterschrift ei-

ner mit → Handlungsvollmacht ausgestatt. Person

Involut|ion *w* (lat.) Rückbildung (Ggs.: → Evolution); **i.orische Abbildung** *w* vertauscht Urbild u. Bild (z. B. Spiegelung)

Inzidenz *w* (lat.) ↑ Zusammenfallen, Enthaltensein (z. B. Punkt auf einer Geraden); Steuerbelastung nach Beendigung der Steuerüberwälzung

Inzision *w* (lat.) Einschneiden, Schnitt

Iod- ↑ = → Jod-

Ion| *s* (gr.) elektr. gelad. Atom (Molekül); **I.en:aus:tauscher** *m* feste unlösl. Substanz, die einer Lösung best. in I.enform vorlieg. Stoffe entziehen u. dafür andere zuführen kann; **I.enbindung** *w* → heteropol. Bindung; **I.engitter** *s* aus pos. u. neg. I.en gebild. Kristallgitter; **I.enleitung** *w* Leitung des elektr. Stroms durch Wanderung von I.en; **I.isation** *w* Bildung von I.en aus ungelad. Teilchen, = **I.isierung** *w*; **I.isationsgrad** *m* Maßzahl für den Bruchteil der Atome (Moleküle) in einer Stoffmenge, die unter I.enbildung zerfallen sind; **I.isationskammer** *w* Vorrichtung zum Messen von Strahlungsintensitäten; **i.isieren** in ein I. überführen; **I.isierungs:energie** *w* zur Abspaltung eines Elektrons aus einem Atom notw. Energiebetrag, = **I.isierungs:arbeit** *w*; **i.ogen** I.en bildend (abspaltend); **i.ogene Bindung** *w* → heteropol. Bindung; **I.omere** *M* I.en enthalt. Kunststoffklasse; **I.osphäre** *w* stark i.enhalt. Schicht der Hochatmosphäre

IP ⟨ Institute of Petroleum (London). – **IPA** ⟨ Institute of Practioners in Advertising; ⟨ Intern. Phonetic Association. – **IPI** ⟨ Internat. Presse:institut (Zürich). – **IPO** ⟨ innerpart. Opposition (SPD)

Iporit *s* (KW) Treibmittel für Schaumbeton

IPR ⟨ internat. Privatrecht. – **IQ** ⟨ Intelligenzquotient. – **IR** ⟨ Infrarot. – **Ir** ⟨ Iridium. – **IRA** ⟨ Interessengemeinschaft der Rheuma- u. Arthrosekranken; ⟨ (e.) Irisch Republikanische Armee (illegal). – **IRI** = → IMI (immunreakt. Insulin)

Iri|dologe *m* (KW) Augendiagnostiker; **I.sblende** *w* Lochblende aus Segmenten mit verstellb. Größe; **I.sdiagnose** *w* Augendiagnose

Iridium *s* chem. Element aus der Gruppe der Platinmetalle (⟨ *Ir*)

irrationale Zahl *w* nicht als Quotient (Bruch) → ganzer Zahlen darstellb. → reelle Zahl

irrevers|ibel (lát.) nicht umkehrbar; **i.ible Schädigungen** *M* Dauerschäden

ISA ⟨ Internat. Normung (International Federation of Standardizing Association). – **ISBN** ⟨ Internat. Standard-Buchnummer

Is:chämie *w* (gr.) Blutleere einz. Organbereiche inf. mang. Blutzufuhr

Ischias| *w* (*s*, *m*) (gr.) Hüftschmerz, → Neuralgie o. → Neuritis im I.nerv

Is:churie *w* (gr.) Harnverhaltung

isentrop (gr.) ohne Änderung der → Entropie ablaufend

Ishihara|-Test *m* Test zur Feststellung von → Farbenblindheit mit den **I.-Tafeln** *M*

ISO ⟨ International Organization for Standardization (internat. Zusammenschluß nat. Normenausschüsse)

Iso|- Vorsatz in chem. Stoffnamen (kennzeichnet I.metrie); **I.alkane** *M* (KW) → I.paraffine; **i.bar** ohne Druckänderung ablaufend; von gleicher Massezahl (i.bare Atome); **I.baren** *M* (KW, gr.) Verbindungslinien zw. Orten mit gleichem Luftdruck; **i.chor** ohne Volumenänderung ablaufend; **i.cyclisch** von ringförm. Molekülen (Ring nur aus Kohlenstoffatomen); **i.dynamisch** von gleicher Wirksamkeit; **I.gonen** *M* Linien gleicher magnet. Deklination; **I.hy:eten** *M* Linien gleich. mittl. Niederschlagshöhe in best. Zeitraum; **I.hypsen** *M* Höhenlinien (Verbindungslinie zw. benachb. Geländepunkten gleich. Höhe); = **Schichtlini:en** *M*, = **Höhenlini:en** *M*; **I.klinen** *M* Linien gleich. erdmagn. Inklination

Isolator *m* elektr. Nichtleiter

Isolencin *s* wicht. eiweißb. Aminosäure

Isolier|steine *M* ↑ hitzebeständ. Baustoffe zur Hintermauerung (gegen Wärme i.end); **I.ung des Affekts** *w* = → Affektverdrängung

isomer| → Isomerie; **I.ie** *w* Auftreten von Stoffen gleich. Zstzg., aber versch. Eigenschaften (i.e Stoffe); Auftreten von Atomkernen mit gleich. Anzahl, aber versch. Anordnung der Protonen u. Neutronen; **i.isieren** durch Molekülumlagerung in i.e Substanz überführen

Isomorph|ie *w* gleich. Kristallbau bei versch. Stoffen, = **I.ismus** *m* eineindeut. Abbildung einer math. Struktur auf eine andere; spez. → Homomorphismus

Iso|paraffine *M* (KW) Kohlenwasserstoffe der Alkanreihe mit verzweigten Molekülketten; **I.phthalsäure** *w* org. Säure (Ausgangssubstanz bei Kunststoff-Lackfabrikation); **I.pren** *s* Kohlenwasserstoff der Alkangruppe (Ausgangssubstanz bei Synthese von Kunstkautschuken); **I.spin** *m* nicht darstellb. Eigenschaft von Elementarteilchen; **i.ster** mit gleichem Aufbau der äuß. Elektronenschalen in den Molekülen 2er Stoffe; **I.tachen** *M* Linien gleich. Wassergeschwindigkeit; **i.taktisch** in best. Art regelmäß. angeordnet (i.e Seitengruppen von Makromolekülen); **i.therm** ohne Temperaturänderung ablaufend; **i.tonisch** von gleich. osmot. Druck; **I.tope** *M* in Kernladungszahl u. chem. Eigenschaften gleiche Atome, die sich in der Massenzahl unterscheiden; aus diesen Atomen besteh. Stoffmengen; **I.topenbatterie** *w* Vorrichtung zur Verwandlung radioakt. Zerfallsenergie in elektr. Energie; **I.topentrennung** *w* für die kerntechn. Verwendung notw. Anreicherung o. Reinherstellung eines I.tops solcher Elemente, die aus mehr. I.topen bestehen; **I.topie** *w* Element aus mehr. I.topen; **i.trop** nach allen Richtungen gleich beschaffen (**I.tropie** *w*)

IST ⟨ Intelligenz-Struktur-Test

Istkosten *M* tatsächl. angefall. Kosten; Ggs.: Vorgabekosten

Ist|spalte *w* → kameralist. Buchhaltung; **I.versteuerung** *w* Ggs.: Sollversteuerung; **I.wert** *m* tatsächl. vorhand. Wert; **I.zeit** *w* für eine Tätigkeit tatsächl. festgest. Zeit; Ggs.: Vorgabezeit

ISuV ⟨ Interessen- u. Schutzgemeinschaft unterhaltspflicht. Väter, Mütter

ital|i:enische Buchführung *w* dopp. Buchführung, bei der eine zeitl. Ordnung der Vorgänge im Journal, eine sachl. nach Hauptbüchern vorgenommen wird; **I.ma** ⟨ it. Münzaluminium

ITB ⟨ Internationale Touristenbörse (Berliner Messe)

Iterationsverfahren *s* (lat.) Verfahren zur Berechnung von Näherungswerten durch wiederholtes Anwenden derselben Methode

ITO ⟨ Internat. Trade Organization. – **ITT** ⟨ Internat. Telephone and Telegraphe Corporation (New York). – **ITU** ⟨ Internat. Telecommunication Union. – **IUPAC** ⟨ Internat. Union of Pure and Applied Chemistry. – **IUPAP** ⟨ Internat. Union of Pure and Applied Physics. – **i.v.** ⟨ intravenös. – **IVW** ⟨ Informationsgemeinschaft zur Feststellung der Verbreitung von Werbeträgern (Bonn). – **IW** ⟨ Institut der d. Wirtschaft

I-Wert *m* → Immissionsgrenzwert

IWF ⟨ Internationaler Währungsfonds (e.: *IMF*)

Iwrith *s* Neuhebräisch

IYRU ⟨ International Yacht Racing Union (Vereinigung der nation. Seglerverbände, London)

Izod-Versuch *m* (Erfinder [*aisod*]) Verfahren zur Messung der Zähigkeit von Werkstoffen

J

J ⟨ Jod; ⟨ Joule; **J 131** ⟨ → Radio-Jod-Test

Jacketkrone *w* (e.: *dscheck-*) Zahnkrone aus Porzellan

Jahres|bilanz *w* Bilanz am Jahresende, = **J.abschluß** *m*; **J.gutachten** *s* vom Sachverständigenrat zur Begutachtung der gesamtwirtsch. Entwicklung (⟨ *SVR*) jährl. erstelltes Gutachten; **J.uhr** *w* mechan. Großuhr mit einjähr. Laufdauer

Jalon *m* (fr.: *schalõn*) Vermessungsstab

Jammerfetzen *m* = → Fetzen

Jam Session *w* (am.: *dschämm seschn*) Tagung improvis. Jazzmusiker

Japaner *m* ↑ Zweiradkarre mit Kippmulde

Jarowisation *w* (r.) beschleun. Entwicklung landwirtsch. Saatguts, = → Vernalisation

JATO-Anlage *w* ⟨ Jet Assisted Take Off, e. = Starthilferaketeneinrichtungen

Jazz *m* → progressiv

J/D ⟨ Juni/Dezember (Fälligkeitstermine für Zinszahlungen bei festverzinsl. Wertpapieren)

Jeep *m* (e.: [*dschîp*], ⟨ general purpose = Mehrzweck) kleiner Geländewagen mit Allradantrieb

Jersey *m* (e.: *dschörsi*) Kleiderwirkstoff; *S* : Sportlertrikot

JET ⟨ (e.: Joint European Torus) europ. Kernforschungsanlage; Ziel: Fusionsreaktor

Jet| *m* (e.: *dsehätt*) Düsenflugzeug; **J.liner** *m* (*-lei-*) Düsenverkehrsflugzeug; **J.stream** *m* (*-ßtrîm*) → Strahlströmung
Jingle *m* (e.: *dsehingl*) Werbespruch in Kino-, Funk-, Fernsehsendung; Tonfolge eines Werbespots
JISC ⟨ **J**apanese **I**ndustriel **S**tandards **C**ommittee (jap. Normenausschuß). – **J/J** ⟨ **J**anuar/**J**uli (vgl. **J/D**). – **JND, jnd** ⟨ e. **j**ust **n**oticible **d**ifference (Unterschiedsschwelle)
Job| *m* (e.: *dschob*) ↑ Programmlauf in der → ADVA; zweckger. Tätigkeit mit überwieg. mat. Orientierung; **J.ber** *m* an der Lond. Börse auf eig. Rechnung (ver)kaufende Person, → Broker; **J. description** *m* (*-deßkriptschn*) Beschreibung eines Tätigkeitsfeldes; **J. discrimination** *w* (am.: *-diskrimineischn*) Diskriminierung best. Personen(gruppen) im Arbeitsleben; **J.rotation** *w* mehr o. weniger geplanter Arbeits:platzwechsel; **J.-sharing** *s* (e.: *-schäriñ*) Arbeits:platzteilung zw. Arbeitnehmern
Jod| *s* (gr.) nichtmetall. Element (Halogen; Desinfektionsmittel; bes. in der Schilddrüse als Spurenelement; ⟨ *J*); **J.ate** *M* Salze der J.säure; **J.ide** *M* Salze der J.wasserstoffsäure; **J.oform** *s* organ. J.verbindung (antisept.!); **J.oformprobe** *w* anal.-chem. Reaktion zum Nachweis von Acetylgruppen; **J.ometrie** *w* anal.-chem. Verfahren mit J.verwendung; **J.säure** *w* sauerstoffreiche anorg. J.verbindung; **J.stärke-Reaktion** *w* intens. Blaufärbung beim Zusammengeben von J. u. Stärkelösung; **J.zahl** *w* Maßzahl für den Gehalt eines Fetts an ungesätt. Fettsäuren
Jogg|**er** *m* (e.: [*dseh-*], = Schlenderer) Trimmläufer, = **Trimmtraber** *m*; **J.ing** *s* (*-iñ*) Dauerlauf als Trimmsport
Joint| *m* (am.: *dschoint*) selbstgedrehte Haschischzigarette; kegelförm. Drogenzigarette; **J.-venture** *s* (*-wentsche*) gemeins. Projektausführung
Jonon *s* künstl. Duftstoff mit veilchenart. Geruch
Joule| *s* (e. Naturforscher, 19. Jh.: *dsehul*) Maßeinheit der Energie; → Kalorie; **J.-Effekt** *m* Längenänderung ferromagn. Stoffe bei Magnetfeldeinwirkung; **J.sches Gesetz** *s* naturges. Zshg. zw. der Stärke eines elektr. Stroms u. der Erwärmung des von ihm durchfloss. Leiters; **J.-Thomson-Effekt** *m* Abkühlung eines sich ausdehnenden Gases
Judo *m* ⟨ **Ju**ng**d**em**o**krat
Judo| *s* (jap.) Kampfsportart; **J.gi** *s* J.-Wettkampfkleidung; **J.ka** *m* J.kämpfer
Jugend|**arbeits:schutz** *m* gesichert durch Gesetz zum Schutze der arbeit. J.; **J.dorf** *s* Siedlung für heimatlose J.liche; **J.irresein** *s* → Schizophrenie; **J.urlaub** *m* bezahlte Erholungszeit für j.liche Beschäftigte; **J.strafe** *w* Freiheitsentzug in J.strafanstalt
Jukebox *w* (am.: *dsehûkbox*) elektr. Klavier; Musikautomat
Jumbo| *m* (e.) ↑ mehretag. Bohrgerüstwagen; Großraumverkehrsflugzeug (⟨ **J.jet** *m*)
Jumelage *w* (fr.: *sehümelasch*) Partnerschaft zw. Städten (Ländern)
junge Akti:en *M* im Zug einer Kapitalerhöhung ausgegeb. Aktien
Junk| *m* (am.: *dsehañk*) Droge; **J.ie** *m* Opiumraucher; Drogensüchtiger
Junktim| *s* (lat.) Verknüpfung mehr. polit. Maßnahmen zur gemeinsam. Behandlung (Erledigung), = **J.sgesetze** *M*, = **J.svorlagen** *M*
Junktor *m* Zeichen für → Verknüpfung von → Aussagen
Jupiterlampe *w* (Berl. Firma) elektr. Bogenlampen für Film-, Fernsehaufnahmen
jur|**istische Person** *w* durch Gesetz als Rechtspersönlichkeit anerkannte Person (Ggs.: natürl. Person); **J.y** *w* (e.-fr.: *sehüri*) Preisrichterkollegium
Juso *m* ⟨ **Ju**ng**so**zialdemokrat
juvenil| *EW* (lat.) jugendlich; **j.e Blutungen** *M* unregelm. Blutungen junger Mädchen
Juxta *w* (lat.) Loskontrollstreifen

K ⟨ Kerze; ⟨ Kelvin; ⟨ Kalium; ⟨ Kraft. – k ⟨ Kilo; ⟨ Karat

Kabel|bagger *m* Tagebaugerät; **K.fernsehen** *s* Verbreitung von Fernsehsendungen über K.netz, = → Breitbandverteilernetz; **K.kran** *m* Laufkatze auf Tragseil; **K.leger** *m* Spezialschiff zum Verlegen von Seek.n

Kachexie *w* (gr.) fortgeschr. Gewichtsverlust, Kräfteverfall (bei Krebs)

Kaderpartei *w* aus zuverl. Funktionären best. Partei (Ggs.: Massenpartei)

Kaduzierung *w* (lat.) Ausschlußverfahren einer AG (GmbH) gegen Aktionäre (Gesellschafter), die ihrer Zahlungsverpflichtung nicht nachgekommen sind

Kainit *m* natürl. vorkomm. kalium- u. magnesiumhalt. Salz

Kabodylverbindungen *M* gift. organ. Arsenverbindungen von üblem Geruch

Kalander *m* heizb. Walzenvorrichtung zum Glätten von Papier, Herstellen von Kunststoffplatten u. -folien

Kalender|kongreß *m* Verbandstagung mit Terminfestlegung; **K.uhr** *w* Datumsanzeiger (Woche-Monat-Jahr)

kalibrieren (gr.-fr.) auf best. Durchmesser bringen

Kali|feldspat *m* mineral. Kaliumaluminiumsilikat; **K.glimmer** *m* kaliumhalt. Mineral (Granitbestandteil); **K.lauge** *w* stark bas. Lösung von Kaliumhydroxid in Wasser; **K.salpeter** *m* Kaliumsalz der Salpetersäure (Schießpulverbestandteil)

Kalium| *s* (ar.) chem. Element aus der Reihe der Alkalimetalle (⟨ *K*); **K.carbonat** *s* Pottasche (K.salz der Kohlensäure; Ausgangsstoff für Seifen- u. Glasfabr.); **K.chlorat** *s* K.salz der Chlorsäure (Ausgangsstoff für Zündholz- u. Sprengstoffherst.); **K.chlorid** *s* Mineraldünger (K.salz der Chlorwasserstoffsäure); **K.cyanid** *s* Cyankali (gift. K.salz der Blausäure); **K.hexacyanoferrat** *s* = → Blutlaugensalz; **K.hydroxid** *s* Ätzkali (bes. Verbindung aus K., Sauerstoff u. Wasserstoff); **K.nitrat** *s* = → Kalisalpeter; **K.permanganat** *s* Verbindung aus K., Mangan u. Sauerstoff (blauviol. Pulver; desinfizierend); **K.silicat** *s* Kaliwasserglas (K.salz der Kieselsäure); **K.sulfat** *s* Kunstdüngerbestandteil (K.salz der Schwefelsäure)

Kalk| *m* mehrere Calciumverbindungen; **gebrannter K.** durch Erhitzen („Brennen") von K.stein hergest. → Calciumoxid; **gelöschter K.** durch Umsetzen von Calciumoxid mit Wasser („Löschen") hergest. → Calciumhydroxid; **kohlensaurer K.** = → Calciumcarbonat; **ungelöschter K.** = gebrannter K.; **k.echt** gegen Basen widerstandsfähig; **K.milch** *w* Gemenge aus Wasser u. gelöscht. K.; **K.onit** *s* wisch- u. wetterfest mach. Zusatzmittel für K.anstriche u. dgl.; **K.salpeter** *m* = → Calciumnitrat; **K.spat** *m* mineral. vorkomm. Modifikation des → Calciumcarbonats; **K.stein** *m* häufigste Modifikation des Calciumcarbonats; **K.stickstoff** *m* Düngemittel (= Calciumcyanamid, anorg. Verbindung); **K.wasser** *s* Reagens zum Nachweis von Kohlendioxid (gesätt. wäßr. Lösung von → Calciumhydroxid)

Kalkul|ation *w* (lat.) Ermittlung der Kosten, die für eine Leistungseinheit (Kostenträger) anfallen werden (nach der Erstellungszeit: Vor-, Zwischen-, Nachk.ation; nach dem Verfahren: Divisions-, Zuschlagsk.ation); **K.ationsdifferenz** *w* Unterschied zw. veranschlagb. u. tats. entstand. Kosten; **K.ationsfaktor** *m* aus der Erfahrung gewonn., dem Warenbezugspreis zuzuschlag. Prozentsatz zur Gewinnung des Verkaufspreises; **K.ationskartell** *s* Zusammenschluß rechtl. selbständ. Unternehmen zur Festlegung von verbindl. Richtlinien zu K.ation (Ergebnis oft: → Preiskartell); **K.ations:schema** *s* Plan o. Systematik zur Ermittlung der Kosten; **K.ator** *m* Angestellter zur Aufstellung der K.ation; **k.atorische Abschreibungen** *M* erfassen den tats. Werbeverzehr (als Kosten zu verrechnen!); **k.atorischen Kosten** *M* stehen keine Ausgaben (Aufwendungen) direkt gegenüber (z. B. Mietkosten bei Nutzung eig. Räume); **k.atorische Zinsen** *M* anstelle tatsächl. zu zahlender Aufwandzinsen in der K.ation angesetzt (bes. Verzinsung des Eigenkapitals); **k.atorischer Unternehmerlohn** *m* Entgelt für den ohne feste Entlohnung arbeit. Unternehmer

Kallus *m* Keimgewebe des Knochens an Bruchstellen

Kalmengürtel *m* (fr.-d.) Gebiet häufiger Windstillen (über dem Meer)

Kalo *m* (it.) Gewichtsverlust von Waren

Kalomel *s* (gr.) = → Quecksilberchlorid

Kalor|ie *w* → Calorie (Maßeinheit für Leistungswert der Nahrung; ⟨ *cal;* heute: → Joule); **k.isch** (lat.) → Zustandsgleichung

Kalottenlautsprecher *m* Hochtonlautsprecher (Membran nicht trichter-, sondern halbkugelförmig)

Kalt|dach *s* Dach mit hinterlüft. Dachhaut; **k.e Progression** *w* der Inflation geschuld. höh. reale Steuerbelastung (Voraussetzung: progress. Steuertarif). – **Kälte|mischungen** *M* Stoffpaare, die sich beim Vermischen unter ihre Anfangstemperatur abkühlen (zur K.erzeugung, z. B. Eis + Kochsalz); **K.toleranz** *w* Verträglichkeit (von Bakterien) gegen hohe Kälte. – **Kalt|fluß** *m* → Kriechen; **K.formung** *w* Metallformung ohne Wärmeeinwirkung; **K.front** *w* Grenzbereich zw. zurückweich. warmer u. vordring. kalter Luftmasse; **K.gas:anlage** *w* (e.: cold gas system) Lagersteuerung eines Raumfahrzeugs mit Steuerdüsen; **K.härtung** *w* Kunststoffhärten durch Säurezusatz; **K.verformen** *s* Formänderung von Metallen bei Raumtemperatur (Eigenschaftsänderung)

Kalzium *s* → Calcium

Kamera|fenster *s* = → Bildfenster; **K.leerlauf** *m* = → Blindaufnahme; **K.lismus** *m* d. Form des → Merkantilismus; **k.listische Buchhaltung** *w* Buchhaltungssystem der öfftl. Verwaltung (→ Sollspalte für veranschl. Einnahmen u. Ausgaben, Istspalte für tatsächl. entstand. Zahlen)

Kammerflimmern *s* Herzflimmern (ungleichzeit. Zusammenziehen der Herzmuskelfasern)

Kammzugriff *m* ermöglicht in der → ADV gleichzeitiges Abtasten mehr. → Magnetplatten im Stapel

Kampf|abstimmung *w* Abstimmung mit ungewissem (knappem) Ausgang; **K.-einheit** *w* → amphibisch; **K.preis** *m* Preisgestaltung zur Bekämpfung der Konkurrenz (z. B. Verkaufs- unter Selbstkostenpreis)

Kampfer *m* → Campher

Kampf|stoffe *M* leicht verdampfb. Gift-, Reizstoffe (zur. K.unfähigmachung des Gegners)

Kanal| *m* (it.) → ↑ Frequenzbereich der drahtlosen Nachrichtenübertragung; Einrichtung zur Übertragung von Daten zw. Zentraleinheit u. Peripheriegeräten einer → ADVA; **K.arbeiter** *m* ↑ Mitglied einer SPD-Bundestagsgruppe; **K.kraftwerk** *s* Umleitungskraftwerk in off. Triebwasserleitung; **K.-strahlen** *M* Teilchenstrahlen aus posit. Ionen

Kann|bestimmung *w* mögl. Regelung, = **K.vorschrift** *w*; **K.kaufmann** *m* Inhaber eines land-, forstwirtsch. Nebenbetriebs (Eintragung ins HR freigestellt)

kanzerogen| → cancerogen; **k.e Substanzen** *M* krebserzeugende Stoffe

Kanzlerdemokratie *w* → Grundgesetz

Kaolin| *m* (*s*) (KW) Porzellanerde; **K.it** *m* Hauptbestandteil des K.s (mineral. Aluminiumsilikat)

Kapazi|tanz *w* Anteil der → Impedanz durch Kondensatorwirkung; **K.tät** *w* ↑ Aufnahme-, Leistungsfähigkeit; von Kondensator aufgen. Ladung geteilt durch die zw. seinen Elektroden liegende Spannung; maxim. Leistungsvermögen (Ausbringung) eines Betriebs (einer Wirtschaft) bei gegeb. Ausstattung; **K.täts:ausnutzung** *w* tatsächl. genutzte K.tät; **K.täts:erweiterungs:effekt** *m* Möglichkeit, die K.tät eines Betriebes durch Investitionen auszudehnen, die aus Abschreibungen aus vorh. K.täten finanziert werden; **K.tätsreserve** *w* Differenz zw. tatsächlich genutzter u. nutzbar. K.tät; **K.tätswirkung** *w* Wirkung einer Investition auf die Ausbringung

Kapelle *w* (lat.) ↑ Abzugsvorrichtung für schädl. Gase u. Dämpfe

kapillar|aktiv (KW, lat.) → oberflächenaktiv; **K.e** *w* Röhrchen mit kleinem Innendurchmesser; kleinstes Blutgefäß zum Stoffaustausch Blut : Körperzellen; **K.ität** *w* alle Erscheinungen als Folge des Zusammenwirkens von Ad-, Kohäsion u. Oberflächenspannung auf Grenzlinie zw. einer Flüssigkeit, einem Festkörper u. einem Gas

Kapital| *s* (lat.-it.) ↑ zur Verwertung in Produktionsmittel verwandt. Geld; gesamter Bestand an Produktionsausrüstung; der in der Bilanz ausgewies. Unternehmenswert; **K.abfindung** *w* Tilgung einer Schuld (Rente) durch einmal. Zahlung; **K.anlagegesellschaft** *w* → Beteiligungs-, → Investmentgesellschaft; **K.anteil** *m* gesetzl. Grundlage für Beteiligung eines Gesellschafters an OHG o. KG; **K.bedarf** *m* zur Herstellung der Produktionsbereitschaft u. zur Durchführung der Produktion benöt. K.; **K.bilanz** *w* Teil der → Zahlungsbilanz für K.verkehr mit dem Ausland; **K.dienst** *m* Zahlungen für aufgenomm. Kredite (Zinsen + Tilgung); **K.erhöhung** *w* Ausdehnung des Nominalk.s (AG: Erhöhung des Grundk.s durch Aktienausgabe); **K.ertrags:steuer** *w* Einkommensteuer aus K.anlage; **K.flucht** *w* massive K.ausfuhr (meist, um polit. u./o. ökon. Inlandrisiken zu entgehen); **K.freisetzungs:effekt** *m* → Kapazitätserweiterungseffekt; **K.gesellschaft** *w* Unternehmensform, die bes. auf die k.mäß. Beteiligung ausgerichtet ist (Ggs.: Personengesellschaft); → Rechtsform; **K.gut** *s* Ware unmittelb. zur Produktion; **K.herabsetzung** *w* Ggs.: → K.erhöhung; **K.intensität** *w* Verhältnis von K.einsatz u. Beschäftigung; **k.intensiv** Ggs.: → arbeitsintensiv; **k.intensive Produktion** *w* Produktion mit sehr hohem K.einsatz; **K.isation** *w* = **K.isierung** *w* Errechnung des Barwerts von zukünft. Erträgen (Ausgaben); **k.isieren** dem Vermögen zuschlagen; **K.ismus** *m* auf der Freiheit des Individuums beruh. ökon. Gesellschaftsform mit dem Ziel der K.verwertung (Trennung von K.besitz u. Arbeitskraft = Ware; Produktionsergebnisse fallen an K.; Abhängigkeit der Arbeitnehmer); **K.ist** *m* personif. K.; **K.ko:effizi:ent** *m* Kennzeichnung des K.einsatzes je produz. Einheit; **K.-konto** *s* Konto für das Eigenk. u. seine Bewegungen; **K.kosten** *M* bei der Verwendung von Fremdk. entsteh. Kosten; **K.markt** *m* Markt für mittel- u. langfrist. K.anlagen (Ggs.: Geldmarkt); **K.marktförderung** *w* alle Maßnahmen zur Ausdehnung der für Investitionen benöt. Mittel; **K.stock** *m* Ausstattung einer Wirtschaft mit Sachk.; **K.verkehr** *m* Kauf u. Verkauf von K.werten; **K.verkehrskontrollen** *M* Regulierung (Kontrolle) der Geld-, K.bewegungen zw. Nationen; **K.verkehrs:steuern** *M* Steuern auf die Bewegung (den Umsatz) von K.werten; **K.vernichtung** *w* dauerh. Stillegung von Produktionsmitteln (bes. in Krisen); **K.verwässerung** *w* Grundk.erhöhung durch Ausgabe von Gratisaktien; **K.verwertung** *w* → Kreislauf des K.s

Kapovaz ⟨ **kap**azitäts**o**rientierte **va**riable **A**rbeits**z**eit

Kapsel|pumpe *w* Vakuumpumpe best. Bauart; **K.werk** *s* → Kreiselpumpe

Karat| *s* (gr.) Gewichtseinheit für Edelsteine (1 K. = ca. 0,2 g); Feingehaltsangabe für Gold (100 % Gold = 24 K.)

Karbid *s* → Carbid; → Calciumcarbid

Kardan|gelenk *s* Maschinenbauteil zur Übertragung der Rotationsbewegung zw. 2 Wellen, die miteinander einen Winkel bilden; **K.tunnel** *m* Gehäuse für die K.welle im Pkw

Kardia| *w* (gr.) Mageneingang, Übergang von der Speiseröhre in den Magen; **k.l** das Herz betreffend, von ihm ausgehend. – **Kardio|logie** *w* Herzforschung; **k.vaskulär** (lat.) Herz u. Gefäße betreffend

Kargoversicherung *w* (sp.) Frachtversicherung eines Schiffes

Kari:es| *w* (lat.) Knochenzerfall, -fraß; **Zahnk.** *w* Zahnverfall, -fäule

Karkasse *w* (fr.) Gewebeunterbau des Fahrzeugluftreifens; noch zur Runderneuerung gebrauchb. Reifen

Karosserie| *w* (fr.) Blechkleid des Kraftfahrzeugs; **K.blech** *s* Qualitätsfeinblech für K.bau

Kartell| *s* (fr.) Zusammenschluß selbst. Unternehmen zur Beeinflussung des Markts durch Reduzierung (Ausschaltung) der Konkurrenz; **K.außenseiter** *m* Unternehmen, das in einer weitgeh. k.ierten Branche dem K. fernblieb; **K.gesetz** *s* Gesetz gegen Wettbewerbsbeschränkung (zur Aufrechterhaltung der Konkurrenz); **K.register** *s* Aufstellung aller dem K.gesetz unterliegenden Zusammenschlüsse von Unternehmen

Karten|doppler *m* → doppeln; **K.leselupe** *w* beleuchtb. Leseglas für Autofahrer; **K.leser** *m* Gerät der ADV, mit dem Daten von Loch- o. Markierungsdaten in den Computer übernommen werden; **K.locher** *m* Gerät zur Übertragung von Daten auf Lochkarten, = **K.stanzer** *m*; **K.sichtgerät** *s* Flugstrekkenkarte im Luftfahrzeug

kartesisches Koordinatensystem *s* (Descartes [*dêkart*]: fr. Philosoph, 16./17. Jh.) Koordinatensystem mit rechtwinkligen Achsen

karzin|ogen → carcinogen; **K.om** *s* Krebs(geschwulst), bösart. Geschwulst (rasch u. zerstörerisch wachsend, Bildung von Tochtergeschwulsten [Metastasen])

Kasch *m* Umrahmung einer Filmszene mit einem Gegenstand

kaschieren (fr.) beschichten, überkleben

Kaskade *w* (fr.-it.) ↑ Reihe von hinterein.geschalt. Kesseln zur Durchführung chem. Reaktionen

Kaskoversicherung *w* Fahrzeugversicherung

Kassa|geschäft *s* an der Effektenbörse sofort zu erfüllendes Geschäft (Warenbörse: Lokogeschäft; Ggs.: Termingeschäft); **K.kurs** *m* Kurs für Umsätze beim K.geschäft; **K.markt** *m* Markt für zum K.geschäft zugelassene Wertpapiere; **K.obligation** *w* festverzinsl. Schuldverschreibung mit mittelfrist. Laufzeit

Kassat|ion *w* (lat.) Urteilsaufhebung; **k.orische Klausel** *w* Vereinbarung, daß Schuldner bei Nichterfüllung seiner Verbindlichkeiten seine Rechte verliert; Vereinbarung der Fälligkeit der ganzen Forderung bei unpünktl. Teilzahlungen, = → Verfallklausel

Kasse| *w* (lat.) Bestand an liquid. Mitteln 1. Ranges (Banknoten, Münzen) in Unternehmen; Zahlungsverkehrsabteilung; Buchführungskonto über Barmittel des Unternehmens (= **K.konto** *s*); **K.nbericht** *m* Nachweis der tägl. Bareinnahmen u. -ausgaben; **K.nbon** *m* (*-boñ*) Kaufbescheinigung der Registrierkasse; **K.nmanko** *s* bei K.nkontrolle festgest. Fehlbetrag; **K.n:obligation** *w* = → Kassa:obligation; **K.nprüfung** *w* Vergleich des buchmäß. K.nbestandes mit dem tatsächl.; **K.nsturz** *m* Vergleich des vorhand. mit dem buchmäß. Bestand

Kassettenfernseher *m* richtig: → Audiovision

Kastration| *w* (lat.) Entfernung (Ausschaltung) der Keimdrüsen (Röntgenk.: durch Röntgenbestrahlung); **K.skomplex** *m* unbewußte Angst vor K. o. anderer (körperl., seel.) Verletzung

Katabolismus *m* (KW) Abbau der Nährstoffe innerhalb des Stoffwechsels

Katadioptrik *w* (gr.) Lehre von Brechung u. Spiegelung des Lichts

Katalys|ator *m* (gr.-lat., KW) Stoff, der chem. Reaktion ermöglicht o. beschleunigt, ohne verändert (verbraucht) zu werden; **K.atorgift** *s* Stoff, der Wirkung eines K.ators zerstört; **K.e** *w* Wirkung(sweise) eines K.ators; **k.ieren** katalyt. beschleunigen, ermöglichen. – **katalytisch** durch Katalysatorwirkung (k.e Beschleunigung)

Katamaran(schiff) *m* (*s*) aus 2 Schiffskörpern verbundenes Schiff, Doppelrumpfschiff

Katapultsitz *m* = Schleudersitz

Katarakt *m* (gr.) ↑ → Grauer Star, Linsentrübung

Kataster| *s*, *m* (lat.) Verzeichnis gleichart. Gegenstände; Nachweis von Liegenschaften, amtl. Grundstückverzeichnis; **K.steuern** *M* auf Eintragungen im K. hin erhobene Steuern

Katastrophenhund *m* auf bes. schwierige Situationen dressierter Suchhund

Katatonie *w* (KW, gr.) = → Spannungs:irresein

Kategorie *w* ↑ → Beanspruchungsgruppe

Katheter *m*, *s* (gr.) mediz. Röhrchen zum Einführen in Körperöffnungen

Kathode| *w* (gr.) negat. gelad. → Elektrode; **K.nstrahlen** *M* von der K. einer Elektronenröhre ausgeh. → Elektronenstrahlen; **K.nzerstäubung** *w* Verfahren zur Herstellung dünner Metallschichten

Kat:ion| *s* posit. gelad. → Ion; → Stoßionisation; **K.enseifen** *M* → Invertseifen

Katode *w* → Kathode

Kauf| auf Abruf *m* K., bei dem Käufer den Zeitraum der Lieferung bestimmt; **K. auf Probe** *m* K., der erst durch zusätzl. Billigung der Ware rechtskräftig wird. – **Käufermarkt** *m* = → Buyermarket (Ggs.: → Verkäufermarkt). – **Kauf|kraft** *w* zahlungsfäh. Nachfrage in einer Wirtschaft; **K.kraftparität** *w* Austauschverhältnis zw. den k.kraftgleichen Währungen zweier Nationen; **K.kraftparitätentheorie** *w* Versuch, den Wechselkurs zweier Nationen über die K.kraft zu bestimmen; **k.männische Anweisung** *w* von einem K.mann ausgest. Wertpapier, auf das hin ein anderer K.mann eine Leistung ohne Gegenleistung erbringen muß; **K.zeitung** *w* im Straßenverkehr abgesetzte tägl. Publikation

Kaurit *m* (KW) wasserlösl. künstl. Klebstoff

kausal| (lat.) ursächl. zusammenhängend (Ggs.: → akausal); **K.gesetz** *s* ↑ (nur beschränkt gült.) Annahme, daß man den Zustand eines abgeschloss. Systems in einem Zeitpunkt genau kennen muß, um daraus seine vergang. o. zukünft. Zustände zu berechnen, = **K.prinzip** *s*

kaust|ifizieren (KW) mit gelöschtem Kalk behandeln; **K.ik** *w* Brennfläche eines unvollst. korrig. opt. Systems; **k.isch** ätzend

Kauter| *m* (gr.) Instrument (Ätzmittel) zur Zerstörung von Gewebe (= **K.isation** *w*)

Kaveling *w* (nl.) Mindestmenge auf Auktion

Kaverne| *w* (lat.) Höhle, Hohlraum; **K.nkraftwerk** *s* in einer K. gebautes Kraftwerk; **K.nspeicherung** *w* Erdöl, -gasspeicherung in unterird., durch Auslaugen von Salzstöcken entstand. Hohlräumen. – **Kavitation** *w* Hohlraumbildung, = **Hohlsog** *m*

KB ⟨ → **K**ilo**b**yte. – **KBW** ⟨ **k**ommun. **B**und **W**estdeutschlands. – **K + E** ⟨ **k**alorienkontrolliert u. **e**iweißarm

Kegel|brecher *m* Zerkleinerungsmaschine für grobstück. Güter; **K.druckversuch** *m* Verfahren zur Härtemessung

Kehl|e *w* ↑ Webmaschinenteil, = → Fach; **K.kopfdiphtherie** *w* → Diphtherie; **K.kopfmikrophon** *s* am K.kopf anliegendes, dessen Schwingungen übertrag. Mikrophon (auch in lärmerfüllten Räumen benutzbar); **K.kopfspiegel** *m* = → Pharyngoskop

Keilriemen *m* Treibriemen mit keilförm. Querschnitt

Keim *m* ↑ → Kristallkeim

K-Einfang *m* → Kernreaktion, bei der ein Elektron der → Hülle vom Atomkern aufgenommen wird, wobei die Kernladungszahl um eins abnimmt

KEK ⟨ **K**omitee **e**urop. **K**irchen

Keller|abfüllung *w* vom Winzer abgefüllter Wein, = **K.abzug** *m*; **K.wechsel** *m* Wechsel zur Kreditbeschaffung, bei dem ein Zahlungsunfähiger (eine nichtexist. Person) als Bezogener eingesetzt ist

Kelvin *s* (e. Physiker, 19. Jh.) Maßeinheit der absoluten Temperatur; **K.-Skala** *w* beim absol. Nullpunkt beginn. Temperaturskala

Kennedy-Runde *w* (ehem. am. Präsident) Zollsenkungskonferenz im Rahmen der → GATT

Kenn|feld *s* graf. Darstellung charakt. Größen eines physik. o. techn. Geräts, = **K.lini:e** *w*; **K.leuchte** *w* Warn-, Blinklicht; **K.satz** *m* Datensatz mit den Merkmalen eines Datenträgers; **K.ung** *w* Lichtsignalfolge beim Leuchtfeuer; Senderangabe; Landmarke; **K.zahl** *w* = → K.ziffer; **K.zeichnung** des Land-, Ortsnetzes, Vorwählnummer; **K.zeichen** *s* Identifikationszeichen eines Fahrzeugs; **K.ziffer** *w* ganzzahliger Anteil beim Logarithmus (→ Ganzteilfunktion)

Keratin *s* (KW) im Horn enthalt. Eiweißstoffe („Hornstoff"; wesentl. Bestandteil von Haaren, Nägeln, äuß. Haut)

Kerb|ladung *w* = → Hohlladung; **K.lochkarte** *w* längs der Ränder vorgelochte Handlochkarte; **K.schlagbiegeversuch** *m* Verfahren zur Bestimmung der Zähigkeit von Werkstoffen; **K.schlagszähigkeit** *w* die so ermittelte Maßzahl

Kern| *m* ↑ Atomkern; **K.arbeitszeit** *w* Anwesenheitspflicht während gleit. Arbeitszeit; **K.bausteine** *M* → Nukleonen; **K.brennstoff** *m* zur Energiegewinnung im K.reaktor geeignete, zur K.fusion o. -spaltung befähigte Substanz, = Brennstoff; **K.chemie** *w* Wissenschaft von den stoffl. Veränderungen bei K.reaktionen; **K.eisen** *s* verstärktes Gußeisen o. Stahl; **K.emulsion** *w* für den Nachweis schnell bewegter Elementarteilchen geeign. fotogr. Emulsion; **K.energie** *w* bei K.umwandlungen freiwerdende Energie; **K.fusion** *w* Vereinigung von 2 o. mehr. Atomk.en unter Abgabe großer Energiebeträge; **K.isomerie** *w* → Isomerie; **K.it** *m* borhalt. Mineral; **K.kettenreaktion** *w* wie eine → Kettenreaktion verlauf. K.umwandlung; **K.kräfte** *M* Kräfte im Innern der Atomk.e, die den Zusammenhalt der Nukleonen bewirken; **K.kraftwerk** *s* techn. Anlage zur Gewinnung von elektr. aus K.energie; **K.ladungszahl** *w* Anzahl der Protonen in einem Atomk.; = → Protonenzahl; **K.modell** *s* anschaul. Darstellung des Aufbaus der Atomk.e; **K.nährstoff** *m* durch → Konversion im → Brutreaktor in einen K.brennstoff umwandelb. nicht spaltb. Material; **K.physik** *w* Physik der Atomk.e; **K.prozeß** *m* → K.umwandlung; **K.reaktion** *w* → K.umwandlung; → Reaktion; **K.reaktor** *m* Anlage zur Durchführung von K.umwandlungen (zur K.energiegewinnung); **K.resonanzspektroskopie** *w* physik.-chem. Analysenverfahren; **K.-spaltung** *w* künstl. hervorgeruf. Zerfall eines Atomk.s in 2 annähernd gleichgroße Bruchstücke unter Abgabe hoher Energiebeträge; **K.speicher** *m* → Ferritkernspeicher; **K.technik** *w* Durchführung von K.umwandlungen (zur Gewinnung von K.energie o. radioakt. Isotopen); **K.umwandlung** *w* Umwandlung eines Atomk.s in einen andern durch radioakt. K.zerfall o. durch äuß. Ursachen (K.spaltung, -fusion nach Auftreffen eines Teilchens); **K.verschmelzung** *w* = → K.fusion; **K.waffen** *M* Waffen, die die Vernichtung ihrer Ziele durch K.spaltung o. -fusion erzeugen; **K.wuchs** *m* Bäume aus Samen; **K.zerfall** *m* bei best. („radioaktiven") Isotopen auftret. spontane K.umwandlung unter Aussendung von Alpha- o. Betastrahlung (u. oft zusätzl. Gammastrahlung), = **radioaktiver Zerfall** *m*

Kerosin *s* (KW) Erdölfraktion mit Siedebereich von ca. 200–250 °C (Treibstoff für Düsentriebwerke)

Kerrzelle *w* Gerät zur Steuerung der Intensität eines Lichtstrahls mit elektr. Spannung

Kerze *w* ↑ → Chandelle; Maßeinheit der Lichtstärke

Ket|ale *M* (KW) organ. Stoffklasse (herstellb. durch Kondensation von **Keto-**

nen mit Alkoholen); **K.ogruppe** *w* Atomgruppierung aus Kohlenstoff u. daran dopp. gebund. Sauerstoff in organ. Molekülen; **K.one** *M* Gruppe organ. Sauerstoffverbindungen mit einer K.ogruppe im Molekül; **K.onharze** *M* Kunststoffklasse; **K.osen** *M* Zuckerklasse mit K.ogruppen im Molekül, = **K.ozucker** *M*

Kett|baum *m* Spulenkörper, auf den die K.fäden im Webstuhl aufgewickelt sind; **K.en:anzeige** *w* Anzeigenserie mit gleichem Blickfang; **K.enhandel** *m* Einschaltung von Zwischenhändlern; **K.en:isolator** *m* → Abspannkette; **K.enläden** *M* Geschäftszusammenschluß zum zentr. Einkauf; **K.enmolekül** *s* Molekül aus vielen reihenförm. gebund. Atomen; **K.enreaktion** *w* physik. (chem.) Reaktion, die sich von einem reagier. Teilchen (Atom, Molekül) zum nächsten überträgt u. so nacheinander zum Umsatz aller Teilchen einer größ. Stoffmenge führen kann; **K.enregel** *w* Regel der Differentialrechnung, nach der Verkettungen von Funktionen abgeleitet werden; **K.fäden** *M* in Richtung der Gewebebahn lauf. Fäden

Keule *w* → chemisch; → chemical mace

Key *s* (e.: *kī*) Kennziffer

KfH ⟨ **K**ammer für **H**andelssachen. – **KfW** ⟨ **K**reditanstalt für **W**iederaufbau. – **KG** ⟨ **K**ommandit**g**esellschaft; **KGaA** ⟨ **K**ommandit**g**esellschaft **a**uf **A**ktien. – **kgV** ⟨ **k**leinstes **g**emeins. **V**ielfaches

Kick|down *s* (e.: *-daun*) plötzl. Durchtreten des Gaspedals zur Beschleunigung; **K.starter** *m* Motorradfußhebel (Anlasser)

Kiefer:orthopädie *w* = → Orthodontie

Kies|abbrand *m* Rückstand der Schwefelsäuregewinnung; **K.e** *M* ↑ Gruppe schwefelhalt. Mineralien; **K.elgalmei** *m* Zinkerz; **K.elgel** *s* aus K.elsäure besteh. saugfäh. Pulver; = → Silicagel; **K.elgur** *w, s* natürl. vorkomm. K.elgel; **K.elsäure** *w* sauerstoffreiche Siliciumverbindung mit schwach sauren Eigenschaften; **K.erit** *m* mineral. Magnesiumsulfat; **K.filter** *m* Anlage zur Abwasserreinigung

Kif| *s* (e.-ar.) Haschisch; **k.fen** Haschisch genießen

Kilobyte *s* = 1024 → Bytes

Kilomet|ergeld *s* Erstattungsbetrag für Dienstfahrten im Pkw; **k.rieren** mit K.ermarken versehen

Kilowort *s* 1024 Wörter (DVA)

Kind|chenschema *s* Sympathieweckung durch K.ergesicht; **K.erdorf** *s* Siedlung für verwaiste (heimatlose) K.er u. Jugendliche; = → Schuldorf; **K.erfreibetrag** *m* steuerl. Ermäßigung für Steuerpflichtige mit Kindern (bis Ende 1974); **K.ergeld** *s* Leistung der Bundesanstalt für Arbeit an Erziehungsberechtigte für jedes Kind (seit 1. I. 1975); **K.erkrippe** *w* Betreuungsstelle für Klein(st)k.er; **K.erladen** *m* antiautor. K.ergarten, = **K.erkommune** *w*; **K.erlähmung** *w* = → spinal; **K.ertages:stätte** *w* ganztäg. K.ergarten

Kin|emathek *w* (KW) Filmarchiv; **K.ematik** *w* Bewegungslehre, = **K.etik** *w* (→ chem. K.etik; Reaktionsk.etik); **K.etin** *s* Zellteilungshormon; **k.etische Energie** *w* Bewegungsenergie; **k.etische Gas:theorie** *w* Erklärung der Eigenschaften von Gasen durch Annahme, daß sie aus Molekülen bestehen, die mit temperaturabh. Durchschnittsgeschwindigkeit durcheinanderfliegen u. durch ihre Stöße gegen Gefäßwand Gasdruck verursachen; **K.etose** *w* Reisekrankheit

Kinine *M* (KW) bes. aktive Wirkstoffe

Kipp|e *w* ↑ aus an and. Stelle gewonn. Bodenmassen aufgeführte Bodenerhebung; **K.er** *m* kippb. Transportfahrzeug; **K.kübel** *m* Fördergerät; **K.regel** *w* Meßinstrument für Meßtischaufnahmen; **K.schalter** *m* Lichtschalter mit Hebel

Kippscher Apparat *m* (nl. Apotheker, 19. Jh.) Laborgerät zum Herstellen von Gasen durch chem. Reaktion einer Flüssigkeit mit Feststoff

Kippschwingungen *M* Schwingungen, deren zeitl. Verlauf sich durch → Sägezahnkurve darstellen läßt

Kirchhoffsche| Regeln *M* (d. Physiker, 19. Jh.) physik. Lehrsätze zur Berechnung der Verteilung elektr. Ströme in mehrteil. Leiternetz; **K.s Strahlungsgesetz** *s* naturges. Zshg. zw. Emissions- u. Absorptionsvermögen strahl. Körper

Kissenverzeichnung *w* von der Strahlstellung, Ablenkung u. Bildschirmkrümmung abhäng. Bildverzeichnung

Kita *w* ⟨ **Ki**nder**ta**gesstätte

Kitt| *m* → geschlossen; **K.blumen** *M* Schäden an K.schichten von Objektiven

KIWZ ⟨ **K**onferenz über **i**nternat. **w**irtsch. **Z**usammenarbeit (seit 1975). – **KKW** ⟨ **K**ern**k**raft**w**erk

Klang|analyse *w* Zerlegung eines K.es in seine Teiltöne; **K.brücke** *w* = → Bridge; **K.regler** *m* Vorrichtung zur Veränderung des Rundfunkk.es; **K.spektrum**

s Darstellung der Amplituden aller Teiltöne eines K.es abhängig von ihrer Frequenz

Klapp|entext *m* Werbung auf dem Buchschutzumschlag; **K.kamera** *w* Balgenkamera mit verschließb. Gehäuse; **K.mast** *m* (e.: jack knife mast) Bohrmast in Gitterkonstruktion; **K.verschluß** *m* Schlitzverschluß in Spiegelreflexkameras mit begrenzt. Belichtungszeitenreihe

Klarfilter *m* Lichtfilter, das nur den sichtb. Bereich hindurchläßt

Klär|gas *s* aus K.schlamm durch Bakterieneinfl. entsteh. brennb. Gas

Klar|heitsgrad *m* → Bewußtseinstufe; **k.ieren** Schiffszollformalien erledigen

Klärschlamm *m* Feststoffanteil der Abwässer

Klar|schrift *w* ↑ visuell u. maschin. lesb. Schrift; **K.schriftleser** *m* DVA-Gerät, das die Daten les- u. abtastbar macht; **K.sichtfoli:e** *w* durchsicht. Folie, = **K.sichthülle** *w*; **K.text** *m* ↑ = K.schrift; **K.tonblende** *w* Einrichtung eines Reintonverfahrens

Klasse| *w* (lat.) soziale Gruppe innerhalb einer Gesellschaft mit gleichen Merkmalen; → closed; → open; **K.n:einteilung** *w* ↑ Einteilung einer Menge in elementefremde Teilungen; **K.ngesellschaft** *w* in K.n gespaltene Gesellschaft; **k.nlose Gesellschaft** *w* Gesellschaft ohne K.nschranken; **K.kampf** *m* Auseinandersetzung der K.n um Durchsetzung ihrer ökon. Interessen

klassieren ↑ körn. Feststoffgemisch nach Korngröße o. -gewicht auftrennen

klassifizierte Straßen *M* dem Verkehr von Ort zu Ort dienende Straße (Ggs.: Gemeindestraßen)

klassisch|es Flattern *s* → B-Flattern; **k.e Mechanik** *w* = → Newtonsche Mechanik

Klavierband *s* scharnierart. Befestigung für bewegl. Möbelteile

Klecksographie *w* psychol. Test (Deutung von Tintenklecksen)

klein| → auch: groß; **k.e Anfrage** *w* schriftl. Auskunftersuchen eines Parlamentariers an die Regierung (schriftl. Antwort möglich); **K.akti:e** *w* Aktie mit niedr. Nennbetrag; **K.aktionär** *m* Aktionär mit nur gering. Anteil am Unternehmen (ohne wesentl. Einfluß); **K.betrieb** *m* organis. Betrieb mit bis zu 5 Beschäftigten (mit weniger als 5 ha Nutzfläche); **K.brennertest** *m* Prüfverfahren der Entflammbarkeit von Werkstoffen; **K.fund** *m* Fundsache unter 3 DM Wert; **K.haus** *s* Haus mit höchst. 2 Vollgeschossen; **K.klima** *s* bodennahes Klima; **K.motor** *m* Motor mit Abgasleistung von weniger als 750 W; **K.(st)bildkamera** *w* Fotogerät für 12 x 17 (24 x 36) mm-Aufnahmen; **K.stmotor** *m* Motor mit Leistungen unter 1 W; **K.stwohnung** *w* Einzimmerwohnung mit Kochnische u. Dusche

Klima|-Anlage *w* Lüftungsanlage mit Luftaufbereitungsaggregaten u. autom. Luft- u. Feuchtreglung; **K.regelung** *w* Regelung des Luftzustandes in einem Raum; **K.technik** *w* alle zum K.tisieren notw. techn. Vorkehrungen; **k.tisieren** Raum mit Luft einer best. Beschaffenheit (Temperatur, Feuchtegehalt) versorgen

Klinkern *s* Verdichtung von feinpulvr. Gut durch Erhitzen

Klinomobil *s* Kraftfahrzeug mit klin. Ausrüstung

Klipper *m* großes Überseeflugzeug; Schnellsegler

Klirrfaktor *m* Maßzahl für die Tendenz elektr.-akust. Geräte (Lautsprecher, Mikrophone u. dgl.), die übertrag. Klänge durch nichtlin. Verzerrungen zu verfälschen

Klischee *s* ↑ → Druckstock

Klon| *m* (gr.-e.) aus einer einz. Zelle durch ungeschl. Fortpflanzung hervorgeg. Gruppe erbgleicher Zellen; **k.en** aus Individuum homogene, genet. ident. Nachkommen erzeugen

Klonus *m* (gr.) Schüttelkrampf

Klopf|bremse *w* = → Gegen-, → Antiklopfmittel; **K.en** *s* ↑ schlagart., für den Motor schädl. Selbstentzündung des Kraftstoff-Luft-Gemischs bei der Kompression; **K.festigkeit** *w* Fähigkeit eines Kraftstoffs, im Motor bei hoher Kompression ohne K.en zu verbrennen

Klystron *s* (gr.) Elektronenröhre zur Erzeugung kurzwell. elektromagn. Schwingungen

kn ⟨ → **Kn**oten

Knall|gas *s* aus Wasser- u. Sauerstoff besteh. explosives Gasgemisch; **K.quecksilber** *s* hochexplos. Quecksilbersalz der K.säure (Initialzünder); **K.säure** *w* leicht zersetzl. org. Stickstoffverbindung; **K.schleppe** *w* K. beim Durchbrechen der Schallmauer, = **K.teppich** *m*

Knaus-Ogino (d. u. jap. Gynäkologe, 1892) Empfängnisverhütung durch Verzicht auf Geschlechtsverkehr während des Ovulationstermins (Empfängnisbereitschaft!)

Knautsch|lack *m* faltig gewalktes Nappaleder, = **K.leder** *s*; **K.zone** *w* Teil der

Kfz-Karosserie, der sich bei Zusammenstößen verformt (u. dadurch einen Teil der Aufprallenergie unwirksam macht)

Knebelungsvertrag *m* unzumutb. Einschränkung der wirtsch. Freiheit eines Vertragspartners (sittenwidrig; § 138 BGB)

Knetlegierungen *M* Metallegierungen, die sich durch spanlose Verfahren (Walzen, Schmieden usw.) verarbeiten lassen

Knick| *m* ↑ Übergang vom Steil- in Flachgelände; **K.last** *w* krit. Drucklast eines Balkens

Knie|hebelbrecher *m* Zerkleinerungsmaschine für grobstück. Güter; **K.sehnenreflex** *m* = → Patellarreflex

knitterfrei mit Kunstharzen imprägniert (nach Trocknung bei hoher Temperatur elastisch bleibend)

KNK ⟨ **K**ompakte **N**atriumgekühlte **K**ernreaktoranlage

Knochen|asche *w* aus geglühten K. gewonn. Substanz; **K.auswuchs** *m* = → Exostose; **K.bank** *w* Bewahrstelle für transplantierb. K.; **K.kohle** *w* durch Erhitzen von Tierk. hergest. Aktivkohle; **K.transplantation** *w* Übertragung von K.gewebe

Knoten| *m* ↑ Punkt, an dem die Bahn eines bewegl. Gestirns die Ebene der Ekliptik durchstößt; nicht mitschwingende Stelle einer steh. Welle; → Schwingungsk.

Know-how *s* (e.: *no-hau*) techn.-prakt. Wissen

Koagulation *w* (lat.) Gerinnung, Ausflockung, Verklumpung

koali|eren (fr.) K.tion bilden; **K.tions:aussage** *w* Bereitschaftserklärung für K.tion; **K.tionsfreiheit** *w* Recht, zur Wahrung (Förderung) der Arbeits-, Wirtschaftsbedingungen Vereinigungen zu gründen, = **K.tionsrecht** *s*

Koaxialkabel *s* aus 2 ineinanderliegenden Leitern mit kreisförm. Querschnitt u. gemeins. Achse besteh. Stromleitung

Kob *m* ⟨ **Ko**ntaktbereichs**b**eamter

Kobalt| *s* eisenart. chem. Element (Bestandteil vieler techn. Legierungen – des Vitamins B^{12}); **k.blau** k.halt. Farbpigment; **K.bombe** *w* Kernwaffe mit stark radioaktiv verseuch. Wirkung; Bestrahlungsgerät für Telek.therapie; → Gammatron; **K.glanz** *m* schwefel- u. arsenhalt. K.erz; **K.glas** *s* mit K.oxid blau gefärbtes Glas; **K.it** *m* = → K.glanz; **K.oxid** *s* K.-Sauerstoff-Verbindung

Kobe *m* ⟨ **Ko**ntaktbereichs**be**amter

koch|beständig K.en vertragend, = **k.echt** = **k.fest; K.beutel** *m* Lebensmittelverpackung aus Kunststoffolie, deren Inhalt ohne Öffnen der Verpakkung gar gekocht werden kann; **k.fertig** zum K.en vorbereitet; **K.mulde** *w* K.platten in der Arbeitsplatte der Einbauküche; **K.punkt** *m* = → Siedepunkt; **K.salz** *s* → Chlor; **K.schrank** *m* Einbaugerät mit allen K.utensilien

Kockpit *s* (e.) Führerkabine in Lastern, Jachten, Flugzeugen, = **Plicht** *w*; → Cockpit

Kodapaksystem *s* (KW) einfach bedienb. Kleinbildkamera

Kod|e *m* (e.) = → Code; Zuordnung von Zeichen(folgen) versch. Alphabete; **K.ierer** *m* → Adressant; → Codierung

Ko:erzitivkraft *w* Stärke des Magnetfeldes, das notwendig ist, um die magnet. → Remanenz eines ferromagnet. Werkstoffs aufzuheben

Ko:existenz *w* (lat., KW) → friedlich

Koffer| *m* ↑ mit and. Material wieder ausgefüllter Bodenaushub; **K.empfänger** *m* tragb. Rundfunk-, Fernsehgerät, = **K.gerät** *s* (= **K.radio** *s*)

kognitive| Balance *w* (KW, fr. [*-balañß*]) Ausgewogenheit der Beziehungen (zw. Personen, zw. Personen u. Objekten); **k. Minderheit** *w* Minorität, deren Überzeugung nur eine unter andern ist

kohär|ent (lat.) vom gleichen leucht. Punkt derselb. Lichtquelle ausgehend (= mit gleicher Wellenlänge, Schwingungs:phase u. -ebene); **K.enz** *w* (lat.) im gleichen Takt mit konstanter Phasenverschiebung erfolg. Ablauf zweier Schwingungen; **K.sion** *w* zw. den Molekülen des gleichen Stoffes wirk. Anziehungskraft

Kohle|fiber *w* leichter, sehr fester Kunststoff (für Luft-, Raumfahrt); **K.n** *M* ↑ zylindr. Elektroden in K.bogenlampen; **K.ndioxid** *s* durch Verbrennung von K.nstoff bei ausreich. Luftzutritt entsteh. Gas; **K.nhydrate** *M* → Saccharide; organ. chem. Verbindungen (energiereiche Nahrungsmittel: Stärke, Zucker u. dgl.); **K.(n)hydrierung** *w* Herstellung von als Treibstoff geeign. K.nwasserstoffen durch → Hydrierung von K.; **K.nmonoxid** *s* = → **K.noxid** *s* gift., bei ungenüg. Luftzufuhr durch Verbrennen von K. entsteh. Gas; **K.nsack** *m* Teil des Hochofens; **K.nsäure** *w* durch Reaktion von K.ndioxid mit Wasser erhältl. schwache Säure; **K.nsäurehydrid** *s* = K.ndioxid; **K.nsäure:assimilation** *w* → Assimilation; **K.nstoff** *m* nichtmetall., in der Natur als Diamant u. Graphit vorkomm. Element (Grundstoff der organ. Verbindungen); **K.nstoffgruppe** *w* Elemente K.nstoff, Silicium, Germanium, Zinn, Blei; **K.nstofftetrachlorid** *s* = → Tetrachlork.nstoff; **K.nwasserstoffe** *M* organ. Verbindungen, die nur aus K.n- u. Wasserstoff bestehen; **K.pfennig** *m* Steuer zur Errichtung von Stein-k.kraftwerken; **K.stifte** *M* = → K.n; **K.verflüssigung** *w* Herstellung flüss. Treibstoffe aus K.

Kohorte *w* (lat.) ↑ Gruppe soziol. zu Untersuchender

Ko:inzidenz *w* (lat.) zeitl. Zusammenfallen zweier Ereignisse (Krankheiten)

Koka:in *s* (KW) → Cocain

Kokille *w* (fr.) Metallgießform

Kokonverpackung *w* (*-koñ-*) durch Umspritzen mit Kunststoff luft- u. feuchtigkeitsdicht gem. Verpackung

Kolben| *m* ↑ gläs. Laborgefäß; in Zylinder hin- u. herbewegter Maschinenteil, der Druckkräfte erzeugt (aufnimmt); **K.blitz** *m* = → Blitzlichtlampe; **K.gebläse** *s* Großgasmaschine; **K.kompressor** *m* Maschine zur Drucklufterzeugung; **K.ring** *m* Dichtungsring zw. K. u. Zylinderwand; **K.strömung** *w* Flüssigkeitsströmung in Rohr, bei der sich alle Flüssigkeitsteilchen gleich schnell auf parall. Bahnen bewegen

Kolibakteri:e *w* Kohlehydrate zersetz. Darmbakterie

kolier|en (lat.) durch Tuch (**K.tuch** *s*) filtrieren

kollabieren (lat.) verfallen, plötzlich schwach werden (Mensch o. Organ)

Kollagen *s* (gr.) Eiweißsubstanz in Knochen, Knorpel, Bindegewebe usw.

Kollaps *m* (lat.) plötzl. Schwächeanfall (Kreislaufversagen)

Kollargol *s* (KW) Antiseptikum (kolloidales Silber)

kollationieren (lat.) ↑ Eintragungen gleich. Inhalts in versch. Büchern vergleichen

Kolleg|ialprinzip *s* Organisation, deren Entscheidungen von mehreren (gleichberecht.) Personen getroffen werden; **K.stufe** *w* Kurssystem auf den 3 obersten Oberschulklassen

Kollektiv| *s* (lat.) ↑ Produktionsgemeinschaft, in der sich der einzelne gemeinsch. Interessen unterordnet; **k.e Preis:politik** *w* von mehr. Unternehmen gemeinsch. betrieb. Preisgestaltung; **K.anzeige** *w* gemeins. Inserat der an einem Unternehmen Beteiligten, = **Sammelanzeige** *w*; **K.güter** *M* = → öffentl. Güter; **K.ierung** *w* Vergemeinschaftung priv. Produktionsmittel; **K.ismus** *m* Betonung des Vorranges des gemeinschaftl. Ganzen (Ggs.: Individualismus); **K.schuld** *w* moral. Schuld aller. – **Kollektor** *m* = → Kommutator; Transistorteil

Kollimator *m* (KW) die Lichtstrahlen parall. richt. Fernrohr

Kollodiumwolle *w* (gr.) Reaktionsprodukt aus Cellulose u. Salpetersäure

Kollo:id| *s* (KW, gr.) Mischung aus 2 Stoffen, von denen einer im andern äußerst fein (**k.al**) verteilt ist; **k.ale Lösung** *w* K. mit flüssigem Dispersionsmittel

Kolmation *w* (KW) = Auflandung, -höhung des Bodens durch Schwemmerde

Kolon *s* ↑ (gr.) Dickdarm

Kolon|ialismus *m* (KW, lat.) auf Eroberung, Unterdrückung u. Ausbeutung fremder Territorien u. Völker zielende Gewaltpolitik; **K.ie** *w* seiner wirtsch. u. rechtl. Souveränität beraubtes Territorium; **K.ialgesellschaft** *w* Kapitalgesellschaft im unterdrückten Staat zur Nutzbarmachung des erob. Territoriums für den unterdrückenden; **K.ialhandel** *m* Handel zw. unterdrück. Staat u. K.ie

Kolonne| *w* ↑ (fr.) chem. Laborgerät zur fraktionierten Destillation; **K.nverkehr** *m* in Gruppen mit gleichmäß. Abständen hinterein. fahr. Fahrzeuge

Kolophonium *s* (gr.) Harzbestandteil (Ausgangsstoff der Lackfabrikation)

Kolorimetrie *w* → Colorimetrie

Kolumnist *m* (KW, lat.) Journalist, der regelm. Meinungsbeiträge an derselben Zeitungsstelle veröffentlicht

Koma *s* (gr.) tiefe Bewußtlosigkeit; nebelart. Hülle der Kometen; Abbildungsfehler für außerh. der opt. Achse geleg. Dingpunkte

Kombi|nat *s* (r. ⟨ lat.) ↑ Zusammenschluß zusammengeh. Industriezweige zum Großbetrieb; **K.nations:töne** *M* beim Zusammenklingen zweier Töne unter best. Bedingungen hörb. weitere (versch.) Töne; **K.natorik** *w* Teilgebiet der Mengenlehre u. Wahrscheinlichkeitsrechnung (Auswahl u. Anordnung von Elementen einer Menge); **K.schiff** *s* Fracht- u. Fahrgastschiff; **K.wagen** *m* Personen- u. Lieferwagen

Kommabazillus *m* Choleraerreger

Kommandit|e *w* (KW, lat.) Zweiggeschäft; **K.gesellschaft** *w* Personengesellschaft zum Betrieb eines Handelsgewerbes unter gemeinsch. Firma mit beschränkt u. unbeschränkt haftenden

Gesellschaftern (**K.ist** *m* = **Komplementär** *m*); **K.gesellschaft auf Aktien** *w* Mischform von Personen u. Kapitalgesellschaft (unbegrenzt haftende Gesellschafter neben **K.aktionären**)

Kommerzialisierung *w* Überführung öfftl. Unternehmen in priv. Hände (Ggs.: → kommunalisieren)

Kommission| der Europäischen Gemeinschaften *w* EG-Kommission zur Fortentwicklung der europ. Integration (seit 1967); **K.är** *m* wer gewerbsmäßig Waren o. Wertpapiere für Rechnung eines andern (**Kommittent** *m*) im eig. Namen (ver)kauft; **K.s:tratte** *w* auf Rechnung eines Dritten gezog. Wechsel

kommunal|isieren (lat.) in Gemeindeeigentum überführen (Ggs.: → Kommerzialisierung); **K.obligation** *w* auf Kredit an k.e Körperschaften von Hypothekenbanken ausgegeb. Schuldverschreibung

Kommuni|kant *m* (lat.) ↑ → Adressat; **K.ationsforschung** *w* Untersuchung zwischenmenschl. Verstehens; **K.ations:pult** *m* Kontrollgerät aus Fernsehschirm, Kamera, Mikrofon, Computertastatur u. Fernsehbildfixator (Ersatz für Geschäftsreisen); **K.ationsquelle** *w* → Adressant; **K.ations:satellit** *m* Nachrichtensatellit; **K.ationszentrale** *w* Hauptbegegnungsstätte; **k.ativ** → Schleuse; **K.ationsziel** *s* → Adressat; **K.ator** *m* → Adressant

Kommunist|isches Manifest *s* von Marx u. Engels 1847 geschrieb. Zusammenfassung der (damal.) k.ischen Grundsätze

kommutat|iv (lat.) vertauschbar; **K.ivgesetz** *s* regelt Vertauschbarkeit der bei einer → Verknüpfung beteil. Elemente; **K.or** *m* Vorrichtung zum Umwenden der Stromrichtung bei Ankerdrehung im Elektromotor

Kompakt|anlage *w* vollständ. zusammengebaute Stereoanlage; **K.bau** *m* alle Industrieanlagen unter einem Dach; **k.ieren** verdichten

komparative Kosten *M* Vorteil im internat. Handel für jedes Land bei Spezialisierung auf die Produktion der Güter, die in diesem Land vergleichsw. am kostengünstigsten hergest. werden können

kompatib|el (lat.) verträglich, vereinbar, zusammenpassend; ohne Anpassungsmaßnahmen miteinander verbindbar (DVA); **K.ilität** *w* Verträglichkeit

Kompendium *s* (lat.) ↑ Abschirmeinrichtung einer Filmkamera gegen seitl. einfall. Licht

Kompensation|sbetrieb *m* sucht saisonale Schwankungen seiner Produktion durch zusätzl. Herstellung anderer Güter auszugleichen; **K.sgeschäft** *s* Ausgleich von Effektenkauf u. -verkauf in einer Bank; Ausgleich einer Warenlieferung im internat. Handel durch entgegenges. Warenlieferung (Ziel: Devisenersparnis); **K.sverfahren** *s* = → Ausgleichsverfahren

Kompetenz| *w* (lat.) Anordnungsrecht; Zuständigkeit; **K.k.** *w* Recht, über den Umfang seiner Zuständigkeiten zu entscheiden

Kompiler *m* → Compiler

Komplementär| (lat.) → Kommanditgesellschaft; **k.e Güter** *M* Produkte, die nur im Zshg. mit einem anderen Produkt verwendet werden können (Tinte: Federhalter; Ggs.: → substitutive Güter); **K.farben** *M* 2 Lichtfarben, die sich beim Mischen in best. Helligkeitsverhältnis zu Weiß ergänzen

Komplement| *s* (lat.) Ergänzung; **K.menge** *w* Ergänzung einer Menge zu einer andern; **K.winkel** *m* Ergänzung eines Winkels zu einem rechten

Komplex| *m* (lat.) ↑ Wirkung verdrängter Vorstellungen; **k.e Zahlenmenge** *w* künstl. math. Zahlenkonstruktion (auch physik.) mit reellen u. imaginären Zahlen; **K.chemie** *w* → Koordinationslehre; **K.ometrie** *w* analyt.-chem. Bestimmungsverfahren; **K.one** *M* in der K.ometrie verwend. Reagenzien; **K.salz** *s* Koordinationsverbindung mit salzart. Charakter; **K.verbindung** *w* → Koordinationsverbindung

Komposit|bau *m* Bootsbau aus Metall u. Holz; **K.werkstoff** *m* Werkstoff aus versch. Materialien, = **Verbundwerkstoff** *m*

Kompressi|bilität *w* (KW, lat.) Zusammendrückbarkeit; **K.on** *w* Volumenverringerung durch Druckeinwirkung; Verhältnis der Volumen vor u. nach der K.on (= **K.onsverhältnis** *s*); **K.onsdruck** *m* nach der K.on in einem Gas herrsch. Druck; **K.onsmodul** *m* Maßzahl für den Widerstand, den ein Stoff der Verformung durch allseit. wirk. äuß. Druck entgegensetzt; **K.onsstrumpf** *m* elast. Stützstrumpf(teil); **K.ons:takt** *m* Teil des Arbeitsablaufs von Verbrennungsmotoren, bei dem das Gasgemisch vor der Zündung komprimiert wird. – **Kompressor** *m* Maschine zum Verdichten von Gasen. – **komprimieren** durch äuß. Druckanwendung auf ein kleineres Volumen zusammenpressen

Kondens|ation *w* (lat.) ↑ Überführung von Gasen (Dämpfen) in flüssigen o. festen Zustand; Vereinigung zweier Moleküle zu einem größeren unter Abspaltung eines einf. Moleküls (z. B. Wasser; *ZW*: **k.ieren**); **K.ationskern** *m* Fremdpartikel, um den die K.ation von Dämpfen zu Flüssigkeiten bevorzugt erfolgt; **K.ations:punkt** *m* Temperatur, bei der Gas in festen o. flüss. Zustand übergeht; **K.ator** *m* i. a. aus 2 gegenein. isol. Metallplatten besteh. Schaltungselement, das elektr. aufgeladen werden kann, ohne sich dabei chem. zu verändern; Vorrichtung zur K.ation von Dämpfen durch Abkühlung; **K.or** *m* Beleuchtungssystem am Mikroskop; **K.wasser** *s* an Oberflächen, deren Temperatur unter dem → Taupunkt liegt, niedergeschlag. Wasserdampf

Kondition| *w* (lat.) ↑ Bedingungen für die Abwicklung eines Geschäfts; Warenbeschaffenheit; **k.ieren** ↑ durch Wärme- o. Klimabehandlung in best. Beschaffenheit überführen (Lebensmittel-Textilien-Chemikalien u. dgl.); **K.enkartell** *s* Kartell, das ohne Preisabsprache der Vereinbarung gleicher Verkaufsbedingungen dient

Konduktometrie *w* (KW) analyt. Methode, bei der der Ablauf einer chem. Reaktion durch Messen der elektr. Leitfähigkeit der reagier. Lösung verfolgt wird

konfektion|ieren (KW) in verkaufsfäh. Zustand bringen; in Serien herstellen; **K.s:industrie** *w* Bekleidungsindustrie

Konferenzschaltung *w* Zusammenschaltung versch. Teilnehmer, so daß jeder mit jedem in Kontakt treten kann

Konfiguration *w* (lat.) ↑ räuml. Anordnung der Atome im Molekül

Konflikt|forschung *w* = Friedensforschung; **K.kommission** *w* Hilfsorgan der ord. Gerichte (DDR)

Konformation *w* (lat.) ↑ Verdrehungszustand eines Moleküls; → Konstellation

kongenital (KW) angeboren; im Mutterleib erworben, = **konnatal**

Kongru:enz:abbildung *w* → Abbildung, die einer Figur eine kongruente Figur (gleicher Größe u. Gestalt) zuordnet

Königswasser *s* stark oxidier. Gemisch aus Salz- u. Salpetersäure, in dem sich Gold auflöst

Konjug|ation *w* (lat.) ↑ Auftreten mehr. Doppelbindungen im gleichen Molekül in best. Stellung relativ zueinander (**k.ierte Doppelbindung** *w*)

Konjunkt|ion *w* (lat.) ↑ scheinb. Begegnung zweier Gestirne; **K.ivitis** *w* Augenbindehautentzündung; **K.ur** *w* Auf- u. Abschwungphasen der kapitalist. Wirtschaften („Zyklen"); **K.ur(ausgleichs)rücklage** *w* von Bund u. Ländern bei der Bundesbank anzusammelnde Rücklagen aus Steueraufkommen (zur Nachfragebelebung in Abschwungphasen); **K.urbarometer** *s* Versuch, aus dem Verlauf früherer K.uren auf zukünft. zu schließen; **k.urelle Arbeitslosigkeit** *w* Arbeitslosigkeit bes. in Depressionsphasen; **K.urforschung** *w* Untersuchung der treib. Kräfte der K.ur auf empir.-statist. Grundlage; **k.urneutraler Haushalt** *m* öfftl. Budget, das den Auslastungsgrad des Produktionspotentials der Wirtschaft nicht belastet (bezogen auf ein Basisjahr); → antizyklisch; **K.urpolitik** *w* alle Maßnahmen zur Beeinflussung der K.urschwankungen; **K.urprognose** *w* Versuch der Vorhersage k.ureller Entwicklung; **K.urtest** *m* Verfahren zur Beobachtung der K.ur; **K.urtheorie** *w* theoret. Grundlage der K.urforschung; **K.urzuschlag** *m* gesetzl. geregelter, befrist., rückzahlb. Einkommens- u. Körperschaftssteueraufschlag; **K.urzyklus** *m* Zeitspanne zwischen der 1. u. letzten K.urphase

konkrete| Musik *w* aus Alltagsgeräuschen besteh. Musik; **k. Schadensberechnung** *w* Ggs.: → abstrakte Schadensberechnung

Konkurrenz| *w* (lat.) → Wettbewerb; → ruinös; **K.klausel** *w* Anerkennung des Wettbewerbsverbots (im Arbeitsvertrag – unter Firmengesellschaftern)

Konkurs| *m* (lat.) gerichtl. Vollstreckungsverfahren zur Befriedigung aller Gläubiger eines zahlungsunfäh. Unternehmens; **K.ausfallgeld** *s* Leistung an Arbeitnehmer, wenn Arbeitsentgelt bei K.eröffnung 3 Monate aussteht; **K.quote** *w* nach K.abschluß an die Gläubiger geleist. Zahlungen (in Prozent ihrer Forderungen)

konnatal = → kongenital

Konnossement *s* (lat.-it.) schriftl. Verpflichtung des Schiffers, die Seefracht dem Empfänger zuzuleiten, = → Schiffsfrachtbrief

Konsequenz *w* ↑ Ggs.: → Antezedens

Konservatismus *m* (KW, lat.) bewußte Bewahrung überkomm. Anschauungen u. Verhältnisse

Konserve *w* ↑ gespeich. Bild, Ton

Konsignations:handel *m* internat. übl. Form des Kommissionsgeschäftes

(Vermittler sorgt für Warenverkauf; Auftraggeber behält Eigentumsrecht bis zur Bezahlung)

konsist|ent (lat.) ↑ widerspruchsfrei; **K.enz** *w* Fließ- u. Verformungseigenschaften eines Stoffes

konsolid|ierte Bilanz *w* aus den Einzelbilanzen mehr. wirtschaftl. verbund. Unternehmen zusammengef. Bilanz, = **Konzernbilanz** *w*; **K.ierung** *w* Umwandlung kurz- in langfrist. Schulden; Zusammenfassung ält. Anleihen zu einer neuen zu einheitl. (niedr.) Zinssatz; Volumenabnahme eines belast. Bodens bei Abströmen des Porenwassers

Konsols *M* (e.) konsolid. Staatsschuldverschreibungen

Konsorti|albank *w* Mitgliedsbank eines K.ums; **K.algeschäft** *s* von einem K.um durchgef. Geschäft (z. B. vorübergeh. Zusammenschluß von Banken bei Aktien-, Obligationenemission), = → Partizipationsgeschäft; **K.um** *s* vorübergeh. Zusammenschluß von Unternehmen zur Durchführung eines (hohes Kapital erford.) Geschäfts (Gesellsch. des bürg. Rechts)

Konstantan *s* Nickel-Kupfer-Legierung, deren elektr. Widerstand sich mit der Temperatur praktisch nicht ändert

konstant|e Kosten *M* unabhäng. von der Ausbringung fest anfall. Kosten; **k.es Kapital** *s* Teil des Kapitals, der sich in Produktionsmittel umsetzt (Marx); **K.e** *w* (lat.) Wort, das in best. Zshg. unverändert bleibt; gleichbleib. Summand (bei Gleichungen); → Faraday

Konstellation *w* (lat.) Stellung zweier bewegl. Gestirne relativ zueinander; = → Konformation

Konstituante *w* (lat.) = → Verfassungsversammlung. – **Konstitution|** *w* (lat.) ↑ in der Strukturformel zum Ausdruck komm. Aufbau eines Moleküls; **K.swasser** *s* = → Bildungswasser

konstruktives Mißtrauensvotum *s* Mißtrauensbeschluß des Parlaments mit gleichzeit. Kanzlerwahl

Konsum|ation *w* (KW, lat.) Verbrauch als vorherrsch. Lebensform; **K.ent** *m* Verbraucher; = → Adressat; **K.entenkredit** *m* = → K.kredit; **K.erismus** *m* krit. Verbraucherbewegung; **K.genossenschaft** *w* Genossenschaft zur Beschaffung der Gegenstände des tägl. Bedarfs in großen Mengen zum Haushaltsmengenverkauf; **K.gesellschaft** *w* Gesellschaft, deren K.wünsche künstl. durch Industrie geweckt werden; **K.güter** *M* Verbrauchsgüter; **K.güter:industrie** *w* (Ggs.: Produktionsgüterindustrie); **K.kredit** *m* (Teilzahlungs-)Kredit zum Kauf von Verbrauchsgütern; **K.quote** *w* Verhältnis Verbrauchsausgaben : Haushaltseinkommen; **K.tion** *w* Verbrauch; **k.tiv** → Staatsausgaben

Kontakt| *m* (lat.) ↑ im festen Zustand wirksamer → Katalysator; **K.elektrizität** *w* entgegenges. elektr. Aufladung zweier versch. Stoffe bei inniger Berührung; **k.en** Geschäftsbeziehungen anbahnen; **K.er** *m* = → Account Executive; Vermittler zw. Agentur u. Auftraggeber; **K.gift** *s* → Hautgift; Katalysatorgift für Feststoffkatalysatoren; → Pestizid; **K.glas** *s* Haftglas, -schale, = **K.linse** *w*; **K.person** *w* ↑ (Krankheits-) Vermittler; **K.schwelle** *w* Verkehrsampelsteuerung auf der Fahrbahn; **K.spannung** *w* durch K.elektrizität entsteh. elektr. Spannung; **K.thermometer** *s* Thermometer, dessen Quecksilberfaden bei best. Temperatur elektr. K. schließt u. so z. B. einen Thermostaten steuert; **K.verfahren** *s* Methode zur Schwefelsäurefabrikation; **K.zaun** *m* elektr. gelad. Zaun, der bei Berührung Warnsignale gibt

Kontamination *w* (lat.) ↑ Verunreinigung; (radioakt.) Verseuchung; = → Vergiftung

Konten|klassen *M* System der Buchführungsordnung (10 K.klassen 0–9); **K.plan** *m* auf den Betrieb zugeschn. system. Gliederung der Buchführung mit allen im Betrieb zu führ. K.; **K.rahmen** *m* Systematik der Buchführungsordnung

Kontermutter *w* Schraubenmutter, die mit einer zweiten auf ders. Schraube sitzt, gegen diese festgedreht ist u. ihr durch die so entsteh. Klemmkräfte Halt gibt, = → Gegenmutter

Kontext *m* (lat.) (Satz-, Gedanken-, Situations-)Zusammenhang

Kontierung *w* (lat.-it.) Konto, auf dem ein Geschäftsvorfall zu verbuchen ist

Kontinental|klima *s* Ggs.: → Seeklima; **K.verschiebung** *w* ggs. Verschiebung der großen Landmassen auf der Erdoberfläche in geol. Zeiträumen (bewirkt z. B. allmähl. Auseinanderrücken Europa – Amerika)

Kontingent|e *M* (lat.) ↑ wert- o. mengenmäß. Begrenzung (Zuteilung) des Warenangebots; **K.ierung** *w* wert- o. mengenmäß. Beschränkung der Ein-, Ausfuhr im internat. Handel

kontinuierlich| (lat.) stetig, ununterbrochen; **k.e Straße** *w* mehrere Walzgerüste hintereinander. – **Kontinuität** *w* Stetigkeit, Lückenlosigkeit

Konto|korrent *s* (it.) Geschäftsverbindung, bei dem die Partnerleistungen in Kontenform gegenübergest. u. regelm. ausgeglichen werden (**K.korrentgeschäft** *s*); **K.korrentkredit** *m* (kurzfrist.) Kredit einer Bank an Kunden im K.korrent, = → Kredit in laufender Rechnung

Kontorhandel *m* = → Streckenhandel

Kontradiktion *w* (lat.) ↑ Gegenteil (Negation) einer → Aussage

Kontrah|ent *m* (lat.) Vertragspartner; **k.ieren** Vertrag schließen, vereinbaren; sich zusammenziehen, schrumpfen; **K.ierungszwang** *m* gesetzl. Verpflichtung zum Vertragsabschluß mit Antragsteller (z. B. Bundesbahn, -post, Versorgungsbetriebe)

Kontra:indikation *w* (KW, lat.) Gegenanzeige (Grund, best. Heilmittel nicht zu geben, best. Behandlung nicht durchzuführen)

Kontrast| *m* (it.) Gegensatz; Helligkeitsunterschied benachb. Teile eines abzubild. Gegenstands; **K.filter** *m* fotogr. Farbk.-Verstärker; **K.regler** *m* Vorrichtung zum Verändern der Bildsignalamplitude am Fernsehgerät

Kontrazept|ion *w* (KW, lat.) → Empfängnis-, Schwangerschaftsverhütung (Mittel: **K.iva** *M*)

Kontroll|gesellschaft *w* → Beteiligungs-, Holdinggesellschaft; **K.stab** *m* → Regelstab; **K.turm** *m* Flugsicherungsgebäude auf dem Flughafen; **K.uhr** *w* Zeitüberwachungsgerät

Konturenschärfe *w* Meßgröße zur Bestimmung der Abbildungsschärfe

Konus *m* ↑ (gr.) kegelförm. Maschinenteil

Konvektion *w* (lat.) Transport von Wärme o. elektr. Ladung durch mater. Strömung

Konvention|alstrafe *w* vertragl. vereinb. Strafe bei schuldhafter Vertragsverletzung, = → Vertragsstrafe; **k.elle Datenverarbeitung** *w* → Datenverarbeitung; **k.elle Waffen** *M* herkömml. Waffen (Ggs.: Kernwaffen); **K. von Lomé** *w* Finanz-, Handels- u. Kooperationsvereinbarung zw. EG u. 46 AKP-Staaten (Afrika, Karib. u. Pazif. Inseln)

konverg|ent (lat.) ↑ mit Grenzwert; Ggs.: → divergent; **K.enz** *w* → Divergenz; ↑ Ausrichtung mehr. (Licht-) Strahlen auf den **K.enzpunkt** *m*, zu dem die Strahlen **k.ieren**

Konver|sion *w* (lat.) ↑ Umwandlung von nicht spaltb. in spaltb. Material im Reaktor; = → K.tierung; **K.ter** *m* Kernreaktor, in dem durch K.sion lauf. neues spaltb. Material entsteht, das aber zum Ersatz des lauf. Brennstoffverbrauchs nicht ausreicht (Ggs.: → Brutreaktor); Vorsatzlinsensystem, das Brennweite eines Objektivs verändert; Reaktionsgefäß zur Reinigung flüss. Metalle durch Oxidation der Verunreinigungen mit Sauerstoff; **K.tibilität** *w* Recht u. Möglichkeit, Inlandswährung zum Verbrauch in Devisen einzutauschen; Möglichkeit, Währung beliebig in Gold zu tauschen, = **K.tierbarkeit** *w*; → inkonvertibel; **K.tierung** *w* = K.sion; Umwandlung einer Schuld zur Schaffung günstigerer Zahlungsbedingungen; **K.tiplan** *m* = → Convertiplan

Konzentr|at *s* (lat.) Rückstand beim K.ieren eines Stoffgemischs; **K.ation** *w* ↑ Stoffmenge geteilt durch das von ihr erfüllte Volumen; Zusammenballung wirtsch. Kraft; **K.ation des Kapitals** *w* Re:investition der Gewinne (Marx); **k.ieren** Lösung durch Abdampfen des Lösemittels anreichern

Konzeption *w* (lat.) Befruchtung, Empfängnis; Vereinig. von Ei u. Samenzelle

Konzern| *m* (lat.) Zusammenschluß von Unternehmen unter einheitl. Leitung bei Erhaltung der rechtl. Selbständigkeit; = → verbundene Unternehmen; **K.bilanz** *w* = → konsolidierte Bilanz

konzertierte Aktion *w* Abstimmung zw. Gewerkschaften, Unternehmerverbänden u. Staat zur Erhaltung eines wirtsch. Gleichgewichts

Konzession|är *m* (lat.) Inhaber einer K. (behördl. Genehmigung)

Ko-op| *w* aus kleineren Schuleinheiten zusammengelegte Schule (〈 **k.erative Schule** *w*). – **Ko:operation|** *w* (lat.) Zusammenarbeit von Unternehmen auf wirtsch. Gebiet; **K.s:abkommen** *s* internat. Abkommen über Zusammenarbeit im wirtsch., techn. Bereich

Ko:opt|ation *w* (KW, lat.) Zu-, Ergänzungswahl (*ZW*: **k.ieren**)

Ko-op-Werbung *w* werbl. Zusammenarbeit von Hersteller u. Händler

Ko:ordinat|en *M* (lat.) Zahlen, die einen Punkt o. Vektor im **K.ensystem** *s* festlegen; **K.en:achse** *w* Gerade als Bestandteil des K.ensystems; **K.ionslehre** *w* chem. Erforschung der **K.ionsverbindungen** *M* chem. Verbindungen „höh. Ordnung", die nur durch das Zusammentreten mehr. klass. Moleküle erklärt werden können; **K.ionszahl** *w* Anzahl der Liganden im Molekül einer K.ionsverbindung

Kopal *m*, *s* (sp.-ind.) trop. Baumharz (Lackrohstoff)

Kopf|-an-Kopf-Rennen *s* ↑ sehr knappes Wahlergebnis; **K.ausgabe** *w* Tageszeitung mit Zentralredaktion für allg. Teil, = **K.blatt** *s*; **K.bahnhof** *m* Bahnhof mit stumpfem Abschluß der maßgeb. Gleise; **K.uhr** *w* Gabe, willkürl. aus normalem Schlaf zu best. Zeit aufzuwachen; **K.welle** *w* an der Spitze eines überschnell bewegt. Körpers entsteh., sich kegelförm. ausbreit. Luftverdichtung (als **K.wellenknall** *m* = **Überschallknall** *m* akust. wahrgenommen)

Kopplung *w* ↑ ggs. Beeinflussung zweier (i.a. schwingungsfäh.) Systeme (Pendel–elektr. Schwingungskreise u. dgl.)

Korn| *s* ↑ beim Entwickeln fotogr. Emulsionen an den belicht. Stellen entsteh., in Vergrößerungen als dunkler Punkt sichtb. Silberkorn; **K.anfall** *m* Brechergebnis einer Zerkleinerungsmaschine. – **Körner** *m* Werkzeug zum Einschlagen von Vertiefungen in Metallteile. – **Korn|grenzen** *M* Grenzflächen zw. Kristalliten; **K.größe** *w* Weite einer Öffnung, durch die ein Metallteilchen gerade noch hindurchgeht

Koron|a *w* (lat.) äußerster Teil der Sonnenatmosphäre (bei Sonnenfinsternissen als Strahlenkranz sichtbar); = **K.a:entladung** *w* bei hohen Spannungen an Drähten (Leiterspitzen) unter Leuchterscheinungen durch die Luft erfolg. stet. elektr. Entladung; **K.ari:en** *M* Herzkranzgefäße (versorgen Herzmuskel mit Blut); **K.ar:insuffizi:enz** *w* Leistungsschwäche der K.ari:en; **K.arthrombose** *w* Blutgerinnsel in K.ari:en; **K.averluste** *M* Verluste an elektr. Energie durch K.a:entladungen an Hochspannungsleitungen; **K.ograf** *m* Fernrohr zur Untersuchung der K.a

Körper| *m* ↑ Struktur, Menge, in der 2 Verknüpfungen erklärt sind, die den **K.axiomen** *M* genügen; **K.schaft** *w* Zusammenschluß von Personen zu → jurist. Person; **K.schaft des öffentlichen Rechts** *w* jurist. Person mit öfftl. Aufgaben (staatl. Kontrolle; Hoheitsbefugnisse); **K.schafts:steuer** *w* Einkommenssteuer jurist. Personen; **K.schall** *m* sich in festen K.n (Erdboden–Gebäudeteilen u. dgl.) ausbreit. Schall

Korpusk|el *w* (lat.) Teilchen; **K.ularstrahlen** *M* Strahlen aus bewegten Teilchen (Atomen, Molekülen, Ionen, Elektronen u. dgl.)

Korrektion *w* ↑ Beseitigung der → Abbildungsfehler

Korrelation *w* (lat.) ↑ (statist.) Verhältnis (zw. 2 Testfaktoren)

Korrespondenz *w* ↑ → programmiert

Korrosion *w* (lat.) durch den chem. Einfluß der Umgebung erfolgende unerwünschte Werkstoffveränderung (Ggs.: Verschleiß)

kortikale Persönlichkeitszüge *M* (lat.) Denkkapazität, Abstraktionsfähigkeit u. dgl.

Korund *m* (e.) kristallines Aluminiumoxid (Schleifmittel)

kosm|isch (gr.) zum Weltall gehörig; **k.ische Strahlung** *w* → Höhenstrahlung; **K.ochemie** *w* Erforschung der stoffl. Zusammensetzung außerird. Körper; **K.odrom** *s* r. Startplatz für Raumfahrzeuge; **K.ologie** *w* astrophysik. Erforschung von Aufbau u. Entwicklung des Weltalls; **K.otel** *s* Kurhotel mit Sanatoriumsanlagen

Kosten| *M* → fix; → direkt; → degressiv; **K.art** *w* Zuordnung der bei Leistungserstellung anfall. K. nach ihrem Ursprung; **K.artenrechnung** *w* system. Erfassung der anfall. K. nach ihrem Ursprung; **K.artenverteilung** *w* Zuordnung der K.arten auf K.träger u. K.stellen; **K.explosion** *w* sprunghafte K.steigerung; **K.inflation** *w* K.anstieg bei unveränd. (reduz.) Nachfrage; **K.minimum** *s* Auslastungsgrad der Produktion bei niedrigstem K.stand je Einheit; **K.-Nutzen-Analyse** *w* (e.: cost benefit analysis) Entscheidungshilfe für langfrist. Investitionen (Entscheidung für das Objekt, das größte Differenz zw. Nutzen u. K. hat); **K.nutz:effekt** *m* = → Cost effectiveness; **K.rechnung** *w* Ermittlung, Erfassung u. Auswertung der zur Leistungserstellung angefall. K.; **K.stelle** *w* betriebl. Teileinheit, bei der die K. entstehen; **K.stellenrechnung** *w* Systematik der K.stellen u. der ihnen zuzurechn. K.arten; **K.träger** *m* → Kalkulation; **K.trägerrechnung** *w* Ermittlung der auf eine Leistungseinheit entfall. K.; **K.verlauf** *m* Entwicklung der auf die mengenmäß. Ausbringung bezog. K.; **K.verursachungs:prinzip** *s* verlangt nur Anrechnung der tatsächl. angefall. K. für K.träger o. K.stelle; **K.wirksamkeit** *w* = → Cost effectiveness; **K.-Wirksamkeits:analyse** *w* = → K.-Nutzen-Analyse

Kotfistel *w* → Enterostomie

Kotierung *w* (lat.-fr.) Zulassung eines Wertpapiers zur amtl. Notierung

Kp ⟨ Kochpunkt. – **KPD** ⟨ Kommunistische Partei Deutschlands (verboten!). – **KPD/ML** ⟨ Kommun. Partei Deutschland/Marxisten-Leninsten. – **KPÖ** ⟨ Kommun. Partei Österreichs. – **Kr** ⟨ Krypton

kracken (e.) Schwer- in Leichtöl (Benzin) umwandeln

Kraft| *w* → elektromotorisch; → Coulomb; **K. mal K.arm** → Drehmoment. – **Kräfte|paar** *s* = → Drehzwilling; **K.parallelogramm** *s* graf. Methode zur Bestimmung von Richtung u. Größe einer result. Kraft, deren Einzelkomponenten bekannt sind. – **Kraftfahrzeug|brief** *m* Urkunde über rechtmäß. K.besitz; **K.haftpflichtversicherung** *w* → Pflichtversicherung; **K.papiere** *M* K.brief u. K.schein; **K.schein** *m* Zulassungsbescheinigung eines K.s, = **K.zulassung** *w*. – **Kraft|feld** *s* Zustand des Raumes, in dem Kräfte (elektr., magnet., Gravitations-, Kernkräfte) wirken; **K.fluß** *m* Maßzahl zur Beschreibung elektr., magnet. Felder; **K.leitung** *w* alle Fahrzeugteile, die Leistung vom Triebwerk zu Treibachsen (-rädern) übertragen, = **Leistungsübertragung** *w*; **K.lini:en** *M* → Feldlinien; **K.schluß** *m* K.übertragung durch Reibungskräfte; **K.stoff** *m* = → Treibstoff; **K.werk** *s* Großanlage zur Gewinnung elektr. Energie

Krampf:ader *w* → Varizen; → Blutgefäßerkrankungen

Kranbremse *w* → Hebezeugbremse

Kraniologie *w* (KW, gr.) = → Phrenologie

Kranken|boot *s* Motorbarkasse im Hafenunfalldienst; **K.blatt** *s* Bericht über Krankheitsdiagnose, -entstehung, -behandlung; **K.geld** *s* Versicherungssumme bei krankheitsbed. Verdienstausfall; **K.gymnastik** *w* Körperübungen zur Besserung von Körperbehinderungen; → Heilgymnastin; **K.schein** *m* Mitgliedschaftsbescheinigung einer K.kasse zur Vorlage beim behand. Arzt. – **Krankheit** *w* → essentiell (e Fettsäuren, Krankheit)

Kranzgeld *s* = → Deflorationsanspruch

kratikulieren (KW) durch Gitter verkleinern (vergrößern)

Kratz|band *s* Fördermittel für kurze Entfernungen u. kl. Leistungen, = **K.erkette** *w*. – **Krätze** *w* ↑ Abbrandprodukt. – **Kratzputz** *m* aufgerauhter, frisch aufgebrachter Verputz

Kreatin *s* (KW) organ. Stickstoffverbindung (Bestandteil von Muskeln u. Gehirn)

Krebs *m* = → Karzinom

Kredit| *m* (lat.-it.) befrist. überlass. Geldmittel o. Sachgüter; Vertrauen auf Begleichung der Verbindlichkeiten (= **K.würdigkeit** *w*); → durchlaufend; **K. in laufender Rechnung** *m* → Kontokorrentkredit; **K.anstalt für Wiederaufbau** *w* Institut zur Förderung kriegszerstört. Wirtschaft (z. T. Kapitalhilfe an Entwicklungsländer; gegr. 1948); **K.ausweitung** *w* Maßnahme der Notenbank zur Nachfragebelebung; **K.brief** *m* Zahlungsanweisung an Bank(en); **K.gefährdung** *w* wahrheitswidr. Anzweiflung der K.würdigkeit; **K.genossenschaft** *w* genossenschaftl. Bank zur Deckung des K.bedarfs ihrer Mitglieder; **K.karte** *w* Art der bargeldlos. Zahlung; **K.kauf** *m* Preisentrichtung zu spät. Zeitpunkt; **K.lini:e** *w* K.grenze einer Person (eines Unternehmens); Verschuldungsmöglichkeit eines Landes im internat. Zahlungsausgleich; **K.mobilierbank** *w* K.anstalt zur Gründung von Gesellschaften, Industrieanleihen u. dgl.; **K.or** *m* Gläubiger des K.geschäfts; **K.plafond** *m* (*-foñ*) *m* öfftl. Schuldner zugestand. K.lini:e; **K.politik** *w* alle Maßnahmen zur Beeinflussung des K.s zur Lenkung der Nachfrage; **K.restriktion** *w* Maßnahme der Notenbank zur Verknappung des K.s; **K.schöpfung** *w* Geldschöpfung durch K.gewährung (zur Ausdehnung der Kaufkraft); **K.verein** *m* = → K.genossenschaft; **K.würdigkeit** *w* → K.

kre:ieren (lat.) schaffen; Rolle erstmalig spielen; neues Modell entwickeln

Kreis|blattschreiber *m* ↑ Meßwert-Registriergerät; **K.elbrecher** *m* Zerkleinerungsmaschine für grobstück. Güter; **K.elkompaß** *m* Kompaß, der durch K.elkräfte in N-S-Richtung gehalten wird; **K.elkräfte** *M* wirken auf Achse eines rotier. K.els u. hindern diesen u. a. am Umkippen; **K.elpumpe** *w* kolbenlose Rotationspumpe; **k.frei** eig. Stadtkreis bildend; **K.frequenz** *w* mit 2 π multipliz. Frequenz einer Schwingung; **K.kanon** *m* = → Zirkelkanon; **K.kolbenmotor** *m* Verbrennungskraftmaschine, in der der Druck der expandier. Verbrennungsgase auf rotier. Absperrelemente (nicht auf hin- u. hergehende Kolben) wirkt (z. B. → Wankelmotor); **K.lauf des Kapitals** *m* Einheit von Produktions- u. Zirkulationsprozeß (Marx); **K.platzring** *m* = → Verteilerkreis; **K.prozeß** *m* ↑ thermodyn. Vorgang mit gleich. Anfangs- u. Endzustand des Systems; **K.regner** *m* rotier. Beregnungsanlage; **K.straße** *w* Landstraße 2. Ordnung für zwischen- u. überörtl. Verkehr

Kresol| *s* (KW) zu den → Phenolen gehör. organ. Verbindung (Desinfektionsmittel); **K.harze** *M* härtbare Kunststoffe aus K.

Kretinismus *m* (KW) ↑ angeborener Schwachsinn durch Unterfunktion der Schilddrüse im Mutterleib o. als Säugling

Kreuz|*s* ↑ = Fadenkreuz; **K.fahrt** *w* Touristenrundreise auf Fahrgastschiff; **K.probe** *w* Verträglichkeitsprüfung vor Blutübertragung; **K.scheibe** *w* = → Winkelkopf; **K.schlüssel** *m* Werkzeug zum Lösen von Autoradmuttern; **k.ungsfrei** nicht von k.enden Straßen berührt; **K.verhör** *s* Zeugen-, Sachverständigenvernehmung nur durch Staats- u. Rechtsanwalt

Kriech|**en** *s* ↑ allmähl. Verformung bei gleichbleib. Belastung unterhalb der Erweichungstemperatur; **K.spur** *w* Autobahnfahrstreifen ganz rechts; **K.stromfestigkeit** *w* Kenngröße zur Charakterisierung des Verhaltens elektr. isolier. Werkstoffe bei Anlegen einer Spannung; **K.tempo** *s* geringe Fahrgeschwindigkeit

Kriegsführung *w* → amphibisch; → chemisch

Krill *m* (e.-norw.) tier. Plankton der Polarmeere

kriminell → Abort

Krisen|**beherrschung** *w*, = **K.bewältigung** *w*, = **K.management** *s* (*-männedsehment*); e.: crisis management); **k.fest** gegen K. gesichert, = **k.sicher** (Ggs.: **k.anfällig**); **K.planung** *w* = → Contingency planning; **K.stab** *m* Sachverständigengruppe für Konflikt-, Notsituationen; **K.verbrecher** *m* Straftäter, dessen Delikt Einzel:ereignis seines Lebens ist

Kristall| *m* (gr.) meist fester Körper mit regelmäß. Teilchenanordnung (oft mit regelmäß. Begrenzungsfläche); **K.detektor** *m* Gleichrichter aus Halbleiterk. u. Metallelektrode; **K.gitter** *s* regelm. Anordnung der Teilchen (Atome-Ionen-Moleküle) in einem K. an den Kreuzungspunkten eines Raumgitters; = → Gitter; **K.glas** *s* bleihalt., stark lichtbrech. Glas; **K.hydratmethode** *w* Verfahren zur Meerwasserentsalzung; **k.in** mit K.eigenschaften, = **k.inisch; K.isation** *w* Bildung u. Wachstum von K.en; **K.isierschale** *w* chem. Laborgerät; **K.it** *m* streng k.iner Bereich in einem aus k.inen u. amorphen Anteilen besteh. Körper; **K.keim** *m* Punkt, an dem K.bildung beginnt; **K.klassen** *M* Einteilung der K.e nach den Symmetrieeigenschaften ihrer K.gitter; **K.ografie** *w* Lehre von Aufbau, Gestalt u. Eigenschaften der K.e; **K.o:id** *m* zur K.bildung befähigt. Stoff; **K.wasser** *s* im K.gitter eines fremden Stoffs (z. B. Natriumsulfat) eingebaute Wassermoleküle; **K.zähler** *m* Stromkreis aus 1 K. u. 2 unter Spannung steh. Metallelektroden, der einen Stromkreis durchläßt, sobald er von einem → Alphateilchen getroffen wird (die sich so messen u. zählen lassen)

Kriterium *s* (lat.) ↑ Bedingung, die zugleich notwendig u. hinreichend ist

kritisch| (gr.) ↑ ebenso viele Neutronen erzeugend, wie durch Absorption u. Abdiffundieren verlorengehen; bei Über- o. Unterschreitung ein System grundlegend ändernd (k.e Meßgröße); **k.e Daten** *M* ↑ → k.e Temperatur, → k.er Druck; **k.er Druck** *m* Druck, den man zur Verflüssigung eines Gases bei seiner k.en Temperatur benötigt; **k.er Punkt** *m* → k.e Daten; **k.e Temperatur** *w* die Temperatur, oberhalb derer ein Gas auch durch Anwendung belieb. hohen Drucks nicht verflüssigt werden kann; **k.e Theorie** *w* Verneinung erstarrter gesellsch. Zustände durch Erforschung ihrer Ursachen

Kronglas *s* phosphorhalt. Glas für opt. Zwecke

krümeln = → granulieren

Krümmer *m* gebog. Rohrstück

Krupp *m* (e.-schott.) Keuchhusten; Rachenbräune

Krylon *s* (KW) Schutzfilm bild. Spray für Layouts u. a.

Kryo|**biologie** *w* (KW, gr.) Erforschung unterkühlt. Lebewesen; **K.lith** *m* → Eisstein; **K.meter** *s* Thermometer für tiefe Temperaturen; **K.physik** *w* Tieftemperaturphysik; **K.skopie** *w* Bestimmungsmethode für Molekulargewichte durch Messung der Gefrierpunkterniedrigung von Lösungen bek. Konzentration; **K.technik** *w* Tieftemperaturtechnik

krypto|**kristallin** (KW, gr.) sind scheinbar → amorphe Stoffe, deren → kristall. Charakter wegen der Kleinheit der → Kristallite nur mit Röntgenstrahlen nachweisbar ist; **K.n** *s* chem. Element aus der Gruppe der Edelgase; **K.rchismus** *m* Zurückbleiben der Hoden in der Leiste o. im Bauchraum

K-Schale *w* dem Atomkern am nächsten liegende → Elektronenschale

KSZE ⟨ Konferenz über Sicherheit u. Zusammenarbeit in Europa. – **KTG** ⟨ Kerntechn. Gesellschaft. – **Ku** ⟨ **Kurtschatovium**

Kübelwagen *m* offenes Militärauto; Güterwagen mit abnehmbaren Kübeln

Kugel|**druckhärte** *w* durch Eindrücken

einer kleinen Stahlk. ermitt. Härtemaß bei Werkstoffen (**K.eindruckversuch** *m*); **k.förmige Bakteri:e** *w* → Bakterie; **K.fallviskosimeter** *s* Meßgerät zur Bestimmung der Zähflüssigkeit; **K.haufen** *m* Sternhaufen mit k.symmetr. Häufigkeitsverteilung der Sterne; **K.kopf** *m* Schreibmaschinentypenträger in K.-form; **K.mühle** *w* Feinmahl- u. Mischmaschine, = **Trommelmühle** *w*; **K.-schreiber** *m* Schreibstift mit K.spitze

Kühl|möbel *s* K.behälter im Haushalt; **K.öle** *M* mit Wasser nicht mischbare Metallbearbeitungsöle, = **Schneid:öle** *M*; **K.raum** *m* ↑ Transportmittel für leichtverderbl. Ladungen; **K.schiff** *s* ↑ Frachtschiff zum Transport von K.-ladungen (Fleisch, Fisch, Gemüse, Früchte); **K.turm** *m* weiter Kamin, in dem Wasser durch hochsteig. Luftstrom rieselt, z. T. verdunstet u. dadurch abkühlt

Kulisse *w* ↑ Börsenbesucher auf eigene Rechnung; nichtamtl. Börsenmarkt

Kultivator *m* (lat.) = → Grubber

kultur|elle Elite *w* → Elite; **K.istik** *w* (e.) Kraftsport (DDR); **K.pessimismus** *m* Ablehnung zivilisatorischer Progressivität

Kümo *s* ⟨ **Küs**ten**mo**torschiff

Kunden|auftrag *m* ↑ Fertigungsauftrag eines Kunden (Ggs.: Innenauftrag); **K.berater** *m* = → Account Executive; **K.dienst** *m* (freiwill.) Dienst des Verkäufers für Käufer; **K.fang** *m* Anlocken von K. durch irreführ. Angaben; **K.-kartei** *w* systemat. Erfassung der K. eines Unternehmens; **K.kredit** *m* = → Kreditkauf; **K.werbung** *w* → Schneeballsystem

Kündigung|sfrist *w* unterschiedl..gesetzl. Regelung der Beendigung eines Vertragsverhältnisses; **K.s:hypothek** *w* Ggs.: Amortisationshypothek; **K.s-schutz** *m* durch das **K.s:schutzgesetz** gereg. Schutz des Arbeitnehmers vor ungerechtfert. K.en (in Betrieben mit mehr als 5 Arbeitnehmern; Schutz für mehr als 6 Monate im Betrieb arbeit. Über-Achtzehnjährige)

Kunstfehler *m* ärztl. Verstoß gegen die anerk. mediz. Regeln. – **künstlich|e Niere** *w* Apparatur, die in regelm. Abständen an Blutkreislauf eines Nierenkranken angeschlossen wird (befreit Blut von gift. Stoffwechselabbauprodukten); **k.** → Abort. – **Kunst|stoffe** *M* aus organ. Makromolekülen besteh. künstl. Werkstoffe; → härtbar; **K.-straße** *w* Straße mit verschleißfester Decke u. Entwässerung

Kupellieren *s* = → Feinprobe

Küpenfarbstoffe *M* Textilfarbstoffe (hoch licht- u. waschecht), durch einen beim Hängen an der Luft erfolg. Oxidationsvorgang in der Faser erzeugt (z. B. Indigo)

Kupfer|glanz *m* schwefelhalt. K.erz; **K.kies** *m* schwefel- u. eisenhalt. K.erz; **K.lasur** *w* mineral. K.carbonat; **K.oxid** *s* Verbindung aus K. u. Sauerstoff; **K.oxid:ammoniak-Verfahren** *s* Methode zur Herstellung von Kunstseide; **K.rubinglas** *s* durch K.oxidzusatz rot gefärbt. Glas; **K.schiefer** *m* k.haltige Gesteinsart; **K.sulfat** *s* K.salz der Schwefelsäure; **K.vitriol** *s* K.sulfat aus blauen Kristallen, Kristallwasser enthaltend

Kupon| *m* (fr.: *-oñ*) Zins-, Dividendenschein zur Bezugsberechtigung der Zinsen (Dividenden) des Wertpapiers (der Aktie); **K.bogen** *m* Talon; Erneuerungsschein bei Wertpapieren; **K.termin** *m* Zeitpunkt, an dem der K. vorgelegt werden muß

Kuppelproduktion *w* zwangsläuf. Anfall von Nebenprodukten bei Herstellung des Hauptprodukts (z. B. Koks, Teer bei Gaserzeugung)

Kupplung| *w* lösb. Verbindung, die Bewegung von einem Maschinenteil auf ein anderes überträgt; → automatisch; **K.(sreaktion)** *w* organ.-chem. Reaktion zw. Diazoverbindung u. 2. Komponente, wobei sich → Azofarbstoffe bilden; **K.sbelag** *m* reib. Element in → Reibungskupplungen

Kuranzgeld *s* zum gesetzl. Zahlungsmittel erhob. Geldzeichen

Kurbelwelle *w* Anlage zur Übertragung der Kolben- in eine Drehbewegung (am Verbrennungsmotor)

Kürette *w* (fr.) scharfer Löffel (→ Curettage)

Kurpackung *w* größere Heilmittelpackung

Kurs| *m* (lat.) vom Makler festges. Börsenpreis für Wertpapiere, Devisen, Waren; **K.abschlag** *m* → Deport; **K.abschwung** *m* Abwärtsbewegung an Aktienbörse; **K.bericht** *m* Liste der amtl. Börsenwerte; **K.gewinn** *m* Differenz zw. An- u. höh. Verkaufspreis einer Aktie (Ware, eines Wertpapiers); **K.index** *m* Index zur Einschätzung der K.entwicklung; **K.makler** *m* vereid. Handelsmakler zur Vermittlung von Börsengeschäften; **K.pflege** *w* Eingriffe von Interessenten zur Vermeidung von K.schwankungen; **K.sicherung** *w* Maßnahmen zum Schutz von

Im-, Exporteuren vor unerwart. Währungsschwankungen; **K.stützung** *w* = → K.pflege; **K.verwässerung** *w* → Kapitalverwässerung, die den K. einer Aktie senkt; **K.wert** *m* an der Börse notiert. Wertpapierwert

Kurtage *w* (fr.: *-tâsche*) Börsenvermittlungsgebühr für Makler

Kurtschatovium *s* (KW) künstl. radioakt. Element (⟨ *Ku*)

Kurve| *w* (lat.) → asymptotisch; → ballistisch; → Bogenlänge; **K.nschreiber** *m* Meßgerät zur Aufzeichnung des Zeitverlaufs von Meßgrößen

Kurz|akzept *s* zusatzlose Unterschrift des Bezogenen auf dem Wechsel; **K.arbeit** *w* (mit Betriebsratzustimmung) erfolgte Verminderung der normal. Arbeitszeit (auf mind. $^5/_6$); **K.arbeitergeld** *s* Leistung der Arbeitslosenversicherung an k.arbeitende Arbeitnehmer; **k.fristiger Währungsbeistand** *m* internat. Überbrückung von Zahlungsbilanzproblemen (auf k.e Zeit); **k.schließen** ↑ durch Stromkreisschließung Schalter (Widerstand) überbrücken; **K.streckenrakete** *w* Rakete mit mittl. Reichweite; **K.zeitmesser, -wecker** *m* Küchengerät zum Abmessen klein(st)er Zeiteinheiten

Küsten|meer *s* Seegebiet zw. Staats- u. Hoheitsgrenze eines K.staats; **K.schiffahrt** *w* Ggs.: → Binnenschiffahrt; **K.wachboot** *s* schnelles Boot im Polizei-, Zolldienst in Strommündungen u. K.nähe

kutan (lat.) sich auf die Haut beziehend

Küvette *w* (fr.) Glasbehälter zur opt. Untersuchung von Stoffen

Kux *m* (tsch.) auf den Namen laut. Anteilschein an bergrechtl. Gewerkschaft

KW ⟨ **K**reditanstalt für **W**iederaufbau; ⟨ **K**ilowort. – **KWG** ⟨ **G**esetz über das **K**reditwesen. – **KWU** ⟨ **K**raftwerkunion

kyanisieren (KW) Holz durch Imprägnieren mit Quecksilbersalzen gegen Fäulnis schützen

Kybernetik *w* (KW, gr.) Wissenschaft von d. Regelungsvorgängen

Kypho|se *w* (gr.) Buckel, Rückgratverkrümmung nach hinten; **K.skoliose** *w* K.se mit Wirbelsäulenverkrümmung

L

l ⟨ Liter. – **LA** ⟨ Leserzeitschriftenanalyse. – **La** ⟨ **La**nthan

Label| *s* (e.: *läibl*) Anhänger, Aufkleber; Markierung eines Programmbeginns (DVA); **L.ing** *s* (e.: *läiblin*) Kategorisierung; Klebeetikett; **l.ing approach** *s* = → Definitionsansatz, = **social reaction approach**

labor| economics (e.) = → Arbeitsmoral; **l.-force-Konzept** *s* (am.: *läibe fôs-*) am. nach Erwerbsintensität u. Beschäftigungsgrad geglied. Art der Erfassung der über 14 Jahre alten Erwerbsbevölkerung; **L.lehrgang** *m* Fernunterricht mit Experimentiermaterial; **L.platz** *m* Arbeitsplatz im Universitätslabor

Labyrinth|dichtung *w* Abdichtung von Wellen gegen Ölaustritt; **L.itis** *w* Innenohrentzündung

LACE ⟨ **L**iquid-**A**ir-**C**ycle-**E**ngine (e.: Luftverflüssigungsstrahltriebwerk)

Lachgas *s* Stickoxydul (Narkotikum)

Lackmus| *m* (nl.) als → Indikator gebräuchl. Pflanzenfarbstoff; **L.papier** *s* mit L. angefärbtes saugfäh. Papier zum Nachweis von Säuren u. Basen

Lact|ame *M* (KW, lat.) Gruppe cycl. organ. Stickstoffverbindungen (z. T. wichtige Kunststoffausgangsstoffe); **L.ate** *M* Salze der Milchsäure; **L.one** *M* Gruppe organ. Sauerstoffverbindungen mit cycl. Molekülen; **L.ose** *w* Milchzucker

Lade|aggregat *s* Gerät zum Akkumulatorenaufladen, = **L.gerät** *s*; **L.grad** *m* = → Fanggrad; **L.klappe** *w* Flugzeugl.raumverschluß; **L.kontrolle** *w* Warnleuchte beim Autobatterieaufladen, = **L.kontrolleuchte; L.luft** *w* = → Arbeitsluft; = → Aufladung; **L.maschine** *w* Vorrichtung zur Beschickung des Kernreaktors mit Brennelementen; **l.n** ↑ Programm in den Arbeitsspeicher einer DVA bringen

Laden|kette *w* gleichnam., gleichart. miteinander verbundene Geschäfte; **L.schlußgesetz** *s* gesetzl. Regelung der L.öffnungszeiten

Lade|r *m* ↑ = → Kompressor; **L.rampe** *w* Auffahrt zum Ein-, Ausladen schwerer Güter; **L.schaufel** *w* = → Fahrl.r; **L.schein** *m* vom Frachtführer ausgest.

u. unterzeichn. Empfangsbestätigung der zu befördernden Güter (sichert Auslieferung an Empfänger zu). – **Ladung|** *w* ↑ Elektrizitätsmenge; Munition (Sprengstoff) für Feuerwaffen; beförd. Frachtgut; → spezifisch; **L.s:träger** *m* elektr. gelad. Materieteilchen (Elektronen u. Ionen)

LAFTA → **L**atin **A**merican **F**ree **T**rade **A**ssociation

Lag *s* (e.: *läg*) Verzögerung (Veränderung best. Größen erfolgt erst in einer späteren Periode)

Lagan *s* (e.: *lägen*) bei Gefahr über Bord geworfenes, mit Boje verseh. Schiffsgut

Lage *w* ⟨ **Lage**besprechung

Lager| *s* ↑ Ort der Vorratshaltung; feststeh. Träger eines bewegl. Maschinenteils; natürl. Vorkommen nutzb. Stoffe (= **L.stätte** *w*); **L.bestand** *m* durch Inventur ermitt. Bestand an Vorräten (in der Bilanz Teil des Umlaufsvermögens); **L.buchführung** *w* erfaßt die art- u. mengenmäß. Veränderung der Vorräte

Lage:rente *w* Vorteil eines landwirtsch. Betriebs durch größ. Marktnähe

lager|fest bei L.ung widerstandsfähig; **L.futter** *s* = → Bouchon; **L.geschäft** *s* ist auf die gewerbsmäß. L.ung u. Aufbewahrung von Gütern ausgerichtet; **L.halter** *m* wer ein L.geschäft durchführt;**L.ist(in)** *m* (*w*) Lagerverwalter(in); **L.metalle** *M* Metallegierungen zum Bau von L.n; **L.reichweite** *w* Zeit, für die ein L.bestand reicht; **L.schein** *m* schriftl. Verpflichtung des L.halters zur Aushändigung der auf L. genommenen Waren an den Begünstigten; **L.stättenforschung** *w* Ermittlung nutzb. Rohstoffe innerhalb der Erdkruste

Lahn *m* (fr.) ↑ flachgewalzter Metalldraht

LAI ⟨ **L**änder**a**usschuß **I**mmissionsschutz

Laien:analyse *w* psychotherapeut. Betätigung von Nichtmedizinern

Laissez faire *s* (fr.: *lässê fär*) ↑ Verzicht des Staates auf alle Eingriffe in das Wirtschaftsgeschehen

Lakt|ation *w* (KW, lat.) Milchabsonderung nach der Geburt; Stillzeit; **L.ose** *w* Milchzucker; **L.oskop** *s* Prüfgerät für Milchdurchsichtigkeit

Lakune *w* (lat.) Hohlraum im Körpergewebe; Lücke, Ausbuchtung

Lamelle| *w* (fr.) dünnes Blättchen; **L.nbremse** *w* mehrf. Scheibenbremse; **L.nverschluß** *m* Kameraverschluß aus kreisförm. geordn. L.n

lamin|ar (lat.) schichtweise; **l.are Strömung** *w*: die einz. Flüssigkeits- o. Gasschichten gleiten ohne Wirbelbildung aneinander vorbei; **L.ate** *s* (e.: *lämineit*) = L.ieren; **l.ieren** beschichten; Buchdeckel mit durchsicht. Folie überziehen; **L.ierharz** *s* Kunststoff zum L.ieren

Land|abgaberente *w* Zahlung aus Bundesmitteln als Beitrag zur Altersversorgung der L.wirte

Landeklappe *w* zur Geschwindigkeitsverminderung ausfahrb. Flugzeugteil

Länder|finanz:ausgleich *m* Ausgleich der durch das Steueraufkommen unterschiedl. Finanzkraft der BRD-Bundesländer; **L.kammer** *w* = → Bundesrat. – **Landes|banken** *M* region. Sparkassenspitzeninstitute zur Abwicklung des überregion. Zahlungsverkehrs; **L.liste** *w* Parteienwahlvorschlag für ein Bundesland; **L.steuern** *M* von den Bundesländern erhob. u. verwalt. Abgaben; **L.versicherungs:anstalt** *w* region. Träger der Sozialversicherung (wickelt Angelegenheiten der dort Versicherten ab); **L.zentralbank** *w* region. Notenbankinstitut (Hauptverwaltung der D. Bundesbank; wickelt Geschäfte mit dem Land u. den dort ansäss. Kreditinstituten ab). – **Land|flucht** *w* massenh. Abwanderung der (jüng.) L.bevölkerung in die Städte; **L.frachtgeschäft** *s* gewerbsm. Beförderung von Gütern zu L.e (Ggs.: See-, Luftfrachtgeschäft); **L.regen** *m* gleichm., anhalt. starker Regen, = → Dauerregen; **L.rover** *m* (e.: *ländrôwer*) geländegäng. Kfz; **L.schaft** *w* ↑ Bereichszone; **L.schaftsgärtner** *m* Gartenarchitekt für größ. Gelände; **L.technik** *w* Technisierung landwirtsch. Produktionsweisen (DDR). – **landwirtschaft|liche Genossenschaften** *M* Zusammenschluß von Landwirten zur Verwirklichung von berufsständ. Zielsetzungen; **l.liche Nebengewerbe** *M* Betriebe zur Be- u. Verarbeitung l.licher Produkte; **l.liche Produktivität** *w* auf eine best. Bodenfläche entfall. Betrag, bezogen auf einges. Kapital u. angew. Arbeit; **l.liche Rentenbank** *w* Zentralinstitut zur Kreditgewährung an l.- u. forstwirtschaftl. u. Fischereibetriebe (seit 1949); **L.sfliegerei** *w* = → Agrarluftfahrt; **L.sgesetz** *s* regelt Teilnahme der (in kapital. Wirtschaft benachteil.) L. an Wirtschaftsentwicklung (1955); **L.skammer** *w* berufsständ. Organisation der L.

Länge| *w* ↑ Winkelabstand zw. dem Meridian eines Ortes u. dem Nullmeridian; **L.n:ausdehnungsko:effizi:ent** *m* prozent. L.nzunahme eines Meßkörpers aus einem best. Werkstoff bei Temperaturzunahme um 1 Kelvin; **L.nkreis** *m* Meridian. – **längerfristig** auf läng. Sicht. – **lang|fristig** auf l.e Sicht; **L.hobeln** *s* Bearbeitung eines geradlin. hin- u. herbewegl. Werkstücks spanabhebend durch ein stillstehendes; **l.lebige Güter** *M* verlieren Stofflichkeit u. Gebrauchswert nicht bei einmal. Verbrauch

Langmur-Fackel *w* (am. Physiker, 19./20. Jh.: *längmjur-*) Vorrichtung zur Erzeugung sehr hoh. Temperaturen

Langsam|dreher *m* Ggs.: → Schnelldreher; **L.fahrstelle** *w* = → La-Stelle; **L.starter** *m* ↑ erst spät erfolgreicher Manager

Langstreckenrakete *w* Rakete mit sehr großer Reichweite. – **Längswelle** *w* Welle, deren Fortpflanzungsrichtung mit der Richtung ihrer Einzelschwingungen übereinstimmt. – **Langzeitprogramm** *s* Planung auf weite Sicht

Lan|ital *s* (KW) durch Härten von Casein herstellb. Kunst- u. Faserstoff; **L.olin** *s* Fettstoff aus dem Wollschweiß der Schafe; **L.on** *s* Polyesterkunstfaser; **L.osterin** *s* höherer Alkohol im L.olin

Lanthan| *s* (gr.) chem. Element aus der Gruppe der Seltenerdmetalle (⟨ *La*); **L.ide** *M* = **L.o:ide** *M* Gruppe selt. metall. Elemente mit l.ähnlichen Eigenschaften, = → Seltenerdmetalle

lanzinieren (lat.) plötzl. heftig auftreten (l.de Schmerzen)

läppen (e.) feinschleifen

Lärm|immission *w* Einwirken von L. auf Lebewesen; **L.pegel** *m* gemessene Lautstärke; **L.schutz** *m* Maßnahmen gegen schädl. L.belästigung; **L.schutzhalle** *w* Gebäude mit Schallisolierung (für Prüfläufe eingebauter Motoren); **L.schutzpfennig** *m* Abzweigung von der Mineralölsteuer für Verminderung der öfftl. L.belästigung; **L.stufe** *w* meßb. Lautstärke; **L.wall** *m* L.schutzvorrichtung an Autobahnen

Larvicide *M* (KW) Schädlingsbekämpfungsmittel gegen Insektenlarven

larviert (KW) versteckt

Laryng|itis *w* (KW) Kehlkopfentzündung; **L.oskopie** *w* Kehlkopfuntersuchung mit -spiegel

Laser| *m* (⟨ e. light amplification by stimulated emission of radiation = Lichtverstärkung durch Strahlungsanregung [*lêser*]) Vorrichtung zur Erzeugung → kohärenter → monochrom. Lichtwellen; Einmann-Sportjolle; **L.-Impulse** *M* von L.gerät ausgelöste Lichtblitze

Lash-Verfahren *s* (e.) Schlepperhilfe für im Bestimmungshafen zu Wasser gelass. Leichter

Laspeyres-Preis:index *m* reale Vergleichsgrundlage bei Preisbereinigung von Nominalgrößen

La-Stelle *w* ⟨ **Langsamfahrstelle** (Streckenabschnitt, auf dem Fahrgeschwindigkeit gedrosselt werden muß)

Lasten|ausgleich *m* Milderung der (Nach-)Kriegsschäden u. -verluste durch Umschichtung der Vermögen; **L.ausgleichsbank** *w* Anstalt des öfftl. Rechts zur Beschaffung u. Bereitstellung von Mitteln (Krediten) für Vertriebene, Flüchtlinge, Kriegsgeschädigte (⟨ *LAB*); **L.segler** *m* Transportsegelflugzeug

Laster *m* ↑ = LKW

Lastex *s* (KW) elast. Gewebe (umsponn. Gummifäden)

Last|fall *m* = → Belastungsfall; **L.rohr** *s* = → amphibischer Behälter; **L.schalter** *m* elektr. Schalter, der einen Stromkreis bei norm. Belastung, aber nicht bei Kurzschluß ein- u. ausschalten kann; **L.schrift** *w* Verbuchung auf der Kontensollseite (Ggs.: Gutschrift); **L.schriftverfahren** *s* Einzug fäll. Forderungen direkt bei der Bank des Schuldners (nur mit dessen Einverständnis); **L.verteiler** *m* zentr. Schaltanlage für Hochspannungsleitungen; **L.zug** *m* LKW mit Anhänger

Lasur|farbe *w* Anstrichmittel, das aufgetragen den Untergrund durchscheinen läßt; **L.it** *m* blaues aluminiumhalt. Mineral, = **L.stein** *m*; = → Ultramarin

latent| (lat.) verborgen, versteckt; ohne Krankheitszeichen verlaufend (l.es Magenleiden); **l.er Bedarf** *m* wird von dem Angebot nicht erfaßt. – **Latenz|zeit** *w* Zeit zw. Einwirkung auf Organismus (z. B. durch Bestrahlung) u. Eintritt der Wirkung; Entwicklungsstufe zw. 5. Lebensjahr u. Pubertät (= **L.periode** *w*)

Laterne *w* ↑ Schutzgehäuse für Leuchtfeuerlichtquelle u. -leuchte

Latex| *m* (lat.) milch. Emulsion von Kautschuk o. andern → Polymeren in Wasser; **L.farbe** *w* Anstrichmittel mit Kunstharzbindemittel in wäßr. Emulsion; **l.ieren** mit L. bestreichen

Latin American Free Trade Association ⟨ *LAFTA* *w* (e.: *lätin amerikän frî träd assozi:êschn*) lateinam. Freihandelsassoziation (1960, Montevideo: Freihandelszone u. Koordinierung der Wirtschaften)

Latsch *m* = → Bodenaufstandsfläche

Laudanosin *s* zu den → Alkaloiden zähl. Bestandteil des Opiums

Laue-Verfahren *s* (d. Physiker, 19./20. Jh.) Methode zur Ermittlung von Kristallstrukturen durch → Interferenz von Röntgen- o. Elektronenstrahlen

Lauf|achse *w* trag. antrieblose Achse bei Schienenfahrzeugen; **L.bahnprinzip** *s* vorgezeichn. Berufskarriere; **L.bildwerfer** *m* Bildwerfer für Filme; **L.bühne** *w* begehb. Teil der Kranbrükke; **l.ende Erhebung** *w* regelm. wiederholte Erhebung. – **Läufer** *m* ↑ umlauf. Teil einer elektr. Maschine; = Rotor. – **Lauf|feldröhre** *w* → L.zeitröhre best. Bauart; **L.gestell** *s* Gestell, dessen Radsätze nicht angetrieben sind (Ggs.: Triebgestell); **L.katze** *w* auf hochlieg. Schiene lauf. Kranwinde; **L.kraftwerk** *s* Wasserkraftwerk, dessen Leistung sich den Schwankungen des Wasserzuflusses anpaßt; **L.kran** *m* = → Brückenkran; **L.radsatz** *m* nicht angetrieb. Radsatz; **L.radwand** *w* = → Deckscheibe, -wand; **L.ruhe** *w* störungsfreier Maschinenlauf; **L.schreiben** *s* Antrag auf Suchen vermißt. Postsendungen; **L.steg** *m* schmale erhöhte Modellvorführungsbühne; **L.werk** *s* ganzer Maschinenmechanismus; Räder u. Achslager der Eisenbahnwagen; Räder im Uhrgewerk;**L.zeit** *w* Publikationsdauer eines Werbemittels; Vorführzeit eines Filmstreifens; Darlehens-, Gültigkeitsdauer; **L.zeitröhre** *w* Elektronenröhre zur Verstärkung höchstfrequenter Schwingungen bei Ausnutzung der Zeit, die die Elektronen von der Kath- zur Anode brauchen; **L.zettel** *m* Rundschreiben; Empfangs-, Kenntnis-, Kontrollschein; Beschreibung des Produktionsganges von Werkstücken

Laugenbildner *m* → Alkalien

Laurinlactam *s* (KW) organ. Stickstoffverbindung (Kunststoffrohstoff)

Lausch|aktion *w* Anbringung geheim. Abhöranlage, = **L.angriff** *m*, = **L.operation** *w*; **L.gerät** *s* → elektronisch

Laut|archiv *s* wissensch. Sammlung von Aufnahmen gesproch. Sprache; **L.stärke** *w* Vergleichsmaß für Stärke der Schallempfindung (in → Phon; **L.stärkemesser** *m*); **L.stärkeregler** *m* Vorrichtung zur Einstellung des L.sprechers (Tonbands u. dgl.)

Lävulose *w* (KW) Fruchtzucker

Lawinen|schutzgalerie *w* tunnelartige Überbauung einer lawinengefährd. Gebirgsstraße; **L.(such)hund** *m* Hund zum Aufspüren L.verschütteter

Lawrencium *s* (am. Physiker, 20. Jh.: *lau-*) künstl. radioakt. Element (⟨ *Lw*)

Laxativ(um) *s* (lat.) Abführmittel

Layout| *s* (e.: *leiaut*) Entwurf für Text-, Druckgestaltung; **L.er** *m* L.-Entwerfer

LAZ ⟨ Leicht-Athletik-Zentrum

Lazeration *w* (lat.) Geweberiß

lb ⟨ (e.) pound; *M*: **lbs.** – **LBS** ⟨ Landesbausparkasse. – **LCD** ⟨ e. liquid crystal display (= Flüssigkristallanzeige). – **LCS** ⟨ Huckepacksatellit für Radarkalibration (Forschungssatellit). – **ld** ⟨ limited. – **LDPD** ⟨ Lib.-Demokr. Partei Deutschlands. – **LDPE** ⟨ Low density polyethylene (e., = Polyethylen ger. Dichte)

LDR-Widerstand *m* (e. ⟨ Light dependent resistance) = → Fotowiderstand

LE ⟨ Einheit der Ladung (Elektrizitätsmenge)

Leaching| *s* (e.: *lîtschiñ*): **bakteri:elles L.** Metallgewinnung mit Hilfe von Bakterien (Thiobazillen)

Lead| *s* (e.: *lîd*) Führungsstimme im Jazz; Zusammenfassung als Einleitung; Vorsprung best. Werte im Konjunkturverlauf; **L.ership** *w* → Domination

Leaflet *s* (e.: *lîflet*) Handzettel, Prospekt

leas|en (e.: *lî-*) mieten; **L.ing** *s* (*lîsiñ*) Vermieten von Gegenständen o. Industrieanlagen, Leihsystem (e.: finance-leasing)

lebendes Inventar *s* Nutzviehbestand im landwirtsch. Betrieb. – **Lebens|dauer** *w* ↑ Maßzahl für Zerfallsgeschwindigkeit radioakt. Stoffe; **L.erwartung** *w* durchschnittl. L.alter; **L.haltungskosten** *M* tatsächl. Aufwand für L.unterhalt einer Person (Familie); **L.haltungs(kosten)index** *m* Preisindex für L.haltung; **L.haltungs:statistik** *w* statist. Erfassung der Einkommensverwendung (bes. der Verbrauchsstruktur); **L.hilfe** *w* Unterstützung in Not Befindlicher; **L.kunde** *w* Schulfach (Biologie-Gemeinschaftskunde); **L.mittelchemie** *w* Erforschung der L.mittelbeschaffenheit; **L.mittel- u. Bedarfsgegenständegesetz** *s* (1974) gesetzl. Schutz des Verbrauchers vor Gesundheitsschäden u. Täuschung (bei L.mitteln, Tabak, Kosmetika); **L.mittelvergiftung** *w* = → Botulismus; **L.qualität** *w* (e.: quality of life) Entwicklungszustand der allg. L.bedingungen; **L.standard** *m* Grad, in dem der einzelne (eine Gruppe) mater. Bedürfnisse befriedigen kann; **L.stil** *m* vom Einkommen unabhäng. Verhaltensweise

Leber|stärke *w* → Glykogen; **L.test** *m* L.funktionsprüfung

Leblanc-Verfahren *s* (fr. Chemiker, 18./19. Jh. [*-blañ-*]) Verfahren zur techn. Sodaherstellung
Le Chateliersches Prinzip *s* (fr. Chemiker, 19./20. Jh. [*leschateljê-*]) Naturgesetz der Verschiebung von Gleichgewichtszuständen durch äuß. Zwang
Lecherleitung *w* (d. Physiker, 19./20. Jh.) Vorrichtung aus 2 parall. verlauf. Drähten zur Erzeugung u. Vermessung elektromagn. Wellen
Lecithin *s* (KW, gr.) zu den → Lipoiden zähl. Naturstoff in tier. Organismen
Lecksucher *m* ↑ Gerät zum Aufspüren undichter Stellen in Gas- u. Vakuumbehältern
Leclanché-Element *s* (*leklañsche-*) elektrisches Element mit dem Aufbau einer Taschenlampenbatterie
LED ⟨ **l**ight **e**mitting **d**iode (e. = Leuchtdiode)
Lederhaut *w* Hautschicht unter der Oberhaut
Leer|akti:en *M* nicht voll eingezahlte Aktien, **l.e Menge** *w* → Menge ohne Elemente (mit Eigenschaften, die von keinem Element erfüllt werden; → Lösungsmenge); **L.fahrtkilometer** *m* = → L.kilometer; Ggs.: → Nutzkilometer; **L.formel** *w* Behauptung ohne empir. Gehalt; **L.kilometer** *m* ohne Nutzlast gefahr. Kilometerstrecke; **L.kosten** *M* durch ungenutzte Kapazität entsteh. Kosten; **L.lauf** *m* ↑ unbelast. Laufen einer Maschine; **L.laufdüse** *w* Teil des Autovergasers; **L.schalter** *m* elektr. Trennschalter, bei Stromschluß unbenutzbar; **L.stelle** *w* ↑ nicht besetzter Gitterplatz im Kristallgitter; → Variable; **L.verkauf** *m* = → Blankoverkauf; Verkauf von Waren (Wertpapieren), die der Verkäufer noch nicht besitzt; **L.zeichen** *s* → BLANK
legal|es Meter *s* = → Archivmeter; **L.ismus** *m* Verfolgung der Ziele nur mit Mitteln der vorhand. Rechtsordnung; **L.itäts:prinzip** *s* Strafverfolgungspflicht der Justizbehörde; **l. tender** *m* (e.: *ligel-*) Geld als gesetzl. Zahlungsmittel
Legasthenie *w* (KW) angebor. Schwäche beim Lesen- u. Rechtschreibelernen (normale Intelligenz)
Legatar *m* (lat.) = → Vermächtnisnehmer
Legislaturperiode *w* Amtszeit der gesetzgeb. Versammlung
Leguminose *w* (KW) Hülsenfrüchtler
Lehr|dorn *m* Toleranzmeßgerät; → Düsenlehre; **L.e** *w* ↑ Werkzeug zum Überprüfen der Abmessungen eines Werkstücks; **L.ling** *m* wer einen Beruf lernt; = Auszubildende(r) *w* (*m*); **L.lings:abgabe** *w* Besteuerung des L.lings:ausbildungsrechts; **L.lingsrolle** *w* Verzeichnis der Ausbildungsmöglichkeiten (bei Industrie- u. Handels- o. Handwerkskammer); **L.vertrag** *m* Vertrag zw. L.ling u. L.herrn über Ausbildung (in L.lingsrolle eingetragen); **L.zuchtverfahren** *s* Untersuchung des → Spruchkollegiums über Dogmenfragen
Leib|rente *w* lebenslängl. Verpflichtung zur Entrichtung gleichmäß. regelmäß. Leistungen; **L.-Seele-Problem** *s* Frage nach dem Verhältnis zw. Körper u. den menschl. Bewußtseinszuständen, -vorgehen
Leichenpaß *m* schriftl. Erlaubnis zur Beförderung eines Toten
Leicht|bau *m* Verwendung kaltverfest. Bandstähle u. dgl. bei Stahlkonstruktionen (L.metalle o. Kunststoffe), = **L.bauweise** *w*; **L.benzin** *s* zw. etwa 70 u. 90 °C siedendes Kohlenwasserstoffgemisch aus Erdöl; **L.beton** *m* bes. als Wärmeschutz geeign. Beton; **l.e Papiere** *M* Aktien mit niedr. Kurswert
Leichter *m* Lastkahn zur Übernahme von Fracht aus seegängigen Schiffen, = **Lichter** *m*
leicht|flüchtig schnell verdampfend; **l.flüssig** bei niedr. Temperaturen schmelzend; **L.industrie** *w* Konsumgüterindustrie (DDR); **L.lohngruppe** *w* unterste Tarifgruppe; **L.metalle** *M* Metalle, deren Dichte unter etwa 4 liegt; **L.öl** *s* bei etwa 80–170 °C siedender organ. Anteil des Steinkohlenteers; **L.spiegel** *m* unzerbrechl., nicht beschlag., geringgew. Spiegel; **L.wasserreaktor** *m* Kernreaktor mit normal. Wasser als Moderator
Leidenfrostsches Phänomen *s* (d. Arzt, 18. Jh.) Erscheinung, daß Tropfen läng. Zeit auf glüh. Metallplatte tanzen, statt schnell zu verdampfen
Leih|arbeiter *m* vorübergeh. vermitt. Arbeitskraft; **L.arbeitsverhältnis** *s* einem andern Unternehmer überlass. Arbeitsverhältnis; **L.e** *w* ↑ unentgeltl. Überlassung einer Sache gegen Rückgabeverpflichtung; **L.gabe** *w* nicht zu den eig. Beständen gehör. Exponat; **L.kapital** *s* → Fremdkapital; **L.verkehr** *m* Bücheraustausch zw. Bibliotheken; **L.wagen** *m* gemieteter Pkw, Lkw
Leimfarbe *w* Anstrichfarbe mit wasserlösl. nicht härt. Bindemittel
Leistenherni:e *w* → Herni:e
Leistung| *w* ↑ abgegeb. o. verbrauchte Energie geteilt durch die dazu notwend. Zeit; **L.s:abteilung** *w* Zahlstelle

des Arbeitsamtes; **L.sbilanz** *w* Gegenüberstellung der Ein- u. Ausfuhren von Waren u. Dienstl.en in der Zahlungsbilanz; **L.s:erschleichung** *w* = → Automatenmißbrauch; **L.sfähigkeits:prinzip** *s* Beitrag zum notwend. Steueraufkommen je nach Zahlungsfähigkeit; **L.sgesellschaft** *w* Industriegesellschaft, die nach den für die Gesamtheit erbrachten L.en bestimmt wird; **L.sgewicht** *s* Gewicht geteilt durch Motorl.; **L.skontrolle** *w* Überprüfung der erstellt. L. nach Quali- u. Quantität im Verhältnis zur verausg. Zeit; **L.skurs** *m* zusätzl. Lehrveranstaltung; **L.skurve** *w* Darstellung der L. nach Zeit u. Inhalt; **L.slohn** *m* Abhängigkeit der Entlohnung je nach Quali- u. Quantität der erstellt. L.; Ggs.: → Soziallohn; **L.snormen** *M* festgelegte Arbeitsl.en; **l.s:ori:entiert** nach dem Maßstab der L.; **L.s:ort** *m* geogr. Ort, an dem der Schuldner eine L. erbringen muß; **L.s:prinzip** *s* Verteilung der verfügb. Ressourcen in völl. Übereinstimmung mit der erbrachten L.; **L.sreaktor** *m* Kernreaktor zur Erzeugung elektr. Energie; **L.s:schalter** *m* elektr. Schalter, der einen Stromkreis bei normal. Belastung u. bei Kurzschluß aus- u. einschalten kann; **L.s:sport** *m* auf Wettkampferfolge ausgericht. Sportbetrieb; **L.s:test** *m* Verfahren zur Bestimmung der augenbl. L.sfähigkeit; **L.s:übertragung** *w* = → Kraftl.; **L.sverzug** *m* Nichterbringung einer fäll. u. angemahnten L.; → Verzug; **L.szahl** *w* = → Octanzahl; **L.szentrum** *s* Trainingsort für Hochl.ssportler; **L.szulage** *w* Lohnerhöhung bei Verrichtung bes. schwerer, schmutziger o. gefährl. Arbeit; **L.szuschlag** *m* Lohnerhöhung bei zusätzl. Arbeiten; **L.szwang** *m* allgem. Erwartung bes. L.en

Leit|bild *s* Ideal, Vorbild; **L.einrichtung** *w* Mittel der Verkehrsführung; **l.ender Angestellter** *m* Angestellter mit arbeitgeberähnl. Funktionen (nimmt Arbeitgeberinteressen wahr)

Leiterpolymere *M* Kunststoffe mit hoher Beständigkeit gegen Hitze u. Strahlung

Leit|fähigkeit *w* Kehrwert des spezif. elektr. Widerstandes; **L.fähigkeitskupfer** *s* Legierung von Kupfer mit kleinen Mengen Beryllium; **L.fähigkeitswasser** *s* mehrf. destill. Wasser von bes. hoher Reinheit; **L.fähigkeitszelle** *w* Vorrichtung zur Messung der L.fähigkeit; **L.isotop** *s* radioakt. Indikator; **L.lini:e** *w* unterbroch. Schmalstrich als Fahrspurgrenze; **L.maschine** *w* frequenzbest. Generator im Wechselstromnetz; **L.pfosten** *m* senkr. Bake zur Markierung der Verkehrsgrenze u. des Straßenverlaufs; **L.plan** *m* = → Generalbebauungsplan; **L.planke** *w* senkr. L.einrichtung seitl. der Fahrbahn als opt. Verkehrsführung; **L.streifen** *m* befest. Streifen an Straßen als Randlinie; **L.studi:e** *w* Stichprobenumfrage, = **Pilot study** *w*; **L.tafel** *w* zweifach schraff. senkr. Platte zur Markierung von Verkehrshindernissen; **L.ungs:elektronen** *M* in Metallen freibewegl. Elektronen, die den elektr. Stromtransport bewerkstelligen; **L.währung** *w* zum internat. Medium erhobene nation. Währung (z. Z. US-Dollar); **L.werk** *s* alle Steuerflächen (am Flugzeug u. dgl.); Überwachungsteil einer DVA; **L.wert** *m* Kehrwert des elektr. Widerstandes; **L.zahl** *w* Produkt aus einzustell. Blendenzahl u. Entfernung am Blitzlichtgerät; **L.zins** *m* Diskontsatz der Notenbank

Lemma *s* (gr.) ↑ Leitsatz der Mathematik; Stichwort

Lenard-Röhre *w* (d. Physiker, 19./20. Jh.) elektr. Vakuumröhre zur Erzeugung von Elektronenstrahlen

Lenkungs:ausschuß *m* Gremium für Wirtschaftslenkung

Lepidolith *m* (KW) glimmerart. Mineral

Lepto|nen *M* (KW, gr.) ↑ leichte Elementarteilchen; **L.some** *m*, *w* menschl. Konstitutionstyp (schmal, lang, hager)

Lernmaschine *w* Darbietung der Information in sehr vielen sehr kleinen Einheiten (durch Fragen abgesichert)

LES Huckepacksatellit zur Erprobung von Nachrichtensatelliten

lesbisch (gr. Insel) w. gleichgeschlechtlich (l.e Liebe)

Lese| *w* = → Fadenkreuz; **L.glas** *s* einfachste Lupe; **l.n** ↑ (automat.) Übernahme von Daten in den Arbeitsspeicher einer DVA. – **Lesung** *w* ↑ parlamentar. Gesetzberatung

letal| (lat.) tödlich; **L.ität** *w* Sterbewahrscheinlichkeit (Erkrankter)

Letternmetall *s* antimonhalt. Bleilegierung zum Gießen von Drucklettern

Letterstock *m* (e.) Aktie noch ohne amtl. Notierung

Leucht|kraftklassen *M* Einteilung der Gestirne nach ihrer L.kraft; **L.öl** *s* = → Kerosin; **L.rahmensucher** *m* fotogr. Sucher mit heller Bildfeldbegrenzung; **L.röhre** *w* Gasentladungslampe für L.reklamen; **L.schirm** *m* bei Auftreten von Elektronen-, Röntgen-, ultraviol.

Strahlen aufleucht. Projektionsschirm; **L.stoff** *m* im Dunkel nachleucht., bei Bestrahlung mit unsichtb. Strahlen Licht aussend. Stoff

Leucin *s* (KW) eiweißbild. Aminosäure

Leuk|ämie *w* (KW, gr.) Bildung zu vieler (z. T. entarteter) weiß. Blutkörperchen, = **Blutkrebs** *m*; *EW*: **l.ämisch; L.oblast** *m* weiße Blutkörperchen bild. Zelle; **L.o(zyto)penie** *w* krankh. Verminderung der weißen Blutkörperchen; **L.overbindungen** *M* durch → Reduktion aus Farbstoffen erhältl., durch Oxidation wieder in sie überführb. farblose Substanzen; **L.ozyten** *M* weiße Blutkörperchen; → Blutkörperchen, -bild; **L.ozytose** *w* anorm. Anstieg der Zahl der weißen Blutkörperchen

Leverage-Effekt *m* (e.: *liweridsch-*) dient zur Beschreibung zu starken Einflusses von Fremdkapital auf Rentabilität des Eigenkapitals

Lewisite *M* (am. Chemiker, 19./20. Jh.) organ. Arsenverbindungen (Kampfstoff)

Lexem| *s* (KW) kleinste Bedeutungs:einheit der Sprache, Wortkern, = **Monem** *s*; **L.atik** *w* Lehre von den L.en

Lexiphon *s* (KW) Blindenlesemaschine, die Buchstaben in Töne umsetzt

Lexon *s* (KW) → Polycarbonate

LfV ⟨ **L**andesamt **f**ür **V**erfassungsschutz. – **LH** ⟨ **L**uft**h**ansa. – **LHV** ⟨ **l**iberal. **H**ochschul**v**erband. – **Li** ⟨ → **Li**thium

Libelle *w* (lat.) ↑ Wasserwaage

Liber|alisierung *w* (KW, lat.) ↑ Abbau (Aufhebung) von Handelshemmnissen aus Kapitalverkehrskontrollen (Außenhandel); **L.alismus** *m* ↑ Wirtschaftsordnung, bei der das Recht auf individ. Entfaltungsfreiheit im Mittelpunkt steht; **L.tinismus** *m* freizüg. (sex.) Haltung

Libido *w* (lat.) psych. Lebenskraft; Geschlechtstrieb

Libration *w* (KW, lat.) scheinb. Pendelbewegung des Mondes (macht zeitw. schmale Randstreifen seiner Rückseite sichtbar)

Libress|e *w* (KW, lat.) ausgebild. Bibliotheks-, Ausstellungsführerin; **L.o** *s* Buchhandlung mit Kaffeehaus

licht|e Breite *w* dem Verkehr verfügb. Breite des Verkehrsbandes; **l.er Raum** *m* Verkehrsraum u. seine hindernisfreie Umgebung; **L.bad** *s* Heilbestrahlung mit künstl. Sonnenl. (= **L.behandlung** *w*); **l.beständig** sich bei L.einwirkung nicht verändernd; **L.bogen** *m* Leuchterscheinung beim Fließen eines elektr. Stroms hoher Stärke zw. heißen Elektroden im gasgef. o. teilevakuierten Raum; **L.bogen:ofen** *m* von elektr. L.bogen beheizter Ofen für metallurgische Zwecke; **L.bogenschweißen** *s* Schweißverfahren mit L.bogen als Wärmequelle zum Aufschmelzen des Metalls; = Elektroschweißen; **L.brechung** *w* Richtungsänderung eines L.strahls beim Übertritt von einem Medium in ein anderes; **l.dicht** = l.-undurchlässig (Ggs.: **l.durchlässig**); **L.druck** *m* ↑ Flachdruckverfahren für Kunstblätter; **L.echtheit** *w* Widerstand von Farb-, Werkstoffen, Textilien u. dgl. gegen Qualitätseinbuße durch L.einfluß; **l.elektrischer Effekt** *m* = → Fotoeffekt; **l.elektrische Zelle** *w* = → Fotozelle

Lichter *m* = → Leichter

Licht|filter *s* → Filter; **L.hof** *m* gebäudeumgeb. Hof; Schleierbildung an stark bel.eten Bildstellen; **L.hupe** *w* Kfz-Scheinwerfer als Signalgeber; **L.jahr** *s* astron. Entfernungsmaß (= Strecke, die das L. in 1 Jahr zurücklegt); **L.leiter** *m* faser- o. zylinderförm. Körper aus transpar. Material, in den an der einen ebenen Frontfläche L. eingestrahlt wird, das ihn infolge → Totalreflexion nur durch die 2. Frontfläche verlassen kann; **L.modulator** *m* Vorrichtung, die L.strahl period. im Takt einer vorgegeb. Schwingung abschwächt u. verstärkt; **L.mühle** *w* = → Radiometer; **L.orgel** *w* verschiedenfarb., rhythm. aufleucht. Beleuchtungsanlage; **L.quant** *m* = → Photon; **L.relais** *s* = → L.modulator; **L.satz** *m* Fotosatzart; **L.schachtsucher** *m* ↑ Sucher an Spiegelreflexkamera mit Einblick von oben; **L.schranke** *w* Registriervorrichtung aus L.quelle u. Fotozelle (bei Unterbrechung des auf die Fotozelle fall. L.strahls Kontakt betätigend, der z. B. Alarmanlage, Zählwerk o. Motor in Gang setzt); **L.stärke** *w* ↑ wirks. Durchmesser geteilt durch Brennweite eines fotogr. Objektivs; **L.teilchen** *s* → Photon; **L.ton:aufzeichnung** *w* auf ein L.tonnegativ, -positiv aufgezeichn. Schallvorgang, = **L.tonverfahren** *s*; **L.tonkamera** *w* Gerät zur L.tonaufzeichnung; **L.verstärker** *m* = → Laser; **L.wurflampe** *w* Glühlampe für Projektionsgeräte, = **Projektionslampe** *w*

LIDUS ⟨ **Li**beral**d**emokrat. Partei (**S**chweiz)

Liebes:paragraph *m* bestraft unterlassene Hilfeleistung (§ 330 c StGB)

Liebig|kühler *m* (d. Chemiker, 19. Jh.) chem. Laborgerät zum Verflüssigen von Dämpfen bei Destillation; **L.sches Gesetz** *s* Wachstum einer Pflanze wird von der Menge des am wenigsten vorhand. Nährstoffs bestimmt

Liefer|antenkredit *m* Gewährung eines Zahlungstermins bei Warenlieferung; **L.frist** *w* Zeitspanne zw. Kaufvertragsabschluß u. Warenlieferung; **L.straße** *w* Anliegerstraße für die Versorgung der Anlieger; **L.termin** *m* vertragl. best. Zeitpunkt einer L.ung; **L.ungs:sperre** *w* Sperrfrist bei Wertpapierausgabe; **L.wagen** *m* kleiner (geschloss.) Transportwagen

lift|en (e.) Falten operat. beseitigen; **L.ing** *s* (*-iñ*) Gesichtshautstraffung; **L.on/L.off-Schiff** *s* Spezialschiff zum Transport von Behältern; **L-Van** *m* (e.: *-wän*) Möbelwagen für Überseetransporte

Liga für Menschenrechte *w* internat. Vereinigung pazif. u. humanit. Verbände (Paris)

Lig|and *m* (KW, lat.) Atom(gruppe), die mit weiteren gleichart. in den Molekülen von → Koordinationsverbindungen um das Zentralatom herum angeordnet ist; **L.atur** *w* Abbindung eines Blutgefäßes; Buchstabenverbindung auf einer Druckletter (z. B. fl, fi, ff)

Liger *m* (KW) Bastard aus m. Löwen u. Tigerin

Light-show *w* (e.: *laitschou*) farb. rhythm. Lichtflecken

Lignin *s* neben der Cellulose wichtigster Bestandteil der Holzmasse

Ligro:in *s* zw. ca. 90° u. 120 °C siedende Benzinfraktion (Acklösemittel)

Liljenroth-Verfahren *s* techn. Herstellung von Phosphorsäure

lim, Lim ⟨ → **limited**

Limbisches System *s* Nervenkomplex im Gehirn, der die gefühlsmäß. Verhaltensweisen steuert

Limbus *m* (lat.) ↑ Grad-, Teilkreis an Winkelmeßgeräten

Limes *m* (lat.) ↑ → Grenzwert. – **Limit|** *s* (e.) (Preis-, Mengen-)Grenze, die nicht überschritten werden darf; **l.ed** nur begrenzt (Haftung der Teilnehmer); **l.ieren** (lat.) begrenzen

Limn|imeter *s* (KW) autom. Wasserstandsmesser, = **L.ograph** *m*; **L.ologie** *w* Erforschung der Binnengewässer als Lebensräume

Lindan *s* → Insecticid

Linde-Verfahren *s* (d. Physiker, 19./20. Jh.) Verflüssigung von Gasen durch Tiefkühlung

linear| (lat.) gradlinig; → Interpolation; → Exzentrität; → Unabhängigkeit; **l.abhängige Vektoren** *M* enthalten mind. 1 Vektor, der als L.kombination der andern darstellb. ist; **l.e Abbildung** *w* best. Art von Abbildungen (z. B. bei Vektorräumen); **l.e Abhängigkeit** *w* Ggs.: l.e → Unabhängigkeit; **l.e Abschreibung** *w* gleichmäß. Verteilung der An-, Wiederbeschaffungskosten über die Nutzungsperiode; **l.e Funktion** *w* Funktion, deren → Graph eine Gerade ist; **l.e Gleichung** *w* enthält Variablen nur in der 1. Potenz; **l.e Interpolation** → Interpolation; **l.es Optimieren** *s* Finden der optim. Lösung eines prakt. Problems mit System l.er Gleichungen u. Ungleichungen; **l.es Programm** *s* Programmart, bei der jeder → Befehl nur einmal durchgeführt wird; **l.e Programmierung** *w* Bestimmung des Maximums (Minimums) einer l.en Funktion unter belieb. vielen Nebenbedingungen (math. Methode des → operations research zur optim. Einsetzung der vorhand. Mittel); **l.e Steuersenkung** *w* Herabsetzung der Einkommens- u. Körperschaftssteuer um den gleichen %-Satz; **L.beschleunigung** *w* (e.: l. accelerator) Teilchenbeschleuniger mit Beschleunigung auf grader Strecke; **L.faktor** *m* als → Faktor auftret. Term, in dem Variablen nur in der 1. Potenz auftreten; **L.kombination** *w* Summe, in der jeder Summand Produkt einer reellen Zahl u. eines Vektors ist; **L.motor** *m* elektr. Motor, bei dem die beschleunig. Magnetkräfte unmittelb. zw. Fahrzeug u. Schiene wirken

Lingu:istik *w* (KW) moderne, systembezog. Sprachforschung

Lini:en|leiter *m* Einrichtung zur selbsttät. Steuerung von Kfz.en; **L.organisation** *w* Betrieb mit bes. klarem u. straffem Befehlssystem; **L.spektrum** *s* → Spektrum aus einz. Spektrall.

Link *m* (e.) bes. von Entwicklungsländern vertretene Forderung, die Neuschaffung von internat. Liquidität mit Entwicklungshilfeprogrammen zu verknüpfen (bes. bei Schaffung von → SZR diskutiert: Verteilung der beim Übergang von Waren- zum Papiergeld ersparten Ressourcen)

Links|abbiegespur *w* markierte, nur für L.abbieger best. Fahrspur an Knotenpunkten; **L.ablenkung** *w* → Rechtsablenkung; **L.abschneiden** *s* L.abbiegen, bei dem sich die gegenläuf. Abbieger nicht überschneiden; **L.verkehr** *m* l. fahren, rechts überholen

Linolensäure *w* ungesätt. Fettsäure im Leinöl

Linotype| *w* (e.: *lainotaip*) Maschine, die Zeilen setzt u. gießt, = **L.-Setzmaschine** *w*

Linse *w* ↑ von 2 Kugelflächen begrenzt. durchsicht. Körper zur Lenkung von Lichtstrahlen; Vorrichtung zur Sammlung o. Zerstreuung hindurchgeh. (Elektronen-)Strahlen; → bikonkav, -konvex

Lip|ase *w* (KW, gr.) fettspalt. Enzym; **L.o:ide** *M* lebenswicht. organ. fettähnl. Stoffe; **L.om** *s* gutart. Fettgeschwulst; **l.ophil** mit fettähnl. Lösemitteln verträglich; Ggs.: **l.ophob**

liquid| (lat.) zahlungsfähig; **L.ation** *w* außergerichtl. Verfahren zur Befriedigung der Gläubiger u. Verteilung des übrigbleib. Vermögens unter die Gesellschafter; Kostenrechnung freier Berufe; **L.ationsbilanz** *w* Eröffnungs-, Zwischen- o. Schlußbilanz bei L.ation einer Gesellschaft; **L.ationsgewinn** *m* Gewinn durch Realisierung der stillen Rücklagen bei L.ationen; **L.ationskasse** *w* Abwicklungsstelle von Börsentermingeschäften; **L.ationskurs** *m* (Kompensations-)Kurs für Börsentermingeschäfte (in Anlehnung an Börsenkurse vom Börsenvorstand o. der L.ationskasse festgelegt); **L.ator** *m* mit L.ationsdurchführung Beauftragter; **L.ität** *w* durch Verfügung über Geld o. Tauschmittel begründ. Anspruch auf Güter; Fähigkeit, den Zahlungsverpflichtungen bei Fälligkeit nachzukommen (bestimmt durch Verhältnis zw. vorhand. u. benöt. Mitteln); **L.itätsbilanz** *w* unter dem L.itätsgesichtspunkt aufgest. Bilanz; **L.itätsneigung** *w* Neigung (des Publikums), Bargeld zu halten, = **L.itäts:präferenz** *w*; **L.itäts:politik** *w* alle Maßnahmen zur Erhaltung der Zahlungsbereitschaft; **L.itätsreserve** *w* flüss. Mittel für bes. Anforderungen; **L.itäts:theorie des Geldes** *w* Erklärung der Konjunkturbewegungen als abhängig von der Entwicklung der volkswirtsch. L.ität

Lirot *s* → Agora

Listenpreis *m* in einer Preisliste angeb. Preis

Lit. ⟨ **Litera** *w* (lat.) Buchstaben auf Effekten usw. zur Kennzeichnung versch. Emissionen einer AG

Literaturproduzenten *M* sozialist. Autoren-Verlagsteam

Literleistung *w* Kfz-Motorleistung aus je 1000 cm³ Hubraum

Lithium *s* (KW, gr.) chem. Element der Alkalimetalle (allerleichtestes Metall; ⟨ *Li*)

Litho|lyse *w* (KW, gr.) Auflösung von Blasen-, Gallen-, Nierensteinen durch Heilmittel; **L.pon** *m*, **L.pone** *w* weißes Anstrichpigment; **L.sphäre** *w* Gesteinskruste der Erde

Litze *w* (lat.) ↑ aus vielen dünnen Einzeldrähten besteh. elektr. Leiter

Livesendung *w* (e.: *leif-*) (Ggs.: → Aufzeichnung) Direktsendung

Living| Theatre *s* (e.: *liwiñ ßi:êtr*) kostüm- u. dialogloses avantgard. Theaterspiel; **L.-wage** *s* (e.: *-weidsch*) Existenzminimum

Lizenz| *w* (lat.) vertragl. erworb. Erlaubnis zur Nutzung (Auswertung) eines (Urheber-, Patent-)Rechts; **L.gebühr** *w* wird vom L.nehmer an den -geber entrichtet

Lizit|ant *m* (lat.) Meistbieter bei Versteigerungen; **L.ation** *w* Versteigerung; **l.ieren** versteigern

LKA ⟨ **L**andes**k**riminal**a**mt. – **LKW, Lkw** ⟨ **L**ast**k**raft**w**agen. – **LM** ⟨ **L**unar **M**odule (Mondlandefähre). – **lm** ⟨ → **L**u**m**en. – **LMBGG** ⟨ **L**ebens**m**ittel- u. **B**edarfs**g**egenstände**g**esetz. – **lm h** ⟨ → **L**u**m**enstunde. – **ln** ⟨ Logarithmus zur Basis e (→ Eulersche Zahl; ⟨ **l**ogarithmus **n**aturalis)

Lobby| *w* (e.) Parlamentswandelhalle; Interessengruppe, die Abgeordnete zu beeinflussen sucht; **L.ismus** *m* ständ. Beeinflussung von Abgeordneten durch Interessentengruppen zur Erzielung polit. Entscheidungen, die deren Interessen berücksichtigen

Loch|bandverfahren *s* L.streifen als DVA-Informationsträger; **l.en** ↑ auf L.karten übertragen; **L.er** *m* ↑ Maschine (Angestellter) zur Datenübertragung auf L.karten. – **Löcherleitung** *w* = → Mangelleitung. – **Loch|kamera** *w* Vorrichtung zur opt. Abbildung (kleine Öffnung ohne Linsen o. Spiegel: dient als bilderzeug. Element); **L.karte** *w* Informationsträger mit Daten in L.schrift; **L.lehre** *w* = → Düsenlehre; **L.schrift** *w* Löcher auf L.karten, -bändern als Information; **L.streifen** *m* Speicherung von Nachrichten für Fernschreiber; Datenträger in Rollenform, für ADV

Lock|out *m*, *s* (e.: *-aut*) Aussperrung

Lockvogelwerbung *w* Werbung mit bes. preisgünstigen Waren

Loco|geschäfte *M* (lat.-d.) an der Warenbörse getät. Geschäfte mit sofort. Warenlieferung; **L.ware** *w* sof. lieferbare Ware

Löffel|bagger *m* Naßbagger zur Beseitigung von Felsboden unter Wasser; **L.haken** *m* = → Fangspeer

Lofti *M* Huckepacksatelliten für elektromagn. Versuche

log ⟨ **Log**arithmus

Log|ikgatter *s* → Gatter; **L.ikschaltung** *w* Grundschaltung mit Gattern; **l.ische Entscheidung** *w* ↑ Entscheidung im Computer an einer Verewigung des Programms aufgrund gegeb. Bedingungen; → Test

Logistik[1] *w* (KW, fr.) (Erforschung der) Wehrmachtsversorgung

Logistik[2] *w* (KW, gr.) mathem. Logik

Logopäd|e *m* (KW, gr.) Fachkraft für sprachbehind. Kinder (*w*.: **L.in**)

Lohmann-Ruchti-Effekt *m* Wirkung von Abschreibungen auf betriebl. Kapazität (bei sofort. Investierung kapazitätserweiternd)

Lohn|abschluß *m* Tarifvereinbarung; **L.abzüge** *M* Minderung des Bruttol.s durch Steuer-, Sozialversicherungsabgaben; **L.ausgleich** *m* verbietet L.einbußen bei Arbeitszeitverkürzung; **L.-drift** *w* Auseinanderentwicklung der tarifl. vereinb. u. tatsächl. gezahlten Löhne; **L.ersatzleistungen** *M* Arbeitslosen-, Kurzarbeiter-, Wintergeld; Arbeitslosenhilfe; **L.explosion** *w* sprungh. Steigerung von Löhnen u. Gehältern; **L.folgekosten** *M* vom Arbeitgeber getrag. Sozialleistungen; **L.formen** *M* → Zeit-, → Stück-, → Prämienl.; **L.fortzahlung** *w* Weiterzahlung des L.s bei Krankheit (100 % in den ersten 6 Wochen); **L.gleichheit** *w* gleiche Entlohnung für Männer u. Frauen bei gleicher Arbeit; **l.intensiv** L.kosten übersteigen produktionsbedingt Material- u. Kapitaleinsatz; **L.kosten** *M* Summe der Bruttolöhne eines Betriebs (in best. Zeit, für best. Produkte); **L.kostenzuschuß** *m* Zuwendung des Arbeitsamtes an Unternehmen mit bes. schwer zu vermitt. Arbeitnehmern; **L.-lag** (e.: *-läg*) *m* Zurückbleiben der L.entwicklung hinter der Gewinnentwicklung zu Beginn eines Wirtschaftsaufschwungs; **L.leitlini:e** *w* Orientierungsdaten des Staates für L.verhandlungen; **L.politik** *w* alle Maßnahmen zur Beeinflussung der L.bildung u. -höhe; **L.-Preis-Indexierung** *w* Bindung der Löhne an Lebenshaltungskostenentwicklung; **L.-Preis-Spirale** *w* Überwälzung der Löhne auf die Preise (Argument für Niedriglöhne o. ausgelöst durch unternehm. Preissteigerungen); **L.quote** *w* Anteil der Löhne u. Gehälter am Volkseinkommen; **L.steuer** *w* Abzüge auf Einkommen aus nichtselbst. Arbeit; **L.steuer:anmeldung** *w* Pflicht des Arbeitgebers, die Höhe der einbehalt. L.steuer dem Finanzamt zu melden; **L.steuerbescheinigung** *w* Bescheinigung des Arbeitgebers über Beschäftigungsdauer, L.höhe u. abgeführte L.- u. Kirchensteuer; **L.steuer:ermäßigung** *w* Minderung der L.steuer um einen vorher eingetrag. Freibetrag (Werbungs-, Sonderausgaben, außergew. Belastungen; Altersfrei-, Pauschbetrag für Körperbehinderte u. Hinterbliebene); **L.steuerjahres:ausgleich** *m* Möglichkeit für L.steuerpflichtige, Arbeitsl. gleichmäß. auf das ganze Jahr zu verteilen (Milderung der Steuerprogression; Rückerstattung zuviel gezahlt. Steuern); **L.stopp** *m* staatl. Verbot der Erhöhung der an einem Stichtag geltenden Löhne; **L.streifen** *m* Beleg für L.berechnung; **L.stückkosten** *M* Index der Löhne u. Gehälter je Produktionseinheit; **L.summensteuer** *w* Teil der Gewerbesteuer (bis 1979); **L.veredlung** *w* vergüt. Veredelung einer Ware im Ausland; **L.zettel** *m* = → L.streifen

lokal|es Maximum *s* (lat.) Wert, der hinsichtl. der unmittelb. Umgebung maximal ist (entspr.: **l.es Minimum** *s*); **L.element** *s* durch örtl. elektrochem. Reaktionen verurs. Korrosionsstelle an metall. Werkstoffen. – **Loko|-** → Loco-; **L.motivtheorie** *w* Wachstumseffekt eines Wirtschaftswachstums auch in Ländern, die mit dem Ursprungsland verflochten sind

Lombard| *m* (it.-fr.) Beleihung von Wertpapieren o. Waren durch Kreditinstitut (unter Pfändung der belieh. Sache); **L.politik** *w* Beeinflussung der Liquidität der Geschäftsbanken durch Noten-(Bundes-)bank; **L.satz** *m* Zinssatz des L.kredites (meist 1 % über → Diskontsatz)

Lomé-Abkommen *s* Handels- u. Finanzhilfeabkommen zwischen EG u. AKP-Staaten (= Afrika-, Karibik-, Pazifikstaaten, 1975)

Longitudinal|welle *w* = → Längswelle, = **L.schwingung** *w*

Long-run-Analyse *w* (e.: *loñran-*) Untersuchung von Wirtschaftsvorgängen auf längere Sicht

long ton (e.) am. Masseneinheit (= ca. 1016 kg)

Lorokonto *s* (it.) Konto einer andern Bank (Ggs.: Nostrokonto)

Los *s* ↑ = → Seri:engröße

Loschmidtsche Zahl *w* (öst. Physiker, 19. Jh.) Anzahl der Moleküle in 1 Mol; → Faraday-Ladung
Löschtaste *w* Taste zum Löschen der im Taschenrechner befindl. Daten
Loseblatt|ausgabe *w* Veröffentlichung auf gelochten Blättern (zum Einordnen); **L.buchführung** *w* Verbuchung auf losen Kontenkarten u. -journalen
Lösemittel *s* Flüssigkeit, die einen anderen Stoff auflöst
Losgröße *w* = → Auflage; Anzahl von Leistungseinheiten, die in einem ununterbroch. Fertigungsbetrieb auf einer Maschine produziert werden kann
Löslichkeit| *w* ↑ höchste erreichb. → Konzentration der gelöst. Substanz in best. Lösemittel; **L.s:produkt** *s* ↑ Maßzahl zur Berechnung von Konzentrationen gesätt. Elektrolytlösungen
Loss Leader *m* (e.: *loß lider*) Anreizartikel
Lost *s* (KW) Haut- u. Atemgift (Kampfstoff); → Senfgas
Lösung| *w* ↑ Element der → Grundmenge einer → Aussageform, das sie zu einer wahren → Aussage macht; **L.smenge einer Aussageform** *w* Menge der L.en (kann auch die → leere Menge sein); **L.smittel** *s* = → Lösemittel; **L.svariable** *w* → Variable in einer Aussageform, für die L.en gesucht werden (Ggs.: → Konstante); **L.svermittler** *m* die Löslich- u. Emulgierbarkeit eines andern Stoffes; durch Zusatz von L.smitteln stark vergröß. Stoff; **L.swärme** *w* beim Auflösen einer Substanz freiwerd. Wärmemenge
Lot|abweichung *w* Winkel zw. Schwerkraftrichtung u. einer zum Erdmittelpunkt weis. Geraden; **L.lehre** *w* → Düsenlehre
Lotto|block *m* Zusammenschluß mehr. örtl. L.gesellschaften; **L.mittel** *M* alle L.erträge
Lovewellen *M* (e.: *law-*) Art langer Oberflächen-Erdbebenwellen
Lower-Management *s* (e.: *loue-*) untere Führungsebene eines Unternehmens
Low-Profile-Harz *s* (e.: *lou-proffail-*) → duromerer Kunststoff mit gering. Schrumpfneigung beim Härten
LP ⟨ Langspielplatte. – **LPG** ⟨ Liquefied Petroleum Gas (e., = flüss. Erdgas); ⟨ landwirtsch. Produktionsgenossenschaft (DDR). – **LpN** ⟨ Leser pro Nummer. – **LP-Stoffe** *M* Luftporenbildner. – **Lr** ⟨ → Lawrencium. – **L-Schale** *w* 2. (vom Kern aus gerechn.) → Elektronenschale im Atom. – **LSD** ⟨ → Lysergsäurediethylamid (Rauschdroge; → Acid; → Delysid); ⟨ Leistungs-Spektraldichte-Verfahren. – **LSE** ⟨ London School of Economics (seit 1895). – **Ltd.** ⟨ → **limited.** – **Lu** ⟨ → **Lutetium**
Lücke| *w* ↑ Abstand (**Raketenl.** [am.: missile gap] Raketenüberlegenheit der UdSSR; **technolog. L.** [am.: technological gap] technol. Vorsprung der USA); → inflatorisch; **L.ntest** *m* Intelligenzprüfung, bei der Textl.n zu ergänzen sind
Ludolfsche Zahl *w* (nl. Mathematiker, 16./17. Jh.) Zahl π (= 3,1415926...; → Pi)
Luft|abwehr *w* Versuch, gegner. Flugobjekte aus der L. zu vernichten; **L.bad** *s* chem. Laborgerät zum Beheizen von Gefäßen; **L.bild** *s* aus der L. aufgen. Fotografie, = **L.aufnahme** *w*; **L.-bild:archäologie** *w* Erforschung archäol. Gegebenheiten mit L.bildern; **L.bildkarte** *w* = → Bildkarte; **L.bremse** *w* Fremdkraftbremse; → Bremsklappenhebel; **L.dusche** *w* Ein-, Durchblasen von L. durch ein Organ; **L.einbruch** *m* = → A:eration; **L.einlauf** *m* = → Einlauf; **L.elektrizität** *w* alle elektr. Erscheinungen in der Atmosphäre; **L.embolie** *w* → Embolie. – **Lüfter** *m* Maschine zur Erzeugung eines Luftstroms. – **Luft|fahrt** *w* → allgemein; **L.feuchte** *w* Wasserdampf in der L., = **L.feuchtigkeit** *w*; **L.fracht** *w* (Preis für) auf dem L.weg beförd. Ware; **L.gas** *s* = → Generatorgas; **L.kabotage** *w* (*-tasche*) Hoheitsrecht gegenüber L.fahrzeugen über staatl. L.gebiet; **L.kompressor** *m* Maschine zum Erzeugen von Druckl.; **L.kraftbeiwert** *m* Maßzahl zur Berechnung von L.widerständen; **L.krankheit** *w* Sauerstoffmangel bei ungewohnt schneller Fortbewegung; **L.loch** *s* wechs. Geschwindigkeit (Richtung) der L.strömung; **L.mine** *w* sprengstarke dünnwand. Fliegerbombe; **L.mörtel** *m* nur bei L.zutritt härtender Mörtel; **L.oxidation** *w* → Oxidation durch L.sauerstoff; **L.perspektive** *w* ↑ leicht dunst. Wirkung von Fernaufnahmen; **L.piraterie** *w* Versuch, Herrschaft über Flugzeug u. Insassen gewaltsam zu erlangen; **L.rate** *w* auf je 2 Personen berechn. L.menge in Schutzräumen; **L.sauerstoff** *m* in der L. enthalt. Sauerstoffgas; **L.schleuse** *w* hermet. verschließb. Kammer zw. 2 Räumen mit versch. L.druck; **L.spielbegrenzer** *m* Teil der Scheibenbremse am Kfz; **L.stickstoff** *m* Stickstoffgas in der L.; **L.stoß** *m* etwa

die Hälfte der bei einer Kernexplosion freiwerd. Energie; **L.tanken** *s* Treibstoffübernahme im Flug; **L.taxi** *s* kleines Passagierflugzeug im Pendelverkehr; **L.tüchtigkeitsgruppe** *w* = → Beanspruchungsgruppe; **L.verbrennung(sverfahren)** *w* (*s*) techn. Herstellung von Salpetersäure; **L.verflüssigung** *w* Herstellung flüss. L. nach dem → Linde-Verfahren; **L.verkehrs:ordnung** *w* → Anordnung; **L.ver:unreinigung** *w* Verschmutzung der L. durch Abgase, Staub usw.; **L.widerstand** *m* der Körperbewegung entgegenwirk. L.druck

Lügen|detektor *m* Gerät zur gleichzeit. Aufzeichnung von Körperreaktionen, die vom vegetat. Nervensystem gesteuert werden, = **Polygraph** *m*; **L.skala** *w* Fangfragen für undurchsicht. Probanden

Lumb|ago *m* (lat.) Hexenschuß (durch Bandscheibenveränderungen); **L.al:anästhesie** *w* (KW) örtl. Rückenmarksbetäubung im Lendenbereich

lumbecken (d. Erfinder, 19. Jh.) Bücher durch Kleben binden

Lum|en *s* (lat.) Maßeinheit des Lichtstroms; **L.enbronze** *w* Legierung aus Zink, Aluminium, Kupfer; **L.enstunde** *w* photometr. Einheit für Lichtmenge (⟨ *lm h*); **L.ineszenz** *w* alle nicht durch Hitze verurs. Leuchterscheinungen (→ Fluoreszenz, → Phosphoreszenz); **L.inophore** *M* Leuchtstoffe

Lunation *w* (KW, lat.) Zeit zw. 2 aufeinanderfolg. Neumondphasen

Lungen|emphysem *s* → Emphysem; **L.entzündung** *w* = → Bronchopneumonie; **L.infarkt** *m* durch mang. Blutzufuhr abgestorb. L.gewebe

Lunik *w* (KW, lat.) Mondsonde

Lunker *m* beim Erstarren gegoss. Werkstücke durch → Volumenkontraktion entstand. Hohlraum

Luppe *w* roher Eisenklumpen, der bei Schweißstahlherstellung im → Puddelofen anfällt

Lüsterklemme *w* isoliertes Schraubverbindungsstück für elektr. Leitungen

Lust|gas *s* Lachgas; **L.gewinn** *m* Wohlbefinden durch Bedürfnisbefriedigung

lüstrieren (KW) Garn glänzend machen

Lutetium *M* chem. Element aus der Gruppe der → Lanthanoide (⟨ *Lu*), = → Cassiopeium

Lutte *w* Röhre zur Fortleitung von Wettern u. Wasser (im Bergbau)

Lux *s* Maßeinheit der Beleuchtungsstärke (⟨ *lx*)

Luxation *w* (gr., lat.) Verrenkung

LVA ⟨ → **L**andes**v**ersicherungs**a**nstalt. – **lx** ⟨ → **Lux**

Lymphozyten *M* (KW) best. Form der weißen Blutkörperchen

lyo|phil (KW, gr.) mit einem Lösemittel verträglich; **l.phile Trocknung** *w* = Gefriertrocknung; **l.phob** mit einem Lösemittel unverträglich

Lysergsäuredi:ethyl:amid *s* (KW) organ. Stickstoffverbindung (Halluzinationen erzeugend; Rauschgift; ⟨ *LSD*)

Lysin *s* eiweißbild. Aminosäure

Lyso|form *s* (KW) formaldehydhalt. Desinfektionsmittel; **L.l** *s* Kresol enthalt. Desinfektionsmittel

LZ ⟨ **L**ese**z**irkel. – **LZB** ⟨ **L**andes**z**entral**b**ank

M

M ⟨ **M**ega-; ⟨ **M**axwell. – **M 2** → Quasigeld. – **m** ⟨ **M**eter; ⟨ **M**illi-. – **mA** ⟨ **M**illiampere; ⟨ **m**angels **A**nnahme (beim Wechselprotest). – µ ⟨ **M**ikro-

Mach(-Zahl) *s* (*w*) (öst. Physiker, 19./20. Jh.) Strömungs- geteilt durch Schallgeschwindigkeit

Machtmonopol *s* absol. Konzentration knapper Macht-(Produktions-)mittel

MAD ⟨ **M**ilitärischer **A**bschirm**d**ienst

Madapolam *m* (Teil der i. Stadt Narsapur) feiner Wäschestoff

Madras *m* (i. Stadt) gitterart. Gardinenstoff

Maf(f)ia *w* (it.) sizil. Geheimbund; intrigier. interne Gruppe; Erpresserbande

Mafo ⟨ **Ma**rkt**fo**rschung

Magazin(sendung) *s* (*w*) Rundfunk-, Fernsehsendung aus mehreren Elementen

magisches| Auge *s* Abstimmanzeigeröhre; **m. Drei:eck (Vier:eck)** *s* wirtsch. Idealzustand (Vollbeschäftigung – Preisstabilität – Import – Export – Ausgleich [– Wirtschaftswachstum])

Magistratsverfassung *w* Regierung der Gemeinde durch eine kollegiale Exekutivbehörde

Magma *s*, *w* (gr.) Gesteinsschmelze im Erdinnern
Magna Charta *w* (lat.: *-k-*) e. Staatsgrundgesetz; Grundsatzerklärung
Magnalium *s* (⟨ **Magn**esium + **Aluminium**) Leichtmetallegierung aus Magnesium u. Aluminium
Magnes|ia *w* (gr.) Bittersalz (mineral. M.iumoxid); **M.it** *m* Bitterspat (mineral. M.iumcarbonat); **M.ium** *s* Leichtmetall aus der Gruppe der Erdalkalimetalle (chem. Element; ⟨ *Mg*); **M.iumcarbonat** *s* M.iumsalz der Kohlensäure; **M.iumchlorid** *s* M.iumsalz der Salzsäure; **M.iumlicht** *s* verbrennendes M.ium (sehr hell); **M.ium:oxid** *s* Sauerstoff-M.iumverbindung; **M.iumsulfat** *s* Bittersalz (M.iumsalz der Schwefelsäure)
Magnet|band *s* Kunststoffband mit m.isierbarer Beschichtung; Datenträger (externer Speicher) der ADV; **M.eisenstein** *m* mineral. vorkomm. Eisenoxid mit → ferromagnet. Eigenschaften; **M.feld** *s* Raum, in dem magnet. Wirkungen auftreten; **M.isierung** *w* magnet. Moment eines Körpers im M.feld geteilt durch sein Volumen; **M.ismus** *m* Erforschung der magnet. Felder u. ihrer Wechselwirkungen mit der Materie; **M.it** *m* = → M.eisenstein; **M.karte** *w* Datenträger (Ausweis, der vom Computer geprüft wird; Programmspeicher bei programmierbaren Taschenrechnern); **M.ochemie** *w* Teil der physikal. Chemie, der die Zusammenhänge zw. Molekülbau u. magnet. Eigenschaften der Stoffe untersucht; **M.ogasdynamik** *w* = **M.ohydrodynamik** *w* Erforschung der Bewegungen ionis. Gase im M.feld u. der dabei auftret. Kräfte; **M.ometer** *s* Gerät zur Messung magnet. Felder; **M.on** *s* Maßeinheit für atom. magnet. Momente; **M.ophon** *s* Tonbandgerät; **M.osphäre** *w* Teil der Erdatmosphäre, in dem Elektronen u. Ionen durch das M.feld der Erde beeinflußt werden; **M.ostatik** *w* Erforschung der Wirkungen ruhender magnet. Körper; **M.ostriktion** *w* Maß- u. Gestaltänderung → ferromagnet. Körper beim M.isieren; **M.platte** *w* Datenträger mit dir. → Zugriff (klein u. flexibel = → Diskette; groß u. fest = Fest- o. Wechselplatte o. im Plattenstapel; → Kammzugriff); **M.ron** *s* Laufzeitröhre best. Bauart für Sendungen; **M.scheidung** *w* Aussortieren → ferromagnet. Bestandteile (aus zerklein. Erz, Altmetall u. dgl.) durch Herausziehen mit M.en; **M.schrift** *w* Schrift in m.isierb. Farbe (auch maschinell lesbar); **M.schwebebahn** *w* von Elektrom.en in der Schwebe gehalt. räderloses Verkehrsmittel; **M.speicher** *m* Datenträger mit m.isierb. Schrift; **M.streifen** *m* Ausführungsform der M.karte; **M.trommel** *w* M.speicher in Trommelform
Magnox *s* (KW) bes. in der Nukleartechnik verwend. Magnesiumlegierung
Magnus-Effekt *m* (d. Chemiker, 19. Jh.) ein rotier. Körper erfährt in einer Strömung eine senkr. zur Drehachse u. Strömungsrichtung wirk. Kraft
Mahajana *m* (skr.) buddhist. Heilslehre
Mählader *m* Futtermähmaschine mit Aufladefahrzeug
Mahl|gang *m* Zerkleinerungsmaschine, = **M.werk** *s*
Mahn|verfahren *s* Zustellung eines gerichtl. M.bescheids an Schuldner ohne Verhandlung
Maiden trip *m* (e.: *mêden-*) Jungfernreise
Mail|ing *s* (am.: *meiliñ*) Werbesendung durch die Post; **M.-order** *w* Bestellung durch die Post
Main|-Liner *m* (e.: *men lainer*) Drogenabhängiger; **M.-Lining** *s* (e.: *-lainiñ*) Drogenspritzen
Maisbirne *w* Trainingsgerät der Boxer
Maisch|e *w* (Weinherstellung:) zerquetschte Traubenmasse; (Bierherstellung:) mit Wasser angesetzt. gedarrtes Malz; **M.prozeß** *m* Umwandlung der Stärke im Braumalz in vergärb. Zucker (Bierherstellung)
Maisonette(-Wohnung) *w* (fr.: *mä-*) zweistöck. Wohnung mit Innentreppe im Wohnhaus
Majori|sierung *w* (KW, lat.) Beherrschung durch Stimmenmehrheit; **M.täts:prinzip** *s* Entscheidung durch Stimmenmehrheit
MAK → MAK-Wert
Makler *m* wer gegen Entgelt Gelegenheit zum Vertragsabschluß nachweist. – **Mäklervertrag** *m* Lohnzusage für den Nachweis eines mögl. Vertragsabschlusses
Makro|befehl *m* Befehl beim → Programmieren aus vielen Einzelbefehlen, aber mit nur einer Anweisung; **M.biotik** *w* natürl. Lebensweise zur Verlängerung des Lebens; **M.fotografie** *w* Nahaufnahme(verfahren)
Makrolon *s* (KW) → Polycarbonate
Makro|molekül *s* aus vielen Atomen besteh. Molekül (Baustein von Eiweiß, Cellulose, Kunststoffen u. a. wicht. Stoffen; *EW*: **m.molekular**); **M.objektiv** *s* Foto:objektiv für Abbildung im

großen Maßstab; **M.ökonomie** *w* Erforschung gesamtwirtsch. Zusammenhänge; **m.ökonom. Modell** *s* beschreibt die Zusammenhänge zw. den gesamtwirtsch. Größen, die in es eingehen; **M.peptide** *M* → hochmolekul. Eiweißstoffe; **M.soziologie** *w* Erforschung gesamtgesellsch. Zusammenhänge

MAK-Wert *m* (⟨ maxim. → Arbeitsplatzkonzentration) höchste in Arbeitsräumen zuläss. Konzentration luftverunreinig. Stoffe

Malachitgrün *s* Textilfarbstoff

Maladjustment *s* (e.: *mäledschaßtment*) Fehlanpassung

Malate *M* Salze der Äpfelsäure

Male:ate *M* Salze der **Male:insäure** *w* ungesätt., organ. Verbindung (wicht. Ausgangssubstanz bei Lack- u. Kunststoffherstellung)

maligne (lat.) Ggs.: → benigne

Malinolharnstoff *m* = → Barbitursäure

Mallung *w* (nl.) = → Kalmengürtel

Malnachlaß *m* = → Anzeigennachlaß

Malon|säure *w* wicht. Grundsubstanz für chem. Synthesen (organ. Säure); **M.ylharnstoff** *m* = → Barbitursäure

Malstaffel *w* = → Anzeigennachlaß

Maltase *w* (KW, lat.) Enzym (verwandelt Maltose unter Molekülspaltung in Traubenzucker)

Malteserkreuz *s* (Mittelmeerinsel Malta) ↑ Getriebe, das gleichmäß. Drehbewegung in ruckweise verlaufende wandelt

Maltose *w* (KW) Malzzucker

Malus *m* (lat.) nachträgl. Prämienforderung bei Schadenshäufung (Ggs.: → Bonus)

Mamm|akarzinom *s* (KW) Brust(drüsen)krebs; **M.ographie** *w* Röntgendarstellung der w. Brust; **M.oplastik** *w* operat. Straffung der w. Brust

Management| *s* (lat.-e.: *mänädschment*) Leitung eines Unternehmens; **m. by delegation** (*-bei diligêschn*) *s* Entscheidung u. Verantwortung liegen weitestgeh. bei dem zuständ. Mitarbeiter; **m. by exception** (*-bei exzeptschn*) *s* Unternehmensführung entscheidet nur bei Abweichungen vom „normal." Geschäftsablauf; **m. by motivation** (*-bei motiwêschn*) *s* Versuch einer Leistungssteigerung durch Identifikation der Mitarbeiter mit den Unternehmenszielen; **m. by objectives** (*-bei obdschektifs*) *s* Handeln der Entscheidungsträger nach klar umrissenen („operationalen") Zielen (= Unterzielen eines Betriebsteils, einer Abteilung; Ziel: periodenbezog. Umsatzsteigerung); **m. by participation** (*-bei partisipêschn*) *s* Leitung bei Beteiligung der Mitarbeiter an den Entscheidungen; **m. by profit** (*-bei-*) *s* ist auf Steigerung des Gewinns ausgerichtet; **m. by results** (*-bei risalts*) *s*: das Ergebnis bildet das Zentrum des Leitungsprinzips; **M.games** (*-gêms*) Unternehmensspiele zur Führungsauslese. – **Manager|** *m* (e.: *mänädscher*) Leiter eines Unternehmens; mit Leitungsaufgaben Beauftragter; **M.krankheit** *w* körperl. u. seel. Zusammenbruch (von Menschen in führ. Positionen)

Manchestertum *s* (e. Stadt: *mäntsch-*) schrankenlose Wirtschaftsfreiheit

Mandala *s* buddhist. Meditationshilfe (Symbolkreis)

Mandet *s* (lat.) → bindend (= imperativ); → politisch; → repräsentativ

Mangan| *s* (fr.) chem. Element (Schwermetall; ⟨ *Mn*); **M.blende** *w* mineral. schwarzes M.sulfid; **M.dioxid** *s* Braunstein; **M.glanz** *m* = → M.blende; **M.in** *s* Kupfer-M.-Nickel-Legierung mit konstantem elektr. Widerstand bei Temperaturänderungen (zur Herstellung von Präzisionswiderständen); **M.spat** *m* rosafarb. m.haltiges Mineral; **M.sulfat** *s* M.salz der Schwefelsäure

Mängel| der Ware *M* bis zum Übergang an Käufer darf Ware keine wert- o. tauglichkeitsmind. Fehler u. muß die zugesicherten Eigenschaften haben (§ 459 BGB); **M.anzeige** *w* Mitteilung des Käufers an Verkäufer wegen M. der gekauft. Ware. – **Mangel|beruf** *m* Beruf mit unbesetzt. Arbeitsstellen; **M.leitung** *w* Ladungstransport durch Bewegung posit. Ladungen (Elektronenm.stellen) in Festkörper. – **Mängelrüge** *w* ↑ Verpflichtung des Käufers zur Prüfung der Ware bei Übergabe u. Rüge event. Mängel (unter Kaufleuten); Beanstandung der Bundesregierung an der Handhabung der Bundesgesetze in Bundesländern; → Sachmängel

Manie *w* (gr.) ↑ abnorm. Gemütszustand mit Antriebssteigerung u. gehob. Stimmung; abnorm. Steigerung nur einer Verhaltensweise (= Monomanie)

Manipul|ant *m* (lat.) ↑ Hilfsarbeiter; **M.ation** *w* Beeinflussung, Machenschaft; **M.ator** *m* ↑ Gerät zur Übertragung der Handbewegung auf un-, schwerzugängl. Gegenstände; **m.ieren** verfahren, beeinflussen; verfälschen; **m.ierte Währung** *w* der nicht an ein Währungsmetall gebund. Geldwert wird durch staatl. Maßnahmen m.iert

manisch| (gr.) krankhaft übersteigert; tobsüchtig (**m.e Exaltation** Tobsuchtsanfall); **m.-depressiv** zw. Übersteigerungen u. Depressionen schwankend
Mankogeld *s* Arbeitnehmerentschädigung bei Kassenführern zum Ausgleich etwaiger Fehlbeträge („Mankos")
Mannequin *s* (fr.: *mannekän*) ↑ Leerpackung, = **Dummy**
Mannit *m* (heb.-gr.) süße organ. Verbindung aus der Reihe der Alkohole
Mannloch *s* Kesseleinstieg
Mannose *w* (KW) Zuckerart im Johannisbrot, in Steinnüssen
Manometer *s* (KW) Druckmeßgerät
Manöverstand *m* = → Bedienungsstand
Manque *w* (fr.: *mañk*) Schwermut durch Drogenmangel
Manschette *w* (fr.) ↑ Dichtungsring; Gummischlauch zur Blutdruckmessung
Mans:holt-Plan *m* Plan der Gewährleistung eines gleichwert. Marktes bei Strukturveränderungen in der EG
Mantel| *m* (lat.) ↑ eigtl. Anteilschein bei Aktien u. Schuldverschreibungen; Teil der Oberfläche bei Zylinder u. Kegel; **M.tarif** *m* Tarifvertrag mit länger gült. Regelungen für Arbeitsverträge
Mantisse| *w* (lat.) Teil des Logarithmus (→ Kennziffer + M. = Logarithmus); Ziffernfolge (beim Taschenrechner) bei einer Zahl in dezim. Schreibweise ohne Berücksichtigung des Kommas
manu:ell| (lat.) mit der Hand; **m.e.** → **Datenverarbeitung** *w* Ggs. zur → maschin. DV; **m.e Wirbelsäulentherapie** *w* = → Chiropraktik
MAPI-Verfahren *s* Berechnung der Rentabilität von Investitionen
Mappierung *w* kartograf. Geländeaufnahme
Maquette *w* (fr.: *-kett*) Entwurf, Skizze
Marasmus| *m* (gr.) allgem. Verfall, Kräfteschwund (**M. senilis** Altersschwäche)
Marathonsitzung *w* (e.: marathon session) langwier. polit. Debatte
Mareograf *m* (KW) selbsttät. registr. Wasserpegelmeßgerät
Marge *w* (fr.: *marsch*) Spanne zw. Selbstkosten u. Verkaufspreis, zw. Preisen für dasselbe Wertpapier an versch. Orten; bei Abschluß eines Termingeschäfts zur Sicherung der Forderungen zu hinterleg. Bareinschuß
Marginalprinzip *s* (lat., KW) die Wirkung der Änderung einer Variablen wird nicht auf den Durchschnitt bezogen (z. B. angestrebte Umsatzausweitung aufgrund der für zusätzl. Einheiten ermitt. Daten analysiert)
Marihuana *s* (sp.) tabakähnl. Rauschgift (mex.-i. Hanf)
Marimbaphon *s* (KW) großes Xylophon mit Klangverstärker
Marken|artikel *m* durch Bezeichnung o. Bild für stete Lieferung in gleicher Qualität, Aufmachung, zum gleichen Preis garantier. Erzeugnis; **M.ware** *w* durch M. gekennzeichn. Ware
Marketing| *s* (e.: *-tiñ*) Bereich (Maßnahmen) eines Unternehmens zur Förderung u. Sicherung des Absatzes (begleitet das Produkt durch alle Phasen der Entwicklung, Produktion, Vermarktung); **M. Consultant** *m* (*-könsolt-*) freiberufl. Berater im M.; **M.-Mix** *s* umfaßt alle Maßnahmen für Absatz(förderung); **M. research** *s* (*-risötsch*) Absatzforschung. – **Market research** *s* (e.: *makit risötsch*) Marktforschung
markier|en (KW, lat.) ↑ (durch radioakt. → Indikator) kennzeichnen; **M.ungsbeleg** *m* = **M.ungskarte** *w* dient zur Datenerfassung von M.ungen mit weichem Bleistift (auch in Bildungseinrichtungen zur Korrektur von → Multiple-Choice-Tests durch Computer, → Kartenleser)
Markoff-Kette *w* Experimentenfolge in der Wahrscheinlichkeitsrechnung
Markt| *m* ↑ Ort, an dem sich Angebot u. Nachfrage treffen; **M.analyse** *w* am Erkenntnisinteresse einer Unternehmung ausgericht. spezielle M.untersuchung; **M.anteil** *m* Mengen- o. Prozentanteil an best. gesamtem M., der auf Unternehmung o. Produkt entfällt; **M.aufkommen** *s* alle Produkte auf dem M.; **m.beherrschendes Unternehmen** *s* als Anbieter o. Nachfrager keiner wesentl. Konkurrenz ausges. Unternehmen; **M.beobachtung** *w* ständ. Verfolgen von Veränderungen der M.faktoren; **M.-formen** *M* Struktur des M.es nach versch. Kriterien; **M.forschung** *w* Abteilung (Maßnahmen) eines Unternehmens zur Untersuchung relev. Märkte (zur Analyse der Absatzchancen für neues Produkt – Beobachtung der Konkurrenz – Aufspürung von M.lücken – Untersuchung von Konsumentenverhalten); **m.konform** den M.mechanismus nicht störend (von staatl. Eingriffen); **M.lücke** *w* Bedarf nach best. Ware; **M.macht** *w* = → m.beherrsch. Unternehmen; **M.mechanismus** *m* dem M. zugeschrieb. Ausgleichsfunktion (Tendenz zum Gleichgewicht zw. Angebot u. Nachfrage); **M.nische** *w* vom Angebot nicht

(ausreich.) erfaßter M.bereich; **M.ordnung** *w* Grad u. Art wirtschaftspolit. Maßnahmen zur Regulierung des M.es (Beeinfluss. von Angebot, Nachfrage, Preis); **M.preis** *m* am M. in Geldgrößen zu erziel. Tauschwert einer Ware (eines Gutes; Ggs.: → gebundener Preis); **M.produktion** *w* (bei kapital. Produktionsweise) ausschließl. Ausrichtung der Produktion auf M.erfordernisse (Bestimmung der Produktion durch Verkaufschancen, denen sich qualit. u. quantit. Erfordernisse unterordnen); **M.prognose** *w* Versuch der Voraussage künft. M.entwicklung; **M.segment** *s* → Segmentation; **M.sozialismus** *m* Kombination von öfftl. Eigentum mit M.preisbildung; **M.transparenz** *w* Überschaubarkeit des M.es (Aussage über Informationsstand der M.teilnehmer); **M.wirtschaft** *w* anonym. M. als entscheid. Ordnungsfaktor (entscheidet über Art u. Umfang der Güterproduktion); Ggs.: → Zentralverwaltungswirtschaft; **M.zins** *m* durchschnittl. Zins für Leihkapital; **M.zugang** *m* Teilnahmemöglichkeit der am M. Interessierten (Hindernisse: fehl. Kapital – keine Patentverfügung)

Marriage *w* (e.: *märidsch*) ↑ Verschmelzung zweier Entwürfe

Marsch|flugkörper *m* (e.: Cruise missile) von Flugzeugen o. U-Booten abschießb. unbemannter milit. Lenkflugkörper mit eigenem Antrieb, großer Reichweite u. hoher Zielgenauigkeit (⟨ *MFK*); **M.leistung** *w* = → Dauerleistung

Marshallplan *m* (am. Politiker, 20. Jh.: *mâschl-*) Wiederaufbauplan für weltkriegzerstört. Europa (im → ERP bereitgest. Mittel zur Rekonstruktion der europ. Wirtschaften u. polit. Stabilisierung W-Europas)

Marshe-Probe *w* analyt.-chem. Reaktion zum Nachweis von Arsenverbindungen

Martensit *m* kohlenstoffhalt. Eisen mit best. Kristallbau

Martens|-Zahl *w* (d. Ingenieur, 19./20. Jh.) Maßzahl für die → Wärmeformbeständigkeit von Werkstoffen, = **M.-Temperatur** *w*

Martinshorn *s* (Herstellerfirma) Dienstautowarnsignal

MARV ⟨ **Man**œuvrable **R**e-entry **V**ehicles (= bis zum Ziel lenkb. Sprengköpfe)

Mary Jane *w* (am.: *märidschên*) = → Marihuana

Marxismus *m* (von Marx u. Engels ausgehende, von Lenin weiterentwick.) Analyse der Bewegungsgesetze des kapital. Produktionsprozesses

maschin|elle Datenverarbeitung *w* → Datenverarbeitung; **M.encode** *m* Verschlüsselung von Daten im → Dualsystem (vom Computer direkt lesbar); **m.en:ori:entiert** → Programmiersprache; **M.ensprache** *w* Sprache im M.encode, = Programmiersprache; **M.enwort** *s* Folge von Zeichen, die vom Computer als Einheit betrachtet werden; **M.isierung** *w* Ersetzung von Handarbeit durch M.en (explos. Produktivitätssteigerung)

Maser *m* (e.: *meser*) ⟨ **M**icroware **A**mplification by **S**timulated **E**mission of **R**adiation) Gerät zur Erzeugung → kohärenter → monochromat. elektromagn. Mikrowellen

Masette *w* (it.) perforiert. Eintrittskartenblock

Mask|e *w* (fr.) ↑ äuß. Rahmen, in dem Daten aus dem Computer ausgedruckt werden; **m.ieren** ↑ Stoff durch Bildung einer → Koordinationsverbindung in Form überführen, in der es durch übl. analyt. Nachweis- u. Bestimmungsmethoden nicht erfaßt wird

Masochismus *m* (öst. Schriftsteller, 19. Jh.) sex. Erregung bei Mißhandlung durch Partner (Ggs.: → Sadismus)

Maß:analyse *w* quantit. Analyse, bei der die zu bestimm. Substanz mit Reagenzlösung bekannt. Konzentration zur Reaktion gebracht wird (Menge der zu bestimm. Substanz aus Volumen der verbrauchten Reagenzlösung berechenbar), = → Volumetrie

Masse| *w* Grundeigenschaft der Materie (unmittelb. Folgen: Trägheit u. Schwere); → statistisch; **M.anspruch** *m* vollbefried. Anspruch beim Konkurs; **M.(n)einheit, atomare** *w* Maßeinheit für Atom- u. Molekulargewichte, deren Größe so festgelegt ist, daß das Atomgewicht des Kohlenstoffisotops ^{12}C genau 12 atomare M.n beträgt; **M.-Energie-Äquivalent** *s* → Einstein-Gleichung

Maß|einheit *w* Vergleichsgröße zur zahlenmäß. Festlegung physikal. Größen

Masse|-Leuchtkraft-Beziehung *w* naturges. Zshg. zw. der absol. Helligkeit in der M. eines Fixsterns; **M.n:anziehung** *w* → Gravitation; **M.nbasis** *w* große zustimm. Bevölkerungsteile; **M.ndefekt** *m* Gewichtsunterschied zw. zusammenges. Atomkern u. der Summe der Nukleonen, aus denen er sich zusammensetzt; **M.n:entlassung** *w* Entlassung von vielen Arbeitnehmern (von Zahl der Entlassungen u. Betriebsgröße abhängig); **M.n:erhaltungs:satz** *m* (nicht uneingeschr. gültiges) Naturgesetz, nach dem bei allen physik. u. chem. Veränderungen die M. der beteil. Körper insges. unverändert bleibt; **M.nfertigung** *w* Herstellung einer großen Anzahl genau gleichart. Produkte in einem Betrieb; **M.ngesellschaft** *w* mod. Industriegesellschaft; **M.ngut** *s* in großen Serien über läng. Zeit gefert. Gut, → M.nfertigung; Ggs.: → Stückgut; **M.nkommunikation** *w* (e.: mass communication) Verbreitung best. Inhalte durch best. Veranstaltungen (Preise – Zeitschr. – Flugblätter – Film – Funk – Fernsehen); **M.nkräfte** *M* bei gekrümmten, beschleunigten o. gebremsten Bewegungen infolge der Trägheit von M.n ausgeübte Kräfte; **M.nmedi:en** *M* Presse, Funk, Fernsehen; **M.mittelpunkt** *m* Schwerpunkt; **M.npartei** *w* Ggs.: → Kaderpartei; **M.nproduktion** *w* = → M.nfertigung; **M.npsychologie** *w* Untersuchung der Verhaltensweisen einer pass. geformten Vielzahl von Menschen; **M.nspektrograf** *m* Gerät zur Bestimmung der M. von Ionen; **M.nspektroskopie** *w* physik.-chem. Trennverfahren; **M.nstreuung** *w* Verteilungsart für Werbemittel; **M.ntourismus** *m* Reiseveranstaltung für breite Bevölkerungsschichten; **M.nwirkungsgesetz** *s* naturgesetzl. Zshg. zw. dem → Umsetzungsgrad eines chem. reaktionsfäh. Stoffgemischs nach Erreichen des chem. Gleichgewichts u. der Konzentration der einz. daran beteiligten Stoffe; **M.nzahl** *w* Anzahl der → Nukleonen in einem Atomkern; **M.polymerisation** *w* Polymerisation, durchgeführt mit reinen → Monomeren ohne Zusatz von Lösungs- o. Verdünnungsmitteln

Maß|haltigkeit *w* Eigenschaft von Werkstoffen, ihre Dimensionen auch bei längerer Belastung genau einzuhalten; **M.system** *s* System weniger physikal. Grundgrößen, von dem alle anderen physikal. Größen ableitbar sind (z. B. Geschwindigkeit = Weg geteilt durch Zeit)

Mastikator *m* (KW, lat.) Knetmaschine

Masturbation *w* (lat.) sex. Selbstbefriedigung

Mat (e.: *mät*) ⟨ **Mat**er, **Mat**rize

Matched groups *M* (e.: *mätsched grûps*) Gruppe von Menschen mit vielen gemeins. Eigenschaften

Materi|alisation *w* (KW, lat.) ↑ Entstehung von Elementarteilchen durch Umwandlung von Energiequanten; **M.alismus** *m* → dialektisch; **m.elle Demokratie** *w* → Demokratie; **M.ewellen** *M* nach der Wellenmechanik im Zshg. mit jedem bewegten Teilchen auftret. Wellen, mit denen die Aufenthaltswahrscheinlichkeit der Teilchen verknüpft ist

Mat|ernität *w* (lat.) Mutterschaft; **m.rifokale Famili:e** *w* Familie aus Mutter u. Kindern (starke Bindung der Kinder an die Mutter); **M.rix** *w* ↑ Zeichenmenge in rechteck. Form; **M.rixdrucker** *m* in der ADV verwend. Drucker (druckt die Zeichen mit Hilfe einer Punktem.rix); **M.rizenrechnung** *w* verknüpft eine M.rix mit anderen

Matrikularbeiträge *M* von nachgeordn. an übergeordn. Gebietskörperschaften zu entricht. finanz. Leistungen

Mauerziegel *m* Normbezeichnung für → Backstein

Maximalprinzip *s* = → ökonom. Prinzip

Maxwell| *s* (e. Physiker, 19. Jh.) Maßeinheit des magnet. Kraftflusses; **M.sche Gleichungen** *M* math. Darstellung der naturgesetzl. Zusammenhänge zw. magnet. u. elektr. Feldern; **M.sche Theorie** *w* von M. aufgest. moderne Theorie des elektromagn. Feldes

Mayday (e., fr.: *mäidäi*) internat. Funksprechnotsignal

MAZ ⟨ **ma**gnet. Bild**a**uf**z**eichnung (Aufzeichnungsvorrichtung für Fernsehbilder). – **MB** ⟨ **M**arburger **B**und (d. Ärzte). – **MBA** ⟨ **M**üll**b**eseitigungs**a**nlage. – **MBB** ⟨ **M**esserschmitt, **B**ölkow, **B**lohm. – **MBFR** ⟨ (am.) **M**utual **B**alanced **F**orces **R**eductions (Verhandlungen über ausgewog. Truppenreduzierung, Wien). – **m.b.H.** ⟨ **m**it **b**eschränkter **H**aftung. – **MC-System** *s* ⟨ → **M**ultiple **C**hoice. – **Md** ⟨ **M**en**d**elevium. – **MD** ⟨ **M**usik**d**irektor. – **MdB** ⟨ **M**itglied **d**es **B**undestages. – **ME** ⟨ **M**asse**e**inheit

Mechan|ik *w* ↑ Gebiet der Physik, das sich mit Bewegungen u. Kräften beschäftigt; **m.ischer Automatismus** *m* Werk der bild. Kunst, das durch Falten, Reiben, Kratzen u. dgl. entsteht; **M.isierung** *w* → Maschinisierung; **M.ismus** *m* ↑ Aufeinanderfolge der Molekülumwandlungen bei chem. Reaktion; Ansicht, daß für das organ. Leben nur physik.-chem. Gesetze maßgebend sind (Ggs.: Vitalismus)

Media|analyse *w* Untersuchung von Werbeträgern u. Werbungstreibenden zur optim. Streuung der Werbemittel;

M.forschung *w* = Werbeträgerforschung

Median(wert) *m* in der Mitte stehender Wert von nach der Größe angeordn. Meßwerten, = → **Zentralwert** *m*

Media| research *w* (e.: *-risötsch*) → Werbeträgerforschung; **M.selektion** *w* Auswahlverfahren der Werbeträger zur optim. Erfassung der Zielgruppen. – **Medi:en|kombination** *w* Belegungskombination versch. (Werbe-)M.; **M.pädagogik** *w* Einsatz von Massenm. als Bildungsmittel; **M.verbund** *m* Unterricht mit verschied. Lehrmitteln (Film – Schallplatte – Tonband – Lehrbuch)

Medio *s* (KW) Monatsmitte

Medium *s* (lat.) ↑ Apparat zur Meinungs-, Informationsvermittlung; Stoff, der Raum ausfüllt u. beeinflußt, in dem physik. o. chem. Vorgänge ablaufen; Werbeträger (alles, was als Verbreiter der Werbung in Frage kommt: Zeitung – Rundfunk – Film – Fernsehen u. dgl.)

medizinisch-technische Assistentin *w* w. Arzthilfe für prakt.-wissensch. Arbeiten (⟨ *m.-t. A.*)

Medusenhaupt *s* = → Caput medusae

Mega|- (gr.) Vorsatz bei Maßeinheiten, kennzeichnet Faktor 1000000 (z. B. 1 M.hertz = 1000000 Hertz); **M.lomanie** *w* Größenwahn

Mehlnährschaden *m* → Dystrophie

Mehr|arbeit *w* über die gesetzl. Arbeitszeit hinausgeh. Arbeit; (Marx:) Quelle des M.wertes (zum Unterschied zur [eig. Reproduktion] „notwend." Arbeit, die immer geringer wird. M.arbeit erst durch Entwicklung der Produktivkräfte möglich); **M.aufwendungen** *M* entstehen dem Steuerpflichtigen bei auswärt. Tätigkeit (z. B. doppelter Haushalt); **M.fachbindung** *w* durch mehr. Elektronenpaare vermitt. → homöopolare Bindung; **M.fach:impfstoff** *m* schützt gegen versch. Krankheiten; **M.fachnutzen** *m* anderweit. Benutzbarkeit der Verpackung, = **Zweitnutzen** *m*; **M.fachsucht** *w* Abhängigkeit von mehr. verschiedenart. Suchtmitteln (Alkohol + Drogen + ...); **M.fach:telgrafie** *w* gleichzeit. Übermittlung mehr. getrennter Nachrichten über eine Leitung (entspr.: **M.fachtelefonie**); **M.fachversicherung** *w* Versicherungen gegen die gleiche Gefährdung; **M.gitterröhre** *w* Elektronenröhre mit mehr. Gittern; **M.heitsbeteiligung** *w* die M.heit der Anteile (der Stimmrechte) einer Unternehmung liegen in einer Hand; **M.heitswahl** *w* Wahl durch Stimmenm.heit (Ggs.: Verhältniswahl); **M.körpersystem** *s* Frage nach der ggs. Beeinflussung mehr. Körper durch Schwerkraft o. elektromagn. Kräfte; **M.mannwahlkreis** *m* → Wahlkreis; **M.phasensteuer** *w* von der Produktion über Groß- zum Einzelhandel m.fach erhob. Umsatzsteuer; **M.phasenstrom** *m* Strom mit zeitl. gegenein. verschob. Wechselströmen; **M.preis** *m* = → Aufpreis; **M.produkt** *s* wird durch → M.arbeit geschaffen; **M.stellensteuerung** *w* = → Etagensteuerung; **M.stimmrechts:akti:e** *w* ist mit einem höheren Stimmrecht ausgestattet als andere Aktien des Unternehmens; **M.-Themen-Umfrage** *w* → Omnibus; **M.wert** *m* vergegenständl. → M.arbeit; **M.wertrate** *w* Verhältnis von notwend. zur → M.arbeit; **M.wertsteuer** *w* Umsatzsteuer, die nur den einer Ware neu zugesetzt. Wert besteuert (Ggs.: → Phasenpauschalierung); **M.zweckflugzeug** *s* → Arbeitsflugzeug für mehr. Aufgaben; **M.zweckhalle** *w* vielfach benutzb. (Sport-)Halle

Meiler *m* ↑ = Atommeiler, -reaktor

Meinung|sforschung *w* auf Repräsentativerhebungen gestützt. Teil der empir. Sozialforschung zur Untersuchung gesellsch. o. wirtschaftl. Tatbestände o. Stationen; **M.s:umfrage** *w* demoskop. Erhebung

Meist|begünstigungsklausel *w* Vereinbarung in zwischenstaatl. Handelsverträgen, daß irgendeinem Land eingeräumte Vergünstigungen (z. B. niedr. Zollsätze) automat. auch für die Länder gelten, mit denen M.begünstigung vereinbart wurde

Meisterkrise *w* → Werkmeisterkrise

Meistgebot *s* höchstes Kaufangebot bei → Versteigerung

Mekerbrenner *m* chem. Laborgerät (Weiterentwicklung des Bunsenbrenners)

MEL ⟨ **Mitteleuropäische Ölleitung**

Melanin *s* (KW) stickstoffreiche organ. Verbindung (Ausgangssubstanz für wicht. Kunststoffe)

Melanismus *m* (KW) Schwarzfärbung durch Rußablagerungen in Industriegebieten (auf der Körperoberfläche)

M-Elektron *s* zur → M-Schale zähl. Elektron

Melinit *m* (KW) Sprengstoff

Melior|ation *w* (KW, lat.) Bodenverbesserung; Gewinnung von Kulturboden; **M.ismus** *m* Überzeugung von der

Mach-, d. h. Verbesserbarkeit der sozialen Verhältnisse

Melk|anlage *w* Maschine zum M.en

Mellith *m* aluminiumhalt. Mineral, („Honigstein")

Melodiegehör *s* Fähigkeit, melod. Zusammenhänge zu erfassen

Membran *w* (lat.) (zarte) Haut; Grenzfläche zw. Zelle u. Umgebung; aufgespannte Folie; schwingungsfäh. flächenhaft. Gebilde

Memory| *s* (e.) Datenspeicher einer Rechenanlage; **M.-Effekt** *m* Bestreben hochmolek. Werkstoffe, die bei Temperaturen wenig oberhalb ihres Schmelzpunkts verformt wurden, bei neuerl. Erhitzen die Verformung rückgängig zu machen u. die alte Gestalt anzunehmen

Menarche *w* (gr.) erste Menstruation

Mendelevium *s* (r. Chemiker, 19./20. Jh.) künstl. radioakt. metall. Element (⟨ *Md*)

Mendelsche Gesetze *M* (öst. Pater, 19. Jh.) Gesetzmäßigkeit der Vererbung von Eigenschaften der Lebewesen

Menge| *w* ↑ Zusammenfassung best. → Elemente; → beschränkt; → abzählbar; **M.n:abschreibung** *w* Verbindung der Abnutzung direkt mit der produz. Gütermenge (Abschreibungsquote je Produkt-Anschaffungswert minus Schrottwert der Anlage geteilt durch Summe der produz. Güter); **M.n:algebra** *w* Erforschung der Verknüpfungen von M.n; **M.n:anpasser** *m* Anbieter o. Nachfrager, der sich bei gegeb. Preis, den er nicht beeinflußt, über die M. anpaßt; **M.ndiagramm** *s* Darstellung von M.n u. ihrer Verknüpfungen; **M.nklammer** *w* geschweifte Klammer bei schriftl. Aufzählung von M.n; **M.nkonjunktur** *w* in der → Prosperitätsphase Ausweitung des Produktionsumfangs bei stabilen Preisen; **M.nnachlaß** *m* Rabatt bei Abnahme einer großen Warenm.; **M.nnotierung** *w* auf die Inlandwährung bezog. Devisennotierung (Ggs.: Preisnotierung); **M.nrechnung** *w* Erfassung des Produktionsmaterials nach seiner M. (nicht nach Wert); **M.nstaffel** *w* gestaff. M.n-rabatt; **M.ntheorie** *w* = **M.nlehre** *w* Lehre von den M.n

Meningitis *w* (KW) Gehirnhautentzündung

Meniskus *m* (gr.) Kniegelenkscheibe; opt. Linse mit je einer konvexen u. konkaven Fläche; gekrümmte Flüssigkeitsoberfläche in einem senkr. Rohr

Mennige *w* (lat.) rotes Bleioxid (Bestandteil von Rostschutzanstrichen)

Menopause *w* (gr.) Aufhören der Menstruation im → Klimakterium

Menorrhagie *w* (gr.) zu starke u. verlängerte Regelblutung

Menschenrecht|s:erklärung *w* verfassungsgemäß. Garantie der menschl. Grundrechte (Freiheit, Gleichheit, Arbeit, Koalition, Streik, mater. Sicherheit, Asyl usw.; seit 1789); **M.skonvention** *w* Vereinbarung von 15 Regierungen im Europarat (Schutz menschl. Grundrechte; seit 1950)

Mentizid *s* (KW) = → Gehirnwäsche

Mercaptane *M* (KW, lat.) Gruppe organ. Schwefelverbindungen (unangen. Geruch!)

Merceris|ierung *w* (e. Chemiker, 19. Jh.) Verbesserung von Festigkeit, Glanz u. Anfärbbarkeit von Baumwolle durch Natronlauge, = **M.ation** *w*

Merchandis|er *m* (e.: *mötschendaiser*) Fachmann für Produktgestaltung (bes. aufgrund der Verbrauchergewohnheiten); **M.ing** *s* (e.: *-iñ*) Maßnahmen der Absatzpolitik eines Unternehmens zur Absatzsteigerung beim Einzelhandel; Warengestaltung, -darbietung

Mercurierung *w* Einführung von Quecksilberatomen in die Moleküle einer organ. Verbindung

Meridiankreis *m* astronom. Spezialfernrohr zur Vermessung der Sternpositionen

Merkantil|ismus *m* (KW) absolutist. Wirtschaftspolitik (16./18. Jh.: Vergrößerung des nation. Reichtums u. der Staatsmacht), = **M.system** *s*

Merseburger Trias *w* → Basedow (-Krankheit)

Merslotologie *w* Erforschung der Bedingtheiten der „ewigen Vereisung"

Mersolate *M* (KW) Reihe organ. Schwefelverbindungen mit Oberflächenaktivität (in Wasch- u. Spülmitteln)

Merz- → Merc-

Mescalin *s* (Mezcalin, Meskalin; sp.-ind.) Alkaloid in mex. Kakteen (Rauschmittel: Farbvisionen)

Mesitylen *s* flüss. Kohlenwasserstoff (Aromat)

Mesk- → Mesc-!

Meso|merie *w* (KW, gr.) durch die übl. Strukturformeln nur ungenau beschreibb. Anordnung der chem. Bindungen im Molekül; **M.n** *s* Elementarteilchen, dessen Masse zw. der der → Leptonen u. der → Nucleonen liegt; → Yukawa-Feld; → Y-Teilchen; **M.thorium** *s* mehr. beim radioakt. Zerfall des

→ Thoriums entsteh. Isotope; **M.-zo:ikum** *s* → Erdmittelalter

Message *w* (e.: *messidsch*) vom Sender zum Empfänger übertrag. Zeichen als Mitteilung; Werbeaussage, -botschaft

Meß|blende *w* Gerät zur Messung der Strömungsgeschwindigkeit in Rohrleitungen; **M.bunker** *m* = → Fülltasche; **M.fehler** *m* Abweichung der gemess. von den wahren Werten; **M.fühler** *m* Gerät zur Messung physik. Größen (Druck, Temperatur u. dgl.) an schwer zugängl. Stellen (Anzeige erfolgt an and. Stelle, z. B. einer Instrumententafel); **M.genauigkeit** *w* Übereinstimmungsgrad zw. Anzeige eines M.geräts u. tatsächl. Wert der zu mess. Größe; **M.glied** *s* M.organ eines Regelkreises; **M.organ** *s* Instrument zur Aufnahme eines M.werts u. seine Weiterleitung (an einen → Regelkreis, eine → M.warte o. a.); **M.platz** *m* ortsfeste M.einrichtung; **M.sender** *m* Anlage zur Erzeugung elektromagn. Schwingungen zu Untersuchungen u. zum Messen; **M.strecke** *w* abgemess. Länge, auf der Messungen erfolgen; **M.tasche** *w* = → Fülltasche; **M.tisch** *m* Zwischenplatte zur Herstellung geogr. Karten; **M.trafo** *m* ⟨ **M.transformator** *m* = **M.wandler** *m* Transformator zur Umwandlung starker Wechselströme in schwächere, deren Stärke mit übl. M.instrumenten erfaßbar ist; **M.warte** *w* Überwachungsstelle, an der alle wicht. M.werte eines techn. Prozesses gleichzeit. angezeigt u. registriert werden; **M.werk** *s* bewegl. Teil eines M.geräts

Messe *w* (lat.) period. Verkaufsveranstaltung mit Angeboten für Wiederverkäufer

Messer *s* ↑ → Diathermie

Messingguß *m* = → Gelbguß

Meta|- (gr.) Vorsilbe zur Kennzeichnung der Zusammensetzung o. des Moleküls bei Namen chem. Verbindungen; **M.bolismus** *m* = → Stoffwechsel; **M.bolit** *m* Stoffwechselprodukt; **M.-crylsäure** *w* ungesätt. organ. Säure (wicht. Kunststoffvorprodukt); **M.geschäft** *s* die Vertragspartner vereinbaren Teilung des Gewinns (Verlustes)

Met:aldehyd *s* Hartspiritus (festes Umwandlungsprodukt des Acetaldehyds)

Metall|barometer *s* = → Aneroidbarometer; **M.deckung** *w* Sicherung des Werts der umlauf. Banknoten durch bei der Zentralbank gelag. Edelm.; **M.hüttenkunde** *w* Teil der M.urgie, der sich mit Nichteisenm.en beschäftigt; **m.isieren** mit dünner M.auflage beschichten; **M.kunde** *w* Untersuchung der Eigenschaften, des Aufbaus u. Verhaltens m.ischer Werkstoffe; **M.ogenie** *w* geolog. Lagerstättenforschung; **M.ografie** *w* = → M.kunde; **M.othermie** *w* Verfahren zur Herstellung von M.en durch Reaktion ihrer Oxide mit and. stark reduzier. M.en; **M.papierkondensator** *m* elektr. Kondensator mit aufeinanderlieg., durch Papierschicht gegenein. isol. M.folien als Elektroden; **M.seifen** *M* Salze von M.en (nicht: Kalium, Natrium) mit → Carbon-, bes. Fettsäuren; **M.urgie** *w* Erforschung der Gewinnung, Reinigung, Veredlung von M.en; **M.währung** *w* Bindung der Währungseinheit an ein best. Verhältnis zu einem Währungsm.; **M.weiß** *s* Zinksulfid als weißes Anstrichpigment; **M.wert** *m* innerer Wert einer Münze (Ggs.: → Nennwert)

Meta|merie *w* (KW, gr.) Erscheinung, daß 2 bei Tageslicht farbgleiche Körper bei Kunstlicht verschieden aussehen u. umgekehrt; **M.morphose** *w* ↑ Umwandlung von Gesteinen unter Änderung der Kristallstruktur; **M.sprache** *w* Sprache, in der über Sprache (= **Objektsprache** *w*) geredet wird; **m.stabil** bedingt beständig; **M.stase** *w* Tochtergeschwulst (→ Karzinom); **M.tropismus** *m* Gefühlsumkehrung; **M.zentrum** *s* scheinb. Angriffspunkt der hydrostat. Auftriebskraft bei schwimm. Körper

Meteoriten|nickel *m* (Versuch der) Metallgewinnung aus eingefang. M.

Meterkonvention *w* (KW) übernation. Abkommen zur Einführung des metrischen Maßsystems

Methan| *s* (KW, fr.) gasförm. Kohlenwasserstoff (einfachste organ. Substanz); **M.al** *s* = → Formaldehyd; **M.gärung** *w* anaerobe mikrobielle Zersetzung von Cellulose unter Entstehung von M.; **M.ol** *s* Holzgeist (einfachster Alkohol; giftig!), = → Methylalkohol

Methionin *s* (KW) eiweißbild. Aminosäure

Methomanie *w* (KW), gr.) Säuferwahn

Methyl|(gruppe) *s* (*w*) (fr.) einfache Atomgruppierung in organ. Molekülen; **M.alkohol** *m* = → Methanol; **M.benzol** *s* = → Toluol; **M.cellulose** *w* Rohstoff für Klebstoffe u. Kleister (durch M.ieren von Cellulose herstellbar); **M.enblau** *s* schwefelhalt. Textilfarbstoff; **M.enchlorid** *s* Löse- u. Textilreinigungsmittel (flüss. organ. Chlorverbindung); **m.ieren** M.gruppe in organ. Molekül einführen; **M.rot** *s* organ. Farbstoff (Indikator für Säuren u. Basen)

Metol *s* (KW) fotograf. Entwickler (organ. Verbindung)

metrisches Maßsystem *s* in den meisten Staaten gesetzl., auf der Längeneinheit Meter basier. Maßsystem

Metrist *m* (lat.-it.) Beteiligter an einem → Metageschäft

Metromanie *w* (KW) Mannstollheit

Metteur *m* (fr.: *-ör*) Schriftsetzer zum Seitenumbruch

MeV ⟨ **Mega**elektronen**v**olt (atomphysik. Energiemaßeinheit; 1 MeV = 1000000 → Elektronenvolt). – **ME(S)Z** ⟨ **M**ittel**e**urop. (**S**ommer-) **Z**eit

Mezzanin *s* (fr.-it.) Zwischengeschoß (Hochparterre o. unter dem Dach)

MFA ⟨ port. **M**ovimento das **F**orcas **A**rmadas = Bewegung der Streitkräfte (stürzte 1974 die Diktatur). – **MG** ⟨ **M**arxistische **G**ruppe; ⟨ **M**aschinenge**w**ehr. – **Mg** ⟨ **M**a**g**nesium. – **mg** ⟨ **Milli**gramm

Micelle *w* → Mizelle

Midlife-crisis *w* (e.: *midlaif kraisis*) krit. Phase in der Lebensmitte

Mieter|initiative *w* gemeins. Auftreten der Hausmieter; **M.schutz** *m* gesetzl. Kündigungsschutz für Mietverhältnisse. – **Miet|kauf** *m* Verkaufsfinanzierung, bei der Sache gegen Kaufoption vermietet wird (bei Kauf ganze o. teilw. Anrechnung der M.zahlungen auf Kaufpreis); **M.vertrag** *m* zweiseit., zeitl. befrist. Vertrag über Überlassung des Gebrauchs einer Sache gegen Entgelt, = **M.e** *w*

Mifrifi *w* ⟨ **mi**ttel**fri**st. **Fi**nanzplanung (1967, von G.v. Hase)

Migration *w* (KW, lat.) Bewegung von Bevölkerungsgruppen

Mikro|- (gr.) Vorsatz bei Maßeinheiten (= millionster Teil der Grundeinheit; z. B. 1 M.meter = $^1/_{1000\,000}$ m); **M.** ⟨ **M**ikroskopaufnahme; **M.analyse** *w* Analyseverfahren, die sich mit kleinsten Substanzmengen (10 mg u. wen.) durchführen lassen; **M.befehl** *m* echter Befehl (Ggs.: → Makrobefehl); **M.ben** *M* Kleinstlebewesen; **m.bi:ell** durch M.ben bewirkt; **M.biologie** *w* Erforschung der Kleinstlebewesen; **M.chemie** *w* Analyse kleinster Substanzmengen; **M.chirurgie** *w* Operation unter dem M.skop; **M.computer** *m* kleiner Computer; **M.fiche** *s, m* (fr.: *-fisch*) M.film mit zeilenweise angeordnet. M.kopienreihen; = → Fiche[2]; **M.fotografie** *w* fotograf. Aufnahme m.skop. Bilder; **m.heterogen** nur bei m.skop. Betrachtung als → heterogen erkennbar; **m.kristallin** aus einem Konglomerat vieler Kriställchen („Kristallite") bestehend; **M.manie** *w* krankh. Unterschätzung seiner selbst; **M.meter** *s, m* → Mikro-; Meßgerät für kleinste Längenabmessungen; **m.miniatur(is)ieren** (bei elektron. Schaltungsteilen) stark verkleinern; **M.nen** *M* im M.skop sichtb. Schwebeteilchen in → Suspensionen u. Stäuben; **M.ökonomie** *w* Analyse der einz. Unternehmen u. Haushalte; **M.organismen** *M* = → M.ben; **M.physik** *w* Physik der Moleküle, Atome u. Elementarteilchen; **M.prozessor** *m* → IC, das bes. das Rechenwerk der → Zentraleinheit eines Computers enthält; **M.skop** *s* → einfach; **M.sonde** *w* physik.-chem. Analysengerät zur Ermittlung der Zusammensetzung kleiner Stoffmengen mit Elektronenschalen; **M.soziologie** *w* Erforschung kleinster selbst. Verhaltensweisen (der Dynamik kleiner Gruppen); **M.tom** *s* Gerät zur Herstellung von Dünnschnitten für die m.skop. Betrachtung im durchschein. Licht; **M.tron** *s* Teilchenbeschleuniger für Elektronen; **M.waage** *w* Waage für sehr kleine Gewichte; **M.wellen** *M* elektromagn. Wellen im Längenbereich von einigen Milli- bis Dezimetern; **M.zensus** *m* period. Bevölkerungsstichprobe zur Erfassung der Veränderung demograf. Strukturen u. Beobachtung des Erwerbslebens

Milch|nährschaden *m* → Dystrophie; **M.straßensystem** *s* der Spiralnebel, dem unser Sonnensystem angehört; **M.wolle** *w* = → Case:infaser

Milieu|analyse *w* Einstufung der befragt. Person nach ihrer Umwelt(beziehung); **m.geschädigt** durch seine Umgebung aus der Bahn geworfen

Militär|ausschuß *m* höchstes milit. Gremium der NATO; **M.pflicht:ersatz** *m* Geldablösung von der Wehrpflicht

Milli|- (lat.) Vorsatz bei Maßeinheiten (= 1000. Teil der Grundeinheit; z. B. 1 M.ampere = $^1/_{1000}$ Ampere)

Millon-Technik *w* (*mijoñ-*) Stahlgewinnung durch Versprühen von Roheisen (= **Sprühstahl** *m*)

Mimodrama *s* (KW) Pantomime mit Musikbegleitung

min ⟨ **Min**ute

Minder|heitenrechte *M* Beschluß- o. Einspruchsrecht einer Minderheit;

M.heitsregierung *w* Regierung ohne parlament. Mehrheit; **M.kaufmann** *m* wessen Gewerbebetrieb einen kaufmänn. eingericht. Geschäftsbetrieb nicht erfordert; **M.ung** *w* ↑ durch Mängel der Ware begründ. Anspruch auf Preisherabsetzung; **M.wertigkeitsgefühl** *s* Besorgnis, unzulänglich zu sein

Mindest|kapital *s* gesetzl. festgelegte M.ausstattung einer Kapitalgesellschaft (AG; GmbH) mit Eigenkapital; **M.lohn** *m* gesetzl. o. tarifl. festges. untere Arbeitslohngrenze; **M.preis** *m* gesetzl. o. durch Verordnung festges. untere Preisgrenze für best. Produkte (wichtig für Agrarmarktpolitik der EG); **M.rente** *w* = → Grundrente; → Rentenreform; **M.reserve** *w* Betrag an → Sichtguthaben, die eine Bank bei Zentralbank unverzinslich halten muß (Höhe je nach kurzfrist. Verbindlichkeiten der Bank u. M.reservesatz der Zentralbank); **M.reservepolitik** *w* Mittel der Notenbank zur Steuerung der wirtsch. Entwicklung durch Veränderung des → M.reservesatzes zur Beeinflussung der Bankenliquidität; **M.reservesatz** *m* prozent. Verhältnis zw. Verbindlichkeiten einer Bank u. der M.reserve; **M.satz** *m* ↑ niedrigst. Prozentsatz der Gläubigerbefriedigung im Vergleichsverfahren

Mineral|dünger *m* anorgan. Substanz als Düngemittel; **M.isator** *m* Bestandteil des Magmas, der die Kristallisation beschleunigt; **M.isierung** *w* = **M.isation** *w* Abbau organ. Stoffe (bes. durch → Mikroben) zu anorgan.; **M.öle** *M* aus Erdöl gewonn. Kohlenwasserstoffe mit öl. Konsistenz; Ggs.: → fette Öle; **M.säuren** *M* Salpeter-, Salz- u. Schwefelsäure

Minette *w* (KW) phosphorhalt. Eisenerz

mini|aturisieren (KW) elektron. Elemente verkleinern; **M.computer** *m* kleiner Computer (größer als → Mikrocomputer); **M.malgeschwindigkeit** *w* = → Abreißgeschwindigkeit; **M.malkonsens** *m* kleinstmögl. Übereinstimmung zu gemeins. Handeln; **M.malkostenkombination** *w* Zusammensetzung der betriebswirtsch. Produktionsfaktoren, die ein Produkt mit geringst. Kosten produziert (Faktoren müssen substituierbar sein!)

Minimata-Krankheit *w* (südjap. Bucht) Vergiftung durch Quecksilberverbindungen, die mit Industrieabwässern ins Meer gelangten, dort in der → Nahrungskette auf toxische Konzentrationen angereichert u. schließl. von Menschen als Teil von Speisefischen aufgenommen wurden

Minispion *m* sehr kleines Abhörgerät

Minitester Kleinprüfgerät im Taschenformat für Kfz-Tests

Minuteman-Rakete *w* (am.: *minitmän-*) am. milit. Rakete

MIRV ⟨ (e.) **M**ultiple **I**ndependently Targetable **Re**:entry **V**ehicle (= vielfaches, einzeln lenkb. Wiedereintrittsgeschoß, Rakete mit Mehrfachsprengköpfen). – **MIS** ⟨ (e.) **M**anagement **I**nformations **S**ystems (für Produktions-, Umsatz-, Verkaufsüberwachung); Form einer → DVA

Mis:andrie *w* (KW, gr.) krankh. Abneigung gegen Männer

Misch|akkord *m* Lohn, bei dem ein Teil leistungsbezogen, ein anderer leistungsunabhäng. ermittelt wird; **M.elemente** *M* ↑ chem. Elemente, von denen mehr. natürl. → Isotope existieren; **M.kristall** *m* Kristall, in dessen Gitter sich die Atome, Ionen o. Moleküle zweier verschied. Stoffe willkürl. ggs. vertreten können; **M.polymerisation** *w* → Polymerisation einer M.ung von 2 o. mehr → Monomeren, die beide in das gleiche → Makromolekül eingebaut werden; **M.ungslücke** *w* Konzentrationsbereich, in dem eine M.ung zweier Stoffe sich in 2 Phasen auftrennt

Misogynie *w* krankh. Abneigung gegen Frauen

Mißbildung| *w* vom Normalen abweich. Bildung eines Organs (Körperteils; angeborene M. kann im Mutterleib durch Medikamente [z. B. → Contergan] entstehen)

Missing link *s* (e.) fehlendes biol. Bindeglied; frühester fossil. Hominide

Miß|trauensvotum *s* → konstruktiv; **M.weisung** *w* Abweichung der mit dem Magnetkompaß gefund. von der geogr. Nordrichtung

MIT ⟨ **M**assachusetts **I**nstitute of **T**echnology

Mit|bestimmung *w* institut. abgesich. Einflußnahme der Arbeitnehmer auf alle sie betreff. soz. o. wirtschaftl. Entscheidungen der Unternehmensleitung; **M.eigentum** *s* Eigentum mehrerer an einer Sache; Beteiligung von Arbeitnehmern am Produktivvermögen einer Volkswirtschaft; **M.erbe** *m* Ggs.: → Alleinerbe; **M.fahrerzentrale** *w* Unternehmen zur kostenpflicht. Vermittlung von Kfz-Plätzen für Reisende; **M.gliederpartei** *w* sich auf einem festen M.gliederstamm aufbauende Partei (Ggs.: Wählerpartei)

Mitigans *s* (lat.) Beruhigungsmittel
Mitnahmepreis *m* Preis für Ware, die der Käufer abtransportiert
Mitosegifte *M* die Zellkernteilung störende Substanzen
mit|schneiden Sendung o. ä. ganz o. z. T. auf Magnetband aufnehmen, = **M.schnitt** *m*; **M.spieler** *m* ↑ → Dependenzgrammatik; **M.teilung** *w* ↑ → Adresse
Mittel *s* → different
mittel|fristige Finanzplanung *w* Vorausplanung der öfftl. Ausgaben u. Einnahmen auf je 5 Jahre (seit 1966); **m.fristiger Währungsbeistand** *m* Kreditmechanismus im Europ. Währungssystem auf 2–5 Jahre an Teilnehmerländer mit Zahlungsbilanzdefiziten bei Annahme wirtschaftspolit. Auflagen; **M.kurs** *m* zw. Brief u. Geldkurs lieg. Kurs (bei Abrechnung sofort lieferb. Devisen); **M.öl** *s* = → Gasöl; **M.punktschule** *w* zentral geleg. Volksschule für mehr. Orte; **M.stands:politik** *w* gezielte Maßnahmen des Staates zum Ausgleich von Wettbewerbsnachteilen kleinerer u. mittlerer Unternehmen gegenüber Großbetrieben; **M.streckenrakete** *w* = **M.streckenwaffe** *w* Raketengeschoß mit mittlerer Reichweite; **M.streckenpotential** *s* Vorrat an M.streckenraketen. – **mittlere| Abweichung** *w* statist. Maß für die Streuung von Meßwerten, = **durchschnittl. Abweichung; m. Weglänge** *w* → Weglänge
Mixoskopie *w* (KW) sex. Schautrieb
Mizelle *w* (KW) geordn. Anhäufung von Molekülen der gelösten Substanz in einer Lösung
MKS-System *s* auf den Grundgrößen Meter, Kilogramm, Sekunde aufgebautes physik. Maßsystem
ml ⟨ **Milliliter.** – **mm** ⟨ **Millimeter.** – **MMPI** ⟨ **M**innesota **M**ultiphasic **P**ersonality **I**nventory (Test mit 566 Fragen). – **Mn** ⟨ **Mangan.** – **Mo** ⟨ **Molybdän**
mobil|e Gesellschaft *w* (lat.) Bevölkerung mit hohem Prozentsatz Wohnungswechselnder; **M.e Home** *s* (e.: *môbil hôm*) fahrb. Dauerwohnung; **M.iarkredit** *m* durch bewegl. Sachen gesich. Kredit; **M.ität** *w* ↑ Häufigkeit des Wohnsitz- u. Arbeitsplatzwechsels; **M.itäts:hemmnisse** *M* Faktoren, die die Beweglichkeit der Produktionsfaktoren Arbeit u. Kapital hemmen (soz. Bindungen am Wohnort; Beweglichkeit des Kapitals durch restrikt. Bestimmungen – Kapitalsverkehrkontrollen, Devisenbewirtschaftung – eingeengt); → horizontale M.ität; → vertikale M.ität; → geogr. M.ität
Mode:designerin *w* (e.: *-dißeinerin*) Mode:entwerferin, -be:urteilerin
Modell| *s* ↑ der Realität entspr., meist verklein. Abbild; vereinfach. Darstellung (auf überschaub., für wichtig erachtete Faktoren reduziert); anschaul. Darstellung best. Teilaspekte einer der Anschauung nicht zugängl. (z. B. atomphysik.) Erscheinungen (bei Verzicht auf vollständ. Erfassung; = **M.vorstellung** *w*)
Moder|ator *m* (lat.) ↑ Teil von Kernreaktoren, der die bei der Kernspaltung entstand. schnelle Neutronen so weit abbremst, daß sie für weit. Kernspaltungen (→ Kettenraktion) nutzbar sind; Leiter einer Fernsehdiskussion; **m.ieren** Fernsehdiskussion leiten
Modifi|kationen *M* (lat.) ↑ verschied. Erscheinungsformen eines zur → Allotropie befäh. Stoffes; nichterbl. Abweichung einer Eigenschaft; umweltbedingte Konstitutionsänderung; **m.zieren** ↑ Kunststoffe o. Lacke durch kleine Änderungen der Zusammensetzung in den Eigenschaften verändern
Modul| *s* (lat.) kompakt gebauter, durch Umstecken leicht auswechselb. Funktionsgruppe bei elektron. Geräten; → Elastizitätsm., → hydraul. M.; Baustein eines elektron. Rechners; **M.ation** *w* ↑ Aufprägung der zu send. Information auf die Trägerschwingung; **M.ator-Demodulator** *m* Gerät, das M.ationen vornimmt u. nach Empfang der Information in die urspr. Form zurückverwandelt (⟨ **Modem** *m*)
Mofa *s* ⟨ führerscheinpflicht. Minimoped (⟨ **Motorfahrrad**)
Mogel|packung *w* Vortäuschung einer größ. Füllmenge einer Warenpackung; **m.sicherer Test** *m* Versuch, Probandenlügen bei Persönlichkeitstest auszuschalten
Mohrsch|es Salz *s* (d. Apotheker, 19. Jh.) Ammonium-Eisensulfat (analyt.-chem. Reagens); **M.e Waage** *w* Laborgerät zur Bestimmung der Dichte von Flüssigkeiten
Mohssche Härteskala *w* (d. Mineraloge, 18./19. Jh.) Einteilung der Mineralien nach ihrer Härte
Mol| *s* (⟨ **Molekulargewicht**) aus 6,025 mal 10^{23} Teilchen (Atomen, Molekülen) besteh. Stoffmenge; **M.arität** *w* in M. pro Liter gemess. Konzentration; **M.ekel** *w* (lat.) = **M.ekül** *s* kleinst. Teilchen eines einheitl. Stoffes, das noch dessen Eigenschaften hat; **M.ekelgitter**

s Kristallgitter mit von M.ekülen besetzten Gitterpunkten; **M.ekular:attraktion** *w* = → M.ekülbildung; **M.ekularbewegung** *w* → Brownsche M.ekularbewegung; **M.ekularbiologie** *w* Erforschung biolog. Vorgänge als Folge der chem. M.ekülveränderungen in der Zelle; **M.ekulardestillation** *w* Trennverfahren für leicht zersetzl. Substanzen; **M.ekulargenetik** *w* biolog. Erforschung der chem. Eigenschaften der Gene; **M.ekulargewicht** *s* in atom. Masseeinheiten gemess. Masse eines M.eküls; → Formalgewicht; **M.ekularität** *w* Zahl der an einer chem. Reaktion beteil. M.eküle; **M.ekular:orbital** *s* Aufenthaltsraum der Bindungselektronen im M.ekül; **M.ekularpumpe** *w* Vakuumpumpe best. Bauart; **M.ekularsiebe** *M* Feststoffe, deren Adsorptionsfähigkeit für and. Stoffe von deren M.ekülgröße abhängt; **M.ekülbindung** *w* zw. den M.ekülen wirkende Anziehungskraft, die zur Bildung größ. M.ekülverbände führen kann; = → van der Waalsche Bindung; **M.ekülgitter** *s* Kristallgitter, dessen Gitterpunkte von M.ekülen besetzt sind; **M.ekülspektrum** *s* das → Bandenspektrum der Strahlung, die bei Zustandsänderung der M.eküle ausgesandt wird; **M.ekülstruktur** *w* Aufbau des M.eküls aus Atomen; **M.enbruch** *m* M.zahl eines Stoffes geteilt durch Summe der M.zahlen aller Mischungsbestandteile; **M.luscicide** *M* Schädlingsbekämpfungsmittel gegen Weichtiere (Schnekken, Muscheln); **M.masse** *w* Gewicht eines M.s; **M.refraktion** *w* aus dem → Brechungsindex u. dem M.volumen berechn., für das elektrostat. Verhalten eines Stoffs kennzeichn. Kennzahl; **M.volumen** *s* Rauminhalt eines M.s einer Substanz unter genormt. Bedingungen; **M.wärme** *w* die zur Erwärmung eines M.s einer Substanz um 1 °C erforderl. Wärmemenge

Molybd|än *s* (gr.) dem Chrom verwandt. chem. Element, Schwermetall (⟨ *Mo*); **M.änglanz** *m* mineral. graues M.ändisulfid, = **M.änit** *m*; = → Wasserblei; **M.ate** *M* Salze der M.änsäure

Moment| *s* ↑ Vektor zur Beschreibung von Drehbewegungen u. ihrer Ursachen; → statisch; **M.an:zünder** *m* sofort wirk. Zünder für Sprengladungen (Ggs.: Zeitzünder)

Monatsgeld *s* kurzfrist. (Börsen-)Kredit (fällig am Letzten des Monats)

Monazit *m* Mineral mit hohem Gehalt an → Lanthanoiden

Mond|alter *s* Anzahl der seit dem letzten Neumond vergang. Tage; **M.gas** *s* (d. Chemiker, 19./20. Jh.) wasserstoffreiches Generatorgas; **M.preis** *m* zunächst bes. hoch anges. Preis, der starke Reduzierung erlaubt (Vortäuschung eines bes. günst. Angebots)

Mondovision *w* (KW) Gemeinschaftssendung aller Fernsehanstalten der Welt

Mond-Verfahren *s* Methode zur Herstellung von reinem Nickel

Monellmetall *s* Legierung mit den Hauptbestandteilen Nickel u. Kupfer

Monem *s* = → Lexem

monet|är (lat.) geldlich (Ggs.: güterwirtschaftl.); **m.äre Außenwirtschaftstheorie** *w* → Außenwirtschaftstheorie; **m.äre Basis** *w* Menge an Zentralbankgeld (umlauf. Banknoten u. Münzen; Sichtguthaben bei der Zentralbank); **m.äre Konjunkturpolitik** *w* staatl. (Notenbank-)Versuch der Beeinflussung des Konjunkturverlaufs durch geldpolit. Instrumente (Veränderung der Geldmenge, Kreditkosten, Wechselkurse); **M.arsystem** *s* Währungssystem; **M.aristen** *M* Vertreter der Theorie, die die Aktivitäten einer Volkswirtschaft auf m.äre Impulse zurückführt

Mongol|(o:id)ismus *m* m.oide Idiotie (bes. bei Kindern älterer Mütter); **M.enfalte** *w* Hautfalte als Merkmal angebor. M.ismus

Monierbau *m* Stahl-Beton-Bau

Monitor *m* (lat.) Kontrollgerät (z. B. für radioakt. Strahlen, Fernsehsendungen u. a.); Programm in der ADV zur Überwachung

Mono|chord *s* (KW; *-k-*) Gerät zur Tonerzeugung aus Resonanzkasten mit Saite darauf (bes. für Versuche u. Vorführungen); **m.chromatisch** (*-kr-*) einfarbig; aus Strahlung einer Wellenlänge bestehend; **M.chromator** *m* (*-kr-*) Gerät zur Erzeugung von m.chromat. Licht; **M.fil** *s* Faden aus einer einz. Faser; **m.klin** mit best. Symmetrieeigenschaften (Kristalle); **M.kultur** *w* Anbau nur einer Pflanzenart (krisenanfäll. bei Mißernten, Nachfrageveränderungen); **M.manie** *w* → Manie; **M.mere** *M* (Substanzen aus) Moleküle(n), die sich durch Polymerisation zu → Makromolekülen verknüpfen lassen; **M.mer:einheit** *w* Grundbaustein eines polymeren Moleküls; **M.metallismus** *m* Währungssystem mit nur einem Metall als gesetzl. Zahlungsmittel; **M.natriumglutaminat** *s* = → Glutamat; **m.phon** über nur einen

Kanal laufend; **M.phylie** *w* Einstämmigkeit als menschl. Urform; **M.physiten** *M* → Ostkirche; **M.pol** *s* ↑ Vereinigung von Nachfragen u. Angeboten in einer Hand; → Dyopol; **M.polkapitalismus** *m* kapitalist. Epoche der Entstehung von M.polen (m.polähnl. Zusammenschlüssen); **M.polkapitalist** *m* Eigentümer eines Angebot o. Nachfrage beherrsch. Unternehmens; **M.polpartei** *w* einzig gesetzl. zugelass. Partei (in Diktaturen); **M.polpreis** *m* Preis, der durch marktbeherrsch. Stellung des Unternehmens erzielt wird; **M.polrente** *w* der Teil des Unternehmensgewinns, der nur auf marktbeherrsch. Stellung beruht; **M.pson** *s* Marktform mit vielen Anbietern u. nur einem Nachfrager, = **Nachfragem.pol** *s*; **M.saccharide** *M* einfachste → Kohlenhydrate; **m.ton** ↑ Eigenschaft der → Graphen einer Funktion (m.ton fallend, steigend); **M.tonie** *w* ↑ m.tones Verhalten; **M.toniegesetze** *M* mit → Ungleichungen ausdrückb. Lehrsätze über M.tonie; **M.type** *w* (e.: *-taip*) Gieß- u. Setzmaschine für Einzelbuchstaben

Monroe-Doktrin *w* (am. Präsident; *monrô-*) Verbot der Einmischung in am. Angelegenheiten (1823)

Montageplan *m* (*-tâsche-*) = → Arbeitsplan

Montan|industrie *w* (KW, lat.) Bergbau-, auf ihr aufbauende Schwerindustrie; **M.mitbestimmung** *w* = → paritätische Mitbestimmung; **M.union** *w* Europ. Gemeinschaft für Kohle u. Stahl (⟨ *EGKS*); **M.wachs** *s* aus best. Braunkohlesorten extrahiert. Harz-Wachs-Gemisch; **M.werte** *M* Aktien, Kuxe, Schuldverschreibungen der M.industrie

Moonblinks *M* (e.: *mûnblinx*) kurzfrist. Leuchterscheinungen auf der Mondoberfläche (vulkan. Entgasungsvorgänge?)

Monte-Carlo-Methode *w* (= **Monte-Carlo-Technik**) Methode, → stochastische Probleme mit Zufallszahlen zu lösen

moral|ische Beeinflussung *w* Einwirkung auf Personen durch Berufung auf ihre eig. m.ischen Wertsetzungen; **m.isches Gewissen** *s* = → Über-Ich; **m. suasion** *w* (e.: *-sweischn*) Appell an die Einsicht einz. Gruppen, Forderungen an das Sozialprodukt gesamtwirtsch. Interessen unterzuordnen (Maßhalten); → Verschleiß

Moratorium *s* (lat.) Zahlungsaufschub, Verzögerung der Begleichung fäll. Verbindlichkeiten; → Stundung

Morbidität *w* (lat.) Krankheitsstand; Verhältnis der Erkrankungen zur Gesamtbevölkerung in best. Zeit

Morbus caerule:us *m* → Blue baby

Morganismus *m* (am. Biologe, 19./20. Jh.) Lehre von der geschlechtsgebund. Vererbung

Morin| *s* (KW) gelbgrüner Farbstoff (Nachweisreagens für Aluminiumverbindungen); **M.sbronze** *w* = → Chinabronze

Morph|em *s* (KW, gr.) → frei; → gebunden; **M.in** *s* betäub. → Alkaloid im Opium (gefährl. Rauschgift); **M.ologie** *w* Lehre von den Formen u. Gestalten

Mortalität *w* (KW, lat.) = → Sterbeziffer

MOS *s* (⟨ **m**etal **o**xide **s**emiconductor) bes. Halbleiter als Speicher- o. Schaltelement in d. EDVA

Moseleysches Gesetz *s* (e. Physiker, 19./20. Jh.: *moslê-*) naturgesetzl. Zshg. zw. → Ordnungszahl u. Röntgenstrahlung einer Atomart

Moskauer Abkommen *s* Verbot von Kernwaffenversuchen in der Atmosphäre (1963, Beitritt vieler Länder ohne Frankreich u. China)

MOS-Transistor *m* Verstärkungstransistor aus je einer Schicht **M**etall, **O**xid u. Halbleiter (e.: **s**emiconductor)

Mößbauer-Effekt *m* (d. Physiker, 20. Jh.) bei tiefen Temperaturen auftret. Verschmälerung der Gamma-Spektrallinien von emittier., in ein Kristallgitter eingebauten Kernen

Motalität *w* → dyskinetisch

Motel *s* (KW) Hotel für Kfz-Reisende

Motiv|ation *w* (lat.) M.ierung, Veranlassung, Grund; **m.ation research** *s* (e.: *-ri-sötsch*) psychol. Erforschung der Beweggründe des Wollens o. Handelns; **M.forschung** *w* ↑ Erforschung der M.e u. M.ationen der Entscheidungen der Marktteilnehmer; **m.ieren** Streben (anderer) bewußt ausrichten

Motor|ik *w* aktive, willkürl. Bewegungsabläufe; **m.isieren** M. einbauen; auf Maschinen umstellen; Kfz anschaffen

Movie *s* (e.: *mûwi*) ↑ Arbeitnehmer für wechselnde Arbeitsplätze

MOZ ⟨ **M**otor-**O**ctan-**Z**ahl (→ Octanzahl). – **MPM** ⟨ **M**etra-**P**otential-**M**ethode (bes. → Netzplantechnik bei Planung von Atomkraftwerken). – **MR** ⟨ → Recall. – **MRK** ⟨ **M**enschen**r**echts**k**ommission. – **MRV** ⟨ **M**ultiple **R**eentry **V**ehicles (Mehrfachsprengköpfe). – **M/S** ⟨ **M**ärz/**S**eptember (Fälligkeitsmarkierung der Zinszahlungen)

M-Schale *w* Gruppe von Elektronen mit annäh. gleicher Energie in Atomen, deren Ordnungszahl größer als die des Argons ist
M + S-Reifen *M* ⟨ **M**atsch- und **S**chnee-Automobil**reifen**
Mt ⟨ **M**ega**t**onne; **m.-t. A.** ⟨ **m**ediz.-**t**echn. **A**ssistentin
Muco:ide *M* Schleimstoffe
Muffel| *w* (fr.) ↑ feuerfeste Schutzhülle für Gegenstände, die im Feuer geglüht werden sollen; **M.ofen** *m* Glühofen
mukös (lat.) schleimabsondernd
Mullah *m* (ar.) niedrigster moslem. Geistlicher
Mülldeponie *w* Schuttablageplatz
Mullit *m* mineral. Aluminiumsilikat
Müllschlucker *m* Schacht, durch den Hausunrat in Großbehälter geleitet wird
Multi| *m, s* (lat.) ⟨ m.nation. Unternehmen; **m.dimensionale Schichtung** *w* → Schichtung; **M.fil** *s* aus mehr. Einzelfasern besteh. Textilfaden; **m.lateral** viel-, mehrseitig; **m.lateraler Zahlungs:ausgleich** *m* Begleichung von Verbindlichkeiten gegen ein Land mit Guthaben bei anderer Nation (zentr. Verrechnungsstelle!) (= **M.lateralismus** *m*); **M.media** *M* = → Medienverbund; **M.mediaveranstaltung** *w* Vorführung versch. Kunstarten(mischungen) mit → Medien; **M.momentverfahren** *s* Arbeitszeitermittlung durch unregelmäß Beobachtung u. Messung von Vorgängen; **m.national** voll gleichberechtigt gemeins. handelnd (m.nationale Unternehmung); = → supra-, → transnational; **M.pack** *m* Klarsichtverpackung mehr. ganz gleicher Waren; **M.ple Choice** *m* (am.: *maltipel tschois*) Test mit mehr. Antwortmöglichkeiten (⟨ *MC-System*); **M.plett** *s* Gruppe mehr. eng benachb. Spektrallinien im Spektrum einer Substanz o. von mehr. wenig unterschiedl. Energiezuständen einer Atom- o. Molekülart; **M.plex** *s* Vereinigung mehr. Nachrichtenverbindungen zw. 2 Orten (über einen **M.plexkanal** *m*); **M.plizität** *w* Anzahl der Komponenten eines M.pletts; **M.programming** *s* Verfahren zum gleichzeit. Lauf mehrerer Programme in einer DVA (Zeiteinteilung vom Programm abhängig!; anders: → time-sharing), = **M.programmverarbeitung** *w*; **m.variabel** → Analyse
Mundduschc *w* Gerät zur Reinigung der Zahnzwischenräume
mündelsichere Papiere *M* Wertpapiere, in denen aufgrund der hohen Sicherheit das für Mündel verwaltete Geld angelegt werden darf
Mundschutz *m* sterile Bedeckung für Nase u. Mund (Ärzte, Krankenhauspersonal)
Muntzmetall *s* Kupfer-Zink-Legierung mit 38 bis 45 % Zink
Münz|gewinn *m* aus dem Prägungsrecht abgeleit., dem Bund zufließ. Ertrag; **M.hoheit** *w* staatl. Recht der Regelung des M.wesens; **M.probe** *w* = → Feinprobe; **M.prüfer** *m* Gerät zum Aussondern von Falschgeld bei Verkaufs:automaten; **M.tank** *m* Selbsttankautomat
Munzinger-Archiv *s* wöchentl. Veröffentlichungen des Archivs für publizist. Arbeit (Ravensburg)
Muscarin *s* Gift des Fliegenpilzes
Musik| *w* (lat.) → absolut; **M.box** *w* (e.: *mju-*) Schallplattenmünzautomat; **M.rolle** *w* alle mit M. zu unterleg. Filmteile; **M.therapie** *w* Heilbehandlung durch M.; **M.truhe** *w* eingebautes Rundfunkgerät (mit Fernseher, Plattenspieler, Tonbandgerät)
Muskowit *m* Glimmerart
Muß|bestimmung *w* vorgeschriebene Handlungsweise (Ggs.: Kannbestimmung), = **M.-Vorschrift** *w*; **M.kaufmann** *m* ein Handelsgeschäft (§ 1 HGB) betreib., zur Eintragung ins Handelsregister gesetzl. Verpflichtete(r)
Muster|messe *w* Ausstellung von Warenmustern; **M.schutz** *m* gesetzlich. Schutz für graf. Vorlagen u. Modelle
Muta|bilität *w* (KW, lat.) sprungh. Veränderung von Erbfaktoren; **m.gen** M.tionen bewirkend; **M.nte** *w* Organismus mit neuen durch M.tion entstand. Merkmalen; **M.tion** *w* spontan auftret. sprungh. Änderung des biol. Erbguts
Muting *s* (e.: *mjutiñ*) Schaltung an hochwert. Rundfunkempfängern zur Unterdrückung des Rauschens zw. den einz. Sendern im UKW-Bereich, = → Stillabstimmung
Mutter:attrappe *w* = → Attrappenmutter. – **Mütterberatung** *w* Beratung von Schwangeren u. Säuglingsmüttern. – **Mutter|flecken** *M* = → Chloasma; **M.gesellschaft** *w* Gesellschaft, die durch Kapitalbeteiligung an einer andern beherrsch. Einfluß ausüben kann (ausübt); **M.haus** *s* ↑ ihr Sitz; **M.komplex** *m* zu feste Bindung des Kindes (Sohnes) an die M.; **M.lauge** *w* Flüssigkeit, die zurückbleibt, wenn eine gelöste Substanz zum Kristallisieren gebracht wird; **M.schaftsgeld** *s* Arbeits-

lohnersatz für w. Erwerbstätige nach Geburten; **M.schafts:hilfe** *w* Sozialleistungen vor u. nach der Geburt; **M.schafts:urlaub** *m* gesetzl. Freizeit für w. Erwerbstätige nach Geburten; **M.schutz** *m* grundgesetzl. Anspruch einer M. auf bes. Schutz der Gesellschaft; **M.spiegel** *m* = → Scheidenspekulum; **M.substanz** *w* → Zerfallsreihe

Mutualismus *m* (KW, lat.) Lebensgemeinschaft mit beiderseit. Nutzen

MVA ⟨ Müllverbrennungsanlage. – **MW** ⟨ Megawatt. – **MWG** ⟨ Massenwirkungsgesetz. – **Mx** ⟨ → Maxwell. – **MX** ⟨ (e.) Missile Experimental (mobiles Raketensystem gegen Überraschungs:angriffe)

Myelom *s* Geschwülste, die vom Knochenmark ausgehen

Mykose *w* Krankheit durch Pilze (Fadenpilze, Hefen, Schimmelpilze, Aktinomyzeten)

My-Meson *s* = **Myon** *s* Elementarteilchen aus der Gruppe der → Mesonen

Myokard:infarkt *m* (KW, lat.) → Herz(muskel)-, Koronarinfarkt

Myom *s* gutart. Muskelgewebegeschwulst

Myopie *w* Kurzsichtigkeit

Myxödem *s* (KW, gr.) hormon. Störung durch Unterfunktion der Schilddrüse

N

n ⟨ → Nano. – **N** ⟨ → Newton; ⟨ Stickstoff. – **Na** ⟨ Natrium. – **NAA** ⟨ Nürnberger Akademie für Absatzforschung

nach|: **n. Bedarf** Zusatz im Kaufvertrag, der Käufer Recht einräumt, Ware abzurufen, wenn sie benötigt wird; **n. Muster** → Kauf nach Probe

Nachahm:effekt *m* Zunahme der Nachfrage nach einem Gut dadurch, daß andere Konsumenten es vermehrt verbrauchen

Nachbarschaft|**s:einheit** *w* (e.: neighbourhood-unit) überschaub., städtebaul. Planungseinheit mit Selbstverwaltung; **N.s:haus** *s* Begegnungsstätte für ein kleineres Wohngebiet

Nach|**behandlung** *w* ärztl. Betreuung nach Eingriff (= Hauptbehandlung); **N.bild** *s* Nachwirkung starker Sinneseindrücke; **N.börse** *w* Abschlüsse nach der offiz. Börsenzeit; **n.bürgerlich** aus (in) der Zeit der Wohlstandsgesellschaft; **N.dieseln** *s* Weiterlaufen von Ottomotoren nach Abstellen der Zündung; **N.eile** *w* Verfolgung eines Verdächtigen; **N.eilung** *w* zu geringe Meßgerätanzeige (Ggs.: Voreilung); **N.erbe** *m* Anwärter auf das vom Vorerben besess. Erbe; **N.erbschaft** *w* Erbschaft, die anfällt, nachdem ein anderer Erbe geworden ist; **N.frage** *w* ↑ Teil des Bedarfs am Markt (zahlungsfähige N.frage); Wählerbefragung gleich nach der Stimmabgabe (zur Beschleunigung von Hochrechnungen); **N.frage:elastizität** *w* Verhältnis der relat. Veränderung der wirksam nachgefragt. Güter zu der diese Änderung verurs. Preisverschiebung dieses Gutes; **N.fragefunktion** *w* = → Preis-Konsum-Funktion; **N.frage:inflation** *w* preissteig. Überhang an Geldmitteln durch das Güterangebot übertreff. Wachstum der zahlungsfäh. N.frage; **N.fragekurve** *w* graf. Darstellung der gekauft. Warenmenge zum -preis; **N.fragemonopol** *s* ein N.frager steht vielen Anbietern gegenüber (= → Monopson; Ggs.: → Angebotsmonopol); **N.frage:oligopol** *s* wenige N.frager stehen vielen Anbietern gegenüber; **N.frist** *w* nach Fristablauf zur Erfüllung der vereinb. Leistung ges. Frist; **N.gebühr** *w* Strafporto; **N.geburt** *w* kurz nach der Geburt ausgestoß. Mutterkuchen (Plazenta) u. Eihäute; **N.girant** *m* (-schi-) wer ein Orderpapier nach dem Verfalltag durch → Indossament überträgt; **N.holbedarf** *m* latent vorhand. Bedarf, den Angebot bisher nicht decken konnte; **N.kalkulation** *w* erfaßt die tats. angefall. Kosten (nach Leistungserstellung; Ggs.: Vorkalkulation); **N.laß** *m* ↑ teilw. Erlaß einer Schuld; hinterlass. Vermögen als Ganzes; **N.laßkonkurs** *m* Beschränkung der Haftung des Erben aus N.laßverbindlichkeiten auf den N.laß; **N.laßpfleger** *m* Interessenvertreter des (unbek.) Erben; **N.laßverwalter** *m* vormundart. gerichtl. bestellt. Erbenvertreter; **N.lauf** *m* ↑ letzte Fraktion bei der fraktion. Destillation; Winkel des Vorderradachsschenkels mit der Senkrechten zur Fahrbahn; **N.prüfung** *w* ↑ Wiederholung der techn. Fahrprüfung; **N.rangstraße** *w* Straße ohne Vorfahrtsrecht; **N.richten** *M* ↑ polit. Informationen im Funk, Fernsehen; **N.richtendienst** *m* staatl. Geheimdienst; **N.richtensatellit** *m* Raumflugkörper in der Erdumlaufbahn zur Übermittlung (Weiterleitung) von Funksignalen, Fernsehbildern u. dgl.; **N.richtensprecher(in)** *m* (*w*) Informant(in) im Funk, Fernsehen; **N.richtentechnik** *w* Elektrotechnik zur N.richtenverbreitung; = → Fernmeldetechnik; **n.rüsten** ↑ mit wirksamer. Zusatzgerüst ausstatten; **N.schieben** *s* Ggs.: → Vorschieben; **N.schuß** *m* ↑ zusätzl. Einlage eines Gesellschafters; **N.schußpflicht** *w* Verpflichtung von Gesellschaftern zu zusätzl. Einzahlungen; **N.schwingen** *s* gedämpfte abkling. Schwingung des aus der Ruhelage durch instation. Belastung ausgelenkt. Flugzeugtragwerks; **N.sichtwechsel** *m* erst etw. nach der Vorlage fäll. Sichtwechsel

Nacht|arbeit *w* Arbeitszeit zw. 20 u. 6 Uhr; **N.effekt** *m* = → Dämmerungseffekt; **N.klinik** *w* (psychiatr.) Krankenhaus zur nächtl. Behandlung Berufstätiger

Nach|trabpolitik *w* Weigerung einer kommun. Partei, Massen zu führen (Lenin); **N.trags:etat** *m* (fr.: *-tâ*) nach Etataufstellung Erfassung zusätzl. o. zu niedrig anges. Positionen

Nacht|sichtgerät *s* Apparatur, die mit empfang. infraroten Strahlen u. einem → Bildwandler Sehen im Dunkeln ermöglicht; **N.speicher:ofen** *m* elektr. Ofen, der nachts (billig.) Strom speichert, den er tags abgibt; **N.tarif** *m* Bezahlung für nächtl. Leistungen; verbill. Tarif der BP für nächtl. Ferngespräche; **N.wächterstaat** *m* auf Schutzaufgaben reduz. Ordnungsfunktionen eines Staats (Lassalle)

Nach|verbrennung *w* Reinigung der Kfz- u. Industrieabgase von → Kohlenmonoxid u. -wasserstoffen durch Oxidation bei hoher Temperatur o. mit Katalysatoren; **N.versicherung** *w* ist fällig, wenn Personen aus einer rentenversicherungsfreien Beschäftigung ausscheiden; **N.versteuerung** *w* tritt ein, wenn ein Sachverhalt nicht eintritt, der vorab gewährte Steuervergünstigung veranlaßt; **N.wein** *m* ↑ aus Preßrückständen gewonn. (mind.) Wein; **N.weis** *m* ↑ Identifizierung eines Stoffs als Bestandteil einer Verbindung o. eines Gemischs; **N.weismakler** *m* weist Geschäfte nach, ohne sie zu vermitteln; **N.weisreagens** *s* Hilfssubstanz für analyt. N.weis, die durch eine einf. erkennb. chem. Reaktion Anwesenheit eines best. Stoffs anzeigt; **N.wuchs:sorgen** *M* nicht ausreich. Zahl von Berufsanfängern, = **N.wuchs:problem** *s*; **N.zugs:akti:e** *w* Dividendenanspruch besteht erst, wenn zuvor die Stammaktien Dividende erhalten haben

Nadel| *w* ↑ schmaler Zeiger (am Kompaß, Tachometer u. dgl.); **N.lager** *s* Wälzlager mit Stahln.walzen

NADGE ⟨ **N**ato **A**ir **D**efence **G**round **E**nvironment (elektron. Luftverteidigungsnetz). – **Nadis** *s* ⟨ **Na**chrichten**d**ienstl. **I**nformations**s**ystem

Nah| ⟨ **Nah**aufnahme; **N.bereich** *m* Bereich, in dem durch Zusammenschluß versch. Ortsnetzbereiche der 8-Minuten-Takt als Gesprächseinheit gilt; **N.erholungsgebiet** *s* Grünlandschaft in Stadtnähe; **N.ordnung** *w* regelm. Anordnung der Materieteilchen (Atome–Moleküle–Ionen) in begrenzt. Bereich; **N.punkt** *m* dem Auge nächster scharf erkennb. Punkt

Nähr|boden *m* Untergrund für Pilz-, Bakterien-, Zellgewebekulturen; **N.-einlauf** *m* künstl. Ernährung durch den Mastdarm; **N.lösung** *w* künstl. Ernährung durch Infusionslösung; flüss. N.boden; **N.schaden** *m* Ernährungsfehler bei Säuglingen o. Kleinkindern. – **Nahrung|skette** *w* ↑ Aufeinanderfolge mehr. Organismen, von denen jeder die N. des nächsten bildet; **N.smittelchemie** *w* Untersuchung u. Begutachtung von Lebensmitteln

Naht|roller *m* Tapezierwerkzeug zum Andrücken der N.stellen benachb. Tapetenbahnen

Nah|verkehrszug *m* Personenzug; **N.-zone** *w* Gebiet 50 km im Umkreis vom Standort des Kfz.s (im Güterverkehr)

Namen|s:akti:e *w* auf einen best. N. ausgest. Akti:e (Übertragung nur durch → Indossament möglich; Ggs.: → Inhaberakti:e), = → vinkulierte Akti:e; **N.s:ehe** *w* zur Berechtigung der N.sführung des Mannes durch die Frau geschloss. Ehe; **N.s:papier** *s* auf einen N. lauf. Wertpapier (nur die benannte Person o. ihr Rechtsnachfolger kann verbriefte Rechte gelt. machen; Ggs.: Inhaberpapier), = **Rektapapier**; **N.s:scheck** *m* auf best. Zahlungsempfänger ausgest. Scheck (ohne Zusatz „o. Überbringer"!); **N.swechsel** *m* ↑ schließt durch Zusatz die Übertragung durch → Indossament aus

NAND| ⟨ e. **not and** = Verneinung der Konjunktion „und"; **N.-Gatter** *s* → Gatter

Nanismus *m* (KW, gr.) Zwergenwuchs, = **Nanosomie** *w*
Nano|- Vorsatz bei Maßeinheiten (= milliardster Teil der Grundeinheit; z. B. 1 **N.meter** = $^1/_{1000\,000\,000}$ m)
Napalm *s* (⟨ **Natrium-palm**itat) Brandbombenfüllung aus Benzin, das durch ein Verdickungsmittel geliert ist
Naphtha| *s* = → Erdöl; **N.lin** *s* fester aromat. Kohlenwasserstoff (zur Herstellung von Mottenkugeln). – **Naphthene** *M* → Cycloaltane im Naphtha. – **Naphthol** *s* organ. Verbindung aus der Reihe der → Phenole (Ausgangssubstanz bei Herstellung vieler Farbstoffe, Medikamente u. dgl.)
Narcotin *s* → Alkaloid im Opium
Narko|analyse *w* (KW, gr.) psychoanal. Befragung unter N.se; **N.lepsie** *w* unkontrollierb. Schlafsucht; **N.logie** *w* Wissenschaft von der Betäubung; **N.manie** *w* Rauschgiftsucht; **N.segewehr** *s* Waffe für Betäubungspatronen; **N.tikum** *s* Betäubungs-, schmerzlind. Mittel
Narrator *m* (lat.) ↑ von der Kamera nicht erfaßter Sprecher
Narzißmus *m* (Jüngling der gr. Sage) Verliebtheit in den eigenen Körper (das eigene Ich; meist normale Phase der Entwicklung), = → Auto:erotik
NASA ⟨ am. Raumfahrtbehörde
nascieren (lat.) → Status nascendi
Nasen|diphtherie *w* → Diphtherie; **N.korrektur** *w* operat. Veränderung der N.form, = **N.plastik** *w*; **N.spray** *s* (e.: *-sprä*) Einspritzung, -smittel in die N. (gegen Schnupfen)
Naß|wäsche *w* in der Wäscherei nur gewaschene (nicht getrocknete) Wäsche; **N.zelle** *w* Raum mit Wasserleitung
naszierend (KW) im Entstehen begriffen
Natalität *w* (KW, lat.) Geburtenhäufigkeit
national| (lat.): **n.e Buchführung** *w* Gegenüberstellung der Einkünfte einer Nation nach ihrer Quelle u. der Verwendung; **N.e** *s*, *w* Personalangaben; **N.einkommen** *s* → Volkseinkommen; **N.isierung** *w* Überführung best. Vermögen in die öfftl. Hand; Land, in dem eine Ware die letzte bedeuts. Bearbeitung erfuhr, = **Herstellungsland** *s*; **N.ismus** *m* → bürgerlich; **N.itätenstaat** *m* Staatsverband mit mehr. Volksgruppen; **N.produkt** *s* im weiteren Sinne = Sozialprodukt (auch die hergest., nicht die angebot. Güter); **N.rat** *m* öst., schw. Volksvertretung; **N.staat** *m* Staat mit nur einer Volksgruppe
nativ| (lat.) in der ursprüngl. Form; **N.ismus** *m* Theorie, daß best. Vorstellungen (seel. Vorgänge) angeboren sind; Wiederbelebung ausgewählt. Kulturbereiche als Ersatz für aufgezwung. Kulturelemente
NATO| *w* (e.) ⟨ **N**orth **A**tlantic **T**reaty **O**rganization (Brüssel) = westl. Verteidigungs:pakt; **N.-Rat** *m* polit. Organ der N.
Natr|ium *s* (äg.-fr.-lat.) chem. Element aus der Gruppe der Alkalimetalle (⟨ *Na*); **N.iumbromid** *s* Verbindung aus N.ium u. Brom; **N.iumcarbonat** *s* Soda (N.iumsalz der Kohlensäure); **N.iumchlorid** *s* Kochsalz (Verbindung aus N.ium u. Chlor); **N.iumdampflampe** *w* Leuchtröhre, in der N.iumdampf durch elektr. Entladungen zum Leuchten angeregt wird (gelbes Licht, zur Straßenbeleuchtung); **N.iumhydrogencarbonat** *s* Natron (saures N.iumsalz der Kohlensäure); **N.iumhydroxid** *s* Ätznatron; **N.iumhypochlorit** *s* Bleich- u. Oxidationsmittel (N.iumsalz der unterchlor. Säure); **N.iumnitrat** *s* N.onsalpeter (N.iumsalz der Salpetersäure); **N.iumnitrit** *s* N.iumsalz der salpetr. Säure; **N.iumsilicat** *s* N.onwasserglas (N.iumsalz der Kieselsäure); **N.iumsulfat** *s* N.iumsalz der Schwefelsäure; **N.iumtetraborat** *s* Borax (= N.iumsalz der Borsäure); **N.on** *s* = → N.iumhydrogencarbonat; → Bullrichsalz; **N.onkalk** *m* Mischung aus gebr. Kalk u. N.iumhydroxid (Reagens bei chem. Versuchen); **N.onlauge** *w* wäßr. Lösung von N.iumhydroxid; **N.onsalpeter** *m* = → N.iumnitrat; **N.onzellstoff** *m* mit N.onlauge aus Holz o. Stroh gewonn. reine → Cellulose
Natsyn *s* (⟨ **Nat**urkautschuk **syn**thetisch) durch Polymerisation von Isopren gewonn. Kunstkautschuk (vom Naturkautschuk nicht unterscheidb.!)
Natur|algeld *s* Geld, das seinen Wert unmitt. aus der Stofflichkeit ableitet; **N.alisation** *w* Einbürgerung mit Erwerb der Staatsangehörigkeit; **N.allohn** *m* Arbeitsentgelt in stoffl. Form; **N.alobligation** *w* nicht einklagbare („unvollkommene") Verbindlichkeit; **N.alrabatt** *m* Preisnachlaß in N.alien (z. B. Freiexemplare im Buchhandel); **N.alwirtschaft** *w* Tausch Waren gegen Waren (ohne Geld); **N.ismus** *m* Freikörperkultur; **N.konstanten** *M* in der N. unabhäng. von Meßbedingungen u. vom Meßort immer genau gleichbleib. meßb. Größen (z. B. Lichtgeschwindigkeit); **N.lehrpfad** *m* Weg mit Namensschildern der ihn säumend. Pflan-

zen. – **natürlich**| → auch: Radio:indikatoren; **n.e Person** *w* jeder Mensch (Ggs.: jurist. Person); **n.er Logarithmus** *m* ⟨ → ln; **n.e Zahlen** *M* 1, 2, 3 ... – **Naturrecht** *s* Ggs.: → positives Recht

Nausea *w* (KW) Seekrankheit

Nb ⟨ → Niob. – **NBR** ⟨ Nitrilkautschuk (e.: **N**itril **B**utadiene **R**ubber). – **NC** ⟨ Nitrocellulose. – **Nd** ⟨ → **Neod**ym. – **NDF** ⟨ **N**ationale **D**emokrat. **F**ront (iran.). – **NDPE** ⟨ **N**iederdruck-**P**olyäthylen. – **NDR** ⟨ **N**ordd. **R**undfunk. – **Ne** ⟨ **Ne**on

n-dimensional von der Dimension n, wobei n eine → natürliche Zahl bedeutet

Nebel|flucht *w* ↑ astron. nachweisb. stet. Bewegung der Spiraln. voneinander fort; **N.glocke** *w* Schiffswarnzeichen bei N.; **N.kammer** *w* ↑ kernphysik. Gerät, in dem die Bahn bewegter gelad. Teilchen sichtbar gemacht wird, = **Wilson-Kammer** *w*; **N.leuchte** *w* lichtstreuender Kfz-Scheinwerfer, = **N.-licht** *s*, = **N.scheinwerfer** *m*; **N.schlußleuchte** *w* lichtstarker Kfz-Rückstrahler

Neben|beruf *m* berufl. Tätigkeit n. dem Hauptberuf; **N.beschäftigung** *w* Beschäftigung n. einer Hauptbeschäftigung (bei weniger als 15 Stunden wöchentl. u. weniger als $^1/_6$ des Monats-, Gesamteinkommens versicherungsfrei); **N.betrieb** *m* Unternehmensteil, dessen Leistungen nicht seinen Hauptzweck darstellen (meist: Verwertung der Abfallprodukte); **N.bücher** *M* dienen der Erfassung best. Arten von Geschäftsvorfällen; **N.einkünfte** *M* Einkünfte, für die vom Arbeitgeber kein Steuerabzug erfolgte (bei selbständ. schriftstell., wissensch., künstler. Tätigkeit auf Antrag ermäß. Steuersatz); **N.erwerbslandwirt** *m* übt Hauptberuf außerh. des eig. Betriebs aus; **N.gruppen** *M* ↑ mehr. Gruppen von jew. einander ähnl. metall. Elementen, die sich durch ihre Stellung im → Periodensystem auszeichnen; **N.intervention** *w* Beteiligung eines Dritten an einem Zivilprozeß; **N.klage** *w* Beitritt des Verletzten zum Strafverfahren, das auch als Privatklage geführt werden könnte; **N.klasse** *w* neben den Hauptklassen besteh. gesellsch. Klasse; **N.kosten** *M* fallen n. den Hauptkosten an (z. B. Bankgebühren, Spesen; nicht: Zinskosten!); **N.leistung** *w* vertragl. n. der Hauptleistung vereinb. Leistungsschuld (z. B. Aufstellung, Einrichtung einer Maschine); **N.niere** *w* Drüse am ob. Nierenpol; **N.schluß** *m* Überbrückung eines Stromverbrauchers durch Parallelschalten eines zweiten; **N.schlußmotor** *m* Elektromotor mit parall. geschalt. Anker- u. Feldwicklung

Nebularhypothese *w* Theorie, nach der Sonnensystem durch Kondensation eines astron. Nebels entstanden ist

Need *s* (e.: *nîd*) alle menschl. Antriebe (Ggs.: umweltbed. Verhalten)

Needle Candy *w* (e.: *nidl kändî*) Einspritzdroge

Negativ| *s* (lat.) fotogr. Abbildung, bei der die Helligkeitswerte Hell u. Dunkel vertauscht sind; **n.** → Schuldnerverband; **N.anzeige** *w* Anzeige auf schwarzem Grund; **n.e Eugenik** *w* → Eugenik; **n.es Urteil** *s* Ggs.: → affirmat. Urteil; **n.e Zuwendung** *w* = → Aggression; **n.e Orderklausel** *w* die Übertragung durch Indossament ausschließ. Zusatz auf Wertpapier, = Rektaklausel; **n.er Erfolg** *m* = → Verlust; **n.es Kapital** *s* die Summe der Schulden übersteigt die des Vermögens; **n.es Kapitalkonto** *s* steht auf der Aktivseite der Bilanz (= Summe der Verbindlichkeiten übersteigt die Vermögenswerte); **N.klausel** *w* Zusicherung des Kreditnehmers, daß er sein unbelast. Vermögen künftig nicht beleihen wird; **N.zins** *m* hält unerwünschte Auslandsgelder fern

Negoziation| *w* (lat.) feste Übernahme von Wertpapieren durch Bank(enkonsortium)kauf; **N.skredit** *m* Finanzierung im Außenhandel durch Ankauf von Wechseln auf den Importeur

Nekro|philie *w* (gr., KW) sex. Leichenschändung; **N.psie** *w* Leichenschau (→ Autopsie); **N.se** *w* Absterben von Körpergewebe, -zellen bei Fortleben der umgeb. Zellen (Organteile)

N-Elektronen *M* durch die → Hauptquantenzahl 3 gekennzeichn. Elektronen eines Atoms

Nemat|icide *M* (KW) Pflanzenschutzmittel gegen Fadenwürmer; **n.isch** flüss. Form (von Kristallen)

NE-Metalle → Nichteisen**metalle**

Nenn|betrag *m* → N.wert; **N.leistung** *w* effektive, dauernd verfügb. Leistung einer Maschine; ähnlich: **N.spannung** *w*; **N.wert** *m* techn. o. physik. Größe (Stromstärke – Leistung u. dgl.), für die eine Apparatur o. Maschine angelegt ist; auf Banknoten (Wertpapieren) genannt. Wert des Papiers (Ggs.: Kurs-, → Metallwert)

Neo|dym *s* (KW) chem. Element aus der Gruppe der Lanthanoiden (⟨ *Nd*);

N.faschismus *m* faschist. Erscheinungen nach dem 2. Weltkrieg; **n.klassische Wirtschafts:theorie** *w* Ggs.: → politische Ökonomie; **N.kolonialismus** *m* Ausbeutung schwacher durch Industrieländer; **N.liberalismus** *m* Liberalismus der → Freiburger Schule (neben liberal. Komponente Ordnungsfunktion staatl. Eingriffe; Grundlage der → soz. Marktwirtschaft); **N.logismus** *m* neugebild. Wort; **N.merkantilismus** *m* Belebung des Interventionismus einig. Staaten (Ende 19. Jh.)

Neon *s* (KW) chem. Element aus der Gruppe der → Edelgase (⟨ *Ne*)

Neo|nazismus *m* (KW) ggw. Rechtsfaschismus; **n.phil** verstärkt aufnahmebereit für Neuerungen, -produkte; **N.plasma** *s* (bösart.) Geschwulst; **N.pren** *s* durch Polymerisation von → Chloropren herstellb. chemikalienbeständ. Synthesekautschuk

Nepal *m* ↑ Haschischsorte

Nephelo|metrie *w* (KW, gr.) Trübungsmessung; → Turbidimetrie; **N.meter** *s* Wolkendichtemeßgerät

Nepotismus *m* (KW, lat.) Vetternwirtschaft

Neptunium *s* künstl. radioakt. Element (Gruppe der → Transurane; ⟨ *Np*)

Nernst|-Brenner *m* (d. Physiker, 19./20. Jh.) durch elektr. Strom zum Glühen gebr. keram. Stab zum Beleuchten u. Messen, = **N.-Lampe** *w*; **N.scher Wärmesatz** *m* thermodyn. Naturgesetz

Neßlers Reagens *s* → Nachweisreagens für Ammoniak

Nestorianer *M* → Ostkirche

Nestwärme *w* Gefühl der Geborgenheit

Net barter terms of trade (e.) Nettoaustauschverhältnis (Quotient aus dem Preisindex der Import- u. der Exportgüter)

netto| (it.) nach Abzug (Ggs.: brutto); **N.auslands:position** *w* Summe aller Forderungen an das Ausland abzügl. der Verbindlichkeiten ihm gegenüber; **N.bilanz** *w* Aufrechnung der zusammengehör. Posten gegenein. u. Einsetzung der verbleib. Werte; **N.einkaufspreis** *m* Bezugspreis zuzügl. der Bezugskosten abzügl. der Preisnachlässe; **N.gehalt** *s* Gehalt nach Abzügen; **N.gewicht** *s* Gewicht einer Ware ohne Verpackung, = → Reingewicht; **N.gewinn** *m* sich als Differenz aus Erlösen u. Kosten ergeb. Gewinn; **N.guthaben** *s* Differenz zw. den Guthaben bei einer Zentralbank u. den gesamten Schulden; **N.investition** *w* Differenz zw. allen getät. Bruttoinvestitionen u. Ersatzinvestitionen; **n. Kasse** Abzüge vom Rechnungsbetrag dürfen nicht vorgenommen werden; **N.lohn** *m* an Lohnempfänger nach Berücksichtigung aller Lohnabzüge auszuzahl. Betrag; **N.preis** *m* um Skonto o. Rabatt vermind. Preis; **N.prinzip** *s* in der Gewinn- u. Verlustrechnung ist nur der Saldo gew. Posten auszuweisen (Zinsaufwand u. -ertrag); **N.produktion** *w* wert- o. mengenmäß. Produktionsergebnis eines Betriebes (Vorleistungen and. Unternehmen gegengerechnet!); **N.produktions:ergebnis** *s* = → Wertschöpfung; **N.produktionswert** *m* Beitrag einer Branche zum Bruttosozialprodukt; **N.sozialprodukt** *s* Betrag der volkswirtsch. Gesamtrechnung, wenn das → BSP um die Abschreibung vermindert wird (= **N.sozialprodukt zu Marktpreisen; N.sozialprodukt zu Faktorkosten:** Betrag um die indir. Steuern reduziert u. um die Subventionen erhöht); **N.umsatz** *m* Umsatz nach Berücksichtigung von Nachlässen, Erlösschmälerungen u. dgl.

Net weight *s* (e.: *-weit*) Nettogewicht

Netz|brummen *s* Hörbarwerden der Schwingungen des Wechselstroms aus dem Versorgungsn. (bei elektro-ak. Geräten); **N.ebene** *w* von → Gitterplätzen bes. Ebene in einem Kristallgitter; **N.frequenz** *w* = → Betriebsfrequenz, Frequenz des Wechselstroms im Versorgungsn.; **N.karte** *w* Fahrkarte in best. Verkehrsbereich in befrist. Zeit; **N.mittel** *M* Stoffe, die in Lösung die → Oberflächenspannung des Lösemittels (meist: Wasser) stark herabsetzen u. dadurch die vollst. Ben.ung der Oberfläche fester Körper erleichtern; **N.plan** *m* ↑ graf. Verfahren zeitl.-sachl. Zusammenhänge; **N.plantechnik** *w* Koordinierung u. Planung aller Einzelaktivitäten in einem größ. (Forschungs-, Bau-, Entwicklungs-)Projekt (bes. Zeitabläufe, Kosten, Einsatzmittel); **N.werk** *s* Zusammenschaltung elektr. Bauteile o. Schaltelemente mit mind. 2 äuß. Anschlußklemmen

neu|e Akti:en *M* → junge Akti:en; **n.e Elite** *w* → Elite; **n.e Linke** *w* polit. Gruppen links von der SPD; **n.e Quantitäts:theorie** *w*: der Staat kann durch Steuerung der Geldmenge den inflation. Auftrieb bremsen (Friedmann); **n.er Mittelstand** *m* → Mittelstand; **n.e Welle** *w* progress. (fr.) Filmschaffen; **N.gläubiger** *m* → Abtretung; **N.minute** *w* $^1/_{100}$ **N.grad** *m* (= → Gon) $^1/_{100}$ rechter Winkel; → grade

Neural|pathologie *w* Erforschung der Beziehungen zw. Krankheiten u. Nervensystem; **N.therapie** *w* Ausschaltung der Krankheitsherde durch Einwirkung auf das örtl. Nervensystem

Neur|asthenie *w* (KW, gr.) Zusammengehen von pathol. Erregbarkeit psych. Funktionen u. pathol. Erschöpfung; **N.itis** *w* Nervenentzündung; **N.ochirurgie** *w* operat. Eingriff im Nervensystem; **n.ogen** von Nerven herrührend; **N.ologie** *w* Erforschung u. Behandlung von Nervenkrankheiten; **N.om** *s* Nervengeschwulst; **N.on** *s* Nervenzelle; **N.opathie** *w* Nervenkrankheit; **N.ose** *w* abnorme Erlebnisreaktion aufgrund eines (mehr.) geistig nicht ausreich. verarbeiteter Konflikterlebnisse („Frustrationen"; fortlauf. Leidenszustand des Patienten); **N.otoxin** *s* Nervengift; **n.otrop** auf Nerven wirkend; **n.ovegetativ** das vegetat. Nervensystem angehend

Neu|sekunde *w* $^1/_{100}$ → N.minute; **N.silber** *s* korrosionsbest. Legierung aus Kupfer, Nickel, Zink (zur Herstellung von Münzen, Eßbestecken u. dgl.)

neutral| (lat.) ↑ weder sauer noch basisch; **n.er Aufwand** *m* beeinflußt den Betriebserfolg nicht; **n.er Erfolg** *m* Saldo aus n.em Aufwand u. n.em Ertrag; **n.er Ertrag** *m* ist ohne Einfluß auf Betriebserfolg (ohne Zshg. mit dem Betriebszweck); **n.es Element** *s* Element eines → Verknüpfungsgebildes, das bei → Verknüpfung mit einem 2. Element wieder auf das 2. Element führt (z. B. Null bei Zahlenaddition, 1 bei Multiplikation); **n.es Geld** *s* in einer Volkswirtschaft umlauf. Geld, von dem keine Konjunkturwirkungen ausgehen (theoret. Konstrukt.); **N.isation** *w* ↑ Reaktion zw. Säure u. Base, wobei saur. u. bas. Charakter verschwinden u. neben Wasser ein Salz entsteht; Verpflichtung zu dauernd. N.ität (= **dauernde N.isierung** *w*); Unterbrechung eines Wettbewerbs, -kampfs; **N.isations:enthalpie** *w* negat. Wert der **N.isationswärme** *w* entsteht bei N.isation einer Säure mit einer Base; **N.ität des Geldes** *w* Geld ledigl. als Tauschmittel (ohne Beeinflussung der realen Größen); **N.keil** *m* = → Graukeil; **N.rot** *s* → Indikator zum Nachweis von Säuren u. Basen

Neutr|ino *s* (KW) sehr leichtes ungelad. Elementarteilchen; **N.on** *s* ungelad. Elementarteilchen mit annäh. gleicher Masse wie das Proton; **N.onen:aktivierungs:analyse** *w* kernphysik. Methode zur Lösung kriminal. Fragen (N.onenbeschuß der zu untersuch. Stücke); **N.onenbombe** *w* durch N.onenstrahlung wirk. Kernwaffe; **N.onenflußdichte** *w* Zahl der aus einem Kernreaktorteil je cm² Oberfläche austretend. N.onen multipliziert mit ihrer mittl. Geschwindigkeit; **N.onenkonverter** *m* wandelt langs. in energiereiche N.onen um; **N.onen:ökonomie** *w* Ausnutzungsgrad der bei einer Kernkettenreaktion entsteh. N.onen; **N.onenquelle** *w* Stelle, von der N.onenstrahlung ausgeht; **N.onenstern** *m* = → Sternkollaps; **N.onenstrahlung** *w* Strom schnell bewegter N.onen; **N.onenwaffe** *w* = → N.onenbombe; **N.onenzählrohr** *s* kernphysik. Gerät zum Nachweis u. zur Messung von N.onenstrahlen; **N.openie** *w* Mangel an einer Gruppe weiß. Blutkörperchen („n.ophilen → Granulozyten")

Neu|ver:anlagung *w* erstmal. o. abgeänd. Veranlagung zur Vermögenssteuer; **N.wert** *m* nicht durch konkrete Arbeit von den Ausgangsmaterialien (Rohstoffen – Werkzeugen – Maschinen) auf das Endprodukt übertrag. Teil des Wertprodukts

New| Deal *m* (e.: *nju dîl*) Bekämpfung der weltweiten Depression durch US-Präsident Roosevelt (seit 1933: sozialpolit. Reformen, Preisregulierungen, Arbeitsbeschaffung); **N. Management** *s* (e.: *-mänedsehment*) computergesteuerte Führung von Großunternehmen

Newton| *s* (e. Physiker, 17./18. Jh.: *njûtn*) Maßeinheit der Kraft (⟨ *N*); **N.sche Flüssigkeiten** *M* Flüssigkeiten mit konstanter → Viskosität; **N.sche Mechanik** *w* = Mechanik (ohne quantenphysik. u. relativist. Erscheinungen; „klassische Mechanik"); **N.sche Ringe** *M* durch → Interferenz verurs. Auftreten dunkler Ringe beim Durchtritt von Licht durch 2 aufeinanderlieg. Glasplatten

Nexus *m* (lat.) Zusammenhang

NfS ⟨ **N**achrichten **f**ür **S**eefahrer. – **NGG** ⟨ (Gewerkschaft) **N**ahrung – **G**enußmittel – **G**aststätten. – **NGO** ⟨ **n**eugestalt. **g**ymnasiale **O**berstufe. – **Ni** ⟨ **Ni**kkel

nicht| an Order → negative Orderklausel; **n.entnommener Gewinn** *m* Gewinnteil, der im Unternehmen bleibt (Steuervergünst. auf Antrag!); **N.-Eisenmetalle** *M* → NE-Metalle; **N.erfüllung** *w* vertragl. vereinb. Leistung wird nicht o. mit Verzögerung erbracht;

n.euklidische Geometrie *w* Geometrie, die auf Axiomensystem aufbaut, das dem der → euklid. Geometrie nicht gleichwertig ist; **N.igkeit** *w* ↑ wirkungslos geword. Rechtsgeschäft; **N.igkeitsklage** *w* → Wiederaufnahme eines abgeschloss. Zivilprozeßverfahrens bei schweren Verfahrensverstößen; **n.lineare Programmierung** *w* ist entw. in der Zielfunktion u./o. in einer o. mehr. Nebenbedingungen in ihren Variablen nicht linear; **n.-tarifäre Handels:hemmnisse** *M* Diskriminierungen ausländ. Anbieter durch nicht auf Zöllen basier. Import:erschwerungen (z. B. Mindestanforderungen an Qualität best. Importgüter)

Nickelin *s* (KW) Nickel-Kupfer-Zink-Legierung mit hohem, nur schwach temperaturabhäng. elektr. Widerstand

Nickmoment *s* um die horizont. Querachse wirk. Drehmoment

Nicolsches Prisma *s* (e. Physiker, 18./19. Jh.) Vorrichtung zur Erzeugung von → polaris. Licht

Nidation *w* (lat.) = → Einnistung

Nieder|druckstaukraftwerk *s* = → Flußkraftwerk; **N.druck-Polyäthylen** *s* nach dem → Ziegler-Verfahren gewonn. → Polyäthylen; **N.frequenztechnik** *w* Elektrotechnik der Wechselströme mit Frequenzen bis zu 15000 Hz; **N.gangsprozeß** *m* Phase der Depression (Kontraktions:prozeß der Wirtschaft); **N.lassung** *w* Ort, an dem ein Unternehmen seßhaft ist; **N.schlag** *m* ↑ fein verteilt. Feststoff, der sich (nach chem. Reaktionen) aus einer Flüssigkeit absetzt; **radioaktiver N.schlag** *m* fein verteilte radioakt. Materie natürl. o. künstl. Herkunft, die aus der Atmosphäre auf die Erdoberfläche gelangt; **N.schlags:arbeit** *w* metallurg. Verfahren zur Herstellung von Metallen aus ihren (sulfid.) Erzen; **N.schlags:höhe** *w* Höhe, bis zu der das Wasser aus den in einer best. Zeit gefall. meteorol. N.schlägen steigen würde, wenn keine Verluste durch Abfluß o. Verdunstung einträten; **N.schlagsmesser** *m* Regenmesser; **N.schlagung der Steuern** *w* Aussetzen der Steuerschuld bei Erfolglosigkeit o. Unverhältnismäßigkeit der Beitreibung; **N.stwertregel** *w* bei der Bewertung wird bei alternat. Werten jeweils (zum Schutz der Gläubiger) der niedrigste angesetzt

Ni:ello *s* (it.) Verzierung von Metallgegenständen

Nielsen|-Märkte *M* (am. Meinungsforscher) geogr. festgelegte Absatzforschungsgebiet; **N.-Panel** *s* (am. Firma: *-pänl*) Befragung der gleichen Personen-, Unternehmensgruppe in best. Zeitraum

Nife *s* (Ni ⟨ **Ni**ckel; **Fe** ⟨ Eisen): im wesentl. aus Nickel u. Eisen besteh. Erdkern

Nigr|in *s* (KW, lat.) durch Verunreinigungen schwarz gefärbtes natürl. → Titandioxid; **N.osin** *s* durch Oxidation von Anilin hergest. schwarzer Farbstoff

Nikotin|ismus *m* (KW) Tabakvergiftung, = **N.vergiftung** *w*

NIMEXE ⟨ Nomenclature des marchandises pour les statistiques du commerce extérieur de la Communauté et du commerce entre ses Etats membres (Nomenklatur für den Im- u. Export der EG)

Niob| *s* chem. Element, Schwermetall (Bestandteil korrosionsbest. Stahllegierungen; ⟨ *Nb*); **N.ate** *M* Salze der N.säure; **N.it** *m* mineral. Eisenn.at (wichtigstes N.-Erz)

Nipkow-Scheibe *w* (d. Ingenieur, 19./20. Jh.) rotier. Lochscheibe zur zeilenw. Bildabtastung beim Fernsehen

Nirosta *s* (⟨ **ni**cht **ro**stender **Sta**hl) chrom- u. nickelhalt., korrosionsbeständ. Stahllegierung

Nissenhütte *w* (e. Offizier, 20. Jh.) halbrunde Wellblechbaracke

Nitr|anilin *s* organ. Verbindung mit einer N.o- u. einer → Aminogruppe im Molekül (wicht. Rohstoff bei Farbstoffsynthesen); **N.ate** *M* Salze der Salpetersäure; **N.atfilm** *m* Kinofilm mit Trägerschicht aus Cellulosenitrat; **N.ide** *M* Verbindungen aus Stickstoff u. einem 2. (meist metall.) Element; **n.ieren** ↑ Stahl bei hoher Temperatur durch Behandeln mit Ammoniak mit einer N.idschicht von hoher Härte u. Verschleißfestigkeit überziehen; N.overbindungen durch Behandlung organ. Verbindungen mit konzentr. Salpetersäure herstellen; → versticken; **N.ierhärtung** *w* → n.ieren; **N.iersäure** *w* Gemisch aus Salpeter- u. Schwefelsäure; **N.ifikation** *w* Bindung von Stickstoff aus der Luft o. zersetzt. Eiweißstoffen durch **n.ifizierende Bakteri:en** *M*; **N.ile** *M* Gruppe neutral reagier. organ. Stickstoffverbindungen; **N.ilkautschuk** *m* Synthesekautschuk durch → Copolymerisation von → Acryln.il hergestellt; **N.ite** *M* Salze der salpetr. Säure; **N.obenzol** *s* durch N.ieren von Benzol erhältl., nach Bittermandel riech. farblose Flüssigkeit (Zwischenprodukt bei der Anilingewinnung); **N.ocellulose** *w*

= → Cellulosen.at; **N.ogen** *s* Stickstoff (⟨ *N*); **N.oglycerin** *s* hochexplos. flüss. organ. Stickstoffverbindung (Ester des Glycerins u. der Salpetersäure; Ausgangsstoff für Dynamit); **N.ogruppe** *w* Atomgruppierung – NO_2; **N.okörper** *M* = → N.overbindungen; **N.olack** *m* Anstrichstoff mit → Cellulosen.at als Bindemittel; **N.omethan** *s* flüss. organ. Stickstoffverbindung (Treibstoff für Raketen- u. Modellmotoren); **N.openta** *s* (⟨ **n.**ierter **Penta**crythrit) hochbris. Sprengstoff (durch → Veresterung von → Pentacrythrit mit Salpetersäure herstellb.); **N.oprussid:natrium** *s* Nachweisreagens für → Sulfide; **n.os** Stickstoffoxide enthaltend; **N.os:amine** *M* durch Reaktion best. → Amine mit salpetr. Säure entsteh., z. T. stark krebserreg. Substanzen; **N.oseverbindungen** *M* organ. Stickstoffverbindungen mit der Atomgruppierung –N = O im Molekül; **N.overbindungen** *M* organ. Stickstoffverbindungen mit der Atomgruppierung – NO_2 im Molekül (oft Explosivstoffe)

Niveau| *s* ↑ (fr.: *niwo*) → Energieniveau; **N.kreuzung** *w* = → Bahnübergang, = **N.übergang** *m*

Nivell|ement *s* (fr.: *-mañ*) Höhenvermessung; **N.ier:instrument** *s* Gerät hierzu

n-Leitung *w* Stromleitung in → Halbleitern durch negative Ladungsträger (Elektronen)

n. M. ⟨ → **n**ach **M**uster. – **NMR-Spektroskopie** *w* ⟨ **N**uclear **m**agnetic **r**esonance, = → Kernresonanzspektroskopie. – **NN** ⟨ → **N**ormal**n**ull; **N-Niveau** *s* = → N-Schale. – **No** ⟨ → **No**belium

Nobel|ium *s* (schwed. Erfinder, 19. Jh.) künstl. metall. radioakt. Element, Transuran (⟨ *No*); **N.preis** *m* internat. Preis für Chemiker, Physiker, Mediziner, Schriftsteller u. Friedensförderer

Nochgeschäft *s* durch Prämienzahlung erworb. Recht eines Nachkaufs

Nockenwelle *w* Ventilsteuerung bei Verbrennungsmotoren

Nolissement *s* (fr.: *nôlismañ*) Seefrachtvertrag

No-load-Fonds *M* (am.: *nou-loudfoñs*) ohne Verkaufsspesenangebot. → Fonds

Nomenklatur *w* (KW, lat.) ↑ systemat. Verfahren zur Bildung der in einem Wissensgebiet gebräuchl. Benennungen; Zusammenstellung der zollpflicht. Warengruppen u. -arten; Schema des Zolltarifs

nominal| (lat.) zum Nennwert, dem Nennwert nach; **N.definition** *w* → Definition; **N.einkommen** *s* in Geldgrößen bewert. Einkommen (bei Nichtberücksichtigung seiner realen Kaufkraft); **N.ismus** *m* ↑ Festlegung des Geldwertes durch staatl. Anerkennung u. Verordnung (nicht durch seine Stofflichkeit); **N.kapital** *s* Stammkapital einer GmbH, Grundkapital einer AG (KGaA); **N.lohn** *m* in Geldgrößen ausgedr. Lohn (sagt nichts über Anspruch auf Güter aus; Ggs.: → Reallohn); **N.wert** *m* Ggs.: → Realwert; → Nennwert; **N.verzinsung** *w* auf den Nennwert des Wertpapiers bezog. Verzinsung (Ggs.: Realverzinsung); **N.wertprinzip** *s* Nichtberücksichtigung der realen Kaufkraft (Mark = Mark; bei Inflation Entwertung der unt. Einkommensschichten)

nominell (fr.) → nominal

Non|-alignment *s* = → Blockfreiheit; **N.-Affektations:prinzip** *s* die Einnahmen der öfftl. Hand dürfen nicht an best. Ausgabenzwecke gebunden sein

Nonan *s* (gr.) Kohlenwasserstoff aus der Reihe der → Alkane mit 9 Kohlenstoffatomen im Molekül

Non|-competing-groups *M* (e.) nicht miteinand. in Wettbewerb tretende am Wirtschaftsleben teilnehm. Gruppen; **N.-Corporation** *w* (e.: *-korporêschn*) Nichtbeteiligung; **N. essential goods** *M* (e.: *-eßentschl gûz*) nicht lebensnotw. Güter; **N.Governmental Organization** *w* (e.: *-gawernmentl -sêschn*) von Personen begründ. internat. Organisation; **N. integration** *w* (e.: *-intigrêschn*) Isolierung (von sozial.) Umgebung; **N.-Foods** *M* (e.: *-fûz*) alle Einzelhandelswaren, die nicht Lebensmittel sind

Nonius *m* (KW) Hilfsmaßstab für kleinste Längen; = → Schublehre

nonkonform| (KW, lat.) die Regel verletzend, um sie zu ändern (Ggs.: ab:errant); **N.ismus** *m* abweichende Denk-, Handelsweise

Nonode *w* (KW) neunpol. Elektronenröhre

Non|-Profit-Organisation *w* Wirtschaftsunternehmen mit gemeinnütz. Gewinnverwendung; **N.proliferation** *w* (e.: *-liferêschn*) Nichtweitergabe von Atomwaffen an kernwaffenfreie Mächte

Nonstop|flug *m* Flug ohne Zwischenlandung; **N.-U-Bahn** *w* nicht haltende U-Bahn, = **Endlos-U-Bahn** *w* (mit Fahrabteilen u. Bahnhofsgängen, d. h. durchfahr. Sitzabteilen u. sich an den Stationen lösenden Gängen)

Nonvaleur *m* (fr.: *noñwalör*) wertlose Investition, wertloses Wertpapier
Nooser *m* (e.: *nûser*) ↑ Investment-Agent (eigtl.: i. Elefantenfeßler)
NOR ⟨ e. **not or** = nicht oder = Verneinung von „oder" (vgl. → NAND)
Nord:atlantikpakt *m* kollektiver Verteidigungspakt (1949; ⟨ → NATO)
NordLB *w* ⟨ **Nord**deutsche **L**andes**b**ank
Nord-Süd-Konflikt *m* ökonom. Interessengegensätze zw. den (meist auf der nördl. Hälfte der Erdkugel angesied.) Industrienationen u. den Entwicklungsländern (südl. Halbkugel; auch regional: N-/S-Italien)
Noreensches Modell *s* Verfahren zur Messung der Wirksamkeit von → Werbeträgern
Norm| *w* (lat.) ↑ allg. akzeptierte Fertigungs-, Meßvorschrift; Verhaltensstandard, -regel, -richtschnur; **n.al** → Angebotskurve; **N.ale** *w* ↑ Senkrechte; **n.ale Kapazität** *w* Kapazität eines Unternehmens (einer Volkswirtschaft) unter durchschnittl. Bedingungen; **N.al:element** *s* Spannungsquelle mit genau bek. Elektrodenspannung für Meß- u. Vergleichszwecke; **N.alfilm** *m* 35 mm breiter Film; **N.algewicht** *s* bei der N.al-Fallbeschleunigung von 980,665 cm/sec gemess. Gewicht; **N.ali:en** *M* Regeln; vereinheitl. Bauteile; **N.alität** *w* ↑ in Grammäquivalenten der gelösten Substanz pro Liter Lösung gemess. Lösungskonzentration; **N.alkraft** *w* senkr. auf einer gegeb. Fläche (Linie) steh. Komponente einer Kraft; **N.allösung** *w* Lösung mit der N.alität Eins; **N.alnull** *s* für d. Höhenmessungen gült. Bezugsniveau, durch einen Punkt in Berlin festgelegt; **N.alzeit** *w* Standardzeit einer Region (Ggs.: → Ortszeit); **N.ativsystem** *s*: jeder, der gew. N.ativbestimmungen erfüllt, ist zur Ausübung eines Gewerks zuzulassen; **N.blatt** *s* Bekanntgabe des DNA über n.ative Festlegungen; **N.en:ausschuß** *m* Zweckverband zur Registrierung u. Entwicklung einheitl. N.en für alle industr. Fertigungen (seit 1917; Berlin; ⟨ *DNA*); **N.enlogik** *w* = → Deontik; **N.enkontrolle** *w* gerichtl. Prüfung der Übereinstimmung einer mit einer übergeordn. Rechtsn.; **N.enwerk, D.** *s* Zusammenfassung der vom DNA aufgest. N.en; **N.-Prüfkörper** *m* Prüfkörper mit durch N. festgel. Maßen zur Messung techn. Werkstoffeigenschaften; **N.sehweite** *w* besser für → deutl. Sehweite; **N.ung** *w* Vereinheitlichung (wesentl. Voraussetzung der industr. Massenproduktion: Verbilligung, Beschleunigung)
No Show *m* (e.: *nou schou*) nicht gelöschte Platzbuchung
Noso|graphie *w* (KW, gr.) Krankheitsbeschreibung; **N.logie** *w* Krankheitslehre, -beschreibung
Nostalgie *w* (gr.) ↑ Heimweh (bes. während Pubertät; oft Ursache für Brandstiftung, Sexualverbrechen u. a.)
Nostrifikation *w* (KW, lat.) Einbürgerung; Anerkennung ausländ. Prüfungen
Nostro|effekten *M* (lat.) eig. Wertpapiere einer Bank bei einer anderen; **N.guthaben** *s* Guthaben einer Bank bei einer anderen; **N.konto** *s* Konto einer Bank bei einer anderen (Ggs.: → Lorokonto)
Not:adresse *w* auf Wechsel die Benennung einer Person, die für die Wechselverpflichtungen eintritt, sofern der → Bezogene nicht annimmt oder zahlt
Notar|anderkonto *s* das von einem N. für einen Dritten bei einer Bank unterhalt. Konto
Not|arzt *m* Bereitschafts-, Unfallarzt; **N.aufnahme** *w* Erlaubnis für d. DDR-Bürger zum ständ. Aufenthalt in der BRD; Klinikbetreuung im N.fall
Note| *w* ↑ durch Gesetz zum allg. gültigen Zahlungsmittel erhob. Papiergeld (muß zur Schuldentilgung in unbeschr. Höhe zum Nennwert angenommen werden); **N.n:ausgabemonopol** *s* ausschl. der Zentralbank zusteh. Recht, Bankn.n auszugeben; **N.enbank** *w* Bank mit dem Privileg der N.n:ausgabe (meist: Zentralbank); **N.nbankpolitik** *w* alle Maßnahmen der N.nbank zur Steuerung der Geldmenge u. der Höhe der Zinssätze (Instrument der Währungspolitik mit Wirkungen auf → Konjunktur); **N.ndeckung** *w* Sicherung des Wertes der umlauf. Bankn.n durch Edelmetallreserven (Staatspapiere); **N.ndurchschnitt** *m* Mittelwert aller Schuln.n aus einer Beurteilung; **N.n:einlösungs:pflicht** *w* gesetzl. Verpflichtung der Zentralbank, die ihr präsent. Bankn.n in Gold einzuwechseln; **N.nprivileg** *s* = → N.n:ausgabemonopol; **N.nschwelle** *w* Mindestdurchschnittswert eines Schulzeugnisses zur Erreichung best. Ziele; **N.n:umlauf** *m* die von einer N.nbank ausgeg. Bankn.n im Umlauf (Höhe von der Zentralbank regelm. ausgewiesen)
Not|(fall)planung *w* = → Contingency planning; **N.hilfe** *w* N.wehr zugunsten eines Dritten

Notierung *w* Kursfeststellung an der Börse (veröffentlicht in Kurszetteln)
Notifikation *w* (KW, lat.) Übermittlung einer Note
Nötigung *w* Erzwingung (Duldung, Unterlassung) einer Handlung durch Gewalt o. Bedrohung
not|leidend ↑ zweifelhaft geworden (Einlösung einer Forderung); zu Protest gegangen (Wechsel); **N.mutter** *w* Vertreterin der Mutter im N.fall; **N.ruf** *m* (Telefonnummer für) telef. Hilferuf; **N.ruf:anlage** *w* elektr., telegr. o. telefon. Alarmübermittlung; **N.sitz** *m* Klappsitz bei Platzbedarf; **N.stand** *m* unverschuld., anders nicht zu bewält. Handlung zur Rettung des eigenen o. eines Angehörigen Leib u. Leben; **N.stands:arbeiten** *M* gemeinnützige Pflichtarbeiten; (zusätzl.) Arbeiten im Rahmen wertschaff. Arbeitshilfe; **N.-standsgesetze** *M* grundgesetzändernde Gesetze zur Einschränkung der Freizügigkeit, des Post-, Fernmeldegeheimnisses, Streikrechts u. dgl. bei staatl. N.stand (seit 1968); **N.testament** *s* vor dem Bürgermeister u. 2 Zeugen o. vor 3 Zeugen (ohne Notar) erlass. Letzter Wille; **N.verkauf** *m* als → Selbsthilfeverkauf vorgenommene Veräußerung von fremden (leicht verderbl.) Waren bei Gefahr im Verzug; **N.ver:ordnung** *w* gesetzeskräft. Verordnung bei Staatsn.stand; **N.wehr** *w* Verteidigung gegen rechtswidr. Angriff; **N.wehr:exzeß** *m* Panikhandlung bei N.wehr; **n.wendiges Betriebsvermögen** *s* alle Wirtschaftsgüter, die ihrer Stofflichkeit nach zum Betriebsvermögen gehören können u. nur dem Betriebszweck dienen (z. B. Maschinen); **N.zurückbehaltungsrecht** *s* Recht des Kaufmanns, die bewegl. Sachen eines Schuldners zurückzubehalten u. zur Verrechnung fäll. Forderungen zu verwenden
Nova| *w* (lat.) Stern, dessen Helligkeit plötzl. um das Zehntausend- bis Hunderttausendfache ansteigt; **N.tion** *w* Schuldumwandlung
Novell|e *w* (fr.) ↑ Gesetzesnachtrag; **n.ieren** Gesetze ändern (ergänzen)
Novolacke *M* Anstrichstoffe mit → Phenol-Formaldehyd-Harz als Bindemittel
Noxe *w* (lat.) schädl. Einwirkung
Np ⟨ → **Neptunium.** – **NR** ⟨ **N**aturale **R**ubber (e., = Naturkautschuk). – **NRC** ⟨ am. Atomüberwachungsbehörde. – **NS** ⟨ Nachschrift. – **NSB** ⟨ (nl.) Nationalsoz. **B**ewegung
N-Schale *w* Gesamtheit der → N-Elektronen eines Atoms
NTC-Widerstand *m* (⟨ e. **n**egative **t**emperature **c**o:effici:ent), = → Heißleiter
n-Tupel → Menge von n (Anzahl) Zahlen in bestimmter Reihenfolge; z. B. ist (1, 6, 2, 4, 2) ein 5-Tupel
Nubuk *s* (KW) Wildlederimitation
Nucle|inbasen *M* (KW) organ. Stickstoffverbindungen (Bestandteil der **N.insäuren** *M* hochmolekul. organ. Verbindungen, die haupts. in den Zellkernen der Organismen vorkommen u. wicht. biochem. Funktionen haben [aufgebaut aus N.inbasen, Phosphorsäure u. Kohlenhydrat]); **N.oprote:ide** *M* kompliz. aufgebaute Eiweißstoffe, aus N.insäuren u. → Proteinen zusammengesetzt; **N.oside** *M* Bestandteil der N.insäuren, aus je einem Molekül einer N.inbase u. eines Kohlenhydrats aufgebaut; **N.otide** *M* Gruppe biochem. wicht. organ. Substanzen, aufgebaut aus einer Stickstoffverbindung, einem Kohlenhydrat u. Phosphorsäure
Nuclex *w* (KW) Fachmesse, -tagung für kerntechn. Industrie
Nudel *w* ↑ Patrone mit lettigem Material als Abschluß der Sprengladung gegen die Außenluft
Nudismus *m* (lat.) Nacktkultur
nuklear| (lat.) den Atomkern betreffend; → atomar; **n.e Erpressung** *w* Androhung atom. Vergeltung an Länder, die keine Atomwaffen haben; **n.e Mitbestimmung** *w* Mitspracherecht nicht n. bewaffn. NATO-Partner bei etwaigem Atomwaffeneinsatz; **n.e Partnerschaft** *w* angestrebte Zusammenarbeit der NATO-Mitglieder in Atomwaffenfragen; **N.chemie** *w* Kernchemie; **N.diplomatie** *w* → atomar; **N.kabinett** *s* für Fragen der Atomindustrie zuständ. Ministerrunde der BRD (Bundesinnen-, -finanz-, -wirtschafts-, -wissenschafts-, -außen-, -verteidigungsminister; Vorsitz: Bundeskanzler); **N.medizin** *w* alle mediz. Fachbereiche, die Atomenergie anwenden (→ Radiologie, -isotop); Erkennung u. Behandlung von Strahlenschäden u. dgl.; **N.physik** *w* Kernphysik; **N.schwelle** *w* = → Atomschwelle; **N.technik** *w* → Kerntechnik. – **Nukl|eonen** *M* im Atomkern vorkomm. Elementarteilchen Proton u. Neutron u. ihre Antiteilchen; **N.eonik** *w* Atomkernwissenschaft; **N.id** *s* → Isotop eines Elements
Null| *w* (lat.): **das Jahr (die Stunde) N.** völliger Neubeginn; **N.diät** *w* Heilfasten; **N.element** *s* → neutrales Element; **N.flexion** *w* = → Gemein-

schaftskasus; **N.folge** *w* → Folge mit dem → Grenzwert N.; **N.hypothese** *w* Annahme, daß sich die Versuchspersonen gleich verhalten werden; **N.instrument** *s* Meßgerät mit N. in der Skalamitte; empfindl. elektr. Meßgerät, das das Verschwinden des Stromes anzeigt; **N.leiter** *m* geerd. elektr. Leiter; **N.meridian** *m* der durch die e. Sternwarte von Greenwich verlauf. Meridian; **N.methode** *w* = → Ausgleichsverfahren; **N.nummer** *w* Probenummer einer Zeitschrift vor offiz. Erscheinen; **absoluter N.punkt** *m* tiefste theoret. erreichb. Temperatur (–273,15 °C; alle prakt. erreichb. liegen höher); **biologischer N.punkt** *m* Gewebetemperatur, bei der die biol. Reaktionen aufhören; **N.stelle** *w* Zahl, der durch eine Funktion die N. zugeordnet wird; **N.tarif** *m* unentgelt. Beförderung im öfftl. Personenverkehr; **N.wachs:tum** *s* keine Ausweitung des wirtschaftl. Wachstums

Numéraire *m* (fr.: *nümerär*) als Recheneinheit akzept. Währungseinheit (nach 1945: US-Dollar; im EWS [europ. Währungsystem]: ECU). – **numer|isch** (lat.) auf Ziffern aufbauend; → Exzentrität; **n.ische Daten** *M* aus Ziffern aufgebaute → Daten; **n.ische Mathematik** *w* Teilgebiet der angewandten Mathematik (befaßt sich mit zahlenmäß. Lösungen); **n.ische Skala** *w* Ziffernreihe zur Einstufung der Testpersonen; **n.ische Tastatur** *w* DVA-Tastatur mit Buchstaben u. (wen.) Zeichen; **N.us clausus** *m* beschränkte Zulassung

Nummern|konto *s* Bank-, Sparkassenkonto, das auf keinen Namen lautet (Einrichtung ohne Ausweisung des Kontoinhabers; nur mit Kontonummer bezeichnet; in der BRD unzulässig); **N.schalter** *m* Wählscheibe. – **Nummerung** *w* Kennzeichnung durch Kennziffern

Nuplex ⟨ **Nu**klearer Industrie-Kom**plex** (am. Großprojekt gegen Welthunger)

nur zur Verrechnung Vermerk auf Scheck, der die Barauszahlung verhindert

Nut *w* längl. Einkerbung zum Einpassen eines Gegenstücks („Feder"), Führen eines gleit. Maschinenteils o. ä.

Nutation *w* (lat.) regelm. wiederkehr. Richtungsänderung der Erdachse (durch Sonnen-, Mond:anziehung)

Nutrion-Information *w* (KW) Ernährungsberatung

Nutsche *w* chem. Laborgerät zum Filtrieren mit Vakuum o. Überdruck

Nutz|bremsung *w* Bremsung elektr. angetrieb. Fahrzeuge durch Umschalten des Elektromotors auf Generatorbetrieb (dabei wird die erzeugte elektr. Energie an das Versorgungsnetz o. die antreib. Akkus abgegeben); **N.en-Kosten-Analyse** *w* Bestimmung der Vorrangigkeit einer Investition durch Wahl der Alternative, die die größte Differenz zw. gesamtwirtsch. N.en u. Kosten aufweist; **N.enmaximum** *s* größtmögl. Bedürfnisbefriedigung eines Wirtschaftssubjekts bei gegeb. Verhältnissen durch Verfügung über Güter; **N.enschwelle** *w* (e.: break even point) Umsatzhöhe, die nötig ist, die in einer Periode entstand. Kosten zu decken (nach Überschreiten der N.enschwelle Erreichung der Gewinnzone); **N.kilometer** *m* legt eine Lokomotive mit besetztem Zug zurück; Ggs.: Leerfahrtkilometer; **N.ungsdauer** *w* durch die Betriebsart bedingte produkt- o. zeitbezog. Anwendungsdauer eines Anlagegutes

NVA *w* ⟨ **N**ationale **V**olks**a**rmee (DDR)

Nyktal:opie *w* (KW, gr.) Tagblindheit (durch Überempfindlichkeit der Netzhaut Minderung des Sehvermögens bei Tage)

Nylon *s* (KW; e.: *nei-*) → Polyamide, → Polycaprolactam

Nyloprint *s* (KW: *nei-*) Kunststoffdruckplatte für Hochdruck

Nymphomanie *w* (KW, gr.) krankh. gesteig. w. Sexualtrieb

Nystagmus *m* Augapfelzittern

O ⟨ **S**auerstoff; ⟨ **O**ktave; ⟨ **O**pium; ⟨ **O**sten. – **O.** ⟨ **O**fferte. – Ω ⟨ → **O**hm. – **OAPEC** ⟨ (e.) **O**rganization of **A**rab **P**etroleum **E**xporting **C**ountries (= Organisation der ar. Erdöl export. Staaten, Kuweit, seit 1968, Ziel: Kontrolle des Erdölexportmarkts). – **OAS** ⟨ (e.) **O**rganization of **A**merican **S**tates

Oasen|länder *M* aufgrund des Steuergefälles zw. Staaten bes. attraktive Länder (Anreiz zur Verlegung des Wohnsitzes von natürl. u. jurist. Personen dorthin); **O.bericht** *m* Bericht der Bundesregierung über Steuerflucht (1964)

OAU ⟨ **O**rganization of **A**frican **U**nion. – **o.B.** ⟨ **o**hne **B**efund; ⟨ **o**hne **B**ericht. – **OB** ⟨ **O**ber**b**ürgermeister. – **ÖBB** ⟨ **ö**st. **B**undes**b**ahn

Obdu|ktion *w* (lat.) Leichenöffnung, Sektion; *ZW*: **o.zieren**

ober → Schranke

oberflächen|aktiv die O.spannung von Flüssigkeiten (i. a. Wasser) verändernd; **O.güte** *w* Glättezustand von Werkstoff:o.; **O.spannung** *w* Kraft, die die O. flüss. Körper zu verkleinern strebt, = **Grenzflächenspannung** *w*; **O.welle** *w* Ggs.: → Raumwelle; **O.widerstand** *m* Kennzahl zur Kennzeichnung der elektr. Aufladbarkeit isolier. Werkstoffe

Ober|fräse *w* Tischlermaschine; **O.haupt** *s* oberster Teil einer Maschine; **O.kolbenpresse** *w* hydraul. Presse mit feststeh. Untertisch; **O.leitung** *w* = → Fahrdraht; **O.menge** *w* von einer andern → Menge enthält alle → Elemente der and. Menge; **O.schwingung** *w* Schwingung, die ein schwingungsfäh. Objekt (Platte, Saite o. ä.) mit einer höh. Frequenz als der seiner → Grundschwingung ausführt; **O.töne** *M* hörb. → O.schwingungen eines Musikinstruments

Objekt|erotik *w* auf einen best. Partner gericht. erot. Tendenz; **O.glas** *s* (KW) Glasplatte für das Präparat im Mikroskop; **O.iv** *s* ↑ Linsengruppe eines zusammenges. opt. Instruments, die dem O. zugekehrt ist; **o.iv** → Tatbestand; **o.iver Wert** *m* durch die bei der Produktion entstand. Kosten best. Wert (dabei unerheblich, wieweit das Gut zur Bedürfnisbefriedigung beitragen kann); **o.ives Strafverfahren** *s* Gerichtsverfahren auf Einziehung, Vernichtung o. Unbrauchbarmachung von Deliktgegenständen (Falschgeld – Waffen o. dgl.); → Tatbestand; **O.programm** *s* Programm in Maschinensprache, das vom → Computer aus dem → Quellprogramm erstellt wird; **O.sprache** *w* = → Metasprache; **O.steuer** *w* ihre Höhe wird nach best. Merkmalen des Steuergegenstandes (-o.s) bestimmt (persönl. Verhältnisse des Steuerschuldners nicht berücksichtigt!; z. B. Grund-, Gewerbesteuer), = **Realversteuerung** *w*; **O.träger** *m* = → O.glas; **O.wahl** *w* Partnerwahl nach Abschluß der Pubertät

öbL ⟨ **ö**fftl. **b**ewegl. **L**andfunkdienst (Sprechfunkgerät)

Obligat|ion *w* (lat.) → Schuldverschreibung eines Unternehmens; **O.ionär** *m* Inhaber einer Schuldverschreibung; **o.orische Versicherung** *w* zwingend vorgeschr. Versicherung (z. B. Haftpflichtversicherung eines Kfz-Halters); **o.orischer Vertrag** *m* schuldrechtl. Vertrag; **o.e Werbeträger** *M* bei der Medienauswahl in jedem Fall zu berücksicht. Werbeträger. – **Obligo|** *s* (it.) Verbindlichkeit, Gewähr, Verpflichtung (bes. im Wechselverkehr); **O.buch** *s* Buch bei Kreditinstituten zur Notierung aller eingereicht. Wechsel

Obliteration *w* (lat.) Verödung von Kanälen (Hohlräumen) des Körpers

Obrigkeits:staat *m* Staat mit starker Regierungsgewalt gegen andere staatl. u. polit. Instanzen

Observ|able *w* (lat.) beobachtb. physik. Eigenschaft (Größe); **O.anz** *w* Gewohnheitsrecht eines beschränkt. Kreises

Obsoleszenz *w* (lat.-angloam.) kurze Gebrauchsdauer von Wegwerfgütern

Obstipation *w* (lat.) Stuhlverstopfung

Obstruktion *w* (lat.) Verstopfung, Verschluß; Behinderung der Parlamentstätigkeit

Obus *m* ⟨ **O**berleitungs-Omni**bus**, gleislose Bahn mit Fahrdrahtstrom zur Personenbeförderung, = **Trolleybus** *m*

OCAS ⟨ **O**rganization of **C**entral **A**merican **S**tates

Öchslegrad *m* (d. Mechaniker, 18./19. Jh.) Maß (spezif. Gewicht des Mosts)

OCR ⟨ (e.) **O**ptical **C**harakter **R**eading (techn. Verfahren zum maschin. Erkennen von Zeichen [lichtempfindl. Bauelemente])

OCR-A-Schrift *w* (⟨ e. **o**ptical **c**harakter **r**ecognation) genormte Schrift, die für → Klarschrift verwendet wird

Octan| *s* (KW) Kohlenwasserstoff aus der Reihe der Alcane mit 8 Kohlenstoffatomen im Molekül; **O.zahl** *w* Maßzahl für die Klopffestigkeit von Kraftstoffen für Ottomotoren

Ocytocin *s* (KW) uteruskontrah. Hormon

O.D. ⟨ **O**ver**d**ose; **o. D.** ⟨ **o**hne **D**ividendenschein. – **o.Db.** ⟨ **o**hne **D**ividenden**b**ogen. – **ODECA** ⟨ **O**rganisación **de** **E**stados **C**entro**a**mericanos (= → OCAS)

Odds *M* (e.) Vorgabe beim Rennen; Wette mit ungleichen Einsätzen

Ödem *s* (gr.) Schwellung

Oder|-Gatter *s* → Gatter; **O.konto** *s* Konto, über das mehr. Kontoinhaber (jeder für sich) verfügen können, = **Gemeinschaftskonto** *s*

Ödipus|komplex *m* (gr. Sagengestalt) übermäß. Bindung an die Mutter bei Eifersucht gegen den Vater o. umgekehrt; **Ö.phase** *w* Richtung aller libidin. u. aggressiv. Wünsche des Kindes auf seine Eltern, = **phallische Phase** *w*

Oe ⟨ → **Oe**rsted. – **OEA** ⟨ **O**rganisación de los **E**stados **A**mericanos (= → OAS). – **OECD|** ⟨ (e.) **O**rganization for **E**conomic **C**ooperation and **D**evelopment (= Organisation f. wirtsch. Zusammenarbeit u. Entwicklung; 1961 für OEEC gegr.; Ziele: Koordinierung der Währungs- u. Konjunkturpolitik; Zusammenarbeit in Entwicklungshilfe; Mitglieder: 24 Industrienationen); **O.-Beistandsfonds** *m* für Mitglieder der OECD mit aufgrund der Ölpreiserhöhungen defizitären Zahlungsbilanzen

Oedometer *s* Meßgerät zur Untersuchung der mechan. Bodeneigenschaften

OEEC ⟨ (e.) **O**rganization for **E**uropean **E**conomic **C**ooperation (= Organisation für europ. wirtsch. Zusammenarbeit, gegr. 1948 von am → EPP teilnehm. Ländern; Aufgabe: Durchführung der von den USA geford. Koordinierung im Wiederaufbau der kriegszerstörten europ. Wirtschaften)

Oersted *s* (dän. Physiker, 18./19. Jh.) Maßeinheit der magnet. Feldstärke

Oeuvre *s* (fr.: *öwr*) künstler. Gesamtwerk

OEZ ⟨ **o**steurop. **Z**eit. – **Öffa** *w* ⟨ **D.** Gesellschaft für **öff**tl. **A**rbeiten (Berlin, seit 1930)

offen| : **o.e Bauweise** *w* Bau freisteh. Häuser; **o.e Brust** *w* → Brust; **o.e Elite** *w* → Elite; **o.e Fragen** *M* Fragebogen mit vorformul. Antworten; **o.e Fürsorge** *w* Fürsorgemaßnahmen außerh. von Anstalten; **o.e Handelsgesellschaft** *w* unter gemeinschaftl. Firma auf Betrieb eines Handelsgewerbes gericht. Personengesellschaft (jeder Gesellschafter haftet unbeschränkt u. unmittelbar); **o.er Biß** *m* Kieferanomalie (Frontzähne treffen beim Beißen nicht zusammen); **o.er Brief** *m* öffentl. abgedr. Mitteilung in Briefform; **o.er Markt** *m* Marktform, die es erlaubt, daß neue Teilnehmer ohne weiteres tätig werden können (Ggs.: geschlossener Markt); **o.e Rücklagen** *M* offen in der Bilanz ausgewies. Rücklagen (Ggs.: stille Rücklagen); **o.e Turniere** *M* Wettbewerbe zw. Berufssportlern u. Amateuren; **o.e Tür: Politik der o.en Tür** *w* Handel mit allen Staaten; **Tag der o.en Tür** *m* Öffnung des Betriebes für Publikum; **O.barungs:pflicht** *w* Pflicht des Arbeitnehmers, bei Einstellungsverhandlungen seine persönl. Verhältnisse (soweit zulässig) darzulegen; **O.blende(n)messung** *w* Bestimmung von Blende u. Belichtungszeit bei Spiegelreflexkameras, bei der während der Messung die Blende ganz geöffnet bleibt (daher genauere Entfernungseinstellung u. bess. Bildbeurteilung!); **o.kundig** ↑ nicht beweislastig; allgem. bekannt; **O.legungs:schrift** *w* Veröffentlichung des Inhalts einer Erfindung u. der vom Erfinder darauf erhob. Ansprüche durch das Patentamt (Vorstufe der Patentschrift); **O.marktpolitik** *w* Regulierung des Geldmarkts durch die Notenbanken (Vermehrung o. -minderung der flüss. Mittel durch An- o. Verkauf von Wertpapieren)

öffentlich| → Dienst; **ö.e Anstalt** *w* Träger der öfftl. Verwaltung; **ö.e Arbeiten** *M* gemeinnütz. Arbeiten ö.e Körperschaften; **ö.e Aufträge** *M* von Bund, Ländern, Gemeinden vergeb. Aufträge; **ö.e Ausgaben** *M* Belange des Gemeinwesens betr. Ausgaben von Bund, Ländern, Gemeinden; **ö.e Einnahmen** *M* Einnahmen von Bund, Ländern, Gemeinden (meist Steuer); **ö.e Güter** *M* = Kollektivgüter (vom Staat angeboten, der Bedürfnisbefriedigung dienend, Staat behält sich Angebotsrecht vor o. Rendite ist für indiv. Unternehmer zu gering); **ö.e Hand** *w* Körperschaft(en) des öfftl. Rechts; **ö.e Meinung** *w* vorherrsch. Meinung über (Einstellung zu) Fragen des öfftl. Lebens; **ö.er Dienst** *m* → Dienst; **ö.er Fernsprecher** *m* Münzautomat zum allgem. Gebrauch; **ö.er Glaube** ↑ *m*

Rechtsprinzip: Eintragungen im Grundbuch u. Handelsregister gelten als richtig u. vollständig; **ö.er Haushalt** *m* Budget (Gegenüberstellung der in einer Periode erwart. Einnahmen einer Gebietskörperschaft u. ihrer vorgeseh. Ausgaben); **ö.e Sache** *w* Gegenstand, den der Staat (eine öfftl.-rechtl. Person) für seine Verwaltung benutzt (zum Gemeingebrauch frei); **ö.e Schulden** *M* Verbindlichkeiten von Gebietskörperschaften gegenüber Notenbanken, Geschäftsbanken, das Ausland o. dgl. (sind „außerordentl. Einnahmen"); **ö.es Unternehmen** *s* befindet sich im Besitz einer öfftl. Körperschaft; **ö.e. Verhandlung** *w* Gerichtsverhandlung vor Publikum; **Ö.-keits:arbeit** *w* = → Public relations; **ö.-rechtliches Kredit:institut** *s*: Ggs.: → Privatbank; **ö.-rechtlicher Vertrag** *m* Vertrag zw. o. mit Trägern öfftl. Gewalt

Offertengebühr *w* Gebühr für Chiffreanzeige

Office *s* (e.: *ofiß*) Büro, Amt

Offizial|delikt *s* (KW) gerichtl. (ohne Antrag) zu verfolg. Vergehen, = **O.vergehen** *s*; **O.verteidiger** *m* amtl. bestellter Verteidiger

off line| (e.: *off lain*) abgeschaltet; im Produktionsprozeß nebenher ablaufend (Ggs.: → on line); **O.-l.-Betrieb** *m* DVA-Geräte ohne Anschluß an den Zentralcomputer; **O.-l.-Verfahren** *s* Datenverarbeitungstechnik, bei der zw. zusammengeh. Maschinen keine direkte techn. Leitung besteht (Kommunikation durch Datenträgertransport)

Öffnung| *w* ↑: **Ö. nach Osten** *w* Initiative der Westmächte zur Erzielung bess. Beziehungen zu Ostblockländern; **relative Ö.** = **Ö.sverhältnis** *s* Durchmesser der Eintrittspupille eines Objektives geteilt durch seine Brennweite

Off season (e.: *-sîsn*) verkehrsarme Zeit im Flugdienst (mit Niedrigpreisen)

Offsetdruck *m* indir. Flachdruckverfahren mit Nutzung fototechn. Mittel

Off-Shore|-Aufträge *M* (e.: *-schôr-*) Wirtschaftsaufträge der USA ans Ausland; **O.-S.-Fonds** *m* am. Investmentfonds mit Sitz außerhalb der USA; **O.-S.-Käufe** *M* Warenbezüge, die zwar von den USA bezahlt, nicht aber von ihnen geliefert (produziert) werden

Off|-Sprecher *m* (e.) nicht sichtb. Kommentator; **O.-Stimme** *w* nicht sichtb. Sprecher im Film, = **Geisterstimme** *w*

OGH ⟨ (öst.) **O**berster **G**erichts**h**of

Ogive *w* (fr.: *-sch-*) statist. Form einer Häufigkeitsverteilung durch Kumulation von normalverteilten Daten

OHG ⟨ **o**ff. **H**andels**g**esellschaft

Ohm| *s* (d. Physiker, 18./19. Jh.) Maßeinheit des elektr. Widerstandes (⟨ Ω); **O.meter** *s* Gerät zur Messung des elektr. Widerstandes; **O.scher Widerstand** *m* elektr. Widerstand gegenüber Gleichstrom; **O.sches Gesetz** *s* naturges. Zshg. zw. Spannung u. Stromstärke im elektr. Stromkreis

ohne| Gewähr Ansprüche an Lieferanten (Versender) ausgeschlossen; **o. Obligo** (bei Offerten) Bindung an Angebot ausgeschlossen

Ohr:akupunktur *w* → Arukulomedizin

Oildag *m* (e. KW) Schmieröl mit Zusatz von kolloid. Graphit

Okklusion *w* (lat.) Wetterfront in höh. Luftschichten; → Absorption von Gasen durch feste Körper; Verschließung, Verschluß

Ökolog|ie *w* (KW, gr.) Erforschung der Beziehungen zw. Lebewesen u. ihrer Umwelt; Belastung der Umwelt durch die menschl. Gesellschaft u. deren Rückwirkung auf den Menschen; **politische Ö.ie** *w* Verstehen des Menschen als Lebewesen in seiner Umwelt; **ö.ische Chemie** *w* befaßt sich mit den Auswirkungen künstl. hervorgeruf. (z. B. industrieller) chem. Prozesse auf die menschl. Umwelt; **ö.isches Gleichgewicht** *s* bewegl., sich selbst regul. Gleichgewicht zw. versch. Gliedern einer Lebensgemeinschaft; **ö.ische Nische** *w* alle von einer best. Art beanspr. Umweltbedingungen

Ökono|metrie *w* (KW, gr.) Verbindung zw. quantitat. Wirtschaftstheorie u. empir. Erforschung der Wirtschaft; **Ö.mik** *w* Lehre von der Wirtschaft (Wirtschaftswissenschaft); **ö.misches Prinzip** *s* Erreichung größtmögl. Nutzens bei gegeb. Aufwand (= **Maximalprinzip** *s*) o. Erzielung eines gegeb. Nutzens mit dem geringstmögl. Aufwand; **Ö.mismus** *m* sieht die Gesellschaft u. ihre Entwicklung als Resultat des ration. Wirtschaftlichen

Öko|sphäre *w* (KW, gr.) = → Biosphäre; **Ö.tage** *w* (⟨ **Ö**.logie + Sabo**tage**; *-tâsche*) (gewaltlose) Notwehr gegen Umweltverschmutzer; **Ö.top** *s* ö.log. einheitl. Raum; **Ö.trophologie** *w* Erforschung der richt. hauswirtsch. Ernährung

Oktan- → Octan-

Oktett *s* ↑ bes. energiearme Anordnung von 8 Elektronen auf einer → Elektronenschale

Okouméholz *s* = → Gabun
Oktode *w* (KW, lat.) Elektronenröhre mit 8 Elektroden, = **Achtpolröhre** *w*
Okular| *s* (KW, lat.) Linsengruppe zusammenges. opt. Systeme, die dem Auge des Betrachters zugewandt ist; **O.muschel** *w* → Augenmuschel
Ökumen|e *w* (gr.) ganze Christenheit; bewohnte Erde; **ö.isch** die ganze Christenheit betreffend; **ö.ische Bewegung** *w* Bemühungen um die Annäherung der christl. Kirchen aneinander; **ö.ische Trauung** *w* kirchl. Trauung bekenntnisversch. Partner durch je einen Geistlichen beider Konfessionen; **ö.ischer Rat** *m* Ausschuß christl. Kirchen zur gemeins. Beratung u. Betätigung (seit 1945); **ö.isches Konzil** *s* Versammlung der kath. Hierarchie mit Befugnis zu bind. Beschlüssen; **Ö.ismus** *m* kath. Unionsbestrebungen
Öl *s* (lat.) ↑ → ätherisch
OLADE ⟨ **O**rganisación **L**atino**a**mericana **d**e **E**nergia (seit 1973). – **OLB** ⟨ **O**ldenburg. **L**andes**b**ank
Öl|binder *M* ö.anzieh. wasserabstoß., meist pulverförm. Substanzen (z.B. bei Unfällen zum Aufsaugen von Mineralöl); **Ö.diffusions:pumpe** *w* mit Ö.dampf betrieb. Vakuumpumpe best. Bauart
Öler *m* Gerät zum Schmieren eines Maschinenteils. – **Ole:um** *s* (lat.) konzentr. Schwefelsäure mit Schwefeltrioxid (= rauchende Schwefelsäure); Öl. – **Ölfazilität** *w* beim → Internat. Währungsfonds geschaff. zusätzl. Kredittranche für Nationen, die durch die Verteuerung der Ölimporte defizit. Zahlungsbilanzen haben
OLG ⟨ **O**ber**l**andes**g**ericht
Oligo|dynamie *w* (KW, gr.) abtöt. o. wachstumshemm. Wirkung von Schwermetallspuren auf Mikroorganismen; **O.klas** *m* zu den Feldspaten gehör. Mineral (Granitbestandteil); **O.mere** *M* → Polymere mit niedr. → Polymerisationsgrad; **O.peptide** *M* eiweißähnl. Stoffe, deren Moleküle sich aus wen. (2–10) Aminosäuremolekülen aufbauen; **O.pol** *s* von nur wen. Unternehmen beherrscht. Markt; → Dyopol; **O.pson** *s* Nachfrage-O.pol; **O.saccharide** *M* Gruppe von Kohlenhydraten mit mittl. Molekulargewicht
Öl|immersion *w* (KW) Verbesserung der Abbildungseigenschaften bei Mikroskopen durch Ausfüllung des Zwischenraums zw. Deckglas u. → Objektiv mit Ö.
Olivin *m* (KW) mineral. Magnesium-Eisen-Silicat
Öl|pest *w* Verschmutzung der See (Küsten – Vogelfedern) durch ausgelauf. Ö.; **Ö.säure** *w* wicht. ungesätt. Fettsäure; **Ö.schalter** *m* mit Ö. gefüllt. Schalter für elektr. Starkstrom; **Ö.stein** *m* Abziehstein zum Schärfen von Holzbearbeitungswerkzeugen; **Ö.transformator** *m* elektr. Transformator mit Ö. als Isolierflüssigkeit
Ombrograph *m* (KW, gr.) selbstschreib. Niederschlagsmesser
Ombudsman(n) *m* (schwed.) Parlamentsbeauftragter zum Schutz der Bürger gegen Behördenwillkür
Omega Speedmaster *w* (am.: *-spîdmaster*) Armbanduhr für den Mond
Omissivdelikt *s* (KW, lat.) strafb. Unterlassung
Omnibus| *m* (lat.) ↑ Fragen zu verschied. Themen in einem Fragebogen, = **O.umfrage** *w* = **Mehr-Themen-Umfrage** *w* (mehrere Auftraggeber; Kostenersparnis!)
omnilateral| (KW, lat.) allseitig; die ganze Welt umfassend (o.er Außenhandel, Zahlungsverkehr)
Omnilog III *s* (KW) Unternehmensspiel zur Schulung von Führungskräften
Önanthsäure *w* (KW) einfache Fettsäure
one best way *m* (e.: *wan best wäi*) Unterstellung, daß es für jedes Problem eine eindeut. beste Lösung gibt
Onkologie *w* (KW, gr.) Geschwulstforschung
on line| (e.: *on lain*) ↑ auf Übertragung geschaltet; dir. Verbindung eines Peripheriegerätes mit der Zentraleinheit einer ADVA; **O.-l.-Betrieb** *m* DVA-Anlagen in Verbindung mit dem Zentralcomputer (direkte techn. Übertragungsstrecke), = **O.-l.Verfahren** *s*
Öno|loge *m* (KW, gr.) Weinkenner, -fachmann; **Ö.meter** *s* Gerät zur Bestimmung des Weinalkohols
Önorm *w* ⟨ **ö**st. **Norm**
On season *w* (e.: *-sîsn*) Hauptreisezeit
On-Stimme *w* (e.) Stimme eines (im Film) sichtb. Sprechers
Onto|genie *w* (KW, gr.) Entwicklungsgeschichte, = **O.genese** *w*; **O.logie** *w* Seinslehre
on-turnen (am.: *ontörnen*) Haschisch rauchen
o. O. ⟨ **o**hne **O**bligo; ⟨ **o**hne Angabe des Erscheinungs**o**rts. – **o.O.u.J.** ⟨ **o**hne Angabe von **O**rt **u. J**ahr des Erscheinens. – **o.P.** ⟨ **o**hne **P**rotest. – **OP** ⟨ **Op**eration(ssaal)
opak (lat.) undurchsichtig
Opaleszenz *w* (KW) opalart. Schillern durch Lichtstreuung

Op-art *w* (⟨ **op**tical **art**) Erzielung opt. Eindrücke durch graf. Elemente (Kunstrichtung)

Opazität *w* (KW, lat.) Undurchsichtigkeit (des Papiers)

OPEC ⟨ e. **O**rganization of **P**etroleum **E**xporting **C**ountries (Organisation der Erdöl exportier. Länder; seit 1960; Ziel: gemeins. Preis- u. Mengenpolitik gegen die erdölverbrauch. Länder; Unterstützung der Entwicklungsländer; Genf)

open| (e.) ↑ ohne Teilnehmervorschriften; **O. class** *w* offene Schicht mit flexiblen Grenzen für Zu- u. Abgang; **O. Date Ticket** *s* (*-dêt-*) Flugschein ohne Reservierungen für best. Strecken; **O.-Display** *s* (*displei*) offene, dem Kunden zugängl. Auslage; **o.shop** *m* für alle (auch Nichtgewerkschaftler) off. Stelle

Oper|andenteil *m* (KW) = → Adreßtest; **O.ateur** *m* (*-tör*) Eingriff vornehm. Chirurg; Kameramann; Filmvorführer; Bediener der DVA-Geräte; **O.ation** *w* ↑ = Recheno.ation, → Verknüpfung; chirurg. Eingriff; Verrichtung; Arbeitsvorgang; Truppenbewegung; **o.ational** → management by objectives; **o.ationale Definition** *w* → Definition; **O.ationalisierung** *w* Standardisierung von Begriffen durch Angabe der O.ationen, die zur Erfassung des Begriffs notw. sind; Übersetzung von Lernzielen in eine erlernb. Verhaltensänderung der Lernenden; **O.ationsforschung** *w* Erforschung bisher wissensch. nicht erfaßt. Probleme; Erstellung quantit. Modelle (mit math. Methoden), die optimale Entscheidungen ermöglichen; = **O.ations-Research** *w* (e.: *operêschn rißötsch*) Arbeits-, Unternehmensforschung; **O.ations:teil** *m* ↑ Teil eines Befehls, der angibt, was im Rechner ausgeführt werden soll (→ Befehl, → Drei-Adreß-Teil); **O.ator** *m* (e.: *opereiter*) Bediener einer DVA; (lat.) als Maschine vorgest. Zuordnungssymbol bei → Verknüpfungen; **O.ment** *s* (⟨ Auripigment) arsenhalt. gelbe Malerfarbe

Ophelimität *w* (KW) Nutzen eines Gutes für den Konsumenten

Ophthalm|iatrie *w* (KW, gr.) Augenheilkunde; **O.ologe** *m* Augenarzt; **O.ometer** *s* opt. Gerät zur Messung der Krümmungsradien von Linsen

Opiat *s* (KW) Arzneimittel mit Opium

Opinionleader *m* (e.: *opinjenlîde*) Meinungsforscher, -beeinflusser; Spezialist, der über Wert u. Akzeptanz neuer Produkte (Werbungen) entscheidet

Opium|gesetz *s* Gesetz über O.handel (1929)

Oppanol *s* (KW) kautschukart. Kunstharz

Opportunität|skosten *M* (KW) entgang. Erträge (Nutzen), die bei Verwendung eines and. Produktionsfaktors erzielbar gewesen wären; **O.s:prinzip** *s* Strafverfolgung je nach Ermessen der Staatsanwaltschaft

Opposition *w* (lat.) ↑ Gegenantrag für die → HV einer Aktiengesellschaft; → außerparlamentarisch

optieren (lat.) vom Bezugsrecht Gebrauch machen

optim|ale Losgröße *w* (lat.): bei ihr erreichen die Kosten der Leistungserstellung je Einheit ein Minimum; **o.ieren** so weit wie möglich verbessern; **O.ierung** *w* Auffindung der o.alen Lösung eines Problems (→ lineare O.ierung); **O.um** *s* Höchstmaß, -leistung; Bestfall

Option| *w* (lat.) Handlungsmöglichkeiten in der Gestaltung der Lebensstile unter Berücksichtigung gesellsch. Zwänge (Begrenzungen); Wahl zw. mehreren Möglichkeiten; zeitl. begrenztes Recht, einer verbindl. Offerte zuzustimmen (= Vertrag abzuschließen); **europä:ische O.** *w* westeurop. Recht zum Aufbau einer selbst. Atomstreitmacht; **gesamtdeutsche O.** *w* Recht der BRD auf Wiedervereinigung; **O.s:anleihe** *w* langfrist. Schuldverschreibung, deren Inhaber in best. Frist best. Aktien beziehen kann; **O.sdarlehen** *s* Investitionskredit mit meist mittelfrist. Laufzeiten (Darlehensnehmer kann diesen Kredit in Tilgungsdarlehen umschulden); **O.s:empfänger** *m* wer bei festges. Preis u. festges. Angebotsmenge nur zw. Annahme o. Ablehnung des Angebots wählen kann; **O.sfixierer** *m* Anbieter, der Preis u. Menge der angebot. Ware festsetzt u. dem Kunden Annahme o. Ablehnung überläßt; **O.sgeschäft** *s* Börsentermingeschäft, bei dem der Erwerber das Recht hat, in festges. Frist vom Vertragspartner Lieferung o. Abnahme des Wertpapiers zu den bei O.s:abschluß gült. Konditionen zu verlangen

Optometrie *w* (KW, gr.) Bestimmung der Sehkraft, -weite

Optronik *w* (KW, ⟨ **Opt**ik + Elek**tronik**) Erforschung der Verbindungen opt. u. elektron. Vorgänge (Lichtspeicher, -verstärker, -wandler; Bildspeicher, -verstärker, -wandler; Photozelle)

oral| (lat.) zum Mund gehörig; **o.e Medikation** *w* Eingabe der Heilmittel durch den Mund; **o.es Stadium** *s* das 1. Le-

bensjahr (→ Saugkontakt mit der Umwelt; → Beißphase), = **o.e Phase** *w*
Orangit *m* (-seh-) orangefarb., Thorium enthalt. Mineral. – **Orangenhaut** *w* (-seh-) apfelsinenschalenähnl. Haut, = → Zellulitis
o.r.b. ⟨ (e.) **o**wner **r**isk of **b**reakage (= der Eigentümer trägt das Bruchrisiko)
Orbit| *m* (e.) Umlaufbahn eines Satelliten; **O.al** *s* Aufenthaltsraum der Elektronen im Atom o. Molekül
ordentlich|e Abschreibungen *M* bei normal. Betriebsablauf anfall., in der Kostenabrechnung erfaßte Abschreibungen (Ggs.: außergewöhnl. Abschreibungen); **o.e Ausgaben** *M* Ausgaben der öfftl. Haushalte, die in gew. Regelmäßigkeit in jeder Budgetperiode auftreten (Ggs.: **o.e Einnahmen** *M* regelm. wiederkehr. Einnahmen der öfftl. Haushalte [Steuern–Gebühren–Zölle u. dgl.]); **o.er Haushalt** *m* Gegenüberstellung der o.en Einnahmen u. Ausgaben der öfftl. Haushalte
Order| *w* (e.) Empfangs- o. Verfügungsberechtigung über eine Ware; **O.klausel** *w* durch den Vermerk „a.O." gekennzeichn. (= den berecht. Empfänger benennendes), nur durch → Indossament übertragb. Wertpapier; **o.n** Auftrag erteilen; **O.papier** *s* eine best. Person als berecht. ausweis. Wertpapier (übertragbar durch → Indossament u. Übergabe), = **indossable Papiere** *M*; **O.scheck** *m* durch → Indossament übertragb. Scheck; **O.schuldverschreibung** *w* Schuldverschreibung mit → O.klausel (meist auf den Namen einer Bank, mit Blanko:indossament, das unbeschr. Umlauffähigkeit garantiert)
Ordina|rium *s* (lat.) ordentl. Staatshaushalt; **o.ry share** *M* (e.: *-schär*) Stammaktien einer AG; **O.te** *w* 2. Koordinate im ebenen Koordinatensystem; **O.tenachse** *w* 2. Koordinatenachse
Ordnung| *w* ↑ = → Reaktionsordnung; **o.sgemäße Bilanzierung** *w* den Vorschriften im Handels- u. Steuerrecht entsprech. Bilanzerstellung (meist mit **o.sgemäßer Buchführung** *w* den Gesetzen entsprech. Rechnungswesen [damit sachverst. Dritte sich Überblick verschaffen können]); **O.s:politik** *w* die Wirtschaft u. Gesellschaft betreff. Aktivitäten des Staates im Hinblick auf u. meist in Übereinstimmung mit gewählt. Wirtschaftsverfassung; **O.srelation** *w* math. genau defin. Relation, die unter den → Elementen einer → Menge Reihenfolge festzulegen ermöglicht; **O.s:struktur** *w* = → O.srelation; → Struktur; **O.szahl** *w* = → Kernladungszahl
Ordoliberalismus *m* von der „Freiburger Schule" vertret. wirtschaftstheor. Auffassung, nach der die wirtschaftspolit. Ziele am ehesten durch die Freiheit des Individuums u. durch Privateigentum an Produktionsmitteln bei vollkomm. Konkurrenz auf allen Märkten realisiert werden
Organ| *s* (gr.) ↑ → statisch; **O.bank** *w* Sammelstelle für verpflanzbare (menschl.) O.e; **O.gesellschaft** *w* rechtl. weitgeh. selbst. wirtsch. von der Muttergesellschaft abhäng. Unternehmen; **O.haftung** *w* Haftung einer → jurist. Person (z. B. Kapitalgesellschaft) für das Verschulden ihrer gesetzl. Vertreter (O.e); **O.isation** *w* die auf den Zweck gericht. Ordnung einer Einrichtung; Koordinierung des Zusammenwirkens von Menschen u. Sachen in versch. Kombinationen (Resultat: System von Regelungen, das optim. Ablauf gewährleistet); **O.isation der arab. Erdöl export. Staaten** *w* → OAPEC; **O.isation der Vereinten Nationen für industr. Entwicklung** *w* → UNIDO; **O.isation Erdöl export. Länder** *w* → OPEC; **O.isation für europ. wirtsch. Zusammenarbeit** *w* OEEC; **O.isation für wirtsch. Zusammenarbeit u. Entwicklung** *w* → OECD; **O.isationsgrad** *m* Ausmaß, in dem an der O.isation Teilnehmende in Verhalten u. Entscheidung an formale Regeln gebunden sind; **O.isations:plan** *m* graf. o. verbale Übersicht über das Ergebnis der O.isationsplanung; **o.ische Chemie** *w* Chemie der **o.ischen Verbindungen** *M* alle Kohlenstoffverbindungen mit Ausnahme der Kohlensäure, der Oxide des Kohlenstoffs u. der Metallcarbide; **o.ische Zusammensetzung des Kapitals** *w*: die Kombination der Produktionsmittel mit Arbeit kann wertmäßig dargestellt werden (Verhältnis vom Wert der Produktionsmittel zum Wert der Arbeitskraft), ist aber auch technisch bedingt (Marx); **O.ization for Economic Cooperation and Development** → OECD; **O.ization for European Economic Cooperation** → OEEC; **O.ization for Trade Cooperation** → OTC; **O.ization of Arabian Petroleum Exporting Countries** → OAPEC; **O.ization of Petroleum Exporting Countries** → OPEC; **O.konserve** *w* zur Verpflanzung konserv. O.; **O.neurose** *w* krankh. O.veränderung durch seel. Einflüsse;

O.ogenese *w* → Embryonalgenese, -periode; **O.(o)therapie** *w* Verwendung tier. O.e, Gewebssäfte o. Sekrete zur menschl. Krankheitsbehandlung; **O.osol** *m* kolloid. Lösung in flüss. o.ischer Verbindung; **O.schaft** *w* funktion. Abhängigkeit einer jurist. Person (der → O.gesellschaft) vom beherrsch. (Mutter-)Unternehmen; **O.spender** *m* wer sein gesundes O. zur Einpflanzung zur Verfügung stellt; **O.transplantation** *w* Verpflanzung von O.en (Niere–Leber–Herz) vom O.spender in den Körper eines Empfängers, dessen O. unheilb. krank ist

Orgasmus *m* (gr.) Höhepunkt des Wollustgefühls beim Geschlechtsverkehr

Ori:entierung| *w* (KW, lat.) ↑ räuml. Ausrichtung der Moleküle; **O.sdaten** *M* von der Bundesregierung bei Gefährdung eines wirtschaftspolit. Ziels vorgelegte Entscheidungshilfe für best. Maßnahmen; **O.s:hilfe** *w* Richtlinien wirtschaftspolit. Planung; **O.s:pause** *w* = Besinnung; **O.srahmen** *m* Grundsatzerklärung einer Partei zu best. polit. Fragen; **O.srahmen 85** *m* langfrist. (auf 1985 abgest.) gesellschaftspolit. Programm der SPD (Beschluß: Saarbrükken 1970); **O.s:stufe** *w* Nutzung eines Schuljahrs (des 5., 6. o. 7.) durch Schüler, Eltern u. Lehrer zur Festlegung der künft. Schulausbildung (hess. = **Förderstufe** *w*)

Originalfilm *m* Film nach einer für ihn erfund. Idee (Ggs.: Vorlagefilm)

Orlon *s* (KW) wollähnl., aus → Polyacrylnitril besteh. Kunstfaser

Ornithin *s* (KW) als tier. Stoffwechselprodukt auftret. Aminosäure

Ornithologie *w* (KW, gr.) Vogelkunde

Orsat-Apparat *m* Gerät zur Analyse von Gasgemischen

Ort *m* die Stelle im Bergwerk, an der abgebaut wird; **vor O.** an dieser Stelle; → astronomisch

Orthikon *s* (KW) elektron. Bildaufnahmeröhre best. Bauart

Ortho|- (gr.) ↑ Vorsatz zur Kennzeichnung einer best. Art des Molekülbaus bei isomeren organ. Substanzen o. der Zusammensetzung bei best. Säuren; **o.chromatisch** farbrichtig, auch für gelbes u. grünes Licht empfindl. (fotogr. Filme); **O.dontie** *w* Geraderücken schiefsteh. Zähne (fehlgeformter Kieferknochen) mit Geräten, = **Kiefer-o.pädie** *w*; **O.doxe** *M* → Ostkirche; **O.helium** *s* Heliumatome in best. Energiezustand; **O.hydroxyl:diphenyl** *s* organ. Verbindung aus der Gruppe der → Phenole (Desinfektions-, Konservierungsmittel, bes. für Zitrusfrüchte); **O.klas** *m* Kalifeldspat; **O.pädie** *w* Erforschung u. Behandlung der Bewegungs- u. Knochenerkrankungen; **o.pädisches Turnen** *s* Bewegungsübungen zur Heilung leistungsgestörter Glieder u. dgl.; **O.pädist** *m* Hersteller o.pädischer Geräte; **O.phenylphenol** *s* = → O.hydroxyldiphenyl; **O.optik** *w* Schielbehandlung durch Augentraining; **o.skopisch** = → verzeichnungsfrei; **O.thanasie** *w* Sterbehilfe; **O.wasserstoff** *m* Wasserstoffmoleküle in best. Energiezustand

Ortizon *s* Wasserstoffperoxid enthalt. Desinfektionsmittel

Ort|**sbauplan** *m* = → Bebauungsplan; **O.sbausatzung** *w* Baugestaltungsvorschrift; **O.sgeschäft** *s* Anzeigenauftrag einer o.ansäss. Firma; **O.sklasse** *w* nach der Höhe der Lebensmittelkosten gebild. Gemeindegruppe; **O.snetz** *s* Telefonnetz eines O.s (einer O.sgruppe); **O.s:pfahl** *m* auf der Baustelle hergest. Betonpfahl für Tiefbau; **O.szeit** *w* wahre (auf den Längenkreis bezog.) Sonnenzeit eines O.s (Ggs.: → Normalzeit); **O.szuschlag** *m* Teil der den Angehörigen des öfftl. Dienstes gezahlte Vergütung

Os ⟨ → **Os**mium. – **OS** ⟨ (e.) **o**perating **s**ystem (→ Betriebssystem einer DVA)

Osmiridium *s* gegen Säuren u. Oxidationsmittel unempfindl. Legierung aus **Osm**ium u. **Iridium**

Osm|**ium** *s* (KW, gr.) chem. Element aus der Gruppe der Platinmetalle (⟨ *Os*); **O.ose** *w* Ausgleich von Konzentrationsgefällen zw. versch. starken Lösungen durch eine halbdurchläss. Scheidewand; **O.oseverfahren** *s* Meerwasserentsalzung mit halbdurchläss. (= für Wasser, aber nicht für gelöste Salze durchläss.) Membranen; **o.otisch** durch O.ose entstanden

o. S. n. K. ⟨ **o**der **S**orten **n**ach **K**urs (Wechselvermerk). – **OSO** ⟨ **O**st**s**üd**o**st

O-Start *m* = → Countdown

Ost|**block** *m* UdSSR u. die von ihr polit. bestimmten Staaten; **O.embargo** *s* Außenhandelsrestriktionen der NATO-Länder gegenüber den O.blockländern

Osteoplastik *w* (KW, gr.) Knochenersatz

Österreichische Schule *w* nationalökon. Ansatz, der bes. die Nutzentheorie in Mittelpunkt stellt (Preis- und Verteilungstheorie)

Ostkirche *w* (meist) papstfreie Katholiken im Gebiet der ehem. Osthälfte des Röm. Reiches (Orthodoxe–Monophysiten – Nestorianer – Unierte [mit Rom verbunden]; 1054–1965 exkommuniz.)

Östrogene *M* (KW, gr.) Gruppe w. Geschlechtshormone, gebildet von den Eierstöcken (Ovarien), von Hormonen and. endokriner Drüsen, bes. der Hypophyse, stimuliert (Menstruations- u. Ovulationszyklus bes. von Ö.n gesteuert); → Follikelhormone

Ostwald-Verfahren *s* = → Ammoniakverbrennung

Ost-West-Handel *m* internat. Warenaustausch zw. Ostblock u. Ländern der westl. Hemisphäre

Oszill|ation *w* (lat.) Schwingung; **O.ator** *m* Schwingungserzeuger; **O.ograf** *m* Gerät zur Beobachtung o. Aufzeichnung schneller Schwingungen; **O.ogramm** *s* Aufzeichnung eines O.ografen; **O.ometrie** *w* elektro-chem. Analysenverfahren mit Wechselstrom hoher Frequenz

OTC ⟨ (e.) **O**rganization for **T**rade **C**ooperation (= im Rahmen des → GATT geplante Exekutivorganisation). – **OTS** ⟨ (e.) **O**pportunity **t**o **S**ee (= Kontakt [-chance] bei Werbung)

Ottomotor *m* (d. Erfinder, 19. Jh.) im Viertakt arbeit. Explosionsmotor

ÖTV ⟨ (Gewerkschaft für) **Ö**ffentliche Dienste, **T**ransport, **V**erkehr. – **OUA** ⟨ **O**rganisation de l'**U**nité **A**fricaine (seit 1963; Addis Abeba)

Ounce *w* (e.: *aunß*) e. Gewichts:einheit (⟨ *oz.* 1 oz. = 28,35 g)

Out|burst *m* (e.: *autberst*) Strahlungsausbruch; **O.cast** *m* (e.: *-kâßt*) Ausgestoßener; **O.come** *s* = → Auszahlung; **O.let** *s* Verkaufsstätte; **O.line** *w* (e.: *-lain*) skizz. Vorstufe des → Layouts; **O.put** *m* (e.: *-pat*) ↑ Befehlswort bei ADV (gibt Information über gewünscht. Ausgabegerät; → Ausdruck²; mengenmäß. Ausbringung (Ausbeute, Ausstoß, Ertrag) eines Unternehmens; **O.phase** *w* Vorschulung im Management; **O.sider** *m* (e.: *-ßeide*) ↑ Unternehmen, das sich in kartelliertem Markt dem Kartell nicht anschließt

Ovarium *s* (lat.) → Eierstock

Over|all *m* (e.: *ôwroal*) einteil. Hosenanzug (als Schutzanzug in der Industrie); **O.confidence** *w* (e.) zu große menschl. Belastung durch hochentwick. Technik (Überschätzung der Perfektion der Geräte u. eig. Fähigkeiten); **O.dose** *w* Überdosis (an Rauschgiften); **O.drive** *s* (e.: *-draif*) Zusatzgetriebe; = → Schongang; **O.head costs** *M* (e.: *-hed-*) Geschäftsunkosten; **O.kill** *m* den Bedarf übersteig. Vorrat an Superwaffen; **O.lay** *s* (e.: *-lei*) Plakatüberkleber; **O.night bag** *w* (e.: *-nait bäg*) Reisetasche für Fernstreckenpassagiere; **O.shot** *s* = → Fangglocke

ÖVP ⟨ **Ö**st. **V**olks**p**artei

Ovulations:hemmer *m* Antibabypille (→ Empfängnisverhütung)

o. W. ⟨ **o**der **W**ert

Oxal|ate *M* Salze der → **O.säure** *w* gift. organ. Säure aus weißen Kristallen

Oxid|ans *s* (KW) = → O.ationsmittel; **O.asen** *M* Enzyme, die bei Stoffwechselreaktionen in der Zelle O.ationsreaktionen mit Sauerstoff katalysieren; **O.ation** *w* chem. Reaktion unter Entzug von Elektronen; **O.ationsmittel** *s* für Elektronen aufnahmefäh. Substanz; **O.ations:stufe** *w* Ladung, die ein Atom in einem Molekül besitzt, wenn man annimmt, daß dieses nur aus Ionen aufgebaut ist, = **O.ationszahl** *w*; **O.ations:therapie** *w* Einatmung, -spritzung von konzentr. Sauerstoff (bei Kreislauf-, Durchblutungsstörungen); **o.ativ** durch O.ation; **O.e** *M* alle → binären Sauerstoffverbindungen; **O.imetrie** *w* maßanalyt. Methode, die die Lösung eines O.ations- o. Reduktionsmittels als Reagens benutzt

Oxime *M* organ. Stickstoffverbindungen aus → Aldehyden o. → Ketonen u. Hydroxylamin

Oxosynthese *w* chem.-techn. Methode zur Herstellung organ. Sauerstoffverbindungen (meist → Aldehyde) aus → Alkenen u. Kohlenmonoxid

Oxyd- → Oxid-

OZ ⟨ → **O**rdnungs**z**ahl; ⟨ → **O**ctan**z**ahl

Ozalid-Verfahren *s* Methode zur Herstellung von Lichtpausen

Ozokerit *m* (KW) Erdwachs

Ozon| *s* (gr.) stark oxidier., gift., am Geruch erkennb. → Modifikation des Sauerstoffs; **O.id** *s* Reaktionsprodukt aus O. u. best. organ. Verbindungen; **O.isator** *m* Apparat zur Erzeugung von O. aus Luftsauerstoff für chem. Reaktionen; **O.isierung** *w* Trinkwasserentkeimung mit O.; Bildung eines O.ids; **O.olyse** *w* Molekülabbau organ. Substanzen mit O., = **O.spaltung** *w* p ⟨ → para-; ⟨ → Piko-; ⟨ Pond; ⟨ Proton; ⟨ piano; ⟨ typogr. Punkt; ⟨ Penny. – **p.** ⟨ pagina (= Seite). – **p-** ⟨ para (2 einand. gegenüberl. Substituenten [im Benzolring] betr.). – **P** ⟨ Papier; ⟨ Phosphor; ⟨ Poise. – **P.** ⟨ Pastor; ⟨ Pater. – **PA** ⟨ → Polyamid. – **p.a.** ⟨ per annum, pro anno (= für das Jahr); ⟨ prima; ⟨ per aval (als Bürge). – **Pa** ⟨ Protactinium; ⟨ Pascal. – **p.A.** ⟨ per Adresse

Paar|bildung *w* ↑ Bildung eines Elektrons u. eines Positrons unter Vernichtung eines Lichtquants; Entstehung eines posit. u. eines negat. Ladungsträgers (Defektelektron u. Elektron) unter Absorption von therm. o. Strahlungsenergie, = **P.erzeugung** *w*; **P.vergleich** *m* Verfahren, bei dem der Testperson das -produkt mit einem and. Produkt zur Beurteilung vorgelegt wird; **P.vernichtung** *w* ↑ Bildung eines Lichtquants unter Verschwinden eines → Elektrons u. eines → Positrons (Umkehrreaktion der → P.erzeugung), = **P.zerstrahlung** *w*

Paasche-Preis:index *m* zeigt an, wie sich der Durchschnittspreis eines Warenkorbes gegenüber dem Basisjahr veränderte (Basis: die im Berichtsjahr verbrauchten Mengen)

PAC ⟨ (e.) Pan Africanist Congress (1959; afr. Befreiungsbewegung)

Pacemaker *m* = → Herzschrittmacher

Pacht *w* Vertrag, in dem der Verpächter dem Pächter eine Sache o. ein Recht gegen Entgelt (**Pachtzins** *m*) überläßt

Pachyakrie *w* (KW, gr.) Finger-, Zehenverdickung

PACIFIC-Pakt *m* Bündnis zw. Australien, Neuseeland u. den USA (1951)

Pächter *m* ↑ Werbeverwaltung für Filmtheater

Package| *w* (fr.: *-âsche*) ↑ als Ganzes von einer Firma gestalt. Fernsehoriginalprogramm; **P.-Tour** *w* (e.: *päkidsch-*) organis. Einzelpauschalreise im eig. Kfz

Packfong *s* Legierung aus Nickel, Kupfer, Zink

Pack|lage *w* Straßenunterbau (Grundsteinschicht); **P.ungs:anteil** *m* Abweichung der Kernmasse eines Isotops von der ganzzahl. → Massenzahl

Päd|erastie *w* (KW, gr.) geschlechtl. Mißbrauch von Knaben; **P.iatrie** *w* Kinderheilkunde; **P.ologe** *m* Kinder-, Jugendforscher

pagatorisch| (KW, it.-lat.): **p.e Bilanz** *w* Jahresabschlußbilanz, deren einz. Positionen auf Zahlungsvorgängen beruht; **p.e Kosten** *M* die im Hinblick auf die Erfüllung des Betriebszwecks getät. Ausgaben

Paging *s* (e.: *peidschiñ*) Verfahren zur Zerlegung der Programme in einer → ADVA in Teile (**pages:** vorübergeh. Auslagerung nichtbenöt. Teile; ein externer kann als virtueller Speicher den → Arbeitsspeicher entlasten)

Paidibett *s* (KW, gr.-d.) verstellb. Kinderbett

Paint-in *s* (e.: *pent-*) Ausstellung, in der das Publikum malen darf

Pairing *s* (e.: *päriñ*) Partnerschaftstraining

Paket| *s* ↑ größ. Anzahl von Aktien einer Gesellschaft, sofern sie von einem Aktionär gehalten werden, = **Akti:enp.** *s*; (e.: package) nur gemeins. zu erörternde Vorschläge, = **Verhandlungs:p.** *s*; **P.zuschlag** *m* Steuerzuschlag aufgrund des Haltens eines Aktienp.s

Pakistani *m* starke Haschischsorte; → dunkel

P-Akte *w* ⟨ Personenakte

PAL *s* ⟨ Phase Alternation Line (e.; d. Farbfernsehsystem)

Palast:revolution *w* (KW) erfolgr. Kampf einer kleinen Gruppe ohne Massenbasis um polit. Herrschaft

Palatine *w* (fr.) Ausschnittsumrandung

Palett|e *w* (lat.-it.) Unterlage zum Stapeln größ. Mengen von Verpackungseinheiten (Kartons-Säcke-Fässer) zur Transporterleichterung; *ZW:* **p.ieren**

Palladium *s* (gr. Göttin Pallas Athene) Edelmetall aus der Gruppe der Platinmetalle (chem. Element; ⟨ *Pd*)

palliativ (lat.) lindernd (nicht heilend)

Palmitinsäure *w* (KW) wicht. Fettsäure (Baustein aller pflanzl. u. tier. Fette)

Paludrin *s* (KW) Malariaheilmittel

PAN ⟨ → Polyacrylnitril; *s* Kunstfaser daraus. – **Pan.** ⟨ → Panoramaschwenk

Panaritium *s* (lat.) Nagelgeschwür

panaschieren (fr.) Kandidaten versch. Parteien auf einem Wahlstimmzettel wählen

panchromat|isch (KW, gr.) alle Farben richtig wiedergebend; **P.ic** *w* (e.: *pänkremätik*) Schwarzweiß-Wiedergabe einer Farbvorlage

Pandemie *w* (KW, gr.) größ. Räume überzieh. Infektionskrankheit

Panel| *m* (e.: *pänl*) Stichprobenerhebung

mit kontinuierl. Ermittlungsprogramm bei gleichbleib. Methode; typograf. begrenzt. Kreis eines Werbemittels; kleiner, für best. Gruppe repräsent. Personenkreis; **P.analyse** *w* regelm. Befragung von Versuchspersonen mit dem gleich. Erhebungsinstrument; **P.interview** *s* Befragung einer Person durch mehr. Interviewer; **P.untersuchung** *w* mehrf. Befragung (Beobachtung) der gleichen Personen zu (2) versch. Zeiten

pankratisch (gr.) stetig veränderbar ohne Nachregulierung der Entfernungseinstellung (Brennweite opt. Linsensysteme, = **Gummilinse** *w*)

Pannenspur *w* = → Standspur

Panorama|-Anzeige *w* Anzeige über mehr. Seiten hinweg; **P.dia** *s* Diapositiv f. Breitwandprojektion (85 x 85 mm); **P.schwenk** *m* Kamerabewegung von einer zur and. Seite (⟨ *Pan.*)

Pansexualismus *m* (KW) Frühform der Psychoanalyse (fast ausschließl. sex. Triebkräfte unterstellend)

Panto|graf *m* (KW, gr.) → Storchschnabel (Zeichengerät); **P.meter** *s* Winkelmeßgerät; **P.thensäure** *w* Vitamin der B-Gruppe (wicht. tier. Wachstumfaktor)

Pantry *w* (e.: *pän-*) Anrichteraum auf Schiffen

Paper| *s* (e.: *pêpr*) schriftl. Vor-, Unterlage, Entwurf, Protokoll, Denkschrift; **P.back** *s* (e.: *-bäck*) Taschenbuch. – **Papier|** *s* (gr.) ↑ Angebot eines Wertp.s; **P.chromatografie** *w* → Chromatografie; **P.elektrophorese** *w* Ausführungsform der → Elektrophorese; **P.währung** *w* Währungssystem, das auf **P.geld** (aus P. hergest. Geldzeichen als gesetzl. Zahlungsmittel) beruht (nicht mit Währungsmetall verbunden); Festlegung des Geldumlaufs nach wirtsch. Zielen u. Erfordernissen

Papill|e *w* (lat.) Warze; **P.om** *s* meist gutart. zott. Geschwulst

Papinscher Topf *m* (fr. Physiker, 17./18. Jh.: *papäñ-*) Dampfdruckkochtopf

Papyrin *s* (KW) Pergamentpapier

PAR = → GCA; ⟨ **P**räzisions-**A**nflug-**R**adar

para- (gr.) Namensvorsatz bei chem. Substanzen (kennzeichnet Molekülbau o. Zstzg.; ⟨ *p-*)

Paradentitis *w* = → Parodontitis

Paradentose *w* = → Parodontose

Paradigma *s* (gr.) ↑ als vorbildl. anerkannte wissensch. Leistung; Beispiel (Leitfaden) für Durchführung eines Forschungsansatzes (einer Methode)

Paraffin| *s* (KW, lat.) = → Alkan; **P.gatsch** *m* bei Kohleverflüssigung anfall. halbfestes Gemisch höh. Alkane; **P.kohlenwasserstoff** *m* = P.; **P.öl** *s* Gemisch flüss. Alkane

Parafiskus *m* (KW, gr.-lat.) öfftl. Einrichtung zur Versorgung der Bevölkerung mit Gütern (z. B. Bundesbahn, -post)

Paraform:aldehyd *m* → Polymerisationsprodukt des → Formaldehyds

Paragnosie *w* (KW, gr.) außersinnl. Erkenntnis

Parallaxe| *w* (gr.) scheinb. Veränderung des beobacht. Gegenstands bei seitl. Verschiebung des Beobachters; **P.nsekunde** *w* = → parsec

Parallel|markt *m* (KW, gr.-d.) geduld. freier Devisenmarkt in devisenbewirtsch. Ländern; **P.politik** *w* Finanzpolitik der öfftl. Hand, die Konjunkturschwankungen nicht auszugleichen sucht (antizykl. Verhalten), sondern ihre Ausgaben bei wachsendem Volkseinkommen erhöht, bei sinkendem kontrahiert; **P.prinzip** *s* der Fertigungsausstoß darf die absetzb. Menge nicht übersteigen; **P.reißer** *m* Zeichengerät mit nach oben verstellb. Reißnadel; **P.schaltung** *w* elektr. Schaltung, bei der mehr. Verbraucher gleichzeit. mit den Klemmen der gleichen Stromquelle verbunden sind; **P.test** *M* mehrf. Messungen einer → Variablen an der gleichen Population; **P.verschiebung** *w* = → Translation; **P.währung** *w* Währungssystem mit 2 versch. Geldarten (meist Metallen) ohne festes Wertverhältnis zueinander als gesetzl. Zahlungsmittel

Paralyse *w* (gr.) vollst. motor. Lähmung

Paramagnet|ismus *m* (KW) magnet. Verhalten von Stoffen, bei denen das magnet. → Moment der Atome (Moleküle) nicht = Null ist (= **p.ische Stoffe** *M*)

Parameter *m* (KW) → Formvariable; durch Grundgesamtheiten gekennzeichn. Größen (Werte)

paramilitärisch (KW) militärähnlich

Paranoia *w* (KW, gr.) Form der Schizophrenie (langs. Entwicklung von Wahnideen bei scheinb. intakt bleib. Persönlichkeit)

Paraphasie *w* (KW, gr.) Sprechstörung (Wörterverwechslung)

paraphieren (KW, gr.) Vertragsentwurf abzeichnen

Para|phrenie *w* (KW, gr.) leichte Schizophrenie; **P.plasie** *w* Mißbildung; **P.plegie** *w* völl. Lähmung zweier symmetr. Extremitäten (bei Querschnittverletzungen des Rückenmarks, Kinderlähmung u. ä.); **P.psychologie** *w* Wissenschaft von den okkulten Erscheinungen

Parasiten:embolie *w* → Embolie

Para|taxie *w* (KW, gr.) ↑ unveränd. Übertragung in der Kindheit erworb. Einstellungen auf Personen in spät. Lebensalter, = **P.taxe** *w*

par:axial in Nähe der opt. Achse verlaufend

Parazentese *w* (KW, gr.) Trommelfelldurchstechung

Parathion *s* (KW) Schädlingsbekämpfungsmittel (organ. Phosphorverbindung, = E 605)

Pard *s* (⟨ e. **P**ilot **A**irborne **R**ecovery **D**evice) ballonähnl. Fallschirm für Landungen in entfernten Zielräumen

Par:enchym *s* (gr.) Pflanzengrundgewebe; Drüsengewebe

Parese *w* (gr.) Halblähmung

Pareto|-Kriterium *s* (it. Nationalökonom, 19./20. Jh.): die Wohlfahrt einer Gesellschaft hat dort ihr Optimum, wo eine höh. Wohlfahrt der einzelnen nur auf Kosten eines andern erreicht werden kann, = **P.-Optimum** *s*

pari| (it.) gleich; zum gleichen Nennwert; **P.-Emission** *w* Ausgabe von Wertpapieren zum Nennwert; **P.kurs** *m* dem Nennwert (der Währungsparität) entspr. Kurs; **P.tät** *w* Wertverhältnis der Währungseinheiten zweier Länder (bestimmt durch den gesetzl. Goldgehalt der Währungseinheiten); anschaulich nicht erklärb. Symmetrieeigenschaft der Elementarteilchen; gleichberecht. Mitspracherecht zw. Kapital u. Arbeit in großen Montanbetrieben (→ Montan:union), = **p.tätische Mitbestimmung,** = Montanmitbestimmung; **P.tätsklausel** *w* stellt Ausländer rechtl. dem Inländer gleich

Park|-and-ride-System *s* (e.: *pâkändreid-*) Umsteigen vom eig. Kfz in öfftl. Verkehrsmittel am Stadtrand; **P.ebene** *w* → P.haus

parker|isieren (am. Erfinder Parker) Metalle auf best. Weise phosphatieren, = **p.n**

Park|haus *s* Mehrstockgebäude zum Abstellen von Kfz.en gegen Gebühr (Stockwerk darin: **P.ebene** *w*)

Parkinson-Gesetz *s* (e. Historiker u. Soziologe, 20. Jh.): person. Aufwand der Bürokratie wächst unabhäng. von ihrer Aufgabe mit einer math. bestimmb. Rate

Parkinson|sche Krankheit *w* (e. Arzt, 18./19. Jh.) = → Schüttellähmung, = → Zitterlähmung, = **P.ismus** *m*; → Tremor

Park|leitsystem *s* (KW) Verkehrsleitsystem mit fernsteuerbaren Wegweisern; **P.leuchte** *w* schwache einseit. Leuchte am park. Kfz; **P.ometer** *s* Parkuhr; **P.scheibe** *w* den P.beginn anzeig. Kontrollzifferblatt an Windschutzscheibe

parlamentarische Demokratie *w* → Demokratie

Parodontitis *w* (KW, gr.) Zahnfleischentzündung; **Parodontose** *w* Zahnbetterkrankung ohne Entzündung (Lockerung der Zähne)

Parotitis *w* (KW, gr.) Ziegenpeter, Mumps

paroxysmal *EW* (gr.) in Anfällen auftretend

Parsec *s* ⟨ **Par**allaxen**sek**unde, astron. Maßeinheit für Entfernungen (⟨ *pc*)

Partei|endemokratie *w* Umsetzung des Wählerwillens in staatl. Maßnahmen durch P.en (im **P.enstaat** *m*); **P.fähigkeit** *w* Fähigkeit, im Prozeß Träger prozess. Rechte u. Pflichten zu sein; **P.verrat** *m* Vertretung beider P.en in derselb. Rechtssache durch den gleichen Anwalt (Rechtsbeistand)

Partial|analyse *w* (KW) ein Teilaspekt des Ganzen wird zum Untersuchungsgegenstand erhoben (Ggs.: → Totalanalyse); **P.druck** *m* der auf die Wirkung einer einz. Mischungskomponente zurückführbare Teil vom Gesamtdruck eines Gasgemisches; **P.obligation** *w* Teilschuldverschreibung

partiarisches Darlehen *s* (lat.) Darlehensform, bei der der Gläubiger anstelle von Zinsen Anteil am Gewinn erhält

Participation *w* (fr.: *partißipâßjoñ*) Teilhaberschaft, Mitspracherecht (von Arbeitnehmern im Betriebsgeschehen)

Partie *w* (fr.) ↑ angebot. o. gekaufte Sendung

parti:elle| Konjunktur *w* von der allgem. → Konjunktur abweich. Entwicklung einz. Branchen; **p. Krise** *w* erfaßt nur einen Teil der Wirtschaft; **p.s Differential** *s* → Differential

Partikulier *m* (KW, lat.) Binnenschiffseigentümer als -führer

Partite *w* (fr.) in Rechnung gest. Geldsumme

Partizipation| *w* (lat.) ↑ = → Bürgerbeteiligung; = → Participation; **P.sgeschäft** *s* (KW) Handelsgeschäft, zu dem sich mehr. Unternehmer vorübergeh. zusammenschließen, = **Konsortialgeschäft** *s*

Partnerschaftsfamili:e *w* (e.: colleague family) durch Gefühlsbindungen, Rollenverteilung, Aussprachefähigkeit u. gemeins. Entscheidungen gekennzeichn. Gattenfamilie
Partnership (e.) Teilhaberschaft
Part Publication *w* (e.: *pât publikêschn*) Nachschlagewerk, in Heften regelm. erscheinend
Partwork *s* (e.: *pâtwôk*) mehrbändige Buchausgabe
Parzelle| *w* ↑ Einzelgrundstück; einz. redaktion. Beitrag für Zeitung (Zeitschrift); **P.nbesitz** *m* → Bauerngut
Pascal| *s* (fr. Mathematiker, 17. Jh.) Maßeinheit für Drücke u. mechan. Spannungen; für Unterricht geeign. Programmiersprache (seit 1970); **P.dreieck** *s* übersichtl. Anordnung von → Binomialkoeffizienten in Dreiecksform
Paschensches Gesetz *s* (d. Physiker, 19./20. Jh.) naturges. Zshg. zw. dem herrsch. Gasdruck, der Zündspannung u. der Reichweite eines elektr. Funkens
Pasinetti-Theorem *s*: das Kapitaleinkommen (die Gewinnrate) hängt nur von den Investitionsneigungen der Kapitaleigentümer ab
Passage *w* ↑ (fr.: *-ßâsche*) Durchfahrt; Meerenge; Flug-, Schiffsreise; Gangart der Hohen Schule
Passiergewicht *s* Mindestgewicht einer gült. Münze
Passiva| *M* (lat.) auf der rechten Seite der → Bilanz ausgewies. Eigen- u. Fremdkapital eines Unternehmens; **P.tor** *m* = → Inhibitor
passiv| (lat.) ↑: **p.e Bekanntheit** → Bekanntheit; **p.e Bestechung** *w* → Bestechung; **p.e Handelsbilanz** *w* → Handelsbilanz; **p.e Rechnungs:abgrenzung** *w* Abgrenzung von p.en Geschäftsvorfällen zum Bilanzstichtag (Jahresende; transistorisch: Zahlung im alten, Leistung im neuen Jahr – antizipativ: Leistung im alten, Zahlung im neuen Jahr); **p.er Veredlungsverkehr** *m* Zollbegünstigung veredelter Waren; **p.er Wortschatz** *m* Summe der jmdm. bekannten, von ihm aber nicht benutzten Wörter (Ggs.: aktiver Wortschatz); **p.e Scheckfähigkeit** *w* Fähigkeit, Scheckbezogener zu sein; **p.e Sicherheit** *w* alle Maßnahmen zur Milderung eines Kfz-Unfalls; **P.finanzierung** *w* Maßnahmen, die der Erhöhung des Eigen- o. Fremdkapitals dienen; **P.geschäft der Banken** *s* Geschäft, aufgrund dessen die Bank Schuldner wird (zur Geldmittelbeschaffung); **P.handel** *m* von Ausländern abgewick. Teil des Außenhandels; **P.ierung** *w* Erzeugung chem. **P.ität** *w* verring. chem. Reaktionsvermögen; **P.legitimation** *w* Feststellung des Beklagten im Zivilprozeß; **P.saldo** *m* Saldo auf der rechten (P.-) Seite; **P.zinsen** *M* für eine Schuld zu zahl. Zins, = **Habenzinsen** *M*
Passometer *s* (KW, lat.-gr.) Schrittzähler
Paßwort *s* ↑ Kennwort, das zum Nachweis der Berechtigung dient, eine → Datei bei → ADV zu benutzen
pasteurisieren (fr. Chemiker, 19. Jh.: *-stö-*) durch kurzes Erhitzen haltbar machen
Patellarreflex *m* (KW, lat.) Reflex beim Schlag unmittelbar unter die Kniescheibe, = **Kniesehnenreflex** *m*
Patent| *s* (lat.) p.amtl. ausschließl. Recht zur Benutzung u. gewerbl. Verwertung einer Erfindung; **p.fähig** eine gewerbl. Verwertung gestattend (Erfindung); **P.gericht** *s* Beschwerde- u. Klagestelle gegen Beschlüsse des P.amts; **P.rolle** *w* p.amtl. Register der P.e, = **P.register** *s*; **P.schrift** *w* p.amtl. Beschreibung eines P.s
patho|gen (KW, gr.) alles Krankheitsauslösende (Keime, Bakterien u. dgl.); **P.genese** *w* Beschreibung des Krankheitsbefalls; Entstehung u. Entwicklung einer Krankheit; **P.gnomik** *w* Ausdrucksdeutung bewegter Formen; **P.logie** *w* Krankheitslehre
Patina *w* (it.) Oberflächenschicht auf alten Metallgegenständen (meist durch Korrosionsvorgänge)
Patio *m* (sp.) (sp.) Innenhof
patriarchalische Elite *w* → Elite
Patrize *w* (KW, lat.) Prägestempel
Patt *s* (fr.) ↑ Stimmengleichheit bei Regierungspartei(en) u. Opposition; **atomares Patt** *s* von gleichgerüsteten Gegnern darf keiner den 1. Schlag tun
Pattern *s* (e.: *pättern*) Denkschema, Modell
Pauli|-Prinzip *s* (öst. Physiker, 20. Jh.) Naturgesetz: 2 Elementarteilchen des gleichen Systems (Atoms, Moleküls) stimmen nie in allen Quantenzahlen überein (gilt nicht für alle Arten von Elementarteilchen), = **P.-Verbot** *s*
Pauperismus *m* (lat.) Verarmung, Verelendung der Arbeiter
Pausch|al:abschreibung *w* für eine Gruppe von gemeins. bewert. Wirtschaftsgütern vorgenomm. Abschreibung; **P.ale** *w* einmal. Abfindung (Vergütung) statt Einzelleistungen; **P.besteuerung** *w* Festsetzung eines vom

Steuerpflichtigen zu entricht. P.betrages als Besteuerung (nur ausnahmsweise); **P.betrag** *m* vereinf. Gesamtbetrag für → Sonderausgaben u. → Werbekosten; **P.beträge für Sonderausgaben** *M* steuerl. abzugsfäh. Mindestbetrag für nicht nachzuweisende → Sonderausgaben; **P.beträge für Werbungskosten** *M* ohne Einzelnachweis vom steuerpflicht. Einkommen abzuzieh. Mindestbeträge für → Werbungskosten; **P.beträge zur Abgeltung außergewöhnl. Belastungen** *M* auf Finanzamtanweisung als Freibetrag in die Lohnsteuerkarte einzutrag. Steuerentlastung (z. B. für Körperbehinderte, Hinterbliebene)

Pause *w* (lat.) ↑ Zeit zw. dem Ausbruch von Feindseligkeiten auf konvent. Ebene u. Atomwaffeneinsatz

Pay-back-period *w* (e.: *peibäckpi:erjed*) Zeit, in der sich eine Investition amortisiert haben, der Anschaffungswert (ohne Restwert) reproduziert sein muß

payoff *s* = (e.: *pei ef*) → Auszahlung; **Pay-Off** *s* wirks. Filmschluß

Pb ⟨ Blei; ⟨ **Pro**band. – **PC** ⟨ **P**oly**c**arbonat. – **pc** ⟨ → **par**se**c**. – **p.c.** ⟨ **p**ro **c**entum. – **PCB** ⟨ **P**oly**c**hlor**b**iphenyl (gift., umweltschäd. Mischung organ. flüss. Chlorverbindungen mit hohem Siedepunkt, unbrennbar, isolierfähig, daher als Hydraulikflüssigkeit, Isoliermittel, Wärmeüberträger geeignet). – **PCM** ⟨ (e.) **P**ulse **C**ode **M**odulation (Umwandlung von elektr. Sprach-, Bildsignalen in → digitale Übertragungsdaten). – **Pd** ⟨ → **Pall**a**d**ium. – **PD** ⟨ **P**upillen**d**istanz (→ Augen:abstand). – **PE** ⟨ (e. → **pri**ce-**e**arnings-ratio); ⟨ **P**oly**e**thylen

Pearson-Bericht *m* (*pîr-*) Expertenbericht über die Situation der Entwicklungshilfe (1969, für die Weltbank)

Pe-Ce-Faser *w* (⟨ **P**oly**v**inyl**c**hlorid-) Kunstfaser für techn. Gewebe, Dekorationen, Isolierstoffe, Netze u. dgl.

Pechblende *w* uranhalt. Erz

Ped|iskript *s* (KW, lat.) mit den Füßen Geschriebenes (z. B. von Armlosen); **P.ograf** *m* Wegmesser; **P.ologie** *w* Bodenkunde; **P.ometer** *s* Schrittzähler

Peep|-Show *w* (am.: *pîpschou*) Vorführung, bei der man von Kabine gegen Bezahlung für kurze Zeit durch eine Öffnung eine unbekleidete Frau betrachten kann; **p.en** eine P.-Show besuchen

Peil|antenne *w* Antenne zur Bestimmung der Funkstrahlrichtung; **P.brunnen** *m* = → Beobachtungsbrunnen; **P.rahmen** *m* rahmenförm. P.antenne; **P.stange** *w* Wassertiefenmesser

Pektine *M* (KW) Gruppe hochmolek., den → Polysacchariden ähnl. Stoffe in Pflanzen (verursachen das Gelieren von Fruchtsäften)

Pelargonsäure *w* (KW, gr.) zu den → Fettsäuren zähl. organ. Verbindung

p-Elektron *s* → Elektron mit der Bahndrehimpulsquantenzahl l = 1

Pellets *M* (e.) zur einfacheren Handhabung (Staubfreiheit) aus pulverförm. Stoffen (Katalysatoren, Futtermitteln, Kunststoffen) hergest. kleine Preßlinge (Kugeln – Zylinder – Pillen u. dgl.)

Pelotte *w* (fr.) Druckpolster für Bruchbänder

Peltier|-Effekt *m* (fr. Physiker, 18./19. Jh.: *peltje-*) Abkühlung o. Erwärmung der Lötstelle zwischen 2 verschied. Metallen bei Stromdurchfluß; **P.-Kühlung** *w* Ausnutzung des P.-Effekts zur Erzeugung tiefster Temperaturen

Pemmikan *m* (ind.) Fleischpulverkonserve

PEN-Club *m* (⟨ [e.] **p**oets, **e**ssayists, **n**ovellists) internat. Schriftstellerverband

Pendel| *s* (lat.) → ballistisch; **P.achse** *w* = H Schwing:achse; **P.schlagwerk** *s* Gerät zur Bestimmung der → Schlagzähigkeit von Werkstoffen; **P.verkehr** *m* regelm. Berufsverkehr zw. Arbeits- u. Wohnort, vom **Pendler** *m* benutzt

Penetr|anz *w* (lat.) ↑ Manifestationswahrscheinlichkeit einer Anlage; **P.ation** *w* Bekanntheitsgrad einer Ware bei potent. Käufern; **P.ations:preis** *m* Niedrigstpreispolitik eines Unternehmens (Ziel: Eindringen der Produkte auf dem Markt); **p.ierend** durchdringend (z. B. Magengeschwür); **P.ometer** *s* Meßgerät zur Bestimmung der Härte von halbfesten Stoffen (Wachse – Fette – Anstrichstoffe – Kitt usw.)

Penicillin *s* (KW, lat.) Antibiotikum (Stoffwechselprodukt des Pinselschimmels), = **Penizillin** *s*

Pennyweight *s* (e.: *-weit*; ⟨ *Dwt*) e. Gewicht (= $^1/_{20}$ Ounce = 24 Grain)

Pension|ärs:tod *m* schneller Verfall Alternder im Ruhestand; **P.skasse** *w* von Unternehmen eingericht., rechtl. selbst. Institution zur Alters- u. Hinterbliebenenversorgung der Betriebsangehörigen; **P.srückstellungen** *M* für die Alters- u. Hinterbliebenenversorgung anspruchsberecht. Betriebsangehöriger gebild. Rückstellungen

Penta:erythrit *m* organ. Verbindung aus der Gruppe der Alkohole (Ausgangsstoff bei der Herstellung wicht. Lacke, Kunst- u. Sprengstoffe)

Pentagramm *s* → Diagramm; Drudenfuß, Fünfzackstern
Pentan| *s* (KW) flüss. Kohlenwasserstoff aus der Reihe der → Alkane mit 5 Kohlenstoffatomen im Molekül; **P.ol** *s* vom P. abgeleit. Alkohol; **P.thermometer** *s* mit P. gefülltes Spezialthermometer zur Messung tiefer Temperaturen
Pentaprism|a *s* (KW, gr.) fünfkant. → Prisma in Spiegelreflexkameras zur Lichtablenkung (Teil des **P.ensuchers**)
Pent:haus *s* (e.: penthouse) Appartement auf dem Hochhausdach; oberstes Stockwerk eines Hochhauses
Pentode *w* (KW, gr.) Röhre mit 5 Elektroden, Fünfpolröhre
Pentosen *M* (KW) Gruppe einfacher → Kohlenhydrate mit 5 Sauerstoffatomen im Molekül
Pen:umbra *w* ↑ (KW, lat.) Halbschatten; halb abgedunk. Umgebung eines Sonnenflecks
Pepper-Uppers *M* (e.: *päpper apes*) Weckdroge, = ⟨ **Pep Pills** *M*, d: **Peppille** *w*
Pep|sin *s* (KW) von der Magenschleimhaut abgesond. eiweißspalt. → Enzym; **P.tide** *M* Gruppe organ. Substanzen, durch → Kondensation von Aminosäuren herstellbar (z. B. Eiweißstoffe); **p.ticieren** eine kolloidale Lösung eines Stoffs erzeugen
per| (lat.) ↑ mit Handlungsvollmacht ausgestattet (= i. V.); **p. aval** als Bürge (einer Wechselbürgschaft)
Perborate *M* (KW) sauerstoffreiche Borverbindungen (Bleichmittel)
Perbunan *s* (KW) ölbeständ. Synthesekautschuk (durch → Copolymerisation von → Butadien u. → Acrylnitril herstellbar)
Perforation *w* (lat.) ↑ Durchbohrung (geburtshilfl. Operation); Durchbruch (Komplikation einer Krankheit [Magengeschwür – Blinddarm])
Perhydrol *s* (KW) konzentr. wäßr. Lösung von → Wasserstoffperoxid
Pericard, -kard *s* → Herzbeutel
Perigäum *s* (gr.) erdnächster Punkt der Bahn eines Himmelskörpers
Perihel| *s* (gr.) sonnennächster Punkt der Bahn eines Himmelskörpers, = → Sonnennähe; **P.bewegung** *w* allmähl. entlang einer kreisförm. Bahn um die Sonne erfolg. Verschiebung des P.s bei sonnennahen Planeten, = **P.drehung** *w*
Periklas *m* (KW) mineral. Magnesiumoxid
perinatal (KW, gr.-lat.) kurz vor (während, kurz nach) der Geburt
Period|e *w* (gr.) ↑ Schwingungsdauer; Zeit zw. aufeinanderfolg. ident. Zuständen eines p.ischen Vorgangs; Abschnitt der Erdgeschichte; alle im → P.ensystem in der gleichen Reihe angeordn. Elemente; **P.en:abgrenzung** *w* zeitl. Abgrenzung der Aufwendungen u. Erträge auf die lauf. Rechnungs:p.e (→ passive Rechnungsabgrenzung); **P.enbilanz** *w* Abschlußbilanz bei Betriebs:p.en; **p.enfremde Aufwendungen u. Erträge** *M* fallen wirtschaftl. nicht in den abzurechn. Zeitraum; **P.ensystem** *s* natürl. Gruppeneinteilung der chem. Elemente nach ihrem Atombau (Einordnung der einz. Elemente ist durch ihre → Ordnungszahl bestimmt); **p.isch** regelm. wiederkehrend; **p.isches System** *s* = → P.ensystem; **p.ischer Bedarf** *m* Güterbedarf in best. Zeitabschnitten; **P.izität** *w* ↑ p.ische Schwankungen wirtsch. Erscheinungen
Periost *s* (KW, gr.) Knochenhaut
Peripher|ie *w* (gr.) ↑ alle Geräte der elektron. DVA, die mit der Zentraleinheit verbunden sind; nicht unmittelb. zu einer techn. Anlage gehör., aber zu ihrem Betrieb notwend. Einrichtungen; **p.e Durchblutungs:störung** *w* → Durchblutungsstörung; **P.iegerät** *s* an die Zentraleinheit einer DVA angeschloss. Gerät (Ein-, Ausgabeeinheiten [Bildschirme, Drucker u. dgl.] u. externe Speicher)
Peristaltik *w* (gr.) wellenförm., fortschreit. Bewegung des Magens, Darms, Ureters u. Samenleiters
Peristase *w* (gr.) alle Umwelteinflüsse; örtl. Kreislaufstörung
Peritektikum *s* (KW) Stoffmischung best. Zusammensetzung
Perkolation *w* (lat.) Verfahren zum Extrahieren best. Stoffe aus (meist natürl. vorkomm.) Stoffgemischen (z. B. der Wirkstoffe aus Heilpflanzen)
Perkussion *w* (lat.) ärztl. Beklopfung des Körpers; Anschlagvorrichtung beim Harmonium; Schlagzeug(gerät); Zündung durch Stoß o. Schlag
perkutan (lat.) durch die Haut
Perlator *m* (lat.) Siebeinsatz für Wasserhähne (vermeidet Spritzer durch Beimischung von Luft in den Wasserstrahl)
Permafrost *m* (KW) Zustand ständ. Erstarrung, Dauerfrost
Permalloy *s* (⟨ **permanent** u. **alloy** [e., = Legierung]) Metallegierung mit hoher magnet. → Permeabilität (Hauptbestandteile: Nickel, Eisen)
permanent| (lat.) dauernd, beständig;

p.e Einkommens:hypothese *w* Ansatz zur Bestimmung der zukünft. Nachfrage nach Konsumgütern u. Geld (bestimm. Faktor: langfrist. Einkommenserwartung); **p.e Inventur** *w* lauf. Erfassung der Bestandsveränderungen; **P.magnet** *m* = → Dauermagnet; **p.e Revolution** *w* Theorie Trotzkis (russ. Interessen sind denen des Weltproletariats unterzuordnen); **P.weiß** *s* weißes Farbpigment aus Bariumsulfat. – **Permanenzprinzip** *s*: bei Zahlbereichserweiterung sollen die alten Rechengesetze möglichst auch für den erweit. Bereich gelten

Permanganate *M* Reihe blauvioletter Manganverbindungen von oxidier. Wirkung (Desinfektionsmittel u. dgl.)

Permea|bilität *w* (KW, lat.) ↑ Durchlässigkeit (z. B. einer Membran für best. Stoffe); Verhältnis der magnet. Induktion zur magnet. Feldstärke; **P.meter** *s* Gerät zur Messung der magnet. P.bilität; **P.tion** *w* Durchdringung

permissive Gesellschaft *w* (lat., KW) liberale, tolerante Gesellschaft

Permut|ation *w* (KW, lat.) ↑ best. Anordnung von → Elementen einer → endlichen Reihe; → bijektive Abbildung einer Menge auf sich selbst; **P.ite** *M* als → Ionenaustauscher wirk. Mineralien aus der Gruppe der Silicate; **P.o:ide** *M* makromolekul. anorgan. Substanzen mit sperriger Anordnung der Moleküle im Kristallgitter (erlauben Eindringen von Fremdstoffmolekülen)

perniziös (fr.) bösartig

per:oral (lat.) durch den Mund verabreicht

Perowskit *m* mineral. Calciumtitanat

Per:oxide *M* Sauerstoffverbindungen, in deren Molekül 2 Sauerstoffatome aneinander gebunden vorkommen, von denen i. a. eins leicht abgegeben wird (dadurch Reaktion als Oxidationsmittel)

Perseveration *w* (KW, lat.) längere Dauer best. Erlebnis-, Gedächtnisinhalte

Persistenz *w* (lat.) ↑ Beständigkeit einer Substanz gegen Abbau durch Umwelteinflüsse; Überdauern von Einstellungen (Institutionen u. dgl.; Ggs.: Einstellungs:änderung *w*); Eigensinn

Personal|gesellschaft *w* = → Personengesellschaft; **P.itäts:prinzip** *s*: das heimatstaatl. Recht ist maßgebl. für die rechtl. Stellung einer Person; **P.kennzeichen** *s* zwölfstell. Kennzahl für jeden Einwohner der BRD (⟨ *PKZ*); **P.kosten** *M* Summe aller durch den Einsatz von Arbeitnehmern einem Betrieb entsteh. Kosten; **P.kredit** *m* wird aufgrund persönl. Kreditwürdigkeit (ohne Stellung real. Sicherheiten) gewährt (Ggs.: → Realkredit; → Sachkredit); **P.nebenkosten** *M* fallen neben den eigtl. P.kosten (Löhnen, Gehältern u. dgl.) im Unternehmen an (z. B. soziale Aufwendungen); **P.politik** *w* → Betriebspsychologie; **P.rat** *m* übernimmt in öfftl. Betrieben u. Verwaltungen die Funktion des → Betriebsrats; **P.steuer** *w* aufgrund persönl. Verhältnisse des Steuerpflichtigen berechn. u. erhob. Steuer; **P.union** *w* Ämtervereinigung in einer Person; (zufäll.) Gemeinsamkeit des monarch. Staatshaupts für mehr. Staaten; **P.vertretung** *w* = → P.rat. – **Personen|firma** *w* lautet auf den Namen eines Gesellschafters; Ggs.: → Sachfirma; **P.gesellschaft** *w* Zusammenschluß von mind. 2 Personen zu einer Handelsgesellschaft (Gesellschaft des öfftl. Rechts; typisch: → KG, → OHG); → Rechtsform; **P.kilometer** *m* Produkt aus P.zahl u. zurückgelegter Strecke (Kfz – Eisenbahn); **P.konto** *s* bei einem Unternehmen geführtes, auf den Kontoinhaber lautendes Konto für Kunden u. Lieferanten (in Kontenklasse 1; Ggs.: → Sachkonto); **P.kult** *m* übermäß. Verehrung polit. Führer; **P.sorge** *w* Fürsorge für das Kind; **P.stands:urkunde** *w* amtl. Bescheinigung über Geburt, Hochzeit, Tod. – **persönlich|e Begünstigung** *w* → Begünstigung; **p.e Gleichung** *w* Zeitdifferenz zw. einem zu beobacht. Ereignis u. seiner Begutachtung; **p. haftender Gesellschafter** *m* haftet neben seiner Kapitaleinlage auch mit dem Privatvermögen; **p.e Haftung** *w* über die Haftung mit dem Gesellschaftsvermögen hinausgeh. Haftung best. Gesellschafter eines Unternehmens mit dem Privatvermögen (typisch für → OHG, → Komplementäre u. Gesellschafter einer Gesellschaft bürgerl. Rechts); **P.keitsdiagnostik** *w* Analyse der Merkmale einer P.keit (Angriffslust – Autonomie – Distanzhaltung – Gesellung – Herrschafts-, Leistungsstreben – Nachgiebigkeit – Rechthaberei u. dgl.); **P.keitsfaktoren** *M* überdauernde Verhaltensmerkmale (Eigenschaften); **P.keitswahl** *w* Wahl einer best. Person; **P.keitszüge** *M* → endothym, → kortikal

Perstoff *m* = Perchlorkohlensäuremethylester (hochwirks. Kampfstoff)

PERT (⟨ **p**rogram **e**volution and **r**evue **t**echnique) Verfahren der → Netzplantechnik

Pertubation *w* (KW, lat.) Eileiterdurchblasung

per ultimo (it.) am Monatsletzten zu leistende Zahlung

Pervitin *s* (KW) ein Weckamin

Perzeption *w* (KW, lat.) Wahrnehmung (eines Vorgangs, einer Werbung)

Pessar *s* (lat.) Stützring (für abgesunk. Scheide, verlag. Gebärmutter; Empfängnisverhütung); → Diaphragma

Pessimum *s* (lat.) schlechteste Umweltbedingungen

Pesticide, -zide *M* (e.) Pflanzenschutz-, Schädlingsbekämpfungsmittel

Petarde *w* (fr.) Sprengladung

Peterprinzip *s* (am. Soziologe, 20. Jh.) Karriereaufstieg bis über die Leistungsschwelle hinaus; Gefährdung durch Herzinfarkt

Petition|s:ausschuß *m* (KW) Bundestagsgremium zur Bearbeitung von Bürgerbeschwerden, -wünschen; **P.srecht** *s* Bürgerrecht, Gesuche an Behörden (Parlamente) zu richten

Petrissage *w* (fr.: *-ßâseh*) Knetmassage

Petro|chemie *w* Teil der techn. Chemie (befaßt sich mit Erdöl, seiner Verarbeitung, seinen Folgeprodukten); **P.chemikali:en** *M* Chemikalien aus Erdöl u. -gas; **P.dollars** *M* von erdölproduz. Staaten gehalten, an den Finanzmärkten nach Anlage suchende US-Dollars (oft spekulativ agierend); **P.grafie** *w* Gesteinskunde. – **Petrol|äther** *m* niedrig siedender Anteil des Erdöls (→ Gasolin); **P.chemie** *w* = Petrochemie; **P.ogie** *w* Gesteinskunde

PF ⟨ → **Phenol-Formaldehyd-Harz**

Pfahlgründung *w* Herstellung eines Fundaments auf Pfählen

Pfand|brief *m* langfrist. Schuldverschreibung (meist auf Inhaber lautend u. mit festem Zinssatz ausgestattet; ausgegeben von Bodenkreditinstituten u. Hypothekenbanken); **P.effekten** *M* zur Kreditsicherung vom Eigentümer verpfänd. Wertpapiere; **P.leihe** *w* Darlehensgewährung durch öfftl. o. private Leihanstalten gegen Verpfändung bewegl. Sachen; **P.recht** *s* zur dingl. Sicherung einer Forderung dienendes Recht an bewegl. Sache o. Recht, aus dem der Gläubiger befriedigt werden kann. – **Pfändung|** *w* öfftl. Beschlagnahme eines Gegenstandes (einer Forderung) durch Zwangsvollstreckung; **P.s:schutz** *m* Schutz des Schuldners bei P. (best. lebenswicht., nicht pfändbare Gegenstände u. Forderungen). – **Pfand|verkauf** *m* Veräußerung des als P. überlass. Gegenstandes; **P.verstrickung** *w* Entziehung der Verfügungsmacht des Schuldners über gepfänd. Gegenstand

Pfeife *w* (lat.) ↑ Glasbläserwerkzeug; nicht mit weggesprengt. Bohrlochrest

Pfeildiagramm *s* dient der anschaul. Darstellung von Zuordnungen bei → Abbildungen, → Funktionen u. → Relationen

Pferdefuß *m* ↑ Spitzfuß

Pfette *w* in Längsrichtung eines Gebäudes parallel zum First verlauf. Dachstuhlbalken

Pflanzen|hygi:ene *w* vorbeug. **P.schutz** *m* Schutz der Kulturp. vor Krankheiten, Schädlingsbefall u. Verdrängung durch Unkraut („Standortkonkurrenten"); **P.schutzmittel** *s* chem. Verbindung zum P.schutz

Pflegschaft *w* behördl. angeordn. Obsorge über eine Person o. ihr Vermögen durch Vertrauensmann

Pflicht| *w* ↑ vorgeschr. Übungsteile eines best. Wettkampfprogramms; **P.exemplar** *s* unentgeltl. zu lieferndes Druckerzeugnis; **P.krankenkasse** *w* → Krankenkasse, deren Versicherte ihr aufgrund Gesetzeskraft angehören (Anmeldung durch Arbeitgeber; Zurückweisung unmöglich); **P.leistung** *w* gesetzl. festgel. Sozialversicherungsleistung; **P.prüfung** *w* für best. Unternehmensformen gesetzl. vorgeschrieb. Wirtschaftsprüfung (Bericht durch Prüfer, der Bestätigungsvermerk erteilt); **P.teil** *m* der anspruchsberecht. Personen von den Erben auf Antrag auszuzahl. Geldbetrag (auf die Hälfte des Betrages begrenzt, der bei gesetzl. Erbfolge zugefallen wäre); **P.versicherung** *w* durch Privatversicherungsvertrag vom Versicherer gesetzl. verlangte Versicherung (bes. Kfz-Haftpflichtversicherung); **P.verteidiger** *m* vom Gericht bestellt. Verteidiger (**Zwangsverteidiger** *m* gegen den Willen des Angeklagten, **Anwalt des Vertrauens** *m* vom Angeklagten ausgesuchter P.verteidiger)

PFLP ⟨ Volksfront zur Befreiung Palästinas (e.)

Pfropf|copolymere *M* makromolekul. Stoffe aus verzweigten Kettenmolekülen, bei denen die Seitenketten sich im Aufbau von der Hauptkette im Molekül unterscheiden, = **P.polymer(isat)e; P.(co)polymerisation** *w* chem. Reaktion zur Herstellung von P.copolymeren

Pfund *s* ↑ Währungseinheit in GB, Ägypten, Libanon, Libyen, Israel, Syrien u. Türkei

PGS (⟨ program generator system) → Programmgenerator. – **ph** ⟨ **Ph**ot. – **pH** ⟨ **pH**-Wert

Phagozyten *M* (KW, gr.) Freßzellen (nehmen Gewebetrümmer, Fremdkörper, Bakterien, Zellen auf u. verdauen sie; z. B. weiße Blutkörperchen)

phall|ische Phase *w* = → Ödipusphase, = **p.isches Stadium** *s*; **P.o:idin** *s* Giftstoff aus dem Knollenblätterpilz; **P.o-in** *s* ein anderer Giftstoff daher; **P.us** *m* (gr.) m. Glied, Penis

phänotypisch (KW, gr.) erscheinungsmäßig

Phantasiefenster *s* künstler. gestalt. Schaufenster (Ggs.: Stapelfenster *s*)

Phantom|bild *s* (fr.-gr., KW) Zeichnung des Kopfes eines vermutl. Straffälligen nach Zeugenaussagen; **P.zeichnung** *w* nach Zeugenberichten gezeichn. Täterbild als Fahndungshilfe

Pharmako|logie *w* (KW, gr.) Heilmittelkunde; **P.psychologie** *w* Erforschung der Beeinflussung seel. Vorgänge durch Heilmittel

Pharyngoskop *s* (KW, gr.) Kehlkopfspiegel

Phase| *w* (gr.) ↑ Schwingungszustand einer Welle o. Schwingung; durch die Stellung zur Sonne u. zum Beobachter bedingter Beleuchtungszustand eines Himmelskörpers (bes. des Mondes); homogener Anteil einer heterogenen Mischung; durch Orts- u. Impulskoordinaten aller seiner Teilchen festgelegt. Zustand eines Systems; **P.nkontrastverfahren** *s* Methode zur Sichtbarmachung durchsicht. Objekte im Mikroskop; **P.npauschalierung** *w* Form der Erhebung der Umsatzsteuer nur in einer best. Produktions- o. Handelsstufe (Ggs.: Mehrwert- o. Allphasensteuer); **p.nverschoben** → Welle

PHB-Ester *m* ⟨ **P**ara-**H**ydroxy-**B**enzoesäureester, gesetzl. zugelass. synthet. Konservierungsstoff

Phen|acetin, -zetin *s* (KW) organ. Verbindung (schmerz-, entzündungshemmend); **P.akit** *m* berylliumhalt. Mineral; **P.anthren** *s* aromat. Verbindung im Steinkohlenteer; **P.ol** *s* gebräuchl. Desinfektionsmittel („→ Carbolsäure"; einfachste Verbindung aus der Gruppe der P.ole); **P.olate** *M* durch Reaktion zw. P.olen u. einem Alkali- o. Erdalkalimetall herstellb. salzart. Verbindungen; **P.ole** *M* organ. Verbindungen, die eine Hydroxylgruppierung direkt an einen → aromat. Rest gebunden enthalten; **P.ol-Form:aldehyd-Harze** *M* → duromere Kunstharze von meist bernsteinart. Aussehen (benannt nach den zur Herstellung benöt. Ausgangssubstanzen), = **P.olharze** *M*; **P.olphthale:in** *s* organ. Farbstoff (→ Indikator zum Nachweis von Basen); **P.oplaste** *M* = P.ol-Formaldehyd-Harze; **P.oxy:essigsäure** *w* Grundsubstanz für viele Pflanzenschutzmittel (organ. Verbindung); **P.yl** *s* vom Benzol abgeleit. Atomgruppe – C_6H_5; **P.yl:alanin** *s* wicht. eiweißbild. → Aminosäure; **P.ylhydrazin** *s* wicht. Nachweisreagens für → Aldehyde u. → Ketone (organ. Stickstoffverbindung)

Pheromone *M* (KW) tier. Wirkstoffe, die aus Drüsen nach außen abgesondert werden u. in kleinsten Mengen spezif. Wirkungen auf Artgenossen ausüben (z. B. Anlockung der Geschlechtspartner, Revierbegrenzung u. a.)

Philippsbecher *m* im chem. Labor gebräuchl., nach oben hin verjüngt. Becherglas

Phillips-Kurve *w* (e. Ökonometriker, 20. Jh.) zeigt Zshg. zw. Arbeitslosen- u. Inflationsrate (Wahl zw. hoher Inflationsrate u. niedr. Arbeitslosigkeit o. umgekehrt; aber hohe Inflationsraten sind erfahrungsgemäß durchaus mit hoher Arbeitslosigkeit vereinbar!)

Philokartist *m* (KW) Sammler von Ansichtskarten

Phimose *w* (KW, gr.) Verengung der m. Vorhaut

phlegmatisieren *ZW* ↑ Explosivstoffe durch Zusätze stoßunempfindlich machen

Phlegmone *w* (gr.) flächenhaft sich ausbreit. eitr. Entzündung des Zellgewebes

Phlogiston|-Theorie *w* (gr.): alle oxidierb. Stoffe enthalten mehr o. weniger Anteile eines hypothet. Elements **P.**, das bei der Oxidation daraus entweicht (soll Verbrennungs- u. Oxidationsvorgänge erklären [17. Jh.; Ende 18. Jh. widerlegt])

Phobie *w* (gr.) Zwangsangst (unbegründ. Angstgefühl vor best. Handlungen, Dingen, Situationen; z. B. Platzangst; Form der → Neurose)

Phon| *s* (gr.) subjekt. gemessene Lautstärke; **P.asthenie** *w* Stimmschwäche; **p.e-in** (e.: *foun-*) telefon. Bedrängung luftverschmutzender Firmen; **P.ogramm** *s* Schallwellenaufzeichnung auf Platten (Bändern); **P.ometer** *s* Gerät zur Überprüfung der Hörschärfe; **P.othek** *w* Tonbandarchiv

Phosgen *s* → Carbonylchlorid (stark gift. organ. gasförm. Verbindung, wicht. Zwischenprodukt bei Herstellung best. Kunststoffe)

Phosph|atdünger *m* (KW) Mineraldünger mit P.at als wichtigster Wirkungskomponente; **P.ate** *M* Salze der P.orsäure; **p.atieren** Metalle durch Einwirken saurer P.atlösungen mit oberflächl. P.atschicht versehen, die als Haftgrund für Anstriche u. als Rostschutz wirkt; **P.ide** *M* binäre Verbindungen aus P.or u. einem Metall; **P.in** *s* gift. gasförm. Verbindung aus P.or u. Wasserstoff (bei Ersetzung der Wasserstoffatome durch → Alkyl- o. Acrylgruppen entsteht Reihe organ. Substanzen, die ebf. **P.ine** *M* heißen); **P.ite** *M* Salze der p.origen Säure; **P.onsäuren** *M* Gruppe p.orhalt. organ. Säuren; **P.or** *m* nichtmetall. chem. Element, das in mehr. z. T. giftigen Modifikationen auftritt; **P.ore** *M* Substanzen, die P.oreszenz zeigen; **P.oreszenz** *w* Nachleuchten best. Stoffe, die vorher dem Licht o. energiereicher Strahlung ausgesetzt waren; **P.orit** *m* wicht. Ausgangsprodukt der Düngerfabrikation (mineral. Calciump.at); **P.orpent:oxid** *s* Verbrennungsprodukt des P.ors; **P.orsäure** *w* Reaktionsprodukt aus P.orpentoxid u. Wasser; **P.ortrichlorid** *s* aus P.or u. Chlor besteh. gift. flüss. Verbindung; **P.orwasserstoff** *m* = P.in

Phot| *s* (KW, gr.) Einheit der Beleuchtungsstärke; **P.o** → Foto; **P.ometer** *s* = → Densitometer; Vorrichtung zum Lichtstärkenvergleich versch. Lichtquellen; **P.on** *s* Energiequant des Lichts u. and. elektromagnet. Strahlungen, „Lichtteilchen"; = → Strahlungsquant; **P.ophobie** *w* Lichtschutz (-empfindlichkeit der Augen bei versch. Krankheiten); **P.o Print** *s* (e.) Fotokopie; **P.otherapie** *w* (KW, gr.) Nutzung der Lichtwirkung des elektr. Stroms zu Heilzwecken, = → Elektro:endoskopie *w*

Phrase *w* (gr.) ↑ melod. u. rhythm. einheitl. Tongruppe

Phrenologie *w* (KW, gr.) Schädellehre, = **Kraniologie** *w*

Phthal|at:harze *M* (KW, gr.) mit P.säure hergest. Lackbindemittel; **P.säure** *w* durch Oxidation von Naphthalin herstellb. organ. Dicarbonsäure

pH-Wert *m* negat. dekad. Logarithmus der → Wasserstoffionenkonzentration, Maßzahl zur Kennzeichnung des sauren o. basischen Verhaltens wäßriger Lösungen

phylogenetisch (KW, gr.) nach der Stammesentwicklung

Physik| *w* → Chemie; **p.alische Chemie** *w* zw. P. u. Chemie lieg. Grenzdisziplin (beschäftigt sich mit den p.alischen Begleiterscheinungen chem. Reaktionen u. den Einflüssen p.alischer Vorgänge auf chem. Umwandlungen)

Physio|kraten *M* (KW, gr.): nehmen an, daß der Boden die Quelle allen Reichtums ist (ökonom. Richtung 2. Hälfte 18. Jh., bes. fr.); **P.logie** *w* Erforschung der (gesunden) Lebensvorgänge; **p.logische Chemie** *w* Grenzdisziplin zw. P.logie u. Biochemie (beschäftigt sich mit p.logischen Vorgängen, soweit sie mit chem. Methoden untersucht o. erklärt werden können, bes. Stoffwechselvorgängen; **P.therapie** *w* Heilbehandlung durch Gymnastik, Bäder, Bestrahlung u. dgl.

Phyto|chemie *w* (KW, gr.) Biochemie, soweit sie sich mit Pflanzen, ihrem Stoffwechsel u. ihrer Zstzg. beschäftigt; **P.plankton** *s* → Plankton; **P.regulatoren** *M* Stoffe, die das Pflanzenwachstum beeinflussen

PI ⟨ → **Polyimide**

Pick-up *m* (e.: *-ap*) Tonabnehmer am Plattenspieler; Bildaufzeichnung

Pi-Elektronen *M* (= π-Elektronen) bindende Elektronen im Molekül, deren Aufenthaltsraum durch eine best. Art der Symmetrie in bezug auf den Molekülbau gekennzeichnet ist

Pi:ezo|chemie *w* (KW) Chemie der durch hohen Druck ausgelösten Stoffumwandlungen; **P.chromie** *w* → reversible Farbveränderung unter Druckeinwirkung; **P.elektrizität** *w* alle elektr. Erscheinungen, die durch mechan. Druck hervorgerufen werden (z. B. elektr. Aufladung best. Kristalle beim Zusammendrücken); **P.meter** *s* Druckmeßgerät

Pigment *s* → Farbpigment (jeder Farbstoff im Körper)

Pigou-Effekt *m* (fr.: *-gû-*) beschreibt die Wirkungen eines Preisrückgangs auf die Ausgaben der Wirtschaftssubjekte für Güter u. Dienste (Konsumnachfrage steigt bei sinkenden, sinkt bei steigenden Preisen)

Piko- Vorsatz zur Bezeichnung des billionsten Teils einer Maßeinheit, z. B. **1 Pikofarad** 1 billionstel → Farad

Pikrinsäure *w* intensiv gelbe organ. Stickstoffverbindung (Farbstoff, auch Sprengmittel)

Piktogramm *s* (KW, gr.) Bildsymbol
Pile *m* (e.: *pail*) Reaktor
Pilot| *m* (fr.) ↑ Flugzeugführer; Rennwagenfahrer; Hauspfeiler, -stützen vom 1. Geschoß ab (bei off. Erdgeschoß); **P.ballon** *m* meteor. große Höhen erreich. Luftballon zur Messung von Höhenwinden (mit Radiosonden); **P.sendung** *w* Probesendung (Rundfunk, Fernsehen); **P. study** *w* (e.) = → Leitstudie
Pinen *s* (KW) → cycl. Kohlenwasserstoff (Hauptbestandteil des Terpentinöls)
Pinksalz *s* Färbereibeize
Pin Shot *m* (e.: *pinnschott*) Drogeneinspritzung
Pint *s* (e.: *paint*) e.-am. Flüssigkeitsmaß (= 0,5 l)
Pios ⟨ **P**ersonen, **I**nstitutionen, **O**bjekte, **S**achen (Computersystem im → BKA)
Pipeline *w* (e.: *paip:lain*) Öl-, Gasrohrleitung
Piperidin *s* (KW) bas. organ. Stickstoffverbindung
Pipett|e *w* (lat.-fr.) chem. Laborgerät (dünne, in der Mitte ausgebauchte Glasröhre) zur Abmessung von Flüssigkeiten; *ZW:* **p.ieren**
Piratensender *m* Rundfunk-, Fernsehsender außerhalb der Hoheitsgewässer eines Staates
Piste *w* (fr.) Rollbahn; Rennstrecke; Manegenrand; alpine Skistrecke
Pistill *s* zur → Reibschale gehör. Stößel
Pkw ⟨ **P**ersonen**k**raft**w**agen
pK-Wert *m* negat. dekad. Logarithmus der Gleichgewichtskonstante einer chem. Reaktion
PKZ ⟨ → **P**ersonal**k**enn**z**eichen
PL/1 höhere → Programmiersprache, nicht genormt
Placebo *s* (lat.) Schein-, Versuchsmedikament (für Doppelblindversuche: weder Arzt noch Patient wissen, welches verabreichte Medikament „echt" ist)
placier|en (fr.) ↑ neu begebene Wertpapiere unterbringen; **P.ung** *w* ↑ Anordnung der Mitarbeiter nach ihrer Leistung; Belegung eines der ersten 3 Wettkampfplätze
Plancksches Wirkungsquantum *s* (d. Physiker, 19./20. Jh.) Energieinhalt geteilt durch Wellenlänge eines → Photons (eine „Grundkonstante"; gleicher Wert für alle Strahlungsarten)
Pläner(stein) *m* (Plauen bei Dresden) harte Kalksteinart
Planet|engetriebe *s* Zahnradübersetzungsgetriebe mit feststeh. „→ Sonnenrad" u. darum kreisendem Zahnrad; **P.o:iden** *M* Gruppe kleiner, mit bloß. Auge nicht erkennb. Himmelskörper, die auf p.enähnl. Bahnen um die Sonne kreisen
Planfilm *m* eben, flach gelag. Film (Ggs.: Rollfilm)
Planierraupe *w* Traktorart mit verstellb. Stahlschild zur Erdreichbewegung
Plani|fikation *w* (lat.-fr.) bes. fr. Form der gesamtwirtschaftl. Planung (Zusammenwirken von Staat u. Wirtschaftsverbänden); **P.sphäre** *w* Karte, auf der die ganze Erde auf einem Blatt dargestellt ist (→ Erdkarte)
Plan|kosten *M* für eine zu erstell. Leistung im voraus ermittelte Kosten; **P.kostenrechnung** *w* will mit einer detaillierten u. differenz. P.ung der Gesamtkosten u. ihrer Verteilung vorausschauend die Fehlerquellen der nur konstatier. Kostenrechnung vermeiden
Plankton| *s* (gr.) schwebend im Wasser lebende tier. (= Zoop.) u. pflanzl. (= Phytop.) Kleinorganismen
Planspiel *s* ↑ Ausbildungsmittel für Führungskräfte der Wirtschaft (genaue Analyse einer wirtsch. Ausgangslage)
Planungsmehrwert *m* Wertsteigerung eines Grundstücks (Gebäudes) durch staatl. Planungen
Planwirtschaft *w* Regelung des Aufbaus u. Ablaufs einer Wirtschaft zentral u. nach einheitl. Plan (Voraussetzung: genaue Kenntnis des künft. Bedarfs. – Markt hat keine Koordinierungsfunktion), = **Zentralverwaltungswirtschaft** *w*
Plasma| *s* (gr.) ↑ = → Protoplasma; aus allen Stoffen bei sehr starker Erhitzung entsteh. Gemisch aus → Ionen u. Elektronen („4. Aggregatzustand" neben Feststoff, Flüssigkeit u. Gas); **P.brenner** *m* Vorrichtung zum Erzeugen hoher Temperaturen (über 10 000 °C) durch P.; **P.physik** *w* P.forschung; **P.pistole** *w* Gerät zum Elektroschweißen (von Metallen, künstl. Herzklappen); **P.technik** *w* Hochtemperaturverfahren zur Verarbeitung von Werkstoffen mit extrem hohen Schmelzpunkten (bei Geräten der Luft-, Raumfahrt; Reaktortechnik). – **Plasmon** *s* alle Erbfaktoren im Zytop.
Plast|e *M* (gr.) Kunststoffe; **P.ic Block** *m* (e.: *plästik black*) Kunstharzklischee; **P.ide** *M* struktur. Plasmabestandteile; **P.ifikatoren** *M* → Weichmacher; **p.ifizieren** Kunststoffe durch Zusätze von → Weichmachern geschmeidig machen, = **p.izieren; P.ik** *w* ↑ Wiederherstellung von Organen o. Gewebestük-

ken; **P.ikbombe** *w* Sprengkörper aus elast. Sprenggelatine; **P.iktüte** *w* → Polyethylen; **p.isch** verformbar; **p.ische Operation** *w* = P.ik; **p.ischer Sprengstoff** *m* = P.ikbombe; **p.ischer Stil** *m* bewegte Baugestaltung in Außen- u. Innenform; **P.izier:einheit** *w* Teil der Spritzgießmaschine; **p.izieren** thermop.ische Kunststoffe durch Temperaturerhöhung formbar machen; **P.izität** *w* ↑ Verformbarkeit, → Bildsamkeit; Bestimmung der Persönlichkeit weitgeh. durch ihre soz. u. kult. Umwelt; **P.omere** *M* = → Thermoplaste

Plate *s* (e.: *pleit*) Druckplatte

Plateau *s* (fr.: *platô*) = ↑ → Doppelscheibe

Plat|format *s* durch P.forming gewonn. Benzin erhöhter Qualität; **P.forming** *s* (⟨ **Plat**inum re**forming** process, e.: *plätformiñ*) Verfahren zur Verbesserung der Verbrennungseigenschaften des durch Raffination von Erdöl gewonn. Benzins

Platin| *s* (sp.) Edelmetall (chem. Element; ⟨ *Pt*); **P.asbest** *m* auf chem. Wege erzeugter feiner P.niederschlag auf Asbestfasern (oft als Katalysator benutzt); **P.metalle** *M* die Elemente Rhutenium, Rhodium, Palladium, Osmium, Iridium, P.; **P.mohr** *m* feines schwarzes P.pulver (als Katalysator verwendet)

Platte| *w* ↑ Schallplatte; Druckstock; Glasscheibe für Lichtbilder; **P.nspeicher** *m* → Magnetplatte; **P.nwechsler** *m* P.nspieler mit automat. Auswechselvorrichtung

Plattformpartei *w* Vereinigung von Gruppen u. Strömungen unter gemeins. polit. Nenner (ohne gemeins. gesellschaftspolit. Ideologie)

plattieren mit Metall beschichten

Platz|angst *w* krankh. Beklemmung beim Überschreiten leerer Flächen (→ Phobie); **P.halter** *m* ↑ Symbol (z. B. Buchstabe), das für konkrete Dinge (z. B. Zahlen) geschrieben wird (Bedeutung in vorher festgel. Rahmen veränderlich), = **Variable** *w*

Play-back *s* (e.: *plêbäck*) nachträgl. Abstimmung einer Filmaufzeichnung mit vorlieg. Tonaufnahme

Plebiszit| *s* (KW, lat.) unmittelb. Beteiligung des Volkes am Gesetzgebungsprozeß, Volksentscheid, -befragung; **p.äre Demokratie** *w* → Demokratie

Pleistozän *s* (KW, gr.) untere Abteilung des Quartärs (früher: Diluvium)

p-Leit|er *m* = → Defektleiter; **p.ung** *w* = → Mangelleitung

Pleo|chro:ismus *m* (KW, gr.) verschiedenfarb. Aussehen best. Kristalle im durchschein. Licht je nach Durchblickrichtung; **P.ptik** *w* Sehübungen zur Heilung von Sehschwächen

Plexiglas *s* = → Acrylglas; → Polymethylmethacrylat

PLO ⟨ **P**alestine **L**iberation **O**rganization (e., = palästin. Befreiungsorganisation, seit 1964)

Plotter *m* (e.) Zeichengerät als Ausgabegerät einer → ADVA (→ XY-Schreiber)

Plunger *m* (e.: *plandseher*) Tauchkolben; d.: **Plunscher** *m*

Pluralis|mus *m* (KW, lat.) Interpretation des Staates als einer Vielheit von Interessengruppen; **p.tische Interessen:demokratie** *w* Versuch aller möglichen organisierten (organisierb.) Bevölkerungsgruppen auf versch. Ebenen mit versch. Methoden (Anpassung – Überredung – Druck), ihre Interessen zu verwirklichen

Plus:pol *m* = → Anode (Ggs.: Minus:pol)

Plutonium| *s* (KW, gr.) radioakt., stark gift. Schwermetall (chem. Element aus der Gruppe der Transurane; in großer Menge aus natürl. Uran in Kernreaktoren gewonnen; dient als Kernbrennstoff u. Sprengstoff für Kernwaffen; ⟨ *Pu*); **P.reaktor** *m* Kernreaktor, in dem P. als spaltbares Material angewendet wird; **P.wirtschaft** *w* durch hohen Sicherheitsaufwand gekennzeichn. Wirtschaft in Kernenergie nutzendem Staat

P. M. ⟨ **P**ush **M**oney (e., Prämie an Verkäufer für Verkauf von Ladenhütern). – **Pm** ⟨ → **Pro**m**ethium. – **p.m.** ⟨ **p**ost **m**eridi:em (= nachmittags); ⟨ **p**ro **mil**le. – **PMMA** ⟨ **Poly**m**ethyl**m**eth**a**crylat. – **PMP71** → Tretmine

Pneumat|ik *w* (KW, gr.) ↑ Luftreifen; **p.isch** durch Luftdruck bewerkstelligt; **p.ische Kammer** *w* luftdichtes Gerät zur Druckregulierung (bei Operationen, Lungenkrankheiten)

Pneumo|graf *m* (KW, gr.) Atmungsmesser; **P.koniose** *w* = → Staublunge; **P.thorax** *m* Ansammlung von Luft im Brustfellraum (Lunge fällt durch Mangel an Unterdruck in sich zusammen)

Po ⟨ → **Po**lonium

Pocan *s* (KW) → Polyester

Pocket|format *s* (e.) Taschenformat; **P.book** *s* (e.: *-bûk*) Taschenbuch

Podiumsgespräch *s* Diskussion vor Zuhörern

Podometer *s* (KW, gr.) Schrittzähler

Point| *m* (e.: *peunt*) ↑ Notierungseinheit

für Währungen (Waren) an der Börse; **P. of Sale** *m* (e.: *-ßeil*) günst. Verkaufsplatz einer Ladenware

Po:ise *s* (fr.: *poas*; fr. Arzt u. Physiker Poisenille, 19. Jh.) Maßeinheit für die dynam. → Viskosität von Flüssigkeiten

Po:isson-Verteilung *w* (fr. Mathematiker, 18./19. Jh.: *poaßoñ-*) bes. Verteilungskurve in der Wahrscheinlichkeitslehre

polar| (KW, gr.-lat.) ↑ posit. u. negat. elektr. Ladungen in gleicher Menge, aber so verteilt enthaltend, daß posit. u. negat. Ladungsschwerpunkt nicht aufeinanderfallen; **p.e Bindung** *w* = → Ionenbindung; **p.es Molekül** *s* = → Dipolmolekül; **P.imeter** *s* Apparat zur Bestimmung der Drehung der P.isationsebene, die polaris. Licht beim Durchgang durch opt. aktive Substanzen erleidet; **P.isation** *w* chem. Veränderung einer Elektrode u. ihrer Umgebung durch die angelegte Spannung u. die dadurch entsteh. Gegenspannung; Umverteilung der elektr. Ladungen einer Substanz durch ein elektr. Feld; Erzeugung von polaris. aus unpolaris. Licht; **P.isations:ebene** *w*: in ihr schwingt der elektr. Feldstärkevektor einer elektromagn. Welle (z. B. Lichtwelle); **P.isationsfilter** *m* durchsicht. Platte, die durchgeh. Licht polaris. (bes. für fotograf. Zwecke); **P.isationsmikroskop** *s* Mikroskop zur Untersuchung von Gegenständen im polaris. Licht; **P.isator** *m* Stoff, durch dessen Zusatz zum → Elektrolyten die elektrochem. → Polarisation erhöht wird; Vorrichtung zum Erzeugen von polaris. Licht; **p.isiertes Licht** *s* besteht aus lauter parall. zueinander ablauf. elektromagn. Schwingungsvorgängen (Ggs.: unpolaris. Licht: Schwingung läuft in allen mögl. Richtungen des Raumes); **P.ko:ordinaten** *M* legen einen Punkt in der Ebene (im Raum) durch Richtung (Winkel) u. Abstand von einem Ursprungspunkt fest; **P.ografie** *w* elektrochem. Analysenverfahren; **P.o:idverfahren** *s* fotograf. Aufnahmeverfahren, bei dem wenige Sekunden nach der Aufnahme das fertige Bild vorliegt

Polemologie *w* (KW, gr.; e.: polemology) Friedens-, Konfliktforschung

pol|en an elektr. P. anschließen; **P.filter** *s* ⟨ → Polarisationsfilter

Police *w* (gr.-lat.-it.-fr.) Urkunde über Versicherungsvertrag; Versicherungsschein

Polier|rot *s* aus feinem Eisenoxidpulver besteh. P.mittel; **p.te Platte** *w* höchster Münzbewertungsgrad (Münze mit p.ten Stempeln auf p.ten Schrötlingen geprägt, einzeln der Prägemaschine entnommen u. verpackt)

Poliomy:elitis *w* (KW, gr.) Kinderlähmung

Politesse *w* (KW) Hilfs-Polizistin im Außendienst

Polit|ik *w* (KW, gr.-lat.) ↑ → offene Tür; **P.ik der kleinen Schritte** *w* allmähl. Entspannung zw. O u. W; **P.ik des billigen Geldes** *w* stellt auf reichl. Versorgung mit Geld ab (Anheizung der Investitionstätigkeit u. der privaten Verschuldungsbereitschaft durch Senkungen z. B. der Diskont- u. Mindestreservensätze; Ziel: Vollbeschäftigung); **p.isch** → Aktion; **p.ische Elite** *w* → Elite; **p.ische Kontrolle** *w* → Budgetkontrolle; **p.isches Mandat** *s* Ausrichtung des Abgeordneten durch seine Partei; **p.ischer Beamter** *m* hochgest. Beamter, der die Ziele der Regierung vertreten muß; **p.ische Ökologie** *w* → Ökologie; **p.ische Ökonomie** *w* berücksichtigt die Wechselwirkung zw. dem ökonom. u. dem polit. System (im Ggs. u. in Kritik zur neoklass. Wirtschaftstheorie); **p.isches Risiko** *s* von best. polit. Verhältnissen ausgeh. Gefahren; **P.ologe** *m* P.ikforscher

Polizei|aufsicht *w*: unter P.aufsicht stehen (sich regelmäß. auf der P. melden müssen); **P.funk** *m* Funkverständigung von Polizisten untereinander auf best. Frequenz; **P.staat** *m* durch Verwaltungsanordnungen regierter Staat

Poll *m* (e.: *poul*) Meinungsbefragung (zu aktuellen Problemen)

Pollution *w* (lat.) ↑ Umweltverschmutzung; Samenerguß

Pollopas *m* (KW) leicht formb. Glasersatz

Polonium *s* (Polen = die Heimat der Entdeckerin M. Curie) seltenes chem. Element (radioakt. Schwermetall; ⟨ *Po*)

Pol|schuh *m* aus Eisen besteh. Endstück eines (Elektro-)Magneten; **P.schwankungen** *M* Lageänderungen der Rotations:achse der Erde; **P.sucher** *m* Kontaktstift mit Glimmlampe, die bei Berührung spannungsführ. Teile aufleuchtet; **P.wechsler** *m* Gerät zur Umwandlung von Gleich- in Wechselstrom

Poly|- (gr.) ↑ Vorsatz in chem. Stoffbezeichnungen: zeigt an, daß die Moleküle der betr. Substanz aus sehr vielen gleichen o. ähnl. Grundbausteinen bestehen (z. B. P.ethylen, P.peptide) o.

daß ihre Moleküle eine große Zahl gleichart. Atome o. Atomgruppierungen enthalten (z. B. P.sulfid); in med. Bezeichnungen = viel, vermehrt, über die Norm hinaus; **P.acetate** *M* durch → P.merisation von → Formaldehyd erhältl. Kunststoffe; **P.acrylnitril** *s* Kunststoff zur Herstellung von Fasern (z. B. Orlon) u. Folien (durch → P.merisation von → Acrylnitril herstellb.); **P.addition** *w* chem. Reaktionstyp (führt durch → Addition zum Aufbau von → Makromolekülen); **P.addukte** *M* entstehen durch P.addition; **P.alkohole** *M* organ. Stoffe, die in jedem Molekül mehr. → Hydroxylgruppen enthalten; **P.amide** *M* Nylon (Kunststoffklasse zur Herstellung von Kunstfasern u. Formkörpern); **P.äthylen** *s* → P.ethylen; **P.caprolactam** *s* wicht. Kunststoff aus der Reihe der → P.amide (u. a. als Kunstfasermasse [Perlon] u. zur Herstellung von Spritzgußteilen [Durethan-Ultramid] verwendet); **P.carbonate** *M* Klasse von thermoplast. Kunststoffen (entstehen durch → P.kondensation von → Phosgen o. → Estern der Kohlensäure mit → Bisphenol; große Transparenz, hohe Zähigkeit, Festigkeit, elektr. Isolierfähigkeit; verarbeitet zu Spritzgußteilen, Folien, Platten u. a., z. B. Makrolon, Lexon); **P.chloropren** *s* treibstoff- u. chemikalienbeständ. Synthesekautschuk; **p.chrom** (*-kr-*) vielfarbig; **P.dipsie** *w* krankh. gesteig. Durst; **P.ene** *M* organ. Verbindungen mit mehr. Doppelbindungen zw. Kohlenstoffatomen; **P.ester** *M* Kunststoffklasse (herstellb. durch → P.kondensation; gehören teils zu den → Duromeren, teils zu den → Thermoplasten; verwendet als Lackharze [„Alkydharze"], Faserstoffe [z. B. Trevira] u. Konstruktionswerkzeuge [z. B. Pocan]); **P.ethylen** *s* thermoplast. Kunststoff für Spritzgußteile u. Folien (Plastiktüten; herstellb. durch → P.merisation von → Ethylen); **p.gen** durch mehr. Erbfaktoren (Ursachen) bedingt; **P.glasreifen** *m* P.esterreifen mit Glasfasergürtel; **P.gon** *s* = **P.gonzug** *m* → Streckenzug; **P.graph** *m* Art → Lügendetektor (Aufzeichnung der Atmung, des elektr. Hautwiderstands u. des Blutdrucks); **P.imide** *M* Klasse hochtemperaturbeständ., durch P.kondensation zugängl. Kunststoffe; **P.isopren** *s* Synthesekautschuk (Eigenschaften denen des Naturkautschuks sehr ähnl.); **P.karbonate** *M* → P.carbonate; **P.kondensation** *w* chem. Reaktionstyp (Einzelmoleküle treten unter Austritt einf. Verbindungen [z. B. Wasser] zu → Makromolekülen zusammen); **p.mer** durch P.merisation entstanden; aus → Makromolekülen bestehend; **P.merchemie** *w* Chemie der → makromolekularen Stoffe; **P.mere** *M* p.mere Substanzen; **P.merisat** *s* durch P.merisation entstand. Stoff; **P.merisation** *w* chem. Reaktionstyp (viele Einzelmoleküle gleichen Typs treten ohne Entstehung von Nebenprodukten zu → Makromolekülen zusammen); **P.merisationsgrad** *m* Zahl zur Charakterisierung der mittl. Molekülgröße eines p.meren Stoffs; **P.meter** *s* meteorol. Vielzweckmeßgerät; **P.metacrylsäuremethyl:ester** *m* = **P.methylmethacrylat** *s* glasklarer Kunststoff (Plexiglas); **P.morphie** *w* Auftreten derselb. chem. Verbindung in mehr. voneinander versch. festen → Modifikationen, die nebeneinander vorliegen können, = **P.morphismus** *m*; **P.nom** *s* mehrgliedr. Summe (z. B. $a_0 + a_1x + \ldots a_nx^n$: Grad n, $a_0, \ldots a_n$: Konstanten; x : Hauptvariable); **P.nom-Funktion** *w* → Funktion, die jed. → reellen Zahl den zugehör. Wert eines best. P.noms zuordnet (= → ganzrat. Funktion); **P.ole** *M* = P.alkohole; **P.olefine** *M* durch P.merisation von → Alkenen zugängl. thermoplast. Kunststoffe (bes.: P.ethylen, P.propylen); **P.oxymethylene** *M* = → P.acetate; **P.peptide** *M* durch P.kondensation von → Aminosäuren zugängl. organ. Substanzen (bes.: Eiweißstoffe); **P.phylie** *w* Vielstämmigkeit als Urform der menschl. Entwicklung; **P.pol** *s* Marktform (viele Anbieter o. Nachfrager treten an einem → unvollkomm. Markt auf); → Dyopol; **P.pragmasie** *w* Erproben mehr. Heilbehandlungen; **P.propylen** *s* thermoplast. Kunststoff (zur Herstellung von Spritzgießteilen, herstellb. durch → P.merisation von → Propen); **P.pson** *s* Nachfrage (→ P.pol); **P.reaktion** *w* zur Bildung von → Makromolekülen führ. chem. Reaktionstypen P.merisation, P.kondensation u. P.addition; **P.saccharide** *M* makromolekul. Naturstoffe aus der Gruppe der → Kohlenhydrate, deren Moleküle aus vielen → Monosaccharid-Molekülen als → Grundbausteine zusammengesetzt sind; **P.siloxane** *M* makromolekul. siliciumhalt. organ. Verbindungen; **P.styrol** *s* glasklarer thermoplast. Kunststoff (zur Herstellung von Massenartikeln durch Spritzguß); → Styrol; **p.synthetisch** vielfach zusammengesetzt.; **P.tetrafluor:ethylen** *s* hochtemperaturbest. fluorhalt. Kunststoff („Teflon"); **P.tonalität** *w* mehrstimm. Überlagerung einer Komposition; **p.trop** sehr anpassungsfähig; **P.urethane** *M* Kunststoffklasse, zugängl. durch → P.addition von P.olen mit Isocyanaten (zur Herstellung von gegoss. u. gespritzt. Teilen, Lacken, Klebstoffen, Borsten, Schaumstoffen u. dgl.); **P.vinyl:acetat** *s* niedr. schmelz. Kunststoff (Bestandteil von Kleb- u. Anstrichstoffen); **P.vinyl:alkohol** *m* Verseifungsprodukt des P.vinylacetats (als Verdickungsmittel u. Klebstoffbestandteil); **P.vinylchlorid** *s* wicht. Massenkunststoff, erhältl. durch → P.merisation von → Vinylchlorid (u. a. zur Herstellung von Wasserrohren, Fensterrahmen, Fassadenverkleidungen, Flaschen, Kunstleder); **P.wasser** *s* = → Superwasser; **p.zentrisch** mit mehr. Mittelpunkten; **p.zyklisch** mit 2 o. mehr. Molekülringen; **P.zyt:hämie** *w* Rotblütigkeit (krankh. Anstieg der Zahl der roten Blutkörperchen)

POM ⟨ → **P**oly**o**xy**m**ethylen

Pond *s* Maßeinheit der Kraft (1 P. = Kraft, mit der ein Körper von 1 g Masse auf seine Unterlage drückt)

Pongide *M* (KW) Menschenaffen

Pool| *m* ↑ (e.: *pûl*) Kartell, bei dem die anfall. Gewinne nach einem vorher festgelegten Schlüssel verteilt werden; Sammelbecken, Speicher; **p.en** Gewinne des P.s zusammenlegen u. verteilen

Poop *s* (e.: *pûp*) Heckaufbauten

POP ⟨ e. **P**oint **o**f **P**urchase (Beeinflussung des Kaufverhaltens am Einkaufsort)

Pop| *s* (e.) weltweite provokat. Jugendbewegung (Flucht vor dem Establishment); **P.-Art** *w* (⟨ e. **pop**ular **art**) industr. beeinfl. Kunstrichtung (Verfremdung durch Komplementärfarben – Farbphantasien – Montage u. dgl.)

Popelprobe *w* → groß

Popper-Kriterium *s* dient der Einschätzung von Hypothesen (empir. Gesetze mit Anspruch auf allgem. Gültigkeit können nicht verifiziert werden; Bestätigung einer Hypothese schließt spät. Falsifikation nicht aus)

Popul|ärkultur *w* ↑ (Freizeit-)Verhaltensformen der industr. Gesellschaft; **P.ation** *w* = → Grundgesamtheit; alle Individuen einer best. Art in begrenzt. Raum; statist. Masse; **P.ismus** *m* Versuch, best. Volksschichten durch volkstüml. Parolen zu mobilisieren; (latein-am.) wirtsch. u. kult. Nationalismus

Porentheorie *w* Versuch einer Erklärung des Schalenbaus der Erde

Porphyrine *M* (KW) Gruppe organ. Farbstoffe (Abbauprodukte des Hämoglobins im tier. Stoffwechsel)

Portable *s* (e.: *-têbl*) ↑ tragbares (Fernseh-)Gerät

Portefeuille *s* ↑ (fr.: *portföj*) von einer Bank gehalt. Wertpapierbestand

Portfolio|investition *w* (KW, it.-lat.) Kapitalinvestitionen im Ausland ohne beherrsch. Einfluß auf Unternehmen (Kauf von Obligationen-Anteilen an Fonds; Ggs.: Direktinvestitionen); **P.-Theorie** *w* befaßt sich mit der Auswahl von Anlagemöglichkeiten (Ertragserwartungen gegen das Risiko abwägen! Stellt auf die optimale Zusammensetzung des Vermögens, auch des Wertpapierdepots ab)

Portions:packung *w* Packung für einmal. Verbrauch

Porzellan|marke *w* Herkunftszeichen (Buchstaben, Stempel o. dgl.) feinerer P.gegenstände

Pos. ⟨ **Pos**ition

Position|s:autorität *w* = → Amts:autorität; **P.slichter** *M* Parkbeleuchtung am Kfz

Positiv| *s* (lat.) ↑ Filmkopie; **p.e Eugenik** *w* → Eugenik; **p.e Löcher** *M* → Defektelektronen; **p.es Recht** *s* gesetztes u. Gewohnheitsrecht (Ggs.: Naturrecht); **p.elektrisch** mit zu wenig Elektronen; **P.verfahren** *s* Herstellung fotogr. P.e ohne Negative als Zwischenstufe

Positron *s* (⟨ **posit**ives Elek**tron**) Elementarteilchen aus der Gruppe der → Leptonen mit gleichen Eigenschaften wie das → Elektron, aber posit. elektr. Ladung; → Anti:elektron

Possibilismus *m* (KW, lat.) Strategie des Möglichen (in der Arbeiterbewegung); fr. revision. Arbeiterbewegung; Möglichkeit, geogr. Gegebenheiten verschieden zu nutzen

Post|auftrag *m* Geldeinziehung (bis 1000,– DM) durch die P.; **p.bar** durch **P.barscheck** *m* Anweisung an die P.; auf Barauszahlung; **P.debit** *m* Zeitungsvertrieb durch die P.

Posten *M* → durchlaufend

Poster| *m, s* (e.) (aufreiz.) großes plakatives Bild; **P.-Shop** *m* (e.: *-schopp*) Plakatladen

postfrisch ungestempelt u. unbeschädigt (Briefmarke)

post|historisch (KW, lat.) nicht mehr

wandelbar zeitlos; **p.industri:elle Gesellschaft** *w* hat mehr Beschäftigte in Dienstleistungsgewerben als in der Produktion
Postleitzahl *w* Kennzahl für Postort
post|material(istisch) (KW) für die (Jugend der) Wohlstandsgesellschaft kennzeichnend (Wünsche, Bedürfnisse, Werte); **p.mortal** nach dem Tode; **p.natal** nach der Entbindung (Ggs.: pränatal); **P.numeration** *w* Nachzahlung; **p.operativ** nach der Operation
Postscheckverkehr *m* → bargeldloser Zahlungsverkehr der Post
Posttest *m* ↑ Erfolgsüberprüfung eines Werbemittels (Ggs.: → Pretest)
Postulationsfähigkeit *w* Recht zugelass. Rechtsanwälte, wirksam Prozeßhandlungen vorzunehmen
Post|zustellungs:urkunde *w* Urkunde über die förml. Zustellung eines Briefes (dem Absender ausgehändigt); **P.-zwang** *m* Monopol der P. auf Briefbeförderung
Pot *s* (e.) Marihuana
Potential| *s* (KW, lat.) ortsabhäng. Größe zur Beschreibung physik. → Felder (P. eines Ortes im Feld ist proport. der potentiellen Energie eines der Wirkung des Feldes unterworf. Objekts, das sich an diesem Ort befindet); **chemisches P.** *s* Maßzahl für die „treib. Kraft" chem. Reaktionen; **P.gefälle** *s* Unterschied elektr. Kräfte bei aufgelad. Körpern; **P.sonde** *w* Vorrichtung zur Messung elektr. P.differenzen in der Atmosphäre; **P.wall** *m* → Tunnel:effekt. – **potenti|ell** als Möglichkeit vorhanden; **p.elle Energie** *w* der von seiner Lage im Raum abhäng. Teil vom Gesamtenergiegehalt eines Körpers; **P.ometer** *s* elektr. → Spannungsteiler; **P.ometrie** *w* elektrochem. Analysenverfahren. – **Potenz|** *w* ↑ (geschlechtl.) Fähigkeit; Verdünnungsgrad einer Medizin; math. Produkt aus gleichen Faktoren; Realisationsfähigkeit; **p.ieren** ↑ in die P. erhöhen; mit sich selbst multiplizieren; (Arzneien) verdünnen; **P.menge** *w* → Menge aller → Teilmengen einer gegeb. Menge
Pott:asche *w* = → Kaliumcarbonat
PP ⟨ → **P**oly**p**ropylen. – **pp(a)** ⟨ **p**er **p**ro**c**ura. – **ppb** ⟨ **p**arts **p**er **b**illion (e. = Teile pro Milliarde [Konzentrationsangabe; 1 ppb = 1 Milliardstel Promille]). – **PPI** ⟨ **P**lan **P**osition **I**ndicator = → ASR. – **ppm** ⟨ **p**arts **p**er **m**illion (e. = Teile pro Million [Konzentrationsangabe]; 1 ppm = $^1/_{1000}$ Promille). – **Pr** ⟨ → **Pr**aseodym. – **PR** ⟨ **P**ublic **R**elations

Präambel *w* (lat.) Einleitung, Vorbemerkung
Prädisposition *w* (lat.) Anlage einer künft. Entwicklung; Empfindlichkeit
Präfabrikation *w* (KW, lat.) Fertigbauweise
Präferenz|en *M* (KW, lat.) Verhalten der Nachfrager gegenüber an sich → homogenen Gütern; **P.system** *s* Vorzugsbehandlung für Im- u./o. Exporte zw. vertragschließ. Staaten; **P.zoll** *m* Zoll, der Vertragspartner begünstigt (z. B. in Handelszonen o. aufgrund von Assoziierungsabkommen), = → Vorzugszoll
Prager Frühling *m* liberalis. Reformbewegung in der Tschechoslowakei (1968)
Pragmatismus *m* (KW) Ausrichtung von Handeln u. Denken auf das prakt. Leben
Prägung *w* ↑ Fixierung auf arteigene Instinkthandlungen (bei Tieren)
Prähominide *M* (KW) Vorläufer des Menschen
Präjudiz *s* (KW) vorausgegang. (zu berücksicht.) Urteil, = **Präzedenzfall** *m*; **präjudizierter Wechsel** *m* (lat.) nicht eingelöster und nicht zu Protest gegangener Wechsel (ist damit entwertet)
Präkanzerose *w* (KW) Krankheit, die sich zum Krebs entwickeln kann
Präklus|ion *w* (lat.) gerichtl. Verweigerung (wegen Fristversäumnis); **P.ivfrist** *w* gerichtl. festgel. Frist für die Gültigkeit eines Anrechts
Praktik|ant(in) *m* (*w*) (KW) in der (prakt.)Ausbildung Stehende(r); **P.um** *s* Zeit prakt. Arbeit als Teil der Ausbildung (**praktisches Jahr** *s* einjähr. P.um)
Praktizismus *m* (KW, lat.) Bewertung aller Vorstellungen auf ihre Anwendbarkeit
Prallbrecher *m* Zerkleinerungsmaschine für Stückgüter
prämatur (lat.) frühreif
Prämi:e| *w* (lat.) ↑ zusätzl. zur normalen Entlohnung gezahlter Betrag (zumeist leistungsbezogen); Leistung des Versicherungsnehmers für den ihm gewährten Versicherungsschutz; steuerfreier Zuschuß aus Bundesmitteln zum Zwecke der Sparförderung; Zuschuß zur Förderung des Exports; Steuerungsinstrument des Gemeinsamen Agrarmarktes der EG; **p.nbegünstigt** mit günst. Zinssatz u. staatl. Zuschuß (Sparen); **P.nbordereau** *m, s* (fr.: *-borderô*) Verzeichnis der Unterlagen für P.n:abrechnungen der Versicherungsagenturen; **P.ngeschäft** *s* Börsentermingeschäft (eine Partei behält sich

gegen P.nzahlung Recht vor, am Erfüllungstage nach ihrer Wahl das Geschäft zu erfüllen o. vom Vertrag zurückzutreten); **P.nlohn** *m* bei Leistungsentlohnung wird zusätzl. zum Grundlohn ein leistungsbezog. Zuschlag gewährt); **P.nsparen** *s* → Sparprämi:e
pränatal (lat.) Ggs.: → postnatal
Prandtl-Rohr *s* (d. Physiker, 19./20. Jh.) Gerät zur Strömungsmessung
Pränumeration| *w* (lat.) Vorauszahlung, -bestellung; **P.skauf** *m* Zahlung vor Empfang der gekauften Ware
prä:operativ (KW) vor einer Operation
Präparat| *s* (lat.) ↑ im Labor gefert. Stoffmenge hoher Reinheit; gebrauchsfert. Arzneimittel; **p.ive Chemie** *w* befaßt sich mit der labormäß. Herstellung von P.en
Präputium *s* (lat.) Vorhaut
Prärogative *w* (lat.) Vorrecht (des Staatsoberhauptes, ohne Gesetz für das öfftl. Wohl zu handeln. – Undemokratisch!)
Präsent|ationsfrist *w* Frist, innerhalb der ein Wechsel zur Annahme o. Zahlung vorgelegt sein muß; **P.ator** *m* wer (im Fernsehen) Darsteller (Darstellungen) nur anzuzeigen hat; **p.ieren** ↑ Wechsel vorlegen. – **Präsenz** *w* (lat.) milit. (polit., diplomat.) Anwesenheit
Praseodym *s* (gr.) metall. chem. Element aus der Gruppe der → Lanthanoide (〈 *Pr*)
Präsidialsystem *s* Regierung, deren Präsident unabhängig vom Vertrauen der Volksvertretung ist
präsumtiv (lat.) vorausgesetzt; vermutlich
Prävent|ion *w* (lat.) ↑ Vorbeugung, Verhütung; **P.ivmedizin** *w* vorbeug. Heilkunde (→ Prophylaxe)
Präzedenzfall *m* = → Präjudiz
Präzipuum *s* (lat.) Gesellschaftervergütung für bes. Verdienste
Predate *s* (e.: *prideit*) vordatierte Ausgabe
Preis| *m* → administrierter P.; **P.auszeichnung** *w* gut lesbar. P.schild im Laden (Schaufenster); **P.bereinigung** *w* statist. Verfahren, das bei der Feststellung des Sozialprodukts die fortschreit. Inflationierung der Wirtschaft mitberücksichtigt; **P.bindung der 2. Hand** *w* vertragl. Vereinbarung zw. dem Hersteller einer Ware u. den sie vertreib. Händlern, die Ware zum vom Hersteller festges. P. zu verkaufen (z. Z. in der BRD nur bei Verlagserzeugnissen); **P.brecher** *m* Unterbietung eines einheitl. Verkaufsp.es; **P.differenzierung** *w* Abgabe einer gleichen Ware an versch. Käufergruppen zu unterschiedl. P.en; **P.dumping** *s* → Dumping; **P.elastizität** *w* relat. Veränderung der nachgefragten (angebot.) Menge als direkte Veränderung des P.es; **P.empfehlung** *w* Vorschlag des Herstellers an die Händler, die Ware zu einem best. P. zu veräußern (keine vertragl. Bindung; Wirkung ähnl. der → P.bindung der 2. Hand); **P. freibleibend** *m* Vorbehalt der endgült. P.bestimmung; **P.führerschaft** *w* meist → oligopolit. Marktsituation, bei der ein Unternehmen der Branche Zeit u. Höhe einer P.steigerung signalisiert (Anschluß der and. Unternehmen; P.politik der Mineralölkonzerne); **P.frisierer** *m* Unternehmen, das den P. für eine Ware festsetzen kann u. die abzusetz. Menge hinnimmt (typisch in mono- o. oligopolit. Marktsituationen); **P.grenze** *w* höchst. (niedrigster) erlaubter P.; **P.index** *m* statist. Meßzahl (drückt in amtl. Statistik die relat. Höhe einz. o. aller P.e aus); **P.index für die Lebenshaltung** *m* wicht. Indikator für die Entwicklung der Kaufkraft des Geldes aufgrund der Kosten für die Lebenshaltung (Orientierungsgröße, auch für Lohn- u. Gehaltsverhandlungen); **P.kartell** *s* auf P.absprachen zw. Unternehmen des gleichen Produktionszweiges beruh. Kartell (meist gleichzeit. Vereinheitlichung der Lieferungs- u. Zahlungsbedingungen); **P.konjunktur** *w* Situation in der Phase der Prosperität, in der weniger die Produktmenge als der P. für die Waren steigt; **P.-Konsum-Funktion** *w* Beziehung zw. dem P. eines Gutes u. der nachgefragten Menge, = **Nachfragefunktion** *w*; **P.kreuz:elastizität** *w* beschreibt die Wirkung einer P.veränderung eines auf die Absatzmenge eines anderen Gutes (wichtig z. B. bei Substitutions- u. Komplementärgütern); **P.-Lohn-Spirale** *w* → Lohn-P.-Spirale; **P.mechanismus** *m* Steuerungsinstrument einer dezentralen Marktwirtschaft (stellt die Beziehung zw. der Höhe des P.es für ein Gut zu der angebot. [nachgefragten] Menge dar); **P.nachlaß** *m* → Rabatt; **P.niveau** *s* [-*wô*] mit Indexziffern ermittelter Durchschnitt aller Güterp.e (Indikator für die Kaufkraft des Geldes); **P.notierung** *w* Verfahren der Devisenkursnotierung (ausgewiesen: notwend. Betrag an inländ. für eine Einheit ausländ. Währung); Ggs.: → Mengennotierung; **P.politik** *w* alle Maßnahmen zur Beein-

flussung der P.bildung (Akteure: Unternehmen, Verbände, staatl. Stellen); **P.schere** *w* Auseinanderentwicklung zweier P.gruppen (bes. gegenläuf. Entwicklung der P.e für Industrie- u. Agrargüter); **P.schleuderei** *w* Verkauf einer Ware ohne Rücksicht auf Herstellungskosten; **P.stabilität** *w* wirtschaftl. Zielsetzung (im Rahmen des → magischen Vielecks gleichrang. Ziel); **P.stopp** *m* durch staatl. P.politik vorgenomm. Festsetzung von Höchstp.en u. Verbot, die P.e von nun an zu erhöhen (gilt für einz. Güter, Gütergruppen, generell; Ziel: gegen inflator. Entwicklung); **P.taxen** *M* staatl. gesetzte Höchst- o. Mindestp.e für best. Güter, = **administrierte P.e; P.theorie** *w* Versuch einer Beschreibung u. Erklärung des Bildungsprozesses von Marktp.en für Güter u. Dienste; **P.treiberei** *w* P.wucher, bes. für lebensnotw. Güter u. Dienste; **P.überhöhung** *w* infolge besteh. Wettbewerbsbeschränkungen o. aufgrund einer Machtstellung überhöhte P.e für lebenswicht. Güter (strafbar); **P.überwachung** *w* öfftl. Kontrolle der P.gebarung (bei monopolist. Marktstrukturen, bei verordn. P.stopp). – **price|-earnings-ratio** (e.: *preis îrnińs-reißjau*) in Kurszetteln ausgewies. Verhältnis des Reingewinns je Aktie zum Kurswert, Kurs-Gewinn-Verhältnis; **p.-leadership** → (e.: *-lîderschipp*) → Preisführerschaft

Preludin *s* (KW) Anregungsmittel; **Prelus** *m* Weckdroge

Prepregs *M* (e.: *prî-*) mit ungehärt. Kunststoffharz imprägn. Glasfasermatten (durch Verpressen in gewünschte Form gebracht u. dann durch Erhitzen gehärtet)

pre-recorded (e.: *prî rikardid*) sendefertig (Fernseh-, Rundfunk„konserve")

Preß|automat *m* Druckluftmaschine zur P.glasherstellung

Presse|fotograf *m* = → Bildberichterstatter; **P.freiheit** *w* Grundrecht der freien Meinungsäußerung (in der P.); **P.geheimnis** *s* Zeugnisverweigerungsrecht aller P.angehörigen über Weg o. Gewährsmann einer Veröffentlichung; **P.karte** *w* kostenl. Eintrittskarte für P.vertreter; **P.konferenz** *w* Information der P.vertreter; **P.sprecher** *m* Informant einer Dienststelle (eines Unternehmens); **P.zentrum** *s* Journalistenbüro

Preß|filter *m* Filter, durch den Flüssigkeit unter Druck gepreßt wird; **P.fuge** *w* weich gefüllte Naht zw. Straßendekkenbetonblöcken; **P.guß** *m* = → Druckguß; **P.ling** *m* maschin. geformtes Medikament, Tablette; **P.lufthammer** *m* mechan. mit Druckluft betrieb. Hammer; **P.schichtholz** *s* unter Druck verdichtete phenolharzgetr. Holzfurniere als Schichtstoff

Pressure group *w* (e.: *präschr grûp*) polit. Druck ausübende außerparlam. Interessengruppe (Interessenverband), Lobby

Prestige|effekt *m* (fr.: *prestîsch*) = → Demonstrationseffekt; **P.nutzen** *m* Steigerung des sozial. Ansehens durch Besitz o. Verbrauch eines Gutes

Pretest *m* (e.) Überprüfung eines Fragebogens durch Probeeinsatz, = **Vortest** *m*; Ggs.: → Posttest

Preußischblau *s* eisenhalt. Farbpigment (= **Berliner Blau** *s*)

Prima|akzept *s* 1. Ausfertigung eines Wechsels (Akzepts); **P.diskonten** *M* zur Diskontierung vorgelegte Wechsel, die Akzepte erster Banken aufweisen (→ P.papiere)

Primage *w* (fr.: *-âsche*) Frachtprämie für den Kapitän, = **Primgeld** *s*

Prima|nota *w* → Grundbuch; **P.papiere** *M* erstklass. Wertpapiere; **P.wechsel** *m* 1. Ausfertigung eines Wechsels. – **primär|** (lat.) ↑ Kennwort zur Unterscheidung → isomerer organ. Substanzen (p.e, → sekundäre u. tertiäre Alkohole, Amine u. a.) o. versch. Produkte einer stufenw. ablauf. Reaktion (p.es, sekundäres u. tertiäres Natriumphosphat u. a.); **p.e Devianz** *w* → Devianz; **P.affekt** *m* 1. Zeichen (Stadium) einer (syphilit.) Infektion; **P.chemikali:en** *M* Grundchemikali:en, aus denen alle Produkte der chem. Industrie gewonnen werden; **P.elektronen** *M* → Sekundär:elektronen; **P.energie** *w* direkt aus natürl. Energieträgern (Kohle, Öl, Gas) gewonn. Energie (Ggs.: Sekundärenergie); **P.erhebung** *w* Befragung zur Erlangung noch nicht vorhand. Informationen; **P.kreis** *m* Stromkreis in der P.wicklung eines Transformators; **P.kreis(lauf)** *m* → Sekundärkreis(lauf); **P.material** *s* durch eig. Erhebungen erschloss. Informationsquellen (Ggs.: Sekundärmaterial); **P.programm** *s* → Quellprogramm; **P.spule** *w* → Sekundärspule; **P.statistik** *w* der aktuellen Problemlösung dienende, eig. durchgef. Erhebung; **P.strahlung** *w* kosm. Strahlung unmittelb. aus dem Weltall; **P.verteilung** *w* Einkommensverteilung (aus der Entlohnung der am Produktionsprozeß beteil. Faktoren); **P.ver:unreinigung** *w* → Sekundärver:unreinigung; **P.wicklung** *w* Teil der Transformatorenwicklung, der die Leistung mit der verfügb. Spannung aufnimmt u. verstärkt. – **prime rate** *w* (e.: *preim reit*) Sollzinssatz für kurzfrist. Kredite an gute Kunden (am.). – **Prim|geld** *s* → Primage; **P.ogenitur** *w* Erbfolge des Erstgeborenen; **p.ordial** von der Entstehung der Elemente herrührend

Prinzip| *s* (lat.) ↑ grundleg. allgem. naturwiss. Aussage, die nicht direkt bewiesen werden kann, aus der aber an der Erfahrung überprüfb. Folgerungen gezogen werden können (z. B. → Hauptsätze der Wärmelehre; P. von der Erhaltung der Energie [Energiesatz] u. des Impulses [Impulssatz]); **P.algläubiger** *m* Hauptgläubiger

Priorität| *w* (lat.-fr.) Vorrecht, Vorzug; *M*: Wertpapiere mit Vorzugsrechten, = **P.s:akti:en** *M* (→ Vorzugsaktien), = **P.s:obligationen** *M*; **P.s:prinzip** *s* Entscheidung über den Rang gleichart. Rechte durch deren zeitl. Reihenfolge; Gültigkeit der ältesten, der internat. Nomenklatur entspr. Tier(arten)benennung

Prism|a *s* (gr.) Körper aus Glas gefert. mit (3 o. 5) parall. Kanten (zur Ablenkung o. Zerstreuung des Lichts benutzt); **P.enfernglas** *s* Fernrohr mit totalreflekt. P.en (statt Spiegeln), = **P.enfernrohr** *s*

Privat|bank *w* Bank auf handelsrechtl. Grundlage (Ggs.: öfftl.-rechtl. Kreditinstitut); Einzelfirma; **P.diskont** *m* Diskont, zu dem an der Börse erstklass. Wechsel diskontiert werden; **p.e brand** (e.: *praiwit bränd*) Hausmarke; **P.klage** *w* Klageerhebung durch den Betroffenen (nicht durch den Staatsanwalt); **P.konto** *s* in einer Personengesellsch. geführtes, der Verbuchung der P.entnahmen dien. Konto; **P.pati:ent** *m* nicht pflichtversich. Arztbesucher

privilegierte Straftat *w* wird milder bestraft als das Grunddelikt (Kindestötung/Tötung; Ggs.: → qualifizierte Straftat)

PRO ⟨ **P**ublic **R**elation **O**fficer (Kontakter zur Öffentlichkeit)

Probability sample *w* (e.: *prabebiliti ßämpl*) aufgrund einer Zufallsauswahl aufgebaute Stichprobe), = **Random-Stichprobe** *w* (e.: *rändem-*)

Prob:and *m* (lat.) der Getestete; der, für den eine Ahnentafel aufgestellt wird; Prüfling; Versuchsperson. – **Probe|** *w* ↑ Teilmenge, zur Untersuchung entnommen; Muster, Prüfungsstück; **P.arbeitsverhältnis** *s* befrist. Arbeitsverhältnis zur Prüfung des Eingestellten; **P.lauf** *m* Prüfung der Leistungsfähigkeit der Maschine; **P.nummer** *w* Werbeexemplar einer Zeitung (Zeitschrift); **P.zeit** *w* Dauer des P.arbeitsverhältnisses. – **Probierglas** *s* = → Reagenzglas

Problem|analyse *w* (KW) 1. Schritt bei d. Umsetzung eines P.s in ein → Programm (→ ADV); **P.käfig** *m* Versuchs:anordnung zur Erforschung des Lernens am Erfolg; = → Skinner-Box; **p.orientierte Programmiersprache** *w* → Programmiersprache

Procedure (e.: *presidscher*) → Prozedur

Prodrom| *s* (lat.) Vorerscheinung einer Krankheit, = **P.alsymptom** *s*; **P.alstadium** *s* Vorstadium einer Krankheit

Producer *m* (e.: *-djûser*) Hersteller; Filmproduzent; Sendeleiter

Product-Manager *m* (e.: *prodakt mennedscher*) Betreuer eines Industrieprodukts (von der Planung über die Fertigung bis zum Verkauf). – **Produkt|** *s* (lat.) ↑ → Adresse; **P.differenzierung** *w* gestalter. Abhebung des eig. P.s von dem der Konkurrenz; **P.enbörse** *w* Börse f. Waren; → Warenbörse; **P.enhandel** *m* Handel mit landwirtsch. Gütern; **P.ion** *w* Herstellung von Gütern durch Kontamination u. Arbeit; **P.ions:elastizität** *w* relat. Veränderung der Ausbringungsmenge im Vergleich zur relat. Änderung des Einsatzes; **P.ionsfaktoren** *M* bei der Herstellung von Gütern u. Leistungen eingesetzte Gütergruppen (Boden–Arbeit–Kapital; nach and. Auffassung: Verausgabung von Arbeit [Kapital = vergegenständl. Arbeit; Boden ohne Arbeit ertraglos]); **P.ionsfunktion** *w* funktion. Beziehung zw. Ausbringung u. eingesetzten P.ionsfaktorquanten; **P.ionsgüter:industrie** *w* Ggs.: → Konsumgüterindustrie; **P.ionskartell** *s* Kartell zur Lenkung der P.ionsmengen; **P.ionskapazität** *w* höchste in einer Anlage pro Zeiteinheit produzierb. Menge; **P.ionsko:effizi:ent** *m* Meßzahl (bezieht die eingesetzte Menge eines P.ionsfaktors auf eine Einheit des herzustell. Gutes); **P.ionskostentheorie der Klassiker** *w* Lohn-, Zins- u. Rentenkosten werden gerade durch den Preis gedeckt (Unternehmergewinn = 0); **P.ionskostentheorie des Geldes** *w* der Wert von Metallgeld wird durch die P.ionskosten bestimmt; **P.ionslenkung** *w* = → Arbeitssteuerung; **P.ionswert** *m* alle

Herstellungskosten in einer best. Zeit; **p.ive Konsumtion** *w* → Verbrauch; **P.ivität** *w* ↑ Ergiebigkeit; in einem abgegrenzten Zeitraum mit best. Einsatz herstellb. Menge; Verhältnis zw. Einsatz u. Ausbringungsmengen; **P.ivkräfte** *M* alle in der (für die) P.ion Tätigen; **P.ivvermögen** *s* Teil des Volksvermögens, der im P.ionsprozeß eingesetzt wird (Leistungen erbringt); **P.manager** *m* = → Product-Manager; **P.menge** *w* → Menge von geordn. Paaren; **P.test** *m* Überprüfung der **P.gestaltung** (Qualität–Funktionstüchtigkeit–Gestaltung–Preis) durch potent. Käufer. – **Produzent|** *m* ↑ → Adressant; **P.enhaftung** *w* Schadenersatzleistung des Herstellers an den Käufer (auch bei Nichtverschulden des Schadens)

Professional| *m* (e.: *profeschjonel*) Berufssportler; **P.isierung** *w* (KW) Spezialisierung von Berufspositionen durch vermehrt. Fachwissen; **P.ismus** *m* ↑ Berufssport

Profil| *s* (fr.) ↑ psychol. Gesamtbild (Diagramm) eines Getesteten; Kerbung (an Reifen, Schuhsohlen); Höhe u. Breite einer Durchfahrt; **P.analyse** *w* vergleich. Untersuchung von Meinungs- o. Einstellungsmustern von Versuchspersonen, -gruppen; **P.eisen** *s* Walzstahl mit best. Querschnitt, = **P.stahl** *m*; **p.ieren** ↑ = → einrollen; **P.neurose** *w* ernste Sorge einer Partei (Persönlichkeit) um ihren Eindruck auf die Öffentlichkeit

Profitrate *w* (KW) die das vorgeschoss. Kapital übersteig. Rückflüsse, bezogen auf den Kapitalvorschuß

Progenitur *w* (KW, lat.) Nachkommenschaft

Progerie *w* (KW, gr.) vorzeit. Altern

Progesteron *s* (KW) synthet. Gelbkörper-, Schwangerschaftshormon (→ Corpus lute:um)

Prognos|e *w* (gr.) Vorhersage; Aussicht auf den Krankheitsverlauf; **P.tik** *w* mittel-, längerfrist. Voraussage für die Zukunft

Programm| *s* (gr.) ↑ Folge von Arbeitsanweisungen für Rechenanlage (direkt, z. B. über Tastatur o. Magnetband, in die Anlage eingebbar); **P.ablaufplan** *m* ält. graf. Darstellung der Schritte in einem P. (→ Blockdiagramm); **P.chip** *m* → Chip; **P.dokumentation** *w* alle Unterlagen für die Erstellung eines P.s; **P.generator** *m* erzeugt mit → Parametern aus einem vorhand. ein neues, strukturgleiches P.; **p.ieren** ein gegeb. Problem so weit in einfache Schritte zerlegen, daß ihre Folge als P. für eine Rechenanlage dienen kann; **P.ierer** *m* Ersteller eines Computerp.s; **P.iersprache** *w* genormter Formalismus zur Darstellung des Lösungsweges rechner. Probleme (als P. in Rechenmaschine eingebbar, bei modernen Anlagen besteht internes Übersetzungsp., das das in der P.iersprache verfaßte P. in eine direkt von der Maschine verwertb. Befehlsfolge umwandelt); → Fortran; **höhere P.iersprache** *w* ist problemorientiert (Ggs.: maschinenorientiert); **p.ierte Korrespondenz** *w* individ. Korrespondenz mit gespeich., miteinand. kombin. Textbausteinen; **p.ierter Unterricht** *m* Aufbereitung des ganzen Lehrstoffs in Fragen u. Antworten im Lehrbuch; **P.partei** *w* Partei mit kongretis. u. profil. polit. Zielsetzung; **P.schleife** *w* Teil eines mehrfach vom Computer (unter versch. Bedingungen) bearbeit. P.s; **P.steuerung** *w* Steuerung techn. Anlagen (Werkzeugmaschinen, chem. Apparaturen u. dgl.) über Rechner, die auf best. Ereignisse (best. Uhrzeit, best. Temperatur u. dgl.) mit best. Befehlen an die Apparatur (Einschalten eines Motors, Kühlaggregates u. dgl.) reagieren

progredi:ent (lat.) fortschreitend, = **progress|iv** → Schneeballsystem; **p.ive Abschreibung** *w* Absetzung für Abnutzung, bei der die Abschreibungsbeträge während der Nutzung steigen; **P.ion** *w* ↑ Anwachsen des Steuersatzes mit der Höhe des Einkommens; → Steuerprogression

Prohibitivzoll *m* (lat.) von Nationalstaat erhob. → Zoll, der den Import minimieren soll

Projekt|ion *w* (lat.) ↑ Erzeugung einer Abbildung auf vorgegeb. Bildfläche mit opt. Methoden (z. B. → Bildwerfer); Hochrechnung von Stichprobenergebnissen auf die Grundgesamtheit (→ demographisch); Verfahren zur Abbildung der kugelförm. Erdoberfläche auf ebener Landkarte; Abwehrmechanismus (Verschiebung eig. Fehler [Wünsche] auf andere); **P.ionslampe** *w* = → Lichtwurflampe; **p.iver Test** *m* Material eines → klinischen Testers; Angaben über andere in best. Situationen; **p.ives Bewerbungsmaterial** *s* heiml. Nutzung eines Bewerbeschreibens als Testmaterial; **P.or** *m* = → Bildwerfer; **P.orfenster** *s* = → Bildfenster

Proktitis *w* (KW, gr.) Mastdarmentzündung

Prokur|a *w* (lat.) im Umfang gesetzl. genau definierte, grundsätzl. nicht einschränkb. Vollmacht (Erklärung eines Vollkaufmannes; ⟨ *pp., ppa.*); **P.ist** *m* Bevollmächtigter mit P.a

Proletar|iat *s* (lat.) ↑ Klasse der wirtsch. besitzlosen Arbeiter; → Diktatur; **p.ische Demokratie** *w* → Demokratie

Proliferation *w* (e.: *-rêschn*) Weitergabe von Atomwaffen

Prolin *s* eiweißbild. Aminosäure

Prolong|ation *w* (lat.) Verlängerung; zeitl. Hinausschieben fäll. Leistungen (bes. Zahlungsfrist); **P.ationsgeschäft** *s* = → Reportgeschäft; **p.ieren** stunden

Promethium *s* künstl. chem. Element (radioakt. Metall aus der Gruppe der → Lanthanoide; ⟨ *Pm*)

Promille *s* Blutalkoholgehalt ($^{1}/_{1000}$)

Prominenz *w* → Elite; leucht. Gaswolken am Boden der verdünnten Sonnenatmosphäre (= **Sonnenkorona** *w*)

Promiskuität *w* (KW, lat.) allgem. ungereg. Geschlechtsverkehr

promot|en (e.) für etw. (jmdn.) werben, unterstützen; **P.er** *m* ↑ Boxveranstalter; **P.ion** *w* (e.: *promôschn*) ↑ Verkaufsförderung

Promulg|ation *w* (lat.) Bekanntgabe; *ZW:* **p.ieren**

Prontosil *s* (KW) Sulfonamid gegen Streptokokkeninfektion u. ä.

Propan| *s* (gr.) gasförm. Kohlenwasserstoff aus der Reihe der → Alkane; **P.ol** *s* = → Propylalkohol; **P.säure** *w* einfache → Fettsäure (Oxidationsprodukt des → Propylalkohols)

Propeller| *m* (lat.-e.) Luft-, Schiffsschraube; an den P. hängen = Flugzeug mit voll lauf. Triebwerk sehr steil hochziehen; **P.turbine** *w* Strahltriebwerk als Antrieb für Luftfahrzeuge, = **Turboprop** *m*

Propen *s* gasförm. ungesätt. Kohlenwasserstoff (Ausgangssubstanz bei der Synthese wicht. Kunststoffe)

Prophyl|axe *w* (gr.) Verhütung von Krankheiten, Vorbeugung; **p.aktisch** vorbeugend

Propionsäure *w* = → Propansäure

proportional|e Kosten *M* (lat.) wachsen in gleicher Relation wie die Ausbringungsmenge; **P.itätsgrenze** *w* die elast. Spannung in einem Körper, die gerade noch eine ihr p.e Dehnung dieses Körpers verursacht (bei größ. Spannungen ist die Dehnung i. a. größer). – **Proporz** *m* → Verhältniswahl (Ämterbesetzung im Verhältnis zur Parteistimmenzahl)

Props *M* (e.: *praps*) Requisiten zur Fernsehsendung

Propyl|alkohol *m* (KW) organ. Verbindung aus der Reihe der Alkohole; **P.en** *s* = → Propen

Prosektor *m* (KW, lat.) Leichenöffnungen durchführ. Arzt

Prospekt| *m* (lat.) ↑ Werbeschrift; Bühnenhintergrund; Gebäudeansicht; beschreib. Anzeige einer Ware o. Leistung; Bericht über Emission von Wertpapieren zu ihrer Beurteilung → Rundhorizont; **p.ieren** geolog. Lagerstätten suchen u. erforschen; **p.iv** der Möglichkeit nach; vorausschauend

Prosperität *w* (lat.) Aufschwungphase des Konjunkturzyklus; Wohlstand

Prostata *w* (KW, gr.) Vorsteherdrüse (Drüse am Anfang der m. Harnröhre)

Protactinium *s* (KW) radioakt. metall. Element (⟨ *Pa*)

Prote|ase *w* (gr.) Enzym mit eiweißspalt. Wirkung; **P.ide** *M* Eiweißstoffe, die außer → Polypeptiden noch and. Bestandteile enthalten; → Eiweiß; **P.ine** *M* Eiweißstoffe ausschließl. aus → Polypeptidenanteilen; → Eiweiß

Protektionismus *m* (KW, lat.) Außenhandelspolitik (schützt die einheim. Produktion vor ausländ. Konkurrenz; daher importerschwer. Maßnahmen), = Schutzzollpolitik; → administrativ; Ggs.: **Freihandel** *m*

Proteolyse *w* chem. Abbau von Eiweißstoffen

Protest *m* (lat.) ↑ förml., durch einen autoris. Beamten erfolgte Feststellung, daß eine im Wechsel vereinb. Leistung (Annahme o. Zahlung) nicht fristgemäß erfolgt ist

Prothese *w* (KW, gr.) Ersatzglied

Prothrombin *s* (KW) in der Leber mit Vitamin K gebild., an der Blutgerinnung beteil. Stoff

Protium *s* leichtestes Wasserstoffisotop, dessen Atomkern aus einem einzelnen → Proton besteht

Protonen| *M* (gr.) Elementarteilchen aus der Gruppe der → Nucleonen (Träger einer posit. → Elementarladung); **P.synchrotron** *s* (*-kro-*) Gerät zum Beschleunigen von P.; **P.zahl** *w* = → Kernladungszahl

Proto|planet *m* (KW) hypothet. Urplanet; **P.plasma** *s* belebtes eiweißhalt. Stoffgemisch in der Zelle; = → Zellplasma; **P.typ** *m* (gr., KW) Vor-, Urbild, Muster; **P.zo:en** *M* einzell. Urtiere (Amöben, Pantoffeltierchen u. dgl.)

protrahiert (lat.) verzögert

Protuberanz *w* (lat.) Gasausbruch auf der Sonne; natürl. Knochen-, Organvorsprung

Proveni:enz *w* (lat.) ↑ Herkunftsbezeichnung für Waren
Provision| *w* (lat.) Vergütung für geleist. Dienste (meist Prozentsatz vom Warenwert); **P.sreisender** *m* fest angestellter Reisender
Provitamine *M* physiol. unwirks. Substanzen (mit der Nahrung aufgenommen, im Organismus durch einfache biochem. Reaktionen in die eigentl. → Vitamine überführt)
Prozedur *w* (lat.) ↑ (ADV) → Programm, das in verschied. Programmen als Unterprogramm benutzt wird (e.: → Procedure)
Prozent|kurs *m* Börsenkurs eines Wertpapiers, in P.en vom → Nennwert angegeben; **P.spanne** *w* in P. ausgewies. Differenz zw. Einstands- u. Verkaufspreis einer Ware
Prozeß| *m* (lat.) ↑ Verfahren; Aufeinanderfolge versch. Zustände eines Objekts; Geschehen, das Zustandsänderungen bewirkt; Ablauf; **P.kostenhilfe** *w* unentgeltl. Rechtsschutz durch die Gerichte an finanz. belastete Staatsbürger
Prozessor *m* (lat.) Rechen- u. Steuereinheit in der → Zentraleinheit eines → Computers
Prozeß|rechner *m* ADVA zur Steuerung techn. Prozesse; **P.verschleppung** *w* absichtl. Verzögerung des gerichtl. Verfahrens durch die Verteidigung (nur formale Anträge zur Beweiserhebung u. dgl.); **P.wärme** *w* bei techn. P.en (z. B. Stromerzeugung) unvermeidbar entsteh. Wärme, die techn. verwertet werden kann (Heizung – Durchführung chem. Prozesse) o. durch Kühlung mit Luft o. Wasser abgeführt werden muß
Prüf|bit *s* → Bit innerhalb eines → Byte, das der Sicherung dient; **P.feld** *s* Anlage zur Erprobung von Elektrogeräten, -bauteilen; **P.schein** *m* = → Gangschein; **P.ungsbericht** *m* ↑ vorgeschrieb. pflichtmäß. schriftl. Berichterstattung des Prüfers (Aktienrecht); **P.verfahren** *s* → zerstörungsfrei; **P.vermerk** *m* ↑ schriftl. Bestätigung des P.ers, daß die ihm vorgel. Unterlagen dem Gesetz u. der Institutionssatzung entsprechen
PS ⟨ → **P**oly**s**tyrol; ⟨ **P**ferde**s**tärke; ⟨ **P**ost**s**kriptum. – **PSchA** ⟨ **P**ost**sch**eck**a**mt
pseudo|- (gr.) Vorsilbe, um Zustände, Krankheiten usw. zu bezeichnen, die etwas vortäuschen o. anderen ähnlich sind; **P.morphose** *w* Mineralumbildung durch chem., physik. Mittel; **P.umwelt** *w* durch seine eig. Fiktionen verformte Umwelt des einzelnen
PSI ⟨ **P**ara**p**sychologie
Psittakose *w* (KW, gr.) Papageienkrankheit
Psych|agogik *w* (KW, gr.) Leitung durch seel. Beeinflussung; **P.agoge** *m* Heilpädagoge; **P.asthenie** *w* seel. Schwäche, Labilität; **P.edelic** *w* (e.: *psaikedêlick*) Bewußtseinserweiterung durch Drogen; **p.edelisch** rauschhaft; bewußtseinserweiternd; **P.iatrie** *w* Erforschung u. Behandlung seel. Erkrankungen; **p.isch** → Spannung; → Sättigung; **p.ische Energie** *w* hypothet. Ursache jegl. Verhaltens; **p.ischer Automatismus** *m* aus Traumerinnerungen, Sinnestäuschungen, Zufällen geformte bild. Kunst; **p.isches Feld** *s* alle verhaltensbestimm. Faktoren eines Individuums zu einer best. Zeit, = **p.ologisches Feld** *s*; **P.o:analyse** *w* intensive, tiefgreif. Behandlungsmethode neurot. Störungen; **P.ochirurgie** *w* Hirnchirurgie bei Geisteskrankheiten; **P.odrama** *s* Laienspiel seel. Erkrankter als Gruppentherapie; **p.ogen** auf seel. Ursprung beruhend; **P.ografie** *w* psychol. Beschreibung einer Person; **P.ohygi:ene** *w* alle Maßnahmen zur Pflege seel. Gesundheit; Versuch, die Milieufaktoren des modernen Lebens auf die Belastungsfähigkeit des Menschen abzustimmen; **P.ometrie** *w* Messung seel. Vorgänge; **p.omotorisch** durch Seelen- u. Willenskräfte bedingt; **P.oneurosen** *M* Störungen geist.-seel. Art ohne Äußerungen im körperl. Bereich; **p.onom** der Seele (dem Bewußtsein, Willen) unterstehend; **P.opath** *m* wessen seel. Beschaffenheit von der Norm abweicht; **P.opharmakologie** *w* Erforschung der auf die Seele wirk. Heilmittel (= **P.opharmaka** *M*); **P.ophysik** *w* Erforschung der gesetzmäß. Relationen zw. den meßbaren Gegebenheiten der physik. Umwelt u. deren erlebt. Abbild; **P.ose** *w* geist. Störung, seel. Krankheit; **P.osomatik** *w* mediz. Richtung mit bes. Betonung funktion. Zusammenhänge zw. p.ischen u. körperl. Reaktionen; **p.osomatische Beschwerden** *M* Ggs.: → somatische Leiden; **p.osomatische Störungen** *M* körperl. Krankheitszeichen mit seel. Ursachen; **P.otechnik** *w* alle Anwendungen der P.ologie auf die Problematik des Alltagslebens; **P.otherapie** *w* alle Behandlungsmethoden für seel. Störungen u. abnorme Gemütszustände mit direkter p.ischer Beeinflussung; **P.otonika** *M*

Aufputschmittel; **p.otropisch** die Stimmungslage beeinflussend

Psychrometer *s* (KW, gr.) Luftfeuchtigkeitsmesser

Pt ⟨ → **Pla**tin. – **pt.** ⟨ **Pint**. – **PTB** ⟨ **Phy**sikal.-**t**echn. **B**undesanstalt (Braunschweig)

Pterine *M* Gruppe organ. Farbstoffe (hauptsächl. in Schmetterlingsflügeln)

PTFE ⟨ → **P**oly**t**etra**f**luor**e**thylen. – **PU** ⟨ → **P**oly**u**rethan. – **Pu** ⟨ → **Plu**tonium

Public| goods *M* (e.: *pablik gûz*) → öfftl. Güter; **P.ity** *w* (e.: *pablißiti*) Öffentlichkeitsarbeit; öfftl. Geltung eines Unternehmens (einer Person); Werbung; **P. Relations** *M* (e.: *-rîlêschns*) Öffentlichkeitsarbeit; von Staat u. von Unternehmen eingesetzt. Instrument zur Selbstdarstellung (zur Pflege der Beziehungen zur Öffentlichkeit), ⟨ *PR*; → PRO. – **Publi|kum** *s* (lat.) ↑ → Adressat; **P.zistik** *w* ↑ Erforschung von Kommunikationsprozessen durch Massenmedien; **P.zität** *w* ↑ Verpflichtung best. Unternehmen zur Unterrichtung der Öffentlichkeit über ihre Geschäftsverhältnisse, = **P.zitäts:pflicht** *w* (bes. für Jahresabschluß von Aktiengesellschaften; Prüfungsvermerk notwendig!)

Puddel|ofen *m* (e.) Flammofen zur Herstellung von Schmiedeeisen aus Gußeisen (= **P.prozeß** *m*)

Puffer| *m* Speicher, der dem schnelleren Informationsfluß zu einem → Peripheriegerät einer → ADVA dient; *M*: Chemikalien, aus denen sich durch Lösen in Wasser P.lösungen herstellen lassen; **P.filter** *m* = → Ausgleichfilter; **P.lösungen** *M* wäßrige Lösungen, deren → pH-Wert sich nur wenig ändert, wenn man ihnen Säuren o. Basen hinzufügt; **p.n** durch Zufügen eines P.s auf konstantem pH-Wert halten; **P.raum** *m* Ausgleichsstufe; **P.zeit** *w* als Reserve geplante Zeitspannen (Netzplantechnik)

Puls|are *M* (KW) astronom. → Radioquellen, deren Strahlungs:intensität mit konstanter, relat. hoher Frequenz schwankt; **P.schlag der Erdrinde** *m* Wirkung der Gezeiten auf die feste Erdrinde

Pumpen *s* = → Evakuieren

Punkt|alglas *s* (KW) vorn konkav, hinten konvex gewölbtes Brillenglas (ermöglicht scharfe Bilder auch bei Schrägblick); **P.ation** *w* ↑ Vorvertrag; **P.diät** *w* Schlankheitskur, bei der jedes Nahrungsmittel durch eine P.zahl bewertet wird; **P.iernadel** *w* Hohlnadel für **P.ionen** *M* Flüssigkeits-, Gewebeentnahmen aus dem Körper (zur Diagnose), = **P.ur** *w*; **P.licht** *s* = → Spotlight; **P.spiegelung** *w* = → Halbdrehung

Pupille| *w* (lat.) ↑ objekt- o. bildseit. Abbildung der → Aperturblende eines Linsensystems; **P.ndistanz** *w* = → Augen:abstand

Pupinisierung *w* (jugoslaw. Elektrotechniker, 19./20. Jh.) Einschaltung von Drahtspulen in Telefonleitung zur Verbesserung der Übertragung

Puppentrick *m* Sachtrickaufnahmen mit Puppen

Purchase tax *w* (e.: *petsches-*) Verbrauchssteuern

purgativ (lat.) abführend

Purine *M* biochem. wichtig. Klasse organ. Stickstoffverbindungen

Purple Hearts *M* (e.: *pöpl hâds*) Weckdrogen

Purpura *M* tiefrote, durch Spontanblutung entstand. (Schleim-)Hautflecke

Push *m* (e.: *-sch*) neuer Anstoß

pus(c)h|en = → dealen; **P.er** *m* Händler mit harten Drogen

Putativnotwehr *w* Fehlvorstellung einer objekt. nicht vorhand. Notwehrlage

PVAC ⟨ → **P**oly**v**inyl**ac**etat. – **PVC** ⟨ → **P**oly**v**inyl**c**hlorid. – **PVG** ⟨ **P**ersonal**v**ertretungs**g**esetz. – **PWR** ⟨ **P**ressunized **W**ater **R**eactor (= Druckwasserreaktor)

Pyknometer *s* (gr., KW) Meßgefäß zur genauen Bestimmung des spezif. Gewichts von Flüssigkeiten o. (indirekt) Festkörpern

Pyramidendach *s* Dach aus 4 gleichen Dreiecksflächen, = **Zeltdach** *s*

Pyr|anometer *s* (KW, gr.) Sonnenstrahlungsmeßgerät; **P.ethrum** *s* aus den Blüten best. Korbblütler gewonn. Insektengift (prakt. ungiftig für Warmblüter; natürl. Pflanzenschutzmittel); **P.exie** *w* Fieberanfall; **P.idin** *s* flüss. organ. Stickstoffverbindung (bas. Charakter; eigentüml. Geruch); **P.it** *s* goldglänz. Mineral aus Eisensulfid; = → Eisenkies; **P.o:elektrizität** *w* Auftreten elektr. Ladungen auf best. Kristallen bei Änderung der Temperatur; **P.ogallol** *s* organ. Verbindung aus der Klasse der → Phenole, = **P.ogallus:säure** *w*; **P.olyse** *w* durch Hitze hervorgeruf. chem. Zersetzungsreaktion; **P.olyse:anlage** *w* Anlage zur langs. Müllverbrennung (mit Gewinnung verwertb. Gase u. Öle); **P.ometer** *s* Meßgerät zur Temperaturbestimmung glüh. Körper anhand der von ihnen ausgesandten Strahlung; **p.ophor** bei Luftzutritt selbstentzündlich; **P.otechnik** *w* Feuerwerkerei; **P.otherm** *s* zunder- u. warmfeste Eisenlegierung (mit Chrom, Nikkel u. a.); **P.o:xenit** *m* Tiefengestein

Pyrrol *s* flüss. organ. Stickstoffverbindung

Py:urie *w* (gr.) Eiterharn

Pyxis *w* (gr.) Hostienbüchse

Q

Q-sort *w* (e.) Verfahren zur Bewertung von Objekt-, Personen- o. Stemmengen in einer best. Eigenschaft. – **Q-Technik** *w* Forschungsansatz zur Erfassung der Verhaltensdynamik eines Individuums

Quaddel *w* → Urtikaria

Quadr|ant *m* (KW, lat.) ↑ Meßgerät für Höhenwinkel; Bestimmungsgerät für Gestirnhöhen; **Q.illion** *w* 4. Potenz einer Million (10^{24}; am.: = Billiarde [10^{15}]); **Q.ophonie** *w* richtungsbezogene Stereophonie mit 4 Lautsprechern; **Q.upel** *s* → n-Tupel für n = 4; **Q.upol** *m* aus 2 magnet. o. elektr. Dipolen, durch sein → Feld nachweisb. Gebilde

Qual|ifikation *w* (lat.) Befähigung, Eignung; Befähigungsnachweis; **Q.ifikationsgruppe** *w* Gliederung der Arbeitenden nach Befähigung; **q.ifizierender Haupt:abschluß** *m* Hauptschulabschluß nach Abschlußprüfung (bayr.); **q.ifizierte Gründung** *w* AG-Gründung mit „gefährl. Nebenabreden" (Leistung von Sacheinlagen; Sachübernahme; Vereinbarung eines Gründerlohns. – Bes. Gründungsprüfung nötig!); **q.ifizierte Mehrheit** *w* Stimmenmehrheit, die um vorgeschrieb. Zahl die Hälfte der abgegeb. Stimmen übertrifft; **q.ifizierte Straftat** *w* wird strenger bestraft als das Grundvergehen (z. B. Einbruch: Diebstahl; Ggs.: → privileg. Straftat); **q.itativ** auf die Beschaffenheit bezogen; **q.itative → Analyse** *w* Feststellung der Einzelbestandteile eines unbek. Stoff(gemisch)es; **q.itatives Interview** *s* (*-wju*) intensives Erhebungsgespräch; **q.itative Merkmale** *M* Artmerkmale; **Q.ität** *w* Beschaffenheit, Güte, Wert (↑ einer Ware); **Q.ität des Lebens** *w* = → Lebensq.ität; **Q.itätsbezeichnung** *w* Angabe über Beschaffenheit, Güte, Wert einer Ware (anhand best. Merkmale eines Standards); **Q.itätsgewicht** *s* Warengewichtsbestimmung unter Berücksichtigung der Q.ität (Verbindung von Gewicht u. Güte); **Q.itätskontrolle** *w* Überwachung aller, die Q.ität beeinfluss. Größen; **Q.itätsmaß** *s* Größe zur Feststellung der Q.ität einer Ware (z. B. Feingehalt bei Edelmetallen); **Q.itätsrente** *w* Grundrente je nach der unterschiedl. Beschaffenheit der Böden (ergiebigere Böden werfen größ. Q.itätsrente ab), = **Fruchtbarkeitsrente** *w*; **Q.itätswettbewerb** *m* Konkurrenz der Anbieter, bei der die Q.ität (nicht primär der Preis) Austragungsform ist

qualvolle Umstellung *w* = → Agonizing reappraisal

Quant| *m, s* (lat.) kleinste Energiemenge bei Strahlungsvorgängen; **Q.elung** *w* ausschließl. Auftreten der Energiezustände der Elementarteilchen u. der Felder in voneinander um endl. Beträge verschied. Werten; → Wirkung; **Q.en:elektrodynamik** *w* Anwendung der Q.enmechanik auf elektromagn. Felder; **Q.en:energie** *w* Energieinhalt E = h · υ (h = Plancksches Wirkungsq.) eines Strahlungsq.s der Frequenz υ (Ny); **Q.enfeldtheorie** *w* Anwendung der Prinzipien der Q.enmechanik auf → Felder (z. B. elektromagn. u. Gravitationsfelder); **Q.enmechanik** *w* Formalismus zur Beschreibung des mechan. Verhaltens der Elementarteilchen in Übereinstimmung mit den Erkenntnissen der Q.entheorie; **Q.enstatistik** *w* statist. Behandlung sehr vieler, nach der Q.entheorie bewegter Teilchen; **Q.entheorie** *w* (von M. Planck u. A. Einstein) Anpassung der klass. Physik an die um 1900 gemachte Erfahrung vom q.enhaften Auftreten der Strahlungsenergie; **Q.enzahlen** *M* System von Zahlen, die bei der Berechnung der Energiezustände von Elementarteilchen (in allgemein. Elektronen) in Atomen o. Molekülen als Faktoren auftauchen (von einander um ganzzahl. Beträge unterschieden, wodurch dem Phänomen der Q.elung Rechnung getragen wird); **q.ifizieren** math. beschreibbar machen; **Q.imeter** *s* (KW) Meßvorrichtung zur Kontrolle u. Dosierung einer Röntgenbestrahlung

quantit|ativ ↑ auf die Menge bezogen; vollständig; **q.ative** → **Analyse** *w* Feststellung der mengenmäß. Zstzg. eines Stoff(gemisch)es; **q.atives Interview** *s* (-*wju*) Fragebogenumfrage; **q.ative Merkmale** *M* mengenmäß. Merkmale; **Q.ätsgleichung** *w* tautolog. Gleichung (besagt nur, daß das Produkt aus Geldmenge u. -umlaufgeschwindigkeit dem Handelsvolumen multipliziert mit dem Preisniveau gleich ist: G x V = H x P); **Q.äts:theorie** *w* Versuch, die Höhe des Preisniveaus durch die umlauf. Geldmenge zu bestimmen

Quant|or *m* (KW, lat.) Hilfsmittel zur symbol. Schreibweise best. → Aussagen über → Variable; **Q.uplikations:tabellen** *M* zeigen die Reichweite best. Mediakombinationen

Quark *m* ↑ hypothet. Elementarteilchen, = **Urbanstein** *m* (umstritt. Teil vieler für elementar gehalt. Teilchen [Nucleonen u. a.])

quart|är (KW, lat.) chem. Verbindungen unterscheidend (→ primär); **Q.ation** *w* Verfahren zur Abtrennung des Silbers bei Reingoldherstellung; **Q.er** *m* e., am. Handelsgewicht (12,7 kg – 11,34 kg)

Quarz| *m* (tsch.) mineral. reines Siliciumdioxid (oft in großen glasklaren Kristallen); **Q.glas** *s* Spezialglas aus reinem Q. für opt. chem. Geräte; **Q.it** *m* Sedimentgestein aus feinen Q.körnchen; **Q.lampe** *w* Lampe aus Q. zur Erzeugung ultraviol. Strahlen; **Q.steuerung** *w* Erzeugung von Wechselströmen hoher, weitgeh. konstanter Frequenz mit → Schwingq.; Regelung von Meßvorrichtungen, Apparaturen u. dgl. mit diesen Wechselströmen; **Q.uhr** *w* durch Q.steuerung geregelte Uhr

Quasare *M* (⟨ **quasi**-stell**are** Radioquellen) weit entfernte Quellen starker Radiostrahlung im Weltraum

quasi|-elektronisch (KW, lat.) elektron. mit bes. Kontakten gesteuert; **Q.geld** *s* Termineinlagen unter 4 Jahren der Kreditinstitute u. der D. Bundesbank an inländ. Nichtbanken = **Beinahegeld; Q.-Gruppe** *w* organisierb. Menge mit nicht erkennb. Struktur; **Q.rente** *w* beim Versuch aller and. Unternehmen zum Ausgleich des Produktionszweiges vorübergeh. Rente für Unternehmen, deren Produktionsbedingungen überdurchschnittl. sind (Marshall); **q.statisch** nur sehr langsam veränderlich

Quecksilber|chlorid *s* gift. Chlorverbindung des Q.s; **Q.dampflampe** *w* → Gasentladungsröhre mit Q.dampf gefüllt; **Q.säule** *w* Luftdruckmeßeinheit (⟨ *Hg*; 760 mm Hg = 1005 Millibar); **Q.verfahren** *s* Methode der → Alkali:chloridelektrolyse unter Benutzung von Kathoden aus Q.

Quell|auge *s* = → Exophthalmus; **Q.en:abzugsverfahren** *s* Steuererhebung unmittelbar an der Stelle des Entstehens der Schuld (z. B. Einbehaltung der Lohnsteuer durch Arbeitgeber); **Q.enfeld** *s* ↑ Feld, in dem die Feldlinien in best. Punkt anfangen u. enden; **Q.ensteuer** *w* nach dem Q.enabzugsverfahren erhob. Steuer (z. B. Lohn- u. Kapitalverkehrssteuer); **Q.horizont** *m* von der Erdoberfläche geschnitt. wasserstauende Bodenschicht (mit Q.en längs der Schnittlinie); **Q.programm** *s* vom Programmierer in Programmiersprache erstellt. Programm (muß vom → Compiler in ein → Objektprogramm übersetzt werden; = → Primärprogramm); **Q.schüttung** *w* von einer Q.e pro Stunde abgegeb. Wassermenge; **Q.ung** *w* ↑ Volumenvergrößerung von Festkörpern durch Flüssigkeitsaufnahme

Quer|haupt *s* = → Traverse; **Q.kontraktion** *w* Q.schnittsverringerung fester Körper bei Zugbeanspruchung; **Q.schnitt** *m* ↑ Stichprobe; **Q.schnittslähmung** *w* Lähmung durch Rückenmarksunterbrechung; **Q.schnitts:soziologie** *w* punktuelle Analyse eines gesellsch. Systems; **Q.schnitt:untersuchung** *w* → synchrone Analyse; **q.schreiben** Wechselakzept durch Unterschrift akzeptieren

Quetschgrenze *w* Druckspannung, bei der ohne Belastungserhöhung ein Stoff zu fließen beginnt

Quick|-Fix *m* (KW) schneller technol. Entschluß zur Bekämpfung des Welthungers; **Q.y** *m, s* kurze Einblendung von Werbespots im Rundfunk o. (= **Filmlet** *s*) Fernsehen

Qui:etiv(um) *s* (KW, lat.) Beruhigungsmittel

Quizmaster *m* (e.) Leiter eines Frage- u. Antwortspiels

Quorum *s* (lat.) zur Beschlußfassung in einer Körperschaft durch Satzung o. Gesetz best. erforderl. Zahl der anwes. Stimmberechtigten

Quot|ation *w* (KW, lat.) Kursnotierung an der Börse; Preisangabe; Befragungszitat; **Q.averfahren** *s* Auswahl von Elementen für Repräsentativbefragung (= **Teil:erhebung** *w*); **Q.e** *w* bei Aufteilung des Ganzen auf den einzelnen o. die Gruppe entfall. Anteil; **Q.en:akti:e** *w* lautet auf einen Bruchteil des Unternehmens, weist keinen → Nennwert auf (BRD: unzulässig); **Q.enkartell** *s* jedes teilnehm. Unternehmen wird mit festgelegter Q.e am Gesamtabsatz beteiligt; **Q.enmethode** *w* Stichprobenverfahren, bei dem die Auswahl der Befragten nach dem Anteil der Merkmalsgruppe an der Grundgesamtheit erfolgt; **Q.en-Sample** *w* (e.: *-ßampl*) Umfrageauswahl durch den Interviewer; **Q.ensystem** *s* Auswahl der Befragungs:aufträge zur Meinungsforschung nach statist. Unterlagen; **q.ieren** Kurs eines amtl. gehand. Wertpapiers angeben (mitteilen); **Q.ierung** *w* = → Q.ation; **q.isieren** ↑ anteilgemäß verteilen; **Q.itäts:steuer** *w* im Satz feststehende, im Aufkommen (da von der Definition der Bemessungsgrundlage abhäng.) schwankende Steuer

Qr ⟨ **Qu**arte**r** (e.; → Cwt); *M*: **qs**

R

R ⟨ → **R**éaumur; ⟨ → **R**öntgen (= r); ⟨ **R**eaktion (e: response); ⟨ **R**and (südafr. Währung); ⟨ **R**arus; ⟨ **R**etard; ⟨ → **R**ecall; ⟨ e. **r**egistered. – **r.** ⟨ **r**echts. – **Ra** ⟨ → **Ra**dium

Rabatt| *m* (lat.-it.) Preisnachlaß beim Wareneinkauf (z. B.: Mengenr., Barzahlungsr., Wiederverkäuferr., Sonderr.); **R.kartell** *s* Zusammenschluß von Unternehmen zur einheitl. R.gewährung

Racemat *s* Mischung gleich. Mengen zweier Substanzen mit spiegelbildl. gleich. Molekülbau

Rack Folder *m* (e.: *räk foulder*) Werbeprospekt im Ständer (zum Mitnehmen)

rad, Rad *s* ⟨ **r**adiation **a**bsorbed **d**osis (Einheit der Strahlenbelastung, = von einem Körper je Gramm seines Gewichts in Form von Strahlung aufgenomm. Energiemenge)

Radar, Radar *m, s* (⟨ e. **Ra**dio **d**etecting **a**nd **r**anging = Auffindung u. Messung durch Funk) Funkmeßtechnik

Radcliffe-Bericht *m* Analyse des brit. Geldsystems (Vorrang der Steuerung der Liquidität des Geldsystems vor der Geldmengensteuerung)

Radfahrer-Effekt *m* (instinkt.) Unterwürfigkeit gegen Stärkere bei gleichzeit. Aggressionen gegen Schwächere

Radi|algeschwindigkeit *w* (KW) Geschwindigkeit von Himmelskörpern auf die Erde zu (von der Erde weg); **R.alpumpe** *w* Kreiselpumpe, in die das ström. Medium nahe der Achse eintritt u. aus der es nahe beim Umfang wieder austritt; **R.alreifen** *m* Kfz-Gürtelreifen; **R.alverdichter** *m* R.alpumpe zur Druckerzeugung; **r.är** strahlenförmig; **R.ator** *m* hauptsächl. durch Wärmestrahlung wirk. Heizkörper

Radikal| *s* (lat.) ↑ Atomgruppe, die in gleich. Zstzg. als Bestandteil versch. Moleküle (freies R. = ungebunden) auftritt; **R.bildner** *M* Stoffe, deren Moleküle leicht unter Bildung zweier freier R.e zerfallen; **R.kettenreaktion** *w* chem. → Kettenreaktion, bei der freie R.e als Zwischenprodukte auftreten; **R.operation** *w* operat. Entfernung des ganzen Krankheitsherdes, notfalls mit Opferung eines Organs

radio|aktiv (KW) durch R.aktivität verursacht; R.aktivität zeigend; → Atommüll; **r.aktiver Zerfall** *m* = → Kernzerfall; **r.aktiver Niederschlag** *m* → Niederschlag; **r.aktives** → **Gleichgewicht** *s* Zustand eines r.aktiven Präparats, wenn je Zeiteinheit von jedem der darin enthalt. Zerfallsprodukte ebenso viel gebildet wird wie davon zerfällt; **R.aktivität** *w* durch Kernzerfall verurs. Strahlung u. Stoffumwandlung; **R.astronomie** *w* → Funkastronomie; **R.biologie** *w* Erforschung der Wirkung r.akt. Strahlen auf Lebewesen; **R.chemie** *w* Teilgebiet der (Kern-)Chemie, das sich mit Herstellung, Nachweis u. Verwendung r.akt. Stoffe beschäftigt; **R.elemente** *M* chem. Elemente, von denen alle (ein Teil) der natürl. vorkomm. → Isotope r.aktiv sind; **R.fenster** *s* Durchlässigkeit der Erdatmosphäre für elektromagn. Strahlen im Frequenzbereich der R.wellen; **r.gen** durch r.aktiven Kernzerfall entstanden; **R.grafie** *w* fotogr. Aufnahme mit r.aktiven Strahlen; **R.indikatoren** *M* Stoffe, die eins ihrer Elemente in Form eines R.isotops enthalten, die aber außer ihrer r.aktiven Strahlung keine Unterschiede zur nicht r.aktiven („natürl.") Form des gleich. Stoffs zeigen;

mischt man sie der „natürl." Form in Spuren zu, bleibt die R.aktivität der Mischung bei allen (biol., chem., physik.) Vorgängen erhalten u. das Schicksal der Substanz bleibt an ihrer R.aktivität erkennbar; → Tracer; **R.isotope** *M* r.aktive → Isotope eines best. Elements; **R.kohlenstoff-Methode** *w* Bestimmung des Alters von Stoffen biol. Herkunft (Fossilien–Holz–Muschelschalen u. dgl.) anhand ihres Gehaltes an r.akt. Kohlenstoff; **R.logie** *w* Erforschung der Entstehung, der Eigenschaften u. der Anwendung (für mediz., techn., chem. Zwecke u. dgl.) energiereicher Strahlen (z. B. Röntgen-, r.akt. Strahlen); **R.lumineszenz** *w* durch Röntgen- o. andere energiereiche Strahlen hervorgeruf. Leuchterscheinung; **R.lyse** *w* Zersetzung durch energiereiche Strahlen; **R.meteorologie** *w* Erforschung der Atmosphäre mit Rundfunkwellen; **R.meter** *s* Strahlungsmeßgerät (= **Lichtmühle** *w*); **R.metrie** *w* Strahlungsmessung; **R.-pharmakon** *s* Heilmittel, das leb. Zellen ionisierend bestrahlt; **R.quelle** *w* ↑ Weltraumgebilde, das elektromagn. Strahlen im Bereich der R.frequenz aussendet; **R.sonde** *w* Wetterballon, der seine Meßwerte durch Funk zur Bodenstation überträgt; **R.sturm** *m* ↑ verstärkte Sonnenaktivität mit außergew. starker Strahlung im R.-, bes. im Meterwellenbereich; **R.teleskop** *s* Parabolantenne für Kurzwellenempfang der Himmelskörper

Radium| *s* (lat.) chem. Element (selt. Schwermetall aus der Gruppe der → Erdalkalimetalle, wichtig durch Radioaktivität; ⟨ *Ra*); **R.emanation** *w* = → Radon

Radiusvektor *m* (KW) Leitstrahl

Rad|kappe *w* Kappe an der Nabe vom Kfz; **R.last** *w* Belastung der Fahrbahn durch ein einz. Rad

Radon *s* (KW) zu den → Edelgasen gehör. radioakt. Element; ⟨ *Rn* (Entstehung durch den radioakt. Zerfall des Radiums, = **Radium:emanation** *w*)

RAF ⟨ **R**oyal **A**ir **F**orce (e. Luftwaffe); ⟨ **R**ote **A**rmee **F**raktion (d. anarch. Vereinigung)

Raffin|al *s* (⟨ **raffin. Al**uminium) hochreines (zu 99,99 %) Aluminium; **R.ation** *w* Reinigung natürl. u. techn. Produkte (Zucker–Erdöl–Kupfer u. dgl.) auf chem. Wege; **R.erie** *w* großtechn. Anlage zur R.ation; **R.ose** *w* zu den → Oligosacchariden gehör. Kohlenhydrat in der Zuckerrübe

RAG ⟨ **R**auschgift-**A**ufklärungs**g**ruppe; ⟨ **R**uhrkohle **AG**

Rahmen|antenne *w* Richtantenne aus Drahtwicklungen auf einem R.; **R.gesetz** *s* ausfüllungsbedürft., nicht ins einzelne gehende gesetzl. Vorschrift; **R.richtlini:e** *w* didakt., auf Lernziele ausgericht. Grundsatz

Raiff:eisen|banken *M* (nach dem d. Begründer, 19. Jh.) genossensch. organis. Geld- u. Kreditinstitute (Spitzenorganis.: Bundesverband der d. Volksbanken u. R.banken e. V.); **R.genossenschaften** *M* Bezugs- u./o. Absatzgenossenschaften der ländl. Wirtschaft

Raketen|diplomatie *w* (am.: missile diplomacy) atomare Drohung; **R.lücke** *w* → Lücke

RAL ⟨ (**R**eichs-)**A**usschuß für **L**ieferbedingungen u. Gütesicherung e. V.

RAM ⟨ **r**andom **a**ccess **m**emory (e., = Direktzugriffsspeicher in der → DVA)

Raman|-Effekt *m* (i. Physiker, 19./20. Jh.) Frequenzverschiebung des Lichts bei Streuung an Molekülen; **R.-Spektroskopie** *w* Untersuchung von Molekülen mit R.-Effekt

Randbedingungen *M* physik. Zustände in räuml.-zeitl. begrenztem Bereich (z. B. Schwingungszustände) lassen sich oft durch math. Funktionen beschreiben, deren Wert am Rande dieses Bereichs festliegt (z. B. genügt die Schwingung einer zw. 2 Punkten eingespannten Saite der R., daß an diesen Punkten die Amplitude den Wert Null hat u. behält)

R and D ⟨ e.: **r**esearch **and d**evelopment (= Forschung u. Entwicklung)

Rand|gruppe *w* sozial. Gruppe am R. der Gesellschaft; **R.lochkarte** *w* → Lochkarte

Random| sample *s* (e.: *rändem ßämpl*) zufallsgesteuerte Stichprobe; **R.-Speicher** *m* Speichermedien der DVA, die direkten Zugang zu den benöt. Daten zulassen; **R.-Stichprobe** *w* = → Probability sample

Randzone *w* städt. Einzugsgebiet

Raney|-Metalle *M* (nach dem Erfinder) auf chem. Wege in feinpulv. Zustand gebrachte Metalle (z. B. **R.-Nickel** *s*; **R.-Silber** *s* [→ Katalysatoren])

Rang|ordnung *w* ↑ Verhältnis mehr. Rechte zueinander (z. B. **R.vermerk** *m* bei Belastung von Grundstücken durch Hypotheken)

RAO ⟨ **R**eichs**a**bgaben**o**rdnung

Raoultsches Gesetz *s* (fr. Chemiker, 19. Jh.: *ra:ûlt-*) naturges. Zshg. zw. Konzentration einer gelösten Substanz, ihrem Molekulargewicht u. dem Siede-, Gefrierpunkt der Lösung

Raser *m* (⟨ e. [*rêsr*] ratio amplification by stimulated emission of radiation) chem. Radiowellenverstärker

Rast *w* ↑ Teil des Hochofens

Rasselgeräusche *M* abnorm. Geräusche bei Atmung in Atmungsorganen (erlauben Rückschlüsse auf Art der vorlieg. Erkrankung)

Raster(elektronen)mikroskop *s* elektron. Gerät, das die Oberfläche best. Gegenstände zeilenweise mit Elektronenstrahlen abtastet u. von ihr auf Fernsehschirm ein stark vergrößertes, sehr scharfes Bild aufzeichnet

Rat für gegenseitige Wirtschaftshilfe *m* = **Comecon** *m, s* östl. Gegenstück zur OECD (seit 1949; strebt wirtsch. Integration seiner 9 osteurop. Mitgliedsstaaten an. Weitere Mitglieder: Kuba, Mongolei; Sitz: Moskau)

Rat|enwechsel *m* an mehr. Verfalltagen fälliger Wechsel; **R.es** *M* (e.: *räiz*) Werbezeitpreise bei Funk u. Fernsehen; **R.ing** *s* (e.: *räitiñ*) Beurteilung; Umfrage nach der Beliebtheit einer Sendung; **r.ionale Funktion** *w* läßt sich als Quotient → ganzr.ionaler Funktionen darstellen; **r.ionale Zahl** *w* läßt sich als Quotient → ganzer Zahlen darstellen; **R.ionalisierung** *w* alle Maßnahmen zur Verbesserung des Aufwand: Ertrag-Verhältnisses, zur Steigerung der Produktivität durch Vereinfachung u. Modernisierung des Arbeitsablaufs (meist mit Einsparungen im person. Bereich); **R.ionalisierungs:schutz:abkommen** *s* Vereinbarung zum Schutz der Arbeitnehmer vor R.ionalisierungsfolgen (z. B. Versetzung im Betrieb mit Lohneinbußen); **R.ionalprinzip** *s* ökonom. Prinzip: wirtsch. Handeln entspricht streng der Vernunft; **R.ionierung** *w* (begrenzte) Warenzuteilung (durch staatl. Instanzen)

Ratsverfassung *w* Regierung durch eine gewählte Gemeindevertretung

Raub|bau *m* ↑ auf die Erzielung eines größtmögl. Augenblickserfolgs ausgericht. wirtsch. Handeln (Nichtberücksichtigung des Verschleißes der eingesetzten Arbeit u./o. der Produktionsmittel); **R.druck** *m* unerlaubter Nachdruck urheberrechtl. geschützter Druckwerke

rauch|ende Schwefelsäure *w* → Oleum; **R.sonde** *w* Vorrichtung zum Erkennen der Richtung von Gasströmungen durch einen feinen R.strahl, der von der Strömung mitgeführt wird; **R.topas** *m* braun gefärbte Abart des Quarzes (Schmuckstein)

Rauhgewicht *s* das gesamte Gewicht einer Einheit von Edelmetallegierungen; → Schrot (Ggs.: → Feingewicht)

Raum| *m* ↑ kann als math. R. auch mehr o. weniger als 3 Dimensionen besitzen (Vektorr. – affiner R. usw.); **R.akustik** *w* Erforschung der akust. Verhältnisse in Räumen; **R.anzug** *m* Kleidung für R.fahrer; **R.entweser** *m* Kammerjäger; **R.film** *m* stereoskop. Film; **R.forschung** *w* Beschreibung u. Analyse der Struktur größ. Gebiete; **R.gitter** *s* regelmäß. dreidimens. Struktur (Modell des inn. Aufbaus von Kristallen; → Kristallgitter); **R.gleiter** *m* Fluggerät für R.fahrten (Raketenstart; belieb. Landung); **R.gruppen** *M* Einteilung der Kristallstrukturen nach ihren Symmetrieeigenschaften; **R.kapsel** *w* kleines R.fahrzeug; **R.klima** *s* Temperatur u. Feuchtigkeit eines R.s; **R.ladung** *w* räuml. verteilte elektr. Ladung

Räummaschine *w* Werkzeugmaschine zur Metallbearbeitung mit vielschneid. Werkzeug

Raum|ordnung *w* Vorstellungen öfftl. Institutionen über die Beziehungen des/der Menschen zum ihn umgeb. R. u. umgekehrt (im polit. Handeln betätigt: Mittel der Landesplanung zur zweckmäß. Ordnung von R. u. Bevölkerung), = **R.planung** *w*; **R.sonde** *w* künstl. → Satellit, der den Anziehungsbereich der Erde verläßt; **R.symbolik** *w* grafol. Deutung der Schriftober-, -mittel- u. -unterlängen; **R.tarif** *m* auf dem beanspruchten Beförderungsr. basierender Tarif (z. B. für sperr. Güter)

Räumte *w* ↑ verfügb. Schiffsladeraum

Raumton *m* Klangeindruck einer mit 2 Mikrophonen erfolgten, mit 2 Lautsprechern elektroakust. wiedergegeb. Aufnahme, = **Stereoton** *m*

Räumung|s(aus)verkauf *m* Verkauf zu besond. Bedingungen bei R. des Geschäftslokals; **R.sklage** *w* Klage auf R. von Wohn-, Gewerberaum

Raum|welle *w* die Stoßwelle bei Erdbeben, die durch das Erdinnere hindurchgeht (Ggs.: Oberflächenwelle *w*); **R.wirtschafts:theorie** *w* rückt die geogr. Dimension des Wirtschaftens in den Mittelpunkt; **R.-Zeit-Kontinuum** *s* von der Relativitätstheorie geford. Auffassung der Welt als System von → Feldern u. Objekten, die durch jeweils 4 → Koordinaten (1 Zeit- u. 3 R.koordinaten) bestimmt sind

Raupen|fahrzeug *s* = → Gleiskettenfahrzeug; **R.schlepper** *m* Ackergeräte ziehendes Gleiskettenfahrzeug

Rausch|en *s* = → Geräusch; **R.filter** *m, s* Schaltung am elektoakust. Verstärker, die das z. B. beim Abspielen ält. Schallplatten auftret. R.en mindert; **R.gelb** *s* = → Auripigment; **R.narkose** *w* oberflächl. Allgemeinbetäubung; **R.rot** *s* = → Realgar

RAX (e. ⟨ **R**emote **A**ccess Computing System) telefon. DVA-Nutzung. – **RB** ⟨ **R**adio **B**remen. – **Rb** ⟨ → **Rub**idium. – **Rbl.** ⟨ **Rub**e**l**

Raynaudsche Krankheit *w* (*ränô-*) → Blutgefäßerkrankung

Rayon *s* = → Reyon

RBW-Faktor *m* → **r**elat. **b**iolog. **W**irksamkeit

Rc. ⟨ **rec**ipe (auf Rezepten). – **RCDS** ⟨ **R**ing **c**hristl. **d**emokr. **S**tudenten. – **RCL** ⟨ → **Rec**al**l**. – **rd** ⟨ → **Rad**. – **rd.** ⟨ **r**un**d**. – **RE** ⟨ **R**echnungs**e**inheit. – **Re** ⟨ → **Re**ynolds-Zahl; ⟨ → **Re**nium

Readership *w* (e.: *rîdersch-*) Leserzahl einer Publikation

Reag|ens *s* (lat.) beim Zusammentreffen mit einem andern Stoff eine Reaktion auslös. Stoff; **R.enzglas** *s* = → Probierglas, Laborgerät; **R.ilibität** *w* Schwankungen des Steueraufkommens durch Veränderungen der Bemessungsgrundlage

Reak|tanz *w* (KW, lat.) der durch → Kapazität u. → Induktivität verurs., vom → Ohmschen Widerstand unabh. Teil des Wechselstromwiderstands eines Stromkreises; **R.tion** *w* ↑ jeder unter Stoffumwandlung verlauf. chem. o. kernphysik. („Kernreaktion") Vorgang; → weiß; → flexibel; → spezifisch; → chemisch; **R.ions:enthalpie** *w* R.-tionswärme einer ohne Druckänderung ablauf. R.tion; **R.tions:entropie** *w* → Entropie der bei einer R.tion entstand. Stoffe vermindert um die Entropie der Ausgangsstoffe; **R.tionsfähigkeit** *w* → flexibel; **R.tionsgeschwindigkeit** *w* Konzentrationsänderung eines an einer chem. R.tion teilnehm. Stoffes pro Sekunde; **R.tionsgleichung** *w* Darstellung des Verlaufs einer R.tion mit den chem. o. kernphysik. Symbolen der Ausgangs- u. Endprodukte; → chem. Gleichung; **R.tionsgrad** *m* Verhältnis der Druckwerte im ström. Medium vor u. nach Durchgang durch eine Strömungsmaschine (z. B. Turbine); **R.-tionsguß** *m* Verfahren zur Herstellung von Kunststoffteilen, bei dem ein R.tionsharz unter Zusatz der Härtesubstanz in eine Hohlform gegossen u. nach dem Härten herausgenommen wird; **R.tions:harze** *M* → duromere Kunststoffe, die durch Zugabe best. Zusatzstoffe zum Härten gebracht werden; **R.tionskinetik** *w* zeitl. Verlauf einer R.tion; **R.tionskleber** *m* Klebstoff, der mit den zu verkleb. Flächen eine chem. R.tion eingeht; → Zweikomponentenkleber; **R.tionsmechanismus** *m* Einzelheiten des Ablaufs einer chem. R.tion; **R.tionsmotor** *m* auf Rückstoß beruh. Triebwerk; **R.tions:ordnung** *w* Kennzahl zur math. Beschreibung der → R.tionskinetik; **R.tions:produkt** *s* durch eine chem. R.tion entsteh. Stoff; **R.tions:triebwerk** *s* = → R.tionsmotor; **R.tions:turbine** *w* Dampfturbine, die vom Dampf unter Druckabfall durchströmt wird; **R.tionswärme** *w* bei einer chem. o. kernphysik. R.tion entsteh. o. verbrauchte Wärmemenge geteilt durch die Menge des reagier. Stoffs, = → Wärmetönung; **R.tionszeit** *w* Zeit, bis sich eine Assoziation einstellt; **r.tive Depression** *w* → Depression; **R.tivfarbstoffe** *M* Textilfarbstoffe, die durch eine chem. R.tion an die Faser gebunden werden; **R.tivität** *w* Maßzahl zur Beschreibung des Betriebzustandes eines Kernr.tors; Fähigkeit eines Stoff(gemisch)es zu chem. R.tionen; **R.tor** *m* Vorrichtung, in der man eine chem. o. kernphysik. R.tion ablaufen läßt; **heterogener R.tor** *m* Kernr.tor, in dem → Spaltstoff u. → Moderator voneinander getrennt sind; **homogener R.tor** *m* → Homogenreaktor; **R.tor:abschirmung** *w* alle Maßnahmen zum Schutz der Umgebung eines Kernr.tors vor radioakt. Strahlung; **R.tordynamik** *w* zeitl. Veränderungen der R.tivität eines Kernr.tors u. ihr Zshg. mit inn. u. äuß. Ursachen; **R.torgriffe** *M* Stoffe, die → Neutronen stark absorbieren u. dadurch die Kernr.tion in Kernr.toren zum Stillstand bringen; **R.torgleichung** *w* math. Beschreibung der R.tordynamik

Real| *s* (lat.) ↑ Aufnahme mit Personen o. wirkl. vorhand. Gegenständen; **R.definition** *w* → Definition; **R.dreh** *m* = R.; **R.einkommen** *s* durch einen Preisindex berein. → Nominaleinkommen (= wirkl. Kaufkraft des Geldes); **R.gar** *m* rotes Mineral aus Arsensulfid

Realignment *s* (e.: *rî:elain-*) multilater. Neuordnung der Wechselkurse im sog. → Smithonian-Agreement (1971)

Real|investition *w* Verwandlung von Geld- in Sach-/R.kapital; **R.isations:prinzip** *s*: Gewinne dürfen erst dann ausgewiesen werden, wenn sie realisiert wurden; **R.isierung** *w* ↑ Verwandlung von Sachgütern (Waren) in Geld; **r.istisch** → Abschreckung; **R.itätsverlust** *m* Einbuße der Fähigkeit, zw. Vorstellungen u. Gegebenheiten zu unterscheiden; **R.kapital** *s* Sachkapital (Maschinen–Anlagen–Gebäude u. dgl.) eines Unternehmens (einer Wirtschaft; Ggs.: Geldkapital); **R.konkurrenz** *w* = → Tatmehrheit; **R.kredit** *m* durch Sachen abgesich. Kredit (Mobilien, Immobilien, Forderungen usw. können verpfändet o. sicherungsübereignet werden; Ggs.: → Personalkredit); **R.last** *w* Belastung eines Grundstücks mit dem Recht des Begünstigten auf wiederkehr. Leistungen (in Natural- o. Geldform) aus dem Grundstück; **R.lohn** *m* in Kaufkraftgrößen ausgedr. Lohn (Ggs.: → Nominallohn *m*); **R.obligation** *w* Pfandbrief; **R.politik** *w* an den Tatsachen orient. Politik; **R.prinzip** *s* → Budgetgliederung; **R.speicher** *m* = → Arbeitsspeicher; **R.steuer** *w* in Vermögensgegenständen begründete Steuer, = **Objektsteuer** *w*; **r.-time-Verfahren** *s* (e.: *ri:el-teim-*) → R.zeitverfahren, = **r.-time-processing; R.trick** *m* Trickaufnahme mit Personen o. wirkl. Gegenständen; **R.versteuerung** *w* = → Objektsteuer; **R.verzinsung** *w* → Rendite; Ggs.: → Nominalverzinsung; **R.wert** *m* wirkl. Wert eines Gegenstandes (Ggs.: [Nominal-]Wert: in Geldgrößen ausgedrückt); **R.zeitverfahren** *s* = → Echtzeitverfahren *s*

Reanimation *w* (KW, lat.) Wiederbelebung

Reassekuranz *w* (KW, lat.) Rückversicherung

Recall| *m* (e.: *rikoll*) Taste am → Taschenrechner, mit der ein → Speicherinhalt in die Anzeige gebracht wird (⟨ *R, REL, MR*); **R-Test** *m* soll die Erinnerungswirkung eines Produkts (einer Anzeige) ermitteln

Receiver *m* (e.: *rißiwer* = Empfänger) Rundfunkempfänger u. Verstärker in einem Gerät (ohne Lautsprecher)

Recessus, -zessus *m* (lat.) Ausbuchtung, Vertiefung (meist in Hohlorganen)

Rechen|baum *m* → Diagramm, das die Reihenfolge von Einzelschritten in einer größeren Rechnung veranschaulicht; **R.mittelfunktion des Geldes** *w* Fähigkeit des Geldes, als gemeins. Nenner vieler versch. Leistungen u. Güter zu dienen; **R.operation** *w* = → Verknüpfung; **R.schieber** *m* = **R.stab** *m* ermöglicht, Multiplikationen, Divisionen u. a. (höhere) R.operationen mit reellen Zahlen auszuführen (benutzt logarithm. Rechnen; fast ganz vom elektron. Taschenrechner verdrängt); **R.werk** *s* Bestandteil der → Zentraleinheit einer → DVA; **R.zentrum** *s* organis.-räuml. Einheit mit DVA

recherchieren (*-sch-*) Ermittlungen anstellen (*w:* **Recherche** [*-sch-*])

Rechner| *m* alle automat. Datenverarbeitungsanlagen vom einf. Taschenr. bis zur Großrechenanalge; **R.famili:e** *w* Serie von R.n

Rechnung|s:abgrenzung *w* zeitl. Zuordnung von Einnahmen u. Ausgaben zu dem R.sjahr, dem die Entstehung geschuldet ist; **R.s:einheit** *w* in der EG Bezugsgröße für die Währungen aller teilnehm. Länder bei innergemeinsch. Finanztransaktionen (seit 1. I. 79 ersetzt durch ERE ⟨ Europ. R.einheit); **R.sjahr** *s* Geschäfts-, Haushaltsjahr; **R.skammer** *w* Verwaltungsprüfstelle des öfftl. R.swesens, = **R.s:hof** *m*; **R.slegung** *w* system. Zusammenstellung aller Einnahmen u. Ausgaben, geglied. nach Herkunft o. Verwendung; **R.s:prüfer** *m* Bücherrevisor; **R.swesen** *s* Finanzbuchhaltung des Unternehmens, wert- u. mengenmäß. Erfassung u. Auswertung der Geldbewegungs- u. Leistungserstellung

Rechts|ablenkung *w* ↑ die unter dem Einfluß der → Corioliskraft infolge der Erdrotation erfolg. Ablenkung eines frei auf der Erdoberfläche bewegten Körpers von seiner gradlin. Bahn nach r. (nördl. Halbkugel; statt dessen auf südl. Erdhalbkugel: Links:ablenkung); **R.aufsicht** *w* Pflicht einer Behörde, eine andere auf die Rechtmäßigkeit ihrer Tätigkeit zu überwachen (Ggs.: → Fach:aufsicht); **r.fähig** berechtigt, Rechte u. Pflichten auszuüben; **R.form** *w* Unterscheidungen in der Unternehmensform hinsichtl. der Haftung der Eigentümer, der Kapitalausstattung u. der Eigentümerstruktur (mögl. Formen: Einzelunternehmung, Personen-, Kapitalgesellschaften u. a.); **R.geschäft** *s* Ergebnis einer auf eine R.wirkung abziel. privat. Willenserklärung; **R.güter** *M* Güter, zu deren Schutz auf das Recht zurückgegriffen werden kann; **R.kraft** *w* Freigabe des Urteils zur Vollstreckung; **R.mittel** *s*

Versuch, eine noch nicht r.kräftige Entscheidung durch Nachprüfung durch eine höh. Instanz zu beseitigen; **R.mittelbelehrung** *w* Hinweis auf Beschwerde-, Berufungs-, Anfechtungsmöglichkeiten einer noch nicht r.kräftigen Entscheidung; **R.norm** *w* staatl. geschützte soz. Norm; **R.verkehr** *m* ↑ Vorschrift, die rechte Straßenseite zu benutzen; **R.weg** *m* gerichtl. Verfahren (Ggs.: Verwaltungsweg)

Recital *s* (e.: *risaitl*) Einmannprogramm

Recognition Test *m* (e.: *rikognischn-*) Methode zur Ermittlung der Erinnerungswirkung einer Anzeige o. dgl.

Recorder *m* (e.: *rik-*) Wiedergabe-, Tonbandgerät, Plattenspieler

Recycling *s* (e.: *rißaiklin̄*) Wiedereinschleusen in einen Kreislauf; Wiederverwertung von Abfallstoffen; Rückführung der von den Erdöl export. Ländern eingenomm. Gelder in Wirtschaften der Erdöl importier. Nationen

Redaktion|sgeheimnis *s* Zeugnisverweigerungsrecht für Journalisten (an Presse u. Rundfunk); **R.s:statut** *s* Mitbestimmungsvereinbarung in R.en

Red:integration *w* (KW, lat.) Wiederherstellung

Rediskont| *m* (KW) Weiterverkauf von → diskontierten Wechseln durch eine Geschäfts- an die Noten-, Bundesbank; *ZW*: **r.ieren**

Redistribution der Einkommen *w* Neuverteilung (Nivellierung) der Einkommen mit Hilfe der Besteuerung

Redox|-Indikatoren *M* (KW) Stoffe, die durch Färbung Anwesenheit u. Stärke von **Red**uktions- u. **Ox**idationsmitteln in einer Lösung anzeigen; **R.potential** *s* Maßzahl für die reduz. o. oxidier. Wirkung einer Lösung; **R.-Reaktionen** *M* chem. Reaktionen, die eine → Reduktion u. eine → Oxidation einschließen; **R.-Systeme** *M* zu R.-Reaktionen befäh. Stoffgemische

Redress|ement *s* (fr.: *-man̄*) Wiedereinrenkung, -richtung; **r.ieren** rückgängig machen

Reduktion| *w* (lat.) ↑ unter Aufnahme von Elektronen verlauf. chem. Reaktion; Umrechnung eines Meßwertes auf and. Meßbedingungen als die wirkl. herrschenden (z. B. eines Gasvolumens auf einen and. Druck); **R.sdiät** *w* kalorienarme Diät bei Übergewicht; **R.smittel** *s* Atomart, die bei chem. Reaktionen Elektronen abgibt; Verbindung, die diese Atomart enthält

Redundanz *w* (lat., = Überfluß) Teil einer Nachricht ohne Informationsgehalt; Verhältnis aus Anzahl benutzter u. notwendiger Zeichen zur Kennzeichnung einer Information

Reefer *m* (e.: *rîfr*) Drogenzigarette

re:elle| Funktion *w* Funktion, deren → Definitions- u. Wertemenge aus r.n Zahlen besteht; **r. Zahl** *w* rationale o. irrationale Zahl

Re-Entry *w* (e.: *rî äntrî*) Rückkehr aus dem Drogenrausch

Re:export *m* (lat.) Ausfuhr importierter Waren

REFA ⟨ **R**eichsausschuß **f**ür **A**rbeitszeitermittlung (seit 1924; nach 1945: REFA-Verband für Arbeitszeitstudien u. Betriebsorganisation e. V.; Ziel: Verbesserung = Effektivierung der Arbeitsabläufe durch Beobachtung u. Zerlegung von Arbeitsvorgängen in ihre Elemente); → Arbeitsbewertung, -studi:en

Refakti:e *w* (lat.-nl.) Gewichts- o. Preisabzug wegen beschädigter o. unbrauchb. fehlerhafter Waren

Referate|organ *s* period. erschein. Zusammenfassung der in einem best. Zeitraum erschien. Fachveröffentlichungen eines Wissensgebiets in kurzen Zusammenfassungen (= **R.n**), = **R.zeitschrift** *w*

reference Group *w* (e.) = → Bezugsgruppe

Referen|dum *s* (lat.) Volksabstimmung; **R.z** *w* Empfehlungen; Unternehmen (Personen), die dem Vertragspartner genannt werden, um Erkundigungen einzuholen; **R.zperiode** *w* Zeitspanne, auf die Bezug genommen wird

Refinanzierung *w* (KW) Aufnahme von Mitteln zur Kreditgewährung (z. B. Verschuldung der Geschäftsbanken bei der Notenbank)

Reflation *w* (lat.) währungspolit. Maßnahme zur Steuerung des Konjunkturverlaufs (die Erhöhung der umlauf. Geldmenge soll den Schäden der → Deflation entgegenwirken, sie beheben)

Reflekt|ant *m* (lat.) Bewerber, potentieller Käufer (Pächter, Bieter); **R.or** *m* Vorrichtung, die Strahlen o. Wellen zurückwirft (für Lichtstrahlen z. B.: Spiegel); Spiegelfernrohr für astronom. Zwecke; Teil der Hülle eines Kernreaktors, der den Ausfluß von Neutronen verringert, indem er sie ins Reaktorinnere zurückprallen läßt. – **Reflex|** *m* → bedingt; **R.ion** *w* ↑ Zurückwerfen von Wellen- o. Teilchenstrahlen an der Grenzfläche zw. 2 versch. Medien; **R.ionsgesetz** *s* naturges. Zshg. zw. Lage einer reflektier. Fläche eines einfall. u. des reflektierten Strahls bei der R.ion; **r.iv** ↑ jedes Element einer → Relation sich selbst zuordnend; **R.schaltung** *w* Verwendung einer Elektronenröhre zur gleichzeit. Verstärkung hoh. u. nied. Frequenzen

Reforming-Verfahren *s* Methode zur Verbesserung der Octanzahl von Treibstoffen durch katalyt. Molekülumlagerung

Refrakt|ion *w* (lat.) = → Lichtbrechung; alle Brechungswerte aller opt. Medien im Verhältnis zur Achsenlänge des Auges; **R.ometer** *s* Gerät zur Bestimmung des → Brechungsindexes von Substanzen; **R.or** *m* astron. Fernrohr mit einer Linse(ngruppe) als → Objektiv

Refrigerator *m* (KW, lat.) Kältemaschine

refüsieren (fr.) Annahme von Waren verweigern, abschlagen

Reg.-Bez. ⟨ **Regierungsbezirk**

Regelation *w* (lat.) Auftauen von Eis bei Druckausübung u. sein Wiedergefrieren bei Entfernung des Drucks

Regel|(an)frage *w* Routinenachfrage nach dem polit. Vorleben von Behördenanwärtern beim → BND; **R.kreis** *m* aus → Meßorgan, Regler u. → Stellorgan besteh. Vorrichtung zur selbsttät. Steuerung von (techn.) Vorgängen in einem gewünschten Sinn; **R.mechanismen** *M* autom. Einsatz best. Instrumentarien beim Eintreten best. Konstellationen; **R.stäbe** *M* aus neutronenabsorbier. Stoffen (Bor, Cadmium) besteh. Stäbe, die bei Einführung in einem Kernreaktor die Kettenreaktion zurückdrängen o. unterbrechen u. zur Steuerung des Reaktors dienen; = → Trimmstäbe; **R.studi:enzeit** *w* staatl. vorgeschrieb. (durchschnittl.) Studiendauer; **R.transformator** *m* Transformator mit angezapften Wicklungen zur Einstellung versch. Spannungen

Regen|anlage *w* Spreng-, Feuerlöscheinrichtung; = → Sprinkler **R.bogenpresse** *w* unterhalt. Wochenzeitschrift (mit Gesellschaftsklatsch)

Regenerat| *s* (lat.) gereinigte, zur Wiederverwendung aufbereit. Abfallstoffe (wie Glas, Kunststoff); **R.ion** *w* ↑ Gewebserneuerung nach Verletzungen o. zehrenden Krankheiten; Wiederwachstum nach operat. Teilentfernung (z. B. der Leber); **R.ivfeuerung** *w* Heizung durch off. Flammen, die mit im R.or vorgewärmter Luft unterhalten werden; **R.or** *m* ↑ Wärmespeicher. – **regenerieren** wiederherstellen

Regiebetrieb *m* (lat.-fr.: *rêschî-*) öffentl. Unternehmung mit gewerbl. Charakter

Regional|banken *M* Kreditinstitute mit ledigl. r.er Bedeutung; **R.fonds der EG** *m* dient der Unterstützung einkommensschwacher Regionen der Gemeinschaft (seit 1975; Bezuschussung von Investitionen zur Schaffung von Arbeitsplätzen); **R.ismus** *m* Versuch von Nationalstaaten eines Wirtschaftsraumes, wirtsch. Integration zu erreichen (Ausprägungen z.B. EG – EFTA – COMECON); **R.politik** *w* Maßnahmen einer Regierung zum Ausgleich der auf die Region zurückgeh. wirtsch. Unterschiede

Regist|er *s* (lat.) ↑ amtl. Verzeichnis best. Rechtsverhältnisse (bei Gerichten usw. geführt: Handels-, Vereinsr.er, Grundbuch, Schiffsr.er u. dgl.); Speicherplatz für kleine → Informationseinheiten; Speicher des Taschenrechners (z. B. zur Speicherung einer eingegeb. Zahl o. eines Zwischenergebnisses); **R.ergericht** *s* für die Führung des R.ers zuständ. Gericht; **R.ertonne** *w* Maßeinheit zur Berechnung des Rauminhalts von Schiffen (⟨ *RT*; 1 RT = 2,8316 m^3); **r.ered** (e.: *redschißterd*) in ein R.er eingetragen; patentiert, gesetzl. geschützt; **R.ervergaser** *m* in 2 Stufen arbeit. Kraftstoffvergaser für Ottomotoren (2. Stufe im Vollastbereich zugeschaltet, erhöht die Leistung); **R.ratur** *w* Aufbewahrungsort für Schriftgut, Karteien, Akten

Regnerleitung *w* Wasserleitung auf freiem Feld zum Anschluß von Vorrichtungen zur künstl. Beregnung

Regre|ß *m* (lat.) Verfahren, bei dem ein ersatzw. Haftender Ansprüche an den Hauptschuldner stellt, Rückgriff; **R.ssion** *w* stellt Wirkungszusammenhang einer Variablen mit einer abhäng. Größe her; → Reversion; **R.ß:pflicht** *w* Ersatzpflicht

regul|a falsi *w* (lat.) Näherungsverfahren zur Bestimmung von → Nullstellen; **r.är** ↑ zum kubischen Kristallsystem gehörend; **R.ativ** *s* ↑ regelnde Verordnung; **R.us** *m* ↑ bei der Verhüttung von Erz zusammengeschmolz. Metallklumpen

Rehabilitation *w* (lat.) ↑ Wiedereingliederung (in die Gesellschaft)

Rehaut *m* (fr.: *reô*) lichte Stelle auf Bildern

Reib|ahle *w* Schlosserwerkzeug zum Erweitern von Bohrungen; **R.schale** *w* chem. Laborgerät zum Zerkleinern stück. Stoffe; **R.ungsbahn** *w* = →

Adhäsionsbahn; **R.ungsbeiwert** *m* = **R.ungsko:effizi:ent** *m* R.ungskraft geteilt durch zw. den beiden reib. Körpern herrsch. Andruckkraft; **R.ungskupplung** *w* Maschinenelement zur Übertragung von Drehmomenten mit 2 aneinandergepreßten Metallscheiben mit verschleißfesten Belägen (eine Metallscheibe nimmt die andere durch Haftreibung mit; durch Auseinanderrücken der Scheiben läßt sich die Verbindung lösen); **R.ungsverlust** *m* durch Umwandlung in R.ungwärme verlorengeh. mechan. Energie; **R.ungswärme** *w* bei R.ungsvorgängen durch Umwandlung von mechan. Energie entsteh. Wärme

Reichgase *M* methanhalt. gasförm. Treibstoffgemische für Verbrennungsmotoren

Reichweite *w* ↑ durch eine Publikation erreichter Bevölkerungsanteil

Reifenkord *m* Gewebeeinlage für Kfz-Reifen

Reifglätte *w* Straßenglätte durch Rauhreif

Reihe| *w* ↑ → R.nschaltung; → statistisch; **R.nfertigung** *w* Produktionsverfahren, dessen einz. Phasen zu einem kontinuierl. Prozeß verbunden wurden (z. B. Fertigung mit Fließband); **R.nhaus** *s* Ein-, Zweifamilienhaus im Bauverbund mit gleichart. Häusern; **R.nrückgriff** *m*: der Inhaber eines notleid. Wechsels hält sich an die Vorhaftenden in der R.nfolge, in der sie sich verpflichteten, → Regreß zu leisten; **R.nschaltung** *w* elektr. Schaltung, bei der eine Spannungsquelle mehr. Verbraucher speist (diese bilden eine R., in der der Pluspol des einen jeweils mit dem Minuspol des nächsten verbunden ist); → Hintereinanderschaltung; → Seri:e(nschaltung); **R.nschlußmotor** *m* = → Hauptschlußmotor; **R.n:untersuchung** *w* mediz. Untersuchung einer Personengruppe

Re|import *m* (lat.) Wiedereinführung ausgeführter Güter; **R.implantation** *w* Wiedereinpflanzung

Rein|elemente *M* chem. Elemente, von denen nur ein natürl. → Isotop besteht; **R.ertrag** *m* Überschuß der Erträge über den Aufwand (Rohertrag abzügl. der Kosten); **R.gewicht** *s* Nettogewicht (Bruttogewicht abzügl. Verpackungsmaterial = Tara); **R.gewinn** *m* = → Reinertrag; am Abschluß des Geschäftsjahrs ungeteilt u. gesondert auszuweis. Jahresgewinn (AG); **R.igung** *w* → chemisch

Re:integration *w* (lat.) Wiedereingliederung

Rein|verlust *m* negat. Ergebnis des Geschäftsjahres (Ggs.: → R.gewinn); **R.vermögen** *s* Gesamtvermögen abzügl. der Schulden

Re:investition| *w* (lat.) Wiederanlage freiwerd. Kapitalbeträge in Produktionsanlagen etc. (führt möglicherweise zur Ausdehnung der Produktion; → Lohmann-Ruchti-Effekt); **R.srücklage** *w* Erlöse aus Anlageverkäufen, die re:investiert werden sollen (unter best. Voraussetzungen steuerbegünst.)

Reise| *w* = → Trip; **R.scheck** *m* Zahlungsmittel (ausgestellt von Banken, einlösbar bei anderen, auch ausländ. Kreditinstituten, meist auf 50,–, 100,– u. 500,– DM lautend; durch zweifache Unterschrift des Begünstigten [bei Ausstellung u. Einlösung] hohe Sicherheit), = **Travellerscheck** *m*

Reiß|blei *s* = → Graphit; **R.festigkeit** *w* zum Zerreißen eines Körpers notwend. Kraft geteilt durch eine Querschnittsfläche; **R.länge** *w* Maßzahl für das Festigkeits-Gewichts-Verhältnis von Fasern u. Fäden (Länge, bei der ein frei häng. Faden unter seinem eig. Gewicht zerreißt)

Reit|stock *m* ↑ Drehbankteil (zw. ihm u. dem → Spindelstock wird das Werkstück eingespannt); **R.wechsel** *m* Wechsel, dem kein Warengeschäft zugrunde liegt (meist durch Diskontierung eines neuen Wechsels abgelöst; dient der Beschaffung flüss. Mittel)

Reiz|faktor *m* Ding, das nach Größe, Intensität, Bewegung, Kontrast, Farbig-, Neuartigkeit u. ä. auffällt; **R.schwelle** *w* schwächste Einwirkung auf ein Sinnesorgan, die noch eine Wahrnehmung auslöst; → Schwelle; **R.stoff** *m* Giftstoff, der für kurze Zeit unangen. Wirkungen am Organismus hervorruft (z. B. durch R.en der Schleimhäute), nach deren Abklingen aber keine Veränderungen zurückbleiben; **R.überflutung** *w* biol. Übermaß an Wahrnehmungsr.en

Rekombination| *w* (lat., = Wiedervereinigung) ↑ Vereinigung zweier sich ergänz. Teilchen (z. B. zweier → Radikale o. eines → Kations mit einem Elektron), = → Wiedervereinigung; **R.sleuchten** *s* durch R. von posit. mit negat. Ladungsträgern hervorgeruf. Lichterscheinung, = **R.s:strahlung** *w*

Rekordspritze *w* teilb. Injektionsspritze mit Glaszylinder u. eingeschliff. Metallkolben

Rekta|indossament *s* (*-mañ*): die Übertragung auf andere verbiet. Vermerk auf Wertpapier, = **R.klausel** *w* („nicht an Order"); **r.l** (lat.) durch den Mastdarm; → Suppositorium; **R.papier** *s* Wertpapier, das eine genannte Person als Berechtigten ausweist; = → Namenspapier; **R.scheck** *m* Scheck mit negat. Orderklausel (→ R.papier)

Rekt:aszension *w* (KW, lat.) eine der Koordinaten zur Beschreibung der Position von Himmelskörpern relat. zum ird. Beobachter

Rektawechsel *m* Wechsel mit negat. Orderklausel (aufgrund des Übertragungsverbots – in der Regel nicht von Kreditinstituten angekauft)

Rektifi|kation *w* Verfahren zur Trennung verdampfb. Stoffe durch wiederholtes Destillieren u. part. → Kondensieren (alle Schritte mit Hilfe der **R.kationskolonne** *w* o. **R.ziersäule** *w* zu einem Arbeitsgang zusammengefaßt); **r.zierbar** mit bestimmb. Länge (r.e Kurve)

Rektoskop *s* (KW) Mastdarmspiegel

Rekuperator *m* (KW, lat.) Wärmeaustauscher mit getr. Strömungskanälen für das kühl. u. das heiz. Medium, die ihn gleichzeit. durchströmen

Rekursi|on *w* (lat.) Berechnung eines Wertes mit einer **R.onsformel** *w* aus dem vorhergeh. Wert; **r.v** ↑ durch R.onsformel berechenbar

Relais| *s* (fr.: *relä*) auf elektr. Wege betät. Schaltvorrichtung (i. a. mit Strömen geringer Leistung, um Stromkreis für höh. Leistungen ein- u. auszuschalten); **R.röhre** *w* Elektronenröhre, die sich wie ein R. als elektr. betät. Schalter benutzen läßt; **R.station** *w* ↑ Zwischenstelle zur Weiterleitung von (Funk-) Nachrichten

Relat|ion *w* ↑ (lat.) Beziehung zw. den → Elementen zweier → Mengen (Elementen der einen werden Elemente der and. o. derselb. Menge zugeordnet); **r.iv** → absolut; vom Standpunkt u. Bewegungszustand des Beobachters abhängig; auf eine best. Grundzahl, -eigenschaft, -funktion o. ä. bezogen; **r.ive biolog. Wirksamkeit** *w* Quotient der Bestrahlungsdosis zweier versch. Strahlungsarten bei gleicher biol. Wirkung; **r.ive Dämpfung** *w* → Dämpfung; **r.ive Deprivation** *w* → Deprivation; **r.ive Einkommens:hypothese** *w* Versuch, den Verbrauch eines Konsumenten aus seiner Position in der Einkommenshierarchie abzuleiten; **r.ive Feuchtigkeit** *w* Feuchtigkeitsgehalt der Luft geteilt durch den bei der jeweil. Temperatur höchstmögl. Feuchtigkeitsgehalt; **r.ive Häufigkeit** *w* → Häufigkeit; **r.ive Viskosität** *w* → Viskosität der Lösung einer → polymeren Substanz geteilt durch die Viskosität des reinen Lösemittels (Maßzahl für das Molekulargewicht des polymeren Stoffes); **r.iver Extremwert** *m* → Extremwert; **r.iver Preis** *m* Preis eines Gutes A, ausgedrückt in der dafür einzutausch. Menge des Gutes B; **r.ives Gehör** *s* Fähigkeit, Intervalle u. Harmonien zu treffen; **R.ivismus** *m* Lehre, nach der über best. (psychol., philos., physik.) Gegebenheiten keine verbindl. Angaben gemacht werden können, sondern daß diese Angaben je nach dem Standpunkt des Beobachters verschieden ausfallen müssen (in der Physik liegen dem R.ivismus exakte u. reproduzierbare Erfahrungen zugrunde, deren log. Zsfssg. zur R.ivitätstheorie führte); **r.ivistisch** ↑ sind Eigenschaften von Körpern u. → Feldern, die nur bei extrem schneller Bewegung (mit annäh. Lichtgeschwindigkeit) beobachtb. sind u. sich nur mit der R.ivitätstheorie erklären lassen; **R.ivität** *w* → r.iv; → R.ivismus; **R.ivitäts:theorie** *w* (A. Einstein, 1905) log. Zusammenfassung u. math. einheitl. Formulierung einer Reihe von physik. Erfahrungen, die sich mit den klass. Anschauungen von einer vorgegeb. absol. Struktur von Raum u. Zeit nicht in Einklang bringen ließen, sondern nur dadurch erklärt werden können, daß jede Erfahrung von Raum u. Zeit r.iv ist (im Zentrum: Prinzip von der Konstanz der Lichtgeschwindigkeit)

Relax| *m, s* (e.: *rîläx*) Entspannung; **R.ation** *w* (lat.) Rückkehr eines unter elast. Spannung steh. o. durch elektr. o. magnet. Felder polaris. Körpers in den Normalzustand; *ZW:* **r.ieren**

Release-Zentrum *s* (e.: *rilîs-*) Drogenheilstätte

Reliabilität *w* (lat.-e.) Zuverlässigkeit eines psychol. Tests

REM ⟨ → **R**asterelektronen**m**ikroskopie. – **rem** ⟨ (e.) **R**öntgen **e**quivalent **m**an (= die Strahlungsdosis, die in ihrer physiol. Wirkung auf den menschl. Organismus einem → Röntgen entspricht)

Remake *s* (e.: *rîmêk*) Neuverfilmung

Remanenz| *w* (lat.) ↑ höchstmögl. Magnetisierung, die nach Ausschaltung äuß. Magnetfelder in einem → ferromagnetischen Werkstoff zurückbleibt; **R. der Kosten** *w* → Kostenremanenz

Rembours|geschäft *s* (fr.: *rañbûr-*) Begleichung von Forderungen aus überseeischen Geschäften unter Mitwirkung eines Kreditinstituts; **R.kredit** *m* R.geschäft, bei dem dem Importeur von der beteil. Bank Kredit gewährt wird

Remedium *s* (lat.) bei der Münzenprägung zuläss. Toleranz im Gewicht u. Feingehalt der Münze

Remission *w* (lat.) der Teil der auf eine Fläche fall. Strahlungsmenge, der von ihr zurückgeworfen wird; vorübergeh. Zurückgehen von Krankheitserscheinungen

Remitten|den *M* (lat.) Bücher, Zeitschriften u. ä., die dem Verleger als unverkäuflich zurückgeschickt werden; **R.t** *m* Wechselnehmer; der, an den o. auf dessen Order der Wechselbetrag bei Fälligkeit gezahlt werden soll

remonetisieren (lat.) Sachgüter in Geld rückverwandeln

Rendement *s* (lat.-fr.: *-mān*) Verhältnis der reinen Bestandteile zum Gesamtgewicht eines Rohstoffs (z. B. Roheisen : Erz)

Rendezvous-Manöver *s* (fr.: *rañdêwû-*) ↑ Zusammenkopplung von Raumschiffen

Rendite *w* (lat.-it.) tatsächlicher Gesamtertrag angelegten Geldes als Prozentsatz der Anlagesumme (Berücksichtigung von Ausgabekurs, Kurs u. Zinssatz o. Dividende; Berechnung: R = Nominalzins x 100 : Kurswert)

Rennformel *w* techn. Vorschriften für Rennwagen

Rentabilität *w* (fr.) Verhältnis des Periodengewinns zum Kapitaleinsatz

Rent|e *w* (lat., fr.) an best. Zeitpunkten regelm. wiederkehr. Zahlungen, die nicht auf Arbeitsleistung beruhen, sondern in Rechtsansprüchen begründet sind; → dynamisch; **R.en** *M* alle festverzinsl. Wertpapiere; **R.en:anleihe** *w* Anleihe des Staates ohne Tilgungsverpflichtung; **R.en:anpassung** *w* Angleichung der Höhe der Sozialr.en an die wirtsch. Entwicklung (= **Dynamisierung der R.en** *w*); **R.en:anpassungsbericht** *m* von der Bundesregierung jährl. zu erstell. Bericht über die geschätzte finanz. Lage der versch. R.enversicherungsträger für die zuk. 15 Jahre; **R.en:einkommen** *s* alle in Rechtsansprüchen begründ. Besitzeinkommen u. Sozialr.en; **R.enformel** *w* Abhängigkeit der Sozialr.enhöhe von der Leistung der Versicherten während des Berufslebens (seit 1957); **R.enmarkt** *m* Markt, an dem festverzinsl. Wertpapiere gehandelt werden (Teil der → Börse); **R.enpapiere** *M* → R.en; **R.enrechnung** *w* Rechenverfahren zur Ermittlung des Kapitalwertes unter Berücksichtigung des Zinssatzes u. der Laufzeit regelmäß. Zahlungen; **R.enreform** *w* Angleichung der Sozialversicherungsbeiträge u. -leistungen der Arbeiter- u. Angestelltenversicherungen (1957; 1972 Einführung der flexiblen Altersgrenze, der Mindestr.e u. der Öffnung für Selbständige u. Hausfrauen); **R.enschuld** *w* Grundschuld, bei der in regelm. Terminen eine best. Summe aus dem Grundstück zu zahlen ist (Eintragung ins Grundbuch!); **R.enwerte** *M* → R.en

Rep *m* (⟨ e. **rep**resentative) Vertreter; **rep** *s* (⟨ e. **r**oentgen **e**quivalent **p**hysical) Maßeinheit der absorbierten Strahlendosis; **rep.** ⟨ **rep**artiert; **Rep.** ⟨ **rep**etatur (auf Rezepten)

Reparat|ions:schädengesetz *s* (1969) regelt bes. die Entschädigung der wirtsch. Verluste natürl. Personen westl. der Oder-Neiße-Linie infolge zu leist. R.ionen; **R.urkosten** *M* Kosten, die bei der lauf. Instandhaltung von Maschinen, Anlagen, Geräten einem Unternehmen entstehen

Repartierung *w* (lat.) bei Überzeichnung von Aktien erfolg. Zuteilung der verfügb. Stücke

REPEAT...UNTIL-Anweisung *w* → Befehl in e. → Programm, der e. → ADVA veranlaßt, best. Anweisungen zu wiederholen, bis ein best. Ereignis eintritt; andere Wiederholungsanweisung: → WHILE...DO

Repellent *m* (e.: *ripell-*) Substanz zur Abschreckung tier. Schädlinge; = → Vertreibungsmittel

Reperkussion *w* (KW, lat.) Durchführung des Themas durch alle Stimmen; unabläss. Wiederholung des gleichen Tons

Reperto:ire *s* (fr.: *rêpertoar*) ↑ → Distribution

Report| *m* (lat.-fr.) ↑ Zinsaufschlag aus einem über dem → Kassakurs lieg. → Terminkurs beim Kurssicherungsgeschäft abgeleitet (vom Hereingeber von Stücken an den Hereinnehmer beim Rücklauf zu zahlen); **R.geschäft** *s* indir. → Prolongation eines Termingeschäfts (Verkauf von Wertpapieren [Stücken] zum Ultimo des lauf. Monats u. Rückkauf der gleichen Papiere zum Ultimo des folg. Monats), = **Prolongationsgeschäft** *s*

Reppe-Chemie *w* (d. Chemiker, 20. Jh.) Teilgebiet der organ.-techn. Chemie, das sich bes. mit der Synthese kompliz. Moleküle unter Verwendung von Acetylen u. Kohlenmonoxid als Ausgangssubstanzen beschäftigt

Repräsent|anz *w* (lat.) Auslandsvertretung eines Unternehmens; **r.ative Demokratie** *w* → Demokratie; **r.atives Mandat** *s* Verantwortlichkeit des Delegierten nur seinem Gewissen gegenüber; **R.ativ:erhebung** *w* Stichprobe (Teilerhebung), deren Ergebnisse stellvertr. für die Grundgesamtheit stehen (Ggs.: Voll:erhebung), = **R.ativumfrage** *w*

Reprint *m* (e.) fotomechan. Neu-, Nachdruck

Reprise *w* (fr.) ↑ Wiederholung (eines früh. Theaterstücks, Films, Musikstück[teil]s); Kurssteigerungen, die vorangegang. Verluste kompensieren

reprivatisier|en (KW) aus öfftl. Hand in Privatbesitz zurückbefördern; **R.ung** *w*

Reproduktion| *w* (lat.) ↑ Wiederherstellung (Neuproduktion) eines verschliss. Wirtschaftsgutes; **R.skamera** *w* Lichtbildgerät zur Vorbereitung von Druckvorlagen durch Fotografie; **R.skosten** *M* entstehen für die Wiederherstellung eines Gutes (wichtige Kalkulationsgröße; z. B. Arbeitslohn = Regeneration der menschl. Arbeitskraft für eine weitere Periode)

Repro|grafie *w* mit sichtb. o. ultraviol. Licht arbeit. Kopierverfahren; **R.kamera** *w* = → R.duktionskamera

Reptili:enfonds *m* polit. Geheimfonds

Repudiation des Geldes *w* (lat.) Zurückweisung des Geldes wegen zu geringer Kaufkraft (als Zahlungsmittel nicht akzeptiert; Folge der Inflation)

Repulsiv|beschleunigung *w* (KW) durch R.kraft verursachte Beschleunigung; **R.kraft** *w* von einem zentr. Punkt ausgeh. Abstoßungskraft

RES ⟨ **re**tikulo:endotheliales **S**ystem (Zellenabwehrsystem im Bindegewebegerüst des Körpers)

Research| *s* (e.: *rißötsch*) Markt-, Meinungsforschung, -umfrage; **R.er** *m* Markt-, Meinungsforschung durchführ. Person

Resektion *w* (KW, lat.) chirurg. Entfernung eines Organ(teil)s

Reserv|ation *w* (lat.) Rechtsvorbehalt; Schutzbezirk; **R.ebanken** *M* Banken mit internat. R.en; **R.erad** *s* = → Ersatzrad; **R.ewährung** *w* von Noten-(Zentral-)Banken als Teil der → Devisenr.en gehalten (vor 2. Weltkrieg: e. £, danach: US-Dollar, jetzt auch Schw. Franken, jap. Y, DM [ohne völl. Ablösung des US-Dollars])

Residu:um *s* (lat.) Überbleibsel, Rückstand, Rest

resisten|t (lat.) widerstandsfähig, unzerstörbar; **R.z** *w* natürl. Immunität gegen best. Krankheiten (Krankheitskeime)

Resite *M* (KW) hitze- u. chemikalienbest. → Phenol-Formaldehyd-Harz

Resole *M* (KW) schmelzb. u. lösl. → Phenol-Formaldehyd-Harze (wichtige Lackrohstoffe)

Reson|anz *w* (lat.) ↑ durch period. einwirk. äußere Kräfte angeregtes Mitschwingen eines schwingungsfäh. Gebildes (= R.ators. Frequenz der period. wirk. Kräfte muß annäh. gleich der Eigenfrequenz des R.ators sein); **R.anzteilchen** *M* instabile Elementarteilchen von extrem kurzer Lebensdauer; **R.ator** *m* → R.anz

resorbieren (lat.) Stoffe in die Blut- o. Lymphbahn aufnehmen

Resorcin *s* (KW) organ. Verbindung aus der Reihe der → Phenole

resoziali|sieren (KW) Straffällige soz. zurückgliedern; **R.sierung** *w* Besserung durch Strafvollzug

Respektfrist| *w* Frist, innerhalb derer ein Wechsel noch nach dem Verfalltage eingelöst werden kann (d. Wechselrecht kennt weder gesetzliche noch richterliche R.en)

Respir|ation *w* (lat.) Atmung; **R.ator** *m* Atemfilter (z. B. zum Schutz vor Staub); **R.o** *m* (it.) Zahlungsaufschub

Ressourcen *M* (lat.-fr.: *-ßurßen*) ↑ Mittel, die in die Produktion eingehen (ihr zur Verfügung stehen)

Rest| *m* ↑ Molekülteil; **R.aktivität** *w* Radioaktivität, die nach Abschaltung im Kernreaktor herrscht; **R.ant** *m* Schuldner im Zahlungsrückstand; ausgelostes o. angekündigtes, aber nicht abgeholt. Wertpapier; **R.everkauf** *m* Verkaufsveranstaltung an den letzten 3 Tagen eines Saisonschlußverkaufs; **R.famili:e** *w* Kleinfamilie nach Abschluß der Kindererziehung

Restitution| *w* (lat.) ↑ Wiedergutmachungsverpflichtung eines Staates für anderen widerrechtl. zugefügte Schäden (→ Reparation); **R.sklage** *w* = → Wiederaufnahmeverfahren (bei Unrichtigkeit der Urteilsgrundlagen)

Rest|klasse *w* Menge aller → ganzen Zahlen, die bei Division durch dieselbe Zahl denselben R. lassen; **R.klasse modulo a** *w* R.klasse bei Division durch a; **R.menge** *w* entsteht aus einer →

Menge durch Wegnahme von → Elementen; **R.nutzungsdauer** *w* verbleib. → Nutzungsdauer einer Anlage o. dgl.
Restrikt|ion *w* (lat.) Ein-, Beschränkung (z. B. des einer Wirtschaft verfügb. zu mach. Kreditvorkommens o. im Verkehr der Staaten untereinander: wirtsch. o. monetäre R.ionen); **r.ive Bedingungen** *M* Zustände, die ein neues Herrschaftssystem vorfinden u. die seine Reformpläne einschränken
Rest|schaden *m* auf Frühgeburt zurückführ. psych. o. neurolog. Störung; **R.wert** *m* verbleib. Wert einer Anlage o. dgl.; **R.wert:abschreibung** *w* Abschreibungsverfahren mit festem Abschreibungssatz (bezogen auf verbleib. [Buch-]Wert, führt daher zu immer geringeren Abschreibungsbeträgen, = **degressive Abschreibung** *w*
Retake *s* (e.: *ritêk*) Neuaufnahme
Retard|ation *w* (KW, lat.) Verlangsamung einer Entwicklung (Bewegung); **r.iert** verzögert
retikulo:endotheliales System *s* ⟨ → RES
Retorsionszoll *m* (lat.) Zoll als Vergeltungsmaßnahme gegen eine best. Handelspolitik anderer Staaten
Retoure *w* (lat.-fr.: *-tûr*) an Verkäufer zurückges. Ware
Retrieval *w* (e.: *ritrîwel*) Datenrückgewinnung (aus Datenarchiven)
retro|datieren (KW) zurückdatieren; **R.fraktiometer** *s* Gerät zur schnell(er)en Feststellung der Blutgerinnungsfähigkeit; **R.stellung** *w* umgekehrte Befestigung des Objektivs am Fotoapparat bei Makroaufnahmen
return| on investment (e.: *rîtörn-*) Ertrag der Investition; Ermittlung einer Kennzahl zur Bestimmung der Rentabilität (berücksichtigt: Gewinn, Umsatz, Investitionskosten, Erlöse u. Kosten); **r.s to scale** (*-skeil*) → Skalenerträge; **R.-Anweisung** *w* Befehl in einem Programm, der die DVA vom → Unter- ins Hauptprogramm zurückführt
revalorisieren (KW) (Währungs-)Wert wiederherstellen
Revalvation *w* (lat.) Aufwertung einer Währung gegenüber anderen (beabsicht. [Lehrbuch]Effekt: Verbilligung der Importe, Verteuerung der Exporte. Verschiedene diesem Effekt entgegenwirk. Faktoren sind bekannt)
Revenue *w* (fr.: *-nü*) Einkommen; Mehrwert; Umverteilung des gesellsch. Reichtums durch den Staat (durch Steuern u. a.)
revers|ibel (lat.) ↑ im Ablauf so vollständ. umkehrbar, daß nach Wiedererreichen des Anfangszustands keine Spuren existieren (streng genommen nicht existent); **R.ion** *w* häufigere Vererbung von Ahnen- als Elterneigenschaften bei Kindern (= **Regression** *w* = **Rückschlag** *m*)
Revirement *s* (fr.: *-mañ*) Umbesetzung von Staatsämtern; Abrechnung zw. Schuldnern u. Gläubigern
Revisionis|mus *m* (lat.) Bestrebungen der d. Sozialdemokratie, den Marxismus durch eine reformerische Komponente der Realität anzupassen; *m*: **R.t**
Revolution *w* (lat.) ↑ Umlaufbewegung der Himmelskörper
Revolving|-Kredit *m* (e.: revolving credit) Kredit, der entspr. der Leistungsentwicklung des kreditnehm. Unternehmens von diesem beglichen u. erneut in Anspruch genommen werden kann; **R.-System** *s* Finanzierung langfrist. Projekte durch Anschlußkredite
Reynold|s-Zahl *w* (e. Physiker, 19./20. Jh.) Kennzahl zur Charakterisierung von Flüssigkeits- u. Gasströmungen, = **R.sche Zahl** *w*
Reyon *s* (KW) ↑ Chemiefasern auf Cellulosebasis
Rezept|ion *w* (lat.) = → Empfangsbüro; **R.or** *m* Ggs.: → Effektor; **R.or:organ** *s* empfindungenvermitt. Hautschicht; **R.-packung** *w* Zusammenpackung aller zur Herstellung eines Gerichts notwend. Bestandteile
Rezess|ion *w* (lat.) Abschwungphase, Verminderung des wirtsch. Wachstums (= Abschwung); **r.iv** im Träger nicht immer aufscheinend, aber von ihm vererbbar (r.e Erbanlagen), überdeckt, -deckbar (Ggs.: dominant)
Rezidiv *s* (lat.) ↑ Rückfall; Wiederauftreten von Krankheitserscheinungen nach scheinb. Heilung
Rezipi:ent *m* (KW, lat.) → Adressat
Reziprozität| *w* (KW, lat.) Einräumung von (Zoll-)Sonderrechten nur bei Gegenseitigkeit; **R.s:prinzip** *s* handelspolit. Grundsatz: vereinb. Meistbegünstigung im zwischenstaatl. Handel bedingt entsprech. Gegenleistung
Rf-Wert *m* Maßzahl (kennzeichnet Verhalten eines Stoffes bei der → Chromatografie)
RGW ⟨ → **R**at für **g**egenseitige **W**irtschaftshilfe (= → COMECON). – **Rh** ⟨ → **Rh**odium. – **RH** ⟨ **r**echte **H**and. – **rh** → ⟨ **Rh**esusfaktor negativ
rheinisches Format *s* Standardformat für Zeitungen (Doppelseite 558 × 570 mm)

Rhenium *s* zu den Schwermetallen gehörendes selt. chem. Element (〈 *Re*)

Rheo|logie *w* (KW) Erforschung der Fließ- u. Verformungsvorgänge; = → Fließkunde; **R.metrie** *w* messende Erfassung der Fließ- u. Verformungsvorgänge; **r.plex** Fließwiderstand bei Ansteigen der Fließgeschwindigkeit vergrößernd; *w*: **R.plexie; R.stat** *m* veränderl., genau auf einen best. Wert einstellb. elektr. Widerstand

Rhesus|affe (altthrak. König) meerkatzenartiger Makak:affe (beliebtes Versuchstier); **R.faktor** *m* erbl. Blutkörperchenmerkmal (〈 **Rh-Faktor** *m*)

rheumatisches Fieber *s* wandernde Entzündung bes. bei Kindern u. Jugendlichen (schmerzhafte Gelenk:rötung u. -schwellung, entzündl. Knötchenbildung an Herzmuskel, -klappen, -beutel)

RHO 〈 → **R**eichs**h**aushalts:**o**rdnung

Rhodan|ide *M* Salze der **R.wasserstoffsäure** *w* Verbindung aus Kohlenstoff, Stickstoff, Schwefel u. Wasserstoff

rhodi|nieren (KW) mit dünner Schutzschicht aus → R.um überziehen; **R.um** *s* zu den → Platinmetallen gehör. chem. Element (〈 *Rh*)

rhythmische Antizipation *w* Beschwerung eines leichten Taktteils und Hinüberbindung zum folgenden schweren (Art Synkope)

Rial *m* 〈 → Rl

Ribo|flavin *s* (KW) zum Vitamin-B-Komplex gehör. Naturstoff (Wachstumsfaktor vieler Tiere u. Mikroorganismen); **R.nucle:insäuren** *M* neben den Desoxyribonucle:insäuren die 2. wichtige Gruppe von → Nucle:insäuren; **R.se** *w* Kohlenhydrat aus der Reihe der → Monosaccharide (wicht. Naturstoff; Molekülbaustein der R.nucle:insäuren)

Ricardo-Effekt *m* (e. Ökonom, 18./19. Jh.) verstärkter Einsatz von Maschinen bei Lohnsteigerungen u. umgekehrt

Richardson|-Effekt *m* (e. Physiker, 19./20. Jh.: *ritsch-*) Elektronenaustritt aus Metallen in den Raum beim Erhitzen; **R.sches Gesetz** *s* naturges. Zshg. zw. der Temperatur des Metalls u. der Stromdichte der austret. Elektronen

Richt|antenne *w* für Sendung u. Empfang stellb. Antenne; **R.charakteristik** *w* Abhängigkeit der Empfindlichkeit (einer Antenne, eines Mikrophons o. dgl.) von der R.ung im Raum

Richter-Skala *w* (nach am. Seismologen, 20. Jh.) Erdbebenmeßskala

Richt|leiter *m* = → Gleichrichter; **R.lini:enkompetenz** *w* Befugnis, die Grundsätze des polit. Handelns zu bestimmen; → Grundgesetz; **R.mikrophon** *s* auf ein best. Geräusch ausrichtb. Mikrophon; **R.preis** *m* vom Hersteller empfohl. Endverkaufspreis; **R.stollen** *m* beim Tunnelbau zuerst vorgetrieb., später auf den Tunnelquerschnitt erweit. Stollen; **R.widerstand** *m* = → Impedanz

Rickettsi:e *w* → Fleckfieber (menschl. Infektionskrankheit, durch Läuse übertragen)

Riesen *M* ↑ Fixsterne mit außergewöhnl. großer Ausdehnung

Rifampicin *s* (KW) wicht. Antituberkulosemittel

rigid|e (lat.) steif, starr; **R.ität** *w* Starrheit (der Verhaltensweisen). – **Rigor** *m* Steife, Starre

Rimesse *w* (lat.-it.) gezog. Wechsel, vom Aussteller an seinen Warenlieferanten in Zahlung gegeben

Ring| *m* ↑ → Verknüpfungsgebilde mit 2 → Verknüpfungen, wenn best. Gesetze erfüllt sind; **R.beschleuniger** *m* runde Anlage zur Beschleunigung von Elementarteilchen

Ringerlösung *w* (e. Pharmakologe, 19./20. Jh.) Blutersatz

Ring|film *m* an den Enden zusammengeklebt. Filmstreifen zur ununterbroch. Betrachtung eines Bewegungsablaufs; **R.kern** *m* R. aus → Ferrit, der 2 versch. Magnetisierungszustände annehmen kann u. bei Abwesenheit äuß. Magnetfelder behält (zum Bau von Informationsspeicher für elektron. Rechenanlagen = **R.kernspeicher** *M*); **R.linse** *w* = → Fresnel-Linse; **R.verbindungen** *M* = → cyclische Verbindungen (organ. Verbindungen, deren Atome in geschloss. R.en angeordnet sind); **R.waage** *w* Gerät zur Messung u. kontinuierl. Überwachung niedr. Gasdrücke

Risiko|schub *m* (e.: risky shift) größ. Entscheidungsfreudigkeit in Gruppen als beim einzelnen; **R.verhalten** *s* (e.: risktaking behavior) individ. Disposition gegenüber Gefahren

Rispe *w* ↑ = → Fadenkreuz

Rißschwenk *m* schnelle Kamerabewegung um einen festen Drehpunkt

ristornieren (it.) ↑ zurückbuchen

Ritalin *s* (KW) Anregungsmittel

Ritratte *w* (it.) = → Rückwechsel

Ritzel *s* kleines Getriebezahnrad

R. K. 〈 **R**otes **K**reuz. – **Rl** 〈 **Rial** (iran. Währungseinheit). – **Rn** = → **R**ado**n**. –

RNA ⟨ e. ribonucle:ic acid (→ Ribonucleinsäure, ⟨ *RNS*)
Robertson-lag *m* zeitl. Verzögerung zw. Erhalt u. Ausgabe des Einkommens
Robinson-Bedingung *w* beschreibt bei Veränderungen der Wechselkurse Voraussetzungen für normale Reaktion der Leistungsbilanz (tritt um so eher ein, je kleiner die Angebots:elastizitäten im Export, je größer die Nachfrageelastizitäten im Import; → Wechselkursmechanismus)
Roboter| *m* ↑ (tsch.) automat. arbeit. Maschine; **R.arzt** *m* mediz.-diagn. Datenverarbeitungsanlage
Roburit *m* (KW, lat.) Sprengstoff
Rockwell-Härte *w* durch Eindrücken einer Nadelspitze in die Materialoberfläche gemess. Kennzahl (Charakterisierung der Härte von Werkstoffen)
Rodenticide *M* (KW) Mittel zur Vertilgung von Ratten, Mäusen u. a. Nagetieren
Rodinal *s* (KW) hauptsächl. aus Aminophenol besteh. fotograf. Entwickler
Roh|bilanz *w* vorläufige → Bilanz; Umsatzbilanz; **R.ertrag** *m* Bruttozuwachs in der Gütererzeugung ohne Berücksichtigung von Kosten u. Aufwendungen, = **Brutto:ertrag** *m* = **R.einnahme** *w* = **R.gewinn** *m*; **R.öl** *s* = → Erdöl
Röhre| *w* ↑ = → Elektronenröhre; **R.ngenerator** *m* Elektronenröhre, die Gleichspannungen in (hochfrequente) Wechselspannungen umwandelt; **R.ngleichrichter** *m* = → Gleichrichterröhre; **R.nvoltmeter** *s* Meßgerät für kleine u. mittl. elektr. Spannungen, die vor der eigtl. Messung durch eine → Elektronenröhre ggbf. gleichgerichtet werden
Roh|schnitt *m* 1. Zusammenstellung der gefilmten Szenen in der Folge des Drehbuchs; **R.stoffe** *M* unbearb. Naturmaterialien (bes. die durch Urproduktion gewonnenen); **R.stoff:abkommen** *s* internat. Abkommen zur Sicherung der R.stofflieferungen an die Industrienationen u. zur Erreichung von Preis- u. Erlösstabilisierungen für die export. Länder
Roll back *s* (e.: *-bäck*) Zurückdrängen der kommun. Einflußsphäre
Rollen|konflikt *m* psychol. Schwierigkeit bei Versuch, mehreren R. gerecht zu werden; **R.verhalten** *s* Verhalten gemäß einer best. gesellsch. Rolle
Roll|film *m* Ggs.: → Planfilm; **R.kur** *w* Heilmethode bei Magenerkrankungen (häufig Veränderung der Körperlage bewirkt Verteilung der schleimhautheil. Heilmittel); **R.steig** *m* = → Fahrsteig; **R.treppe** *w* auf Förderband bewegte Treppe
ROM ⟨ e.: read only memory (= Festspeicher in der → DVA)
Röntgen| *s* (d. Physiker, 19./20. Jh.) Maßeinheit für die Bestrahlungsdosis durch R.- u. Gammastrahlen; **R.-Analyse** *w* → R.-Strukturanalyse; **R.dermatitis** *w* Hautschädigung durch R.strahlen; **R.kastration** *w* → Kastration; **R.ogramm** *s* R.aufnahme; **R.ologe** *m* Facharzt für R.behandlung; **R.schichtverfahren** *s* R.aufnahme eines Organs in versch. Schichten; **R.-Struktur:analyse** *w* Ermittlung des Aufbaus von Kristallen durch Beugung von R.strahlen an den Atomen im Kristallgitter; **R.-ver:ordnung** *w* gesetzl. Bestimmung über den Schutz vor Schäden durch R.strahlen (1973)
Rooming-in-Prinzip *s* (e.: *rûmiñ-*) Beisammenbleiben von Mutter u. Kind auf Entbindungsstationen
Rorschach-Test *m* Tintenklecks:test (seit 1921, nach dem Schweizer H. Rorschach, 19./20. Jh.)
Rosenzweigtest *m* ein → projektiver Test
Rosesches Metall *s* (nach dem Erfinder v. Rose) bei ca. 95 °C schmelz. Legierung aus Wismut, Blei u. Zinn
rösten ↑ Erze durch Erhitzen unter Luftzufuhr oxidieren
Rotaprint *w* (KW) Druckmaschine mit Fettfarbband
Rota Romana *w* (lat.) höchst. kath. Gericht
Rotation| *w* (lat.) ↑ Veränderung der Reihenfolge der Listen usw. für Testpersonen; wiederholte Streuung einer Anzeigenserie; **R.s:energie** *w* Bewegungsenergie eines sich drehenden Körpers; **R.sformen** *M* Verfahren zur Herstellung von Hohlkörpern aus Kunststoffen o. Metallen; **R.s:induktor** *m* = → Erdinduktor; **R.sverdampfer** *m* chem. Laborgerät zum Eindampfen von Lösungen
Rot|blei:erz *s* mineral. Bleichromat; **R.eisenstein** *m* Erz aus Eisenoxid; **r.er Milanese** *m* mildes Haschisch; **r.es Licht** *s* Fußgänger-, Fahrzeugstopp durch Verkehrsampel
Rötel *m* erd. eisenhalt. Mineral (zur Herstellung von Zeichenstiften)
Rotel(tour) *w* (KW) (Busreise in) Autobusse(n) mit Bettkojen
Rot|gültig:erze *M* Gruppe silber- u. schwefelhalt. Minerale; **R.licht** *s* Langwellenlicht zur schon. Wärmebe-

handlung; **R.nickelkies** *m* mineral. Nickelarsenid

Rotor *m* (KW) = → Läufer; = → Drehflügel; = Flettner-Rotor

Rotspießglanz *m* antimonhalt. Mineral

Rotte *w* ↑ Zersetzung fester organ. Stoffe an der Luft zu Kompost

Rotverschiebung *w* die zum langwell. (roten) Ende des → Spektrums verschob. Lage der → Spektrallinien weit entfernter Himmelskörper (Rückschlüsse auf Bewegungszustand u. → Gravitationsfeld)

Round-Table-Konferenz *w* (e.: *raund têbl-*) Beratung Gleichberechtigter am runden Tisch

Roving *m* (e.) aus vielen Einzelfäden besteh. Strang (Textilfäden–Glasfasern vor der Weiterverarbeitung)

ROZ ⟨ **R**esearch-**O**ctan**z**ahl (nach einer best. Methode gemess. → Octanzahl von Kraftstoffen). – **RP** ⟨ (fr.) Antwort bezahlt. – **Rp** ⟨ **Ra**p**p**en (schw. Münze); ⟨ **Ru**p**i**ah (indones. Währung); ⟨ **r**eci**p**e (auf Rezepten). – **RPU** ⟨ **R**egionale **P**lanungsgemeinschaft **U**ntermain. – **RSFSR** ⟨ **R. S**ozialist. **F**öderat. **S**owjet**r**epublik. – **RT** ⟨ **R**egister**t**onne. – **Ru** ⟨ **Ru**thenium

Rubidium *s* (lat., = dunkelrot) zu den → Alkalimetallen zähl. chem. Element (⟨ *Rb*)

Ruchti-Effekt *m* → Lohmann-Ruchti-Effekt

Rück|buchung *w* falsche Buchung korrigier. Buchung; **R.bürge** *m* Bürge für → Regreßschuld; **R.flußkühler** *m* chem. Laborgerät; **R.griff** *m* ↑ Befriedigung der Ansprüche eines Wechselgläubigers durch die Vormänner, → Indosanten, den Aussteller (= die Wechselverpflichteten); = → Regreß; **R.koppelung** *w* Steuerung eines (kybernet., biol., physik. u. dgl.) Vorgangs dadurch, daß man ihn durch einen mit zeitl. Verschiebung ablauf. Folgevorgang beeinflussen läßt (z. B. durch Energier.führung; führt oft zu → period. Verlauf der von ihm gesteuerten Vorgänge; ermöglicht die R.wirkung eines Prozesses, der durch einen → Regelkreis gesteuert wird, auf den Regelkreis selbst); 3. Phase der Managerausbildung; → Delphinmethode; **R.kreuzung** *w* Kreuzung von Bastard mit Elternteil; **R.lage** *w* ↑ zur Dividendenkontinuität u. zum Gläubigerschutz durch Selbstfinanzierung zusätzl. gebild. Eigentum (bindet den Gewinn im Betrieb); **R.lauf** *m* Zurücklaufen des Geschützrohres nach dem Schuß; Unterschied zw. wirkl. zurückgel. Weg u. theoret. Weg des Antriebsmotors; **R.läufer** *m* unzustellb., daher an den Absender zurückgesandte Postsendung; **R.licht** *s* Signallampe hinten am Kfz (Fahrrad–Eisenbahnzug); **R.projektionswand** *w* Trickfilm vor durchscheinender, von hinten befilmter (bebildeter) Wand; **R.schlag** *m* = → Reversion; → weiß; **R.sprung:adresse** *w* Stelle im → Programm, an der bei einer Verzweigung die Bearbeitung fortgesetzt wird; **R.stand** *m* ↑ unbezahlter Rest einer Rechnung; Bodensatz, Abfall; **R.stau** *m* nach hinten wirk. Stau; **R.stellkraft** *w* Kraft, mit der ein aus dem stabilen Gleichgewicht gebrachter Körper in dasselbe zurückstrebt; **R.stellungen** *M* Verbindlichkeiten, die am Bilanzstichtag ihrem Entstehungsgrunde nach bekannt, aber nach Höhe u. Fälligkeit unbekannt sind; **R.stoß** *m* Kraft, mit der ein aus einem Gefäß ausström. Medium dieses in die entgegenges. Richtung drückt; **R.strahler** *m* R.licht, Katzenauge; **R.versicherung** *w* gemeins. Abdeckung bes. hoher Risiken durch mehr. Versicherungsträger (die Versicherung versichert sich bei einer andern zurück); **R.wärts:einschneiden** *s* trigon. Landvermessungsverfahren; **R.wechsel** *m* zieht ein R.-griffsberechtigter bei einem seiner Vormänner (auf Sicht!), = → **Ritratte** *w*

Ruf|mord *m* schwere öfftl. Verleumdung; **R.zeichen** *s* ↑ internat. Erkennungszeichen einer Funkstation

Ruh|emasse *w* der Teil der Masse eines → Elementarteilchens, der nicht als Folge seiner Bewegung durch → relativist. Massezunahme zustande kommt; **r.endes Konto** *s* = → Anlagekonto; **R.ereibung** *w* = → Haftreibung; **R.estrom** *m* Ggs.: → Arbeitsstrom

Ruhr *w* = → Dys:enterie (fiebr. Infektionskrankheit mit Dickdarm:entzündung)

Rührkesselkaskade *w* Vorrichtung zur techn. Durchführung chem. Reaktionen (besteht aus mehr. mit einem Rührer ausgerüst. Reaktionskesseln, die vom reagierenden Stoffgemisch nacheinander durchströmt werden)

ruinöse Konkurrenz *w* Preisgestaltung von Unternehmen für Produkte unter den Gestehungskosten (Ziel: Konkurrenten vom Markt zu verdrängen)

Rumpel|filter *s*, *m* Schaltung am elektroakust. Verstärker (vermindert das vom Laufwerk des Plattenspielers vers. tiefe R.geräusch)

Run *m* (e.: *ran*) Ansturm zahlreicher Kunden auf die Kassen der Bank, bei der sie ein Guthaben besitzen (Ziel: sich dieses auszahlen zu lassen)
Rund|horizont *m* hint. Bühnenabschluß, Prospekt; **R.kolben** *m* Glasgefäß für chem. Laborversuche; **R.strahler** *m* in alle Richtungen ausstrahl. Antenne
Ruptur *w* (lat.) Zerreißung, Durchbruch (eines Organs, Gewebes o. Blutgefäßes) durch mechan. Überbelastung
Rush hour *w* (e.: *rasch auer*) Hauptverkehrszeit (bei Arbeitsbeginn u. -schluß)
Russell-Diagramm *s* (am. Astronom: *rassel*; 19./20. Jh.) graf. Darstellung zw. → Spektralklasse u. absol. Helligkeit der Sterne
Rutil| *m* (KW) mineral. Titandioxid; **R.ismus** *m* Rothaarigkeit
Rutsche *w* = → Fallrohr
RVO ⟨ **R**eichs**v**ersicherungs**o**rdnung. – **RWE** ⟨ **R**hein. **W**estfäl. **E**lektrizitätswerk

S

s ⟨ **S**ekunde; ⟨ **S**hilling. – **s.** ⟨ **s**iehe. – **$** ⟨ Dollar. – **S** ⟨ **S**chwefel; ⟨ **S**iemens; ⟨ **S**chilling; ⟨ **S**üd(en). – **S.** ⟨ **S**an(to, -ta); ⟨ **S**eite. – **Sa** ⟨ **Sa**mstag, **S**onn**a**bend; ⟨ **S**ociété **a**nonyme. – **Sa.** ⟨ **S**umm**a**
Säbelkolben *m* chem. Laborgerät zum Destillieren von rasch erstarr. Stoffen
Sacchar|ide *M* (skr.-gr.) = → Kohlenhydrate; **S.imeter** *s* Apparatur zur Bestimmung des Zuckergehalts einer Lösung (= **S.imetrie** *w*); **S.in** *s* süße organ. Verbindung (Diätsüßstoff); **S.ose** *w* Rohrzucker
SACEUR *m* ⟨ e. **S**upreme **A**llied **C**ommander **Eur**ope (= Oberster Alliierter Befehlshaber [der NATO] Europa)
Sach|anlagen *M* S.werte als Betriebsvermögen; **S.anlagevermögen** *s* sich in mater. Gegenständen darstell. Teil des betriebl. Anlagevermögens (Gebäude, Maschinen o. ä.; Ggs.: immaterielles Vermögen); **S.befugnis** *w* = → S.legitimation; **S.besteuerung** *w* ↑ Objekt- o. Realbesteuerung (Bemessungsgrundlage: nur die Merkmale des Steuergegenstands); **S.bezüge** *M* Naturallohn (Deputate – freie Unterkunft u. Verpflegung u. ä.; steuer- u. versicherungspflichtig!); **S.buch** *s* allgem. verständl. Buch über Wissensfragen; **S.einlagen** *M* bei Gründung einer Handelsgesellsch. (bes. AG) als körperl. Gegenstände geleist. Einlagen; **S.en** *M* ↑ körperl. Gegenstände (*nicht:* leb. Menschen – nicht raumfüll. – räuml. nicht begrenzb. Gegenstände); **S.enrecht** *s* Hauptteil des bürgerl. Vermögensrechts; **S.firma** *w* den Gegenstand des Unternehmens enthalt. Firma (Ggs.: Personenfirma); **S.gründung** *w* Gesellschaftsgründung mit Sach-(statt Barmittel-)einlagen (Ggs.: Bargründung); **S.kapital** *s* als Betriebsmittel besteh. Kapital (Maschinen – Anlagen – Gebäude o. ä.; Ggs.: Geldkapital); **S.kapital:erhöhung** *w* auf S.einlagen fuß. Kapitalerhöhung; **S.konto** *s* über die Bilanz o. die Gewinn- u. Verlustrechnung abzuschließ. Konto (Ggs.: Personenkonto, = **totes Konto**); **S.kredit** *m* ist durch Vermögensgegenstände (S.en) abgesichert (Ggs.: Personalkredit); **S.kunde(unterricht)** *w* (*m*) Lehrfach der Grundschule (Biologie, Erdkunde, Geschichte, Verkehrs-, Sexualerziehung u. ä.); **S.legitimation** *w* S.befugnis zur Klageerhebung, = **Aktivlegitimation** *w*; **S.leistungs:pflicht** *w* Bürgerverpflichtung zu S.leistungen bei Notstand; **s.lich** → Begünstigung; **S.mängel** *M* Mängel einer gelief. S.e; → Mängelrüge; **S.mängelhaftung** *w* Haftung des Schuldners für fehlerfreien, nicht wertgeminderten Zustand der übergeb. S.e; **S.schaden** *m* Eigentumsbeschädigung; **S.trick** *m* Trickfilmaufnahme mit einen Bewegungsablauf vortäusch. realist. Gegenständen; **S.vermögen** *s* ↑ als Teil des Bruttovermögens besteh. körperhaftes (Real-) Vermögen einer Volkswirtschaft (Anlage-, Gebrauchs-, Vorratsvermögen einschl. Boden u. Bodenschätzen u. ä.); **S.walter** *m* ↑ Vertrauensperson der Gläubiger; **S.wert** *m* ↑ durch den Gebrauchswert best. Wert eines Guts; **S.wert:anleihe** *w* lautet auf Einheiten eines best. Guts (nicht auf festen Geldbetrag); **S.wertverfahren** *s* steuerl. Bewertungsverfahren für Grundstücke; **S.zwang** *m* Handlungsbeschränkung durch Naturgesetze o. ä.

SAEG ⟨ → **S**tatistisches **A**mt der **E**uropäischen **G**emeinschaften. – **SAEMU** ⟨ **S**outhern **A**frican **E**conomic and **M**onetary **U**nion (Südafr. Wirtschafts- u. Währungsunion)

Säge|dach *s* → Scheddach; **S.zahnkurve** *w* Kurve in regelm. Zickzackform (kennzeichnet best. physik. Vorgänge)

Saison|betrieb *m* (fr.: *säsoñ-*) in der Hauptbetriebszeit von jahreszeitl. Gegebenheiten abhäng. Gewerbe (z. B. Badeanstalten); **S.index** *m* Kennzahl für **S.schwankungen** *M* regelm., jahreszeitl. bedingte Wirtschaftsbewegungen; **S.tarife** *M* verbill. Luftfahrttarife (im Nord-, Mittelatlantikverkehr); **S.-wanderung** *w* jahreszeitl. bedingte Bewegung auf dem Arbeitsmarkt

SAKA *w* ⟨ **S**olidargemeinschaft **a**rbeitsloser **ka**ufmänn. **A**ngestellter

säkular| (lat.) ↑ sich über Jahrhunderte erstreckend; **s.e Stagnations:theorie** *w* Hypothese: in voll entwick. Volkswirtschaft stagniert Wirtschaftswachstum (hohes Pro-Kopf-Einkommen führt zu einem die geplanten Investitionen übersteig. Sparvolumen; empir. widerlegt!)

Sald|en *M* zu → S.o.; **S.enbilanz** *w* durch S.ieren der Roh-(Summen-)bilanz entsteh. Bilanz; **S.enlisten** *M* Zusammenstellung der Personenkontens.en; **S.enmechanik** *w* Versuch, die Übertragung von Geldwertschwankungen in Abhängigkeit von der Position der Leistungsbilanz zu erklären; **s.ieren** Überschuß eines Kontos auf Soll- o. Habenseite ermitteln; **S.o** *m* (it.) Unterschiedsbetrag zw. Soll- u. Habenposten eines Kontos

Sales| dis:play *w* (e.: *seilz dis:plä*) Verkaufsauslage; **S.-impact** *m* Verkaufserfolg einer Werbung; **S.manship** *w* Verkaufskunst, -befähigung; **S.-manager** *m* Verkaufsleiter; **S.-manu:el** *s* (*-manju:el*) Verkaufshandbuch; **S.-promoter** *m* Verkaufsförderer; **S.-promotion** *w* (*-môschn*) Verkaufsförderung

Salicylsäure *w* (lat.) o-Hydroxybenzoësäure, aus Weidenblättern oder synthet. gewinnb. Substanz (wicht. Konservierungsmittel u. Zwischenprodukt bei Herstellung von Farb-, Heil- u. Riechstoffen)

Salk:impfung *w* (am. Bakteriologe, 20. Jh.: *sok-*) Schutzimpfung gegen Kinderimpfung (mit abgetöt. Polioviren)

Salmiak| *m* (lat.) → Ammoniumchlorid; **S.geist** *m* in Wasser gelöst. Ammoniak

Salmonellen *M* (am. Bakteriologe, 19./20. Jh.) Gruppe von Darmbakterien (Paratyphus-, Enteritisbakterien)

Salpet|ersäure *w* durch Einwirkung von Schwefelsäure auf → Nitrate erhältl. stickstoffhalt. starke Säure mit stark oxidier. Wirkung; **s.rige Säure** *w* schwache, leicht zersetzl. Säure (durch → Reduktion der S.ersäure erhältl.)

Salse *w* (lat.-fr.) Schlammvulkan

SALT ⟨ (e.) **S**trategic **a**rms **l**imitation **t**alks (Verhandlungen über Rüstungsbegrenzung USA – UdSSR)

Salvarsan *s* (KW) organ. Arsenverbindung (wicht. Heilmittel gegen Syphilis, seit 1910)

salvatorische Klausel *w* (lat.) Schlußformel in Vertragsabschlüssen, die den Rechtsstandpunkt jedes Partners betont

salvo errore et omissione (lat.) → s.e.e.o.

Salz|e *M* ↑ alle der → elektrolyt. Dissoziation zugängl. Stoffe (ohne Säuren u. Basen); **S.glasur** *w* durch Einwirkung von Kochs. beim Brennvorgang erzeugte Oberflächenglasur auf Steinzeug; **s.sauer** mit S.säure; **S.säure** *w* beim Auflösen von → Chlorwasserstoff in Wasser entsteh. starke Säure; **S.stock** *m* unterird. S.lagerstätte; **s.tolerant** Streus. vertragend (s.e Bäume)

SAM (e.) ⟨ **s**equential **a**ccess **m**ethod; → serieller Zugriff

Samar|ium *s* (r. Mineraloge) chem. Element (Schwermetall aus der Gruppe der → Lanthanoide; ⟨ *Sm*); **S.skit** *m* Uran u. Tantal enthalt. Mineral

Samen|bank *w* Sammlung von Spermakonserven; **S.übertragung** *w* künstl. Befruchtung (mit dem Sperma des **S.spenders**)

Sammel|anschluß *m* Fernsprechzentrale mit Nebenstellen; **S.auftrag** *m* Zusammenfassung mehr. Postschecküberweisungen; **S.depot** *s* (d.-fr.: *-pô*) bewahrt gleichart. Wertpapiere mehr. Kunden gemeinsam auf; Ggs.: → Streifbanddepot; **S.gutverkehr** *m* Zusammenfassung einz. Güter versch. Versender u. Empfänger zur gemeins. BB-Spedition; **S.nummer** *w* gleiche Fernsprechnummer für mehr. Anschlüsse; **S.verwahrung** *w* = → S.depot; **S.werbung** *w* Zusammenschluß mehr. Unternehmer zu gemeins. Werbung (z. B. Autoreparaturwerkstätten am Ortseingang). – **Sammler** *m* ↑ = → Akkumulator; Zusatzstoff zum Erleichtern der → Flotation

Sampl|e *s* (e.: *ßampl*) Muster; Auswahl, → Stichprobe (bei Umfragen repräsent. Teilmasse einer Grundgesamtheit); **S.everteilung** *w* (= am.: s.ing distribution) Verteilung versch. großer Werte versch. Stichproben; **S.ing** *s* Auswahl eines repräsent. Querschnitts; **s.ing error** *m* Auswahlfehler; **s.ing methods** *M* = → Stichprobenverfahren

SAN Kunststoffe, durch → Copolymerisation von → Styrol u. → Acrylnitril gewonnen

Sand|asphalt *m* = → Asphaltbeton; **S.bad** *s* Heilverfahren gegen Rheuma; **S.fang** *m* Flachklärbecken; = → Entsander; **S.guß** *m* Gießverfahren mit S.formen; **S.kultur** *w* Quarzsandboden mit Nährlösung (zur Bakterienzucht); **S.strahlgebläse** *s* Druckluftgerät zur Oberflächenreinigung mit S.; **S.struktur** *w* Bauart des Uranocen (chem. Verbindung); **S.uhrmagen** *m* Magenverformung nach Geschwüren

Sandwich|platten *M* (e.: *ßändwitsch-*) ↑ schichtweise aus versch. Werkstoffen aufgebaute Platten (hochfest, für Konstruktionen, = **S.bauweise** *w*); **S.montage** *w* (-*tâsche*) Zusammenlegung (Schicht an Schicht); Vergrößerung u. Kopierung zweier Negative

sanforisieren (Vorname des e. Erfinders) Gewebe gegen spät. Einlaufen durch Hitze einschrumpfen

Sangrita *w* (mex.) rauschmind. mex. Gewürzsaft (auch Blutalkoholbremse)

sanier|en ↑ alte Häuser (Stadtteile, Dörfer) durch neue ersetzen o. restaurieren; **S.ung** *w* Schaffung gesunder Wohn- u. Lebensverhältnisse (in Häuserblöcken o. Stadtvierteln); alle organisat. u. finanz. Maßnahmen zur Wiederherstellung der Leistungsfähigkeit eines Unternehmens; **S.ungsbilanz** *w* zur bevorsteh. S.ung aufgestellte Schlußbilanz; **S.ungsgewinn** *m* Gewinn bei einer S.ung durch Reduzierung der Verbindlichkeiten (u. U. steuerfrei)

Sanktion|en *M* (lat.) ↑ Zwangsmaßnahmen; gesellsch. Reaktionen auf normgemäßes o. abweich. Verhalten; **S.sapparat** *m* Personentest zur Verhängung negat. S.en (Polizei, Staatsanwaltschaft); **S.snorm** *w* soziale Norm, die bei Normbruch angemessen ist; Ablaufmodus des S.sverfahrens

Saphir| *m* (heb.-gr.) durch spurenw. Verunreinigungen blau gefärbter → Korund (Schmuckstein); **S.(nadel)** *m* (*w*) Tonabnehmernadel am Plattenspieler

Saponine *M* (lat.) Gruppe organ. Naturstoffe, bes. in Pflanzen (in wäßr. Lösung mit seifenähnl. Eigenschaften, aber nicht reinigend; z. B. Schaumbildung)

Sapro|bi:en *M* (gr.) von verwesl. organ. Stoffen leb. Organismen (pflanzl. Vertreter: **S.phyten** *M*; tier.: **S.zo:en** *M*)

Sarko|m *s* (gr.) bösart. Fleischgeschwulst; **S.sin** *s* organ. Substanz aus der Reihe der → Aminosäuren

Sassolin *m* (Fundort in der Toskana) mineral. Borsäure

Satellit| *m* (lat.) kl. Himmelskörper, der Planeten umkreist (auch künstl. S.en der Erde); → Trabant; **S.enfernsehen** *s* Übertragung des Fernsehens durch künstl. S.ensysteme (Signale vom S.ensender zur Empfangs:antenne mit Parabolspiegel); kommerz. Fernsehen d. Verleger über S.en; **S.enrechner** *m* mit → Zentraleinheit eines größ. Rechners verb. Rechner (für größ. Aufgaben); **S.enstadt** *w* Stadtrandgroßsiedlung

Sattdampf *m* mit Flüssigkeit der gleichen Temperatur in Berührung steh. Dampf

Sattelschlepper *m* Zugmaschine mit kräft. Plattform hinten (zum Aufsetzen des Anhängers)

Sättigung| *w* ↑ Erreichen eines nicht überschreitb. Höchstwertes (Lösungen nehmen keine zusätzl. Mengen des zu lös. Stoffes mehr auf; bei Dämpfen verdampft bei der jew. gegeb. Temperatur keine Flüssigkeit mehr; auf dem Markt besteht kein Bedürfnis nach zusätzl. erhöhten Käufen); **psychische S.** zunehm. Desinteresse an der Ausführung von Tätigkeiten o. Aufnahme von Reizen; **S.sdruck** *m* Druck des → Sattdampfes bei gegeb. Temperatur; **S.skonzentration** *w* Konzentration einer gesätt. Lösung bei gegeb. Temperatur; **S.smenge** *w* der Verzehr einer weiteren Einheit des Gutes erzielt keinen Nutzenzuwachs; **S.sniveau** *s* (-*wô*) Grenze für wirtsch. (Werbe-)Anstöße

Saturnismus *m* (röm. Gott) = → Bleivergiftung

Satz| vom ausgeschlossenen Dritten *m* log. Grundgesetz: → Aussage ist entweder wahr o. falsch; **S.ergänzungs:test** *m* Vervollständigung fragmentar. Sätze als Test; **S.spiegel** *m* = → Schriftspiegel

sauber ↑ frei von Radioaktivität

Sauerstoff|bedarf *m* → biochemisch; → chemisch; **S.defizit** *s* Menge an gelöstem S., die jedem l eines Gewässers zur S.sättigung zugeführt werden müßte; **S.dusche** *w* kurzes Einatmen von reinem S.; **S.index** *m* Maßzahl für Brennverhalten von (Werk-)Stoffen (gibt Mindestkonzentration des S.s in Stickstoff-S.-Gemisch an, in dem brennende Probe des Stoffs grade noch nicht erlischt)

Saug|bagger *m* Pumpmaschine für Reinigung des Gewässerbodens; **S.flasche** *w* ↑ chem. Laborgerät; **S.kontakt** *m* → orales Stadium; **S.massage** *w* (-âsche) Massage mit S.glocken

Säulenchromatografie *w* analyt.-chem. Stofftrennverfahren

Säure| *w* ↑ Substanz, die bei der → elektrolyt. Dissoziation positiv gelad. Wasserstoffionen liefert; **S.amide** *M* aus S.n durch → Kondensation mit Aminen o. Ammoniak erhältl. Stoffklasse; **s.fest** widerstandsfest gegen S.; **s.frei** ohne S.; **S.anhydride** *M* Stoffe, die mit Wasser unter Bildung einer S. reagieren; **S.bildner** *M* = → Alkalien; **S.bromide** *M* – **S.chloride** *M* – **S.fluoride** *M* – **S.jodide** *M* bilden gemeinsam die Substanzklasse der **S.halogene** *M* (leiten sich von S.n dadurch ab, daß in den S.molekülen jeweils eine o. mehrere → Hydroxyl-Gruppen durch → Halogen-Atome ersetzt sind); **S.stufe** *w* = → pH-Wert; **S.wecker** *m* Milchsäurebakterienkultur (als Milchzusatz bei Butter-, Käsebereitung); **S.zahl** *w* Maßzahl für den Gesamtgehalt einer Substanz o. eines Substanzgemisches an S.n

Saysches Theorem *s* (Nationalökonom, 18./19. Jh.) Theorie: eine allgem. Überproduktion in einer Wirtschaft ist unmöglich, weil jede Produktion ihre eig. Nachfrage schafft

Sb ⟨ → Antimon. – **sb** ⟨ → **Stilb**. – **SB** ⟨ **S**elbst**b**edienung(sladen); ⟨ **S**tyrol + **B**utadien (durch → Copolymerisation gewonn. Gruppe schlagzäher Kunststoffe). – **SBB** ⟨ **S**chw. **B**undes**b**ahn. – **SBR** ⟨ (e.) **s**tyrene **b**utadiene **r**ubber (Synthesekautschuk aus → Styrol u. → Butadien). – **Sc** ⟨ → **Sc**andium. – **sc** ⟨ **s**ub**c**utan; ⟨ **sc**ilicet

Scandium *s* chem. Element (aluminiumähnl. Leichtmetall; ⟨ *Sc*)

Scann|er *m* (am.: *s-känn-*) Abtastcomputer („elektron. Auge"); **S.ing** *s* Untersuchung mit S.er

Scenario *s* → Szenario

scen|e *w* (e.: *sin*) ↑ Rauschgift-, Drogenbereich; **S.o-Test** *m* Spiel mit Figuren zur Verhaltensanalyse von Personen

Schablonendruck *m* ↑ = → Siebdruck

Schabotte *w* (fr.) Gegengewicht in einer Hammermaschine

Schacht *m* ↑ Teil des Hochofens; Bombenabwurfröhre am Bomber

Schachtel|beteiligung *w* Besitz eines → S.pakets; **S.gesellschaft** *w* Beteiligungsgesellschaft zur Beherrschung einer mögl. großen Zahl von Unternehmen mit best. Kapital (Kapitaleinsatz je Unternehmen mind. 25 %, um Einfluß der übr. Aktionäre auszuschalten); **S.paket** *s* 25 % der Anteile einer Kapitalgesellschaft; **S.privileg** *s* körperschaftssteuerl. Vergünstigung für Inhaber eines S.pakets

Schad:einheit *w* Bemessungseinheit für Belastung eines Gewässers durch Einleiten von Abwässern (Grundlage für Berechnung der nach dem Abwasserabgabengesetz zu zahl. Abgabe)

Schädelbasis| *w* (KW) untere Hirnfläche (Keil-, Schläfen-, Hinterhauptsbein); **S.bruch** *m* gewaltsam. Verletzung der S., = **S.fraktur** *w*

Schaden|s:ersatzpflicht *w* gesetzl. o. vertragl. festgel. Verpflichtung, bei Nichterfüllung eines Vertrages S.s:ersatz zu leisten; **S.versicherung** *w* Versicherung gegen Beschädigungen

Schadstoffe *M* Substanzen, deren Einbringung in die → Ökosphäre sich auf diese meßb. schädigend auswirkt

Schale| *w* ↑ = → Elektronens.; **S.nbauweise** *w* sphär. Dachkonstruktion aus dünnen Betons.n; **S.nmodell** *s* ↑ Vorstellung, daß Elektronen (S.n der Elektronenhülle) u. Nukleonen (S.n der Atome) im Atom in „S.n" angeordnet sind

Schall|analyse *w* Zergliederung des S.-spektrums; Untersuchung der Klangform; **S.brechung** *w* Richtungsänderung eines S.strahls beim Übergang zw. 2 Medien mit versch. S.geschwindigkeit; **S.dämmung** *w* Verminderung des S.durchgangs durch Absorption; **S.-dose** *w* Tonkopf des S.plattengeräts; **S.empfänger** *m* S.aufnahme- o. -meßgerät; **S.foli:e** *w* Tonrillen auf Lackschicht o. in Kunststoffolien (Mittel akust. Werbung); **S.mauer** *w* extrem starke Druckwelle, vom Vorderteil eines in einem best. Medium mit S.geschwindigkeit bewegten Gegenstandes ausgehend u. auf diesen (zerstörend) zurückwirkend; **S.meßverfahren** *s* akust. Prüfverfahren (z. B. zur Bestimmung des Standorts einer gegner. Schußwaffe); **S.plattenbar** *w* Verkaufstisch mit Abhörgeräten für S.platten

Schalt|algebra *w* befaßt sich mit Verknüpfungen von S.ungen, = Boolsche Algebra; **S.bild** *s* Zeichnung eines elektr. Geräts mit S.zeichen; **S.kuppelmittel** *s* = → Gangs.ung; **S.pause** *w* Sende:unterbrechung zum Ums.en; **S.tafel** *w* isol. Tafel mit allen Geräten zum Betrieb einer elektr. Anlage (im **S.kasten** *m* o. **S.schrank** *m*); **S.zeichen** *s* genormtes Bildzeichen für elektr. Geräte usw.

Scham|fuge *w* → Symphyse; **S.kultur** *w* Gesellschaft, die bes. empfindlich auf Gesichtsverlust reagiert

Schärfentiefe *w* vom opt. System her gemess. Entfernungsbereich, der scharf abgebildet wird

Schattenkabinett *s* einsatzbereite Regierung der Opposition

Schatz|anweisungen *M* → Schuldverschreibungen öfftl. Gebietskörperschaften (urspr. unverzinslich; kurz- bis mittelfrist. Laufzeit; als bedeut. Finanzierungsmittel jetzt verzinslich mit läng. Laufzeiten; *M* auch: **Schätze** ↑); **S.schein** *m* = **S.wechsel** *m* kurzfrist. rediskontfäh. S.anweisung. – **Schätz|ung** *w* ↑ Verfahren zur Festsetzung der Besteuerungsgrundlage (nicht zu ermitteln ọ. errechnen); **S.wert** *m* aus einer Stichprobe berechn. Meßzahl

Schaufel|lader *m* Schüttgutlader, Erdreichräumer mit hydraul. S.; **S.radbagger** *m* Bagger für Grabarbeiten (mit **S.rad** *s*)

Schaufenster|gestalter *m* früher = → Schauwerbegestalter; **S.rotor** *m* elektr. Drehscheibe als Warenauslage

schaum|gebremst mit geringer S.entwicklung (Waschmittel); **S.schwimmverfahren** *s* = → Flotation; **S.stoff** *m* leichter Kunststoff (Isoliermaterial); **S.wäsche** *w* Kfz-Reinigung mit schäum. Mittel

Schau|packung *w* Attrappe; **S.werbegestalter** *m* Ausführer von Werbegestaltungen (z. B. im → S.fenster)

Scheck| *m* (e.) schriftl., den gesetzl. Vorschriften genüg. Anweisung auf das Guthaben des Ausstellers beim Bezogenen (s.fähige Bank. – Wesentl. Bestandteile: S.klausel, Zahlungsort, Datum, Name des Bezogenen, Unterschrift; → Verrechnungs:s.); **S.betrug** *m* Ausstellung u. Hingabe ungedeckter (vordatierter) S.s; **S.diskontierung** *w* Ankauf ausl. S.s mit Zinsabzug; **S.fähigkeit** *w* Recht jeder geschäftsfäh. Person, einen rechtswirks. S. auszustellen (= **aktive S.fähigkeit**); Fähigkeit, Bezogener zu sein (Banken, Kreditinstitute; = **passive S.fähigkeit**); **S.fälschung** *w* Änderung des ausgefüllten S.betrages, der S.unterschrift; **S.inkasso** *s* Einziehung des Kundens.s bei den bezog. Banken; **S.karte** *w* dient zur Einlösung aller S.s durch die bezog. Bank bis 300,– DM Höchstbetrag (Übereinstimmung der Unterschrift auf S. u. S.karte; S.kartennummer auf Rückseite des S.s; Gültigkeit der S.karte als Voraussetzungen); **S.reiterei** *w* Austausch ungedeckter S.s zw. mehr. Beteiligten (Nichteinlösung eines ungedeckten S.s durch Hingabe eines andern unmöglich)

Sched|bau *m* (e.) Gebäude mit **S.dach** *s* Dach aus parall. Satteldächern, = **Sägedach** *s*

Schedule| *s* (e.: *skedjul*) Programmverzeichnis, -zeitplan, Schema; Fragebogen; Kursbuch; **S.nsteuer** *w* eine Erhebungsform der EST

Scheel|blei:erz *s* mineral. Bleiwolframat (wicht. Wolframvorkommen), = **Stolzit** *m*; **S.it** *m* mineral. Calciumwolframat (wicht. Wolframerz), = **S.spat** *m*

Scheiben|bremse *w* Backenbremse mit Drehscheibe zw. Bremsbacken; **S.wäscher** *m* Windschutzscheibenbesprüher; **S.wischer** *m* bewegl. Sichtregler an der Windschutzscheibe

Scheidenspekulum *s* (d.-lat.) Untersuchungsgerät für w. Scheide, = **Mutterspiegel** *m*

Scheid|etrichter *m* Laborgerät z. Mischen u. Trennen v. ineinander unlösl. Flüssigkeiten; **S.ung** *w* ↑ Gold- u. Silbertrenng. bei Edelmetallraffination

Schein|-Bargründung *w* Gründungsfinanzierung einer AG (tats. eine → Sachgründung, da die von Gründern eingezahlten Barmittel zum Kauf von Sachwerten bei Gründern dienen); **S.erfolg** *m* ↑ dem Stand der Konjunktur geschuld. Erfolg (errechnet aus Differenz zw. Einstandspreis u. Tages-[Wiederbeschaffungs-]wert [liegt dieser über jenem, entsteht **S.gewinn**: Vermögen nimmt in Geldgrößen zu, Substanz bleibt unberührt o. schrumpft; umgekehrt entsteht **S.verlust**]); **S.firma** *w* Übungsbetrieb zur Ausbildung kaufm. Personals; **S.geschäft** *s* im Einverständnis mit dem Partner nur zum S. abgegeb. Willenserklärung (ist nichtig; aber **S.ehe** ist gültig!); **S.gesellschaft** *w* nicht tätig werd. Wirtschaftsunternehmen; **S.gewinn** *m* → S.erfolg; **S.kaufmann** *m* wer sich im Rechts- u. Geschäftsverkehr als Kaufmann verhält u. ausgibt, ohne es zu sein; **S.problem** *s* durch ungenaue Formulierung entstand. Problem; **S.professionalisierung** *w* Höherqualifizierung der Berufsausbildung; kodifiz. Berufsnormen u. Prestige:auswahl bei Berufszugängen; **S.tod** *m* Tiefschlaf mit Aussetzen der Atmung (ohne Totenstarre u. -flecken); **S.verlust** *m* → S.erfolg; **S.widerstand** *m* = → Impedanz

Scheitel|haltung *w* Überschreitung einer Wasserscheide durch Schiffahrtskanal (auf seiner höchsten Strecke); **S.punkt** *m* Gipfel, höchster Punkt; **S.wert** *m* Höchstwert einer veränderl. Größe

Schellbach-Streifen *m* farbiger Streifen auf Rückseite von Meßgefäßen (erleichtert Ablesung des Flüssigkeitsstandes)

Schemabrief *m* vollst. vorformul. Brief

Scherbenkobalt *m* mineral. Arsen (ohne Kobaltgehalt)

Scher|e *w* ↑ = → Abfangs.; **S.kopf** *m* Schneide von Rasier-, Haarschneideapparaten; **S.ung** *w* ↑ best. → affine Abbildung, deren Achse nur aus Fixpunkten besteht; Verformung eines in 2 parall. Ebenen fest eingespannten Körpers durch Kraft, deren Angriffspunkt u. Richtung in einer der 2 Ebenen liegt

Scheuermann(sche Krankheit) *m* (*w*) (dän. Orthopäde, 19./20. Jh.) Wirbelsäulenerkrankung m. Jugendlicher

Schi- → Ski-

Schicht| *w* ↑ → sozial; **S.aufnahmen** *M* Röntgenverfahren zur scharfen Darstellung begrenzter Körpers.en durch Verwischen der benachb. S.en (wicht. für Diagnostik, bes. bei tuberkul. Lungenprozessen); **S.ballung** *w* Gesellschaftsstruktur eines stetig ansteig. Statusaufbaus, die zw. Obers. u. sozial Abgesunkenen nur unscharfe Gruppierungen zeigt; **S.chromatografie** *w* analyt.-chem. Stoffbrennverfahren; **S.determinante** *w* Merkmal der S.zugehörigkeit; **S.enlehre** *w* Theorie, daß jede Persönlichkeit (jeder Charakter) Konfliktstoff birgt; Lehre von den soz. S.en; = **S.theorie** *w*; **S.grenze** *w* soz. Kluft zw. Mitgliedern versch. soz. S.en; **S.lini:en** *M* = → Isohypsen; **S.lohn** *m* Form des → Zeitlohns, Entgelt für 1 Arbeits:s.; **S.ung** *w* ↑ Makrostruktur soz. Differenzierung, eines soz. Systems; **multidimensionale S.ung** *w* Gesellschaftsstruktur, unter deren S.ungen keine eindeutig dominiert; **S.wechsel** *m* Ablösung nach der Arbeits:s.; **S.widerstand** *m* elektr. Widerstandskörper aus einer leitfäh. S. auf einem Isolator

Schickschulden *M* ↑ Übernahme der Versendungskosten durch den Schuldner; = → Bringschuld

Schiebe|bühne *w* Umsetzvorrichtung für Eisenbahnwagen; Bühne aus bewegl. Teilen; **S.r** *m* ↑ Verschluß u. Regelvorrichtung für Rohrleitungen; **S.register** *s* best. Register im Rechenwerk der Zentraleinheit eines Computers; **S.widerstand** *m* regelb. elektr. Widerstand mit S.taste

Schiefhals *m* angebor. Fehlhaltung des Kopfes (muskulär [Verkürzung eines Halsmuskels], ossär [rheumat.] o. spastisch [Muskelkrampf] bedingt)

schienen|gleicher Weg:übergang *m* ebener Bahnübergang; **S.kontakt** *m* elektr. Sicherheitsschaltung an S.; **S.zeppelin** *m* S.fahrzeug mit Luftschraube

Schieß|baumwolle *w* Sprengstoff (aus Baumwollfasern hergest. → Cellulosenitrat); **S.becher** *m* Mündungs:aufsatz zum Abschuß von Gewehrgranaten; **s.en** ↑ Drogen spritzen (*S*: **S.er** *m*); **S.rohr** *s* ↑ dickwand. Glasrohr zum Einschmelzen von Substanzen, die unter Druck zur chem. Reaktion gebracht werden sollen

Schiff|s:agent *m* Reedereivertreter; **S.sfrachtbrief** *m* → Konnossement; **S.shebewerk** *s* bewegl. Trog zum Heben o. Senken von S.en; **S.s:hypothek** *w* im S.sregister eingetr. Pfandrecht an S.en; **S.smakler** *m* gewerbsmäßig die Vermittlung von S.sraum u. -ladung übernehm. Makler; **S.smechaniker** *m* Matrose; **S.sreaktor** *m* Kernreaktor zum S.s:antrieb; **S.sregister** *s* beim Amtsgericht des Heimathafens geführtes grundbuchartiges Register (Nachweis der Eintragung: **S.szertifikat** *s*)

Schi:iten *M* (ar.) eine der 2 islam. Hauptrichtungen (sehen in den Aliden die rechtm. Nachfolger Mohammeds; Ggs.: **Sunniten** *M*)

Schikaneverbot *s* Rechtsausübung mit dem einz. Zweck, einem andern Schaden zuzufügen (rechtswidrig)

Schild| *m* ↑ Strahlenschutzwand des Reaktors; **S.drüsenhormon** *s* aus der S.drüse ins Blut abgegeb. Hormon (regelt Grundumsatz u. Wachstum); **S.vortrieb** *m* Tunnelbauverfahren (vorn offener rohrartiger Stahlhohlkörper mit Querschnitt des entsteh. Tunnels durch Boden gedrückt u. laufend ausgeräumt)

Schimmel:afghan(e) *m* Haschischsorte

Schirm|bild *s* Röntgenbild; **S.gitterröhre** *w* Elektronenröhre mit 4 Elektroden

Schistosomiasis *w* = → Bilharziose

Schizo|gonie *w* (KW, gr.: *s-chi-*) Vermehrung durch Zellteilung; **s.id** ↑ kontaktarm; **S.phrenie** *w* Spaltungs:irresein (allmähl. Verfall der Persönlichkeit bis zur Verblödung; etwa erhalt. Intelligenz falsch verwendet); **s.thym** s.phren veranlagt

Schlacken|form *w* Hochofenteil, an dem geschmolz. Schlacke abfließt; **S.zement**

m aus Hochofenschlacke hergestellt, = → Eisenportlandzement

Schläfer:effekt *m* (e.: sleeper-effect) Schrumpfung der Glaubwürdigkeit einer Nachricht. – **Schlaf:lernmethode** *w* Wissensvertiefung durch Tonbandabspielen während des Schlafs, = **Hypnopädie** *w*

Schlag|anfall *m* = Apoplexie, Folge einer Hirn(gefäß)schädigung (Platzen eines Gehirnblutgefäßes o. verstopfte Hirnarterie); **s.ende Wetter** *M* explosive Gasmischung in Kohlebergwerksgängen; **S.satz** *m* ↑ Differenz zw. Prägungskosten u. Nominalwert der Münze; nur für S.instrumente kompon. Tonstück; **S.zähigkeit** *w* Werkstoffkenngröße, zum Zerschlagen eines aus dem Werkstoff besteh. Prüfkörpers notwend. Energieaufwand; **S.zeile** *w* = Balkenüberschrift

Schlämm:anstrich *m* Maueranstrich aus Kalkmilch u. feinem Sand

Schlammbelebung *w* Beschleunigung der biochem. Zersetzung organ. Substanzen im Abwasser („Ausfaulen") durch Lufteinleiten u. Umwälzen

Schlange| im Tunnel → europ. Wechselkursverbund; **S.nkühler** *m* Laborgerät zum Abkühlen heißer Dämpfe

Schlauchfoli:e *w* = → Blasfolie

Schlechtwetter|geld *s* Entschädigungsleistung (zw. 1. XI. u. 31. III.: 68 % des Nettogehaltes) der Bundesanstalt für Arbeit für witterungsbed. Lohneinbußen; **S.zeit** *w* zw. 1. XI. u. 31. III.

schleich|ende Inflation *w* kontinuierl., mäß. Geldentwertung; **S.handel** *m* → Schwarzhandel; **S.werbung** *w* Nutzung der Publizitätswirkung von Massenmedien ohne (bezahlten) Einschaltauftrag

Schleif|e *w* → Programmschleife; **S.wagen** *m* Gleisfahrzeug mit S.vorrichtung zum Einebnen

Schlepp|antenne *w* vom Flugzeug herablaßb. Antenne; **S.dach** *s* Pultdach über vorspring. Gebäudeteil; **S.er** *m* ↑ kleines Schiff zum S.en u. Bugsieren von Schiffen; Traktor; **S.lift** *m* → Skilift; **S.winde** *w* ↑ Motorwinde, die Segelflugzeug gegen den Wind hochzieht

Schleuder|beton *m* sehr dichter, mit rotier. Zentrifugalkraft hergest. Beton; **S.gebläse** *s* → Fliehkraftlüfter; **S.gießen** *s* Verfahren zur Herstellung von Rohren u. kleinen Formteilen aus Metallen u. leicht fließ. Kunststoffen; **S.-preis** *m* berücksichtigt Herstellungskosten nicht; **S.sitz** *m* notfalls aus dem Flugzeug (Kfz) katapultierb. Pilotensitz; **S.start** *m* Start mit Katapult

kommunikative Schleuse *w* Mittel zur Erhaltung der Aufmerksamkeit des Adressaten im Kommunikationsprozeß

Schlicht|e *w* i. a. flüss. Stoffgemisch zur Nachbehandlung von Geweben u. Textilfäden (zur Verbesserung des Aussehens, Griffs, Verarbeitungsverhaltens u. a.); **S.ung** *w* Verfahren zur Beendigung der Auseinandersetzungen durch Gesamtvereinbarung, = **S.ungsverfahren** *s* (nach Vermittlungsverfahren; parität. Gremium unter neutr. **S.er**; bei Scheitern erlischt Friedens:pflicht)

Schlieren *M* in durchsicht. Stoffen auftret. Stellen mit verschied. Lichtbrechvermögen (erkennb. an opt. Verzerrungen beim Lichtdurchtritt)

Schließ|einheit *w* Teil der → Spritzgießmaschine; **S.rahmen** *m* Metallrahmen zum Einspannen des Satzrahmens

Schlitz|verschluß *m* fotogr. Verschluß (erlaubt extrem kurze Belichtungszeiten; besteht aus 2 Textil-„Vorhängen" o. Metallamellen, die unmittelb. vor Filmebene nachein. über das Blickfeld bewegt werden, dabei zw. sich S. freilassen; dadurch streifenweise Belichtung des Films; Belichtungszeit durch Verändern der S.breite reguliert)

Schluck:impfung *w* → orale Einnahme des Impfstoffs

Schluß|bilanz *w* sich am Ende eines Geschäftsjahres o. bei Beendigung des Geschäfts aus Inventur u. Abschluß der Sach- u. Personenkosten ergeb. Bilanz, = → **Totalbilanz** *w*; **S.brief** *m* schriftl. Mitteilung der Kaufbedingungen (für Käufer verbindl., nicht für Verkäufer!)

schlüssel|fertig bezugsfertig; **S.gewalt** *w* Recht des Ehepartners, Geschäfte des häusl. Wirkungskreises für den Partner zu besorgen; **S.industrie** *w* für die Existenz weiter Teile der Wirtschaft unverzichtb. Industriezweige (Energieversorgung, Grundstoffindustrie u. ä.); **S.reiz** *m* löst die Endhaltung des Instinktverhaltens aus, = → **Signalreiz** *m* = **Auslöser** *m* (e.: key [sign] stimulus); **S.zahl** *w* Kennzahl für Kombinationsschlösser; Verteilungsmenge von Waren an best. Empfänger

Schluß|kurs *m* am S. der offiz. Börsenzeit für Wertpapiere mit fortlauf. Notierung festgest. Kurs; **S.licht** *s* ↑ Rotlicht hinten am Fahrzeug; **S.note** *w* vom Handelsmakler unverzügl. nach Geschäftsabschluß jeder Partei zuzustell. Urkunde (bes. Gegenstand u. Bedingungen des Geschäfts), = **S.schein** *m*; **S.notierung** *w* letzte Notierung vor

Börsens.; **S.verzeichnis** *s* Liste aller Konkursgläubiger

Schmelz|elektrolyse *w* → Elektrolyse einer geschmolz. Substanz; **S.energie** *w* zum S.en einer Stoffmenge notw. Energie geteilt durch Masse dieser Stoffmenge; **S.index** *m* Kennzahl zur Charakterisierung der → Viskosität geschmolz. Stoffe; **S.kleber** *m* lösemittelfreier Klebstoff (wird beim Verkleben aufgeschmolzen u. erhärtet dann); **S.leiter** *m* Drahtstück aus niedr. s.endem Metall (schmilzt beim Hindurchleiten einer best. Stromstärke infolge der auftret. → Stromwärme durch); **S.schnitt** *m* Gewebedurchtrennung mit hochfrequ. Strom; **S.sicherung** *w* elektr. Sicherung (schaltet Stromkreis bei Überbelastung ab, da eingebauter S.leiter durchschmilzt); **S.spinnverfahren** *s* Methode zur Kunstfaserherstellung aus geschmolz. Kunststoffmasse (durch → Spinndüse gepreßt u. abgekühlt); **S.verfahren** *s* ↑ = → Zonens.en; **S.wärme** *w* zum Aufs.en eines Stoffes je Mengeneinheit (g/mol) notw. Wärmemenge

schmerz|hafte(-liche) Überprüfung *w* = → agonizing reappraisal; **S.schwelle** *w* ↑ unerträgl. Lärm

Schmidt|-Rohr *s* (d. Ingenieur) Düsentriebwerk mit stoßweise arbeit. Verbrennung (zum Antrieb der V1-Waffe im 2. Weltkrieg); **S.-Spiegel** *m* (d. Optiker, 19./20. Jh.) astron. Spiegelfernrohr hoher Lichtstärke, bei dem die **S.-Platte** (Korrekturlinse) die → Aberration weitgeh. beseitigt

Schmutz|beiwert *m* Bewertungszahl für den Schadstoffgehalt eines Abwassers; **S.titel** *m* Buchblatt vor dem Titelblatt; **s.iges Floating** *s* (e.:-*flou-*) gelenktes → Floating (Eingriffe von Zentralbanken am Devisenmarkt trotz offiz. Wechselkursfreigabe)

Schnecke| *w* ↑ Welle mit Gewinde, in das ein S.nrad eingreift; **S.nförderer** *m* Fördereinrichtung mit um eine Welle gewund. Spiralblech (-stahlband); **S.ngang** *m* ↑ Gewinde mit großer Steigung (zum Einstellen der Entfernung an Kameras u. ä.); **S.ngetriebe** *s* S. mit S.nrad; **S.ngewinde** *s* = → S.ngang; **S.nrad** *s* Teil des S.ngetriebes, das in S.ngewinde eingreift

Schnee| *m* ↑ Kokain; jede pulverförm. Rauschdroge; **S.ballsystem** *s* Verkaufsverfahren (Käufer zahlt Ware an, begleicht Rest durch neuen, gleich behand. Kunden. – Unzulässig!), = **progressive Kundenwerbung** *w*; **S.ballverfahren** *s* Stichprobenverfahren (eine Befragtengruppe führt zur nächsten); **S.blindheit** *w* = → Verblitzung; **S.brett** *s* Lawine über lockeren S.massen auf Hängen; **S.kanone** *w* Gerät zur Erzeugung künstl. S.s; **S.pflug** *m* S.räumgerät; Skibrems:technik; **S.raupe** *w* Raupenfahrzeug zur Pistenanlage

Schneid|brenner *m* Schweißbrenner zum Zers.en von Stahl- u. Eisenstücken; **S.eisen** *s* Werkzeug zum Herstellen von Außengewinden; **S.en** *s* → autogen; **s.en** = → cutten; **S.etisch** *m* Spezialgerät zum Films.en; **S.flüssigkeit** *w* Flüssigkeit zum Zerspanen von Werkstoffen, zum Kühlen u. Schmieren (z. B. **S.öl** *s*); **S.kluppe** *w* = S.eisen

Schnell|arbeits:stahl *m* = **S.drehstahl** *m* hitzebest. Stahllegierung (zur Herstellung von Schneiden für Werkzeugmaschinen zur spanabheb. Metallverarbeitung, die auch dann ihre Härte behalten, wenn sie sich infolge hoher Schneidgeschwindigkeit stark [evtl. bis zur Rotglut] erhitzen); **S.dreher** *m*, *s* verkäufl. Ware (Ggs.: Langsamdreher); **S.drucker** *m* Peripheriegerät einer DVA (zum Ausdrucken der Ergebnisse der DV in Klarschrift [mehr. 100 Zeichen je sec]); **s.er Brüter** *m* mit Neutronen hoher Energie als Träger der Kettenreaktion arbeit. Brutreaktor; **S.gang** *m* Übersetzungsstufe zum Zahnradwechselgetriebe eines Kfz.s (zur Herabsetzung der Motordrehzahl bei s.er Fahrt; = → Schongang); **S.gericht** *s* ↑ → S.verfahren; **S.lot** *s* Zinn-Blei-Legierung zum Löten; **S.schlußregler** *m* = Drehzahlwächter; **S.straße** *w* autobahnart. Verkehrsweg; **S.verfahren** *s* ↑ Aburteilung bei einf. Sachverhalt in beschleun. Verfahren (durch ein S.gericht); **S.weg** *m* = → S.straße

schnitt|fest gut zu schneiden; **S.menge** *w*, = **S. zweier Mengen** *m* ↑ Menge aller gemeins. → Elemente der beiden Mengen; **S.stelle** *w* Übergangsstelle zw. 2 Geräten einer DVA

schock|en (e.) ↑ mit künstl. (elektr.) S.s behandeln (= **S.behandlung** *w*, = **S.-therapie** *w*)

Schölung *w* Ausschlag

Schongang *m* Gangschaltung, die höh. Geschwindigkeit bei niedrigerer Drehzahl u. geringerem Kraftstoffverbrauch ermöglicht; = → Schnellgang (Overdrive); Waschmaschinenprogramm für Feinwäsche

Schönheit|sfarm *w* Sanatorium für Kosmetikkuren (e.: beauty farm); **S.sreparatur** *w* Innenraumverschönerung

Schrank *m* ↑ = → Fadenkreuz

Schranke| *w* ↑ Zahl, die nicht über- (**obere S.**) o. nicht unterschritten (**untere S.**) wird

Schraube| *w* ↑ Flug-, Sprungfigur (Überschlag mit Längsachsendrehung); **s.nförmige Bakteri:e** *w* = **S.nbakteri:e** *w* → Bakterie; **S.npumpe** *w* Fördervorrichtung für Gase, Flüssigkeiten, zähe Massen (2 ineinandergreif. rotierende S.n); **S.nlader** *m* S.npumpe mit zum Ausgang abnehm. Gangtiefe o. -höhe der S.n, so daß das geförd. Gut gleichz. verdichtet wird; **S.ntüte** *w* = → Fangglocke

Schreib|kopf *m* Drucktypenträger an modernen S.maschinen; **S.-Lese-Geschwindigkeit** *w* Geschwindigkeit, mit der Daten in der DVA auf Speicher festgehalten o. gelesen werden; **S.-Lese-Kopf** *m* elektromagn. Einrichtung zur Übertragung von Zeichen auf einen o. von einem externen Speicher bei ADV; **S.tischtäter** *m* verantw. Veranlasser eines Verbrechens; **S.tischtest** *m* Diagrammprüfung, = → Trockentest

Schrift| *w* → automatisch; **S.blindheit** *w* Unfähigkeit des Arms zu schreiben (bei sonst. Nichtbehinderung), = **Agraphie** *w*; **S.erz** *s* gold- u. silberhalt. Mineral; **S.experte** *m* Prüfer der Urkundenechtheit; **S.form** *w* ↑ Rechtsverbindlichkeit einer Urkunde durch eigenhänd. Unterschrift, **S.lichkeit** *w*; **S.metall** *s* = → Letternmetall; **S.sachverständiger** *m* = S.experte; **S.spiegel** *m* bedruckter Teil einer Buchseite

schrinken (e.) Gewebe zur Schmeidigung warm nässen

Schritt|macher *m* ↑ = Herzschrittmacher; Motorradler, der bei Radrennen dem Steher Windschatten gibt; **S.messer** *m* Gehstreckenmeßgerät (= **Hodometer** *s* [gr.]); **S.spannung** *w* elektr. Spannung zw. 2 Oberflächenpunkten, die 1 S. voneinander entfernt sind (bei Erdkurzschlußströmen)

Schrödinger|-Gleichung *w* (öst. Physiker, 19./20. Jh.) math. Formulierung für Verhalten von Elementarteilchen (gibt Wahrscheinlichkeit für Auftreten der Teilchen an best. Ort in best. Energiezuständen in Form einer Wellenfunktion an), = **S.sche Wellengleichung** *w*

Schrot| *s* ↑ → Rauhgewicht von Münzen; **S.effekt** *m* Stromschwankungen

Schrothkur *w* (öst. Naturheilkundiger, 19. Jh.) Diät bei chron. Krankheiten

Schrott| *m* = → Altmetall; **S.wert** *m* ↑ Wert einer Anlage am Ende der Nutzungsdauer

Schrumpf|foli:e *w* Verpackungsfolie aus Kunststoff (über den zu verpack. Gegenstand gezogen u. dann [z. B. durch Heißluft o. → IR-Bestrahlung] kurzzeit. erhitzt, worauf sie sich zusammenzieht, bis sie eng anliegt); **S.niere** *w* zunehm. Verkleinerung u. Verhärtung der Nieren durch Gewebes.ung, ähnl.: **S.leber** *w*

Schub| *m* ↑ durch Strebepfeiler u. -bögen aufgenomm. diagonal wirkende Kraft bei Gewölben; Kraft, mit der etw. getrieben, -stoßen wird; **S.festigkeit** *w* Werkstoffkennzahl (Maß für Beanspruchung des Materials durch → Scherung); **S.ladengesetz** *s* geheimgeh. Gesetz(vorlage); **S.lehre** *w* Längenmeßgerät mit Millimetereinteilung u. Hilfsmaßstab für Zehntelgrößen, = **Nonius** *m* (port. Mathematiker, 16. Jh.); **S.leichter** *m* unbemannter, mit andern starr verbindb. Frachtkahn, vom **S.schiff** *s* geschoben; **S.modul** *m* Werkstoffkennzahl (Maß für Widerstand, den ein aus dem Material besteh. Prüfkörper der → Scherung entgegensetzt)

Schuld|beitritt *m* Vertrag über Mitübernahme einer S.; **S.betreibung** *w* Zwangsvollstreckung; **S.buch** *s* Verzeichnis der Darlehensforderungen an den Staat (keine Ausstellung von S.verschreibungen!); **S.enpolitik** *w* Maßnahmen zur Zusammensetzung u. zum Umfang der S.en der öfftl. Haushalte (Instrument zur Beeinflussung der Liquiditätsgrenze einer Wirtschaft); **S.fähigkeit** *w* Einsicht in Strafbarkeit des Delikts (ausgeschlossen bei Bewußtseins-, Geistesstörung, -schwäche); **S.nerland** *s* Nation, deren finanz. Verpflichtungen dem Ausland gegenüber die Forderungen an das Ausland übersteigen (negativer Zahlungsbilanzsaldo); **S.nerverzeichnis** *s* → schwarze Liste; **S.nerverzug** *m* Nichterbringung der fäll. Leistung (falls Nichtleistung nicht auf vom S.ner nicht zu vertret. Umständen beruht)

Schul:dörfer *M* = → Kinderdörfer

Schuld|schein *m* schriftl. Bestätigung des S.ners, dem Gläubiger eine best. Leistung zu s.en; **S.scheindarlehen** *s* Darlehen zur langfrist. Finanzierung öfftl. Gebietskörperschaften o. Industriefinanzierung, über die ein S.schein ausgestellt wird; **S.urkunde** *w* = S.schein; **S.verhältnis** *s* Berechtigung des Gläubigers, vom S.ner best. Leistung o. Unterlassung zu fordern; **S.verschreibung**

w Obligation; **S.versprechen** *s* → abstrakt; **S.wechsel** *m* verpflichtet den Bezogenen als Haftungs:s.ner; **S.zinsen** *M* für Inanspruchnahme von Krediten

Schüler|lotse *m* älterer S. als Verkehrshelfer jüng. Kinder; **S.mitverwaltung** *w* Teilnahme der S. an Schulverwaltung. – **Schul|kindergarten** *m* für s.pflichtige, aber noch nicht s.reife Kinder (der S.e vorgegliedert); **S.medizin** *w* an europ.-am. Hochs.en gelehrte Heilkunde; **S.pflegschaft** *w* Beratungsgremium einer S.e; **S.praktikum** *s* Berufseignungsprobe für Lehrerstudenten; **S.-träger** *m* zum Unterhalt einer S.e verpflicht. Behörde (Institution)

Schummerung *w* kartograf. Verfahren zur Geländedarstellung

Schuß| *m* ↑ Sprengbohrloch; Drogen:injektion; **S.gerinne** *s* Kanal für schnellfließ. Wasser; **S.kanal** *m* Weg des Geschosses durch den Körper

Schütt|beton *m* (*-toñ*) lockerer, nicht (kaum) verdicht. Beton; **S.dichte** *w* Gewicht einer aufgeschütt. Feststoffmenge geteilt durch Volumen des S.haufens, = **S.gewicht** *s*

Schüttellähmung *w* ständ. Zittern bes. der Hände (Erkrankung der Stammhirnkerne), = **Parkinsonsche Krankheit** *w*

Schütz *m* ↑ → Relais für Starkströme; Sperrvorrichtung an Schleusen (Kanälen u. ä.)

Schutz|behauptung *w* kaum glaubh. Rechtfertigung; **S.brief** *m* Kfz-Versicherung (Hilfe in Notfällen)

Schützendurchgangsraum *m* = → Fach

Schutz|gas:atmosphäre *w* Verdrängung der Luft durch → inerte Gase (z. B. Stickstoff – Edelgase) beim Arbeiten mit lichtempfindl. (z. B. leicht durch Sauerstoff oxidierb.) Stoffen; **S.gebühr** *w* geringe Zahlung als Bestätigung echten Interesses; **S.haft** *w* pol. Verwahrung von Staatsfeinden; **S.impfung** *w* Vorbeugung gegen Infektionskrankheiten durch Schaffung einer Immunität; **S.klausel** *w* ↑ Vereinbarung mit GATT (Entbindung der Länder von besteh. Verpflichtungen; Gefährdung der heim. Produktion durch erhöhte Einfuhr einer Ware); **S.kollo:id** *s* Zusatzstoff zur Verbesserung kolloidaler Lösungen; **S.kontakt** *m* Zusatzkontakt zur Erdung elektr. Geräte (schützt vor Stromschlag); **S.seil** *s* = → Erdseil; **S.zoll** *m* Abgabe auf Importe zum Schutz der heim. Industrie (Produktion) vor ausländ. Konkurrenz; **S.zollpolitik** *w* = → Protektionismus

Schwabbelscheibe *w* maschinell angetrieb. Poliervorrichtung

schwach|e Wechselwirkung *w* ↑ best. Art der ggs. Beeinflussung von Elementarteilchen, die sich u. a. im → Betazerfall der Atome äußert; **S.strom** *m* elektr. Strom bis 24 V; **S.stromtechnik** *w* Nachrichten-, Fernmelde-, Signaltechnik

Schwalbenschwanz|verbindung *w* Art der Verklammerung von Bau-, Maschinenteilen, = **S.zinkung** *w*

Schwangerschafts|s:test *m* Nachweis einer S. durch Hormon- o. chem. Test; **S.s:unterbrechung** *w* Abbruch der S. (erlaubt bes. bei schwerer Notlage: **soziale Indikation** *w*)

Schwankung|skurs *m* der für am S.smarkt gehand. S.swerte ermittelte Kurs; **S.smarkt** *m* Teilmarkt der Börse, an dem für teilnahmeberecht. Papiere der Kurs für jeden Abschluß gesondert ermittelt wird; = → variabler Markt; **S.swerte** *M* Wertpapiere, für die die Kurse fortlauf. ermittelt werden (Ggs.: → Einheitswerte)

Schwänze *M* = → Corner

Schwarz|arbeit *w* unzuläss. (nicht angemeld.) Verausgabung von Arbeitsleistungen; **s.e Börse** *w* nicht staatl. genehm. Börsenveranstaltung; **s.e Liste** *w* ↑ beim Amtsgericht geführt. Verzeichnis der Personen, die eidesstattl. Versicherung (Offenbarungseid) abgegeben haben o. zur Erzwingung der Eidesleistung inhaftiert wurden; Verzeichnis der nicht kreditwürd. Personen; **s.e Sterne** *M* geschrumpfte Sterne des Milchstraßensystems; **s.er Afghan** *m* starkes Haschisch; **s.er Freitag** *m* Kurszusammenbruch am Freitag (bes. 13. V. 1927); **s.er Glaskopf** *m* → Glaskopf; **s.er Körper** *m*: absorbiert elektromagn. Wellen aller Wellenlängen vollst.; **s.er Markt** *m* nicht genehm. Handel mit den Bewirtschaftungsvorschriften unterlieg. Waren zu überhöht. Preisen; **S.er September** *m* palästin. Terrorgruppe; **S.handel** *m* staatl. nicht genehm. Handel, = → Schleichhandel; **S.körperstrahlung** *w* von erhitztem s.em Körper ausgesandte elektromagn. Strahlung; = → Strahlungs:temperatur

Schweb|ebühne *w* = → Fassadenaufzug; **S.efahrzeug** *s* über dem Untergrund (Erdboden, Wasserfläche) s.endes Beförderungsmittel (stößt von Turbine erzeugt. Druckluft nach unten aus, die bei geringer S.ehöhe nur langsam seitl. entweicht u. dadurch tragendes Polster bildet); **s.ende Schulden** *M* kurzfristig fäll. Schulden (bes. öfftl. Gebietskörperschaften); **s.endes Verfahren** *s* lauf. Gerichtsverfahren; **S.erösten** *s* Verfahren zum Oxidieren von Feststoffen mit Luftsauerstoff im staubfein gemahl., in der Oxidationsluft aufgewirb. Zustand; **S.eteilchen** *M* = **S.stoffe** *M* staubfeine, durch Filtrieren entfernb. Feststoffteilchen in Flüssigkeiten o. Gasen (meist in Wasser o. Luft); **S.ung** *w* period. Schwankung der Amplitude einer Schwingung, die durch Überlagerung zweier Einzelschwingungen mit geringfügig vonein. abweich. Frequenzen zustande kommt (z. B. als Lautstärkemaß: 2 Saiten, von denen eine etw. verstimmt ist, spielen den gleichen Ton)

Schwedenschlüssel *m* Auswahl der Zielperson (bei Meinungsforschung) durch Zufallszahlensystem

Schwefel|blumen *M* durch → Sublimation hergest. feines S.pulver, = **S.blüte** *w*; **S.dioxid** *s* stech. riech. farbloses Gas (entsteht bei Verbrennung von S. u. s.halt. Substanzen); **S.eisen** *s* → Eisensulfid; **S.farbstoffe** *M* Klasse organ. Textilfarbstoffe (bes. für Baumwollfärben); **S.kies** *s* s.halt. Eisenerz; **S.kohlenstoff** *m* flüss., unangen. riech. Verbindung (wicht. Hilfsstoff der Kunstseidenfabrikation); **S.leber** *w* Masse aus Pottasche u. S. für S.bäder; **s.n** mit S.dioxid desinfizieren; **S.säure** *w* durch Oxidation von schwefliger Säure herstellb. starke anorg. Säure; → rauchend; **S.säure:anhydrid** *s* = → S.trioxid; **S.stahl** *m* s.halt. Eisen-Mangan-Legierung (sehr fest); **S.trioxid** *s* durch Oxidation von S.dioxid mit Luftsauerstoff in Gegenwart best. Katalysatoren herstellb. stark hygroskop. ätzende Verbindung; **S.wasserstoff** *m* nach faulen Eiern riech. gift. gasförm. Verbindung aus S. u. Wasserstoff. – **schweflige Säure** *w* schwache Säure (entsteht beim Lösen von Schwefeldioxid in Wasser)

Schweigezone *w* ↑ etw. vom Detonationszentrum entf. Gürtel, in dem der Knall nicht gehört wird

Schweiß|brenner *m* erzeugt aus Brenngas u. Sauerstoff heiße Flamme (= **S.-flamme** *w*); **S.en** *s* → autogen; **S.wolle** *w* un- o. halbgewasch. geschor. Wolle

Schweizers Reagens *s* ammoniakhalt. wäßr. Kupferoxidlösung (wicht. Lösemittel für Cellulose; Verwendung bei Herstellung von Kunstseide)

Schwelle| *w* → atomar; = **Reizschwelle; S.n:angst** *w* Nichtbenutzung best. (ungewohnter) Läden (fremder Räume); Angst vor Entscheidungen; **S.nmacht** *w* nichtatomarer Staat, der techn. u. wirtsch. Atomwaffen herstellen kann; **S.nwert** *m* ↑ zur Erzielung eines best. Effekts (z.B. Erregung eines Sinnesorgans – Ingangbringen einer chem. Reaktion) notwend. Mindest:energiebetrag. – **Schwellfestigkeit** *w* Werkstoffkennzahl zur Charakterisierung des Verhaltens bei period. ab- u. zunehm. Belastung

Schwenk *m* ↑ Bewegung der Aufnahmekamera um festen Drehpunkt

schwer|e Papiere *M* Aktien (Wertpapiere), für die hoher Kurs notiert wird; **S.benzin** *s* zw. etwa 120 u. 200 °C sied. Erdölfraktion (Extraktions-, Lösemittel; Motorentreibstoff); **S.chemikali:en** *M* anorgan. Chemikalien von geringem Reinheitsgrad; **S.e:anomali:en** *M* Abweichungen der Erdanziehungskraft vom Normalwert; **S.ebeschleunigung** *w* = → Erdbeschleunigung; **S.efeld** *s* Raum, in dem S.kraft eines Körpers wirkt; **S.emesser** *m* = → Gravimeter; **s.er Wasserstoff** *m* = → Deuterium; **S.gut** *s* Schiffslast über 10 t; **S.industrie** *w* der Montanindustrie zuzurechn. Industrie; **S.kraftwellen** *M* Ausbreitung von Änderungen des Gravitationsfeldes in Wellen, die mit Lichtgeschwindigkeit fortschreiten (Nachweis noch nicht sicher gelungen); **S.metalle** *M* metall. Stoffe mit hoh. spezif. Gewicht (Grenze zu → Leichtmetallen unfest [meist Wert 3,5 o. 4 o. 5 g/cm³ angenommen]); **S.minerali:en** *M* Mineralien mit höh. spezif. Gewicht als 2,9 g/cm³; **S.öl** *s* aus → Phenolen, → Naphthalin u. höh. Kohlenwasserstoffen besteh. Fraktion (fällt bei Aufarbeitung des Steinkohlenteers durch Destillieren an); **S.punkt:industrie** *w* wichtigster Industriezweig eines Bereichs; **S.punktsatz** *m* Naturgesetz der Mechanik (S.punkt eines Systems ruh. o. bewegter Körper kann durch Kräfte, die nur in diesem System wirken, nicht von seinem Ruhepunkt entfernt [in seinem Bewegungszustand verändert] werden); **S.spat** *m* mineral. → Bariumsulfat; **S.wasser** *s* enthält statt normalem Wasserstoff dessen s.eres → Isotop, → Deuterium; **S.wasser-Reaktor** *m* Kernreaktortyp, in dem S.wasser als → Moderator benutzt wird

Schwimm|aufbereitung *w* = → Flotation; **S.bad-Reaktor** *m* Kernreaktor einf. Bauart, dessen Kern als Ganzes in großem Wasserbecken hängt (Wasser dient als → Moderator, Kühlmittel u. Abschirmung); = → Wasserbecken-

Reaktor; **s.ende Papiere** *M* in spekulat. Absicht an der Börse erworb., noch nicht in festen Besitz übergeg. Wertpapiere; **s.ende Ware** *w* Kaufvertragklausel (besagt, daß Vertragsgegenstand bei Vertragsabschluß auf See ist); **S.er** *m* ↑ bootsart. Gestell unten an Wasserflugzeugen (für Start u. Landung); Teil der Angel

Schwindmaß *s* Verringerung der Abmessungen eines im schmelzflüssig. Zustand geformten Werkstücks (z. B. aus gegoss. Metall o. thermoplast. Kunststoff) beim Erstarren und Abkühlen

Schwing|achse *w* Wagenabfederung mit voneinand. unabhäng. Rädern, = **Pendel:achse** *w*; **S.gleichrichter** *m* elektr. → Gleichrichter (Wirkung beruht auf Schaltmechanismus, der Stromverbindung im Takt der Wechselstromfrequenz umpolt); **S.kreis** *m* elektr. Stromkreis mit Kapazität u. Selbstinduktion, in dem elektr. S.ungen stattfinden können; **S.quarz** *m* Quarzplatte, die unter Einfluß eines elektr. Wechselfeldes S.ungen von sehr konstanter Frequenz ausführt (diese wirken zurück auf felderreg. Wechselspannung, deren Frequenz so genau konstant gehalten wird); **S.spiegel** *m* bewegl. Spiegel in Spiegelreflexkamera zur Umlenkung des Strahlengangs bei Einstellung; **S.ungs:amplitude** *w* = → Amplitude; **S.ungsbauch** *m* → Bauch; **S.ungsdauer** *w* = → S.s:periode; **S.ungs:knoten** *m* → Knoten; **S.ungskreis** *m* elektromagn. Schaltung mit → Selbstinduktion u. → Kapazität, in der sich elektromagn. S.ungen ausbilden können; Kondensator u. Spule des Senders; **S.ungs:periode** *w* Dauer einer Hin- u. Hers.ung; **S.ungsweite** *w* = → Amplitude; **S.ungszahl** *w* = → Frequenz

Schwund| *m* ↑ = → Fading; Gewicht-, Volumenabnahme; Warenschrumpfung durch unzureich. Verpackung; **S.maß** *s* ↑ Unterschied zw. Gußmetall u. Gießprodukt

Schwungkraft *w* = → Zentrifugalkraft

Science-fiction *w* (e.: *ßaienß fiktschn*) utop. Zukunftserzählung auf wiss.-techn. Basis

Sci:entology *w* (e.: *ßaientolodschi*) prakt. Philosophie zur Änderung der Lebensverhältnisse von Individuen u. Gesellschaft

Scoop *m* (e.: *skûp*) sensation. Exklusivbericht

Scopolamin *s* (KW) in Nachtschattengewächsen vorkomm. → Alkaloid (Verwendung als Beruhigungs- u. Narkosemittel)

Score *w* (e.: *skô*) Maßzahl; Skalen-, Punktwert

Screen| *m* (e.: *skrîn*) Raster; Filmleinwand; Fernsehschirm; **S. advertising** *w* (e.: *-ädvetaisin̄*) Filmwerbung; **S.ing** *s* breit angel. Untersuchung zur Feststellung u. Auswertung von Kriterien, = **S.ingtest** *m*, = **S.ingverfahren** *s*

Scribble *s* (e.) 1., unfert. Entwurf

Scrip *m* (e.) Gut-, Schuld-, Interimsschein

Script- → Skript-

SDAJ ⟨ **S**ozialist. **D**. **A**rbeiter**j**ugend. – **SDN** ⟨ **S**ociété **d**es **N**ations (Völkerbund). – **SDR** ⟨ **S**pecial **d**rawing **r**ights (→ Sonderziehungsrechte). – **SE** ⟨ → **S**chad**e**inheit. – **Se** ⟨ → **Se**len

Sealab *s* (e.: *ßîläb*; KW) Unterwasserlabor

SEATO ⟨ **S**outh **E**ast **A**sia Collective Defense **T**reaty **O**rganization (Verteidigungsbündnis für SO-Asien u. W-Pazifik, 1955–1977)

Sebacinsäure *w* organ. Substanz, farbloses Pulver (Zwischenprodukt bei Kunststoff- u. Lackherstellung)

sec ⟨ Sekunde. – **SECAM** ⟨ Farbfernsehsystem

Second|-best-theory *w* (e.) → Zweitbesttheorie; **S.-hand-Geschäft** *s* An- u. Verkauf gebrauchter Waren, = **S.-hand-Laden** *m*, = **S.-hand-Shop** *m*

Securities *M* (e.: *ßikju:eriti*) Wertpapiere

SED ⟨ **S**ozialist. **E**inheitspartei **D**eutschlands (DDR)

Sedativ(um) *s* (lat.) Beruhigungsmittel

Sediment|ation *w* (lat.) Absitzen von → Schwebstoffen unter Schwerkraft; Umsetzen der Erfahrung in Bewußtsein; **s.ieren** *ZW* zu S.ation

See|amt *s* Behörde zur Untersuchung von Handelsschiffunfällen auf S.; **S.beben** *s* Erdbeben mit Herd unter Meeresboden; **S.berufsgenossenschaft** *w* Unfallversicherung aller bei S.fahrt beschäft. Personen; **S.fracht** *w* Entgelt für Güterbeförderung auf S.weg; **S.frachtgeschäft** *s* gewerbsmäß. Gütertransport auf S.weg; **S.hafen:spediteur** *m* (*-tör*) bes. Zweig des Speditionsgewerbes (Eigenart: Wechsel der Verkehrs:träger); **S.handelsrecht** *s* Regelung der Rechtsverhältnisse bei Handelsschifffahrt; **S.kanal** *m* künstl. Wasserstraße für s.gängige Schiffe; **S.kasse** *w* Träger der Sozialversicherung für d. S.leute

Seele *w* ↑ Hohlraum in Gewehrläufen,

Geschützen; Stimmstock (bei Streichinstrumenten)

see|mäßige Verpackung *w* Zusatz in Kauf-, Lieferverträgen, wenn Vertragsgegenstand als S.fracht transportiert werden soll; **S.notflugzeug** *s* (Wasser-)Flugzeug zur Rettung Schiffbrüchiger; entspr.: **S.notkreuzer** *m*

s.e.e.o. ⟨ **s**alvo **err**ore **e**t **o**missione (lat., = Irrtum u. Auslassung vorbehalten; häufig auf Kontoauszügen)

See|protest *m* Verhandlung über S.unfall, = **Verklarung** *w*; **S.schiffahrt** *w* Ggs.: → Binnenschiffahrt (Güter- u. Personenbeförderung auf S.weg); **S.-schlepper** *m* → Bergungsdampfer

Segerkegel *m* (d. Chemiker, 19. Jh.) ⟨ *SK*) pyramidenförm. Temperaturmeßkörper (z. B. in Brennöfen; zeigt durch beginn. Verformung Erreichen einer best. Temperatur an)

Segment|-Bilanz *w* (lat.) entsteht, wenn in versch. Geschäftszweigen tätiges Unternehmen Gesamtbilanz nach Tätigkeitsfeldern aufgliedert; **S.ation** *w* ↑ Aufteilung des Gesamtmarktes in Teil- o. Spezialmärkte (= Markts.e), um einz. Käufergruppen besser anzusprechen; Differenzierung struktur. gleicher Einheiten mit den gleichen Funktionen; **S.ations:theorie** *w* Erklärungsversuch zur Herausbildung unterschiedl. Anlagemärkte; **S.bauweise** *w* Schiffs-, Hausbau z. T. aus vorgefert. Teilen; **S.therapie** *w* Bindegewebsmassage – subkutane Injektion – Wärmeanwendung

Segregation *w* (lat.) räuml. Aufteilung von Individu:en nach körperl. u. a. Merkmalen (hinsichtl. ihrer Zugangsmöglichkeit zu best. Umgebungen); Aufteilung der Erbfaktoren während Reifeteilung der Geschlechtszellen

Segue *s* (e.: *segwei*; it.: *ßêgu:e*) lückenlose musik. Überleitung zw. Programmteilen (bei Funk-, Fernsehwerbung)

Seh|beteiligung *w* Einschaltquote bei Fernsehsendungen; **s.endes Auge** *s* = → S.prothese

Sehnen|plastik *w* operat. Verlängerung defekter S., = **S.trans:plantation** *w*

Seh|prothese *w* → Elektroftalm, „sehendes Auge"; **S.schule** *w* Behandlung Schwachsichtiger, Schielender (bes. Kinder); **S.winkel** *m* Winkel, den die beiden Verbindungslinien zw. den Begrenzungspunkten eines betracht. Gegenstandes u. der Pupille des betrachtenden Auges miteinander bilden, = **Gesichtswinkel** *m*

Seifen *M* ↑ wasserlösl. Alkalisalze höherer organ. Säuren, bes. → Fettsäuren; Ablagerungen nutzb. Mineralien

seigern Metalle durch Herausschmelzen von Verunreinigungen trennen

Seignette-Salz *s* (*sänjett-*) gemischtes Kalium-Natrium-Salz der Weinsäure (gebräuchl. analyt. Nachweisreagens)

Seism|ik *w* (KW, gr.) Lehre von der Entstehung u. Fortpflanzung von Bodenerschütterungen; **S.izität** *w* in einem Gebiet herrsch. Erdbebenintensität; **S.ogramm** *s* Aufzeichnung, die ein **S.ograf** *m* (= S.ometer) von Bodenerschütterungen macht; **S.ologie** *w* befaßt sich mit den natürl. Erdbeben; **S.ometer** *s* Gerät zur automat. Messung u. Aufzeichnung von Bodenbewegungen, = **S.oskop** *s*

Seiten|halbierende eines Drei:ecks *w* Verbindungsstrecke eines Eckpunktes mit der Mitte der gegenüberliegenden Seite; **s.richtig** mit dem Original übereinstimmend; Ggs.: **s.verkehrt** dem Spiegelbild des Originals entsprechend

Sejm *m* poln. Volksvertretung

SEK ⟨ **S**pezial-**E**insatz**k**ommando. – **Sek.** ⟨ **Sek**unde

Sekret *s* (lat.) ⟨ Absonderung (einer Drüse)

Sektionsbefund *m* (KW) Ergebnis einer Leichenöffnung. – **Sektoren| der Volkswirtschaft** *M* Aufgliederung des Gesamtergebnisses der volkswirtsch. Gesamtrechnung nach Bereichen (priv. Haushalte – Unternehmungen – Staat); **S.blende** *w* Vorrichtung zur period. Unterbrechung des Strahlengangs in Filmkameras

sekundär| (lat.) → Elastizität; ↑ Kennwort zur Unterscheidung chem. Substanzen; **S.analyse** *w* neue Analyse des Datenmaterials mit neuer Fragestellung; **s.e Lagerstätten** *M* sind nicht an Ort u. Stelle entstanden; **s.e Devianz** *w* → Devianz; **S.elektronen** *M* werden bei Bestrahlung (i. a. mit [Primär-]Elektronen) aus einer (Metall-)Oberfläche herausgelöst; **S.energie** *w* Ggs.: → Primär:energie; **S.erhebung** *w* Aufbereitung u. Analyse von statist. Material (für einen and. Zweck bereits erhoben); **S.kreis** *m* elektr. Stromkreis, in dem Strom entsteht, wenn in anderem, mit ihm induktiv o. kapazitiv gekopp. Stromkreis (= Primärkreis) ein sich ändernder Strom fließt; **S.kreislauf** *m* Heiz-, Kühlkreislauf, der nicht unmittelbar beheizt wird, sondern Wärmeenergie in Wärmeaustauscher vom Primärkreislauf bezieht (wichtig z. B.

in Kernreaktortechnik, wo durch Einschaltung eines S.kreislaufs vermieden wird, daß Antriebsaggregate [Turbinen] durch Wärmeträger im Primärkreislauf radioaktiv verseucht werden); **S.material** *s*: Ggs.: → Primärmaterial; **S.spannung** *w* Stromspannung in S.wicklung; **S.spule** *w* Drahtspule, zw. deren Enden durch Induktion eine elektr. Spannung entsteht, wenn durch eine and. in der Nähe befindl. Spule (= **Primärspule** *w*) ein sich ändernder Strom fließt; **S.statistik** *w* wurde aufgrund früh. Erhebung erstellt; **S.strahlung** *w* Anteil der kosm. Strahlung, der durch Auftreten der Primärstrahlung aus dem Weltraum auf die Erdatmosphäre erzeugt wird. – **Sekundarstufe** *w* Aufbaustufe der Schule (I = Klassen 5–10; II = Klassen 11–13). – **Sekundär|verteilung** *w* sich nach staatl. Korrekturen ergeb. Verteilung von Einkommen u. Vermögen; **S.ver:unreinigung** *w* Belastung von Luft, Gewässern durch Schadstoffe, die durch (bio-) chem. Vorgänge aus Primärverunreinigungen entstehen; **S.wicklung** *w* stromabgeb. Wicklung eines Transformators, = S.spule

Sekund|awechsel *m* 2. Ausfertigung eines Wechsels; **S.enherztod** *m* → Herztod; **S.ogenitur** *w* Erbmasse, -recht des Zweitgeborenen

Selbst|aufzug *m* Uhrautomatik, durch die sich Uhr s. aufzieht; **S.auslöser** *m* autom. Bedienung der Kamera; **S.bedienung** *w* Auswahl der Ware u. Bezahlung an der Kasse durch den Kunden (im **S.bedienungsladen** *m*, **-geschäft** *s*; entspr.: **S.bedienungsrestaurant** *s*); **S.bestimmungsrecht** *s* Recht auf demokr. Entscheidung über nation. Schicksal; **S.beteiligung** *w* Teilzahlung des Versicherten bei Gesamtschaden; **S.bucher** *m* wer seine Post s. frankiert; **S.eintritt(srecht)** *m* (*s*) (Auftreten des) Börsenkommissionär(s) als S.kontrahent; **S.entfremdung** *w* Einschränkung der Verfügung über Mittel der → S.verwirklichung; **S.erreger** *m* ↑ Schwingungen durch Rückkopplung im Verstärkersystem; Magnetpolerregung im Gleichstromgenerator durch s.erzeugten Strom; **S.fahrer** *m* ↑ vom Kranken bewegter Rollstuhl; **S.finanzierung** *w* = → Eigenfinanzierung; **S.hilfe** *w* ↑ Durchsetzung von Rechtsansprüchen ohne Behördenhilfe; Mitarbeit des Bauherrn; **S.hilferecht** *s* Recht des Vermieters, seinem Pfandrecht unterlieg. Sachen in Besitz zu nehmen (ihre Entfernung zu verhindern); **S.hilfeverkauf** *m* dem Verkäufer eingeräumte Möglichkeit, bei Annahmeverzug des Käufers Ware an Dritte zu veräußern (wicht. bei leichtverderbl. Waren!); **S.induktion** *w* Ausbildung von Gegenspannungen bei Änderungen der elektr. Stromstärke o. -richtung im Leiterkreis, die diese Änderungen erschweren (verzögern; Höhe der Gegenspannungen richtet sich nach zeitl. Änderung des vom Strom erregten Magnetfelds); **S.kosten** *M* alle bei Leistung anfall. Kosten (= Addition der Material-, Verwaltungs-, Vertriebskosten u. Löhne; bei Aufschlüsselung je Leistungseinheit = → **Stückkosten** *M*); **S.kostenpreis** *m* Preis ohne Gewinnaufschlag; **S.kostenrechnung** *w* Instrument der Preisgestaltung u. Kalkulation; **s.liegend** nicht geklebt (Fliesen); **S.reinigung** *w* → biologisch; **s.schuldnerische Bürgschaft** *w* Bürge hat Einrede der Vorausklage ausgeschlossen (Gläubiger kann bei nicht eingelösten Verbindlichkeiten Bürgen direkt in Anspruch nehmen); **S.steuerung** *w* ↑ kybernet. System bestimmt gegenüber Umwelteinflüssen mit Informationen über sie die eig. Ziele u. Mittel; **S.versicherung** *w* freiwill. Versicherung; S.beteiligung des Versicherten; **S.verwaltung** *w* ehrenamtl. polit. Beteiligung von Bürgern an Kommunalverwaltung; **S.verwirklichung** *w* Entfaltung der eig. Persönlichkeit bei Realisierung eig. Möglichkeiten

selekt|ieren ↑ → Daten nach Ordnungsbegriffen aussuchen; **S.ivität** *w* (e.: selectivity) Aktualisierung u. Berücksichtigung ausgewählter Merkmale der Umwelt; Trennschärfe; **S.or** *m* Fernsehgerät, das Auswahl der versch. Seiten einer → Bildschirmzeitung ermöglicht

s-Elektron *s* → Elektron mit der Bahndrehimpulsquantenzahl l = 0

Selen| *s* (gr.) chem. Element mehr. Modifikationen, deren eine metallähnl. Eigenschaften hat u. im Dunkeln geringe, bei Belichtung hohe elektr. Leitfähigkeit hat (→ S.fotozelle; übrige Modifikationen sind nichtmetallisch. – S. ist chem. dem Schwefel ähnl.; ⟨ *Se*); **S.(foto)zelle** *w* Fotozelle o. -widerstand mit S. als lichtempfindl. Leitermaterial; **S.ide** *M* binäre Metallverbindungen des S.s; **S.ografie** *w* Erforschung der Oberflächengestalt des Mondes (Teilgebiet der **S.ologie** *w* Erforschung des Innenaufbaus u. der Entstehungsgeschichte des Monds); **S.zelle** *w* = → S.fotozelle

Self|-employment *s* (e.: *-implai-*) selbst. Berufstätigkeit; **S.-liquidating Credit** (e.: *-dei-*) Kredit für Warenkauf, aus Verkaufserlösen zurückgezahlt; **S.-liquidator** *m* (e.) zum Selbstkostenpreis verkauftes (sich selbst trag.) Werbemittel

Seller|(s)-market *m* (e.) Verkäufermarkt (bes. Machtstellung der Anbieter; Ggs.: → Buyer-market); **S.-Teller** *m* Liste der meistverkauften Bücher (Schallplatten)

Selt|en:erdmetalle *M* = → Lanthanoide; **S.samkeit** *w* ↑ durch → Quantenzahlen beschrieb., anschaul. nicht faßbare Eigenschaft von Elementarteilchen (sich in ihrem ggs. Verhalten äußernd), = → Strangeness

Sem|antik *w* (gr.) → Dimension; Lehre von den Wort-, Zeichenbedeutungen; **S.asiologie** *w* = → S.iotik

Semeiotik *w* (KW, gr.) Lehre vom Ausdruck, Bedeutungslehre, -wandel

Semicarbazid *s* stickstoffreiche organ. Verbindung (Nachweisreagens u. a. für → Ketone)

Semio|tik *w* (KW, gr.) Theorie der sprachl. Zeichen; Zeichenlehre, -theorie, = **S.logie** *w*, = **Semasiologie** *w*; **s.tisches Design-Objekt** *s* → Design-Objekt; **s.tische Dimension** *w* → Dimension

semipermeab|el (KW) halbdurchlässig; *S*: **S.ilität** *w*

sen. ⟨ Senior

Senatordienst *m* 1.-Klasse-Dienst auf Lufthansa:interkontinentalflügen

Sender| *m* ↑ → Adressant; **S.suchlauf** *m* automat. Vorrichtung zur Ermittlung der besten Empfangsfrequenz

Senditron *s* Quecksilber enthalt. Elektronenröhre zum Schalten

Sendung *w* ↑ → Adresse

Seneszenz *w* (KW, lat.) Alter(s:schwäche)

Senf|gas *s* = → Lost; **S.öle** *M* Klasse organ. schwefel- u. stickstoffhalt. Verbindungen (haut- u. schleimhautreiz. [Gift-]Stoffe)

Senior|enpaß *m* Ausweis zum Kauf ermäß. Fahrkarten der DB; **S.itäts:prinzip** *s* Wertigkeit des (Dienst-)Alters; am Alter orient. Aufstiegsregel

senken ↑ gebohrtes Loch auf belieb. Querschnittsform erweitern

Senkrecht|starter *m* ↑ Flugzeug, das s. starten u. landen kann

Senkung| *w* ↑ Absinken der roten Blutkörperchen in ungerinnb. gemachtem Blut (Krankheitsprobe) = **Bluts.** *w*; entscheidend dabei die **S.sgeschwindigkeit** *w*

Senkwaage *w* = → Aräometer

Sensation|swerbung *w* Werbemaßnahmen (Erfolg durch Darstellung s.eller Effekte)

Sensibili|sator *m* (lat.) der fotogr. Schicht zugesetzter, die Lichtempfindlichkeit erhöh. Farbstoff; **s.sieren** empfindlich machen (z. B. fotograf. Platten für Licht-Organismus für Allergene); **S.sierung** *w* → Allergie; **S.tät** *w* Empfindungsvermögen des Organismus (best. Teile des Nervensystems); **S.tätsstörungen** *M* Störung der Empfindungen. – **sensitiv|** (über)empfindlich; **S.ity-Training** *s* (e.) Gruppentherapie zur Beseitigung von Hemmungen beim Gefühls:ausdruck. – **Sensitometrie** *w* Empfindlichkeitsmessung bei fotogr. Schichten. – **Senso|motorik** *w* reizbewirktes Zusammenspiel von Muskeln u. Sinnesorganen; **S.r** *m* Kontaktfeld, dessen Berührung Schalter betätigt, = **S.rtaste** *w*; **s.ri:ell** auf die Sinne bezogen, = **s.risch**; **S.rium** *s* Bewußtsein. – **Sensualismus** *m* Sinnesempfindung als allein. Fähigkeit der Seele gedeutet

Sentiment *s* (fr.: *ßañtimañ*) ↑ komplexe Reaktion auf ein Objekt

Separat|ismus *m* (lat., KW) Streben einer Region (ihrer Bewohner) nach Selbständigkeit durch Lösung staatl. Bindungen; **S.or** *m* Zentrifuge. – **separieren** Flüssigkeiten mit Separator trennen

Sep|sis *w* (gr.) = → Blutvergiftung; *EW*: **s.tisch**

Sequenti|alität *w* (KW, lat.) Kursfolge im Oberstufenunterricht; **s.eller Zugriff** *m* → seri:ell

Sequest|er *m* (lat.) bestellter Treuhänder zur Pflege u. Verwahrung einer umstritt. (beschlagn.) Sache (die dann unter **S.ration** *w* steht)

Seri:e| *w* (lat.) ↑ Reihe (Folge) zshäng. (gleichart.) Dinge; = → Spektrals.; = **S.nschaltung** *w* = → Reihenschaltung; **s.lle Musik** *w* auf dem Prinzip der Reihung aller 12 Töne beruh. Zwölftonmusik; **s.ller Zugriff** *m* Zugriff auf Daten durch eine DVA in der Folge, in der die Daten auf externen Speichern (z. B. Magnetband) angeordnet sind, = → sequenti:eller → Zugriff; → Stall; **S.n:anzeige** *w* regelm. eingeschalt. Anzeige; **S.nfertigung** *w* Nach- o. Nebeneinanderproduktion mehr. gleichart. Produkte in einem Betrieb; **S.ngröße** *w* → Los; **S.nherstellung** *w* = **S.nproduk-**

tion *w* = → S.nfertigung; **S.nreife** *w* die S.nherstellung rechtfert. Entwicklungsstand eines Produkts; **S.nschaltung** *w* = → Hintereinanderschaltung; = → S.
Serigrafie *w* = → Siebdruck
Serin *s* wicht. eiweißbild. → Aminosäure
Sero|diagnostik *w* (KW) Krankheitsfeststellung aus Blutserum o. Rückenmarks-Gehirn-Flüssigkeit; **S.logie** *w* Erforschung der Bedeutung des Serums für Diagnose u. Therapie
Serpentin *m* (lat.) asbestart. Mineral
Serum| *s* (lat.) = → Blut-, Immunserum; **S.konserve** *w* Blutersatz aus reinem S.
Service| *m, s* (e.) → Aufschlag; Kundendienst; **S.r** *m* = → Dispenser
Servituten *M* (lat.) ↑ Nutzungsbeschränkungen für Grundeigentümer; Nutzungsrechte an fremden Sachen
Servo|bremse *w* Bremse für schwere Fahrzeuge (bei Betätigung Bremskraft durch Luft- o. Öldruck erzeugt); **S.fokus** *m* = → Autozoom; **S.mechanismus** *m* Hilfsmotor zur Regelung größ. Kräfte (z. B. **S.motor** *m* [meist hydraulisch angetrieben] zur **S.lenkung** *w*)
Sessellift *m* = → Skilift
Session *w* (e.: *seschn*) ↑ Dauer eines Drogenrauschs (= **Trip** *m*); musik. Großveranstaltung
Set| *m* (e.: *ßätt*) ↑ Erwartungszustand unmittelb. vor dem Drogenrausch; *s* Film-, Fernsehdekoration; Maßeinheit für Buchstabendicke, -breite; **S.ting** *s* (*ßättiñ*) ↑ alle das Drogenerlebnis beeinfluss. Umstände; alle Merkmale eines Prozesses
Setzung *w* Bodensenkung nach Belastung durch Bauwerk
SEW ⟨ **S**ozialistische **E**inheitspartei **W**est-Berlin
Sexual|hormon *s* (KW) Geschlechtshormon; **S.kunde** *w* Schulfach der **S.pädagogik** *w* Erziehung zur geschlechtl. Aufklärung; **S.proportion** *w* Zahlenverhältnis des m. u. w. Bevölkerungsteils, = **Geschlechtsverhältnis** *s*; **S.zyklus** *m* Rhythmus der Befruchtungsbereitschaft
SFB ⟩ **S**onder**f**orschungs**b**ereich; ⟩ **S**ender **F**reies **B**erlin. – **sFr** ⟨ schw. **Fr**anken. – **sh** ⟨ **Sh**illing. – **SHAPE** ⟨ (e.) **S**upreme **H**eadquarters **A**llied **P**owers **E**urope (NATO-Hauptquartier)
Shapley-Wert *m* (am. Soziologe, 20. Jh.: *schepplê*) Maßzahl für die „Macht" eines Koalitions:partners
Share *m* (e.: *schär*) Aktie
Shiften *s* (e.) Vorgang im → Schieberegister
Shipping weight *s* (e.: *-weit*) Verschiffungsgewicht einer Ware
Shit *s, m* (e.: *schitt*) Haschisch
Shopping|-Center *s* (e.: *schoppiñ ßenter*) einheitl. Einkaufszentrum (außerh. der City); **S. goods** *M* (e.: *-gûz*) nicht zum dringl. Bedarf zählende (beim Kauf sorgf. geprüfte) Waren
Shore-Härte *w* (e. Erfinder des Meßverfahrens: *schôr*) Werkstoffkennzahl
Show|busineß *s* (am.: *schoubisnis*) Vergnügungsindustrie; **S.down** *s* (e.: *-daun*) absichtl. geplante polit. Konfrontation, Machtprobe; **S.master** *m* Leiter einer Unterhaltungssendung
Shredder *m* (e.: *schr-*) Reißwolf für Kraftwagen (Schrott)
Shunt *m* (e.: *schant*) Nebenwiderstand in elektr. Stromkreisen; Verbindung zw. großem u. kleinem Kreislauf
Shuttle *s* (e.: *schattl*) Pendelverkehr
SI ⟨ **S**ozialist. **I**nternationale; ⟨ **S**ystème **I**nternational (internat. Maßeinheitensystem). – **Si** ⟨ **Si**licium
Sial *s* (⟨ **Si**licium, **Al**uminium) Außenschicht der Erdkruste (kennzeichn. Elemente: Si, Al)
Sicher|heit *w* ↑ Vermögensgegenstände zur S.ung der Gläubigerforderung bei Kreditaufnahme; → passiv; → sozial; **S.heitsglas** *s* splittersicher. Glas; **S.-heitsrat** *m* Behörde der UN zur Beilegung von Konflikten; **S.heitsschwelle** *w* Grenzwert für Maschinen; **S.heitswechsel** *m* Wechsel, der Kreditrückzahlung garantiert (bes. strenge Wechselrechtbestimmungen); **S.ungs:abtretung** *w* Abtretung von Forderungen des Schuldners gegen Dritte an Gläubiger; **S.ungsgrundschuld** *w* → Grundschuld zur S.ung eines Kredits; **S.ungs:hypothek** *w* Bestimmung der Hypothekhöhe nur nach der zugrunde lieg. Forderung (keine Berufung auf Eintragung als Forderungsbeweis!); **S.ungs:übertragung** *w* Übertragung eines Sacheigentums an Gläubiger (Rückübertragung nach Schuldentilgung); **S.ungsverwahrung** *w* Unterbringung von Gewaltverbrechern in bes. Anstalten; **S.ungszession** *w* = S.ungs:abtretung
Sicht|beton *m* unbearb. u. unverputzt bleib. Beton; **S.depositen** *M* = **S.einlagen** *M* tägl. fäll. Gelder; zinslose Guthaben der Banken bei der Notenbank; Ggs.: → Termin:einlagen; **S.geschäft** *s* Geschäft mit best. Fristen; **S.guthaben** *s* tägl. fäll. Guthaben; **S.kurs** *m* Kurs für kurzfrist. fäll. Devisen; **S.lochkarte** *w* Karteikarte zur Datenspeicherung

(eingestanzte Löcher als Merkmal für Vorhandensein best. Merkmale); **S.tratte** *w* bei Vorlage fäll. gezog. Wechsel; **S.vermerk** *m* Visum; **S.wechsel** *m* bei Vorlage fäll. Wechsel (ohne Verfalldatum!), = **Avistawechsel** *m*

Sickerstrahlung *w* ungewollt aus Kernreaktor austret. Strahlung

Sick-out *s* (am.: *-aut*) Krankmeldung zur Vermeidung einer Bestrafung für Streikteilnahme

Siderit *m* (gr.) = → Spat:eisenstein

Sidero|lith *m* (KW, gr.) Eisensteinmeteorit; **S.se** *w* Ablagerung von Eisen-, Rostpartikeln in Geweben; **S.sphäre** *w* Erdkern (vermutl. aus Schwermetallen u. ihren Verbindungen)

Sidotsche Blende *w* (*sidô-*) mit verdünnter Schwermetallösung behand., dann erhitztes Zinksulfid (leuchtet bei Belichtung etw. nach)

Siebdruck *m* Druckverfahren (Druckfarbe gelangt durch feines Draht-, Textilsieb auf Unterlage; Lackschicht o. aufgeklebte Schablonen schützen ungefärbt zu erhalt. Stellen, = **Serigrafie** *w*)

Sieben-b-Abschreibung *w* erhöhte Absetzung für (privat genutztes) Ein-, Zweifamilienhaus (Eigentumswohnung)

Sieb|kreis *m* elektr. Schaltung (unterdrückt Wechselströme eines eng begrenzten Frequenzbereichs o. läßt sie als einzige durch); **S.schaltung** *w* besteht aus mehr. S.kreisen

Siede|barometer *s* mit Flüssigkeit (i. a. Wasser) gefülltes, mit genauem Thermometer verseh. S.gefäß (Berechnung des herrsch. Drucks [= Barometerstands] aus S.punkt der Flüssigkeit); **S.diagramm** *s* Darstellung des Zshg.s zw. S.punkt einer Mischung u. ihrer Zsstzg.; **S.intervall** *s* Temperaturbereich, in dem Flüssigkeitsgemisch s.t; **S.punkt:erhöhung** *w* Temperaturdifferenz zw. S.punkt einer Lösung u. dem des reinen Lösemittels (Messung ist geläuf. Methode zur Bestimmung des Molekulargewichts des gelösten Stoffs); **S.verzug** *m* Nichteintreten des S.ns einer Flüssigkeit unter best. Bedingungen trotz Erhitzung weit über S.punkt; **S.wasserreaktor** *m* Kernreaktortyp (mit gewöhnl. o. → Schwerwasser als Moderator u. Kühlwasser; beim S.n entsteh. Wasserdampf treibt Turbine o. heizt über Wärmeaustauscher einen Sekundärkreislauf)

Siedlerkolonialismus *m* Siedler- als Herrschaftsschicht über Kolonie

SI-Einheiten *M* Grund-Maßeinheiten des → SI u. die von ihnen abgeleit. Maßeinheiten

Siemens| *s* (d. Erfinder, 19. Jh.) Maßeinheit des elektr. Leitwerts; **S.-Martin-Ofen** *m* (fr. Ingenieur, 19./20. Jh.) roheis. Ofen mit Regenerativfeuerung zur Stahlherstellung (erzeugt durch **S.-Martin-Prozeß** *m* = **S.-Martin-Verfahren** *s* den **S.-Martin-Stahl** *m*)

Sigma *s* (gr., = σ) Symbol für → Standard:abweichung

Signal| *s* (lat., fr.) ↑ Träger einer Information; alle tier- u. menschl. Verknüpfungen zw. angebor. Reflektionen u. gelernten Reizen (= S.en); (Eisenbahn-)Verkehrszeichen; **S.ball** *m* am Mast aufgezog. Kugel als S.; **S.reiz** *m* = → Schlüsselreiz; **S.ring** *m* (halb)kreisförm., im Kfz-Lenkrad montierte Vorrichtung zur Betätigung der Hupe; **S.tücher** *M* Landezeichen auf Flugplätzen. – **Signatur** *w* ↑ Anweisung zum Heilmittelgebrauch. – **Signet** *s* (fr.: *ßinjê*) Firmen-, Verlagszeichen

Signifikanz| *w* (KW, lat.) ↑ Sicherheit einer (statist.) Aussage; **statistische S.** Wahrscheinlichkeit für Stichprobenergebnisse (Maß: **S.niveau** *s* [*-wô*])

Sikkativ *s* (lat.) Lufttrocknung beschleunig. Zusatz für Anstrichstoffe

Silane *M* Klasse von Verbindungen aus Silicium u. Wasserstoff

Silber|bromid *s* (KW) Verbindung aus Brom u. S. (zur Herstellung von fotogr. Material, da lichtempfindl.); **S.chlorid** *s* Verbindung aus Chlor u. S. (zersetzt sich unter Lichteinfluß, daher wicht. für Fotografie); **S.diffusionsverfahren** *s* Methode zur schnellen Herstellung fotogr. Bilder (gebräuchl. für Fotokopien u. Sofortbildfotografie); **S.nitrat** *s* S.salz der Salpetersäure („Höllenstein"; Hautätz- u. Desinfektionsmittel); **S.stahl** *m* gezog., polierter stangenförm. Werkzeugstahl (ohne S.!); **S.währung** *w*: S. als Währungsmetall bestimmt den Geldwert

Silica|gel *m* (KW) = → Kiesel:gel; **S.te** *M* Salze der Kieselsäure; **S.tglas** *s* anorgan. Glas mit hohem S.tgehalt. – **Silic|ide** *M* binäre Verbindungen aus S.ium u. einem Metall; **S.ium** *s* halbmetall. chem. Element (nächst Sauerstoff häufigstes Element auf der Erde; ⟨ *Si*); **S.iumcarbid** *s* Verbindung aus Kohlenstoff u. S.ium (techn. Bedeutung durch diamantähnl. Härte, z. B. als Schleifmittel [= → Carborundum]); **S.iumdioxid** *s* Verbindung aus S.ium u. Sauerstoff (in Sand, Quarz, Kieselstein

u. a.; Anhydrid der Kieselsäure); **S.one** *M* Gruppe → makromolekul. S.iumverbindungen (als Öle, Kunststoffe, Kautschukmassen verwendbar; sehr wärme- u. chemikalienbeständig). – **Silifikation** *w* Verkieselung

Sima *s* (KW ⟨ **Si**licium, **Ma**gnesium) durch Gehalt an Silicium u. Magnesium gekennzeichn. tiefere Erdkrustenschicht

Simmerring *m* (d. Ingenieur, 19./20. Jh.) Ring als Antriebswellendichtung bei Verbrennungsmotoren

Simplex|kanal *m* Übertragungskanal der → ADV (läßt Datenübertragung nur in einer best. Richtung zu); **S.verfahren** *s* Lösungsverfahren der linearen Programmierung

Simulat|ion *w* (lat.) ↑ Methoden u. Modelle der ökonom. Forschung zur Nachbildung best. Abläufe (Alternativen durch Variationen); Verfahren zur Durchrechnung kompliz. realer Vorgänge zunächst an math. Modellen; Vortäuschen einer Krankheit; **S.or** *m* ↑ Anlage zur wirklichkeitsnahen Ausbildung von Flugzeug-, Kfz-Führern, Raumfahrern u. a.

Simultan|dolmetschen *s* gleichzeitiges Übersetzen in versch. Sprachen, = **S.übersetzen** *s*; **S.gründung** *w* AG-Gründung, deren Gründer das ganze Grundkapital der Gesellschaft fest übernehmen; **S.kirche** *w* von mehr. Konfessionen benutzte Kirche

Sinaplast *s* (KW) Verbundwerkstoff (Aluminium u. PVC-Spezialfolie)

Single| *w* (e.: *ßingl*) ↑ kleine Schallplatte mit nur je 1 Stück (Song) je Seite; **S. factoral terms of trade** *s* (e.: *-fäktorel-treid*) einfaches faktorales Austauschverhältnis (= heim. Produktivitätsindex multipliziert mit Quotient aus Export- u. Importgüterpreisindex); **S.-tax** *w* (e.: *-täx*) einzige Steuer

Sinn| *m* ↑ = → Adresse

Sint 2000 *s* (KW) Kfz-Gebrauchsöl mit Synthese:anteil ((⟨ **AGIP** SINT 2000 ⟨ **A**zienda **G**enerale **I**taliana **P**etroli)

Sinter|lager *s* Achslager aus gesintertem Metall- o. Kunststoffpulver (durch Porosität für große Schmiermittelmengen aufnahmefähig; daher gute Notlaufeigenschaften); **s.n** Pulver durch Wärmebehandlung, aber ohne vollständ. Aufschmelzen in kompakten Festkörper überführen (meist mit Metallpulvern)

Sinti *M* europ. Zigeunerstamm

Sinus|funktion *w* → Winkelfunktion; **S.leistung** *w* Höchstleistung, mit der Tonverstärker einen S.ton längere Zeit unverzerrt abstrahlen kann, ohne sich unzuläss. zu erwärmen o. Schaden zu nehmen; **S.schwingung** *w* Schwingungsvorgang, bei dem Zeitabhängigkeit der → Amplitude durch S.funktion wiedergegeben wird; **S.ton** *m* durch eine im hörbaren Frequenzbereich lieg. S.schwingung verurs. obertonfreier Ton

SIPRI, Sipri *s* ⟨ Stockholmer Institut für internationale Friedensforschung

SITC ⟨ **S**tandard **I**nternational **T**rade **C**lassifikation (e., = Internat. Warenverzeichnis im Außenhandel, ca. 2000 Positionen umfass., der systemat. Ordnung dienendes Verzeichnis aller internat. gehand. Waren)

Sit-in *s* (e.) Sitzdemonstration zur Erzwingung des Abbruchs einer Veranstaltung (Maßnahme, Protest durch Sitzstreik, **Sitzstreikprotest** *m*)

Situation| *w* (fr.) → demographisch; **S.s:test** *m* tatsächl. o. fiktive Vorgänge als Testmaterial

SK ⟨ → **S**eger**k**egel

Skal|a *w* (it.) ↑ Testteil als Aspekt für Teil des Getesteten; Abbildung eines Sachverhalts auf ein Bezugssystem (anhand eines Formalkalküls); **S.ar** *m* Größe (meist reelle Zahl), die nicht zur Menge der → Vektoren gehört; **S.ar-multiplikation** *w* Vektor mit S.ar multipliziert (Ergebnis: Vektor); **S.arprodukt** *s* Produkt zweier Vektoren, das auf einen S.ar führt; **S.en:elastizität** *w* relat. Veränderung des Produktionsergebnisses (Ausstoß, -bringung) im Verhältnis zur relat. Veränderung der Inputmengen; **S.en:erträge** *M* Änderung des Ausstoßes (Output) zur Änderung des Einsatzes von Produktionsfaktoren (Input) bei gegeb. Produktions:technik; → return to scale; **S.ierung** *w* Verfahren der S.enkonstruktion zur Messung best. Sachverhalte

Skating *s* (e.: *sketiñ*) ↑ seitl. Fortgleiten der Nadel beim Abspielen von Schallplatten (Folge der Reibung zw. Platte u. Nadel)

Skeetschießen *s* (e.: *s-kît-*) Taubenschießen (je Ton- o. Wurftaube 1 Schuß)

Skeleton *s* (e-gr.) Rodeln in Bauchlage; niedr. Rennschlitten

Skelettbau| *m*: ↑ Rahmengerüst trägt die dazwischengespannten Wände (z. B. Stahlbetonbau); **S.weise** *w*

Ski|flugschanze *w* = → Mammutschanze; **S.kjöring** *s* (norw.: *-jö-*) S.lauf mit

Vorspann (Pferde; Motorfahrzeug); **S.lift** *m* Seilbahn für (stehende) S.fahrer, = **Sessel-, Schlepplift** *m*

Skin:effekt *m* (e.) Erscheinung, daß beim Fließen hochfrequenter Wechselströme in einem elektr. Leiter der Strom nicht über den ganzen Leiterquerschnitt verteilt ist, sondern nur in einer dünnen Schicht der Leiteroberfläche fließt

Skinner-Box *w* (am. Verhaltensforscher, 20. Jh.) Experimentierkäfig zur Untersuchung tier. Lernvorgänge, = **Problemkäfig** *m*

Skin-Verpackung *w* (e.) eng anlieg. Verpackung aus → Schrumpffolie

Sklero|meter *s* (KW, gr.) Gerät zur Härtemessung an Mineralien; **S.prote:ine** *M* faserbild. Eiweißstoffe; **S.se** *w* Gewebe-, Organverhärtung

Skoliose *w* (KW, gr.) seitl. Verkrümmung der Wirbelsäule

skont|ieren (lat.-it.) S.o gewähren; **S.o** *m, s* prozent. Preisnachlaß bei Barzahlung (*M:* **S.i**); **S.ration** *w* Fortschreibung; Bestands-, Aufwandsermittlung durch lauf. Erfassung der Lagerzu- u. -abgänge; **S.ro** *s* Nebenbuch zur tägl. Ermittlung der Bestandsmenge

Skot|om *s* (gr.) Ausfall in Teil des Gesichtsfeldes; anhalt. Verdunklung an umschrieb. Stelle des Gesichtsfeldes (meist Zeichen einer Erkrankung des Sehnervs); **s.opisches Sehen** *s* = → Dämmerungssehen

skr ⟨ schwed. **Kr**one

Skript| *s* (e.) ↑ Drehbuch, Aufzeichnung einer Sendung; **S.girl** *s* Sekretärin der Filmregie (bei Aufnahmen)

Skull|boot *s* (e.) Einmannboot mit 2 Rudern, = **S.er** *m*

Skylab *s* (e.: *ßkailäb*) Forschungslabor im Weltraum

Skylight| *s* (e.: *ßkailait*) Oberlicht (auf Schiffen); **S.filter** *s* opt. fotogr. Filter, das kurzwell. (blauen, violetten) Teil des Tageslichts abschwächt

Sky|line *w* (e.: *ßkailain*) Horizont; **S.port** *m* (e.: *ßkai-*) Flughafen für Senkrechtstarter im Großstadtinnern; **S.-Writing** *s* (*-raitiñ*) Himmelsreklame

Sleeper-effect *m* (e.: *slî-*) = → Schläfereffekt

SLH ⟨ **S**ozial**l**iberaler **H**ochschulverband

Slick *m* (am.) profilloser Reifen mit bes. haftfäh. Gummilauffläche (für Rennfahrzeuge)

Slip *m* (e.) ↑ Bestell-, Abrechnungszettel; Schiffsaufschleppanlage; seitl. Gleitflug mit großem Höhenverlust

Slow motion *w* (e.: *slômôschn*) Zeitlupe

SLR ⟨ → Spiegel**r**eflex

Slump *m* (e.: *slamp*) Baisse (an der Börse)

sm ⟨ **S**ee**m**eile; ⟨ → **Sam**arium

Smalt|e *w* kobalthalt. blaues Farbpigment, = **Schmalte** *w* (it.); **S.it** *m* = → Speiskobalt

SMC e. ⟨ **s**heet **m**oulding **c**ompound = Plattenformwerkstoff (Glasfaserwatte mit Kunstharzimprägnierung, die in beheizt. Presse in belieb. Form gebracht u. gehärtet werden kann)

smektisch (KW) mit kennzeichn. Eigenschaften einer Klasse von Flüssigkristallen

Smithonian-Agreement *s* → Realignment (Währungsvereinbarung 1971, die Rückkehr zu festen Wechselkursen bewirkte, verbunden mit Dollarabwertung u. Höherbewertung des Goldes; Aufhebung der Importbeschränkungen Nixons); → Washingtoner Währungs:abkommen

SM-Ofen *m* ⟨ → **S**iemens-**M**artin-**Ofen**

Smog| *m* (e. ⟨ **sm**ok = Rauch + f**og** = Nebel) bei ungünst. Wetterlage auftret. Luftverunreinigung durch Kfz- u. Industrieabgase u. ihre chem. Reaktionsprodukte mit Sauerstoff u. Feuchtigkeit (i. a. bei gleichzeit. Nebel; erzeugt toxische Wirkungen am menschl. u. tier. Organismus); **S.alarm** *m* Warnung der Bevölkerung bei übergroßem S.

SM-Stahl *m* ⟨ → **S**iemens-**M**artin-**Stahl**

SMV ⟨ **S**chüler**m**it**v**erwaltung

SM-Verfahren *s* ⟨ → **S**iemens-**M**artin-**Verfahren**

Sn ⟨ Zinn (**S**ta**n**num)

Sniffing *s* (e.: *-iñ*) Inhalieren von Dämpfen leichtflücht. Stoffe als Rauschmittel

Snob| Appeal *m* (e.: *-epîl*) Werbemaßnahme mit s.istisch. Effekt; **S.-Effekt** *m* ↑: Nachfrage nach exklus. Produkt geht zurück, weil andere Personenkreise es auch konsumieren (Verlust der Exklusivität)

Social| accounting *w* (e.: *ßouschl ekauntiñ*) Erfassung u. Darstellung der von den Einzelwirtschaften nicht ausdrückl. ausgewies., aber in ihrer Tätigkeit begründ. soz. Kosten (s. costs) u. Erträge (s. benefits); **S. goods** *M* öfftl. Güter; **S. reaction approach** *w* (e.: *-riäkschn äproutsch*) → Definitions:ansatz; **S. research** *w* (e.: *-rißörtsch*) Sozialforschung; **S. seigniorage** *w* (e.: *-ßeinjeridsch*; fr.: *-ßänjôrasch*) gesellsch. Ersparnis beim Übergang vom Metall- zum Papiergeld (das zur Warenzirkulation notw. Geld läßt sich mit viel geringeren gesellsch. Ressourcen bereitstellen. – Verteilung des S.s sehr umstritten); **S. wants** (e.: *-wonz*) Bedürfnisse, die durch kollektiv genutzte öfftl. Güter am besten befriedigt werden

Société anonyme *w* (fr.) = AG. – **Sociology of work** *w* (e.: *soußjolodschi-*) = → Arbeitssoziologie

Sockelbetrag *m* fester Teil einer Lohnerhöhung

Soda *w*, *s* (it.) = → Natriumcarbonat

SOF ⟨ Strategic (State) **O**il **F**und (südafr. Ölkonzern)

Sofortbefragung *w* unmittelb. an den 1. Kontakt anknüpf. Interview

Software *w* (e.: *-wär*) alle Programme einer ADVA (bes. Betriebssystem u. Programmiersprachen; Ggs.: → Hardware); alle Teile einer industr. Anlage, die nicht unmittelb. Bestandteile der Maschinen u. Apparaturen (= Hardware) sind; → Betriebssystem; → Compiler

Sol *m* (lat.) = → kolloide Lösung

Solanin *s* (lat., KW) gift. Alkaloid aus Blättern u. Fruchtknollen der Kartoffelpflanze

Solar|batterie *w* (KW, lat.) → Sonnenbatterie; **S.energie** *w* = → Sonnenenergie; **S.generator** *m* = S.batterie; **S.isation** *w* mögl. Zurückgehen der Schwärzung einer fotogr. Schicht bei extrem starker Belichtung; Ausnutzung dieser Erscheinung für bildner. Zwecke; **S.ium** *s* Ganzkörper-Bestrahlungs:anlage zur Erzeugung künstl. Sonnenbräune; **S.konstante** *w* Strahlungsleistung, die 1 Quadratzentimeter Erdoberfläche bei senkr. Strahleneinfall von der Sonne empfangen würde, wenn Strahlung nicht von Lufthülle durch part. Absorption geschwächt würde; **S.plexus** *m* = → Sonnengeflecht; **S.technik** *w* Erforschung u. Nutzung der S.energie; **s.thermisch** durch Sonnenenergie, -wärme; **S.zelle** *w* Vorrichtung zur Direkterzeugung von elektr. Strom aus Sonnenenergie (= → Sonnenelement)

Solawechsel *m* = → Eigenwechsel; → Wechsel, trockener

Solidar|haftung *w* (KW) gesamtschuldn. Haftung; **S.ität** *w* Zusammengehörigkeitsgefühl der Teile eines soz. Ganzen; poln. unabhängiger Gewerkschaftsbund; **S.itätsbeitrag** *m* zw. Tarifparteien diskut., umstritt. Leistung der Arbeitgeber an Gewerkschaften (Grundlage: Zahl der beschäftigten nichtorgan. Arbeitnehmer); **S.itätsfonds** *m* Beistandsfonds im → Zehnerklub (anspruchsberechtigt: Mitglieder mit extr. Zahlungsbilanzdefiziten); **S.schuldner** *m* Gesamtschuldner

Soll⌊ *s* linke Kontoseite (mit Lastschriften); **S.-Ist-Vergleich** *m* Gegenüberstellung der geplanten u. tats. entstand. Zahlen; **S.kaufmann** *m* wer, ohne nach § 1 HGB Kaufmann zu sein, Unternehmen mit nach Art u. Umfang kaufmänn. Geschäftsbetrieb hat; **S.kosten** *M* = → Vorgabekosten; **S.maß** *s* vorgeschr. Abmessung eines Werkstücks; **S.saldo** *m* Saldo, dessen größ. Kontoseite die **S.seite** (*w* = → S.) ist (zum Kontoausgleich auf Habenseite eingetragen); **S.spalte** *w* → kameralist. Buchhaltung; **S.versteuerung** *w* Art der Umsatzsteuererhebung (Grundlage: Höhe der vereinb. Entgelte; tats. Vereinnahmung zunächst nebensächlich; Einnahmeausfälle nachträglich vom Steuerbetrag abgesetzt. – Ggs.: Istversteuerung [Grundlage: die vereinnahmten Entgelte]); **S.-Vorschrift** *w* → Eheverbot; **S.zahlen** *M* meist auf Erfahrungswerten beruh. Planzahlen (Kontrolle mit Istzahlen); **S.zeit** *w* = → Vorgabezeit; **S.zinsen** *M* Bankzinsen für Kreditgewährung zu Lasten des Kreditnehmers (Ggs.: Habenzinsen)

Solstiti:en *M* (lat.) die beiden Zeitpunkte im Jahreslauf, an denen Sonne ihren größten Abstand vom Himmelsäquator erreicht

Solvatation *w* (lat.) chem. o. physik.-chem. Reaktion zw. Lösemittel u. gelöstem Stoff

Solvay-Verfahren *s* (belg. Chemiker, 19./20. Jh.) Verfahren zur Herstellung von Soda aus Kochsalz

Solvens *s* (lat.) Lösemittel

Solvenz *w* (lat.) Zahlungsfähigkeit (Ggs.: Insolvenz)

Solvolyse *w* (KW) Zersetzung eines Stoffes durch chem. Einwirkung des Lösemittels

somat|ische Leiden *M* (gr.) organ. Krankheiten (Ggs.: funktionelle o. psychosomat. Beschwerden); **S.ologie** *w* Erforschung der allg. Eigenschaften des menschl. Körpers; **S.opsychologie** *w* Erforschung der Beziehungen zw. Körper u. Seele

Sommerpreis *m* bes. Preisgestaltung für i. a. im Herbst u./o. Winter bezog. Waren (z. B. Kohle. – Funktion: Ausgleich von saisonbed. Absatzschwankung)

Som|nambulismus *m* (lat., KW) Schlafwandeln; Tiefschlaf als Endstadium der Hypnose; **S.nolenz** *w* Schläfrigkeit als Beginn einer Hypnose

Sonde *w* in Körperhöhlen o. Gewebe einführb. Untersuchungsgerät (Stab – Schlauch – Röhre); ↑ Fördervorrichtung für Erdgas, -öl; Probebohrung (nach Erdöl)

Sonder|abschreibungen *M* Abschreibungsmöglichkeit aufgrund steuerl. Vorschriften (z. B. Preis geringwert. Wirtschaftsgüter); außerord. Abschreibung aufgrund von techn. o. Wert-/Preisumwälzungen; **S.angebot** *s* günst. Konsumwarenangebot; **S.ausgaben** *M* absetzb. priv. Aufwendungen; **S.bilanz** *w* aus bes. Anlaß (Gründung/Auflösung einer Gesellsch. – Fusion – Konkurs/Vergleich) erstellte Bilanz; **S.delikt** *s* nur von best. Amts:personen zu begeh. Straftat; **S.einzelkosten** *M* einem Auftrag zurechenb., über Fertigungslöhne u. -material hinaus anfall. Kosten (z. B. Spezialverpackung, -transport; den Kostenträgern direkt zugeordnet); **S.erbfolge** *w* Ausnahme vom Erbrecht (z. B. bei Hofbesitz, Mietverhältnis u. ä.); **S.gemeinkosten** *M* Gemeinkosten plus auftragsbed. Zuschlag (mit Kostenrechnung ermittelt; auf Kostenträger verteilt); **S.kindergarten** *m* für lernbehind. Kinder; **S.konkurs** *m* nur einen Teil des Schuldnergesamtvermögens (= **S.masse** *w*) umfass. Konkurs; **S.kosten** *M* → S.einzel-, -gemeinkosten; **S.müll** *m* Teil des Mülls, der sich wegen chem. o. physik. Beschaffenheit nicht mit Haushaltsmüll beseitigen läßt; **S.schule** *w* Pflichtschule für behind. o. schwer erziehb. Kinder; **S.stempel** *m* Poststempel bei bes. Gelegenheiten; **S.verkauf** *m* Verkaufsveranstaltung des Einzelhandels aus bes. Anlaß (z. B. Geschäftsaufgabe – Schlußverkauf); **S.vollmacht** *w* Ermächtigung für best./einz. Geschäftsarten (widerrufbar); **S.wagen** *m* ausschließl. zur Werbung dien. Fahrzeug; **S.zeichen** *s* alle Zeichen (→ ADV), die nicht Buchstabe o. Ziffer sind; **S.ziehungsrechte** *M* synthet. internat. Geld im Internat. Währungsfonds (seit 1970; ⟨ *SZR*); → Special drawing rights

Sonne|n:aktivität *w* alle von der Erde aus beobachtb. kurzzeit. Veränderungen auf der S.; **S.nbatterie** *w* Aggregat aus vielen zusammengeschalt. → Solarzellen, das bei S.nbestrahlung elektr. Energie bei techn. nutzb. Spannung u. Leistung abgibt; **S.nblende** *w* Objektivaufsatz gegen S.nstrahlen, = **Gegenlichtblende** *w*; **S.n:element** *s* = → Solarzelle; **S.n:energie** *w* alle durch Strahlung von der S. zur Erde gelang. Energiearten; **S.nfackel** *w* bes. heiße S.n-region; **S.nferne** *w* größter Abstand des Planeten (Kometen) von der S.; **S.nfleck** *m* ↑ kält. Region auf der S.; **S.ngeflecht** *s* größtes Nervenknotengeflecht des vegetat. Nervensystems, = **Solarplexus** *m*; **S.nheizung** *w* mit S.n:energie betrieb. Heizungs:anlage; **S.nkollektor** *m* Wärmesammler für S.n:energie (zum Heizen); **S.nkompaß** *m* Grundlage des Orientierungssystems der Vögel; **S.nkorona** *w* → Prominenz; **S.nkraftwerk** *s* Anlage zur Nutzung der S.n:energie; **S.n:nähe** *w* kleinster Abstand eines Kometen (Planeten) zur S. (= **Perihel** *s*); **S.npaddel** *s* (meist seitl. am Stiel angebr.) S.nbatterie zur Energieversorgung eines Nachrichtensatelliten; **S.nphysik** *w* Erforschung bes. der S.n:atmosphäre; **S.nrad** *s* ↑ → Planetengetriebe; **S.nsonde** *w* Instrument zur Erforschung des s.nnahen Raums; **S.nsturm** *m* starker Ausstoß von S.n:energie; **S.nwind** *m* ständig von der S. ausgestrahlter Strom gelad. Teilchen; **S.nzelle** *w* = → Solarzelle

Sono|gramm *s* (KW, gr.) Stimmabdruck-Vergleich; **S.trode** *w* Ultraschallwellensender

sonstig|e Bezüge *M* Vergütungen für den Arbeitnehmer, die nicht zum lauf. Arbeitslohn gerechnet werden; **s.e Einkünfte** *M* bes. Leibrenten, Einkünfte aus Unterhaltsleistungen u. Spekulationsgeschäften; **s.e Forderungen** *M* sind nicht durch Warenlieferungen u. Leistungen begründet; **s.es Vermögen** *s* ist weder Betriebs-, Grund- noch land- o. forstwirtsch. Vermögen (nach gemeinem Wert bewertet); **s.e Verbindlichkeiten** *M* Position auf Passivseite der Bilanz (mit mind. 4jähr. Laufzeit: Hypotheken, durch Grundpfandrechte gesich. Schulden – nicht ausbezahlte Löhne, Gehälter; abzuführ. Steuern, Provisionsverpflichtungen; nicht eingelöste Zins-, Dividendenscheine u. dgl.)

Sorbit *m* (KW, lat.) Glyzerin-, Zuckerersatz (sechswert., aliphat., kristallin. Alkohol)

Sorge|pflicht *w* Verpflichtung, für (eig.) Kinder (wirtsch.) zu sorgen; **S.recht** *s* (vom Gericht übertragb.) (Eltern-) Recht, minderjähr. Kind zu erziehen

Sorption *w* (lat.) → Absorption u. ähnl. Vorgänge

Sorten|/M *M* ↑ ausländ. Münzen, Banknoten, Zinsscheine; **S.fertigung** *w*: produz. Erzeugnisse unterscheiden sich nur durch ihre Stoffe, Abmessungen usw.; **S.geschäft** *s* Geldwechselgeschäft (im Reise-, Grenzverkehr); **S.handel** *m* Handel mit ausländ. Münzen, Banknoten; **S.kurs** *m* Kurs ausländ. Valuten an der Börse; **S.produktion** *w* = → S.fertigung; **S.schutz** *m* gesetzl. Schutz für selbstentwick. Pflanzens. (auf der **S.liste** *w* aufgeführt); **S.verzeichnis** *s* Liste der lieferb. Waren mit Preisangabe, = **S.zettel** *m*

Sortiermaschine *w* Lochkartenordner

Sortiment| *s* (lat.) Auswahl, Sammlung von Produkten eines Anbieters; **S.sbuchhandel** *m* Buchhandel zu vom Verlag festges. Preisen

Souche *w* (fr.: *ßûsch*) als Echtheitsbeweis zurückbehalt. Wertpapierteil

Sound Man *m* (e.: *saund män*) Geräuschemacher

Soxhlet-Apparat *m* (d. Chemiker, 19./20. Jh.), Vorrichtung zum Extrahieren von Feststoffen mit flüss. Lösemitteln

SOZ ⟨ **S**traßen-**O**ctan-**Z**ahl

Soziabilität *w* (KW, lat.) Kontaktneigung; Anpassungsfähigkeit

Sozial|abgaben *M* gemeinnütz. finanz. Leistungen von Arbeitgebern u. -nehmern (Kranken-, Arbeitslosenversich. u. dgl.); **S.arbeit** *w* Mitarbeit an der Durchführung des Bundess.hilfe- u. des Jugendwohlfahrtsgesetzes (als **S.arbeiter** *m*); **S.bericht** *m* Jahresbericht der Bundesregierung bes. über gesellschafts- u. s.polit. Maßnahmen u. Vorhaben; **S.bilanz** *w* Rechnungslegung zur Erfassung u. Messung des gesellsch. Verhaltens eines Unternehmens; **S.bindung des Eigentums** *w* aus dem GG (14,2) abgeleit. Auffassung, daß individ. Eigentumsrechte im Interesse des Allgemeinwohls eingeschränkt werden können; **S.budget** *s* buchhalt. Zusammenfassung u. Darstellung aller s.polit. Leistungen u. deren Finanzierung; **S.distanz:skala** *w* = → Bogardusskala; **s.e Abstoßung** *w* (e.: rejection) Ausmaß der Abneigung zw. Personen; **s.e Deprivation** *w* → Deprivation; **s.e Fertigkeiten** *M* (e.: social skills) die Fähigkeiten eines Individuums, das (s.e) Verhalten anderer richtig einzuschätzen; **s.e Indikationen** *M* Meßziffern für Aussagen über Stand u. Entwicklung von Lebensqualität (meist als techn. Größe erfaßt, daher problematisch; z. B. Betten-/Ärztezahl auf 10000 Einwohner; wichtiger: Verhältnis gesunde/kranke Bürger); → Schwangerschafts:unterbrechung; **S.einkommen** *s* staatl. Unterstützung; **s.e Kosten** *M* vom Verursacher nicht getrag., daher der Gesellschaft entsteh. Kosten (meist Folge wirtsch. Tätigkeit, z. B. Luft-, Wasserverschmutzung); **s.e Marktwirtschaft** *w* Wirtschaftsordnung aufgrund uneingeschr. Konkurrenz (kein staatl. Eingriffsrecht; Konkurrenz ermöglicht gesetzmäß. ständ. Wirtschaftswachstum; „s.e" Verteilung der Einkommenszuwüchse, doch läuft auch dies nach Konkurrenzgesetzen; vgl. Tarifverhandlungen!); **s.e Normen** *M* als verbindl. gelt. Regeln für Zusammenleben; **S.enquete** *w* (*-ankęt*) i. A. der Bundesregierung erstatt. Untersuchung über Stand u. Wirkung der S.gesetzgebung; **s.er Tatbestand** *m* → Tatbestand; **s.er Wohnungsbau** *m* privatwirtsch. Bau preisw. guter Wohnungen mit öfftl. Mitteln; **s.es Dumping** *s* (*-dampiñ*) durch sehr niedrig gehalt. Löhne ermögl. → Dumping; **s.es Feld** *s* mehr. gleichzeit., sich beeinfluss. s.e Tatsachen; **s.e Sicherung** *w* alle Leistungen, die Bürger (einzelne o. Gruppen) gegen Existenzrisiken absichern; **s.e Symmetrie** *w* gleichmäß. Teilnahme der Löhne u. Gewinne am wirtsch. Aufkommen durch zeitl. begrenzte Stillhalteabkommen; **S.faschismus** *m* ↑ chin. Bezeichnung der sowjet. Herrschaftsform; **S.forschung** *w* → empirisch; **S.gericht** *s* Landesgericht für Fragen der S.-, Arbeitslosenversicherung; **S.hormon** *s* tier. Hemmstoff (verhindert, Artgenossen als Feinde aufzufassen); **S.hygi:ene** *w* öfftl. Gesundheits:pflege; Erforschung der Umweltbedingtheit der Gesundheit; **S.isation** *w* = **S.isierung** *w* = **Vergesellschaftung** *w* Überführung der Produktionsmittel in Gemeinschaftseigentum; Entwicklung der kapital. zu einer sozial. Wirtschaftsordnung; **S.isations:instanzen** *M* gesellsch. Einrichtungen zur Vermittlung geltend. Werte, Normen, Ziele usw. (Familie – Kindergarten – Schule – Beruf – Freundesgruppe u. dgl.); **S.isierungs:prozeß** *m* Vorgang der Erziehung zur S.isation; **S.ismus** *m* ↑ meist: Wirtschafts- u. Gesellschaftssystem mit vergesellsch. Produktionsmitteln u. gerechter Verteilung des Wertproduktes; im Ggs. zum Kapitalismus entwick. Ideen u. Theorien; → wissenschaftlich; **S.ismus in einem Lande** *m* Stalins Theorie von der Vorherrschaft des r. Kommunismus; **s.istische Demokratie** *w* → Demokratie; **S.istische Internationale** *w* internat.

Vereinigung von demokr.- s.en u. Arbeiterparteien (seit 1951); **S.kosten** *M* = → s.e Kosten; mit Löhnen u. Gehältern fäll. gesetzl. Abgaben (Sozial-, Unfall-, Rentenversicherungsbeiträge; freiwill. Aufwendungen des Arbeitgebers); **S.kunde** *w* Schulfach über gesellsch. Fragen; **S.leistungen** *M* Leistungen öfftl.-rechtl. Körperschaften an best. Bevölkerungsgruppen zu deren Absicherung gegen Existenzrisiken (z. B. Kranken-, Unfall-, Rentenversicherungsbeiträge); **S.lohn** *m* nicht direkt auf im Betrieb erbrachte Leistung beruh. Teil des Arbeitsentgelts, der sich nach der s.en Position des Arbeitnehmers (Familienstand, Kinderzahl usw.) berechnet; Ggs.: Leistungslohn; **S.ökologie** *w* Erforschung der Beziehungen zw. menschl. S.verhalten u. Umwelt; **S.pädagogik** *w* außerschul. Erziehung von Kindern u. Jugendlichen (Kindergarten–Erziehungsberatung–Bewährungshilfe usw.); **S.partner** *M* die einen Tarifvertrag schließ. Parteien (Arbeitgeberverband–Gewerkschaften); **S.plan** *m* alle Maßnahmen zum Ausgleich (zur Milderung) der Folgen einer Änderung des Betriebs für die Arbeitnehmer (Einigung zw. Unternehmensleitung u. Betriebsrat); **S.politik** *w* polit. Streben meist öfftl.-rechtl. Körperschaften, die s.e Lage best. Bevölkerungsgruppen zu verbessern (Ziel: Wahrung der Einheit des Gemeinwesens; Reduzierung des Konfliktpotentials zw. Gesellschaftsgruppen); **S.prestige** *s* (*-tîsch*) Ansehen durch s.e Stellung; **S.produkt** *s* in Geldgrößen ausgedrücktes Maß für das Produktions:ergebn. einer Volkswirtsch. in einer Periode; **S.quote** *w* Anteil der s.en Leistungen am → Bruttos.produkt; **S.recht** *s* Recht der s.en Sicherheit; **S.rentner** *m* Empfänger einer staatl. Rente; **S.staat** *m* Staat mit umfass. Absicherung auch der untersten Einkommensschichten; **S.struktur** *w* Bevölkerungsstruktur nach Bildung, Einkommen, Berufsansehen u. -stellung u. dgl.; **S.tarif** *m* Fahrpreisermäßigung für best. s.e Gruppen (Rentner, Schüler u. dgl.); **s.therapeutische Anstalt** *w* Strafanstalt zur Erziehung as.er Täter; **S.therapie** *w* psychiatr. Behandlung s. Gefährdeter; **S.touristik** *w* Ferienreisen für Unbemittelte; **S.versicherung** *w* Einrichtungen auf gesetzl. Grundlage zur Absicherung weiter Bevölkerungsgruppen gegen Existenzrisiken; **S.zulage** *w* → S.lohn

Sozio|drama *s* (KW) Gruppentherapie mit Rollenspiel; **S.genese** *w* gesellsch. bedingte Krankheits:entstehung, -entwicklung; **S.gramm** *s* Gruppen-, Persönlichkeits:test; **S.lingu:istik** *w* Erforschung von den Unterschieden im Sprachgebrauch soz. Gruppen; **S.matrix** *w* Darstellung s.metr. Test:ergebnisse als Tabelle; **S.metrie** *w* Feststellung u. Analyse soz. Beziehungen in Gruppen; **s.metrischer Test** *m* Befragung in Gruppen

Space| Discount *m* (e.: *ßpeis diskaunt*) Mengenrabatt; **S.lab** *s* (am.: *ßpeißläb*) Weltraumlabor; **S.-shuttle** *s* (am.: *-schattl*) wiederverwendb. Raumschiff

Spallation *w* (KW, lat.) Kernreaktion, bei der durch Beschuß mit Elementarteilchen leichte von schweren Atomkernen abgespalten werden

spalt|bar ↑ einer Kernspaltung zugänglich; **S.e einer Matrix** *w* Menge untereinander steh. Zeichen einer → Matrix; **S.flügel** *m* (zur Auftriebsteigerung) zw. Ober- u. Unterseite geschlitzter Flugzeugflügel; **S.kammer** *w* Teil des Kernreaktors; **S.klappe** *w* Teil des Flugzeugflügels; **S.lampe** *w* ausleucht., vergröß. Untersuchungsgerät des Augenarztes; Mikroskopierleuchte; **S.produkte** *M* ↑ durch Kernspaltung entsteh. Stoffe; durch Zersetzungsreaktionen entsteh. Stoffe; **S.zone** *w* Teil eines Kernreaktors, in dem sich S.stoff u. → Moderator befinden

Spanische Fliege *w* → Canthariden

Spann|betonbau *m* Verwendung von Bauelementen aus vorges.tem (d. h. durch eingegoss., ges.te Stahldrähte o. -seile unter Drucks.ung gesetztem) Beton (belastbarer u. rißunempfindlicher als unges.ter Beton, da bei Beanspruchung im Beton keine Zugkräfte auftreten); **S.kraft** *w* ↑ Dampfdruck; **S.ung** *w* Differenz des elektr. Potentials (Ursache für Fließen elektr. Ströme); alle in einem festen Körper herrsch., sich entweder ggs. aufheb. (innere S.ung) o. von außen aufgebrachten Kräfte, geteilt durch die trag. Querschnittsfläche; → elastisch; soz. Konflikt zw. feindl. Gruppen (Interessen); **psychische S.ung** *w* hohe Erregung; innerer Druck; Stau psych. Energie, = **Triebstau** *m*; **S.ungs:abfall** *m* elektr. S.ung zw. den Enden eines Widerstands, der Teil eines stromzuführ. Stromkreises ist, = **S.ungsverlust** *m*, = **S.ungsgefälle** *s*; **S.ungs-Dehnungs-Diagramm** *s* graf. Darstellung der im → Zugversuch ermitt. Zusammenhänge zw. prozent.

Dehnung eines Prüfkörpers u. der dazu notwend. → Zugspannung; **S.ungs:irresein** *s* Schizophrenie mit Muskelkrämpfen, = **Katatonie** *w*; **S.ungsmesser** *m* Volt-, Dehnungsmesser; **S.ungs:optik** *w* Sichtbarmachung mechan. S.ungen in durchsicht. Körpern mit polaris. Licht; **S.ungsreihe** *w* Aufzählung von Stoffen in Reihenfolge entsprech. der elektr. S.ung, die sich mit ihnen erzeugen läßt (**thermo:elektr. S.ung** ergibt sich aus Verhalten der zu → Thermo:element zusammengeschalt. Metalle: Antimon – Eisen – Kupfer – Silber – Gold – Zink – Blei – Platin – Nickel. Im Thermo:element ist jeweils das vorangegang. Metall aus dieser Reihe das posit., und die vom Thermo:element gelief. S.ung ist um so größer, je weiter seine Metalle auseinanderstehen. – **elektrochem. S.ung** gibt analog. Größe u. Richtung der elektr. S.ung in elektrochem. Element an, dessen Elektroden aus den jeweil. Metallen bestehen [bei Einhaltung best. genormter Konzentrationsverhältnisse im Elektrolyten]: Kalium – Natrium – Magnesium – Zink – Eisen – Nickel – Blei – Zinn – Wasserstoff – Kupfer – Silber – Quecksilber – Gold); **S.ungsrißkorrosion** *w* Rißbildung an Werkstoffen, die mechan. belastet sind u. gleichzeitig mit best. (flüss.) Stoffen in Berührung kommen; **S.ungs:sucher** *m* Polprüflampe; **S.ungs:teiler** *m* = → Potentiometer; **S.ungsverlust** *m* = → S.ungs:abfall; **S.werk** *s* Vers.ung am Flugzeug

Spar|brief *m* von Kreditinstituten ausgegeb. Wertpapier mit meist mittelfrist. Laufzeit u. höherem Zinssatz als S.buch; **S.er-Freibetrag** *m* Abzug einer bestimmten Summe nach Abzug der Werbungskosten bei Ermittlung der Einkünfte aus Kapitalvermögen (bei Zusammenveranlagung der Gatten Erhöhung auf das Doppelte. – Darf bei Einkünften aus Kapitalvermögen nicht zum Verlust führen!); **S.förderung** *w* alle staatl. Maßnahmen zur Erhöhung des S.volumens (Instrument der Einkommensverteilung); **S.giroverkehr** *m* Überweisungsverfahren zw. S.kassen; **S.kassenbrief** *m* von den S.kassen herausgegeb. Urkunde (dem S.brief vergleichb.); **S.kassenprüfung** *w* Pflichtprüfung i. A. der Aufsichtsbehörden; **S.prämi:e** *w* staatl. Zuschuß zum Prämiens.en (= monatl. S.betrag bei günst. Zinsfuß u. staatl. Zuschuß); **S.quote** *w* nicht ausgegeb. Teil des Einkommens im Verhältnis zum Gesamteinkommen (1980: 13,8 %); **S.- u. Darlehnskassen** *M* bes. in ländl. Regionen tät. Kreditgenossenschaften (versorgen bes. landwirtsch. Betriebe mit kurzfrist. Krediten); **S.- u. Girokassen** *M* meist öfftl.-rechtl. Kreditinstitute (regional in Girozentralen zusammengefaßt)

spasm|odisch (gr.) = → spastisch; **S.olytika** *M* Lösemittel für Krampfzustände der glatten, unwillkürl. Muskulatur; **S.us** *m* vermehrter Spannungszustand der Muskulatur (bei Gleichbleiben u. längerer Dauer = tonisch). – **spastisch** Zustand anhalt. Muskelspannung

Spat:eisenstein *m* mineral. Eisencarbonat (wicht. Eisenerz, „Siderit")

Spatiographie *w* (KW) Weltraumbeschreibung

Spät|kapitalismus *m* Phase des Kapitalismus (in industrial. Ländern seit Beginn 1. Weltkrieg, noch unabgeschlossen); **S.syndrom** *s* → Dumpingsyndrom

Special drawing rights (e.: *speschl drô:iñ raits*) = → Sonderziehungsrechte

Speck|stein *m* = → Steatit; **S.therapie** *w* Hautheilverfahren bei Kleinstkindern

Spediteur|-Konnossement *s* (fr.: *-törmañ*) Urkunde des S.s (ermöglicht Versender Verfügung über versend. Gut beim Empfangs-S.); **S.-Sammelgutverkehr** *m* Zusammenfassung von bei versch. S.en angelief. Waren zur Waggonladung (Transport durch DB zu günst. Tarifen)

Speed| *s* (e.: *ßpîd*) ↑ Aufputschmittel; *m* Geschwindigkeit(s:steigerung); **S.way** *s* (*-wä*) Autorennstrecke; Sandbahnmotorrad-Rundrennbahn

Speicher| *m* Datenträger zur Aufbewahrung von → Daten in der → ADVA (neben dem → Arbeits:s. in der → Zentraleinheit: externe S., z. B. Magnetbänder, -platten, Disketten [überspielbar] o. Lochstreifen [nicht überspielb.], auf die von der Zentraleinheit direkt o. seriell zugegriffen wird); **S.kapazität** *w* Anzahl der Zeichen, die in einem S. ges.t werden können (Einheit: 1 Byte); **S.werk** *s* Teil der DVA zur Datenfesthaltung

Speis|ewasser *s* zur Verdampfung best. Wasser in Dampfkraftmaschinen; **S.-kobalt** *m* mineral. Kobaltarsenid, = **Smaltit** *m*

spektr|al (lat.) zum S.um gehörig; **s.ale Zerlegung** *w* Auftrennung einer Wellenstrahlung in Komponenten versch. Wellenlänge; **S.al:analyse** *w* Bestimmung der chem. Zusammensetzung anhand der von einem Stoff ausgesandten o. absorbierten elektromagn. Strahlung (z. B. Lichtstrahlung); **S.al:apparat** *m* Vorrichtung zur s.alen Zerlegung von Lichtstrahlen; **S.alfarben** *M* im S.um des Sonnenlichts enthalt. Lichtfarben; **S.alklassen** *M* Fixsterneinteilung nach dem S.um ihrer Lichtstrahlen; **S.al:lini:e** *w* im S.alapparat sichtb., farb. Linie, die anzeigt, daß die untersuchte Strahlung Licht eines best. extrem schmalen Wellenlängenbereichs enthält (die benachb. Wellenlängen fehlen); dieser Wellenlängenbereich (auch wenn er nicht im Bereich der sichtb. Lichtstrahlung liegt); **S.al:seri:e** *w* Gruppe von S.allinien, die durch ihre Lage zusammengehören u. durch atomare Vorgänge mit gemeins. Merkmalen zustande kommen; **S.al:term** *m* Energiezustand eines Atoms o. Moleküls vor o. nach Abgabe von Strahlung einer best. S.allinie; **S.altypen** *M* = S.alklassen; **s.ochem. Analyse** *w* = S.al:analyse; **S.ograf** *m* S.al:apparat mit fotograf. Kamera zur Aufnahme von S.en; **S.ometer** *s* S.al:apparat mit Meßeinrichtung zur Untersuchung der Lage u. Breite der S.allinien; **S.oskop** *s* einf. S.al:apparat zur visu:ellen Betrachtung der S.en; **S.oskopie** *w* Untersuchung u. Deutung der S.en; **S.um** *s* farb. Lichtband, das bei Betrachtung eines weißleucht. Gegenstands durch Glas:prisma erscheint (zurückzuführen auf s.ale Zerlegung der Lichtstrahlen an den Glasoberflächen); jede Aufteilung einer Wellen- o. Teilchenstrahlung nach Wellenlänge, Frequenz, Energiegehalt, Geschwindigkeit o. a. ihrer einz. Komponenten

Spekulation| *w* (lat.) Geschäftsabschlüsse, deren Gewinnrealisierung von künft. Preisveränderungen abhängt (zeitl. Kursdifferenzen zur Gewinnerzielung genutzt); **S.s:handel** *m* Geschäftsabschluß, bei dem Lieferung der ge-, verkauften Ware nicht beabsichtigt ist; **S.s:papier** *s* Dividendenpapier (bevorzugtes S.s:objekt, weil größere Kursschwankungen anstehen); Ggs.: → Anlagepapier; **S.s:steuer** *w* Abgabe für Geschäfte

Spenderblut *s* = → Blutkonserve

Spermabank *w* Vorrat an m. Samen von Mensch o. Tier

Sperr|frist *w* ↑ letzte 30 Tage vor Antrag auf Eröffnung des Vergleichsverfahrens; frühester Stichtag zur Veröffentlichung einer Information (= **S.vermerk** *m*); **S.gesetz** *s* Belegung des Imports best. Waren mit erhöht. Zoll; **S.karte** *w* Ersatz für entnomm. Karteikarte, = **Fehlkarte** *w*; **S.klinken:effekt** *m* Konsumentenverhalten, bei dem Einkommens:erhöhungen sich in erhöhtem Konsum niederschlagen, -senkungen aber nicht zu einem entsprech. Rückgang der Konsumtion führen; **S.konto** *s* nicht zugängl. Bankkonto; **S.kreis** *m* Parallelschaltung eines Kondensators mit einer Spule (Wechselstrom best. Frequenz [= Eigenfrequenz des S.kreises] nicht durchgelassen); **S.minorität** *w* Aktionärminderheit mit best. Rechten; **S.schichtfotozelle** *w* Gerät zur Umwandlung von Licht in Strom; **S.synchronisierung** *w* Art der Synchronisierung von Kfz-Getrieben (Gangeinschaltung nur bei gleicher Drehzahl von Motor u. Getriebe); **S.zone** *w* nur beschränkt zugängl. Grenzgebiet

Spezi|albanken *M* Kreditinstitute nur für best. Kreditgeschäfte; **S.alvollmacht** *w* für best. Fall erteilte Vollmacht (Vertretung des Vollmachtgebers in best. Geschäften); **S.eskauf** *m* Kauf einer genau best. Sache, = **Stückkauf** *m*; **S.fikation** *w* nähere Erklärung, genaue Beschreibung; Aufzählung der Einzelteile, aus denen etw. besteht, o. seiner Eigenschaften; **s.fisch** kennzeichnend, wesens:entsprechend; **s.fische Ladung** *w* Ladung geteilt durch Masse bei Ionen u. Elementarteilchen; **s.fisches Gewicht** *s* Gewicht geteilt durch Volumen einer Substanzmenge; **s.fische Reaktion** *w* analyt. Nachweisreaktion (spricht nur auf einen einzigen Stoff an); **s.fische Wärme** *w* Wärmemenge, die man 1 g eines Stoffes zuführen muß, um sie um 1 ° zu erwärmen; **s.fischer Bodendruck** *m* → Bodendruck; **s.fizieren** näher erklären, im einzelnen aufzählen

sphär|ische Ab:erration *w* (gr.) Abbildungsfehler opt. Systeme, dessen Ursache die Kugelgestalt der brech. o. reflektier. Linsen- u. Spiegeloberflächen ist; **S.oguß** *m* dehnb., festes Gußeisen; **S.olith** *m* kugelförm. Aggregat aus kleinen Kristallen; **S.ometer** *s* Dicken-, Kugelmeßgerät; **S.oprote:ine** *M* Eiweißstoffe mit annäh. kugelförm. Molekülen

Sphen *m* (gr.) titanhalt. Mineral

Spiegel|fernrohr *s* Fernrohr mit Hohls.; **S.glanz** *m* hoher Münzbewertungsgrad (Münze mit poliertem Stempel, aber unpol. Platte geprägt); **S.reflex** *m* ⟨ → SLR); **S.reflexkamera** *w*: eingebauter

S. wirft vor Verschlußauslösung abzubild. Bild auf Mattscheibe; **S.schweißen** *s* Verschweißen von Kunststoffteilen (durch Andrücken einer heißen Metallfläche [= Schweißs.] angeschmolzen u. dann aufeinandergedrückt); **S.trick** *m* Eins.ung eines seitl. steh. Bildes o. Modells bei Trickfilmaufnahme; **S.ung** *w* geometr. Abbildung, bei der eine S.achse aus Fixpunkten besteht u. Punkt u. Bildpunkt von der Achse gleichen Abstand haben u. auf versch. Seiten der Achse liegen

Spiel|straße *w* für Verkehr gesperrte kinderreiche Straße; **S.theorie** *w* math. Theorie der S.e (z. B. Karten-, Bretts.e); **S.therapie** *w* Heilbehandlung von Kindern mit S.en

Spikes *M* (e.: *ßpaix*) Dornen unter Sportschuhen u. Autoreifen zur Verbesserung der Bodenhaftung

Spillage *w* (e.-fr.: *-lâsch*) Wareneinbuße durch unzureich. Verpackung

Spin *s* (e.) Eigenschaft von Elementarteilchen (ungenau: Drehung um die eig. Achse)

spinal| (lat.) Wirbelsäulen...; **s.e Kinderlähmung** *w* Lähmung durch Rükkenmarkserkrankung

Spindelstock *m* Drehbankteil, durch den das Werkstück eingespannt u. in Drehung versetzt wird

Spinelle *M* aluminiumhalt. Minerale

Spinn|düse *w* Vorrichtung zum Herstellen von Kunstfasern nach → Schmelzspinnverfahren; **S.webtheorem** *s*: da die heut. Preise das Angebot von morgen bestimmen, verzögert sich Anpassung des Angebots an den Preis

Spin-off|s *M* (e.) verwertb. Nebenprodukte der Weltraumforschung; **S.-Effekt** *m* Auftreten unbeabs. u. unerwart. (folgenreicher) Nebenwirkungen technol. o. soz. Entwicklungen

Spin|quantenzahl *w* (KW) zahlenmäß. Darstellung des S.s von Elementarteilchen, die berücksichtigt, daß sich dieser (wie and. Energiegrößen atom. u. subatom. Teilchen) immer nur um ganzzahl. Vielfache eines best. Grundbetrags ändert (→ Quantentheorie); **S.thariskop, S.theriskop** *s* Gerät zur direkten Betrachtung von → Szintillationen, = **S.therometer** *s*

Spion *m* ↑ = → Fühlerlehre

Spiralnebel *m* = → Galaxie

Spirometer *s* (KW, gr.) Apparat zur Messung der Atemluftmenge

Spitzen|belastung *w* Zeit stärkster Kfz-, Straßenbenutzung; **S.höhe** *w* Abstand zw. Drehachse u. Bett bei Drehbänken (bestimmt den maxim. Radius des Werkstücks); **S.kraftwerk** *s* elektr. Kraftwerk, dessen Leistung sich leicht dem Bedarf anpassen läßt (dient der Energielieferung bei höchstem Verbrauch); **S.last** *w* Höchstbelastung des elektr. Netzes (Ggs.: Grundlast); **S.verbände** *M* institution. Wirtschaftsorganisation auf nation. Ebene; **S.weite** *w* Abstand zw. Arbeitsspindel u. Reitstockpinole bei Drehbänken (bestimmt Länge des Werkstücks); **S.zähler** *m* → Zählrohr best. Bauart zum Nachweis u. zur Messung von Teilchenstrahlen. – **Spitzmarke** *w* halbfett (gesperrt) gedruckter Absatzbeginn

Splenom *s* (gr.) Milzgeschwulst

Splitt *m* kleingeschlagene Hartsteine zur Fahrbahnabdeckung

Splitting| *s* (e.: *-iñ*): Einkommen beider Ehegatten wird addiert u. so geteilt, daß jeder einen gleichhohen Betrag versteuert

Spoil|er *m* (e.) Luftleitblech der Rennwagen; **S.s:system** *s* Parteibuchwirtschaft

sponsern (lat.-e.) Sportler, Künstler (z. B. für Film-, Rundfunksendungen) mit (finanzi:ellen) Zuwendungen unterstützen; **Sponsor** *m* Geldgeber (für Sportler, Künstler, Filmer u. a.); Auftraggeber für Werbesendung o. Meinungsumfrage

Spontanfehlgeburt *w* nicht vorsätzl. herbeigef. Fehlgeburt

sporco| (it.) brutto; **S.** *s* Bruttogewicht

Sport|gericht *s* S.verbands:ausschuß zur Streitschlichtung; **S.herz** *s* Herzvergrößerung durch S.training (Herz gesteigert leistungsfähig); **S.schaden** *m* Verschleißerscheinung durch unsachl. betrieb. S.

Spot| *m* (e.) Kurz(werbe)film; **S.geschäft** *s* Börsengeschäft gegen Kasse u. Sofortlieferung; **S.light** *s* (*-lait*) auf eine Stelle konzentr. Scheinwerferlicht, = **Punktlicht** *s*

Sprach|barri:ere *w* (KW) unterschiedl. S.verhalten gesellsch. Klassen (Schichten, Gruppen; bewirkt Verständigungsschwierigkeiten); **S.labor(atorium)** *s* Lehranlage mit Tonbandgeräten (Computern); **s.liche Deprivation** *w* → Deprivation; **S.normung** *w* Festlegung u. Durchsetzung von Definitionen u. Benennungen; **S.regelung** *w* Begriffsnormung; **S.zentrum** *s* Gehirnteil (verarbeitet Sprechen u. Hören)

Spreitung *w* Ausbreiten oberflächenakt. Stoffe auf Wasseroberfläche zu Film von Moleküldicke

Spreiz|klappe *w* Landehilfe (nach unten abs.bare Klappe am Flügelende)
Spreng|gelatine *w* durch Lösen von → Kollodiumwolle in → Nitroglycerin herstellb. fester hochbris. S.stoff; **S.kultur** *w* Bodenlockerung durch S.ungen; **S.werk** *s* Zusatzstützung eines Trägers über weiter Öffnung durch 2 Schrägstreben
Spring|blende *w* Kamerablende, die unmittelb. vor Auslösung auf eingest. Wert springt u. volle Öffnung nach Belichtung automat. freigibt; **S.schreiber** *m* Telegrafengerät für Empfang u. Sendung
Sprinkler| *m* (e.) autom. Feuerlösch-, Spreng-, Berieselungsanlage; Luftbefeuchter; **S.anlage** *w* großer S. als Feuerschutz
Spritz|beton *m* Betonüberzug; **S.düse** *w* Zerstäubervorrichtung; **S.einheit** *w* Teil der S.gießmaschine; **S.gießen** *s* Verarbeitung schmelzb. Werk-, bes. → thermoplast. Kunststoffe durch Einspritzen der Schmelze unter Druck in gekühltes Formwerkzeug mit der **S.gießmaschine** *w* (besteht aus S.einheit [besorgt das Aufschmelzen u. Einspritzen der Schmelze in die Form] u. Schließeinheit [enthält Formwerkzeug, temperiert u. öffnet es autom., schließt es u. wirft die fert. Formteile aus]); **S.guß** *m* = → Druckguß; **S.pressen** *s* Kunststoffverarbeitung (dem S.gießen verwandt); **S.-Preßguß** *m* veraltet = → Druckguß
Sprödbruch *m* Bruchvorgang ohne vorangeh. plast. Verformung
Sproßpilze *M* Hefen u. hefeähnl. Pilze
Spruchkollegium *s* → Lehrzuchtverfahren
Sprühstahl *m* → Millon-Technik
Sprung| *m* → bedingt; → dialektisch; = → Fach; **S.befehl** *m* → Befehl im → Programm (gibt an, wo die Bearbeitung fortgesetzt wird); → Rücksprung:adresse; **S.regreß** *m* → Rückgriff; **S.revision** *w* Urteils:anfechtung durch Revision; **S.stelle** *w* Zahl aus → Definitionsbereich einer → Funktion, bei der die Funktionswerte einen „S." machen (an der S.stelle liegt keine → Stetigkeit vor); **S.temperatur** *w* Temperatur der Supraleitung, bei der der elektr. Widerstand plötzl. verschwindet; Temperatur, bei der sich eine physik. Eigenschaft eines Materials plötzl. ändert
Spur|en:elemente *M* lebensnotw. Elemente, im tier. o. pflanzl. Organismus in sehr geringen Mengen vorkommend; **S.gerade** *w* Schnittgerade zweier Ebenen im dreidimensionalen Raum; **S.kreuzkette** *w* Kfz-Schneekette; **S.punkt** *m* Schnittpunkt einer Geraden mit einer Ebene; **S.weite** *w* Abstand zw. den inn. Kanten der Schienenköpfe an den 2 Schienen einer Bahn (der Achsräder)
SpV ⟨ **Sp**ort**v**erein. – **SpVgg** ⟨ **Sp**iel**v**er**e**ini**g**un**g**
Squalen *s* ungesätt. Kohlenwasserstoff in vielen tier. u. pflanzl. Organismen (wicht. als biochem. Vorstufe der → Stero:ide)
SR ⟨ **S**aarländ. **R**undfunk. – **Sr** ⟨ → **Str**ontium. – **sr** ⟨ → **St**e**r**adiant. – **SRE** ⟨ **S**urveillance **R**adar **E**quipment = → ASR. – **SRG** ⟨ **S**chw. **R**adio- u. Fernseh**g**esellschaft. – **SRZ** ⟨ **S**onderziehungs**r**echt. – **SS** ↑ ⟨ **s**ehr **s**chön (Münzerhaltungsgrad); ⟨ **S**ame **S**ize (e.: *seim saiz* = gleiche Größe); ⟨ **s**umma **s**ummarum (lat. = alles in allem); ⟨ **s**ocial **s**eigniorage; ⟨ **S**ommer**s**emester. – **SSD** ⟨ **S**taats**s**icherheits**d**ienst. – **SSE** ⟨ soz. **S**elbst**e**instufung. – **ssp** ⟨ **s**ub**sp**ecies (= Unterart). – **SS +** ⟨ etwas besser als sehr schön (Münzerhaltungsgrad). – **SSV** ⟨ **S**ommer**s**chluß**v**erkauf. – **SSW** ⟨ **S**üd**s**chlesw. **W**ählerverband. – **St** ⟨ → **St**okes; ⟨ **S**chnell**t**riebwagen; ⟨ **St**aatssekretär. – **StA** ⟨ **St**aats**a**nwalt; ⟨ **St**amm**a**ktie; ⟨ **St**andes-, **St**eueramt
Staat|s:anleihe *w* vom S. ausgegeb. Schuldverschreibung; **S.s:ausgaben** *M* Aufwendungen des S.s zum Erwerb von Gütern u. Diensten (konsumtiv [z. B. Personal] o. investiv [Infrastrukturmaßnahmen]); **S.sbank** *w* öfftl.-rechtl. Kreditinstitut bes. für Geldgeschäfte des S.s (Infrastrukturfinanzierung, S.s:anleihen u. ä.); **S.sbankrott** *m* Zahlungsunfähigkeit des S.s (bes. Einstellung des Zins- u. Tilgungsdiensts für öfftl. Schulden); **S.sdienstbarkeit** *w* Vertragsverpflichtung gegenüber and. S.en; **S.s:handel** *m* bestimmt sich durch akt. Teilnahme nationals.licher o. kommunaler Institutionen (meist über öfftl.-rechtl. Wirtschaftsbetriebe); **S.skapitalismus** *m* Organisationsform marktwirtsch. Volkswirtschaften (Fähigkeit des S.s, sich profitwirtsch. Unternehmen zu bedienen, um besteh. Strukturen nach Regierungs:ideen zu verändern); **S.smonopolkapitalismus** *m* = → Stamokap; **S.snotrecht** *s* Berechtigung, in Notzeiten gesetzlos zu regieren; **S.snotstand** *m* Bedrohung der polit. Grundordnung des S.s (ehem.: Belagerungszustand), = **Ausnahmezu-**

stand *m*; **S.s:papiere** *M* → S.s:anleihen; **S.s:quote** *w* Verhältnis der S.s:ausgaben zum Sozialprodukt; **S.srat** *m* kollekt. S.sführung der DDR (seit 1960); **S.s:schuldbuch** *s* Verzeichnis aller unmittelb. Schulden des S.s; **S.s:sozialismus** *m* S. als Träger der Volkswirtschaft; **S.s:streich** *m* gewalts. Beseitigung der s.lichen Herrschaft

Stäbchen|bakteri:e *w* = s.förm. → **Bakteri:e** *w*

STABEX-System *s* ⟨ **System** zur **Stab**ilisierung der **Ex**porterlöse der → AKP-Staaten

Stabilis|atoren *M* (KW, lat.) Zusatzstoffe (verhindern unerwünschte Veränderungen [durch Wärme:alterung, Oxidation, bakter. Befall u. dgl.] von Substanz[gemisch]en [Lebensmitteln, Anstrich-, Kunststoffen usw.]); bewegl. Schiffsflossen unterh. der Wasserlinie (verringern Stampf- u. Rollbewegungen bei starkem Wellengang); **S.ierungsfläche** *w* Höhen-, Seitenflosse am Flugzeug, = **S.ierungsflosse** *w*. – **Stabilität**| *w* ↑ Zustandsbeharrung der Elementarteilchen (Atomkerne); **S.sgesetz** *s* Verpflichtung von Bund u. Ländern auf das Gemeinwohl des → mag. Vier:ecks (1967); **S.s:politik** *w* alle staatlichen Maßnahmen für eine ausgeglich. konjunktur. Entwicklung

Stabsichtigkeit *w* = → Astigmatismus

stadial (KW, lat.) abschnittsweise

Stadt *w* → gegliedert. – **Städte|partnerschaft** *w* Vereinbarung kult., wirtsch., inform. Austauschs zw. S.n; **S.tag** *m* Interessenvertretung der d. S. – **Stadt|gas** *s* Beleuchtungs- u. Heizungsgas aus Stein- u. Braunkohle, = Leuchtgas; **S.guerilla** *w* (*-gêrilja*) städt. Terrorgruppe zur Beseitigung der besteh. gesellsch. Ordnung; **S.planung** *w* Entwurf künft. S.gestaltung; **S.schaften** *M* genossensch. Kreditinstitute zur Beschaffung von Hypotheken für städt. Grundstücke; **S.streicher** *m* obdachloser S.bewohner

Staffel|anleihe *w* Anleihe mit veränderl. Zins; **S.regreß** *m* = **S.rückgriff** *m* Wechselrückgriff (Haftung des Ausstellers u. Indossenten des Wechsels); **S.tarif** *m* Eisenbahnfrachtbrief (Einheitssatz, nimmt mit zunehm. Entfernung ab); Preisstufung für versch. Mengen desselben Artikels

Stag|flation *w* (KW) durch S.nation u. Inflation gekennzeichn. Wirtschaft; **S.nation** *w* (lat.) Stockung, Stillstand (der Wirtschaft – des Bluts in den Gefäßen)

Stahl|beton *m* Baustoff (S. mit Beton verbunden), = → **Eisenbeton** *m*; **S.flachstraße** *w* vierspur. Behelfsfahrbahn; **S.(form)guß** *m* Verfahren, schmiedb. Eisen in Sandformen zu gießen; **S.röhre** *w* ↑ Elektronenröhre

Stamm|akti:e *w* übl. Aktie (beruht auf Gleichberechtigungsgrundsatz, ist mit den Dividendenbezugsrechten des Aktienrechts ausgestattet); **S.belegschaft** *w* erprobte Fachkräfte des Betriebs; **S.bruch** *m* Bruch, dessen Zähler 1 u. dessen Nenner eine → natürl. Zahl ist; **S.daten** *M* Daten, die i. a. unverändert bleiben; **S.einlage** *w* auf einen Gesellschafter einer GmbH entfall. Einlage auf das S.kapital; **S.funktion von einer Funktion f** *w* Funktion, deren → Ableitung wieder f ist; **S.holz** *s* Nutzholz mit mind. 14 cm Durchmesser 1 m über dem untern Ende; **S.kapital** *s* Summe der S.einlagen der Gesellschafter einer GmbH

Stamokap ⟨ **sta**ats**mo**nopol. **Kap**italismus (These: spätkapital. Staat ist durch Identität von Staats- u. Monopolinteressen geprägt; staatl. Entscheidungen am Interesse der großen Unternehmen orientiert [Lenin])

Standard|abweichung *w* Maß für mittl. Abweichung tatsächl. Versuchsergebnisse vom Mittelwert (Wahrscheinlichkeitslehre); → Sigma (schlecht: = → Streuung); **S.brief** *m* postal. maschinell bearbeitb. Brief (bis 20 g; Normalgewicht u. -maß); **S.gut** *s* ist geeignet, als Maßeinheit aller and. Güter zu dienen (Geld); **S. International Trade Classification** ⟨ → SITC); **S.isation** *w* = **S.isierung** *w* Vereinheitlichung nach best. Vorbildern (Ziel: Erleichterung des Verfahrens; Vorabinformation für Käufer über Warenqualität u. -eigenschaften); = → Eichung; **s.isiertes Interview** *s* (*-wju*) mit Fragebogen durchgef. Erhebung; **S.kosten** *M* Soll-(Plan-)kosten, für die Erstellung einer Leistungseinheit zu veranschlagen; **S.s** *M* (e.) Muster für Durchschnittsqualität einer Ware

Stand by| *m* (e.: *ständ bai*) Fluggast auf Warteliste; **S.-b.-credit** *m* Kreditfazilität für Länder mit Zahlungsbilanzproblemen im Rahmen des IWF aufgrund der allgem. Kreditvereinbarung (meist mit wirtschaftspolit. Auflagen für das Kreditnehmerland)

Ständer *m* ↑ = → Stator

Ständige Konferenz der Kultusminister *w* regelt kulturpolit. Angelegenheiten von überregion. Bedeutung (seit 1946)

Standing|group *w* (am.: *ßtändiñ grûp*) NATO-Führungsspitze; **S. order** *w* Dauerauftrag

Stand|leitung *w* für die angeschloss. Teilnehmern reservierte, dauernd benutzb. Leitung der Datenfernübertragung; **S.observation** *w* unbeobacht. Beobachtung einer Person (Polizeimaßnahme); **S.ort** *m* ↑ geogr. Ort eines Produktionsbetriebes (gewählt nach: Kosten der Material- u. Rohstoffbeschaffung, Angebot von Arbeitskräften, Entfernung zu Arbeitsmärkten, soz. u. polit. Verhältnissen); **S.ortkonkurrent** *m* → Pflanzenschutz; **S.ortlenkung** *w* Verlagerung an günstigeren Ort; **S.rohr** *s* einf. Druckmeßgerät; **S.versuch** *m* Prüfung der Dauers.festigkeit von Werkstoffen

Stann|an *s* (KW, lat.) chem. Verbindung aus Zinn u. Wasserstoff; **S.ate** *M* Verbindungen, in denen Zinnatome mit der → Wertigkeit 4 in den → Anionen vorkommen

StAnpG ⟨ **Steueranpassungsgesetz**

Stapel|fasern *M* Kunstfasern, durch Zerschneiden von endlosen Fäden gewonnen (i. a. zu Garn versponnen); **S.fenster** *s* reiche Warenauslage (Ggs.: → Phantasiefenster); **S.plätze** *M* Hafenstädte zur Speichung des internat. Handels; **S.ver:arbeitung** *w* Verfahren der DVA (Datenträger werden im Rechenzentrum abgegeben u. nach Bearbeitung wieder abgeholt [= **Batchbetrieb** *m*; Ggs.: → Dialog-, → Echtzeitverfahren])

Stark-Effekt *m* (d. Physiker, 19./20. Jh.) Aufspaltung von → Spektrallini:en in mehr. Komponenten unter Einfluß eines elektr. Feldes

Starrdecker *m* Pkw mit festem Verdeck

Start| *m* = ↑ → Anlauf; Abflug; Rennbeginn; S.platz; → fliegend; **S.automatik** *w* selbsttät. arbeit. Vorrichtung an Verbrennungsmotoren (stellt die Zusammensetzung des Treibstoff-Luft-Gemischs auf die beim Anlaufen herrsch. niedrigere Motortemperatur ein); **S.gewicht** *s* = → S.masse; **S.hilfe** *w* Rakete als S.beschleunigung von Flugkörpern, -zeugen; **S.hilfe:anlage** *w* = → ATO-Anlage; **S.maschine** *w* Vorrichtung beim Rennbahns.; **S.masse** *w* = → Abflugmasse, = **S.gewicht** *s*; **S.schleuder** *w* Katapult (S.hilfe für Flugzeuge)

Stase *w* (gr.) Stauung des norm. Flusses von Körpersäften (z. B. Blut, Lymphe, Darminhalt)

Statement *s* (e.: *stêt-*) Erklärung

Stathmograph *m* (KW, gr.) autom. Prüfgerät für Fahrt-, Aufenthaltszeiten

Stat|ik *w* (lat.) Lehre vom Gleichgewicht der Kräfte (bes. bei Bauten); Analyse der Wirtschaftslage zu einem best. Zeitpunkt; **s.ionär** bleibend; über läng. Zeit unveränderlich; stagnierend; bei Krankenhausaufenthalt behandelt; → Weltall; **s.ionäre Wirtschaft** *w* Volkswirtschaft ohne Wachstum; **s.ische Betrachtungsweise** *w* zeitbezog. Wirtschaftsanalyse; **s.ischer Auftrieb** *m* → Auftrieb; **s.isches Moment** *s* Drehmoment; **s.isches Organ** *s* Gleichgewichtsorgan; **S.istik** *w* von Stichproben ausgeh. Voraussagen über den Ausgang von Experimenten; Datendarstellung, -sammlung, -analyse (→ analytisch); Analyse u. Darstellung von Massenerscheinung mit Hilfe empir. Daten; **s.istisch** → Signifikanz; **s.istische Masse** *w* Grundgesamtheit; alle vom Untersuchungsziel her gleichart. Elemente; **s.istische Reihe** *w* Meßzahlen u. ä., die durch Aufgliederung einer Grundgesamtheit u. Zusammenstellung von zusammengehör. Größen gewonnen wurden; **S.or** *m* feststeh. Teil einer elektr. Maschine; **S.us** *m* ↑ Zustand (eines Kranken [S.us praesens]); Vermögensbilanz; rechnungsmäß. Gegenüberstellung der Vermögens- u. Schuldpositionen eines Unternehmens; Blutbild; erhöhte Position in der soz. Schichtung; alle ererbten Rechte u. Pflichten; **S.us nas:cendi** *m* ↑ Zustand der → naszierenden Stoffe; **S.usklage** *w* Klage auf Feststellung des rechtl. Tatbestandes zw. Eltern u. Kindern; **S.us:privileg** *s* Vorteil durch soz. Position; **S.us:symbol** *s* Zeichen, das Position im Umweltansehen betont (Kleidung – Rangabzeichen – Adresse der Visitenkarte)

Staub|explosion *w* plötzl. Verbrennung pulverförm. Stoffe; **S.lunge** *w* durch S.einatmung veränd. Lunge, = **Pneumokoniose** *w*; **S.schweif** *m* Kometenschweif aus Festteilchen (Ggs.: **Gasschweif** *m*)

Staudruck *m* Differenz zw. Druck von angeströmtem Körper u. Druck in der ungestörten Strömung

Staufferfett *s* (1. Hersteller) Schmiersalbe für langsam lauf. Maschinenteile

Stau|haltung *w* Strecke zw. 2 S.werken bei kanalis. Flüssen; **S.rohr** *s* Gerät zur Strömungsmessung; **S.strahltriebwerk** *s* Düsenmotor für schnell flieg. Flugzeuge; **S.stufen** *M* Teil eines S.dammsystems

StB ⟨ **Steuerberater**; ⟨ **Steuerbilanz**. – **StBerG** ⟨ → **Steuerberatungsgesetz**. – **Std.** ⟨ **Stunde**

Steadyseller *m* (e.: *ßtêdi-*) ständ. Bestseller

Stea|rinsäure *w* (KW, gr.) natürl. höh. Fettsäure; **S.tit** *m* im wesentl. aus Magnesiumsilicat besteh. weiches Mineral („Speckstein")

Stech|heber *m* oben u. unten off. Röhre zur Flüssigkeitsentnahme aus Behältern; **S.karte** *w* Kontrollkarte für die **S.uhr** *w* Kontrollgerät zur Arbeitsüberwachung

Stefan-Boltzmannsches Gesetz *s* (öst. Physiker, 19. Jh.) naturges. Zusammenhang zw. Gesamtstrahlung u. Temperatur eines schwarzen Körpers

StEG ⟨ **Staatl. Erfassungsgesellschaft**

Stehkolben *m* flachböd., runde Glaskochflasche für Laborarbeiten

Steig|bügel *m* ↑ Gehörknöchelchen im Mittelohr (nach der Form); **s.ende Abschreibung** *w* → progressiv; **S.fähigkeit** *w* ↑ größte S.ung, die ein Kfz leisten kann; **S.geschwindigkeit** *w* Dauer des Höhengewinns beim Fliegen; **S.leitung** *w* senkr. Rohrleitung, = **S.rohr** *s*; **S.ung einer Funktion (eines Graphen)** Begriff der Differentialrechnung (auch bei linearen Funktionen)

Steil|heit *w* ↑ Kennzahl zur Charakterisierung des Zusammenhangs zw. Anodenstrom u. Gitterspannung bei Elektronenröhren; **S.rohrkessel** *m* Wasserrohrkessel mit senkr. Röhren

Stein|holz *s* ↑ Fußbodenbelag (Sägespäne gebunden mit Magnesium:oxid u. -chlorid); **S.krebs** *m* ↑ Zersetzung der Bausteine von innen; **S.niere** *w* Niere mit mehr. o. großem Ausguß-Nierens.; **S.plastik** *w* ↑ fugenloser Wandbelag (verkies. Keramik- o. Kunststoffmasse); **S.schnitt** *m* operat. Entfernen von Harnblasens.en durch Blasenschnitt; **S.zertrümmerung** *w* Art der S.operation

Steiß|geburt *w* Geburt bei vorangeh. S. des Kindes, = **S.lage** *w*

stellar (lat.) zum Bereich der Fixsterne gehörig

Stellen|rotation *w* (e.: job rotation) period. Wechsel der Arbeitsplätze in der Arbeitsgruppe; **S.wertsystem** *s* Zahlensystem, in dem der Wert einer Zahl von Ziffern u. deren Stellung in einer Zahlenfolge bestimmt wird (z. B. → Dezimal-, Dualsystem; Ggs.: röm. Zahlzeichen)

Stellerator *m* (KW) kernphysikal. Gerät zur Durchführung von → Kernfusionen

Stell|glied *s* = → Stellorgan; **S.motor** *m* = → Servomotor; **S.organ** *s* von Regler gesteuerte Vorrichtung zur Beeinflussung von (i. a. techn.) Vorgängen (→ Regelkreis)

Stempel|delikt *s* Abgabenhinterziehung; **S.glanz** *m* zweithöchster Münzbewertungsgrad (normal geprägte Münze einz. der Maschine entnommen u. verpackt); **S.steuer** *w* Abgabe auf (z. B. Wechsel-)Steuermarken

steno|halin (KW, gr.) unempfindl. gegen Wassersalzgehalt; **S.kardie** *w* = → Angina pectoris; **S.se** *w* krankh. Verengung, -schluß einer Körperöffnung (eines Ganges)

Steradiant *m* (KW) (⟨ *sr*) Raumwinkel, für den das Verhältnis der zugehör. Kugelfläche zum Quadrat ihres Halbmessers = 1 ist

Sterbe|geld *s* von der **S.geldversicherung** *w* erstatt. Beerdigungskosten; **S.hilfe** *w* ↑ = → Euthanasie; **S.tafeln** *M* Berechnung der durchschnittl. Lebenserwartung (der S.wahrscheinlichkeit); **S.ziffer** *w* Todesfälle je 1000 Einwohner in best. Zeit, = **Sterblichkeitsziffer** *w* = → Mortalität

Stereo|(anlage) *s* (*w*) (KW) Raumhöranlage; **S.chemie** *w*: beschäftigt sich mit räuml. Aufbau der Moleküle (Teil der physik. Chemie); **S.film** *m* Raum-, dreidimens. Film; **S.fotografie** *w* Verfahren zur Herstellung von Bildpaaren zur räuml. Betrachtung mit dem S.skop (fotograf. Apparat mit 2 Objektiven, deren Abstand etwa = dem der menschl. Augen ist); **S.gramm** *s* = → Bildpaar; **s.isomer** gleich zusammengesetzt, aber spiegelbildl. verschieden angeordnet (Atome im Molekül); **S.isomerie** *w* Atome zweier s.isomerer Moleküle sind in gleicher Weise chem. aneinander gebunden, aber auf räuml. versch. Weise angeordnet (Sonderfall der → Isomerie); **S.kamera** *w* Lichtbildgerät für S.fotografie; **S.metrie** *w* Lehre von den geometr. Körpern; **S.-mikroskop** *s* → binokulares Mikroskop mit 2 Objektiven (ermöglicht räuml. Betrachtung der Gegenstände); **S.phonie** *w* räuml. Hören; Aufnahme u. Erzeugung räuml. Klangbilder; **s.selektiv** sind so ablauf. chem. Reaktionen, daß von 2 mögl. zueinander s.isomeren Reaktions:produkten überwieg. eines entsteht (entsteht ausschließl. eines, ist Reaktion **s.spezifisch**); **S.skop** *s* opt. Gerät zur Betrachtung s.fotogr. gewonn. Bildpaare (Betrachter erhält, da jedes Auge nur 1 Bild sieht, räuml.

Eindruck des Dargestellten); **s.taktische Operation** *w* Verödung des Sexzentrums im Gehirn (von Triebverbrechern) durch Elektroströme; **S.ton** *m* = → Raumton

Sterilis|ationskasten *m* Vorrichtung zur Entkeimung operat. Geräte, = **S.ator** *m*, = **S.ier:apparat** *m*; **S.ierbüchse** *w* Kasten für Operationswäsche; **s.ieren** (fr.-lat.) keimfrei machen; unter Erhaltung der Keimdrüsen zeugungsunfähig machen. – **Sterilität** *w* Unfruchtbarkeit (→ Infertilität)

Sterling|block *m* Währungsverbund mit dem e. Pfund S. (£) als Leitwährung (in Großbritannien u. bes. den unabhäng. Mitgliedern des Commonwealth), = **S.zone** *w* = **S.gebiet** *s*

Stern|diktat *s* Diktat durch Mikrofon auf zentr. Aufnahmegerät; **S.kollaps** *m* explosions:artig ausgedehnter, dann in sich zusammengefall. S. (= **Neutronens.** *m* [löst Schwerkraftwellen aus]; Zusammenfall = **Implosion** *w*); **S.motor** *m* Verbrennungsmotor mit s.artig um Kurbelwelle gesetzt. Zylindern; **S.tag** *m* Zeit zw. 2 Kulminationen des Frühlings:punkts im Meridian des Beobachters; **S.walze** *w* Ackerwalze in S.form; **S.zeit** *w* Rechnung nach S.tagen

Stero:ide *M* Klasse wicht. organ., einander im Molekülbau ähnl. Naturstoffe (u. a.: Sexual-, Nebennierenrindenhormone, Herzglykoside, Saponine, Gallensäuren, Vitamin-D-Gruppe)

Stetigkeit *w* ↑ Eigenschaft einer → Funktion (in Verbindung zu → Grenzwerten u. zur → Differentialrechnung)

Steuer|abwälzung *w* = → S.überwälzung; **S.abzugsverfahren** *s*: S.schuld wird direkt vom Arbeitgeber abgeführt; **S.amnestie** *w* Verzicht auf strafrechtl. Verfolgung von S.vergehen bei Offenlegung bisher verheiml. S.tatbestände; **S.anfall** *m* → S.inzidenz; **S.anmeldung** *w* → S.erklärung; **S.aufkommen** *s* alle Einnahmen des Staates aus der Bes.ung in einer best. Periode; **S.aufsicht** *w* zollamtl. Überwachung in bes. Fällen; **S.ausgleichs:posten** *m* Konto in der S.bilanz zur Erfassung der Bewerbungs:abweichungen im Vergleich zur Handelsbilanz (z. B. Abschreibungen, die handelsrechtl. in höh. Umfang zulässig sind als s.rechtl.); **S.ausweichung** *w* rechtl. zuläss. Änderung des S.tatbestandes, so daß die S. ganz o. z. T. entfällt (Entfall der Lohnsummens. z. B. bei Substitution von Arbeit); **s.begünstigtes Sparen** *s* Anlage von Geldern, auf die der Staat best. Gruppen Sparzulagen gewährt (einkommensgebunden [Ledige und Verheiratete verschieden]); **s.begünstigte Wertpapiere** *M* festverzinsl. Wertpapiere, auf die nur Kapitalertrags:s., keine Einkommens:s. zu entrichten ist; **s.begünstigte Zwecke** *M* S.vergünstigungen für Körperschaften mit nur u. unmittelb. gemeinnütz., mildtät. o. kirchl. Zwecken; **S.belastung** *w* die nach Anwendung des S.tarifs auf die S.bemessungsgrundlage sich ergeb. Belastung des S.zahlers; **S.bemessungsgrundlage** *w* Höhe des Gegenstandes, an dem die S.berechnung anknüpft (z. B. im Einkommens:s.recht: Bruttojahreseinkommen minus Freibeträge, Werbungskosten, Sonderausgaben u. außergewöhnl. Belastungen); **S.beratungsgesellschaft** *w* AG, GmbH, KG a. A, KG o. OHG, die geschäftsmäßig S.hilfe leistet u. als solche zugelassen ist; **S.beratungsgesetz** *s* Gesetzgrundlage der Hilfeleistung in S.sachen leist. Berufe (⟨ *StBerG*); **S.bevollmächtigter** *m* Person, die geschäftsmäßig Hilfe in S.sachen leistet u. als S.bevollmächtigter bestellt ist; **S.bilanz** *w* nach s.rechtl. Gesichtspunkten aus der Handelsbilanz entwick. Bilanz; **S.degression** *w* → S.progression; **S.destinator** *m* wer nach dem Gesetz eine S. endgültig tragen soll; **S.erklärung** *w* Erklärung des S.pflichtigen über Einkommen, Vermögen u. andere s.erhebl. Tatsachen (bei Selbsterrechnung der S.höhe = **S.anmeldung** *w*); **S.ertrags:hoheit** *w* Verteilung des S.aufkommens zw. Bund, Ländern u. Gemeinden; **S.flucht** *w* Verlegung des Wohn-, Geschäftssitzes ins (s.begünstigte) Ausland; **S.gefährdung** *w* Ausstellung unricht. Belege o. solcher, die aufzeichnungs:pflicht. Geschäftsvorfälle nicht o. falsch zur S.kürzung verbuchen; **S.geheimnis** *s* Verpflichtung von Amts:trägern u. dgl., die ihnen bekannt geword. Verhältnisse eines andern, Betriebs- u. Geschäftsgeheimnisse nicht zu offenbaren; **S.gerät** *s* Tonsteuerapparat bei Stereoanlagen; **S.gerechtigkeit** *w* nicht näher best. Gerechtigkeit bei der Abgabenverteilung; **S.gläubiger** *m* öfftl., s.erheb. Körperschaft (Bund – Länder – Gemeinden); **S.gesetzgebungskompetenz** *w* ausschließl. Recht zur gesetzl. S.einführung (Bund für Zölle u. Finanzmonopole; S.n, wenn ihm ihr Aufkommen ganz o. z. T. zusteht o. Bedürfnis besteht, Gesetze and. Länder o. die Gesamtheit zu beeinträchtigen); **S.gitter** *s* → Gitter; **S.haftung** *w* gesetzl. Haftung für S.schuld eines andern; **S.harmonisierung** *w* internat. Angleichung der S.n zur Vermeidung von Wettbewerbsverzerrungen (wicht. für Integration in der EG); **S.hehlerei** *w* (Ver-)Kauf von Gegenständen, für die S.n hinterzogen wurden; **S.hinterziehung** *w* rechtswidr. S.abwehr, -vermeidung, -umgehung zur S.verkürzung (unrichtige o. -vollständ. Angaben, Nichtmeldung erhebl. Tatsachen, pflichtwidr. Unterlassung der Verwendung von S.zeichen o. S.stempeln); **S.hoheit** *w* Recht von Bund, Ländern, Gemeinden, S.n zu erheben; **S.inzidenz** *w* endgült. Belastung des S.trägers, = S.anfall; **S.klassen** *M* Tarifsystem für unbeschr. S.pflichtige nach Familienstand; **S.kurswert** *m* für best. Wertpapiere festges. Kurswert zur einheitl. Bewertung; **S.lastquote** *w* Darstellung des Verhältnisses vom → S.aufkommen zum Bruttosozialprodukt; **S.maßstab** *m* Größe, auf die der S.tatbestand bezogen wird (zur Bemessung der S.höhe); **S.meßbescheid** *m* Feststellung des **S.meßbetrages** (Bemessungsgrundlage bei Objekt-/Reals.n: Ermittlung der S. durch Anwendung der S.meßzahl auf Bemessungsgrundlage); **S.meßzahl** *w* Hundertsatz für Bemessungsgrundlage u. Ermittlung des S.meßbetrages; **S.multiplikator** *m*: zeigt Änderung des Volks:einkommens als Folge der Änderung der S.einnahmen; **S.objekt** *s* was besteuert wird (Einkommen–Umsatz–Vermögen u. dgl.); **S.ordnungswidrigkeit** *w* = → S.gefährdung; **S.präferenzen** *M* geringere Einkommens- u. Lohns. für in Berlin Beschäftigte; geringere Körperschafts:s. für Berliner Unternehmen; **S.progression** *w* S.tarif mit im Verhältnis zu Einkommens:steigerungen überproportional steig. S.sätzen; **S.-quote** *w* Verhältnis der S.einnahmen zum Sozialprodukt; **S.reform** *w* Neugestaltung der S.ordnung (bes. Neuverteilung der S.lasten: gew. Entlastung der kleinen u. mittl., Belastung der höh. Einkommen [1975]); **S.röhre** *w* Elektronenröhre zur Erzeugung der Senderfrequenz; **S.satz** *m* Prozentsatz des S.tarifs; **S.stärke** *w* → Regelstäbe; **S.tabelle** *w* Übersicht über die bei best. Voraussetzungen zu leist. S.; **S.tatbestand** *m* Begründung einer S.schuld; **S.träger** *m* wer letztl. eine S. bezahlt; **S.überwälzung** *w* Versuch, eine S. an die Abnehmer über höh. Preise weiterzuleiten; **S.verkürzung** *w* → S.gefährdung; **S.vermeidung** *w* → S.ausweichung; **S.welle** *w* Teil des Kfz-Motors; **S.werk** *s* Teil der → Zentraleinheit einer DVA

StGB ⟨ **St**rafgesetz**b**uch. – **STH** ⟨ **s**oma**t**ropes **H**ormon (Wachstumshormon)

Stibin *s* (neulat.) chem. Verbindung aus Antimon u. Wasserstoff

Stich|loch *s* Öffnung des metallurg. Schmelzofens; **S.probe** *w* ↑ Teilmenge mögl. Experimente, Untersuchungen; Feststellung des Edelmetallgehalts einer Legierung; der Grundgesamtheit method. entnomm. u. analys. Teilmenge (bei Erfüllung der Voraussetzung einer → Repräsentativ:erhebung ist Häufigkeit der festgest. Merkmale auch für Grundgesamtheit gültig; Fehlerquote mit Wahrscheinlichkeits:theorie berechenbar); → Sample; **S.probenverteilung** *w* = → Sampleverteilung; **S.tagsbefragung** *w* Erhebung best. Verbrauchsgewohnheiten für einen best. Tag; **S.tags:inventur** *w* körperl. Erfassung aller Bestände an best. Tag (= **Bilanzstichtag** *m*); **S.wahl** *w* Wiederholungswahl, Entscheidungswahl zw. 2 Kandidaten; **S.zahl** *w* Grenze der zugelass. Menge

Sticker *m* (e.) Aufkleber, Plakat

Sticks *M* (am.) Marihuanazigaretten

Stickstoff|dünger *m* im wesentl. aus verwertb. S.verbindungen besteh. Düngemittel; **S.gruppe** *w* die Elemente S., Phosphor, Arsen, Antimon, Wismut, = **S.-Phosphor-Gruppe** *w*; **S.wasserstoffsäure** *w* hochexplos. farblose Flüssigkeit

Stift|erverband *m* Vereinigung zur Forschungsförderung; **S.ung** *w* Zuwendung von Mitteln für best. (gemeinnütz.) Zwecke (jur. Person öfftl. o. priv. Rechts; meist steuerbegünst.); **S.ung Warentest** *w* Institution zur Qualitäts:prüfung von Konsumgütern u. Dienstleistungen (Berlin, seit 1964)

StIGH ⟨ **St**ändiger **I**nternat. **G**erichts**h**of

Stigma|sterin *s* (KW) pflanzl. Naturstoff aus der Reihe der → Steroide (wicht. Ausgangsstoff für Heilmittelsynthesen); **S.tisierung** *w* ↑ negat. Kategorisierung einer Person

Stil *m* ↑ Art der Gestaltung eines Werbemittels

Stilb *s* Maßeinheit der Leuchtdichte (⟨ *sb*)

Still|abstimmung *w* Schaltung in hochwert. Rundfunkgeräten (unterdrückt bei Senderwahl Störrauschen), = **Mu-**

ting *s*; **s.e Forderungs:abtretung** *w* dem Schuldner nicht bekanntgegeb. Abtretung gegen ihn besteh. Forderungen an Dritte; **s.er Gesellschafter** *m* wer sich am Handelsgewerbe eines andern mit Vermögens:einlage so beteiligt, daß sie ins Vermögen des andern übergeht (**s.e Gesellschaft** *w*; s.er Gesellschafter tritt nach außen nicht in Erscheinung; Handelsregistereintragung notw.!); **s.e Reserven** *M* in Bilanz nicht offen ausgewies. Vermögenswerte (Bildung meist durch Unterbewertung von Vermögenswerten), = **s.e Rücklagen** *M*, Ggs.: → offene Rücklagen; **s.e Zession** *w* = → s.e Forderungs:abtretung; **s.er Teilhaber** *m* wer nur mit Geld (nicht mit Arbeit) am Geschäft beteiligt ist; **S.halte:abkommen** *s* Vereinbarung, fäll. Schulden einstw. nicht zu zahlen; **S.haltung** *w* Stundungs:abkommen; **S.legungsvergütung** *w* unter best. Voraussetzungen erfolgte Leistung der Bundes:anstalt für Arbeit zur S.legung techn. noch brauchb. Anlagen; **S.standskosten** *M* Kosten s.gelegter Betriebe (z. B. Abschreibungen, Zinsaufwendungen)

Stimm|e *w* → grob; **S.n-Splitting** *s* Verteilung von Erst- u. Zweitstimmen auf versch. Kandidaten (Parteien); **S.recht** *s* ↑ Recht des Inhabers (Eigentümers) von mit S.recht ausgestatt. Aktien, auf Hauptversamml. entspr. dem Nennwert seiner Aktien abzustimmen; **S.schein** *m* ↑ von Notar o. Bank ausgegeb. Bestätigung für Hinterlegung von Aktien (= Voraussetzung für S.recht bei Hauptversamml. – verhindert Handel mit Aktie für Zeitraum der Hauptversamml.)

Stimul|ans *s* (lat.) Substanz, die Organ (-e, -ismus) zu verstärkter Funktion anregt; **S.ierung** *w* ↑ → Erotisierung

Stipulation *w* (lat.) mdl. Vertrag zw. Schuldner u. Gläubiger

Stirn|reflektor *m* ärztl. S.hohlspiegel (reflektiert Licht in beobachtete Höhle), = **S.spiegel** *m*

Stj ⟨ **St**euer-, **St**erbe**j**ahr. – **Stk.** ⟨ **St**adt**k**asse; ⟨ **St**amm**k**apital, -karte. – **StKl.** ⟨ **St**euer**kl**asse. – **StKr** ⟨ **St**adt**kr**eis. – **StL** ⟨ **St**euer**l**iste. – **StNr** ⟨ **St**euer**n**umme**r**

Stochast|ik *w* (KW, gr.) Wahrscheinlichkeitslehre u. Statistik; **s.isch** zufällig

Stöchiometrie *w* (KW, gr.) Lehre von der mengenmäß. Zusammensetzung der Stoffe u. den Mengenverhältnissen, in denen Stoffe chem. miteinander reagieren

Stock| *m* ↑ Grundkapital; Warenlager, -vorrat; **S.Exchange** *s* (e.: *-ixtschênsch*) Effektenbörse; **S.piling** *s* (e.: *-pailiñ*) staatl. Rohstoffbevorratung; **S.punkt** *m* Temperatur, bei der Flüssigkeit so zäh wird, daß sie durch eig. Gewicht nicht mehr zum Fließen gebracht wird

Stoff| *m* ↑ Rauschdrogen; **S.wechsel** *m* alle chem. Umwandlungen körpereig. u. Nährstoffe, = **Metabolismus** *m*

Stokes| *s* (e. Physiker, 19. Jh.: *ßtôx*) Maßeinheit für kinemat. Viskosität von Flüssigkeiten; **S.sches Gesetz** *s* naturges. Zusammenhang zw. Viskosität einer Flüssigkeit u. Geschwindigkeit eines kugelförm. Körpers, der sich unter Wirkung einer Kraft best. Größe durch diese Flüssigkeit bewegt

STOL-Flugzeug *s* (⟨ **S**hort **T**ake-**O**ff and **L**anding) Flugzeug, das nur kurze Start- u. Landebahnen benötigt

Stolzit *m* (KW) = → Scheelblei:erz

stoned| (e.: *ßtônd*) im Drogenrausch; **s. high** (e.: *-hai*) drogenberauscht

Stop-and-go-Verkehr *m* häufiger Wechsel von Bremsen u. Gasgeben beim Kfz-Fahren

Stopfbüchse, -buchse *w* Dichtungs:element, das Durchtrittstelle einer rotier. o. hin- u. hergeh. Welle durch Maschinengehäuse abdichtet

Stop-loss-Order *w* (e.) Verkaufs:auftrag des Bankkunden für depon. Wertpapier, sobald Kurs unter festges. Höhe fällt

Stopp|er *m* ↑ Blickfang; **S.weg** *m* ↑ Lauf des Magnetbands vom S.en bis zur Ruhelage

Stör|abstand *m* Maßzahl, die im logarithm. Maßstab angibt, um wieviel leiser die S.geräusche des Rundfunkgeräts (z. B. Netzbrummen) sind als die empfang. u. für die Wiedergabe im Lautsprecher verstärkte Sendung

Storage *s* (e.: *staridsch*) Speicherung

Storchschnabel *m* = → Pantograf

STORE Befehl in d. → ADV zur Abspeicherung von → Daten (entsprech. Taste beim → Taschenrechner meist mit STO oder M bez.)

Störfelder *M* verunstaltete o. krankhafte Gewebe (als Krankheitsherde)

stornieren (lat.-it.) Auftrag o. Buchung rückgäng. machen (*S:* **Storno** *s*)

Stör|pegel *m* Übersicht über alle Sende-, Empfangs:s.ungen; **S.schutz** *m* (Recht auf) Vorrichtung zu deren Beseitigung; **S.stelle** *w* ↑ Unregelmäßigkeit im Kristallbau eines Körpers; **S.sucher** *m* Gerät zum Aufspüren von Sendes.ungen; **S.ungs:stelle** *w* = → Ents.ungs:stelle

Storyboard *s* (e.: *-bord*) in Einzelbildern skizz. Filmabfolge

Stoß|geschäft *s* zeitbed. Geschäft; **S.ionisation** *w* → Ionisation von Atomen o. Molekülen durch Auftreffen schnell bewegter Teilchen (z. B. Elektronen; dadurch werden aus dem vorher ungelad. Atom o. Molekül Elektronen herausgeschlagen; so entsteht ein → Kation); **S.therapie** *w* Heilbehandlung mit großen Heilmittelmengen in kurzer Zeit; **S.zeit** *w* Zeit größter Verkehrsdichte

STP *s* Amphetamin-Abkömmling mit halluzin. Wirkung. – **StPO** ⟨ **Straf**prozeß**o**rdnung

Straf|befehl *m* Verhängung einer (kleinen) S.e durch Amtsrichter; **S.bescheid** *m* schriftl. Verhängung einer S.e durch Verwaltungsbehörde; **S.erlaß** *m* Begnadigung; **S.gedinge** *s* Versprechen einer Leistung bei best., nicht geschuld. Tun (Unterlassung); **S.mündigkeit** *w* Verantwortlichkeit für S.taten (begrenzt 14.-18. Lebensjahr; darunter generell ausgeschl.); **S.register** *s* ↑ Liste der bestraften Personen des Bezirks; **S.senat** *m* Richterkollegium für S.sachen (OLG; BGH)

Strahl| *m* ↑ Halbgerade unter Berücksichtigung einer Richtung; → außerordentlich; **S.antrieb** *m* Flug-(Fahr-)zeugantrieb durch den Rückstoß eines ausgestoß. Gas:s.s (bei Schiffen auch eines unter Wasser ausgestoß. Wassers.s; = Düsenantrieb); **S.enbiologie** *w* Lehre von den Wirkungen energiereich. S.en auf Organismen; **S.enchemie** *w* Lehre von den Veränderungen der Stoffe durch Einwirkung energiereich. S.en; **S.enkater** *m* durch Röntgenbehandlung entstand. **S.enkrankheit** *w* Gewebeschädigung durch ionisier. S.en (Röntgens.en–Radium–Kernenergie–radioakt. Stoffe); **S.enschutz** *m* Maßnahmen, Vorbeugung gegen S.enschäden; **S.enströmungen** *M* sehr schnelle Luftströmungen in etwa 10 km Höhe; **S.entherapie** *w* Heilbestrahlung; **S.triebwerk** *s* = S.antrieb; **S.ung** *w* ↑ Wärmeabgabe der, Wärmeeinfall auf die Erde; Ausbreitung von Wärme-, Licht-, Schallenergie; → charakteristisch; → energiereich; **S.ungs:absorption** *w* Schwächung einer S.ung bei Durchgang durch Materie infolge Umwandlung der S.ungs:energie in andere Energieformen; **S.ungsdämpfung** *w* Energie:abgabe in elektromagn. Wellen; **S.ungsdichte** *w* S.ungs:energie in 1 cm^3; **S.ungsfilter** *m* Platte o. Membran aus Material, das nur S.ung in best. Wellenlängenbereich durchläßt; **S.ungsgleichgewicht** *s* Zustand, in dem Körper je Sekunde ebensoviel Energie durch S.ung aus Umgebung empfängt, wie er durch S.ung abgibt; **Van-Allen-S.ungsgürtel** *m* Zone gürtelart. um Erde mit hochintensiv. Teilchens.ung; **S.ungs:härtung** *w* Härtung von Kunstharzschichten ohne Erwärmen durch Einwirkung von UV- o. Elektronens.en; **S.ungs:heizung** *w* überträgt Wärme überwieg. durch S.ung; **S.ungsleistung** *w* durch S.ung je Zeiteinheit abgegeb. o. aufgenomm. Energiemenge; **S.ungsquant** *m* = → Photon; **S.ungs:temperatur** *w* Temperatur, die → schwarzer Körper haben müßte, um eine best. S.ung (→ Schwarzkörpers.ung) abzugeben

Strangeness *w* (e.: *ßtreindsehnis*) = → Seltsamkeit

Strang|guß *m* kontinuierl. Vergießen von schmelzb. Werkstoffen (wie Stahl) zu Langprofilen; **S.pressen** *s* Herstellung von Langprofilen aus → thermoplast. Kunststoffen (Kunststoffschmelze wird durch gekühlte Rohrdüse gepreßt, erstarrt dabei u. nimmt gewünschte Form an); **S.urie** *w* (gr.) = Harnzwang

Straßen|fertiger *m* Bauzug aus S.baumaschinen (stellen von der Verteilung bis zur Glättung der Baustoffe Fahrbahn her); **S.verkehrsgesetz** *s* grundleg. Bestimmungen über Kfz-Zulassung, Führerschein, Verkehrssünderkartei, Kfz-Haltung (1952); **S.verkehrs:ordnung** *w* (⟨ *StVO*) Zusammenfassung aller Verkehrsvorschriften; **S.-Verkehrs-Zulassungs-Ordnung** *w* Bestimmungen über Zulassung von Fahrzeugen auf öfftl. S. u. Haftpflichtversicherungsverpflichtung (1960; ⟨ *StVZO*)

Strateg|ie *w* (gr.) ↑ Entscheidungs:theorie für Ordnung aller Handlungsmöglichkeiten einer Person; **S.ie des begrenzten Konflikts** *w* Risiko eines Konflikts mit Koalitions:partner; **s.ische Waffen** *M* über größ. Entfernungen wirks. Waffen (beeinflussen entscheid. Kriegsverlauf)

Strato|sphäre *w* (KW, gr.) Erdatmosphärenschicht (etwa 10–40 km hoch); **S.vision** *w* Fernsehübertragung mit hochflieg. Flugzeugen o. Nachrichtensatelliten

Strazze *w* (it.) Kladde des Buchhalters

Streck|e *w* ↑ Maschine mit hinterein. geschalt. Walzen; → blind; **S.en:abschnitt** *m* = → Blocksystem; = **S.enblock** *m* Vorrichtung im Stellwerk (verhindert, daß Gleisabschnitt gleichzeitig von 2 Zügen befahren werden kann, = **S.enblockung** *w*); **S.enhandel** *m* Großhandlung ohne eig. Lager, = **Kontorhandel** *m*; **S.enzug** *m* Folge von S.en, bei der Endpunkt einer stets Anfangs:punkt der nächsten S.e ist (solange noch vorhanden); **geschlossener S.enzug** *m*: Endpunkt der letzten S.e fällt auf Anfangs:punkt der ersten; **S.grenze** *w* Kennzahl für Verformungsverhalten von Werkstoffen (kennzeichnet die Spannung, bei der genormte Prüfkörper sich nicht mehr elast., sondern plast. [d. h. unter Fließen] verformen); **S.metall** *s* drahtähnl. Maschenwerk (Unterlage für Putz u. dgl.); **S.probe** *w* Werkstoffprüfung; **S.ung** *w* best. geom. → Abbildung (Sonderfall: zentrische S.ung)

Streifbanddepot *s* (*-pô*) bes. Verwahrung von Wertpapieren durch Banken (Depoteigentümer muß ohne weit. erkennb. sein); Ggs.: → Sammeldepot

Streik| *m* (e.) Kampfmittel der Arbeitnehmer gegen -geber (Wahrung o. Verbesserung der Reproduktionsbedingungen erstreb. Arbeitsniederlegung); **S.geld** *s* Gewerkschaftsleistung an streik. Mitglieder (Höhe je nach Beitragshöhe u. Mitgliedsdauer); **S.klausel** *w* Vertragsbedingung (Entlassung bei S.); **S.posten** *m* von S.leitung einges. Personen, die Arbeitswillige auf S. hinweisen o. Arbeitsaufnahme verhindern sollen

Streit|objekt *s* Gegenstand des Parteiens.s, = **S.gegenstand** *m*; **S.wert** *m* Wert des S.objekts (vom Gericht festzusetzen)

Streptomycin *s* → Antibioticum

Streß *m* (e.) durch ein hohes Reizmaß erzeugter Erregungszustand

Stretch *m* (e.: *-tsch*) hochelast. Kunststoffaserweb- u. -wirkwaren

Streu|analyse *w* quantit. Untersuchung von S.mitteln, -terminen, -wegen der Werbung; **S.arten** *M* durch Zielgruppe best. Art der S.ung des Werbematerials (wer soll wie angesprochen werden?); **S.bereich** *m* Verbreitungsgebiet des Werbeträgers; **S.dauer** *w* Einsatzzeit eines Werbemittels; **S.feld** *s* Bezirk, in dem Werbemittel eingesetzt werden soll; **S.kosten** *M* Aufwendungen für Verbreitung des Werbemittels; **S.menge** *w* Zahl der verbreit. Werbemittel; **S.plan** *m* Festlegung der S.arten, -mittel, -wege, -zeitpunkte, -bereiche; **S.strahlen** *M* nach Auftreten einer primären Strahlung in alle Richtungen lauf. Röntgen- o. Gammastrahlen; **S.ung** *w* ↑ part. Ablenkung eines urspr. scharf gebünd. Wellen- o. Teilchenstrahls beim Durchgang durch Materie; Abweichungsgröße einer statist. Reihe vom Mittelwert; planvolle Verbreitung von Werbemitteln; → Standard:abweichung; **S.ungsmaße** *M* Kennzeichen zur Angabe der Abweichung statist. Werte in einer Reihe um ihren Mittelwert; **S.weg** *m* Versuch, Kunden durch Werbemittel zu erreichen (Ergebnis: **S.wirkung** *w*); **S.wert:analyse** *w* qualit. Analyse von S.mitteln u. -wegen

Strich|kreuz *s* = → Fadenkreuz; **S.maß** *s* techn. Meßmittel

Striktur *w* (lat.) starke Verengung eines Kanals (z. B. der Harn- o. Speiseröhre)

Stringer *m* (e.) verstärkter Stahlplattengang an der Außenhaut von Schiffen, an Flugzeugen

Strip| *m* ↑ (e.) Bildergeschichte mit fortlauf. Handlung; **S.ping** *s* (e.) Fotomontage; Art der Kernreaktion (Abstreifung eines → Nukleons vom stoß. o. gestoß. Atomkern)

Stroboskop| *s* (KW, gr.) opt. Gerät, das mit intermitt. Beleuchtung o. einer period. sich öffn. u. schließ. Blende Bewegungsvorgänge in unbewegte Einzelbilder zerlegt; **s.ischer Effekt** *m* Verschmelzung schnell folg. Bilder auf der Netzhaut zu fortlauf. Bewegung

Strohmann *m* ↑ Person, die im eig. Namen für fremde Rechnung handelt

Strom| *m* → alternierend.; → eingeprägt; **S.abnehmer** *m* ↑ Gestänge mit Rollen (Gleitbügeln) zur S.entnahme aus Oberleitungen; **S.begrenzer** *m* automat. S.abschalt- o. -unterbrechungsgerät; **S.kraftwerk** *s* → Flußkraftwerk; **S.kreis** *m* Kreisgefüge aus Spannungsquelle, Leitern u. Widerständen für elektr. S.; **S.leiter** *m* ↑ Kabel; **S.lini:en** *M* ↑ graf. Hilfsmittel zur Darstellung einer Strömung (so konstruiert, daß Strömungsrichtung in jedem Punkt parall. zur Tangente der durch ihn geh. S.linien läuft); **S.richter** *m* Gleich-, Wechsel- u. Umrichter, = S.wechsler *m*; **S.tor** *s* = → Thyratron. – **Strömungskupplung** *w* Kraftübertragung durch Kombination einer → Kreiselpumpe mit einer Turbine, zw. denen Flüssigkeit (z. B. ein Öl) umläuft. – **Strom|wandler** *m* Transformator; **S.wärme** *w* beim Durchgang eines S.s durch einen → Ohmschen Widerstand aus elektr. Energie entsteh. Wärme; **S.wechsler** *m* = → S.richter; **S.wender** *m* = → Kommutator

Stronti|anit *m* (schott. Dorf) mineral. S.umcarbonat; **S.um** *s* chem. Element (Leichtmetall aus Gruppe der → Erd:alkalimetalle; radioakt. S.um-Isotop [Massenzahl 90; in Natur nicht vorkommend] entsteht bei Kernwaffenexplosionen u. wird vom Organismus höh. Tiere ins Knochengerüst eingebaut [Gesundheitsbedrohung durch Strahlung]; ⟨ *Sr*)

Strophantin *s* (KW, gr.) in best. Pflanzen vorkomm. gift. → Glykosid aus Reihe der → Stero:ide (wirkt auf Herz; in kleinen Dosen Herztätigkeit anregend)

Strukt|ogramm *s* (KW) Diagramm, das die S.ur:elemente eines → Programms verdeutlicht (zur Erstellung eines Programms u. zur Dokumentation); **S.ur** *w* (lat.) ↑: **algebra:ische S.ur** → Verknüpfungsgebilde; **Ordnungs:s.ur** → Ordnungsrelation; **topolog. S.ur** → Topologie; Gefüge, Aufbau; alle Relationen, die System:elemente verbinden; **s.ural** → Analyse; **S.uralismus** *m* ↑ Methode, Abhängigkeit menschl. Tatsachen von einem organ. Ganzen zu bestimmen u. als math. Modell darzustellen; **S.ur:analyse** *w* Untersuchung des Gefüges von Körpern; **S.urchemie** *w* befaßt sich mit den Atomgruppierungen u. den chem. Bindungen in den Molekülen; **s.urelle Arbeitslosigkeit** *w* in volkswirtsch. S.ur (nicht saisonal o. konjunkturell) bedingte Arbeitslosigkeit; **S.urformel** *w* chem. Formel (stellt die einz. Atome im Molekül u. die zw. ihnen herrsch. Bindungen dar); **S.ur:isomerie** *w*: 2 s.ur:isomere Moleküle enthalten die gleichen Atome in gleicher Anzahl, aber in versch. Bindung u. Anordnung; **S.urpolitik** *w* erstrebt wirtsch. Ausgleich für benachteil. Bereiche; **S.urtarifvertrag** *m* handelt zusätzl. Lohn-, Gehalts-, Besoldungserhöhungen aus, = **Eingruppierungs:tarifvertrag** *m*; **S.urviskosität** *w* bei best. → hochmolekul. Flüssigkeiten auftret. Erscheinung, daß der Fließwiderstand bei Zunahme der Schergeschwindigkeit kleiner wird; **S.urwandel** *m* dauerh. Verschiebung des wirtsch. Gefüges (meist durch veränd. Wirtschaftsgrundlagen)

Strychnin *s* (KW, gr.) gift. → Alkaloid aus der Brechnuß

Stück| *s* ↑ einz. Wertpapier; **S.akkord** *m* → Akkord; **S.arbeit** *w* Akkordarbeit; **S.elung** *w* Einteilung von Anleihen o. Aktien in best. → Nennbeträge; **S.erfolg** *m* Gewinn o. Verlust, der sich nach Erstellung u. Verkauf einer Leistungs:einheit ergibt; **S.everzeichnis** *s* Liste der Wertpapiere; **S.gut** *s* einz. versend. Transportgut (Ggs.: Massengut); **S.kauf** *m* = → Spezi:eskauf; **S.-kosten** *M* bei Erstellung einer Leistungs:einheit anfall. Kosten; → Selbstkosten; **S.liste** *w* Aufstellung aller zu einem Fertigungs:s. gehör. Teile (aller Maschinenteile); **S.lohn** *m* nach der Zahl der hergest. S.e berechn. Entgelt; → Akkord; → Selbstkosten; **S.maß** *s* = → Zählmaß; **S.notierung** *w* Börsenkurs in Währungs:einheit je S.; **S.zeit** *w* Herstellungsdauer eines Werkzeugs; **S.zinsen** *M* seit dem letzten Fälligkeits:tag aufgelauf. Zinsen festverzinsl. Wertpapiere

Studi|entag *m* unterrichtsfreier Tag für Hausarbeiten; **S.o** *s* ↑ Aufnahme-, Senderaum; Versuchsbühne; **S.ofilm** *m* Film:experiment, Nachwuchsfilm

Stufen|heck *s* in S. abfall. Kfz-Heck; **S.linse** *w* = → Fresnel-Linse; **S.schalter** *m* Mehrfachschalter für mehr. Stromkreise; **s.weise** → Abschreckung; **S.-winkelpaar** *s* 2 Winkel, von denen je 1 Schenkel auf derselben Geraden liegt, der 2. Schenkel den Winkel zur selben Seite begrenzt (gleich groß, wenn die 2. Schenkel parallel sind)

Stuhl| *m* → elektrisch; **S.zäpfchen** *s* = → Suppositorium

stummer Verkäufer *m* Warenautomat; Verkaufshilfe (Ständer – Leerpackung u. dgl.)

Stunden:achse *w* zur Erdachse parall. Drehachse an der Halterung astron. Fernrohre. – **Stundung** *w* Vereinbarung zw. Schuldner u. Gläubiger, fäll. Leistung später zu erbringen (→ Moratorium)

Stuntman *m* (e.: *ßtantmän*) Ersatzdarsteller für best. (gefährl.) Szenen, Double

Stupor *m* (lat.) schwere Bewegungshemmung, Starrheit; völl. Geistesschwäche

Stützungskäufe *M* von Banken vorgenomm. Ankauf von Wertpapieren o. Devisen (Bundesbank; Ziel: Absinken des Kurses verhindern)

StVO ⟨ → **Str**aßen**v**erkehrs**o**rdnung (1956). – **StVZO** ⟨ → **Str**aßen**v**erkehrs**z**ulassungs**o**rdnung. – **Stw.** ⟨ **St**ell**w**erk; ⟨ **St**ern**w**arte

Styling *s* (e.: *ßtailin̄*) künstler., techn. Formgestaltung; Entwurf zur Form eines Industrieprodukts

Styrol *s* (KW) flüss. organ. Säure (läßt sich durch → Polymerisation in Kunststoff Polystyrol überführen)

sub:atomar (KW) von weniger als Atomgröße

Suberate *M* (KW, lat.) Salze der Korksäure

Sub|hastation *w* (lat.) Versteigerung unter staatl. Aufsicht; **s.jektiv** ↑ → Tatbestand; **s.jektiver Wert** *m* Bestimmung des Produktes nach dem individ. Nutzen, den das Produkt stiften kann (→ Grenzwert); **S.kultur** *w* Einzelkultur einer übergeordn. Kulturgruppe; Lebensform von Gruppen, die die besteh. Normen ablehnen; **s.cutan, -kutan** unter die (der) Haut; **S.limation** *w* dir. Überführung fester Stoffe in Gaszustand u. umgekehrt; *ZW*: **s.limieren** ↑; **s.mikroskopisch** im Mikroskop unsichtbar; **S.mission** *w*: bes. im öfftl.-rechtl. Bereich der Auftragsvergabe vorangeh. Ausschreibung; **S.missionskartell** *s* Absprache zw. Unternehmen zur Einhaltung best. Preisvereinbarungen bei Angeboten für öfftl. Ausschreibungen; **S.mittend** *m* Bewerber bei Ausschreibung; **S.mittent** *m* Auftragsvergeber; **S.proletariat** *s* Teil des Proletariats, dessen Arbeitskraft nicht verwertbar ist; **S.sidiarität** *w* Verzicht des Staates auf Aufgaben, die der einzelne (die kleinere Gemeinschaft) ebensogut erfüllen kann; **S.sidiaritäts:prinzip** *s* Einsatz von Sanktionen im Strafprozeß; **S.skription** *w* Zeichnung eines best. Betrages der bei Neuemissionen angebot. Wertpapiere; Bestellung eines angekünd. Buchs zu einem meist niedrigeren Preis (= **S.skriptions:preis** *m*); **S.spezi:es** *w* ⟨ → ssp; **S.stanz:erhaltung** *w* Kapital:erhaltung; Sicherung des gütermäß. Nominalkapitals; **S.stanzsteuer** *w* kapitalangreif. Steuer; **S.stanzwert** *m* sich nach Bewertung einz. Vermögens:teile zum Tageswert ergeb. Sachwert (eines Unternehmens; Ertragsfähigkeit bleibt unberücks.); **S.stituant** *m* durch S.stitution in ein Molekül eingebrachte(s) Molekül(gruppe); **S.stitut** *m* (Stell-)Vertreter; **S.stitution** *w* Austausch eines Atoms (einer Atomgruppe) in einem Molekül durch and. Atome (Atomgruppen); Lösung eines math. Problems durch Ein-, Ersetzen eines → Terms durch einen andern (z. B. bei Gleichungssystemen); Ersetzbarkeit eines Faktors (Gutes) durch ein(en) anderen (-res; Arbeit : Kapital; Butter : Margarine); **s.stitutional** austauschbar; **s.stitutionale Produktionsfaktoren** *M* auf der Einsatzseite (Input) gegenein. mindestens in best. Grenzen austauschb. → Produktionsfaktoren (Einsatzverhältnis nicht vorgegeben; klass. Beispiel: Ersetzbarkeit lebend. durch vergegenständl. Arbeit [Kapital] u. umgekehrt. Anzustreben Kombination, die auf Minimierung der Kosten zielt); **S.stitutions:elastizität** *w* Theorie: Veränderung der Lohn-/Zinsrelation (= Verschiebung der relat. Faktorpreise) bewirkt Veränderung der Einsatzmengen der s.stituierb. Produktionsfaktoren (S.stitution um so schwieriger, je geringer die S.stitutions:elastizität); **S.stitutionsgüter** *M* sind gegenein. austauschbar (z. B. Kohle – Öl – Gas); **S.stitutionsregel** *w* Verfahren der Integralrechnung; **s.stitutive Güter** *M* sind ggs. ersetzbar (Ggs.: komplementäre Güter); **S.strat** *s* i. a. fester Stoff, an dem sich eine bleib. Veränderung durch biol., chem. o. physik. Einflüsse abspielt; an die Siegersprache angeglich. Sprache der Unterworfenen; **S.unternehmer** *m* wer für eine Firma Teile eines Auftrags ausführt (**S.unternehmen** *s*); **S.urbanisation** *w* Verlagerung von Cityfunktionen in Vororte; **S.urbia** *w* (e.: *ßaberbi[e]*) (Lebensstil der) Wohnvororte; **S.vention** *w* Beihilfe, Unterstützung; zweckgeb. Zuschuß öfftl.-rechtl. Körperschaften an Unternehmen, Vereinigungen usw.; **S.ways** *M* (e.: *ßabwês*) ↑ Unterpflasterbahn

Succinate *M* (KW) Salze der Bernsteinsäure

Such|dienst *m* Organisation zur Auffindung Vermißter; **S.kind** *s* (registr.) im Krieg von den Eltern verlor. Kind; **S.meldung** *w* Veröffentlichung vermißter Personen, Gegenstände

Suggestivfrage *w* (KW) eine best. Antwort naheleg. Frage

Sühne|verfahren *s* gerichtl. Versuch zur gütl. Einigung zw. den streit. Parteien; **S.versuch** *m* Versuch einer gütl. Einigung vor dem Gerichtsverfahren

Sulf|ane *M* (KW, lat.) Verbindungen aus Schwefel u. Wasserstoff; **S.anilsäure** *w* stickstoffhalt. organ. S.onsäure (wicht. bei Synthese von Farbstoffen, Medikamenten); **S.ate** *M* Salze der Schwefelsäure; **S.at:reduktion** *w* durch best. Mikro:organismen hervorgeruf. biochem. Reaktion in Gewässern (diese Organismen decken z. B. bei Mangel an gelöstem Sauerstoff ihren Sauerstoffbedarf, indem sie die im Wasser gelösten S.ate zu Schwefelwasserstoff reduzieren); **S.ide** *M* → binäre Verbindungen aus Schwefel u. i. a. einem Metall; **s.idisch** sind Metallerze, in denen die Metalle im wesentl. in Form ihrer S.ide enthalten sind; **S.ite** *M* Salze der schwefl. Säure; **S.it:zellstoff** *m* mit best. Salzen der schwefl. Säure aus Holz gewonn. Cellulose; **S.ochloride** *M* → Säurechloride der S.onsäuren; **S.ochlorierung** *w* chem. Reaktion, bei der durch Einwirkung von Schwefeldioxid u. Chlor aus Kohlenwasserstoffen S.ochloride entstehen (hauptsächlich zu Waschmitteln weiterverarbeitet); **S.onamide** *M* Säure:amide von S.onsäuren; als Heilmittel zur → Chemotherapie best. Infektionskrankheiten gebräuchl. Säure:amide der S.anilsäure u. best. mit ihr verwandter Substanzen; **S.onsäuren** *M* Gruppe saurer Schwefelverbindungen meist organ. Natur, abgeleitet von Schwefelsäure durch Substitution einer Hydroxylgruppe durch and. Atomgruppen; **S.urierung** *w* chem. Reaktion, durch die schwefelfreie organ. Verbindungen in schwefelhalt. übergeführt werden

summ|arische Arbeits:platzbewertung *w* Bewertung des Arbeits:platzes als Einheit (ohne Zergliederung in Einzeltätigkeiten); **S.en:akti:e** *w* auf festgelegten Geldbetrag (Nennwert) laut. Akti:e; **S.enbilanz** *w* Gegenüberstellung von Soll u. Haben (→ Bruttobilanz); **S.enformel** *w* = → Bruttoformel; **S.enversicherung** *w* richtet Leistung statt nach Schadenshöhe nach Versicherungssumme

Sumpf| *m* ↑ Gefäß, aus dem destilliert wird; Destillationsrückstand darin; **S.gas** *s* natürl. vorkomm. → Methan

Sunniten *M* (ar.) → Schiiten

Super|azidität *w* (KW) Überangebot an Salzsäure (für Magen wichtig), = **Hyper:azidität** *w* (weniger gut); **S.dividende** *w* Sondervergünstigung für Aktionäre; **s.fizi:ell** oberflächlich; **S.-het(erodyn:empfänger)** *m* Überlagerungs:empfänger (verstärkt hochfrequ. Wellen vor ihrer Umwandlung in Niederfrequenz); **s.fluid** Zustand, in den verflüss. Helium bei Temperaturen unter etwa 2 → Kelvin übergeht (gekennz. bes. durch Verschwinden des Fließwiderstandes u. abnorm starkes Anwachsen der Wärmeleitfähigkeit); *S*: **S.fluidität** *w*; **s.flüssig** = s.fluid (schlechte Eindeutschung!); **s.infiziert** wieder mit den gleichen Erregern infiziert; *S*: **S.infektion** *w*; **s.iore Güter** *M* Nachfrage nach ihnen steigt bei steig. Einkommen (meist höherwertig; z. B. Butter – Margarine); Ggs.: → inferiore Güter; **S.ikonoskop** *s* Fernsehaufnahmeröhre best. Bauart; **S.markt** *m* großes SB-Warenhaus; **S.nova** *w* extrem starke plötzl. Helligkeitszunahme eines Sterns; dieser Stern (von der → Nova durch vielf. höh. Gesamthelligkeit, and. Verlauf der Helligkeitszeit u. andersart. physik. Ursachen versch.); **S.orthikon** *s* Fernsehaufnahmeröhre best. Bauart; **S.phosphat** *s* durch Behandeln mit Schwefelsäure lösl. gemachtes (daher als Düngemittel geeign.) → Calciumphosphat; **S.visor** *m* (e.: *-waiser*) Schlüsselelement bei Steuerprogrammen der DVA; **S.wasser** *s* synthet. nicht verdunst., mit fünfmal höh. Siedepunkt als normales Wasser, = **Polywasser** *s*

Supplement| *s* (lat.) ↑ Zeitungs-, Zeitschriftenbeilage; **S.winkel** *m* ergänzt 2. Winkel zu 180°

Supply *m* (e.: *ßapli*) Bestand (Vorrat) an Wertpapieren

Support *m* (lat.) Führungsvorrichtung für Werkzeuge, -stücke an Werkzeugmaschinen

Suppositorium| *s* Heilmittel in Zäpfchenform (meist in Darm einzuführen: rektales S.), = **Stuhlzäpfchen** *s*

supra|flüssig (KW, lat.-d.) besser: → superfluid; **S.leiter** *M* S.leitung zeig. Stoffe; **S.leitung** *w* Abfallen des elektr. Widerstandes best. Stoffe auf Wert Null bei sehr tiefen Temperaturen; **s.nationale Unternehmen** *M* → multinational; **S.schall** *m* = → Ultraschall

Supremum *s* (lat.) ↑ obere Grenze

Surcharge *w* (e.: *ßötschadsch*) Zuschlag im Seefrachtgeschäft für bisher nicht kalkul. Hemmnisse

Surjekt|ion *w* (KW) → Abbildung, bei der jedes Element der 2. Menge mind. einmal als Bild auftritt, = **s.ive Abbildung** *w* = **s.ive Funktion** *w*

Surplus *s* (fr.: *ßürplü*) Überschuß, Gewinn; Deckung

Sur|realismus *m* (KW) → abstrakt., künstler. Darstellung der unbew. Elemente; **S.rogation** *w* Nachrücken eines Berechtigten (Vermögenswertes) für einen alten

Survey *m* (e.: *ßörwei*) Befragung bei Markterforschung; Schiedsrichtergutachten im Warenhandel; Vermessung

Suspens|ion *w* (lat.) ↑ Aufschlämmung eines feinpulv. festen Stoffes in Flüssigkeit; schweb. Aufhängung; **S.orium** *s* Tragverband, -beutel; Armschlinge

sus:tentative Ausgaben *M* (lat.) zur Stabilisierung der Wirtschaft einges. öfftl. Mittel

SV ⟨ Spielvereinigung; ⟨ Schwimmverein; ⟨ Sozialversicherung; ⟨ Stifterverband. – **SVR** ⟨ Sachverständigenrat zur Begutachtung der gesamtwirtsch. Entwicklung; ⟨ Siedlungsverband Ruhrkohlenbezirk

Swap|geschäft *s* (e.: *ßwop-*) Devisenreportgeschäft; **S.politik** *w* Kurssicherungsgeschäfte im Devisenhandel

SWAPO *w* ⟨ (e.: South-West African People's Organization) Befreiungsorganis. in Namibia

Sweepstake *s* (e.: *ßwîpsteik*) Verteilung der Gewinne auf die Lose vor der Verlosung

SWF ⟨ Südwestfunk

Swing *m* (e.) ggs. eingeräumte Verschuldungsmöglichkeiten im internat. Handel

Switch-Geschäfte *M* (e.) Exportgeschäfte, bei denen in 3. Ländern ansäss. Händler zur Ausnutzung devisenwirtsch. Vorteile zwischengeschaltet werden

SWR ⟨ Südwestdeutscher Rundfunk

Sylvin *s* (nl. Arzt, 17. Jh.) mineral. → Kaliumchlorid

Sym|biose *w* (KW, gr.) Lebensgemeinschaft zweier verschiedenart. Organismen zu beider Vorteil (z. B. Kolibakterien im menschl. Darm: schließen grobe Kohlenhydrate auf); **S.bol** *s* ↑ steh. Zeichen für chem. Element; physik. Begriff; **S.bolsprache** *w* zum Programmieren vorbereit. Diktion; **S.-physe** *w* = → Schamfuge (= Verbindung der Schambeine mit Hüftbeinvorderteil); Verwachsung; **S.posion** *s* ↑ kleinere wissensch. Tagung

synchron| (gr.) → Analyse; gleichzeitig, übereinstimmend; **S.getriebe** *s* Kraftwagengetriebe mit Zahnradpaaren im Dauer:eingriff statt Schieberädern; **S.isation** *w* zeitl. Abstimmung versch. Vorgänge aufeinander (z. B. Bild/Ton bei Filmen – Umdrehung zweier Zahnräder auf gleiche Umfangsgeschwindigkeit in Getrieben); **s.isieren** gleichschalten; Ton u. Bild eines Films aufein. abstimmen; **S.motor** *m* Elektromotor, dessen Drehzahl zur Frequenz des antreib. Dreh- o. Wechselstroms ein konstantes, von der Last unabhäng. Verhältnis hat. – **Synchrotron** *s* kreisförm. Teilchenbeschleuniger für Elektronen o. Protonen

Syndik|at *s* (KW, gr.) ↑ Kartell, bei dem mehr. Unternehmen den Verkauf ihrer Produkte über eine gemeins. Verkaufsstelle betreiben; **S.us** *m* Geschäftsführer o. Justitiar von Verbänden

syndiotaktisch (KW, gr.) sind → Polymere, deren → Makromoleküle best. Symmetriemerkmale aufweisen

Syndrom *s* (gr.) Komplex von Symptomen, die oft gleichzeitig auftreten

Syn:ergismus *m* Zusammenwirken zweier versch. Wirkstoffe (z. B. Medikamente) unter Erzeugung einer Wirkung, die andersartig o. unverhältnism. stärker ist als die Wirkung beider Einzelstoffe

Synol *s* bei → Kohleverflüssigung unter best. Bedingungen entsteh. ölart. Gemisch flüss. organ. Verbindungen

Synovia *w* Gelenkschmiere

Synthes|e *w* (gr.) ↑ Herstellung chem. Verbindungen durch Aufbau ihrer Moleküle aus den Elementen o. einfachen Molekülen; **S.efasern** *M* künstl. hergest. Fasern aus synthet. → makromolekularen Stoffen; **S.izer** *m* (e.: *ßinϑeßaiser*) Gerät zur elektron. Erzeugung von Tönen belieb. Klangfarbe (i. a. über Klaviatur u. Register gesteuert), = **Elektronen:orgel** *w*. – **synthetisch|** durch chem. Synthese künstl. hergestellt; **s.e Methode** *w* Erlernen der Buchstaben zu Beginn des Lese-, Schreibunterrichts

System| *s* (gr.) → binär; **s.immanent** einer gesellsch. o. polit. Ordnung innewohnend; durch Gesellschaftsstruktur bedingt; **s.isch** sind die Wirkungsweisen von Pflanzenschutzmitteln, die über Blätter o. Wurzeln ins Innere gelangen u. Krankheiten o. Schädlingsbefall verhindern o. bekämpfen, ohne die Pflanze zu beschädigen; **s.konform** mit dem polit. S. übereinstimmend

Systol|e *w* (gr.) Zeit der Zusammenziehung des Herzmuskels (Blut aus rechter Herzkammer in Lungen-, aus linker Herzkammer in große Körperschlagader gepumpt), = Zeit des größten Blutdrucks in allen Arterien, = **s.ischer Blutdruck** *m*

Szenario *s* (it.) Planspielanlage; Entwurf von Zukunftsmodellen; Drehbuch

Szintillation| *w* (lat.) beim Auftreffen von → Korpuskularstrahlen auf best. Substanzen auftret. Licht:erscheinungen; **S.szähler** *m* Gerät zum Nachweis von Teilchenstrahlen

Szissur *w* (lat.) Spalte; Einschnitt

SZR ⟨ → Sonderziehungsrechte

t ⟨ Tonne; ⟨ Temperatur. – **T** ⟨ → Tritium; ⟨ → Torr; ⟨ absolute Temperatur; ⟨ Talon; ⟨ Tara; ⟨ Tankstelle; ⟨ Telefon; ⟨ Tiefdruck; ⟨ Taxe (= geschätzter Kurs, Taxkurs). – **T.** ⟨ Tempo; ⟨ Tenor; ⟨ Tonika. – **Ta** ⟨ → Tantal; ⟨ Tara. – **TA** ⟨ techn. Anleitung (= regierungsamtliche Durchführungsbestimmungen zum Bundes-Immissionsschutz-Gesetz)

Tab *m* (e.: *täb*) beschrift. Vorsprünge an einer Karteikarte zur Kenntlichmachung best. Merkmale

tabell|arisch (KW, lat.) in T.enform dargestellt; **T.e** *w* ↑ übersichtl. Liste von statist. Material; **t.ieren** für Lochkartenmaschine herrichten (Beruf: **T.ierer** *m*)

Tableau Économique *s* (fr.: *tablô êkonomik*) graf.-arithmetr. Darstellung des Wirtschaftskreislaufs (seit 18. Jh.; stellt Güter- u. Einkommens-, Ausgabenstrom zw. verschied. Klassen dar; Muster: Körperkreislauf)

Tablette *w* ↑ → Preßling

Tablo:id *s* (e.: *tä-*) Bilderzeitung

Tabulator *m* (lat.) Einrichtung an Schreibmaschinen (ermöglicht, durch Tastendruck vorher festgelegte Position in Zeile anzusteuern)

Tabu:schranke *w* (Maori-d.) nicht überschreitb. Annäherungsgrenze an gesellsch. Unantastbarkeiten

Tach|ismus *m* (KW) Farbflecken als Ausdruck seel. Regungen (gegenstandslose Malerei); **T.istoskop** *s* Gerät zum Messen der Aufmerksamkeitsweckung (Werbemittelprüfung); **T.o** *s*, *m* ⟨ → T.ometer; **T.ograph** *m* Fahrtschreiber, = **T.ygraph** *m*; **T.ometer** *s* Geschwindigkeitsmesser; **T.owelle** *w* Kraftwagenarmaturenteil; **T.ykardie** *w* sehr beschleun. Herztätigkeit (Pulsfrequenz: über 100 Schläge je min); **T.ymetrie** *w* rasch durchführb. Verfahren zur opt. Entfernungsmessung

Tadelsvotum *s* Parlamentsbeschluß, der Regierung sein Mißtrauen auszusprechen

Tafel| *w* ↑ → Funktions:tabelle; **T.geschäft** *s* Geschäft Zug um Zug (Banken); **T.rechnen** *s* Rechnen mit T.n

Tages|auszug *m* tägl. erstellter Kontoauszug; **T.geschäft** *s* Geschäft, bei dem Lieferung am Vertrags:abschlußtag erfolgt; **T.mutter** *w* Kinderbehüterin für 1 Tag; **T.rest** *m* an Vortrags:erlebnisse anknüpf. Traumteil; **T.wechsel** *m* an dem angegeb. Tage fäll. Wechsel, = **Datowechsel** *m*; **T.wert** *m* für ein Gut zu einem best. Zeitpunkt zu entricht. Preis; Bewertungsvorschrift für die Aufstellung des Inventars u. der Bilanz, nach der die Gegenstände zu dem zum Zeitpunkt der Aufstellung gült. Wert anzusetzen sind; **T.wertbilanz** *w* Bilanzierung der Vermögensgegenstände auf Grundlage der T.werte. – **Tagewerk** *s* bayr. Flächenmaß (34,07 Ar). – **tägliches Geld** *s* Geld an Banken u. Börsen mit tägl. Kündigungsfristen (Ggs.: → Festgeld). – **tag|neutral** unempfindl. gegen Lichtdauer; **T.wechsel** *m* = T.eswechsel

Take| *m* (e.: *têk*) Zug aus Haschischzigarette; arbeitsbedingter Filmabschnitt; zur Synchronisation pausenl. ablauf. Tonfilmband; **T.-off** *s* Abheben des Flugzeugs von der Startbahn; Stufe des wirtsch. Wachs:tums (sprunghaftes Wachsen der Investitionsrate; hohes Wachs:tum führ. Produktionen); **T.s** *M* Probeschallplattenaufnahme

Takler *m* = → Ausgleicher

Takt| *m* (lat.) ↑ = → Arbeits:t.; **t.il** zum Tastsinn gehörig; **t.ile Werbemittel** *M* den Tastsinn ansprech. Werbemittel, = **haptische Werbemittel** *M*; **T.izität** *w* Regelmäßigkeit im Molekülbau → polymerer Stoffe; **T.straße** *w* Fließband zum Ausbau eines Werkstücks in Abschnitten; **T.zeit** *w* für eine einz. Arbeitsverrichtung vorgegeb. Zeit

Talent cost *s* (e.: *tälent-*) Produktionskosten

Talk *m* (sp.) mineral. Magnesiumsilicat

Talk-show *w* (e.: *tôk:schou*) unterhalts. Gespräch mit gelad. Gästen im Rundfunk o. Fernsehen

Tallyman *m* (e.: *tälimän*) mit der stückmäß. Kontrolle der Frachtgüter beim Be- u. Entladen von Schiffen Beauftragter

Talon *m* (lat.-fr.: *-oñ*) Erneuerungsschein bei Wertpapieren (berechtigt zum Empfang eines neuen → Kuponbogens)

Talose *w* (KW) Kohlenhydrat aus der Gruppe der → Hexosen

Talsohle *w* tiefster Punkt des Konjunktur:abschwungs

Talus *m* (lat.) Sprungbein (Fußkochen)

Tammeter *s* (am.: ⟨ Television audience measurement: *tämmiter*) Meßgerät für Fernsehbeteiligung (automat. Einschaltmesser)

Tampikofaser *w* Ananasfaser

TAN ⟨ techn. begründ. Arbeitsnorm

Tandembeschleuniger *m* → Teilchenbeschleuniger zur Erzeugung von Protonenstrahlen (die Teilchen müssen die gleiche Spannungsdifferenz unter zw.-durch erfolg. Ladungs:umkehrung zweimal durchlaufen)

Tangente|nphänomen *s* (KW) Ansatz zur Erklärung der Preisbildung bei monopolist. Konkurrenz (die volle Ausschöpfung der Gewinnmarge durch den Monopolisten lockt neue Anbieter an, die den Gewinn schmälern, bis die Erlöse gerade noch kostendeckend sind); **T.nproblem** *s* Aufgabe, an eine Kurve eine T. zu legen (mögl. Ausgangspunkt zur → Differentialrechnung)

Tannine *M* Gerbstoffe

Tantal| *s* (T.us = gr. Sagenkönig) chem. Element (Schwermetall von sehr hohem Schmelzpunkt u. außerord. Chemikalienbeständigkeit; ⟨ *Ta*)

Tanti:eme *w* (lat.-fr.) Anteil am Jahresgewinn eines Unternehmens

Tape *s* (e.: *têp*) Papierstreifen zur Zeichen-, Buchstabenaufnahme im Morsegerät, Fernschreiber, Tonband

Tapirschnauze *w* Verdickung der Lippenmuskulatur (Vorwölbung des Mundes)

Tar|a *w* (ar.-it.) Verpackungsgewicht, → Reingewicht; **t.ieren** die T.a ermitteln

Target *s* (e.: *tâdsehit*) der Bestrahlung ausges. Objekt bei Experimenten mit Teilchenstrahlen

Tarif| *m* (ar.-it.) ↑ listenmäß. Zusammenstellung von best. Preisen, Steuern, Gebühren, Löhnen usw.; **T.ausschuß** *m* vom Bundesarbeitsminister einges. Gremium aus Arbeitgeber- u. -nehmervertretern, das bes. bei der Allgemeinverbindlichkeits:erklärung von T.verträgen mitwirkt; **T.autonomie** *w* aus dem GG abgeleit. Befugnis der Arbeitgeber- u. -nehmerverbände, die Arbeits- u. Wirtschaftsbedingungen autonom auszuhandeln; **T.fähigkeit** *w* best. Vereinigungen zugestand. Fähigkeit, T.verträge auszuhandeln u. abzuschließen; **T.freibetrag** *m* bei Ermittlung des zu versteuernden Einkommens abzuziehender Freibetrag; **t.gebunden** auf die T.absprache verpflichtet; **T.gruppe** *w* nach dem gleichen T. Entlohnte; **t.ieren** Höhe einer nach T. zu erbring. Leistung ermitteln (Zoll); **T.kommission** *w* aus Arbeitnehmern u. -gebern zusammenges. Gremium zur Beratung von T.verträgen; **T.lohn** *m* im T. festgel. Grund-, Mindestlohn; **T.runde** *w* die verhandelnde T.kommission; **T.vertrag** *m* Vertrag zw. t.fähigen Sozialkonkurrenten zur Regelung der Rechte u. Pflichten der Vertragsparteien u. zur Fixierung arbeitsrechtl. Normen; **T.werte** *M* Aktien von Unternehmen, die ihre Erlöse aufgrund von T.en erzielen (z. B. Elektrizitätswerk). – **TarO** ⟨ **Tar**iford-nung

Tartanbahn *w* (e.: *tâten-*) Kunststofflaufbahn

Tartrate *M* (KW, gr.) Salze der Weinsäure

Taschen|rechner *m* → elektron. Rechenmaschine im T.format (erlaubt umfangr. Rechnungen durch fest install., math. Funktionen; Miniaturisierung durch → IC.s); **programmierb. T.rechner** *m* erlaubt Eingabe von einf. Programmen mit bis zu einigen 100 Programmschritten (z. T. → externe Speicher [→ Magnetkarten, -bänder] anschließb.)

Tasterzirkel *m* = → Außentaster

TAT ⟨ **T**hematical **A**pperception **T**est (ein → progressiver Test)

Tat|bestand *m* Einzelheiten der strafb. Handlung (**objektiver T.bestand** *m* bei erfolgr. Delikt; **subjektiver T.bestand** *m* Vorsatzdelikt; **sozialer T.bestand** *m* Erscheinungsform des Sozialen); **T.bestands:irrtum** *m* vom Täter falsch beurteilter T.bestand; **T.einheit** *w* Erfüllung mehr. strafb. T.bestände durch 1 Handlung; **T.mehrheit** *w* Begehung mehr. selbst. Straft.en durch denselben Täter, = **Realkonkurrenz** *w* (Ggs.: → Idealkonkurrenz). – **tätige Reue** *w* Richtigstellung der unrichtigen (unvollständ.) steuerverkürzenden Angaben u. Entrichtung der geschuld. Steuer in best. Frist (Straffreiheit!)

Tauch|erkrankheit *w* → Caissonkrankheit; **T.erkugel** *w* dickwandige Stahlkugel mit Quarzfenstern zum Tieft.en; **T.gewicht** *s* scheinb. (= um den → Auftrieb vermind.) Gewicht eines von Flüssigkeit o. Gas umgeb. Körpers

Taumeltrockner *m* Vorrichtung zum Erhitzen u. Trocknen großer Mengen von Schüttgütern

Taupunkt| *m* Temperatur, bei der sich die Luftfeuchtigkeit als Tau niederzuschlagen beginnt (abhängig von der Höhe des Luftfeuchtigkeitsgehalts, auf dem die Wirkungsweise des **T.hygrometers** *s* beruht, mit dem der T. bestimmt wird, um aus ihm die Luftfeuchtigkeit zu berechnen); **T.spiegel** *m* Meßgerät zur Feststellung des T.s

Taurin *s* (KW) schwefel- u. stickstoffhalt. organ. Verbindung in der Galle (Abbauprodukt des Eiweißstoffwechsels)
Tausch *m* ↑ wechselseit. Güterübertragung in arbeits:teilig organ. Wirtschaften; vertragl. Verpflichtung der Vertrags:partner jeweils zur Übertragung einer Sache (eines Rechts)
Tautomer|ie *w* (KW) Auftreten einer Substanz in 2 versch. miteinander → isomeren Molekülformen, die sich ineinander umwandeln (führt zu chem. → Gleichgewicht. Beide Substanzen sind **t.**)
Tax|ation *w* (lat.) ↑ Schätzung, Ermittlung des Geldwerts eines Gegenstands; **T.ator** *m* Wertsachverständiger; **T.en** *M* Preise, Gebühren als Ergebnis von Wert:ermittlungen; **T.-Free-Shops** *M* (e.: *täxfrîschopp*) Verkaufsstelle von unverzollten u. -versteuerten Waren, = → Duty-Free-Shops; **T.ierung** *w* = T.ation; **T.is** (*M*: T.i:en) *w* von Außenreizen gesteuerte Raumorientierungsreaktion (z. B.: Insektenflug durch Licht); **T.kurs** *m* geschätzter Wertpapierkurs; **T.preis** *m* staatl. festges. Preis; **T.wert** *m* durch Schätzung ermittelter Wert eines Gegenstands
Taylor|ismus *m* (am. Ingenieur, 19./20. Jh.) System von Zeit- u. Bewegungsstudien zur höchstmögl. Rationalisierung menschl. Arbeit, = **T.system** *s*
Tb ⟨ → **T**er**b**ium; ⟨ **T**u**b**erkulose; ⟨ techn. **B**etriebsbüro. – **Tb.** ⟨ **T**aschen**b**uch. – **TB** ⟨ **T**ätigkeits**b**ericht. – **Tc** ⟨ → **T**e**c**hnetium. – **Tct.** ⟨ **T**in**ct**ion. – **Te** ⟨ → **Te**llur. – **TE** ⟨ **t**echn. **E**inheit; ⟨ → **t**urbidimetr. **E**inheit. – **TEAM** ⟨ **T**op **E**uropean **A**dvertising **M**edia (e.: *tîm;* = Verband europ. Werbeträger [Brüssel]); ⟨ **T**erminologie – **E**rfassungs- u. **A**uswertungs-**M**ethode (= flex. Programmsystem für terminol. u. lexogr. Aufgaben in belieb. Sprachen [Siemens])
Technetium *s* (KW) künstl. radioakt. metall. Element (⟨ *Tc*)
Techn|ik *w* (gr.) → chemisch; **T.ikolor** *s* Farbfilmverfahren; **t.ische Arbeitsfähigkeit** *w* = → Exergie; **t.ischer Fortschritt** *m* ↑ Einführung neuer (verbess.) Produktionsverfahren, Ökonomierung der vorhand. Ressourcen; **T.okratie** *w* Beherrschung von Wirtschaft u. Politik durch die techn. Gegebenheiten, Expertenherrschaft; **T.ological fix** *s* (e.: *teknolodschikel-*) t.olog. Lösung gesellsch. Probleme; **T.ologie** *w* Wissensgebiet von den Verfahren zur Herstellung u. Verarbeitung von Gütern u. den dazu notwend. Vorrichtungen; **T.ologiefolgen:abschätzung** *w* (am.: T.ology Assessment) Versuch zur Voraussage aller (auch indir.) Auswirkungen der Einführung neuer techn. Verfahren auf den menschl. Lebensraum; **t.ologische Lücke** *w* → Lücke; t.olog. Rückstand im internat. Wirtschaftsvergleich (bes. zw. Industrienationen u. Entwicklungsländern)
Teclubrenner *m* → Gasbrenner für das chem. Labor
TED ⟨ (e.) **Te**levision **d**isk (= Fernsehspeicherung auf rotier. [schallplattenähnl.] Kunststoffplatte)
Teer|abscheider *m* Teil des Gaswerks; **T.stuhl** *m* durch verdaute Blutbeimengungen schwarzer Stuhl (Magen- o. Darmblutungen!); **T.warze** *w* Vorstufe des T.karzinoms bei T.arbeitern (an Gesicht, Nacken, Arm, Skrotum)
Tefigramm *s* (KW, gr.) Darstellung der Wetterlage
Teflon *s* (KW) = → Polytetrafluorethylen
Teil|akzept *s* Beschränkung des Akzepts auf einen T. der Wechselsumme durch den Bezogenen; **T.betrieb** *m* (innerhalb eines Konzerns) selbständ. Betrieb; **T.charter** *w* (*-sch-*) (Reise-)Vertrag für Schiffs-, Flugzeugt.; **T.chenbeschleuniger** *m* Vorrichtung zur Erzeugung von **T.chenstrahlen** *M* → Korpuskularstrahlen; **T.chen-Welle-Dualismus** *m* Erfahrung, daß die Eigenschaften der Elementart.chen wie der Strahlungs:energie nur unvollst. erfaßt u. gedeutet werden können, wenn man sie nur als T.chen o. nur als Welle betrachtet; T.chen zeigen in best. Situationen das Verhalten von Wellen; Wellen verhalten sich oft wie T.chen (→ Beugung; → Interferenz. – → Quanten[theorie]). – **t.erfremd** mit nur dem gemeinsamen T.er 1 (2 t.e Zahlen); **T.erhaltung** *w* = → Quotaverfahren; **T.erhebung** *w* = → Quotaverfahren; **T.folge** *w* → T.menge einer → Folge ohne Änderung der Reihenfolge; **T.haber** *m* ↑ Gesellschafter einer Personengesellschaft; **T.indossament** *s* auf einen T. der Wechselsumme begrenztes → Indossament; **T.menge** *w* T. einer (Grund-)Menge (enthält nur → Elemente, die auch die Grundmenge enthält); **T.ungsmasse** *w* nach Befriedigung best. Ansprüche zu verteil. Bestand der Konkursmasse; **T.urteil** *s* befindet nur über einen T. des Streitgegenstandes; **T.verhältnis** *s* → Verhält-

nis, in dem ein Punkt (= **T.punkt** *m*) eine Strecke teilt; **T.wert** *m* Betrag, den der Erwerber eines Unternehmens bei Fortführung des Betriebs im Rahmen des gesamten Kaufpreises für das einz. Gut ansetzen würde; **T.zahlungs:preis** *m* Gesamtbetrag des Kaufpreises zuzügl. Zinsen u. sonst. Kosten; **T.zeitbeschäftigte** *M* kurzfristig beschäftigte o. nur in geringem Umfang entlohnte Personen (10 % des Arbeitslohns als pauschale Lohnsteuer; keine Lohnsteuerkarte erforderl.!)

Tektit *m* (KW) → Glasmeteorit

TEL *s* (⟨ e. **t**etra **e**thyl **l**ead) = → Bleitetraethyl

Tele|communication *w* (e.-gr.-lat., KW: *-komjunikäischn*) → Datenfernübertragung; **T.con** *s* (KW) Bildaufnahmeröhre; **T.fonhandel** *m* Börsenhandel außerhalb des Börsenlokals u. der Börsenzeit; **T.fonseelsorge** *w* (geistl.) Beratung anonymer Anrufer; **T.fotografie** *w* fotograf. Fernaufnahme; **t.gen** (KW, gr.) für Fernsehaufnahmen geeignet; **T.kolleg** *s* über den Bildschirm ausgestrahlte Vorlesung; **T.konverter** *m* Zwischenring mit Linsensystem (Vereinfachung der Objektivbrennweite fotogr. Apparate); **T.labor** *s* Zusammenfassung von Schülerarbeits:plätzen beim Fernunterricht; **T.metrie** *w* Meßwertübertragung auf dem Funkweg (z. B. von Satelliten zur Bodenstation); **T.objektiv** *s* fotogr. Objektiv von großer Brennweite (= hoher Vergrößerung = guter Eignung zur Aufnahme entfernter Gegenstände) u. kurzer Baulänge (Auswahl u. Anordnung der Linsen bewirkt kürz. Baulänge als Brennweite); **T.phone Girls** *M* (am.: *telefoun göls*) *M* Verkäuferinnen von Erzeugnissen durch T.fon; **T.-processing** *s* (e.: *täliproßäßiñ*) Datenfernverarbeitung; **T.röntgentherapie** *w* Fernbestrahlung; **T.x** *s* (KW) Fernschreibnetz, -anschluß, -dienst; Fernschreiben

Tellur| *s* (lat.) chem. Element aus der Gruppe der → Chalkogene (überwieg. nichtmetall. Eigenschaften; ⟨ *Te*); **T.ometer** *s* sehr genaues elektron. Entfernungsmeßgerät

Telomerisation *w* Verfahren zur → Polymerisation, bei dem Endprodukte mit rel. geringem Molekulargewicht entstehen

tel quel (fr.: *tellkell*) Klausel, die die Gewährleistungs:pflicht des Verkäufers hinsichtl. der Qualität der zu lief. Ware einschränkt; → wie besehen

Temperatur| *w* (KW, lat.) ↑ Einteilung der Oktave in versch. Töne akust. Reinheit; → absolut; **T.ko:effizi:ent** *m* Maßzahl für Abhängigkeit einer physik. Meßgröße von der T.; **T.meßfarben** *M* Farbstoffe, die bei einer best. T. ihren Farbton → reversibel ändern; **T.regler** *m* = → Thermostat

tempern (KW) läng. Zeit auf gleichbleib. erhöhte Temperatur erhitzen

Tenazität *w* (KW, lat.) Reißfestigkeit; Zähig-, Dehnbarkeit

Tendenz|betrieb *m* Unternehmen (Betrieb), das (der) unmittelbar u. überwieg. polit. koalitions:polit., konfess., karitat., erzieh., wissensch. o. künstler. Bestimmungen o. Zwecken der Bericht:erstattung o. Meinungs:äußerung dient (Gesetzvorschriften nicht anwendbar!); **T.verhalten** *s* an geford. Normen orient. Verhalten

Tendersystem *s* ↑ Wechsel des Zinsfußes bei Schatzscheinen

Tenesmus *m* (KW) schmerzh. Stuhl-, Harndrang bei geringer (fehl.) Entleerung (entzündl. Reizung der Darmverschluß-, Blasenmuskulatur)

Tennis|ellenbogen *m* langwier. schmerzhafte entzündl. Veränderung im äuß. Ellenbogenbereich (bei T.spielern – durch Überbelastung des Gelenks – Rheuma – Halswirbelsäulenveränderungen)

Tens|ide *M* (KW, lat.) in Wasser lösl. Stoffe, die sich an Lösungs:oberfläche anreichern u. deren Oberflächenspannung senken (Wasch-, Benetzungs-, Dispergierhilfsmittel); **T.ion** *w* = → Dampfdruck

teratogen (gr.) Mißbildungen verursachend

Terbium *s* (schwed. Ort **Y**tt**erb**y) chem. Element (Leichtmetall aus der Gruppe der → Lanthano:ide; ⟨ *Tb*)

Terephthalsäure *w* (KW) → aromat. → Carbonsäure (wicht. Ausgangsstoff der Lack-, Kunststoff-, -faserindustrie)

Term| *m* (lat.) ↑ Formelteil; aus Zahlen u. Variablen zusammenges. Ausdruck; Maßzahl für den Energie:inhalt eines Atoms, Ions o. Moleküls (i. a. zu einem **T.schema** *s* zusammengestellt, aus dem man die Energieverhältnisse des Teilchens wie den genauen Aufbau der von ihm ausgesandten → Spektren ableiten kann); **T.inal** *m, s* (e.: *törminl*) Datenendstation; jedes an die → Zentraleinheit eines Computers angeschloss. Gerät zur Ein- o. Ausgabe; Abfertigungsgebäude für Luftverkehrsgäste u. -fracht; **intelligentes T.inal** *s* enthält selbst Teile einer Zentraleinheit (Arbeitsspeicher, Steuerwerk u. ä.); **T.inbörse** *w* börsenmäß. Markt für T.ingeschäfte; **T.in:einlagen** *M* Einlagen bei Banken u. Sparkassen mit fester Laufzeit o. best. Kündigungsfrist (Ggs.: Sicht:einlagen); **T.ingeschäfte** *M* Börsengeschäfte, bei denen zu späterem Zeitpunkt, aber zum beim Vertragsabschluß gült. Kurs zu liefern ist, = **T.inhandel** *m*; **T.inmarkt** *m* = T.inbörse; **T.inpapier** *s* zum T.ingeschäft zugelass. Wertpapier; **T.inrechnung** *w* Rechnung mit versch. Fälligkeitsfristen; **T.s of Payment** *M* (e.: *päi-*) Zahlungsgepflogenheiten der Importeure, bes. soweit sie sich an den zu erwart. Veränderungen der Wechselkurse orientieren; **T.s of Trade** *M* (e.: *-träid*) Realaustauschverhältnis; im internat. Handel: Verhältnis der Ex- zu den Importgüterpreisen (⟨ *TOT*); **T.s-of-Trade-Effekt** *m*: die vorwieg. Rohstoffe export. Dritte Welt kann für Exporterlöse immer weniger Industriegüter erwerben (Grund: überproport. Steigen der Preise für Industrieprodukte, wirkt auf technol. Entwicklung in Dritter Welt zurück)

ternär (lat.) aus 3 versch. Komponenten bestehend (Legierungen – chem. Verbindungen u. dgl.)

Terpene *M* (KW) Gruppe pflanzl. Naturstoffe (wicht. als Riechstoffe)

Terpolymere *M* (KW) durch → Polymerisation eines Gemischs von 3 versch. → Monomeren gewonn. → makromolekulare Stoffe

Terr|ainkur *w* (fr.: *terrãñ-*) Heilung durch Geh-, Steig:übungen; **T.akotta** *w* (it.) Töpferware aus gebrannt. Ton; **T.amycin** *s* (KW) weitwirk. Antibiotikum; **T.assen:haus** *s* abgestuft geb. Haus; **T.e des Hommes** (fr.: *tärdêsom*) priv. internat. Kinderhilfswerk; **T.itorialprinzip** *s* Rechtsgrundsatz (Staat hat in seinen Grenzen über jeden Gewalt – Delikt muß im Lande der Straftat bestraft werden – Staatsbürgerschaft mit Geburt erworben)

Terry-Report *m* (am. Gesundheitsdienstchef, 1964) Expertenbericht über Wirkung des Tabakrauchens auf Gesundheit u. Sterblichkeit

terti|är (fr.; ⟨ *tert.*) ↑ Kennwort zur Unterscheidung chem. Substanzen (→ primär); **t.ärer Sektor** *m* Dienstleistungssektor; **T.awechsel** *m* 3. Ausfertigung eines Wechsels

Tesla|strom *m* (kroat. Erfinder) hochgespannter Wechselstrom (für → Diathermie); **T.transformator** *m* Spannungsumformer für T.strom

Tessar *m* (gr.) lichtstarkes Objektiv

Test| *m* (e.-lat.) ↑ Probe; Eignungs:prüfung; Untersuchung; Zusatzgerät; Einstellmarke eines Geräts; Nachweis der Wirksamkeit eines Stoffs (**formaler T.** *m* Überprüfung eines → Programms auf formale Fehler [i. a. automat. vom Computer vorgenommen]; **logischer T.** *m* Überprüfung auf inhaltl. Fehler; → blind); **T.batterie** *w* Kombination mehr. (eindimens.) T.s unter best. Gesichts:punkten; **T.bild** *s* ferngesend. geometr. Figur zur Überprüfung der Empfangsschärfe; **T.daten** *M* werden beim → log. T. verwendet; **T.en** *s* → empirisch

Testierfreiheit *w* letztwill. Verfügungsrecht über Vermögen

Testikelhormon *s* (KW) m. Geschlechtshormon

Test|kampagne *w* (*-panje*) Probewerbung; **T.laden** *m* Einzelhandelsgeschäft zur T.ung neuer Produkte; versuchsweise eröffn. (ständig kontroll.) Einzelhandelsgeschäft; **T.manual** *s* standardis. Anweisung zur Durchführung eines psychol. T.s; **T.markt** *m* regional begrenzter Teilmarkt zur Erprobung eines Produkts (Kalkulationsmöglichkeit des Einführungsrisikos für Gesamtmarkt)

Testosteron *s* (KW) Naturstoff aus der Gruppe der → Stero:ide (m. Keimdrüsenhormon, bedingt Ausbildung der sekund. Geschlechtsmerkmale)

Test|pilot *m* Flugzeugführer zum Erproben neuer Flugzeugtypen; **T.profil** *s* graf. Darstellung best. Meßergebnisse; **T.programm** *s* Computerprogramm als Hilfe für den → log. T.; **T.theorie** *w* Theorie des Messens psych. o. soz. Sachverhalte; **T.wahl** *w* das Wählerverhalten kennzeichn. (polit.) Wahl

Tetanus *m* (gr.-lat.) (Wund-)Starrkrampf

Tetr|a *s* (gr.) ↑ ⟨ → T.achlorkohlenstoff; **T.acen** *s* orangefarb. → arom. → Kohlenwasserstoff; **T.achlorkohlenstoff** *m* → binäre Verbindung aus Kohlenstoff u. Chlor (charakt. riech. farbl. Flüssigkeit; wicht. Fettlöse-, Reinigungsmittel); **T.acylin** *s* wicht. Antibiotikum; **T.ade** *w* Informationsmenge aus 4 Bits; **T.afluor:äthylen** *s* = **T.afluor:ethen** *s* fluorhalt. organ. Verbindung (Ausgangssubstanz wicht. Kunststoffe); **T.ahydrofuran** *s* flüss. organ. Verbindung (wicht. Lösemittel u. Zwischenprodukt der Kunststoffsynthese); **T.alin** *s* ⟨ **T.ahydronaphthalin** *s* flüss. Kohlenwasserstoff (Lacklösemittel);

T.aplegie *w* Arm- u. Beinlähmung; **T.ode** *w* Elektronenröhre mit 4 Elektroden; **T.yl** *s* Sprengstoff

Tex *s* (KW) Maßeinheit für den → Titer von Fäden (Gewicht von Fasern von 1 Tex pro km Länge: 1 g)

text|en (lat.) Werbe-, Schlagert.e verfassen; *S*:**T.er** *m*

Textil|ausrüstung *w* (KW) = → Appretur; **T.chemie** *w* Kunstfaserforschung; **T.glas** *s* Glasfasergewebe

Textverarbeitung *w* Anwendungsgebiet der → EDV

Tg ⟨ Telegrafendienst. – **Th** ⟨ → Thorium; ⟨ Thüringen. – **TH** ⟨ Techn. Hochschule

Thalidomit-Syndrom *s* = → Dysmelie-Syndrom

Thallium *s* (KW, gr.) chem. Element (Schwermetall; Verbindungen sehr giftig; ⟨ *Tl*)

Theater| *s* (gr.) → absurd; **T.kopie** *w* → Bildnegativ

thematisch|er Apperzeptions:test *m* Auswertung dessen, was der Getestete in Bildern zu sehen glaubt; **t.es Verzeichnis** *s* Liste der Komponistenwerke

Theo|bromin *s* (KW, gr.) in Kakao u. Tee vorkomm. → Alkalo:id; **T.dolit** *m* Gerät mit Zielfernrohr zur Winkelvermessung; **T.rem** *s* theoret. Aussage, Lehrsatz; Hypothese; Erklärungsmuster der internat. Arbeitsteilung (im Zweiländermodell spezialisiert sich ein Land auf Export der Produkte, die es relat. kostengünstiger als das Ausland herstellen kann)

Therap|eutikum *s* (KW, gr.) Heilmittel; Anstalt (Lehrgang) für Heilbehandlung; **T.ie** *w* Heilbehandlung; → dialektisch

therm|aktin (KW, gr.) aus Wärmespeicherungsvermögen des fließ. Meerwassers; **T.ik** *w* durch erwärmte Luft hervorgeruf. Aufwind; **t.ionischer Konverter** *m* Gerät zur Umwandlung von Wärme in elektr. Energie ohne bewegte Teile; **t.isch** durch Wärme verurs., angetrieben; → Ausdehnung; → Zustandsgleichung; **T.istoren** *M* = → Heißleiter; **T.it-Schweißen** *s* Verschweißen von Eisenteilen durch eine nach dem T.it-Verfahren gewonn. Eisenschmelze (bes. zum Verschweißen von Schienen); **T.it-Verfahren** *s* Herstellung von Metallen durch → Reduktion ihrer Oxide mit Aluminiumpulver (dabei ablauf. chem. Reaktion stark → exotherm; daher entsteht Metall in geschmolz. Zustand. Entsteh. Aluminiumoxid schwimmt auf Metallschmelze; schützt sie vor Einfluß des Luftsauerstoffs); **T.odiffusionsverfahren** *s* Methode zur Auftrennung gasförm. Stoff(z. B. Isotopen-)gemische, = → Trennrohrverfahren; **T.odynamik** *w* Wissenszweig von Zuständen u. Zustands:änderungen der Körper in Abhängigkeit von wirk. t.ischen u. mechan. Bedingungen; **t.odynamische Zustandsgrößen** *M* Reihe von Meßgrößen (Druck – Temperatur – inn. Energie u. dgl.), die bei homogenen Stoffmengen eindeutig von deren Zustand abhängen u. deren vollst. Kenntnis eine genaue Beschreibung des t.odynam. Zustands dieser Stoffmenge ermöglicht; **t.o:elektrischer Effekt** *m* Auftreten einer elektr. Spannung, die zum Fließen eines Stroms führt, wenn man die Enden zweier Drahtstücke aus versch. Metallen zu einem Leiterkreis zusammenlötet, eine der beiden Lötstellen erwärmt u. die andere kühl hält, = **T.o:elektrizität** *w*; **t.o:elektrische Spannung** *w* → Spannung; **T.o:element** *s* die Höhe der durch t.o:elektr. Effekt verurs. Spannung zur Bestimmung der Temperatur ausnutz. Temperaturmeßgerät; **T.ograf** *m* T.ometer mit Registriereinrichtung; **T.okauter** *m* erhitztes chirurg. Messer; Brennstift; **T.okreuz** *s* Gerät zur Messung der elektr. Stromstärke (durch den Strom verurs. Erwärmung eines feinen Metalldrahts mit T.o:element gemessen); **t.olabil** nicht wärmebeständig; **t.onuklear** durch Wärmeenergie in Gang gebracht (Kernreaktionen, z. B. in Wasserstoffbombe); **T.ophor** *m* Vorrichtung zur Übertragung einer genau begrenzten Wärmemenge; **T.oplaste** *M* schmelzb. Kunststoffe (im Ggs. zu and. schmelzb. Stoffen meist ohne scharf definierb. Schmelzpunkt, sondern größ. Temperaturbereich, in dem sie zunächst weich [„plastisch"] werden u. oberh. dessen sie als zähe Schmelze vorliegen, die durch → Spritzgießen o. → Extrudieren verarbeitb. ist); **t.oplastisch** ist das Verhalten der T.oplaste bei Entstehung; **T.oreaktor** *m* Kernreaktor für t.onukleare Prozesse; **T.o-säule** *w* durch Zusammenschalten mehr. T.o:elemente aufgebauter Strahlungs:empfänger; **T.osflasche** *w* → Dewarsches Gefäß; **T.oskop** *s* Vorrichtung zum Nachweis ger. Temperaturunterschiede; **t.ostabil** gegen Erhitzung unempfindlich; **T.ostat** *m* = → **Wärmeregler** (Gerät zur genauen Reglung u. Konstanthaltung der Temperatur)

Thesaurierung| *w* (KW, gr.-lat.) Hortung; Ansammlung von Geld, Edelmetallen usw.; **T.sfonds** *m* (*-foñ*) Investmentfonds, bei dem Gewinne sofort wieder investiert werden

Thiamin *s* chem. Bezeichn. für Vitamin B_1

Thio|- (gr.) Vorsilbe, in chem. Stoffnamen best. Schwefelverbindungen kennzeichnend; **T.alkohole** *M* = → Mercaptane; **T.bazillen** *M* → Leaching; **T.nyl:chlorid** *s* chem. Verbindung aus Schwefel, Sauerstoff u. Chlor (reagiert mit Wasser heftig unter Bildung von Salzsäure u. → Schwefeldioxid); **T.-schwefelsäure** *w* leicht zersetzl. anorgan. Verbindung (leitet sich von Schwefelsäure dadurch ab, daß in ihrem Molekül 1 Sauerstoffatom des Schwefelsäuremoleküls durch 1 Schwefelatom ersetzt ist); **T.sulfate** *M* Salze der T.schwefelsäure

thixotrop| (KW, gr.) mit um so gering. Fließwiderstand, je höher die Fließgeschwindigkeit ansteigt (t.e Flüssigkeiten); *S*: **T.ie** *w*

Thomas|-Konverter *m* (e. Hüttenkundler, 19. Jh.) → T.-Verfahren; **T.mehl** *s* → Phosphatdünger, der durch Mahlen der beim T.-Verfahren erhalt. phosphat. Schlacke (**T.schlacke** *w*) entsteht, = **T.phosphat** *s*; **T.-Verfahren** *s* Verfahren zur Entphosphorung von Roheisen mit einem → Konverter

Thorax *m* (gr.) Brustkorb

Thor|it *m* (altnord. Gott *Thor*) schwarzes t.iumhalt. Mineral; **T.ium** *s* chem. Element (radioakt. Schwermetall; ⟨ *Th*); **T.iumreihe** *w* eine der 3 bekannten → Zerfallsreihen

Threo|nin *s* (KW) eiweißbild. → Aminosäure; **T.se** *w* zuckerart. Substanz von einf. Molekülen

Thromb|openie *w* (KW, gr.) Mangel an T.ozyten (bei best. Infektions-, Knochenmarks-, Milzkrankheiten); **T.o-phlebitis** *w* schwere Venenerkrankung (Blutgerinnsel bei Entzündung der inn. Venenwand, von der T.en in Herz u. Lunge gelangen können); **T.ose** *w* Blutgerinnung in Gefäßen; → Embolie; **T.ozyten** *M* Blutplättchen; → Blutkörperchen; **T.ozytose** *w* T.ozytenvermehrung im Blut; **T.us** *m* Blutgerinnsel (*M*: T.en)

Thulium *s* (sagenh. N-See:insel *Thule*) chem. Element aus der Gruppe der → Lanthano:ide (selt. silberweißes Schwermetall; ⟨ *Tm*)

THW ⟨ **T**echn. **H**ilfs**w**erk

Thymin *s* (gr.) eine → Nucle:inbase

Thyr|atron *s* (KW, gr.) mit Gas von ger. Druck gefüllte Elektronenröhre zur Steuerung elektron. u. elektr. Geräte; **T.istor** *m* für Schalt- u. Steuerungen geeign. → Transistor best. Bauart; **T.-oxin** *s* Hormon der Schilddrüse

Ti ⟨ → **Ti**tan

Tic(k) *m* (fr.) meist autom., glgtl. z. T. willentl. beeinflußb. Muskelzukkung(en) (zwangh. übersteigerte Ausdrucks-, Abwehr-, Reflexbewegungen)

Tidenhub *m* (nd.) Unterschied vom Hoch- u. Niedrigwasser der Gezeiten

Tie-Break *m* (e.: *tei bräik*) Verkürzung im Tennis, um überlange Spiele zu vermeiden (nach einem Satzstand 6:6 [8:8] wechselnder Aufschlag bis mind. 7 Punkte; der Sieger braucht 2 Punkte Vorsprung)

Tief|bahn *w* unterird. Straßenbahn; **T.en:interview** *s* (e.: *-wju*) psychol. Test (ungesteuert, frei, offen); **T.en-psychologie** *w* alle mit den überwieg. nicht bewußten Seelenschichten befaßten psychol. Lehren (bei → Psychotherapie angewandt); **T.enrausch** *m* euphor. Gefühl beim Tauchen über 40 m; **T.enschärfe** *w* korrekter: → Schärfentiefe; **T.entherapie** *w* Behandlung mit tiefwirk. Strahlen; **T.garage** *w* (*-asche*) unterird. Garage; **t.gefroren** = → eingefrieren; **t.kälteversichert** bei –30 °C t.gefroren (alle Reaktionen unterbrochen: **T.kälteschlaf** *m*); **T.kühl-box** *w* kleines T.kühlgerät (bis 50 l Inhalt); **T.kühlschrank** *m* T.kühlgerät mit geringem Stellflächenbedarf; **T.kühl-truhe** *w* T.kühlgerät mit großen gekühlten Innenwänden; **T.paß** *m* elektr. Schaltung (läßt Wechselströme niedr. Frequenz durch, hochfrequ. nicht); **T.see** *w* Meeresgebiet über 200 m t.; **T.ung** *w* Maßzahl für T.ziehfähigkeit von Werkstoffen

Tiegelprobe *w* Prüfung der Zusammensetzung gußbereiter Metallegierungen

TIK ⟨ → **t**hermion**i**scher **K**onverter

Tilgung| *w* ↑ Rückzahlung einer Schuld in regelm. Raten; = Amortisation; **T.s:anleihe** *w* aufgrund der Emissionsbedingungen rückzahlbare Anleihe (meist mit langfrist. Laufzeiten); **T.s:hypothek** *w* = → Amortisationshypothek

Time| *w* (e.: *taim*) ↑ käufl. Werbezeit; **T.-lag** *s* (e.: *-läg*) zeitl. Verzögerung; Auseinanderfallen zweier Ereignisse (z. B. Maßnahme [Werbung] u. Wirkung); **t.n** (e: *taimen*) Zeit nehmen (festlegen); **T.-sharing** *s* (e.: *-schäriñ*) Nutzung derselben elektron. DVA-

Anlage von mehreren Anwendern (abwechs. mit gleichen Zeiten [mehrmals in 1 Sek.]). – **Timing** *s* (e.: *taimiñ*) Zeitfestlegung für Werbungen; zeitl. Abstimmung versch. Vorgänge

Tinkal *m* (KW) = → Borax

Tink|e *w* → Berliner T.tur; **T.tion** *w* (lat.) ↑ Heilmittelauszug, -lösung (⟨ *Tct*); **T.tur** *w* Lösung, Auszug; → Berliner T.tur

T.I.R. ⟨ (fr.) **T**ransports **I**nternationaux **R**outiers (LKW-Kennzeichen für beschleun. Zollabfertigung u. Sonn- u. Feiertagsfahrberechtigung)

Tisch|mikrophon *s* tragb. Aufnahmegerät; **T.rechner** *m* Form eines → Mikrocomputers mit nur 1 Arbeits:platz; → elektronisch

Titan| *s* (gr.) chem. Element (Leichtmetall; durch gute mechan. Eigenschaften [Härte – Festigkeit – Zähigkeit], ger. spezif. Gewicht u. gute Korrosionsbeständigkeit als Legierung u. rein wicht. techn. Werkstoff); ⟨ *Ti*; **T.dioxid** *s* Sauerstoffverbindung des T.s (wichtigstes weißes Farbpigment); **T.it** *m* = → Sphen; **T.weiß** *s* Farbpigment aus T.dioxid

Titer *m* (fr.) Maßzahl für Feinheit von Fasern und Fäden; Maßzahl für Gehalt einer → Normallösung an reaktionsfäh. Stoff. – **Titr|ation** *w* grundleg. Vorgang der → Maßanalyse (Bestimmung der Menge einer Substanz, indem man sie mit einer 2. Substanz zur Reaktion bringt; Reaktions:partner liegt in Lösung von genau bekannter Konzentration vor, von der soviel zugesetzt wird, daß Reaktion vollst. abläuft. Aus zugesetzter Lösungsmenge läßt sich unbekannte Substanzmenge berechnen; *ZW:* **t.ieren**); **T.imetrie** *w* = → Maßanalyse (*EW:* **t.imetrisch**)

TK ⟨ **T**arif**k**ommission. – **Tl** ⟨ → Thallium. – **TL-Triebwerk** *s* ⟨ **T**urbinen-**L**uftstrahl-Triebwerk. – **TM** ⟨ **T**urbo**m**otor. – **Tm** ⟨ **T**huliu**m**. – **TMS** ⟨ **T**ank**m**otor**s**chiff. – **TNT** ⟨ **T**ri**n**itro**t**oluol. – **TO** ⟨ **T**elegrafen-, **T**arif**o**rdnung. – **TOA** ⟨ **T**arif**o**rdnung für öfftl. **A**ngestellte

Tochtergesellschaft *w* von einer and. Gesellschaft abhäng. Kapitalgesellschaft

Todes:trieb *m* = → Destruktions:trieb

Toleranz| *w* (lat.) ↑ höchste zuläss. Abweichung vom Sollmaß; Verträglich-, Widerstandsfähigkeit (z. B. gegen Alkohol); = → Allowance; **T.bereich** *m* Spielraum normkonformen Verhaltens; **T.grenze** *w* höchste in der Umwelt zuläss. Schadstoffkonzentration (bei Überschreitung Gefährdung der Lebewesen); äuß. Abweichung von soz. Verhaltensnormen u. -erwartungen; **T.stadium** *s* vollkomm. Narkose

Tolu|idin *s* (kolumbian. Stadt) organ. Stickstoffverbindung (wicht. Ausgangsstoff bei Farbstoffsynthesen); **T.ol** *s* organ. Substanz (→ Kohlenwasserstoff aus der Reihe der → Aromaten), = Methylbenzol

Tombak *m* rote Legierung aus Kupfer u. Zink

Ton|bahn *w* Rolle zur T.wiedergabe im Film; **T.bildschau** *w* Vortragsmethode (Diaprojektor mit T.band gekoppelt); **T.blende** *w* T.regler am Empfangsgerät; **T.gemisch** *s* elektron. erzeugte Klangfarbe; **T.ingenieur** *m* Sachverständiger für Akustik am Sender

tonisch → Spasmus

Ton|meister *m* Verantwortlicher für techn.-ästhet. Qualität der Schallaufnahme, = **T.regisseur** *m*; **T.mixer** *m* Regler der Klangstärke (Film – Funk – Fernsehen); **T.säule** *w* Lautsprecherkombination; **T.schneider** *m* Facharbeiter beim T.film; **T.spur** *w* Schallband am Filmstreifen; **T.traube** *w* = → Cluster

T. o. P. ⟨ → **T**erms **o**f **p**ayment

Top-Management *s* (e.: *-männidschment*) oberste Führungsebene im (Groß-)Unternehmen

Topo|chemie *w* (KW, gr.) Teilgebiet der Chemie (untersucht chem. Reaktion an Oberfläche fester Stoffe, bei denen diese ihre Form u. Struktur weitgeh. behält); **T.logie** *w* ↑ Teilgebiet der Mathematik (Lehre vom Raum u. seiner Struktur)

Torr| *s* Maßeinheit des Gasdrucks (⟨ *T*; 1 T = 1 mm Quecksilbersäule); **T.icellische Lehre** *w* (it. Mathematiker u. Physiker, 17. Jh.: *-tschell-*) luftleerer Raum über Quecksilberspiegel im geschloss. Rohr des Quecksilberbarometers, = **T.icellisches Vaku:um** *s*

Torsion| *w* (lat.) Ver-, Achsendrehung; **T.s:abfederung** *w* Abfederung durch elast. Verdrehung eines stabförm. Federelements; **T.sbruch** *m* = Rotationsbruch; Schraubenbruch; **T.smodul** *m* Maßzahl für Widerstand, den stabförm. Prüfkörper aus best. Material gegen elast. Verdrehung leistet; **T.s:pendel** *m* = → Drehpendel; **T.swaage** *w* = → Drehwaage

TOT ⟨ **T**erms **o**f **T**rade; → Austauschverhältnis

total| (lat.) → Differential; **T.** *s* Ganzaufnahme der Filmszene; **T.analyse** *w* Gesamt:analyse aller wirtsch. Größen (Ggs.: Partial:analyse); **T.bilanz** *w* = → Schlußbilanz; aber: **t.e Bilanz** *w* Berücksichtigung aller Beziehungen zum Wirtschaftsleben in der Bilanz; **T.erhebung** *w* → Voll:erhebung (statist. Untersuchung aller vorhand. Elemente); **T.herbicide** *M* Stoffe zur vollständ. Beseitigung des Pflanzenbewuchses; **t.itäre Diktatur** *w* → Diktatur; **T.itarismus** *m* → Diktatur; äußerste Steigerung der Zentralisierungs-, Uniformierungs-, Reglementierungs:tendenz; **T.-reflexion** *w* bei genügend großem → Einfallswinkel auftret. verlustfreie Spiegelung eines Lichtstrahls, der in einem opt. dichten Medium auf die Grenzfläche zu einem opt. dünneren trifft; **T.synthese** *w* Herstellung einer chem. Verbindung aus den in ihr vorhand. Elementen

tot|er Punkt *m* ↑ Zustand, bei dem eine Bewegung aufhört; **t.es Konto** *s* = → Sachkonto; **t.e Zone** *w* Gebiet, in dem man Kurzwellensender nicht (kaum) hört; **T.mannbremse** *w* Sicherheitseinrichtung bei elektr. Bahnen, = **T.mannknopf** *m*, = **T.mannkurbel** *w*

toxi|gen (KW, gr.) durch Gift; Gift erzeugend; sich in Gift verwandelnd; **T.kologie** *w* Lehre von den Giften u. Vergiftungen; *EW*: **t.kologisch**; **T.komanie** *w* Gift-, Drogensucht; **T.ne** *M* wasserlösl. Giftstoffe von Mikroben, Pflanzen o. Tieren mit best. Inkubationszeit u. spezif. Wirkung; **t.sch** giftig; **T.zität** *w* Maßzahl für die Giftigkeit einer Substanz; Wirkungsstärke eines Gifts

T. Q. ⟨ → **tel quel**

Trabant| *m* (lat.) = → Satellit; Mond; **T.enstadt** *w* = → Satellitenstadt

Tracer *M* (e.: *trêßer*) = → Radio:indikatoren

Tracheo|skopie *w* (KW, gr.) Untersuchung mit Kehlkopfspiegel; **T.tomie** *w* Luftröhrenschnitt

Track *m* (e.: *träck*) Seeverkehrsweg zw. Häfen; Spur; Fahrweg; Rennbahn; Bild-, Tonspur eines Tonfilms; durch Leerrille abgesetzter Teil der Schallplatte

Trade|-bill *s* (e.: *träid-*) → Warenwechsel; **T.center** *m, s* Industrieausstellung; **T.mark** *w* geschütztes Marken-, Warenzeichen; **T.-Terms** *M* internat. Vertragsnormen; **T.-Unions** *M* (e.: *-junjens*) e. Gewerkschaften

tradition|al (lat.) an die Gültig-, Heiligkeit von Überlieferungen blind glaubend (*S*: **T.alismus** *m*); **T.s:papiere** *M* = → Warenpapiere

Trafo *m* ⟨ → **Transformator**

Trägheit| *w* ↑ Bestreben aller Körper, in Ruhe o. geradlinig-gleichförm. Bewegung zu verharren, solange keine Kräfte von außen auf ihn einwirken; **T.smoment** *s* Widerstand, den ein rotier. Körper einer Änderung seines Rotationszustandes durch ein von außen wirk. Drehmoment entgegensetzt; = → Drehmasse

Traglufthalle *w* aus Gewebe o. Folien besteh. zeltart. Gebäude, das seine Standfestigkeit durch den Druck der in ihm befindl. Luft erhält

Trailer *m* (e.: *träi-*) Filmvorschau

Train|ee *m* (e.: *trainî*) in gehob. Ausbildung Befindliche(r); **T.ing** *s* → autogen

Tramp|schiff *s* (e.: *trämp-*) Schiff für Gelegenheitsfrachten (Besitzer: **T.reeder** *m*); **T.schiffahrt** *w* je nach neuer Charter einges. Schiffahrt (ohne feste Routen)

Trance *w* (e.: *tranß*) hypnoseähnl. Zustand; Bewußtlosigkeit

Tranche *w* (fr.: *trañsch*) Teilbetrag einer Wertpapieremission

Tranquilizer *m* (e.: *tränkilaiser*) unspezif. beruhigend wirk. Arzneimittel

Trans|aktionskasse *w* (KW) zur Durchführung lauf. T.aktionen (z. B. Kauf von Gütern) notwend. Menge von Zahlungsmitteln; **t.atlantische Unternehmungen** *M* → multination. Konzerne; **T.container** *m* (e.: *-tê-*) Großbehälter für Bahn-, Schiffsverkehr

Transcription *w* (e.: *trän:skripschn*) ↑ bes. gute Tonbandaufnahme für Rundfunksendungen

Transfer| *m* (KW, lat.) Übertragung; Zahlungen ans Ausland in fremder Währung; Übertragung einer auf die folg. Lernaktivität; Sportlerübernahme von einem in einen andern Verein; **T.abkommen** *s* bilater. Vereinbarungen über Zahlungsbedingungen; **T.bilanz** *w* Teil der Zahlungsbilanz; **T.manifest** *s* (schriftl.) Fracht-Weiterleitungsverpflichtung von Luftfahrgesellschaften; **T.multiplikator** *m* Meßzahl für die Wirkung veränd. T.zahlungen auf das Einkommen; **T.straße** *w* Folge von Werkmaschinen u. Transportvorrichtungen (automat. industr. Fertigungsstraße); **T.zahlungen** *M* Leistungen der Haushalte, Unternehmen u. des Staates ohne Gegenleistung (Mittel der Einkommens:umverteilung)

Transformat|ion *w* (lat.) ↑ best. math. →

Abbildung; **T.ionsgesellschaft** *w* = → Übergangsgesellschaft; **T.ions:punkt** *m* Temperatur, bei der sich eine → Modifikation eines Stoffs spontan in eine andere umwandelt; **T.or** *m* Gerät zur Veränderung der Spannung elektr. Wechselströme (Leistung bleibt unverändert!), = → Übertrager, → Umspanner

Transfusion *w* (lat.) Übertragung von Blut(ersatzstoffen)

Transistor| *m* (KW, lat.) aus → Halbleitern aufgebautes elektr. Verstärkerelement; **T.gerät** *s* tragb. Rundfunkempfänger; **t.ische passive Rechnungs:abgrenzung** *w* → passiv

Transit| *s*, *m* (lat.) Durchgangsverkehr; **T.handel** *m* Warenverkehr durch ein Land, in dem die Ware weder eingelagert noch be- o. verarbeitet wird; **t.iv** mit einer Akkusativergänzung bei sich; best. Eigenschaft von Verknüpfungen (*S*: **T.ivität** *w*); **T.klausel** *w* Lieferungsvereinbarung (Käufer hat den Zoll auf die Ware zu entrichten); **t.orische Rechnungs:abgrenzungs:posten** *M* periodengerechte Zuordnung von Zahlungen; **T.verkehr** *m* = T.handel, = → **Warendurchfuhr** *w*

Translation *w* (lat.) ↑ Bewegungsart, bei der alle Punkte eines Körpers parallel gleich lange Bahnen durchlaufen, = **Parallelverschiebung** *w*; Verschiebung als geometr. → Abbildung

Transmission| *w* (lat.) Vorrichtung zur Kraftübertragung; **T.smechanismen** *M* Darstellung des Zusammenhangs zw. monetären Maßnahmen u. den realwirtsch. Reaktionen; **T.sriemen** *m* Mittel zur Kraftübertragung; Übertragung eines Systemelements auf ein anderes durch ein drittes

trans|nationale Konzerne *M* = → multination. Konzerne; **T.plantat** *s* überpflanzte Zelle (Haut); → Eurotransplant; **T.plantation** *w* = → Implantation (Abwehr des empfang. Körpers gegen körperfremdes Eiweiß erschwert den Einheilungs:prozeß, = **immunologische Barri:ere** *w*); **T.pluto** *m* vorläuf. Name eines vermut. Planeten, der jenseits der Pluto-Bahn die Sonne umkreist; **t.ponierte Matrix** *w* Matrix, die aus einer andern durch Vertauschen der Zeilen mit den Spalten entsteht; **T.portpolizei** *w* Polizeidienststelle (z. B. für Dienst an Reichsbahn in W-Berlin); **T.sexualismus** *m* Drang, dem andern Geschlecht anzugehören; **t.sonisch** mit Überschallgeschwindigkeit ablaufend; **T.urane** *M* alle chem. Elemente, deren → Ordnungszahl höher als die des Urans ist (92); **T.versalwelle** *w* Wellenbewegung, deren Ausbreitungsrichtung senkrecht auf der Richtung der Einzelschwingungen steht, aus denen die Welle besteht; **T.ves(ti)tismus** *m* krankhafte Verkleidungssucht; → Eonismus; **t.zendent** ↑ Merkmal zur Klassifikation von Zahlen, Funktionen, Kurven u. a.; übersinnlich, -weltlich, -natürlich

Trass|ant *m* (it.) Aussteller eines gezog. Wechsels; **T.at** *m* Wechselbezogener, Akzeptant; **T.e** *w* Linienführung eines Verkehrsweges; **t.ieren** T.e festlegen

Tratte *w* (it.) gezog. Wechsel

Traubenzucker *m* Zuckerart, auch im Blut nachweisbar (→ Blutzucker), = Dextrose; → Glu-, Glykose

Trauma *s* (gr.) Verletzung, Wunde; Gewalteinwirkung (→ Unfallneurose; → Geburts:trauma)

Traum|arbeit *w* Zusammenfassung von aktuellen phys. Reizen, → Tagesresten u. Kindheitskomplexen im T.; **T.deutung** *w* ↑ psychoanalyt. Untersuchung von Träumen

Travellerscheck *m* (e.: *träweller-*) → Reisescheck über festen Betrag in Form von Anweisungen o. Zahlungsversprechen

Traverse *w* (lat.) Querträger, -gang, -graben; Teil der Dampfmaschine (= → Querhaupt)

Trawler *m* (e.: *trô-*) Fischdampfer mit Schleppnetz

Treatment *s* (am.: *trît-*) Vorlage (Entwurf) für das Drehbuch

Treib|haus:effekt *m* wärmespeich. Wirkung des → Kohlendioxids in der Atmosphäre; **T.mittel** *s* Gas abspalt. Substanz zur Herstellung schaumart. Stoffe; **T.prozeß** *m* Verfahren zur Reinigung von Substanzen, bei dem Verunreinigungen durch chem. Reaktionen (z. B. Oxidation) entfernt werden

Tremor *m* (lat.) rasch aufeinanderfolgende Muskelzuckungen (z. B. bei → Parkinsonscher Krankheit, Alkoholismus, Metallvergiftungen, organ. Erkrankungen)

Trend *m* (e.) ↑ konjunkturunabhäng. Grundrichtung einer statist. Zeitreihe

Trenn|mittel *s* Zusatzstoff, der Kleben (z. B. von Kunststoffen im Formwerkzeug) verhindert; **T.rohrverfahren** *s* = → Thermodiffusionsverfahren; **T.ungsgang** *m* Verfahren zur Abt.ung u. zum Nachweis der einz. Elemente aus Stoffmischungen in best. Reihenfolge bei der → qualit. Analyse

Treppenfunktion *w* best. Klasse von → Funktionen
Tretmine *w* mit → TNT gefüllte, bei Belastung von 6 kg zündende Mine aus Plastik (mit übl. Suchgeräten nicht ortbar)
Treu|epflicht *w* Hauptpflicht des Arbeitnehmers (bes.: Verschwiegenheit); **T.eprämi:e** *w* Anerkennungsgeschenk, -sold für lange Dienst-, Kundenzeit; ähnlich: **T.erabatt** *m*; **T.ervergütung** *w*; **T.händer** *m* Person, die für Auftraggeber Rechtsgeschäfte im eig. Namen u. im Interesse des Auftraggebers durchführt; **T.handkonto** *s* = → Anderkonto
Trevira *s* (KW) → Polyester
TRGA ⟨ **T**echnische **R**egeln für **g**efährliche **A**rbeitsstoffe. – **Tri** ⟨ → **Tri**chlorethen
Tri|ade *w* (KW, lat.) ↑ log. Zshg. zw. konvent., takt. u. strateg. Waffen; Gruppe aus 3 Personen; Dreistufigkeit der Entwicklung (These – Antithese – Synthese); **T.angulation** *w* auf Dreiecksberechnungen basier. Vermessungsverfahren; **T.badie** *w* → Cunnilingus; gleichgeschlecht. Liebe zw. Frauen, = **T.badismus** *m*; **T.bologie** *w* Erforschung der Reibungs- u. Verschleißvorgänge; **T.bolumineszenz** *w* Auftreten von Leucht:erscheinungen beim Zerbrechen, -reiben der Kristalle best. Stoffe; **T.chlorethen** *s* flüss. organ. Chlorverbindung (wicht. Lösemittel u. Reinigungsflüssigkeit), = **T.chlor:ethylen** *s* (⟨ *Tri*); **T.chlormethan** *s* = → Chloroform; **T.chotomiegesetz** *s* : für 2 Zahlen (a, b) gilt genau eine der Beziehungen: $a < b$, $a = b$, $a > b$
Trichterbrust *w* trichter- o. muldenförm. Einsenkung des Brustbeins (angebor. Anomalie o. Folge krankh. Knochenprozesse [z. B. Rachitis])
Tridymit *m* (KW) Mineral (eine → Modifikation des → Siliciumdioxids)
Trieb|gestell *s* Ggs.: → Laufgestell; **T.stau** *m* = → psych. Spannung
Tri|ederbinokel *s* (KW) Doppelfernrohr; **T.geminus** *m* dreiästiger Gesichts:empfindungsnerv; **T.geminusneuralgie** *w* plötzl. heft. Schmerzen im Gesicht entlang dem T.geminus; **T.gonometrie** *w* Lehre von der Dreiecksberechnung; **t.gonometrische Funktionen** *M* → Winkelfunktionen (→ Goniometrie)
Trigger *m* (e.) ↑ Auslöse:impuls; Auslöser
Trikresylphosphat *s* (KW) organ. Phosphorverbindung (wicht. Weichmacher für Kunststoffe)
Trimm|flosse *w* (e.-d.) Horizontalfläche am Flugzeugschwanz zur Regulierung der Längsneigung; **T.traber** *m* = → Jogger; **T.stäbe** *M* = → Regelstäbe; **T.ung** *w* Längsrichtung eines Schiffs
Trinitrotoluol *s* (KW) organ. Stickstoffverbindung (gebräuchl. Sprengstoff; ⟨ *TNT*), = **Trotyl** *s*
Triode *w* (KW) = → Drei:elektrodenröhre
Triosen *M* Gruppe einfacher Zuckerstoffe
Trip *m* (e.) → Session; Drogenportion, -rausch; = → Reise
Tripelspiegel *m* (KW) System von 3 aufein. senkr. steh., in einer Ecke aneinanderstoß. ebenen Spiegeln (wirft jeden ihn treff. Lichtstrahl zum Ausgangs:punkt zurück)
Triptyk, -tik *s* (KW) (dreiteil.) Grenzübergangsschein für Kraft-, Wasserfahrzeuge
Trisaccharide *M* (KW) Gruppe von → Kohlenhydraten, deren Moleküle aus je 3 einf. Zuckermolekülen zusammengesetzt sind
Tritanopie *w* = → Azyanoblepsie
Tritium *s* (gr.) Wasserstoff-Isotop mit der Massenzahl 3 („überschwerer Wasserstoff"; ⟨ *T*)
trivalent (lat.) dreiwertig
Trivial|literatur *w* anspruchsloses Unterhaltungsschrifttum; **T.namen** *M* chem., nicht der wissensch. Nomenklatur entspr. Stoffnamen
trocken|e Destillation *w* → thermische Zersetzung unter Abdestillieren der verdampfb. Zersetzungs:produkte; **T.eis** *s* festes → Kohlendioxid (Kältemittel); **T.element** *s* galvan. Element mit verdickten Flüssigkeiten; **t.er Wechsel** *m* = → Solawechsel; **T.impfstoff** *m* lagerungsbeständ., haltb. Pockenimpfstoff; **T.mittel** *s* hydroskop. Substanz (zur Trocknung von Gasen o. nichtwäßr. Flüssigkeiten); **T.packung** *w* Heilumschlag; **T.pistole** *w* gläs. chem. Laborgerät zum Trocknen von Stoffen bei erhöhter Temperatur im Vakuum; **T.schrank** *m* beheizb. Kasten (meist mit → Thermostat) zum Trocknen u. Erhitzen von Substanzen im chem. Labor; **T.test** *m* = → Diagrammprüfung, Schreibtischtest; **T.turm** *m* zylindr. Glasgefäß zum Trocknen von Gasen im chem. Labor (mit einem T.mittel gefüllt, das dem durchgeleit. Gas die Feuchtigkeit entzieht)
Trolleybus *m* (e.) = → Obus
Trombe *w* (it.) best. Art von Wirbelstürmen

Trommel|drucker *m* (= Walzendrucker) Form eines Druckers in der → ADVA; **T.mühle** *w* = → Kugelmühle; **T.ofen** *m* = → Drehrohrofen; **T.schlegelfinger** *m* Auftreibung der Fingerendglieder mit starker Weichteilverdickung

Tropf *m* ↑ Krankenhausgerät zum Eintropfen (z. B. bei künstl. Ernährung). – **Tröpfchen|infektion** *w* Ansteckung durch Sprühbakterien; **T.modell** *s* ↑ Vorstellung vom Aufbau der Atomkerne. – **Tropf|enherz** *s* im Röntgenbild t.enförm., zu klein erschein. Herz; **T.en:infusion** *w* eingetropfter Blutersatz; **T.körperverfahren** *s* Methode biol. Abwasserreinigung (Wasser rieselt über gemauerte Steinkörper, kommt dabei mit Luft in enge Berührung u. wird von den Mikroorganismen in den porösen Steinen gereinigt)

trophogen sind Bereiche in der Natur, in denen als Nahrung für tier. Lebewesen geeign. organ. Substanzen aufgebaut werden (z. B. durch Photosynthese in Pflanzen)

Tropo|pause *w* (KW) best. Schicht der Erdatmosphäre; **T.sphäre** *w* unterste vom Erdboden bis in 9–16 km Höhe reich. Schicht der Erdatmosphäre

Trotyl *s* = → Trinitrotoluol

Trotz:alter *s* Ende des 2., Anfang des 3. Lebensjahres

Troy|gewicht *s* (fr. Stadt *Troyes*) Gewichts:einheit für Edelmetalle, -steine (= 31,1035 g); Heilmittel; = **T.unze** *w*

Trübe *w* Feststoffteilchen enthalt. Flüssigkeit

Trucksystem *s* (e.: *track-*) Entlohnung ganz o. teilweise in Waren

trudelsicher gegen Absturz kopfüber gesichert (t.es Flugzeug)

Truppenstatut *s* Nordatlantikvertrag über Rechtsstellung der in der BRD station. fremden Truppen (1951, 1959)

Trust| *m* (e.: *trast)* marktbeherrsch. Gesamtunternehmung aus mehr. kleinen u. mittl. Unternehmen, die ihre rechtl. u. (meist) wirtsch. Selbständigkeit aufgegeben haben; **T.ee** *m* (e.: *trastî*) = → Treuhänder

Tryptophan *s* (KW) eiweißbild. → Aminosäure

TS ⟨ Tagesschau (= abendliche Nachrichtensendung der → ARD); ⟨ Tank-, Transportschiff; ⟨ → Time-sharing

Tscherenkow-Strahlung *w* = → Cerenkov-Strahlung

TSS ⟨ Gift-Schock-Syndrom

Tsunami *w* (jap.) Flutwoge eines → Seebebens

TSV ⟨ Turn- u. Sportverein. – **TT** ⟨ Tagesthemen (= Abendnachrichten der ARD); ⟨ Tischtennis

TTL-Messung *w* (e. ⟨ through the lens) → Innenmessung bei fotogr. Kameras

TU ⟨ Techn. Universität. – **Tu** ⟨ Tumor

Tub|argravidität *w* (KW, lat.) Eileiter-, Bauchhöhlenschwangerschaft (befrucht. Ei im Eileiter statt in Gebärmutter); **T.e** *w* ↑ Eileiter; **T.enligatur** *w* Eileiterunterbrechung; **T.ensterilisation** *w* Unfruchtbarmachung durch operat. Entfernung (Quetschung–Unterbindung) der Eileiter; **T.us** *m* Rohr, in dem bei opt. Geräten die Linsen befest. sind

TUC ⟨ e. Trades Union Congress (Dachverband der e. Gewerkschaften)

Tuff *m* (it.) poröses Mineral wechs. Zusammensetzung

Tumor| *m* (lat.) Geschwulst; **T.-Marker** *m* antigene Substanzen aus Krebszellen (weisen auf Krebserkrankung hin; wichtig bes. bei Früherkennung des w. Genitalkrebses)

tun|en (e.: *tju-*) Kfz durch Umbau leistungsstärker machen; **T.er** *m* Rundfunkempfänger ohne Verstärkerteil

Tungstein *m* = → Scheelit

Tuning *s* (e.: *tjunin̄*) Kfz-Leistungssteigerung durch Motoränderung u. Umbau (muß der → StVZO entsprechen)

Tunnel|diode *w* elektr. → Gleichrichter best. Bauart; **T.effekt** *m* : atomare Teilchen können abstoß. o. anzieh. Kräfte überwinden, obwohl ihre kinet. Energie dazu nicht ausreicht, wenn das Kraftfeld so gestaltet ist, daß das Teilchen durch den gesamten Bewegungsvorgang seine kinet. Energie erhöhen kann (= **Potentialwall** *m*)

Tupamaros *M* Stadtguerillas (Uruguay)

Turas *m* (fr.-d.) Scheibe, über die die Raupenketten eines Raupenfahrwerks (die Eimerkette eines Eimerkettenbaggers) laufen (läuft)

Turb|idimetrie *w* (KW) = → Nephelometrie; **T.ogenerator** *m* durch Kreiselradmaschine getrieb. Dynamomaschine; **T.oprop** *w* ⟨ → Propellerturbine; **T.ulenz** *w* Strömungszustand bei Gasen u. Flüssigkeiten, bei dem die einz. Teilchen sich auf ungeordn. Bahnen bewegen

Turgor *m* (lat.) Spannungszustand (des Gewebes)

Turkey *m* (am.: *tọki*) Drogenentzug

Turmverfahren *s* Methode zur Schwefelsäurefabrikation (mod. Variante des → Bleikammerverfahrens)

TuS ⟨ Turn- **u.** Sportverein

Tute *w* = → Allonge

Tutor *m* ↑ angestellt. Studentenbetreuer, -berater
TÜV *m* ⟨ Techn. Überwachungsverein. – **TV** ⟨ Television; ⟨ Turnverein; ⟨ Truppenvertrag
Tyndall|-Effekt *m* (ir. Physiker, 19. Jh.) seitl. Streuung von Lichtstrahlen unter → Polarisation beim Durchgang durch → kollo:idale Lösungen, = **T.sches Phänomen** *s*
Typ *m* (gr.) → android
Typhon *s* (KW) Schiffssirene
Typ|isierung *w* (KW, gr.) ↑ Vereinheitlichung durch Normung u. Beschränkung auf wenige T.en; **T.oskript** *s* Manuskript in Maschinenschrift; **T.schein** *m* schriftl. Erlaubnis zur Kfz-Serienproduktion; **T.ung** *w* Normung nur nach Art u. Größe
Tyrosin *s* (KW) eiweißbild. → Aminosäure
Tx ⟨ Telex. – **TZ** ⟨ Teilzahlung

U

u ⟨ → unified mass unit. – **U** ⟨ Uran; ⟨ Unterseeboot; ⟨ Umdrehung; ⟨ Universität. – **UA** ⟨ Unterabschnitt. – **UB** ⟨ Universitätsbibliothek; ⟨ Unterhaltsbeitrag
Über:angebot *s* die Nachfrage weit überstеig. Warenvorräte
Über|bau *m* ↑ Ggs.: → Basis; Brückentragwerk; Schutzdach; vorkrag. Obergeschoß; Bau über Besitzgrenze; **Ü.beschäftigung** *w* nicht exakt bestimmb. Größe der volkswirtsch. Theorie (Perioden der Ü.beschäftigung meist durch nachfragebedingte, nicht kosteninduzierte Preissteigerungen gekennzeichnet); **Ü.bewertung** *w* Bewertung von Vermögensgegenständen in der Bilanz mit höh. als rechtl. zuläss. Wert (täuscht ein höh. Vermögen vor); **Ü.blendung** *w* ↑ weicher Ü.hang von einer zur nächst. Filmherstellung; **Ü.bringerklausel** *w* Scheckvorbehalt („oder Überbringer"), die den Scheck zum Inhaberpapier macht (**Ü.bringerscheck** *m*); **Ü.brückungsbeihilfe** *w* Zuschuß zur Ü.windung einer schwier. Lage; **Ü.brückungskredit** *m* kurzfrist. Darlehen
über|dosieren zuviel verschreiben; **Ü.druckkabine** *w* luftdicht abgeschloss. Aufenthaltsraum, in dem sich ein höh. Luftdruck als der Umgebungsdruck erzeugen läßt; **Ü.druckverfahren** *s* Narkoseart; **Ü.eignung** *w* rechtsgeschäftl. Ü.tragung des Eigentums an bewegl. o. unbewegl. Sachen
Über|fangglas *s* farb. Kunstglas; **Ü.fischung** *w* intens. Fischerei auf best. Fischarten in einer Meeresregion; **Ü.flußgesellschaft** *w* (e.: affluent society) durch mater. Wohlstand ausgezeichn. Gesellschaft (breiter Interpretationsspielraum, da ohne näh. inhaltl. Bestimmung!); **Ü.fremdung** *w* ↑ Grad der Fremdbestimmung inländ. Unternehmen (Kauf von Aktien durch Ausländer zur Einflußnahme auf inländ. Unternehmen); **Ü.führungsfahrt** *w* Verbringung des Kfz.s vom Werk zum Großhändler; **Ü.führungszahl** *w* Maßzahl für die Bewegung der → Ionen bei der → Elektrolyse
Über|gangsgesellschaft *w* Etappe des Sozialismus bei Entwicklung von der kapital. zur kommun. Produktionsweise, = → **Transformationsgesellschaft** *w*; **Ü.gangs:phase** *w* → demographisch; **ü.gesetzlicher Notstand** *m* Rettung eines höherwert. durch nicht rechtswidr. Verletzung eines minderwert. Rechtsgutes, = **Güter:abwägungs:prinzip** *s*
Über|hangmandat *s* Abgeordnetenmandat, das nach der durch das Höchstzahlverfahren (→ d'Hondt) ermitt. Gesamtverteilung die ermitt. Zahl nach dem Bundesproporz ü.schreitet; **Ü.hitzung** *w* Erwärmen einer Flüssigkeit über Siedepunkt beim → Siedeverzug (weit. Erwärmen des Dampfes nach Abtrennung von der flüss. Phase); **Ü.holung** *w* ↑ Kontrolle der Postsache durch den Zoll; **Ü.-Ich** *s* Kontrollinstanz des psych. Apparats („moral. Gewissen")
Über|kapazität *w* (gemessen an den Absatzmöglichkeiten) ü.höhte → Kapazität; **Ü.kode** *m* durch Symbole (Zahlen, Buchstaben) gekennzeichn. Zusammenfassung von Untersuchungskategorien zur maschin. Datenverarbeitung; **Ü.kompensation** *w* Versuch, Minderwertigkeitsgefühle durch bes. Anstrengungen auszugleichen; **ü.kritisch** ↑ Kernreaktorzustand, in dem durch Kernprozesse mehr Neutronen entstehen, als durch Absorption u. Dif-

fusion nach außen verlorengehen; **ü.kritischer Flügel** *m* Tragflügelprofil (unten stärker gewölbt; größte Dicke in Flügelmitte; dadurch Luftwirbel an Flugoberseite weiter hinten)

Über|lagerungs:empfänger *m* Funk-, Fernsehempfangsgerät; **Ü.lauf** *m* ↑ tritt in ADVA ein, wenn Information nicht in den vorgeseh. Speicherbereich paßt; Stau:stufenabschnitt der Talsperre; **Ü.laufspeicher** *m* Heißwasserspeicher, der von unten mit kaltem Wasser nachgefüllt wird; **Ü.lebensrente** *w* Witwen-, Waisenrente; **Ü.liegezeit** *w* Ü.schreitung der Lösch-, Ladezeiten im Hafen; **Ü.liquidität** *w* Bereithaltung flüss. Mittel, die die Summe der fäll. Verpflichtungen ü.steigt (Zinsverluste!)

Über|mikroskop *s* = → Elektronenmikroskop; **Ü.mittler** *m* → Adressant; **Ü.münzung** *w* zu gute Ausbringung der Münzen nach Schrot u. Korn; Ü.produktion unterwert. Münzen; **Ü.-nahmegründung** *w* Form der AG-Gründung (Gründer ü.nehmen selbst alle Aktien); **Ü.nahmeprinzip** *s* Ü.nahme von Grundstücksbelastung statt Barzahlung bei Konkursen

Über|-pari-Emission *w* Ausgabe von Wertpapieren zu einem Kurs ü. dem Nennwert; **Ü.produktion** *w* die Nachfrage übersteig. Produktion; **ü.proportionale Kosten** *M* fallen o. steigen stärker, als sich der Beschäftigungsgrad verändert

übersättigt ↑ Zustand einer Lösung, in der die Konzentration des gelösten Stoffs über der → Sättigungskonzentration liegt (neigt darum zur spont. Kristallisation; → Unterkühlung)

Überschall|flug *m* Luftverkehr mit Geschwindigkeit, die höher als die des Schalls (rd. 330 m/sec = 1200 km/h) ist, = **Ü.geschwindigkeit** *w*; **Ü.kanal** *m* Windkanal; **Ü.knall** *m* → Kopfwelle; **Ü.verkehr** *m* Flugverkehr mit mehr als 1200 km/h

Über|schicht *w* zusätzl. Arbeitszeit; **Ü.schiebung** *w* seitl. Verlagerung von Erdschichten; **Ü.schuldung** *w* das Vermögen ü.steig. Schulden (Vorstand einer AG muß Eröffnung des Konkurses o. gerichtl. Vergleichsverfahren beantragen!); **Ü.schuldungsbilanz** *w* weist Ü.schuldung aus; **Ü.schußreserve** *w* die die Mindestreserven ü.steig. Guthaben einer Bank bei der Zentralbank; **ü.schwerer Wasserstoff** *m* = Tritium

Über|seebank *w* Bank zum Geldverkehr mit Ü.see; **Ü.setzung** *w* ↑ Ü.tragung einer Bewegung; Verhältnis der Drehzahlen des treib. zum getrieb. Teil, der Primär- zur Sekundärspannung bei Leerlauf; **Ü.setzungsmaschine** *w* Datenmaschine zur Ü.tragung von Texten in and. Sprachen; **Ü.setzungs:programm** *s* ü.trägt ein → Quell- in ein Objektprogramm (→ Compiler; → Interpreter); **Ü.sied(e)lung** *w* Zurückdrängung and. Volks:tums durch eig. Siedlungen

Über|spannung *w* ü. der normalen Betriebsspannung eines elektr. Geräts lieg. Spannung; **Ü.spannung** *w* ↑ Spannungserhöhung in Hochspannungs:anlagen; **ü.spielen** ↑ Aufnahme auf Tonband ü.nehmen (*S*: **Ü.spielung** *w*); **Ü.sprechdämpfung** *w* Maßzahl für die elektr. u. akust. Trennung beider Kanäle bei Stereo:anlagen; **ü.sprechen** Film mit Text versehen; **Ü.sprunghandlung** *w* ungemäße Instinktreaktion in ungelösten Konfliktsituationen

Über|ständer *m* ü.alt. Raum; **Ü.steuern** *s* Lenkverhalten von Kfz.en, bei dem in Kurven die Hinterachse nach außen wegdrängt; **ü.steuern** ↑ zu hoch besteuern; **Ü.steuerung** *w* Verzerrung des verstärkten Signals durch zu hohe Eingangs-Wechselspannung; Ü.schreitung des Sättigungsniveaus; **ü.strecken** Wein durch Zucker verfälschen; **Ü.strom** *m* Strom, der stärker als der Betriebsstrom ist; **ü.tariflich** höher bezahlt als im Tarif vorgesehen

Über|trager *m* = → Transformator; **Ü.tragung** *w* ↑ länger als 296 Tage dauernde Schwangerschaft; Rundfunk-, Fernsehsendung; Umschreibung eines Rechnungs:postens; **Ü.tragungsbilanz** *w* Teil der → Zahlungsbilanz, der die Leistungen an das Ausland erfaßt, denen keine dir. ökonom. Gegenleistung gegenübersteht (z. B. Entwicklungshilfe); **Ü.tragungskanal** *m* Vorrichtung zur Ü.tragung von Signalen; **Ü.tragungsvermerk** *m* → Indossament; **Ü.tragungswagen** *m* fahrb. Aufnahme-, Sendegerät

Über|versicherung *w* den Objektwert ü.steig. Versicherung; **ü.völkern** zu stark besiedeln

über|wächtet durch ü.hang. Schnee bedroht; **Ü.wachungs:ausschuß** *m* Bundes:tags:ausschuß zur Wahrung der Parlamentsrechte gegenüber der Regierung; **Ü.wallung** *w* Wundverschluß bei Pflanzen; **Ü.wälzung** *w* ↑ Steuern-, Budget:übertragung auf ein and. Jahr, einen and. Titel; **Ü.wärmungs:therapie** *w* durch Medikamente (Mistelpräparate) o. Bäder hervorgeruf. erhöhte Körpertemperatur zur Steigerung der Abwehrkräfte (bei Krebs, degenerat. Nervenerkrankungen); **Ü.weisung** *w* bargeldloser Zahlungsverkehr (durch Umbuchung von Konto zu Konto bewirkte Zahlung)

Über|zeichnung *w* ↑ bei der Emission von Wertpapieren die den angebot. Gesamtbetrag ü.steig. Nachfrage (Zeichnung; erforderlich: Zuteilung der Wertpapiere); **Ü.zeugungs:täter** *m* aus Idealismus hand. Straffälliger; **Ü.ziehgeschwindigkeit** *w* = → Abreißgeschwindigkeit

Ubiqu|ist *m* (KW, lat.) Allerwelts:pflanze, -lebewesen; **u.itär** überall verbreitet; **U.itäten** *M* überall vorkomm. Güter, Naturkräfte u. dgl. (Standortwahl bei denen ohne Bedeutung)

Übungsfirma *w* Scheinfirma für Lehrzwecke

UCIP ⟨ **K**athol. **I**nternat. **U**nion der **P**resse

U-Dock *s* Dock mit 2 Seitenwänden

Udometer *s* (KW) Regenmesser

UDV ⟨ **U**nion **d**er **V**ertriebenen

U-Eisen *s* Profil:eisen mit U-förm. Querschnitt

Uferfiltrierung *w* Brauch- u. Trinkwassergewinnung aus Brunnen in Nähe des Ufers von Oberflächengewässern (setzt gute Qualität des Oberflächenwassers voraus)

Ufo *s* ⟨ (e.: **u**nidentified **f**lying **o**bject) **u**nbekanntes **f**liegendes **O**bjekt

UG ⟨ **U**rheberrechts**g**esetz. – **U.g.R.** ⟨ **U**rschrift **g**egen **R**ückgabe

U-Haft *w* ⟨ **U**ntersuchungs**haft**

UHF ⟨ **u**ltra**h**ohe **F**requenz (Kennzeichnung für elektromagn. Strömungen u. Wellen im Bereich von etwa 3.10^8 bis 3.10^9 Hz). – **UHG** ⟨ **U**nter**h**altsbeihilfe**g**esetz

Uhr| *w* → antimagnetisch; → elektrisch; **U.glas** *s* ↑ flaches Glasschälchen für chem. Labor; **U.stand** *m* Unterschied zw. der richt. u. der von der U. ausgewies. Zeit

UK ⟨ **U**mzugs**k**osten. – **UKV** ⟨ **U**mzugs**k**osten**v**ergütung. – **UKW|** ⟨ **U**ltra**k**urz**w**ellen; **U.-Bake** *w* Funkfeuer

Ulcus, -kus| *s* (lat.) Geschwür; Entzündung an Haut o. Schleimhäuten mit Gewebeverlust; **U. cruris** *s* Unterschenkelgeschwür („offenes Bein", meist durch venöse Stauungen, z. B. bei Krampfadern); **U. duodeni** *s* Zwölffingerdarmgeschwür; **U. ventriculi** *s* Magengeschwür

ulnar (lat.) am Ellenbogen

Ult. ⟨ **Ult**imatum. – **ult.** ⟨ **Ult**imo

Ultimo| *m* (lat.) letzter Tag eines Zeitabschnitts; **U.geld** *s* am U. fäll. (Leih-) Geld; **U.geschäft** *s* am U. abzuwick. Börsentermingeschäft

Ultra|filter *m* (KW) mit gehärt. Gelatine (Eis:essig – Kollodium) imprägn. Papierfilter, bes. zur **U.filtration** *w* Abtrennungsverfahren → kolloidal gelöster Stoffe vom Dispersionsmittel; **U.-kurzwellen** *M* (⟨ *UKW*) elektromagn. Wellen mit Wellenlänge unter 10 m; **U.linke** *w* jens. des Kommunismus steh.polit. Richtung; **U.marin** *m* = → Lasurit (auch künstl. als Farbpigment hergest.); **U.mid** *s* → Polycaprolactam; **U.mikro:analyse** *w* mit kleinsten Substanzmengen (einigen millionstel g) arbeit. chem. Analyseverfahren; **U.mikroskop** *s* Gerät zur Untersuchung kleinster Teilchen (Anwendung: **U.-mikroskopie** *w*); **U.rechte** *w* polit. Richtung jens. der Konservativen; **U.rot** *s* = → Infrarot; **U.schall** *m* Schallschwingung, deren Frequenz oberh. des menschl. Hörbereichs liegt (U.schall best. Frequenzbereiche kann für Tiere hörbar sein; Benutzung in Diagnostik u. Therapie [Wärmeerzeugung in Geweben – Förderung des Zellstoffwechsels u. a.]; = → Supraschall); Ggs.: → Hörschall; **U.schall-Koagulation** *w* Luft-, Abwasserreinigung, auf Zusammenballung fein verteilter Stoffe (Trübstoffe, Nebel-, Rauchteilchen) durch U.schallwellen beruhend; **U.schallramme** *w* Pfahlrammgerät mit U.schallwellenantrieb; **U.schallschweißen** *s* Verfahren zum Verbinden → thermoplast. Kunststoffteilchen miteinander; **U.schall-Sichtverfahren** *s* Untersuchung der inn. Struktur fester Körper bei Ausnutzung der Reflexion von U.schallwellen an inn. Grenzflächen (erlaubt z. B. Sichtbarmachen von Fehlstellen [z. B. Hohlräumen] in Werkstoffen o. von inn. Organen bei mediz. Untersuchungen); **U.schallspeicher** *m* Signalspeicher in Rechenautomaten; **U.schallwelle** *w* Schallwelle mit über 20 kHz Frequenz; **U.schall-Werkstoffprüfung** *w* = → U.schall-Sichtverfahren; **U.strahlung** *w* = → Höhenstrahlung; **U.violett** *s* Spektralbereich der elektromagn. Strahlung, der sich auf der kurzwell. (violetten) Seite an sichtb. Lichtbereich anschließt; ⟨ *UV*; **U.violettlampe** *w* Apparatur zur Erzeugung von **U.violettstrahlung** *w* elektromagn. Strahlung im u.violetten Bereich; **U.zentrifuge** *w* Rotationsgerät stärkster Fliehkräfte

UM ⟨ **U**nzustellbarkeits**m**eldung
Umber *m* = → Umbra
umbeschreiben Figur so zeichnen, daß sie eine andere umschließt
Umbra| *w* (lat.) brauner Farbstoff (= Umber); Sonnenfleckkern; **U.lglas** *s* dunkles Brillenglas
Umbuchungen *M* ↑ dem Abschluß vorangeh., ihn vorbereit. Buchungen (schon gebuchte Beträge werden and. Konten zugeordnet)
umbuggen = → einschlagen
Umdrehungszähler *m* Gerät zum Messen der Drehzahl einer Welle (Maschine)
Umfangswinkel *m* Winkel, dessen Scheitelpunkt auf einem Kreis liegt u. dessen Schenkel durch Sehnen des Kreises bestimmt sind
Umfeld| *s* ↑ Art (Persönlichkeit, Erfahrungsbestand, Bedürfnislage) des einzelnen; = → Umwelt; die um eine Anzeige gedruckten redakt. Beiträge o. Anzeigen; **U.blendung** *w* fehlerh. Beleuchtung (Störung des Lichtfelds von außen)
Umfluter *m* Entlastungskanal
Umformer *m* Maschine zur Umwandlung von Gleichstrom in Dreh- o. Wechselstrom
Umfrage|archiv *s* = → Datenarchiv; **U.forschung** *w* → Demoskopie
Umgebung| einer Zahl *w* ↑ → offenes Intervall, das die Zahl enthält; entspr.: **U. eines Punktes** *w*; **U.s:strahlung** *w* auf natürl. Wege (kosm. Strahlung–Radioaktivität der Erdoberfläche u. der im Organismus spurenw. vorhand. radioakt. Stoffe u. dgl.) zustande komm. Strahlenbelast. des menschl. Körpers
Umgehung| *w* ↑ → Steuerumgehung; **U.sgeschäft** *s* verbot. Geschäft mit scheinb. erlaubten Mitteln
umgekehrt|e polnische Notation *w* Dateneingabevorschrift für elektron. Rechenmaschinen; **u. proportional** = → antiproportional
Umgründung *w* Überführung eines Unternehmens in eine neue Rechtsform
Umgußverfahren *s* Einfügen kleinerer in größ. Stahlteile
U/min ⟨ **U**mdrehungen in der **Min**ute
umkehr|bar: u.bar eindeutig = → eineindeutig; **u.bare Abbildung, Funktion** *w*: hat als → U.relation wieder Abbildung, Funktion (= **U.abbildung** *w*; **U.funktion** *w*); **U.barkeit** *w* Möglichkeit, physik. Vorgang vollst. rückgängig zu machen, ohne daß anderweit. Änderungen auftreten (Autofahrt von einem zum and. Ort nicht u.bar: dies würde Wiedergewinnung des verbrauchten Kraftstoffs aus den Auspuffgasen einschließen); **U.entwicklung** *w* in mehr. Stufen ablauf. fotograf. Entwicklungsverfahren (aus der belicht. lichtempfindl. Schicht entsteht kein Negativ, sondern gleich Positiv in natürl. Grauwerten [Schwarzweißbild] o. Farben), meist mit spez. **U.film** *m* Film mit geringer, bes. gleichmäß. Emulsions:schichtdecke (bes. für Amateurfilmer); **U.prisma** *s* Glas:prisma (bei opt. Abbildung zur Vertauschung von Oben u. Unten verwandt); **U.relation** *w* entsteht aus Relation durch U.ung der Zuordnung; **U.verfahren** *s* Verwandlung eines Filmnegativs unmittelb. ins Positiv; **U.wetterlage** *w* = → Inversion
Umkippen *s* ↑ durch Verunreinigungen verurs. Verarmung eines Gewässers an gelöstem Sauerstoff (führt zur Unbewohnbarkeit durch höh. Organismen)
Umkreis eines Viel:ecks *m* Kreis durch alle Ecken des → Vielecks
umkristallis|ieren Stoff in heiß. Lösemittel auflösen, aus dem er sich beim Abkühlen wieder in Kristallform abscheidet (*S*:**U.ation** *w* [im chem. Labor benutzt, um Stoffe zu reinigen o. in andere Kristallform zu bringen])
Umlage| *w* auf den einzelnen verteilte Abgabe; **U.rung** *w* chem. Reaktion, bei der eine Substanz sich in eine and., ihr → isomere umwandelt; **U.verfahren** *s* Mittelbeschaffung durch U.
Umlauf|geschwindigkeit des Geldes *w* Häufigkeit, mit der eine best. Geldmenge in einer Periode zu Zahlungen verwendet wird (sich von Hand zu Hand bewegt; Steigerung der U.geschwindigkeit wirkt wie eine Erhöhung der umlauf. Geldmenge, Senkung wie eine Verminderung); **U.(räder)getriebe** *s* = → Planetengetriebe; **U.kanal** *m* Übergangswasserlauf beim Stauwerkbau; **U.kühlung** *w* Art der Motorenkühlung; **U.vermögen** *s* Teil des Betriebsvermögens, der im Gegensatz zum → Anlagevermögen kürzere Zeit im Unternehmen bleibt, zum alsbald. Verbrauch (→ Vorratsvermögen) o. zur Weiterveräußerung bestimmt ist; **U.zahl** *w* Drehzahl; **U.zeit** *w* ↑ Zeit, die ein rotier. Körper zur vollst. Umdrehung benötigt; Wechselfrist; Dauer des Planetenu.s
umlegen = → einschlagen
Umleimer *m* Furnier- o. Kunststoffstreifen zum Bekleben der Schmalseite von Holzplatten

Umluft| *w* ↑ durch Klimaanlage aufbereit. u. zurückgeleit. Luft; **U.haube** *w* Luftumwälzgerät, das unerwünschte Verunreinigungen (Kochdunst–Labordämpfe u. dgl.) entfernt

Umrechnungs:tabelle *w* Wechselkursliste

Umrichter *m* elektr. Gerät zur Änderung der Spannung von Gleich- o. zur Änderung der Frequenz von Wechselströmen

Umsatz| *m* ↑ in einer Periode abgesetzte (verkaufte) Güter u./o. Leistungen (dem Verkaufswert o. der Menge nach erfaßt); **U.beteiligung** *w* Vergütung nach erzieltem U.; **U.bilanz** *w* Aufzeigen der Betriebsentwicklung nach Umfang u. Richtung der Kapitalentwicklung; **U.bonus** *m* Jahres-, Art Warenrabatt, = **U.prämi:e** *w*; **U.rentabilität** *w* Meßzahl, errechnet aus der Relation Gewinn vor Steuern in % vom U.; **U.steuer** *w* Steuergegenstand: Lieferungen u. andere Leistungen eines Unternehmens im Inland gegen Entgelt – Eigenverbrauch – Einfuhr ins Zollgebiet (seit 1968 als → Mehrwertsteuer erhoben; Einnahmen fließen zum Bund); **U.steuerharmonisierung** *w* Teilbereich der Integrationsbestrebungen der EG; **U.steuervor:anmeldung** *w* monatl. (o. vierteljährl.) abzugeb. Erklärung eines steuerpflicht. Unternehmens über die u.steuerrechtl. relevanten Tätigkeiten

Umschalter *m* Stromwender, -wechsler

Umschicht| *w* Schichtwechsel; **U.ung** *w* ↑ gesamtgesellsch. Veränderung der Schichtungsstruktur

Umschlag|bahnhof *m* Eisenbahnumladestation; **U.sdauer** *w* für den Verkauf einer Ware benöt. Zeit; **U.s:häufigkeit** *w* Jahresumsatz im Verhältnis zum eingesetzten Kapital; **U.s:punkt** *m* Bedingungen, unter denen sich ein physik. Zustand schlagartig ändert (z. B. Strömungsgeschwindigkeit, bei der eine → laminare Strömung in Turbulenz übergeht, o. → pH-Wert, bei dem ein → Farbindikator seine Farbe ändert)

Umschwung *m* ↑ Übergang von einer zur entgegenges. Konjunkturphase

Umsetzung| *w* ↑ chem. Reaktion zw. 2 o. mehr Stoffen; **U.sgrad** *m* prozent. Anteil bei chem. reaktionsfäh. Stoffgemischen, der die Reaktion wirkl. vollführt hat

Umspann|er *m* = → Transformator; **U.station** *w* = **U.werk** *s* Schalt-, Transformatorenstelle

Umstechung *w* Art der Blutstauung

Umstellbahnhof *m* Rangieranlage

Umsteu(e)rung *w* Rückwärtssteuern von Maschinen

Umtausch|versicherung *w* Zusatz zur Lebensversicherung; **U.vorbehalt** *m* Möglichkeit, Ware gegen Kaufbescheinigung ersetzt zu erhalten

Umtrieb| *m* ↑ Zeit zw. Baumpflanzung u. -fällung; **U.szeit** *w* Zeit zur Verjüngung eines Wald-, Geflügelbestands

Umverteilung *w* Einkommens- u./o. Vermögensverteilung, die sich als Ergebnis aller Eingriffe des Staates in die Primärverteilung ergibt

Umwälz|anlage *w* Teil der Wasserzuführung bei Schwimmbecken (Springbrunnen); **U.pumpe** *w* Pumpe zum Antrieb eines Flüssigkeitskreislaufs

Umwandlung| *w* ↑ Überführung eines Unternehmens in neue Rechtsform ohne vorangegang. Liquidation; **U.sbilanz** *w* aus Anlaß der U. aufgestellte Bilanz; **U.s:punkt** *m* Temperatur, bei der Stoffänderung eintritt, = **U.s:temperatur** *w*

Umweghandlung *w* Umgehung (Überwindung) eines Hindernisses (einer Barriere) bei Zielanstrebung

Umwelt| *w* ↑ Teil des Lebensraumes eines Organismus, mit dem er in irgendeiner Art von Wechselwirkung steht; was außerhalb der Systemgrenzen liegt; außerh. der Person (Sozialeinheit) lieg. Handelsbedingungen u. Einwirkungen (= **Umfeld** *s*); **u.bedingt** vom Milieu veranlaßt (Ggs.: → Need); **U.belastung** *w* jede Veränderung des natürl. Charakters der U. durch menschl. Einflüsse; **U.chemikali:en** *M* Stoffe, die durch Menschen in U. gelangen u. zur U.belastung führen; **U.forschung** *w* Teildisziplin der Zukunftsforschung (analysiert die dem techn. Fortschritt geschuld. Veränderung der menschl. U.); **u.freundlich** ↑ bei Herstellung (Anwendung) zu keiner U.belastung führend; **U.gebundenheit** *w* Ggs.: → Weltoffenheit; **U.hygi:ene** *w* Wasser-, Luftreinhaltung, Lärmschutz, schadlose Müllbeseitigung, Trennung von Industrie- u. Wohngebieten, Erhaltung der natürl. U. u. dgl.; **U.nische** *w* Heimstätte einer Artbildung; **U.ökonomik** *w* Analyse der Beziehung zw. wirtsch. Aktivitäten u. den daraus resultier. Veränderungen der Natur; **U.schäden** *M* Veränderungs(Vergiftungs-)erscheinungen durch fortschreit. Technisierung einer Gegend; **U.schutz** *m* → Immissions:schutz (zur Wiedergewinnung/Erhaltung des biol. Gleichgewichts. – Verschmutzung der Natur bes. durch Anwendung des techn. Fortschritts unter Primat konkurrenzwirtsch. Überlegungen)

UN ⟨ e. **U**nited **N**ations (= Vereinte Nationen)

lineare Unabhängigkeit| *w*: bei Gleichungen, Ungleichungen, Vektoren u. a. wicht. algebr. Begriff (Ggs.: → lineare Abhängigkeit); **U.s:prinzip** *s*: Wirkungen mehr. Kräfte auf einen Körper überlagern sich ohne ggs. Beeinflussung (Naturgesetz)

Unbedenklichkeit|sbescheinigung *w* ↑ finanzamtl. Bestätigung, daß der Steuerpflicht. seinen Steuerverpflichtung. nachgekommen ist (Voraussetzung z. B. bei Vergabe öfftl. Aufträge, bei Eintragungen ins Grundbuch), = **U.svermerk** *m* Durch-, Einreise-, Einfuhrerlaubnis

unbedingter Sprungbefehl *m* → Sprungbefehl, nach dem ein → Computer z.B. in einem → Unterprogramm weiterarbeitet

unbeschränkt| Ggs.: → beschränkt; → Einkommenssteuer; **u. Steuerpflichtige** *M* Personen, deren gewöhnl. Aufenthaltsort (Wohn-, Geschäftssitz) im Geltungsbereich des GG.es liegt

Unbestimmtheit|sbeziehung *w* = → Heisenbergsche Unschärferelation, = **U.srelation** *w*

UNCTAD ⟨ **UN-C**onference on **T**rade **a**nd **D**evelopment (= Welthandelskonferenz [zur Liberalisierung des internat. Handels, Genf])

Undation *w* (KW, lat.) weitgespannte Geländefaltung

Undecan *s* (lat.) flüss. Kohlenwasserstoff aus der Reihe der → Alkane (Heizölbestandteil)

Underground *m* (e.: *andergraunt*) für gesellschaftl. Tabus engagierte Gruppe; Unter-, Verbrecherwelt (d: → **Untergrund** *m*)

Underwriter *m* (e.: *anderaiter*) Makler, der Anleiheteil übernimmt; Versicherer

Undkonto *s* Konto, über das die Konto:inhaber (Verfügungsberechtigten) nur gemeinsam verfügen können

Undograph *m* (KW, lat.-gr.) Schallwellenschreiber

UNDP ⟨ Uno-Entwicklungs:programm

Undulat|ion *w* (KW, lat.) Wellenbewegung; **U.ions:theorie des Lichts** *w* Auffassung des Lichts als Wellenvorgang; **U.or** *m* Empfangsgerät für Überseetelegrafie

Und-Verknüpfung *w* Begriff aus der Logik u. → Booleschen Algebra

un:echter Bruch *m* Bruch, dessen Wert eine ganze Zahl ist

un:eigentlich|e Bewegung *w* gegensinn. → Kongruenzabbildung (Änderung des Drehsinns); **u.e Grenzwerte** *M* (Integrale, Punkte u. ä.) Grenzwerte u. ä., zu deren Beschreibung der Begriff „un:endlich" benötigt wird

un:einbringliche Forderung *w* Außenstände, die als verloren (nicht mehr einzubringen) anzusehen sind (abschreiben!)

un:endlich math. Begriff im Zshg. mit → unbeschränkten Mengen

UNESCO *w* ⟨ (e.) **U**nited **N**ations **E**ducational, **S**cientific and **C**ultural **O**rganization (Organisation für Erziehung, Wissenschaft u. Kultur der UN)

Unfalldosis *w* durch Strahlenunfall (z. B. bei Reaktordefekt) auftret. einmal. Strahlenbelastung. – **Unfäller|persönlichkeit** *w* bes. unfallgefährd. Mensch, = **U.** *m*. – **Unfall|hilfe** *w* öfftl. Hilfsstelle für Betroffene von Verkehrs- u. a. Unfällen; **U.neurose** *w* → Trauma; **U.schutz** *m* Arbeitsschutzmaßnahme; **U.wagen** *m* pol. Hilfs-, Krankenwagen nach U.

Ung., ung. ⟨ Salbe (auf Rezepten; = lat. **ung**u:entum)

Ungebundenheit *w* → Blockfreiheit

ungedeckter Kredit *m* Kredit, der nur durch das Vertrauen in die wirtsch. Leistungsfähigkeit des Kreditnehmers gesichert ist

Ungenauigkeitsrelation *w* = → Unbestimmtheitsbeziehung

ungesättigt| sind Stoffe, die and. Stoffe mit einf. Molekülbau (Chlor u. a. Halogene – Wasserstoff – Halogenwasserstoffe u. dgl.) durch → Addition binden können (bes.: → Alkene); **u.e Fettsäuren** *M* Gruppe von Naturstoffen mit chem. u.em Verhalten (wicht. Nahrungsbestandteile)

Ungleich|gewicht *s* ↑ Nichtübereinstimmung der Gesamtnachfrage mit dem gesamten Angebot an Gütern u. Leistungen; **U.ung** *w* Aussage(form), die eine Kleiner- o. Größerbeziehung enthält (→ Bernoulli)

UNICEF *w* ⟨ (e.) **U**nited **N**ations **I**nternational **C**hildrens **E**mergency **F**und (Kinderhilfswerk der UN, New York). – **Unido** *w* UN-Organisation für industr. Entwicklung (⟨ **U**nited **N**ations **I**ndustrial **D**evelopment **O**rganization)

unified mass unit *s* ⟨ (e.: *junifaid mäß junit,* = vereinheitl. Masseneinheit) in der Atomphysik (z. B. zur Angabe von Atomgewichten) übl. Maßeinheit der Masse

Uni|kat *s* (KW, lat.) einzige Ausfertigung; **u.lateral** einseitig, nur auf einer Seite vorkommend; **U.polmaschine** *w* Gleichstromdynamo

UNITA ⟨ (e.) Freiheitsbewegung in Angola. – **UNITAR** ⟨ UN-Institut für Ausbildung u. Forschung

univalent (KW, lat.) einwertig

Universal|abtaster *m* Fernsehgerät; **U.alphabet** *s* weltweit vereinb. Lautschrift; **U.erbe** *m* Alleinerbe; **U.gelenk** *s* Kardangelenk; **U.instrument** *s* Theodolit mit Vertikalkreis; **U.motor** *m* elektr. Motor für Hausgeräte; **U.prinzip** *s* Jurisdiktion jedes Staats über die von ihm ergriff. Verbrecher; **U.schere** *w* Vielzweckgerät; **U.spender** *m* Träger der Blutgruppe O (Blut auf alle and. Blutgruppenträger übertragb.); → Blutformel, -gruppe

Universe *w* (am.: *juniwes*) statist. Gesamtmasse

Unkosten *M* → Kosten; → Gemeinkosten

Unktion *w* (lat.) Salbung, Einreibung

unlauterer Wettbewerb *m* Wettbewerb mit rechtl. nicht zuläss. Mitteln (z. B. Verstoß gegen die „guten Sitten")

unlimitiert (KW, lat.) unbeschränkt

unnotierte Werte *M* im → Freiverkehr gehand. Wertpapiere

UNO *w* ⟨ (e.) **U**nited **N**ations **O**rganization (= Vereinte Nationen)

unphasig (KW, gr.) im Schwingungszustand nicht übereinstimmend

unpolarisiertes Licht *s*: Ggs.: → polarisiertes Licht

Unrechts:haftung *w* Schadensrisiko bei unerlaubten Handlungen

UNRRA ⟨ (e.) **U**nited **N**ations **R**elief and **R**ehabilitation **A**dministration (Welthilfsverband). – **UNRWA** ⟨ (e.) **U**nited **N**ations **R**elief and **W**orks **A**gency for Palestine Refugees in the Near East (UN-Hilfswerk für Palästinaflüchtlinge im Nahen Osten)

Unschärfe:relation *w* → Heisenbergsche U.

unsichtbare Ein- u. Ausfuhr nicht aus Warenlieferungen besteh. Handel mit dem Ausland (z. B. Reiseverkehr – Veräußerung von Patenten, Lizenzen)

Unstetigkeit *w* Ggs.: → Stetigkeit

unteilbar (am.: indivisible; 1963) ↑ nicht als Einzelproblem zu verstehen

unter|- ↑ Vorsatz zur Kennzeichnung einer bes. niedr. Oxidationszahl (**u.bromige**, **u.chlorige**, **u.phosphorige** Säuren enthalten Brom, Chlor, Phosphor in niedrigerer Oxidationsstufe als brom., chlor., phosphor. Säuren); **u.e Schranke** *w* → Schranke; **U.beschäftigung** *w* Nichtauslastung der vorhand. techn. u./o. personell. Kapazitäten; **U.bewertung** *w* Bewertung von Vermögensgegenständen zu niedrigerem als ihrem rechtl. zuläss. Wert (führt zur Bildung stiller Reserven); **u.bewußt** nicht verstandesmäß. (begriffl.) erfaßt (*S*: **U.bewußtsein** *s*); **U.bilanz** *w* Fehlbetrag; verlustr. Abrechnung (Verlust beträgt Hälfte des Geschäftsvermögens); **U.bodenschutz** *m* Rostschutzanstrich des Kfz-Bodens; **U.brecher** *m* Vorrichtung, die elektr. Strom regelm. aus- u. einschaltet; **U.bringungsbefehl** *m* richterl. Anweisung, den Angeklagten in Heilanstalt zu beobachten; **U.druckkammer** *w* Stahlkammer zur Herabsetzung des Luftdrucks; **U.-druckversteller** *m* Vorrichtung zur autom. Regelung des Zündzeitpunkts in Kfz-Motoren; **u.entwickelt** mit(zu) geringem Lebensstandard; **U.flurmotor** *m* unter dem Fußboden des Großkraftwagens einbaub. Motor

unter|gärig mit zu Boden ges. Hefe; **U.grund** *m* ↑ bei der Messung bes. atomphysik. u. elektromagn. Größen der Zeigerausschlag, der in Abwesenheit des zu mess. Effekts ablesbar ist; = → Underground; **U.grundbewässerung** *w* Bewässerung durch poröse unterird. Röhren; **U.gruppe** *w* → U.menge einer Gruppe, die selbst Gruppe ist; entspr.: **U.körper** *m*; **U.vektorraum** *m* u. a.

Unterhalt|sbeitrag *m* Alimentierung; **U.sklage** *w* Alimentenklage; **U.s-pflicht** *w* Verpflichtung zur U.sleistung; **U.s:sicherung** *w* finanz. Schutz für Angehörige

Unter|haut *w* Bindegewebe unter der Oberhaut; **U.konsumtions:theorie** *w*: Schwankungen der Konjunktur sind darauf zurückzuführen, daß Konsumtionsgüter nicht ausreichend nachgefragt werden (können); **U.kühlung** *w* Abkühlung einer Flüssigkeit unter den Gefrierpunkt ohne Festwerden (eines Dampfes unter die Sättigungs:temperatur ohne Kondensation); Auskühlung des Körpers („Hypothermie")

Unter|lassungsklage *w* Klage bei Nichterfüllung von Rechten; **U.menge** *w* → Teilmenge

Unternehm|ensberater(in) *m* (*w*) berufl. Betriebs:planer(in); **U.enszusammenschluß** *m* → horizontal; → Kartell; →

Trust; **U.enskonzentration** *w* Fusionierung, Vertrustung, Kartellierung, Konzerngründung; **U.er:einkommen** *s* Ggs.: → Arbeits:einkommen; **U.ergewinn** *m* Einkommen des Betriebs:inhabers; **U.erseminar** *s* regelm. Managerschulung; **U.ungs-** → U.nehmens-; **U.ungsform** *w* verbindl. Festlegung der Aufgaben, Haftung, Kapitalverteilung eines Betriebs

Unter|-pari-Emission *w* Ausgabe von Wertpapieren zu unter dem → Nennwert lieg. Kurs; **U.pflasterbahn** *w* unterird. fortgef. Straßenbahn; → Subways; **u.privilegiert** ungenüg. mit den gesellsch. Möglichkeiten entsprech. Lebens:chancen ausgestattet; **U.programm** *s* → Prozedur; mehrf. wiederverwend. Teil des Programms einer EDVA (spart bei häufigen Rechenoperationen Wiederholung des Programmierens); **u.proportionale Kosten** *M* fallen o. steigen in geringerem Maße, als sich der Beschäftigungsgrad ändert

Unterrichts:pflicht *w* Verpflichtung des Arbeitgebers, den Betriebsrat über soz. wichtige Maßnahmen (Pflichten) zu unterrichten

Unterschieds:empfindlichkeit *w* Reizschwelle

Unterschriftskarte *w* Karte bei Kredit:instituten, versehen mit Unterschrift der Personen, die über ein Konto verfügen (Kontrollfunktion!)

unter|schwellig nicht bewußt wahrgenommen; nicht als Werbemaßnahme aufgefaßt; **u.ständig** tief gelegen (Fruchtknoten); nach hinten stehend (Tierbein); **U.steuern** *s* Lenkverhalten von Kfz.en (in Kurven drängt Vorderachse nach außen); **U.streuung** *w* zu geringe Werbungsdichte; **U.strömungstheorie** *w* Zurückführung der Erdkrustenbewegungen auf therm. bedingte Strömungen in Räumen u. der Kruste

Untersuchung|s:ausschuß *m* Bundestagskommission zur Erhellung undurchsicht. Tatbestände; **U.s:haft** *w* Inhaftierung(sdauer) eines Tatverdächtigen (⟨ *U-Haft*); **U.srecht** *s* Recht des Bundestags, über alle Bereiche des öfftl. Lebens zu ermitteln (= **Enqueterecht** *s*); **U.srichter** *m* Leiter der Voruntersuchung; **U.s:station** *w* Labor

Unter|temperatur *w* zu geringe Körpertemperatur; **U.völkerung** *w* zu geringe Bevölkerungsdichte; **U.wasserkamera** *w* Lichtbildgerät für U.wasseraufnahmen; **U.wassermassage** *w* (fr.: *-ßâsche*) Massierung des Badenden durch Wasserkraft; **U.wasserschall:anlage** *w* Vorrichtung zur Abgabe (zum Auffangen) von Schiffs:schraubengeräuschen o. **U.wassersignalen** Seewarn-, -verständigungszeichen bei Nebel; **U.werfungsverfahren** *s* Annahme der Steuerstrafe ohne Strafbescheid; **U.werk** *s* Umspannstation bei Stromverbrauchern

unverzinsliche Schatz:anweisungen *M* mittelfrist. Staatskredite zw. 6 Monaten u. 2 Jahren ohne Zinskupon (Zinsabzug bei Übernahme durch Banken), = **U-Schätze** *M*

unverzüglich ↑ ohne schuldh. Zögern (nicht = sofort!)

unvollkommener Markt *m* der Realität entsprech. Ort ständ. Konkurrenz (Rationalprinzip des Marktteilnehmers weicht best. Präferenzen; örtl. Differenzierung usw. führen zu unterschiedl. Preisen für gleiche Produkte)

Unwucht *w* unsymmetr. Masseverteilung an rotier. Körpern

Unze *w* (lat.; e.: *ounce*) ↑ Gewichts:einheit für Boxhandschuhe (28,363 g)

UP ⟨ → **u**ngesätt. **P**olyester

Uperisation *w* (lat.) Methode, Milch durch sehr kurzes Erhitzen u. Wiederabkühlen haltbar zu machen (Geschmack u. Vitamingehalt bleiben erhalten!)

UP-Harze *M* (⟨ **u**ngesättigte **P**olyester**harze**) Klasse → duromerer Kunststoffe

UPI ⟨ **U**nited **P**ress **I**nternational (am. Nachrichtenagentur). – **UPM** ⟨ **U**mdrehungen **p**ro **M**inute. – **UPN** ⟨ → **u**mgekehrte **p**oln. **N**otation. – **UPU** ⟨ **U**niversal **P**ostal **U**nion (Weltpostverein, Bern). – **u. R.** ⟨ **u**nter **R**ückerbittung. – **UR** ⟨ **U**rheber**r**echt

Uracil *s* (KW) organ. Stickstoffverbindung (eine → Nucle:inbase)

Urämie *w* (KW, gr.) Harnvergiftung

Uran| *s* (gr. Planetenname) chem. Element, selt. radioakt. Schwermetall (wicht. Kernbrennstoff; ⟨ *U*); **U.brenner** *m* Kernreaktor, der U. als spaltb. Material verwendet; **U.ismus** *m* gleichgeschl. Liebe unter Männern (Betroffener: **U.ist** *m*); **U.ocen** *s* → Sandwichstruktur; **U.meiler** *m* = **U.ofen** *m* U.brenner; **U.ologe** *m* Himmelsforscher; **U.ometrie** *w* Festlegung (Messung) der Sternörter; **U.pechblende** *w* wichtigstes u.haltiges Mineral, = **U.-pech:erz** *s*; **U.-Radium-Zerfallsreihe** *w* mit dem U.-Isotop der Massenzahl 238 beginn. radioakt. → Zerfallsreihe, eine der 3 bekannten Zerfallsreihen; **U.-spaltung** *w* Kernspaltung des U.s

Urate *M* Salze der Harnsäure
Urban|stein *m* (lat.-d.) = → Quark; **U.isierung** *w* = → Verstädterung; **U.ismus** *m* ihr Ergebnis; Lebensweise der Städter
Urbild *s* Ausgangs:punkt bei → Abbildungen
Ure|ometer *s* (KW, gr.) Gerät zur Bestimmung des Harnstoffs; **U.thane** *M* Gruppe organ. Stickstoffverbindungen; **U.thritis** *w* Harnröhrenentzündung; **U.throskop** *s* Harnröhrenspiegel
UR-Glas *s* für **U**ltra**r**otlicht durchläss. **Glas**
Ur|heber *m* ↑ → Adressant. – **U.kilogramm** *s* in Sèvres b. Paris aufbew. Massekörper, der exakt die Einheit *kg* verkörpert (internat. *kg*-Prototyp)
Urknall| *m* der (hypothet.) Beginn der (gegenw. andauernden) Expansion des Weltalls; **U.strahlung** *w* aus allen Richtungen des Alls komm. elektromagn. Strahlung, die als direkte Folge des U.s gedeutet werden kann
Urlinde *w* (KW) geschlecht. als Mann empfind. Frau
Ur|liste *w* Stammrolle; Grundaufstellung; **U.meter** *s* in Sèvres b. Paris aufbew. Maßstab, der exakt die Längeneinheit *m* verkörpert (heute *m*-Definition nach SI-Einheiten)
Urnenversuch *m* Veranschaulichung best. Probleme der → Kombinatorik
Urning *m* (KW) gleichgeschlechtl. veranl. Mann
uro|genital (KW) Harn- u. Geschlechtsorgan betreffend; **U.graphie** *w* Röntgenbild des Harngangs; **U.lith** *m* Harnstein; **U.loge** *m* Facharzt für Harn-, Geschlechtskrankheiten; **U.meter** *s* Gerät zur Harnuntersuchung; **U.sepsis** *w* von den Harnorganen ausgeh. allgem. Vergiftung; **U.skopie** *w* Harnuntersuchung; **U.tropin** *s* organ. bas. Stickstoffverbindung (wicht. Konservierungsmittel)
Ur:produktion *w* auf die Gewinnung von Bodenschätzen usw. abgestellte Produktion (Bergbau – Land- u. Forstwirtschaft – Fischerei u. dgl.)
Ur:sendung *w* 1. Ausstrahlung eines Films (Hörspiels)
Ursprung| *m* ↑ Anfangspunkt in einem Koordinatensystem; **U.sgerade** *w* Gerade durch den U.; **U.szeugnis** *s* Nachweis über Herkunft einer Ware (Herstellungs-, Gewinnungsland usw.)
Urteer *m* durch Verschwelen bei niedr. Temperatur gewonn. Teer
Urteils:täuschung *w* Fehlbeurteilung der eigenen Hypothese
Urtikaria *w* Nesselausschlag, -sucht, = → Quaddel
Urtiter *m* (fr.) chem. Lösung mit genau bekanntem Gehalt für Analysen
Urwähler *m* → Wahl
US ⟨ **U**ltra**s**chall; ⟨ **U**nited **S**tates
U-Schätze *M* ⟨ → **u**nverzinsl. **Schatz**anweisungen mit meist 6–24 Monaten Laufzeit
User *m* (e.: *jûßer*) gewohnheitsm. Haschischraucher
UST ⟨ **U**m**s**atz**st**euer. – **USW** ⟨ **U**ltra**s**chall**w**ellen
Uter|oskop *s* (KW) Gebärmutterspiegel; **U.us** *m* (lat.) Gebärmutter
Utilitarismus *m* (KW, lat.) Nützlichkeitsstandpunkt, -lehre
U.T.P. ⟨ **U**niversal**t**ief**p**unkt. – **UV** ⟨ **U**ltra**v**iolett; ⟨ **U**nfall**v**ersicherung. – **u. V.** ⟨ **u**nter **V**orbehalt. – **uv.** ⟨ **u**n**v**erkäufl. – **UVF** ⟨ **U**mland**v**erband **F**rankfurt
UV-Absorber *M* → Additive zum Schutz lichtempfindl. Substanzen (z. B. Chemiefasern) vor Zerstörung durch **U**ltra**v**iolettstrahlung; **UV-Filter** *s* (*m*) opt. Filter, das (der) **U**ltra**v**iolettstrahlung nicht durchläßt; **UV-Glas** *s* für **U**ltra**v**iolettstrahlung durchsicht. Spezialglas; **UV-Lampe** *w* **U**ltra**v**iolettlampe; **UV-Strahlen** *M* **u**ltra**v**iolette Strahlen
UVV ⟨ **U**nfall**v**erhütungs**v**orschriften. – **UW** ⟨ → **U**nter**w**erk. – **UWG** ⟨ **G**esetz gegen den **u**nlaut. **W**ettbewerb. – **UZ** ⟨ **U**nterhalts**z**uschuß

V ⟨ → Volt; ⟨ → Vanadium; ⟨ Volumen; ⟨ Verordnung; ⟨ Verlag; ⟨ Spannung. – **v** ⟨ Schnelligkeit (lat.: velocitas). – **VA** ⟨ Voltampere; ⟨ Verkehrsagentur; ⟨ Vermessungsamt; ⟨ Versuchsanstalt; ⟨ Versorgungsartikel; ⟨ Verwaltungsakt; ⟨ Verwaltungsangestellte(r); ⟨ Vorzugsaktie

vagil| (lat.) frei beweglich ausbreitungsfähig (v.e Tiere); *S*: **V.ität** *w*

Vaginismus *m* (KW) Scheidenkrampf (durch Angst vor Geschlechtsverkehr)

Vagotonie *w* (KW) Erregbarkeit eines Hirnnervs

Vak|at *s* (lat.) unbedruckte Seite; **V.uole** *w* Hohlraum im Zelleninnern. – **Vaku:um|** *s* weitgeh. leerer Raum, in dem der verbleib. Gasdruck (i. a. Luftdruck) im Vergleich zum natürl. Atmosphärendruck klein ist; **V.destillation** *w* unter geringerem als Atmosphärendruck durchgef. Destillation (läuft bei tieferer Temperatur ab als Destillation bei Normaldruck; Vorteile: Energieersparnis; Substanzschonung); **V.filtration** *w* Hindurchsaugen einer Flüssigkeit durch Filter mit V.pumpe; **V.formen** *M* Verfahren zur Herstellung von Formkörpern aus Kunststoffplatten durch → Warmformen mit Saugvorrichtung; **V.meter** *s* Meßgerät für Drücke unter 1 bar, = **V.messer** *m*; **V.pumpe** *w* Apparatur, die durch Absaugen eines Gases das V. erzeugt; **V.rohr** *s* Saugrohr

Vakzin| *s* (lat.) Impfstoff (Kuhpockenlymphe), = **V.e** *w*; **v.ieren** gegen Pocken impfen

Val *s* (lat.) = → Gramm:äquivalent

Val. ⟨ → **Val**uta

Valenz| *w* (lat.) = → Wertigkeit; **V.elektronen** *M* Elektronen in einem Atom, die am Zustandekommen chem. Bindungen beteiligt sind (gehören zu äußeren → Energieniveaus, deren Gesamtheit daher **V.elektronenschale** *w* heißen), = → **Außen:elektronen** *M*; **V.-kraft** *w* hält 2 chem. anein. geb. Atome (Atomgruppen) zusammen

Valeriansäure *w* zur Gruppe der Fettsäuren zähl. flüss. farblose Substanz von unangen. Geruch

Validity *w* (e.: *wäliditi*) Übereinstimmung der Aussage des → Probanden (Befragten) mit der Realität

Valin *s* natürl. → Aminosäure (Bestandteil vieler Eiweißstoffe)

Valor|en *M* (lat.) Wertsachen, -papiere einschl. Banknoten; **V.en:versicherung** *w* Transportversicherung für V.en; **V.isation** *w* staatl. Beeinflussung der Preise zugunsten der Erzeuger (z. B. im Agrarbereich); *ZW*: **v.isieren**

Valut|a *w* (it.) Wertverhältnis zw. inländ. u. ausländ. Währung(en); **V.a-Akzept** *s* auf fremde Währung laut. Wechsel; **V.a-Anleihen** *M* auf fremde Währung ausgest. Schuldverschreibungen von Inländern; **V.adumping** *s* (*-dampiñ*) Maßnahmen zur Verbesserung der internat. Wettbewerbsfähigkeit der Wirtschaft eines Landes über Beeinflussung der Wechselkurse (bes. über Abwertung der inländ. Währung); **V.ageschäft** *s* Geldwechselgeschäft; **V.aklausel** *w* Wertsicherungsklausel im Devisengeschäft (zur Sicherung gegen Kursverfall wird Forderung in ausländ. Währung ausgedrückt); **V.akredit** *m* bei Außenhandelsfinanzierung gebräuchl. Kredit in Auslandswährung; **V.apapiere** *M* ausländ. Wertpapiere; → V.en; **V.apolitik** *w* staatl. Steuerung des Außenwerts der Währung; **V.aschuld** *w* Schuld in fremder Währung; **V.aschwankungen** *M* Wertveränderungen zw. Außen- u. Binnenwert einer Währung; **V.en** *M* auf fremde Währung laut. Zinsscheine ausländ. Wertpapiere; **V.enkonto** *s* Buchführungskonto für auf fremde Währung laut. Transaktionen; **V.ierung** *w* Festsetzung eines für die Leistungserstellung verbindl. Datums

Valvation *w* (fr.) z. T. auf Schätzung beruh. Wertfestsetzung (→ De-, → Revalvation)

Vampirismus *m* Geschlechts:erregung durch Anblick (Geschmack) des Partnerbluts

Vanad|in *s* (KW nach Beinamen einer germ. Göttin) metall. chem. Element (wicht. Legierungsbestandteil hochwert. Stähle), = **V.ium** *s* (⟨ *V*); **V.inblei:erz** *s* wicht. V.ium:erz, = **V.init** *m*

Van-Allen-Strahlungsgürtel *m* (am. Entdecker: *wän:ällen-*) sehr hohe parall. zum Äquator ringförm. die Erde umgeb. Zone hoher Strahlungs:intensität; → Strahlungsgürtel

van de Graaf|-Follikel *M* (nl. Anatom, 17. Jh.) Eibläschen im Eierstock; **v.d.G.-Generator** *m* → Bandgenerator

van der Waalsche| Bindung *w* (nl. Physiker, 19./20. Jh.) → Molekülbindung; **v.d.W. Kräfte** *M* zw. den Molekülen von Gasen o. Flüssigkeiten wirk. Anziehungskräfte

Vapori|meter *s* (KW, lat.) Alkoholmeßgerät; **V.sation** *w* (Blutstillung durch) Verdampfung; **v.sieren** verdampfen; *S*: **V.sierung** *w*

VAR ⟨ **V**ereinigte **A**rabische **R**epublik

Varia|bilität *w* (lat.) Veränderlichkeit; **V.ble** *w* → Platzhalter; veränd. Größe, die aus festgel. Menge von Werten jeden Wert annimmt; **v.ble Kosten** *M* sind in ihrer Höhe vom Beschäftigungsgrad abhängig; = → veränderliche Kosten; **v.bler Markt** *m* börsenmäß. Handel mit Wertpapieren bei lauf. Notierung, = **Schwankungsmarkt** *m*; **v.nt** abweichend, wechselhaft; **V.nz** *w* aus Abweichungen vom Mittelwerk berechn. statist. Größe; **V.tion** *w* ↑ best. Anordnung von → Elementen; Begriff der Kombinatorik; Änderung von Strukturen; durch Sonnenanziehung verurs. Unregelmäßigkeit in der Umlaufbewegung des Mondes um die Erde; **V.tionsrechnung** *w* Errechnung von Extremwerten. – **Vari:ety** *w* (am.: *wärai:eti*) reichhalt. Angebot

varikös (lat.) krampfaderartig

Vario|meter *s* (KW, gr.-lat.) Gerät zur Messung der Steig-, Sinkgeschwindigkeit des Flugzeugs; **V.objektiv** *s* fotogr. Objektiv mit veränderl. Brennweite (erlaubt Änderung des Bildausschnitts bei gleichbleib. Kamerastandort); = → Zoom(objektiv)

Varistor *m* (KW) elektr. Halbleiter

Varityper *m* (e.: *wäritaiper*) (auf Schreibmaschinenprinzip aufgebaute) Setzmaschine

Variz|elle *w* (lat.) Windpocke; **V.en** *M* Krampfadern (erweit., geschläng. Venen, bes. der Beine)

Vas:ektomie *w* (KW) Sterilisierung des Mannes durch Unterbrechung des Samenleiters

vas|kular (lat.) voller Blutgefäße; **v.kulös** gefäßreich.; **V.ographie** *w* Röntgen:untersuchung von Blutgefäßen; **V.oligatur** *w* Gefäßunterbindung; **V.omotor** *m* Gefäßnerv; **V.oneurose** *w* Gefäßnervenstörung; **V.otomie** *w* = → Vasektomie

Vater|figur *w* väterl. wirk. Vorbild; **V.komplex** *m* bedrück. väterl. Vorbild; **V.schafts:test** *m* erbbiol. o. Blutgruppen-Untersuchung zur Prüfung der V.schaft

v.A.w. ⟨ von **A**mts **w**egen. – **VB** ⟨ **V**erhandlungs**b**asis; ⟨ **V**ersuchs**b**ericht; ⟨ **V**erwaltungs**b**ezirk; ⟨ **V**olks**b**ücherei; ⟨ **V**ollzugs**b**estimmung. – **v. Bp.** ⟨ vereid. **B**uch**p**rüfer. – **VBI** ⟨ **V**erband **b**erat. **I**ngenieure. – **VBW** ⟨ **V**olks**b**ildungs**w**erk. – **VBZ** ⟨ verlor. **B**aukosten**z**uschuß. – **VC** ⟨ → **V**inyl**c**hlorid. – **VCR** ⟨ **V**ideo **C**assette **R**ecording (Bild-Ton-Kassetten-Aufnahme- u. Wiedergabesystem). – **VDA** ⟨ **V**erband **d**er **A**utomobilindustrie; ⟨ **V**ereinigung **d.** **A**rbeiterverbände. – **VDB** ⟨ **V**erband **d.** **B**etriebswirte (**B**ibliothekare – **B**iologen – **B**uchbindereien – vereid. **B**uchführer). – **VdCh.** ⟨ **V**erband **d.** **Ch**emiker. – **VDD** ⟨ **V**erband **d.** **D**entisten (**D**rogisten – **D**okumentare). – **VdDB** ⟨ **V**erband **d.** **D**iplom**b**ibliothekare. – **VDE** ⟨ **V**erband **d.** **E**lektrotechniker. – **VdE** ⟨ **V**erband **d**er **E**hevermittler (**E**isenwarenhändler). – **VDEh** ⟨ **V**erband **d.** **E**isen**h**üttenleute. – **VDE-Prüfzeichen** *s* Gütezeichen für Elektrogeräte. – **VDEW** ⟨ **V**ereinigung **d.** **E**lektrizitäts**w**erke. – **VDF** ⟨ **V**erband **d.** **F**lugleiter. – **VDI** ⟨ **V**erein **d.** **I**ngenieure. – **VDK** ⟨ **V**erband **d.** **K**onsumgenossenschaften (**K**üstenschiffer – **K**leingärtner). – **VdK** ⟨ **V**erband **d**er **K**riegsbeschädigten, -hinterbliebenen, Sozialrentner. – **VDL** ⟨ **V**erband d. **D**iplom**l**andwirte. – **VDM** ⟨ **V**ereinigte **d.** **M**etallwerke; ⟨ **V**erband **d.** **M**akler (**M**ineralbrunnen). – **VDMA** ⟨ **V**erein **d.** **M**aschinenbau**a**nstalten. – **VDP** ⟨ **V**erband **d.** **P**elztierzüchter. – **VdP** ⟨ **V**erband **d**er **P**olizeiangehörigen. – **VDR** ⟨ **V**erband **d.** **R**eeder (**R**eformhäuser – **R**entenversicherungsträger). – **VDRZ** ⟨ **V**erband **d.** **R**echen**z**entren. – **VDS** ⟨ **V**erein **d.** **S**tudentenschaft. – **VDU** ⟨ **V**erband **d**er **U**nterhaltspflichtigen. – **VDÜ** ⟨ **V**erband **d**er **Ü**bersetzer. – **VDV** ⟨ **V**erband **d.** **V**ermessungsingenieure. – **VDW** ⟨ **V**erband **d.** **W**erkzeugmaschinenfabriken. – **VDZ** ⟨ **V**erband **d.** **Z**uckertechniker (**Z**eitschriftenverleger). – **VE** ⟨ **V**errechnungs**e**inheit. – **VEBA** ⟨ **V**ereinigte **E**lektrizitäts- u. **B**ergbau **A**G

Veblen-Effekt *m* (am. Soziologe, 19./20. Jh.) = → Demonstrations:effekt; Phänomen des Prestigekonsums (zeigt Absatzsteigerung eines Gutes bei Preiserhöhung)

Vegetat|ionen *M* Wucherungen; **V.ionskunde** *w* Erforschung der Pflanzengesellschaften; **V.ionsversuch** *m* Wachstums:probe von Pflanzen; **v.iv** naturhaft; instinktiv; vom Willen unabhängig (v.ive Nerven); das v.ive Nervensystem betreffend; **v.ive Dystonie** *w* Gleichgewichtsstörung des v.iven Nervensystems; **V.ivum** *s* die v.iven Nerven

Vehikel *s* (lat.) ↑ Zusatz zu flüss. Heilmitteln

V.E.I.C. ⟨ United East India Company (e. Ostindiengesellschaft)

Veiling *s* (e.: *-liñ*) Versteigerungsform bei Naturprodukten (z. B. kanad. Tabak: Uhrzeiger läuft über fahr. Preisskala, beginnend beim Höchstpreis; Zuschlag an den, der Uhr zum Stillstand bringt)

Veits:tanz *m* = → Chorea minor

Vektor| *m* (lat.) Element eines V.raumes; → Klasse gleichgericht., gleichlanger Pfeile; gericht. Größe; → Betrag; **V.addition** *w* Verknüpfung im V.raum; **V.diagraphie** *w* Aufzeichnung der Aktionsströme der Herzmuskelfasern, = **V.kardiographie** *w*; **V.produkt** *s* → skalare Multiplikation, Kreuzprodukt; **V.raum** *m* spez. Verknüpfungsgebilde; → Basis; **V.rechnung** *w* Lehre vom Rechnen mit V.en

VELA ⟨ Vereinigung leit. Angestellter. – **VELKD** ⟨ Verein. evang.-luther. Kirche Deutschlands

Velourisieren *s* = → Beflocken

Velox| *s* (KW) Fotoreproduktion einer gerastert. Strichzeichnung; **V.kessel** *m* Hochdruckdampfkessel

Ven|ektasie *w* (KW) V.enerweiterung; **V.en** *M* Blutadern zum Herzen hin

Venn-Diagramm *s* bildl. Darstellung einer → Menge innerh. einer geschloss. Linie

Ventil| *s* (KW, lat.) ↑ Absperrvorrichtung für Gase u. Flüssigkeiten, die sich beim Öffnen senkr. von der Öffnung abhebt; = → Gleichrichter; Vorrichtung an Blechblasinstrumenten zum Verändern der Schallröhrenlänge; **V.-röhre** *w* = → Gleichrichterröhre; **V.-stößel** *m* Teil des Vergasermotors; **V.-teller** *m* Teil des Vergasermotors

Ventrikel *m* (lat.) Magen; Herz-, Hirnkammer

Venturi|messer *m* (it. Forscher) Gerät zum Messen der Geschwindigkeit ström. Flüssigkeiten (Gase); Saugdüse; **V.rohr** *s* Durchflußmesser für Rohrleitungen

Venule(n) *w* (lat.) kleine Vene

ver:abschieden ↑ (Gesetz) rechtskräftig machen

Ver:änderliche| *M* ↑ Sterne, die ihre Helligkeit period. ändern; **v. Kosten** *M* = → variable Kosten

Ver:angerung *w* Vergrasung des Waldes

Ver:anlagung *w* ↑ formgerechte Festsetzung der Steuerpflicht; Bemessungsgrundlage u. Höhe der zu entricht. Steuer

Ver:antwortung|s:ethik *w* Bewertung eines Handelns bes. nach seinen vorhersehb. Folgen; **V.sverlust** *m* sink. Hilfsbereitschaft in größerer Gruppe

Ver:arbeit|ungs:schwindung *w* Längenabnahme gegoss. Metall- u. Kunststoffteile beim Abkühlen; **v.ende Industrie** *w* Ver- u. Bearbeitung der Rohstoffe

Ver:äußerung| *w* Aufgabe eines Besitzes durch Übergabe (Übereignung o. Abtretung); **V.sgewinn** *m* ergibt sich bei V. von Betrieben, wenn der erzielte Preis den Buchwert u. die V.skosten übersteigt

Verbal|kontrakt *m* mündl. Vereinbarung; **V.note** *w* vertraul. mündl. vorgetrag. diplomat. Note

Verband *m* ↑ best. → Verknüpfungsgebilde. – **Verbände|herrschaft** *w* Einfluß von Interessengruppen (V.n) auf Parlament u. Verwaltung; **V.staat** *m* zunehm. Durchdringung staatl. Instanzen mit außerstaatl. Einflüssen (Gewerkschaften – Arbeitgeber usw.). – **Verband|s:persönlichkeit** *w* Auffassung der → jurist. Person als wirkl. zusammenges. Person mit wirkl. Gesamtwillen; **V.s:tarif** *m* Lohnfestsetzung durch Berufsverband; **V.szeichen** *s* Warenzeichen für Gewerbeverbände

Verberuflichung *w* berufl. Organisation der gesellsch. Arbeitsteilung; Bildung von industr. Lehrberufen durch Unternehmen zur Anpassung der Arbeitskräfte an ration. Arbeit

Verbind|lichkeiten *M* Summe aller ihrer Fälligkeit u. Höhe nach feststeh. Schulden einer Unternehmung (auf der Passivseite der Bilanz ausgewiesen); → sonstig; **V.ungen** *M* ↑ einheitl. chem. Substanzen, deren Moleküle aus mindest. 2 versch. Atomen bestehen; → chemisch; → intermetallisch

Verbiß *m* Knospenbeschädigung durch Biß

Verblasen *s* ↑ Verfahrensschritt zur Reinigung der Metallschmelze bei der Erzverhüttung durch Oxidation der Verunreinigungen (die Schmelze wird in einen → Konverter gegeben u. Luft- o. Sauerstoffstrom hindurchgeblasen)

Verbleiung| *w* Erhöhung des Bleigehalts in Ackerböden u. Pflanzen (durch Autogase: V. des Kraftstoffs!)

Verblendung *w* ↑ Verkleidung einer Mauerfläche mit wertvollerem Material

Verblitzung *w* schmerzh. Schädigung der Augenhorn- u. -bindehaut (durch Einfall von ultraviol. Licht ins ungeschützte Auge [bei Höhensonnenbestrahlung, Schnee- u. Gletscherwanderungen]), = **Schneeblindheit** *w*

Verbodmung *w* Vertrag über Schiffsdarlehen

Verbots:irrtum *m* fehl. Bewußtsein der Rechtswidrigkeit einer Handlung

Verbrauch| *m* ↑ Verzehr wirtsch. Güter zur Befriedigung priv. Bedürfnisse (individ. Konsumtion) o. Produktion neuer Güter (produkt. Konsumtion); **V.er** *m* letztes Glied im Wirtschaftsprozeß bei individ. Konsumtion (auch Industrien u. Betriebe als V.er von Anlagegütern, Roh-, Hilfs- u. Betriebsstoffen); **V.sbesteuerung** *w* bes. Form der Einkommens:steuer:erhebung (V. ist Steuergegenstand, wenn er das ermitt. Einkommen um mehr als die Hälfte übersteigt); **V.sgüter** *M* zur Konsumtion bestimmte Güter nach endgült. Verlassung des Produktions:prozesses (schwierige Abgrenzung; z. B. Schreibmaschine in priv. Nutzung = Verbrauchs-, bei Büroverwendung Investitionsgut. Kriterium: Verwendung des Gutes); **V.sgüter:industrie** *w* V.sgüter herstell. Bereich der industr. Produktion; **V.s:steuern** *M* an die Verwendung des Einkommens anknüpf. Steuer (Tabak-, Mineralöl-, Branntweinsteuer usw.)

Verbrennung|skraftmaschine *w* Motor, der seine Energie durch Treibstoffv. im Zylinder o. in einer ihm unmittelb. benachb. Brennkammer erzeugt, = **V.smotor** *m* = Explosionsmotor; **V.swärme** *w* Wärmemenge, die bei der vollständ. V. eines → Mols einer Substanz entsteht

Verbringungsgesetz *s* vereitelt verbot. Einfuhr o. Verbreitung von Gegenständen (1961)

Verbuchung *w* Aufnahme von Geschäftsvorfällen in die Buchführung

verbund|ene Preise *M* Preise für produktionstechn. v.ene (Kuppel-)Produkte o. für komplementäre Güter; **v.ene Produktion** *w* Kuppelproduktion in der Produktions:technik (begründ. zwangsläuf. Anfall mehrerer Produkte [Hauptprodukt Koks, Nebenprodukt Gas usw.]); **v.ene Unternehmen** *M* = → Konzerne; **V.bau** *m* Bauweise mit mehr. Baustoffen; **V.betrieb** *m* Betrieb mit Wärmekraftmaschinen; mehrstuf. Kolbendampfmaschine; **V.fenster** *s* Doppelfenster mit verbund. Scheiben; **V.foli:e** *w* aus mehr. Kunststoffschichten besteh. Verpackungsfolie; **V.glas** *s* mehrschicht. Sicherheitsglas; **V.guß** *m* Stahl aus 2 versch. Stahlarten; **V.lochkarte** *w* Lochkarte mit gelochten u. geschrieb. Daten; **V.maschine** *w* Mehrzylinderdampfmaschine; **V.netz** *s* von mehr. Kraftwerken gespeistes Elektrizitätsnetz; **V.pack(ung)** *m* (*w*) = → Combipack; **V.system** *s* direkte Zusammenarbeit des Fachleutestabs mit den unt. Betriebsebenen; **V.werbung** *w* gemeins. Werbemaßnahmen von Herstellern sich ergänz. Produkte (z. B. Pfeifenhersteller – Tabakproduzenten; Autos – Autoradios); **V.werkstoffe** *M* aus mehr. verschied. Schichten besteh. Plattenwerkstoffe, = → Kompositenwerkstoffe; **V.wirtschaft** *w* enge wirtsch. u./o. techn. Zusammenarbeit zw. Unternehmen zur Steigerung der Rentabilität (bes. in der Energiewirtschaft)

Verbürgerlichung *w* ↑ polit. u. soz. Integration der Arbeiter (des Adels) nach Status, Einkommen u. Lebensstil im bürgerl. Staat

Verdampf|er *m* Apparatur zur Überführung von Flüssigkeiten in Dampfzustand bei Aufnahme von Wärme:energie (z. B. in Kälte:anlagen [Kühlschrank] o. Kraftmaschinen [Dampfmaschine]); **V.ungswärme** *w* Energiebedarf zur V.ung

verdeckte Gewinn:ausschüttung *w* alle Zuwendungen einer Gesellschaft an ihre Gesellschafter außer Dividende, die Nichtgesellschaftern nicht gewährt wird

Verdichter *m* Maschine zum Fördern o. Komprimieren von Gasen

Verdickungsmittel *M* Zusatzstoffe zur Erhöhung der → Viskosität von Flüssigkeiten (z. B. für Druckfarben)

Verdienst|grenze *w* höchster Lohn (Gewinn); **V.spanne** *w* Gewinnmöglichkeit

Verdinglichung *w* Form der Entfremdung des Bewußtseins (Denkens): Spaltung von Produzent u. Produkt als grundleg. u. natürl. verstanden (das Geschaffene steht außer der menschl. Gewalt u. ist natürl. entstanden [Religion – Moral – Kunst – Wissenschaft – Philosophie]). – **Verdingung|skartell** *s* Kartell, in dem teilnehm. Unternehmen verpflichtet werden können, best. Leistungen zu best. (im **V.svertrag** festgelegten) Konditionen auszuführen; **V.s:ordnung** *w* alle Grundsätze der öfftl. Auftragsvergabe

Verdrahtung| *w* elektr. leit. Verbindung zw. Schalt:elementen; **feste V.** Verbindungen in ADVA, die über Eingabegeräte nicht verändert werden können (gehören zur → Hardware)

Verdräng|erverdichter *m* Gasförderer; **V.ung** *w* Verlagerung von Trieb:ansprüchen vom Bewußtsein ins Unbewußte; chem. bewirkter Ersatz eines Minerals durch ein anderes

Verdrehversuch *m* Schubfestigkeitsprüfung

Verdrillung *w* Torsion

Verdunkelungsgefahr *w* ↑ (Verdacht auf) Verwischung des Tatbestandes

Verdünnungs:analyse *w* Verfahren zur Identifizierung kleinster Substanzmengen

Verdunstungskühlung *w* Abkühlung einer Flüssigkeit, indem man einen geringen Teil von ihr zum Verdunsten bringt (dabei wird die hierzu notwend. Wärmeenergie im wesentl. der zurückbleib. Flüssigkeitsmenge entzogen. – Arbeits:prinzip des Kühlturms)

Ver:edelung| *w* techn. Weiterverarbeitung eines Produkts zur Erlangung eines höherwert. Erzeugnisses; **V.sverkehr** *m* zollfreie, -begünstigte Einfuhr von Waren zur Be-, Verarbeitung im Inland bei anschließ. Ausfuhr; **V.swirtschaft** *w* Produktionsbereich zur Weiterverarbeitung landwirtsch. Produkte (z. B. Molkereien)

ver:eidigter Buchprüfer *m* freier Berufsstand, der Buch-, Bilanzprüfungen bei Unternehmen durchführen u. Bestätigungsvermerke erteilen darf

Ver:ein| *m* Zusammenschluß von Personen zur Verfolgung eines gemeins. Zwecks (rechtl. selbständig; unabhängig vom Mitgliederwechsel); **V.heitlichung** *w* Normung u. Standardisierung best. Güter (Fertigungsverfahren) zur Rationalisierung u. Qualitätssicherung. – **Ver:einigung|sfreiheit** *w* Koalitionsrecht; **V.smenge** *w*: die V.smenge zweier → Mengen enthält genau die → Elemente, die in mindest. einer der beiden enthalten sind. – **Ver:ein|sregister** *s* beim Amtsgericht geführtes Verzeichnis aller nicht auf wirtsch. Zweck ausgericht. eingetr. V.e.; **V.svormundschaft** *w* = → Anstaltsvormund. – **Ver:einte Nationen** *M* Staatenbund zur Erhaltung des Friedens u. Förderung der internat. Zusammenarbeit u. der Menschenrechte (⟨ *UN*[*O*]; 1945)

Ver:elendungs:theorie *w*: wirtsch. Lage der Arbeiterklasse muß sich bei zunehm. Kapitalanhäufung verschlechtern (Kapital muß akkumulieren, daher wachsen; Reichtum der einen ergibt Armut der andern Seite. – Marx)

Ver:esterung *w* chem. Reaktion eines Alkohols mit einer Säure unter Bildung eines → Esters (Umkehrung: → Verseifung)

Verfahren|s:ingenieur *m* [*-inschênjör*] Spezialist der **V.s:technik** *w* Technik der Stoff- u. Energie:erzeugung, = → Fertigungs:technik

Verfall| *m* ↑ Fälligwerden einer Schuld; **V.erklärung** *w* Feststellung, daß Wechsel (Gutschein) v.en ist; **V.klausel** *w* → kassator. Klausel (Schuldner verliert bei Nichterfüllung seiner Verbindlichkeiten Rechte, = **Verwirkungsklausel** *w*); **V.tag** *m* Tag, an dem der gezog. Wechsel fällig wird; = → Wechselv.

verfassung|gebende Gewalt *w* unveräuß. Recht des Volkes, ausgeübt durch die **V.sversammlung** *w* (= **Konstituante** *w*); **v.sfeindlich** die freiheitl.-demokrat. Grund:ordnung be:einträchtigend o. beseitigend; **V.skonflikt** *m* Auseinandersetzung zw. Regierung u. Parlament über V.sfragen; **V.s:schutz** *m* staatl. Schutz für v.smäß. Grundordnung des Bundes u. der Länder (BVG – Bestrafung von Hochverrat u. ä. Straftaten – staatl. Exekutive – Bundesamt für V.s:schutz mit nachgeordn. Landesbehörden); **V.s:störung** *w* Unfähigkeit eines obersten Staats:organs, seine Aufgaben wahrzunehmen; **V.sversammlung** *w* s. o.!; **V.swirklichkeit** *w* Grad der Verwirklichung der V.svorschriften

Verfolgungszwang *m* Verpflichtung der Staatsanwaltschaft, gegen bekannte straf- u. verfolgb. Handlungen einzuschreiten

Verfremdung *w* Heraushebung alltägl. Dinge aus Bereich des Selbstverständlichen (neues Verstehen der Realität durch Negierung des vom Publikum bisher Verstandenen)

verfüg|bares Einkommen *s* Teil des Volks:einkommens nach Steuern, der den priv. Wirtschafts:einheiten zur V.ung steht; **V.ung** *w* ↑ Rechtsgeschäft, das ein Recht unmittelb. aufhebt, überträgt o. inhaltl. verändert (Kündigung – Schuldzahlung – Eigentums:übertragung); Ggs.: → Verpflichtungsgeschäft

vergäll|en ↑ Lebens- o. Genußmittel durch Zusatzstoffe für menschl. Genuß unbrauchbar machen; **V.ungs:therapie** *w* Alkoholikerbehandlung durch Heilmittel mit unangen. Folgen (= **V.ungsmedikamente** *M*)

Vergas|er *m* Teil des Verbrennungsmotors; Apparat zur **V.ung** *w* Umwandlung fester Brennstoffe (bes. Kohle) in gasförm. auf chem. Wege; Herstellung des Benzindampf-Luft-Gemischs zum Antrieb von → Ottomotoren

vergeil|en durch Lichtmangel aufschießen (Pflanzen v.en); *S:* **V.ung** *w* = **Etiolement** *s*

Vergesellschaftung| *w* = → Sozialisation, -sierung; **V.s:prozeß** *m* zunehm. Verfestigung soz. Beziehungen

Vergiftung *w* ↑ Unwirksamwerden eines → Katalysators durch Einwirken best. Stoffe; Reaktivitätsverlust eines Kernreaktors durch Einführung o. Entstehung neutronenabsorbier. (= die Kettenreaktion unterbrech.) Substanzen (= → Kontamination)

Vergleich| *m* ↑ gerichtl. Verfahren zur Abwendung eines Konkurses (soll zur Sanierung des Unternehmens führen); Beseitigung eines Streits (einer Rechts:ungewißheit, -unsicherheit) durch Vertrag; **v.ende Verhaltensforschung** *w* → Verhaltensforschung; **v.ende Werbung** *w* V. des eigenen Produkts mit den vom Konkurrenten angebot. Gütern in der Werbung (= unlaut. Wettbewerb; verboten!); **V.smiete** *w* Mietsumme für v.bare Wohnung; **V.squote** *w* Prozentsatz, den Schuldner seinen Gläubigern auf ihre Forderungen zahlt; **V.sverfahren** *s* Gerichtsverfahren über Vermögen des **V.s:schuldners** zur Abwendung des Konkurses

Vergnügungs:steuer *w* von der Gemeinde erhob. Steuer auf best., Vergnügen bereitende Veranstaltungen (Tanz-, Kino:eintrittskarten u. dgl.)

vergüt|en ↑ das Korngefüge des Stahls (= seine mechan. Eigenschaften) verbessern; **V.ung** *w* ↑ lichtdurchl. Oberflächenbeschichtung opt. Linsen zur Verringerung der durch → Reflexion verurs. Lichtverluste; Wärmebehandlung von Metall-(bes. Stahl-)teilen zur Verbesserung der mechan. Eigenschaften

Verhalten|sbeobachtung *w* Kundentestung; method. Beobachtung von Testpersonen; **V.s:elemente** *M* Faktoren soz. Verhaltens; **V.sforschung** *w* Untersuchung des V.s der Tiere, → Ethologie (= vergleich. V.sforschung); Erklärung des psych. Lebens aus Zwangsreaktionen auf Umweltreize („Behaviorismus"), = **V.slehre** *w*; **V.skontrolle** *w* V.s:steuerung durch Umweltreaktionen; **V.smuster** *s* soz. V.s:schema (Ausdruck soz. V.s:erwartungen); **V.s:soziologie** *w* Theorie:ansatz zur Erklärung soz. Phänomene durch Hypothesen über menschl. V.; **V.s:therapie** *w* Verfahren zur Behandlung von V.s:störungen neurot., psychol. Art. – **Verhältnis|** *s* ↑ Quoti:ent von 2 Größen (z. B. Zahlen); **V.schätzung** *w* Schätzung einer Größe der Grundgesamtheit mit Hilfe des V.ses zweier Größen einer Stichprobe; **V.wahl** *w* proport. Sitzzuteilung auf konkurrier. Listen nach dem → d'Hondtschen Verfahren (Ggs.: → Mehrheitswahl), = → **Proporz** *m*

Verhandlung|smaxime *w* V. nur des von den Parteien Vorgebrachten (im Zivilprozeß); **V.s:paket** *s* = → Paket

Verholboje *w* vertäute Boje

Verhüttung *w* Gewinnung von Metall aus Erz

Verifi|kation *w* (lat.) ↑ Beglaubigung, -stätigung; = **V.zierung** *w* Überprüfung einer These

Ver:innerlichung *w* ↑ Eingliederung soziokultur. Muster (Werte, Normen) in die Persönlichkeits:struktur (= **Internalisierung** *w*); Einbeziehung der Konflikte mit and. Personen ins eig. Innere

Veris|mus *m* (KW, lat.) künstler. wirklichkeitsnahe Darstellung menschl. Leidenschaften (*EW*: **v.tisch**)

Verjährung *w* ↑ jurist. Einrede (erlaubt dem Schuldner, Erfüllung zu verweigern; bewirkt nicht Fortfall des Anspruchs)

Verjüngungs:serum *s* = → Bogomoletz' Serum

Verkäufermarkt *m* = → Seller(s)-market (gekennzeichnet durch eine das Angebot übersteig. Nachfrage; daher bes. starke Stellung des Verkäufers; Ggs.: Käufermarkt). – **Verkauf|s:auflage** *w* tats. verkaufte Druckauflage; **V.sförderung** *w* Maßnahmen des → Marketings zur Absatzsteigerung; **V.sgebühr** *w* Provision; **V.sgespräch** *s* mündl. Kundenwerbung; **V.s:packung** *w* Verpackung mit Werbetext; **V.spunkt** *m* Lage der angebot. Ware; **V.s:schulung** *w* Unterricht für Verkäufer(innen) zur Absatzsteigerung; **V.s:trainer** *m* (*-trä-*) Verkäufer- u. Vertreterschuler; **V.swert** *m* Preis für Veräußerung einer Ware

Verkehr| *m* ↑ Transport von Gütern, Personen, Informationen zu Land, Wasser, Luft; → abgelenkt; → einstrahlend; → gebrochen; **V.s:aufkommen** *s* alle beförd. Personen (Frachten); **V.sdichte** *w* Umfang des V.s; **V.s:erziehung** *w* pol. Schulung der Fahrer u. Fußgänger; **V.skreisel** *m* runder (ovaler) Verlauf der Autobahnzubringer, -ausfahrten; runder Platz mit vielen Abzweigungen; **V.s:schrift** *w* Kurzschrift; **V.s:sprache** *w* internat. Hilfs:sprache; neben der staatl.

Amts:sprache verwend. Sprache; = Gemein-, Umgangs:sprache; **V.s:spur** *w* = → Fahrspur; **V.s:sünderkartei** *w* Strafregister für Kraftfahrer; **V.s:unterricht** *m* pol. Unterweisung von V.s-sündern; **V.swacht** *w* Hilfsorganisation für Kraftfahrer; **V.swert** *m* bei Veräußerung jederzeit erzielb. Preis eines Gutes

Verkett|en *s* ↑ best. Verknüpfung zw. → Relationen, → Funktionen o. Abbildungen; **V.ung** *w* ↑ Anpassung von Indexziffern an veränd. Strukturverhältnisse; best. Werbegedanken (wiederkehrend in jed. Werbemittel)

Verklappung *w* Einbringen von (meist flüss.) Abfallstoffen ins Meer

Verklarung *w* = → Seeprotest

Verkleidungs:trieb *m* = → Transvestitismus

Verknüpfung| *w* ↑ Vorschrift, nach der je 2 → Elementen genau ein Element zugeordnet wird; = **äußere V.** (Ggs.: **innere V.**: die beteil. Elemente gehören demselben V.sgebilde an; z. B. Zahlenaddition); **V.sgebilde** *s* → Menge, in der eine V. erklärt ist; → algebra:ische Struktur; **V.s:tafel** *w* enthält die Ergebnisse einer V. für alle Elementenpaare einer endl. Menge

Verkrautung *w* Überhandnehmen von Wasserpflanzen im Gewässer

Verlade|brücke *w* Vorrichtung zum Umladen von Massengütern; Kranteil; **V.papiere** *M* für Transport einer Ware auszustell. Papiere (z. B. Frachtbrief, Konnossement); → Versanddokumente; **V.rampe** *w* Auffahrt zum Güterver-, -ausladen

Verlag|sgeschäfte *M* befassen sich mit der Veröffentlichung schriftstell. Erzeugnisse; **V.s:system** *s* Produktionsform, bei der Heimarbeit die einheitl. Leitung des Produktionsvorgangs ersetzt

verlängerter Eigentumsvorbehalt *m* Eigentumsvorbehalt des Verkäufers, der sich auch auf das Produkt erstreckt, in das die von ihm gelief. Ware nach Stofflichkeit o. Wert eingegangen ist

Verlust| *m* Überschuß der Aufwendungen über den Ertrag (auf best. Periode o. Leistungs:einheit bezogen), = **negativer Erfolg** *m* (Ggs.: Gewinn); **V.abzug** *m*: die V.e Steuerpflichtiger dürfen unter best. Voraussetzungen wie Sonderausgaben behandelt, d. h. von den Einkünften abgezogen werden; **V.ausgleich** *m*: V.e aus einer Einkommensart dürfen mit Überschüssen anderer u. U. ausgeglichen werden; **V.energie** *w* nicht genutzter Anteil der zur Verfügung steh. Energie; **V.faktor** *m* Maßzahl zur Kennzeichnung des inn. Energiev.es durch Entstehung von Wärme u. mechan. Schwingungsvorgängen; **V.-rücktrag** *m* Zurückbuchen von V.en; **V.schein** *m* Bescheinigung einer ergebnisl. Pfändung; **V.- u. Gewinnkonto** *s* (⟨ *GuV*) → Gewinn- u. V.konto; **V.vortrag** *m* sich ergeb. Betrag, wenn die V.e die off. Rücklagen u. einen event. Gewinnvortrag übersteigen (darf für das neue Rechnungsjahr vorgetragen werden); **V.zuweisung** *w* auf dem V.ausgleichsrecht aufbau. Möglichkeit, die Steuerschuld durch eine Beteiligung an steuerbegünst. Kapitalanlagen zu vermindern, die über Sonderabschreibungen erhebl. (Anfangs-) V.e erwirtschaften

Vermächtnis| *s* Zuwendung einz. Gegenstände im Erbgang an den **V.nehmer** *m* Legatar

Vermarktung *w* Unterwerfung unter das Gewinnprinzip (z. B. Komponist kann seine Arbeit nur an ihrer Verkäuflichkeit ausrichten)

Vermassung *w* Tendenz der industr. Gesellschaft zur Ausweitung der Massengesellschaft

Vermeidungslernen *s* (e.: avoidance learning) durch Vermeidung eines Strafreizes bedingter Lernprozeß

Vermessungs:schiff *s* Spezialschiff zur Erforschung des Meeresbodens

Vermicide, -zide *M* Heilmittel gegen Eingeweidewürmer

Vermieterpfandrecht *s* dem Vermieter zusteh. Recht, sich wegen seiner Forderungen aus dem Mietvertrag ein Pfandrecht an den vom Mieter eingebr. Gegenständen vorzubehalten

Verm.-Ing. ⟨ **Vermessungs:ingenieur**

Vermittl|er *m* ↑ = → Adressant; **V.ung** *w* ↑ Überwindung einer Widersprüchlichkeit durch Herstellung eines mittl. Begriffs (einer mittl. Möglichkeit); **V.ungs:ausschuß** *m* gemischt zusammenges. Gremium zur Beseitigung von Meinungsverschiedenheiten zw. Bundestag u. -rat; **V.ungs:technik** *w* Teil der Nachrichtentechnik; **V.ungsverfahren** *s* Schlichtungsversuch

Vermögen| *s* einer natürl. o. jurist. Person zu best. Zeit gehör. Güter u. Rechte (betriebl. Reinv. nach Abzug der Schulden = Aktiva); → sonstig; **V.sbilanz** *w* Auf- u. Gegenüberstellung der Schulden (Passiva) u. V.swerte (Aktiva) einer Unternehmung in Bilanzform; **V.sbildung** *w* Sparen aus dem verfügb. Einkommen (bes. Leistung des Arbeitgebers an Arbeitnehmer nach dem **V.sbildungsgesetz** *s* [624-DM-Gesetz]); **V.smehrungen** *M* V.szuwachs bei Kapitalgesellschaften; **V.s:politik** *w* alle Maßnahmen zur V.sbildung u. -umverteilung; **V.s:status** *m* Gegenüberstellung der Schulden u. des V.s zum Stichtag; **V.s:steuer** *w* Personensteuer, deren Gegenstand das ges. V. des Steuerpflichtigen nach Abzug best. Freibeträge ist; **v.swirksame Leistungen** *M* steuerl. begünst. Leistungen öfftl. u. priv. Arbeitgeber an Arbeitnehmer zur V.sbildung

Vernalisation *w* (lat.) Verfahren zur Entwicklungsbeschleunigung des Saatguts, = **Jarowisation** *w*

Vernetzung *w* ↑ chem. Reaktion zw. linearen → Makromolekülen unter Bildung intermolekul. Brücken (dabei entsteht netzart. Molekularstruktur. – Result. Substanzen sind i. a. unschmelzbar u. unlöslich)

Vernichtungs:strahlung *w* ↑ elektromagn. Strahlungs:energie, die entsteht, wenn ein Elementarteilchen u. sein → Antiteilchen aufeinandertreffen (→ Zerstrahlung)

Vernissage *w* (fr.: *wernissasch*) Vorbesichtigung einer Kunstausstellung

Ver:öffentlichungs:pflicht *w* bes. für AG.s besteh. Verpflichtung, wicht. Vorgänge im Unternehmen in geeign. Form zu veröffentlichen

Verpackung *w* → atmend

Verpfändung *w* Sicherheitsleistung durch Bestellung eines Pfandrechts an Forderungen o. bewegl. Sachen

Verpflanz|ung *w* ↑ = → Transplantation (*ZW*: **v.en**)

Verpflichtungsgeschäfte *M* Ggs.: → Verfügung (Person wird zu Handlung, Tun, Unterlassung rechtl. gebunden, ohne daß Rechtszustand eines Gegenstands unmittelb. geändert wird)

verplan|en ↑ Verfügbares plangemäß aufbrauchen (verteilen; *S*: **V.ung** *w*)

Verprobung| *w* Überprüfung der Buchführung mit math. Formeln; **V.smethoden** *M* math. Verfahren des Finanzamtes zur Prüfung des ausgewies. u. zu versteuernden Betriebsergebnisses

Verpuffung *w* schwache Explosion

Verramschung *w* Verkauf von Bücherrestbeständen an einen Resthändler zu herabges. Preisen

Verrechnung|s:abkommen *s* Vereinbarungen zw. Staaten zur Regelung des Zahlungsausgleichs (betr. nur die Salden); **V.s:einheit** *w* in einem Währungssystem o. V.s:abkommen gewählte Bezugsgröße (z. B. ECU im europ. Währungssystem); **V.s:scheck** *m* → Scheck, der nicht bar ausgezahlt, sondern dem Konto gutgeschrieben wird (Zusatz: „Nur zur V.“); **V.sverkehr** *m* Zahlungsverkehr zw. durch ein V.s:abkommen verbund. Staaten

Verreibung *w* Heilpulver

Verrentung *w* Überführung vom Angestellten- ins Rentnerverhältnis

Versand|anzeige *w* Mitteilung des Verkäufers an den Käufer, daß die Ware abgesandt ist; **V.dokumente** *M* zeigen im internat. Handel V. einer Ware an; → Verladepapiere; **V.geschäft** *s*: Ware wird nicht im Verkaufslokal angeboten, sondern auf Bestellung (durch die Post) zugestellt; **V.haus** *s* beliefert die Kunden nach Katalogen; **V.scheck** *m* muß zum Einzug versandt werden, da er an einem andern Ort als dem Sitz der mit dem Einzug beauftr. Bank zahlbar ist; **V.wechsel** *m* ist im Inkasso wie ein V.scheck zu behandeln

Versäulung *w* (nl.) Verfestigung konfession. Gruppierungen in der Gesellschaft

Versäumnis|urteil *s* Zivilprozeßurteil gegen eine zum gerichtl. Verhandlungs:termin ausgeblieb. Partei (nach einem **V.verfahren** *s*)

Verschachtelung *w* → Schachtelgesellschaften

Verschiebung| *w* ↑ Maßzahl für die im elektr. Feld je Querschnittflächeneinheit auftret. Ladung; Bewegung von Stücken der Erdrinde an ihren Bruchflächen; elektr. Polarisierung; **V.sbeben** *s* tekton. Erdbeben; **V.sgesetz** *s* Strahlungsgesetz; **V.s:theorie** *w* Theorie der → Kontinentalverschiebung (A. Wegener)

Verschleiß| *m* ↑: Ggs.: → Korrosion; **moralischer V.** *m* Verhalten von Produktionsmitteln durch Auftreten bess. neuer Modelle; **V.prüfung** *w* Erprobung der Abnutzbarkeit

Verschleppung *w* ↑ Menschenraub ins Ausland mit dem Ziel, den Verschleppten polit. Verfolgung auszusetzen

Verschluß *m* ↑ Lichtdurchlaß an fotogr. Kameras, der sich bei Betätigung kurzfrist. öffnet. – **Verschlüsselung** *w* Darstellen von Daten durch Zeichen zum Zweck der Sortierung, des Auffindens o. der Geheimhaltung. – **Verschluß|sache** *w* Geheimpapier; **V.zeit** *w* Zeitspanne, für die der fotogr. → V. geöffnet ist

Verschmelzung *w* = ↑ → Fusion

Verschränkung *w* Ineinandergreifen zweier (musik.) Phrasen o. Motive
verschreibungs:pflichtig nur auf ärztl. Anweisung verkäuflich
Verschulung *w* Übergewichtigkeit schulmäßig zu erwerb. Kenntnisse; Häufung von Lehrstätten
Versehrtenstufe *w* Grad der Körperbehinderung
Verseifung *w* chem. Reaktion eines → Esters mit Wasser unter Entstehung einer Säure u. eines Alkohols (Umkehrung der → Veresterung)
Versend|er *m* ↑ Auftraggeber des → Spediteurs; **V.ungskauf** *m* = → Distanzkauf
Verseuchung *w* ↑ = → Kontamination
Versicher|er *m* (jurist.) Person, die gegen eine vom V.ungsnehmer zu entricht. Prämi:e bei Eintreten des im V.ungsvertrag bezeichn. Ereignisses Ersatz leistet; **V.ungs:agent** *m* von einem o. mehr. V.ern beauftr. selbst. Gewerbetreibender zum Abschluß von V.ungsverträgen; **V.ungs:aufsicht** *w* staatl. Kontrolle über priv. V.ungs:unternehmen; **V.ungsbetrug** *m* absichtl. herbeigef. Schaden zur Nutzung einer V.ung; **V.ungsbörse** *w* Ort, an dem V.ungsverträge abgeschlossen werden; **V.ungsfall** *m* Eintritt des im V.ungsvertrag bezeichn. Ereignisses (Auslösung der Leistungs:pflicht); **V.ungskarte** *w* → V.ungsnachweis:heft; **V.ungsmakler** *m* selbst. Vermittler von V.ungsverträgen; **V.ungsmedizin** *w* mediz. Beobachtung, Betreuung der V.ten; **V.ungsnachweis:heft** *s* von der Sozialv.ung auszuhänd., vom Arbeitgeber aufzubewahr. Heft mit Formularen zur Meldung von Beschäftigungsdaten, Angaben zur Renten-, Kranken-, Arbeitslosenv.ung; **V.ungsnehmer** *m* → V.er; **V.ungs:pflicht** *w* Verpflichtung der meisten abhäng. Beschäftigten zur Sozialv.ung; **V.ungs:police** *w* (*-liße*) Urkunde über V.ungsvertrag; **V.ungs:prämi:e** *w* vom V.ten an den V.er zu leist. Zahlung für den V.ungs:schutz; **V.ungs:schein** *m* = → V.ungs:police; **V.ungs:summe** *w* Geldbetrag, den der V.er im Schadensfall leistet; **V.ungs:träger** *m* Sozialv.ungs:anstalt; **V.ungs:unternehmer** *m* = → V.er; **V.ungsvertrag** *m* Vertrag zw. V.tem u. V.er zur Absicherung gegen Risiken; **V.ungsvertreter** *m* = → V.ungsagent; **V.ungswirtschaft** *w* alle der V.ungs:aufsicht unterworf. V.ungs:unternehmen
versiegeln ↑ durch Verschweißen der Verpackungsfoli:e luftdicht einschließen
Versorgung|s:anspruch *m* Recht auf Existenzminimum; **V.sberechtigung** *w* Anspruch auf Unterbringung (beglaubigt durch den **V.s:schein** *m*); **V.sbetriebe** *M* alle der V. der Bevölkerung dien., nicht primär gewinn:orient. Betriebe (Elektrizitäts-, Wasser-, Stromversorgung u. dgl.); **besonderer V.sfreibetrag** *m* dem überleb. Ehegatten zu gewähr. Freibetrag (250 000 DM); **V.swirtschaft** *w* alle V.sbetriebe
Verspätungszuschlag *m* Zuschlag des Finanzamts für verspätet eingegang. Steuer:erklärungen
Versprödungs:punkt *m* Temperatur, unterhalb der ein Werkstoff (i. a. Kunststoff) glasartig spröde wird
Verstaatlichung *w* → Sozialisierung
Verstädterung| *w* verstärkte Wanderbewegung vom Land zur Stadt, = **Urbanisierung** *w*; **V.szone** *w* zusammenhäng. (Absatz-)Gebiet aus mehr. selbst. Gemeinden
Verstärk|er *m* ↑ Vorrichtung, die ein (i. a. elektromagn.) Signal in ein anderes mit gleicher Phase u. Frequenz, aber größ. Amplitude umwandelt; Chemikalie zur Erhöhung des Bildkontrastes nach der Entwicklung; **V.erröhre** *w* Elektronenröhre zur V.ung elektromagn. Wellen; **v.t** mit durch Einarbeiten fein verteilter Zusatzstoffe (Glas-, Metallfasern, Gesteinsmehl u. dgl.) erhöhter Festig- u. Steifigkeit (von Werkstoffen: Kunst-, keram. Werkstoffe, z. T. Metalle)
versteckter Dissens *m* → Dissens
Versteifung *w* ↑ zunehmende Nachfrage bei geringem Börsenangebot
Versteigerungsvermerk *m* Eintragung der angeordn. Zwangsversteigerung ins Grundbuch (Schiffsregister)
versteuern| zu v.des Einkommen = Bemessungsgrundlage der Einkommens:steuer
versticken ↑ nitrierhärten
Verstrahlung *w* ↑ Verseuchung durch Strahlen
verstrecken Kunstfasern nach Spinnvorgang in die Länge ziehen (dadurch erfolgt Ausrichtung der → Makromoleküle; Folge: Verbesserung der Reißfestigkeit)
Verstrickungsbruch *m* Pfandverletzung, = **Arrestbruch** *m*
Versuch|s:an:ordnung *w* Reihenfolge der Experimente; **V.sleiter:effekt** *m* ungewollte Verfälschung von Untersuchungs:ergebnissen durch V.sleiter;

V.s:schule *w* Lehranstalt zur Erprobung neuer Unterrichtsmethoden; **V.s:strecke** *w* Eisenbahnprobestrecke; bergbaul. Prüf:anlage

Verteidigung *w* → flexibel

Verteil|er *m* ↑ Schalt:element, das bei Verbrennungskraftmaschinen den Zündstrom in der richt. Reihenfolge auf die Zündkerzen der versch. Zylinder verteilt; **V.ergetriebe** *s* Ausgleichsgetriebe am Kfz; **V.erkreis** *m* Ring zur Verkehrsführung bei Straßenkreuzungen, = **Kreis:platzring** *m*; **V.ernetz** *s* örtl. Strom-, Gasnetz; **V.ung** *w* ↑ best. Funktion in der Statistik (z. B.: Binomial-V.ung, Gaußsche V.ung [= Normalv.ung]); **V.ungs:chromatografie** *w* Verfahren zur Trennung chem. Substanzen; **V.ungsgesetz** *s* Menge mögl. Ereignisse mit ihren Wahrscheinlichkeiten; **V.ungs:theorie** *w* untersucht die Aufteilung des Volks:einkommens systematisch; **V.ungsverfahren** *s* Teil der Zwangsvollstreckung; Entmischungsverfahren

Vertibus *m* (KW) Senkrechtstarter

vertikal| (lat.) → Arbeits:teilung; **v.er Einfluß** *m* Einfluß auf die Meinungsbildung anderer durch die Eliten der Gesellschaft; **v.e Mobilität** *w* Berufswechsel mit Erlangung einer neuen Status:position; **v.e Preisbindung** *w* Verpflichtung des Einzelhändlers, zu den vom Produzenten festgel. Preisen zu verkaufen; **v.er Unternehmenszusammenschluß** *m* Konzern, der mehr. Verarbeitungsstufen durchführt (z. B. Bergbau – Verhüttung – Stahlproduktion, -verarbeitung); **V.illuminator** *m* Beleuchtungsvorrichtung für Auflichtmikroskopie; **V.kreis** *m* senkr. auf Horizont steh. Himmelskreis; **V.projektion** *w* Aufriß

Vertrag|s:angebot *s* → Angebot; **V.sforschung** *w* Forschungsinstitutionen v.lich übertrag. Forschungs-, Entwicklungsarbeiten; **V.sfreiheit** *w*: jeder kann u. soll frei entscheiden, ob er einen V. eingehen will; Freiheit der V.s:parteien in der inhaltl. V.sgestaltung; **V.s:strafe** *w* v.lich vereinbart. Entgelt, das der Schuldner bei Nichterfüllung dem Gläubiger zahlen muß, = **Konventionalstrafe** *w*; **V. sui generis** *m* (lat.) besond. V., der durch sich selbst Rechtsverhältnis begründet (den gesetzl. Regelungen nicht entspricht)

Vertrauen|s:arzt *m* berat. Arzt bei Versicherungen; **V.sfrage** *w* Frage an Parlament nach Mehrheit für die Regierung (bejaht durch **V.svotum** *s*)

Vertreibungsmittel *s* = → Repellent

vertret|bare Sachen *M* bewegl. Sachen, die im Verkehr ihrer quantit. Größe nach bestimmt werden (Zahl, Gewicht), = **fungible Sachen** *M*; **V.ungsfunktion** *w* Repräsentations:pflicht einflußreicher Instanzen für best. soz. Interessen; **V.ungsmacht** *w* Befugnis eines Gesellschafters zur gerichtl. u. außergerichtl. V.ung der Gesellschaft

Vertrieb| *m* die den Absatz einer Ware betr. Tätigkeiten; **V.s:auflage** *w* verkaufte Auflage einer Zeitung (Zeitschrift); **V.sgemeinkosten** *M* beim Absatz anfall., nicht einem best. Produkt zuzuordn. Kosten; **V.sgesellschaft** *w* mit dem Verkauf best. Produkte betraute rechtl. selbst. Gesellschaft; **V.skosten** *M* Unkosten des Absatzes

vertrust|en (e.: *-trast-*) zu Trust vereinigen (*S*: **V.ung** *w*)

Ver:ursacherprinzip *s* Verschulder von Umweltschäden muß Schaden ersetzen

Verw. ⟨ **Verw**altung; ⟨ **Verw**eis

Verwahrungsbruch *m* Beseitigung (Entfernung) amtl. verwalt. Urkunden

Verwaltung|s:akt *m* behördl. Entscheidung (Verfügung) mit direkter Rechtswirkung; **V.sdepot** *s* (*-pô*) Übernahme der Wertpapiere durch die Bank; **V.sgericht** *s* Rechtsprechungsbehörde für öfftl. Recht; **V.s:hoheit** *w* öfftl. Körperschaften zugestand. Recht, die öfftl. Finanzen eigenständig zu verwalten; **V.skontrolle** *w* Überprüfung der Beamten durch das Parlament; **V.s:protektionismus** *m* nicht tarifäre Handelshemmnisse; **V.srat** *m* Aufsichtsgremium bei Körperschaften des öfftl. Rechts; **V.sreform** *w* Reduzierung der Landkreise, kreisfreien Städte, Ämter, (Verbands- u. Samt-)Gemeinden (seit 1973); **V.sweg** *m*: Ggs.: → Rechtsweg

Verwandtschaft *w* ↑ Art der Übertragung von Status, Rang, Würden, Namen, Eigentum in einer Gruppe

Verwässerung des Kapitals *w* → Kapitalverwässerung

Verweil|dauer *w* Patientenaufenthalt im Krankenhaus; **V.katheter** *m* = → Dauerkatheter; **V.zeit** *w* ↑ Dauer eines Zustands im Atom

Verwendungsrechnung *w* Einkommensermittlung nach entnomm. Material (priv. – Staatsverbrauch usw.)

Verwerfung *w* ↑ Bruch der Erdrinde

Verwindung| *w* ↑ Art der Straßenüberführung; entgegenges. Querruderausschlag beim Flugzeug; **V.sfläche** *w* Flugzeugquerruder, = **V.sklappe** *w*

Verwirkung| *w* Unzulässigkeit der verzög. Geltendmachung von Rechten bei mögl. Auffassung des Schuldners, der Gläubiger werde nicht mehr auf sie zurückgreifen; **V.sklausel** *w* = → Verfallklausel

Verwissenschaftlichung *w* ↑ Begründung u. Steuerung des prakt. Handelns von der Wissenschaft

Verwitterungsbeständigkeit *w* Maßzahl für Wetterfestigkeit als Werkstoffkennzahl

Verzeichnung| *w* Abbildungsfehler opt. Geräte, der zur gekrümmten Abbildung gerader Linien am Bildrand führt; **v.sfrei** orthoskopisch (durch Lichtbrechung nicht verzerrt)

verzerren Ggs.: → entzerren

Verzinsung *w* Preis für Bereitstellung u. Anwendung von Leihkapital

Verzollung *w* Preis für zollpflicht. grenzüberschreit. Warenverkehr

Verzug| *m* Nichtannahme der Schuldnerleistung trotz Fälligkeit (= → Annahmev.); Nicht:erbringung einer Leistung zum vereinb. Termin (= → Leistungsv.); Formänderung gegoss. asymmetr. Formteile aus Metall o. Kunststoff beim Abkühlen; **V.szinsen** *M* vom Schuldner, der sich mit der Leistung im V. befindet, zu zahlen

Verzunderung *w* oberflächl. Oxidation metall. Werkstoffe bei Wärmebelastung

Verzweiflungs:tat *w* Delikt in vermeintl. Ausweglosigkeit

vesikul|är (lat.) bläs:chenbildend; **v.os** voller Blasen

Vetogruppe *w* Minderheit, die polit. Entscheidungen blockieren kann

VEW ⟨ **V**ereinigte **E**lektrizitäts**w**erke

V-Form *w* best. Form der Flugzeugtragflügel

VFW ⟨ **V**ereinigte **F**lugtechn. **W**erke. – **VG** ⟨ **V**erwaltungs-, **V**ormundschafts**g**ericht. – **VGr** ⟨ **V**ergütungs**gr**uppe. – **VGR** ⟨ **V**olkswirtsch. **G**esamt**r**echnung. – **VHS** ⟨ **V**olks**h**och**s**chule

via (lat., = auf dem Weg über) vorgeschrieb. Transportwegkennzeichnung

Vibra|phon *s* (KW, lat.-gr.) Musikinstrument (chromat. gestimmte Leichtmetallstäbchen auf Röhren mit elektromotor. rotier. Metallklappen); **V.tionsgalvanometer** *s* Strommeßgerät; **V.tions:schweißen** *s* Verfahren zum Verschweißen von Kunststoffteilen; **V.tor** *m* Massagestab; = → Zerhacker. – **Vibrograph** *m* Schwingungs-, Erschütterungsmesser

Vicat- → Vikat-

Vickers-Härte *w* (e. Rüstungsfirma) Maßzahl zur Charakterisierung der Härte von Werkstoffen (gemessen durch Eindringtiefe eines pyramidenförm. Prüfkörpers bei best. Belastung)

Video|anlage *w* (KW) Vorrichtung zur Aufzeichnung (Wiedergabe) von Fernsehsendungen; **V.band** *s* Magnetband zur Aufzeichnung von Fernsehsendungen, i. a. in eine **V.kassette** *w* zur einf. Handhabung u. zum Schutz vor Beschädigungen eingebaut; **V.meter** *s* Gerät zur Registrierung der Fernsehzuschauer, **V.phon, -fon** *s* Fernsehtelefon (Gesprächs:partner können sich sehen); Dokumentarübertragungs:system; **V.recorder** *m* Bandaufnahmegerät für Fernsehsendungen; **V.signal** *s* die Bildinformationen übertrag. Teil der vom Fernsehsender ausgestrahlten elektromagn. Wellen; → BAS-Signal; **V.text** *m* Informationssystem zur Übermittlung geschrieb., mit Fernsehgerät empfangb. Texte; **V.thek** *w* Sammlung gespeich. Fernsehsendungen

Vidikon *s* Fernsehaufnahmeröhre best. Bauart

Viel:eck *s* geradlin. begrenzte, ebene Figur; geschloss. → Streckenzug; **regelmäß. V.**: gleichlange Seiten, drehsymmetrisch zum Mittelpunkt; hat In- u. Umkreis

Vier|mächte:erklärung *w* Erklärung Frankreichs, Großbritanniens, der Sowjetunion u. der USA über ihre Rechte u. Verantwortlichkeiten in Deutschland; **V.mächtestatus** *m* Verantwortung der Siegermächte für Berlin; **V.te Welt** *w* (e.: least developed countries) die ärmsten Länder der Erde ohne Rohstoffvorkommen; **V.te EG-Richtlini:e** *w* EG-Beschluß zur Harmonisierung der Buchführungs-, Bilanzierungs- u. Publizitätsvorschriften für Kapitalgesellschaften; **V.tel:tonmusik** *w* auf einer in 24 gleiche Stufen eingeteilten Oktave basier. Musik

Vigilanz:aufgabe *w* (lat.-d.) Dauerbeobachtung (z. B. bei Messung der Aufmerksamkeit)

Vignettierung *w* (fr.: *winjett-*) Abbildungsfehler mehrlins. opt. Systeme (durch Abschattung der äuß. Bildseite bemerkbar)

Vikat|grad *m* (KW) Werkstoffkennzahl (Maß für → Wärmebeständigkeit), = **V.temperatur** *w*, = **V.zahl** *w*; = Vicat-

Vinkul|ation *w* (lat.) Bindung eines Wertpapiers bei Übertragung an die

Genehmigung des Emittenten; **V.ationsgeschäft** *s* Bevorschussung rollender Waren durch Banken bei Vorlage u. Aushändigung des Frachtbriefs; **v.ieren** (Wertpapiere) unübertragbar machen, außer Kurs setzen; **v.ierte Akti:en** *M* → Namensaktien; *S*:**V.ierung** *w*

Vinyl|acetat *s* (KW, lat.) organ. Verbindung (wicht. Zwischenprodukt bei Kunststoffherstellung); **V.chlorid** *s* organ. Chlorverbindung (Ausgangsstoff bei Herstellung von → Polyvinylchlorid); **V.fluorid** *s* entsprech. Fluorverbindung; **V.ierung** *w* chem. Syntheseverfahren (best. organ. Verbindungen werden mit Acetylen zu V.verbindungen umgesetzt); **V.verbindungen** *M* Klasse → ungesätt. organ. Verbindungen (sehr wichtig für Kunststoffsynthese)

VIP ⟨ **V**ereinigung der **I**ndustriefilm**p**roduzenten; ⟨ (e.) **V**ery **I**mportant **P**erson (= wichtige Persönlichkeit)

Viraginität *w* (KW, lat.) m. Fühlen der Frau

Virement *s* (fr.: *wîrmañ*) Übertragung von Staatshaushaltsmitteln auf einen and. Titel o. das nächste Haushaltsjahr

Virilismus *m* (KW, lat.) stark m. (phys., psych.) Einschlag bei Frauen

Vir|ologie *w* (KW, lat.-gr.) Lehre von den V.us:erkrankungen

virtu:eller Speicher *m* (lat.-d.) Teil eines externen Speichers (ergänzt durch best. Verfahren [→ Paging] den Arbeitsspeicher)

Viru|lenz *w* (KW, lat.) Infektionskraft u. Vermehrungsfähigkeit von Mikroben im Körper; **V.s** *s* (*m*) isol. vermehrungsfäh. Zellstruktur (genet. Substanz in Reinkultur: Nukle:insäuren u. Eiweißkörper; z. T. gefährl. Krankheitserreger; Zwischengebilde zw. Lebewesen u. organ. Makromolekülen)

Visagist *m* (fr.: *wîsaschist*) Spezialist für Gesichtsverschönerung

Visibilität *w* Wahrnehmbarkeit soz. relevanter Merkmale (Prozesse) für Außenstehende

viskös, -os (lat.) zähflüssig. – **Viskos|eseide** *w* auf chem. Wege aus Cellulose gewonn. Kunstseidenfaser; **V.imeter** *s* Gerät zur Messung der **V.ität** *w* Zähflüssigkeit; Widerstand, den Flüssigkeit o. Gas infolge Reibung jeder inn. Bewegung entgegensetzt

Vistram| *s* (KW) Textil-Kunststoff-Kombination (Bayer-Leverkusen); **V.in** *s* sehr leichte, hautweiche Perlon-Wirkware

Visu|lizer *m* (e.: *wischulaiser*) Werbegrafiker; **v.ell** (lat.) direkt mit dem Auge betrachtet; **V.ell** *s* (e.: *visju:el*) 1. Sichtbarmachung einer Werbe:idee; **V.m** *s* (lat.) = → Sichtvermerk

Vital|färbung *w* (KW) Einfärbung leb. Gewebe zur Untersuchung; **V.gebilde** *M* in der allgem. Ordnung der Lebewesen wurzelnde natürl. o. Generationsgebilde; **V.ismus** *m* (überholte) Auffassung: allen Lebenserscheinungen liegt weder mechan. noch physik.-chem. erklärb. Lebenskraft zugrunde; **V.kapazität** *w* Luftfassungsvermögen der Lunge

Vitamin|e *M* (KW) Gruppe organ. Verbindungen (kommen normalerweise in Nahrung vor; Anwesenheit im Organismus für Stoffwechselablauf notwend.; Fehlen führt zu Mangelkrankheiten); **V.stoß** *m* Heilbehandlung durch einmal. V.überdosis

Vitiligo *w* (KW) Pigmentmangel; Scheckhaut

Vitr. ⟨ → **Vitrum**

Vitriol|e *M* (lat.) zu den → Sulfaten zähl. Reihe von Metallsalzen mit best. Kristallbau; **V.öl** *s* früher: = → Schwefelsäure

Vitrum *s* (lat.) Arzneiflasche (⟨ *Vitr.*); Glas-, Schmelzfluß

Vivianit *m* (KW) mineral. Eisenphosphat

VK ⟨ **V**erkehrs**k**ontrolle. – **VKU** ⟨ **V**erband **k**ommun. **U**nternehmen. – **VL** ⟨ **V**ersuchs**l**eiter. – **VLB** ⟨ **V**erzeichnis **l**ieferb. **B**ücher

Vlies:stoffe *M* durch Aufeinanderschichten von (Kunst-)Fasern in ungereg. Lage u. Verfestigen mit Bindemittel entstand. textilähnl. Flächengebilde

VLK ⟨ **V**erband der **L**andwirtschafts**k**ammern. – **V-Lok** *w* ⟨ **Lok**omotive mit **V**erbrennungsmotor. – **VM** ⟨ **V**er**m**essung. – **V-Milch** *w* ⟨ **V**itamin**milch**. – **VM-Stahl** *m* chromhalt. nichtrost. Stahl. – **Vn.** ⟨ **V**or**n**ame. – **VN** ⟨ **V**ereinte **N**ationen; ⟨ **V**ersicherungs**n**ummer. – **VNP** ⟨ **V**erein **N**atur**p**ark (Lüneburger Heide). – **VO** ⟨ **V**er**o**rdnung; ⟨ **V**ollzugs:**o**rdnung. – **VOB** ⟨ **V**erdingungs:**o**rdnung für **B**auleistungen

Vogelfluglini:e *w* kürzeste Flugverbindung Deutschland – Dänemark

Voith-Schneider-Propeller *m* (Erfinder) Antriebsvorrichtung für Schiffe (erlaubt belieb. Veränderung der Vortriebsrichtung u. ist dadurch gleichzeit. zum Steuern geeignet)

Vol. ⟨ → **Vol**umen

volatil (lat.) leicht verdunstend, flüchtig

Volk|s:akti:en *M* zu einer breiten Streuung des Eigentums „dem V.e" zugängl. gemachte Akti:en (meist über niedr. Nennbeträge: Stückelung 50,– DM o. 100 DM); **V.sbegehren** *s* Verlangen der Wahlberechtigten nach Abstimmung über Gesetze; **V.sdemokratie** *w* totalit. Staat, in dem neben der Staatspartei nur Marionettenparteien bestehen; **V.s:einkommen** *s* in Geld ausgedr. Wert des → Sozialprodukts zu Faktorkosten (d. h. die in einer Periode den Inländern zugefloss. Erwerbs- u. Vermögens:einkommen); **V.skammer** *w* (Schein-)Parlament (= höchstes Organ) der DDR; **V.s:souveränität** *w*: alle Staatsgewalt geht vom V.e aus; **V.svermögen** *s* priv. u. öfftl. Realvermögen zuzügl. der Forderungen an das Ausland (abzügl. der entsprech. Verbindlichkeiten) zu einem best. Zeitpunkt; **V.swirt** *m* universitär ausgeb. Person, befaßt sich mit **V.swirtschaft** *w* alle Einzelbetriebe in einem Staatsgebilde u. ihre Verflechtung u. Wirtschafts:ordnung unter einheitl. Währung; **v.swirtschaftl. Bilanz** *w* die Ertragslage der ganzen V.swirtschaft darstell. Bilanz; **v.swirtschaftl. Gesamtrechnung** *w* zahlen- u. kontenmäß. Darstellung aller wirtsch. Aktivitäten der Inländer untereinander u. der Inländer mit Ausländern in einer Periode (analysiert wird Entstehung, Verteilung, Verwendung des V.s:einkommens); **V.swirtschaftslehre** *w* Analyse u. Interpretation aller ökon. u. soz. Entscheidungen u. Aktivitäten von Personen im Hinblick auf Gebrauch u. Verwendung knapper Mittel

Voll|addierer *m* best. Schaltung in → Schalt:algebra; elektron. Schalt:einheit als Teil eines → Rechenwerks; **V.akzept** *s* Unterschrift des Bezogenen auf dem Wechsel (mit Sach- u. Datum:angabe); **V.antigen** *s* → Antigen; **V.beschäftigung** *w* Beschäftigung aller Produktionsfaktoren; **V.beschäftigungspolitik** *w* Maßnahmen bes. öfftl. Körperschaften zur Sicherung (Herbeiführung) der V.beschäftigung (z. B. → Deficit spending, Investitionsanreize); **V.charter** *w* Chartervertrag für ein ganzes Schiff (Flugzeug); **V.erhebung** *w* Ausschöpfung der statist. Gesamtmasse; Erfassung aller Mitglieder einer Zielmasse durch Daten:erfassung, = **Total:erhebung** *w*; Ggs.: Repräsentativ:erhebung; **V.hafter** *m* mit seinem persönl. Vermögen haft. Gesellschafter; **V.kaufmann** *m* Kaufmann, auf den die Vorschriften des HGB uneingeschr. angewendet werden; **v.kommene Konkurrenz** *w* Marktsituation, bei der weder Anbieter noch Nachfrager eine bes. Machtposition besitzen (viele Anbieter – viele Nachfrager); **v.kommener Markt** *m* Ggs.: → unv.kommener Markt; **V.kostenkalkulation** *w* Zurechnung der Gesamtkosten zum Kostenträger; **V.kostenrechnung** *w* Verteilung aller Kosten auf die Kostenträger (unerheblich, wer best. Kosten verursacht hat); Ggs.: → Deckungsbeitragsrechnung; **V.narkose** *w* Ganzbetäubung; **V.sichtbrille** *w* Augenschutz für Skifahrer; **V.sozialisierung** *w* Erstreben des Verschwindens effektiver Preise; **v.ständige Induktion** *w* wicht. math. Beweismethode; **V.ständigkeits:axiom** *s* ermöglicht den Aufbau der → reellen Zahlenmenge; **V.umfrage** *w*: Ggs.: → Repräsentativ:erhebung; **V.urteil** *s* Entscheidung über den ganzen Klag:anspruch; **V.zeitbeschäftigung** *w* ganztäg. Arbeit; **V.zeitschule** *w* Schule mit ganztäg. Unterricht

Volont|är *m* (fr.) wer ohne o. gegen geringfüg. Entgelt zur Einarbeitung in einem Betrieb tätig wird; **V.ariat** *s* seine Ausbildungsstelle o. -zeit

Volt| *s* (nach it. Physiker, 18./19. Jh.) Maßeinheit der elektr. Spannung; ⟨ *V*; **V.a:effekt** *m* Kontaktspannung; **V.a-Element** *s* galvan. Element mit einer Zink- u. einer Kupferplatte als Elektroden; **V.ameter** *s* = → Coulometer; **V.asche Spannungsreihe** *w* → Spannungsreihe, elektrochem.; **V.meter** *s* Meßgerät zur Bestimmung der elektr. Spannung

Volume| *s* (e.: *woljum*) Lautstärke; **V.n** *s* (lat.) ↑ Verhältnis der Papierdicke zum -gewicht; **V.nkontraktion** *w* Abnahme des Raum:inhalts (z. B. beim Erkalten); **V.nstreß** *m* Überlastung der Entscheidungsverantwortlichen; **V.trie** *w* = → Maßanalyse

Voluntarismus *m* (KW, lat.) auf Wunsch, Absicht, Willen (nicht auf Wirklichkeits:analyse) abgestellte Orientierung (Wille [nicht: Intellekt] als Zentralkraft)

Vomitiv *s* (lat.) Brechmittel

Vor|anmeldung *w* → Umsatzsteuervoranmeldung; **V.anschlag** *m* vorausschau. Berechnung (Schätzung) der voraussichtl. anfall. Kosten (Aufwendungen – Erträge u. dgl.)

Voraus| *s* (Anspruch auf) Hausrat u. Hochzeitsgeschenke als Erbgüter des ihrer bedürftigen Ehegatten; **V.set-**

zungslosigkeit *w* Wert:urteilslosigkeit wissensch. Theorien (anzweifelh.!); **V.vermächtnis** *s* = V.

Vorbecken *s* Wendebecken bei Schleusen; Auffangbecken vor Stauseen

Vorbehalt|sgut *s* Sondervermögen des Ehegatten; **V.s:urteil** *s* Verschiebung der Beklagtenrechte auf das Nachverfahren

Vorbe|nutzung *w* Nutzung einer zu patentier. Erfindung vor ihrer Patentierung (Weiternutzung ggf. möglich); **V.schickung** *w* Zusatz an Kupfer zu Edelmetall zur Erreichung der vorgeschrieb. Münzlegierung

Vorbeugehaft *w* Inhaftierung bei Verdacht von Verbrechen gegen das Leben u. bei Wiederholungsgefahr

Vorbewußtes *s* alle psych. Inhalte (Prozesse), die dem Bewußtsein nicht gegenwärtig sind, aber bewußt gemacht werden können

Vorbörse *w* Versammlung der Börsenteilnehmer vor Eröffnung der offiz. Börse

Vordatierung *w* Einsetzen eines in der Zukunft lieg. Datums als Ausstellungsdatum (dann voraussichtl. Scheckdekkung. Unzulässig!)

Vor:eilung *w*: Ggs.: → Nach:eilung

Vor|erbe *m* wer vor dem → Nach:erben Erbe gewesen ist; **befreite V.erbschaft** *w* Freistellung des V.erben von best. gesetzl. Beschränkungen durch den Nach:erben

Vorfall *m* ↑ Hervortreten eines Innenorgans

Vorfinanzierung *w* überbrück. Finanzierung mit meist kurzfrist. Geldern, die durch langfrist. Kredite abgelöst werden, = **Zwischenfinanzierung** *w*

Vorfluter *m* öffentl. Gewässer, in das Abwässer eingeleitet werden

Vorgabe|kosten *M* geplante, = **Sollkosten** (Ggs.: → Istkosten); **V.zeit** *w* geplante Zeit zur Ausführung einer genau best. Arbeit, = **Sollzeit** *w* (Ggs.: → Istzeit)

Vorhof|flattern *s* Störung der Herzv.-funktion; **V.flimmern** *s* starkes V.flattern, = **Herzflimmern** *s*

Vorkalkulation *w* (KW) der Leistungserstellung vorausgeh. → Kalkulation; Ggs.: → Nachkalkulation

Vorkaufsrecht *s* Recht, einen Gegenstand selbst zu kaufen, sobald der Verpflichtete mit einem Dritten Kaufvertrag über ihn geschlossen hat (Miterben haben gesetzl. V.)

Vorlage| *w* ↑ Gefäß zum Auffangen des Destillats; Grundlage des Drehbuchs (Theaterstück – Roman – Ereignis); Körperhaltung (beim Skisprung usw.); **V.film** *m* Ggs.: → Originalfilm; **V.n-freibeuterei** *w* unrechtm. Nutzung (Weitergabe – Verwertung) anvertraut. V.n, -schriften techn. Art

Vorlauf *m* ↑ bei der Destillation zuerst übergeh. Mischungsbestandteile

Vorlust *w* Lust durch Erwartung einer Triebbefriedigung

Vornahmeklage *w* Klage zur Erzielung eines Verwaltungsaktes

Vorprobe *w* ↑ 1. Arbeitsgang bei der → qualitat. Analyse

Vorrat|s:akti:en *M* von der Gesellschaft selbst übernomm. (also ständig abrufbereite) Aktien; **v.s:intensiv** mit hohem Anteil des Kapitals in Vorräten (infolge der Produktionsbedingungen); **V.svermögen** *s* Lagerbestand eines Unternehmens (Halb-, Fertigfabrikate – Roh-, Hilfs-, Betriebsstoffe); → Umlaufvermögen; **V.szeichen** *s* vorgemerktes Warenzeichen

Vorrechtsgläubiger *m* Gläubiger mit bevorrechtigten Forderungen

Vors. ⟨ **Vors**itzender

Vorsatz| *m* ↑ gewollte Verwirklichung eines rechtswidr. Tatbestandes; **V.linse** *w* Brennweitenverkürzung, -verlängerung

Vor|schieben *s* unerlaubtes Verkaufen von Aus- o. Räumungsverkaufswaren vor dem Aus-, Räumungsverkauf (nachher: **Nachschieben** *s*); **V.schub** *m* ↑ Bewegen des Werkstücks beim Bearbeitungsvorgang

Vorschußsteuer *w* überwälzb. Steuer

Vorsignal *s* Eisenbahnwarnzeichen

Vorsorge|aufwendungen *M* begrenzt abzugsfäh. Sonderausgaben (Aufwendungen für Versicherungen u. Bausparkassenbeiträge); **V.haftplatz** *m* für vermut. zukünft. Straftäter bereitgest. Haftzelle; **V.pauschale** *w* ohne Nachweis abzuzieh. Mindestbetrag für V.-aufwendungen; **V.untersuchung** *w* ↑ Versuch, Erkrankung früh festzustellen

Vorspur *w* zw. den Rädern einer Fahrzeugachse besteh. geringfüg. Winkelstellung

Vorsteherdrüse *w* = → Prostata

Vorsteuer *w* Möglichkeit des Unternehmers, die in Eingangsrechnungen enthalt., unter best. Umständen gesond. auszuweis. Umsatzsteuer gegen die in seinen Ausgangsrechnungen enthalt. Umsatzsteuer aufzurechnen (Grundsatz: nur der der eig. Wertschöpfung entsprech. Teil des Umsatzes soll besteuert werden)

Vorteil| *m* Punktv. im Tennis nach Einstand; keine Benachteiligung durch Foulspiel; **V.s:ausgleichung** *w* Entschädigungsberechnung
Vortest *m* = → Pretest
vortonen Ton vor der Bildaufnahme machen
Vorverfahren *s* Vorbereitung der Anklage
Vorvertrag *m* vertragl. Vereinbarung eines Hauptvertrages zu spät. Zeitpunkt
Vorwärts|einschneiden *s* trigonometr. Landvermessungsverfahren; **V.verteidigung** *w* geballte Grenzabwehr
vorwissenschaftlich (noch) ohne wissensch. Methodik (Perspektive)
vorzeitiger Erb:ausgleich *m* dreifacher Jahresunterhalt als Erb:ersatz für das unehel. Kind zw. 21. u. 27. Lebensjahr
Vorzensur *w* Beurteilung vor der Zulassung zum Examen
Vorzug|s:akti:e *w* gegenüb. den Stammakti:en mit best. Vorrechten ausgestatt. Akti:en (etwa: Dividenden-, Stimmvorrechte); **V.sdividende** *w* gegenüb. den Stamm:akti:en auf V.s:akti:en entfall. höh. Anteil am Gewinn einer AG; **V.smilch** *w* Milch von einer tierärztl. überwachten Herde; **V.szoll** *m* Zoll:erleichterung für best. Länder, = **Präferenzzoll** *m*
VOS ⟨ Vereinigung der Opfer des Stalinismus. – **VÖV** ⟨ Verband öfftl. Verkehrsbetriebe. – **Vp** ⟨ Versuchs:person; ⟨ Vielseitigkeits:prüfung; ⟨ Vollpension. – **Vpn** ⟨ Versuchs:personen. – **VS** ⟨ Verband d. Schriftsteller; ⟨ Verschlußsache. – **Vs** ⟨ Voltsekunde. – **V.S.O.P.** ⟨ (e.) very superior old pale (Altersprädikat für Weinbrand). – **VST** ⟨ Verkaufsstelle; ⟨ Vermittlungsstelle; ⟨ Vermögenssteuer. – **v. T.** ⟨ vom Tausend. – **VTOL** ⟨ (e.) vertical take-off and landing (Senkrechtstart: **VTOL-Flugzeug** *s*). – **VTR** ⟨ Video Tape Recording (Bild-Tonband-Aufnahme- u. Wiedergabesystem). – **VU** ⟨ Versicherungs:unternehmen
Vulkan|fiber *s* durch Behandeln von Celluloseschichten mit Zinkchlorid hergest. hornart. Plattenwerkstoff; **V.isation** *w* Einarbeitung von Schwefelteilchen in Rohkautschuk; **v.isches Gestein** *s* = → Ergußgestein (an [dicht unter] der Oberfläche erstarrter V.auswurf); **v.isieren** → Elastomere durch → Vernetzung ihrer Makromoleküle schmelzb. u. unlösl. machen (bei den meisten Kautschuksorten durch Erhitzen mit Schwefel)
VV ⟨ Verkehrsverein, -verbund. – **VVD** ⟨ Volkswagen-Versicherungs-Dienst. – **VVDA** ⟨ Verlegerverband **d.** Anzeigenblätter. – **VVN** ⟨ Vereinigung der Verfolgten des Naziregimes. – **VW** ⟨ Volkswagen. – **Vw.** ⟨ Verwaltung; ⟨ Verwendung; Volkswirt. – **VwGO** ⟨ Verwaltungsgerichts:ordnung. – **VWL** ⟨ Volkswirtschaftslehre. – **VZ** ⟨ vorzüglich. – **VZ–** ⟨ nicht ganz vorzüglich
V2A-Stahl *m* chrom- u. nickelhalt. nichtrost. Stahl

W

W ⟨ Watt; ⟨ → Wolfram; ⟨ Westen. – **w** ⟨ warm. – **WA** ⟨ Wetter-, ⟨ Wirtschafts-, Wohnungsamt. – **WAA** ⟨ Wiederaufbereitungsanlage (für Atommüll)
Waage *w* → einfach
Wabenlunge *w* Lunge mit Hohlräumen
Wach:station *w* = → Intensivstation
Wachs:tum| *s* → Wirtschaftsw.; → destruktiv; **W.sberufe** *M* zunehm. beliebte Berufe; **W.sfaktor** *m* Vitamin als Förderer tier. Lebens; Maßzahl für die Geschwindigkeit des Wachsens; **W.sfonds** *m* (*-foñ*) → Investmentfonds, bei dem die Erträge re:investiert (nicht ausgeschüttet) werden; **W.skurve** *w* math. Modell für W. best. Größen; **W.s:politik** *w* Maßnahmen, die auf die stet., mögl. reibungslose Zunahme des Sozialprodukts abzielen; **W.sregulatoren** *M* Stoffe, die, ohne Nährstoffe zu sein, das Pflanzenw. beeinflussen
Waffen| *M* → biologisch; **W.blech** *s* gewalztes Eisenblech
Wagen|kilometer *m* Fahrleistung des Eisenbahnw.s; **W.widerstand** *m* Teil des Eisenbahnw.s
Wagnis *s* Risiko (z.B. Geschäft mit Verlust abzuschließen)
Wahl| *w*: direkt = durch Wähler (= Urwähler); indirekt = durch Vertrauensmänner. – **Wähler|initiative** *w* die Wahl unterstütz. W.gruppe; **W.partei** *w* Ggs.: → Mitgliederpartei; **W.scheibe** *w* = → Wählscheibe; **W.ver:einigung** *w* nicht parteigebund. W.gruppe. –

Wahl|feststellung *w* Urteil über mehr. Strafvergehen, von denen der Beschuldigte eines sicher begangen hat; **w.frei** → (direkter) Zugriff; **W.freiheit** *w* Recht zur W. eines Unterrichtsfaches; **W.kreis** *m* Staatsgebiets:teil, in dem die W.berechtigten 1 o. mehr. Abgeordnete wählen (Ein-, Mehrmannw.kreis); **W.kreisbewerber** *m* Anwärter auf Direktmandat (geheim gewählt von Mitglieder- o. Vertreterversammlung der Partei); **W.männer** *M* von der Belegschaft großer Betriebe gewählte Personen, die die Arbeitnehmervertreter im Aufsichtsrat wählen; für die W. des Präsidenten ermittelte (gewählte) Personen jedes US-Bundesstaates; **W.-quoti:ent** *m* zur Erlangung eines Mandats erford. Wählerstimmen. – **Wähl-scheibe** *w* Selbstanschlußvorrichtung am Fernsprechgerät. – **Wahl|schuld** *w*: von mehr. geschuld. Leistungen ist nur die eine o. die andere zu erfüllen (**W.recht** *s* ↑, liegt beim Schuldner); **W.soziologie** *w* Untersuchung des W.verhaltens einer Bevölkerung; **W.vergehen** *s* Störung (Manipulation) der W.

Wahnverbrechen *s*: Täter hält sein sachl. richt. Tun für strafbar

Wahrheit|sbeweis *m* Nachweis für die Richtigkeit seiner Behauptungen durch den Beleidiger; **W.sdroge** *w* narkoanalyt. Mittel, = **W.s:serum** *s*; **W.s:tafel** *w* enthält die W.swerte bei → Verknüpfung von → Aussagen; **W.swert** *m* gibt an, ob eine Aussage wahr o. falsch ist

Währung| *w* durch Rechtsordnung best. staatl. Geldverfassung (Ordnung der gesetzl. Zahlungsmittel); **freie W.** *w* nicht metallgebund. W.; → weich; **W.sblock** *m* Länder mit gleichem W.s:system; **W.sfonds** *m* (*-foñ*) Summe zur Überbrückung von Devisenschwierigkeiten; → Internat. W.sfonds; **W.sgebiet** *s* Zusammenschluß mehr. Länder unter einheitl. W.; **W.s:hoheit** *w* Recht des Staates zur Bestimmung des allgem. Äquivalents; **W.sklausel** *w* → alternativ; **W.skorb** *m* Mittel zur Bestimmung des Werts von (meist synthet.) W.en (z. B. → SZR, → ECU); Zusammenfassung der W.en der teilnehm. Länder, gewichtet nach best. Kriterien (neben der Festlegung der absol. Höhe des Werts auch Festlegung der Kurse nation. W.en zur synthet. W.s:einheit); **W.s:parität** *w* Wertverhältnis zw. 2 W.en o. einer W. u. Gold (z. B. Gold/Dollar-Parität [bis August 1971]); **W.s:politik** *w* alle Maßnahmen zur Beeinflussung des inneren u./o. äuß. Werts einer W.; **W.sreform** *w* Neuordnung der Geldverfassung (BRD bes. die am 21. 6. 48 durchgef. Neuordnung u. Sanierung der Mark); **W.sreserven** *M* Vorräte einer nation. Zentralbank an W.sgold, Devisen, SZR, ECU u. Reserverepositori:en beim IMF; **W.s:schlange** *w* europ. Wechselkursverbund (seit 24. 4. 72; Ziel: schrittweise Beseitigung der W.s:schwankung in der EG u. ihre Ablösung durch das → EWS); **W.s:schnitt** *m* = W.sreform; **W.s:system** *s* alle die nation. W. betr. Regelungen (stoffl. Beschaffenheit der W.s:einheiten [Gold-, Silber-, Papierw.]; monometallist. – bimetallist. W.s:system; Bindungen and. Bezugsgrößen [Dollar-Pfund-Korb]; gebund. – freie – Indexw.); internat. Organisation der W.sverfassung (Bretton-Woods-System; europ. W.s:system u. dgl.); **W.s:union** *w* Teil der europ. Integrationsbestrebungen zur Schaffung einer Wirtschafts- u. W.s:union (Ziel bes.: die unwiderrufl. Festlegung der W.s:paritäten, die vollständ. Konvertibilität u. unbeschr. Kapitalverkehr); **W.szone** *w* Gebilde, in dem mehr. Staaten ihre W. u. W.s:politik eng mit der W. eines dominier. Landes verbinden (z. B. Franc-, → Sterling-Zone)

Wälderformation *w* Schicht der unt. Kreide. – **Wald|frevel** *m* Beschädigung des W.bestandes; **W.wertrechnung** *w* Errechnung des Forstkapitals u. seiner Rente, = **W.wertschätzung** *w*

Walkie|-looki *s* (e.: *wôkilûki*) tragb. Fernseh(aufnahme)gerät; **W.-talkie** *s* (e.: *wôkitôki*) tragb. Funksprechgerät

Walter:antrieb *m* (d. Erfinder, 20. Jh.) Triebwerk

Wälzbetrieb *m* Betriebs:art von Pumpenspeicherwerken (Energiespeicherung durch Hochspannung von Wasser z. Z. des Energieüberschusses [z. B. nachts] u. Energie:erzeugung durch Wasserentnahme über Turbinen bei Bedarf)

Walzendrucker *m* = → Trommeldrukker

Wälz|lager *M* Kugel- u. Rollenlager; **W.regler** *m* Regler mit elektromagn. Meßwerk; **W.verfahren** *s* Methode zur Kunststoffbeschichtung runder Gegenstände, die zuerst erhitzt u. dann auf einer Schicht des (thermoplast.) Kunststoffpulvers gewälzt werden (der schmelz. Kunststoff bleibt auf dem Gegenstand haften)

Wandel| durch Annäherung *m* stufenweise Entspannung; **W.anleihe** *w* in Akti:en umtauschbare (private) Schuldschreibungen; → Convertible Bonds; **W.flugzeug** *s* = → Convertiplan; **W.geschäft** *s* = → Eskomptegeschäft; **W.obligation** *w* = W.anleihe, = **W.schuldverschreibung** *w* inhabergeb. Schuldverschreibung von AG.en, die vom Gläubiger nach best. Zeit in Aktien umgetauscht werden können o. mit einem Bezugsrecht auf Aktien verbunden sind

Wander|leber *w* Lebersenkung; **W.maskentrick** *m* Trickfilmherstellung mit bewegten Objekten als Abdeckmasse; **W.milz** *w* Erschlaffung der Milzaufhängebänder; **W.niere** *w* Beweglichkeit der Niere; **W.versicherung** *w* Übergang von einem Sozialversicherungsträger zu einem anderen bei Beschäftigungswechsel

Wandheizung *w* Flächenstrahlenheizung

Wandlung| *w* ↑ Rückgängigmachung eines Kauf- o. Werkvertrages wegen eines Mangels in der Kaufsache; **W.sklage** *w* Klage auf Rückerstattung des Kaufpreises

Wandzeitung *w* plakatierte Mitteilung

Wankelmotor *m* (d. Ingenieur, 20. Jh.) Verbrennungskraftmaschine, in der Zylinder u. Kolben durch eine Kapsel mit darin rotier. „Drehkolben" ersetzt sind; → Kreiskolbenmotor

Wanze *w* ↑ kleines Abhörgerät

Waren|begleitschein *m* Lieferschein im Interzonenhandel; **W.börse** *w* Börse, an der Welthandelsgüter umgeschlagen werden; Produktenbörse; **W.charakter** *m* widersprüchl. Einheit der W. in ihrem Gebrauchs- u. Tauschwert; **W.-clearing** *s* (e.: *-klîriñ*) Tauschgeschäft (Ware gegen Ware); **W.durchfuhr** *w* = → Transitverkehr; **W.eingangsbuch** *s* das im Betrieb für steuerl. Zwecke zu führ., den W.eingang erfass. Buch; **W.korb** *m* Zusammenstellung ausgewählter W. zur Berechnung des Preisindexes für die Lebenshaltungskosten; **W.kredit** *m* = **W.lombard** *m* durch W.verpfändung gesich. Kredit; **W.-probe** *w* Prüfstück eines Produkts; **W.-papier** *s* Wertpapier auf Handelsgutw., = → **Traditions:papier** *s*; **W.termingeschäft** *s* → Termingeschäft mit Welthandelsgütern; **W.test** *m* Berliner Stiftung zur Güteprüfung von Handelsw.; **W.wechsel** *m* aufgrund einer W.lieferung gezogener Wechsel (Ggs.: → Finanzwechsel); **W.zeichen** *s* Wort- o. Bildzeichen, das die W. vor Verwechslungen schützt (Eintragung in Zeichenrolle des Patentamts möglich; gesetzl. geschützt)

warme Gesellschaft *w* Gesellschaft mit Geschichte (fr.: société chaude). – **Wärme|** *w* → spezifisch; **W.äquivalent** *s* elektrisch; **W.ausdehnungsko:effizi:ent** *m* für die W.ausdehnung der Stoffe charakter. Kennzahl (gibt an, um welchen Bruchteil seiner Länge sich ein Stab aus dem jeweil. Stoff bei Erwärmung um 1°C ausdehnt), = **W.ausdehnungszahl** *w*; **W.(aus)tauscher** *m* Apparatur zur Erwärmung eines Stoffes durch gleichzeit. Abkühlung eines andern (u. a. zur Ausnützung von Abwärme; am bekanntesten: Autokühler); **W.belastung** *w* künstl. Erwärmung der Gewässer u. Atmosphäre (kann in Extremfällen zu unerwünschten Veränderungen von Fauna, Flora u. Witterung führen); **W.bild-Sichtgerät** *s* Infrarotkamera zur Entdeckung Flüchtiger (DDR-Bürger); **W.dämmung** *w* Verminderung des W.verlustes von Gebäuden durch Einbau w.isolier. Wände; **w.dicht** = → adiabatisch; **W.durchschlag** *m* Verlust des elektr. Isoliervermögens eines Geräteteils bei der Erwärmung; **W.formbeständigkeit** *w* Fähigkeit eines Werkstoffs, bei hoher Temperatur seine urspr. Form zu behalten (Maßzahlen z. B. → Vikat- u. → Martenszahl, die beide angeben, bei welcher Temperatur ein Prüfkörper aus dem jeweil. Werkstoff so weich geworden ist, daß eine best. Belastung ihn in einem best. Maße verformt); **W.gewitter** *s* durch Aufsteigen von Luft bewirktes Gewitter; **W.grad** *m* über dem Gefrierpunkt gemess. Temperatur; **W.-inhalt** *m* W.menge bei Druck- u. Temperaturkonstanz, = → Enthalpie; **W.kapazität** *w* W.menge, die notwendig ist, um einen Körper um 1°C zu erwärmen; **W.klassen** *M* Einteilung von Isolierstoffen für elektrotechn. Zwecke nach ihrer W.beständigkeit; **W.konvektion** *w* = → Konvektion; **W.kraftmaschinen** *M* Maschinen, die W.energie in mechan. Arbeit verwandeln können (z. B. Verbrennungskraft-, Dampfmaschinen u. a.); **W.leitfähigkeit** *w* Maßzahl für die Eignung eines Stoffes zur **W.leitung** *w* (= Aufnahme von W.energie aus der Umgebung an ihrer Stelle eines aus diesem Stoff besteh. Körpers u. zu ihrer Abgabe an anderer Stelle an die [hier kühlere] Umgebung); **W.leitzahl** *w* = → W.leitfähigkeit; **W.mauer** *w* = → Hitzemauer;

W.menge *w* der früher in Kalorien, heute in Joule gemess. W.energiebetrag; **W.müll** *m* zu übermäß. W.belastung führ. Abwärme; **W.ortung** *w* = **W.peilung** *w* = → W.strahlungsortung; **W.pumpe** *w* Maschine, die einem kühlen Körper mit mechan. Arbeit W.energie entzieht u. sie einem wärmeren (sich dadurch aufheiz.) Körper zuführt (da kühle W.reservoire sich i. a. ohne große Kosten nutzen lassen, tritt als Hauptkostenfaktor nur die Erzeugung der mechan. Arbeit auf; daher große Wirtschaftlichkeit der W.pumpe als Heizquelle); **W.regler** *m* = → Thermostat; **W.rückgewinnung** *w* Nutzbarmachung der Abwärme z. B. für Heizzwecke (→ W.pumpe); **W.-schock** *m* Schädigung von Werkstoffen durch raschen Temperaturwechsel; **W.spannung** *w* durch ungleichmäß. Temperaturverteilung in einem Werkstück hervorgeruf. innere Spannung; **W.strahlungs:ortung** *w* Ortsbestimmung heißer Gegenstände (z. B. der Düsenmotoren eines Flugzeugs) durch Anpeilen mit einem auf Infrarotlicht ansprech. Strahlungs:empfänger; **W.-strömung** *w* Transport von W. durch bewegte Flüssigkeiten (Gase); **W.tod** *m* Aufhören aller W.unterschiede (= allen physikal. u. biolog. Geschehens); **W.tönung** *w* = → Reaktionswärme; **W.wirtschaft** *w* wirtsch. Nutzung der Brennstoff:energien; **W.zähler** *m* Gerät zum Messen der W.abgabe eines Heizkörpers. – **Warm|formen** *s* Umformen von Halbzeug (Platten, Rohren, Profilen) aus Werkstoffen, die bei höh. Temperatur erweichen (schmiedb. Metallen, thermoplast. Kunststoffen) nach Erhitzen zur endgültigen Gestalt; **W.-gas:schweißen** *s* Methode zum Verschweißen von Kunststoffolien o. -platten, wobei heißer Gasstrom zum Aufschmelzen des Kunststoffs benutzt wird; **W.luftheizung** *w* Heizung durch erhitzte Luft; **W.miete** *w* Mietpreis einschl. der Heizkosten; **W.riß** *m* = → Brandriß; **W.-Up** *s* (e.: *woarm ap*) fesselnde Einführung einer Werbesendung; **W.wasser:trichter** *m* chem. Laborgerät zur Filtration heißer Lösungen ohne nennenswerte Abkühlung; **W.zeit** *w* Interglazialzeit

Warn|licht:anlage *w* Blinklicht als selbsttät. Sicherung eines Bahnüberganges; **W.streik** *m* kurzfrist. Arbeitsniederlegung zur Unterstützung der gewerkschaftl. Forderungen

Warrant| *m* (e.: *wôrent*) Lagerschein; Ermächtigungs:ausweis; **W.kredit** *m* durch Verpfändung des Lagerscheins gesich. Kredit

wasch|aktiv wie Seife wirkend; **W.benzin** *s* Leichtbenzin zum Reinigen. – **Wäscheschleuder** *w* Vortrockner der Waschmaschine. – **Wasch|flasche** *w* Laborgerät zur Reinigung von Gasen, die hierzu durch eine Flüssigkeit perlen; **W.zettel** *m* ↑ Buchanpreisung durch den Verleger

Washingtoner Währungs:abkommen *s* → Smithonien Agreement

Wasser| *s* → destilliert; → aggressiv; **w.abstoßend** undurchlässig; **W.aufbereitung** *w* Vorbehandlung des W.s vor Einspeisung ins Versorgungsnetz; **W.-becken-Reaktor** *m* = → Schwimmbad-Reaktor; **W.belastung** *w* Verschmutzungs- u. → Wärmebelastung des Grund- u. Oberflächenw.s; **w.bindend** saugfähig; **W.blei** *s* = → Molybdänglanz; **W.charta** *w* vom Europarat 1968 veröff. Stellungnahme zur Sicherung der allgem. W.versorgung; **W.-dampfdestillation** *w* Reinigungsverfahren für empfindl. Substanzen; **w.-dicht** undurchlässig, = **w.fest**; **W.fassung** *w* Anlage zur W.gewinnung (z. B. Brunnen); **W.gang** *m* W.rinne rund ums Schiff; **W.gas** *s* Gasgemisch aus Kohlenmonoxid u. W.stoff (brennbar, durch Überleiten von W.dampf über glüh. Koks erzeugt; für Heiz- u. Synthesezwecke); **W.gaskontaktverfahren** *s* Methode zur Entfernung des Kohlenmon:oxids aus W.gas durch katalyt. Umsetzung mit W.dampf (dabei entstehen weit. W.stoff u. [leicht entfernb.] Kohlendioxid); **W.glas** *s* glasart. w.lösl. → Silicate der → Alkalimetalle (Imprägnier-, Klebe-, Bindemittel); **W.glätte** *w* = → Aquaplaning; **W.haltung** *w* ↑ Beseitigung des W.s aus Baugruben (Stollen); Grundw.senkung; **W.härte** *w* = → Härtegrad; **W.haushalt** *m* zum Leben benöt. W.menge; **W.kissen** *s* W.speicherung unter der Erde; (mediz.) Gummierung; **W.kreislauf** *m* Aufeinanderfolgen der versch. Orts- u. Zustandsänderungen des W.s in der Natur (Verdunstung – Niederschlag – Gefrieren – Auftauen – Abfließen – Aufnahme durch Lebewesen – Ausscheidung u. dgl.)

Wassermannsche Reaktion *w* (d. Bakteriologe, 19./20. Jh.) Bluttest zum Nachweis der Syphilis

Wasser|paß *m* Grenze zw. Über- u. Unterwasser:anstrich beim Schiff; **W.-**

rückhaltebecken *s* das den W.abfluß regul. Staubecken (füllt sich bei Hochw. u. gibt den W.überschuß bei W.mangel wieder an W.läufe ab); **W.sack** *m* W.abscheider an der Gasleitung; **W.säule** *w* Maßeinheit für kleinere Drücke, **W.schloß** *s* ↑ Vorrichtung zum Auffangen von Druckstößen in Triebw.leitungen von W.kraftwerken; **W.spülung** *w*: Ggs.: → Dickspülung; **W.stoff** *m* gasförm. Grundstoff; **überschwerer W.stoff** *m* = → Tritium; **W.stoffbombe** *w* → Kernwaffe, die ihre Energie durch → Kernfusion von → Deuterium unter Bildung von Helium erzeugt; **W.stoffbrücke(nbindung)** *w* der chem. Bindung ähnl., auf → elektrostat. Anziehung beruh. Kraft zw. den Molekülen best. w.stoffhalt. Substanzen; **W.stoff:exponent** *m* = → pH-Wert; **W.stoff:ionen** *M* durch → Solvatation an W.moleküle gebund. posit. gelad. W.stoff:atome (= Protonen; Träger der charakterist. Eigenschaften von Säuren in wäßriger Lösung); **W.stoff:ionenkonzentration** *w* in Mol pro l gemess. Konzentration der W.stoffionen in einer wäßrigen Lösung (ausschlaggebend für die Stärke einer Säure; Logarithmus ist der pH-Wert); **W.stoffkern** *m* = → Proton; **W.stoffper:oxid** *s* sauerstoffreiche stark oxidier. anorgan. Verbindung, die leicht in Sauerstoff u. W. zerfällt (wichtig u. a. als Bleich- u. Desinfektionsmittel. Früher: **W.stoffsuper:oxid** *s*); **W.stoffsäuren** *M* die Säuren, die keinen Sauerstoff enthalten; **W.strahlpumpe** *w* einfache Vakuumpumpe zum Laborgebrauch (die zu entfern. Luft wird von einem schnell ström. W.strahl mitgerissen); **W.verdrängung** *w* Maßeinheit für Schiffsgrößen (= von einem Körper verdrängte W.menge)

Watchers International *M* (e.: *woatschers internäschenel*) Verband zur stufenweisen Entwöhnung von Rauchern

Water|mark *w* (e.: *woate-*) Wasserzeichen; **w.proof** (e.: *-prûf*) wasserdicht; *S*: **W.proof** *m* wasserdichtes Material

Watt *s* (e. Physiker u. Ingenieur [Erfinder der 1. betriebsfäh. Dampfmaschine], 18./19. Jh.) internat. Maßeinheit der physik. Leistung (⟨ *W*)

Watte|haus *s* Haus aus einem aus W. entwick. Baustoff, der hermet. gegen Feuer u. Feuchtigkeit schützt (halbstarre Mineralw., Zwischenräume mit spezialgetränkter W. gefüllt)

Watt|messer *m* physik. (bes. elektr.) Leistungsmeßgerät, = **W.meter** *s*

WAV ⟨ wirtsch. Aufbauvereinigung. – **WB** ⟨ Wehrbeauftragter, -bereich. – **Wb** ⟨ → Weber. – **WBE** ⟨ Weißbroteinheit. – **WBG** ⟨ Wohnungsbaugesetz. – **WCC** (e.) ⟨ World council of churches (ökumen. Rat). – **WdK** ⟨ Wirtschaftsverband der d. Kautschuk:industrie. – **WDR** ⟨ westd. Rundfunk. – **WE** ⟨ Wärme-, Wohneinheit

Weber *s* ↑ (d. Physiker, 19. Jh.) Maßeinheit des magnet. Flusses (⟨ *Wb*)

Wechsel| *m* ↑ durch Gesetz geschützt. Orderpapier, in dem sich der Aussteller zur Zahlung einer best. Summe verpflichtet u. sich dem bes. strengen W.recht unterwirft; → antizipiert; → trockener W. = → Solaw.; **W.bordereau** *m, s* (*-rô*) Verzeichnis der zu diskontier. W.; **W.bürgschaft** *w* Bürgschaft, die ein Dritter für die Zahlung der im W. genannten Summe übernimmt; **W.diskont** *m* → Diskont; **W.festigkeit** *w* Widerstandsfähigkeit eines Werkstoffs gegen period. w.nde Beanspruchung (z. B. Hin- u. Herbiegung, Torsionsschwingungen, abwechs. Zug- u. Druckbeanspruchung); **W.getriebe** *s* Getriebe zum Einschalten versch. Übersetzungen; **W.girant** *m* → Indossent eines W.s; **W.gläubiger** *m* Eigentümer des W.papiers; **W.kurs** *m* Austauschverhältnis zweier Währungen (bes. wichtig für Transformation nation. Werte in internat. vergleichb. Größen; wesentl. Instrument zur Steuerung des Außenhandels, zur Herstellung der Konkurrenzfähigkeit des nation. Kapitals im internat. Rahmen); **W.kursmechanismus** *m* → Robinson-Bedingung; **W.nehmer** *m* = → Remittent; **W.plattenspeicher** *m* → Speicher (→ ADV) mit ausw.baren → Magnetplatten; **W.prolongation** *w* Verlängerung des im W. festges. Zahlungsziels (→ Prolongation); **W.obligo** *s* Summe aller W.verbindlichkeiten; **W.protest** *m* förml. Be:urkundung, daß einer W.verpflichtung (Annahme o. Zahlung) nicht nachgekommen wurde; **W.regreß** *m* → Rückgriff; **W.reiterei** *w* → Reitw.; **W.richter** *m* Vorrichtung zum Umformen von Gleich- in W.strom; **w.seitiger Betrieb** *m* Ggs.: → gericht. Betrieb; **W.spannung** *w* elektr. Spannung, deren Richtung u. Stärke sich schnell (i. a. wellenförmig) ändern (legt man eine W.spannung an die Enden eines Leiters, entsteht in diesem **W.strom** *m*); **W.sprech:anlage** *w* Sprech:anlage für beide Richtungen; **W.steuer** *w* Verkehrssteuer für Aushändigung eines W.s (= 0,85 DM je angefangene 100,– DM W.summe); **W.streu:ung** *w* Erscheinen mehr. Anzeigen w.weise in mehr. Medi:en; **W.strom** *m* = → W.spannung; **W.verfall** *m* → Verfalltag; **W.versand** *m* turnusmäß. Belieferung best. Zielgruppen mit Fachzeitschriften; **W.wähler** *m* (e.: → floating vote) Wähler, der keine Partei regelm. wählt; **W.winkel** *m* 2 Winkel in best. Lage; **W.wirkung** *w* ↑ ggs. physik. Beeinflussung zweier o. mehr. Körper, die zw. atomaren Teilchen wirk. Kräfte (unterteilt in elektromagn., starke u. → schwache W.wirkungen); **W.zahl** *w* ↑ Frequenz

Wechslertest *m* (nach dem am. Entwickler) Intelligenztest:art

Weck:amine *M* Amine mit stark → analept. u. kreislaufanreg. Wirkung im menschl. Organismus

Weed *s* (e.: *wîd*) Haschisch

Weg|länge *w*: **mittlere W.länge** Strecke, die ein Gasmolekül frei durchfliegt, ohne mit einem and. zusammenzustoßen, = **freie W.länge**

Weg|nahmerecht *s* Recht des Mieters, eingebrachte Einrichtungsgegenstände bei Auszug aus der Wohnung zu entfernen; **W.werfkunst** *w* Herstellung von „Kunstwerken" aus Nichtigkeiten; **W.werfware** *w* nur einmal benutzb. Produkt (z. B. **W.werfbierfaß -flasche, -kleid**)

Weg-Zeit-Diagramm *s* Übersicht über Standort u. Zeitpunkt der öfftl. Verkehrsmittel

Wehr|beauftragter *m* für 5 Jahre vom Bundes:tag geheim gewählter Prüfer von Beschwerden der Bundesw.angehörigen; **W.dienstverweigerer** *m* wer es aus sittl. Gründen ablehnt, Soldat zu werden; **W.ersatzdienst** *m* Zivil- statt W.dienst; **W.ersatzwesen** *s* alle Dienststellen zur Erfassung der W.pflichtigen; **W.gerechtigkeit** *w* grundsätzl. gleiche Behandlung von W.- u. Ersatzdienstpflichtigen; **W.überwachung** *w* militär. Aufsicht über die Reserve; **W.verfassung** *w* Rekrutierungssystem; alle Institutionen, die den Staat zur Kriegsführung befähigen

Weich|blei *s* von Legierungszusätzen weitgeh. freies Blei; **w.e Währung** *w* nicht frei konvertierbare, zur Abwertung neig. Währung

Weiche *w* ↑ = → Frequenzweiche

Weich|eisen:instrument *s* für Gleich- u. Wechselstrom geeign. Stromstärke-Meßinstrument; **W.lot** *s* leicht schmelzb. Legierung aus Blei u. Zinn; **W.macher** *M* ↑ Zusatzstoffe, die Kunststoffen eine erhöhte W.heit, Geschmeidig- u. Zähigkeit verleihen; **W.zeichner** *m* Vorsatz für fotograf. Objektive zur Erzielung best. Bildwirkungen (bes. bei Porträtfotografie)

Weight *s* (e.: *wäit*) Papiergewicht

Weihnacht|sfreibetrag *m* bei Ermittlung des zu versteuernden Einkommens abzuzieh. Betrag (jetzt: 600,– DM); **W.sgratifikation** *w* tarif- o. einzelvertragl., gewohnheitsrechtl. o. vereinb. Sondervergütung im Dezember

Wein|geist *m* = → Ethanol; **W.heber** *m* Gerät zur Entnahme von W. aus dem Faß; **W.säure** *w* organ. Verbindung (Bestandteil vieler Früchte u. des W.s); **W.siegel** *s* Auszeichnung für beständig gute W.e; **W.stein** *m* saures Kaliumsalz der W.säure (scheidet sich aus manchen W.sorten beim Lagern als farb- u. geschmacklose Kristalle ab; keine Beeinträchtigung der W.qualität!)

Weise| *M*: **vier W.** = Wirtschaftsgut:achter der BRD; **zwölf W.** = Wirtschaftsgut:achter der OECD

Weiserprozent *s* Verhältnis des Waldkapitals zum -ertrag

weiß|: **w.e Antwort** *w* Ablehnung der Forderungen der Farbigen durch die W.en; = **w.e Reaktion** *w*, = **w.e Gegenströmung** *w*, = **Rückschlag der W.en** *m*; **w.e Blutkörperchen** *M* → Phagozyten; **w.e Zwerge** *M* Klasse sehr heißer kleiner Fixsterne; **W.blei:erz** *s* mineral. Bleicarbonat, „Bleispat", **w.blütig** = → leukämisch (*S*: **W.blütigkeit** *w*); **W.bruch** *m* Auftreten einer w.en Verfärbung an manchen Kunststoffen bei starker Verformung (Ursache: im Material verteilte mikroskop. kleine Risse); **W.guß** *m* antimon- u. kupferhalt. Zinnlegierung (Lagermetall für bewegte Maschinenteile); **W.nickelkies** *m* mineral. Nickel:arsenid; **W.spießglanz** *m* wicht. Antimonerz; **W.töner** *m* = → Aufheller

Weiterbildung|s:aufwendungen *M* der W. in einem nicht ausgeübten Beruf dien. Aufwendungen (als → Sonderausgaben beschr. abzugsfähig)

Weithals|flasche *w* Laborgerät; **W.kolben** *m* Laborgerät. – **Weitwinkel|ausbildung** *w* umfass. Schulung (z. B. von Gewerbelehrlingen); **W.objektiv** *s* fotogr. Objektiv kurzer Brennweite, das durch seinen großen Bildwinkel die Aufnahme ausgedehnter Gegenstände aus kurzer Entfernung ermöglicht

Weizenkeim|voll:extrakt *m* Gesamtextrakt aus W.en (Grundlage für Vitamin-E-Präparate [Geriatrica zur Herz- u. Kreislaufpflege])

Welle| *w* ↑ Ausbreitung eines Schwingungsvorgangs durch den Raum dadurch, daß die in einem Punkt ablauf. Schwingung in benachbarten Punkten die gleiche, aber zeitl. verzögerte („phasenverschobene") Schwingung hervorruft; runde Stange, die eine Drehbewegung überträgt; mehr. zeitl. zusammengefaßte Teile der Feldarbeit einer Untersuchung; **W.-Korpuskel-Dualismus** *m* = → Teilchen-W.-→ Dualismus; **W.nbereich** *m* Frequenzbereich (Abschnitt auf der W.nlängenskala); **W.nkraftwerk** *s* Werk, das die Brandungsw.n zur Energiegewinnung nutzt; **W.nlänge** *w* ↑ Abstand zw. 2 im gleichen Takt („gleichphasig") schwing. Punkten (z. B. 2 W.nbergen o. -tälern) einer physik. W.; **W.nleiter** *m* Führungsgerät für hochfrequ. elektromagn. W.n; **W.nmechanik** *w* in ihren Ergebnissen der → Quantenmechanik gleichwert., in ihrer math. Durchführung verschied. Theorie des Atombaus, = **W.ntheorie** *w*; **W.nspektroskopie** *w* Untersuchung der Oberflächen-Erdbebenw.n; **W.ntunnel** *m* Gehäuse der Schiffsschraubenw.; **W.nzahl** *w* Kehrwert der W.nlänge; **W.-Teilchen-Dualismus** *m* = → Teilchen-W.-Dualismus

Welt| *w* → Dritte; **stationäres W.all** *s* (theoret.) im stetigen Zustand verharr. Universum; **W.anschau:ungs:partei** *w* an umfass. Ideologie orient. Partei; **W.bank** *w* ⟨ Internat. Bank für Wiederaufbau u. Entwicklung (e.: **I**nternat. **b**ank for **r**econstruction and **d**evelopment; ⟨ *IBRD*); **W.bankgruppe** *w* → IBRD u. → IDA (eng zusammenarbeitend) u. die internat. Finanzkorporation; **W.eislehre** *w* (irrige) Annahme, daß Eiskörper im W.all die Bildung der W.körper mitbedingen; **W.empfänger** *m* Rundfunkempfangsgerät mit hochempfindl. Kurzwellenteil; **W.formel** *w* Versuch einer math. Deutung der Materie (Heisenberg); **W.gerichts:hof** *m* Schiedsgericht der Vereinten Nationen; **W.handelskonferenz** *w* ⟨ → UNCTAD; **W.kirchenkonferenz** *w* Tagung der ökumen. Bewegung im **W.kirchenrat** *m*; **W.kraftkonferenz** *w* internat. Ausschuß für Energiewirtschaft; **W.marktpreis** *m* Preis des internat. Handels; **W.modelle** *M* Vorstellungen vom Aufbau des W.alls; **W.postulat** *s* Theorie, daß der Aufbau des W.alls überall grundsätzl. der gleiche ist; **W.postver:ein** *m* Vereinigung aller Staaten mit Posteinrichtungen zur Verbesserung des Postverkehrs; **W.-raumlaboratorium** *s* physik. Versuchsraum, der von der Erde nicht gestört wird, = **W.raumstation** *w*; **W.raumstrahlung** *w* = → kosm. Strahlung; **W.sicherheitsrat** *m* ständ. tag. UN-Organ; **W.währungsfonds** *m* (*-foñ*) = → Internat. Währungsfonds; **W.währungsreform** *w* bes. seit dem Zusammenbruch des Bretton-Woods-Systems geführte Diskussion um die Neuordnung des W.währungssystems (im Mittelpunkt:Kontroversen um das anzuwend. Wechselkursregime: feste o. flexible Wechselkurse; Schaffung, Verteilung u. Kontrolle internat. Liquidität; künft. Rolle des Goldes); **W.währungs:system** *s* alle Regelungen zur Sicherstellung monetärer Transaktionen zw. Staaten; **W.wetterdienst** *m* Sonderorganisation der Vereinten Nationen; **W.wirtschaftskrise** *w* Zusammenbruch der W.wirtschaft (ausgeh. von New Yorker Börse, 24. X. 1929); **W.zeit** *w* für astronom. Zeitangaben w.weit verw. Ortszeit des Nullmeridians

Wende|getriebe *s* Getriebe zur Richtungsänderung der Welle; **W.punkt** *m* ↑ Punkt einer Kurve, in dem sich die Krümmungsart ändert; **W.zeiger** *m* Kreiselgerät zur Beobachtung von Flugzeugdrehungen; **W.zugbetrieb** *m* Pendelverkehr der Eisenbahn

Werbe|agentur *w* Unternehmen zur Planung, Durchführung, Kontrolle, Vermittlung von W.maßnahmen and. Unternehmen; **W.anstoß** *m* Kontakt(wirkung) mit dem (auf den) Umworbenen; **W.antwort** *w* vom Empfänger unfrank. zurückgeh. W.karte (Postgebühr für den Absender); **W.berater** *m* Reklamefachmann; **W.block** *m* zusammenhäng. Fernsehw.sendung; **W.brief** *m* Direktw.mittel; **W.-Etat** *m* Finanzmittel für Werbung; **W.fachmann** *m* Reklamespezialist, = **W.kaufmann** *m*; **W.gabe** *w* kostenlose Zuwendung an Umworbene, = **W.geschenk** *s* (erlaubt z. B.: Warenproben, Muster); **W.kosten** *M* Güter- u. Leistungs:aufwand für Reklame; **W.pack(ung)** *s* (*w*) Probepackung; **W.preis** *m* Verbilligung zur Einführung einer Ware; **W.spot** *m* Reklamekurzfilm; **W.texter** *m* Verfasser von W.texten; **W.träger** *m* Gegenstände, durch die die W.mittel an den Umworbenen herangetragen werden (Rundfunk – Fernsehen – Zeitungen – Zeitschriften u. dgl.); **W.träger:analyse**

w genaue Interpretation der W.wirkung durch den w.nden Betrieb. – **Werbung**| *w* alle Maßnahmen, Produkt u./o. Hersteller zur Absatzförderung o. Imagepflege bekanntzumachen; → antizyklisch; **W.skosten** *M* Aufwendungen zur Erwerbung, Sicherung u. Erhaltung der Einnahmen (bei der Einkunfts:art abzuziehen, bei der sie entstanden sind); **W.skostenpauschale** *w* ohne Nachweis anzusetz. Mindestbeträge für W.skosten (564,– DM bei Einnahmen aus nichtselbst. Arbeit; 100,– DM bei Einnahmen aus Kapitalvermögen)

Werk|blei *s* bei der Verhüttung von Bleierzen zuerst entsteh., noch reinigungsbedürft. (Roh-)Blei; **w.(s)eigen** vom Betrieb gebaut o. erworben (w.eigene Betriebswohnungen); **w.(s)fremd** vom Betrieb gemietet (w.fremde Betriebswohnungen); **w.(s)gefördert** vom Betrieb vertragl. für seine Angehörigen gesichert; **W.hygi:ene** *w* Gesundheitsfürsorge im Betrieb; **w.immanent** der Art (den Bedingtheiten) des Werk(stoff)s genau entsprechend; **W.lieferungsvertrag** *m* Auftrag, für den der Beauftragte das Material stellt; **W.meisterkrise** *w* Funktions- u. Autoritätsverlust der mittleren Vorgesetzten; **W.statt** *w* ↑ Versuchsbühne; → Workshop; **beschützende W.statt** *w* Produktionsstätte für zu rehabilitier. Behinderte; **W.verkehr** *m* Beförderung betriebseig. Produkte; **W.vertrag** *m* Verpflichtung des Unternehmers zur Herstellung des versproch. W.es, des Bestellers zur Entrichtung der vereinb. Vergütung (Unternehmer steht für Erfolg seines W.es ein); **W.(s)wohnung** *w* dem Mieter aufgrund eines Dienst-, Arbeitsverhältnisses überlass. Wohnung; **W.zeugmaschine** *w* Maschine zur Bearbeitung von **W.stoffen** *M* (= Produkten, die in die industr. Fertigung eines Betriebes eingehen)

Werner-Plan *m* (luxemb. Politiker) Plan, die EG zu einer Wirtschafts- u. Währungs:union zu entwickeln

Wert| *m* wicht., sehr umstritt. ökonom. Kategorie (Quelle des W.s die verausgabte menschl. Arbeitskraft??); **W.analyse** *w* Methode zur Steigerung der Wettbewerbsfähigkeit durch Rationalisierung (system. Untersuchung eines lauf. erzeugten Produkts u. seiner Bestandteile nach Funktion u. Kostenw.); **W.ansatz** *m* Bewertung von Gütern in der Bilanz zum am Stichtag gült. W.; **W.berichtigung** *w* Berichtigung zu hoch anges. Vermögensgegenstände in der Bilanz; **W.blindheit** *w* Unfähigkeit des Täters, Recht u. Unrecht zu unterscheiden; **W.elite** *w* soz., geist. o. polit. qualifiz. Minderheit; **W.fortschreibung** *w* Erfassung von W.veränderungen bei Gegenständen, für die ein Einheitsw. festgesetzt wurde; **W.freiheit** *w* wissensch. Aussagensystem ohne W.urteile (vermeintlich), = **W.neutralität** *w*; **W.igkeit** *w* Zahl, die angibt, wieviel Atome Wasserstoff o. gleichwert. Elemente ein Atom binden o. ersetzen kann; = → Valenz; **W.klima** *s* vorherrsch. Haltung einer Gruppe (Organisation) zu W.en außerhalb des Gruppenziels; **W.papier** *s* Urkunde, die best. Vermögensrechte dokumentiert (Ausübung der Rechte an Besitz des Papiers gebunden); **W.papierbörse** *w* Börse, an der vertretbare W.papiere gehandelt werden; **w.schaffende Arbeitslosenhilfe** *w* zusätzl. Arbeitsgelegenheiten (gemeinnütz., volkswirtsch. wertvoll, mit Zuschüssen u. Darlehen); **W.schöpfung** *w* jeder in einer best. Zeit neugeschaff. W. („Nettoproduktionsergebnis"); **W.schuld** *w* reine Geldschuld; **W.sicherungsklausel** *w* Vertragszusatz, der best. Geldschuld an einen W.index bindet (dient der Sicherung gegen Inflation); **W.steuer** *w* Steuer, deren Höhe durch den W. des zu besteuernden Gegenstands bestimmt ist; **W.theorie** *w* : W. einer Ware beruht auf Nutzen für einz. Individuen; **W.zeichenpapier** *s* Papier mit bes. Wasserzeichen; **W.zoll** *m* Zoll, dessen Höhe durch den Zollw. der Ware bestimmt wird; **W.zuwachs** *m* unverdiente W.steigerung

West|ern Style *m* (e.: *-stail*) (Vordringen) am. Lebensformen; **W.europä:ische Union** *w* (⟨ *WEU*) kollektives Bündnis von w.europ. Staaten zur Förderung ihrer Sicherheit durch automat. Beistand gegen Aggression (1954; Paris – London)

Westinghousebremse *w* (am. Erfinder, 19. Jh.) Einkammerdruckluftbremse

Weston-Element *s* galvan. Element mit konstanter, genau reproduzierb. Spannung (für Meßzwecke)

Wettbewerb| *m* Wettlauf der Atommächte, = atomist. Konkurrenz; **W.s:absprachen** *M* Vereinbarungen zw. Unternehmungen zur Einschränkung o. Ausschaltung des W.s; **W.sbeschränkung** *w* Maßnahme der Unternehmen, des Staats o. sonst. Institutionen zur Behinderung o. Beseitigung der Konkurrenz; **W.sklausel** *w* Vertragszusatz, der verbietet, nach Beendigung des Vertragsverhältnisses in Konkurrenz zum Unternehmen zu treten (nur unter best. Voraussetzungen rechtskräftig; z. B. ist für Ausfallzeit Entschädigung zu zahlen); **W.sverbot** *s*: Handlungsgehilfe darf ohne Einwilligung des Arbeitsgebers kein Handelsgewerbe betreiben; **W.sver:einbarung** *w* → W.s:absprachen

wetter|fühlig von der Witterung leicht beeinflußbar; **W.satellit** *m* Erdsatellit als meteor. Beobachter; **W.schiff** *s* W.station auf dem Meer

WEU *w* ⟨ **W**est**eu**ropäische **U**nion. – **WEZ** ⟨ **w**esteurop. **Z**eit. – **WG** ⟨ **W**echsel**g**esetz; **W**asser**g**esetz. – **WGL** ⟨ **w**issensch. **G**esellschaft für **L**uffahrt. – **WH** ⟨ **W**irtschafts**h**ochschule. – **Wh** ⟨ **W**attstunde (e.: **W. h**our)

WHILE ... DO-Anweisung *w* best. → Befehl bei → ADV, Wiederholungsbefehl

Whiskers *M* (e.) dünne nadelart. → Einkristalle aus meist metall. Material (von ungewöhnl. hoher Festigkeit, daher als Verstärkungszusatz für Chemiewerkstoffe benutzt)

Whispering| Campaign *w* (e.: *-kämpein*) Flüsterpropaganda, = **W.-Propaganda** *w*

White| collar *m* (e.: *wait kolle*) (am.) Angestellter (Ggs.: → **Blue collar** Arbeiter); **W.-collar-Kriminalität** *w* Wirtschaftskriminalität; **W. Light** *s* (e.: *-lait*) vollkomm. Entdeckung des wahren Selbst im LSD-Rauschgipfel; **W. Stuff** *m* (e.: *-staff*) Kokain

WHO ⟨ (e.) **W**orld **H**ealth **O**rganization (Weltgesundheitsorganisation; Genf)

Wholesale *s* (am.: *houlseil*) Großhandel

Wichte| *w* = → spezifisches Gewicht; **W.zahl** *w* Höhe des spezif. Gewichts

Wickel|kondensator *m* elektr. → Kondensator aus aufgewick. Metallfoli:enstreifen als Elektroden u. dazwischenlieg. isolier. Papier- o. Kunststoff:streifen; **W.probe** *w* Drahtprüfung, = **W.versuch** *m*; **W.verfahren** *s* ↑ Methode zur Herstellung von Hohlkörpern (Rohren, Kesseln) durch Umwickeln eines Kerns mit Glasfasermatten o. -strängen, die mit einem → duromeren Kunststoff getränkt sind. Anschließend wird der Kunststoff gehärtet u. der fertige Hohlkörper vom Kern abgezogen. – **Wicklung** *w* → bifilar

Wider|klage *w* Zivilklage des Beklagten gegen den Kläger; **W.lager** *s* Stützfläche für auflieg. Bauteile; **w.rechtliche Entnahme** *w* Verwendung wesentl. techn. Unterlagen eines andern für ein eig. Patent; **W.spruchsklage** *w* Einspruch gegen Zwangsvollstreckung, = **Interventionsklage** *w*

Widerstand| *m* ↑ Weigerung, sich seine unbewußten, verdrängten Motive o. Wünsche bewußt zu machen (machen zu lassen); **elektrischer W.** Verhältnis zw. der an den Enden eines Leiters lieg. Spannung u. dem von ihr im Leiter verurs. Strom; der Leiter selbst; **W. gegen die Staatsgewalt** *m* aktive Kraftäußerung gegen Beamte(n) bei Amtsaus:übung; **W.s:heizung** *w* Ausnutzung der in einem durchflossenen Leiter mit → Ohmschem W. entsteh. → Stromwärme zu Heizzwecken; **W.smesser** *m* = → Ohmmeter; **W.smoment** *s* Festigkeitswert eines Bauteils; **W.s:ofen** *m* elektr. Heiz:ofen jeder Größe für metallurg. Zwecke; **W.srecht** *s* tätl. Ungehorsam gegen verfassungswidr. öfftl. Gewalt; **W.sschweißen** *s* Verfahren zum Verschweißen von Metallteilchen (die notwend. Erhitzung wird durch starken elektr. Strom erzielt, der durch die Berührungsstelle fließt; → Elektroschweißen; **W.s:thermometer** *s* elektr. Leiter, dessen W. sich mit der Temperatur ändert (man kann also die Temperatur durch W.smessung feststellen)

Widia| *s* (⟨ **wie Dia**mant) Hartmetall aus Wolframcarbid u. Kobalt (u. a. für Gesteinsbohrer, Drehwerkzeuge), = **W.-metall** *s*

Widmung *w* ↑ öfftl. bekanntgemachte Verfügung, die einer Straße Eigenschaft einer öfftl. Straße verleiht

wie besehen Klausel, die Haftung des Verkäufers für erkennb. Mängel ausschließt, = **wie besichtigt**; → Telquel

Wieder|anlage:rabatt *m* von Investmentfonds gegeb. Rabatt an Inhaber von Investmentzertifikaten, sofern sie die Erträge aus dem Fonds direkt wieder in Anteilen anlegen; **W.aufbereitung** *w* Vorbereitung gebrauchter Werkstoffe zur W.benutzung; **W.aufnahme** *w* Nachprüfung rechtskräftig geword. Entscheidungen; **W.aufnahmeverfahren** *s* Nichtigkeits-, Restitutionsklage (Wiederholung eines rechtskräftig geword. Verfahrens); **W.beschaffungskosten** *M* aufzuwend. Geldwert für die W.beschaffung von aus dem Betrieb ausgeschied. Gütern; **W.beschaffungswert** *m* = → Anschaffungswert; **W.einstellungsklausel** *w* vertragl. Zusicherung der W.beschäftigung nach dem

Streik; **W.eintauchproblem** *s* techn. Aufgabe, einen Erdsatelliten so abzubremsen, daß er wohlbehalten am Erdboden ankommt (ohne besond. Maßnahmen würde ihn die Umwandlung seiner → Bewegungsenergie in Wärme auf der Abstiegsbahn verglühen lassen. Verhindert u. a. durch Bremsraketen u. → Ablationskühlung); **W.herstellungs:chirurgie** *w* plast. Chirurgie; **W.kauf** *m* aufschieb. bedingter Rückkauf durch Verkäufer; **W.kaufsrecht** *s* beim Kauf vorbehalt. Recht, verkaufte Sache zurückzukaufen; **W.vereinigung** *w* ↑ = → Rekombination

Wiege *w* = ↑ → Grannierstahl

Wigametall *s* (KW) Legierung aus Zinn, **Wi**smut u. **Ga**llium (für Zahnplomben)

Will|ens:erklärung *w* ↑ Äußerung, daß man eine Rechtshandlung vornehmen will; **W.kürverbot** *s* Bindung aller Staatsorgane an die Gesetze (Kern des Gleichheitsgrundsatzes im GG)

Wilson-Kammer *w* (schott. Physiker, 19./20. Jh.) = → Nebelkammer

Windenschleppstart *m* Segelflugstart mit Seilwinde

Winder *m* (e.: *wain-*) Vorrichtung mit Motor zum automat. Spannen des Verschlusses u. Weiterdrehen des Films an fotogr. Kameras

Windfall-Gewinne *M* (e.) Differentialrente (Einkommen o. Gewinn bei niedrigeren Produktionskosten and. Wettbewerben gegenüber)

Wind|form *w* Luftzuführung am Hochofen; **W.frischen** *s* Verarbeitung des Roheisens zu Schmiedeeisen im → Konverter; **W.kanal** *m* Vorrichtung zur Erzeugung eines künstl. Luftstroms, in dem a:erodynam. Untersuchungen (z. B. an Flug- o. Fahrzeugmodellen) durchgeführt werden; **W.kraft:anlage** *w* Vorrichtung zur Nutzung der W.-kraft, = **W.kraftwerk** *s*; **W.leitblech** *s* Leitfläche an Lokomotiven zur Steuerung des Fahrwindes; **W.protest** *m* Feststellung des Wechselnehmers, daß die Anschrift des Bezogenen nicht zu ermitteln ist; **W.sack** *m* Vorrichtung zur Feststellung der W.richtung; **w.schiefe Geraden** *M* Geraden (im Raum), die nicht parallel sind u. sich nicht schneiden; **w.schlüpfig** = a:erodynamisch, = **w.schnittig; w.sichten** Schüttgüter in feinkörnige (o. leichte) u. grobkörnige (o. schwere) Bestandteile auftrennen, indem man Gas- o. Luftstrom hindurchbläst, der die leichteren Bestandteile in stärk. Maße mitführt u. an and. Stelle ablagert als die schweren (*S*: **W.separator** *m* = **W.sichter** *m*); **W.surfing** *s* (e.: *-ßörfiñ*) Wellenreiten mit Segeln

Winkel|funktionen *M* → Funktionen, deren → Definitionsbereiche aus W.n bestehen (werden am → Einheitskreis definiert; sind periodisch; z. B. Sinusfunktion); **W.kopf** *m* Vermessungsgerät, = **W.trommel** *w*, = **Kreuzscheibe** *w*; **W.messer** *m* = → Goniometer; **W.minute** *w* 60. Teil von 1°; **W.prisma** *s* Gerät zur Messung unveränd. W.; **W.sekunde** *w* 60. Teil einer W.minute; **w.treu** W.größen nicht verändernd

Wintergeld *s* Leistung der Bundesanstalt für Arbeit an Arbeiter des Baugewerbes für witterungsbedingte Arbeitsausfälle zw. 12. XII. u. 15. III.

Wipla-Metall *s* nicht rost. Stahllegierung (für Teile von künstl. Gebissen)

WIPO ⟨ (e.) **W**orld **i**ntellectual **p**roperty **o**rganization (Weltorganis. für geist. Eigentum, seit 1963). – **WIR** ⟨ **Wir**tschaftsring-Genossenschaft (schw. Unternehmensvereinigung)

Wirbel|bett *s* Apparatur zur Durchführung von Reaktionen an Teilchen im Gasstrom; **W.bettverfahren** *s* = **W.-schichtverfahren** *s*; **W.brenner** *m* = → Dralldüse; **W.feld** *s* → Feld, in dem die → Feldlinien in sich zurücklaufen; **W.schicht** *w* von Luft- o. Gasstrom aufgew.te Pulverschicht bei chem. Reaktionen (**W.schichtkatalyse** *w* dieses Pulver bildet den Katalysator, der eine chem. Gasreaktion katalysiert); **W.schicht:rösten** *s*: Feststoffe (z. B. best. Erze) werden von heißer Luft aufgew.t u. oxidiert); **W.sintern** *s* Verfahren zum Überziehen von Werkstükken mit Metall- o. Kunststoffschicht durch Aufheizen u. Eintauchen in ein W.bett, in dem das Metall- o. Kunststoffpulver durch Luft- o. Gasstrom aufgew.t u. in dauernder Bewegung gehalten wird; **W.strom** *m* durch → Induktion in Metallkörper entsteh. Kreis-(Wechsel-)strom. – **Wirbulator** *m* Schutzgerät für Windschutzscheibe

Wirk|feld *s* ↑ Bereich der (erfolgreichen) Tätigkeit; **W.ung** *w* ↑ Produkt Energie mal Zeit (grundleg. Bedeutung für Quantenphysik beruht darauf, daß alle tats. auftret. W.ungen ganzzahl. Vielfache des → Planckschen W.ungsquantums sind [„Quantelung“]); **W.ungsforschung** *w* Untersuchung der Effektivitäten von Kommunikation auf Publikumsverhalten, -einstellungen; **W.ungsgrad** *m* von einer Maschine geleist. Arbeit geteilt durch die gleichzeit.

dieser Maschine zugeführte Energie; **W.ungsquantum** *s* = → Planck; **W.ungsquerschnitt** *m* scheinb. Aufsichtsfläche eines atomaren Teilchens bei einem best. Experiment

Wirtschaft| *w* ↑ planvolles Zusammenwirken zur Sicherung der Existenz durch Produktion von Gütern u. Leistungen; alle w.lichen Aktivitäten in einem best. geogr. Raum; **w.liche Einheit** *w* nach ihrem Verwendungszweck zusammengehörende (daher einheitl. zu bewert.) W.sgüter; **w.liche Güter** *M* nicht unbegrenzt verfügbare Güter (daher Gegenstand w.licher Aktivitäten); **W.lichkeit** *w* Bestreben, optimale Relation zw. Einsatz u. Ausbringung zu erzielen (verfügb. Ressourcen ration. einzusetzen); **W.lichkeits:prinzip** *s* ökonom. Prinzip; **W.s:ausschuß** *m* gesetzl. vorgesehener, vom Betriebsrat zu besetz. Arbeitnehmerausschuß (in Betrieben mit über 100 Beschäftigten); **W.sdemokratie** *w* Mitbestimmungsrecht der Arbeiter; **W.sdünger** *m* Dünger aus dem eig. Betrieb; **W.s:elite** *w* die Rollenträger aus dem höchsten Status im w.lichen Bereich; **W.sflüchtling** *m* Flüchtling, der in der BRD bessere soz. Verhältnisse sucht; **W.sförderung** *w* Bundesmittel für die von der Struktur benachteil. Gebiete (z. B. Berlin); **W.skabinett** *s* Fachministergruppe; **W.skreislauf** *m* Darstellung u. Analyse der Güter- u. Geldströme; **W.skrieg** *m* Bekämpfung durch w.lichen Zwang; **W.slenkung** *w* staatl. Maßnahmen zur Beeinflussung des w.lichen Geschehens; **W.s:ordnung** *w* einer W. zugrunde lieg. Verfassung; die wesentl. Organisations- u. Lenkungs:prinzipi:en; **W.s:politik** *w* alle staatl. Maßnahmen zur Steuerung der W. (wicht. Teilbereiche: Konjunktur-, Geld-, Außenhandels:politik); **W.s:prüfer** *m* fachl. vorgebild. Person, die betriebsw.liche Prüfungen von Unternehmen vornimmt u. Bestätigungsvermerk über Ergebnis erteilt; **W.sraum** *m* geogr. begrenzter Raum mit best. Strukturmerkmalen, seine Betrachtung u. Analyse (mögliche Einteilung: region., nation., übernation. W.sräume); **W.s:schwankungen** *M* → Konjunkturzyklen; **W.s:spionage** *w* (*-nâsche*) unerlaubte Ermittlung interner Betriebs:praktiken; **W.s:struktur** *w* Gliederung der nation. W. in best. Hauptproduktionsbereiche u. deren Verhältnis zueinander; **W.s:stufen** *M* Einteilung der W. nach ihrer technol. Entwicklung u. den Produktionsschwerpunkten; **W.s:system** *s* → W.sordnung; **W.s- u. Währungs:union** *w* von der EG offiz. angestrebtes Integrationsziel (für w.liche Aktivitäten = Fortfall nationalstaatl. Grenzen, vollständ. Mobilität von Arbeit u. Kapital im Integrationsraum; Schutzfunktion des Nationalstaats entfällt [Zölle u. Handelshemmnisse illegitim]); **W.swachs:tum** *s* zentrale Kategorie u. Erfordernis in marktw.lich organis. W.en (ergibt sich aus dem der Konkurrenz innewohn. Zwang, einen Teil des neu hinzugewonn. [produzierten] Produkts zu investieren, d. h. den Kapitalstock auszudehnen. Ergebnis: schnell wachs. Kapitalbestand, dessen Anlagemöglichkeiten [wenigstens in geschloss. Volksw.] sich tendenziell verschlechtern); **W.sweise** *w* → biologisch; **W.swissenschaften** *M* Erforschung der W.: → Volksw.slehre befaßt sich bes. mit Gesamterscheinungen (⟨ *VWL*), Betriebsw.slehre mit den Einzelw.en

Wischblende *w* Übergang zur nächsten Filmeinstellung

Wismut *s* (lat.) chem. Element, Schwermetall (für niedrig schmelz. Legierung, z. B. → Woodsches Metall; ⟨ *Bi*)

wissenschaftlicher Sozialismus *m* auf Marx zurückgeh. Sozialismus

Witherit *m* (KW) weißes Mineral aus Bariumcarbonat

Wittereen-Fazilität *w* bes. Ziehungs-(Kredit-)möglichkeit im Internation. Währungsfonds (steht Ländern über normale Kredittranchen zur Verfügung; mit bes. Auflagen verbunden)

WK ⟨ **W**erks**k**asse. – **WKM** ⟨ **W**agen**k**ilo**m**eter. – **Wkr.** ⟨ **W**ahl-, **W**ehr**kr**eis. – **WM** ⟨ **W**elt**m**eisterschaft(en). – **WMA** ⟨ (e.) **W**orld **m**edical **a**ssociation (Weltärztebund; eng verbunden mit → WHO; Fragen der ärztl. Ausbildung u. des Berufsstandes). – **WMO** ⟨ (e.) **W**orld **m**eteorological **o**rganization. – **WO** ⟨ **W**echsel**o**rdnung

Wobbler *m* (e.) Störgerät für Fernsteuerungen

Wochen|fürsorge *w* Hilfsmaßnahmen für werd. Mütter u. Wöchnerinnen; **W.geld** *s* Krankenkassenzahlung an Wöchnerinnen, = **W.hilfe** *w*

Wofatit *s* (KW) Ionenaustauscher (Wasserhärtungsmittel)

Wöhler|-Kurve *w* (d. Ingenieur; 19./20. Jh.) Diagramm zur Darstellung der → Wechselfestigkeit von Werkstoffen in Abhängigkeit von der Anzahl der Lastwechsel; **W.sche Harnstoffsyn-**

these *w* (d. Chemiker, 19. Jh.) Molekül:umlagerung von Ammoniumcyanat zu Harnstoff (erstmal. künstl. Umwandlung einer anorgan. in eine organ. Substanz: Nachweis der Unwesentlichkeit der Grenze zw. organ. u. anorgan. Chemie), = **W.sche Reaktion** *w*, = **W.sche Synthese** *w*

Wohlfahrt|s:politik *w* mögl. hohe soz. Sicherheit u. Vollbeschäftigung für alle; **W.s:staat** *m* Staat, der dem Individuum die Existenzsicherung weitgeh. abnimmt; **W.s:theorie** *w* Versuch, die Bedingungen aufzuzeigen, unter denen der Wohlstand einer Nation zu maximieren ist; **W.swirkung** *w* Schutzwirkung des Waldes

wohlgeordnet Eigenschaft best. Mengen

Wohlstand|sgesellschaft *w* auf Streben nach W. fußende Gesellschaftsform; **W.s:staat** *m* = → Wohlfahrts:staat; **W.skriminalität** *w* bei erhöhtem mater. Lebensstandard bes. häufige Delikte

Wohn|besitzbrief *m* schriftl. Zusicherung des Bauträgers über eingeräumten W.besitz; **W.geld** *s* soz. Schwachen gewährter Zuschuß zu den Aufwendungen für die W.ung; **W.gemeinschaft** *w* Gruppe Zusammenw.ender; **W.-kommune** *w* soz. W.gemeinschaft; **W.landschaft** *w* aus Möbel:elementen zusammenges. Einrichtung; **W.mobil** *s* Kfz mit W.-, Schlaf-, Kücheneinrichtung; **W.raumhilfe** *w* Lastenausgleichsleistung. – **Wohnung|sbindungsgesetz** *s* sichert die Zweckbestimmung von Sozialw.en (1974); **W.s:eigentum** *s* Sondereigentum an der W. u. Miteigentum am Grundstück; **W.sgeld** *s* Teil des Beamteneinkommens; Zuschuß zum Lohn; **W.svermittler** *m* wer zum Abschluß von Mietverträgen über W.sräume verhilft. – **Wohn|wagen** *m* (Kfz-)Wagen mit W.-, Schlafraum-, Kücheneinrichtungen

Wolf| *m* ↑ → grau; **W.srachen** *m* Gaumenspalte (Entwicklungsstörung)

Wolfram *s* chem. Element, Schwermetall mit sehr hohem Schmelzpunkt (wicht. Ausgangs:produkt für harte hitze- u. säurebeständ. Legierungen; ⟨ *W*)

Wolken|physik *w* Teil der Meteorologie; **W.schädel** *m* Darstellung des Schädels im Röntgenbild bei zu frühem Fontanellenschluß nach zu starker antirachit. Vigantolbehandlung (das wachsende kindl. Gehirn läßt Druckstellen in der knöch. Schädelwand entstehen); → Fontanelle

Woll:astonprisma *s* (KW) opt. Gerät zur Erzeugung von polaris. Licht

Women studies *M* (am.: *wu- stadîs*) am. Forschung, die sich mit allen Aspekten der Lage der Frauen beschäftigt

Woodsches Metall *s* (e.: *wûd-*) leicht schmelzb. Legierung aus Wismut, Blei, Zinn u. Cadmium

work|ing capital *s* (e.: *wörkiñ käpitl*) Meßzahl (weist Differenz zw. kurzfrist. Aktiva u. Passiva aus); **W.shop** *m* (e.: *wörkschop*) wissensch. Veranstaltung zur Vermittlung der vom Unternehmen betrieb. Forschung; → Werkstatt; **W.-structuring** *s* (*-straktscheriñ*) optim. Anpassung der Arbeit an Fähigkeit u. Neigungen des Arbeitenden

Wort|blindheit *w* Unfähigkeit, Geschriebenes (Gedrucktes) zu begreifen, = → Alexie; **W.marke** *w* aus W., Zahl o. Kombination von beiden besteh. Markenname; **W.maschine** *w* best. → DVA; **W.salat** *m* von Schizophrenen entwick. Privatsprache

WP ⟨ **W**irtschafts**p**rüfer. – **WPS** ⟨ **W**ellen-**P**ferde**s**tärke. – **WR** ⟨ **W**ahl**r**echt; ⟨ **W**irtschafts**r**ing

Wrasen *m* ↑ (nd.) in Verdampfungs:anlagen entsteh. Wasserdampf

WRITE-Befehl *m* (e.: *rait-*) Schreibbefehl in → ADVA

WRK ⟨ **W**estd. **R**ektoren**k**onferenz. – **WS** ⟨ **W**att**s**ekunde; ⟨ **W**inter**s**emester; ⟨ **W**asser**s**äule; ⟨ **W**echsel**s**trom. – **WSA** ⟨ **W**irtschafts- u. **S**ozial**a**usschuß der EG. – **WSG** ⟨ **W**asser**s**chutz**g**ebiet; ⟨ **W**ehr**s**old**g**esetz. – **WSV** ⟨ **W**inter**s**chluß**v**erkauf. – **WTB** ⟨ **W**olffsches **T**elegrafen**b**üro. – **wtF** ⟨ **w**issenschaftl.-**t**echn. **F**ortschritt. – **wtR** ⟨ **w**issenschaftl.-**t**echn. **R**evolution. – **WUB** ⟨ **W**ählergemeinsch. **u**nabhäng. **B**ürger

Wund|schock *m* Schock durch ärztl. Eingriff (Verwundung); **W.starrkrampf** *m* = → Tetanus; **W.streifen** *m* Bahnschutzgelände an Wäldern

Wunsch| *m* ↑ durch unbefried. Bedürfnis ausgelöste psych. Regung; **W.denken** *s* W.vorstellungen auf Kosten einer realist. Einschätzung der Wirklichkeit u. der Bedingungen für die Zielverwirklichung; **W.erfüllung** *w* ↑ Erscheinung der W.vorstellungen im Bewußtsein; **W.vorstellung** *w* ↑ von Wünschen hervorgeruf. Erinnerungen an frühe Befriedigungs:erlebnisse

Würfelung *w* ↑ Durcheinanderwohnen versch. Menschenkategorien ohne soz. Interaktionen. – **Wurfsendung** *w* Massenverteilung von Werbeschriften durch die Post

Wurtzit *m* (fr. Chemiker) Strahlenblende

Wurzel| *w* ↑ Nullstelle einer → Polynomfunktion; Lösung einer ganzration. Gleichung (Spezialfälle: Quadrat-, kubische W. u. a. können als Potenz mit einem **W.exponenten** als → Exponenten geschrieben werden); **W.füllung** *w* Füllung des W.kanals eines Zahns nach Entfernung des abgetöt. (abgestorb.) Nerven- u. Gefäßstranges mit spez. Masse; **W.spitzenresektion** *w* operat. Abtragung einer geschäd. Zahnw.-spitze bei Erhaltung des Zahns; **W.zeichen** *s* für eine best. Schreibweise best. W.n

WUSt ⟨ **W**aren**u**m**s**atz**st**euer. – **WV** ⟨ **W**örter**v**erzeichnis. – **Wv.** ⟨ **W**ieder**v**orlage. – **WW** ⟨ **W**arm**w**asser; ⟨ **W**asser**w**erk. – **WWI** ⟨ **W**irtschaftswiss. **I**nstitut der Gewerkschaften (Köln). – **Wz** ⟨ **W**aren**z**eichen

X

Xantho|chromie *w* (KW, gr.) Gelbfärbung; **X.gensäure** *w* organ. Schwefelverbindung; **X.phyll** *s* biochem. wicht. gelber Farbstoff in grünen Blättern

X-Chromosom *s* (KW, gr.) geschlechtsbestimm. Zellfarbkörper

Xe ⟨ → **Xe**non

X-Einheit *w* veralt. Längeneinheit (früher bes. zur Angabe der Wellenlänge von Röntgenstrahlen; 1 X-E = 10^{-13} m)

Xenobiotika *M* (KW, gr.) lebensfremde, biolog. nicht abbaubare Stoffe

Xenon| *s* (KW, gr.) selt. chem. Element aus der Gruppe der → Edelgase (zur Füllung von Glühbirnen u. Leuchtröhren; ⟨ *Xe*); **X.lampe** *w* → UV-Lampe best. Bauart

Xeno|phobie *w* (KW, gr.) Fremdenhaß; **X.test-Prüfung** *w* Verfahren zur Ermittlung der Beständigkeit von Werkstoffen, Textilien, Farbstoffen u. dgl. gegen → UV-Strahlung mit einer → Xenonlampe

Xero|dermie *w* (KW, gr.) Lichtüberempfindlichkeit der Haut; **X.grafie** *w* Verfahren zum schnellen Kopieren von Schriftstücken auf normalem Papier als Unterlage, = **X.kopie** *w*

Xografie *w* (KW, gr.) Bildwiedergabe mit dreidimension. Wirkung

X-Strahlen *M* = → Röntgenstrahlen

Xyl|an *s* (KW, gr.) celluloseart. Substanz in grünen Pflanzen, = **Holzgummi** *s*; **X.idin** *s* vom X.ol abgeleit. organ. Stickstoffverbindung (wichtig zur Farbstoffherstellung); **X.ol** *s* farblose flüss. organ. Substanz aus der Reihe der → aromat. → Kohlenwasserstoffe; **X.ose** *w* Holzzucker

XY-Schreiber *m* (KW) Gerät, das die Abhängigkeit zweier physikal. Größen voneinander selbsttätig als Diagramm aufzeichnet (→ Plotter)

Y

Y ⟨ → **Y**ttrium

Yagi:antenne *w* (jap. Konstrukteur) Ultrakurzwellenantenne

Yawl *w* (e.: *jôl*) Zweimastsegler

Yb ⟨ → **Y**tter**b**ium

Y-Bazillen *M* Erreger der Bazillenruhr

YCW ⟨ (e.) **Y**oung **C**hristian **W**orkers (christl. Arbeiterjugend)

Y-Chromosom *s* m. Geschlechts:chromosom

Yd ⟨ **Yard** (e. Längenmaß, = 0,9144 m)

Yellow| **Pages** *M* (e.: *jelou pä̱idsehes*) Branchentelefonbuch; **Y. Paper** *s* (e.: *-päiper*) Sensationszeitung; **Y. Press** *w* chauvinist. Sensations:presse

Yeti *m* (legendärer) Schneemensch im Himalaja

YF 16 *w* einstrahl. leichtes am. Kampfflugzeug (doppelte Schallgeschwindigkeit – Reichweite 900 km – 4 Luft-Luft-Raketen – 120 mm-Bordkanone)

YMCA ⟨ (e.) **Y**oung **M**en's **C**hristian **A**ssociation (Christl. Verein Junger Männer)

Yohimbin *s* (afr.) → Alkalo:id aus der Rinde trop. Bäume (Gefäßerweiterungsmittel)

Yoldiazeit *w* (dän. Graf) Erdgeschichtsperiode

Ytterbium *s* (schwed. Ort) metall. chem. Element aus der Gruppe der → Lanthano:ide; ⟨ *Yb*

Yttrium *s* (schwed. Ort) chem. Element (Leichtmetall aus der Gruppe der → Lanthano:ide; ⟨ *Y*)

Yukawa|-Feld *s* (jap. Physiker, 20. Jh.) im Kern herrsch. Kraftfeld; **Y.-Teilchen** *s* = → Meson

Z ⟨ Zeppelin; ⟨ Zeile; ⟨ Zahl; ⟨ Atomnummer; ⟨ Zahlung; ⟨ Zeitschrift; ⟨ Zimmer; ⟨ Zoll; ⟨ Zug. – **ZA** ⟨ Zahnarzt; ⟨ Zentralamt; ⟨ Zollamt. – **z. A.** ⟨ zur Anstellung (Ansicht)

Zähigkeit *w* ↑ = → Viskosität (Fähigkeit eines Werkstoffs, unter Verformung mechan. Energie aufzunehmen, ohne zu brechen)

Zahl| *w* ↑ → Betrag; **Z.enbuna** *s* Gruppe synthet. Kautschuke; **Z.engerade** *w* dient der Veranschaulichung der → re:ellen Z.en; **Z.entheorie** *w* Teilgebiet der Mathematik; **Z.grenze** *w* Ende einer Tarifstrecke eines Verkehrsmittels

Zählkandidat *m* Wahlkandidat, dessen Aufstellung nur zur Stimmenzählung für seine Partei dient

Zahlkarte *w* Formular im Postscheckverkehr (für Bar:einzahlungen auf Postscheckkonto)

Zähl|kasse *w* Geschäftskasse mit Z.-werk; **Z.maschine** *w* = → Abzählmaschine; **Z.maß** *s* Maßeinheit für Güter, = **Stückmaß** *s*; **Z.rohr** *s* Vorrichtung zum Nachweis u. zur Registrierung einz. genügend energiereicher → Korpuskeln als Bestandteil von → Teilchenstrahlen (z. B. → Alphateilchen, Elektronen); **Z.transistor** *m* Transistor, mit dem sich schnell flieg. atomare Teilchen ähnl. nachweisen lassen wie mit einem Z.rohr

Zahlung|s:abkommen *s* zwischenstaatl. Vertrag zur Regelung (Abwicklung) des internat. Z.sverkehrs; **Z.sbefehl** *m* vom Gläubiger beim Amtsgericht erwirkte schriftl. Aufforderung an den Schuldner zu zahlen; **Z.sbilanz** *w* Gegenüberstellung aller zwischenstaatl. finanz. Transaktionen für best. Zeitraum (Leistungs-, [Handels-, Dienstleistungs-, Übertragungs-] Kapital-, Devisenbilanz; Saldo aus allen Transaktionen wirkt auf Währungsreserven); **Z.sbilanzmechanismen** *M* Tendenz zur Selbstregulierung der Z.sbilanz zum Gleichgewicht über Wechselkursanpassung o. Schwankungen des Preisniveaus u. dgl. (Abwertung der Währung verbessert Exportmöglichkeiten, verteuert Importe. Unter best. Voraussetzungen führen Export:erlöse, die höher sind als die Mehraufwendungen für Importe, zum Ausgleich eines Z.sbilanzdefizits); **Z.sbilanzpolitik** *w* Maßnahmen von Staat o. Notenbank zur Beeinflussung außenwirtsch. Transaktionen (Ziel: best. Z.sbilanzergebnis); **negativer Z.sbilanzsaldo** *m* → Schuldnerland; **Z.sbilanz:ungleichgewicht** *s* defizitäre o. überschüss. Z.sbilanz (entscheidend, ob das Ungleichgewicht temporär o. strukturell ist); **Z.smittel** *M* → gesetzlich; **Z.smittel:umlauf** *m* alle umlauf. gesetzl. Z.smittel zuzügl. Giralgeld; **Z.s:ort** *m* Erfüllungs:ort einer Schuld; **Z.s:union** *w* Länderzusammenschluß zur Regelung (Abwicklung) zwischenstaatl. Transaktionen; **Z.sverzug** *m* = → Verzug; **Z.sziel** *s* Zeitraum, in dem der Schuldner Z. zu leisten hat

Zählvariable *w* best. → Variable in einem → Programm

Zahn|kari:es *w* → Kari:es; **Z.periode** *w* = → Beißphase; **Z.radpumpe** *w* Pumpe zur Förderung von bes. zähen o. pastenart. Flüssigkeiten

Zander:apparat *m* (schwed. Arzt; 19./20. Jh.) Gerät zur Heilung von Wirbelsäulenverkrümmungen

Zapon|ierung *w* Münzschutz unedlen Metalls durch Z.lackschicht; **Z.lack** *m* (e. KW) klarer → Nitrolack für Metallackierung

ZAPU ⟨ Afrikanische Volks:union von Zimbabwe

Zäsium *s* veraltet = → Caesium

ZAV ⟨ Zentralstelle für Arbeitsvermittlung. – **ZAW** ⟨ Zentral:ausschuß der Werbewirtschaft. – **ZB** ⟨ ziviler Bevölkerungs:schutz; ⟨ Zusatzbestimmung. – **ZBR** ⟨ Zentralbankrat. – **z.b.V.** ⟨ zur besond. Verwendung. – **ZBZ** ⟨ Zentrum Berlin für Zukunftsforschung. – **ZdA** ⟨ Zentralverband der Angestellten. – **ZDF** ⟨ **2. d.** Fernsehen. – **ZDL** ⟨ Zentral:ausschuß der **d.** Landwirtschaft

Zeaxanthin *s* gelber Farbstoff der Maiskörner

ZEBS ⟨ Zentrale Erfassungs- u. Bewertungsstelle für Umweltchemikalien

Zedent *m* (lat.) Gläubiger, der Forderung an 3. Person abtritt; → Abtretung

Zeemann-Effekt *m* (nl. Physiker, 19./20. Jh.: *s*-) Beeinflussung der Wellenlänge von → Spektrallinien durch magnet. Feld, in dem sich die das Licht emittier. Atome befinden

Zehner|klub *m* Zusammenschluß der 10 größten westl. Industrienationen zur Behebung von Zahlungsbilanzschwierigkeiten (→ Solidaritätsfonds; → Zwanzigerklub); **Z.logarithmus** *m* Logarithmus mit der Basis 10; **Z.potenz** *w* Potenz mit der Basis 10; **Z.system** *s* Dezimal-, dekadisches System

Zeichen| *s* → astronomisch; **Z.rolle** *w* → Warenz.; **Z.schutz** *m* Rechtsschutz für Warenz.; **Z.test** *m* Test anhand von Figurenzeichnungen des Getesteten; **Z.trick** *m* Trickaufnahmen von gezeichn. Bildern o. flachen Papiermodellen; **Z.vorrat** *m* Menge der Z., die in einem Gerät der → ADV vorkommen

Zeichnungsbedingungen *M* den Erwerb eines Wertpapiers beeinfluss. Bedingungen (Ausgabekurs – Zinsfuß u. a.)

Zeile| einer Matrix *w* nebeneinandersteh. Zeichen in einer → Matrix; **Z.nbau** *m* Reihenhäuser; **Z.ndrucker** *m* Ausgabeschreiber einer DVA; **Z.nnorm** *w* Z.nzahl des Fernsehbildes; **Z.nraster** *m* Aufbau des Fernsehbildes; **Z.nsprungverfahren** *s* Abtastung u. Sendung jeder 2. Zeile des gesamten Fernsehbildes („1. Halbbild") u. danach aller dabei entstand. Lücken („2. Halbbild") zur Vermeidung des Flimmerns; **Z.ntransformator** *m* Transformator im Fernsehgerät, in dem die Ablenkströme für die Horizontalablenkung erzeugt werden

Ze:in *s* Eiweißstoff aus Mais (Verdikkungsmittel für Leime, Lacke, Druckfarben)

Zeiß-Stiftung *w* (d. Firmengründer) Zusammenschluß von Unternehmen der opt. u. feinmechan. Industrie

Zeit| *w* → beeinflußbar; **Z.ansage** *w* Bekanntgabe der genauen Uhrz. durch Rundfunk, Fernsehen, -sprecher (mit dem selbsttät. **Z.ansager** *m*); **Z.automatik** *w* automat. Belichtungs:steuerung fotogr. Apparate durch Regelvorrichtung, die auf → Verschlußz. einwirkt; **Z.ball** *m* Signalgerät für genaue Z.ansage im Hafen; **Z.bestimmung** *w* ↑ Festlegung der Rechtswirkung eines zukünft. Ereignisses auf seinen Eintritt (Anfangs:termin) o. sein Ende (Endtermin); **Z.charter** *w (-sch-)* Chartervertrag für eine best. Z.; **Z.hafen** *m* nur bei Flut zugängl. Hafen; **z.liche Reihen** *M* statist. Reihen, deren Glieder über eine best. Z. hin untersucht werden; **Z.lohn** *m* Bemessung der Entgelthöhe nach der verausgabten Z. (Ggs.: Akkordlohn); **Z.lupe** *w* Aufnahme von Bewegungsabläufen mit schnell lauf. Kamera (bei normal lauf. Projektion dehnen sich Bewegungsabläufe); **Z.-messung** *w* → astronomisch; **Z.nachlaß** *m* Rabatt für längere Miete von Werbeflächen; **Z.raffer** *m* Aufnahme von Bewegungs:abläufen mit langs. lauf. Kamera (bei normal lauf. Projektion verkürzen sich Bewegungs:abläufe); **Z.rechner** *m* Prüfgerät der Arbeitsdauer; **Z.reihe** *w* Charakterisierung eines Tatbestands in verschied. Z.punkten durch Zusammenstellung quantitat. Daten; **Z.rente** *w* Rente mit z.lich befrist. Laufz.; → Annuität; **Z.standverhalten** *s* physikal. (bes. mechan.) Verhalten von Werkstoffen bei langdau. Belastung (ermittelt durch **Z.standversuche** *M*); **Z.studi:e** *w* genaue Analyse der Bewegungs- u. Arbeits:abläufe zur Erhöhung der Arbeits:produktivität; **Z.ungs:träger** *m* ↑ Finanzierer einer Z.ung; **Z.versicherung** *w* Transportversicherung; **Z.wert** *m* Wert eines Gegenstands zu einem best. Z.punkt (wichtig bes. bei Bewertung des betriebl. Sachvermögens am Bilanzstichtag); **Z.zeichen** *s* tägl. z.lich genau festgelegtes Zeichen zur Uhrregulierung (Rundfunk, Fernsehen); **Z.zünder** *m* Ggs.: → Momentan:zünder

Zelle| *w* ↑ → Fotoz.; Flugzeugrumpf; Untergruppe (z. B. von zu Befragenden); basisnahe Einheit polit. Organisationen (Bewegungen); kleinste Aufbaueinheit von Lebewesen; **Z.nbeton** *m* durchläss. Beton für Zwischenwände; **Z.nlehre** *w* = → Zytologie; **Z.nphysiologie** *w* Erforschung der Z. als biolog. Grundeinheit des Lebens; **Z.ntheorie** *w* Annahme, daß Übereinstimmungen in den kleinsten Struktur:einheiten von Pflanzen u. Tieren bestehen. – **Zell|glas** *s* = → Cellophan; **Z.plasma** *s* lebende Substanz der Tier-, Pflanzenz.e, = Proto-, Zytoplasma; **Z.teilung** *w* Z.envermehrung durch Kernteilung. – **Zellul|arpathologie** *w* Erklärung der Krankheiten durch Zellveränderungen; **Z.artherapie** *w* Einspritzung leb. o. gefriergetrockn. tier. Zellen in menschl. Körper; **Z.itis** *w* = → Orangenhaut

Zeltdach *s* = → Pyramidendach

Zement|ation *w* (lat.) Härtung von Stahlgegenständen durch Anreicherung der Oberflächenschicht mit Kohlenstoff (durch → Einsatzhärtung); **Z.it** *m* = → Eisencarbid

Zener-Diode *w* transistorähnl. Schaltungs:element zur Begrenzung u. Stabilisierung von Gleichspannungen

Zenit *m* (ar.) senkrecht über dem Beobachter an der (gedachten) Himmelskugel geleg. Punkt

Zensus *m* (lat.) ↑ Erhebung von Bevölkerungsdaten durch staatl. Stellen

Zentral|atom *s* → Ko:ordinationsverbindung; **Z.ausschuß der deutschen Landwirtschaft** *m* Zusammenschluß der d. landwirtsch. Verbände (Vertretung der d. Bauernschaft); **Z.bank** *w* die Währungs- u. Kreditpolitik u. die zwischenstaatl. Zahlungen bestimm. u. abwick. Notenbank; **Z.bankgeld** *s* Bargeld zuzügl. Einlagen von Banken bei der Notenbank; **Z.bankrat der Bundesbank** *m* Organ der d. Bundesbank zur Festlegung ihrer Währungs- u. Kreditpolitik; **Z.bewegung** *w* krummlin. Bewegung eines Massenpunktes unter dem allein. Einfluß einer Z.kraft; **z.e Erfassungs:stelle** *w* Stelle der Landesjustizverwaltungen zur Feststellung in der DDR begang. Gewalt:akte, für deren Verfolgung in der BRD u. W-Berlin keine Zuständigkeit besteht (seit 1961 in Salzgitter); **Z.einheit** *w* wichtigster Bestandteil eines Computers (mit Steuer-, Rechenwerk u. Arbeitsspeicher; → Betriebssystem); **Z.ismus** *m* Behördenzusammenlegung; Zuständigkeit *einer* Instanz für bind. Entscheidungen über divergier. Ansichten; *EW*: **z.istisch**; **Z.kraft** *w* ↑ von einem bewegten Massenpunkt aus stets zum gleichen Punkt im Raum („Bewegungszentrum") wirkende Kraft (z. B. Anziehung zw. Sonne u. Erde [Sonne = Bewegungszentrum]); **Z.projektion** *w* best. → Abbildung im Raum; **Z.speicher** *m* = → Arbeitsspeicher; **Z.verschluß** *m* fotogr. Verschluß, bei dem eine von Lamellen gebild. runde Öffnung vor, hinter o. zw. den Linsen des Objektivs sich öffnet u. wieder schließt; **Z.verwaltungswirtschaft** *w* Wirtschaft mit z.er Leitung als wesentl. Lenkungs:prinzip (Planungsvorteile. – Ggs.: Marktwirtschaft); **Z.wert** *m* = → Median

zentr|ieren (KW, lat.) auf einen Mittelpunkt einstellen; **Z.ifugalkraft** *w* = → Flieh-, → Schwungkraft; **Z.ifugalventilator** *m* = → Fliehkraftlüfter; **Z.ifuge** *w* Schleudermaschine zum Trennen von Flüssigkeiten durch Fliehkraft; **Z.ipetalkraft** *w* der Fliehkraft entgegengericht. Zentralkraft, die einen kreis. Körper auf die Kreisbahn zwingt; **z.isch** → Streckung; **Z.osom** *s* (KW) Teil eines Zellkerns

Zeolithe *M* (KW, gr.) kieselsäurehalt. Mineralien (können als → Ionenaustauscher wirken; daher zum Enthärten des Trinkwassers angewandt)

Zephirol *s* organ. Stickstoffverbindung (gebräuchl. Desinfektionsmittel)

Zer *s* veraltet = → Cer

zerebral| (lat.) dem Gehirn zugeordnet; **Z.affektion** *w* Gehirnleiden; **Z.system** *s* Hirn(nerven)

Zerfall| *m* ↑ → radioaktiv; **Z.s:energie** *w* beim radioakt. Z. frei werdende Energie; **Z.skonstante** *w* Maßzahl für die Geschwindigkeit des radioakt. Z.s einer Substanz; **Z.sreihe** *w* Folge verschied. Atomarten, die durch radioakt. Z. nacheinander aus einem Anfangsstoff („Muttersubstanz") entstehen (bekannt: Uran-Radium-Reihe; Actiniumreihe; Thoriumreihe)

Zerhacker *m* Vorrichtung zur Umwandlung von Gleich- in Wechselspannungen mit einem mechan. Unterbrecher u. einem Transformator, = → Vibrator, = → Chopper

Zerium *s* → Cer

Zero *w*, *s* (ar.-fr.: *sero*) ↑ Zeitpunkt Null (z. B. beim Raketenstart); Null (beim Roulett); Nullzeit

Zerreiß|festigkeit *w* = → Zugfestigkeit; **Z.maschine** *w* Vorrichtung für den → Zugversuch; **Z.probe** *w* ↑ Bestimmung der → Zugfestigkeit eines Werkstoffs, = **Z.versuch** *m*

Zersetzung|sreaktion *w* chem. Reaktion, bei der (z. B. durch Hitze- o. Licht:einwirkung) aus einer einheitl. Substanz 2 o. mehr neue Stoffe mit i. a. einfacheren Molekülen entstehen; **Z.sspannung** *w* zur elektrolyt. Z. notwend. Spannung

Zersiedlung *w* Landschaftszerstörung durch unkontrolliert wachs. Besiedlung; Auflösung von Ballungszentren

zerstörungsfrei| : **z.e Prüfverfahren** *M* beschädigen das Werkstück nicht (z. B. Untersuchung mit Ultraschall o. Röntgenstrahlung)

Zerstrahlung *w* restlose Umwandlung von Materi:e in elektromagn. Strahlungsenergie durch → Paarvernichtung, → Annihilation; → Vernichtungs:strahlung; → Antiteilchen

Zerstreu:ungslinse| *w* opt. Glaslinse, die ein Bündel parall. Lichtstrahlen so auseinanderlenkt, daß sie alle von einem Punkt (dem Brennpunkt der Z.) herzukommen scheinen

Zertifikat *s* (lat.) = → Gangschein; ↑ Schuldschein

zervikal betrifft den Hals (die Halswirbel usw.)

Zession| *w* (lat.) = → Abtretung; **Z.ar** *m* → Abtretung

Zetanzahl *w* = → Cetanzahl

ZF ⟨ Zollfahndung. – **Zf.** ⟨ Zugführer. – **ZFD** ⟨ Zollfahndungsdienst. – **ZfK** ⟨

Zentrale für Katastrophenschutz. – **ZFU** ⟨ Zentralstelle für Fernunterricht. – **ZG** ⟨ Zollgesetz. – **ZGB** ⟨ Zivilgesetzbuch. – **ZH** ⟨ Zentralheizung. – **ZHV** ⟨ Zoll- u. Handelsvertrag. – **ZI** ⟨ Zollinspektor; ⟨ Zollinhaltserklärung

Zickzackschaltung *w* Schaltungsart beim Drehstromtransformator

Ziegler|-Verfahren *s* (d. Chemiker, 20. Jh.) Methode zur Polymerisation von → Alkenen (wichtig zur Herstellung best. Kunststoffe, z. B. **Z.-Polyethylen** *s*)

Zieh|bank *w* Werkzeugmaschine zur Draht:herstellung; **z.schleifen** = → honen; **Z.ungsrechte** *M* Recht der Mitglieder des → IWF, Devisenkredite in best. Grenzen (Trenden) in Anspruch zu nehmen

Ziel| *s* ↑ → Zahlungsz.; **Z.-Absichtlichkeit** *w* = → Finalität; **Z.bahnhof** *m* = → Bestimmungsbahnhof; **Z.funktion** *w* ↑ eine Funktion bei Anwendungs:problemen; Zwischenlösung; **Z.gruppe** *w* ↑ Personengruppe, die durch Werbung erreicht werden soll; **Z.kauf** *m* Kauf mit vereinbartem Zahlungsz.; **Z.konflikt** *m* Unvereinbarkeit verschied. wirtsch. Z.setzungen (z. B. im → magischen Viereck); **z.suchender Kopf** *m* Raketensteuer

Ziliarkörper *m* (KW) Strahlkörper im Auge

Zimmer:antenne *w*: Ggs.: → Frei-, Außen:antenne

Zink|ate *M* Salze, in denen das Zentralatom des → Anions ein Z.atom ist; **Z.blende** *w* mineral. Z.sulfid (verbreitetes Z.erz); **Z.spat** *m* mineral. Z.carbonat (wicht. Erz); **Z.sulfid** *s* Verbindung aus Z. u. Schwefel

Zinnober *m* rotes mineral. Quecksilbersulfid

Zinn|stein *m* mineral. Z.dioxid (wicht. Erz)

Zins| *m* (lat.) Preis für Überlassung von Geld (Kapital); **Z.arbitrage** *w* (*-âseh*) → Arbitrage; **Z.elastizität** *w* Meßgröße (zeigt auf, wie sich Geldnachfrage in Abhängigkeit von einer Z.veränderung verhält); **Z.eszins** *m* Verzinsung eines schon durch Z.en angewachs. Geldbetrages (Kapitals); **Z.fuß** *m* in % ausgedrückter Z., = **Z.satz** *m*

Zirkaloy *s* (e.) best. in der Kerntechnik gebräuchl. → Zirkoniumlegierungen

Zirkel|definition *w* Erläuterung eines Begriffs durch sich selbst; **Z.kanon** *m* immer zum Anfang zurückkehr. Kanon, = **Kreiskanon** *m*

Zirkonium *s* metall. chem. Element (zur Herstellung korrosionsbeständ. Metallteile u. in der Kerntechnik; ⟨ *Zr*)

Zirkul|arnote *w* diplomat. schriftl. Mitteilung an mehr. Staaten; **Z.arpolarisation** *w* bei der → Polarisation des Lichts oft auftret. Sonderfall, daß die Polarisations:ebene unaufhörl. rotiert, wobei in jeder Schwingungs:periode eine Drehung abläuft; **Z.ation** *w* ↑ Blut-, Wirtschaftskreislauf

Zirkum|polarstern *m* Stern, der für Beobachter nie untergeht; **Z.polarstrom** *m* Meeresströmung von dreifacher Stärke des Golfstroms rund um die Antarktis (wicht. für Wetterentwicklung); **z.skript** genau um-, beschrieben; **z.stanzi:ell** den Umständen nach; **Z.zision** *w* Beschneidung (Entfernung der Vorhaut)

Zirrhose *w* (gr.) Bindegewebewucherung an der Leber

Zirro|kumulus *m* (KW, lat.) Federwolke; **Z.stratus** *m* Schleierwolke. – **Zirrus** *m* Federwolke

Zitronensäure *w* = → Citronensäure

Zitter|lähmung *w* = → Parkinsonsche Krankheit; **Z.n** *s* → fibrillär

zivil|er Ersatzdienst *m* Verpflichtung von Wehrdienstverweigerern zu einer Dienstleistung außerhalb der Bundeswehr; **Z.isationskrankheit** *w* durch fortschreit. Z.isation vermind. Widerstandskraft hervorgeruf. o. häufig gewordene Krankheit (Infektionsanfälligkeit – Kreislauf-, Verdauungskrankheiten – Drogenabhängigkeit – Genußmittelschaden); **Z.isations:schäden** *M* Schädigung von Mensch u. Umwelt durch die Technik; **Z.liste** *w* (e.: civil list) jährl. Zuwendungen des Parlaments an das Königshaus; **Z.-schutzkorps** *s* (*-kôr*) bes. nichtmilit. Organisation zur Hilfe an Schadenschwerpunkten

ZK ↑ ⟨ Zentralkomitee. – **Zk** ⟨ Zahlkarte. – **ZKI** ⟨ Zollkriminalinstitut (Köln). – **ZMA** ⟨ Zeitungsgemeinschaft für Marktforschung u. Absatzförderung. – **Zn** ⟨ Zink. – **ZNS** ⟨ Zentralnervensystem

Zodiakallicht *s* Lichtstreifen am Nachthimmel in der Nähe der Tierkreis:sternbilder

Zoll| *m* ↑ vom Staat erhob. Abgabe bei Ein- o. Ausfuhr von Waren; **Z.ausland** *s* Landesteil, der nicht zum Z.bezirk eines Landes gehört, = **Z.ausschluß** *m*; **Z.faktura** *w* vom Lieferanten ausgest. Rechnung für die Z.behörde des Importlandes; **Z.hoheit** *w* Befugnis des Staates zur Erhebung von Zöllen u. zur

Regelung aller damit zusammenhäng. Fragen; **Z.niederlage** *w* Aufbewahrung unverzollb. Waren unter Z.verschluß; **Z.straße** *w* z.pflicht. Grenzübertritt; **Z.tarif** *m* spezifiz. Aufstellung z.pflicht. Waren mit Angabe des Z.satzes; **Z.union** *w* Zusammenschluß von Staaten zur Beseitigung tarifärer Handelshemmnisse (Ziel: einheitl. Z.gebiet); **Z.verschluß** *m* z.amtl. Warenverschluß; **Z.verträge** *M* zwischenstaatl. Abkommen zur Regelung von Z.fragen; **Z.wert** *m* Normalpreis einer Ware, nach dem der Wertz. bemessen wird

Zonen|platte *w* aus abwechs. lichtdurch- u. -undurchläss. konzentr. Kreisringen best. Abmessung besteh. Vorrichtung, die durch → Beugung parall. Lichtstrahlen zu einem best. Punkt (= → Brennpunkt) hin ablenkt u. damit ähnl. wie eine Sammellinse wirkt, = **Z.linse** *w*; **Z.randgebiet** *s* Grenzgebiet zur DDR; **Z.schmelzen** *s* Verfahren zur Reinigung von Feststoffen (zu reinig. Substanz in Form eines Stabes durch ringförm. Heizelement geführt; schmilzt dort in begrenzter fortschreit. Zone auf; Verunreinigungen reichern sich in Schmelze an u. wandern mit ihr zum Stab:ende); = → Schmelzverfahren; **Z.tarif** *m* nach Entfernungen abgestufter Beförderungssatz, = **Z.taxe** *w*

Zoom|(objektiv) *s* (e.: *sûm*) = → Vario:objektiv; *ZW*: **z.en**; **Z.spiegel** *m* → Leichtspiegel als Schaufensterblickfang

Zo:o|nose *w* vom Tier auf Menschen übertragb. Krankheit; **Z.plankton** *s* → Plankton; **Z.sterine** *M* zu den → Stero:iden zähl., im tier. Organismus vorkomm. Stoffe (wichtigster Vertreter: Cholesterin); **Z.tomie** *w* Anatomie der Tiere

ZPI ⟨ **Z**entraler **P**ersonen**i**ndex (beim → BKA). – **ZPO** ⟨ **Z**ivil**p**rozeß**o**rdnung. – **ZR** ⟨ **Z**entral**r**at. – **Zr** ⟨ **Zir**konium. – **ZS** ⟨ **Z**ivil**s**enat. – **ZTL** ⟨ **Z**entrale der **T**ransport**l**eitung (der DB). – **ZU** ⟨ **Zu**stellungs**u**rkunde

Zubringerbetrieb *m* Unternehmen, das einem größ. Werk (Ersatz-)Teile liefert, = → Zulieferbetrieb

Zubuße *w* ↑ vom Inhaber einer Kuxe (bei bergrechtl. Gewerkschaften) zu leist. Nachschüsse

Zucht|buch *s* Verzeichnis der Z.tiere; **Z.mittel** *s* Ahndung einer Jugendstraftat (Verwarnung – Verpflichtung – Bußgeld – Jugendarrest); **Z.wahl** *w* Auslese bei der Fortpflanzung

Zuckerkrankheit *w* → Diabetes

Zufall|s:experiment *s* Befragung o. Versuch in der Statistik; **Z.sfehler** *m* durch Nichtuntersuchung aller Elemente der statist. Grundgesamtheit entstand. Fehler; **Z.sgröße** *w* best. → Variable in der Wahrscheinlichkeits:theorie; **Z.stichprobe** *w* Stichprobenverfahren, bei dem jedes Element die gleiche Chance hat, aus der Grundgesamtheit gezogen zu werden; **Z.svariable** *w* = Z.sgröße; **Z.szahl** *w* zufäll. gewählte Stichprobenzahl

Zug| *m* ↑ schraubenförmig gewund. Führungsrille im Innern des Schußwaffenlaufs; **Z. um Z.** Geschäfte, bei denen eine Leistung direkt eine Gegenleistung bewirkt; **Z.be:einflussung** *w* selbsttät. Bremse auf der Strecke; **Z.festigkeit** *w* an einem genormten Probekörper gemess. höchste Z.spannung, die zum Zerreißen eines Werkstoffs führt; = → Zerreißfestigkeit; **Z.funk** *m* drahtlose Sprechvorrichtung mit entferntem Partner vom fahr. Z. aus

Zugewinngemeinschaft *w* in einer Ehe gelt. gesetzl. Güterstand (seit 1958: Ausgleich des Vermögenszuwachses bei Auflösung zw. den Ehepartnern)

Zugriff| *m* ↑ Aufsuchen, Lesen u. Schreiben von Speicherinhalten (ADV); **direkter Z.** Aufsuchen des Inhalts erfolgt über → Adresse; → **seri:eller Z.** Z. in der Reihenfolge der Speicherung (z. B. bei Magnetband) (= wahlfreier o. sequenti:eller Z.); **Z.szeit** *w* zu einer Entnahme o. Eingabe einer Information aus einem (in einen) Computerspeicher notwend. Zeitspanne

Zug|spannung *w* auf festen Körper wirk. Z.kraft geteilt durch die Querschnittsfläche, auf die sich diese Kraft gleichm. verteilt; **Z.verband** *m* Verband bei Knochenbrüchen; **Z.versuch** *m* Prüfverfahren zur Ermittlung des Verhaltens von Werkstoffen unter Einwirkung einer Z.spannung (ein in seinen Abmessungen meist durch Prüfnormen festgelegter Werkstoff in Zerreißmaschine eingespannt u. bis zum Zerreißen gedehnt; dabei werden → Spannungs-Dehnungs-Diagramm u. mehr. wicht. Werkstoffkenndaten [Fließgrenze – Reißfestigkeit u. a.] ermittelt)

Zukunft|swissenschaft *w* = → Futurologie, = **Z.sforschung** *w*

zulässige Beanspruchung *w* verantwortbarer Grenzwert der Spannung in einem Bauteil

Zuliefer|betrieb *m* = → Zubringerbetrieb, = **Z.firma** *w*, = **Z.industrie** *w*

Zulu-Zeit *w* mittl. Ortszeit des mittl. Meridians einer Zone zw. $7^1/_2$ W bis $7^1/_2$ O (= 1 Stunde unter BRD-Zeit)
Zumeß:anlage *w* = → Dosierungsanlage
zumutbare Belastung *w* nicht abzugsfäh. Aufwendungen für außergewöhnl. Belastungen
Zünd|bereich *m* Bereich der Konzentrationsverhältnisse bei entzündb. Gasgemischen (Luft/Benzindampf u. ä.), in dem die Verbrennung nach einer Z.ung von selbst (u. U. explosionsartig) fortschreitet (Endpunkte = **Z.grenzen** *M*)
Zunder *m* ↑ auf Metalloberflächen beim Erhitzen entsteh. fest haft. Oxidschicht
Zünd|grenzen *M* → Zündbereich; **Z.gruppen** *M* sicherheits:techn. wicht. Einteilung der Gase u. Dämpfe nach ihrer Z.temperatur; **Z.kerze** *w* Vorrichtung zur Entz.ung des Gasgemischs im Verbrennungsmotor; **Z.ung** *w* → dynamisch; **Z.willigkeit** *w* Grad der Entz.lichkeit eines Z.stoffs
Zu:ordnungs:experimente *M* Persönlichkeits:test (Ermittlung der Zusammengehörigkeit von Handschriften u. Charakterschilderungen)
Zurechnung|sfähigkeit *w* Voraussetzung einer strafb. Handlung (fehlt, wenn der Täter das Unerlaubte der Tat nicht einsehen kann [Bewußtseinsstörung (Rausch) – Geistesstörung o. -schwäche]; bei Verminderung der Z.sfähigkeit mögliche Strafmilderung); **Z.szeit** *w* Zeit zw. Versicherungsbeginn u. 55. Lebensjahr
zuricht|en ↑ Pelze veredeln; Gewebe appretieren; *S*:**Z.er** *m*; **Z.ung** *w* ↑ Höhenausgleich der Schrift- u. Bildpartien beim Buchdruck
Zurückbehaltungsrecht *s* Recht des Schuldners, fäll. Leistung so lange zu verweigern, bis die entsprech. Leistung des Gläubigers erfolgt ist
Zusammenver:anlagung *w* gemeins. Erfassung u. Veranlagung der Einkommen von Ehegatten
Zusatzpatent *s* Verbesserung des Patents durch den Patent:inhaber
Zuschlag| *m* Annahme des letzten Angebots durch den Auktionator; **Z.skalkulation** *w* → Kalkulation
Zuschreibung *w* Erhöhung des Kontenstands
Zustand|s:änderung *w* Übergang von einem Aggregatz. in einen andern; **Z.sdiagramm** *s* graf. Darstellung der Z.s-änderungs:temperaturen (Schmelz-, Siede-, Sublimations-, evtl. Umwandlungs:punkt verschied. Modifikationen ineinander) einer Substanz als Funktion des Druckes; **Z.sgleichung** *w* mathem. Darstellung des Zusammenhangs zw. den thermischen **Z.sgrößen** Druck, Temperatur u. Volumen (thermische Z.sgleichung) sowie den kalorischen **Z.sfunktionen** Enthalpie, Entropie u. innere Energie (kalorische Z.sgleichung) für eine best. Menge einer einheitl. Substanz
Zuverlässigkeits:prüfung *w* Motorprobe
Zuwachsrate *w* Wertvergrößerung
ZV ⟨ Zentralverbau; ⟨ Zollvorschrift; ⟨ Zwangsvollstreckung. – **ZVG** ⟨ Zwangsversteigerungsgesetz. – **ZVS** ⟨ Zentralstelle zur Vergabe von Studienplätzen. – **ZW** ⟨ Zollwache
Zwang|lauf *m* Bewegung eines Getriebegliedes, dessen Punkte alle auf Bahnlinien best. Gestalt mit in jedem Augenblick best. Geschwindigkeit u. Beschleunigung laufen (Form-, Kraft-, Kettenschluß schließen alle nichtgewünschten Bewegungen jeden Getriebegliedes aus; *EW*: **z.läufig**); **Z.s:anleihen** *M* staatl. Anleihen mit Zeichnungsz. für best. gesellsch. Gruppen; **Z.s:handlung** *w* Tat in Z.sneurose; **Z.s:hypothek** *w* auf Antrag des Gläubigers einzutragende Sicherungs:hypothek (ermöglicht Z.sversteigerung o. Z.sverwaltung); **Z.skurs** *m* gesetzl. festgelegter Kurs von Banknoten u. Münzen; **Z.slizenz** *w* Befugnis des Patent:amts, eine Erfindung zu nutzen; **Z.sneurose** *w* eine Übertragungsneurose (Z.s:symptome als Ausdruck psych. Konflikte); **Z.s:schlaf** *m* Hypnose; **Z.s:umtausch** *m* bei Einreise in Ostblockländer geforderter Mindest:umtausch in Währung des Einreiselandes; **Z.svergleich** *m* Vertrag der Schuldner mit dem Gläubiger; **Z.sverteidiger** *m* = → Pflichtverteidiger; **Z.swahltest** *m* Wahl zw. 2 Behauptungen als Test
Zwanzigerklub *m* Vorgänger des → Zehnerklubs (vornehml. für Fragen der Reform des Weltwährungssystems)
zweck|entfremdet andern Z.en dienend als vorgesehen; **z.gebunden** nur für eine Verwendungsmöglichkeit bestimmt; **Z.ursache** *w* = → Final:ursache; **Z.verbände** *M* öfftl.-rechtl. Zusammenschlüsse von Gemeinde(verbände)n zu gemeins. Erfüllung best. Aufgaben
Zweiersystem *s* → Dualsystem
zweifelhafte Forderungen *M* Außenstände, deren Eingang ungewiß ist
Zwei|komponentenkleber *M* aus 2 getrennten Komponenten besteh. Kleb-

stoff (Komponenten unmittelb. vor Gebrauch gemischt; Kleber härtet zu unlösb. Verbindung durch; → Reaktionskleber); **Z.körperproblem** *s* Frage nach der Bewegung z.er Körper unter ausschließl. Einfluß der zw. ihnen wirk. (elektrostat., Gravitations- usw.) Kräfte; **Z.kreisbremse** *w* Sicherheitsbremse; **Z.parteiensystem** *s* Demokratie, die nur 2 Parteien zur Wahl zuläßt; **Z.phasenstrom** *m* Wechselstrom; **Z.-spänner** *m* ↑ 2 Wohnungen in jedem Stockwerk eines Mehrfamilienhauses; **Z.spurigkeit** *w* ↑ Verbindung von Freiheits-, Geldstrafe u. Maßregel (Anstaltsverwahrung – Berufsverbot – Fahr:erlaubnis:entziehung); **Z.standsgetriebe** *s* Getriebe mit nur 2 Gliedern; **Z.sternkühlschrank** *m* Kühlschrank mit bis auf –12°C abkühlb. Frostfächern; **Z.tafelprojektion** *w* Darstellungsart räuml. Körper in der Ebene; **z.ter Bildungsweg** *m* Erreichung der Hochschulreife durch Schulung (neben Berufs:tätigkeit); **Z.t:nutzen** *m* = → Mehrfachnutzen; **Z.weg-Kabelkommunikation** *w* = → Breitbandkommunikation

Zwerg| *m* → weiße Z.e; **Z.betrieb** *m* sehr kleines Bauerngut; **Z.schule** *w* Kleinschule in ländl. Siedlungen

Zwilling|sdampfmaschine *w* einfach wirk. Dampfmaschine mit 2 nebeneinanderlieg. Zylindern (entsprechend: **Drillingsdampfmaschine** *w*); **Z.sforschung** *w* Vergleich ein- u. zwei:eiiger Z.e nach Anlage u. Umwelteinflüssen

zwingendes Verbot *s* → Eheverbot

Zwischen|bescheid *m* vorläuf. Benachrichtigung; **Z.bilanz** *w* im Lauf des Geschäftsjahrs erstellte Bilanz; **Z.buchhandlung** *w* Vermittlung zw. Verlag u. Betrieb; **Z.finanzierung** *w* = → Vorfinanzierung; **Z.frequenz** *w* 3. Frequenz (meist 468 kHz); **Z.kalkulation** *w* → Kalkulation; **Z.kredit** *m* kurzfrist., zur Überbrückung einer Finanzierungslücke beanspr. Kredit (abgelöst durch langfrist. Darlehen); **Z.lagerung** *w* Unterbringung radioakt. Abfälle bis zur Wiederverwendung, zum Abklingen der Radioaktivität o. zur endgült. Lagerung; **Z.meister** *m* vergibt die ihm von Gewerbetreibenden übertrag. Arbeit an Heimarbeiter o. Hausgewerbetreibende; **Z.produkt** *s* Halbfertig:erzeugnis; **Z.scheine** *M* Interims-, Anteilscheine, die Aktionären vor Emission der Akti:en ausgegeben werden; **Z.sender** *m* Relais:station; **Z.urteil** *s* nur über eine Vorfrage entscheid. Urteil (Ggs.: End:urteil [entscheidet über Klag:anspruch selbst]); **Z.varianz** *w* Verschiedenheit im Verhalten verschied. Versuchsklassen; **Z.wirbelscheibe** *w* Bandscheibe; **Z.zins** *m* Diskont

Zwitter:ionen *M* Moleküle, die an einer Stelle posit., an einer and. ebenso viele negat. Ladungen tragen

Zwölf|ersystem *s* dodekad., Duodezimalsystem (Obereinheit in 12 Untereinheiten geteilt); **Z.tontechnik** *w* Kompositions:technik, die auf 12 gleichwert., aufein. bezog. Tönen fußt, = **Dodekaphonie** *w*

Zyan- → Cyan-

Zygote *w* (gr. KW) aus der Befruchtung zweier Keimzellen hervorgeh. Eizelle

zyklische Gruppe *w* best. endliche → Gruppe

Zyklo- → Cyclo-

Zyklon *m* (KW) ↑ = → Fliehkraftabscheider

Zyklopenmauer *w* Mauer aus unbehauenen Bruchsteinen

Zyklus *m* (gr.-lat.) → Konjunktur; Monatszyklus (Menstruation)

Zyst|algie *w* (KW, gr.) Blasenkrampf; **Z.e** *w* ein- o. mehrkammrige kapselart. Geschwulst mit flüss. Inhalt; **Z.ektomie** *w* Ausschneidung einer Z.e; **Z.itis** *w* Harnblasen:entzündung; **Z.oskop** *s* Blasenspiegel; **Z.otomie** *w* Öffnung der Harnblase

Zyto|chemie *w* (KW, gr.) Lehre von den chem. Vorgängen in der leb. Zelle; **Z.logie** *w* Erforschung der Gewebezellen, = **Zellenlehre** *w*; **Z.plasma** *s* = → Zellplasma; **Z.statika** *M* Substanzen, die Wachs:tum u. Vermehrung der Zelle beeinträchtigen u. Bildung von Tochtergeschwülsten (→ Metastasen) verhindern

Unter einer **Einheit** ist in diesem Rahmen die Einheit einer physikalischen Größe zu verstehen (z. B. *m, s, A*). Sie ist eine aus einer Menge gleichartiger Größen ausgewählte und festgelegte Größe. Dabei werden von ihrer Vektor- oder Tensoreigenschaft, ihren Vorzeichen und ihrer Orientierung abgesehen. Statt von Einheit kann man auch von physikalischer Einheit sprechen. Die veralteten Bezeichnungen Maßeinheit oder Meßeinheit sind zu vermeiden.

Größen sind meßbare Eigenschaften physikalischer Objekte, Vorgänge oder Zustände, z. B. Länge, Masse, Spannung usw. Es ist nicht richtig, von der Größe *der* Länge, der Größe *der* Masse, der Größe *der* Spannung zu sprechen. Richtig heißt es: die **Größe Länge**, die **Größe Masse**, die **Größe Spannung** usw. Größen werden durch Formelzeichen dargestellt, besonders in Gleichungen, und können als Produkt aus → Zahlenwert und → Einheit ausgedrückt werden (z. B. $U = 9$ V). Im Druck werden sie kursiv (schräg) gesetzt.

Gesetzliche Einheiten sind alle SI-Einheiten mit ihren genormten dezimalen Teilen und dezimalen Vielfachen.

SI ist die Abkürzung für **Système International d'Unités.** Dieser Name wurde auf der 11. Generalkonferenz für Maß und Gewicht (1960) mit der international verbindlichen Abkürzung SI angenommen. Vom SI-System sollte nicht gesprochen werden, da die Abkürzung SI bereits das Wort System enthält. **SI-Einheiten** sind die sieben → Basiseinheiten des SI und die von diesen Basiseinheiten → kohärent abgeleiteten Einheiten.

Basiseinheiten bilden die Grundlage eines Einheitensystems und sind den **Basisgrößen** eines Systems von Größen zugeordnet. Da sich alle anderen Größen eines solchen Systems aus den Basisgrößen mit Hilfe algebraischer Beziehungen ableiten lassen, ergeben sich die → abgeleiteten Einheiten als Potenzprodukte der Basiseinheiten. Basiseinheiten werden von der Generalkonferenz für Maß und Gewicht festgelegt und definiert.

Abgeleitete Einheiten (z. B. $Q = 44$ Ah ≙ 158400 As) sind Potenzprodukte (z. B. $p = 100$ $\mathrm{Ncm^{-2}}$) der → Basiseinheiten. Einige dieser abgeleiteten Einheiten haben einen eigenen Namen und ein eigenes Einheitenzeichen erhalten.

Vorsätze dienen der Bildung dezimaler Teile und dezimaler Vielfalt von Einheiten (z. B. *mm, kg, MW*).

Kohärent (zusammenhängend) heißt ein Einheitensystem, wenn die Einheiten dieses Systems ausschließlich durch solche Einheitengleichungen verbunden sind, in denen kein von *eins* abweichender Zahlenfaktor enthalten ist. So ist z. B. die Leistung in Watt kohärent zum SI, da 1 W = 1 kg $\mathrm{m^2 s^{-3}}$ ist. Die Leistung in PS ist nicht kohärent zum SI, da 1 PS = 75 kp m $\mathrm{s^{-1}}$ ist.

Der **Zahlenwert** einer Größe ist das Verhältnis dieser Größe zur gewählten Einheit (z. B. $U = 9$ V, a = 15 m $\mathrm{s^{-2}}$).

Ein **Größenverhältnis** ist das Ergebnis einer Division einer Größe mit einer anderen gleicher Art (z. B. n = 1,6 m/2 cm).

Im täglichen Sprachgebrauch versteht man unter **Dimension** die Längenmaße eines Körpers (Ausdehnung). In Physik und Technik ist unter dem Begriff **physikalische Dimension** einer Größe die zusammengesetzte Einheit des aus Basisgrößen gebildeten Potenzprodukts dieser Größe zu verstehen (z. B. $kg\ m\ s^{-2}$, $kg\ m^2\ (A^2 s^3)^{-1}$). Zahlenfaktoren oder Vorzeichen entfallen dabei.

SI-Basisgrößen und -einheiten

Basisgröße	Basiseinheit Name	Zeichen
Länge	Meter	*m*
Masse	Kilogramm	*kg*
Zeit	Sekunde	*s*
elektrische Stromstärke	Ampere	*A*
Temperatur (thermodynamische Temperatur)	Kelvin	*K*
Stoffmenge	Mol	*mol*
Lichtstärke	Candela	*cd*

Aus diesen sieben Basiseinheiten werden alle anderen Einheiten → kohärent abgeleitet.

Definitionen der SI-Basiseinheiten

1 Meter ist das 1 650 763,73fache der Wellenlänge der von Atomen des Nuklids Kr 86 beim Übergang vom Zustand $5d_5$ zum Zustand $2p_{10}$ ausgesandten, sich im Vakuum ausbreitenden Strahlung (11. Generalkonferenz für Maß und Gewicht, 1960).

1 Kilogramm ist die Masse des Internationalen Kilogrammprototyps (1. Generalkonferenz für Maß und Gewicht, 1889).

1 Sekunde ist das 9 192 631 770fache der Periodendauer der dem Übergang zwischen den beiden Hyperfeinstrukturniveaus des Grundzustandes von Atomen des Nuklids Cs 133 entsprechenden Strahlung (13. Generalkonferenz für Maß und Gewicht, 1967).

1 Ampere ist die Stärke eines zeitlich unveränderlichen elektrischen Stroms, der, durch zwei im Vakuum parallel im Abstand 1 m voneinander angeordnete, geradlinige, unendlich lange Leiter von vernachlässigbar kleinem, kreisförmigem Querschnitt fließend, zwischen diesen Leitern je 1 m Leiterlänge elektrodynamisch die Kraft $0{,}2 \cdot 10^{-6}$ N hervorrufen würde (9. Generalkonferenz für Maß und Gewicht, 1948).

1 Kelvin ist der 273,16te Teil der thermodynamischen Temperatur des Tripelpunktes des Wassers (13. Generalkonferenz für Maß und Gewicht, 1967).

1 Mol ist die Stoffmenge eines Systems bestimmter Zusammensetzung, das aus ebenso vielen Teilchen besteht, wie Atome in (12/1000) kg des Nuklids C 12 enthalten sind. Bei Benutzung des Mol müssen die Teilchen spezifiziert werden. Es können Atome, Moleküle, Ionen, Elektronen usw. oder eine Gruppe solcher Teilchen genau angegebener Zusammensetzung sein.

1 Candela ist die Lichtstärke, mit der (1/600 000) m^2 der Oberfläche eines Schwarzen Strahlers bei der Temperatur des beim Druck 101 325 N/m^2 erstarrenden Platins senkrecht zu seiner Oberfläche leuchtet (13. Generalkonferenz für Maß und Gewicht, 1967).

Abgeleitete SI-Einheiten mit besonderen Namen und deren Definitionen

1 rad = 1 m/1 m	1 T = 1 Wb/m^2
1 sr = 1 m^2/1 m^2	1 C = 1 As
1 J = 1 Nm = 1 Ws	1 F = 1 C/V = 1 As/V = 1 s/Ω
1 N = 1 kgm/s^2	1 V = 1 W/A
1 Pa = 1 N/m^2	1 Ω = 1 V/A = 1/S
1 Hz = s^{-1}	1 S = 1 A/V = 1/Ω
1 W = 1 Nm/s = 1 J/s	1 lm = 1 cd sr
1 Wb = 1 Vs = 1 Tm^2	1 lx = 1 lm/m^2
1 H = 1 Wb/A =	1 Bq = s^{-1}
= 1 Vs/A = 1 Ωs	1 Gy = 1 J/kg

ebener Winkel in Radiant, *rad*

1 Radiant ist gleich dem ebenen Winkel, der als Zentriwinkel eines Kreises vom Halbmesser 1 m aus dem Kreis einen Bogen von 1 m Länge ausschneidet.

räumlicher Winkel in Steradiant, *sr*

1 Steradiant ist gleich dem räumlichen Winkel, der als gerader Kreiskegel mit der Spitze im Mittelpunkt einer Kugel vom Halbmesser 1 m aus der Kugeloberfläche eine Kalotte der Fläche 1 m^2 ausschneidet.

Energie, Arbeit, Wärmemenge in Joule, *J*

1 Joule ist gleich der Arbeit, die verbraucht wird, wenn der Angriffspunkt der Kraft 1 N in Richtung der Kraft um 1 m verschoben wird.

Kraft in Newton, *N*

1 Newton ist gleich der Kraft, die einem Körper der Masse 1 kg die Beschleunigung 1 m/s^2 erteilt.

Druck in Pascal, *Pa*

1 Pascal ist gleich dem auf eine Fläche gleichmäßig wirkenden Druck, bei dem senkrecht auf die Fläche 1 m^2 die Kraft 1 N ausgeübt wird.

Frequenz in Hertz, *Hz*

1 Hertz ist gleich der Frequenz eines periodischen Vorgangs der Periodendauer 1 s.

Leistung in Watt, *W*

1 Watt ist gleich der Leistung, bei der während der Zeit 1 s die Energie 1 J umgesetzt wird.

Magnetischer Fluß in Weber, *Wb*

1 Weber ist gleich dem magnetischen Fluß, bei dessen gleichmäßiger Abnahme während der Zeit 1 s auf Null in einer ihn umschlingenden Windung die elektrische Spannung 1 V induziert wird.

Induktivität (magnetischer Leitwert) in Henry, *H*

1 Henry ist gleich der Induktivität einer geschlossenen Windung, die, von einem elektrischen Strom der Stärke 1 A durchflossen, im Vakuum den magnetischen Fluß 1 Wb umschlingt.

Magnetische Flußdichte in Tesla, *T*

1 Tesla ist gleich der Flächendichte des homogenen magnetischen Flusses 1 Wb, der die Fläche 1 m^2 senkrecht durchsetzt.

Elektrizitätsmenge (elektrische Ladung) in Coulomb, *C*

1 Coulomb ist gleich der Elektrizitätsmenge, die während der Zeit 1 s bei einem zeitlich unveränderlichen elektrischen Strom der Stärke 1 A durch den Querschnitt eines Leiters fließt.

Elektrische Kapazität in Farad, *F*

1 Farad ist gleich der elektrischen Kapazität eines Kondensators, der durch die Elektrizitätsmenge 1 C auf die elektrische Spannung 1 V aufgeladen wird.

Elektrische Spannung in Volt, *V*

1 Volt ist gleich der Spannung oder elektrischen Potentialdifferenz zwischen zwei Punkten eines fadenförmigen homogenen und gleichmäßig temperierten metallischen Leiters, in dem bei einem zeitlich unveränderlichen Strom der Stärke 1 A zwischen den beiden Punkten die Leistung 1 W umgesetzt wird.

Elektrischer Widerstand in Ohm, Ω

1 Ohm ist gleich dem elektrischen Widerstand zwischen zwei Punkten eines fadenförmigen, homogenen und gleichmäßig temperierten elektrischen Leiters, durch den bei der elektrischen Spannung 1 V zwischen den beiden Punkten ein zeitlich unveränderlicher elektrischer Strom der Stärke 1 A fließt.

Elektrischer Leitwert in Siemens, *S*

1 Siemens ist gleich dem elektrischen Leitwert eines Leiters vom elektrischen Widerstand 1 Ω.

Lichtstrom in Lumen, *lm*

1 Lumen ist gleich dem Lichtstrom, den eine punktförmige Lichtquelle mit der Lichtstärke 1 cd gleichmäßig nach allen Richtungen in den Raumwinkel 1 sr aussendet.

Beleuchtungsstärke in Lux, *lx*

1 Lux ist gleich der Beleuchtungsstärke, die auf einer Fläche herrscht, wenn auf 1 m^2 der Fläche gleichmäßig verteilt der Lichtstrom 1 lm fällt.

Aktivität einer radioaktiven Substanz in Becquerel, *Bq*

1 Becquerel als Einheit der Aktivität einer radioaktiven Substanz ist gleich der Aktivität einer Menge eines radioaktiven Nuklids, in der der Quotient aus dem statistischen Erwartungswert für die Zahl der Umwandlungen oder isomeren Übergänge und der Zeitspanne, in der diese Umwandlungen oder Übergänge stattfinden, bei abnehmender Zeitspanne dem Grenzwert 1/s (Bq) zustrebt.

Energiedosis und Äquivalentdosis in Gray, *Gy*

1 Gray ist gleich der Energie- oder Äquivalentdosis, die bei Übertragung der Energie 1 J auf Materie der Masse 1 kg durch ionisierende Strahlung räumlich konstanter Energieflußdichte entsteht.

Aus Hans Frost, *Die neuen Einheiten*
AEG-TELEFUNKEN Aktiengesellschaft
Firmenverlag, Berlin und Frankfurt am Main